Nicolaus Cusanus

Philosophische und theologische Schriften

Nicolaus Cusanus

Philosophische und theologische Schriften

Auf der Grundlage der Übersetzung von Anton Scharpff,
herausgegeben und mit einem Vorwort versehen
von Eberhard Döring

marixverlag

Ein besonderer Dank
gilt Dr. Niels Bohnert, Universität Trier, dessen Korrekturen und Ergänzungen maßgeblich zur verbesserten 2. Auflage beitragen.

Bibliografische Information der Deutschen Nationalbibliothek
Die Deutsche Nationalbibliothek verzeichnet diese Publikation in der Deutschen Nationalbibliografie; detaillierte bibliografische Daten sind im Internet über http://dnb.d-nb.de abrufbar.

2. Auflage 2012

Neu gesetzt und überarbeitet nach der Ausgabe Freiburg, 1862
Lektorat: Dr. Bruno Kern, Mainz
Covergestaltung: Nicole Ehlers, marixverlag GmbH
Bildnachweis: Nicolaus Cusanus, Kreidezeichnung nach dem Relief an seinem Grabmal, Kirche San Pietro in Vincoli, Rom, Italien
Satz und Bearbeitung: Pinkuin Satz und Datentechnik, Berlin
Gesetzt in der Bodoni Old Face
Gesamtherstellung:
Bercker Graphischer Betrieb GmbH & Co.KG, Kevelaer
Printed in Germany

ISBN: 978-3-86539-267-1

www.marixverlag.de

Inhalt

3. Religiöse Dialoge

4. Predigten

Vorwort des Herausgebers

Der vorliegende Band als Studienausgabe stützt sich auf eine Übersetzung aus dem Jahre 1865 mit einer für damalige Zeiten üblichen Interpretation durch den Domkapitular Anton Scharpff, der als einer der ersten deutschen Übersetzer der Werke des Cusanus seinerzeit einen Preis von der katholisch-theologischen Fakultät Tübingen erhalten hat. Umso größer fällt die Herausforderung aus, in der Einleitung eine genuin philosophische Interpretation voranzustellen, die sich auch auf neuere Texte der Sekundärphilosophie zu stützen vermag. Die Theologie konnte einige Passagen der Cusanischen Schriften für sich reklamieren, bevor noch die Philosophie den Koinzidenzdenker Cusanus zur Kenntnis genommen hat, was aber in den letzten zehn Jahren immer mehr Verbreitung finden konnte.

Cusanus hat nun nach über 500 Jahren auch in der Philosophie als Reflexionsdisziplin Interesse geweckt, seine primär philosophischen Schriften in den Vordergrund der Beachtung zu rücken und dabei einen dialektischen Denker und einen antidogmatischen Rationalitätskritiker *avant la lettre* vorzufinden. Seine Philosophie trägt dabei ein Ensemble von aktuellen und noch immer nicht hinreichend beachteten Theoremen.

Will man heute ein Buch herausgeben, dessen Übersetzung ein anderer, noch dazu im Jahre 1865 geleistet hat, ist ein Vorwort erforderlich, das auf verschiedene Aspekte Rücksicht nehmen muß. Kommt noch hinzu, daß der Übersetzer eine vom Herausgeber abweichende Interpretation vertritt und diese bis in viele ausgelassene Passagen des lateinischen Originals hinein zum Ausdruck bringt, befindet man sich bereits inmitten der Philosophie, die als Reflexionsinstanz auf die Bedingungen und Voraussetzungen von Theorien und Interpretationen divergierende Auffassungen zur freien Diskussion stellt, wenn sie nicht einem Dogmatismus anheimfallen will.

Noch mehr gilt dies im Zusammenhang der Philosophie des Cusanus, der als Philosoph und Kardinal selbst Positionen vertreten hat, die auf die äußerst denkwürdigsten Oppositionen besonderen Wert legen wollten und konnten.

Es bedarf von daher keiner sonderlich diplomatischen Strategie, die Übersetzungen eines katholischen Domkapitulars mit seinen theologischen Interpretationen einer philosophisch reflektierten Position gegenüberzustellen und dabei dennoch die Unterschiede herauszuarbeiten, wie diese aus verschiedenen Perspektiven ins Auge fallen. Hierbei braucht auch nicht Satz für Satz die in sich geschlossene Übersetzung aufgebrochen und schon gar nicht mit Gegenargumenten versehen zu werden. Es wird vielmehr dem Leser selbst überlassen, worin er die für ihn plausiblere Darstellung sieht, zumal Philosophen die beiden Texte aus einem anderen Blickwinkel in ihrem Kontext verorten als diejenigen, die mit einem theologischen Hintergrund aufwarten. Denn selbstverständlich enthalten auch Übersetzungen bereits Interpretationen, die von der Textauswahl bis in deren Darstellungen und Betonungen reichen. Im vorliegenden Zusammenhang kann die philosophisch geprägte Einleitung auch als gegensätzliche Interpretation zur fast 150 Jahre alten Übersetzung aufgenommen werden, wobei einem Koinzidenzdenker wie Cusanus in besonderem Maße gerecht zu werden versucht wird. So zeigt zumindest das Spätwerk seines Denkens, daß alle Lesarten durch die Brille der Vernunft (»de beryllo«) auf *individuelle* und kunstvolle Weise mit ihrer »ars coniecturalis« zur Koinzidenz gelangen können. Denn die Wahrheit liegt für Cusanus nicht, wie noch in seinem Frühwerk, im Verborgenen esoterischer Zugangsweise, sondern sie schreit nach Cusanus auf allen Gassen (»clamitat enim in plateis«), zumal der menschliche Geist (mens) als »nexus dei et mundi« sowie als »secundus deus« oder gar als »humanus deus« gedacht wird.

Der Mensch als *zweiter Gott* bzw. als *menschlicher Gott* gedacht, kann gerade zu Zeiten des Cusanus eine häresieverdächtige Provokation darstellen, die bis heute aus katholischer Sicht gerne ausgeblendet wird, wie auch Scharpffs Übersetzung nur fragmentarisch (und eklektizistisch) ausgefallen ist. Dies braucht aber auch nicht zu überraschen, wenn man die zeitliche Differenz und den Unterschied zwischen katholischer und philosophischer Betrachtung berücksichtigt.

Die Einleitung des Herausgebers stellt den komprimierten Text meiner Vorlesung dar, die im Sommersemester 2005 an der Staatsuniversität Riga als Kompaktveranstaltung gehalten wurde. Für die Einladung hierzu bedanke ich mich bei meinen dortigen Kollegen und Studenten, insbesondere bei der Direktorin des Philosophischen Departments, Frau Prof. Dr. phil. habil. Maija Kule, sowie für die lebhaften Diskussionen mit den Studenten, die kaum Zugang zu entsprechender Literatur haben und meine Vorlesungen in englischer Sprache verfolgen mußten. Ihnen allen gebührt mein herzlicher Dank.

Eberhard Döring

Einleitung des Herausgebers

Nicolaus Cusanus war zwar ein Kirchenmann, sogar ein Bischof und Kardinal, aber er war kein professioneller Theologe, der etwa eine Professur für Theologie angenommen hätte. Er war eben vor allem ein bedeutender Philosoph, wenn er auch dafür angebotene Professuren schlicht abgelehnt hat. Als Allround-Genie hat er sich nirgends fest binden lassen, sondern hat zunächst als Jurist, als Fürst und somit als Politiker stets mehrere Fäden zugleich zusammengehalten und sich damit synergetisch auf verschiedenen Terrains meist erfolgreich bewegt. In seinem Gesamtwerk, wenn man auch all seine Predigten etc. berücksichtigen will, überwiegen zwar quantitativ seine theologischen Schriften, aber der intellektuelle Gehalt seines nicht nur seinerzeit revolutionären Denkens geht eindeutig aus seinen philosophischen Werken hervor, die in unserem Jahrhundert erneut große Beachtung verdienen und quasi eine Renaissance des Renaissance-Philosophen haben entstehen lassen.

Diese werden auch im vorliegenden Band vorangestellt und umfassender kommentiert, da aus seinen philosophischen Reflexionen auch seine anderen Schriften leichter verständlich werden. Wenn das Wort nicht so schillernd semantisch besetzt wäre, könnte man ihn auch zu den großen Mystikern zählen, wie dies zumindest aus seiner gründlichen Lektüre Meister Eckharts hervorgeht. Darüber hinaus war er ein glänzender Kenner der Schriften des mittelalterlichen Philosophen Raimundus Lullus und anderer Größen aus dieser Zeit. Besonders jedoch hat er sich mit Platon und Aristoteles beschäftigt, dessen Logik und deren Reichweite er so kritisch untersuchte, daß er dafür von einem Heidelberger Theologieprofessor (Johannes Wenck) den Vorwurf des Atheismus, mindestens aber die Einschätzung als unwissenschaftlicher Denker einstecken mußte. Wenn auch die darin erhobenen Einwände gegen Cusanus aus der

Perspektive des verabsolutierten oder dogmatischen Aristotelismus den Kern der cusanischen Rationalitätskritik treffen, so wäre es falsch zu vermuten, Cusanus hätte die »süße Simplizität der zweiwertigen Logik« (um mit dem großen amerikanischen Logiker Quine aus dem 20. Jahrhundert zu sprechen) nicht hinreichend durchschaut.

Im Gegenteil: Die aristotelische Logik war Cusanus nicht *ausreichend* genug, das genuin reflektierte Denken der Philosophie zu erfüllen. Er hat sogar als Philosoph von Rang und Namen die Erfindung der Syllogistik durch Aristoteles in hohem Maße gewürdigt und ihr dabei sogar eine *exklusive* Stellung im Ensemble der zu berücksichtigenden Regionen des dynamischen Denkens eingeräumt. Er hat sich aber von der Logik nicht blenden lassen, wie etwa der sog. »kritische Rationalismus« sogar noch im 20. Jahrhundert.

Cusanus konnte dem logischen Rationalismus vieles an Bedeutung abgewinnen, aber er hat diese Position von ihrer eigenen Verabsolutierung *ent*grenzt und sie trotz allen Respekts zugleich *be*grenzt. Die der aristotelischen Logik verpflichtete Rationalität wollte er keineswegs aus dem Denken *ex*kludieren, sondern vielmehr *in*tegrieren in ein dynamisches Schema, das vor ihm und bis hin zu Schelling oder Hegel kaum ein Philosoph in dieser Präzision und elastischen Stringenz zugleich geleistet hat. Logik und Rationalismus waren für Cusanus elementare Bestandteile seiner Philosophie, die mit ihren fast schon transzendentalen Anteilen sowie seiner Unterscheidung zwischen Verstand (ratio) und Vernunft (intellectus) sowie vor allem mit ihrem dynamischen Grundmuster zur Aszendenz und Deszendenz innerhalb seiner (noch zu erörternden) Regionentheorie schon einiges vorwegnehmen konnte, was sich für Kant und seine Auseinandersetzung mit dem Empirismus von Locke und Hume sowie mit dem Rationalismus von Leibniz und anderen Denkern des 18. Jahrhunderts als äußerst hilfreich angeboten hätte. Doch seine Philosophie wurde über lange Zeit nur aus zweiter Hand (Giordano Brunos) und auch da nur fragmentarisch vermittelt, wie man dies bei Hamann und Goethe, aber auch bei Hegel nur stichwortartig, die *Oppositionskoinzidenz* betreffend, bei näherem Hinsehen feststellen kann.

Die »coincidentia oppositorum« bildet den Mittel- und Schwerpunkt der Cusanischen Philosophie und steht innerhalb dieser quasi *trans*-logisch oder *supra*-rational der Vernunft zur Verfügung, übersteigt den rationalen Verstand und leistet damit eine *contradictio* im Sinne einer *regula veri* und nicht einer *contradictio falsi.* Diesen zentralen Aspekt in der Philosophie des Cusanus gilt es stets zu berücksichtigen, wenn man wissen will, wie der Verstand zur Vernunft kommen kann, ohne dabei den Verstand zu verlieren. Besonders jedoch gilt es, die Grenzbegriffe in seiner Regionentheorie (aus »sensatio«, »ratio«, »intellectus« und »deus«) zu berücksichtigen, da sich an der jeweiligen Grenze von einem Bereich gegenüber dem »höheren« oder »niedrigeren« Bereich sein durchaus dialektisches Philosophieren begreifbar machen läßt. Weder die Sinnlichkeit alleine (»sensatio«), noch der Verstandesbereich (»ratio«), noch die Region der Vernunft (»intellectus«) oder gar die Dimension des »deus« (also Gottes) sind für Cusanus in ihrer isolierten Betrachtung oder gar Verabsolutierung reflektierbar. Nur das Sehen (»visio«) aller genannten Bereiche und ihrer Grenzen sowie in ihrem Zusammenhang kann die *Einheit* im Ensemble der gesamten Aspekte erfassen, wie man auch immer im Blick behalten muß, daß seine Philosophie, wie bereits erwähnt, den großen Philosophen des Deutschen Idealismus (also Kant, Fichte, Schelling und Hegel) aus Gründen der Quellenlage nicht bekannt war.

Anders als z.B. bei Kant[1] steht das Philosophieren des Cusanus in einem engen Zusammenhang mit seiner Vita, weshalb man sein Leben auch bis in sein letztes, zwar schmales, aber doch reifes Büchlein »De beryllo« und darauf gestützt, sogar als eine biographische Koinzidenz durch die Brille des Geistes (»mens«) bezeichnen könnte. Cusanus wurde im Jahre 1401 unter dem Namen Nikolaus Chryfftz (d.h. Krebs) in Cues an der Mosel geboren (heute als Bernkastel Kues wegen des von ihm dort etablierten Altenpflegeheimes (St.-Nicolaus-Hospital), aber auch wegen des Moselweins bekannt). Sein Vater Johann Chryfftz war ein reicher Winzer und Schiffseigner im selben Ort, in dem Cusanus bis zu seiner Schulausbildung in einer wohlhabenden Familie aufwachsen konnte. Bereits im Alter von 16 Jahren begann er für kurze Zeit sein Studium der freien Künste (»artes liberales«) in Heidelberg, bevor er schon ein

1 Vgl. Vf.: Immanuel Kant. Einführung in sein Werk, Wiesbaden 2004

Jahr später sein Studium des Kirchenrechts (1417–1423) in Padua aufgenommen und dort fortgesetzt hat. Bereits vor seinem Studienbeginn wurde der tschechische theologische Reformer Jan Hus aus Böhmen im Jahre 1414 trotz der Zusage freien Geleits zum Konzil von Konstanz unterwegs verhaftet und dort 1415 als Ketzer verbrannt. Die Nachricht hiervon drang natürlich auch zu Ohren des Cusanus, der also frühzeitig gewußt hat, wie man seinerzeit mit Häretikern umzugehen pflegte: verlogen und mit einer harten Brutalität sanktioniert. Die katholische Kirche war äußerst mächtig und nutzte ihre Macht auch dazu, aufs Ganze (»kat' holou«) zu gehen, wenn sich Skepsis oder Reformbemühungen an ihrer dogmatischen Lehre meldete. Wer sich gegen sie wehren oder sie kritisieren wollte, hatte, trotz und gerade als Intellektueller mit christlicher Überzeugung, mit Verhaftung, Folterung und meist abschließend mit der Todesstrafe auf dem Scheiterhaufen zu rechnen. Schon der bloße Verdacht auf Häresie reichte aus, inquisitorisch behandelt und mit dem Segen Gottes von der Kirche aus dem Verkehr gezogen zu werden.

All dies war Cusanus natürlich bekannt, weshalb er in seinen frühen Predigten auch noch das Bestrafungsritual der Kirche mit ihrem Talionsrecht voll und ganz zeitgenössisch unterstützt hatte. Als Kirchenrechtler hingegen wußte er auch genau, wo die Grenzen des Machbaren liegen und wie man diese diplomatisch für sich nutzen konnte. Wäre sein philosophisches Spätwerk »De beryllo« (1457) schon zu Zeiten seiner »Docta ignorantia« (1438–1440) erschienen, in der er zwar auch schon häresieverdächtige Thesen veröffentlicht hat, hätten ihm auch die Sanktionen wie bei Jan Hus blühen können. Aber vor der Niederschrift von »De beryllo« mit dem Mantel eines Kardinals ausgestattet, mit der Frühschrift »De concordantia catholica« (1437) gerüstet und vor allem mit einer treffsicheren Diplomatie versehen sowie mit kirchenmächtigen Freunden um ihn herum, konnte er es sich eher leisten, bis an die Grenzen zu gehen, diese aber auch nicht zu überschreiten.

Grenzbestimmungen spielen auch in seiner Philosophie eine wichtige Rolle, insbesondere in »De coniecturis«, worin die wichtigsten Unterscheidungen z.B. zwischen Verstand (ratio) und Vernunft (intellectus), aber auch zwischen unserer Sinnlichkeit (sensatio) und dem nicht erfaßbaren Gottesbegriff (deus), zu finden sind, für den

Cusanus eine ganze Reihe von Metaphern (»Possest«, »Non-aliud« etc.) kreiert hat, um ihn als Grenzbegriff *denken* zu lassen. Allerdings folgt aus dem *Denk*zwang kein *Seins*zwang, worin die eigentliche Häresie des Koinzidenz-Denkers liegt, der im Jahre 1423 zum Doctor decretorum (Kirchenrecht) promovierte, bevor er nach einem Jahr in Rom wieder in seine Geburtsstadt Cues zurückgekehrt ist. Zwei Jahre später studierte der promovierte Kirchenrechtler an der Universität zu Köln noch Theologie, vor allem jedoch Philosophie und hielt nebenbei, jedoch ohne Professur und quasi als Gastdozent, kirchenrechtliche Vorlesungen. 1428 unternahm er eine Studienreise nach Paris und erhielt im selben Jahr einen Ruf als Professor an die erst kurz zuvor (im Jahre 1425) gegründete Universität zu Löwen, den er jedoch nicht annehmen wollte. Dafür nahm er 1430 die Stelle als Sekretär des Trierer Domherren Ulrich von Manderscheid an und wurde zwei Jahre später dessen persönlicher Berater und Advokat auf dem Konzil von Basel. Die Vertretung seines Anspruchs auf den Trierer Bischofssitz verlief jedoch ohne Erfolg; während im Jahre 1431 Jeanne d'Arc in Rouen unter Leitung des Bischofs von Beauvais verbrannt wurde.

Bereits im Jahre 1435 erhielt Cusanus erneut einen Ruf an die Universität Löwen, den er jedoch abermals ablehnte und dafür lieber die Stelle als Propst des außergewöhnlich begüterten Augustinus-Chorherrenstifts Sankt Martinus und Severus in Münstermaifeld wählte. 1437 wechselte Cusanus zur Konzilsminderheit und verließ schließlich ganz das Konzil, um sich dem Papst Eugen IV. anzuschließen. Ein Jahr später unternahm er eine Gesandtschaftsreise im Auftrag des Papstes und erlebte 1438 auf der Rückreise auf hoher See seine »visio intellectualis«, die ihn von nun an seine Koinzidenzphilosophie etablieren ließ, die wie durch einen Zufall der Forschung als plötzlicher Einfall in einem Augenblick ausgelöst wurde. Der Priesterweihe ein Jahr später folgte im Jahre 1440 die Vollendung seiner »Docta ignorantia« als Resultat seines blitzartigen Erlebnisses auf dem Schiff, die sozusagen sein philosophisches Erstlingswerk darstellt. Damit nimmt die Koinzidenzlehre ihren Lauf, die zwei Jahre später in der Schrift »De coniecturis« und ihrer funktionalontologischen Regionentheorie mit dem Unterschied zwischen Verstand und Vernunft in der Mitte die Dimension Gottes als Grenzbegriff denken ließ.

1448 ernannte ihn sein Freund, der neue Papst Nikolaus V., zum Kardinal in petto. Die Verteidigungsschrift gegen den Heidelberger Theologieprofessor Wenck mit dem Titel »Apologia doctae ignorantiae« erschien im selben Jahr, bevor die öffentliche Erhebung zum Kardinal und zum Bischof von Brixen im Jahre 1450 erfolgen konnte, in dem auch seine »Idiota-Schriften« erschienen sind (»De sapientia I und II«, »De mente« und »staticis experimentis«). In das Jahr 1453 fielen die Eroberung Konstantinopels und eine Vielzahl von weiteren philosopischen und theologischen Schriften (u. a. »De visione dei« und »De pace fidei«), bevor im Jahre 1457 sein eigentliches philosophisches Hauptwerk »De beryllo« erschienen ist. Der neue Papst und Humanist Enea Silvio Picolomini, Pius II., rief ihn ein Jahr darauf nach Rom, wo viele weitere Schriften des Cusanus – seiner Spätphilosophie folgend – entstanden sind: u. a. »De possest«, »De non-aliud«, »De venatione sapientiae«, »De apice theoriae« etc. Am 16. 7. 1464 erkrankte Cusanus auf dem Weg nach Venedig zur Vorbereitung eines Kreuzzuges gegen die Osmanen und starb am 11. 8. 1464 in der umbrischen Bergstadt Todi. (Drei Jahre später starb auch Papst Pius II. in Ancona). Man kann also sagen, daß in den knapp 25 Jahren von 1440 bis 1464, in der Mitte des 15. Jahrhunderts, die eigentliche Schaffenskraft des Cusanus lag, der als beständig häresieverdächtiger Theologe und als dialektisch denkender Philosoph nicht nur eine theoretische Oppositionskoinzidenz, sondern auch eine biographische »coincidentia oppositorum« in sich vereinigen konnte: Als »humanus deus« oder als »secundus deus in creando« in seinen eigenen Worten ausgedrückt. Mit seinem fast schon liberalen Geist (dem Mittelalter gegenüber), seiner dialektischen Philosophie als regula veri (der contradictio falsi gegenüber), seinem vernunftbetonten Geist (dem Rationalismus gegenüber) und mit seinem dynamischen Mentalismus (der Ontologie gegenüber) sowie seinen transzendentalphilosophischen Anklängen (dem Positivismus gegenüber) bis hin zu seinen pragmatischen Individualitäts-Aspekten (dem Dogmatismus gegenüber) und seinem Relativismus (der Beliebigkeit gegenüber) war Cusanus *der* Universalgelehrte der Renaissance als Jurist, Theologe, Astronom, Mathematiker und nicht zuletzt als *der* Philosoph des 15. Jahrhunderts, der bis in unsere heutigen Tage noch einige Aufarbeitung benötigt, vor allem aber zur Kenntnisnahme durch die Philosophie und zugleich der

Theologie sowie durch die Modeströmung des unreflektierten Naturalismus einlädt.

Und dazu genügt es nicht, dem Verstandesdenken der Wissenschaften alleine die philosophische Reflexion zu überlassen. Es bedarf vielmehr der Vernunft, die den Bedingungen und Voraussetzungen der wissenschaftlich rationalen Theorien und deren Zustandekommen wie auch deren Reichweite und Geltungsbereich mit philosophischer Skepsis und Kritik begegnet. Denn »tanto quis doctior erit, quanto se sciverit ingorantem«. Und dies stellt eine Einsicht der Vernunft (intellectus) und nicht des Verstandes (ratio) dar. Daß der Verstand überhaupt zur Vernunft kommen kann, ist ein Verdienst der Vernunft und *nicht* des Verstandes – daß die Vernunft dabei nicht um den Verstand gebracht wird, ist hingegen ein Verdienst des Verstandes *und* der Vernunft, so könnte man im ersten Zugriff das Reflexionsverhältnis bei Nicolaus Cusanus bestimmen, das zu seinen zentralen Theoremen führt.

Warum ist es aber überhaupt sinnvoll, zwischen Verstand (ratio) und Vernunft (intellectus) zu differenzieren, und welche Instanz trifft hierbei die Unterscheidung? Ist es die Wissenschaft, die uns mit ihren rationalen Einteilungen Wissen verschafft? Oder ist es die philosophische Reflexion, die mit ihrer Rückbeugung auf die Bedingungen und Voraussetzungen der Wissenschaft eine zugleich höhere *und* tiefere Einsicht ermöglicht? Philosophie als Reflexionsdisziplin wäre gewiß überflüssig, wenn die auf Rationalität verpflichtete Wissenschaft von sich aus in der Lage wäre, die genannten Fragen auch selbst zu beantworten. Doch welche Mittel stehen der Philosophie zur Verfügung, wenn sie quasi trans-rational und vernunftgeleitet derartige Spezifikationen explizieren will, die bis in den Kern ihrer eigenen Prinzipien hineinreichen? Oder kurz: Was unterscheidet die wissenschaftlich rationale Vorgehensweise von der Reflexion der Philosophie?

Von der Wissenschaft erwartet man gewöhnlich, daß sie streng rational vorzugehen und dabei verläßliche Ergebnisse zu liefern habe. Sie soll widerspruchsfrei formuliert, präzise und genau, mithin logisch stringent sein. Aber spätestens mit der Diskussion über die Postmoderne und deren facettenreicher Vielfalt der Erkenntnisweisen ist die rationalistische Wissenschaftstheorie wieder einiger Skepsis ausgesetzt. Doch selbst im Umfeld dieser pluralistisch bemühten Vernunft wird kaum beachtet, daß mit der Philosophie des Cusanus bereits an der Schwelle zur Neuzeit eine hoch reflektierte Rationalitätskritik *avant la lettre* vorgestellt wurde. Denn nach Cusanus berührt der menschliche Geist »das Unberührbare unberührenderweise«, womit eine seltsam erscheinende Formulierung gewählt ist. Entweder berührt der Geist etwas, oder er berührt es nicht, aber daß er *unberührenderweise* etwas berührt, klingt logisch verdächtig, vor allem wenn der Gegenstand dieser Berührung auch noch das *Unberührbare* sein soll.[1] Nach Cusanus ist dieses scheinbare Paradoxon jedoch lösbar, da die formale Logik als ein Werk des Verstandes und *nicht* der Vernunft begriffen wird. Die Ratio (als diskursiver Verstand) ist auf die meßbaren Einteilungen und finiten Begrenzungen, auf Identität und Differenz, also letztlich auf Widerspruchsfreiheit und Definitionen (per genus proximum et differentiam specificam) angewiesen, denen zufolge »unmöglich dasselbe demselben in ein und derselben Beziehung zugleich zukommen und nicht zukommen kann«[2]. Der Verstand findet seinen Halt demnach nur innerhalb *seiner* definitiven Widerspruchsfreiheit; seine Kompetenz bleibt der Bestimmung logischer Setzungen verhaftet und kann *dafür* auch alle kalkulatorische Haftung übernehmen. Er kann einen Verstoß gegen die Regeln der Logik streng und präzise nachweisen, wie er überhaupt die Instanz für Beweise darstellt. Für den Verstand sind die Gegensätze durch oppositionelle Einteilungen (wahr/falsch, ja/nein, 0/1) fixiert, die uns als unterschiedene Isolate bzw. als nicht zuletzt pragmatisch isolierte Unterschiede zur Orientierung auch im streng wissenschaftlichen Sinne dienen.

Ein Zusammenfall der Gegensätze (*coincidentia oppositorum*) wäre im Bereich des Verstandes hingegen nicht zu fassen oder nur als Widerspruch aussagbar, weil jede Koinzidenz die Grenzen der auf Kontradiktionsvermeidung festgelegten Ratio überschreitet. Für den Verstand (*ratio*) bleibt die Aufgabe, in gegensätzlich bestimmten Dichotomien und Disjunktionen zu verfahren und dabei dem operational-technischen Charakter der rationalen Axiomatik zu folgen. Dem

1 Cusanus, Nicolaus: Idiota de sapientia I, in: Philosophisch-Theologische Schriften, hrsg. v. L. Gabriel, Wien 1982, Bd. III, S. 426: »attingitur inattingibile inattingibiliter«.

2 Aristoteles, Metaphysik, IV, 3.

Verstand wird bei Cusanus seine *eigene* Region und Kompetenz bzw. ein eigenes Ressort bezüglich seiner Verfügbarkeit zugebilligt, *außerhalb* dessen seine Bestimmungen und Einteilungen jedoch ihre Tragfähigkeit verlieren. Der Verstand und sein ihm eigenes Ressort verfügen über all die Leistungen und Instrumente, die zur Unterscheidung zwischen Identität und Nicht-Identität erforderlich sind, er besitzt als Ratio demnach Gewalt über alles, was die wissenschaftliche Vermeidung von Widersprüchen als *contradictio falsi* zu beherzigen hat. Der Verstand sichert somit die Kontradiktionsvermeidung ab, wozu ihm die formale Logik mit ihren binären Unterscheidungen als präzises Instrument zur Verfügung steht. Ein Widerspruch wird auf dieser Ebene der Ratio entlarvt, womit der Verstand seine Funktion erfüllt und der rationalen Ebene der Wissenschaft seine darin unüberbietbare, wenn auch statisch fixierte Kompetenz zur Verfügung gestellt wird.

Auf der Ebene der Vernunft (*intellectus*) hingegen begreift der dynamische Geist die oppositionell entäußerten Verstandesinhalte der Ratio, auf deren Bedingungen und Voraussetzungen die Vernunft reflektieren kann. Intellectualiter lassen sich die Begrenzungen der Ratio *via reflexionis* aufheben, indem die Vernunft die Regeln und Muster des Verstandes als dessen funktional-operatives Schema und als statisches Raster durchschaut, die sie zugleich sprengen und umordnen kann. Die Vernunft schafft Synthesen und baut Brücken, während die Ratio aufgrund ihrer statischen Verfaßtheit in ihrem eigenen Schema verharrt. Die *Vernunft* reflektiert, wo der *Verstand* nur bestimmt[1]. Insofern findet das vernünftige Begreifen der Philosophie im Bereich des *intellectus* statt, der den Verstand übersteigt und dabei die Bedingungen der rationalen Wissenschaften in den Focus der Reflexion rücken kann. Die Bestimmungen des Verstandes sind für den *binnen*-rationalen Bereich zwar geeignet, aber über diesen hinaus sowie für die voraussetzungskritische Dimension der philosophischen Reflexion inkommensurabel und damit *außerhalb* seiner selbst ohne jede Bedeutung. Die rein logisch als intrinsische Struktur des Verstandes sich etablierende Kompetenz der Ratio verweilt im funktional-technischen Bereich seiner eigenen Anwen-

1 Cusanus, Nicolaus: Idiota de mente, 8, h 80,7: »intellectus est mentis motus perfectus«.

dung durch Ontologisierung axiomatisch fixierter Regeln, über die nur durch Reflexion auf deren eigene Bedingungen und Voraussetzungen hinauszugelangen ist.

Cusanus teilt die Erkenntnisfähigkeit des menschlichen Geistes (»mens«) in vier verschiedene Regionen ein, die keinen ontologischen, sondern einen gnoseologischen oder erkenntnisrelevanten und symbolischen Status für sich beanspruchen. Auf der untersten Stufe ist danach die Sinneswahrnehmung (*sensatio*) angesiedelt, in welcher keine Negation und damit auch keine Widerspruchsmöglichkeit vorliegt. Ein sinnlich wahrgenommener Gegenstand kann sich nicht selbst widersprechen, widersprechen können sich nur Theorien *über* ihn (A=A und nicht: A=Non-A). Insofern läßt sich die nächsthöhere Stufe als die des Verstandes (*ratio*) darstellen, in welcher der Widerspruch durch seine Unterscheidung zwischen Bejahung und Verneinung *innerhalb* von Theorien, d.h. als wahr oder falsch, allererst ermöglicht wird. Der Verstand geht nach logischen Prinzipien vor und kann – seinem eigenen Gesetz nach – nicht dasselbe sowohl bejahen als auch verneinen.

Doch wie der Verstand als die höhere Stufe gegenüber sinnlich wahrnehmbaren Dingen durch rationale Bestimmungen der sensationes, d.h. durch Abgrenzung bzw. durch Unterscheidung, durch differenzierende Spezifikation aufgefaßt wird, so steht die Region der Vernunft (*intellectus*) über der Ratio als diejenige Instanz, die zum Verstand selbst auf Distanz (*»in alteritate«*) zu gehen vermag. In der suprarationalen Vernunft bestehen sowohl Affirmation als auch Negation miteinander in der sie umfassenden Idee der Koinzidenz, welche die Gegensätze der Ratio umschließend begreift. Durch die Sinnlichkeit wird demnach der Verstand affiziert und zu deren Unterscheidungen motiviert, wie sich die Vernunft gegenüber dem Verstand als dessen »Andersheit« zu ihm ins Verhältnis setzt. Die Region der Sinnlichkeit wird demnach vom Verstand auf Begriffe gebracht, indem deren unterscheidbare Begrenzung durch den dynamischen Geist zum Zwecke der Ratio ihre Bestimmung erfährt. Der (suprasensuale) Verstand ordnet die sinnliche Welt, wie die (supra-rationale) Vernunft die Ordnungen des Verstandes begreift: Als diesen drei Regionen des menschlichen Geistes (*sensatio, ratio, intellectus*) gegenüber höchste Region nennt Cusanus die absolute Einheit und Einfachheit, in welcher (supra-intellectualiter) alles aufgehoben wird, was in den genannten Regionen des Geistes Gültigkeit hat: Die absolute, unendliche und complikative Einheit ist über all das erhaben, aber zugleich deshalb für den menschlichen Geist in seiner Endlichkeit nicht zugänglich (»*summa autem praecisio intellectus est veritas ipsa, quae deus est*«)[1].

Mit seiner *Regionentheorie der Wahrheit* greift Cusanus die metaphysischen Einheiten »Körper, Seele, Intelligenz und Gott« auf, wobei es für die oberste, alles in sich enthaltende, absolute Einheit und Wahrheit *keine angemessene* Ausdrucksweise geben kann. Angemessene und hinreichend mensurable Terminologie besteht aber ohnehin nur im Bereich der rationalen Bestimmung in geschlossener Semantik, die jedoch ihrerseits mit dem Reflexionsdefizit aufwartet, dabei keine ontologische Relevanz erzielen zu können. Von der Gnoseologie zur Funktional-Ontologie führt nach Cusanus einzig die temporär plausible Metapher, die bei sinnaufschließendem Gelingen in offener Semantik auch die Geburt des Begriffs aus ihrem eigenen Geist heraus generieren kann. Deshalb ist es auch (sufficienter spectata) von ausreichender Relevanz, den Bereich der divinalen Gesichtspunkte einer »*visio dei*« metaphorisch reich und zugleich hinreichend dicht zu halten, ohne damit eine Kommensurabilität mit dem disjunktiven Verstand erzielen zu müssen. Die der menschlichen Erkenntnis zugänglichen Regionen von der Sinnlichkeit über den Verstand bis zur Vernunft machen hingegen die vitalen und dynamischen Stufen des Geistes aus, dessen vollendete Bewegung durch den Intellectus geleistet wird. Auf der endlichen Seite ist der menschliche Geist das Umgreifende des Sinnlichen, Rationalen und Intellectualen in eins mit der Fähigkeit zu Auf- und Abstieg (*as*-scensus und *de*-scensus) innerhalb der in seine Ressorts fallenden Regionen, wobei er auch hierbei nur das mit exakter Genauigkeit erkennt, was er analytisch zum Gegenstand hat.

Dies wiederum betrifft die Sphäre der formalen Logik und der diesem Schema folgenden Mathematik sowie aller darauf verpflichteten Wissenschaften. Die Logik bleibt zwar bloßes Verstandesprodukt, hat aber dennoch vorausweisend symbolischen Charakter für den philosophischen Transzensus und für die spekulative Hypo-

---

1 Cusanus, Nicolaus: De Coniecturis. I, hrsg. v. J. Koch/W. Happ, Hamburg 1971, S. 58.

thesis des Unendlichen hinaus. Die auf Rationalität restringierte Logik ist jedoch weder allumfassend noch lebendig, denn sie enthält nicht das Gegenteil ihrer selbst als *regula veri*. Im Gegenteil, die rationale Vorgehensweise ontologisiert quasi bewußtlos ihre eigenen Inhalte, indem sie ihr Schema verabsolutiert und dabei die Reflexion auf ihre eigenen Voraussetzungen und deren Konsequenzen ignorierend exkludiert. Der solchermaßen exklusiv-explikative Verstand *differenziert*, die inklusiv-complikative Vernunft *reflektiert*.

Auf der Ebene der (translogisch-suprarational) reflektierenden Vernunft verfügt der Geist über die Beweglichkeit, die ihre eigene Begrenzung wiederum im göttlichen »Denken« oder »Schauen« findet und zugleich mit dem Verstand in Verbindung stehen bleibt. Der Verstand kann also zur Vernunft kommen, ohne daß die Vernunft um den Verstand gebracht würde, wobei der geistige Trans- und Deszensus auch diese beiden Bereiche zu überhöhen und reflexiv zu unterlegen vermag. Im aufeinander verwiesenen Verhältnis von *ratio* und *intellectus* kommt die dynamische Erkenntnisfähigkeit des Geistes zunächst darin zum Ausdruck, daß sie wegen ihrer Differenz zum absoluten Wissen und in Distanz zum unbestimmt Sensualen im Bereich von Mutmaßungen und Hypothesen (d. h. von *Konjekturen*[1]) verbleibt: »*Coniectura est positiva assertio veritatis in alteritate, uti est, participans.*«[2]

Die konjekturale Wahrheitserkenntnis stellt mithin keine Verlorenheit im Chaos völliger Beliebigkeit dar, sondern weist die Fähigkeit auf, im Entwerfen von Theorien ihren eigenen Ursprung und ihre Grenzen zu sehen, die sie allerdings selbst gezogen hat. Sie muß sich zwar notwendig diskursiv ausdrücken, sprengt aber diese Diskursivität kraft ihres transsumptiv-reflexiven Wissens darum, was es damit auf sich hat. Konjekturales Wissen bleibt symbolisches bzw. aenigmatisches Erkennen, indem darin der dynamische Prozeß »zusammenwerfender« (*con-iacere/sym-ballein*) Synthesis von angemes-

1 Einen ganz neuen und plausiblen Übersetzungsvorschlag von »coniectura« äußert Thomas S. Hoffmann mit der Wendung »Bestimmtheitspostulat«, das den konstruktiven Aspekt der Konjekturalmethode deutlicher zum Ausdruck bringt, in: ders.: Philosophische Physiologie. Eine Systematik des Begriffs der Natur im Spiegel der Geschichte der Philosophie, Stuttgart/Bad Cannstatt 2003, S. 132 (nähere Erläuterungen dazu a. a. O., Fn. 164).

2 Cusanus: De Coniecturis. II, a. a. O., S. 60 f.

senen und in der Koinzidenz sich einander anmessender Termini vonstatten geht. Und sobald alles Sein als ein bloßes *Eingeteilt*-Sein begriffen wird, heben sich seine ontologische Dignität und seine bloß rational verstandene Objektivität auf, deren Moment und Movens im Geist durch seine Subjektivität als *Konstituens* des Objektiven bzw. als ein genuin Vor-Gestelltes erscheint. Dabei kann der Erkenntnisprozeß des menschlichen Geistes als eine *›phaenomenologia mentis‹* im Unterschied zu einer *›phaenomenlogia entis‹* charakterisiert werden.

Innerhalb einer Erscheinungsweise des Geistes betont Cusanus insbesondere das Moment des Kreativen, wenn er die Mutmaßung als eine *geschaffene* Einsicht (»creata intelligentia«) vorstellt, die von begrenzter Wirklichkeit sei. Die Mutmaßung drückt also eine subjektive Schöpfung in einer Behauptung aus und erhebt damit einen perspektivisch begrenzten Wirklichkeitsanspruch (als »esse respectu ad ...«[1]). Die Konjektur ist zwar in ihrer Schöpfung verschieden vom göttlichen Schaffen, aber sie läßt doch eine Analogie zum Göttlichen zu und erhebt damit den Menschen zum »secundus *deus*«, zum »*humanus* deus«. Und dieser zweite Gott ist in seiner kreativen Potenz als menschlicher Gott gedacht – was er kreiert, schafft er auf *seine* Weise mit *seinen* Mutmaßungen und Imaginationen kraft *seiner* aktiven Produktivität aus *seinem* geistigen Blickwinkel für *seine* Bedürfnisse: »*Ideo homo habet intellectum, qui est similitudo divini intellectus in creando.*«[2]

Als angemessene Angleichung leistet die kreative Vernunft durch ihre regional angrenzende und berührende Differenz zum Göttlichen in typisch Cusanischer Andersheit und zugleich notwendiger Verwiesenheit eine Ähnlichkeit der Vorgehensweise des Geistes zum göttlichen Schaffen (»in creando«). Fast schon transzendentalphilosophisch positioniert wird der menschliche Geist als mentale Instanz und als kreatives Element seiner eigenen Dynamis zwischen die Pole seiner Grenzen gespannt, für deren binnentheoretische Einlösung und Auflösung der eigenen Kompetenz eine ihn in seiner endlichen

---

1 Vgl. Otto, Stephan: Nikolaus von Kues, in: Höffe, Otfried (Hrsg.): Klassiker der Philosophie, Bd. I, München 1981, S. 253. Aus diesem Grunde spricht Otto auch von einer »Ontologie der *Funktion*« bei Cusanus, a. a. O., S. 260 (Hv. i. Orig.).

2 Cusanus, Nicolaus: De beryllo, hrsg. v. K. Bormann, Hamburg 1977, c6, H7.

Spannkraft transzendierende Abgrenzung zu von ihm selbst nicht einlösbaren Dimensionen der Unendlichkeit hypostasiert werden muß. Die zwar endliche, aber darin vollkommen autonome Mentalität des sowohl rational verständigen wie auch intellectual vernünftigen Geistes findet ihre nach außen (»in alteritate«) begrenzte Freiheit gerade darin, daß ihr eine ins Uferlose abgleitende Entgrenzung bis hin zum Chaos der völligen Beliebigkeit erspart bleiben kann. Rationalitätskritik und Voraussetzungsreflexion der in ihre Konsequenzen reichenden Bedingungen machen demnach die Leistungen unseres Geistes in seiner mentalen Reichweite aus.

Was Cusanus damit auf der Schwelle vom Mittelalter zur Neuzeit leistet, ist eine Relativierung des mittelalterlichen Absolutheitsanspruchs und eine Verstandeskritik weit vor der Epoche der Verstandes-Aufklärung und ihrem romantischen Glauben an die rationale Omnipotenz. So betont auch Kurt Flasch, daß die Cusanische Koinzidenzlehre keine dogmatisch-doktrinale »›Lehre‹, sondern eine ›Brille‹ (ist), die der Vernunft zu sehen gestattet, was dem Verstand verschlossen bleiben muß«[1]. Denn die Jagd nach der Weisheit (»De venatio *sapientiae*«) wäre auf der falschen Fährte, wenn sie die *Wahrheit* zu ihrem Ziel hätte, da sie diese niemals *erreichen*, obschon vielfältig *intendieren* kann. Die Einsicht in den Stellenwert diskursiv-rationaler und sprachlich-endlicher Einteilungsverhältnisse läßt somit den Mut frei, sich sowohl seines Verstandes *als auch* seiner Vernunft zu bedienen – quasi als göttlicher Schöpfer auf menschlicher Ebene. Veritas und sapientia sind eben nicht dasselbe!

Im Prozeß der *Ent*-grenzung des *Be*-grenzten vollzieht sich die philosophische Reflexion durch die Vernunft als die Andersheit des Verstandes. Auf endliche Weise wird die Erkenntnis des endlichen Geistes als ein »cognoscere … mensurare est« vorgestellt, wobei der Geist selbst als »mens« die Metapher für das angemessene (*mens*urable) Erkennen liefert[2]. Dem unendlichen Weltschöpfer aus göttlicher Sicht stellt Cusanus die ›Weisen der Welterzeugung‹ aus end-

1 Flasch, Kurt: Nikolaus von Kues. Die Idee der Koinzidenz, in: Speck, Josef (Hrsg.): Grundprobleme der großen Philosophen. Altertum und Mittelalter, Göttingen 1972, S. 223.

2 Vgl. Gierer, Alfred: Cusanus – Philosophie im Vorfeld moderner Naturwissenschaft, Würzburg 2002, S. 32.

licher Perspektive zur Seite und erlaubt auch dabei eine Koinzidenz »in creando«[1]. Mit der Koinzidenz ist »das Eintreten des Unendlichen in unser Denken aufzufassen«, wie Kurt Flasch betont, »aber daraus folgt nicht, sie sei ein Privileg ›Gottes‹ – ... sondern ein Prinzip universaler Dialektik.«[2] Denn mit der Kunst der Erkenntnis (»ars coniecturalis«) wird eine perspektivisch variable und pragmatisch *funktionale* Ontologie der Plausibilität (als »esse respectu ad«) erzeugt, deren mensurable An*messung* sofort in dogmatische An*maßung* umkippen würde, sobald die Kreationen des endlichen Geistes aus ihrer ontologischen *Relativität* gerissen würden.

Dies gilt freilich auch für die Cusanische *Regionentheorie* des reflektierenden Geistes und seiner prozeduralen Erkenntnis selbst, deren interne Einteilungen symbolisch angesonnene »aenigmata« konjekturaler Herkunft als Funktionen innerhalb einer dynamischen Einheit darstellen und keinerlei *ontologische* Dignität aufweisen. Als

---

1 Vgl. Otto, Stephan: Nikolaus von Kues, a. a. O., S. 261: »Das Erkennen bildet die Dinge nicht einfach ab, sondern läßt sie *als erkennbare* entstehen.« Vgl. Goodman, Nelson: Weisen der Welterzeugung, Frankfurt/M. 1984; vgl. Vf.: Metaphorische Wirklichkeit. Zur Erzeugung von Weltversionen bei Nelson Goodman, in: Merkur 12/1992. Inwieweit auch die erkenntniskonstitutive Funktion der Transzendentalphilosophie Kants mit Cusanus verglichen werden kann, zeigt sich bei Stephan Otto, der dafür plädiert: »Der Kusaner kehrt das Verhältnis von Sein und Denken um. Um wahr zu sein, gleicht sich das Denken nicht dem Seienden an, sondern es mißt das Seiende der wißbaren Wahrheit und *erzeugt* damit subjektiv die Wahrheit des Seienden«, Otto, Stephan: Nikolaus von Kues, in: ders. (Hrsg.): Renaissance und frühe Neuzeit (Geschichte der Philosophie in Text und Darstellung, hrsg. v. R. Bubner, Bd. 3), Stuttgart 1984, S. 240. Anders bei Kurt Flasch, in: ders. Nikolaus von Kues. Geschichte einer Entwicklung, Frankfurt/M. 1998, S. 283: »Zweifellos stand Cusanus dem gewöhnlichen »Realismus« ferner als der Transzendentalphilosophie; aber beide Arten der Annäherung sind überflüssig oder haben höchstens einleitend-didaktischen Charakter. Als solche könnte man sie stehen lassen, wenn sie nicht die fatalen Assoziationen vom »Vorläufer« unterstützen würden«. Deutlicher noch: ders.: Nicolaus Cusanus, München 2001, S. 69: »Cusanus ist kein ›Vorläufer‹ Kants ..., weil Cusanus die erkannten Dinge nicht für Erscheinungen hält, sondern für Dinge an sich...« Doch solchen Idiosynkrasien zum Trotz lassen sich dennoch erhebliche Parallelen zwischen den Werken aus Kues und aus Königsberg herauslesen; wer ist schon ein »Vorläufer« und wer ein »Nachläufer«? Als pure Metaphern dürften beide Termini ihr ansehnliches Recht behalten können. Vgl. Vf.: Immanuel Kant. Einführung in sein Werk, Wiesbaden 2004.

2 Flasch, Kurt: Nikolaus von Kues. Die Idee der Koinzidenz, a. a. O., S. 246.

gnoseologisch verstandene Regionentheorie erlaubt sie vielmehr selbst einen Transzensus in die »Idee des Koinzidierens« hinein, die Hegel als »*den* Gehalt der Philosophie« bezeichnet hat.[1] In ihr kommt eine Einsicht zum Ausdruck, die sich als »docta ignorantia« ohne Doktrin, als belehrte Unwissenheit ohne dogmatische Standpunktanmaßung und als perspektivische Endlichkeit zu erkennen gibt. Als ihrerseits schematisches Symbol leistet die Regionentheorie des Cusanus einen Hinweis auf den transsumptiv-dialektischen Bildungsprozeß, in welchem die stets reversible Plausibilität pragmatischer Entwürfe für die Endlichkeit des menschlichen Wissens angemessener als die Anmaßung auf *absolute* Wahrheit erscheint.

In Dimensionen der Koinzidenz herrscht ein anderer Wahrheitsbegriff als im Bereich des Verstandes, weshalb eine Erkenntnistheorie des Rationalismus auch in seiner als ›kritisch‹ propagierten Version mit inkommensurablen Mitteln operiert. Die Substitution der Wahrheit oder die Aufhebung des metaphysischen Wahrheitsbegriffs durch den pragmatischen Relativismus einer reflektierten *Plausibilität* mag zwar zunächst anstößig für die wissenschaftliche Forschungslogik wirken. Sie stellt jedoch nur eine positive Bestimmung der belehrten *Un*wissenheit als Einsicht in die Unmöglichkeit letztbegründbarer Wahrheit dar, wenn im intellectualen Transcensus über die Ratio alles beweisbare Wissen aufhört und die Kunst des koinzidierenden Begreifens im *Nichtwissen* beginnt. Dann empfiehlt es sich, auch den Status der Wahrheit neu zu bestimmen und ihn als plausibles Kompliment an metaphorisch riskante Konjekturen anzupassen. Damit würde zumindest der dialektische Erkenntnisprozeß der Philosophie gegen die Attacken positivistischer und rationalistischer Korrespondenztheorien der Wahrheit geschützt. Denn die »coniectures« des reflektierenden Geistes können nur auf Zustimmung oder Ablehnung, auf Plausibilität oder Implausibilität, aber niemals auf »reputationes« durch eine Verstandeskritik *via falsificationis* stoßen. Falsifikationen bleiben intern-relationale Kalkulationsfehler der Ratio und finden keine externen Strukturen vor, an denen ein Scheitern auch nur möglich wäre. Vielmehr scheitern alle ratio-

1 Hegel: Hamanns Schriften (Jahrbücher für wissenschaftliche Kritik, 1828), in: Theorie-Werkausgabe, Bd. 11, Frankfurt/M. 1970, S. 330.

nalen Kriterien am verstandesexternen Bereich der Vernunft, die durch solche Klassifikationsdifferenzen nicht tangiert wird.[1] Dabei zeigt sich gerade am Beispiel von Klassifikationsaspekten die kategoriale Verfaßtheit von Einteilungen überhaupt, wozu freilich auch die Regionentheorie des Cusanus gerechnet werden muß. Denn in dieser drückt sich kein Sachverhalt einer subjektunabhängig gedachten Wirklichkeit (Ontologie) aus, es artikuliert sich darin vielmehr die Notwendigkeit perspektivischer Differenzierungen durch den Verstand, die es erlauben, ein Produkt der endlichen Konjektur als ein solches zu begreifen. Dann können via reflexionis auch Bereiche auf den Begriff gebracht werden, die sich *rationis via* nicht mehr verstehen lassen.

Hierzu gehören alle Metaphern, die als Grenzbegriffe elastisch genug sind, eine Brücke der Koinzidenz zu bauen, die nicht dem starren Flußbett diskursiver Buchstäblichkeit folgt, sondern dieses zu überqueren erlaubt. Insofern lassen sich perspektivisich als abstraktiv oder attentional bestimmt verschiedene Dimensionen eröffnen, welche die gewohnten Aspekte der Tradition aus ihrem dogmatischen Schlummer zu reißen vermögen.[2] Was den Festlegungen und Begrenzungen des Verstandes und dessen Wahrheitsbild versagt bleibt, läßt sich durch plausible Metaphern und infinitesimale Grenzbegriffe mit dem Elan des Neuen beleben, indem das zunächst Unsagbare auf kreative Weise zu Wort kommen kann. Der Sprache als dem Ort entfremdend-versöhnender Vermittlungskoinzidenz und ihrer innovativen Aufhebungsbewegung wird solchermaßen eine dynamische Sprengkraft durch die »energeia« der vitalen Interpretation zugetraut, die auch den starrsten Bedeutungen ihr Ableben bescheinigen kann. Hierzu bedient sich der dynamische Geist in seiner Flexibilität und Vitalität keiner Subsumtion durch *bestimmen-*

1 In der ihm üblichen Ausdrucksweise artikuliert Paul K. Feyerabend seine Rationalitätskritik in der Bezeichnung eines »ungebildeten Ratiofaschismus«, in: ders: Erkenntnis für freie Menschen, Frankfurt/M. 1980, S. 103. Vgl. Vf.: Paul K. Feyerabend zur Einführung, Hamburg 1998.

2 Cusanus: De ludo globi, S. 335: »Es wird nur wahrgenommen, wenn in aufmerksamer Besinnung jene Kraft angeregt und entfaltet wird«. Zum Verhältnis von »Aufmerken« und »Absehen« (attentio/abstractio) vgl. Kant: Kritik der Urteilskraft, in: Theorie-Werkausgabe, hrsg. v. W. Weischedel, Bd. X, Frankfurt/M. 1968, § 50.

de Urteilskraft, sondern der Reflexion auf die Voraussetzungen und Bedingungen des Urteils selbst, wie es sich in statu nascendi durch *reflektierende* Urteilskraft generiert finden läßt.

Daß sich in einem solch prozessualen Innovationsbereich der kreativen Neubestimmung auf keine Kalkulation von Bestimmtheiten rekurrieren läßt, die aus gegebenen Prämissen deduzieren könnte, wird vielmehr dadurch deutlich, daß die Bewegung des Begriffs eine Elastizität erzeugt, innerhalb derer sich die Metaphernbildung als der Ursprung und die Quelle neu gewinnbarer Einsichten mit der Kraft des vollzogenen Urteils durchzusetzen vermag. Dialektik und Metapher bilden hierbei eine synthetisch gestiftete Einheit auf prozeduralem Wege, welcher von der Vernunft zunächst für den Verstand und dynamisch wieder zurück zur Vernunft beschritten wird. Grenzbegrifflich regelsprengend wird eine Innovation durch das Aufbrechen von Traditionen metaphorisch individuell artikuliert, angesonnen und *prae*-schematisiert, bevor die Resonanz der communis opinio darin ein allgemeines Paradigma[1] akzeptiert und die Geburt des Begriffs aus dem Geist der Metapher sanktioniert. Doch selbst als translogisch und suprarational bestimmt, verweilt auch die Vernunft im Bereich der Endlichkeit, die das Unendliche nur wiederum in alteritate, also nicht begrifflich zu fassen vermag. Für die Region des »possest« oder des »non aliud« lassen sich zwar noch Metaphern für das Unbenennbare des Absoluten bilden, jedoch nunmehr auch trans-intellectual in der höchstmöglichen Grenzbegrifflichkeit selbst, die nicht einmal mit der »intuitio« oder der »visio« begriffen werden können. Es bleibt dabei eine Differenz von verschiedenen Seiten derselben Medaille, die das *Sehen* Gottes (*visio* dei) und *Gottes* Sehen (visio *dei*) zugleich thematisiert[2].

Für die Wahrheitsfrage bei Cusanus von Interesse sind nicht nur die jeweiligen Inhalte seiner Regionentheorie, sondern die Grenzbereiche, an denen sich das eigentliche Koinzidenzgeschehen ins Verhältnis von Dialektik und Metapher setzt. Es wird damit eine Ratio-

---

1 Vgl. Kuhn, Thomas S.: Die Struktur wissenschaftlicher Revolutionen, Frankfurt/M. 1973; vgl. Vf.: Hartgewordene Metapher. Thomas Kuhns Paradigmenwechsel, in: Merkur 1/1997

2 Vgl. Wohlfart, Günter: Mutmaßungen über das Sehen Gottes. Zu Cusanus »De visione Dei«, in: Philosophisches Jahrbuch 93, 1986.

nalität im Übergang skizziert, die ihren eigenen dynamischen Wahrheitsstatus stufenweise ein- und aufzulösen vermag und dabei dem Positivismus der Rationalität eine Alternative zur Seite stellt. Darin würde mit der translogisch-suprarationalen Dimension der Vernunft nicht nur auf die Bedingungen und Voraussetzungen der formalen Logik mitsamt ihrer Methode der Wissenschaft abgezielt, sondern über diese hinaus eine neue Wahrheitsdimension eigens erfunden. Denn gegenüber der rationalen Erkenntnistheorie zeichnet sich die Wahrheit bei Cusanus ebenfalls in alteritate aus, womit eine spekulative Plausibilität in Anerkennung endlicher Fertigkeit zum stets Unfertigen geltend gemacht werden kann. Nicht im sicheren Bereich der geschlossenen Semantik analytischer Urteile, die in tautologischem Wissen angesiedelt ist, verfährt die synthetische Wahrheit bei Cusanus, sondern im Bereich des reflektierten Nichtwissens, in dem die Philosophie als Reflexion *perspektivischer* Standpunkthaftigkeit und als *konjekturale* Erkenntnis erscheint.

Wie inmitten einer Wolke nur ein undurchdringlicher Nebel gesehen wird, während in Distanz zu ihr die Konturen der Wolke sichtbar werden, so findet die visio mentis im Durchgang der Andersheit (Alterität) durch Reflexion auf ihre eigenen Bedingungen und Konsequenzen zu einer Sichtweise, die sich von ihrem Ursprung löst und diesen zugleich im Blick behält. Dies kann als Reflexionsfigur des Denkens selbst interpretiert werden, das die Auswirkungen aus seiner Bewegung vollzieht und sich zu dieser ins Verhältnis setzt. Allerdings geschieht diese Reflexion nicht im Bereich des Wissens, sondern im Bereich der docta ignorantia, die alle Dogmatik des rationalen Erkenntnis-Schemas hinter sich gelassen hat und dabei um den regionalen Stellenwert der wissenschaftlichen Praxis weiß. Das Schema der Rationalität wird somit nicht aus dem Wissen suspendiert, sondern durch Verortung systematisch und funktional integriert, woraus sich die distanzierende Perspektive der Reflexion und des Geltungsanspruchs von Hypothesen dynamisch ergibt.

Bezüglich des rationalen Erkenntnisanspruchs leistet die visio mentis aus dem »posse-Denken« der docta ignorantia heraus eine dynamische Selbstintensivierung im Versuch, das Unendliche begrifflich, wenn auch »in alteritate« zu artikulieren, indem sie als »aenigmatica scientia« ein symbolisch vollziehbares Können aus dem

Geist der Unwissenheit selbst gewinnt[1]. Zwar bleibt die bewegende Kraft des innovativ-konjekturalen Denkens an der Polarität zwischen Wissen und Nichtwissen orientiert, wenn sie jeweils an ihre eigenen Grenzen heranzureichen vermag und sich vom unerreichbaren Ideal des Absoluten als regulativer Idee motiviert sehen kann. Die Vernunft erreicht mithin die Ebene einer transzendental-affinen Reflexion der Urteilskraft, die sich von der Transszendentalphilosophie Kants nur in wenigen Punkten unterscheidet, wenngleich auch die Restriktion des Verstandes und die Motivation der Vernunft mit verschiedenen Parallelen aufwartet. Hier wie dort wird zumindest die kreative Innovation einer individuellen Potenz einem ingenium zugeschrieben, das sich mentaler Dimensionen bedient, ohne dafür biologische »Metasubjekte« in Gestalt der Natur und deren »Evolution« zu bedürfen. Die konstitutive Funktion der individuellen Autonomie bedarf mithin keiner ontologischen Fiktion zu ihrer empirischen Verifikation. Die Verifikation des Könnens, das sich im Erzeugen bewahrheitet, ist dasselbe Können, das sich im Werden verifiziert: »Hoc enim posse, quod de facere verificatur est idem posse, quod de fieri verificatur.«[2]

Der Anfang des Werdens setzt zugleich beim Gewordenen wie beim Neuen an, wobei sich die Innovation additiv oder alternativ zur Tradition ins Verhältnis setzt, wenn immer eine Verifikation durch hinreichende Plausibilität etablierter Isolate gelingt. Diese wahrheitstheoretische Leistung des lebendigen Geistes ist originär auch in bewußtlosen Gestalten gewordener Paradigmata regenerativ zu verfolgen, da sich selbst die Axiome formaler Logik in statu nascendi einer attentiv-abstraktiven Einteilung verdanken. Auch darin bleibt noch die Genese der Konsequenzen formal-logischen Denkens in seiner erstarrten Gliederung sichtbar erhalten. Denn selbst die rationalen Bedingungen des Widerspruchsfreiheits-Postulates folgen schlicht aus der *gesetzten* Bestimmung von A, das sich in der Perspektive des Verstandes von allem anderen (als Non-A bestimmt) zu un-

1 Vgl. Hoffmann, Thomas S.: Philosophische Physiologie, a. a. O., insbes. S. 121–140; S.126: »Identitas universi est in diversitate«: Die Einschreibung der Natur in das Welt-Bild bei Nikolaus von Kues: »*Positiv* ist das endliche Seiende *Bild* (imago), und zwar auch dies in konstitutiver, nicht nur formaler Bedeutung.«

2 Cusanus, Nicolaus: De possest II, S. 302.

terscheiden hat: aus A=A folgt Non-A=Non-A und damit auch Non: A et Non-A. Was jedoch für eine Region des Geistes zweckmäßig sein mag, kann in einer anderen Region bereits als ungeeignet erscheinen. Die Region des rationalen Wissens verfügt zwar über eine basale Exaktheit sowie über die »süße Simplizität der zweiwertigen Logik«[1] im Bereich des operational-technischen Kalküls, die Region der supra-rationalen Vernunft hingegen ist intern-relational auf die logische Schlichtheit der bloßen Verstandesbedingungen nicht angewiesen, sondern stellt innerhalb ihres Verfügungsbereiches eine Perspektivität zur Verfügung, die (qua *similitudo divini intellectus in creando*) als »posse fieri« das Werden-Können endlos zu initiieren vermag.

An der Grenze zur Ratio übersteigt die Vernunft mit ihren Koinzidenzen den Verstand bis zur infinitesimalen Grenze des Gottesgesichtspunktes[2], den sie aus endlichen Mitteln niemals erreichen, sondern immer nur als prae-suppositio intendieren und grenzbegrifflich vor Augen haben kann. Die Vernunft verfolgt intern-relational ihre Zwecke wie der Verstand seine auch; nur der dynamische Geist des humanus deus, der in creando all seine Regionen umfaßt, ja sogar all seine Regionen als seine positionalen Perspektiven durchschaut, bewegt sich nach jeweiliger Zweckbestimmung entweder innerhalb einer Region oder auf der Grenze zwischen mehreren Perspektiven, die allesamt pragmatisch für seine aktualen Ziele in ihr Blickfeld gerückt werden können. Insofern sind die mentalen Regionen auch nicht als ontologische Präfigurationen zu verstehen, wie sie dem Verstand erscheinen mögen, sondern als geistig verschiedene Perspektiven begreifbar, die in der Bewegung sowie an den Grenzen perspektivischer Fixationen und Isolationen ihre Relativierung erfahren. Daß diese Relativierungen sich keiner ontologischen, sondern einer gnoseologischen Funktionalität verdanken, ist eine Leistung der zur Vernunft gekommenen Reflexion, die sich zwischen dem Verstand und der regulativen Idee einer visio *dei* verorten läßt.

Wie sich in der Geometrie ein Vieleck durch rein numerische Erhöhung der Winkelzahl einem Kreis annähert, wie sich die Periphe-

---

1 Quine, Willard Van Orman: Theorien und Dinge, Frankfurt/M. 1985, S. 48.

2 Vgl. Putnam, Hilary: Vernunft, Wahrheit und Geschichte, Frankfurt/M. 1982, S. 105.

rie des Kreises durch seine Drehung der Kugel annähert und wie sich der Kreisbogen approximativ seiner Tangente annähern läßt, so unterliegen die Perspektiven der Regionentheorie selbst einer (regulativen) Idee, die ascensual ihre eigenen Voraussetzungen im descensualen Bereich transsumptiv-dynamisch zur jeweils erhöhenden Überwindung ihrer Binnenperspektive zu führen vermag. Doch dazu wird auch eine Potenz mobilisiert, die das fieri posse in ein posse fieri (vice versa) erlaubt, wie sie weder durch die aristotelische »prote hýle« noch durch die neuplatonische »emanatio« geleistet wird oder werden kann. Das posse mentalis bei Cusanus bewegt sich vielmehr relativ zu den regionalen Perspektiven der Regionen selbst, die sich jeweils intern-regional verhaftet zeigen, aber dennoch ein Schema durch ein anderes ersetzen können. Ohne Schema, ohne Regionen und ohne Bereichsdenken vollzieht sich nach Cusanus keine Vorgehensweise des Geistes, dessen mensurable Qualität im Bereich der Rationalität zwar ihren Ursprung findet, aber in deren Überwindung besteht.

Dies hat u. a. zur Folge, daß bei Cusanus notwendig verschiedene Wahrheitsperspektiven zum Ausdruck kommen, die sich jedoch auch regional verorten lassen, ohne den Bereich der Ratio über deren Grenzen hinweg diskursiv verlassen zu müssen: Analog zu Kants Kritiken lassen sich bei Cusanus verschiedene Bestimmungen von Reichweite und Grenzen der geistigen Erkenntnisstufen antreffen, die sich auf die jeweilig regionalisierten Leistungen des dynamischen Geistes beziehen. Als ›*Kritik der reinen Sensualität*‹ wendet sich das Denken dem rein affirmativen Aspekt des Sinnlichen zu, das seine Daten in positiver Form (A *und* A…) vorfindet. Es betrifft dies den Bereich der als ontologisch gedachten Sinnlichkeit, aus dem der Verstand mit seinem Unterscheidungsvermögen die von ihm selbst differenzierten Fakten isoliert, die sich mit rationaler Hilfe wechselseitig spezifizieren lassen. Die krude Faktizität der zunächst verworrenen, da noch nicht eingeteilten Sinnlichkeit nötigt den Geist, Ordnung im Chaos der sensualen Mannigfaltigkeit zu schaffen, wozu der Verstand die Form der Einteilung liefert (A *oder* Non-A), mit deren Hilfe Affirmationen und Negationen in ihrer Bestimmtheit getroffen und erstellt werden.

Wissenschaftlich rationale Theorien erlauben dem Verstand, konstruktiv gesetzte Verschiedenheiten im Aufbau der sinnlichen Welt zu unterscheiden, für die der Bereich der Sensualität über kein hierzu geeignetes Schema verfügt, sondern dieses erst im ihr übergeordneten Bereich des Verstandes findet. Die ›Kritik der reinen Sensualität‹ befreit die Sinnlichkeit aus ihrem Schema der Affirmation durch die Einführung der Negation, mit deren Hilfe Gegensätze und Widersprüche konstruierbar werden[1]. Der rationale Diskurs ist im Bereich des Verstandes eröffnet, in welchem die Fragen nach Alternativen mit disjunktiven Urteilen beantwortbar werden. Die bloß additive Iteration sensualer Faktizität erlaubt auf der Ebene des Verstandes den Einspruch durch andere Einteilungen und Theorien, die sich mit alternativen Disjunktionen gegenseitig beurteilen lassen. Die Wissenschaften sind diesem Bereich der Rationalität verpflichtet, sofern darin nicht nur unterschieden, sondern auch widersprochen werden kann. Die ›Kritik des reinen Verstandes‹ hingegen gestattet es der Vernunft, die bloß formale Äußerlichkeit im Schema der Verstandesleistungen zu durchschauen und auf das in Gegensätzen formulierte *Gesetztsein* der Fakten *(facere)* zu reflektieren. Die entweder affirmierte oder negierte (jedenfalls statisch bestimmte) Faktizität des Verstandes wird durch die Reflexion der Vernunft als schematisierte Abstraktion begriffen, wenn die intellectuale Spekulation auch die Wurzeln des Rationalen und des Sensualen in Erinnerung ruft. Dann sind die schematischen Einteilungen nicht von ihrer Genese zu trennen, sondern es wird die Verwiesenheit ihres Verhältnisses zum dynamischen Geist begriffen: Die regional spezifischen Ontologien werden in ihrer funktionalen Relativität aufgedeckt und in der vernünftigen Reflexion aufgehoben (A *und* Non-A). Die Sinnlichkeit stellt keine Fragen, sondern kompiliert *affirmativ*,

---

1 Vgl. Flasch, Kurt: Nicolaus Cusanus, a. a. O., S. 99: »Das Denken ist zugleich Ruhe und Bewegung. … Wer sich einmal mit dem Widerspruch vertraut gemacht hat, der das Denken *ist*, hat begriffen, daß Widerspruchsfreiheit kein Wahrheitskriterium bei philosophischen Forschungen sein kann«. »Cusanus war konsequenter: Er ließ die Gegensätze, die der Verstand trennen muß, aus der Vernunft hervorgehen, die sie in sich vereine«, a. a. O., S. 114; vgl. Borsche, Tilman: Was etwas ist. Fragen nach der Wahrheit der Bedeutung bei Platon, Augustin, Nikolaus von Kues und Nietzsche, München 1990, S. 211: »Das Denken stellt nach Nikolaus ein in sich widersprüchliches Geschehen dar. Indem es belehrt, führt es zur Unwissenheit« – aber eben zur »*belehrten*« Unwissenheit der docta ignorantia. (Hv. im Orig.)

der Verstand fragt nach dem Unterschied und spezifiziert *alternativ*, die Vernunft fragt nach der Voraussetzung des Fragens selbst und koinzidiert *reflexiv*.

Die zur Bestimmung der kategorialen Dimensionen des Geistes vorgenommenen Unterscheidungen zur Abgrenzung untereinander und zur Thematisierung von Reichweite und Grenze der jeweiligen Bereiche lassen sich nicht nur bezüglich dieser paradigmatischen und für den Verstand pragmatischen Spezifikationen mentaler Erkenntnisstufen ins Auge fassen, sondern geben auch einen Blick darauf frei, daß alle genannten Regionen des Geistes als dessen Perspektiven in Erscheinung treten und dabei außer dem jeweils eigenen Geltungsbereich auch transsumptiv Übergänge zu extern-relationalen Bereichen erschließen, die nur unter Verabsolutierung der jeweiligen Binnenperspektive den Bereichen der Andersheit unaufgeschlossen bleiben. Der Übergang an den Grenzen hingegen gestattet es, den Geist als das bewegende Element und Bindeglied zum Auf- und Abstieg innerhalb der konsequent entfalteten Dynamik des Denkvermögens selbst zu begreifen[1]. Hierbei steht die Leistung des Verstandes in der Mitte zwischen Sensualität und Intellectualität, da im Bereich der Rationaliät die eingeteilte Sinnlichkeit einerseits und die reflektierte Vernunft andererseits zum Zwecke der Diskursivität vermittelt sind. Der Verstand transzendiert die Sinnlichkeit, wie die Vernunft den Verstand transzendiert, woraus sich verschiedene Wahrheitsbestimmungen durch den lebendigen Geist treffen lassen.

Sensualiter spectata sind alle der Sinnlichkeitsregion zugänglichen Dimensionen aufgrund ihrer erst noch zu erfolgenden Unterscheidungen quasi »wahr *und* wahr«, bzw. als solche konstatierbar, da alle Affektionen des Geistes von der Sensualität in identisch bejahender Qualität wahrgenommen werden; alles sinnlich Gewonnene gilt durch das Schema der Sensualität als gleichermaßen »wahr« für den Verstand. Auf dieser Stufe der sensualen Unterschiedslosigkeit findet keinerlei produktive Erkenntnis statt, da hier die bloß passive

1 Vgl. zur allgemeinen Spezifikationsproblematik Kant: KdU, und Abel, Günter: Interpretationswelten. Gegenwartsphilosophie jenseits von Essentialismus und Relativismus, Frankfurt/M. 1982; vgl. Vf.: Zur Tat-Sache der »harten Fakten«. Günter Abels »Interpretationswelten«, in: Philosophisches Jahrbuch (103) 1/ 1996.

Rezeption (w/w) vonstatten geht. Ein Wahrheitswert auf dieser Stufe wäre bestimmbar als neutrale Beliebigkeit für die stets affirmative Rezeptivität. Rationaliter spectata sind jedoch alle dieser Region zugänglichen Dimensionen entweder »wahr *oder* falsch« (w/f) und damit alternativ konstatierbar, da alle Affektionen des Geistes von der Rationalität in bejahender oder verneinender Modalität beurteilt werden können. Auf dieser rationalen Stufe der Unterscheidung findet produktive Erkenntnis statt, da hier die Spezifikation argumentativ vonstatten geht. Ein Wahrheitsmodus auf dieser Stufe wäre als alternierende Wahrheit der Empirie oder als gesetzte Bipolarität durch schematisierte Differenz bestimmbar. Intellectualiter spectata sind jedoch alle der Region der Vernunft zugänglichen Dimensionen »wahr *und* falsch« (w + f) und damit koinzidentell konstatierbar, da alle Affektionen des Geistes von der Intellectualität in complikativ bejahender *und* verneinender Qualität wahrgenommen werden; alles vernünftig Gewonnene ist durch das Schema der Intellectualität sowohl wahr als auch falsch. Auf dieser Stufe des Zusammenfalls findet die höchstmögliche geistige Erkenntnis statt, da hier die coincidentia oppositorum inklusiv im Sinne eines Zusammenfalls als regula veri und nicht als contradictio falsi vonstatten geht. Ein Wahrheitsmodus in diesem Bereich der Vernunft wäre als reflektierte Philosophie bzw. als begriffene Einsicht in die Unzulänglichkeit der rationalen Insuffizienz bestimmbar. Das Resultat zeigt sich dann in einer negativen Erkenntnis durch positive Plausibilität. Nur in der grenzbegrifflich supra-intellectualen Perspektive (der *visio dei*) wären die Divergenzen innerhalb der geistigen Regionendynamik hinfällig oder bestenfalls als in diesen unbestimmbar bzw. als irreduzible Inkompatibilität gegenüber den geistigen Bewegungen insgesamt faßbar. An dieser Grenze, die Cusanus mit der Metapher der »Mauer des Paradieses« skizziert, berührt der Geist das Unberührbare unberührenderweise (»attingitur inattingibilis inattingibiliter«[1]), was von der spekulativen Perspektive jenseits der Grenze für den Geist nur als seine immerwährende Konjekturalität reflektiert werden kann, die in der intellectualen coincidentia oppositorum ihr Maximum an der Grenze zwischen mentaler und transmentaler Explikation erreicht.

1 Cusanus: idiota de sapientia I. ed. Gabriel, Bd. III, Wien 1982, S. 426

Wenn jedoch alle Perspektiven so zugeschnitten sein müssen, daß der Verstand, wenn auch in alteritate, als zentral für das Verstehen unumgänglich erscheint, läßt sich die Regionentheorie des Cusanus als Bewegung des Begriffs in der Bildung sowie in der Vermittlung des Individuellen und Allgemeinen dahingehend begreifen, daß in ihr nicht nur verschiedene Mikrokosmen zu Wort kommen, sondern daß zuvor noch der Kontext eine Erweiterung erfährt, die sich der Reflexion auf die jeweiligen Bedingungen verdankt. An Hegel erinnernd, zeigt sich in der Denkweise des Cusanus eine Bewegung des Begriffs, die sich in dynamischer und dialektischer Intention aus dem Denken selbst ergibt. Die Rationalität bezieht ihre Plausibilität aus den Axiomen der Logik, die Intellecualität bezieht ihre Plausibiliät aus der Beschränkung rationaler Bestimmungen, die trans-intellectuale visio dei erfährt ihre Perspektive aus dem Absoluten, das sich keiner – stets defizienten – Beschreibung unterziehen läßt. Bezüglich der Cusanischen Regionentheorie des Erkennens liegt ein durch regulative Ideen aufgehobener Prozeß des Geltungs- und Wahrheitsbereiches für alle Stufen des Geistes vor, weshalb dieser Prozeß sich auch als eine Bewegung des Begriffs in der Bildung zur Weisheit (sapientia) beschreiben läßt, die jeden erreichten Mikrokosmos zugunsten eines erweiterten Weltbildes verlassen kann, aber dabei nie zu einem sicheren und abschließbaren Ende (veritas), sondern wieder nur zu einem anderen Paradigma neuer aenigmata kommt.

Die nicht artikulierbare Affirmation der *sensatio* verweilt in ihrem unreflektierten Status der Subjekt-Objekt-Dichotomie, ohne diese selbst erkennen zu können. Die artikulierbare Differenz der *ratio* verweilt in ihrem unreflektierten Status der Unterscheidungs-Dichotomie, ohne auf dieses Schema reflektieren zu können. Die nicht artikulierbare Oppositionskoinzidenz des *intellectus* als docta ignorantia verweilt in ihrem Abstand zur *visio dei* an deren Grenze – jeweils in alteritate – und begreift von dort aus das *Sein* als ein *Eingeteilt*-Sein für den Verstand. Daraus folgt für Cusanus eine *funktional-ontologische* Dynamik, die in direktem Zusammenhang mit der epistemologischen Dimension geistiger Bewegungen als endlicher Vernunft zu sehen ist. Endlich bleibt jeder Wahrheitsanspruch auf jeder Stufe der Erkenntnis und innerhalb von deren jeweils perspektivisch bedingtem Mikrokosmos, der sich zwar erweitern läßt, aber nicht zur

Verabsolutierung der jeweilig internen Konjekturen führen kann. Einzig auf der transsumptiven Grenze sind qualitative Verschiebungen möglich, die zugleich den Geltungsbereich ihrer Herkunft – d.h. die Bedingungen der Erkenntnis in statu nascendi – reflektiert hinter sich lassen können. Sowohl im Ascensus als auch in Descensus erscheint der Geist als »mens« in seiner beweglichsten Form, aber eben auch nur als Form des Denkens überhaupt. Die sich dabei vollziehende Dialektik gibt sich jedoch weder als Idee noch als Form, noch als Methode zu verstehen, sondern als ein Prozeß, den das dynamische Denken selbst vollzieht, indem es die eigene Spekulation der Vernunft verstandesaffin artikuliert. Oder, mit Hegel gesprochen: »Die Spekulation versteht ... den gesunden Menschenverstand wohl, aber der gesunde Menschenverstand nicht das Tun der Spekulation«[1].

Dieser Unterschied zwischen Verstand und Vernunft, zwischen empirischer Rationalität und reflektierter Spekulation findet sich bereits bei Cusanus als Dialektik angelegt, wenn die jeweils höhere Stufe des Geistes aus der jeweils niedrigeren Stufe hervorgeht. Es liegt somit auf der Hand, daß sich der Wahrheitsanspruch im Vollzug des geistigen Auf- und Abstiegs mit verändert, da via reflexionis auch die Fragestellungen (z.B. der rationalen Empirie gegenüber der Reflexion auf deren Bedingungen des Verstandes) nicht dieselben bleiben. Denn auf der Ebene der sensationes liegen keine Unterschiede vor, weshalb dieser Region alles als gleich wahr erscheint (w/w), da sich die Frage nach der Wahrheit hier noch nicht stellt. Auf der Ebene des Verstandes gelangt man via negationis zu *entweder* wahren *oder* falschen Urteilen (w/f) und damit auch zu einem rationalen Wahrheitsbegriff, der die Wahrheit in Form von logischer *Richtigkeit* zur Anwendung bringt. Die Frage nach dem Wahrheitsmodell des Verstandes stellt sich erst auf der Ebene der Vernunft, in welcher sich die Oppositionskoinzidenz auf der Basis der *docta ignorantia* begreifen läßt.

Auf dieser Stufe der Reflexion wird die rational konstruierte Unterscheidung von wahr und falsch selbst hinfällig, weshalb aus dieser Perspektive alle Theorien gleichermaßen »falsch« sein müssen (f/f).

1 Hegel, G. W. F.: Differenz des Fichteschen und Schellingschen Systems der Philosophie, Theorie-Werkausgabe, Bd. 2, Frankfurt/M. 1970, S. 31.

Maß und Gemessenes finden immer nur zu einer pragmatischen Einteilung von hypothetisch hinreichender Plausibilität, die niemals mit der in ihr beanspruchten Wahrheit verwechselt werden darf. Dem Verstand ist der Pragmatismus fremd, der in der Vernunft zu einem Wahrheitsbegriff der Plausibilität durch (rational gesehen) »falsche«, wenn auch zweckmäßige Urteile gelangt. Da sich für die Stufe der visio dei, in der sich alles eingefaltet sowie für den Geist unerreichbar zeigt, die Frage nach der Wahrheit nicht stellt, sind in ihr – wie in der sensatio – alle Bereiche des Absoluten gleich »wahr« oder gleich »falsch« (w/w *oder* f/f – bzw. w*eder* w *noch* f) oder liegen bereits außerhalb dieser Art von Einteilung, aus der sich folgende Regionalisierung mit ihren jeweiligen Geltungsansprüchen bezüglich Wahrheit und Falschheit auf Verstandesebene ergibt:

deus (weder *w* noch *f – bzw. w/w* oder *f/f)*
intellectus (w und *f)*
ratio (w oder *f)*
sensatio (*w* und *w*)

Dem erkennenden Geist bleiben somit nur die beiden (›mittleren‹) Regionen des Mentalen auf den Stufen des Verstandes und der Vernunft zugänglich, wobei erstere im Bereich der (z. B. empirischen) Wissenschaft stattfindet, während letztere im Bereich der reflektierenden Philosophie anzutreffen ist. Die noch nicht eingeteilte und speziell für die Ratio spezifizierbare Sinnlichkeit regt den Verstand zu seinen Unterscheidungen an, woraus sich dessen Affektion durch die Sinnlichkeit ergibt, die rational zu ordnen Aufgabe für den hierfür zuständigen Verstand ist, während die Vernunft auf das Schema des Verstandes reflektiert und von der *visio dei* ihre Anregung zum Transscensus bezieht. Ascensiv stellen sich alle Regionen in grenzüberschreitend motivierter Aufhebung von defizienten Wahrheitsansprüchen vor, descensiv bieten alle Regionen an der jeweils unteren Grenze einen Sprung über deren jeweils höchste Form sowie zugleich über deren Defizienz auf. Dabei werden die Ebenen der *sensatio* und des *deus* als grenzbegriffliche Bereiche gedacht, die in der Reflexion auf die *visio dei* keinen Unterschied mehr aufweisen können.

Nur der analytisch artikulierte Verstand traut sich die Anmaßung zu, zwischen wahren und falschen Urteilen unterscheiden zu können, obwohl es ihm hierfür an der Kraft zur Bildung synthetischer Urteile (im Sinne Kants) mangelt. Die Vernunft hingegen kann den Wahrheitsbegriff des Verstandes als dogmatische Position begreifen, die nur ihre eigene Perspektive der Wahrheit kennt und diese Schablone (*w/f*) an alles heranträgt, was sie umgibt. Insofern wird die Vernunft zwar vom Verstand affiziert, findet jedoch in der Imagination einer visio dei die korrelative Funktion ihrer eigenen Vorgehensweise. Und solchermaßen sind alle Regionen aufeinander verwiesen, was sogar bezüglich der untersten und der obersten Stufe zu einer »Deckungsgleicheit« des Wahrheitsbegriffs (w/w) führt, während die espistemologische Schlacht auf dem Feld zwischen Verstand und Vernunft geschlagen wird. Und auch in den Resultaten finden sich ihre Unterschiede von der Art, daß die Vernunft zwar den Verstand begreift, der Verstand aber die Vernunft nicht versteht. Denn die Vernunft ist in der Lage, ihre Reflexion auf die dominante Relevanz plausibel etablierter Isolate und deren Differenzierungen zu richten, da sie sich an deren Herkunft aus ihr selbst zu erinnern vermag. Dem Verstand hingegen werden nur ontologisierte Substrate sichtbar, die er von okkulter Vernunft oder fremder Natur zu kennen glaubt, deren Autorschaft hingegen aus seinem Gedächtnis gewichen ist. Solchermaßen gelingt es, dem Verstand zur Vernunft zu verhelfen, ohne die Vernunft um den Verstand zu bringen.[1]

Analog zu den Ausführungen des Cusanus über das Verhältnis von Verstand und Vernunft, bei dem sich zeigt, daß die Vernunft als Reflexionsinstanz gegenüber dem Verstand fungiert, läßt sich auch später bei Kant zeigen, daß der Verstand mit einer Erkenntnis*restriktion* ausgestattet ist, während die Vernunft über ihn hinaustreibt und dabei zwar keine *konstitutive*, aber eine *regulative* Funktion aufweist, wobei die Kritik (der reinen Vernunft – als genitivus subiectivus und als genitivus obiectivus zu lesen) als ein »Experiment« der Vernunft mit sich selbst aufgefaßt wird: Die »Vernunft« soll »selbst ihr eigener

---

1 Ganz anders verhält es sich bei Karl R. Popper, der den Verstand verabsolutiert, die Koinzidenz der Vernunft jedoch als *contradictio falsi* und nicht als *regula veri* begreift. Damit betreibt er auch keine reflektierte Philosophie, sondern einen ontologischen Positivismus mit dem kardinalen Unterschied zwischen *coniectura* und *conjecture*. Von *refutations* kann bei Cusanus nicht die Rede sein, da uns hierfür kein *tertium comparationis* zur Verfügung steht. Vgl. Vf.: Karl R. Popper: Einführung in Leben und Werk, Hamburg 1987.

Schüler sein«[1]. In diesem Experiment wird die Vernunft als *intellectuale* Reflexionsstruktur der bloß empirischen Verstandeserkenntnis entgegengesetzt. Die Vernunft bezieht sich also nicht auf die möglichen Gegenstände der Erfahrung durch den Verstand, sondern auf dessen Leistungsfähigkeit, auf die sie reflektiert. Diese Differenzierung ist im Auge zu halten, wenn man die »Transzendentale Dialektik« der reinen Vernunft nicht unter dem Gesichtspunkt der verstandesmäßigen Erkenntnis*konstitution*, sondern der *regulativen* Ideen der *Vernunft* zu begreifen hat. Denn »der Verstand mag ein Vermögen der Einheit der Erscheinungen vermittelst der Regeln sein, so ist die Vernunft das Vermögen der Einheit der Verstandesregeln unter Prinzipien. Sie geht also niemals zunächst auf Erfahrung, oder auf irgendeinen Gegenstand, sondern auf den Verstand, um den mannigfaltigen Erkenntnissen desselben Einheit a priori durch Begriffe zu geben, welche Vernunfteinheit heißen mag, und von ganz anderer Art ist, als sie von dem Verstande geleistet werden kann.«[2] Dabei macht der Verstand für die Vernunft ebenso einen Gegenstand aus wie die Sinnlichkeit für den Verstand, woraus sich ergibt, daß die wissenschaftliche Rationalität in der klassischen Erkenntnistheorie einen völlig anderen Stellenwert verortet bekommt, als dies in der späteren Wissenschaftstheorie der Fall ist, in welcher dem Verstand Leistungen zugesprochen werden, die der Vernunft angehören, dabei aber nicht berücksichtigt werden. Empirismus (sensatio), Verstandesdenken (ratio) und Reflexion (intellectus) werden dabei in ein unheilvolles Durcheinander gebracht und weisen bei dieser Gelegenheit auch in ihren Resultaten die vielfältigen Verwirrungen auf, die bei hinreichender Differenzierung im Sinne Cusanus' oder Kants entbehrlich wären. Dies läßt sich auch auf die Formel eines generellen Reflexionsverzicht in der modernen Wissenschaftstheorie des positivistischen Naturalismus bringen. Denn der Verstand und die Vernunft können zumindest bei Cusanus und Kant nach dieser Differenzierung nicht untereinander vermittelt gedacht werden. Durch ein dem Verstand selbst entsprechendes analysierend vorgehendes Aufdecken der Möglichkeitsbedingungen des analysierenden Denkens des Verstandes gilt es, die Grenzen des Verstandes zu

1 Kant: KrV, B XIV.
2 A. a. O., B 359.

limitieren und ihn innerhalb seiner Grenzen in seiner Möglichkeit zu begreifen. Seine Immanenz vor seiner Transzendenz zu schützen stellt eine der Hauptaufgaben kritischer Philosophie dar, die den regulativen Gebrauch der Vernunft vom diskursiven Gebrauch des Verstandes zu unterscheiden erlaubt. Demgegenüber macht Kant für die Vernunft geltend, »daß der größte und vielleicht einzige Nutzen der Philosophie der reinen Vernunft ... wohl nur negativ« zu sehen ist, »da sie nämlich nicht, als Organon, zur Erweiterung, sondern, als Disziplin, zur Grenzbestimmung dient, und, anstatt Wahrheit zu entdecken, nur das stille Verdienst hat, Irrtümer zu verhüten«[1]. Mit diesem Verhüten von Irrtümern ist jedoch nicht gemeint, einen positivistischen Falsifikationismus zu betreiben, der selbst bereits an der Unmöglichkeit scheitert, Vorstellungen mit etwas anderem als wieder nur mit Vorstellungen zu vergleichen. Er setzt vielmehr eine Ontologie subjektunabhängiger Realität in Form von Dingen *an sich* voraus, wie sie nach dem *aenigmatischen* Denken des Cusanus und später nach Kant gerade *nicht* erkannt werden können. Diese Einsicht löst die philosophische Reflexion nicht auf, sondern spiegelt nur wider, daß Cusanus auch nach über 500 Jahren seine Aktualität nicht verloren hat.

Eberhard Döring

1 KrV, B 823.

Vorwort des Übersetzers

Seitdem ich das vorher entweder ganz unbekannte oder vielfach entstellte Leben und Wirken des deutschen Kardinals und Bischofs Nicolaus von Cusa nach sorgfältigem Sammeln der mir zugänglichen Quellen[1] in einer Monographie (*Der Kardinal und Bischof Nicolaus*

---

1 Schon die Rechenschaft, welche ich hierüber in der Vorrede zu meiner Monographie (S. XI–XIV) ablegte, beweist, daß ich diesem Gegenstande alle einer so wichtigen Aufgabe entsprechende Mühe und Sorgfalt gewidmet habe, was denn auch in den über das Buch erschienenen Rezensionen die gebührende Anerkennung gefunden hat. Erst dem Herrn Prof. Dr. *Jäger* in Wien, der über den *Streit des Kardinals mit dem Herzog Sigmund von Oestreich* zwei Bände (Innsbruck 1861) herausgegeben hat, war es vorbehalten, meine Arbeit der »gewohnten Oberflächlichkeit« (II. S. 84) zu beschuldigen, weil ich einmal in einem Briefe des Kardinals den Ausdruck haeresiarcha auf Gregor von Heimburg statt auf den herzogl. Rat Blumenau bezogen, die Lage des Schlosses Anraß in Tirol nicht genau gewusst (kennt Herr Dr. Jäger die Lage aller Schlösser in Württemberg?) oder ein paar Stellen in Originalurkunden aus jener Zeit nicht richtig gelesen u. dgl., auch zu sehr als Apologet des Kardinals aufgetreten sei. Wer über einen ganz speziellen Gegenstand durch Wege, die mir damals nicht zugänglich waren, im Besitze aller Quellen ist und somit über eine, durch die Leidenschaft beider Teile schon in den Relationen aus jener Zeit entstellte und vielfach dunkle Partie, überdies mit allen Hilfsmitteln einer Universitätsbibliothek, die mir damals nicht zu Gebote standen, eine bis ins Einzelnste gehende Untersuchung anstellt, muß natürlich in vielem auf richtigere Ergebnisse gelangen, die mich in jenem Werke, einzig weil sie *die Wahrheit* in einzelnen Partien mehr ans Licht stellen, erfreuten. Auffallend war es mir ferner, daß Herr Dr. *Jäger* mir vorwirft, daß ich eine schon von Chmel veröffentlichte Urkunde nicht gekannt (II, 108), dagegen die *nach* meiner Arbeit erschienene Monographie von Dr. *Düx* über Cusa ein gediegenes Werk nennt, obwohl Dr. Düx die fragliche Streitfrage in nichts Wesentlichem besser, als es von mir geschehen, aufgehellt, den wichtigen Codex cusanus durchaus nicht selbst benützt und untersucht, sondern sich in den tatsächlichen Spezialitäten in der Regel auf meine Darstellung gestützt hat und die gleiche apologetische Tendenz wie ich verfolgt. Nicht eine Stelle habe ich gefunden, in welcher Herr Dr. *Jäger* mich auf eine richtigere Untersuchung und Darstellung des vorhin genannten Biographen hätte hinweisen können. Also reine Ungnade!

von Cusa, Mainz 1843) zunächst nach der Seite des kirchlichen Wirkens in einem Gesamtbilde zu zeichnen versucht, hat sich die Aufmerksamkeit auch auf dessen literarische Tätigkeit, namentlich auf das philosophisch-theologische System desselben, wovon ich die Grundzüge in der Tübinger theologischen Quartalschrift, Jahrg. 1837, 2. Heft niedergelegt hatte, in erhöhtem Grade hingewendet. Dr. *Clemens,* damals Privatdozent in Bonn, zeigte im Jahre 1847 in einer besonderen Schrift: *Giordano Bruno und Nicolaus von Cusa* das Verhältnis beider Philosophen zu einander, zu welchem Behufe er das System Cusas in vortrefflicher Weise in den Grundzügen darlegte. Dr. *Düx,* Regens des bischöfl. Seminars in Würzburg, nimmt in seiner Monographie über Nicolaus von Cusa (Regensburg 1847) auf diese lehrreiche und gediegene Schrift, obwohl ihr Inhalt schon 1844 in der Zeitschrift für Wissenschaft und Kunst von Dr. *Dieringer* niedergelegt war, keine Rücksicht und beschränkt sich in dem Abschnitte über das literarische Wirken auf mehr oder weniger ausführliche Auszüge aus den wichtigsten Schriften des Kardinals, ohne über das System selbst, seine innere Entwicklung, über die Stellung Cusas in der Geschichte der Philosophie und der dogmengeschichtlichen Entwicklung, wovon doch die Würdigung des literarischen Wirkens in erster Linie abhängt, in irgendeine Untersuchung einzugehen. Der VIII. Band der Sitzungsberichte der philosophisch-historischen Klasse der kaiserlichen Akademie der Wissenschaften in Wien vom Jahre 1852 enthält eine sehr gute Abhandlung von Prof. *Zimmermann* über die Philosophie des Kardinals unter dem Titel: *»Der Kardinal Nicolaus Cusanus als Vorläufer Leibnitzens«.* *Ritter* hat in seiner Geschichte der Philosophie des Mittelalters dem philosophischen Systeme Cusas eine ausführlichere, jedoch nicht in allen Teilen genügende Darstellung gewidmet, und *Staudemaier* hat in seiner Dogmatik (III. Bd. 2 Abtlg. Freiburg, bei Herder, 1848) in der Lehre von Gott und der Verwirklichung der Welt an vielen Stellen auf Nicolaus von Cusa hingewiesen.

Diese Beleuchtung einzelner Partien des in den älteren Werken über Geschichte der Philosophie von *Brucker, Buhle* und *Tennemann* gleich der ganzen Scholastik gänzlich entstellten Systems zeigen nicht nur den tiefen und reichen Gehalt der Spekulation unseres Denkers, sondern treiben von selbst dahin, diese einzelnen Beleuchtungen in einen Brennpunkt zu sammeln und das Ergebnis der neuesten Untersuchungen über diese oder jene Seite der Cusanischen Spekulation in ein Gesamtbild zusammenzufassen, welches die innere Entwicklung der cusanischen Philosophie darlegt, sodann die Stellung Cusas im Entwicklungsgange der Philosophie vor- und rückwärts beleuchtet, überdies auch den dogmatischen Auffassungen einiger wichtiger Lehrstücke der speziellen Glaubenslehre – eine bisher ganz unbeachtet gebliebene Materie – die gebührende Beachtung widmet und endlich eine Auswahl des Gediegensten aus den Predigten und religiösen Dialogen liefert.

In der Ausführung der Hauptaufgabe, der vollständigen Darlegung des spekulativen Systems, glaubte ich aus mehreren Gründen mich nicht auf den gewöhnlichen Weg eines Referates, bei welchem der Philosoph selbst nur hie und da zum Worte kommt, beschränken, sondern von den namhaftesten Schriften eine möglichst sinngetreue Übersetzung, mit nur wenigen Auslassungen von solchen Sätzen, die bloße Wiederholungen des Gedankens sind, dem Publikum geben zu sollen. Dies dürfte gerechtfertigt erscheinen

1. vor allem durch die bisherige mangelhafte Kenntnis des Ganzen der spekulativen Wirksamkeit Cusas, der doch an Tiefe der Gedanken sich an die besten Scholastiker des Mittelalters anreiht, an Vielseitigkeit und mannigfachen Anklängen an die neuere Philosophie sie alle übertrifft. Eine nähere Bekanntschaft mit dem Systeme Cusas aus seinen Schriften selbst ist wegen der großen Seltenheit der Ausgabe derselben (die gewöhnliche ist die *Basler*, ex officina Henricpetrina v. J. 1565) für die wenigsten ermöglicht.

2. Je origineller Cusas Ideen gedacht und ausgeführt sind, desto weniger werden sie in ihrer ganzen Eigentümlichkeit durch ein bloßes Referat, wenn auch dieses mit einzelnen Stellen aus den Schriften selbst durchflochten ist, erkannt. Veranlassung, Eingang, Art der Ausführung, Schluß einer Schrift geben uns erst ein ganzes Bild und lassen uns oft nur in einzelnen hingeworfenen Bemerkungen, die man sonst nicht als eigentliche dicta probantia zu betrachten pflegt, tiefere Blicke in die ganze Geistesrichtung werfen. Mag das Referat über einen Philosophen sich noch so getreu an den Gehalt seiner Schriften anschmiegen, es ersetzt doch das Lesen derselben und die eigene Ausführung des Autors keineswegs. Deshalb geben auch die Auszüge bei Dr. *Düx* ein nur mangelhaftes und fragmentarisches Bild des Gedankengangs der einzelnen *spekulativen* Schriften. Wenn Cusa

wiederholt von seinem Systeme sagt, es unterscheide sich von der zu seiner Zeit üblichen Methode des Philosophierens wie das (selbständige) Sehen vom Hören (des Überlieferten), so wird auch in der Erkenntnis seines Systems das Sehen vor dem Hören den Vorzug verdienen.

3. Cusa hat auch der *Form und Architektonik* seiner Gedanken eine große Sorgfalt gewidmet. Seine Ausführungen bewegen sich nicht durch voluminöse Schriften hin, sondern sind in verhältnismäßig kleinen Abhandlungen niedergelegt, von denen jede ein eigentümliches Ganzes bildet; in einigen ist die *dialogische Form* Platos nachgeahmt. Von dieser Form des Systems erhalten wir nur durch Übersetzung ein ebenso anschauliches als anziehendes, nicht durch übermäßige Gedehntheit ermüdendes Bild.

4. Mit einem gewissen nationalen Selbstgefühle bittet Cusa seinen Lehrer, Kardinal Julian Cäsarini, dem er die erste größere philosophische Arbeit – de docta ignorantia – widmete, er möge dieses wie immer geartete System *eines Deutschen* über göttliche Dinge wohlwollend aufnehmen. Und in der Tat! Wenn wir das lateinische Gewand der Darstellung hinwegnehmen, so wird jeder Kundige hier das *Werk eines deutschen Geistes* mit Freuden entdecken; ja, er wird oft meinen, nicht einen Scholastiker aus dem 15. Jahrhundert, sondern einen deutschen Philosophen der neueren Zeit zu lesen. Die Grundgedanken der deutschen Mystik – man könnte Cusas System den ins Philosophische übersetzten Thomas von Kempis, aus dessen Kreisen auch jener hervorgegangen, nennen –, eine Kritik des menschlichen Erkenntnisvermögens, die Naturphilosophie von Schelling und Bader – alles dieses tritt uns hier entgegen, aber zu einem solchen Ganzen verarbeitet, daß der Pantheismus überwunden wird und durch die großartig im Geiste eines Clemens von Alexandrien aufgefaßte Logoslehre die Grundideen des Christentums überall ihre Herrschaft siegreich behaupten – Gründe genug, daß wir das lateinische Gewand, aus welchem ohnehin die deutsche Form des Gedankens überall hervorschaut, hinwegnehmen und den deutschen Denker in seiner natürlichen Gestalt schauen lassen. Ich schmeichle mir mit der Hoffnung, daß die bisher nur mangelhaft erschlossene Lektüre eines christlichen Philosophen, durch dessen Schriften sich eine so tiefe und warme Religiosität hindurchzieht, der in allem seinem Denken nichts anderes bezweckte, als daß, wie in ihm, so auch in seinen Le-

sern auf dem Wege der Spekulation »*Christus für Geist und Herz immer größer werden möge*« (de docta ignorantia III, c. 12, S. 62) außer den Männern vom Fache, die an der Quelle selbst schöpfen, allen willkommen sein werde, welche auf jenem Grade von Bildung stehen, daß ein jeder Versuch zur Lösung der höchsten Probleme des menschlichen Geistes ihr lebhaftestes Interesse in Anspruch nimmt. Werfen wir vollends einen Blick auf den dermaligen Stand der Philosophie, so ist derselbe von der Art, daß ein Geist wie Cusa aufzutreten sich nicht im mindesten scheuen darf.

5. Es versteht sich endlich von selbst, daß die Übersetzung der namhaftesten philosophischen Schriften die beste Grundlage bildet, auf welcher eine lebendige Erörterung über Geist und Richtung, Entwicklungsgang des Systems so in der zweiten Abteilung aufgebaut werden kann. Ist ja eine richtige Übersetzung auch schon eine Erklärung des Sinnes mancher Stellen, vorausgesetzt, daß man nicht da, wo die Übersetzung Schwierigkeiten bietet, den lateinischen Ausdruck beibehält, sondern wirklich den möglichst adäquaten aus der deutschen philosophischen Sprache aussucht. Inwieweit ich nun die oft nicht geringen Schwierigkeiten überwunden und namentlich auch den vielfach fehlerhaften Text der Basler Ausgabe aus dem Sinn und Zusammenhang verbessert habe, stelle ich dem Urteile der Sachverständigen anheim.

Durch die Auswahl der übersetzten philosophischen Schriften soll nicht gesagt sein, daß nicht noch einige andere der nicht übersetzten zur allseitigen Erkenntnis des Systems erforderlich seien; doch sind die Hauptgedanken in dem hier Übersetzten niedergelegt. Zwei der übersetzten Schriften: de pace fidei und cribratio Alchoran gehören zwar nicht zu den im engeren Sinne spekulativen, allein sie sind doch von den Grundideen der philosophischen Anschauung Cusas getragen und verdienen auch ihrem übrigen Inhalte nach wörtlich und vollständig bekannt zu werden. Unterlassen habe ich die Übersetzung der Schrift: de concordantia catholica sowie der *Briefe an die Böhmen*, da ihr wesentlicher Inhalt bereits in meine oben erwähnte Monographie (S. 32–91 und 91–105) aufgenommen ist.

Die zweite Abteilung wird die wissenschaftliche Untersuchung über Cusas System und dessen Stellung im Entwicklungsgange der Philosophie und spekulativen Theologie enthalten.

Möge sich diese meine Arbeit der gleichen günstigen Aufnahme, wie die frühere über denselben Gegenstand erfreuen! Glücklich würde ich mich schätzen, wenn dieselbe einiges beitragen sollte, daß, wenn in nicht ferner Zeit (am 10. August 1864) vier Jahrhunderte seit dem Hinscheiden des Mannes, auf den die katholische Kirche und besonders das deutsche Vaterland mit Stolz hinblicken darf, verflossen sind, sein geistiges Bild in möglichst lebensvollen und sprechenden Zügen vor uns steht.

I.

Spekulative Schriften

Von der Wissenschaft des Nichtwissens

(De docta ignorantia)

Nicolaus von Cusa an den hochehrwürdigen Kardinal Julian, seinen Lehrer

Deinen großen und gepriesenen Geist wird es mit Recht befremden, daß ich, indem ich aus dem Barbarenlande meine Albernheiten (meas barbaras ineptias) allzu unüberlegt zu veröffentlichen wage, dich um ein Gutachten ersuche (te arbitrum eligo), als hättest du bei deiner Stellung am apostolischen Stuhle als Kardinal und bei der angestrengtesten Tätigkeit im öffentlichen Dienste noch einige Muße übrig, oder als könnte dich, den feinsten Kenner der gesamten lateinischen und nun auch der griechischen Literatur, das Ungewöhnliche des Titels für diese meine vielleicht ganz ungereimte Schrift gewinnen. Meine Geistesrichtung ist dir längst hinlänglich bekannt. Ich gebe mich der Hoffnung hin, daß nicht so sehr der Gedanke, hier bisher Unbekanntes zu finden, als vielmehr das Befremden über die Kühnheit, mit der ich mich an eine Abhandlung über die Wissenschaft des Nichtwissens gewagt, deine große Wißbegierde zum Einsehen meiner Arbeit bewegen werde. Die Naturlehre sagt uns, dem Appetite gehe eine unangenehme Empfindung im Gaumen vorher, auf daß die Natur bei ihrem Selbsterhaltungstriebe hierdurch angereizt neue Kräfte sammle. So geht wohl auch mit Recht das Staunen, das uns zum Philosophieren anregt (admirari, propter quod philosophari), dem Wissenstriebe vorher, damit unsere Vernunft, der das Begreifen ihr Sein ist, im Streben nach Wahrheit zur Vollkommenheit gelange. Das Seltene fesselt uns, wenn es auch abenteuerlich (monstra) ist.

So glaube denn, mein einziger Lehrer! in deiner Humanität, daß hier etwas deiner Würdiges verborgen sei, und nimm dieses wie immer gestaltete Philosophem *eines Deutschen* über göttliche Dinge wohlwollend auf! Die große Mühe, die ich darauf verwendet, hat es mir zu einer äußerst lieben Beschäftigung gemacht.

Erstes Buch

Erstes Kapitel

Unser Wissen ist Nichtwissen

Als Gabe Gottes liegt in allen Dingen, wie wir sehen, ein natürliches Verlangen, *auf eine bessere Weise zu existieren*, wie es ihr natürlicher Zustand zuläßt. Für dieses Ziel sind besonders diejenigen Wesen tätig und mit den geeigneten Hilfsmitteln versehen, denen der Verstand angeboren ist, entsprechend dem Zwecke des Erkennens, auf daß jenes Verlangen nicht ein vergebliches sei, sondern in dem Gegenstande des Verlangens durch den Zug (pondere) der eigenen Natur seine Ruhe finde. Geht es etwa anders, so kann dies nur akzidentiell sein, z. B. wenn Kränklichkeit den Gaumen oder die Meinung den Verstand in die Irre führt. Daher sagen wir, die gesunde und freie Vernunft *erkenne das Wahre*, das sie in einem ihr angeborenen unersättlichen Suchen, alles durchforschend, zu erreichen strebt, wenn sie es in liebendem Umfassen ergreift (Quamobrem sanum liberum intellectum verum [quod insatiabiliter indito discursu, cuncta perlustrando attingere cupit], apprehensum amoroso amplexu cognoscere dicimus), und wir zweifeln nicht, vollkommen wahr sei das, dem kein gesunder Verstand widersprechen kann. Alle Forschung ermißt aber das Ungewisse durch proportionale Vergleichung mit etwas vorausgesetztem Gewissen. *Jede Forschung ist mithin eine vergleichende* (comparativa est omnis inquisitio), mittelst einer Proportion. Läßt sich das Gesuchte in naheliegender Proportion mit dem vorausgesetzten Gewissen in Verbindung bringen, so ergibt sich das (die Wahrheit) erfassende Urteil auf leichte Weise, bedarf es aber einer vielfachen Vermittlung (multis mediis), dann entstehen Schwierigkeiten und Mühe. Bekannt ist dies von der Mathematik, wo die ersten Lehrsätze auf die ersten und ganz bekannten Prinzipien leichter zurückgeführt werden, die späteren Lehrsätze aber schwieriger, weil es nur durch die Vermittlung jener möglich ist. Jedes Forschen bewegt sich also in einer leichten oder schwierigen vergleichenden Proportion nach einem Unendlichen hin, *das als Unendliches, indem es sich jeder Proportion entzieht, unbekannt ist.* Da die Proportionen ein Zusammenstimmen in einem gewissen einen und zugleich ein Anderssein ist, so läßt sie sich ohne *Zahl* nicht denken. Die Zahl schließt somit alles Proportionale in sich. Nicht also bloß in der Quantität ist die Zahl, sondern in allem, was wie immer substantiell oder akzidentiell zusammenstimmen und differieren kann. Deshalb hat wohl *Pythagoras* gelehrt, alles werde durch die Kraft der Zahlen geordnet und erkannt. Indessen eine präzise Kombination im Körperlichen und eine kongruente Anreihung des Unbekannten an das Bekannte geht über den menschlichen Verstand, weshalb *Sokrates* meinte, er wisse nichts, außer daß er nichts wisse. Der weise *Salomo* sagte, alle Dinge seien schwierig und nicht durch Worte zu erklären. Und ein anderer Mann voll des göttlichen Geistes sagt, verborgen sei die Weisheit und die Stätte der Erkenntnis vor den Augen aller Lebenden. Wenn dem so ist, wie auch der tiefdringende *Aristoteles* in seiner »ersten Philosophie« sagt, daß selbst in den von Natur ganz unbekannten Dingen uns dieselben Schwierigkeiten begegnen wie der Eule, wenn sie die Sonne sehen will, so geht offenbar, da der Erkenntnistrieb nicht umsonst in uns ist, unser Verlangen dahin, zu wissen, daß wir nichts wissen. Bringen wir dieses Verlangen zur Vollendung, so erlangen wir die *Wissenschaft des Nichtwissens* (doctam ignorantiam). Auch der Wißbegierigste kann es in seiner Bildung zu keiner höheren Vollkommenheit bringen, als wenn er über die Unwissenheit, die dem Menschen eigen ist, recht unterrichtet erfunden wird (in ipsa ignorantia doctissimum reperiri). Zu dem Ende habe ich mir die Mühe genommen, über eben diese Wissenschaft des Nichtwissens einiges zu schreiben.

Zweites Kapitel

Einleitender Überblick des Ganzen

Die Erörterung über das größte Nichtwissen erfordert allererst eine Erläuterung der Natur des Größten.

Das *Größte* ist das, über welches hinaus es nichts Größeres gibt. Die höchste Fülle (abundantia) kommt aber der Einheit zu. Es koinzidiert also mit dem Größten die Einheit, die auch das Sein (entitas) ist. Da diese Einheit von allem Verhältnis und allem Konkreten (contractione) ganz und gar frei ist, so *hat sie offenbar keinen Gegensatz.* Das absolut Größte ist daher eine Einheit, die alles ist und in der alles ist, weil es das Größte ist. *Weil es keinen Gegensatz hat, so koinzidiert mit ihm das Kleinste,* es ist daher auch in *allem.* Weil es absolut ist, so ist es in Wirklichkeit (actu) alles mögliche Sein, ohne durch die Dinge beschränkt zu sein, da alle Dinge von ihm sind.

Dieses Größte, das im einstimmigen Glauben aller Nationen Gott genannt wird, werde ich im *ersten Buche* in nicht begriffsmäßiger Weise, über den menschlichen Verstand hinausgreifend (supra humanam rationem incomprehensibiliter inquirere laborabo) zu erforschen suchen, unter der Leitung dessen, der allein in einem unzugänglichen Lichte wohnt.

Wie das absolute Größte das absolute Sein ist, durch welches alles ist, was ist, so gibt es auch eine universale Einheit des Seins aus jener, die das absolut Größte ist. Sie existiert konkret (contracte) als *Universum,* dessen Einheit in konkreter Vielheit besteht, ohne welche sie nicht sein könnte. Obwohl dieses Maximum in seiner universalen Einheit alles umfaßt, und alles, was aus dem Absoluten stammt, in ihm ist und es in allem, so hat es doch seinen Bestand nicht außer dem Bereiche der Vielheit, da es nicht ohne konkrete Beschränkung (contractione) besteht, von der es sich nicht losmachen kann. Von diesem Maximum, dem *Universum,* werde ich im *zweiten Buche* einiges sagen.

Konsequent wird sich dann das Maximum der dritten Betrachtung herausstellen. Denn da das Universum nur ein beschränktes Sein in der Vielheit hat, so werden wir aus dem vielen *ein Größtes heraussuchen, in dem das Universum auf die größte und vollkommenste Weise aktuell, als in seinem Ziele, Subsistenz findet.* Dieses muß sich mit dem Absoluten, das der Höhepunkt des Universums (terminus universalis) ist, vereinen, weil es das vollkommenste Ziel sein soll, über alle menschliche Fassungskraft. Von diesem Größten, das *zugleich konkret und absolut ist,* das wir *Jesus, den ewig gepriesenen* nennen, will ich im *dritten Buche* einiges, soweit mich Jesus selbst hierzu erleuchtet, beifügen.

Wer aber meinen Sinn erforschen will, muß über die Wortdeutung hinaus sich zum geistigen Verständnis erheben und nicht an der eigentlichen Bedeutung der Worte hängen bleiben (oportet potius supra verborum vim intellectum efferre, quam proprietatibus vocabulorum insistere), die zur Bezeichnung solcher Mysterien des Geistes in ihrer gewöhnlichen Bedeutung nicht ausreichen (quae tantis intellectualibus mysteriis proprie adaptari non possunt). Auch *Vergleichungen aus der Sinnenwelt* muß man zur Anleitung anwenden, indem man sie auf das Geistige überträgt, auf daß der Leser leichter sich zur einfachen Vernunfterkenntnis (ad intellectualitatem simplicem) erhebt. Den Weg hierzu bemühte ich mich auch gewöhnlichen Talenten so deutlich als möglich, mit Vermeidung aller Härte der Darstellung zu zeigen. Zu dem Ende werde ich sogleich zu dem Wurzelbegriff der Wissenschaft des Nichtwissens – die Unmöglichkeit einer präzisen Erfassung der Wahrheit, übergehen.

Drittes Kapitel

Die präzise Wahrheit ist unerfaßbar

Da es an und für sich klar ist, daß das Unendliche und Endliche in keiner Proportion zu einander stehen, so ist auch das ganz klar, daß *man da, wo sich Ausschreitungen* (excedens et excessum) *finden, auf ein einfach Größtes nicht kommt,* weil die Ausschreitungen endlich sind, das Größte aber als solches notwendig unendlich ist. Nimmt man also irgendeinen Gegenstand, der nicht das schlechthin Größte selbst ist, so läßt sich immer ein größerer auffinden. Und da die Gleichheit eine stufenmäßige ist, so daß etwas dem einen gleicher ist, als dem anderen, nach der generischen, spezifischen, räumlichen, zeitlichen etc. Übereinstimmung und Verschiedenheit, so erhellt, *daß nicht zwei oder mehrere so ähnlich und gleich sich finden lassen, daß sie nicht unendlich ähnlicher sein könnten.* Zwischen dem Maß und dem Gemessenen wird bei der größten Gleichheit immer noch eine Differenz übrig bleiben. *Der endliche Verstand kann mithin die Wahrheit der Dinge durch Aufsuchung der Ähnlichkeit* (per similitudinem) *nicht präzise erkennen.* Denn die *Wahrheit* ist *ein nicht Mehr und nicht Weniger,* ein gewisses Unteilbare, was von allem, das nicht die Wahrheit selbst ist, nicht präzise gemessen werden kann, so wenig, was nicht Kreis ist, den Kreis, dessen Sein in einem gewissen Unteilbaren besteht, messen kann. Unser Verstand, der nicht die Wahrheit ist, erfaßt daher die Wahrheit nie so präzise, daß nicht ein unendlich präziseres Erfassen möglich wäre, er verhält sich zur Wahrheit wie das Polygon zum Kreise. Mögen auch der Winkel noch soviele gemacht werden, so wird doch das Polygon nie dem Kreise gleich, bis es sich in die Identität mit demselben auflöst. *Wir wissen somit von der Wahrheit nichts anderes, als daß sie in präziser Weise unerfaßbar ist.* Sie ist die absoluteste Notwendigkeit, die nicht mehr und nicht weniger ist, als sie ist, unser Verstand ist die Möglichkeit. Das Was (quidditas) der Dinge, das die Wahrheit des Seienden ist, bleibt in seiner Reinheit unerreichbar. Alle Philosophen haben es gesucht, aber keiner, wie es an sich ist, gefunden. Je gründlicher aber unsere Überzeugung von diesem Nichtwissen ist, desto mehr werden wir uns der Wahrheit selbst nähern.

Viertes Kapitel

Das absolut Größte wird nur als unbegreiflich erkannt.
Mit ihm koinzidiert das absolut Kleinste.

Das einfach und absolut Größte erfassen wir, da es zu groß ist, als daß es von uns begriffen werden könnte, weil es die unendliche Wahrheit ist, *nicht anders, denn als unbegreiflich* (non aliter quam incomprehensibiliter attingimus). Denn da es nicht von der Natur der Dinge ist, welche Ausschreitungen zulassen, so geht es über alles das hinaus, was wir begreifen können. Was wir nämlich durch Sinne, Verstand (ratione) oder Vernunft (intellectu) erfassen, ist unter sich gegenseitig so verschieden, daß keine präzise Gleichheit stattfindet. Die größte Gleichheit, die von nichts verschieden ist, geht somit über allen Begriff.

Da das absolut Größte alles das ist, was sein kann, so ist es ganz und gar Wirklichkeit (in actu). Wie es nicht größer sein kann, so auch aus demselben Grunde nicht kleiner, da es alles das ist, was sein kann. Das Kleinste ist, was nicht mehr kleiner sein kann. Da das Größte eben das ist, so ist klar, daß *das Größte und Kleinste koinzidieren.* Dies wird dir deutlicher, wenn du beide Begriffe auf das Gebiet der Quantität herüberträgst. Die größte Quantität ist die am meisten (maxime) große, die kleinste – die am meisten kleine. Denke nun die Quantität hinweg, so bleibt das Größte, der Superlativ, in beiden gleich … *Gegensätze* kommen daher nur im Gebiete des Konkreten vor (oppositiones igitur *his* tantum excedens admittunt atque excessum, et *his* differenter conveniunt, maximo absoluto nequaquam), *nicht im absolut Größten*, es ist über allem Gegensatze. Es ist eben deshalb *über aller Bejahung und Verneinung*, alles, was es nach unseren Begriffen ist, ist es ebenso, als daß es dasselbe auch nicht ist (omne id, quod concipitur esse, non magis est, quam non est) und umgekehrt, es ist in der Weise das Einzelne (hoc), daß es zugleich alles ist, und in der Weise alles, daß es nichts von allem ist, und in der Weise am meisten dieses, daß es dieses auch am wenigsten ist. Sage ich: Gott, die absolute Größe, ist das Licht, so heißt dies nichts anderes, als: Gott ist am meisten (maxime) Licht, er, der am wenigsten (minime) Licht ist. Das absolut Größte wäre nicht alles Mögliche in Wirklichkeit, wenn es nicht unendlich wäre, der Begriff (via rationis) in seinem (dem kontradiktorischen) Prinzip nicht verbinden kann; denn wir stehen auf dem Boden dessen, was uns die Betrachtung der Natur offenbart, die, weit von der unendlichen Kraft abstehend, ihre unendlichen kontradiktorischen Gegensätze nicht vereinigen kann.

Fünftes Kapitel

Das Größte ist Eines

Ohne Zahl kann die Vielheit der Dinge nicht bestehen; denn ohne Zahl gibt es keine Unterscheidung, Ordnung, Proportion, Harmonie. Wäre die Zahl selbst unendlich, so wäre dasselbe der Fall. Denn daß die Zahl unendlich und daß sie gar nicht ist, kommt auf Eines heraus. Man kommt daher bei der Zahl in aufsteigender Richtung auf kein absolut Größtes. Wäre bei der absteigenden Richtung dasselbe der Fall, so wäre wieder alle Ordnung, Proportionen etc. unmöglich. Man muß daher in der Zahl auf ein Kleines kommen, das nicht kleiner sein kann, und dies ist die *Einheit*. Sie ist als das schlechthin Kleinste mit dem schlechthin Größten identisch; *diese Einheit kann nicht selbst Zahl sein*, wohl aber ist sie das Prinzip aller Zahl, weil das Kleinste, und das Ende aller Zahl, weil das Größte. Diese absolute

Einheit, die keinen Gegensatz hat, ist das absolut Größte – Gott. Sie ist nicht der Vervielfältigung fähig, weil sie alles ist, was sein kann. *Sie kann daher selbst nie Zahl werden.* Die Zahl hat uns also zu der Einsicht geführt, Gott sei die absolute Einheit, vermöge welcher er alles wirklich ist, was sein kann. Wer daher sagte, es gebe mehrere Götter, der würde soviel sagen, als, es gebe keinen Gott und kein Universum …

Sechstes Kapitel

Das Größte ist die absolute Notwendigkeit[1]

Im Vorhergehenden ist gezeigt, daß außer dem einen Größten alles endlich und begrenzt ist. Das Endliche und Begrenzte hat notwendig etwas, von dem es seinen Anfang und Begrenzung hat. Und da man nicht sagen kann, jenes absolute Größte sei größer als ein gegebenes Endliches, da man nicht so ins Unendliche fortsteigen kann, da sonst das Größte von der Natur des Endlichen wäre, so *ist* das absolut Größte *notwendig*, als Anfang und Ende alles Endlichen. Überdies könnte nichts sein, wenn jenes nicht wäre. Wäre das Endliche aus sich, so existierte es, bevor es existiert, und in den Ursachen und Prinzipien gibt es, wie die Regel sagt, keinen Regressus in infinitum. Sodann müssen wir sagen: Das Größte hat keinen Gegensatz, weder das konkrete Sein, noch das Nichtsein. *Wie läßt es sich also denken, das Größte könne nicht sein, da gar nicht sein* (minime esse) bei ihm heißt: am meisten sein (maxime esse)? Es läßt sich also kein Sein denken ohne das Sein. Ferner: Die größte Wahrheit ist das absolut Größte. Nun aber die größte alle denkbaren Fälle erschöpfende Wahrheit ist die, daß das absolut Größte entweder sei oder nicht sei, oder sei und nicht sei, oder endlich weder sei noch nicht sei. Welches Glied dieser Disjunktion du als das am meisten wahre (maxime verum) bezeichnen magst, so ist der Beweis damit geliefert, denn ich habe jedesmal die größte Wahrheit, die das schlechthin Größte ist. Wenn gleich auch das Wort Sein keine präzise Bezeichnung für das Größte ist, das alle Namen übersteigt, so muß doch dieser Name noch am ehesten ihm zukommen.

1 Es ist der sogenannte metaphysische Beweis fürs Dasein Gottes gemeint.

Durch diese und unendlich viele ähnliche Beweise vom Standpunkte der Wissenschaft des Nichtwissens erhellt, daß das schlechthin Größte *notwendig existiere*, weshalb es die *absolute Notwendigkeit* ist.

Siebentes Kapitel

Von der dreifachen und einen Ewigkeit

Es hat keine Nation gegeben, die nicht Gott verehrte und an ihn als das absolut Größte glaubte. Wir finden von *Minar* in den Büchern der Altertümer aufgezeichnet, daß die Sissenier hauptsächlich die Einheit angebetet. *Pythagoras* dagegen, zu seiner Zeit von unerschüttertem Ansehen, faßte jene Einheit als eine dreifache auf. Um die Wahrheit hiervon zu erforschen, müssen wir den Blick des Geistes erhöhen und nach unsern Prämissen sagen:

Was allem Anderssein vorhergeht, ist ohne Zweifel ewig; denn das Anderssein ist soviel als das Veränderlichsein. Das Anderssein besteht aber aus einem und einem andern, es ist daher, wie die Zahl, nach der *Einheit*; diese geht ihm naturgemäß (naturaliter) voran; sie ist somit *ewig*. Alle Ungleichheit ist aus einem Gleichen und etwas darüber (excedente), sie geht also der Gleichheit nach; denn sie kann durch Wegnehmen des darüber Hinausgehenden in Gleichheit verwandelt werden. Die *Gleichheit* geht also naturgemäß der Ungleichheit, die das Anderssein ist, vorher, sie ist also *ewig*.

Die Einheit endlich ist entweder Verbindung (connexio) oder Ursache der Verbindung. Verbunden ist, was zugleich geeint ist. Die Zweiheit dagegen (binarius) ist Trennung oder Ursache der Trennung. Wie nun die Einheit der Natur nach der Zweiheit vorhergeht, so auch die Verbindung der Trennung. Folglich ist die *Verbindung*, wie die Einheit, ewig.

Nun kann es aber nicht mehrere Ewigkeiten geben, sonst wäre etwas vor der Ewigkeit, was unmöglich ist. Auch würde sonst eines dem andern fehlen, und es wäre daher keine der drei Ewigkeiten vollkommen; es wäre etwas ewig, was nicht ewig wäre, da es nicht vollkommen ist. Folglich sind *Einheit, Gleichheit* und *Verbindung Eines* (unum). Das ist die Dreieinigkeit, welche Pythagoras, der erste unter allen Philosophen, die Zierde Italiens und Griechenlands, als Gegenstand der Anbetung lehrte.

Wir wollen jedoch noch einiges Bestimmtere über die Zeugung (generatione) der Gleichheit aus der Einheit beifügen.

Achtes Kapitel

Von der ewigen Zeugung

Zeigen wir nun ganz kurz, daß aus der Einheit die Gleichheit der Einheit erzeugt werde, und die Verbindung aus der Einheit und der Gleichheit der Einheit hervorgehe.

Die Einheit ist das Sein (unitas dicitur quasi onitas von ὄν = ens, woher entitas). Gott ist das Sein der Dinge, denn er ist das Prinzip des Seins. Die Gleichheit der Einheit ist daher die Gleichheit des Seins, d.i. daß in einem Dinge nicht mehr und nicht weniger ist, nichts darüber, nichts unter seinem Sein. Ist in einem Wesen mehr, so ist es ein Monstrum, ist weniger, so findet keine Zeugung der Gleichheit aus der Einheit statt. Denn Zeugung (generatio) ist Wiederholung der Einheit oder Vermehrung derselben Natur, wie z.B. der Sohn. Diese Zeugung findet sich nur im Irdischen, aber die Zeugung der Einheit aus der Einheit ist eine Wiederholung der Einheit (una unitatis repetitio) oder die Einheit einmal, wodurch die Einheit *kein anderes*, wie bei zwei, drei etc. erzeugt, sondern nur die *Gleichheit der Einheit*, was nichts anderes heißen will, als: Die Einheit erzeugt die Einheit, und diese Zeugung ist ewig.

Neuntes Kapitel

Von dem ewigen Hervorgehen der Verbindung

Wie die Zeugung der Einheit aus der Einheit eine einmalige Wiederholung der Einheit ist, so ist das Hervorgehen aus beiden die Einigung (unitio) der Widerholung jener Einheit, oder besser: die Einigung der Einheit und der Gleichheit der Einheit. Sie heißt ein *Hervorgehen* (processio), weil sie gleichsam eine Ausdehnung vom einen auf das andere ist. Wenn zwei Dinge gleich sind, so breitet sich gleichsam die Gleichheit von dem einen auf das andere aus, sie verbindet und verknüpft sie. Mit Recht sagt man daher, die Verbindung gehe aus der Einheit und Gleichheit der Einheit hervor, denn die

Verbindung (connexio) bezieht sich nicht bloß auf eines, sondern die Einheit geht aus der Einheit in die Gleichheit und von der Gleichheit der Einheit in die Einigung (unitionem) hervor. Sie dehnt sich also von dem einen in das andere aus. Nicht von einem *Gezeugtwerden* aus der Einheit oder der Gleichheit der Einheit sprechen wir bei jener Verbindung, weil sie nicht aus der Einheit durch Wiederholung oder Vermehrung entsteht. Wiewohl die Gleichheit der Einheit aus der Einheit gezeugt wird und aus beidem die Verbindung hervorgeht, so ist doch Einheit, Gleichheit der Einheit und aus beiden hervorgehenden Verbindung eines und dasselbe, wie wenn man von demselben Gegenstande sagt: hoc, id, idem.

Wenn unsere Kirchenlehrer die Einheit den *Vater*, die Gleichheit den *Sohn*, die Verbindung den *hl. Geist* genannt haben, so haben sie hierbei auf die Ähnlichkeit mit irdischen Verhältnissen Rücksicht genommen. Denn in dem Vater und Sohne ist eine gewisse Gemeinsamkeit der Natur, welche Eine ist (quaedam communitas naturae, quae una est), so daß der Sohn dem Vater in der Natur gleich ist. Denn es ist nicht mehr oder weniger Menschheit in dem Sohne, als in dem Vater (nihil enim magis vel minus humanitatis est in filio, quam in patre), und es besteht unter ihnen eine gewisse Verbindung. Denn eine natürliche Liebe verbindet den einen mit dem andern, wegen der Ähnlichkeit (similitudinem) derselben Natur, die vom Vater auf den Sohn übergeht. Deshalb liebt er den Sohn mehr als einen andern, der mit ihm in der Menschheit übereinstimmt (secum in humanitate convenientem).

Dies ist meiner Ansicht nach, gemäß der pythagoreischen Forschung, die klarste Auffassung der Dreiheit in der Einheit und der Einheit in der Dreiheit.

Zehntes Kapitel

Das Verständnis der Dreiheit in der Einheit geht über alle Begriffe

Untersuchen wir nun, was Martianus wollte, wenn er sagte, eine Philosophie, die sich zum Verständnisse dieser Dreieinigkeit erheben wolle, müsse zuvor Kreise und Sphären aufgegeben haben (evomuisse). Es ist oben gezeigt, daß es nur ein einfachstes Größtes gibt. Es ist nicht die vollkommenste körperliche Figur – die Kugel, nicht Kreis, nicht Dreieck, nicht Linie, sondern über alles dieses hinaus. Man muß daher, was Sinn, Einbildung oder Verstand darbietet, aufgeben, um zu der einfachsten und abstraktesten Vernunfteinsicht (intelligentia) zu gelangen: *Alles ist Eines;* die Linie ist Dreieck, Kreis und Kugel, die Einheit der Dreiheit usf., das Akzidens Substanz, der Körper Geist, die Bewegung Ruhe etc. Dann erkennen wir, *daß Jegliches in dem Einen Eines ist und das Eine Alles und folgerichtig Jegliches in ihm Alles.* Namentlich hat man nicht vollständig Kugel, Kreis etc. aufgegeben, solange man nicht zur Einsicht gelangt, *die größte Einheit sei notwendig dreieinig.* Die Einheit des vernünftigen Erkennens (intellectus) besteht in dem Erkennenden, dem Erkennbaren und dem Erkennen. Willst du dich nun von dem Erkennenden zum absolut Größten erheben und sagen, es sei das am meisten Erkennende, dabei aber nicht beifügen, es sei auch das am meisten Erkennbare und das höchste Erkennen, so hättest du keine rechte Auffassung der größten und vollkommensten Einheit. Die Einheit schließt ferner die Unteilbarkeit, Unterscheidung und Verbindung in sich, da alle drei aus der Einheit stammen; die größte Einheit ist mithin alle drei zumal. Als Unteilbarkeit ist sie die Ewigkeit ohne Anfang, wie denn das Ewige von Nichts getrennt oder geschieden ist; als Unterscheidung ist sie aus der unveränderlichen Ewigkeit, als Verbindung geht sie aus beiden hervor. Folglich, indem ich sage: Die Einheit ist die größte, spreche ich damit die Trinität aus. Mit dem Worte: Einheit bezeichne ich den Anfang ohne Anfang (principium sine principio), mit dem Worte: »größte« den Anfang aus dem Anfange, mit der Kopula »ist« – das Hervorgehen aus beiden.

Ich sagte oben, im Größten sei die Linie zugleich Oberfläche, Kreis und Kugel. Um nun deinen Geistesblick zu schärfen, will ich dich zu der Einsicht dieses Satzes erheben, die dir dann, wenn du dich von den (mathematischen) Figuren zur geistigen Wahrheit selbst erhebst, einen überaus großen Genuß gewähren wird, und du wirst auf diesem Wege in der Wissenschaft des Nichtwissens große Fortschritte machen.

Elftes Kapitel

Die Mathematik ist ein treffliches Hilfsmittel im Erfassen göttlicher Wahrheiten

Alle unsere weisen und frommen Kirchenlehrer sagen einstimmig, die sichtbaren Dinge seien Abbilder der unsichtbaren Welt, der Schöpfer könne auf diesem Wege wie in einem Spiegel und Rätsel erkannt werden. Daß aber die geistigen, an sich von uns unerfaßbaren Dinge auf dem Wege des Symbols von uns erkannt werden, hat seinen Grund in dem oben Gesagten, weil alle Dinge in einem uns freilich unbekannten Verhältnis zu einander stehen, so daß aus allen das eine Universum sich herausstellt, und alles in dem einen Größten das Eine selbst ist. Und wiewohl jedes Abbild dem Urbilde ähnlich ist, so ist doch außer dem größten Abbilde, welches dasselbe, was das Urbild ist, in der Einheit der Natur kein Abbild so ähnlich oder auch gleich, daß es nicht unendlich ähnlicher oder gleicher sein könnte. Bedient sich nun unser Forschen des Abbildes, so darf natürlich hinsichtlich des Abbildes kein Zweifel obwalten, da der Weg zum Ungewissen nur durch das vorausgesetzte Gewisse geht. Nun bewegt sich aber alles Sinnliche wegen der in ihm überwiegenden materiellen Möglichkeit in einem gewissen beständigen Schwanken. Dagegen hat das Abstrakte (abstractiora istis), nicht als ob es der materiellen Zutat, ohne welche es sich nicht vorstellen läßt, ganz und gar entbehrte, große Festigkeit und Gewißheit, wohin die Sätze der Mathematik gehören. Daher haben die Philosophen in ihnen eine Anleitung zur philosophischen Forschung (exempla indagandarum rerum) gefunden; keiner von den berühmten Alten hat schwierige Untersuchungen anders als mittelst der Ähnlichkeiten, welche die Mathematik darbietet, angestellt. So lehrte *Boëtius*, der berühmte römische Gelehrte, niemand könne es in den göttlichen Dingen zu einer Wissenschaft bringen, der keine Übung in der Mathematik habe. Setzte nicht *Pythagoras*, der erste Philosoph dem Namen und der Tat nach, alle Untersuchung der Wahrheit in das Verständnis der Zahl? Ihm folgten die *Platoniker* und die ersten christlichen Philosophen in dem Grade, daß unser *Augustin* und nach ihm Boëtius behaupteten, die Zahl sei im Geiste des Schöpfers das Urbild der zu erschaffenden Dinge gewesen. Wie konnte uns *Aristoteles*, der durch Widerlegung seiner Vorgänger als einzig dastehen wollte, in der Mathematik anders die Differenz der Arten lehren, als indem er sie mit den Zahlen verglich? Indem er uns über die Gestalt der Naturwesen und wie eine in der andern enthalten ist, belehren wollte, nahm er zu den mathematischen Formen seine Zuflucht, wenn er sagte: Wie das Dreieck in dem Viereck, so ist das Niedere in dem Höheren enthalten, um nichts von unzähligen andern Vergleichungen zu sagen … Hat nicht die Lehre der Epikuräer von den Atomen und vom leeren Raume, eine Ansicht, die Gott leugnet und alle Wahrheit aufhebt, nur durch den mathematischen Beweis der Pythagoräer und Peripatetiker ihre Widerlegung gefunden, indem sie zeigten, man könne nicht auf unteilbare und einfache Atome kommen, die Epikur als Prinzip annahm? Auf diesem Wege der Alten also, mit ihnen vorgehend, sagen wir, daß wir uns, da man einmal zum Göttlichen nur mittelst der Symbole gelangen kann, der mathematischen Zeichen wegen ihrer unzerstörlichen Gewißheit am passendsten bedienen können.

Zwölftes Kapitel

Wie man sich der mathematischen Zeichen für den vorliegenden Zweck zu bedienen habe

Da aus dem Früheren bekannt ist, daß das schlechthin Größte nicht zu dem gehört, was wir wissen oder erfassen, so muß man, wenn man es auf dem Wege des Symbols erforschen will, über die Ähnlichkeit hinausgehen (transilire). Da alle mathematischen Zeichen endlich sind, so muß man *zuerst* die mathematischen Figuren mit den Veränderungen, die sie zulassen (cum suis passionibus), als endliche betrachten, *sodann* die endlichen Verhältnisse entsprechend auf derlei unendliche Figuren übertragen, *endlich* diese Verhältnisse der unendlichen Figuren auf das schlechthin Unendliche, das von jeder Figur frei ist, übertragen. Dann wird unser Nichtwissen auf eine unbegreifliche Weise belehrt werden, wie wir, die wir in rätselhaftem Erkennen uns abmühen (nobis in aenigmate laborantibus), über das Höchste mit mehr Wahrheit urteilen können. So verglich der fromme *Anselm* die höchste Wahrheit mit der unendlichen Linie; nach seinem Vorgange bringe ich die Linie der Geradheit als *gerade Linie* in Anwendung. Andere haben die hochheilige Trinität mit einem *Dreieck* von drei gleichen Seiten und rechten Winkeln verglichen. Und weil ein solches

Dreieck notwendig unendliche Seiten hat, so ist es ein unendliches Dreieck. Wir folgen auch dieser Auffassung. Wieder andere wollten die unendliche Einheit darstellen und nannten Gott den unendlichen *Kreis*. Diejenigen endlich, welche die höchste Wirksamkeit (actualitatem) Gottes darstellen wollten, bezeichneten Gott als die unendliche *Kugel*. Ich werde zeigen, daß sie alle zusammen eine richtige Auffassung Gottes gehabt und alle ein und dasselbe gedacht haben.

Dreizehntes Kapitel

Von den möglichen Veränderungen (de passionibus) der größten und unendlichen Linie

Ich sage also: Gäbe es eine unendliche Linie, so wäre sie ein Dreieck, Kreis und Kugel; ebenso, gäbe es eine unendliche Kugel, so wäre sie Dreieck, Kreis und Linie; das gleiche gilt vom unendlichen Dreieck und Kreise.

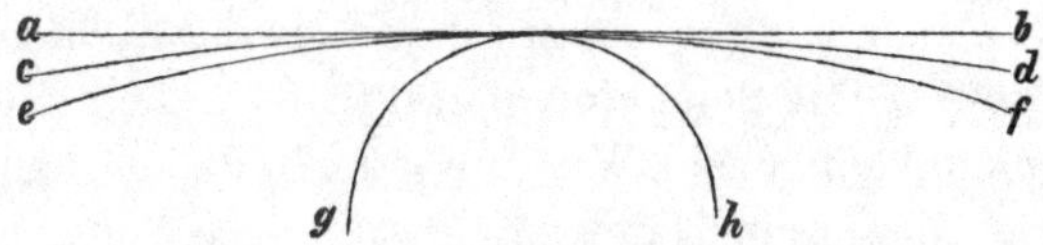

Fürs erste erhellt, daß die unendliche Linie eine gerade ist. Denn der Durchmesser eines Kreises ist eine gerade Linie, die Peripherie eine krumme, größer als der Durchmesser. Wenn nun diese krumme Linie kleiner wird, je größer der Kreis ist, so ist die Peripherie des größtmöglichen Kreises gar nicht krumm, folglich ganz gerade; es koinzidiert also das Kleinste mit dem Größten, wie aus der hier stehenden Figur erhellt. Fürs zweite, um zu zeigen, daß die unendliche Linie das größte Dreieck, Kreis und Kugel sei, müssen wir sehen, was aus der endlichen Linie werden kann (quid sit in potentia liniae finitae); was sie werden kann, ist die unendliche Linie wirklich (actu). Erstens wissen wir, daß die endliche Linie länger und gerader sein kann, und es ist bereits gezeigt, daß die größte Linie die längste und geradeste ist. Zweitens, wenn die Linie a b um den festen Punkt a so herumbewegt wird, bis b zu c kommt, so entsteht ein *Dreieck*. Wird die Umdrehung vollendet, bis b zu seinem Anfange zurückkehrt, so entsteht ein *Kreis*. Wird endlich b zu seinem entgegengesetzten Punkte, d, gebracht, so entsteht ein Halbkreis; und wird nun dieser Halbkreis um

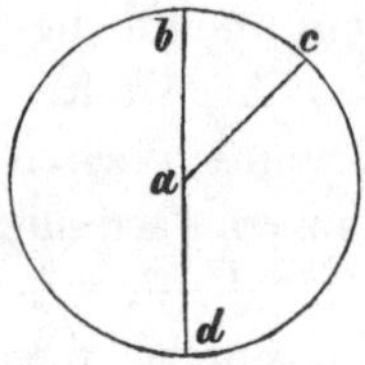

den unbeweglichen Durchmesser b d herumbewegt, so entsteht die *Kugel*. In ihr gelangt die Potenz der Linie zur letzten und vollsten Entfaltung. Ist nun die unendliche Linie alles actu, was die endliche in der Potenz ist, so folgt, daß sie Dreieck, Kreis und Kugel zugleich ist, was zu beweisen war.

Ich werde jedoch noch deutlicher im Folgenden zeigen, daß, was in der Potenz endlich, in Wirklichkeit unendlich ist.

Vierzehntes Kapitel

Die unendliche Linie ist Dreieck

Was die Vorstellung (imaginativa), die über das Sinnliche nicht hinauskommt, nicht fassen kann, die Linie könne ein Dreieck sein, ist der Vernunft leicht verständlich.

Nach einem geometrischen Lehrsatze können von einem Dreieck, dessen eine Seite eine unendliche ist, die beiden andern zusammen nicht kleiner sein. Weil nun jeder Teil des Unendlichen unendlich ist, so müssen auch diese beiden andern Seiten unendlich sein. Da es nun aber nicht mehrere Unendliche geben kann, so kann das unendliche Dreieck nicht aus mehreren Linien zusammengesetzt sein. Es ist daher eine unendliche Linie, aber als wahres Dreieck hat es doch drei Linien: Eine Linie sind drei und drei eine. Ebenso verhält es sich mit den Winkeln: Es ist nur ein unendlicher Winkel und dieser ist drei Winkel und drei Winkel sind einer. Das größte Dreieck ist nicht aus Seiten und Winkeln zusammengesetzt, sondern die unendliche Linie und Winkel ist ein und dasselbe. Denkt man sich den einen der drei Winkel bis zu 2 R erweitert, so jedoch, daß das Dreieck bleibt, so fällt das Dreieck zu einer Linie zusammen, und es ist nur ein Winkel, der zugleich die drei Winkel darstellt. Im Konkreten ist dies freilich unmöglich, aber übertragen auf das höhere Gebiet, wo das Quantum aufhört, sehen wir die Notwendigkeit hiervon ein.

Fünfzehntes Kapitel

Das unendliche Dreieck ist Kreis (und Kugel)

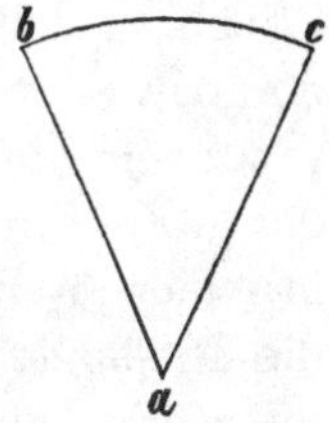

Denkt man sich das Dreieck a b c, entstanden durch Herumführen der Linie a b von dem festen Punkte a bis zu c, so müßte, wenn a b eine unendliche Linie ist und b ganz bis zu seinem Anfange herumbewegt wird, ein größerer Kreis entstehen, von welchem b c ein Teil ist. Weil Teil eines unendlichen Bogens, so wäre b c eine gerade Linie, und da jeder Teil des Unendlichen unendlich ist, so wäre b c nicht mehr bloß ein Teil, sondern der ganze Umkreis. Da ferner b c eine gerade Linie ist, so ist die unendliche Linie a b nicht größer, da es im Unendlichen kein Mehr oder Weniger gibt, und aus demselben Grunde sind es keine zwei Linien. Es ist folglich die unendliche Linie, die Dreieck ist, auch Kreis.

Endlich: Die Linie a b ist die Peripherie des größten Kreises, ja selbst, wie bewiesen ist, ein Kreis. Sie ist aus b nach c geführt, b c aber, wie ebenfalls bewiesen ist, eine unendliche Linie. Daher kehrt a b in c zurück, nachdem es sich um sich selbst bewegt hat, aus welcher Bewegung die *Kugel* entsteht. Es ist somit die unendliche Linie auch Kugel.

Sechzehntes Kapitel

Das Größte verhält sich zu allem wie die größte Linie zu den Linien

Nachdem wir nun gezeigt haben, daß die unendliche Linie alles in unendlicher Wirklichkeit ist, was die endliche der Potenz nach ist, sagen wir mit Übertragung auf das absolut Größte, daß es in Wirklichkeit (actu) im höchsten Grade alles ist, was in der Potenz des absoluten einfachsten Wesens liegt. *Was möglich ist, ist das Größte in Wirklichkeit auf die größte Weise*, nicht sofern es aus dem Möglichen ist, sondern sofern es dies im höchsten Grade ist (non ut ex possibili est, sed ut maxime est), wie aus der Linie das Dreieck entsteht (educitur). Die unendliche Linie ist aber nicht ein Dreieck, wie es aus einer endlichen Linie entsteht, sondern in Wirklichkeit das unendliche Dreieck, das mit der (unendlichen) Linie eins ist. Sodann ist die absolute Möglichkeit im Größten *nicht etwas anderes* (non aliud) als das Größte in Wirklichkeit selbst, wie die unendliche Linie die Kugel in Wirklichkeit ist. Aus dem Obigen folgt auch die wichtige philosophische Wahrheit, daß im Größten das Kleinste das Größte ist und daß es über allen Gegensätzen steht. Ja, die ganze Gotteslehre, so weit sie von uns erkennbar ist, folgt aus unserm Prinzipe, weshalb der große Erforscher der göttlichen Dinge, *Dionysius der Areopagite* in seiner mystischen Theologie sagt, der selige Bartholomäus habe die Theologie meisterhaft verstanden, indem er sagte, dieselbe sei die größte und kleinste zugleich; denn wer dies versteht, versteht alles, er geht über den natürlichen Verstand hinaus. Denn *Gott*, das absolut Größte, *ist nicht Dieses und ein Anderes nicht, er ist nicht da und dort nicht, sondern gleichwie alles, so auch nichts von allem*. Eben deshalb ist er unbegreiflich, nur er begreift sich selbst. *Dionysius* suchte von keinem andern Prinzipe aus, als dem unsrigen, zu zeigen, daß Gott nur durch die Wissenschaft des Nichtwissens gefunden werde. In Anwendung dieses Prinzips müssen wir sagen: Gott ist die einfachste Wesenheit (essentia) von allen Wesenheiten; alle sind, was sie sind, waren oder sein werden, aktuell und ewig nur in ihm. Die Wesenheit von allem ist in der Art eine jede, daß sie zugleich alle ist (ita est quaelibet, quod simul omnes), und keine besonders. Die größte Wesenheit ist wie die unendliche Linie das *adäquateste Maß von allen*.

Siebzehntes Kapitel

Folgerungen voll tiefer Weisheit

Die endliche Linie ist teilbar, die unendliche nicht, allein die endliche ist nicht teilbar in eine Nichtlinie, daher ist die endliche Linie im Wesen der Linie (in ratione lineae) unteilbar, denn die Linie eines Schuhs ist ebensogut Linie, als die eines Kubikfußes. Hieraus folgt, daß die unendliche Linie der rationelle Grund (ratio) der endlichen ist. So ist denn auch *das Größte der rationelle Grund* (ratio) *von allem* und als solcher das *Maß von allem*. Mit Recht sagt daher *Aristoteles* in der Metaphysik, das Erste sei das Maß von allem, weil der Grund von allem. Ferner: Wie die unendliche Linie unteilbar, deshalb auch ewig und unveränderlich ist, so auch Gott als der Grund von allem. Hier zeigt sich wieder der Geist des großen *Dionysius*, wenn er sagt, das Wesen der Dinge sei unzerstörlich. Der göttliche *Plato* sagte mit den Worten des Calcidius im Phädon, Eines sei das Urbild oder die Idee von allem, sofern es in sich ist, in Hinsicht aber auf die Vielheit der Dinge scheint es mehrere Urbilder zu geben. Allein wenn ich eine Linie von 2 und eine andere von 3 Fuß habe, so ist das Wesen der Linie in beiden gleich, die Verschiedenheit bezieht sich auf die Länge. In der unendlichen Linie fällt diese Verschiedenheit weg, und nur der rationelle Grund der Linie bleibt in ihr für beide. Beide haben somit einen rationellen Grund; nicht in diesem liegt der Grund ihrer Verschiedenheit, sondern darin, daß nicht beide auf vollkommen gleiche Weise an jenem einen Grunde partizipieren können. Eben hieraus erhellt auch, warum dieser rationelle Grund aller Linien insofern ganz in jeder ist, als er in keiner besonders ist, weil er im letzten Falle nicht mehr das absolute Maß aller sein könnte. Es ist daher die *unendliche Linie in jeder Linie ganz, so daß jede in ihr ist*, und diese beiden Sätze sind in ihrer Verbindung (conjunctim) aufzufassen. Sagen wir daher: Das Größte ist in jedem und in keinem Dinge, so heißt dies nichts anderes, als: Da das Größte in demselben Verhältnisse (ratione) in jedem Dinge ist, in welchem jedes Ding in ihm ist und es dieses Verhältnis selbst ist (et sit ipsamet ratio) *so ist das Größte in sich selbst*. Kein Ding ist also in sich selbst, sondern nur das Größte, jedes Ding ist nur in seinem rationellen Grunde in sich selbst, weil dieser Grund das Größte ist.

Auf diesem Wege kann die Vernunft durch Vergleichung des Größten mit der unendlichen Linie sich helfen und im Heiligtum des Nichtwissens (in sacra ignorantia) große Fortschritte machen; denn das sehen wir nun klar, daß wir Gott nur durch Entfernung der Partizipation aller Dinge finden. Alles partizipiert an dem Sein. Nehmen wir dieses Partizipieren hinweg, so bleibt das einfachste Sein selbst, die Wesenheit der Dinge übrig. Der große Dionysius sagt, die Erkenntnis Gottes führe mehr zum Nichts als zu Etwas hin. Das heilige Nichtwissen belehrt uns aber, daß, was der Vernunft Nichts zu sein scheint, eben das unbegreiflich Größte ist.

Achtzehntes Kapitel

Das Bisherige führt uns auch zum Verständnisse des Partizipierens an dem Sein

Lebhaft durch das Bisherige angeregt, forscht unser unersättlicher Erkenntnistrieb mit größter Lust weiter, wie er sich das Partizipieren an dem einen Größten noch deutlicher denken möge, und indem er wieder die Vergleichung mit der unendlichen, der geradesten Linie zu Hilfe zieht, sagt er:

Die krumme Linie, die ein Mehr oder Weniger zuläßt, kann nicht die absolut größte sein, sie ist als krumme Linie an sich nichts, weil das Krumme der Abfall vom Geraden ist. Das Sein der krummen Linie rührt also von der Teilnahme an der geraden Linie her, denn die absolut größte oder kleinste Krümmung ist eben das Gerade. In ähnlicher Weise partizipieren nun die Dinge an dem Sein, wie das Krumme am Geraden. Wie aber die gerade endliche Linie einfacher und unmittelbarer, die krummen aber vermittelst der geraden an der unendlichen Linie partizipieren, so ist es auch bei den wirklichen Dingen, woraus sich der Unterschied von *Substanz und Akzidens und der größere oder geringere Wert der Substanzen und Akzidenzen* ergibt. Das adäquateste Maß für beide ist das Größte, das eben deshalb selbst weder Substanz noch Akzidens ist, indes doch eher den Namen von dem unmittelbar am Sein Partizipierenden, der Substanz, entlehnt und daher mit dem großen Dionysius das mehr als Substantiale[1] d.i. das *Supersubstantiale* genannt wird.

Neunzehntes Kapitel

Übertragung des Dreiecks auf die Trinität des Größten

Lassen wir uns nun über den Satz: »Die größte Linie ist das größte Dreieck« durch unser System des Nichtwissens belehren!

1 Unde Dionysius maximus ipsius plus quam substantiam sive substantialem vocat, potius quam superaccidentialem. Das »sive« weist unstreitig auf ein Wort hin, welches die Worte: plus quam substantiam, ebenso in Eins zusammenfaßt wie gleich darauf »superaccidentialem« und soviel ist als: plus quam accidens. Es muß daher statt substantialem gelesen werden: supersubstantialem, wie auch aus dem Folgenden: dicitur autem supersubstantiale etc. hervorgeht.

Die größte Linie ist ein Dreieck, und weil die größte Linie die einfachste ist, so ist sie das einfachste Dreifache (trinum) und jeder Winkel des Dreiecks eine Linie, da das ganze Dreieck Linie ist. Die unendliche Linie ist also dreifach, und da es nicht mehrere unendliche geben kann, ist diese Dreiheit Einheit. Ferner: Da der der größeren Seite entgegenstehende Winkel größer und hier von einem Dreieck die Rede ist, das unendliche Seiten hat, so sind die Winkel die größten und unendlich. Einer ist daher nicht kleiner als die anderen, noch zwei zusammen größer als der dritte. Einer ist daher im andern, und alle drei sind das eine Größte. Sodann: Wie die größte Linie nicht mehr Linie ist als Dreieck, Kreis oder Kugel, sondern in Wahrheit alles dieses ist ohne Zusammensetzung, so ist auch das Größte wie die größte Linie, und dies können wir die *Wesenheit* nennen, wie das größte Dreieck, – das ist die *Dreieinigkeit*, wie der größte Kreis – die *Einheit*, wie die größte Kugel – die höchste *Wirksamkeit*. Die Wesenheit ist nichts anderes als die Dreieinigkeit, diese nichts anderes als die Einheit etc. Wir haben hier nicht einen Winkel, dann noch einen und endlich einen dritten, wie bei endlichen Dreiecken, die etwas Zusammengesetztes sind, sondern das eine ist ohne Vervielfältigung dreifach (unum triniter est). Mit Recht sagt daher der gelehrte *Augustin*: So wie du anfängst die Dreieinigkeit zu zählen, so verlierst du die Wahrheit. *In den göttlichen Dingen muß man in einem einfachen Begriffe, soweit es nur immer möglich ist, die Gegensätze in Eins zusammenfassen, indem man ihrem Auseinanderfallen in Gegensätze zuvorkommt.* (Oportet enim in divinis simplici conceptu, quantum hoc possibile est, compecti contradictoria, ipsa antecedenter praeveniendo.) So darf man in den göttlichen Dingen nicht Unterscheiden und Nichtunterscheiden als zwei Gegensätze (contradicentia) auffassen, sondern muß sie a priori (antecedenter) in ihrem einfachsten Prinzip fassen, wo Unterscheiden und Nichtunterscheiden noch nicht etwas Verschiedenes sind; dann versteht man, daß Dreiheit und Einheit dasselbe sind. Denn wo Unterscheiden zugleich Nichtunterscheiden ist, da ist die Dreiheit Einheit, und umgekehrt: Wo Nichtunterscheiden zugleich Unterscheiden ist, da ist die Einheit Dreiheit. So verhält es sich auch mit der Mehrheit der Personen und der Einheit des Wesens; denn wo Mehrheit Einheit ist, ist die Dreiheit der Personen dasselbe wie die Einheit des Wesens, und umgekehrt: Wo die Einheit Mehrheit ist, ist die Einheit des Wesens Dreiheit in den Personen. Klar sieht man dies an unserem Beispiele, wo die einfachste Linie Dreieck ist und das einfachste Dreieck eine Linie. Man sieht hier auch, daß man die Winkel dieses Dreiecks nicht zählen kann, denn *jeder ist in jedem*, wie der Sohn sagt: »ich im Vater und der Vater in mir.« …

Zwanzigstes Kapitel

Fortsetzung; Vierheit etc. ist im Göttlichen nicht möglich

Das Dreieck ist die einfachste Figur, auf welche jedes Polygon reduziert werden kann. Das absolut größte, oder was dasselbe ist, das absolut kleinste Dreieck faßt alle möglichen Polygone in sich; die vier- und mehrseitige Figur ist also nicht die kleinste, weil die dreiseitige kleiner als sie ist, sie ist folglich auch *nicht ohne Zusammensetzung*. Es kann mithin dem Größten als dem Einfachsten, das nur mit dem Kleinsten koinzidiert, die vier- und mehrseitige Figur, die stets zusammengesetzt ist, nicht korrespondieren, sie könnte auch unmöglich das adäquateste Maß der Dreiecke sein. So wie daher nur das Dreieck die nächsthöhere Potenz der Linie ist für alle rechtwinkligen, der Kreis für alle kreisförmigen Flächen, die Kugel für alle Breiten und Tiefen, diese aber, unendlich gedacht, Eines sind, und weitere Potenzen der Linie unmöglich, so ist auch in dem Größten keine Vierheit oder Vielheit möglich, sondern die Dreiheit, welche Einheit, ist das einzige adäquateste Maß aller Dinge. Dahin gehören alle Tätigkeiten, die sich in Potenz, Gegenstand und Wirksamkeit verlaufen, alle Operationen des Erkennens, alle Tätigkeit der Natur, die aus einem Wirkenden, Leidenden und dem Resultate aus beiden besteht.

Einundzwanzigstes Kapitel

Übertragung des unendlichen Kreises auf die Einheit

Der Kreis ist die vollkommene Figur der Einheit und Einfachheit. Das Größte, unter dem Bilde des unendlichen Kreises betrachtet, ist daher die *absolute Einheit und Identität seines Wesens*, ohne Verschiedenheit und Anderssein, so daß seine Güte nicht etwas anderes ist als seine Weisheit, sondern dasselbe. *Alle Verschiedenheit* (diversitas) *ist in ihm Einheit.* Da mithin seine Macht, wenn ich so sagen darf, die geeinteste (unissima) ist, so ist sie auch die *stärkste* und unendlichste (infinitissima). In der geeinigten Dauer des Größten ist die Vergangenheit nicht etwas anderes als die Zukunft und die Zukunft nichts anderes als die Gegenwart – *Ewigkeit ohne Anfang und Ende.* Da im größten Kreise auch der Durchmesser der größte ist, und es nicht mehrere Größte geben kann, so ist der größte Kreis so sehr geeint (in tantum unissimus), daß Durchmesser und Umkreis Eins sind. Ein unendlicher Durchmesser hat aber auch eine unendliche Mitte oder Zentrum. Im größten Kreise sind mithin *Zentrum, Durchmesser und Peripherie Eins.* Daraus folgert unser System des Nichtwissens (ignorantia nostra), daß das Größte auch auf das Vollkommenste in *allem* ist, einfach und unteilbar, weil das unendliche Zentrum, *außer allem,* alles umfassend, weil unendliche Peripherie, *alles durchdringend,* weil unendlicher Durchmesser; *Anfang von allem,* als Zentrum, *Ende von allem* als Peripherie, *die Mitte von allem* als Durchmesser; die *wirkende Ursache* (causa efficiens) als Zentrum, die *gestaltende* (formalis) als Durchmesser, die *zielgebende* oder *Endzweck* (finalis) als Peripherie; Schöpfer (dans esse) als Zentrum, *Regierer* (gubernans) als Durchmesser, *Erhalter* als Peripherie.

Nun begreifst du, daß das *Größte mit keinem Wesen identisch noch von ihm verschieden ist* (maximum cum nullo est idem neque diversum) und daß *alles in ihm, aus ihm* und *durch es ist,* weil es Umkreis, Durchmesser und Zentrum ist. Es umfaßt also alles, was ist und nicht ist, so daß nicht sein in ihm heißt am meisten sein (non esse in ipso est maximum esse). Es ist das *Maß aller kreisförmigen Bewegung,* wie der des Übergangs aus der Möglichkeit in die Wirklichkeit und der Rückkehr dieser in jene, der Verbindung des Prinzips mit dem Individualleben und der Auflösung des letzteren in sein Prinzip, das Maß aller vollkommenen kreisförmigen Gestalten und kreisförmigen Tätigkeiten, aller Bewegung über sich (super se) und zu dem Anfange zurück. Nur das eine bemerke ich noch: *Die ganze Gotteslehre ist kreisförmig und bewegt sich im Kreise* (omnis theologia circularis est et in circulo posita existit), *so daß die* (göttlichen) *Attribute sich gegenseitig bewahrheiten:* Die höchste Gerechtigkeit ist die höchste Wahrheit und die höchste Wahrheit ist die höchste Gerechtigkeit. Dehnst du diesen Gedanken weiter aus, so werden dir viele theologische Materien, die dir jetzt noch verborgen sind, ganz klar werden.

Zweiundzwanzigstes Kapitel

Die göttliche Vorsehung einigt das Entgegengesetzte

Um die Probe zu machen, daß wir durch unsere Prämissen zu tiefer Erkenntnis geführt werden, wollen wir nun das Gesagte auf die *göttliche Vorsehung* anwenden.

Da gezeigt ist, daß Gott der Inbegriff (complicationem) von allem ist, auch von dem Entgegengesetzten (etiam contradictoriorum), so kann seiner Vorsehung nichts entgehen. Wir mögen etwas tun oder das Gegenteil hiervon, oder auch gar nichts, so war alles in dem Vorhersehen Gottes enthalten (totum in Dei providentia implicitum fuit). Nichts wird sich also ereignen, außer gemäß der göttlichen Vorsehung. Wenn man daher auch annehmen wollte[1], Gott habe vieles vorhersehen können, was er nicht vorhersah und nicht vorhersehen wird, und wenn er auch vieles vorhergesehen hat, was er auch konnte nicht vorhersehen, so erleidet doch die göttliche Vorsehung keinen Zuwachs oder Verminderung, wie folgende Vergleichung zeigt. Die menschliche Natur ist Eines und einfach. Würde nun auch ein Mensch geboren, dessen Geburt man nie erwartete, so würde doch die menschliche Natur dadurch ebensowenig einen Zuwachs erhalten, als durch sein Nichtgeborenwerden einen Abgang erleiden, wie sie auch durch das Sterben der Geborenen keinen Abgang erleidet; denn die menschliche Natur faßt ebensowohl die in sich, welche existieren, als auch die, welche nicht existieren und auch nicht existieren werden, wiewohl sie hätten existieren können. Würde sich daher auch ereignen, was sich nie ereignen wird, für die göttliche Vorsehung wäre dies kein Zuwachs (nihil adderetur divinae providentiae), weil sie sowohl das umfaßt, was geschieht, als auch das, was nicht geschieht, aber geschehen kann. Denn gleichwie in der Materie vieles möglich ist, was nie geschehen wird, so ist im Gegenteile alles, was nicht geschieht, obgleich[2] es geschehen kann, in der göttlichen Vorsehung nicht möglich, sondern wirklich (non possibiliter, sed

---

1 Der Konjunktiv in den Worten: unde quamvis Deus multa *potuisset* providisse, scheint mir hier den nur *gedachten Fall* anzudeuten (nach Art des griechischen *εἰ* mit Optativ), da Cusa im anderen Falle, wenn er von wirklichen Verhältnissen redet, quamvis mit dem Indikativ zu verbinden pflegt.

2 Statt: si evenire possunt dürfte wohl richtiger: *etsi* evenire possunt zu lesen sein.

actu), woraus nicht folgt, daß jenes (das Mögliche) auch wirklich eintrete. Wie die unendliche Einheit alle Zahl, so faßt die Vorsehung Gottes Unendliches in sich, sowohl was geschieht, als auch was nicht geschieht, aber geschehen kann, und das Gegenteil, wie die Gattung die entgegengesetzten Differenzen in sich faßt. Und was die göttliche Vorsehung weiß, weiß sie nicht mit einem Zeitunterschiede, denn sie weiß die Zukunft nicht als Zukunft, die Vergangenheit nicht als Vergangenheit, sondern ewig, das Veränderliche in unveränderlicher Weise. Daher ist sie unveränderlich und nichts kann ihr entgehen (inevitabilis), nichts ihr entweichen. Alles hat in Bezug auf sie Notwendigkeit (omnia ad ipsam providentiam relata necessitatem habere dicuntur), und zwar mit Recht, weil alles in Gott Gott ist, der die absolute Notwendigkeit ist. Hieraus erhellt, daß das, was sich nie ereignen wird, in der oben dargegebenen Weise in Gottes Vorsehung enthalten ist, auch wenn es nicht als künftig eintretend vorhergesehen ist. Gott muß notwendig vorausgesehen haben, was er vorausgesehen hat, weil seine Vorsehung notwendig und unveränderlich ist, wiewohl er auch das Gegenteil von dem vorhersehen konnte, was er vorhergesehen hat; denn mit dem Inbegriffe ist noch nicht der inbegriffene Gegenstand, wohl aber mit der Entwicklung der Inbegriff gesetzt (posita complicatione non ponitur res complicata, sed posita explicatione ponitur complicatio). Ich kann morgen lesen oder nicht lesen – was ich immer tue, ich entgehe der Vorsehung nicht, die das Entgegengesetzte umfaßt, weshalb, was ich immer tue, der göttlichen Vorsehung gemäß geschieht.

So sehen wir, wie wir nach den Prämissen, die uns zeigen, daß das Größte allen Gegensätzen vorausgehe, weil es alles in sich faßt, über die göttliche Vorsehung und verwandte Gegenstände uns einen richtigen Begriff bilden können.

Dreiundzwanzigstes Kapitel

Übertragung der unendlichen Kugel auf die alles wirkende Existenz Gottes

Nun noch einige Betrachtungen über die unendliche Kugel!

In der unendlichen Kugel sehen wir die drei größten Linien der Länge, Breite und Tiefe im Zentrum zusammenlaufen. Das Zentrum der größten Kugel ist aber gleich dem Durchmesser und der Peripherie; es ist folglich das Zentrum jenen drei Linien gleich, ja, *das Zentrum ist sie alle:* Länge, Breite und Tiefe. Im Größten sind daher alle Länge, Breite und Tiefe das eine einfachste und unteilbare Größte selbst. Und wie das Zentrum aller Breite, Länge und Tiefe vorhergeht, das Ende und die Mitte von ihnen ist (denn in der unendlichen Kugel sind Zentrum, Dichtigkeit und Peripherie ein und dasselbe), wie die unendliche Kugel ganz in actu und auf die einfachste Weise ist, so ist auch *das Größte ganz in Wirklichkeit* (in actu) *auf die einfachste Weise.* Wie die Kugel die volle Wirksamkeit der Linie, des Dreiecks und des Kreises ist, so ist *das Größte die Wirksamkeit von allem* (omnium actus). Jedes wirksame Sein hat also von ihm alle seine Wirksamkeit; jedes Sein existiert in Wirksamkeit insoweit, wie weit es in dem Unendlichen wirksam ist. *Daher ist das Größte das bildende Prinzip von allem* (forma formarum), das Prinzip des Seins (forma essendi) oder das höchste wirksame Sein (maxima actualis entitas). Sehr scharfsinnig sagt daher *Parmenides*, Gott sei es, für den jegliches Sein *all* das Sein ist, das es ist (Deum esse, cui esse quodlibet, quod est, est esse omne id, quod est). Wie die Kugel die höchst mögliche Vollendung der Figuren ist, so ist *das Größte die vollkommenste Vollendung von allem, so daß alles Unvollkommene in ihm das Vollkommenste ist*, wie die unendliche Linie Kugel und in ihr das Krumme gerade, das Zusammengesetzte einfach, das Verschiedene identisch, das Anderssein Einheit ist. Wie könnte dort eine Unvollkommenheit sein, wo die Unvollkommenheit die höchste Vollkommenheit, die Möglichkeit die unendliche Wirksamkeit ist etc.? Ist das Größte wie die größte Kugel, so *ist es das einfachste, adäquateste Maß des ganzen Universums* und aller Wesen im Universum, denn in ihm ist das Ganze nicht größer als der Teil, wie die Kugel nicht größer ist als die unendliche Linie. *Gott ist daher der einzige einfachste rationelle Grund* (ratio) *des ganzen Universums*, und wie aus unendlich vielen Umkreisen (circulationes) die Kugel entsteht, so ist Gott als die größte Kugel das einfachste Maß aller kreisförmigen Bewegungen, denn alle Belebung (vivificatio), Bewegung und Intelligenz ist aus ihm, in ihm und durch ihn, bei dem eine Kreisbewegung der achten Sphäre nicht kleiner ist als die der unendlichsten, weil er das Ziel aller Bewegung ist, in dem alle Bewegung als in ihrem Ziele zur Ruhe kommt. Es ist nämlich dasjenige die größte Ruhe, in dem alle

Bewegung Ruhe ist. So ist denn die größte Ruhe das Maß aller Bewegung, wie das größte Gerade das Maß aller Umkreise, die größte Gegenwart oder die Ewigkeit das Maß aller Zeiten ist. Und weil Gott das Sein alles Seins ist und alle Bewegung sich auf das Sein bezieht, so ist er, das Ziel der Bewegung, auch die Ruhe der Bewegung, d. i. das Prinzip (forma) und die Wirksamkeit des Seins. *Alles Seiende hat daher einen Zug zu ihm* (ad ipsum tendunt). Weil es aber endlich ist und nicht auf gleiche Weise an ihm partizipieren kann, so *partizipieren die einen Wesen an dem Ziele aller Dinge mittelst der andern*, wie die Linie mittelst des Dreiecks und Kreises, das Dreieck mittelst des Kreises, der Kreis durch sich selbst zur Kugel wird.

Vierundzwanzigstes Kapitel

Vom Namen Gottes und der affirmativen Theologie

Nachdem wir nun mit Gottes Hilfe durch ein mathematisches Beispiel in unserem Nichtwissen über das erste Größte zu größerer Erkenntnis zu gelangen gestrebt, wollen wir zur Ergänzung unseres Wissens noch über den *Namen* des Größten eine Untersuchung anstellen, die, wenn wir das Bisherige festhalten, von keiner Schwierigkeit sein wird.

Da das Größte das schlechthin Größte ist, das keinen Gegensatz hat, so ist klar, daß ihm eigentlich kein Name zukommen könne. Denn alle Namen entstehen aus einer gewissen singulären Verstandestätigkeit, durch welche eines vom andern unterschieden wird. Wo nun alles Eins ist, kann es keine besonderen Namen geben. Mit Recht sagt daher *Hermes Trismegistus*: Da Gott das All der Dinge ist (universitas rerum), so hat er keinen besondern Namen, denn man müßte entweder Gott mit jedem Namen, oder alles mit seinem Namen benennen, da er in seiner Einfachheit das All der Dinge in sich begreift, daher muß auch der Gott eigentlich zukommende Namen (jener von uns unaussprechliche Name, der *τετραγράμματον* ist oder aus vier Buchstaben besteht, und deshalb der eigentliche Name Gottes heißt, weil er ihm nicht infolge eines Verhältnisses zu den Kreaturen, sondern nach seiner eigentlichen Wesenheit zukommt) übersetzt werden: *Einer und Alles* (unus et omnia) oder besser: *Alles in Einheit* (omnia uniter). Und so hat sich uns ja oben die höchste Einheit, die soviel ist als: »Alles in Einheit« ergeben, ja der Name »*Einheit*« scheint noch näher bezeichnend zu sein, als: Alles in Einheit. Daher sagt auch der Prophet: »an jenem Tage wird Gott sein und sein Name ist: Einer« und ein andermal: »Höre Israel! (d. i. du, der du Gott mit der Vernunft schaust) dein Gott ist Einer.« Die Einheit ist aber nicht in dem Sinne der Name Gottes, wie wir die Einheit verstehen. Der Einheit steht die Vielheit gegenüber. Eine solche Einheit kommt Gott nicht zu, sondern jene, der kein Anderssein, keine Vielheit entgegensteht. Dies ist der größte Name, der alles in der Einfachheit der Einheit zusammenfaßt, dies der unaussprechliche Name, der über allen Verstand geht. Denn wer könnte die unendliche Einheit begreifen, die unendlich allem Gegensatze vorausgeht, wo alles ohne Zusammensetzung in der Einfachheit der Einheit begriffen ist, ohne Anderes und Gegensatz, wo der Mensch nicht vom Löwen, der Himmel nicht von der Erde verschieden und doch jedes auf die wahrste Weise ist, nicht nach seiner Endlichkeit, sondern als die größte Einheit selbst! Wer diese Einheit zu begreifen oder zu benennen vermöchte, die als Einheit – alles, und als das Kleinste – das Größte ist, der hätte den Namen Gottes gefunden. Allein *da der Name Gottes Gott selbst ist, so kennt niemand Gott, außer derjenige Geist, der das Größte selbst ist und der größte Name.* Durch die Wissenschaft des Nichtwissens sehen wir also ein, daß die Einheit, wenn sie gleich eine nähere Bezeichnung des Größten ist, doch hinter dem wahren Namen des Größten, der das Größte selbst ist, noch unendlich zurückbleibt.

Hieraus erhellt, daß die *affirmativen Namen Gottes* nur im unendlich kleinsten Grade (per infinitum diminute) ihm zukommen, denn sie werden ihm nach irgendeiner Eigenschaft der Kreaturen beigelegt. Da nun aber Gott etwas Partikulares, das einen Gegensatz hat, nur im allerkleinsten Grade zukommen kann, so sind alle affirmativen Namen, wie *Dionysius* sagt, nicht genug zusammenfassend (incompactae). Nennst du ihn die Wahrheit, so ist der Gegensatz die Lüge, nennst du ihn die Tugend (virtutem), so ist der Gegensatz die Sünde (vitium) –, Substanz, so ist der Gegensatz das Akzidens usf. Da er aber nicht eine Substanz ist, die nicht alles ist, ohne einen Gegensatz, nicht Wahrheit, die nicht alles ohne Gegensatz[1] ist, so können ihm

1 Im Texte steht: appositione, offenbar unrichtig, statt: oppositione.

jene Namen nur im ganz verminderten Grade zukommen. Alle Affirmationen, die in sein Wesen etwas aus dem von ihnen bezeichneten Gegenstande hineinlegen (quasi in ipso aliquid sui significati ponentes), können ihm nicht zukommen, der nicht irgend etwas mehr ist, als er alles ist (qui non est plus aliquid quam omnia). Daher werden ihm *die affirmativen Namen*, wenn sie anders ihm zukommen, *nur im Verhältnisse zu den Kreaturen beigelegt*, nicht als ob die Kreaturen die Ursache hiervon wären, da das Größte von den Kreaturen nichts haben kann, sondern sie kommen ihm vermöge seiner unendlichen Macht im Verhältnisse zu den Kreaturen zu (sed ei ex infinita potentia ad creaturas conveniunt); denn von Ewigkeit konnte Gott schaffen; hätte er dies nicht gekonnt, so wäre er nicht die höchste Allmacht. Wenn ihm daher gleich der Name: *Schöpfer* im Verhältnisse zu den Geschöpfen zukommt, so kommt er ihm doch auch zu, bevor noch ein Geschöpf war, weil er von Ewigkeit schaffen konnte. So verhält es sich auch mit der Gerechtigkeit und anderen affirmativen Namen, die wir auf Gott aus dem Leben der Geschöpfe wegen einer gewissen Vollkommenheit, die durch diese Namen bezeichnet wird, übertragen. Alle diese Namen waren von Ewigkeit, ehe wir sie Gott beilegten, in Wahrheit in seiner höchsten Vollkommenheit und seinem unendlichen Namen enthalten, so wie auch alle Dinge, die durch diese Namen bezeichnet, und von denen sie durch uns auf Gott übertragen werden. Das Gesagte hat so sehr Gültigkeit, daß auch der *Name der Trinität* und der Personen: Vater, Sohn und heiliger Geist im Verhältnisse zu den Geschöpfen ihm beigelegt werden. Denn da Gott als Einheit erzeugend und Vater, als Gleichheit der Einheit – gezeugt oder Sohn, als Verbindung beider – der heilige Geist ist, so ist klar, daß der Sohn Sohn heißt, weil er die Gleichheit der Einheit oder des Seins ist. Weil Gott von Ewigkeit die Dinge erschaffen konnte, wenn er sie auch nicht erschaffen hätte, *so wird er in Rücksicht auf die Dinge Sohn genannt*; denn deshalb ist er Sohn, weil er die Gleichheit des Seins ist, über oder unter welcher die Dinge nicht bestehen könnten, die Gott machen konnte, wenn er sie auch nicht gemacht hätte. Könnte Gott sie nicht machen, so wäre er weder Gott Vater noch Sohn, noch heiliger Geist, überhaupt nicht Gott. Betrachtest du die Sache tiefer, so heißt: »der Vater erzeugt den Sohn,« soviel als: *er erschafft alles durch das Wort* (quod si subtilius consideras, patrem filium gignere, hoc fuit omnia in verbo creare). Deshalb nennt auch *Augustin* das

Wort die Kunst und Idee im Verhältnis zu den Geschöpfen. Die Kreatur beginnt dadurch, daß Gott Vater ist, ihr Sein; dadurch, daß er Sohn ist, erlangt sie ihre Vollendung (perficitur), dadurch, daß er heiliger Geist ist, ist sie mit der ganzen Weltordnung im Einklang. Dies sind die Spuren der Trinität in jeglichem Dinge. Dies ist der Sinn der Worte *Augustins*, wenn er die Stelle der Genesis: »Im Anfange erschuf Gott Himmel und Erde« also erklärt: Gott hat als Vater die Prinzipien der Dinge erschaffen.

Was also in der affirmativen Theologie von Gott ausgesagt wird, gründet sich auf das Verhältnis zu den Geschöpfen. Dies gilt auch in Bezug auf *jene heiligsten Namen, die sich bei den Hebräern und Chaldäern finden* und in denen die größten Geheimnisse der Erkenntnis Gottes enthalten sind. Keiner dieser Namen bezeichnet Gott anders als nach einer besonderen Eigentümlichkeit, außer jenem Namen mit vier Buchstaben, welche sind: יהוה, das der eigentliche und unaussprechliche Name ist und oben erklärt wurde. Hierüber handeln *Hieronymus* und der Rabbiner *Salomon* in dem Buche: dux neutrorum ausführlich, was man nachlesen mag.

Fünfundzwanzigstes Kapitel

Die Heiden gaben Gott im Verhältnisse zu den Geschöpfen verschiedene Namen

Die Heiden benannten Gott nach den verschiedenen Verhältnissen zu den Geschöpfen. *Jupiter* nannten sie ihn wegen seiner bewundernungswürdigen Güte (propter mirabilem pietatem). Julius Firmicus sagt nämlich, Jupiter sei ein so günstiges Gestirn, daß, wenn er allein im Himmel regierte, die Menschen unsterblich wären. *Saturn* heißt Gott wegen der Tiefe der Gedanken und der Erfindungen in dem, was zum Leben notwendig ist, *Mars* von den Siegen im Kriege, *Merkur* wegen der Klugheit im Rate, *Venus* wegen der die Natur erhaltenden Liebe, *Sonne* wegen der Stärke der Bewegungen in der Natur, *Mond* wegen der Erhaltung der zum Leben notwendigen Feuchtigkeit, *Cupido* wegen der Einheit beider Geschlechter, weshalb man ihn auch die *Natur* nannte, weil er durch das Geschlechtliche die Gattungen der Dinge enthält. *Hermes* sagt, alles, sowohl Lebendes als nicht Lebendes, sei doppelten Geschlechts, weshalb die Ursache von allem, Gott, männliches und weibliches Geschlecht in sich enthalte, wovon Cupido und Venus die äußere Erscheinung sei. In gleichem Sinne besang der Römer *Valerius* den allmächtigen Jupiter als die zeugende und gebärende Gottheit (genitorem genitricemque Deum). Daher nannte er auch Cupido, sofern nämlich ein Wesen nach dem andern begehrt (cupit), die Tochter der Venus, d. i. der natürlichen Schönheit. Die Venus nannten sie die Tochter des allmächtigen Jupiters, von dem die Natur und alles, was mit ihr gegeben ist, herstammt. Auch *die Tempel des Friedens, der Ewigkeit und der Eintracht,* das *Pantheon,* in dem ein Altar des Unendlichen (termini infiniti), der keine Grenze hat, in der Mitte unter freiem Himmel errichtet war, und ähnliche Erscheinungen zeigen uns, daß die Heiden Gott nach dem Verhältnisse zu den Geschöpfen verschieden benannt haben. *Alle diese Namen sind nur die Entfaltung des einen unaussprechlichen Namens,* und sofern der eigentlich Gott zukommende Name unendlich ist, faßt er unzählige solche den besonderen Vollkommenheiten entnommene Namen in sich. Daher ist auch die Entfaltung dieses Namens eine vielfache, die immer der Vermehrung fähig ist, und jeder einzelne Name verhält sich zu dem eigentlichen und unaussprechlichen Namen wie das Endliche zum Unendlichen.

Die Heiden verlachten die *Juden,* welche den einen unendlichen Gott, den sie nicht kannten, anbeteten, und doch verehrten sie selbst ihn in der Entfaltung seines Wesens (quem tamen ipsi in explicationibus venerabantur), da sie ihn verehrten, wo immer sie seine göttlichen Werke erblickten. Der Unterschied im ganzen Menschengeschlechte bestand damals darin, daß alle an den einen größten Gott, über dem es keinen größeren gibt, glaubten, den die einen, wie die Juden und Sissennier, in seiner einfachsten Einheit, als den Inbegriff (complicatio) aller Dinge, die andern dagegen da verehrten, wo sie die Entfaltung seiner Gottheit wahrnahmen, wobei sie das für die Sinne Bekannte als einen Wegweiser zu der Ursache und dem Prinzip nahmen (recipiendo notum sensibiliter pro manuductione ad causam et principium). Auf der letzten Stufe (in hac ultima via) dieses Weges geriet das schlichte Volk in Irrtum, *das die Entfaltung* (der Gottheit) *nicht als Bild, sondern als Wahrheit nahm*, wodurch der Götzendienst im Volke sich ausbildete, während die Verständigeren in der Regel über die Einheit Gottes richtig dachten. Das ist jedem bekannt, der *Tullius* (Cicero) über die Natur der Götter und die alten

Philosophen mit Aufmerksamkeit gelesen hat. Wir stellen indes nicht in Abrede, daß einige Heiden nicht eingesehen haben, daß Gott, das Sein der Dinge, in anderer Weise existiere denn als eine bloße Abstraktion außerhalb der Dinge, wie z.B. die erste Materie außerhalb der Dinge nur als eine Abstraktion existiert (Non negamus tamen, quosdam ex paganis non intellexisse[1], Deum, cum sit entitas rerum, aliter, quam per abstractionem extra res esse, sicut prima materia extra res nonnisi per abstrahentem intellectum existit). Diese haben Gott in den Geschöpfen angebetet und den Götzendienst auch philosophisch begründet (rationibus astruebant). Einige glaubten auch, man könne Gott in etwas hineinzaubern (Deum devocabilem putarunt), wie denn die Sissannier ihn in Engel hineinzauberten; die Heiden zauberten ihn in Bäume hinein, nach dem, was man von dem Sonnen- und Mondsbaume liest. Andere zauberten ihn durch bestimmte Zauberformeln in Luft, Wasser oder Tempel. In welch großer Täuschung sie alle waren und wie weit von der Wahrheit entfernt, geht aus dem oben Gezeigten hervor.

Sechsundzwanzigstes Kapitel

Von der negativen Theologie

Da die Gottesverehrung im Geiste und in der Wahrheit sich notwendig auf positive Aussagen von Gott gründet, so erhebt sich jede Religion in ihrer Gottesverehrung notwendig mittelst der affirmativen Gotteslehre zur Anbetung Gottes als des Einen und Dreieinigen, weisen, gnädigen, des Lebens, der Wahrheit etc., indem sie dieser Verehrung durch den Glauben, den sie durch die Wissenschaft des Nichtwissens richtiger auffaßt (verius attingit), die Richtung gibt, durch den Glauben nämlich, der, den sie als den Einen anbetet, sei alles in Einheit, und den sie als das unzugängliche Licht verehrt, sei nicht ein physisches Licht, das die Finsternis zum Gegensatze hat, sondern das einfachste und unendliche Licht, in dem die Finsternis unendliches Licht ist, das beständig in der Finsternis unseres Nichtwissens leuchtet, aber von dieser Finsternis nicht erfaßt werden

1 Das Verständnis der Stelle wird wesentlich erleichtert, wenn man, was im Texte fehlt, nach intellexisse ein Komma setzt.

kann. Daher ist die *negative Gotteslehre* eine so notwendige Ergänzung der positiven, daß ohne sie Gott nicht als unendlicher Gott, sondern vielmehr als Geschöpf verehrt würde. Dies Letztere ist Götzendienst, der dem Abbilde erweist, was nur der Wahrheit gebührt. Daher dürfte es zweckmäßig sein, über die negative Gotteslehre noch einige Worte beizufügen.

Unsere heilige Wissenschaft des Nichtwissens (sacra ignorantia) hat uns belehrt, daß Gott unaussprechlich ist, weil er größer ist als alles, was genannt werden kann. Da dies ausgemacht ist, so werden wir von ihm richtiger auf dem Wege des Ausschließens und Regierens, gleich dem großen *Dionysius*, der ihn weder Wahrheit noch Vernunft, noch Licht, noch irgendetwas, was sich aussprechen läßt, genannt wissen wollte, denken. Ihm folgten der Rabbiner *Salomon* und alle Philosophen. Nach dieser negativen Gotteslehre ist daher Gott weder Vater, noch Sohn, noch heiliger Geist, sondern *nur unendlich*. Die Unendlichkeit als solche ist weder zeugend noch gezeugt, noch hervorgehend. Daher hat *Hilarius von Poitiers* sehr scharfsinnig in der Unterscheidung der göttlichen Personen gesagt: Im Ewigen ist Unendlichkeit, Idee, Ausübung (in aeterno infinitas, species in imagine, usus in munere). Er will sagen: Obwohl wir in der Ewigkeit nur die Unendlichkeit sehen können, so kann doch die Unendlichkeit, die die Ewigkeit ist, weil negativ, nicht als zeugend aufgefaßt werden, wohl aber die Ewigkeit, weil sie die Affirmation der Einheit oder größten Gegenwart ist. Sie ist daher der Anfang ohne Anfang, die Idee (species in imagine) ist der Anfang vom Anfang (principium a principio), die Ausübung (usus in munere) ist das Hervorgehen aus beidem. Dies ist durch das früher Gezeigte ganz klar; denn obwohl die Ewigkeit Unendlichkeit ist, so daß die Ewigkeit ebensowenig Ursache des Vaters ist als die Unendlichkeit, so wird doch in der Betrachtungsweise (secundum considerationis modum) die Ewigkeit dem Vater, nicht dem Sohne und heiligen Geiste zugeschrieben, die Unendlichkeit hingegen nicht einer Person mehr als der andern, weil die Unendlichkeit als Einheit betrachtet (secundum considerationem unitatis) der Vater, als Gleichheit der Einheit der Sohn, als Verbindung beider der heilige Geist ist. Dagegen die Unendlichkeit, schlechthin betrachtet, ist weder Vater noch Sohn, noch heiliger Geist. Wenn also gleich die Unendlichkeit und Ewigkeit jede der drei Personen ist und umgekehrt jede Person Unendlichkeit und Ewigkeit, so gilt dies doch nicht nach der Betrachtungsweise der Sache. Die Unendlichkeit, als solche betrachtet, ist Gott weder Einer noch Mehreres, vom Standpunkte der negativen Gotteslehre finden wir in Gott nichts anderes als die Unendlichkeit. Er ist daher auch nach derselben weder in dieser noch in der künftigen Welt erkennbar, weil jede Kreatur, da sie das unendliche Licht nicht fassen kann, im Verhältnis zu diesem verdunkelt wird. Gott ist nur sich selbst bekannt.

Aus dem Gesagten erhellt, daß in der Gotteserkenntnis[1] die Negationen wahr, die Affirmationen unzureichend sind. Je mehr Unvollkommenheit eine Negation von dem vollkommensten Wesen entfernt, desto wahrer ist sie. So ist es wahrer, Gott sei kein Sein, als er sei nicht das Leben oder die Intelligenz, wahrer, er sei nicht die Trunkenheit, als er sei nicht die Tugend. Das Gegenteil gilt von den Affirmationen. Es ist eine wahrere Affirmation, Gott sei die Intelligenz oder das Leben, als er sei Erde, Stein, Körper. Alles dies ist aus dem früher Gesagten ganz klar.

Als Schlußwahrheit ergibt sich, daß die präzise Wahrheit in der Finsternis unseres Nichtwissens in unerfaßbarer Weise leuchtet, und das ist die Wissenschaft des Nichtwissens, die wir gesucht haben, durch die wir allein dem größten, dreieinigen Gott von unendlicher Güte auf den Stufen dieser Wissenschaft des Nichtwissens uns nahen können, um ihn aus allen unsern Kräften ewig dafür zu loben, daß er selbst sich uns als unbegreiflich zu erkennen gibt, der über alles gepriesen sei in Ewigkeit. Amen.

---

1 In diesem engeren Sinne muß nach dem Zusammenhange der weitere Ausdruck: »in theologicis« gefaßt werden.

Zweites Buch

Nachdem die Wissenschaft des Nichtwissens über die Natur des absolut Größten mittels einiger symbolischen Figuren dargestellt ist, so wollen wir nun mittels dieses Größten, das einigermaßen wie in Umrissen in uns widerscheint, in derselben Methode das untersuchen, welches alles, was es ist, durch das absolut Größte ist. Da aber das Verursachte ganz aus seiner Ursache und nichts aus sich ist, und da es sich an den Ursprung und Grund, durch den es das ist, was es ist, so nahe und so ähnlich als möglich anschließt (originem et causam quanto propinquius et similius potest, concomitetur), so ist klar, daß die Natur des Konkreten (contractionis) schwer zu erkennen ist, wenn das absolute Urbild nicht erkannt ist. Wir müssen also auch hier über unser Begreifen hinaus ein gewisses Nichtwissen als Prinzip festhalten (in quadam ignorantia nos doctos esse convenit), um, da wir die präzise Wahrheit an sich nicht erfassen, wenigstens dahin zu gelangen, daß wir dieselbe als seiend erkennen (ut ipsam esse videamus), da wir sie für jetzt nicht ganz begreifen können.

Dies ist mein Ziel in diesem zweiten Teile, den deine Nachsicht beurteilen und wohlwollend aufnehmen möge.

Erstes Kapitel

Einleitende Folgesätze aus dem Bisherigen, um den Begriff des einen unendlichen Universums festzustellen

Es dürfte für unsere Wissenschaft sehr förderlich sein, vorerst einige Folgesätze aus unserm Prinzip vorauszuschicken. Sie werden eine gewisse Gewandtheit geben, unendlich vieles Ähnliche auf gleiche Weise aus dem Prinzip zu entwickeln, und werden über das Folgende größere Klarheit verbreiten.

Als Wurzelbegriff stellten wir auf, daß man da, wo sich Ausschreitungen finden (in excessis et excedentibus), zum Größten, in Sein und Können, nicht gelange. Daher zeigten wir, die präzise Gleichheit komme nur Gott zu, woraus folgt, daß alles außer ihm sich differenziere. Es kann daher nicht eine Bewegung der andern gleich, nicht eine das Maß für die andere sein, da das Maß und das Gemessene notwendig verschieden sind. Dies läßt eine Anwendung auf unendlich vieles zu. Was die *Astronomie* betrifft, so ersiehst du daraus, daß der astronomische Kalkül der Präzision entbehre, weil er voraussetzt, durch die Bewegung der Sonne könne die Bewegung aller andern Planeten gemessen werden. Auch die ganze Situation des Himmels (coeli dispositio), man mag was immer für eine Stelle annehmen, seien es die östlichen oder westlichen Himmelszeichen oder die Elevation des Pols und was damit zusammenhängt, läßt keine präzise Erkenntnis zu. Und da keine zwei Orte in Zeit und Lage präzis übereinstimmen, so ist klar, daß die Urteile über die Gestirne nach deren partikularem Wesen weit von Präzision entfernt sind. Wendest du diese mathematische Regel auf die *Geometrie* an, so findest du auch hier, daß in der Wirklichkeit (actu) eine Gleichheit der geometrischen Figuren unmöglich sei, und kein Ding mit dem andern in Figur und Größe präzis übereinstimmen könne. Wenn gleich die Regeln rationell (in sua ratione) richtig sind, eine einer gegebenen Figur gleiche zu beschreiben, so ist doch in Wirklichkeit die Gleichheit unmöglich. Hieraus erkennst du, daß die Wahrheit, losgetrennt vom Materiellen, rationell die Gleichheit sieht, die man in den Dingen unmöglich durchführen kann, weil hier immer ein Mangel bleibt. Auch in der *Musik* gibt es keine Präzision. Kein Ding stimmt mit dem andern in Gewicht, Länge und Dichtigkeit überein, und zwischen den verschiedenen Tönen von Fisteln, Glocken, Menschen und Instrumenten läßt sich keine präzise harmonische Proportion herstellen, die nicht noch präziser sein könnte. Eine präzise Proportion besteht daher nur rationell; in der Sinnenwelt ist auch die schönste Harmonie nicht ohne Mangel, weil sie dort nicht zu finden ist. Erhebe dich hier zu dem Gedanken, daß die präziseste, *größte* Harmonie Proportion *in der Gleichheit* ist, die der im Fleische lebende Mensch zu hören nicht imstande ist, weil sie, da sie ganz rationell ist, das Rationelle unserer Seele vollständig an sich ziehen (absorbieren) würde, wie das unendliche Licht alles Licht (absorbiert), so daß die von der

Sinnlichkeit ganz losgelöste Seele ohne eine Entzückung (sine raptu) eine auf das Höchste übereinstimmende Harmonie mit dem Ohre des Verstandes nicht hören würde. Eine schöne und wichtige Betrachtung ließe sich hier anknüpfen, sowohl über die Unsterblichkeit unserer geistigen Natur, die das unzerstörlich Rationelle (rationem incorruptibilem) in sich trägt, vermöge welchem sie dessen Abbild, den Einklang in der Musik aus sich selbst erzeugt, als auch über die ewige Freude, in welche die Seligen, losgelöst von der Welt, erhoben werden. Doch hierüber ein andermal. Wenden wir unser Prinzip auf die *Arithmetik* an, so sehen wir, daß keine zwei Dinge in der Zahl übereinstimmen, weil hinsichtlich der Wahrheit der Zahl die Zusammensetzung, Proportion, Harmonie, Bewegung etc. sich verändern. Wir sehen hieraus, daß wir nichts wissen (ignorare); denn keiner ist wie der andere in Sinn, Einbildung, Vernunft, in allen Tätigkeiten, im Schreiben, Malen und jeglicher Kunst, wenn er auch tausend Jahre lang den anderen nachahmen wollte. Die *Kunst* ist eine Nachahmung der Natur, aber zur Präzision bringt sie es nicht. Daher fehlt der Medizin, Alchymie, Magie und anderen verwandelnden Künsten die Präzision der Wahrheit, wenn gleich die Medizin wahrer ist als die verwandelnden Künste. Aus unserem Prinzip folgern wir ferner den Satz: Weil wir in den Gegensätzen immer eine Ausschreitung finden, wie im Einfachen und Zusammengesetzten, Abstrakten und Konkreten, Formalen und Materialen, Zerstörlichen und Unzerstörlichen etc., *so gelangt man nie zu dem reinen Gegensatze oder zu der präzisen und ganz gleichen Indifferenz der Gegensätze* (ad alterum purum oppositorum non devenitur, aut in quo concurrant praecise aequaliter). Alles ist daher in den Gegensätzen in gradueller Verschiedenheit; nach dem Übergewicht des einen über den anderen nimmt der eine von der Natur des andern mehr oder weniger in sich auf. Daher wir die Kenntnis der Dinge rationell der Art erforscht, daß wir einsehen, wie die Zusammensetzung in dem einen Dinge eine gewisse Einfachheit annimmt, während in einem andern die Einfachheit eine zusammengesetzte ist, Zerstörlichkeit in Unzerstörlichkeit in dem einen, umgekehrt in einem andern Dinge etc., wie wir im *Buche von den Mutmaßungen* (in libro conjecturarum) zeigen werden, wo hierüber ausführlicher gehandelt werden wird. Dies wenige möge genügen, um die hohe Bedeutung der Wissenschaft des Nichtwissens zu zeigen (pro mirabili potestate doctae ignorantiae ostendenda).

Um meinem Zwecke näherzukommen, sage ich: Da ein Hinaufsteigen zum schlechthin Größten oder Hinabsteigen zum Kleinsten unmöglich ist, weil sonst ein unendliches Auf- oder Absteigen entstünde, so läßt sich bei jedem gegebenen endlichen Dinge immer ein größeres oder kleineres geben. Denn da jeder Teil des Unendlichen unendlich ist, so involviert es einen Widerspruch, daß ein Mehr oder Weniger sich da finden sollte, wo man zum Unendlichen gelangt, da ein Mehr oder Weniger dem Unendlichen nicht zukommen und auch kein Verhältnis zum Unendlichen haben kann, indem notwendig auch dieses unendlich ist. Denn in der unendlichen Zahl wäre zwei nicht weniger als hundert. *Es gibt daher nichts, was die göttliche Macht begrenzte*; bei jedem Gegebenen kann durch sie ein größeres oder Kleineres gegeben werden, es wäre denn das Gegebene zugleich das absolut Größte, wie im dritten Buche gezeigt werden soll. *Es ist demnach nur das absolut Größte negativ unendlich,* es ist allein *das, was sein kann, in voller Allmacht.* (Solum illud est id, quod esse potest, omni potentia.) Das *Universum* dagegen *kann*, da es alles umfaßt, was nicht Gott ist, *nicht negativ unendlich sein*, obwohl es ohne Grenze (sine termino) und so *privativ unendlich ist.* Nach dieser Betrachtung ist es daher *weder endlich noch unendlich*; denn es kann nicht größer sein, als es ist, und zwar dies infolge eines Mangels (hoc quidem ex defecta evenit), denn die Möglichkeit oder Materie hat kein Streben über sich hinaus (possibilitas enim sive materia ultra se non extendit.) Zu sagen, das Universum kann actu immer größer werden, ist soviel als zu sagen: Das Sein-Können geht über in das wirkliche (actu) unendliche Sein, was unmöglich ist, da die unendliche Wirklichkeit (actualitas), die die absolute Ewigkeit ist, aus dem Sein-Können nicht entstehen kann, sie, die in Wirklichkeit die ganze Möglichkeit des Seins ist. (Nam non est aliud dicere, universum posse semper actu esse maius, quam divere, posse esse transire in actu infinitum esse, quod est impossibilie, cum infinita actualitas, quae est absoluta aeternitas, ex posse oriri nequeat, quae est actu omnis essendi possibilitas.) Wiewohl daher das Universum in Rücksicht auf die unendliche Allmacht Gottes, die unbegrenzbar ist, größer sein könnte, so kann es doch nicht größer sein, da die Möglichkeit des Seins oder die Materie, welche nicht actu ins Unendliche ausdehnbar ist, widerstrebt. Es ist daher unbegrenzt (interminatum), da es ein wirklich Größeres nicht gibt, nach dem es begrenzt würde. In diesem Sinne ist es privativ unendlich. In Wirklichkeit (actu) ist es aber nur in konkret beschränkter Weise (contracte), so daß es in so guter Weise existiert, als es seine Natur zuläßt. *Denn es ist Geschöpf*, das notwendig aus dem absolut göttlichen Sein stammt (est enim creatura, quae necessario est ab esse divino simpliciter absoluto), wie ich nun im Folgenden aus der Wissenschaft des Nichtwissens so klar und einfach als möglich zeigen werde.

Zweites Kapitel

Das Sein der Kreatur stammt auf eine uns unbegreifliche Weise aus dem Sein des ersten Größten

(Quod esse creaturae sit inintelligibiliter ab esse primi)[1]

Unser System hat uns gezeigt, daß nichts aus sich ist, als das schlechthin Größte, in dem aus sich, in sich, durch sich Sein identisch ist, nämlich das absolute Sein selbst, so wie daß alles, was ist, das was es ist und soweit es ist, aus jenem sei; denn wie könnte, was nicht aus sich ist, anders sein als aus dem ewigen Sein? Da nun aber das Größte fern von jeder Mißgunst (invidia) ist, so ist es ihm unmöglich, ein vermindertes Sein (als solches) mitzuteilen. Es hat somit die Kreatur, die aus dem Sein ist, alles das, was sie ist: Zerstörbarkeit, Teilbarkeit, Unvollkommenheit, Verschiedenheit, Vielheit etc., nicht von dem ewigen, unteilbaren, vollkommensten, ununterschiedenen einen Größten, überhaupt nicht von einer positiven Ursache; denn wie die unendliche Linie das unendlich Gerade ist und die Ursache alles Seins der Linien, die krumme Linie aber als Linie ihr Sein von der unendlichen hat, als krumme Linie aber nicht von dieser, da die Krümmung eine Folge der Endlichkeit ist, indem sie deshalb krumm ist, weil sie nicht die größte Linie ist, (wäre sie die größte, so wäre sie, wie oben gezeigt wurde, nicht krumm), so geht es auch mit den Dingen. Sofern sie vermindert, getrennt etc. sind,

1 So stelle ich den Text der Aufschrift her, statt: quae esse creaturae sit intelligibiliter ab esse primi. Statt quae ist offenbar quod zu lesen; statt intelligibliter muß inintelligibiliter gelesen werden, weil *die Unbegreiflichkeit* des kreatürlichen Seins im ganzen Kapitel nachgewiesen wird (non est igitur eius esse intelligibile etc. Vgl. I, 4). Daß zu »primi« maximi zu subintelligieren, vgl. I, 24.

können sie nicht aus dem Größten sein[1], weil diese Zustände keine positive Ursache haben. *Von Gott also hat es das Geschöpfliche, einig, unterschieden und mit dem Universum verbunden zu sein*, und zwar je mehr geeint, desto ähnlicher ist es Gott. *Daß aber seine Einheit in Vielheit, sein Unterschiedenes in Verwirrung* (discretio in confusione), seine *Verbindung in Disharmonie* sich befindet, *das hat es nicht von Gott*, noch von irgendeiner positiven Ursache, sondern *zufällig* (contingenter). Wer will nun, indem er in dem Geschöpflichen die Begriffe der absoluten Notwendigkeit, aus der es ist, und der Zufälligkeit, ohne die es nicht ist, zugleich denkt, ihr Sein begreifen? Scheint es nicht, als ob das Geschöpfliche, das weder Gott noch auch Nichts ist, gleichsam nach Gott und vor dem Nichts ist, zwischen Gott und dem Nichts, wie ein Philosoph sagt: Gott ist der Gegensatz des Nichts durch Vermittlung des Seins (Deus est oppositio nihil mediatione entis); und doch kann das Geschöpfliche nicht aus dem Sein und Nichtsein zusammengesetzt sein. Es scheint also weder zu sein, weil es aus dem Sein herabsteigt, noch auch nicht zu sein, weil es vor dem Nichts ist, und nicht aus jenen beiden zusammengesetzt. Unser Verstand, der über Gegensätze nicht hinauskommt, er mag diese getrennt oder verbunden auffassen (divisive aut compositive), erfaßt das Sein des Geschöpflichen nicht, obwohl er weiß, daß dessen Sein nur aus dem Sein des Größten stamme. *Das Sein des Geschöpflichen ist demnach nicht zu begreifen*, da das Sein, aus dem es ist, nicht zu begreifen ist, sowie auch das Dasein des Akzidens nicht zu begreifen ist, wenn die Substanz, an der es ist, nicht begriffen wird. Weil aber das Geschöpfliche durch das Sein des Größten erschaffen ist und in dem Größten Sein, Machen und Erschaffen identisch sind, *so scheint das Erschaffen nichts anderes zu sein, als daß Gott alles ist.* (Quoniam vero creatura per esse maximi creata est, in maximo vero idem est esse, facere et creare, tunc non aliud videtur esse creare, quam Deum omnia esse.) Ist aber Gott alles und heißt dieses Erschaffen, *wie läßt sich denken, daß das Geschöpfliche nicht ewig ist*, da das Sein Gottes ewig, ja die Ewigkeit selbst ist? Es mußte im Sein selbst in der Ewig-

1 Aus dieser Übersetzung, die allein den Sinn richtig gibt, erhellt, daß die Worte: quoniam ab maximo esse non possunt nicht als Parenthese, wie es im Texte geschieht, zu betrachten sind, vielmehr die Worte: ut sunt diminuta etc. sich als notwendig ergänzender Gedanke an: quoniam etc. anschließen.

keit sein, und konnte auch nicht vor der Zeit sein, weil es vor der Zeit kein Vorher gab; und so war es denn immer, seit es sein konnte (et ita semper facit, quando esse potuit). Sodann wer kann es begreifen, daß Gott das bildende Prinzip des Seins (essendi formam) ist, *und doch sich nicht mit dem geschöpflichen Sein vermischt* (nec tamen immisceri creaturae)? Denn es kann nicht aus der unendlichen Linie und der endlichen krummen ein Zusammengesetztes entstehen, das ohne Verhältnisbestimmung (absque proportione) nicht denkbar ist. Daß aber zwischen Unendlichem und Endlichem kein Verhältnis besteht, bestreitet niemand. Wie kann also der Verstand es begreifen, daß das Sein der krummen Linie aus der unendlich geraden stamme, wenn doch diese jene nicht bildet als ihr bildendes Prinzip, sondern als ihre Ursache und Grund (quae tamen ipsam non informat ut forma, sed ut causa et ratio)? An diesem ihrem Grunde kann sie nicht so partizipieren, daß sie einen Teil davon ausmacht (non potest participare partem capiendo), da derselbe unendlich und unteilbar ist, also nicht wie die Materie an der Form partizipiert, oder Sokrates und Plato an der Menschheit oder die Teile am Ganzen, die Teile des Universums am Universum oder mehrere Spiegel an derselben Gestalt, die sie abspiegeln, da das Sein der Kreatur nicht vor dem Dasein derselben[1] ist; denn sie ist wie ein Spiegel; nun ist aber der Spiegel da, ehe er das Bild eines Gegenstandes in sich aufnimmt. Wer will es also begreifen, wie ein unendliches Bildungsprinzip (forma) von verschiedenen Geschöpfen verschieden partizipiert wird, da doch das Sein des Geschöpflichen nur der Widerschein ist, der nicht in einem andern positiv aufgefaßt wird, sondern zufälligerweise ein verschiedener ist (cum creaturae esse non possit aliud esse, quam ipsa resplendentia, non in aliquo alio positive recepta, sed contingenter diversa)? Gleichwie ein vollendetes Kunstwerk, das ganz von der Idee des Künstlers abhängig ist, kein anderes Sein hat, als das der Abhängigkeit von dem, aus dem es das Sein hat, und durch dessen Einfluß es erhalten wird, oder wie eine Gestalt, die in einem Spiegel sich abspiegelt, der vorher und nachher an sich und in sich nichts ist. Ebensowenig läßt es sich begreifen, wie Gott durch sichtbare Ge-

1 Im Texte steht: cum non sit esse creaturae ante abesse. Statt des letzteren Worts, das keinen Sinn gibt, vermute ich *adesse*, da gleich darauf folgt: ante est (i. e. adest) speculum, quam imaginem faciei recipiat.

schöpfe uns offenbar werden kann, denn es ist da nicht wie bei unserem Geiste. Wenn dieser zu denken anfängt, so nimmt er, der zuerst formlos (informis) ist, aus gewissen Anschauungen ein Bild einer Farbe, eines Tones u. dgl. in das Gedächtnis auf, nachher nimmt er wieder ein anderes Bild von andern Zeichen, Stimmen oder Buchstaben in sich auf und versenkt sich in sie (se aliis insinuat). Anders ist es bei Gott; denn obwohl Gott zur Offenbarung seiner Güte (vom religiösen Standpunkte betrachtet – ut pii volunt) oder weil er die größte absolute Notwendigkeit ist, die Welt erschaffen hat, auf daß sie ihm gehorche oder damit Wesen da sind, die seine Befehle annehmen und ihn fürchten, die er einst richte u. dgl., so ist doch klar, daß er keine andere Form annehmen kann, da er die Form aller Formen ist, noch auch in positiven Zeichen erscheinen kann, da diese Zeichen als solche notwendig wieder andere Zeichen zu ihrer Vermittlung und so ins Unendliche fort erforderten. Wer wollte es begreifen, daß alles ein Abbild des einen unendlichen Bildungsprinzips sei, und die Verschiedenheit nur zufällig (ex contingenti) habe, gleichsam als wäre das geschöpfliche Sein *Gott aus Zufall*, wie man das Akzidens Substanz aus Zufall, das Weib Mann aus Zufall nennen könnte (quasi creatura sit Deus occasionatus, sicut accidens substantia occasionata, et mulier vir occasionatus), weil das unendliche Prinzip nur endlich rezipiert ist, *so daß das ganze geschöpfliche Sein gleichsam eine endliche Unendlichkeit oder ein geschaffener Gott ist*, auf daß es so auf die bestmögliche Weise existiere (ut omnis creatura sit quasi infinitas finita aut Deus creatus, ut sit eo modo, quo hoc melius esse possit); als wenn der Schöpfer gesagt hätte: Es werde! Und weil Gott, der die Ewigkeit selbst ist, nicht werden konnte, so ist geworden, was Gott am ähnlichsten werden konnte. Eine Folgerung aus dem Bisherigen ist, *daß jedes Geschöpf als solches vollkommen ist*, wenn es auch im Verhältnisse zu einem andern weniger vollkommen zu sein scheint; denn der gütige Gott teilt das Sein allen in der Weise mit, in der es aufgefaßt werden kann. Da Gott ohne Verschiedenheit und Mißgunst das Sein mitteilt, und es in der Art aufgenommen wird, daß es anders nicht aufgenommen werden könnte, so ruht jedes erschaffene Sein in der Vollkommenheit, die es auf das Reichlichste (liberaliter) von dem göttlichen Sein erhalten hat, und begehrt kein anderes Geschöpf zu sein, als wäre es dann vollkommener, sondern hat eine Vorliebe (praediligens) zu dem Sein, das es von dem Größten hat, als zu einem göttlichen Geschenk, das es unzerstörlich zu erhalten und zu vervollkommnen sucht.

Drittes Kapitel

Das Größte ist auf eine uns unbegreifliche Weise[1] der Inbegriff und die Entfaltung des Alls

Nichts läßt sich über die unerforschliche Wahrheit, von der im ersten Buche die Rede war, aussagen oder denken, was nicht in der ersten Wahrheit enthalten ist. Denn was mit dem, was dort von der ersten Wahrheit gesagt wurde, übereinstimmt, ist wahr, was nicht übereinstimmt, falsch. Nun aber ist dort gezeigt, es gebe nur ein Größtes von allen Größen. Das Größte ist, das keinen Gegensatz hat, wo auch das Kleinste das Größte ist. *Die unendliche Einheit ist also der Inbegriff* (complicatio) *von allem.* Das nennt man Einheit, was alles einet, nicht nur wie die Einheit der Zahl, sondern des Alls. Wie man in der Zahl als der Entfaltung der Einheit nichts als die Einheit findet, so findet sich in allem, was ist, nur das Größte wieder. In der Quantität ist die Einheit der Punkt; daher finden wir in der Linie, Oberfläche und dem Körper nichts als den Punkt. Und es ist nicht mehr als ein Punkt, der der Inbegriff alles Quantums ist. So ist die *Ruhe* der *einheitliche Inbegriff der Bewegung*, die, genau betrachtet, nichts anderes ist, als die Reihenfolge der Ruhe (motus est quies seriatim ordinata). Die Bewegung ist mithin die Entfaltung der Ruhe. Das *Jetzt oder die Gegenwart ist der Inbegriff der Zeit.* Die Vergangenheit war Gegenwart, die Zukunft wird Gegenwart sein. Die Zeit ist daher die aneinander gereihte Gegenwart. Es gibt also nur eine Gegenwart, als der Inbegriff aller Zeiten, und diese Gegenwart ist die Einheit selbst. So ist die *Identität der Inbegriff der Verschiedenheit,* die Gleichheit der der Ungleichheit. *Gott ist demnach der Inbegriff von allem, in dem Sinne, daß alles in ihm ist; er ist die Entfaltung von allem, sofern er in allem ist* (Deus ergo est omnia complicans, in hoc, quod omnia in eo, est omnia explicans, in hoc, quia ipse in omnibus). Und wie aus unserm Geiste dadurch, daß wir vieles einzelne als einem

1 Auch hier muß im Texte statt intelligibiliter gelesen werden: inintelligibiliter, wie wir dieses Wort als das letzte des ganzen Kapitels im Texte lesen.

Gemeinsamen zugehörig erkennen, die Zahl entsteht, so entsteht die Vielheit der Dinge aus dem göttlichen Geiste, in dem das Viele ohne Vielheit ist, weil in der zusammenfassenden Einheit; deshalb nämlich, weil die Dinge an der Gleichheit des Seins nicht auf gleiche Weise partizipieren können, *hat Gott in der Ewigkeit das eine so, das andere anders gedacht*, woraus die Vielheit, die in ihm Einheit, entstanden ist. Die Art und Weise dieses Insichfassens und Entfaltens geht über unsern Verstand. Wer sollte es begreifen, daß aus dem göttlichen Geiste die Vielheit der Dinge entsteht, da das Denken Gottes sein Sein und dieses die unendliche Einheit ist? Ziehst du die Vergleichung mit der Zahl, dem Vielfachen der Einheit herbei, so scheint Gott gleichsam in den Dingen vervielfältigt, da sein Denken sein Sein ist, und doch siehst du die Unmöglichkeit davon ein, daß sich die unendliche und höchste Einheit vervielfältige. Wie läßt sich also die Vielheit begreifen, deren Sein aus dem Einen ohne Vervielfältigung stammt? oder wie die Vervielfältigung der Einheit, ohne Vervielfältigung? *Offenbar nicht wie die Vielheit der Individuen in einer Art oder mehrerer Arten in einer Gattung*, außerhalb welcher die Gattung und Art nur eine leere Abstraktion ist! Wie also Gott, *dessen Sein und Einheit weder eine Abstraktion des Verstandes, noch eine Vermengung mit den Dingen ist*, durch die Zahl der Dinge sich entfalte, das begreift niemand. Betrachtest du die Dinge ohne ihn, so sind sie nichts, wie die Zahl ohne die Einheit. Betrachtest du ihn ohne die Dinge, so ist er, und die Dinge sind nichts. Betrachtest du ihn, sofern er in den Dingen ist, so stellst du dir vor, die Dinge seien etwas, in denen er ist; allein das ist ein Irrtum, wie das vorige Kapitel gezeigt hat, weil das Sein eines Dinges nicht etwas ist, wie ein abgesondertes Sein, sondern sein Sein ist von dem Sein des Größten. Betrachtest du endlich das Ding, sofern es in Gott ist, so erhältst du Gott und die Einheit. Es bleibt nichts anderes übrig, als zu sagen: *die Vielheit der Dinge entsteht dadurch, daß Gott im Nichts ist* (quod pluralitas rerum exoriatur eo quod Deus est in nihilo). Denn nimm Gott von dem Geschöpfe hinweg, so bleibt Nichts; nimm die Substanz von dem Zusammengesetzten hinweg, und es bleibt kein Akzidens übrig; so bleibt denn das Nichts übrig. Wie mag unser Verstand dies begreifen? Denn hört auch nach Aufhebung der Substanz das Akzidens auf, so ist deshalb das Akzidens nicht Nichts; es hört aber auf (perit), weil sein Sein nur ein Dabeisein (adesse) ist. Wenn gleich z. B. die

Quantität nur durch das Sein der Substanz ist, so ist doch die Substanz nur, weil die Quantität dabei ist (adest), ein Quantum. Nicht so ist es hier; denn das Geschöpfliche ist nicht so bei Gott (Deo adest), denn es bringt Gott nichts bei (nihil confert Deo), wie das Akzidens der Substanz. Ja das Akzidens bringt der Substanz soviel bei, daß diese, obwohl jenes von ihr das Sein hat, doch ohne alles Akzidens nicht sein kann. Das kann bei Gott nicht so sein. Wie können wir also das Geschöpfliche als solches begreifen, das von Gott ist, aber nichts ihm, der der Größte ist, beibringen (tribuere) kann? Und wenn es als Geschöpfliches auch nicht einmal soviel Sein als ein Akzidens hat, sondern ganz und gar Nichts ist, wie läßt es sich denken, daß die Vielheit der Dinge dadurch sich entfalte, daß Gott im Nichts ist, da das Nichts kein Sein ist? Sagst du: *sein allmächtiger Wille ist die Ursache, Wille und Allmacht sind sein Sein* (denn die ganze Gotteslehre bewegt sich im Kreise), so gestehst du eben damit, daß du die Art des Insichfassens und Entfaltens nicht kennst, obwohl du das weißt, daß alles in ihm er selbst, und er in allem das, was sie sind, ist, wie das Urbild in dem Abbilde; wie wenn ein Antlitz sein eigenes Abbild hätte, das von ihm bald nahe, bald fern vervielfältigt wird, die Entfernung nicht räumlich gefaßt, sondern graduell, nach der Ähnlichkeit mit dem Originale, so würde das eine Antlitz in verschiedenen Abbildern verschieden vervielfältigt erscheinen, in einer dem Sinn und Verstande unbegreiflichen Weise.

Viertes Kapitel

Das Universum, das konkret Größte, ist nur ein Abbild des absolut Größten

Wenn wir das durch die Wissenschaft des Nichtwissens bisher Ermittelte weiter verfolgen, so werden sich uns aus dem Satze, daß alles das absolut Größte oder von demselben ist, über die Welt oder das Universum, das ich als das konkret (contractum) Größte betrachte, manche Aufschlüsse ergeben. Denn da dieses konkret Größte alles, was es ist, vom Absoluten hat, *so ist es eine größtmögliche Nachahmung desselben.* Wir sagen daher, daß, was sich uns im ersten Buche über das absolut Größte ergeben hat und diesem als Absolutem absolut zukommt, dem konkret Größten konkret zukomme. Wir wollen einiges zum Behufe des Verständnisses erläutern. Gott ist das absolut Größte, die absolute Einheit, die allen Unterschieden und Gegensätzen vorausgeht und sie einigt (wie z. B. das Kontradiktorische, von dem es keine Vermittlung gibt), die absolut das ist, was alles ist, in allem das absolute Prinzip und Ende der Dinge, das Sein, in dem alles ohne Vielheit das absolut Größte selbst ist, einfach unterschieden, wie die unendliche Linie alle Figuren in sich begreift. Auf ähnliche Weise ist die Welt oder das *Universum das konkret Größte und Eine*, den konkreten Gegensätzen vorausgehend; es ist in konkreter Weise das, was alles ist, das konkrete Prinzip und Ende in allem, konkretes Sein, konkrete Unendlichkeit; alles ist in ihm ohne Vielheit das konkret Größte selbst, in konkreter Einfachheit und Ununterschiedenheit, wie die konkret größte Linie alle Figuren konkret in sich begreift. Hält man den Begriff des Konkreten richtig fest, so ist alles klar. Es steigt nämlich die konkrete Unendlichkeit oder Einfachheit in unendlicher Weise, ohne Proportion aus dem Absoluten und einen herab. Daher ist die konkrete Einheit nicht ohne Vielheit, das Unendliche beschränkt, das Einfache zusammengesetzt, das Ewige ein Nacheinander, die Notwendigkeit durch die Möglichkeit beschränkt etc. Vieles läßt sich hieraus entwickeln. Wie Gott in seiner Unermeßlichkeit weder in der Sonne, noch im Monde ist, obwohl er in ihnen das, was sie sind, absolut ist, so ist auch das Universum weder in der Sonne, noch im Monde, es ist aber in ihnen das, was sie sind, in konkreter Weise. Und da das absolute Sein der Sonne nichts anderes ist als das absolute Sein des Mondes (weil es Gott selbst ist, der das absolute Sein und Wesen der Dinge ist), dagegen das konkrete Sein der Sonne ein anderes ist, als das des Mondes, *so ist zwar nicht das absolute Sein einer Sache, wohl aber das konkrete die Sache selbst.* Da demnach das konkrete Sein des Universums anders in der Sonne, anders im Monde ist, so besteht die *Identität* des Universums *in Verschiedenheit*, wie seine Einheit in Vielheit. Obwohl daher das Universum weder Sonne noch Mond ist, so ist es doch in der Sonne Sonne, im Monde Mond, es ist aber das, was Sonne und Mond ist, ohne Vielheit und Verschiedenheit. Universum bezeichnet die *Universalität*, d. i. die Einheit von vielem. Wie die Menschheit weder Sokrates, noch Plato, wohl aber im Sokrates Sokrates, im Plato Plato ist, so verhält sich das Universum zu allen Dingen. Da gesagt wurde, das Universum sei der konkrete Anfang von allem und insofern das Größte, so erhellt, daß *das ganze*

Universum durch eine einfache Emanation des konkret Größten aus dem absolut Größten ins Dasein getreten ist. Alle Wesen, welche Bestandteile des Universums sind, ohne die es nicht eines, ganz und vollkommen sein könnte, sind *zugleich mit dem Universum* ins Dasein getreten, nicht zuerst die Intelligenz, dann die Seele, dann die Natur, wie *Avicenna* und andere Philosophen lehrten. Wie in der Intention des Künstlers vorher das Ganze, z. B. ein Haus ist, ehe er an die Teile, z. B. die Wände denkt, so sagen wir, daß, da alles nach der Intention Gottes ins Dasein getreten ist, zuerst das Universum und infolgedessen (et in eius consequentiam) alles, ohne was weder ein Universum, noch ein vollkommenes Universum sein kann, entstanden ist. Wie also das Abstrakte im Konkreten ist, so betrachten wir das absolut Größte im konkret Größten als das Erste (prioriter consideramus), das infolge dessen in allem partikularen Sein ist, weil es auf absolute Weise in dem ist, was alles in konkreter Weise ist. Gott ist nämlich das absolute Sein des Universums, dieses ist das konkrete Sein, das Konkrete bezieht sich auf das Einzelne, auf dies oder jenes. Es ist also Gott das eine, im einen Universum, das Universum aber in allem konkret. *So begreifen wir, wie Gott mittels des Universums in allem und die Vielheit der Dinge mittelst des einen Universums in Gott ist.*

Fünftes Kapitel

Jegliches ist in Jeglichem

Wenn du das Bisherige wohl erwägst, so wirst du unschwer den Sinn jenes Satzes des *Anaxagoras*: »Jegliches ist in Jeglichem« erkennen, ja vielleicht noch tiefer erfassen, als Anaxagoras selbst. Denn da im ersten Buch gezeigt ist, Gott sei in dem Sinne in allem, daß alles in ihm ist, und da jetzt erwiesen ist, Gott sei mittelst des Universums in allem, so folgt, daß *alles in allem und jegliches in jeglichem ist.* Das Universum geht nämlich als das Vollkommenste naturgemäß (ordine naturae) allen Dingen vorher, damit jedes in jedem sein kann. So ist das Universum in jedem Geschöpfe dieses Geschöpf, und jegliches nimmt alles in sich auf, so daß dieses in ihm konkret existiert. Da jedes einzelne nicht in Wirklichkeit (actu) alles sein kann, weil es beschränkt ist, so schränkt es alles in sich ein, auf daß alles dieses Einzelne sei (cum quodlibet non possit esse actu omnia, cum sit contractum, contrahit omnia, ut sint ipsum). Ist folglich alles in allem, so scheint alles dem Einzelnen vorherzugehen. Alles ist somit nicht die Vielheit, weil die Vielheit nicht dem Einzelnen vorhergeht. Alles ist daher ohne Vielheit jeglichem naturgemäß vorhergegangen. In jeglichem ist daher nicht die Vielheit in Wirklichkeit (actu), sondern alles ist ohne Vielheit eben dieses Einzelne. Da nun das Universum konkret in den Dingen ist, so ist jedes wirklich (actu) existierende Wesen eine konkrete Darstellung des Universums (contrahit universa), so daß dieses in Wirklichkeit das ist, was jenes Wesen ist. Jedes wirklich Existierende ist aber in Gott, weil er die Wirklichkeit von allem ist. Die Wirklichkeit (actu) ist Vollendung und Ziel der Möglichkeit. Da nun das Universum in jedem wirklich Existierenden konkret erscheint, so folgt, daß Gott, der im Universum ist, in Jeglichem sei und jedes wirklich Existierende unmittelbar in Gott wie das Universum. Jegliches ist in Jeglichem – heißt also soviel als: *Gott ist durch Alles in Allem, und Alles ist durch Alles in Gott.* Einem tieferen Nachdenken sind diese schwierigen Dinge ganz klar, sowohl: daß Gott ohne Verschiedenheit in Allem, weil Jegliches in Jeglichem, als auch, daß alles in Gott ist, weil Alles in Allem ist. Ein Beispiel. Bekanntlich ist die unendliche Linie – Linie, Dreieck, Kreis und Kugel. Jede endliche Linie hat ihr Sein von der unendlichen, die alles das ist, was sie ist. In der endlichen Linie ist daher alles, was sie ist, endliche Linie: Dreieck, Kreis, Kugel. Jede Figur in der endlichen Linie ist daher diese Linie; in ihr ist kein Dreieck, Kreis oder Kugel in Wirklichkeit (actu), weil aus mehrerem Wirklichen (ex pluribus actu) nicht ein Wirkliches wird, da nicht jedes Ding auch actu in jedem ist, sondern das Dreieck in der Linie ist Linie, der Kreis in der Linie ist Linie etc. Alles am Stein ist Stein, an der Seele Seele, am Leben Leben, am Gesichte Gesicht, an der Einbildung Einbildung, am Verstande Verstand, an der Vernunft Vernunft, an Gott Gott. Und nun betrachte, wie das Universum in Vielheit ist und die Vielheit in Einheit. Erwäge noch reiflicher und du wirst einsehen, daß *jegliches wirklich existierende Ding darin seine Ruhe findet, daß alles in ihm es selbst ist, und es selbst in Gott – Gott.* Wir bemerken eine wunderbare Einheit, eine staunenswerte Gleichheit und eine unbegreifliche Verbindung der Dinge, auf daß Alles in Allem sei. Die Verschiedenheit und Verbindung der Dinge entsteht auf folgende Weise: Da jedes Ding nicht in Wirklichkeit (actu) alles sein konnte, weil es sonst Gott wäre, und deshalb alles in Jedem auf die Art ist, wie es nach Dem sein kann, was es ist, so konnte nicht jedes in Allem dem andern ähnlich sein. *Deshalb schuf Gott alles in verschiedenen Stufen,* wie er denn auch jenes Sein, welches nicht zugleich unzerstörlich sein konnte, durch das zeitliche Nacheinander unzerstörlich machte, auf daß alles das sei, was es ist, weil es nun einmal nicht anders und besser sein konnte. *Es hat daher alles in Jedem seinen Ruhepunkt,* weil keine Stufe ohne die andere sein könnte, wie am Körper jedes Glied dem andern dient und alle Glieder in allen ihr Genüge finden (contentantur). Weil das Auge nicht Hand und Fuß und alle anderen Glieder in Wirklichkeit sein kann, so begnügt es sich, Auge, der Fuß begnügt sich, Fuß zu sein. Alle Glieder unterstützen sich gegenseitig, auf daß jedes auf die bestmögliche Weise das sei, was es ist. Die Hand ist nicht Hand, der Fuß nicht Fuß im Auge, sondern im Auge sind sie Auge, und so als Auge unmittelbar im Menschen. Ebenso sind alle Glieder im Fuße und als Fuß unmittelbar im Menschen, so daß jedes Glied durch jedes unmittelbar im Menschen und der Mensch oder das Ganze durch jedes Glied in jedem ist. Oder betrachtest du die Menschheit als ein gewisses absolutes, nicht zu vermengendes und einzuschränkendes Sein und dann den Menschen, in welchem die absolute Menschheit auf absolute Weise sich vorfindet, aus welcher die konkrete Menschheit – der Mensch – herstammt, so entspricht die absolute Menschheit Gott, die konkrete dem Universum. Die absolute Menschheit ist im Menschen nach der Priorität, und infolgedessen in jedem Gliede oder Teile. Die konkrete Menschheit ist im Auge Auge, im Herzen Herz etc., in jeglichem jegliches konkret. Auf diesem Wege ergibt sich die Ähnlichkeit zwischen Gott und der Welt und die Veranschaulichung alles dessen, was in den letzten zwei Kapiteln besprochen wurde, samt mehreren Folgerungen daraus.

Sechstes Kapitel

Über den Organismus (de complicatione) und die Stufen des konkreten Universums

Wir haben gesehen, daß das Universum oder die Welt eines sei, aber eine Einheit in Vielheit. Ist die absolute Einheit die erste, so ist die des Universums die zweite. Da nun die zweite Einheit (wie in dem Buche *über die Mutmaßungen* gezeigt werden wird) die des Zehners (denaria) ist und zehn Prädikamente in sich begreift, so *entfaltet das eine Universum die erste absolute Einheit in der konkreten Form des Zehners* (denaria contractione). Im Zehner ist alles inbegriffen, weil es keine Zahl über ihn hinaus gibt. Wie nun der Zehner die Wurzel des Quadrats – Hundert – und des Kubus – Tausend ist, so ist die Einheit des Universums die Wurzel, aus der die quadratische Einheit als die dritte und die kubische als die vierte und letzte hervorgeht. So ergeben sich uns *drei universelle Einheiten*, die stufenmäßig zum partikularen Sein herabsteigen, in dem sie konkret werden, um actu dieses selbst zu sein. Die erste absolute Einheit umfaßt alles in absoluter, die erste konkrete in konkreter Weise; allein die Ordnung bringt es mit sich, daß die absolute Einheit die erste konkrete in sich zu fassen scheint, um mittelst ihr alles andere zu umfassen. Die erste konkrete Einheit scheint die zweite konkrete und mittelst ihr die dritte zu umfassen, um mittels ihr in das Gebiet des Partikularen herabzukommen. So sehen wir, wie das Universum in jedem partikularen Sein in drei Stufen sich konzentriert (contrahitur). Das Universum ist demnach *die Gesamtheit von zehn höchsten Allgemeinheiten* (quasi decem generalissimorum universitas), auf welche die Gattungen, dann die Arten folgen. Sie alle bilden, je nach ihren Stufen, die *Universalien*, welche gemäß der Ordnung der Natur (ordine quodam naturae) stufenweise *vor dem Dinge, das ihr konkreter wirklicher Ausdruck ist, existieren* (ante rem, quae actu ipsa contrahit, existunt). Da das Universum konkret ist und somit nur in Gattungen, diese nur in den Arten bestehen, und da das Universum nur in den Individuen zur Wirklichkeit gelangt, *so existieren* nach dieser Betrachtung *die Universalien nur in der konkreten Wirklichkeit* (universalia non sunt nisi contracte actu). In diesem Sinne sagen die *Peripatetiker* mit Recht, die Universalien hätten außer den Dingen keine Wirklichkeit, denn nur das Einzelwesen, in welchem die Universalien konkret es selbst sind, hat Wirklichkeit. Indessen haben die Universalien naturgemäß ein gewisses universelles Sein, das der singulären Ausgestaltung fähig ist (contrahibile per singulare), nicht als ob sie vor diesem Konkretwerden in Wirklichkeit (actu) anders, als gemäß der natürlichen Ordnung existierten, nämlich als ein der konkreten Ausprägung fähiges Universale, das nicht in sich besteht, sondern nur in seiner Verwirklichung (ut universale contrahibile, non in se subsistens, sed in eo, quod actu est), wie Punkt, Linie, Oberfläche nach der Ordnung der Progression dem Körper, in dem sie allein zur Wirklichkeit gelangen, vorhergehen. Wie das Universum deshalb, weil es in Wirklichkeit nur konkret existiert, noch keineswegs ein bloßer Verstandesbegriff ist, *so sind auch die Universalien nicht bloße Verstandesbegriffe*, wenn sie gleich außer dem Einzelwesen in Wirklichkeit nicht existieren, gleichwie Linie und Oberfläche, obschon sie außer dem Körper nicht vorkommen, dennoch nicht bloße Verstandesbegriffe (entia rationis) sind, weil sie im Körper ebenso sind wie die Universalien in den Einzeldingen. Der Verstand gibt ihnen jedoch durch Abstraktion ein Sein außerhalb der Dinge, und diese Abstraktion ist ein Verstandesbegriff, da ihnen doch ein absolutes Sein nicht zukommen kann. Denn *das völlig absolute Universale ist Gott.* Wie aber das Universale in unserem Geiste ist, werden wir im Buche *von den Mutmaßungen* sehen, wiewohl es schon aus dem Gesagten erhellen kann, da sie im Geiste nur Geist und somit auf geistige Weise konkret (intellectualiter contracte) existieren. Da das Denken des Geistes ein[1] helleres und höheres Sein ist, so erfaßt es die Universalien, wie sie konkret in ihm und im anderen Sein existieren (cuius intelligere cum sit esse clarius et altius, apprehendit universalium contractionem in se et in aliis). Der Hund und andere Tiere derselben Art sind durch das in der Natur liegende Gemeinsame der Art, das in ihnen sich findet, zu einer Art verbunden, und dies wäre auch so, wenn auch nicht der Geist eines Plato durch Vergleichung des Ähnlichen sich Artbegriffe bilden würde. *Es folgt also das Erkennen hinsichtlich seiner Tätigkeit dem Sein und Leben* (sequitur igitur intelligere esse et vivere quoad operationem suam), weil es durch seine Tätigkeit weder Sein noch Leben, noch auch das Erkennen des Geistes selbst setzen kann; hinsichtlich der erkannten Dinge dagegen folgt das Sein und Leben als Abbild dem Erkennen der Natur (quoad res intellectas sequitur esse et vivere intelligere naturae in similitudine). Es sind daher *die Universalien, welche sich der Geist durch Vergleichung bildet, ein Abbild*

1 Daß dem *intelligere kein* edleres und höheres Sein zukommt als dem reinen Sein oder Leben, widerstreitet der ganz bestimmten Lehre Cusas. Daher ist in den Texteswortten: cuius (intellectus) intellegere cum non sit esse clarius et altius – das *non* unfehlbar zu streichen.

(similitudo) *der in den Dingen konkret existierenden Universalien.* Die Universalien existieren im Geiste bereits, und zwar auf konkrete Weise, bevor dieser sich derselben durch denkende Betrachtung der Außenwelt, was seine Tätigkeit ist, bewußt wird. Denn er kann nichts erkennen, was nicht schon in ihm in konkreter Weise er selbst ist. Erkennt er also die Welt, so bringt er mittelst sinnbildlicher Zeichen ein Bild der Welt, das in ihm auf konkrete Weise liegt, zum Bewußtsein und zur Entwicklung (intelligendo mundum quendam similitudinarium, qui est in ipso contractus, notis et signis similitudinariis explicat).

Siebentes Kapitel

Von der Dreieinigkeit des Universums

Da die absolute Einheit notwendig, zwar nicht konkret, wohl aber absolut dreieinig ist (denn die absolute Einheit ist nichts anderes als die Dreieinigkeit, die in ihren inneren Beziehungen gleichsam intimer erfaßt wird (quae quidem in quadam correlatione familiarius apprehenditur), wie im ersten Buche hinlänglich gezeigt ist, so ist auch *die konkret größte Einheit,* als Einheit, gleichfalls *dreieinig,* nicht absolut, so daß die Dreieinigkeit Einheit ist, sondern konkret, *so daß die Einheit nur in Dreiheit besteht, wie das Ganze in seinen Teilen.* In der Gottheit ist jede Person die Einheit selbst, und weil die Einheit Dreieinigkeit ist, so ist eine Person nicht die andere. Im Universum kann es nicht so sein; deshalb haben die drei Korrelationen, die im Göttlichen Personen heißen, kein anderes wirkliches Sein, außer in *ihrer Einheit zumal* (nisi in unitate simul). Man muß das genau beachten, denn im Göttlichen ist die Vollkommenheit der Einheit, die Dreieinigkeit ist, so groß, daß der Vater wirklich (actu) Gott, der Sohn wirklich Gott, der hl. Geist wirklich Gott ist, der Sohn und hl. Geist wirklich im Vater, der Sohn und Vater im hl. Geiste, der Vater und hl. Geist im Sohne ist. Im konkret Größten kann dies nicht sein, denn die *Beziehungen* (correlationes) *haben kein Bestehen aus und durch sich, außer in ihrer Verbindung* (correlationes non sunt subsistentes per se, nisi *copulate*). Es kann daher nicht jede das Universum sein, sondern nur alle zusammen. Es ist nicht eine in Wirklichkeit in der andern, sondern sie sind, so gut es nur immer die Natur des Konkreten zuläßt, auf das Vollkommenste gegenseitig verbunden, so daß sich aus ihnen das eine Universum gestaltet, das ohne diese Dreifachheit nicht eines sein könnte. Denn die Konkretheit kann nicht ohne ein der Konkretheit Fähiges (contrahibile), ein konkret Machendes (contrahens) und eine Verbindung, die sich in der gemeinsamen Tätigkeit der beiden Erstgenannten vollzieht, gedacht werden. Jene Fähigkeit bezeichnet die *Möglichkeit*, die aus der zeugenden göttlichen Einheit herabsteigt, die allem Sein vorhergeht. So geht im konkreten Sein nichts dem Sein-Können vorher. Denn wie sollte etwas sein, wenn es nicht sein könnte? Die Möglichkeit steigt somit von der ewigen Einheit herab. *Das konkret Machende* steigt, da es die Möglichkeit begrenzt, von der Gleichheit der Einheit herab. Die Gleichheit der Einheit ist die Gleichheit des Seins. Sein und Einheit sind Wechselbegriffe. Da nun das konkret Machende die Möglichkeit gleichmacht, daß sie dieses oder jenes sei, so sagt man mit Recht, daß es aus der Gleichheit des Seins, welches im Göttlichen das Wort ist, herabsteige. Und da dieses Wort oder die Vernunft und Idee oder auch die absolute Notwendigkeit der Dinge die Möglichkeit durch das konkret Machende nötigt und bindet, so haben einige das Konkretmachende das bildende Prinzip der Welt oder die Weltseele genannt, die Möglichkeit die Materie, andere das Fatum der Substanz (fatum in substantia), wieder andere, wie die Platoniker, das alles umschließende Band (necessitatem complexionis), weil es von der absoluten Notwendigkeit herabsteigt, so daß es eine Art konkreter Notwendigkeit ist, ein konkretes bildendes Prinzip, in dem alle anderen Bildungsprinzipien als in ihrem Urbilde enthalten sind, wovon später die Rede sein wird. Endlich gibt es eine *Verbindung des konkret Machenden und des der Konkretheit Fähigen* oder der Materie und Form, oder der Möglichkeit und Notwendigkeit, die sich durch einen gewissen Geist der Liebe, der durch seine Bewegung jene Vereinigung bewirkt, vollzieht. Es ist klar, daß diese Verbindung von dem hl. Geiste, der die unendliche Verbindung ist, herabsteige.

Es ergeben sich sonach *vier allgemeine Modalitäten des Seins*: jene Modalität des Seins, welche die absolute Notwendigkeit – Gott ist; in dieser Weise des Seins ist alles in Gott – die absolute Notwendigkeit. Die zweite Art des Seins ist jene, vermöge welcher die Dinge in dem alles umschlingenden Bande sind, wo *die an sich wahren Bilder* der

Dinge sind, wie in unserm Geiste (ob das wirklich so sei, werden wir unten sehen). Die dritte Weise des Seins ist die der determinierten Möglichkeit, in Wirklichkeit dies oder jenes zu sein. Die letzte Weise ist die der reinen Möglichkeit – wie die Dinge sein können. Die letzten drei Weisen des Seins bilden im Universum eine universelle Art des Seins, jedoch nicht so, als wäre es aus jenen drei Weisen wie aus Teilen zusammengesetzt, sondern aus besondern Weisen des Seins, wie z. B. eine Rose, die an einem Rosenstocke im Winter der Potenz nach, im Sommer in der Wirklichkeit sich befindet, aus der einen Seinsweise der Möglichkeit in die andere der Determination durch die Wirklichkeit übergegangen ist.

Achtes Kapitel

Von der Möglichkeit oder der Materie des Universums

Um nun, wenn auch nur in Kürze das vorzuführen, was unserer Unwissenheit zur Belehrung dienen kann, wollen wir die genannten drei Weisen des Seins etwas weiter erörtern und dabei mit der *Möglichkeit* beginnen.

Die Alten haben sich viel mit ihr beschäftigt; ihre übereinstimmende Lehre war: Aus Nichts wird Nichts, weshalb sie eine gewisse absolute Möglichkeit, alles zu sein, als ewig annehmen, in der sie sich alles der Möglichkeit nach enthalten dachten. Den Begriff dieser Materie oder Möglichkeit haben sie durch eine verkehrte Denkoperation, wie man sie sonst nur bei der Ermittlung der absoluten Notwendigkeit anwendet, gesucht: Auf dem Wege des Hinwegnehmens der Form der Körperlichkeit vom Körper meinten sie den Körper sich nichtkörperlich denken zu können. Bei dieser Unwissenheit konnten sie das Wesen der Materie nicht erfassen; denn wie läßt sich ein Körper ohne Form an einem Körper denken? Sie sagten dann weiter, die Möglichkeit gehe jedem Dinge der Natur nach vorher, so daß man nie in Wahrheit sagen konnte: Gott ist, ohne daß man nicht auch in Wahrheit sagen mußte: die absolute Möglichkeit ist. Doch nahmen sie dieselbe nicht gleichewig mit Gott, weil sie, die nicht etwas und nicht nichts, nicht eine und nicht mehrere, nicht dieses und nicht jenes ist, von Gott ist; sie faßten sie, als die Möglichkeit zu allem, die nichts von allem wirklich ist. Da sie aller Gestalt entbehrt, nannten die *Platoniker* sie den Mangel (carentiam). Weil sie Mangel hat, will sie (quia caret, appetit); sie ist daher die Willfährige (aptitudo), die der ihr gebietenden, d. i. sie zum wirklichen Sein führenden Notwendigkeit gehorcht, wie das Wachs dem Künstler, der etwas aus demselben machen will. Die Formlosigkeit (informitas) geht aus dem Mangel und der Willfährigkeit hervor und ist deren Verbindung, so daß die absolute Möglichkeit gleichsam eine dreifache, ohne Zusammensetzung, ist; denn Mangel, Willfährigkeit und Formlosigkeit können nicht ihre Teile sein, sonst würde der absoluten Möglichkeit etwas vorhergehen, was unmöglich ist. Es sind daher Modalitäten (modi), ohne welche die absolute Möglichkeit als solche nicht wäre. Der Mangel ist zufällig (contingenter) in der Möglichkeit: Weil sie die Form nicht hat, die sie haben kann, heißt sie Mangel. Die Formlosigkeit ist gleichsam die Form der Möglichkeit, die nach den *Platonikern* gleichsam die Materie der Formen ist. Denn indem sich die Weltseele mit der Möglichkeit verbindet, wird jene formlose Vegetation (vegetabilitas) in die wirklich vegetative Seele gebracht, infolge der Bewegung, die von der Weltseele ausgeht und der Bewegungsfähigkeit der Möglichkeit oder Vegetation. Sie lehrten daher auch, die Formlosigkeit sei die Materie der Formen, die dann durch Sinn, Verstand und Vernunft zur Wirklichkeit gestaltet wird. Daher nannte *Hermes* die ὕλη den Stoff für Körper (nutricem corporum), die Formlosigkeit aber den Stoff für die Seelen. Einer der Unsrigen sagte, das Chaos sei der Welt naturgemäß vorhergegangen, als Möglichkeit der Dinge, im Chaos sei der formlose Geist gewesen, in dem alle Seelen der Möglichkeit nach sind. Die *Stoiker* sagten daher, alle Formen seien in der Möglichkeit wirklich (actu), allein verborgen, es müsse nur die sie verdeckende Hülle hinweggenommen werden, damit sie hervortreten (et per[1] sublationem tegumenti apparere), wie wenn ein Löffel aus Holz nur durch Hinwegnehmen (von Holzteilen) entstünde. Nach den *Peripatetikern* aber sind die Formen nur der Möglichkeit nach in der Materie, und werden durch eine bildende Kraft hervorgebracht (per efficientem educi dicebant). Offenbar ist es das Richtige, daß die Formen nicht aus der Möglichkeit entstehen, sondern aus einer bildenden Kraft. Denn

1 Dieses *per* fehlt im Texte, gehört aber notwendig hierher, um den Sinn herzustellen. Eine Parallele ist gleich die folgende Zeile: fit per ablationem partium.

wer vom Holze Teile hinwegnimmt, um aus dem Holze eine Statue zu machen, der *gibt ihm Form* (addit de forma); das ist klar. Denn wenn man aus Stein keinen Kasten machen kann, so liegt der Fehler in der Materie; kann aber ein anderer als der Künstler nicht aus Holz einen Kasten herstellen, so liegt der Fehler im Verfertiger. Es ist also Materie *und* eine wirkende Kraft erforderlich. In einem gewissen Sinne sind daher die Formen der Möglichkeit nach in der Materie, die, wie es dem Bildner konveniert, in Wirklichkeit gesetzt werden. So ist nun nach den Peripatetikern in der absoluten Möglichkeit die Gesamtheit der Dinge der Möglichkeit nach, die absolute Möglichkeit ist unbegrenzt und unendlich, wegen des Mangels an Form und der Gefügigkeit zu allem. Diese Unendlichkeit ist das Gegenteil der Unendlichkeit Gottes; jene entsteht aus Mangel, diese aus Überfluß, weil alles in ihm er selbst in Wirklichkeit ist. So ist die Unendlichkeit der Materie privativ, die Gottes negativ.

Das sind die Sätze derer, die über die absolute Möglichkeit sich ausgesprochen haben.

Wir finden durch unsere Wissenschaft des Nichtwissens, *daß eine absolute Möglichkeit unmöglich ist.* Denn da unter den möglichen Dingen nichts weniger sein kann als die absolute Möglichkeit, die auf das Allernächste an das Nichtsein grenzt, auch nach der Ansicht mehrerer Autoren, so käme man auf ein Kleinstes und somit auch auf ein Größtes in dem, was ein Mehr oder Weniger zuläßt, was unmöglich ist. Daher ist die *absolute Möglichkeit nur in Gott* und *Gott selbst*; außer ihm ist sie nicht möglich, denn es gibt nichts, das in absoluter Potenz wäre, da alles außer Gott notwendig beschränkt (contracta) ist. Wenn sich auch in der Welt verschiedene Dinge finden, von denen aus dem einen mehr entstehen kann als aus dem andern, so kommt man doch zu keinem absolut Größten oder Kleinsten, sondern gerade aus ihrem Vorhandensein folgt, daß es keine absolute Möglichkeit gebe. *Jede Möglichkeit ist also beschränkt*, ihre Beschränkung ist die Wirklichkeit. Es gibt folglich keine reine Möglichkeit, die ganz unbeschränkt wäre durch was immer für eine Wirklichkeit. Auch die Gefügigkeit (aptitudo) der Möglichkeit kann nicht unendlich und absolut sein, frei von jeder Beschränkung. Denn indem Gott die unendliche Wirklichkeit (actus) ist, ist er die Ursache dieser Wirklichkeit, die Möglichkeit des Seins ist zufällig (est contingenter). Ist nun die Möglichkeit absolut, zu was bildet sie dann das Zufällige (cui contingit)?[1] Das Zufällige kommt aber der Möglichkeit schon deshalb zu, weil[2] das Sein aus dem Ersten nicht die vollständig und schlechthin absolute Wirklichkeit sein kann. *Die Wirklichkeit wird daher gleichfalls durch die Möglichkeit beschränkt,* so daß sie nie absolut, sondern in Potenz, und die Potenz nie absolut, sondern durch die Wirklichkeit beschränkt ist. Es gibt übrigens Unterschiede und Stufen: Eines ist mehr Wirklichkeit, ein anderes mehr in Potenz, ohne daß man jedoch je auf ein schlechthin Größtes und Kleinstes kommt, weil die größte und kleinste Wirklichkeit mit der größten und kleinsten Potenz koinzidiert und das absolut Größte ist, wie im ersten Buche gezeigt ist. Ferner: *Wäre die Möglichkeit der Dinge nicht beschränkt, so gäbe es keinen vernünftigen Grund der Dinge* (non posset ratio rerum haberi), *sondern alles wäre durch Zufall,* wie *Epikur* fälschlich lehrte. Denn daß diese Welt nach vernünftigem Grunde (rationabiliter) aus der Möglichkeit hervorging, erfolgte notwendig deshalb, weil die Möglichkeit nur die Gefügigkeit hatte, gerade nur diese Welt zu sein. Die Gefügigkeit der Möglichkeit war also beschränkt, nicht absolut. Dies gilt von Erde, Sonne und den übrigen Geschöpfen. Wären sie nicht in einer gewissen beschränkten Möglichkeit in der Materie verborgen gewesen, so wäre kein größerer Grund für ihr Hervortreten in die Wirklichkeit, als für das Gegenteil vorhanden gewesen. Wenn daher gleich Gott unendlich ist und demgemäß eine unendliche Welt hätte erschaffen können, so konnte doch die Welt, weil die Möglichkeit notwendig beschränkt und nicht absolut, auch die Gefügigkeit der Materie keine unendliche war, hinsichtlich der Möglichkeit ihres Seins nicht in Wirklichkeit (actu) unendlich oder größer oder anders sein, als sie ist. Die Beschränkung der Möglichkeit ist die Wirklichkeit, diese aber stammt aus der absolut größten Wirklichkeit. Da demnach die Beschränkung der Möglichkeit aus Gott kommt und die Beschränkung der Wirklichkeit aus dem Zufall, *so ist die mit Notwendigkeit beschränkte Welt durch Zufall endlich.* (Quare cum contractio possibilitatis sit ex Deo, et contractio actus ex contingenti, hinc mundus necessario contractus ex contingenti finitus est.)

---

1 Im Texte steht nach: cui contingit Doppelpunkt, als wäre *cui contingit* ein Relativsatz zu possibilitas est absoluta. Es muß aber dieser Satz als Fragesatz genommen werden, worauf schon der Umstand führt, daß sonst der Satz: si igitur possibilitas est absoluta keinen Nachsatz hat.

2 Statt *per hoc, quo* des Textes muß stehen: per hoc, *quod.*

Aus dem Begriffe der Möglichkeit sehen wir also, daß das konkret Größte aus der notwendig beschränkten Möglichkeit entstanden ist, eine Beschränkung, die nicht zufällig ist, weil sie durch die Wirklichkeit erfolgt. So hat denn das Universum eine vernünftige und notwendige Ursache seiner Konkretheit, so daß die Welt, die nur ein beschränktes Sein hat, nicht zufällig aus Gott ist, dem absolut Größten. Das ist ganz besonders ins Auge zu fassen. Da also Gott die absolute Möglichkeit ist, so ist die Welt, wenn wir sie als in der absoluten Möglichkeit seiend betrachten, in Gott und die Ewigkeit selbst; betrachten wir sie als beschränkte Möglichkeit, so geht die Möglichkeit nur der Natur nach der Welt vorher, und diese beschränkte Möglichkeit ist nicht die Ewigkeit noch gleichewig mit Gott, sondern ein Abfall von ihr (cadens ab ipsa) und wie Endliches und Absolutes in unendlichem Abstande.

Auf diese Weise müssen die Ansichten über die Möglichkeit oder Materie nach den Prinzipien der Wissenschaft des Nichtwissens ihre Berichtigung erhalten.

Wie die Möglichkeit stufenweise zur Wirklichkeit vorschreite, wollen wir uns im Buche *über die Mutmaßungen* zu erörtern vorbehalten.

Neuntes Kapitel

Über die Seele oder das belebende Prinzip des Universums

Alle Philosophen stimmen darin überein, daß das Seinkönnen nur durch das wirkliche Sein zur Wirklichkeit gebracht werden kann, weil nichts sich selbst in Wirklichkeit setzen kann, weil es sonst die Ursache seiner selbst und somit da wäre, bevor es ist. Man sagte daher, was die Möglichkeit in Wirklichkeit setzt, handle nach Absicht (ex intentione), so daß die Möglichkeit aus vernünftiger Anordnung, nicht durch Zufall zur Wirklichkeit gelangt. Diese Wirkungsweise nannte man teils Geist (mentem), teils Vernunft (intelligentiam), teils Weltseele, teils Fatum der Substanz, teils, wie die Platoniker, das umschließende Band (necessitatem complexionis). Diese glaubten nämlich, die Möglichkeit werde mit Notwendigkeit durch sich selbst determiniert, so daß sie jetzt in Wirklichkeit ist, was sie vorher sein konnte. In jenem Geiste liegen nach den *Platonikern* die Formen der Dinge geistig ebenso wie in der Materie der Möglichkeit nach. Das alles umschließende Band, das in sich das Urbild der Formen hat, bewegt der natürlichen Ordnung gemäß den Himmel, so daß mittelst der Bewegung als des Werkzeugs die Möglichkeit zu einer dem geistigen Urbilde möglichst entsprechenden Wirklichkeit gelangt. Mittelst dieser Operation des Geistes werde durch die Bewegung die in die Materie gelegte Form ein, wenn auch nicht wahres, so doch der Wahrheit nahekommendes Abbild der idealen Form des Geistes. Demnach sind nach den Platonikern in der Weltseele die Ideen (veras formas) der Dinge, zwar nicht der Zeit, wohl aber der Natur nach vorher, als sie in den Dingen sind. Die *Peripatetiker* geben dies nicht zu, indem sie behaupten, die Ideen (formas) hätten kein anderes Sein außer in der Materie und durch Abstraktion, die den Dingen folgt, im Geiste. Die *Platoniker* nehmen eine Mehrheit solcher unter sich verschiedenen Ideen, die aus der einen unendlichen Vernunft stammen, an, in welcher sie alle eines seien. Doch ließen sie diese Ideen nicht aus der einen Vernunft geschaffen werden, sondern so herabsteigen, daß sie in der Weltseele die Entfaltung des göttlichen Geistes erblickten, und was in Gott eine Uridee ist, in der Weltseele mehrere und verschiedene Ideen sind. Sie fügten bei, Gott gehe naturgemäß dem umschließenden Bande der Notwendigkeit vorher wie die Weltseele der Bewegung und diese der zeitlichen Entfaltung der Dinge. Diese zeitliche Entwicklung folgt dem Naturgesetze, das in der Weltseele liegt, und heißt substantielles Fatum, die zeitliche Entfaltung desselben ist das gewöhnlich sogenannte Fatum. So ist, was wir die *geistige Welt* nennen, die Art und Weise des Seins in der Weltseele. Das Sein in der Wirklichkeit, wo die Möglichkeit, durch die Wirklichkeit determiniert, die Entwicklung hervorbringt, ist die *Sinnenwelt.* Die Ideen, wie sie im materiellen Sein liegen, sind nach ihnen von denen, die in der Weltseele sind, nur in der Seinsweise verschieden; in dieser wahr und an sich, in der Materie dem Wahren sich nähernd (verisimiliter), nicht in ihrer Reinheit, sondern verdunkelt. Die Wahrheit der Ideen erweise nur die Vernunft (intellectum); Verstand, Einbildung und Sinne erfassen nur die Abbilder oder die Vermischung der Ideen mit der Möglichkeit, weshalb sie auch nicht die Wahrheit, sondern nur ein Meinen erzielen (non vere attingitur quidquam, sed opinative). Von der Weltseele geht nach den Platonikern alle Bewegung aus, denn sie ist ganz im Ganzen und in jedem Teile der Welt, obwohl sie nicht dieselbe Tätigkeit in allen Teilen entfaltet, wie auch die Seele im Menschen in den Haaren und im Herzen nicht die gleiche Wirksamkeit zeigt, obgleich sie ganz im ganzen Menschen und in jedem Teile ist. In der Weltseele sind alle Seelen, in und außer den Körpern, enthalten, weil sie das ganze Universum durchdringt, nicht teilweise, da sie unteilbar und einfach ist. Sie ist ganz in der Erde, wo sie die Erde zusammenhält, ganz im Stein, wo sie das Feste der Teile bewirkt, ganz im Wasser, in den Bäumen etc. Sie ist die erste kreisförmige Entfaltung des göttlichen Geistes, der das Zentrum bildet, die natürliche Entfaltung der zeitlichen Ordnung der Dinge. Wegen der in ihr liegenden Unterscheidung und Ordnung nannten sie dieselbe auch die sich bewegende Zahl; sie bestehe, wie diese, aus Gleichem und Verschiedenem, und unterscheide sich auch nur durch die Zahl von der Seele des Menschen. Was die Seele für den Menschen, ist sie für das Universum. Alle Seelen kommen von ihr und lösen sich schließlich, wenn nicht Mißverdienste ein Hindernis bilden, in sie wieder auf.

Viele Christen haben sich dieser Ansicht der Platoniker angeschlossen, und zwar hauptsächlich aus dem Grunde: Da das Wesen des Steines ein anderes als das des Menschen ist und in Gott keine Verschiedenheit und kein Anderssein stattfindet, so hielten sie es für eine logische Notwendigkeit, daß die verschiedenen Ideen, nach welchen die Dinge verschieden sind, nach Gott und vor den Dingen seien (denn das Rationelle einer Sache geht ihr vorher). Diese Sonderung fanden sie befriedigt in dem Begriffe des die Welt regierenden Geistes (intelligentia rectrice orbium). Diese unterschiedenen Ideen sind die unzerstörbaren Begriffe der Dinge in der Weltseele, ja, diese selbst faßten sie als den Gesamtbegriff aller Begriffe; alle Begriffe haben in ihr ihr substantielles Sein, wiewohl das schwer zu verstehen ist. Sie führen selbst die Autorität der heiligen Schrift zur Begründung an. Wenn Gott sprach: Es werde Licht! und es ward Licht, wie hätte er sagen können: Es werde Licht! wenn die Wahrheit (Idee) des Lichtes nicht naturgemäß vorher dagewesen wäre? Und nachdem zeitlich das Licht in Wirklichkeit umgesetzt war, warum wurde es gerade Licht und nicht anders genannt, wenn die Idee des Lichts nicht vorher da war? Vieles Ähnliche wird zur Bestätigung angeführt.

Die *Peripatetiker* geben zwar zu, das Werk der Natur sei ein Werk der Intelligenz, leugnen jedoch das Dasein der Ideen. Wenn sie nicht unter der Intelligenz Gott verstehen, so sind sie sicher im Irrtume. Denn wenn kein Wissen der Dinge und der Intelligenz ist, wie kann sie denn, was doch Voraussetzung ist, die Dinge bewegen? Hat sie aber eine Kenntnis der zeitlich zu entwickelnden Dinge, was das Vernünftige in der Bewegung (ratio motus) ist, so kann diese von den Dingen, die ja zeitlich noch nicht existieren, nicht abstrahiert sein. Gibt es also ein Wissen ohne Abstraktion, so ist es sicher dasjenige, von dem die Platoniker reden, das nicht den Dingen entnommen ist, sondern nach dem die Dinge gebildet sind (res secundum eam). Daher waren nach den Platonikern die Ideen der Dinge nicht etwas Gesondertes, verschieden von der Intelligenz selbst, sondern sie bildeten, obwohl unter sich geschieden, eine einfache Intelligenz, die alles Vernünftige in sich begreift. So ist zwar die Idee des Menschen nicht die des Steins, gleichwohl hat die Menschheit, von der der Mensch der konkrete Ausdruck ist, kein anderes Sein als in der Intelligenz, in ihr geistig, in der Wirklichkeit reell. Es gibt nicht eine andere (ideale) Menschheit des Plato und eine andere in der Realität, sondern dieselbe Menschheit Platos ist in verschiedenen Seinsweisen, vorher in der Intelligenz, dann in der Wirklichkeit, was jedoch nicht als ein Vorher der Zeit zu denken ist, sondern so wie der rationelle Grund (ratio) einer Sache ihr naturgemäß vorhergeht. Sehr scharfsinnig und philosophisch sind hierin die Platoniker, und *Aristoteles* hat sie vielleicht nicht ganz philosophisch hierin getadelt, indem er mehr an der Schale der Worte hängen blieb als in den Kern der Sache eindrang.

Wo die Wahrheit liege, wollen wir nun durch die Wissenschaft des Nichtwissens ermitteln.

Es ist bewiesen, daß man auf kein einfach Größtes kommt, daß es daher keine absolute Möglichkeit und keine absolute Idee (formam) oder Wirklichkeit (actum) gebe, die nicht Gott ist, daß jedes Ding beschränkt ist und es nur eine Idee aller Ideen (forma formarum) und ein Urbild (veritas veritatum) gebe, und die absolute Idee des Kreises und Vierecks die gleiche ist. Die Ideen der Dinge sind daher nicht unterschieden, außer sofern sie konkret (contractae) erscheinen; in ihrer Absolutheit sind sie eine unterschiedene Idee – das *Wort Gottes.* Die Weltseele hat daher kein anderes Sein als ein mögliches, durch welches sie beschränkt wird, und der Geist ist nicht getrennt, nicht trennbar von den Dingen (mens non est separata a rebus aut separabilis). Denn betrachten wir den Geist in seiner gänzlichen Getrenntheit von der Möglichkeit, so ist dies der göttliche Geist, der allein ganz und gar Wirklichkeit ist. Es kann somit nicht mehrere gesonderte Ideen geben, denn jede wäre in Bezug auf ihre Abbilder das Größte und Wahrste. Nun kann es aber nicht mehrere Größte geben. Ein unendliches Urbild ist notwendig und hinreichend, in dem alles geordnet enthalten ist, das allen rationellen Grund auch für die verschiedensten Dinge auf das Adäquateste in sich begreift. Wenn wir die große Verschiedenheit der Dinge betrachten, so staunen wir darüber, wie eine einfachste Idee von allen auch der Grund der Differenz der Einzelndinge sein soll. Nach den Prinzipien unseres Systems muß dies so sein, weil sie alle Verschiedenheit als Identität in Gott nachweisen. Da wir erkennen, daß in Gott die Verschiedenheit der rationellen Gründe aller Dinge auf das Wahrste existiert, so erkennen wir eben darin, daß dies das Wahrste ist, den einen wahren rationellen Grund aller Dinge, und dies ist die höchste Wahrheit selbst. Sagt man, Gott habe nach einer anderen Idee (alia ratione) den Menschen, nach einer andern den Stein erschaffen, so ist dies wahr in Hinsicht auf die Geschöpfe; nicht auf den Schöpfer, wie wir an den Zahlen sehen. Der Ternar ist ein Einfachstes (ratio simplicissima), das weder ein Mehr noch ein Weniger zuläßt, in sich einig; ganz anders aber wird er in Bezug auf die Dinge. Anders ist der Ternar der Dreiecke, anders der von Materie, Form und Zusammensetzung in der Substanz, anders der von Vater, Mutter, Sohn, anders der von drei Menschen und drei Eseln. Das alles mit Notwendigkeit umschließende Band ist daher nicht, wie die *Platoniker* wollten, ein Geist, geringer als der ihn zeugende, sondern der dem Vater in der Gottheit gleiche Sohn; er heißt λόγος oder Vernunft (ratio), weil er die Vernunft (der rationelle Grund) von allem ist. Es heißt daher auch nichts, was die Platoniker von den Bildern der Formen (Ideen – de imaginationibus formarum) gesagt haben; sondern es gibt nur eine unendliche Idee (forma formarum), von der alle Ideen Abbilder sind, wie wir oben gezeigt haben. Man muß dies genau ins Auge fassen. Die Weltseele ist zwar als eine Art universeller Form, die alle Formen in sich faßt, zu betrachten; allein sie existiert in Wirklichkeit nur beschränkt und ist in jedem Dinge die konkrete Form des Dinges (forma contracta rei), wie in der Lehre vom Universum gezeigt wurde. *Gott ist also die hervorbringende, gestaltende und zum Ziel führende Ursache von allem, der in dem einen Worte alles noch so Verschiedene hervorbringt*, und es gibt kein Geschöpf, das nicht durch Verendlichung weniger wäre (quae non sit ex contractione diminuta), in unendlichem Abfall von jenem göttlichen Wirken; *denn nur Gott ist absolut, alles andere ist beschränkt* (solus Deus absolutus, omnia alia contracta). Es gibt auch kein Mittelding zwischen dem Absoluten und Beschränkten, wie sich die einbildeten, die die Weltseele sich als einen Geist dachten, der nach Gott und vor der Verendlichung der Welt wäre. *Nur Gott ist die Seele und der Geist der Welt*, sofern man die Seele als etwas Absolutes denkt, in dem alle Formen der Dinge in Wirklichkeit sind.

Die Philosophen waren über das Wort Gottes und das absolut Größte nicht vollständig unterrichtet, daher faßten sie Geist, Seele und Notwendigkeit in einer gewissen Entwicklung dieser Notwendigkeit absolut, nicht beschränkt auf. Die Ideen im Worte sind in Wirklichkeit das Wort selbst, in allen Dingen sind sie beschränkt. Die Ideen, die in der erschaffenen geistigen Natur liegen, sind zwar gemäß der geistigen Natur gewissermaßen mehr absolut, jedoch nicht ohne Beschränkung, weil sie einem Geiste angehören, dessen Tätigkeit, wie *Aristoteles* sagt, ein Erkennen durch abstrahierte Ähnlichkeit ist (per similitudinem abstractivam). Hierüber einiges im *Buche von den Mutmaßungen*. Das über die Weltseele Gesagte mag genügen.

Zehntes Kapitel

Vom Geiste des Universums

Einige betrachten die Bewegung, welche die Verbindung der Form und Materie bewirkt, als eine Kraft (spiritum), die die Vermittlung zwischen Form und Materie vollzieht, und dachten sich dieselbe über den freien Himmelsraum, die Planeten und die irdische Welt verbreitet. Sie nannten sie ἄτροπος, gleichsam das Bewegungslose, weil sie glaubten, der eine Himmelsraum habe eine einfache Bewegung von Ost nach West; sodann κλωθὼ, das ist: Umdrehung, weil sich die Planeten durch Umdrehung gegen den Himmelsraum von West nach Ost bewegen; endlich λάχεσις, d.i. Zufall (sors), weil der Zufall die Welt regiert. Die Bewegung der Planeten ist die Entfaltung der ersten Bewegung, und die Bewegung im Zeitlichen ist die Entfaltung der Planetenbewegung. In den irdischen Dingen sind einige Ursachen von gewissen Folgen verborgen, wie die Saat im Samen enthalten ist; daher sagten die Alten, was in der Weltseele wie zu einem Knäuel eingewickelt sei, werde durch die Bewegung entwikkelt und entfaltet. Die Philosophen gingen nämlich davon aus: Wie ein Künstler, der eine Statue in Stein aushauen will, die Form derselben als Idee in sich hat, und dann mittelst einiger Instrumente die Form der Statue nach seinem idealen Bilde abbildlich darstellt, so trage die Weltseele die Ideen der Dinge in sich und bringe sie mittelst der Bewegung in der Materie zur Wirklichkeit; diese Bewegung erstrecke sich über alles; daß ein Ding in Wirklichkeit gerade *dieses* Ding sei, werde durch diese Bewegung bestimmt. Diese verbindende Kraft (spiritum connexionis) gehe aus beidem: der Möglichkeit und der Weltseele hervor. Denn da die Materie durch ihre Gefügigkeit ein gewisses Verlangen nach der Form hat, diese aber nach der Wirklichkeit strebt, jedoch nicht absolut bestehen kann, da sie kein eigenes Sein hat und auch nicht Gott ist, so senkt sie sich in die Möglichkeit (Materie) herab, um beschränkt in ihr zu sein, und wirkt begrenzend, vollendend und bestimmend. Aus dieser gegenseitigen Durchdringung entsteht die beide verbindende Bewegung. Diese bewegende Kraft geht durch das ganze Universum und alle seine Teile und heißt Natur. Die *Natur* ist demnach der Inbegriff (complicatio) von allem, was durch Bewegung entsteht. Wie nun diese Bewegung aus dem Allgemeinen herab sich spezialisiere (quomodo ab universali contrahitur usque in particulare), mit Beibehaltung der stufenmäßigen Ordnung, mag aus folgendem Beispiele erhellen. Wenn ich sage: Gott ist, so gehen diese Worte aus einer gewissen Bewegung hervor, in einer bestimmten Ordnung, so daß ich zuerst die Buchstaben, dann die Silben, dann die Worte, zuletzt den ganzen Satz ausspreche, obwohl das Gehör diese Ordnung nicht unterscheidet. So steigt die Bewegung aus dem Allgemeinen in das Partikulare herab, und erlangt hier zeitlich oder natürlich eine konkrete Gestalt. Diese Bewegung, diese Kraft (spiritus) kommt von dem heiligen Geiste (descendit a sp. s.), der durch die Bewegung selbst alles bewegt. Wie in dem Redenden ein gewisser Geist ist, der beim Reden von ihm ausgeht und in der oben angegebenen Weise sich konkret ausgestaltet, so geht von Gott, der ein Geist ist, alle Bewegung aus. Denn also spricht die Wahrheit: »Nicht ihr seid es, die da reden, sondern der

Geist eures Vaters redet in euch.« Dies gilt auch von allen andern Bewegungen und Tätigkeiten. Dieser Geist nun (die Bewegung im Universum) ist *ein erschaffener Geist*, ohne den nichts eine Einheit ist und bestehen kann; die ganze Welt und alles in ihr ist durch diesen Geist, der den Erdkreis erfüllt, in der naturgemäßen Verbindung; die Möglichkeit ist durch seine Vermittlung Wirklichkeit und die Wirklichkeit eben dadurch in der Möglichkeit. *Es ist dies die Bewegung, die alles zur liebenden Vereinigung und Einheit führt, so daß alles ein Universum bildet.* Während jedes seine besondere Bewegung hat, um auf die beste Weise das zu sein, was es ist, und keines sich ganz gleich wie das andere bewegt, so nimmt doch jedes an der Bewegung eines jeden in seiner Weise, mittelbar oder unmittelbar Anteil (wie die Elemente an der Bewegung des Himmels und alle Glieder an der Bewegung des Herzens), auf daß es ein Universum sei. Durch diese Bewegung existieren alle Dinge auf die bestmögliche Weise, sie erhalten sich in sich und in ihrer Art durch die natürliche Verbindung der verschiedenen Geschlechter[1], die durch natürliche Bewegung geeint, wenn auch individuell gesondert sind. *Keine Bewegung kann aber die absolut größte sein*, weil diese mit der Ruhe koinzidiert. Keine Bewegung ist daher absolut, denn die absolute Bewegung ist Ruhe, ist Gott, der alle Bewegung in sich begreift. Wie demnach alle Möglichkeit in der absoluten ruht, welche der ewige Gott ist, jede Form und Wirklichkeit in der absoluten Form, die das Wort, der Sohn des Vaters ist, so ruht alle verbindende Bewegung, alle einigende Proportion und Harmonie in der absoluten Verbindung aus dem heiligen Geiste, auf daß ein Prinzip von allem ist – Gott, in dem und durch den alles ist, in einer gewissen dreifaltigen Einheit, die ihren abbildlichen konkreten Ausdruck innerhalb des schlechthin Größten und Kleinsten findet, in verschiedenen Stufen, so daß eine Stufe der Bewegung nach Möglichkeit, Wirklichkeit und Verbindung in den geistigen Naturen ist, wo Bewegen Denken ist, eine andere Stufe in dem körperlichen Sein nach Materie, Form und Verbindung, wo das Bewegen Sein ist. Doch hierüber ein anderes Mal. Das über die Dreieinigkeit des Universums Gesagte mag für jetzt genügen.

---

1 Statt sexum muß es im Texte heißen: sexuum.

Elftes Kapitel

Folgerungen aus dem Wesen der Bewegung

Es staunen vielleicht manche über diese bisher unerhörten Sätze, deren Wahrheit die Wissenschaft des Nichtwissens nachgewiesen hat. Wir wissen nun, daß das Universum dreieinig und daß es nicht ein Universum gibt, das nicht eine Einheit ist aus Möglichkeit, Wirklichkeit und vereinigender Bewegung, so wie daß kein Wesen absolut, ohne die andern bestehen kann, weshalb notwendig alles in den verschiedensten Gradunterschieden besteht, so daß im ganzen Universum nicht zwei Dinge einander vollkommen gleich sind. Es ist daher, wenn man die Verschiedenheit der Bewegung der Weltkörper erwägt, unmöglich, daß etwas die Weltmaschine sei, oder *daß diese sichtbare Erde* oder Luft, Feuer oder sonst irgendetwas *das feste und unbewegliche* (Welt-) *Zentrum bilde.* Denn man kommt in der Bewegung auf kein schlechthin Kleinstes, wie z. B. ein fixes Zentrum, weil das Kleinste notwendig mit dem Größten koinzidiert. Es würde also das Zentrum der Welt mit ihrer Peripherie koinzidieren. *Die Welt hat daher keine Peripherie*; hätte sie Zentrum und Peripherie, so hätte sie ihren Anfang und Ende in sich selbst, die Welt wäre in Bezug auf ein anderes begrenzt, außer der Welt wäre ein Anderes und ein Raum –, Sätze, die alle der Wahrheit entbehren. Da es somit unmöglich ist, daß die Welt in ein körperliches Zentrum und eine bestimmte Peripherie eingeschlossen sei, so erkennen wir die Welt nicht, deren Zentrum und Peripherie Gott ist. Und wiewohl diese Welt nicht unendlich ist, so kann sie doch auch nicht als endlich gedacht werden, da sie keine Grenzen hat, in welche sie eingeschlossen ist. *Es kann somit auch die Erde, die das Zentrum nicht sein kann, nicht ohne alle Bewegung sein* (terra igitur, quae centrum esse nequit, motu omni carere non potest); denn daß sie sich bewegen müsse, ist auch in dem Sinne zu fassen, daß sie sich noch unendlich weniger bewegen könnte (nam eam moveri taliter etiam necesse est, quod per infinitum minus moveri posset). Wie die Erde nicht das Zentrum der Welt ist, so ist es auch nicht die Sphäre der Fixsterne oder ein anderer Umkreis derselben, wiewohl die Erde, im Verhältnis zu dem Himmel mehr der Peripherie ähnlich zu sein scheint. Die Erde ist also nicht das Zentrum, auch nicht für die erste oder irgendeine andere Sphäre. Denn auch wenn diese von ihrem Zentrum entfernt wäre und sich in der Nähe einer durch die Pole gehenden Achse befände, so daß sie auf der einen Seite gegen den einen Pol erhoben, auf der andern gegen den andern Pol gesenkt wäre, würde denjenigen, die so weit von den Polen entfernt stehen, als der Horizont sich ausgedehnt, nur die Mitte der Sphäre sichtbar sein, was für sich klar ist. Es ist auch das Zentrum der Welt nicht mehr innerhalb, als außerhalb der Erde. *Ja, weder die Erde, noch irgendeine Sphäre* (Himmelskörper) *hat ein Zentrum.* Denn da das Zentrum der von der Peripherie gleichweit entfernte Punkt ist und es keinen vollkommen wahren Kreis oder Kugel gibt, die keine größere Vollkommenheit zuließe, so gibt es offenbar kein Zentrum, das nicht noch viel wahrer und präziser sein könnte. Eine präzise gleichweite Entfernung ist außer Gott unmöglich, weil er allein die absolute Gleichheit ist. *Gott* also, *der das Zentrum der Welt ist, ist auch das Zentrum der Erde und aller Himmelskörper und von allem, was in der Welt ist; er ist zugleich die unendliche Peripherie von allem.* Ferner: *am Himmel sind keine unbeweglichen und fixen Pole,* wiewohl auch der Himmel der Fixsterne infolge der Bewegung Kreise von stufenweise verschiedener Größe, kleiner als die Meridiane oder als die Äquinoktiale (das gleiche gilt von den dazwischen liegenden Kreisen) zu beschreiben scheint. Allein *es muß sich jeder Teil des Himmels bewegen,* wiewohl ungleich, im Verhältnis zu den Kreisen, welche die Sterne in ihrer Bewegung beschreiben. Wie einige Sterne einen größten, so scheinen andere Sterne einen kleinsten Kreis zu beschreiben; *es gibt aber keinen Stern, der keinen Kreis beschriebe.* Gibt es in einem Himmelskörper (in sphaera) keinen fixen Pol, so gibt es auch keine Mitte, die gleichweit von den Polen entfernt wäre. Es gibt daher in der achten Sphäre keinen Stern, der durch seine Umdrehung einen größten Kreis beschreibt, weil derselbe gleichweit von den Polen, die es nicht gibt, entfernt sein müßte. Folgleich gibt es auch keinen, der einen kleinsten Kreis beschreibt. Die Pole der Himmelskörper koinzidieren daher mit dem Zentrum, so daß Zentrum und Pol nichts anderes ist, als – Gott. Und da wir die Bewegung nur im Verhältnisse zu etwas Unbeweglichem, zum Pole oder Mittelpunkt wahrzunehmen imstande sind und jene bei dem Messen der Bewegungen voraussetzen, so finden wir, daß wir nur in Mutmaßungen uns bewegen und in allen Stücken irregehen; wir wundern uns, wenn wir nach den Regeln der Alten Sterne in ihrer Stellung nicht übereinstimmend finden, weil wir annehmen, daß die Alten über Zentrum, Pole und Messung richtige Begriffe gehabt haben.

Aus dem Gesagten geht klar hervor, *daß die Erde sich bewege.* Da wir aus Erfahrung wissen, daß sich die Elemente durch die Bewegung eines Kometen, der Luft und des Feuers bewegen, sowie, daß der Mond sich weniger von Ost nach West bewege als der Merkur, die Venus oder die Sonne und so stufenweise, so bewegt sich die Erde noch weniger, als alle andern (Sterne), jedoch ist sie nicht ein Stern, der um Zentrum oder Pol den kleinsten Kreis beschreibt, so wie nach dem eben Gesagten die achte Sphäre oder irgend eine andere keinen größten beschreibt. Beachte daher wohl: Wie sich die Sterne zu den angenommenen (coniecturales) Polen der achten Sphäre verhalten, so sind Erde, Mond und Planeten Sterne, die sich am Pole in verschiedenen Abständen bewegen, so daß wir da den Pol suchen, wo man bisher das Zentrum annahm (coniecturando polum esse, ubi creditur centrum). Wenn daher gleich die Erde ein Stern ist, der sich in größter Nähe von dem Zentralpole befindet, so bewegt sie sich doch und beschreibt nicht, wie gezeigt ist, einen kleinsten Kreis. Ja, weder Sonne noch Mond oder Erde, oder irgendein Himmelskörper kann, wenn es uns gleich anders scheint, eine wahre kreisförmige Bewegung beschreiben, weil sie sich nicht um etwas Festes bewegen. Es gibt auch keinen wahren Kreis, der nicht vollkommener sein könnte, und zu einer Zeit sich ganz genau wie zu einer andern bewegt oder einen ganz gleichen Kreis beschreibt, wenn wir dies gleich nicht wahrnehmen. Willst du daher über die Bewegung des Universums eine andere Ansicht als die bisher übliche gewinnen, so mußt du Zentrum und Pole zusammenfassen (necesse est ut centrum cum polis complices) und dabei so gut, als es angeht, die Einbildungskraft zu Hilfe nehmen. Denn wenn einer auf der Erde und unter dem Nordpole, ein anderer im Nordpole stünde, so würde der auf der Erde Stehende ebenso glauben, der Pol sei im Zenit, wie der im Pole Stehende glauben würde, das Zentrum sei im Zenit. Wie die Gegenfüßler gleich uns den Himmel über sich haben, so würde den auf beiden Polen Stehenden die Erde im Zenit zu sein scheinen, und wo immer einer steht, glaubt er, er sei im Zentrum. Fasse also jene entgegengesetzten Vorstellungen zusammen, so daß das Zentrum Zenit ist und umgekehrt, dann wird dein Verstand, dem nur die Wissenschaft des Nichtwissens gute Dienste leistet, einsehen, daß die Welt, ihre Bewegung und Gestalt nicht erkannt werden können, denn sie wird dir vorkommen *wie ein Rad im Rade oder eine Kugel in der Kugel, die,* wie gesagt, *nirgends Zentrum und Umkreis hat.*

Zwölftes Kapitel

Von den Zuständen der Erde

Das eben Ausgeführte kannten die Alten nicht, weil ihnen die Wissenschaft des Nichtwissens fehlte. Uns ist es jetzt ganz klar, daß diese Erde sich wirklich bewegt, wenn wir es gleich nicht bemerken, da wir die Bewegung nur durch Vergleichung mit etwas Unbeweglichem wahrnehmen. Wüßte jemand nicht, daß das Wasser fließe und sähe er das Ufer nicht, wie würde er, wenn er in einem auf dem Wasser hingleitenden Schiffe steht, bemerken, daß das Schiff sich bewegt? Da es daher jedem, er mag auf der Erde oder Sonne oder einem andern Sterne sich befinden, vorkommt, er stehe im unbeweglichen Mittelpunkte während alles um ihn her sich bewege, so würde er, in der Sonne, im Monde, Mars etc. stehend, immer wieder andere Pole angeben. Der Bau der Welt ist daher so, als hätte sie überall ihr Zentrum und nirgends eine Peripherie, denn Umkreis und Zentrum ist Gott, der überall und nirgends ist. Diese Erde ist *nicht kugelförmig,* wie einige gesagt haben, *wiewohl sie der Kugelform sich zuneigt,* denn die Gestalt der Welt ist, wie auch ihre Bewegung, in ihren Teilen beschränkt. Wird aber die unendliche Linie als konkret gedacht, in der Art, daß sie, als konkret, nicht mehr vollkommener und umfassender (capacior) sein könnte, so ist sie kreisförmig, denn hier trifft Anfang und Ende zusammen. Wie daher die vollkommenere Bewegung die kreisförmige ist, so ist die vollkommenere körperliche Gestalt die kugelförmige. Jede Bewegung des Teiles hat daher Beziehung zur Vollkommenheit des Ganzen: Das Schwere strebt nach der Erde, das Leichte nach oben, Erde zu Erde, Wasser zu Wasser, Luft zu Luft, Feuer zu Feuer. Die Bewegung des Ganzen folgt soviel als möglich der kreisförmigen Bewegung, jede Figur der kugelförmigen Figur, wie wir an den Teilen der Tiere, an den Bäumen und dem Himmel sehen. Eine Bewegung ist kreisförmiger und vollkommener als die andere, ebenso sind auch die Gestalten verschieden. Die Gestalt der Erde ist beweglich und kugelförmig, ihre Bewegung kreisförmig, könnte aber vollkommener sein.

Da es in allen Vollkommenheiten, Bewegungen und Gestalten der Welt kein Größtes gibt (wie aus dem Gesagten erhellt), *so ist es unwahr, daß diese Erde der geringste und unterste Teil der Welt ist*, denn wenn sie gleich im Verhältnis zur Welt mehr im Zentrum zu sein scheint, so ist sie doch aus demselben Grunde, wie schon gezeigt, auch dem Pole näher. Die Erde ist nicht ein aliquoter Teil der Welt, denn da die Welt kein Größtes und Kleinstes hat, so hat sie auch keine Mitte und keine aliquoten Teile, wie dies auch nicht vom Menschen oder Tiere gilt, denn die Hand ist kein aliquoter Teil des Menschen, wiewohl ihr Gewicht ein Verhältnis zum Körper hat.

Auch die *schwarze Farbe* ist kein Beweis für die schlechte Beschaffenheit (vilitatis) der Erde. Wer in der Sonne wäre, der würde nicht die große Helle, wie wir auf Erden, wahrnehmen. Denn betrachtet man den Sonnenkörper, so hat er eine mehr konzentrierte Erde und eine wie Feuer leuchtende Peripherie, dazwischen eine Art Wolken und reinere Luft, gerade wie unsere Erde ihre Elemente hat. Stünde daher jemand außerhalb der Region des Feuers, so würde ihm diese Erde durch das Medium des Feuers wie ein heller Stein vorkommen, wie uns, die wir im Umkreis der Region der Sonne sind, die Sonne überaus helleuchtend vorkommt. Der Mond erscheint uns nicht so hell, vielleicht weil wir in seinem Umkreis mehr den zentralen Teilen desselben zugekehrt sind, etwa der wäßrigen Region desselben. Daher erscheint uns sein Licht nicht, obgleich er ein eigenes Licht hat, das nur denen erscheint, die in den äußersten Grenzen seines Umkreises stehen, während uns nur der Reflex des Sonnenlichtes sichtbar ist. Deshalb wird auch die Wärme des Monds, die ohne Zweifel durch die Bewegung entsteht und daher in der Peripherie, wo die größere Bewegung ist, größer ist, uns nicht so mitgeteilt wie von der Sonne. Unsere Erde ist zwischen die Region der Sonne und des Mondes gestellt, durch deren Vermittlung sie an der Einwirkung anderer Sterne partizipiert, die wir nicht sehen, weil wir außerhalb ihrer Region uns befinden, denn wir sehen nur die Region derjenigen Sterne, welche leuchten. Die Erde ist ein edler Stern, der Licht, Wärme und Einwirkung von allen andern Sternen in verschiedener Weise empfängt. Jeder Stern unterscheidet sich von jedem durch Licht, natürliche Beschaffenheit und Einwirkung, wie auch jeder Stern dem andern Licht und Einwirkung mitteilt, *nicht absichtlich* (ex intentione); denn alle Sterne haben nur Bewegung und Glanz, um auf die beste Weise zu sein, woraus als Folge das Partizipieren entsteht, *wie das Licht seiner Natur nach leuchtet, nicht damit ich sehe*, sondern das Partizipieren an demselben ist Folge, indem ich das Licht zum Zwecke des Sehens benütze. Der gütige Gott hat alles so erschaffen, daß jedes Wesen, indem es sein Sein wie einen göttlichen Beruf zu erhalten strebt, dieses in Gemeinschaft mit andern vollzieht. Wie der Fuß nicht sich allein, sondern auch dem Auge, den Händen, dem Leibe, ja dem ganzen Menschen dadurch dient, daß er nur im Gehen gebildet ist, so gilt das Gleiche von den Teilen der Welt. *Plato* nannte die Welt ein lebendes Wesen; denkst du dir als ihre Seele – jedoch ohne Verschmelzung – Gott, so wird dir vieles von dem bisher Gesagten klarwerden.

Man kann auch nicht sagen, die Erde sei deswegen von geringer Beschaffenheit, *weil sie kleiner als die Sonne und ihrer Einwirkung unterworfen ist*, denn die ganze Region der Erde, die sich bis zum Umkreis des Feuers ausdehnt, ist allerdings groß. Ist gleich die Erde kleiner als die Sonne, wie wir aus dem Schatten und den Eklipsen wissen, so ist doch nicht bekannt, um wieviel die Region der Sonne größer oder kleiner als die der Erde ist. Vollkommen gleich kann sie auf keinen Fall sein, da kein Stern dem andern gleich sein kann. Die Erde ist auch deshalb nicht der kleinste Stern, weil sie größer als der Mond ist, wie die Eklipsen beweisen, und als der Merkur, wie einige sagen, vielleicht auch größer als andere Sterne. Aus ihrem Umfange ist man daher nicht auf ihre Unbedeutendheit zu schließen berechtigt.

Auch *der Einfluß, den sie aufnimmt*, beweist nicht ihre Unvollkommenheit, denn als Stern übt auch sie, wie gezeigt ist, auf die Sonne und ihre Region Einfluß aus, und da unsere unmittelbare Wahrnehmung keine andere ist, als daß wir im Zentrum sind, wo alle Einflüsse zusammenströmen, so haben wir von jenem Einflusse keine Erfahrung. Verhält sich die Erde wie die Möglichkeit, die Sonne wie die Seele oder geistig bildende Kraft, der Mond als die vermittelnde Verbindung, so daß diese zu einer Region gehörenden Sterne durch gegenseitigen Einfluß vereinigt sind, und diese Einfluß auf andere Sterne, den Merkur und die Venus und die andern über ihnen stehenden (nach der Ansicht der Alten und auch einiger Neueren) mitteilen, so ist das Verhältnis des Einflusses der Art, daß der eine Stern ohne den andern nicht bestehen kann. Der Einfluß wird daher ein einiger und dreifacher, in jedem einzelnen Sterne nach seinen Graden sein. Daraus geht hervor, der Mensch könne nicht wissen, ob die Region der Erde sich in einem vollkommeneren oder weniger vollkommenen Grade, im Verhältnis zu den Regionen der andern Sterne, der Sonne, des Monds etc. befinde. Dasselbe gilt von der Erde als Wohnplatz. Es läßt sich nicht sagen, daß die Erde ein Wohnplatz von Menschen, Tieren und Pflanzen sei, die graduell geringer sind als die Bewohner der Region der Sonne und anderer Sterne. Denn, wenn gleich Gott das Zentrum und die Peripherie aller Sternenregionen ist, und von ihm Naturen von verschiedenem Werte ausgehen, *so daß jede Region bewohnt, und soviele Räume des Himmels und der Sterne nicht leer an Wesen sind,* und wohl nicht diese Erde allein von geringeren Wesen bewohnt ist, so scheint es doch keine edlere und vollkommenere Natur als die *geistige*, die sich auf unserer Erde vorfindet, zu geben, mögen auch Geschöpfe ganz anderer Art in andern Sternen wohnen, denn der Mensch hat kein Verlangen nach einer andern Natur, er will nur in seiner Natur vollkommen sein. Es stehen daher die Bewohner anderer Sterne, wie sie nun auch sein mögen, in keinem Verhältnis (improportionabiles sunt) zu den Bewohnern dieser Erde, wenn auch jene ganze Region zu der ganzen der Erde für den Zweck des Universums in einem verborgenen Verhältnis stehen mag, auf daß die Bewohner der Erdenregion zu den Bewohnern anderer Sterne durch Vermittlung der universellen Region in einem gegenseitigen angemessenen Verhältnis stehen, wie die einzelnen Glieder der Finger durch Vermittlung der Hand in einem Verhältnis zum Fuße und die Zehen mittels des Fußes in einem Verhältnis zur Hand stehen, so daß alles die Proportionen eines vollständigen lebenden Wesens annimmt. Da nun jene ganze Region uns unbekannt ist, so bleiben auch die Bewohner derselben uns ganz unbekannt, wie auch auf dieser Erde die Tiere einer Spezies, indem sie gleichsam eine spezifische Region bilden, sich vereinigen, und wechselseitig an dem, was zu dieser Region gehört, partizipieren, von andern Spezies aber nichts annehmen. Ein Geschöpf einer Spezies kann nicht die Natur einer andern, die sich durch bestimmte Laute kennzeichnet, erfassen, außer in ganz wenigen Zeichen äußerlich, und auch dann nur nach langer Übung und nur annähernd. Aber noch weit weniger können wir von den Bewohnern einer andern Region, die in keinem Verhältnis zu uns stehen, wissen. Wir nehmen an, in der Region der Sonne seien mehr sonnige (solares), klare, lichte, geistige Bewohner, geistiger als im Monde, wo mehr mondartige (lunatici), und auf der Erde, wo mehr materielle und massive (grossi) Wesen wohnen. Die geistigen Sonnennaturen wären in hohem Grade in Wirksamkeit, wenig in bloßer Möglichkeit, bei den Erdenbewohnern wäre die Möglichkeit überwiegend über die Wirksamkeit, die Mondbewohner bewegten sich unstet (fluctuantes) in der Mitte von beiden. Dies vermuten wir aus dem Feuereinflusse der Sonne, dem Einflusse von Wasser und Luft aus dem Monde und der materiellen Schwere der Erde; ähnlich bei den Regionen anderer Sterne. Wir nehmen an, kein Stern sei unbewohnt. Der partikularen Teile des einen Universums sind so viele, als viele Sterne es gibt, sie lassen sich nicht zählen, außer durch den, der alles in der Zahl erschaffen hat.

Auch *die Zerstörung der Dinge auf der Erde* ist kein gültiger Beweis der geringen Beschaffenheit der Erde. Denn da die Welt ein Universum ist, und alle einzelnen Sterne gegenseitigen Einfluß aufeinander ausüben, so ist es nicht ausgemacht, daß irgend etwas ganz und gar zerstörbar ist, wohl aber kann es in eine andere Seinsweise übergehen, wenn die konkreten Einwirkungen in einem Individuum sich auflösen, so daß die Weise, so oder so zu sein, aufhört, ohne daß ein eigentlicher Tod eintritt, wie schon *Virgil* sagt. Denn der Tod scheint nichts anderes zu sein als eine Auflösung des Zusammengesetzten in die Elemente der Zusammensetzung. Ob eine solche Auflösung nur bei den Erdenbewohnern stattfinde, wer kann das wissen? Einige sagten, es gebe so viele Arten der Dinge auf Erden, als Sterne sind. Wenn nun der Einfluß aller Sterne in allen einzelnen Arten der Erdenwesen seinen konkreten Ausdruck findet, warum soll nicht Ähnliches in den Regionen anderer Sterne, welche den Einfluß der übrigen Sterne aufnehmen, stattfinden? Wer kann wissen, ob die konkrete Gestaltung aller dieser Einwirkungen, die zuerst eine Zusammensetzung (zu einem Individuum) ist, in Auflösung übergehe, so daß ein lebendes Erdenwesen von irgendeiner Art sich auflöse, oder ob es zu seinen Prinzipien (Elemente) zurückkehre, indem das Bildungsprinzip zu dem besonderen Sterne, von dem jene Art auf der Erde wirkliches Sein erlangt hatte, zurückkehrt? Oder ob dieses Bildungsprinzip zu seinem Urbilde, der Weltseele (nach den Platonikern), oder zur Möglichkeit der Materie zurückkehrt, während der die Einigung bewirkende Geist in der Bewegung der Sterne verbleibt und zu einigen aufhört, indem er sich wegen Untauglichkeit der Organe oder aus einem andern Grunde zurückzieht und somit aus der nunmehr entgegengesetzten Bewegung Trennung verursacht? Oder ob die gestaltenden Prinzipien (formae) jeder Region in einem höhern Prinzip, etwa dem geistigen, ihren Stützpunkt finden (quiescant) und durch dieses das Ziel der Welt erreichen, während dieses höhere Prinzip sein Ziel in Gott findet. Dieses letztere erhebt sich vielleicht zur Peripherie, die Gott ist, hinauf, während der Körper nach dem Zentrum, wo wieder Gott ist, hinabsinkt, so daß die Bewegung von allem nach Gott hin geht, in welchem dereinst, wie Zentrum und Peripherie in Gott eines sind, der Körper, wenn er gleich zum Zentrum hinabzusinken schien, und die Seele, die sich zur Peripherie erhoben, wieder vereinigt werden, indem alsdann nicht jegliche Bewegung, sondern nur die des Geschlechtlichen aufhört. Der alles einigende Geist kehrt zurück und verbindet die Möglichkeit wieder mit dem belebenden Prinzip, das ihr im Leben angehört hatte. Alles das kann kein Mensch aus sich wissen, wenn er nicht eine besondere Belehrung darüber von Gott erhalten hat. Zweifelt auch niemand daran, daß der gute Gott alles für sich (ad se) erschaffen hat und nicht will, daß eines seiner Werke zugrunde gehe, und wissen wir gleich, daß er der reiche Vergelter aller seiner Verehrer sei, so kennt doch die Art der göttlichen Wirksamkeit, der gegenwärtigen und zukünftigen Vergeltung nur Gott allein, er allein weiß, wie seine Wirksamkeit ist. Hierüber will ich jedoch nach dem Maße der göttlichen Eingebung weiter unten noch einiges sagen.

Dreizehntes Kapitel

Von der wunderbaren göttlichen Kunst in Erschaffung der Welt und der Elemente

Da es die einstimmige Ansicht der Philosophen ist, daß wir durch die sichtbare Welt, die Größe, Schönheit und Ordnung der Dinge zur Bewunderung der Göttlichen Kunst und Herrlichkeit hingerissen werden, und nachdem wir einige Kunstwerke der göttlichen Weisheit bei Erschaffung des Universums besprochen haben, so wollen wir zur Erhöhung dieser Bewunderung noch einiges über die Lage und Ordnung der Elemente beifügen.

Gott hat sich bei Erschaffung der Welt der Arithmetik, Geometrie, Musik und Astronomie bedient, Künste, die auch wir jetzt anwenden, wenn wir die Verhältnisse der Dinge, der Elemente und Bewegungen erforschen. Durch die *Arithmetik* hat er die Dinge in ein Ganzes gebracht (coadunavit), durch die *Geometrie* hat er sie geformt (figuravit), daß sie Festigkeit, Bestand und Beweglichkeit, je nach ihrer Beschaffenheit, erlangten. Durch die *Musik* hat er sie in solche Verhältnisse gebracht, daß nicht mehr Erde in der Erde ist als Wasser im Wasser, Luft in der Luft, Feuer im Feuer, und daß kein Element sich ganz in das andere auflösen läßt, woher es kommt, daß der Weltbau nicht untergehen kann. Wiewohl ein Teil des einen sich in ein anderes auflösen läßt, so kann doch nie die ganze Luft, die mit Wasser vermischt ist, in Wasser verwandelt werden, weil die umgebende Luft dies verhindert. Gott hat es daher bewirkt, daß nur Teile der Elemente wechselseitig aufgelöst werden; geschieht dies langsam, so wird aus dem Zusammenwirken der Elemente etwas hervorgebracht, das solange dauert, solange jenes Zusammenwirken stattfindet. Mit ihr löst sich auch das durch sie Entstandene wieder auf. In wunderbarer Ordnung sind daher die Elemente durch Gott geschaffen, der alles in *Zahl, Maß* und *Gewicht* erschaffen hat. Die Zahl bezieht sich auf die Arithmetik, das Gewicht auf die Musik, das Maß auf die Geometrie. Die Schwere wird durch Einwirkung des Leichten (levitate constringente) gehalten; die schwere Erde ist durch das Feuer wie in der Mitte schwebend. Das Leichte dringt auf das Schwere ein wie das Feuer auf die Erde. Indem die ewige Weisheit dieses so ordnete, verfuhr sie nach einer nicht zu entziffernden Proportion. Sie wußte voraus, wieviel jedes Element das andere überwiegen müsse, indem sie die Elemente so abwog, daß das Feuer um so viel leichter wäre als die Luft, als diese leichter ist als das Wasser, und dieses leichter als die Erde, so daß Gewicht mit Volumen übereinstimmte und das Einschließende einen größeren Raum einnahm als das Eingeschlossene. Er verband sodann die Elemente so miteinander, daß eines notwendig im andern ist. Die Erde ist, wie Plato sagt, gleichsam ein lebendes Wesen, die Steine sind die Knoten, die Bäche die Adern, die Bäume die Haare; die Tiere, die zwischen diesen Haaren der Erde sich nähren, sind wie die Maden in den Haaren der Tiere. Zum Feuer verhält sich die Erde wie die Welt zu Gott, mit welchem das Feuer in seiner Beziehung zur Erde viele Ähnlichkeit hat. Seine Entfaltung ist grenzenlos, es wirkt, durchdringt, erhellt, fördert und gestaltet alles auf der Erde, und zwar mittelst der Luft und des Wassers, so daß alles, was auf der Erde entsteht, nur eine immer wieder anders modifizierte Wirksamkeit des Feuers ist, wie denn auch die Gestalten der Dinge (im Äußerlichen) durch den verschiedenen Widerschein des Feuers entstehen. Indes ist das Feuer mit den Dingen vermengt, ohne welche Vermengung weder es selbst, noch die Dinge auf Erden sein können. Gott aber ist absolut. Er wird daher von den Alten ein verzehrendes, absolutes Feuer, eine absolute Klarheit genannt, da er ein Licht ist, in dem keine Finsternis. An seinem feurigen klaren Wesen sucht alles, was da ist, teilzunehmen, wie wir an allen Gestirnen sehen, wo sich diese Klarheit materiell beschränkt findet. Diese unterscheidende und alles durchdringende Klarheit ist immateriell konkret in den lebenden und geistigen Wesen. Wer bewundert nicht den Künstler, der einer ähnlichen Kunst (Astronomie) auch in den Himmelskörpern, Sternen und Sternregionen sich bedient hat, so daß ohne Präzision bei der größten Verschiedenheit die schönste Harmonie besteht! Die Größe, Lage und Bewegung[1] der Sterne hat er festgestellt, die Entfernungen der Sterne so geordnet, daß, wenn nicht jede Region so wäre, wie sie ist, sie weder selbst bestehen, noch in dieser bestimmten Lage und Ordnung, noch das Universum überhaupt bestehen könnte. Er gibt jedem Sterne ein anderes Licht, Einfluß, Gestalt, Farbe und Wärme. Das Verhältnis der Teile zueinander hat er so geordnet, daß in jedem die Bewegung der Teile eine Beziehung auf das Ganze hat: von oben nach der Mitte beim Schweren, von der Mitte nach oben beim Leichten, und um die Mitte, wie bei der kreisförmigen (orbicularem) Bewegung der Sterne.

Bei dieser so bewunderungswürdigen, verschiedenartigen Ordnung der Welt sehen wir durch unser System, daß wir von allen Werken Gottes keine rationelle Einsicht erlangen, sondern nur staunen können, weil Gott groß und seiner Größe keine Grenze ist. Als die absolute Größe ist er von allen seinen Werken wie Urheber und Verständnis, so auch das Ziel. In ihm ist alles, außer ihm nichts, er ist Anfang, Mitte und Ende von allem, Zentrum und Umkreis des Uni-

1 motum statt notum im Texte

versums, und in allem wird nur er gesucht, weil ohne ihn alles nichts ist, mit ihm haben wir alles, in ihm wissen wir alles; denn er ist die Wahrheit von allem und will, daß der wunderbare Weltbau uns zur Bewunderung hinreiße. Er verbirgt jedoch denselben vor uns um so mehr, je mehr wir ihn bewundern, weil er es ist, den wir mit ganzem Herzen und allem Eifer suchen sollen. Und da er das unzugängliche Licht bewohnt, das in allem gesucht wird, so kann er allein den Anklopfenden die Tür öffnen und den Bittenden geben. Kein Wesen von allen erschaffenen hat die Macht, sich den Anklopfenden aufzutun und zu zeigen, was es sei, da alle ohne ihn, der in allen ist, nichts sind. Wer aber nach Anleitung des Systems des Nichtwissens sie fragt, was und wie und wozu sie seien, dem antworten sie: Aus uns sind wir nichts, und aus uns können wir auch dir nichts anderes als nichts antworten, da wir von uns selbst keine Erkenntnis haben, sondern allein der, durch dessen Denken wir das sind, was er in uns will, befiehlt und weiß. Wir alle sind stumm, er, der uns erschaffen hat, redet in uns allen, er allein weiß, was, wie und wozu wir sind. Willst du etwas über uns erkennen, so frage unsern Grund, unsere Ursache, nicht uns; dort findest du alles, wenn du diesen Einen suchst, ja auch dich selbst kannst du nur in ihm finden. Strebe daher, sagt unsere gelehrte Unwissenheit, daß du dich in ihm findest, und da alles in ihm er selbst ist, so kann dir nichts fehlen. Unsere Sache ist es nicht, uns dem Unzugänglichen zu nahen, sondern dessen, der uns ein ihm zugewandtes Antlitz gegeben hat, damit wir ihn mit allem Eifer suchen. Tun wir dies, so wird er in seiner großen Güte uns nicht verlassen, er zeigt sich selbst uns, und wenn seine Herrlichkeit erscheint, wird er ewig uns sättigen. Er sei gepriesen in Ewigkeit! Amen.

Drittes Buch

Nach diesen kurzen Erörterungen über das Universum und seine beschränkte (contractione) Existenz, will ich nun, um über das absolut und beschränkt Größte zugleich, Jesus Christus, der ewig gepriesen sei, eine Untersuchung in wissenschaftlichem Nichtwissen anzustellen, zur Vermehrung des Glaubens und unserer Vollkommenheit, dir, dem Manne von bewundernswerter Tätigkeit, einen kurzen Lehrbegriff von *Jesus* überreichen, wobei ich ihn anrufe, er möge mir der *Weg* zu ihm, der die *Wahrheit* ist, sein, durch die wir jetzt im Glauben und dereinst durch seligen Genuß (per adeptionem) zum Leben gelangen, in ihm und durch ihn, der das ewige *Leben* ist.

Erstes Kapitel

Das in dieser oder jener konkreten Form erscheinende Größte, über welches es kein Größeres gibt, kann ohne das absolut Größte nicht bestehen.

Im ersten Buche ist die Rede von dem einen absolut Größten, das nicht mitgeteilt, in das endliche Sein vermengt (immersibile) und nicht auf dieses oder jenes eingeschränkt werden kann, sondern in sich ewig gleich und unbeweglich als die absolute Identität existiert. Im zweiten Buche wurde das konkrete Universum gezeigt, und wie dieses und jenes nur konkret existiert. Es ist also die Einheit des Größten in sich absolut, die Einheit des Universums in Vielheit beschränkt. Die Vielheit nun, in welcher das Universum in Wirklichkeit seinen Ausdruck findet, kann unmöglich mit der höchsten Gleichheit bestehen, denn sonst wäre es keine Vielheit. Somit besteht alles notwendig in differenter Weise, nach Gattung, Art und Zahl, so daß jegliches in besonderer Zahl, Maß und Gewicht besteht. Es sind daher im Universum Gradunterschiede, und kein Wesen koinzidiert mit dem andern. Kein konkretes Sein kann daher den Grad der Konkretheit eines andern Seins präzis decken. Zwischen dem Größten und Kleinsten ist sonach alles konkret und es gibt immer größere oder kleinere Grade des Konkreten, ohne daß jedoch dies ins Unendliche fortgeht, da eine Unendlichkeit von Graden unmöglich ist; denn unendlich viele Grade wären soviel als kein Grad, wie ich in der Lehre von der Zahl im ersten Buche gezeigt habe. Es gibt somit im Konkreten kein Auf- oder Absteigen zu dem absolut Größten oder Kleinsten. Wie daher die göttliche Natur, die absolut größte, keine Verminderung zuläßt, so daß sie in die endliche und konkrete übergeht, so kann auch die konkrete, endliche ihrer Konkretheit so entkleidet werden, daß sie zur ganz absoluten wird. *Sonach erreicht kein konkretes Sein*, da es mehr oder weniger konkret sein kann, *das Höchste* (terminus) *im Universum, in der Gattung oder Art*, denn die erste generelle konkrete Ausgestaltung des Universums ist die Vielheit der Gattungen, die notwendig graduell verschieden ist. Die Gattungen aber bestehen konkret nur in den Arten, die Arten nur in den Individuen, die allein in Wirklichkeit existieren. Wie es daher nach der Natur des Konkreten kein Individuum gibt, das nicht hinter dem Höchsten seiner Spezies zurückbleibt, so kann auch kein Individuum das Höchste in der Gattung oder im Universum erreichen. Denn unter mehreren Individuen derselben Art muß notwendig eine Verschiedenheit der graduellen Vollkommenheit stattfinden. Kein Wesen ist daher in seiner Art ganz vollkommen, so daß es kein vollkommeneres gibt, sowie keines so unvollkommen ist, daß es kein unvollkommeneres gibt: Das höchste seiner Art erreicht keines. *Es gibt somit nur ein Höchstes* (unus terminus) *aller Arten, Gattungen und des ganzen Universums*, es ist das Zentrum, die Peripherie und die Verbindung von allem; *das Universum erschöpft nicht die unendliche absolut größte Macht Gottes*, so daß es als das schlechthin Größte die Grenze der göttlichen Allmacht bildete. *Es erreicht somit das Universum nicht das Höchste des absolut Größten*, wie die Gattungen nicht das Höchste des Universums, die Arten nicht das Höchste der Gattungen, die Individuen nicht das Höchste der Arten, so daß es alles das, was es ist, auf die beste Art wäre, zwischen dem Größten und Kleinsten, und Gott Anfang, Mitte und Ende des Universums und jedes einzelnen, auf daß alle Dinge, sie mögen nach oben oder nach unten oder nach der Mitte streben, sich Gott nähern. Wohl aber besteht eine Verbindung aller Dinge durch ihn; alles noch so Verschiedene ist verbunden. Unter den Gattungen, die der konkrete Ausdruck des einen Universums sind, besteht eine solche Verbindung der niedern und höhern, daß sie in der Mitte koinzidieren. Die verschiedenen Arten sind so geordnet, daß die oberste Art einer Gattung mit der untersten der nächsthöheren koinzidiert, wodurch in einer Kontinuität die Vollkommenheit des Universums sich darstellt. Jede Verbindung ist aber graduell, und man gelangt nicht auf die größte, weil diese Gott ist. Es sind daher verschiedene Arten der niedern und höhern Gattung nicht in einem gewissen Unteilbaren verbunden, das kein Mehr oder Weniger zuläßt, sondern in einer dritten Art, dessen Individuen graduell verschieden sind, so daß keines derselben gleichmäßig an jeder Art, als wäre es ein aus beiden Arten Zusammengesetztes, partizipiert, sondern es ist in seinem Grade der konkrete Ausdruck einer besondern Art, die im Vergleich zu den übrigen aus der niedern und höhern zusammengesetzt scheint. Keine Art steigt demnach zum Minimum einer Gattung hinab, denn bevor sie dieses wird, verändert sie sich in eine andere. Wenn in der Gattung der lebenden Wesen die Menschenart daran ist, sich im Gebiete des rein Sinnlichen auf eine höhere Stufe zu erheben, geht sie plötzlich die Verbindung mit der geistigen Natur ein, doch bleibt die niedere Seite überwiegend, weshalb sie noch lebendes Wesen (animal) genannt wird ... Die Arten sind daher wie eine progressive Zahl, die notwendig begrenzt ist, so daß Ordnung, Harmonie und Proportion bei aller Verschiedenheit besteht, und man muß zuletzt zu der untersten Art der niedrigsten Gattung, die in Wirklichkeit die kleinste ist, und zu der obersten Art der höchsten Gattung, die ebenso in Wirklichkeit die höchste ist, über der es jedoch noch eine kleinere oder größere geben könnte, kommen, ohne Progression ins Unendliche, so daß wir, wir mögen nun nach oben oder nach unten zählen, mit der absoluten Einheit, die Gott ist, als dem Prinzip aller Dinge den Anfang machen. Die Arten sind dann gleichsam die bei dem Fortschritt von dem Kleinsten (das das Größte ist), oder von dem Größten, dem kein Kleinstes entgegensteht, uns entgegentretenden Zahlen, *so daß nichts im Universum ist, das sich nicht eines gewissen singulären Seins erfreute, das sich in keinem andern Wesen findet.* Kein Wesen vereinigt alles in allem, keines das Entgegengesetzte auf eine gleiche Weise, keines kann mit irgendeinem andern zu irgendeiner Zeit ganz gleich sein, wenn es auch zu einer Zeit weniger, zu einer andern Zeit mehr als das andere ist. Diesen Übergang macht es in einer gewissen Singularität des Seins, ohne je die präzise Gleichheit zu erreichen. So geht ein in einen Kreis beschriebenes Viereck zur Größe eines um den Kreis beschriebenen über: Aus dem Viereck, das weniger als ein Kreis ist, geht es über zu dem Viereck, das größer als der Kreis ist, ohne jedoch je zur Gleichheit mit jenem zu gelangen. Der Einfallswinkel erhebt sich aus einem Winkel, der kleiner als ein rechter ist, zu einem solchen, der größer als ein rechter ist, ohne die volle Gleichheit zu erreichen. Mehreres hierüber in dem *Buche über die Mutmaßungen*. Es können nämlich die individualisierenden Prinzipien in keinem Individuum in derselben harmonischen Proportion wie in einer andern zusammentreffen, *so daß jedes Wesen für sich eine Einheit, und in seiner Weise vollkommen ist*. Wenn sich gleich in einer Art, z. B. der Menschenart, zu einer bestimmten Zeit einige finden, die vollkommener und in gewisser Hinsicht hervorragender sind als andere, wie Salomon alle an Weisheit, Absalon an Schönheit, Samson an Stärke übertroffen hat, und wenn die geistig Hervorragenden von den übrigen geehrt wurden, so können wir doch, weil die Verschiedenheit der Ansichten nach der Verschiedenheit der Religionen, Sekten und Gegenden verschiedene Urteile erzeugt, so daß, was nach dem einen Gesichtspunkte Lob, nach einem andern Tadel erlangt, und weil uns die auf der ganzen Welt zerstreuten Menschen unbekannt sind, nicht sagen, wer unter allen der Vortrefflichste sei, da wir ja nicht einmal einen aus allen vollkommen zu erkennen imstande sind. Dies ist von Gott so angeordnet, auf daß jeder in sich selbst Genüge finde, wenn er gleich andere bewundert, und auf daß ihm in seinem Heimatlande sein Geburtsort viel schöner vorkomme, ebenso hinsichtlich der Landesgebräuche, Landessprache etc. So herrscht Einheit und Friede ohne Mißgunst, soweit dies nur immer möglich ist; denn vollkommen herrscht der Friede nur bei denen, die mit dem herrschen, der unser alle Sinne übersteigender Friede ist.

Zweites Kapitel

Das Größte, konkret und absolut zugleich, Schöpfer und Geschöpf

Es ist hinlänglich gezeigt, daß das Universum nur in konkret Vielem besteht, *das in Wirklichkeit von der Art ist, daß keines das schlechthin Größte erreicht.*

Ich füge nun bei: *Wenn man sich das Größte konkret in einer bestimmten Art* (species) *wirklich existierend denkt, so wäre es, entsprechend dem Charakter der gegebenen konkreten Art, in Wirklichkeit alles, was in der ganzen Möglichkeit jener Gattung oder Art liegt*; denn das absolut Größte ist alles, was möglich ist, in absoluter Wirklichkeit. Dieses Größte in konkreter Erscheinung einer Gattung oder Art ist zugleich in Wirklichkeit *die höchstmögliche Vollkommenheit derselben*, entsprechend dem gegebenen Konkreten. Da es in dem Berichte derselben kein Größeres gibt, so umfaßt sie unendlich die ganze Natur des gegebenen Konkreten. Wie das absolut Kleinste mit dem absolut Größten koinzidiert, so auch das konkret Kleinste mit dem konkret Größten. Ein ganz deutliches Beispiel hiervon ist die größte Linie, die keinen Gegensatz zuläßt, jeder Figur gleich und das adäquateste Maß von allen ist, mit der der Punkt koinzidiert, wie wir im ersten Buche gezeigt haben. Wäre daher das konkret Größte ein Individuum irgendeiner Art, so müßte dieses die Vollkommenheit der ganzen Gattung oder Art sein, das Leben, das Prinzip, die Idee und Wahrheit in höchster Vollendung von allem, was diese Art als Möglichkeit in sich begreift. Dieses konkret Größte wäre über alle Natur der Konkretheit hinaus deren *Höhepunkt* (terminus finalis) und würde ihre ganze Vollkommenheit in sich fassen. Jedem Gegebenen wäre es, über alle Proportion erhaben, vollkommen gleich, nicht größer, nicht kleiner, als Jegliches; die Vollkommenheit von allem würde es in ganzer Fülle in sich fassen. Hieraus erhellt, daß das konkret Größte nicht als rein Konkretes (pure contractum) gelten kann, nach dem kurz vorhin Gezeigten, wonach kein Konkretes innerhalb der Grenze der Gattung oder Art die höchste Vollkommenheit erreichen kann, aber auch als konkret nicht Gott, der absolut ist, sein kann. Es wäre somit notwendig das konkrete Größte, das ist: *Gott und Geschöpf, absolut und konkret*, in einer Konkretheit, die nicht aus sich Bestand hätte, *ruhte sie nicht in der absoluten Größe.* Denn es gibt, wie im ersten Buche gezeigt ist, nur ein Größtes, durch welches das Konkrete Größtes genannt werden kann. Wenn nun die größte Macht das Konkrete so mit sich eint, daß es, unbeschadet der beiderseitigen Naturen, nicht noch mehr geeint sein könnte, und daher das so Geeinte mit Beibehaltung der Natur der Konkretheit *die konkrete und erschaffene Vollkommenheit* einer bestimmten Art, infolge der *hypostatischen Einigung* aber zugleich *Gott und Alles ist*, so würde diese wunderbare Einigung all unsern Verstand übersteigen. Denn denkt man sie als eine Vereinigung von Entgegengesetztem (quemadmodum diversa uniuntur), so wäre dies ein Irrtum; denn das absolut Größte ist kein anderes oder Verschiedenes, da es alles ist. Denkt man sie als zwei, die vorher getrennt, jetzt verbunden (coniuncta) sind – gefehlt! Denn in der Gottheit ist kein Vorher und Nachher, auch ist sie nicht dieses mehr als jenes. Das Konkrete konnte auch nicht vor der Vereinigung dieses oder jenes sein, denn es ist eine in sich bestehende individuelle Persönlichkeit. Jene Vereinigung ist endlich auch nicht die Verbindung von Teilen zu einem Ganzen, da Gott kein Teil sein kann. Wer sollte daher diese wunderbare Vereinigung begreifen, die auch nicht wie die Verbindung der Form mit der Materie ist, da Gott als absolut sich mit der Materie nicht vermengen kann! Sie ist daher erhabener als alle denkbaren Vereinigungen. Das Konkrete besteht hier, da es das Größte ist, nur in dem absolut Größten, ohne diesem einen Zuwachs zu geben, da es das absolut Größte ist, ohne in dessen Natur überzugehen, da es konkret ist. Das Konkrete ruhte (subsisteret) demnach in dem Absoluten in der Weise, daß, wenn wir es uns als Gott vorstellten, dies irrig wäre, da das Konkrete seine Natur nicht aufgibt; dächten wir es als diese Natur (si ipsam esse imaginaremur), so irrten wir, da das absolut Größte, Gott, dieser Natur nicht bedarf. Nehmen wir es als aus beiden zusammengesetzt, so täuschen wir uns, da eine Zusammensetzung aus Gott und Geschöpf, konkretem und absolut Größtem, unmöglich ist. Man muß sich daher *jenes konkret Größte so als Gott denken, daß es dabei zugleich Geschöpf ist, so als Geschöpf, daß es zugleich der Schöpfer ist, Schöpfer und Geschöpf ohne Vermischung und Zusammensetzung*. Wer mag sich so weit hinauf erheben, daß er in der Einheit die Verschiedenheit (diversitatem) und in der Verschiedenheit die Einheit begreift! Diese Vereinigung übersteigt also alle unsere Begriffe.

Drittes Kapitel

Nur in der Natur der Menschheit ist dieses konkret Größte möglich (possibilius)

Es wird sich nun leicht untersuchen lassen, welcher Natur das konkret Größte angehören müssen (cuius naturae contractum maximum esse deberet). Da nämlich dasselbe notwendig eines ist, wie das absolut Größte die absolute Einheit ist, und es dabei konkret dieses oder jenes ist, so ist fürs erste zu erwägen, daß es die Ordnung mit sich bringt, daß einige Dinge im Verhältnis zu andern von niederer Natur sind, wie alle die, welche kein Leben und geistige Tätigkeit haben, andere höhere Natur, wie z. B. die rein geistigen Naturen (intelligentiae)[1], wieder andere die Mitte von beiden einnehmen. Wenn nun das absolut Größte das Sein von allem in der universellsten Weise ist, nicht mehr das Sein des einen, als des andern, so ist klar, *daß jenes Sein mit dem Größten sich eher vereinen läßt, welches die größere Verwandtschaft mit der Gesamtheit alles Seienden hat* (clarum est, hoc ens magis maximo sociabile, quod magis universitati entium est commune). Betrachten wir die Natur der niedern Dinge und denken wir uns eines derselben zur absoluten Größe erhoben, so wird es Gott und zugleich es selbst sein, wie man an der größten Linie sieht. Da sie unendlich und die größte ist, so wird notwendig jede Linie, mit welcher sich die größte vereint, Gott sein durch die absolute Größe, während sie vermöge ihrer Konkretheit Linie bleibt; sie wird demnach alles in Wirklichkeit sein, was aus einer Linie werden kann. Allein die Linie schließt Leben und Geist nicht in sich, wie kann daher die Linie zur höchsten Größe erhoben werden, wenn sie die Fülle der Naturen nicht erreicht? Sie wäre[2] das Größte, das noch größer sein könnte, und würde der Vollkommenheit ermangeln. Das gleiche gilt von der obersten Natur, die die untere nicht in sich faßt, außer in dem Sinne, daß höhere und niedere Natur mehr gegenseitige Annäherung als Trennung zulassen. Dem Größten aber, mit dem das Kleinste koinzidiert, wird es sich geziemen, so das eine zu umfassen,

---

1 Unter den »Intelligenzen« (analog zu nehmen mit dem im Deutschen eingebürgerten Worte: Excellenzen) versteht Cusa die *Engel.* Excit. VIII, 603, de ludo Globi II, S. 228.

2 Statt esse im Texte ist offenbar zu lesen: *esset.*

daß es das andere nicht ausschließt, sondern alles zumal in sich faßt. Es ist daher die *mittlere Natur*, das Verbindungsglied der niedern und höhern, *allein diejenige, welche zur Erhebung zum Größten durch die Macht des unendlich größten Gottes am besten sich eignet* (quapropter natura media, quae est medium connexionis inferioris et superioris, est solum illa, quae ad maximum convenienter elevabilis est potentia maximi infiniti Dei). Denn da sie als die höchste der niedern und die niederste der höhern Natur alle Naturen in sich faßt, so ist klar, daß, wenn sie nach ihrem ganzen Wesen (secundum omnia sui) sich zur Einigung mit dem Größten erhebt, alle Naturen, ja das ganze Universum auf jede mögliche Weise *in ihr* zum höchsten Grade (ihrer Vollkommenheit) gelangen. Die *menschliche* Natur ist die Krone der Schöpfung (humana natura est illa, quae est supra omnia Dei opera elevata), nur wenig unter die Engel gesetzt, die Vereinigung der geistigen und sinnlichen Natur; sie faßt die ganze Welt in sich (universa intra se constringens), weshalb sie von den Alten mit Recht *μικρο-κόσμος* oder *Welt im Kleinen* genannt wird. Sie ist es daher, die, zur Einigung mit dem Größten erhoben, die Fülle aller Vollkommenheiten des Universums und alles Einzelnen darstellen würde, so, daß in der Menschheit alles zu seiner höchsten Stufe gelangte. Nun existiert aber die Menschheit nur konkret in diesem oder jenem. Da es nun nicht möglich ist, daß mehr als ein wirklicher Mensch sich zur Einigung mit dem Größten erheben kann, so wäre dieser in der Art Mensch, daß er zugleich Gott ist, und in der Art Gott, daß er zugleich Mensch ist, die Vollendung des Universums, der Primat von allem (in omnibus primatum tenens). Kleinstes, Größtes und Mittleres, der Natur des absolut Größten geeint, würde in ihm so koinzidieren, daß er die Vollkommenheit (perfectio) von allem wäre und alles Konkrete[1] in ihm als in seiner Vollkommenheit zur Ruhe gelangte. Es wäre das (absolute) Maß für Menschen und Engel (wie *Johannes* in der Apokalypse sagt) wie für alles einzelne, weil er durch die Vereinigung mit dem absoluten Sein, das das absolute Sein von allem ist, das konkret universelle Sein aller einzelnen Kreaturen (universalis contracta entitas singularum creaturum) wäre. Alles erhielte durch ihn den Anfang und das Ende des konkreten Seins; durch ihn, der das konkret Größte aus (a) dem absolut Größten ist, ginge alles ins

---

1 Statt cuncta contracta sunt im Texte muß es heißen: cuncta, quae contracta sunt.

konkrete Sein über, durch seine Vermittlung kehrte es ins Absolute zurück; er wäre der Anfang (principium) der Emanation und das Ziel der Rückkehr in Gott. Gott aber ist als die *Gleichheit* alles Seins der Schöpfer des Universums, da dieses für ihn (ad ipsum) erschaffen ist. *Die höchste und größte absolute Gleichheit alles Seins ist es demnach, mit der die menschliche Natur geeinigt wird*, so daß Gott durch Annahme der menschlichen Natur in der Sphäre der Menschheit alles in konkreter Weise ebenso ist, wie er in absoluter Weise die Gleichheit alles Seins ist. Da nun jener Mensch durch die Einigung in der größten Gleichheit des Seins beharrte (cum in ipsa maxima aequalitate essendi per unionem subsisteret), *so wäre er der Sohn Gottes oder das Wort, durch das alles gemacht ist, oder die Gleichheit des Seins selbst*, die, nach dem früher Gezeigten, Sohn Gottes genannt wird, ohne jedoch aufzuhören, Menschensohn zu sein, wie er auch nicht aufhören würde, Mensch zu sein. Da Gott, dem Besten und Vollkommensten, das nicht widerstreitet, was ohne Wechsel, Schwächung oder Verminderung seines Wesens durch ihn geschehen kann, vielmehr seiner unermeßlichen Güte ganz entspricht, wie denn alles auf das Beste und Vollkommenste in schöner Ordnung von ihm und für ihn erschaffen ist, so kann, da ohne die oben erwähnte Einigung (semota hac via) alles zu höherer Vollkommenheit nicht[1] gelangen kann, niemand, der nicht Gott oder dessen höchste Güte leugnen will, der obigen Ausführung vernünftiger Weise entgegentreten. Denn alle Mißgunst ist weit entfernt von dem, *der die höchste Güte ist und dessen Wirken nicht mangelhaft sein kann*, sondern, *wie er das Größte ist, so auch sein Werk soviel als möglich dem Größten nähern will.* Es hat nämlich die größte Macht ihre Grenze nur in sich selbst, weil außer ihr nichts und sie unendlich ist. In keinem Geschöpfe findet sie somit eine Grenze, daß sie nicht im Verhältnis zu irgendeinem gegebenen Geschöpfe ein besseres und vollkommeneres erschaffen könnte. Wird nun ein Mensch zur Vereinigung mit der Allmacht selbst erhoben, so daß dieser Mensch nicht mehr ein in sich, sondern

1 Unter den Worten: hac via kann nichts anderes verstanden werden als die ganze oben entwickelte Idee des Gottmenschen, durch den alles zur höchstmöglichen Vollkommenheit gelangt. Es geben daher die Worte: cum *semota* hac via omnia perfectiora esse possent keinen Sinn, wenn nicht vor possent ein *non* gesetzt wird: Ohne den Gottmenschen ist dem geschöpflichen Sein das Gelangen zur höchsten Vollkommenheit nicht möglich.

in der Einheit mit der unendlichen Macht bestehendes Geschöpf ist, so ist hier die Allmacht nicht durch das Geschöpf, sondern nur durch sich selbst beschränkt. Es ist dies die *vollkommenste Tätigkeit* (perfectissima operatio) *der unendlichen und unbegrenzbaren Allmacht Gottes*, in der kein Mangel sein kann, *sonst wäre weder der Schöpfer noch das Geschöpf.* Denn wie könnte das Geschöpf in konkreter Weise sein aus dem absoluten göttlichen Sein, wenn die Konkretheit selbst keine Vereinigung mit letzterem zuließe (Quomodo enim creatura esset contracte ab esse divino absoluto, si ipsa contractio ipsi unibilis non esset), die Konkretheit, durch welche alle Dinge, sofern sie aus dem Absoluten sind, konkret existieren, und sofern sie konkret sind, aus dem Absoluten sind? Mit diesem Absoluten nun ist die Konkretheit selbst auf das Innigste geeint. So ist denn *in erster Linie* Gott der Schöpfer, in *zweiter* Gott und der Mensch, dessen erschaffene Menschheit im höchsten Grade zur Einheit mit sich von Gott angenommen ist (creata humanitate supreme in unitatem sui assumta), gleichsam als die universelle Konkretheit aller Dinge, mit der Gleichheit alles Seins hypostatisch und persönlich geeint, so daß durch den absoluten Gott durch Vermittlung der universellen Konkretheit – die Menschheit – in *dritter Linie* alles ins konkrete Sein hervorgeht, auf daß alle Dinge auf diesem Wege, was sie sind, in der besten Ordnung und Weise sein können. Diese Reihenfolge darf aber nicht zeitlich gefaßt werden, als wäre Gott der Zeit nach vor dem Erstgeborenen der Schöpfung, oder der erstgeborene »Gott und Mensch« der Zeit nach vor der Welt gewesen, sondern es bezeichnet jene Reihenfolge die über alle Zeit erhabene Natur und Ordnung der Vollkommenheit, so daß der bei Gott vor aller Zeit und allen Dingen Existierende in der Fülle der Zeit nach vielen Zeitumläufen der Welt erschienen ist.

Viertes Kapitel

Das konkret Größte ist Jesus, der Gottmensch

Nachdem wir nun durch diese Vernunftgründe in zweifellosem Glauben dahin gelangt sind, daß wir ohne Anstand das Gesagte als ausgemachte Wahrheit festhalten, so fahren wir weiter und sagen: die Fülle der Zeit ist vorüber und *Jesus*, der gepriesen sei in Ewigkeit, *ist der Erstgeborene der ganzen Schöpfung.* Teils aus dem, was er als Mensch in übermenschlicher, göttlicher Weise vollbracht hat, teils aus seinen Aussagen von sich selbst, der in allem wahrhaftig erfunden worden, teils aus den mit Hingabe des eigenen Lebens bekräftigten Zeugnissen seiner vertrauten Freunde behaupten wir mit unerschütterlicher, durch unzählige Beweise längst feststehender Gewißheit, Er sei der, den die ganze Schöpfung als in der Zeit erscheinend von Anfang an erwartet hat. ER kam, *um alles zu erfüllen.* Allen gab er wieder gesundes Leben, alle verborgenen Tiefen und Geheimnisse der Weisheit schloß er auf, wie einer, der Macht hat über alles. Sünden vergab er wie Gott, er erweckte Tote, verwandelte die Natur, gebot den bösen Geistern, dem Meere und den Winden, schritt auf dem Wasser dahin und gab ein Gesetz, das die Ergänzung aller Gesetze zu ihrer Vollkommenheit bildet. Nach dem Zeugnisse jenes ganz ausgezeichneten Verkünders der Wahrheit, des heiligen *Paulus,* der in einer Entzückung die Erleuchtung von oben erhielt, haben wir in Jesus *die Vollendung von allem* (perfectionem omnium), die *Erlösung* und *Vergebung der Sünden.* Er ist das Abbild des unsichtbaren Gottes, der Erstgeborene der ganzen Schöpfung; denn in ihm ist alles erschaffen, im Himmel und auf Erden, Sichtbares und Unsichtbares, Thronen, Herrschaften, Fürstentümer und Gewalten. *Alles ist durch ihn und in ihm erschaffen,* er ist vor allem und alles besteht in ihm. Er ist das Haupt des Körpers der Kirche; denn er ist der Anfang selbst, der Erstling aus den Toten, so daß er in allem den Primat einnimmt; denn dem Vater gefiel es, daß in ihm die ganze Fülle wohne und alles durch ihn mit dem Vater versöhnt werde. Diese und viele andere Zeugnisse der Heiligen bestätigen es, daß er *Gott und Mensch* ist; die Menschheit ist in ihm durch das Wort mit der Gottheit geeint, so daß er nicht in sich, sondern in dem Worte sein Bestehen hat, dieweil die Menschheit auf ihrer höchsten Stufe und in ihrer ganzen Fülle nicht anders als in der göttlichen Person des Sohnes bestehen konnte.

Um nun über unsern Verstand hinaus, gleichsam in gelehrtem Nichtwissen, die Person zu verstehen, die den Menschen mit sich geeinigt hat, so wollen wir für unser Verständnis einen höheren Standpunkt einnehmen und auf den Satz zurückgehen, den wir früher besprochen haben, daß nämlich Gott durch alles in allem und alles durch alles in Gott ist. Da diese Sätze kopulativ zu verstehen sind und Gott insofern in allem ist, als alles in Gott, und da das göttliche Sein selbst die höchste Gleichheit und Einfachheit ist, so ist Gott, sofern er in allem ist, nicht graduell in allem, als ob er sich stufen- und teilweise mitteilte. Das All kann aber ohne graduelle Unterschiede nicht sein. Es ist daher mit gradueller Verschiedenheit in Gott. Da nun Gott insofern in allem ist, als alles in ihm, so erhellt, daß *Gott* ohne Veränderung seines Wesens *in der Gleichheit des Seins alles ist in der Einheit mit der größten Menschheit Jesu.* Denn der größte Mensch kann in ihm nicht anders als in der größten Weise (maxime) sein. *So sind denn in Jesus,* der Gleichheit alles Seins, als in dem göttlichen Sohne, der die mittlere göttliche Person ist, *der ewige Vater und der heilige Geist, und alles ist in ihm als in dem Worte,* jede Kreatur ist in der höchsten und vollkommensten Menschheit, welche universell alles, was erschaffen werden kann (omnia creabilia), in sich faßt, *so daß Jesus die ganze Fülle ist, die in ihm wohnt.* Wir können uns dies einigermaßen durch folgende Vergleichung veranschaulichen. Die Sinnenerkenntnis ist ein beschränktes (contracta) Erkennen, weil der Sinn nur Einzelnes erfaßt. Die Vernunfterkenntnis ist universell, weshalb sie im Vergleich zur Sinnenerkenntnis absolut ist und frei von der Beschränktheit auf das Einzelne. Die Sinnentätigkeit (sensatio) erscheint nun in verschiedenen Graden, wodurch, je nach den edleren und vollkommeneren Graden, verschiedene Arten von Tieren entstehen. Wiewohl nun die Sinnentätigkeit sich nach dem oben Gezeigten nicht auf den schlechthin höchsten Grade erhebt, so tritt sie doch in jener Art, welche in der Gattung der tierischen Wesen die wirklich höchste ist, also in der menschlichen, als ein lebendiges Wesen auf, das insofern lebendes Wesen ist, daß es zugleich Geist ist (denn der Mensch ist als Geist Selbstbewußtsein – homo enim suus est intellectus), so daß hier die konkrete Sinnlichkeit gewissermaßen in der geistigen Natur hypostatisch ruht (suppositatur), indem die geistige Natur ein gewisses göttliches, abgesondertes, abstraktes Sein ist, während die Sinnlichkeit ihrer Natur nach zeitlich und zerstörlich bleibt. Nach dieser obwohl entfernten Vergleichung müssen wir Jesus auffassen. Die Menschheit ruht in ihm hypostatisch in der Gottheit, weil sie anders nicht in ihrer ganzen Fülle die größte sein könnte. Da nämlich die Vernunft Jesu (intellectus Jesu) die vollkommenste und ganz und gar aktuell ist, so kann sie nur in der göttlichen Vernunft, die allein alles in Wirklichkeit ist, persönlich ruhen (suppositari). Die Vernunft ist nämlich in allen Menschen der Möglichkeit nach alles, sie geht stufenweise von der Möglichkeit in die Wirklichkeit über. Da nun die größte Vernunft der Höhepunkt (terminus) der Macht der ganzen vernünftigen Natur ist, in vollständiger Aktivität, so kann sie dies nur sein, *wenn sie insofern Vernunft ist, als sie zugleich Gott ist*, der alles in allem ist. Die menschliche Natur sei das in einem Kreis beschriebene Polygon, der Kreis die göttliche Natur. Soll nun das Polygon das größtmögliche sein, so dürfte es nicht in bestimmten Winkeln für sich bestehen, sondern in der Kreisform, so, daß es keine besondere Gestalt seines Bestehens hätte, die von der ewigen kreisförmigen Gestalt losgelöst werden könnte. Die höchste Vollendung der menschlichen Natur zeigt sich in ihrem Substantiellen und Wesentlichen, also in der Vernunft, der alles Körperliche dienen muß. Der vollkommenste Mensch braucht also nicht im Akzidentiellen hervorzuragen, außer soweit sich dieses auf die Vernunft bezieht. Es ist nicht erforderlich, daß er ein Riese oder uralt oder von dieser oder jener Größe, Farbe, Gestalt etc. sei. Nur das wird erfordert, daß sein Körper die Extreme vermeide, um ein ganz taugliches Werkzeug der Vernunft zu sein, der er ohne Widersetzlichkeit oder Ermattung gehorchen und Folge leisten muß. Von unserem Jesus, in dem alle Schätze der Wissenschaft und Weisheit, auch solange er als das Licht in der Finsternis auf dieser Welt wandelte, verborgen waren, nimmt man zufolge der Überlieferung der heiligen Zeugen seines Lebens an, er habe einen dem Zwecke der eminentesten Vernünftigkeit ganz entsprechenden, vollkommenen Körper gehabt.

Fünftes Kapitel

Christus, empfangen von dem hl. Geiste, ist geboren aus Maria der Jungfrau

Weiterhin ist zu erwägen, daß die vollkommenste, nach oben geeinte Menschheit, da sie im Konkreten der Höhepunkt der Vollkommenheit ist, die Natur der (menschlichen) Art nicht ganz ablegt. Nun wird aber Gleiches von Gleichem erzeugt, das Erzeugte geht nach dem Naturgesetze aus dem Erzeuger hervor. Hat aber der Grenz- und Höhepunkt keine Schranke (terminus autem cum careat termino), so fehlt auch die Begrenzung und Proportion. Daher kann der größte Mensch nicht auf dem natürlichen Wege erzeugt werden. Auf der andern Seite kann er aber auch nicht des Anfangs als Gattungswesen ganz entbehren, da er die höchste Vollkommenheit der Gattung ist. Einerseits also tritt er als Mensch nach dem Gesetze der menschlichen Natur in die Welt, andererseits ist, weil er das Höchste im Anfange (altissimum principiatum), ganz unmittelbar mit dem Anfang geeint ist (immediatissime principio unitur), dieser Anfang selbst das Schaffende oder Zeugende, der Vater. Der menschliche Anfang ist passiver Natur, er gibt die empfängliche Materie; *daher die Abstammung von einer Mutter, ohne männlichen Samen.* Alle Tätigkeit aber geht aus einem Geist und einer Liebe hervor, die das Aktive mit dem Passiven vereint, wie früher gezeigt wurde. *Die größte Tätigkeit daher,* über allem Gesetze der Natur, *durch welche der Schöpfer mit dem Geschöpfe geeint wird, muß aus der größten einigenden Liebe,* somit *aus dem hl. Geiste, der die absolute Liebe ist, hervorgehen.* Durch ihn allein konnte die Mutter den Sohn Gottes, des Vaters, ohne Hilfe einer wirkenden Kraft aus dem Bereiche der Gattung empfangen; so daß Gott der Vater, gleichwie er alles durch seinen Geist gestaltet hat (formavit), was nicht aus schon Gegebenem durch ihn ins Dasein hervorgetreten ist, so in noch höherem Grade[1] mittelst eben dieses heiligen Geistes wirkte, als er seine vollkommenste Tätigkeit entfaltete. Eine Vergleichung möge unserer Unwissenheit zu Hilfe kommen. Wenn ein ausgezeichneter Lehrer sein geistiges Wort, seinen Gedanken den Schülern mitteilen will, auf daß sie durch Darlegung der Wahrheit geistige Nahrung erlangen, so sorgt er dafür, daß der Gedanke seines Geistes zu einem Laute werde (vocem induat), weil er anders nicht mitteilbar ist. Dies ist aber anders nicht ausführbar, als durch den natürlichen Hauch (spiritus) des Lehrers, der durch Benützung der Luft einen Laut bildet, welcher seinem geistigen Worte (Gedanken) entspricht. Mit diesem Laute vereinigt er dieses Wort, so daß der Laut in dem Worte sein Bestehen hat, und die Zuhörer mittelst des Lautes das Wort erfassen. Diese obwohl ganz entfernte Ähnlichkeit mag uns ein wenig in unserer Betrachtung behilflich sein. Indem der ewige Vater voll unendlicher Güte uns die Schätze seiner Herrlichkeit zu aller Fülle der Wissenschaft und Weisheit eröffnen

1 principalibus im Texte gibt keinen Sinn; es muß wohl heißen: *principalius.*

wollte, hüllte er das ewige Wort, seinen Sohn, der die Fülle von allem ist, aus Mitleid mit unserer Schwachheit, weil wir es anders als in sinnlicher und uns ähnlicher Form nicht erfassen konnten, um dasselbe nach dem Maße unserer Empfänglichkeit zu offenbaren, in die *menschliche Natur*, durch den hl. Geist, der gleichen Wesens mit ihm ist. Und wie der Hauch aus der an sich gezogenen Luft die Stimme, so hat der hl. Geist aus der reinen Fruchtbarkeit des jungfräulichen Blutes den Leib Jesu gebildet (contexuit), auf daß der Mensch das Wort Gottes des Vaters wäre, und hat diesen Leib innerlich so sehr mit sich geeint, daß er das Zentrum der Substanz der menschlichen Natur wurde. Alles dies ist nicht in zeitlicher Reihenfolge, wie bei der menschlichen Empfängnis, sondern in einer momentanen überzeitlichen Wirksamkeit, durch den der unendlichen Allmacht konformen Willen vollzogen worden.

Niemand wird zweifeln, daß die *tugendreiche Mutter*, welche die Materie (für die Menschwerdung des ewigen Wortes) darbot, *alle Jungfrauen durch die höchste Tugend und Vollkommenheit übertroffen habe und unter allen fruchtbaren Weibern die gesegnetste gewesen*. Sie, die zu einer so ausgezeichneten, ja einzigen jungfräulichen Geburt vorherbestimmt war, mußte notwendig von allem frei sein, was der Reinheit oder lebenskräftigen Einheit einer so ausgezeichneten Geburt im Wege stehen konnte. Wäre die Auserwählte nicht *Jungfrau* gewesen, wie hätte sie sich zu jungfräulichem Gebären ohne Zutun eines Mannes geeignet? War sie nicht *ganz heilig und reich gesegnet von Gott*, wie hätte sie das heilige Gefäß (sacrarium) des hl. Geistes, in welchem dieser für den Sohn Gottes den Leib bildete, werden können? *Blieb sie nicht nach der Geburt Jungfrau*, so hätte sie nicht für jene ganz einzige Geburt den Mittelpunkt der mütterlichen Fruchtbarkeit in deren höchster Vollkommenheit verwendet, sondern ihre Tätigkeit wäre geteilt und geschwächt gewesen, wie es sich für einen solchen, einzigen und höchsten Sohn nicht geziemte. Hat also die heiligste Jungfrau sich ganz Gott hingegeben, dem sie in der Wirksamkeit des hl. Geistes auch die ganze Natur der Fruchtbarkeit mitgeteilt hat, *so ist in ihr die unbefleckte Jungfräulichkeit vor, bei* und *nach der Geburt*, ganz über das Gesetz des gewöhnlichen Gebärens hinaus *unversehrt geblieben*. Somit ist der Gottmensch Jesus Christus aus dem ewigen Vater und einer zeitlichen Mutter, der glorreichen Jungfrau Maria, geboren: aus dem größten *Vater* von *absoluter Fülle*, aus einer *Mutter in der Fülle* jungfräulicher, reich gesegneter Fruchtbarkeit –, in der *Fülle* der Zeit. Der Mensch konnte nämlich aus der jungfräulichen Mutter nur zeitlich, aus Gott dem Vater nur ewig hervorgehen; aber die zeitliche Geburt erforderte hinsichtlich der Zeit die Fülle der Vollendung, wie in der Mutter die Fülle der Fruchtbarkeit. Als daher die Fülle der Zeit kam, wurde er in der geeignetsten Zeit und Raum, der jedoch allen Geschöpfen ganz verborgen blieb, geboren. Denn die höchste Fülle verträgt sich nicht mit den sonstigen Ereignissen des Tages. Daher kein Zeichen, an dem irgendwelcher Verstand jene Fülle der Zeit hätte wahrnehmen können, obwohl durch eine ganz geheimnisvolle prophetische Eingebung einige dunkle Andeutungen, verhüllt in menschliche Bilder, überliefert waren, an denen die Verständigen die Menschwerdung des Worts in der Fülle der Zeit hätten vorhersehen können. Doch genau den Ort, die Zeit und Art und Weise hat nur der ewige Vater gewußt, der es anordnete, daß, während alles in der Stille der Mitternacht ruhte, im Verlaufe der Nacht der Sohn aus der Himmelsburg in den Leib der Jungfrau hinabstieg und zur festgesetzten geeigneten Zeit in Knechtsgestalt sich der Welt offenbarte.

Sechstes Kapitel

Das Mysterium des Todes Jesu Christi

Ich muß mir eine kurze Digression erlauben, um das Mysterium des Kreuzes deutlicher darzustellen.

Der Mensch besteht aus Sinn und Vernunft, zwischen welchen sich der Verstand als Verbindungsglied befindet. Der Ordnung nach ist der Sinn dem Verstande, dieser der Vernunft untergeordnet. Die Vernunft ist nicht zeitlich und weltlich, sondern hiervon frei; der Sinn ist weltlich (de mundo), der Zeit und Bewegung unterworfen. Der Verstand ist der Horizont der Vernunft, das Auge des Sinnes; in ihm koinzidiert, was unter und über der Zeit ist. Der Sinn ist unfähig für das Überzeitliche und Geistige. Das Tier versteht nicht, was Gottes ist, da Gott ein Geist, ja mehr als ein Geist ist. Daher bewegt sich die Sinnenerkenntnis in einer Finsternis der Unkenntnis der ewigen Dinge; ihre Bewegung geht fleischlich nach den fleischlichen Gelüsten vermöge der Begierlichkeit, während sie vermöge der Zornmütigkeit nicht imstande ist, jene zurückzudrängen. Der Verstand, der sein Übergewicht durch die Teilnahme an der vernünftigen Natur gewinnt, bewahrt in sich einige Gesetze, durch die er die leidenschaftlichen Begierden regiert, leitet und auf das rechte Maß zurückführt, auf daß der Mensch nicht das Sinnliche sich zum Ziele setze und so der Sehnsucht nach dem Geistigen und Vernünftigen verlustig gehe. Ein Hauptgesetz des Verstandes ist, nichts dem andern zu tun, was man selbst nicht wünscht, das Ewige dem Zeitlichen, das Lautere und Heilige dem Vergänglichen und Unlautern vorzuziehen. Behilflich sind hierzu auch jene Gesetze, die als ein Erzeugnis des Verstandes von heiligen Gesetzgebern nach Verschiedenheit von Ort und Zeit als Heilmittel für den Verstand der Sünder gegeben wurden. Allein die Vernunft erkennt auf ihrem höheren Standpunkte, daß, wenn auch der Sinn sich in allen Stücken dem Verstande unterwirft und den ihm angebornen Affekten nicht huldigt, *der Mensch* gleichwohl *aus sich das Ziel seines vernünftigen und ewigen Sehnens nicht erreichen kann*. Denn da der Mensch aus dem Samen Adams in fleischlicher Lust gezeugt ist, so daß das Tierische durch die Fortpflanzung über das Geistige das Übergewicht hat, *so ist die menschliche Natur in ihrer Wurzel* (in radice originis) *in das fleischliche Begehren eingetaucht* (carnalibus deliciis immersa), in welchem jeder Mensch durch den Vater gezeugt ist, und er bleibt daher *gänzlich unfähig*, über das Zeitliche hinweg das Geistige zu ergreifen. Wenn nun das Gewicht der fleischlichen Gelüste Verstand und Vernunft abwärts zieht, daß beide diesen Gelüsten zustimmen, ohne ihnen Widerstand zu leisten, so ist klar, daß der solchergestalt abwärts gekehrte Mensch, von Gott abgewandt, *des Genusses des höchsten Gutes*, das für die Vernunft im Himmel und ewig ist, *vollständig beraubt ist*. Herrscht aber der Verstand über den Sinn, so ist noch weiter erforderlich, daß auch die Vernunft über den Verstand herrsche, damit der Mensch über den Verstand hinaus in lebendigem Glauben (fide formata) an den Mittler sich anschließe, und so durch Gott zur Glorie erhoben werden kann. Kein Mensch war je imstande, erhoben über sich selbst und seine Natur, die von Anfang an den Sünden der fleischlichen Begierden unterworfen ist, über die Wurzel seines Lebens zum Ewigen und Himmlischen sich zu erheben. Nur der vom Himmel herabgestiegen ist, Jesus Christus, ist derjenige, der auch in eigener Kraft wieder hinaufgestiegen; *in ihm ist die menschliche Natur nicht aus dem Willen des Fleisches, sondern aus Gott geboren* und fand daher kein Hindernis, mit Macht zu Gott dem Vater zurückzukehren. *In Christus ist daher die menschliche Natur durch jene Einigung zur höchsten Macht erhoben* und dem Gewichte der zeitlichen und beschwerenden Begierden entrissen. Christus der Herr wollte nun alle Sünden der menschlichen Natur, die uns zum Irdischen herabziehen, an seinem menschlichen Leibe nicht um seinetwillen (da er keine Sünde begangen), sondern um unsertwillen gänzlich ertöten und durch das Ertöten wegschaffen, auf daß alle Menschen von gleicher Menschheit mit ihm die vollständige Reinigung von ihren Sünden in ihm erlangten. *Der freiwillige und so unverschuldete, so schmähliche und grausame Kreuzestod des Menschen Christus war für alle fleischlichen Begierden der menschlichen Natur deren Tilgung, Genugtuung und Reinigung.* Was nur immer nach Menschenweise *gegen* die Liebe des Nächsten geschehen kann, das ist *in der Fülle der Liebe* von Christus, indem er sogar für seine Feinde sich dem Tode hingab, wirklich vollbracht worden. Die Menschheit in Christo Jesu hat demnach das Mangelhafte aller Menschen ergänzt (omnes omnium hominum defectus adimplevit). Denn da diese Menschheit die größte ist, so umfaßt sie die ganze Potenz der Gattung und ist gegen jeden Menschen die *Gleichheit des Seins*, so daß Christus mit einem jeden Menschen weit inniger als der Bruder oder vertrauteste Freund verbunden ist. *Das bewirkt das Vollmaß* (maximitas) *der menschlichen Natur, daß Christus in jedem Menschen, der sich in lebendigem Glauben an ihn anschließt, eben dieser Mensch ist, in vollkommenster Einigung*, unbeschadet der Selbständigkeit des Einzelnen (cuiuslibet numero salvo). So bewahrheitet sich, was er selbst sagt: »Was ihr einem der Geringsten aus den Meinigen tuet, das habt ihr mir getan«, woraus umgekehrt folgt, daß, *was Jesus Christus durch sein Leiden verdient hat, die verdient haben, die eins mit ihm sind*, wobei jedoch verschiedene Grade des Verdienstes stattfinden, nach dem Grade der Einigung eines jeden mit ihm *in einem von Liebe belebten Glauben* (per fidem caritate formatam). In ihm sind demnach die Gläubigen beschnitten, in ihm getauft, gestorben, durch die Auferstehung wieder belebt, in ihm mit Gott geeint und verherrlicht (glorificati). *Unsere Rechtfertigung ist daher nicht aus uns, sondern aus Christus.* Da er die ganze Fülle ist, so erlangen wir in ihm alles, wenn wir ihn haben. Und da wir ihn in diesem Leben durch lebendigen Glauben besitzen, so können wir nicht anders als durch den Glauben gerechtfertigt werden, wie ich weiter unten ausführlicher zeigen werde.

Das ist das unaussprechliche Geheimnis des Kreuzes und unserer Erlösung. Durch dasselbe zeigt uns Christus (weit besser als durch das oben Berührte), daß wir Wahrheit, Gerechtigkeit, alle göttlichen Tugenden dem zeitlichen Leben als das Ewige dem Hinfälligen vorziehen sollen, so wie daß *der vollkommene Mensch* sich durch *höchste Standhaftigkeit* und *Starkmut, Liebe* und *Humanität* auszeichnen soll, wie der Kreuzestod Christi zeigt, daß in ihm, dem größten Menschen, diese und alle andern Tugenden im größten Maße vorhanden waren. Je mehr daher der Mensch in den unsterblichen Tugenden fortschreitet, desto ähnlicher wird er Christus. Das Kleinste koinzidiert dann mit dem Größten: die größte Erniedrigung mit der größten Erhöhung, der schmähliche Tod des Frommen mit dem Leben in der Glorie etc., wie uns das alles Christi Leben, Leiden und Kreuzestod zeigen.

Siebentes Kapitel

Das Mysterium der Auferstehung

Der dem Leiden und Tode unterworfene Mensch Christus konnte auf keinem andern Wege in die Herrlichkeit des Vaters, der als das absolute Leben die Unsterblichkeit selbst ist, eingehen, als wenn das Sterbliche die Unsterblichkeit anzog. Dies war ohne den Tod nicht möglich; denn wie sollte das Sterbliche die Unsterblichkeit anziehen, außer wenn es der Sterblichkeit entkleidet wird? Und wie sollte dies geschehen, außer wenn dem Tode der Tribut entrichtet wird? Daher sagt die Wahrheit selbst, diejenigen seien unverständig und von langsamer Einsicht, welche nicht einsehen, »daß Christus sterben und so in seine Herrlichkeit eingehen mußte.« Da wir nun vorhin gezeigt haben, Christus sei für uns des grausamsten Todes gestorben, so müssen wir folgerichtig sagen: Weil die menschliche Natur nicht anders als durch den Sieg über den Tod zum Tempel der Unsterblichkeit hinaufgeführt werden konnte, *so starb Christus, damit die menschliche Natur mit ihm zum ewigen Leben auferstehe und der tierische sterbliche Körper ein geistiger und unzerstörlicher werde.* Er konnte kein wahrer Mensch sein, wenn er nicht sterblich war, und er konnte die sterbliche Natur nicht zur Unsterblichkeit führen, wenn nicht die Sterblichkeit durch den Tod entwaffnet war. Höre, wie schön uns die Wahrheit selbst hierüber belehrt, wenn sie sagt: »Wenn das Weizenkorn nicht in die Erde fällt und stirbt, so bleibt es allein; stirbt es aber, so bringt es viele Frucht.« Wäre also Christus immer sterblich geblieben, wenn er auch nie gestorben wäre, wie hätte er, ein sterblicher Mensch, der menschlichen Natur die Unsterblichkeit gegeben? Wäre er nie gestorben, so wäre er eben allein, ohne zu sterben, sterblich geblieben. *Er mußte also von der Möglichkeit des Sterbens durch den Tod befreit werden, wenn er viele Früchte bringen sollte,* auf daß er so erhöht alles an sich ziehe, wenn seine Macht sich nicht bloß auf die Welt und vergängliche Erde, sondern auch auf den unvergänglichen Himmel erstreckte. Wir werden dies in unserer Unwissenheit einigermaßen erfassen, wenn wir das oft Gesagte uns vergegenwärtigen.

Wir haben gezeigt, Jesus, der größte Mensch, habe in sich abgesondert von der Gottheit, kein Bestehen, weil er der größte ist. Deshalb wird der gegenseitige Austausch der göttlichen und menschlichen Prädikate (communicatio idiomatum) gestattet, so daß das Menschliche mit dem Göttlichen koinzidiert, weil jene Menschheit, unzertrennlich von der Gottheit infolge der höchsten Einigung, gleichsam durch die Gottheit angezogen und angenommen (quasi per divinitatem induta et assumta) abgesondert kein persönliches Sein und Bestehen hat. Nun ist der Mensch aus Körper und Seele geeint; die Scheidung ist der Tod. Da nun der größte Mensch in der göttlichen Person hypostatisch ruht (suppositatur), so konnte auch nach der lokalen Scheidung unmöglich entweder die Seele oder der Leib im Moment des Todes von der göttlichen Person, ohne welche der größte Mensch nicht bestand, losgetrennt werden. Christus starb also nicht in der Weise, als hätte seine Person einen Mangel gehabt, sondern, abgesehen von der lokalen Scheidung, *blieb er in Hinsicht auf das Zentrum, in welchem seine Menschheit ruhte, mit der Gottheit hypostatisch geeint.* Nach der niedern Natur, welche ihrem Wesen nach eine Scheidung von Seele und Leib gestattet, ist diese Scheidung zeitlich und räumlich erfolgt, so daß in der Todesstunde Seele und Leib nicht mehr in derselben Zeit und in demselben Raume zugleich waren. In Körper und Seele war eine Zerstörlichkeit nicht möglich, da sie mit der Ewigkeit geeint waren, allein die zeitliche Geburt war dem Tode und der zeitlichen Scheidung unterworfen, so daß, nachdem der Kreislauf von Zusammensetzung zur Auflösung vollendet und namentlich der Leib von aller zeitlichen Bewegung freigeworden war, *das wahre Wesen der Menschheit* (veritas humanitatis), *das überzeitlich mit der Gottheit geeint unversehrt geblieben*, wie es dieses wahre Wesen erforderte, *den wahren Leib mit der wahren Seele vereinte* (veritatem corporis veritati animae adunaret), so daß das Schattenbild der Wahrheit (Idee) des Menschen entlassen wurde (dimissa umbrosa imagine veritatis hominis) und der in der Zeit erschienene wahre Mensch frei von aller Einwirkung der Zeitlichkeit auferstand. Es ist also ein und derselbe Jesus, erhoben über alle zeitliche Bewegung, um nicht mehr zu sterben, in Wirklichkeit auferstanden, durch eine Wiedervereinigung der Seele und des Leibes. Ohne diese Wiedervereinigung wäre die unzerstörliche Wahrheit (Idee) der Menschheit nicht auf das Wahrste, ohne Vermischung der Naturen, mit der göttlichen Person hypostatisch vereinigt gewesen. Unterstütze die Schwäche und Unwissenheit des Geistes durch das Beispiel Christi vom Weizenkorn! Das Weizenkorn wird als ein einzelnes zerstört, aber die spezifische Wesenheit desselben bleibt unversehrt, durch welche die Natur eine Menge von neuen Körnern auferweckt. Wäre nun das einzelne Weizenkorn das größte und vollkommenste seiner Art, und würde es in dem besten und fruchtbarsten Erdreiche ersterben, so könnte es nicht bloß hundert- und tausendfache Frucht bringen, sondern so viele, als im Bereiche der ganzen Möglichkeit seiner Art enthalten ist. Das ist der Sinn jenes Wortes der ewigen Wahrheit: »es bringt viele Frucht«; denn das Viele ist eine zahllose Endlichkeit. Verstehe es wohl! Die Menschheit Jesu muß, so gut sie als konkrete Erscheinung des Menschen Christus aufgefaßt wird, ebenso zugleich auch als vereint mit der Gottheit gedacht werden. In letzterer Hinsicht ist sie absolut (plurimum absoluta), sofern Christus als wahrer Mensch betrachtet wird, ist sie konkret, so daß er durch die Menschheit Mensch ist. So ist die Menschheit Jesu die Mitte zwischen dem rein Absoluten und rein Konkreten. Sie ist eben deshalb nur relativ zerstörbar, schlechthin aber unzerstörbar (non fuit corruptibilis, nisi secundum quid, et simpliciter incorruptibilis). Der Zeitlichkeit nach, auf die sie eingeschränkt war, war sie zerstörbar, als frei von der Zeit, über der Zeit, mit der Gottheit geeint, war sie unzerstörbar. Die Wahrheit in ihrer zeitlichen Erscheinung (veritas ut est temporaliter contracta) ist Symbol und Abbild der überzeitlichen Wahrheit. So ist auch die zeitliche Erscheinung des Körpers gleichsam das Schattenbild des wahren überzeitlichen Körpers, und die konkrete Seele das Schattenbild der von der Zeitlichkeit befreiten Seele. Solange diese in der Zeit ist, wo sie ohne Bilder der Dinge (sine phantasmatibus) nichts auffaßt, erscheint sie mehr als Sein oder Verstand[1], denn als Vernunft; ist sie aber über die Zeitlichkeit erhaben, so ist die Vernunft (von diesen Bildern) frei und unabhängig. Da nun die Menschheit Jesu unauflöslich nach oben in der göttlichen Unzerstörbarkeit wurzelte, so konnte, nachdem der vergängliche zeitliche Lebenslauf vollendet war, die Lösung nur nach der Wurzel der Unzerstörbarkeit hin erfolgen. Daher ist Jesus nach dem Ende des zeitlichen Lebenslaufes, welches der Tod war, nach Entfernung von allem, was sich zeitlich der Wahrheit der menschlichen Natur beigesellte, auferstanden, nicht mit einem schweren, zerstörbaren, unvollkommenen (umbrosa), leidensfähigen und mit den andern, der zeitlichen Zusammensetzung anklebenden Mängeln behafteten Leibe, sondern in einem wahren, verherrlichten, leidensunfähigen, beweglichen und unsterblichen Leibe, wie es die Wahrheit, frei von zeitlichen Bedingungen, erforderte. Diese Wiedervereinigung (von Seele und Leib) war durch die Wahrheit der hypostatischen Einigung der göttlichen und menschlichen Natur geboten. Es mußte also Christus von den Toten auferstehen, wie er selbst sagte: »So mußte Christus leiden und am dritten Tage von den Toten auferstehen.«

Achtes Kapitel

Christus, der Erstling der Entschlafenen, ist in den Himmel aufgefahren

Nach dem bisher Gezeigten ist nun leicht einzusehen, daß Christus der Erstling der Gestorbenen ist (primogenitum ex mortuis esse); denn kein Mensch konnte vor ihm auferstehen, weil die mensch-

---

1 Der Text hat: videtur enim potius sensus aut raro quam intellectus, was keinen Sinn gibt. Schon der Gegensatz von intellectus deutet darauf hin, daß Cusa von den zwei übrigen, unter der Vernunft stehenden Erkenntniskräften, die im gewöhnlichen Leben der Menschen vorherrschend sind, sprechen will, und diese sind (vgl. kurz vorher III. c. 6.) sensus und ratio. Statt raro muß also unstreitig *ratio* gelesen werden.

liche Natur noch nicht in der Zeit zu ihrem Höhepunkte (ad maximum) gelangt, noch nicht mit der Unzerstörbarkeit und Unsterblichkeit, wie in Christus, geeint war. Alle waren unfähig dazu, bis der kam, welcher sagte: »Ich habe die Macht, mein Leben hinzugeben und es wieder zu nehmen.« In Christus, dem Erstlinge der Entschlafenen, hat daher die menschliche Natur die Unsterblichkeit angezogen. Nun gibt es aber nur eine unteilbare Menschheit und nur eine spezifische Wesenheit aller Menschen, durch welche alle einzelnen Menschen unter sich der Zahl nach verschiedene Wesen sind, so daß die Menschheit Christi und aller andern Menschen die gleiche ist, unbeschadet des numerischen Unterschieds der einzelnen Individuen. Hiernach ist klar, daß die Menschheit aller Menschen, die zeitlich vor oder nach Christus lebten oder noch leben werden, in Christus die Unsterblichkeit angezogen hat. Der Schluß ist also gültig: Der Mensch Christus ist auferstanden, folglich werden nach dem ganzen Ablaufe der zeitlichen Zerstörbarkeit alle Menschen durch ihn auferstehen, um ewig unzerstörbar zu sein. Wiewohl jedoch die Menschheit aller Menschen eine und dieselbe ist, so sind doch die individualisierenden Prinzipien, welche die Menschheit auf dieses oder jenes Subjekt einschränken, mannigfach und verschieden. Nur in Jesus Christus waren sie am vollkommensten und mächtigsten, dem Wesen der Menschheit am nächsten, die mit der Gottheit geeint war, in deren Kraft Jesus imstande war, mit eigener Kraft aufzuerstehen, eine Kraft, die ihm aus der Gottheit zukam. Eben deshalb heißt es auch, Gott habe ihn von den Toten auferweckt, während er, da er Gott und Mensch war, durch eigene Kraft auferstanden ist. Christus, der nur nach seiner Abstammung von einer Mutter zeitlich geboren ist, hat bei seiner Auferstehung nicht den ganzen Abschluß der Zeit abgewartet, weil die Zeit seine Geburt durchaus nicht erfaßt hat.

Beachte ferner: Die menschliche Natur hat in Christus die Unsterblichkeit angezogen; daher werden wir zwar alle, Gute wie Böse, auferstehen, aber nicht alle durch die Herrlichkeit (per gloriam), die uns durch Christus, den Sohn Gottes, zu Kindern Gottes (in filios adoptionis) umgestaltet, verwandelt werden. *Alle werden durch Christus auferstehen, aber nicht alle wie Christus* und durch Einigung mit ihm, sondern *nur jene, die ihm durch Glaube, Hoffnung und Liebe angehören.*

Hieraus siehst du, wenn ich mich nicht täusche, *daß es keine vollkommene*, den Menschen zum höchsten und ersehnten Ziel des Friedens führende *Religion gibt, die Christus nicht als Mittler und Erlöser, als Gott und Menschen, als den Weg, die Wahrheit und das Leben auffaßt.* Wie widersinnig ist daher *der Irrglaube der Sarazenen*, welche Christus für den größten und vollkommensten Menschen halten, geboren aus der Jungfrau, und glauben, daß er lebendig in den Himmel aufgefahren, aber seine Gottheit leugnen. Sie sind fürwahr verblendet, weil sie Unmögliches behaupten. Nach dem Gesagten muß es für jeden vernünftigen Menschen sonnenklar sein, daß kein Mensch der durchaus vollkommenste und größte und übernatürlich aus einer Jungfrau geboren sein kann, der nicht zugleich Gott ist. Die Sarazenen sind daher unverständig, Feinde des Kreuzes, die dessen Mysterien nicht verstehen und darum auch die göttliche Frucht der Erlösung nicht verkosten werden. Auch von dem Gesetze ihres Mahomed, das nichts als die Befriedigung sinnlicher Lust verheißt, die durch den Tod Christi in uns ertötet ist, dürfen sie nicht erwarten, wonach wir in Hoffnung auf den Besitz unvergänglicher Herrlichkeit eifrig streben. Mit den Sarazenen glauben auch die *Juden*, der Messias sei der größte, vollkommenste, unsterbliche Mensch, leugnen aber gleichfalls seine Gottheit, von derselben teuflischen Blindheit geschlagen. Auch sie werden die höchste Seligkeit, Gott zu genießen, auf die sie nicht hoffen, auch nicht erlangen. Was am befremdendsten ist, ist das, daß sowohl Juden als Sarazenen an eine einstige allgemeine Auferstehung glauben, aber die Möglichkeit derselben durch einen Menschen, der zugleich Gott ist, nicht zulassen. Wollte man auch sagen, die Auferstehung sei schon darum notwendig, weil sonst, wenn die Bewegung des Entstehens und der Zerstörung aufhört, das Universum nicht mehr seine Vollkommenheit hätte, und da die menschliche Natur ein wesentlicher Teil des Universums ist, das Universum ohne sie nicht nur nicht vollkommen, sondern überhaupt kein Universum mehr sein würde, und daß, wenn einmal die Bewegung aufhört, entweder das ganze Universum zugrunde gehen oder die Menschen, deren Natur als die mittlere das ganze in sich faßt, zur Unzerstörlichkeit auferstehen müssen (andere lebende Wesen brauchen nicht aufzuerstehen, da der Mensch die Vollkommenheit derselben ist); oder wollte man auch die Auferstehung nur deshalb annehmen, damit der *ganze* Mensch die ihm gebührende Vergeltung von dem gerechten Gott erhalte, so ist doch zu allem dem vor allem der Glaube an Christus als den Gottmenschen notwendig, durch welchen allein die menschliche Natur zur Unvergänglichkeit gelangen kann. Blind sind daher alle, welche an die Auferstehung glauben, aber Christus, die Vermittlung ihrer Möglichkeit, nicht bekennen, da der Glaube an die Auferstehung auch der Glaube an die Gottheit und Menschheit Christi, an seinen Tod und seine Auferstehung ist.

Auferstanden ist er, um durch die *Himmelfahrt* in seine Herrlichkeit einzugehen. Ich glaube, daß diese Himmelfahrt zu denken ist als über alle Bewegung der Zerstörbarkeit und über allen Einfluß der Himmel erhaben. Denn wiewohl Jesus seiner Gottheit nach überall ist, so ist doch das sein ihm eignender Ort, wo kein Wechsel, Leiden, Traurigkeit, überhaupt nichts von dem ist, was der Zeitlichkeit angehört. Dieser Ort der ewigen Freude und des Friedens – sagen wir – ist über den Himmeln, wiewohl er weder zu beschreiben noch zu definieren ist. Christus ist der Mittelpunkt und die Peripherie der vernünftigen Natur, und da die Vernunft alles umfaßt (omnia ambiat), so ist er über allem. Indessen wohnt er in den heiligen Seelen und vernünftigen Geistern, welche die Himmel sind, die seine Herrlichkeit verkünden, als in seinem Tempel. Wir erkennen also, daß Christus über Raum und Zeit zu einer unzerstörbaren bleibenden Wohnung sich erhoben habe, wenn es heißt: Er erhob sich über alle Himmel, um alles zu erfüllen. Da er Gott ist, so ist er alles in allem; er herrscht in den Himmeln der vernünftigen Naturen, da er die Wahrheit selbst ist. Er ist nicht räumlich mehr in der Peripherie, als im Zentrum, da er der Mittelpunkt aller vernünftigen Geister und ihr Leben ist. Daher sagt er auch, er, der die Quelle des Lebens und das Ziel aller Geister ist, das Himmelreich sei *in* den Menschen.

Neuntes Kapitel

Christus ist der Richter der Lebendigen und der Toten

Welcher Richter ist gerechter als der, welcher die Gerechtigkeit selbst ist? Christus, das Haupt und der Anfang jedes vernünftigen Geschöpfes, ist die größte Vernunft selbst, von der jede Vernunft stammt. Die Vernunft fällt das unterscheidende Urteil. Sonach ist der mit Recht *der Richter der Lebendigen und der Toten*, der mit allen vernünftigen Naturen die menschliche Natur angenommen hat und dabei Gott geblieben ist, der der Vergelter von allem ist.

Christus richtet alles überzeitlich, durch sich und in sich, weil er alle Geschöpfe als der größte Mensch, in dem alles ist, in sich begreift. Gott als Gott ist das unendliche Licht, in dem keine Finsternis ist, das alles erleuchtet, so daß in diesem Lichte dem Lichte selbst alles ganz klar und offenbar ist. Dieses unendliche vernünftige Licht umfaßt überzeitlich so Gegenwart als Vergangenheit, Lebendes und Totes in sich, wie das physische Licht die Hypostase aller Farben ist. *Christus ist wie das reinste Feuer*, das vom Lichte unzertrennlich ist, und nicht in sich, sondern im Lichte seinen Bestand hat. Er ist das Feuer des geistigen und vernünftigen Lebens, *das, indem es alles verzehrt und in sich aufnimmt, eben dadurch alles prüft und beurteilt.* Alle vernünftigen Geister werden in Christus so geprüft, wie das dem Feuer Übergebene (ignibile) im Feuer. Einiges wird, während es im Feuer aushält, doch ganz in die Ähnlichkeit mit dem Feuer umgewandelt. So wird das beste und vollkommenste Gold im Feuer so in Feuer verwandelt, daß man nicht Gold mehr als Feuer wahrnimmt. Anderes nimmt an der Intensität des Feuers nicht in diesem Grade Anteil, wie das geläuterte Silber, Erze und Eisen. Jedoch scheint alles in Feuer verwandelt, obwohl jegliches in einem besonderen Grade. Dieses Gericht übt jedoch nur das Feuer aus, nicht die vom Feuer ergriffenen Gegenstände (ignitum), da jeder der letzteren in jedem andern nur das heftige Feuer bemerkt, nicht aber die Gradunterschiede der vom Feuer ergriffenen Gegenstände, gleichwie auch wir, wenn wir geschmolzenes Gold, Silber und Kupfer in einem sehr großen Feuer sehen, die Unterschiede der Metalle, wenn sie in die Form des Feuers umgestaltet sind, nicht wahrnehmen. Hätte nun dieses Feuer Bewußtsein und Vernunft, so kennte es die Grade der Vollkommenheit eines jeden, und die Fähigkeit für die Aufnahme eines intensiven Feuers würde in jedem graduell verschieden erscheinen. Wie es daher einige dem Feuer unterworfene Stoffe gibt, die im Feuer unzerstörlich verharrend Licht und Wärme in sehr hohem Grade aufnehmen und vermöge ihres geläuterten Zustandes leicht zur Ähnlichkeit des Feuers sich umgestalten lassen, während andere Stoffe wegen ihrer unreinen Beschaffenheit zwar wärmefähig, aber nicht in Licht verwandelbar sind, so teilt auch Christus der Richter in einem einfachsten und unterschiedlosen Ausspruche (iudicium), in einem Momente, an alle auf die gerechteste Weise, ohne alle Mißgunst, nicht in zeitlicher, sondern natürlicher Ordnung, die Wärme der anerschaffenen Verständigkeit (calorem creatae rationis communicat) aus, und ist diese Wärme von jedem aufgenommen, so gießt er das göttliche Licht der Vernunft von oben ein, so daß Gott alles in allem ist und alles durch ihn, den Mittler, in Gott und ihm (dem Mittler) gleich, soweit dies nach der Empfänglichkeit eines jeden möglich ist. Daß aber einige Stoffe (quaedam), die mehr geeint und geläutert sind, nicht nur für Wärme, sondern auch für Licht empfänglich sind, andere kaum für Wärme, aber nicht für Licht, ist eine Folge der mangelhaften Disposition der Gegenstände. Da nun jenes unendliche Licht die Ewigkeit und Wahrheit selbst ist, so muß das verständige Geschöpf, das durch dasselbe erleuchtet werden will, sich über Welt und Zeit zu dem Wahren und Ewigen hinwenden. Denn Körperliches und Geistiges sind Gegensätze. Das bloße Vegetieren ist körperlicher Natur, es verwandelt die von Außen aufgenommene Nahrung in die Natur des Genährten, es verwandelt sich nicht das Tier in Brot, sondern umgekehrt. Der vernünftige Geist hingegen, dessen Tätigkeit überzeitlich, gleichsam am Horizont der Ewigkeit sich bewegt, kann das Ewige, weil es ewig ist, nicht in sich verwandeln; allein er kann auch sich, da er gleichfalls unzerstörbar ist, nicht so in das Ewige verwandeln, daß er aufhört, eine vernünftige Substanz zu sein. Er wird daher so in jenes verwandelt, daß er zur Ähnlichkeit mit dem Ewigen umgestaltet wird (absorbeatur), jedoch mit graduellem Unterschiede. Ist er stärker und inniger dem Ewigen zugewandt, so geht seine Vollendung durch das Ewige auch tiefer (profundius ab aeternis perficiatur), und sein Sein verbirgt sich in dem ewigen Sein (et abscondatur eius esse aeterno). Da Christus unsterblich ist und fortlebt, ja das Leben und die Wahrheit ist, so wendet sich, wer zu ihm sich wendet, zum Leben und zur Wahrheit hin; mit je regerem Eifer es geschieht, desto mehr erhebt er sich über das Zeitliche und Vergängliche zum Ewigen hin, so daß sein Leben verborgen ist in Christus. Die Tugenden sind die ewige Gerechtigkeit, die in alle Ewigkeit dauert, das Leben und die Wahrheit. Wer sich der Tugend zuwendet, wandelt auf den Wegen Christi, auf den Wegen der Reinheit und Unsterblichkeit. *Die wahren Tugenden sind eine göttliche Erleuchtung* (divinae illuminationes). Wer sich daher in diesem

Leben durch Christus, der die Tugend ist, zur Tugend wendet, wird, wenn er von diesem zeitlichen Leben befreit ist, in der Reinheit des Geistes erfunden werden und eingehen dürfen in die Freude, Gott ewig zu besitzen. Die Hinkehr (conversio) unseres Geistes erfolgt, wenn er sich mit allen seinen geistigen Kräften zur reinsten ewigen Wahrheit im *Glauben*, dem er alles hintansetzt, hinwendet und diese Wahrheit als das allein Liebenswürdige liebt. Die Hinkehr zu Christus, der die Wahrheit ist, im felsenfesten Glauben ist Verachtung der Welt und siegreiches Bezähmen alles Weltlichen (est mundum istum deserere atque in victoria calcare). Christus auf das Herzlichste lieben heißt in geistiger Bewegung zu ihm hinziehen, der nicht nur liebenswürdig, sondern die Liebe (caritas) selbst ist. Zieht der Geist in den Stufen der Liebe zur Liebe selbst hin, so vertieft er sich, erhoben über die Zeit und alle weltliche Bewegung, in der Liebe (in ipsam caritatem profundatur). Wie jeder Liebende in der Liebe, so leben alle, welche die Tugend lieben, in Christus. Niemand kennt also die Wahrheit, es sei denn der Geist Christi in ihm. Wie es unmöglich ist, daß ein Liebender ohne Liebe sei, so ist es unmöglich, daß jemand Gott besitze ohne den Geist Christi, in welchem Geiste wir allein Gott anbeten können. Daher sind die Glaubenslosen, die sich nicht Christus zuwenden, als unempfänglich für das zur Glorie umgestaltende Licht schon verurteilt zur Finsternis und zum Schatten des Todes; denn sie sind weggewandt von dem Leben, das Christus ist, von dessen Fülle allein alle in der Herrlichkeit durch die Vereinigung mit ihm gesättigt werden. Hierüber will ich weiter unten in dem Abschnitte über die Kirche auf gleicher Grundlage zu unserem Troste noch einiges beifügen.

Zehntes Kapitel

Vom Ausspruche des Richters

Es ist klar, daß kein Sterblicher jenes Gericht und den Ausspruch des Richters zu begreifen imstande ist. Da es über aller Zeit und Bewegung ist, so vollzieht sich jenes Gericht nicht in einer vorausgehenden Erörterung, nicht im Aussprechen von Worten und ähnlichen Äußerlichkeiten, welche eine Zeitdauer in sich schließen, sondern *wie in dem Worte* (er sprach und es ward) *alles erschaffen ist, so wird in demselben Worte alles gerichtet.* Auch fällt zwischen den Ausspruch und dessen Vollzug keine Zeitdauer, sondern es ist ein Moment: Auferstehen und Gelangen zum letzten Ziele. Letzteres nach zwei Richtungen: Verklärung durch Aufnahme unter die Kinder Gottes und Verdammung durch Ausschließen der von Gott Abgekehrten sind durch kein Zeitmoment voneinander getrennt.

Die vernünftige Natur, die über die Zeit erhaben und der zeitlichen Zerstörung nicht unterworfen ist, die in ihrer Natur die unzerstörlichen Formen der Mathematik und der Naturwesen begreift und daher der selbst unzerstörbare Ort dieser unzerstörbaren Formen ist, wird durch eine natürliche Bewegung zur reinen, von aller konkreten Beimischung freien Wahrheit (ad veritatem movetur abstractissimam), als zum Ziele ihres Sehens und zu ihrem höchsten, genußreichsten Objekte hingetrieben. Und da dieses Objekt Gott ist, so ist die unsterbliche und unzerstörbare Vernunft nicht befriedigt, bis sie ihn erreicht, da sie nur in dem ewigen Objekte Befriedigung findet. Wenn nun die Vernunft, frei vom Körper, in dem sie den Meinungen der Zeit unterworfen ist (in quo opinionibus ex tempore subiicitur), nicht zum erwünschten Ziele gelangt, sondern vielmehr, während sie doch nach der Wahrheit ein Verlangen hat, in Unwissenheit versinkt, und während ihr höchstes Sehnen kein anderes ist als die Wahrheit selbst, nicht wie in Rätseln und Symbolen, sondern mit höchster Gewißheit von Angesicht zu erfassen, in der Stunde des Scheidens von dieser Welt wegen ihrer Abkehr von der Wahrheit und Hinkehr zu dem Vergänglichen in dieses von ihr erstrebte Vergängliche hinabsinkt, in die Ungewißheit und Verworrenheit, in das finstere Chaos der bloßen Möglichkeit, in der keine wirkliche Gewißheit ist (cum cadat ad incertitudinem et confusionem, in ipsum tenebrosum chaos merae possibilitatis, ubi nihil certi actu), so sagt man mit Recht, sie sei dem geistigen Tode verfallen (recte ad intellectualem mortem descendisse dicitur). Denn für die Seele ist das vernünftige Erkennen ihr Sein, das Ersehnte erkennen ihr Leben. *Wie es daher ihr ewiges Leben ist, zuletzt das Ersehnte, Beharrliche, Ewige zu erfassen, so ist es ihr ewiger Tod, von diesem ersehnten festen Ziele getrennt und in das Chaos der Verwirrung hinabgestürzt zu werden,* wo sie nach ihrer Weise von dem ewigen Feuer gequält wird, das wir uns nicht anders denken können als die Qual dessen, der der Leben gebenden Nahrung und der Gesundheit, ja, was noch mehr ist, auch der Hoffnung, je diese Güter zu erlangen, beraubt ist, und daher, ohne je zu erlöschen, ohne Ende *beständig stirbt in ewigem Todeskampfe* (ut sine extinctione et fine semper moriatur agonizando). Das ist ein über allen Begriff qualvolles Leben, denn es ist ein solches Leben, das zugleich Tod ist, ein Sein, das ein Nichtsein, ein Erkennen, das ein Nichtwissen ist. In dem Früheren ist gezeigt, daß die Auferstehung der Menschen erhaben über alle Bewegungen, Zeit, Quantität und über anderes, was zur Zeit gehört, erfolgt, so daß das Zerstörbare ins Unzerstörbare, das Tierische ins Geistige verwandelt wird und der *ganze Mensch* voller Persönlichkeit und diese ganze geistige Natur, und somit auch der wahre Leib vom Geistigen verschlungen ist (ut totus homo sit suus intellectus, qui est spiritus, et corpus verum sit in spiritu absorptum). Der Leib besteht nicht mehr in sich (in se) nach seinem körperlichen quantitativen und zeitlichen Verhältnisse, sondern ist in das Geistige aufgenommen (translatum in spiritum), das Gegenstück zu dem jetzigen Leibe, wo man nicht die Vernunft, sondern nur den Körper wahrnimmt, in dem die Vernunft selbst wie eingekerkert ist, während dort der Körper ebenso im Geiste ist wie hienieden der Geist im Körper und mithin, während hier die Seele durch den Körper belastet, dort der Körper durch den Geist schwunghaft wird (alleviatur). Wie daher die geistigen Freuden des vernünftigen Lebens die größten sind, an denen auch der verklärte Leib im Geiste partizipiert, so ist auch die höllische Traurigkeit des geistigen Todes die größte, und auch der Leib empfindet sie im Geiste. Und da unser Gott, der, lebendig erfaßt, das ewige Leben ist, über allen unsern Verstand erkennbar ist, so sind auch jene ewigen Freuden, die alle unsere Begriffe übersteigen, viel zu groß, als daß sie sich irgendwie schildern ließen. In gleicher Weise gehen auch die Strafen der Verdammten über alle denkbaren oder der Darstellung fähigen Strafen hinaus. Daher sind alle jene der musikalischen Harmonie entlehnten Zeichen der Freude, des Frohlockens und der Herrlichkeit, welche als uns bekannte Zeichen zum Ermessen des ewigen Lebens von den Vätern überliefert wurden, nur ganz entfernte sinnliche Zeichen, die unendlich von jenen geistigen, keiner Phantasie zugänglichen Freuden abstehen. Ebenso halten auch die Höllenstrafen, sofern sie mit einem Elementarfeuer aus Schwefel und Pech und ähnlichen sinnlichen Qualen verglichen werden, keinen Vergleich aus mit jenen feurigen Geistesqualen (ad igniles illas intellectuales aerumnas), vor welchen uns Jesus Christus, unser Leben und Heil bewahren wolle. Er sei gepriesen in Ewigkeit. Amen.

Elftes Kapitel

Das Mysterium (die Natur) des Glaubens

Unsere Vorfahren sagen alle einstimmig, *der Glaube sei der Anfang des Wissens* (fidem initium esse intellectus). In jedem Gebiet des Wissens (in omni facultate) werden einige Sätze als erste Prinzipien (Axiome) vorausgesetzt, die man nur durch den Glauben erfaßt, und aus welchen sodann die Erkenntnis des zu erforschenden Gegenstandes entwickelt wird (ex quibus intelligentia tractandorum elicitur.) Wer zu einer Wissenschaft aufsteigen will, muß an die Dinge glauben, ohne die er nicht aufsteigen kann. Darum sagt *Jesaja: Wenn ihr nicht glaubet, werdet ihr nicht einsehen.* Der Glaube faßt daher alles Erkennbare in sich, die Erkenntnis ist die Entfaltung[1] des Glaubens (fides est in se complicans omne intelligibile, intellectus autem est fidei explicatio). Das Wissen erhält daher durch den Glauben seine Richtung (dirigitur), der Glaube durch das Wissen seine Entwicklung (extenditur). Wo daher kein gesunder Glaube ist, da gibt es auch kein wahres Wissen. Es ist bekannt, zu welchen Schlüssen falsche Prinzipien und ein unsicheres Fundament führen.

Es gibt keinen vollkommeneren Glauben als die Wahrheit selbst – Jesus. Wer sieht es nicht ein, daß der rechte (recta) Glaube die herrlichste Gottesgabe ist? Der Apostel *Johannes* sagt, der Glaube an die Menschwerdung des Wortes Gottes führe uns in die Wahrheit, so daß wir Kinder Gottes werden. Dies zeigt er im Eingange (seines Evangeliums) mit wenigen Worten und zählt dann viele Taten Christi auf, im Einklage mit dieser Glaubenswahrheit, damit die Vernunft im Glauben erleuchtet werde; deshalb sagt er am Schlusse: *»Dies ist ge-*

1 Wenn der Glaube das Wissen wie der Keim die Blüte – complicans omne intelligibile – in sich faßt, so muß das Wissen der vor dem Bewußtsein *entfaltete* Glaube sein. Daher muß wohl in obiger Stelle statt complicatio des Textes richtiger: intellectus autem est fidei *explicatio* gelesen werden. Daher gleich nachher: fides per intellectum *extenditur.*

schrieben, damit ihr glaubet, daß Jesus der Sohn Gottes ist.« Der süße Glaube an Christus, an dem die Einfalt des Herzens festhält, kann nun nach unserer Wissenschaft des Nichtwissens in stufenmäßigem Aufsteigen erweitert und entfaltet werden. Denn die größten und tiefsten Geheimnisse Gottes, die den Weltkindern, wie verständig sie auch sonst sein mögen, verborgen bleiben, werden dem kindlichen und demütigen Gemüte im Glauben an Jesus offenbar, weil in Jesus alle *Schätze* der Weisheit und Wissenschaft verborgen sind. Ohne ihn kann niemand etwas ausführen, denn er ist das Wort und die Allmacht, durch welche Gott die Welt erschaffen hat; er, der allein Höchste, hat Gewalt über alles im Himmel und auf Erden. Da er in dieser Welt nicht erkennbar ist, und Verstand, Meinung und Unterricht uns durch Symbole vom Bekannten zum Unbekannten führen, so wird er nur da erfaßt, wo das Überreden (persuasiones) aufhört und der *Glaube* beginnt, durch den wir in der Einfalt des Herzens dergestalt entzückt werden, daß wir ihn (*ipsum*) über Verstand und Einsicht im dritten Himmel der einfachsten Vernünftigkeit im Körper unkörperlich (weil im Geiste), in der Welt überweltlich, himmlisch in einer alle Begriffe übersteigenden Weise betrachten, wo wir auch das einsehen, daß er wegen seiner unendlichen Erhabenheit nicht begriffen werden kann. Das ist die gelehrte Unwissenheit, durch welche der heilige Paulus sich zu der Einsicht erhob, daß er Christus, von dem er eine Zeitlang nur ein Wissen hatte (quem aliquando solum scivit), dann nicht kenne (ignorare), wenn er sich höher hinauf zu ihm erhob.[1] Wir Christgläubigen werden daher durch das gelehrte Nichtwissen zu dem Berge, der Christus ist, hinaufgeführt, den wir in unserm natürlichen Leiden und Leben (cum natura animalitatis nostrae) nicht berühren können. Wollen wir aber mit dem Auge der Vernunft ihn betrachten, so stoßen wir auf Finsternis und wissen, innerhalb dieser Finsternis sei der Berg, wo nur alle, deren Stärke die Vernunft ist (omnibus intellectu vigentibus), wohnen dürfen. Besteigen wir diesen Berg mit festem Glauben, so werden wir den Augen der *sinnlichen Weltkinder* entrückt; wir hören innerlich

---

1 Es scheint hier in der Satzstellung eine Inversion des eigentlichen Gedankengangs eingetreten zu sein, welcher eigentlich der folgende ist: Als Paulus einsah, daß er Christus (in seiner vollen Größe) nicht zu erkennen imstande sei, dann gerade erhob er sich höher zu ihm (im Glauben) hinaus.

(auditu interiori) die Stimmen, die Donner und schrecklichen Zeichen von Gottes Majestät und vernehmen unschwer den Herrn selbst, dem alles gehorcht, indem wir stufenweise zu einigen unzerstörbaren Spuren seiner Fußtritte, wie zu göttlichen Kennzeichen gelangen, und so nicht die Stimme sterblicher Geschöpfe, sondern die Stimme Gottes selbst in seinen heiligen Organen, in Propheten und andern Heiligen vernehmen, und so ihn noch deutlicher durch eine Menge von *Verstandesgründen*[1] erkennen. Allein auch von hier steigen die Gläubigen in glühendem Verlangen immer höher auf, und werden über alles Sinnliche hinweg zur *einfachen, vernünftigen* Anschauung erhoben (ad intellectualitatem simplicem rapiuntur), ein Fortschritt, wie aus dem Schlafe zum Wachen, vom Hören zum Sehen, wo sie sehen, was nicht geoffenbart werden kann, weil kein Gehör es zu fassen, keine Stimme es zu lehren vermag. Müßte das hier Geoffenbarte ausgesprochen werden, dann würde Unaussprechliches ausgesprochen und Unerhörtes gehört, wie das Unsichtbare dort gesehen wird. Jesus, der gepriesen sei in Ewigkeit, das Ziel der Vernunft als die Wahrheit, das Ziel der Sinne als das Leben, das Ziel alles Seins als das Sein, die Vollkommenheit jedes Geschöpfes als der Gottmensch, wird dort als das Höchste aller Worte in uns unbegreiflicher Weise gehört. Er ist nämlich Ausgang und Ziel jeden Wortes: Was in einem Worte Wahres ist, kommt von ihm. Jedes Wort hat den Zweck der Belehrung. Er ist also dieser letzte Zweck, weil er die Weisheit selbst ist. Die Ursache jedes vergänglich verhallenden Wortes ist das unvergängliche Wort – die Vernunft. Christus ist die Fleisch gewordene höchste Vernunft, weil »das Wort Fleisch geworden ist«. Jesus ist demnach das Ziel von allem.

Solche Wahrheiten enthüllen sich dem, der im Glauben zu Christus aufsteigt.

Die *göttliche Wirksamkeit* dieses Glaubens läßt sich nicht beschreiben; sie eint den Glaubenden mit Jesus und ist somit über alles er-

1 Der Text hat: clarius ipsum quasi per nubem rationem intuemur. Cusa schildert die Stufen des Glaubens: Vom Hören steigt er auf zu den *Verstandes*gründen, welche in den Zeugnissen der Propheten enthalten sind, um sich zuletzt zur *vernünftigen* Erkenntnis, zur geistigen Anschauung zu erheben. Daher muß statt rationem, was keinen Sinn gibt, *rationum* gelesen werden, über welche hinauf sich dann die gleich darauf geschilderte *intellectualitas simplex* erhebt.

haben, was nicht in der Einheit mit Jesus ist. Der Gläubige hat, wenn sein Glaube groß ist, in der Kraft Jesu, mit dem er vereint ist, Gewalt über die Natur und Bewegung; er gebietet sogar den bösen Geistern, wie das Leben der Heiligen beweist.

Der vollkommene christliche Glaube muß aber ganz lauter, sehr groß und soviel als nur möglich von *Liebe belebt sein*. Er duldet keine Beimischung, weil er der Glaube an die reinste, allvermögende Wahrheit ist. Oft genug haben wir es bisher ausgesprochen, daß das Kleinste mit dem Größten koinzidiere. Dies gilt auch vom Glauben, der nach Sein und Macht in keinem Erdenpilger der größte sein kann, wenn der Letztere nicht zugleich, wie Jesus, der lebendige Inbegriff des Glaubens ist (qui non sit et comprehensor simul, qualis Jesus fuit.) Der in Wirklichkeit *größte* Glaube muß zu einem solchen Grade unzweifelhafter Gewißheit erhoben sein, daß er auch nur im *kleinsten Maße* (minime) Glaube, und vielmehr vollste, zweifelloseste Gewißheit ist. Das ist der machtvolle Glaube, der in der Weise der größte und kleinste zugleich ist, daß er alle Gegenstände des Glaubens in Ihm, der die Wahrheit ist, umfaßt. Wenn auch der Glaube des einen den Glaubensgrad des andern nicht erreicht, weil volle Gleichheit unmöglich ist, so muß doch jeder, soviel es an ihm liegt, in Wirklichkeit den größten Glauben haben (necesse est ut quisque quantum in se est, actu maxime credat). Dann ist der Glaube dessen, der im Vergleiche zu andern nur einen Glauben wie ein Senfkorn erhalten hat, gleichwohl von so unermeßlicher Kraft, daß selbst die Berge ihm Gehorsam leisten, wenn er ihnen in der Kraft des Wortes Gottes, mit dem er, soviel an ihm liegt, auf das Innigste im Glauben vereinigt ist, Befehle erteilt, da dem Worte Gottes nichts widerstehen kann. Wie groß ist also die Macht, die dem vernünftigen Geiste in der Kraft Christi zur Seite steht, wenn er sich an diesen vollständig anschließt, daß er durch ihn belebt wird, und, unbeschadet seiner Selbständigkeit in ihm als in seinem Lebensgrunde ruhet! Da dies nur durch die Hinkehr der Vernunft zu Christus im größten Glauben möglich ist, so muß dieser durch die einigende Liebe belebt sein; *der Glaube kann ohne Liebe nicht der größte sein*. Denn wenn jeder Lebende das Leben, jeder Denkende das Denken liebt, wie kann Jesus als das unsterbliche Leben und als die unendliche Wahrheit geglaubt werden, wenn er nicht auf das Höchste geliebt wird? Das Leben ist an sich der Liebe wert; ist also unser Glaube, Jesus sei das ewige Leben, sehr groß, so muß er notwendig geliebt werden; denn der Glaube ist kein lebendiger, sondern ein toter, ja kein Glaube, ohne Liebe. Die Liebe ist das belebende Prinzip (forma) des Glaubens, das ihm das wahre Sein verleiht, ja sie ist das Zeichen des felsenfesten Glaubens, denn wenn wir Christo alles hintansetzen, wenn wir Leib und Seele im Vergleich zu ihm für nichts achten, so ist dies der Beweis eines sehr großen Glaubens. Ein großer Glaube ist auch ohne die *Hoffnung*, einst Jesus selbst zu genießen, nicht möglich. Oder wer könnte einen festen Glauben haben, und dabei nicht auf die Verheißungen Christi hoffen? Wer nicht glaubt, er werde das ewige von Christus den Glaubenden verheißene Leben erhalten, wie kann der an Christus glauben, und ihn für die Wahrheit halten? Wer auf die Verheißungen nicht zweifellos hofft, wie wird der für Christus in den Tod gehen, wenn er nicht auf die Unsterblichkeit hofft? Wer dagegen glaubt, daß Christus die nicht verläßt, die auf ihn hoffen, sondern ihnen die ewige Seligkeit verleiht, der hält es für etwas Geringes, um einer solchen Vergeltung willen alles für Christus zu leiden.

So groß ist die Kraft des Glaubens; sie macht den Menschen *Christus ähnlich* (christiformem); er verläßt die Welt, entzieht sich der Befleckung des Fleisches, wandelt in Furcht auf den Wegen Gottes, folgt mit Freuden den Fußstapfen Christi, nimmt das Kreuz mit Frohlocken auf sich, im Fleische wandelnd, ist er ganz Geist; die Welt ist ihm der Tod für Christus, der Tod, der ihn zu Christus führt, ist ihm Leben. Wie edel ist doch ein Geist, in dem Christus durch den Glauben wohnt! Welch eine wunderbare Gabe Gottes, daß wir uns auf unserer Pilgerschaft im gebrechlichen Leibe durch die Kraft des Glaubens zur Macht über alles, was Christus nicht ist, erheben können! Wer stufenmäßig, durch Ertötung des Fleisches sich zur Einheit mit Christus erhebt und in einer so tiefgehenden Einigung, als es nur immer in diesem Leben möglich ist, in ihn aufgegangen ist (in ipsum absorbeatur), der erhebt sich über alles Sichtbare, ja über alles in der Welt, und *erlangt die komplette Vollkommenheit der menschlichen Natur*.

Das ist die Vollkommenheit der Natur, die wir durch Christus in Ertötung des Fleisches und der Sünde, umgestaltet zu seinem Bilde erlangen können, nicht aber jene *eingebildete Vollkommenheit durch Magie*, die den Menschen zu einem gewissen höhern Wesen durch die Tätigkeit der auf uns einwirkenden (höhern) Geister mittelst des Glaubens sich erheben läßt, so daß die Zauberer in der Kraft dieser Geister, mit denen sie sich durch den Glauben vereinigen, verschiedene undenkbare Dinge im Feuer, Wasser, in Kenntnis der Harmonien, in Verwandlungen, im Erraten verborgener Dinge etc. verrichten. Es ist klar, daß das alles nur Trug und Täuschung ist, ohne Leben und Wahrheit. Die Zauberer sind durch Bündnisse und Verträge mit den bösen Geistern dergestalt gebunden, daß sie, was sie im Glauben festhalten, auch tatsächlich durch Huldigungen und Gebete beweisen, die sie statt Gott, dem sie allein gebühren, den bösen Geistern, als hätten diese die Macht, ihre Bitten zu erhören, mit größter Verehrung darbringen. Sie erlangen bisweilen durch den Glauben das erbetene flüchtige zeitliche Gut, durch ihre Vereinigung mit dem bösen Geiste, mit dem sie, getrennt von Christus, auch in dem Straforte werden ewig vereinigt bleiben müssen. Gepriesen sei Gott, der durch seinen Sohn uns der Finsternis einer so großen Unwissenheit entrissen hat, daß wir nun wissen, alles sei Irrtum und Betrug, was immer durch einen andern Mittler als Christus, der die Wahrheit ist, und in einem andern Glauben, als den an Jesus vollbracht wird. Denn es ist nur Ein Herr Jesus, der Macht hat über alles, allen Segen uns zuwendet und alle unsere Unvollkommenheit im Übermaße ergänzt.

Zwölftes Kapitel

Von der Kirche

Obwohl das Verständnis über die Kirche Christi schon aus dem Bisherigen gewonnen werden kann, so will ich doch, damit dem Werke nichts fehle, noch ein kurzes Wort beifügen.

Da der Glaube in den verschiedenen Menschen graduell verschieden ist, so gelangt kein Mensch zum Glauben in der höchsten Potenz so wenig als zur größten Liebe. Wäre in einem Erdenpilger der höchste Glaube, der keine Steigerung zuläßt, so müßte er zugleich der lebendige Inbegriff des Glaubens (comprehensor fidei) sein. So kann auch die schlechthin größte Liebe in keinem Liebenden sein, er sei denn zugleich der Geliebte. Daher finden sich der schlechthin größte Glaube und die größte Liebe in keinem als in Jesus Christus, welcher Erdenpilger (viator) und Inbegriff des Glaubens, liebender Mensch und geliebter Gott zugleich war. Nun ist aber in dem Größten alles eingeschlossen, weil es alles umfaßt. Der Glaube Jesu Christi schließt daher allen wahren Glauben, die Liebe Christi alle wahre Liebe in sich, wobei jedoch immer verschiedene Gradunterschiede bleiben. Da diese alle unter dem Größten und über dem Kleinsten sind, so kann niemand, wenn er auch in Wirklichkeit, soviel an ihm liegt, den größten Glauben hat, zum schlechthin größten Glauben Christi gelangen, durch den er Christus als Gott und Menschen vollständig erfaßte, so wie auch niemand Christus so sehr lieben kann, daß diese Liebe keine Steigerung zuließe, weil Christus die Liebe (amor et caritas) und deshalb ins Unendliche liebenswürdig ist. Niemand kann in diesem oder dem zukünftigen Leben Christus so lieben, daß er selbst Christus der Gottmensch[1] würde; denn alle, die entweder in diesem Leben durch Glauben und Liebe, oder im andern durch unmittelbares Erfassen und Genießen mit Christus vereinigt sind, sind es nicht in der Art[2], daß sie nicht noch inniger vereinigt sein könnten, unbeschadet der graduellen Verschiedenheit, so daß ohne diese Vereinigung niemand aus und durch sich besteht, so wie durch dieselbe niemand seine graduelle Verschiedenheit verliert.

Diese Vereinigung nun ist die *Kirche* oder *die Gemeinschaft vieler in Einem*, gleichwie viele Glieder an einem Körper sind, jedes mit einem besonderen Range (gradus), wo ein Glied nicht ein anderes und jedes Glied durch den Körper mit dem andern vereinigt ist, und keines ohne den Körper Leben und Bestand hat, wiewohl am Körper ein Glied nicht alle Glieder in sich faßt, außer mittelst des Körpers. Die Wahrheit unseres Glaubens kann daher während unserer irdischen Pilgerschaft nur im Geiste Christi bestehen, unbeschadet der Stufenordnung der Gläubigen, *so daß sich eine Verschiedenheit bei vol-*

1 Der Text hat: ut propterea sit Christus et homo. Soll homo einen Sinn erhalten, so muß wohl nach Christus *Deus* eingeschaltet werden; vgl. kurz vorher: per quam comprehendet Christum Deum et hominem.

2 Die Worte des Textes: omnes ... eo modo uniuntur, quod magis ... uniri non possent wären das gerade Gegenteil des im Eingange des Kapitels Gesagten: ad maximam fidem, qua nulla maior esse potest, nemo devenire potest, sowie des ganzen Begriffs der Einigung mit Christus, die unendliche Steigerung zuläßt. Es muß daher vor: eo modo *non* eingeschaltet werden.

ler Übereinstimmung in dem einen Jesus gestaltet (ut sit diversitas in concordantia in uno Jesu). Und scheiden wir durch die Auferstehung aus der streitenden Kirche, so können wir wieder nur[1] durch Christus auferstehen, so daß auch die *triumphierende Kirche* (in ihm) eine Einheit ist, in der jeder seinen eigentümlichen Rang behauptet. Dann wird die Wahrheit unseres Fleisches nicht mehr in sich, sondern in der Wahrheit des Fleisches Christi, die Wahrheit unseres Leibes nur in der Wahrheit des Leibes Christi, die Wahrheit unseres Geistes in der Wahrheit des Geistes Jesu Christi bestehen, wie die Rebzweige in dem Weinstocke. Es wird die eine Menschheit Christi in allen Menschen, der eine Geist Christi in allen Geistern sein, so daß jegliches in ihm und gleichsam ein Christus aus allen ist[2]. Wer daher einen aus allen, die Christus angehören, in diesem Leben aufnimmt, nimmt Christus auf, und was einem der Geringsten getan wird, wird Christus getan, gleichwie, wer die Hand Platos verletzt, Plato selbst verletzt, und wer dort im wahren Vaterlande über den Geringsten sich freut, freut sich über Christus, In allem sieht er Jesus und durch diesen Gott. *So wird unser Gott durch seinen Sohn alles in allem, jeder im Sohne und durch diesen mit Gott und allen sein; es herrscht volle Freude ohne Mißgunst und Mangel.*

Da Glaube und Liebe, solange wir hienieden pilgern, einer beständigen Steigerung fähig sind, so müssen wir uns Mühe geben, daß die Möglichkeit durch die Gnade unseres Herrn Jesu Christi zur Wirklichkeit gelange, auf daß wir von Tugend zu Tugend, von einer Stufe zur andern weiter schreiten durch den, der der Glaube und die Liebe selbst ist, ohne den wir aus uns als solchen nichts vermögen, da wir alles nur in ihm vermögen. Er allein kann uns geben, was uns fehlt, daß wir am Tage der Auferstehung als gesunde und wertvolle Glieder an ihm erfunden werden. Diese Gnade des Wachstums in Glaube und Liebe können wir sonder Zweifel durch *anhaltendes Gebet* erlangen, indem wir vertrauensvoll dem Throne dessen uns nähern, der voll Güte ist und kein heiliges Verlangen unbefriedigt läßt.

---

1 Auch hier muß im Text: non aliter in Christo resurgere poterimus nach: non aliter offenbar *nisi* eingeschoben werden.

2 Ich vermute, daß im Texte: ut qui sit unus Christus ex omnibus, da *ex omnibus* von Christus, der keine Zusammensetzung ist, nur uneigentlich gesagt werden kann, statt: *qui* zu lesen sein möchte: *quasi.*

Wenn du dies tief im Geiste erwägst, durchströmt dich eine wunderbare geistige Wonne; innerlich verkostest du wie süßen Wohlgeruch die unaussprechliche Güte Gottes, die er dir, hienieden an dir vorübergehend, erweist, die dich einst sättigen wird, wenn seine volle Herrlichkeit erscheint, ich sage: sättigen, ohne satt zu werden (absque fastidio), weil jene unsterbliche Speise das Leben selbst ist. Und wie die Sehnsucht nach dem Leben immer wächst, so wird auch die Speise des Lebens immer genossen, ohne daß sie in die Natur des Genießenden übergeht, denn sonst wäre sie eine uns anwidernde Speise, die uns belästigte und uns das unsterbliche Leben nicht zu geben vermöchte, da sie in sich mangelhaft wäre, weil sie sich in die Natur des Genießenden verwandelte. Unser vernünftiger Geist aber will geistig leben und *beständig weiter dringen zu Leben und Freude.* Da diese unendlich sind, so werden die Seligen unaufhörlich zur Sehnsucht nach ihnen hingezogen. So finden sie Sättigung, indem sie dürstend aus der Quelle des Lebens trinken, und da dieses Trinken nicht in Vergangenheit übergeht, indem es ewig ist, so trinken die Seligen immer aus dieser Quelle und sind immer gesättigt, und nie geht beides in die Vergangenheit über. Gepriesen sei Gott, der uns eine Vernunft gegeben hat, die in dieser Zeit nicht gesättigt wird, deren unbegrenztes Sehnen sich selbst als erhaben über die vergängliche Zeit, als unvergänglich erfaßt und erkennt, daß sie ihre volle geistige Befriedigung nur in dem Genusse des höchsten, vollkommensten, nie abnehmenden Gutes finde, wo der Genuß nie in Vergangenheit übergeht, weil das Begehren durch den Genuß nicht abnimmt. Wenn ein Hungriger an der Tafel eines mächtigen Königs sich niederließe und ihm die gewünschte Speise vorgesetzt würde, so daß er nach einer andern nicht begehrte, und wenn es die Natur dieser Speise wäre, daß sie durch Sättigen den Appetit steigerte, so ist klar, daß, wenn diese Speise nie ausginge, der Gast beständig gesättigt wäre und zugleich beständig nach derselben Speise ein Verlangen hätte, und immer fähig wäre, die Speise zu sich zu nehmen, deren Natur es mit sich bringt, den damit Gespeisten zu beständigem Verlangen nach dieser Speise hinzutreiben. Die vernünftige Natur nun hat die Fähigkeit, indem sie das Leben in sich aufnimmt, in dasselbe verwandelt zu werden, wie die Luft durch Aufnahme des Sonnenstrahls in Licht verwandelt wird. Daher erfaßt die Vernunft, da ihre Natur eine Umwandlung zu dem vernünftig Erkennbaren zuläßt, nur das Universelle, Unzerstörbare und Bleibende. Die unzerstörbare Wahrheit ist ihr Objekt; in der Ewigkeit erfaßt sie dieselbe in seligem Frieden in Jesus Christus.

Das ist die *triumphierende Kirche*, in der unser Gott ist, der gepriesen sei in Ewigkeit, und wo in höchster Einigung Jesus Christus als wahrer Mensch mit Gott dem Sohne so innig vereinigt ist, daß die Menschheit nur in der Gottheit ihren Bestand hat. Sodann ist jede vernünftige Natur mit Christus dem Herrn, unbeschadet der Persönlichkeit des Einzelnen, wenn sie in diesem Leben durch Glaube, Hoffnung und Liebe ihm zugewandt war, so fest vereinigt, daß sowohl Engel als Menschen nur in ihm bestehen, durch ihn in Gott, *so daß jeder der Seligen mit Bewahrung seiner Besonderheit in Christo Jesu Christus, und durch diesen in Gott Gott ist, Gott aber, ohne aufzuhören, das absolut Größte zu sein, in Christo Jesu Jesus selbst ist und in ihm alles in allem.*

Dies ist der einzige Weg zur höchstmöglichen *Einheit der Kirche*, oder der Einheit vieler (unbeschadet der wahren Selbständigkeit des Einzelnen) ohne Vermengung der Naturen und Grade. *Je mehr Einheit aber in der Kirche, desto größer ist sie.* Die größte Kirche ist daher die Gemeinschaft der ewig Triumphierenden, denn eine größere Einheit der Kirche ist nicht möglich. Welch eine große Einigung (unio) – die absolut größte göttliche Einigung, dann die Einigung der Gottheit und Menschheit in Jesus, endlich die Einigung der in der Gottheit Jesu triumphierenden Seligen! Die absolute Einigung ist nicht größer oder kleiner als die Einigung der Naturen in Jesus oder die Einigung der Seligen in dem himmlischen Vaterlande; denn jene ist die größte Einigung, die Einigung aller Einigungen, das Wesen jeder Einigung, ohne ein Mehr oder Weniger, aus der Einheit und Gleichheit, wie im ersten Buche gezeigt ist, hervorgehend. Ebenso ist die Einigung der Naturen in Christus nicht größer oder kleiner als die Einheit der triumphierenden Kirche; denn da sie die größte Einigung der Naturen ist, so läßt sie kein Mehr oder Weniger zu. Somit erhalten alle Gegensätze, die zur Einheit verbunden sind, von dieser größten Einigung der Naturen in Christus ihre Einheit, durch welche die Einheit der Kirche das ist, was sie ist. Die Einheit der Kirche ist die größte kirchliche Einheit. Als diese größte koinzidiert sie nach oben mit der hypostatischen Einigung der Naturen in Christus, und da diese die größte ist, mit der absoluten Einigung –

Gott. *So ist die kirchliche Einheit durch Jesus in die göttliche Einigung, von der sie den Anfang hat, aufgenommen* (resolvitur). Dies erhellt noch deutlicher, wenn wir uns an das oben öfters Wiederholte erinnern, daß nämlich die absolute Einigung der *heilige Geist* ist. Die größte hypostatische Einigung koinzidiert mit der absoluten Einigung; daher ist notwendig die Einigung der Naturen in Christus durch die absolute, welche der heilige Geist ist, und in ihr. Die kirchliche Einheit koinzidiert, wie oben gezeigt, mit der hypostatischen, weshalb im Geiste Jesu die Einigung der triumphierenden Kirche, die durch den hl. Geist besteht, enthalten ist. Daher sagt die Wahrheit selbst bei *Johannes*: *»Die Herrlichkeit, die du mir gegeben hast, habe ich ihnen gegeben, damit sie Eines sind, wie wir Eines sind, ich in ihnen, du in mir, auf daß sie vollkommen Eines seien,«* auf daß die Kirche in ewiger Ruhe sei, so vollkommen, daß sie nicht vollkommener sein könnte, in so unaussprechlicher Umgestaltung zum Lichte der Glorie, daß in allem nur Gott hervortritt. Nach dieser Glorie trachten wir in größtem Eifer mit Siegesgewißheit (ad quam tanto affectu cum triumpho aspiramus) und bitten Gott den Vater inständig, er möge durch seinen Sohn, unsern Herrn, Jesus Christus, und in ihm durch den hl. Geist in seiner unendlichen Güte uns in diese Glorie aufnehmen, um dieselbe ewig zu genießen. Er sei gepriesen in Ewigkeit. Amen.

Empfange hier, verehrter Vater! was ich längst in verschiedenen Systemen (variis doctrinarum viis) zu erreichen suchte, allein nicht eher zustande brachte, als bis ich auf der Rückkehr von Griechenland (ich glaube durch die Gnade von oben, vom Vater des Lichtes, von dem jede gute Gabe kommt) darauf kam, das Unbegreifliche als unbegreiflich aufzufassen (ut incomprehensibilia incomprehensibiliter amplecterer), in der Wissenschaft des Nichtwissens, durch Hinausgehen über die menschlichen Begriffe von der unzerstörlichen Wahrheit (per transcensum veritatum incorruptibilium humaniter scibilium). Diese Aufgabe habe ich nun in Dem, der die Wahrheit ist, in den vorliegenden Büchern gelöst, die, auf gleichem Prinzipe ruhend, eine Verengung und Erweiterung zulassen. *Das ganze Streben unsers Geistes muß allen Ernstes dahin gerichtet sein, sich zu jener Einfachheit, in der die Gegensätze koinzidieren, zu erheben.* (Debet autem in his profundis omnis nostri ingenii conatus esse, ut ad illam se elevet simplicitatem, ubi contradictoria coincidunt.) Dies ist das Ziel des *ersten* Buches. Das *zweite* leitet daraus einige Sätze über das Universum ab, die sich über den gewöhnlichen Standpunkt der Philosophen erheben und vielen als etwas Seltenes erscheinen werden (rara multis). Und nun habe ich schließlich auch das *dritte* Buch über Jesus, der gepriesen sei, vollendet, immer auf gleichem Fundamente weiter bauend, und im *Wachstum des Glaubens ist auch Jesus mir für Geist und Herz immer größer geworden* (et factus est mihi Jesus Dominus continue maior in intellectu et affectu per fidei crementum). Denn niemand, der den Glauben an Christus hat, wird in Abrede stellen, daß nicht durch dieses System seine Sehnsucht immer höher gesteigert wird, so daß er nach vielem immer höher sich erhebenden Nachdenken zuletzt den süßen Jesus als den allein Liebenswürdigen erkennt und freudig alles verläßt, um ihn als das wahre Leben und die ewige Freude zu umfassen. Wer so in die Erkenntnis Jesu eindringt, dem gelingt alles (omnia cedunt); keine Schrift, ja die ganze Welt kann ihm Schwierigkeit bereiten, weil er in Jesus umgewandelt wird durch den Geist Christi, der in ihm wohnt und das Ziel des vernünftigen Verlangens ist. Bitte, frommer Vater! um diesen Geist inständig und beständig für mich armen Sünder, auf daß wir vereint ihn ewig zu besitzen gewürdigt werden!

Von den Mutmassungen

**Dem von Gott geliebten ehrwürdigen Vater, Herrn Julian,
des hl. apostolischen Stuhls hochwürdigsten Kardinale,
seinem verehrten Lehrer, Nicolaus von Cusa**

Erstes Buch

Erstes Kapitel

Da mir einige Mußezeit gegönnt ist, so will ich nun mein System über die Mutmaßungen darstellen. Obwohl ich weiß, daß dasselbe nicht nur an der allgemeinen Mangelhaftigkeit menschlicher Geistesprodukte, sondern auch an den besondern Gebrechen meines schwachen Talentes leidet und in Schatten tritt, so habe ich doch für dich, bester Vater! der in allen Wissenschaft bewandert ist, das Ganze in dem Vertrauen entwickelt, dein bewährter Geist voll göttlicher Erleuchtung werde meiner Arbeit die wünschenswerte Verbesserung angedeihen lassen. Ich bin überzeugt, diese Formel zur Erforschung des Wissens (hanc indagandarum artium formulam) werde in ihrem gegenwärtigen unvollkommenen Zustande nicht der Mißachtung ausgesetzt sein, wenn ein so hochberühmter Mann die Gnade hat, sie huldvoll aufzunehmen und der verbessernden Feile zu würdigen. Flöße also durch deinen glänzenden Namen denjenigen Mut ein, welche diesen kurzen und ebenen Weg betreten, um die höchsten Wahrheiten zu enthüllen.

Zweites Kapitel

Begriff der Mutmaßung[1]

Da präzise Erkenntnis der Wahrheit unerreichbar ist, so ist *jede menschliche positive Behauptung über das Wahre Mutmaßung.* Denn auch das fortwährende Wachsen im Erfassen der Wahrheit erschöpft dieselbe nicht. Weil nämlich zu dem größten menschlicherweise möglichen, an sich unerreichbaren Wissen unser wirkliches Wissen in keinem Verhältnisse steht, so macht unser unvollkommenes unsicheres Greifen nach Wahrheit, fern von der Reinheit derselben, unsere positiven Behauptungen zu bloßen Mutmaßungen des Wahren. *Die Einheit der unerreichbaren Wahrheit wird daher von uns in mutmaßlicher Andersheit erkannt* (cognoscitur igitur inattingibilis veritatis unitas alteritate conjecturali); erst jenseits werden wir heller als durch dieses Anderssein die Wahrheit in der einfachsten Einheit mit ihr schauen. Weil aber der kreatürliche Geist von endlicher Wirksamkeit in jedem andern anders ist, so daß eine Verschiedenheit unter den Mutmaßenden bleibt, so ist es zuverlässig gewiß, daß die Mutmaßungen mehrerer über dasselbe unerfaßbare Wahre graduell verschieden, zueinander selbst aber unproportional sein werden, so daß der eine vielleicht mehr als der andere, keiner jedoch unfehlbar sicher den Sinn des Einzelnen erfaßt. Daher gebe ich das hier Mitgeteilte, das ich aus der Möglichkeit meines unbedeutenden Geistes nach nicht geringem Nachdenken entwickelt habe, als *meine* Mutmaßungen, für große Geister vielleicht ganz unbefriedigend, die jedoch von der Art sind, daß sie, wenn auch viele, die an dem unverständigen Herkömmlichen festhalten, sie geringschätzen mögen, doch von tiefer dringenden Geistern als eine nicht ganz unschmackhafte Speise in ein helleres Verständnis umgewandelt werden können; denn wer durch fleißigen Genuß und wiederholtes Nachdenken sich hier eine geistige Nahrung gewinnen will, wird eine tröstliche Geistesererquickung erlangen, wenn ihm auch die Sache anfangs unverarbeitet (cruda) und durch ihre Neuheit sogar anstößig erscheint.

Ich werde zuerst, gleichsam als Handleitung für die Jüngern, an einigen Figuren als Paradigmen den Weg zur generellen Kunst der Mutmaßung zeigen, und dann aus der fruchtbaren Anwendung auf

1 Diese Aufschrift fehlt im Originale.

einzelnes einige Blüten der Betrachtung pflücken zur Erquickung für solche, die nach Wahrheit hungern und dürsten.

Drittes Kapitel

Ursprung der Mutmaßungen

Die Mutmaßungen müssen aus unserm Geiste wie die wirkliche Welt aus der göttlichen unendlichen Vernunft hervorgehen. Denn da der menschliche Geist, das erhabene Ebenbild Gottes, an der Fruchtbarkeit der schöpferischen Natur möglichst Anteil nimmt, so entwickelt er aus sich, als dem Bilde der allmächtigen Form, in Ähnlichkeit der wirklichen Dinge, *Verstandesdinge*. Wie nämlich die absolute göttliche Wesenheit alles das, was sie ist, in jedem Wesen ist, welches ist, so ist auch die Einheit des menschlichen Geistes die Wesenheit seiner Mutmaßungen. Und wie Gott alles um seiner selbst willen wirkt, um geistiger Anfang und Ziel von allem zu sein; so ist auch die Entfaltung der begrifflichen Welt, die aus unserm sie in sich fassenden Geiste hervorgeht, um des schöpferischen Geistes selbst willen da. Denn je tiefer er sich in der aus ihm entwickelten Welt erschaut, um so reicher wird er innerhalb seiner selbst befruchtet, da sein Ziel die unendliche Vernunft ist, welche allein das Maß von allem und der lebendige Mittelpunkt unsers Geistes ist. Daher das natürliche Verlangen nach der Wissenschaft, die uns vervollkommnet.

Wie nun der Urgrund aller Dinge und unseres Geistes ein *dreieiniger* ist, so macht sich unser Geist zum dreieinigen Grund seiner Begriffswelt. Denn da der Verstand allein das Maß der Vielheit, Größe und Zusammensetzung ist, die er als die Einheit, Gleichheit und Verbindung aus sich entfaltet, so ist unser Geist *unterscheidendes, verhältnisbestimmendes* (proportionativum) und *verbindendes* (compositivum) Prinzip.

Viertes Kapitel

Das Symbol für das Urbild der Dinge ist die Zahl

Das natürliche fruchtbare Prinzip der Verstandestätigkeit ist die *Zahl*: Unvernünftige Wesen, wie die Tiere, zählen nicht. Die Zahl aber ist nichts anderes als die Entfaltung des Verstandes. Ohne sie wäre für den Verstand nichts von allem da, was er erreichen kann. Denn daß der Verstand zuerst die Zahl aus sich entfaltet und derselben bei Bildung seiner Mutmaßungen sich bedient, heißt nichts anderes, als daß er sich seiner selbst bediene und in der natürlichen höchsten *Ähnlichkeit* mit sich alles sich denke, wie der unendliche Geist, Gott, in seinem gleich ewigen Worte den Dingen das Sein mitteilt. Es kann auch nichts vor der Zahl sein. Denn alles, was aus der einfachsten Einheit heraustritt, ist in seiner Weise ein Zusammengesetztes, dieses aber ohne Zahl nicht denkbar, da Vielheit, Verschiedenheit und Verhältnis der Teile aus der Zahl stammen. Die Zahl selbst aber, die allem vorangeht, ist *nur aus sich selbst* zusammengesetzt. So ist der *Ternar* aus sich selbst zusammengesetzt. Man darf sich nicht Dach, Wand und Fundament abgesondert vorstellen, wenn man die Form des Hauses sich denken will. Der Ternar ist daher eine *Kombination von Dreien* ... Ist also nicht die Zahl die höchste Ähnlichkeit des Geistes und das Wesen der Zahl das erste Vorbild des Geistes? Denn die Zahl ist das erste konkrete Abbild der Trinität in unserm Verstande. Durch Mutmaßung von der Verstandeszahl unseres Geistes auf die realen Zahlen des göttlichen Geistes übergehend, sagen wir, in dem Geiste des Schöpfers sei das *erste Vorbild der Dinge* die Zahl gewesen, wie das erste Vorbild der in Ähnlichkeit mit den Dingen von uns geschaffenen Begriffswelt die Zahl unseres Verstandes ist.

Fünftes Kapitel

Von der natürlichen Progression

Beachten wir zuerst die Progression der Zahl, so finden wir, daß dieselbe im *Quaternar* sich erschöpft. Denn die natürliche Entfaltung der *einfachen* Einheit ist die Zehnzahl, aus dem Fortschritte der Zahl bis zu vier, da $1+2+3+4=10$, oder der zweiten Einheit, gelangen wir in gleichem vierfachen Fortschritte zum Quadrat von zehn, hundert; $10+20+30+40=100$, und auf demselben Wege von hundert, als der *dritten* Einheit zum Kubus von zehn, tausend, der letzten Einheit. Dieser *vierfache* Fortschritt, *dreimal* wiederholt, erschöpft die ganze Möglichkeit der Zahl; alle übrigen Zahlen sind Rückgänge zur

Einheit. Somit ist der Quaternar die Entfaltung der Einheit, die Potenz der gesamten Zahlenwelt.

1	2	3	4	5	6	7	8	9	10
1									1000
1	2	3	4	20	30	40	200	300	400

Sechstes Kapitel

Von den vier Einheiten

Indem nun unser Geist davon ausgeht, daß er alles umfasse, durchforsche und begreife, so schließt er weiter, daß er dergestalt in allem und alles in ihm sei, daß es nichts außer ihm geben könne, was seinem Blicke sich entzöge. Er betrachtet daher in der von ihm selbst entwickelten Zahlenähnlichkeit seiner selbst, als in seinem natürlichen und eigensten Bilde seine *Einheit*, die seine Wesenheit ist. Diese Einheit erkennt er eben durch die Zahl als eine *vierfache*. Die erste ist die einfachste, die zweite die Wurzel der andern, die dritte das Quadrat, die vierte der Kubus. Von diesen geistigen Einheiten nennt der Geist die erste und einfachste *Gott*; die zweite, die Wurzel der übrigen, ohne selbst eine Wurzelzahl vor sich zu haben Vernunft (intelligentia); die dritte, die quadratische Konkretheit der zweiten, *Seele*, und die letzte kompakte (solida, grossa) und nichts weiter in sich fassende Einheit den *Körper*. Alles aber in Gott ist Gott, in der Vernunft Vernunft, in der Seele Seele, im Körper Körper, was soviel heißt, als daß unser Geist alles entweder *göttlich*, wie ein Ding die *Wahrheit* ist, oder *vernünftig*, wie es *zwar nicht die Wahrheit, aber wahr, oder seelisch* (animaliter), wie es *wahrscheinlich*, oder *körperlich*, wie es selbst die Wahrscheinlichkeit verliert und *Verworrenheit* annimmt, betrachtet, so daß der Geist in bewunderungswürdiger Wechselprogression, wo die göttliche und absolute Einheit zu Vernunft und Verstand herab-, dagegen die konkret sinnliche durch den Verstand in die Vernunft hinaufsteigt, alles unterscheidet und miteinander verbindet.

Siebentes Kapitel

Von der ersten Einheit

Großes und bisher Verborgenes werde ich nun aus diesen Prämissen ans Licht zu ziehen versuchen.

Die *göttliche Einheit* geht, wenn wir die Zahl als das Urbild der Dinge annehmen, allem voran und faßt alles in sich. Indem sie der Vielheit vorangeht, geht sie eben damit aller Verschiedenheit, Andersheit, Entgegensetzung, Ungleichheit etc. voran, und wenn die Arten der Dinge wie die Zahlen unterschieden werden, so ist sie keine Art, hat keinen Namen, Figur etc. und ist doch alles in allem, die Einheit aller Vielheit, das eine Maß aller Maße etc. unendlich größer, als jede Zahl, mithin allmächtig... Wir schauen sie daher um so klarer, je *mehr losgetrennt von aller Vielheit* wie sie schauen. Wenn du alles andere ausgeschieden hast und sie allein schaust, wenn du dir denkst, daß etwas anderes nie gewesen sei oder sei oder sein könne, wenn du die einfachste Einheit selbst nicht mehr als einfache, denn als nicht einfach, nicht mehr als eine, denn als nicht eine denkst, dann bist du in alle Geheimnisse eingedrungen, es gibt für dich keinen Zweifel, kein Hindernis mehr. In dieser seiner absoluten Einheit, in der er alles ist, ist das Leben des Geistes *nicht zerstörbar. Von dieser absoluten Einheit hat aber der Geist die präziseste Gewißheit, so daß er ganz in ihr und durch sie tätig ist.* Keine Frage kann der Geist aufwerfen, welche nicht diese Einheit voraussetzte; die Frage, ob sie sei, setzt ihr Sein voraus; was sie sei, ihr Wesen; warum sie sei, den Grund; zu welchem Ziele, das Ziel von allem. Was also bei allem Zweifel vorausgesetzt wird, muß das Gewisseste sein. Auf jede mögliche Frage über Gott muß also allererst geantwortet werden, daß sie eine ungeeignete ist. Jede Frage setzt nämlich voraus, daß in Bezug auf das Gefragte sich nur der eine der Gegensätze bewahrheiten oder sich von demselben etwas anderes als in Bezug auf andere Dinge bejahen oder verneinen lasse. Von der absoluten Einheit aber wird nicht einer der Gegensätze, es wird vielmehr jeder mögliche eine ebensosehr als der andere bejaht. Willst du daher das Gefragte beantworten, so wiederhole nur das vorausgesetzte Absolute. So läßt sich z. B. auf die Frage, ob Gott Mensch sei, antworten: Er ist jene Wesenheit, durch welche die Menschheit ist; auf die Frage, ob Gott ein Engel sei: Er sei die absolute Wesenheit des Engelseins (eum entitatem absolutam angelitatis). Weil aber jede Bejahung einer Verneinung entgegensteht und umgekehrt, so erreicht weder Bejahung noch Verneinung das Wesen Gottes, und der absolut wahrste Begriff von ihm ist der, welcher beide Gegensätze disjunktiv zugleich und kopulativ verwirft. *Die beste Antwort auf die Frage: ob Gott sei, ist daher: daß er weder ist, noch nicht ist und daß er nicht ist und nicht ist.* Doch bleibt auch sie noch Mutmaßung, da die allerpräziseste Antwort für Verstand und Vernunft unerreichbar ist.

Achtes Kapitel

Von der zweiten Einheit

Da die *zweite Einheit*, die *geistige*, aus der ersten herabsteigt, folglich ins Anderssein, ins Gegensätzliche, übergeht, so kann sie nicht schlechthin einfach, wie die erste, sondern muß *geistig zusammengesetzt* sein, so jedoch, wie es der einfachen Wurzel zukommt. Daher gehen die Gegensätze ihr nicht vorher, so daß sie aus ihnen, als dem Vorhergehenden, zusammengesetzt wäre, sondern *sie entstehen zugleich mit ihr* und sind in ihr *ungeteilt und unaufgelöst* (indivise atque irresolubiliter) enthalten. Fragen über die Wesenheit selbst, welche den einen der Gegensätze als verneinbar und nur den andern als zu bejahend voraussetzen, werden daher in dieser Einheit ungeeignet (improprie) aufgeworfen; denn was immer die Vernunft bejaht, hat keinen mit dieser Bejahung unverträglichen Gegensatz (omne enim de intelligentia qualitercunque affirmabile, incompatibile non habet oppositum). Höher und einfacher ist das vernünftige Sein als jene Weise des Seins, welche mit dem Nichtsein unverträglich ist. Gegensätze, die in ihrer Entfaltung in der Verstandeseinheit unverträglich sind, sind in ihr noch verbunden. So ist dem Verstande *Bewegung* der unversöhnliche Gegensatz von *Ruhe*, aber wie unendliche Bewegung in der ersten Einheit mit der Ruhe koinzidiert, so schließen sie sich auch in deren nächstem Abbilde nicht aus; denn die Bewegung in dem Gesichtskreis der Vernunft ist einfacher, als der Verstand zu messen imstande ist. Wende hier deinen ganzen Scharfsinn an! Ich erinnere mich, in der Schrift über das gelehrte Nichtwissen über Gott öfters vom *Standpunkt der Vernunft*, durch Zusammenfassung (per copulationem) der Gegensätze in die einfache Einheit gesprochen zu haben. In dem eben Gesagten aber habe ich die Sache *vom göttlichen Standpunkte* aus (divinaliter intentum explicavi) aufgefaßt. Viel einfacher ist die *Negation der Gegensätze disjunktiv und kopulativ zugleich*, als die Zusammenfassung derselben. Weil daher alle Fragen, die von dem forschenden Verstande ausgehen, durch die Vernunft das sind, was sie sind, so *setzen sie* alle die Vernunft *voraus*. Wie könnte der Verstand über die Vernunft eine Untersuchung anstellen, *ohne das anregende und bestrahlende Licht der Vernunft*? Die Vernunft verhält sich also zum Verstande wie Gott zur Vernunft. Daher schaue auch hier in allen Fragen, die der Verstand aufwirft, *auf die Voraussetzung* und antworte dieser gemäß. So auf die Frage: Was ist die Vernunft, antworte: Sie ist die vorausgesetzte geistige Wesenheit (quidditas), von der die Wesenheit des Verstandes abhängt. Willst du also die Wahrheit auf dem Standpunkte der Vernunft erforschen, so mußt du dich auch vernunftmäßiger Begriffe bedienen, die keinen unverträglichen Gegensatz haben, da diese Unverträglichkeit der Gegensätze nicht zur Natur der Vernunfteinheit gehört. Daher genügen die üblichen Verstandes-Begriffe (Kategorien) von Bewegung, Ruhe, Raum, Gestalt, Substanz, Akzidens in der Weise, wie sie der Verstand benützt, der Vernunfterkenntnis nicht. Der Verstand ist das Wort der Vernunft, in welchem diese wie in ihrem Abbilde widerscheint. Fragt man daher, ob die Vernunft ein Quantum sei, so liegt die Mutmaßung sehr nahe in der Antwort: Sie ist nicht ein Quantum, sondern das Wesen, die Idee des Quantum (ratio quanti); ebenso ist sie nicht der Raum, sondern die Idee des Raums etc. Denke hierüber reiflich nach, und viele Schwierigkeiten werden sich dir lösen.

Neuntes Kapitel

Von der dritten Einheit

Die *dritte Einheit*, die *Seele*, wird nicht unpassend das *Quadrat* der Vernunft genannt; denn in der Seele ist die Einheit der Vernunft, entfaltet und spiegelt sich in ihr, wie in ihrem eigentlichen Bilde ab. Dies beachte um so mehr, weil in ähnlicher Weise die körperliche Form die Zahl der Einheit der Seele ist; denn sowie wir die erste, einfachste Einheit nicht in sich, sondern in der Vernunft als deren Zahl, die Vernunft nicht in sich, sondern in der Seele schauen, so sehen wir auch die Kraft oder Einheit der Seele nicht in sich, sondern in deren *körperlicher* Entfaltung auf eine sinnliche Weise. Beachte ferner: Aus der Vermehrung der Hundertzahl, des Bildes der Seele, durch die Zehnzahl entsteht tausend, das Bild des Körpers. Es ist daher die Seele nicht *Wurzel* des Kubischen oder des Körpers, sondern das *Mittel* und *Werkzeug*, durch welches die Vernunft in den Körper herniedersteigt; der Körper ist die durch die Seele vermittelte Vervielfältigung des Geistes. Da nun in allem Körperlichen die Seele als Werkzeug sich abspiegelt, so ist die Seele die Voraussetzung und Einheit alles Sinnlichen. Alles sinnlich Verschiedene und Entgegengesetzte hat daher einen Grund, der in verschiedener Konkretheit die Mannigfaltigkeit des Sinnlichen ausmacht. Die Urteile der Seele sind also wie die Zahlen, von welchen die eine *gerade*, die andere *ungerade* ist und nie dieselbe beides zugleich, gerade und ungerade. Die Seele hält daher die *Gegensätze* in ihrem Grunde für *unversöhnlich,* da ihr Urteil die Zahl oder die Entfaltung ihrer (höhern) Einheit ist, also diese selbst in ihrer Einfachheit nicht erreicht, wie dies auch in analoger Weise bei den übrigen Einheiten der Fall ist.

Zehntes Kapitel

Von der letzten Einheit

Die *sinnliche, körperliche Einheit* ist die letzte, weil sie die Entfaltung der Einheiten ist und selbst nichts mehr in sich befaßt. Nur der Geist kennt und unterscheidet die drei ersten Einheiten, der Sinn erfaßt nur das Körperliche. *Nun sehen wir auch deutlich ein, wie ungereimt es ist, wenn wir durch das Sinnliche das Geistige messen wollen.* Ungereimt ist es schon, die Einfachheit der Linie durch den Körper zu messen, aber das Allerungereimteste, das Unteilbare, den einfachsten Punkt in die Gestalt des Körpers einzukleiden. Durch alle solche körperlichen Formen und sinnlichen Überlieferungen auf dem Gebiete der Literatur (per has sensibiles literatorias traditiones) erhalten wir nur eine verkehrte und dunkle Vorstellung von tieferen theologischen Ideen.

Der *Sinn* fühlt nur das Sinnliche, aber sein Fühlen ist verworren und unterschiedslos ohne die höhere Einheit des Sinnes; denn daß der Sinn Weißes und Schwarzes, Wärme und Kälte, Scharfes und Stumpfes unterscheidet, das kommt von seiner höhern Einheit, dem unterscheidenden Verstand. Der Sinn als solcher negiert daher nicht, denn Negieren ist Unterscheiden; er bejaht nur, daß das Sinnliche sei, aber nicht dieses oder jenes. Der Verstand bedient sich also des Sinnes als eines Werkzeuges, um das Sinnliche zu unterscheiden, aber er selbst ist es, der im Sinne das Sinnliche unterscheidet. Beachte nun, Vater Julian, wie aus dem Gebiete des Sinnlichen alle Verneinung entfernt ist, gleichwie aus dem der obersten Einheit alle Bejahung. In den mittlern Einheiten kommen beide, Bejahung und Verneinung vor, verbunden in der zweiten, auseinandergetreten in der dritten. So sprechen wir in der untersten Einheit nur von der gegenwärtigen Zeit, in der obersten von keiner Zeit, in der zweiten von der gegenwärtigen *und* nichtgegenwärtigen, in der dritten von der gegenwärtigen *oder* nichtgegenwärtigen. *Wenn man daher die Begriffe den Einheiten, auf welche sich unsere Forschung bezieht, anpaßt, so ergeben sich die wahreren Mutmaßungen.* Wenn wir z. B. als Verstandeswesen von Gott reden, so unterwerfen wir Gott den Gesetzen des Verstandes und bejahen das eine, verneinen das andere von ihm. *Das ist die Weise beinahe aller neuen Theologen, welche von Gott vom Standpunkte des Verstandes aus sprechen*; auf diesem Wege behaupten wir vieles, was wir vom Gesichtspunkte der einfachen Einheit aus verneinen müssen.

Eines ist hier noch zu beachten: Die sinnliche Einheit, die keiner weitern Entfaltung fähig ist, kehrt nach oben zurück. Der Sinn kehrt in den Verstand, dieser in die Vernunft, die Vernunft in Gott, den Anfang und die Vollendung zurück, in vollendetem Kreislaufe. Es irrt also der Sinn von dem Wege zur Rückkehr in das letzte Ziel ab, wenn er von der Einheit des Verstandes sich entfernt, ähnlich Verstand und Vernunft.

Elftes Kapitel

Von der Einheit und dem Anderssein

Nachdem ich nun, soweit es mein ungebildeter Geist vermochte, aus der Zahlenordnung die *Grundlage* für meine Mutmaßungen gewonnen habe, will ich nun, aus derselben Wurzel, eines, was immer aufs neue dem Geiste einzuprägen ist, beifügen.

Jede Zahl besteht aus einem und einem andern, aber nie wird die Einheit einer Zahl der Einheit einer andern vollkommen gleich sein, da im Endlichen präzise Gleichheit unmöglich ist. Es wird daher Zahlen geben, in welchen die Einheit die Andersheit besiegt und solche, in welchen die Andersheit die Einheit zu verschlingen scheint. Niemand zweifelt daran, daß die Wurzelzahlen einfacher seien als die Quadrat- und Kubikzahlen, die ein Vielfaches sind, also der Vielheit angehören. Nach diesem Vorbilde denke dir nun das Universum und alle Welten mit allem, was aus ihnen hervorgeht, aus der ineinanderübergehenden Einheit und Andersheit gebildet, jedoch in verschiedener Weise, nach dem Gesetze der Einheitsentfaltung. Stelle dir nun die Einheit als ein belebendes und bildendes Licht, die Andersheit als Schatten und Rückschritt von dem ersten Einfachsten, als die materielle Dichtigkeit vor; laß nun eine Lichtpyramide in Finsternis und eine Finsternispyramide in das Lichtgebiet übergehen und führe alles zu Erforschende auf die Figur zurück, um nach ihrer Anleitung in die Geheimnisse einzudringen.

Paradigma der drei Welten, der höchsten lichtartigen, der untersten finsternisartigen und der dazwischenliegenden.

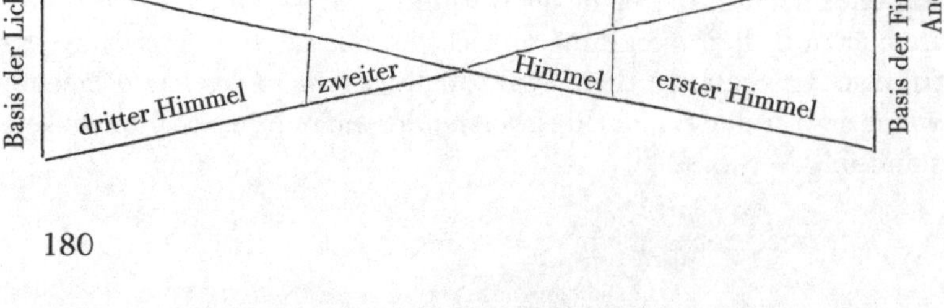

Gott, die Einheit, ist gleichsam die Basis des Lichts, die Basis der Finsternis ist das Nichts. *Zwischen Gott und das Nichts aber fällt nach unserer Mutmaßung jegliche Kreatur.* Die oberste Welt ist reich an Licht, jedoch nicht ohne Finsternis; in der untersten Welt herrscht die Finsternis, wiewohl auch sie nicht lichtlos ist. Nur das muß ich immer wieder erinnern, daß man sich kein sinnliches Licht oder Finsternis denken darf, um nicht irrige Vorstellungen zu bekommen.

Zwölftes Kapitel

Erläuterung

Die ganze Kraft unseres Geistes muß sich der tiefsten Erfassung der Einheit zuwenden, weil die ganze Menge des Erkennbaren von ihrer Erkenntnis abhängt, welche in jeder Wissenschaft das ist, was gewußt wird. Die ganze Menge ihrer Namen ist nichts anderes als gewisse Zahlenausdrücke ihres Einen Namens. Was daher den Charakter der *Unteilbarkeit* (wie: Unzerstörbarkeit, Unsterblichkeit, Unveränderlichkeit, Unbeweglichkeit) des *Unterschiedenen* (wie: die Gestalt, das Einzelne, das Licht, das Feuer, das Geistige), und der *Verbindung* (wie: Tätigkeit, Ganzes, Allgemeines, Gattung, Liebe, Kunst) an sich trägt, das geht in seinen Gegensatz ebenso über wie die Einheit in die Andersheit. Es geht daher im obersten Himmel alle Andersheit und was zu ihr gehört, in die Einheit über, in dem untersten Himmel ist die gerade entgegengesetzte Bewegung: Hier ist das Unsterbliche in Sterblichkeit, die Wirklichkeit in der Möglichkeit, die Männlichkeit in der Weiblichkeit etc. In der mittleren Welt ist ein mittlerer Zustand.

Wer dies genau erwägt, der schaut Großes und vielen ganz und gar Verborgenes im hellsten Lichte und dringt bis in die tiefsten Geheimnisse der Natur. Denn er wird dahin geführt, *daß die Welt nur die Einheit und Andersheit in einer Variation von Bezeichnungen ist* (duceberis enim in variationes terminorum unius et alterius mundi). Eben daher existiert alles in der Welt mögliche *in Differenzen*: anders ist in dem einen Dinge die Einheit mit der Andersheit verbunden, anders in dem andern. *Auf ein einfach Größtes oder Kleinstes kommt man daher in ihr nicht.* Von der Annäherung an die Einheit oder der Entfernung von ihr, von dem Grade, in welchem die Einheit in einem Wesen in

Wirklichkeit oder in der Möglichkeit ist, hängt daher auch der *Wert*, die *Würde* und die *Vollkommenheit* eines Dinges ab. Denn die Einheit faßt auch den Einklang von Grund oder Anfang und Ziel eines Dinges in sich. So ist die Einheit der Seele vollkommener als die des Körpers, weil das Ziel der Einheit des Körpers die Einheit der Seele ist; denn mit der Seele schwindet auch die Einheit des Körpers. Zu den nachweisbar einfachsten Elementar-Einheiten, die ganz in Wirklichkeit (actu) sind, können wir aber nicht gelangen, weil es bei graduell Verschiedenem kein absolut Größtes und Kleinstes gibt (es gibt z. B. kein Wasser, das sich nicht in Hinsicht auf das Elementare von dem andern als Spezies unterschiede), wiewohl der Verstand das Dasein derselben glaubt. Aber die wahre Einsicht in das Grundelement alles Seins – Gott – gibt uns wieder nur jene negative Wissenschaft, welche präzise Erkenntnis als unmöglich nachweist. Sie zeigt zugleich, was sehr wichtig ist, daß das Fortschreiten der Einheit in die Andersheit zugleich ein Fortschreiten der Andersheit in die Einheit ist; sie schaut also das wieder verbunden, was der Verstand trennt. *Diese Einsicht haben sich die Philosophen und philosophierenden Theologen bisher durch ihr Grundprinzip unmöglich gemacht.*

Dreizehntes Kapitel

Das vernünftig Erkennbare ist in seinem Ansich nicht zu erkennen

In dem entwickelten Begriffe der Einheit ist nun auch tiefer begründet, was gleich im Eingange über das Wesen der menschlichen Erkenntnis als Mutmaßung gesagt wurde. Die Einheit ist nämlich die unmittelbare in ihrem Ansich unerreichbare Identität. Nun ist aber jedes Wesen nur in seinem eigenen Sein, in seinem Ansich, in jedem andern anders. Der Kreis z. B. als ein Verstandesding wird nur in seiner eigentümlichen Wesenheit, welche eben der Verstand ist, erfaßt; außer dem Verstande, in der Sinnlichkeit, als sinnlicher Kreis ist er nicht mehr in seinem Ansich, er ist in einem andern, daher anders und nicht in seinem Ansich präzis zu erfassen. Und wenn sich auch das Ansich nicht anders denn als Ansich mitteilte, so kann es doch in einem andern nur anders partizipiert werden, nicht infolge eines innern Mangels, sondern weil es in einem andern ist. Schenke diesem Satze deine ganze Aufmerksamkeit, um in die Mannigfaltigkeit der

Mutmaßungen tiefer einzudringen! *Du siehst nun, daß du nichts vernünftig Erkennbares* (intelligibile) *in seinem Ansich erkennest, wenn du deine Vernunft für etwas anderes hältst als das Erkennbare selbst*, denn das vernünftig Erkennbare wird nur in seiner eigenen Idee, durch deren Sein es ist, in seinem Ansich erkannt, in allem andern aber anders. Nichts wird also in seinem Ansich erkannt, außer in der eigenen Wahrheit, durch die es ist. Daher wird nur in der göttlichen Vernunft, durch welche jedes Ding ist, das Ansich aller Dinge erreicht, in jeder andern Vernunft anders. *Wie die Verschiedenheit der Schauenden in der Einheit des Schauens, so schließt sich die Verschiedenheit des zu Schauenden* (visibilium) *in der Einheit der Anschauung zusammen.* Nicht so aber ist es zu denken, als gingen die Geister, die den Lichtstrahl der göttlichen Vernunft in sich aufnehmen, auf natürliche Weise dieser Aufnahme voraus; sondern das geistige Partizipieren an jenem unmittelbaren höchst wirksamen Lichte *ist eben ihre Wesenheit*; und da dieses Partizipieren in verschiedenem Grade, in verschiedener Potenz, stattfindet, so können wir sagen: *Die ganze Tätigkeit unserer Vernunft besteht in potentiell verschiedener Teilnahme an der göttlichen Tätigkeit* (potius igitur omnis nostra intelligentia ex participatione actualitatis divinae in potentiali varietate consistit). Denn das aktuelle *Erfassenkönnen* der Wahrheit an sich kommt den *geschaffenen* Geistern in der Weise zu, wie es Gott eigen ist, jene Aktualität selbst zu sein, die von den erschaffenen Geistern in verschiedener Potenz partizipiert wird. Je durchgebildeter (formior) daher die Gotteserkenntnis, desto näher kommt ihre Potentialität der höchsten Wirklichkeit, je dunkler, desto entfernter ist sie von ihr. Da also nur eine stete Annäherung, kein Erreichen des Ansich möglich ist, so siehst du, daß alle positiven Behauptungen der Weisen nur Mutmaßungen sind. *Die Mutmaßung ist eine positive Behauptung, welche das Ansich der Wahrheit im Anderssein partizipiert.*

Welches ist aber die *Art und Weise* dieses Partizipierens? Da alles, was ein Partizipieren zuläßt, dieses nur im Anderssein zuläßt, so muß es in der *Vierheit* geschehen; denn indem die Einheit zum Anderssein vorschreitet, bleibt sie im Quaternar stehen, da alles, was in einem andern partizipiert wird, weder am Größten noch am Kleinsten, noch auf völlig gleiche Weise von diesem in sich aufgenommen werden kann. Der *Abfall* aber von dem am Größten-, am Kleinsten- und dem Gleichsein ist der Quaternar. Die absolute Einfachheit wird daher eben, weil sie die Einfachheit ist, nicht partizipiert *in einem Teilverhältnisse, nicht als Inbegriff des Partizipierten, nicht als ins Anderssein übergegangene Entfaltung, sondern sie ist als Art und Weise der Kraft der an sich kein Partizipieren zulassenden Einheit in ihrer Zusammenfassung in einer gewissen Koinzidenz zu denken.* (Non igitur participatur unitas ut est complicans simplicitas, nec ut est alterata explicatio, sed ut alterabilis eius participabilis explicatoria, quasi quidam modus virtutis ipsius complicative imparticipabilis unitatis, per quandam coincidentiam intelligitur.)

Vierzehntes Kapitel

Von den drei Welten

Durch das Herabsteigen der ersten göttlichen Einheit in die Zehnereinheit und die Rückkehr dieser in jene entsteht eine *oberste Welt*, die man auch den *dritten Himmel* nennen kann: in analoger Weise eine *zweite* und *dritte Welt*. So besteht also das Universum aus einer ganz geistigen Zentralwelt, aus einer ganz dichten Peripheriewelt und aus einer mittlern. Das Zentrum der ersten ist *Gott*, das Zentrum der zweiten die *Vernunft* (intelligentia), das der dritten der *Verstand*. Die Sinnlichkeit ist gleichsam die dichte Rinde um die dritte Welt. Wie das erste Zentrum, alles in allem befassend, überall Zentrum ist, so die Sinnlichkeit überall nur Extremität. *Alles ist in der ersten Welt, alles in der zweiten, alles in der dritten, in jeder Welt nach seiner Weise*; in der ersten Welt in seiner Wahrheit, in der zweiten in einer entfernteren Ähnlichkeit, in der dritten in dem entferntesten Schattenbilde, wie das Bild eines Vaters in seinen entferntesten Verwandten kaum noch erkennbar ist. Das Bild der wahren *Kindschaft Gottes* (filiationis), unseres Vaters und Urgrundes haben wir daher nur in dem dritten Himmel, dessen Zentrum die Wahrheit selbst ist.

Nur dort werden wir als wahre Söhne das Reich der Wahrheit besitzen können.

Fünfzehntes Kapitel

Von den dreimal drei Unterscheidungen

Ich mutmaße nun weiter, daß jede der drei Welten des Universums die Zahlenreihe in sich wiederhole, *so daß jede in ihrer Weise vollkommen ist*, freilich mit Beibehaltung der graduellen Verschiedenheit. So ergeben sich denn im Universum neue graduelle Einheiten aus der ersten einfachsten Einheit, wie folgende *Figur des Universums* (P), der 3 Welten, 9 Ordnungen und 27 Chöre zeigt, die zum Verständnis des Ganzen unentbehrlich ist.

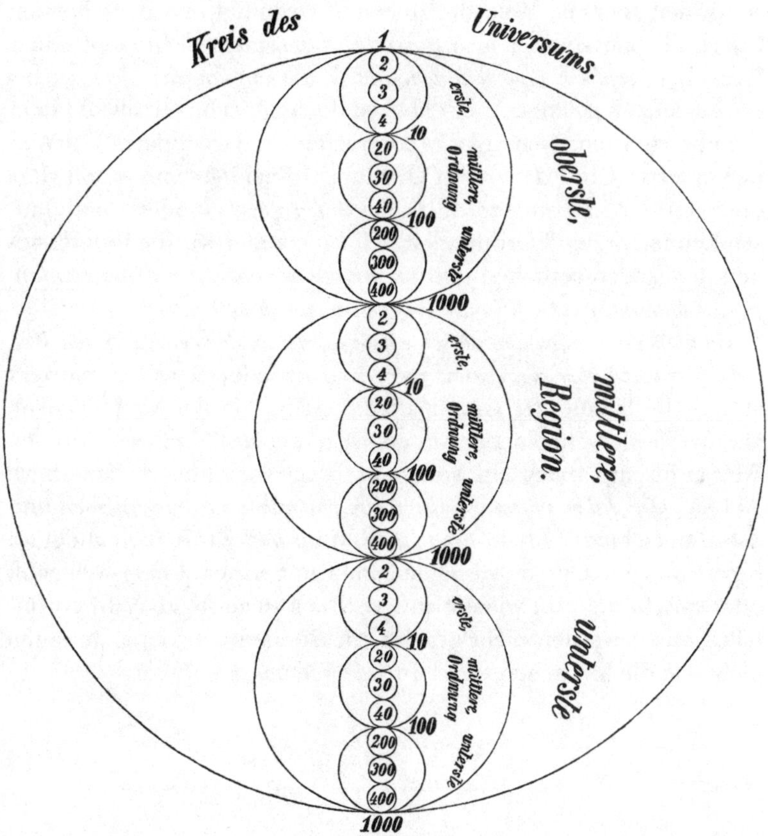

Große Geheimnisse, die vielen verborgen sind, werden sich dir, wenn du diese Figur, wie sich's gebührt, mit dem Auge des Geistes betrachtest, enthüllen. 1) Der Denar ist der Inbegriff aller Zahl, der Quaternar die Vollendung jeder Progression. Viermal zehn sind vierzig, du findest daher in allem zusammen 40 Kreise. Die Progression 1, 3, 9, 27 = 40 wird daher mit Recht gepriesen. Denn wie 1, 2, 3, 4 die regelmäßigste Progression aller Zahl ist (die Multiplikation des Binars gibt den Quaternar, wie die Addition der Einheit zum Ternar), so gibt es zum Zehnfachen des Quaternar-Vierzig keine regelmäßigere Progression als 1, 3, 9, 27. 2) Beachte, wie die einfache Einheit, welche hier Gott bezeichnet, vier Kreise berührt, den des Universums, der obersten Welt, der obersten Ordnung und des obersten Chors. Sie partizipieren also *stufenweise* an seinem Lichte und seiner Wesenheit, *und ein Chor teilt dem andern das empfangene Licht mit,* bis es zum letzten gelangt. Aber dabei ist doch die Zehnheit absoluter in der obersten, eingeschränkter (contractior) in der mittlern Welt, und der unterste Grad der obern Ordnung koinzidiert immer mit dem obersten der nächstniedern. Da die 9 Zehner-, Hundert- und Tausendeinheiten der 3 Ordnungen sich zueinander wie die Progressionen der Zahlen verhalten und *immer mit der absoluten Einheit anfangen, so kommt in jeder Welt die Progression zu ihrer Vollendung.*

So muß denn nach den verschiedenen Urteilen der verschiedenen Welten verschieden über sie geurteilt werden. Über jeden Denkenden urteilt anders die Schule der Grammatiker, anders die der Mathematiker, anders die der Theologen. Anders ist ferner das Urteil der unteren Welt in ihrem Fürsichsein, anders in ihrem Verhältnis zu den obern Welten. *Wer daher mutmaßt, der wisse vor allem zu unterscheiden* und das Unterschiedene bald einzeln, bald im Verhältnis zueinander zu betrachten, um bald zu verneinen, bald zu bejahen. Keine Welt zählt oder spricht oder tut wie die andere. Die rein geistigen Naturen (intelligentiae) werden nicht gezählt wie Steine oder Tiere, sie reden nicht wie die Menschen, sondern *jede Welt hat ihre Weise.*

Zweites Buch

Erstes Kapitel[1]

Nach dieser Fundamentallehre meiner Mutmaßungen will ich nun die Einfachheit und Identität des entwickelten Begriffs in einer Mannigfaltigkeit von Andersheiten faßlicher machen und das Gesagte *durch Anwendung* erläutern. Wenn du dann dasselbe in verschiedener Weise sich abspiegeln siehst, ist dir durch die Kunst des Mutmaßens der Weg zu jeglicher Untersuchung geöffnet.

Drittes Kapitel

Von der Verschiedenheit und Übereinstimmung

Der menschliche Geist als Verstand, der als solcher das Unendliche von dem Kreise seines Erkennens ausschließt, behauptet, jedes Ding unterscheide sich von dem andern, und jeder mögliche Unterschied sei immer kleiner als der unendliche, dieser aber sei ebenso Unterschied, als er zugleich Einstimmung ist. *Jegliches stimmt also mit jeglichem überein und ist von ihm verschieden*, jedoch nie in absoluter Prä-

---

1 Das *erste* und *zweite* Kapitel haben keine besondere Aufschrift. Wir übergehen den Inhalt derselben, da er nur eine ausführliche Erörterung des oft besprochenen Gedankens ist, daß wir es zu einer präzisen Erkenntnis unmöglich bringen können, und daß die vermeintliche Präzision der Sinnen-, Verstandes- und Vernunfterkenntnis in ihrem Anderssein als Unvollkommenheit erkannt wird, sobald man sie im Lichte der nächsthöheren Einheit betrachtet. (Oportet etiam, ut fundamentum illud inattingibilis praecisionis ad hoc indesinenter resolvas, ut, dum tibi aut sensibilis aut rationalis, aut intellectualis occurrit praecisio, eam ut contractam taliter praecisam admittas, cuius alteritatem tunc tantum intueberis, quando in unitatem absolutioris contractionis ascenderis).

zision, die im Universum vergebens gesucht wird. Wenn dies für die sinnliche Welt, nach der Natur dieser Welt, als wahr gilt, so hat jedes sinnliche Wesen mit jedem sinnlichen Wesen eine universellste Einstimmung und eine speziellste Verschiedenheit. Denken wir uns jene als die Einheit, diese als die Andersheit, nach der Figur P, so geht eine in die andere durch zwei Mittelstufen über, und mit Anwendung der Figur des Universums läßt sich der Satz auch so aussprechen: Jedes sinnliche Wesens ist mit jedem und keinem übereinstimmend, von jedem und keinem verschieden. Denn denken wir uns den Mittelpunkt eines der kleinsten Kreise als ein Einzelwesen, so ist es als Mittelpunkt von allen andern verschieden, als ein Punkt überhaupt fällt es in den Kreis des Universums und hat daher mit dem übrigen Inhalt desselben eine universelle Übereinstimmung, eine generelle mit dem nächstkleinern Kreise, eine spezielle mit dem noch kleinern und eine speziellste mit dem allerkleinsten Kreise. Alles Universelle, Generelle und Spezielle julianisiert in dir, Julian, wie die Harmonie auf der Flöte flötet, auf der Zither zithert (citharizat).

Viertes Kapitel

Von den Elementen

Gibt es nun eine universelle Übereinstimmung aller Dinge im Universum, so ist auch in allen eine gemeinsame, erste und universellste Natur, die unsere Mutmaßung *Elementarnatur* nennt. Element nenne ich die von der Andersheit verschlungene und eben darum nicht einfach in sich als reine Aktualität bestehende Einheit einer jeden Lebenssphäre. Das aus den Elementen Entstandene (elementatum) kann daher nicht in einfache Elemente aufgelöst werden, da die Auflösung zu einem Einfachsten nicht kommen kann, und das einfache Element nicht die Kraft hat, wirklich (actu) zu existieren. Die *Unterscheidung* der Elemente ergibt sich aus der allgemeinen Figur der Unterscheidung; sie ist eine dreifache: als Wurzel, Quadrat, Kubus. Die einen Elemente beziehen sich mehr auf die Vernunft, andere auf den Verstand, andere auf die Sinne. Was der Sinn für Element hält, ist dem Verstande ein Zusammengesetztes (elementatum), und was diesem Element ist, darin sieht die Vernunft Zusammensetzung.

Daß wir aber der Elemente *vier* annehmen, die ineinander sich auflösen lassen, davon ist der Grund, weil der *Quaternar* es ist, der das Fortschreiten der Einheit in das Anderssein und die Rückkehr des Anderssein in die Einheit vermittelt. Denn denken wir uns die Elemente als Punkt, so ergibt sich, daß 3 Elemente zur Bildung eines Körpers (solidum) nicht hinreichen, aber auch, daß nach (post) dem Quaternar eine Verbindung eines Jeglichen mit Jeglichem nicht möglich ist. Der Beweis für letzteren Satz liegt im Folgenden. Jede Linie kann in eine immer weiter teilbare geteilt werden, ohne daß das Teilchen je den Punkt erreicht. Es sind daher der Potenz nach nicht mehr Punkte in der einen als in der andern Linie. Es läßt sich folglich der Punkt der Linie nicht trennen, da er weder ein Teil der Linie ist, noch die für sich bestehende Einheit. Aus demselben Grunde kann die einfache Linie nicht von der Oberfläche, diese nicht vom Körper getrennt werden; es müßte sonst der Punkt von der Linie abgesondert werden können. Nun fällt aber die Linie bekanntlich zwischen zwei Punkte. Die Linie ist also die Fortsetzung zweier sich wechselseitig wiederholender Punkte; die einfache Oberfläche, von drei Linien begrenzt, ist die Wiederholung dreier Punkte, und so der Körper die wechselseitige Verbindung von vier Punkten. Im *Quinar* ist keine solche Verbindung derselben möglich, bei der jeder Punkt mit jedem verbunden ist (innectatur). Veranschaulicht wird dies an der *dreiseitigen Pyramide*, dem einfachsten Körper aus 4 Punkten, 6 Linien und 4 dreiwinkligen Oberflächen. *Es gibt daher vier Elemente*, aus diesen gehen 6 und durch deren Vermittlung 4 hervor. Weil aber die Elemente eine gewisse Kombination zueinander bilden, so entsteht ein anderes Element, wenn eines die andern vereinigt, und wieder ein anderes, wenn mit einem andern die übrigen verbunden werden. Jedes Element faßt daher die 3 andern in sich wie der Kegel (conus) einer dreiseitigen Pyramide, so daß die Einheit von einem die Aktualität der übrigen ist und so das eigentümliche Produkt dieses einen Elementes sich herausstellt. Solcher Produkte (prima elementata) sind es daher 4. Die 3 übrigen Elemente, in dem einfachern, hellern und geeinigteren verbunden, sind in der Region der Sinnlichkeit das *Feuer*, in dem dichteren und finsteren vereint die *Erde*, in dem, dem ersteren sich nähernden die *Luft*, in dem, dem letzteren sich nähernden das *Wasser*. Was man also gewöhnliche Elemente nennt, sind die vier ersten und allgemeinsten Produkte der Elemente (elementata).

Fünftes und sechstes Kapitel

Wie ist das Element in seinem Produkte?

Wie ist aber das Element in seinem Produkte? Dies zeigt dir die Figur des Universums. Denn wenn du Luft, Feuer, Wasser oder Erde dir als den größeren Kreis denkst, so siehst du, wie in demselben die Kreise der drei andern Elemente enthalten sind. *Ein* Element faßt also universell in sich 3, diese 3 generell 9, diese 9 speziell 27. So ist der Kubus des Ternars die Entfaltung jedes Elements zur speziellen Einheit. Diese aber faßt das Individuelle so in sich, wie z. B. die lateinische Sprache alle möglichen Worte und Verbindungen, d. h. unerschöpflich. Das *Individuum* ist gleichsam das Ende des Ausströmens der Elemente und der Anfang ihres Zurückströmens; das Gegenteil gilt von der *höchsten Gattung* (generalissimum). Das Meer wird die allgemeine Mutter der Flüsse genannt; denn in der Quell ist es auf das Speziellste eingeschränkt; aus ihr entsteht der Bach, der zuletzt wieder ins Meer zurückkehrt.

Aus dem Bisherigen ist zugleich klar, daß keine Wissenschaft die präzise Zusammensetzung der Elemente erreicht, weil es unmöglich ist, daß 2 Dinge auf gleiche Weise die Natur der Elemente partizipieren.

Soviel von den Elementen im allgemeinen. Willst du in die Besonderheit der Elemente eingehen, so *verfahre proportional den einzelnen Gebieten.* Wie in der sinnlichen Welt sinnliche, so denke dir in der verständigen verständige, in der vernünftigen vernünftige Elemente. Beachte dies wohl, Julian, denn die absolute Einheit, welche auch die unaussprechliche Wahrheit ist, ist in ihrem Ansich unerfaßbar. Das Sein des Geistes aber ist Denken und das heißt an der Wahrheit teilhaben. Und weil dies Teilhaben nur im Anderssein, in der Vielheit und Verschiedenheit geschieht, so wird das die rechte Teilnahme an der Wahrheit sein, in welchem die Kraft der Wahrheit geeinter und harmonischer widertönt, wie das Ohr sich ergötzt an dem Einklange verschiedener Töne. Unaussprechlich ist daher die Freude dessen, der in der Mannigfaltigkeit geistiger Wahrheiten die Einheit der unendlichen Wahrheit selbst erfaßt. Denn er sieht im Anderssein des geistig Erkennbaren die Einheit aller Schönheit, hört geistig die Einheit aller Harmonie, kostet die Einheit aller Süßigkeit, erfaßt die Einheit aller Gründe und Ursachen und schaut in geistiger Wonne alles in der Wahrheit, die er allein liebt.

Siebentes Kapitel

Vom Senar, Septenar und Denar

Da die absolute Einheit, wie wir gesehen, nur im Anderssein partizipiert wird, so steigt die absolute Einheit herab in die geistige Unendlichkeit, diese in die verständige, diese in die sinnliche, welche sich in demselben Stufengange wieder zur absoluten Einheit erhebt, so daß *in der absoluten Einheit* Anfang des Ausströmens und Ende des Rückströmens, in der *sinnlichen Einheit* Ende des Ausströmens und Anfang des Rückströmens koinzidieren. Für diese *über* sich kreisförmig zurückkehrende Progression ist der *Senar* das Zahlenbild und die nebenstehende Figur die Veranschaulichung. Es bezeichnet a die absolute, b die geistige, c die verständige, d die sinnliche, die verständige, f die geistige Einheit.

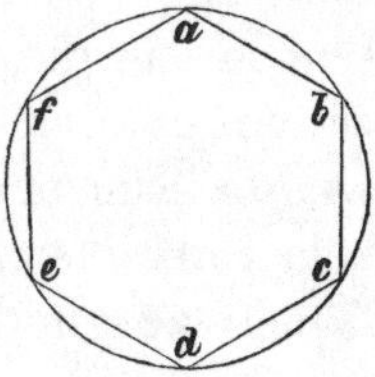

Es erhellt hieraus: Wie der Kreislauf des Senars das *Maß des Perpetuierlichen* ist und wie die Zeitfolge aus dem Perpetuierlichen hervorgeht und die Natur alles Werdenden und Vergehenden beherrscht, so geht der *Septenar* aus dem Senar hervor als das Zahlenbild der nicht zu sich selbst zurückkehrenden, sondern in ein anderes Ähnliches übergehenden Progression. Wenn aus dem Samen der Baum und aus dem Baume wieder Samen entsteht, so umfaßt beides der Septenar, welcher entsteht, wenn das Ende in der Zahl mit dem ersten nicht koinzidiert, wohl aber das Ende des Ausströmens mit dem Anfange des Rückströmens.

Aus dem Septenar entsteht der *Denar*, denn wenn a der Same ist, d der Baum, g ein anderer Same, k ein anderer Baum, so geht a durch b, c in d über, d aber durch e, f in g, womit der Septenar sich schließt. g erhebt sich nun durch h, i in k; so haben wir den vollkommenen *Denar*. Die Individualisierung der Spezies in dem Samen a, die als solche zerstörlich, als Spezies aber unzerstörlich ist, sucht sich durch die Kraft der in ihr enthaltenen Spezies zu erhalten und gibt daher, indem sie sich in die Spezies auflöst, das individuelle Sein auf, um mittelst der Spezies ein Ähnliches aus sich

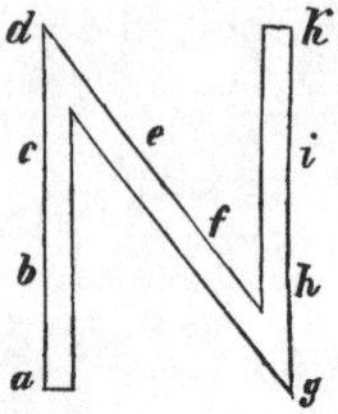

hervorzubringen. Es wird sich daher nach dem Gesetze des Quaternars zu einem Baume entfalten, weil es sonst sich nicht vervielfältigen kann. a will g hervorbringen und erhebt sich deshalb zu d. d aber, jetzt ein Baum, kann sich nur in einem Ähnlichen erhalten und strebt daher nach k. Um aber k zu erreichen, muß es zuvor zu g herabsteigen. So ist in a ein doppelter Trieb verbunden, ein natürlicher, der in g sein Ziel hat und ein zufälliger (akzidenteller), der in d sein Ziel hat. Ähnlich ist in d ein doppelter Trieb vereint. Dem g ist also ein natürlicher Trieb von a mitgeteilt und ein zufälliger von d gleichsam eingedrückt (impressus). *Ein Trieb stachelt und treibt so den andern, damit ein ununterbrochenes Erzeugen und Zerstören ist und das Erzeugen des einen ein Zerstören des andern.* Beachte aber, daß wir nur durch 2 Samen und 2 Bäume, welche 4 sind (also durch den Quaternar), zu der gewonnenen Einsicht gelangt sind. Du mußt also die Progression a d g und d g k in deinem Geist verbunden auffassen, so daß die Koinzidenz vom Ende der einen und Anfang der andern eine vollständige Reihenfolge bildet. Du siehst nun auch, wie die Sameneinheit des Baumes (das einzelne Samenkorn), die kein Partizipieren zuließ, im Anderssein des Samens dieselbe zuläßt. Trage nun das vom Samen und Baume Gesagte auch auf anderes: Mineralien, Vegetabilien, Tiere, ja selbst auf das Verstandes- und Vernunftgebiet über. Denn hier wächst aus dem Staunen als dem Samen der Baum der Verstandeserkenntnis hervor, der wieder staunenswerte Früchte trägt, und der Baum der Verstandeserkenntnis läßt, vermittelt durch das erregte Staunen, einen ähnlichen Baum der Verstandeserkenntnis hervorwachsen. Ebenso wächst aus der Verstandesdemonstration als Same der Baum der Vernunfterkenntnis hervor, der Prinzipien als neuen Samen für einen neuen Baum der Vernunfterkenntnis hervorbringt.

Achtes Kapitel

Von dem Unterschiede (differentia) der Individuen

Wenn im Gebiete des Sinnlichen der Same zugleich Baum ist und unter den lebenden Wesen, die sich wie die Bäume verhalten, die einen männlich, die andern weiblich sind, so muß auch das eine männlicher, das andere weiblicher Samen sein. Die Figur P, bei welcher das Licht die Aktualität, der Schatten die Potentialität bezeichnet, zeigt dir also, daß die Aktualität die Potentialität verschlinge und umgekehrt, und daß die *Individuen* an deren Natur partizipieren. Betrachten wir die Aktualität allein nach der Figur P, so ist das Licht das Männliche der Aktualität, die Finsternis das Weibliche. Das gleiche gilt von der Potentialität. Beide müssen aber als etwas Endliches notwendig *differieren*, und es gibt keine größte Männlichkeit. In aller Männlichkeit ist also die Weiblichkeit in Differenzen verschlungen. Daher sehen wir auch an den männlichen Wesen Zeichen der Weiblichkeit, z. B. Zeichen von Brüsten, das Umgekehrte gilt von dem Samen. Wir wissen auch, daß die Individuen die Spezies in verschiedener Weise partizipieren; die einen Wesen partizipieren die Spezies vollkommener im Samen, die andern im Baume (d. i. in der Entfaltung des Samens). Je edler, vollkommener und kräftiger die Spezies ist, desto mehr sind es auch die Bäume, die ihre Natur partizipieren, und zwar bei den Bäumen wieder das Männliche, bei den Samen das Weibliche auf eine vollkommene Weise. So ist ein Birnbaum etwas Edleres als ein Birne, der Löwe edler als die Löwin und der Same des Löwen. Umgekehrt ist beim Weizen der Same etwas Besseres als der Halm. Wo nämlich der Baum mehr die Natur der unzerstörbaren Spezies an sich hat, Frucht hervorzubringen, ohne dabei die Produktionskraft zu verlieren, da hat der Baum mehr von der Vollkommenheit der Spezies an sich. Wo aber der Same der unzerstörbaren Spezies die Natur mehr auf ein einzelnes einschränkt und eben damit die Produktionskraft schwindet, weil sie ganz in den Samen übergeht, wie in den Weizen-, Hafer- und andern Körnern, da ist der Same das Vollkommenere und zwar wieder das Weiblichere das Edlere. Doch auch hierin sind wieder Gradunterschiede möglich. Der Baum, für die Kraft des Samens gleichsam der sich ausbreitende Kanal, welcher der Feuchtigkeit den Lauf anweist, wird diese um so vollkommener zur Spezies auswachsen lassen, je vollkommener die

Kraft des Samens, je freier sie sich ausgebreitet hat, und je vollkommener und für die Spezies geeigneter der Boden ist. Ein durch einen eingepfropften Birnbaumzweig veredelter Baum nimmt die Natur des Birnbaumes an. Ein in Italien lebender Deutscher ist im ersten Jahre noch mehr deutsch als im zweiten.

Ähnliches beachten wir auch in der Verstandeswelt wie in den Sitten, Gewohnheiten und Verstandeserkenntnissen, die eine Art Boden und Nahrung für unsern Geist sind, ja selbst in dem Vernunftgebiete.

Zehntes Kapitel

Von den Unterschieden der aus Seele und Leib zusammengesetzten Wesen[1]

Um *die Verschiedenheit der aus Seele und Leib zusammengesetzten Wesen* zu verstehen, blicke wieder auf die Figur P, und setze die Seele als Einheit, den Körper als Andersheit. Es erhebt sich also das Körperliche ins Geistige und es steigt dieses zu jenem herab, *beides verbunden*, so daß die Verschiedenheit der Körper so aus der Verschiedenheit der Seelen zu erklären ist, daß man zugleich die letztere Verschiedenheit aus der ersten begreift. Denn daß die menschliche Seele sich ihren eigentümlichen Körper bildet, rührt zugleich daher, daß dieser Körper gerade diese Seele erfordert. Daher schließen die Physiognomen aus der Betrachtung des Körpers auf die Eigentümlichkeit der Seele. Leute von zartem Fleische (molles carne) haben der Erfahrung zufolge einen empfänglichen Geist (aptos mente experimur). Auch die Bewegung, durch welche sich die lebenden Wesen von den Vegetabilien unterscheiden, ist nicht nur auf ein Bedürfnis des Körpers, sondern auch der Seele zu beziehen. Das Tier verändert seinen Ort nicht bloß, um die nötige Nahrung zu sammeln, sondern auch, um das Wirken der Seele zu betätigen. Ein Tier übertrifft das andere im Fliegen, Laufen, Geschicklichkeit nicht bloß deshalb, weil seine Selbsterhaltung dies erfordert, sondern auch, weil

1 Das *neunte* Kapitel »*Von den Unterschieden der Seinsweisen*« (Notwendigkeit, Wirklichkeit, Möglichkeit) übergehen wir, da sein Inhalt aus dem Bisherigen hinlänglich hervorgeht.

sein Inneres es so will (quia haec et spiritus exquirit). So hat der Mensch nicht deshalb einen größeren Verstand, um für seines Leibes Notdurft säen, pflanzen, Handel treiben, bauen, weben, kochen zu können, sondern der höchste Künstler hat es so geordnet, daß der Verstand ins Körperliche hinabsteige, damit der Körper ins Verständige sich erhebe. Jedes lebende Wesen ist also von jedem durch eine aus dem Körper und der Seele entstehende Differenz verschieden, aber eben deshalb auch mit jedem einstimmig (concordat). *Daher verbirgt selbst das vegetative Leben in seiner Dunkelheit das geistige in sich* (occultat intellectualem). Kennzeichen von diesem treten hervor in den Ästen zur Erhaltung, in Blättern und Rinde zur Beschützung der Frucht. Mehr Zeichen des Geistigen finden wir in den Tieren im *Sinne*, noch mehr in der *Einbildungskraft*, noch mehr im *Verstande* und unter den verständigen Wesen noch weit entschiedenere Zeichen von Vorhersehen (providentiae) im *Menschen*, bis in den rein geistigen Naturen (den Engeln) (in intelligentiis) die sinnliche Natur vom Geiste ganz verschlungen ist. In den Vegetabilien ist das Vernünftige vegetabilischer Natur: Es treibt seine Äste hinaus, auf daß an ihnen die Früchte hangen; in den Tieren tierischer Natur: Es treibt sie zum Jagen und Aufsuchen des zu ihrem Unterhalte Notwendigen; in den Geistern ist es geistig: Es führt zur Wahrheit hin. Alles Geistige partizipiert also in seiner Weise an den Elementen der geistigen wie das Körperliche an denen der körperlichen Natur. – Ist die Seele die Einheit, der Körper die Andersheit, so *ist alles, was im Körper entfaltet ist, in der Seele wie in einem Einheitsprinzipe eingeschlossen.* Wie im Körper Haupt, Hände und Füße graduell verschiedene Funktionen haben, so sind in der Seele die Vernunft das Haupt, der Verstand die Hände, die Sinne die Füße. Denke dir also die Seele des Löwen mit einem Geiste als Haupt, mit Sinnen als Füßen, mit einem Verstande als den Händen, aber alles dieses beschlossen in der Beschränktheit der Löwennatur, wie wir es im Menschen als Menschennatur finden.

Auch die Verschiedenheit und das Ineinanderspielen der körperlichen Eigentümlichkeiten findest du nach Anleitung der Figur P. Nach ihr findest du auch in der *Verbindung* des Geistigen und Körperlichen drei Grade: eine Seele oder geistige Natur; einen körperlichen, in den Arterien eingeschlossenen Geist als Vehikel für das Band der Seele (vehiculum connexionis animae), und einen körperlichen Geist, durch den die Seele auf den Körper und das Sinnliche einwirkt, so daß durch diese Vermittlung die Kraft der Seele mit dem Körper verbunden ist.

Elftes Kapitel

Vom Leben

Um das *Leben* zu erkennen, benütze wieder die Figur P, und du wirst jenes edle Leben erkennen, von dessen Klarheit und Einheit jede Andersheit verschlungen ist (absorbetur), aber auch jenes, dessen Einheit im Anderssein flüchtiger und unbeständiger Finsternis befangen ist. Durch Anwendung der Figur des Universums aber findest du drei, wie Wurzel, Quadrat und Kubus, verschiedene Arten des Lebens: ein unzerstörbares, ein veränderliches und ein mehr unzerstörbares und mehr veränderliches.

Damit das niedere Leben dem höhern geeint werde in der Einheit des Universums, muß das höhere mit dem niedern verbunden werden. Diese Zusammensetzung aus dem Leben, in welchem die Einheit, und aus dem, in welchem die Andersheit siegt, ist also aus zerstörbarem und unzerstörbarem Leben zugleich, in Differenzen oder Graden; sie ist, wie anderes Sterbliche, dem Tode unterworfen. *Das geistige Leben aber, zur unzerstörbaren Wahrheit nach oben erhoben, kennt keinen Zug zum zerstörbaren Anderssein hin* (intellectualis autem vita, ad incorruptibilem veritatem evecta sursum, ad corruptibilem alteritatem moveri nescit). Es wird zwar der unterste Grad der geistigen Natur, der wenig in Wirklichkeit, beinahe ganz nur in Potenz ist, eine gewisse Möglichkeit haben, infolge der engen Verbindung mit dem vergänglichen Leben an diesem selbst teilzunehmen; jedoch nicht, um diesem flüchtigen Leben die Kraft zu sicherem Bestande zu verleihen, sondern vielmehr, um durch die enge Verbindung mit demselben infolge des staunenerregenden Eindrucks der Sinnenwelt als Verstand in Bewegung gesetzt und so aus der schlummernden Potenz erweckt und in Aktualität gesetzt zu werden. Es läßt sich diese spezifische Verbindung des Unzerstörbaren und Zerstörbaren, welche eben die menschliche Natur ist, nicht zu mehreren Spezies vervielfältigen. Das *unauflösliche Leben* ist also das *vernünftige* Leben, das auflösliche das *sinnliche*. In der Mitte, dem vernünftigen näher, ist das edlere *verständige* (rationalis); dem Sinne nähert sich das unedlere verständige, das Einbildungskraft (imaginativa) genannt wird. Die edlere an der Vernunft partizipierende Verständigkeit ist in der *Menschengattung* mit der niedern Verständigkeit und der sinnlichen Natur zu einer Einheit verbunden.

Zwölftes Kapitel

Von der Natur und Kunst

Natur ist die Einheit, *Kunst* die Andersheit, denn sie ist eine Ähnlichkeit der Natur. Gott ist, nach der Sprache der Vernunft, die absolute Natur und Kunst zugleich, wiewohl die Wahrheit ist, daß er weder Kunst noch Natur, noch beides ist. Da aber hier Präzision unmöglich ist, so erinnert uns dies daran, daß es nichts gebe, was bloß Natur oder bloß Kunst ist. Jegliches partizipiert an beiden auf seine Weise. So partizipiert die Vernunft, als Ausfluß der göttlichen Vernunft, an der Kunst, und sofern sie die Kunst aus sich hervorbringt, ist sie Natur. Wie das sinnlich Natürliche nicht ohne Kunst, so ist das sinnlich Künstliche nicht ohne Natur. Die Sprache ist ein Werk der Kunst, aber gestützt auf die Natur. Das Denken ist ein Werk der Natur, aber nicht ohne die Kunst, daher der eine in der Kunst des Denkens weiter ist als der andere. Wie in der Sprache der natürliche Verstand sich offenbart, so daß man den Menschen aus seiner Sprache erkennen kann, so offenbart sich im Verstande die Kunst des Denkens.

Die Differenzen von Natur und Kunst und die Verbindung beider zeigt dir die schon oft erwähnte Figur. Die Natur besteht aus dem Männlichen als der Einheit und dem Weiblichen als der Andersheit. Im Gebiete des Geistigen ist die Weiblichkeit von der Männlichkeit absorbiert. Jedes Geistige befruchtet sich als Einheit (unitive) *in sich selbst* (intra se), während das *Vegetabilische* als das weibliche Anderssein die männliche Natur in sich determiniert und daher durch *Entfaltung nach außen Frucht bringt*[1]. Bei den *Tieren* hingegen sind die Geschlechter getrennt, der Mann erzeugt in dem Weibe, das Weib gebärt nach außen. Im Geistigen wird geistige Frucht, im Tierischen

1 Die Ermittlung des richtigen Sinnes wird namentlich in diesem Passus, aber auch an vielen andern Stellen des Textes, durch *unrichtige Interpunktion* erschwert.

eine tierische, im Vegetabilischen eine vegetabilische hervorgebracht. Die sinnliche Natur gehorcht der verständigen, diese der vernünftigen, diese der göttlichen Natur. Das sinnlich zu Fertigende (sensibiliter factibile) gehorcht der Kunst des Verstandes, diese der der Vernunft, diese der göttlichen Kunst. Die Einheit der Natur und sinnlichen Kunst ist der Verstand; in seiner Einheit ist die ganze Vielheit einzelner Naturwesen wie in ihrer Spezies begriffen, und es geht aus ihr die unzählige Menge einzelner Kunstprodukte hervor, z. B. aus der Kunst des Schusters eine unzählige Menge von Schuhen. Die Bildung solcher Kunstprodukte hat zu ihrem Ziele wie zu ihrem Anfange die sinnliche Natur wie die Kunst des Geistes die verständige Natur.

Dreizehntes Kapitel

Von der vernünftigen Natur

In der universellen Natur, entsprechend dem Kreise des Universums, nimmt *die geistige, vernünftige Natur* (natura intellectualis, intelligentia) als die geeinteste den ersten Rang ein. Sie ist kein Quantum und auch ihre Bewegung nicht die eines Quantum, außer in geistiger Weise. Ihr Übergehen in das Anderssein ist nichts anderes als das Übergehen des Anderssein in die absolutere Form der Einheit. Die Vernunfteinheit steigt in die Verstandeseinheit herab, damit diese sich zu jener erhebe. Ebenso ist ihr Ort nur geistig zu fassen: Sie ist nicht überall und nirgends, *absolut*, wie Gott, sondern mit der Einschränkung des bedingten Geistes (contracte intellectualiter), wie die Menschheit in ihrer Spezies, die Seele im Körper überall und nirgends ist. Sagt man, der Geist ist der Ort der Universalien, so ist dies nach den nun schon oft angegebenen Regeln so zu denken, *der Geist sei so in den Universalien, daß diese in ihm sind*, wie ein König insofern in seinem Reiche ist, als das Reich in ihm ist. Die Bewegung des Geistes ist daher zugleich Ruhe, da sie ein Gehorsam gegen die Wahrheit ist, gleichwie das in Bewegung setzende Wort des Königs, das er vom Throne herab ausspricht, mit Ruhe verbunden ist. Geister bewegen sich, indem sie in dem Zentrum ihres Reiches ruhen, und wir denken uns diese Bewegung wie die eines Richters. Ein Richter hat ein Verständnis der (Entscheidungs-) Gründe, und er bewegt sich, wenn er wegen der überwiegenden Wahrheit sich für das eine Moment entscheidet und das andere verwirft. So muß man sich die Geister als universelle Kräfte und Lenker der Verstandeswelt denken, gleichsam als Sonnen. Wie durch den Sonnenglanz die Augen über das Schöne oder Häßliche urteilen, so bringt der Geist Leben und Regsamkeit zur Erkenntnis des Wahren hervor. Die unendliche Sonne der Geister aber ist Gott; die Geister sind wie verschiedene Strahlenbrechungen dieser einen Sonne (Deus autem ipse infinitus sol intelligentiarum est, intelligentiae vero ut varia contractiora lumina rationum). *Daher lassen sich Geister nicht zählen* wie sinnliche Dinge, da sie selbst die höhere Zahleneinheit für den zählenden und messenden Verstand sind; nur die göttliche Einheit, in welcher Zählen und Gezähltwerden, Unterscheiden und Nichtunterscheiden koinzidiert, vermag sie zu unterscheiden. Wir finden mutmaßend die Verschiedenheit der Geister, je nach der überwiegenden Vernünftigkeit oder Sinnlichkeit, aus der Anwendung der schon oft erwähnten Figuren. Zu beachten ist hierbei wieder nur dies, daß die den Nationen, Vereinen, Sprachen, Reichen und Kirchen gleichsam als die Legaten des obersten Regenten des Universums präsidierenden Geister nicht bloß unseretwegen diesen Dienst besorgen, sondern nur insofern, als sie sich selbst als das Ziel denken; *sie sind insofern für uns da, als wir für sie.* In einem Könige konzentriert sich seine Sorge für ihn selbst und für die Wohlfahrt seines Volkes. Es wäre ja auch der Gehorsam des Volkes und der Eifer des Fürsten kein recht bereitwilliger, wenn nicht Volk und Fürst erwarten dürften, daß sie, jenes für seinen Gehorsam, dieser für seine Mühen sich gegenseitig belohnen.

Vierzehntes Kapitel

Vom Menschen

Den Menschen denke dir als die Einheit der menschlichen Natur und die Andersheit des körperlichen Seins. Nach der Figur des Universums wirst du im Menschen drei Regionen und jede dreifach unterschieden erkennen: im *Körperlichen* unedlere, beständig veränderliche, dann ausgebildetere und zuletzt die edelsten Teile; in gleichem Stufengange die geistigeren körperlichen *Sinne* (naturas), in welche die Kraft des Fühlens eingesenkt ist, von den stumpferen bis zu den feinsten. Hierzu kommen noch 9 Unterschiede in der Seele selbst. So ergeben sich 9 *körperliche Unterschiede* mit 3 Ordnungen, in welchen das Gefühl noch absorbiert ist und bloße Vegetation herrscht, dann 9 gemischte, wo die Empfindung (virtus sensitiva) mit dem Sinnlichen und Körperlichen vermischt ist; endlich 9 edlere Unterschiede, wo das Körperliche vom unterscheidenden Geiste (discretivus spiritus) absorbiert ist.

Die *Empfindung* überhaupt (sensatio) entsteht durch einen Eindruck von außen (obviatione), welcher Eindruck teils ein nächster, teils ein entfernterer sein kann, wie z. B. bei dem *Geruche*, noch mehr bei dem *Gehöre*, in noch höherem Grade bei dem *Gesichte*, das alle andern Sinne übertrifft. Über die Beschränktheit der Sinnenerkenntnis in Hinsicht auf Masse, Zeit, Gestalt und Raum geht in größerer Ungebundenheit hinaus die *Einbildungskraft*; sie erfaßt mehr und auch weniger als der Sinn, näher und entfernter, sie bezieht sich auf das Abwesende, ohne jedoch über das Gebiet des Sinnlichen hinauszukommen. Der *Verstand* schreitet (festen Schrittes) durch das Gebiet der Einbildungskraft (ratio imaginationem pergreditur) und sieht z. B., daß die Gegenfüßler so wenig als wir fallen können, da das Schwere den Zug nach dem Zentrum hat, welches zwischen ihnen und uns in der Mitte ist. Das sieht die Einbildungskraft nicht, der Verstand geht also über sie hinaus und schreitet in wahrerer und uneingeschränkterer Weise zur Erkenntnis der Dinge. Die *Vernunft* endlich verhält sich zum Verstande wie die Kraft der Einheit zur endlichen Zahl.

Wunderbar ist dieses Werk Gottes, wo das Vermögen zu unterscheiden vom Mittelpunkt der Sinne stufenweise bis zur höchsten Geistigkeit sich erhebt, wo der bindende feinste Nervengeist durch das allmählich überwiegende Psychische immer leichter und einfacher wird, bis er zum Verstande gleichsam als seiner Zelle gelangt (ubi continue ligamenta tenuissimi spiritus corporalis lucidificantur atque simplificantur, propter victoriam virtutis animae, quousque in rationalis virtutis cellam pertingantur). Von da gelangt er ins Gebiet der Vernunft, gleichsam wie durch einen Bach ins Meer, und hat hier sein Ziel erreicht.

So umfaßt das Menschenwesen in menschlich beschränkter Weise das Universum. Weil es alles durch den Sinn oder Verstand oder die Vernunft erreichen zu können mutmaßt, so glaubt es auch nach

Menschenweise zur Erkenntnis von allem schreiten zu können. *Der Mensch ist Gott, jedoch nicht absolut, weil er Mensch ist. Er ist also ein menschlicher Gott* (homo enim Deus est, sed non absolute, quoniam homo. Humanus est igitur Deus). Der Mensch ist auch eine Welt, aber nicht das konkrete Universum, weil er Mensch ist. Er ist also ein *μικροκόσμος* oder eine menschliche Welt (humanus mundus). Die Region des Menschheitlichen umfaßt also Gott und die Welt in der Potenz des Menschlichen. Es kann also der Mensch Gott in menschlicher Weise sein oder ein menschlicher Engel, ein menschliches Tier, ein menschlicher Löwe oder Bär. Ist das Menschenwesen eine Einheit, so kann sie auch *innerhalb ihrer Sphäre* alles aus sich, aus ihrem Zentrum als der Potenz entfalten und entwickeln. Das Ziel der Einheitsentwicklung ist aber immer wieder die Einheit, weil sie zugleich die Unendlichkeit ist. Die schöpferische Tätigkeit des Menschenwesens hat folglich kein anderes Ziel *als sich selbst; es kommt die Menschheit in ihrem Schaffen nicht aus sich hinaus; sie schafft nichts Neues, sondern was sie schafft, ist in ihr vorher schon gewesen*, weil alles in ihr menschheitlich existiert. Du hast, Vater Julian, von dem dreieinigen absoluten Prinzip und Schöpfer des Universums gehört, wie er, weil er die absolute Einheit oder Wesenheit ist, in welcher unendliche Gleichheit und Verbindung, eben deshalb der allmächtige *Schöpfer* ist. Als unendliche Gleichheit, in welcher die Einheit und Verbindung ist, ist er Lenker, Ordner und *Regierer* des Universums, als unendliche Verbindung, in welcher die Einheit und Gleichheit, ist er der *Erhalter* des Universums. Alles dies gilt nun in beschränkter Weise von dem Menschen. Er ist das konkrete Prinzip der Schöpfung, Regierung und Erhaltung seines Geschlechts. So schafft der Mensch in seiner Phantasie Ähnlichkeiten oder Abbilder der Sinnenwelt, weil er die Einheit ist, in welcher zugleich die Gleichheit und Verbindung. Die geschaffenen Bilder ordnet er, weil er die Gleichheit ist, in welcher auch die Einheit und Verbindung ist. Dann bewahrt er sie im Gedächtnisse, weil er die Verbindung ist, in welcher Einheit und Gleichheit. Analog verfährt er als Verstand und Vernunft. Allem diesem gibt er aber eine Beziehung auf sich selbst, um sich zu erkennen, zu leiten und zu erhalten, und so der Gottähnlichkeit sich zu nahen, wo alles im ewigen Frieden ruht.

Fünfzehntes Kapitel

Fortsetzung

Willst du nach diesen Mutmaßungen über das Menschenwesen überhaupt die *Unterschiede und Übereinstimmung* in demselben erkennen, so hast du auf die Figur des Universums zu achten. Dann findest du, daß die einen geistig-freier (abstractiores), kontemplativer Art sind, beschäftigt mit dem Geistigen und Ewigen, gleichsam im obersten Himmel der Menschheit sich bewegend, der Erforschung der Wahrheit zugewandt, andere dem Sinnlichen zugekehrt. Jene sind die *Weisen*, gleichsam die hellsten, reinsten Sterne, Abbilder der unzerstörbaren geistigen Welt; diese, gleichsam die Tierischen, folgen der Begierlichkeit und dem Sinnengenusse. Zwischen beiden endlich sind solche, welche den erleuchtenden Einfluß der über ihnen Stehenden genießen und den unter ihnen Stehenden vorstehen. Unter den Kontemplativen oder Religiösen lassen sich aber wieder 3 Klassen unterscheiden: Die einen erfassen die Religion auf eine erhabene und edle Weise, über allem Verstande und Sinne; die andern ziehen sie in die Sphäre des Verstandesmäßigen herein, wieder andere in die der Sinnlichkeit. Weil demnach bei allen Menschen das Religiöse je in eigentümlicher Form sich findet, so finden die geistig Freieren das höhere Ziel der Unsterblichkeit, das die Religion allen Menschen verheißt, in einem Leben, das durch seine Reinheit und Erhabenheit alles, was Verstand und Sinn fassen kann, übersteigt. Andere ziehen die Glückseligkeit in das Verstandesgebiet herein und finden in Erkenntnis und Genuß der Dinge ihr Ziel. Andere endlich suchen auf die abgeschmackteste Weise ihr Glück in sinnlichen Ergötzungen. So ergibt sich die generellste Übereinstimmung und Verschiedenheit der Menschen: als *Religiöse* (dritter Himmel), als *Herrschende* (zweiter Himmel) und als *Untergebene* (unterer Himmel). Wo das Generelle in die Spezies übergeht, da erleidet es, sosehr es auch den Charakter des Generellen beibehält, doch eine Veränderungen, da wir die präzise Wahrheit nur mutmaßend erreichen. So wird denn *die Einheit der Vernunftreligion nur in verschiedenem Anderssein* (von den Menschen) *aufgenommen* (in varia igitur alteritate unitas intellectualis illius religionis recipitur), ebenso das Prinzip der Herrschaft nur in der veränderlichen Menge der Herrschenden, und wenn auch bei einer Nation das Religiöse oder die

Regierung in einem bleibenden und beharrlichen Zustande zu sein scheint, so ist dies doch kein wahrhaft bleibender Zustand wie der Rhein, obgleich er immer denselben Lauf zu haben scheint, doch in keinem Momente ganz derselbe ist. *So schwankt das Religiöse zwischen Geistigem und Zeitlichem* (ita et religio inter spiritualitatem et temporalitatem instabiliter fluctuat), die Herrschaft zwischen größerem oder geringerem Gehorsame. – Auch die Verschiedenheit der Erdenbewohner nach Geistesrichtung, Körperbeschaffenheit, Gestalt, Farbe, Lebensart, sittlichen Gebrechen läßt sich auf dem bezeichneten Wege erklären. In den nördlichen Gegenden ist das Geistige mehr in seiner Potenz und in das Sinnliche versenkt; je mehr gegen den Meridian, desto freier tritt der Geist hervor. Daher in Indien und Ägypten die Religion in ihrer reinen Geistigkeit (religio intellectualis) und die mathematischen Wissenschaft vorherrschend waren; bei den Griechen, Afrikanern und Römern waren Dialektik, Rhetorik und die Rechtswissenschaft (legales scientiae) – kurz: der Verstand besonders ausgebildet; in den nördlichern Gegenden die empirischen, mechanischen Fertigkeiten. Übrigens haben alle Länder in allen diesen Zweigen des Wissens in ihrer Art ihre berühmten Männer, damit so das eine Menschenwesen in verschiedener Weise hervortrete.

Sechzehntes Kapitel

Von der menschlichen Seele

Die *menschliche Seele* denke dir gemäß der Figur P bestehend aus der intellektuellen Einheit und dem sinnlichen Anderssein. Denn indem das Licht der Intelligenz in das finstere Reich der Sinnlichkeit herabsteigt und die Sinnlichkeit zu jener sich erhebt, entstehen zwei mittlere Zustände, welche ich Verstand (ratio) nenne, von welchen das sich der Vernunft Nähernde die Fassungskraft (apprehensiva vis), das dem Sinne sich Nähernde *Phantasie* oder Einbildungskraft genannt werden mag. Dies sind gleichsam die vier Elemente der menschlichen Seele. Die Vernunft steigt in unserer Seele in den Sinn herab, damit dieser sich zum Vernünftigen erhebe. Ohne die Tätigkeit des vernünftigen Bewußtseins erfaßt der Gesichtssinn das Sichtbare nicht, weshalb wir, wenn wir auf etwas anderes unsere Aufmerksamkeit richten, einen an uns Vorübergehenden nicht sehen. Die Sinnenerkenntnis ist verworren ohne die hinzukommende Unterscheidung des Verstandes. Die Seele ist nichts anders als eine edle, einfache und geeinte Kraft. Jede Seite dieser Kraft hat ihre Wahrheit nur im Ganzen. Der Sinn, die Einbildungskraft ist, da sie in der Seele sind, die Seele, wie sie auch das Belebende der Hand, des Fußes etc. ist. Der Tod ist das Aufhören dieses Belebens.

Indem das Geistige im Sinne zur Wirklichkeit hervordringt (in actu est), wird durch das erregte Staunen der schlafende Verstand angeregt[1], um durch seine diskursive Tätigkeit das *Wahrscheinliche* zu finden (ut ad verisimile discurrat). Dadurch wird bei der Vernunft angeklopft, auf daß sie sich aus ihrer schlummernden Potenz losmache und mit Lebhaftigkeit zur Erkenntnis des *Wahren* erhebe. Das durch die Sinne Wahrgenommene wird in der Einbildungskraft abgebildet, und indem Grund und Wesen des Wahrgenommenen untersucht wird, geht es weiter zur wirklichen Erkenntnis des Wahren. Der Geist einigt das Anderssein der Sinnenwahrnehmungen in der Einbildungskraft, die verschiedenen Bilder der Einbildungskraft im Verstande, das Anderssein der Verstandeserkenntnis in der einfachen Vernunfteinheit. Die Einheit der Vernunft steigt in das Anderssein des Verstandes, die Einheit des Verstandes in das Anderssein der Einbildung, diese in das Anderssein des Sinnes herab. Fasse nun auf- und absteigende Richtung in eine Vernunfteinheit, um zum Verständnis zu gelangen. Die Vernunft will nicht Sinn werden, sondern vollkommene Vernunft in voller Tätigkeit. Da sie nun auf anderem Wege nicht zu letzterer gelangen kann, wird sie Sinn, um aus der Möglichkeit in die Wirklichkeit überzugehen! So kehrt die Vernunft im Kreislaufe in sich selbst zurück. Die reichen und edleren rein geistigen Naturen (intelligentiae) bedürfen der Sinne nicht; sie sind gleichsam aus sich selbst brennendes unauslöschliches Feuer, das keiner Anfachung aus einem Funken bedarf. Sie sind immer in Wirksamkeit (in actu); wohl aber bedarf dieser Anfachung unser Anteil an der Vernünftigkeit, der wie ein unter grünem Holze verborgener

1 Der Text hat: per hoc igitur, quod intellectus in sensu in actu est, excitat admiratione dormitans ratio etc. Der schlummernde Verstand ist nicht imstande, zu erwecken, sondern er muß erweckt werden, was durch das Staunen – eine Folge der Sinnenwahrnehmung – geschieht. Es ist also statt excitat zu lesen: *excitatur*.

Funke ist. Die reinen Geister erfassen geistig, was wir auf dem Wege der Sinne. Spricht jemand die römische (italienische) Sprache, so erfasse ich durch das Gehör die Worte, du aber in Worte ... Da die Vollkommenheit der Vernunft im wirklichen Erkennen besteht, so erzeugt sie das vernünftig Erkennbare, das ein Gegenstand des vernünftigen Bewußtseins wird, aus sich hervor und ist so ihre eigene Fruchtbarkeit. Denn das Hinabsteigen der Vernunft in die sinnlichen Gattungen und Arten ist das Heraufsteigen derselben, frei von den konkreten Bedingungen, zur reineren Einheit. Je tiefer sie sich daher in sie versenkt, desto mehr werden jene Gattungen und Arten von ihrem Licht absorbiert, so daß zuletzt das Anderssein, aufgelöst in die Vernunfteinheit, seine Ruhe findet.

Da die Vernunft die Einheit des Verstandes ist, welcher jene im Anderssein partizipiert, so ist die Vernunft, weil vor dem Anderssein existierend, weder der Zeit, *die aus dem Verstande hervorgeht* (quod ex ratione prodit), noch der Zerstörbarkeit unterworfen. *Ihre Natur ist daher nicht zerstörbar*, da sie dem Verstande vorausgeht. *Wo aber die Einheit das Anderssein absorbiert, da ist Unsterblichkeit.* Daher ist auch die höhere Seite des Verstandes, sofern er das Anderssein der Phantasiegebilde im Lichte seiner höhern Einheit absorbiert und sich dem Lichte der unsterblichen Vernunft zuwendet, unsterblich wie ein Licht ohne Schatten. Denn so wie das Licht selbst in seinem Ansich notwendig sichtbar sein muß, so muß der reine Verstand notwendig vernünftig erkannt werden. Das ist sein Leben und seine Vollendung. Hierin findest du auch den Unterschied zwischen dem Verstande der Menschen und dem der Tiere; du siehst, daß der Verstand der Menschen unsterblich ist, weil von der Unsterblichkeit des vernünftigen Lebens absorbiert, das ein fortwährendes Denken (intelligere) ist, weil es immerfort an sich denkbar (intelligibilis) ist, wie das Licht an sich sichtbar. Das Anderssein des Lichts, die Farben sind nicht an sich sichtbar; so auch nicht das Anderssein des Verstandes in den andern Gattungen tierischer Wesen, daher diese auch zerstörbar sind.

Wenn der Mensch zu sehen anfängt, so geschieht dies vermittelst des Lichtes; das Licht ist das Anderssein der Sehkraft (alteritas spiritus visivi). Der Gesichtssinn erfaßt seine Einheit nicht, außer vermittelst des Andersseins. *Es ist also das Licht, das sich in das Auge einsenkt und durch dessen Vermittelung es sieht, ein von dem Lichte der Sehkraft verschiedenes Licht.* Wenn nun die Stärke des Lichts der Sehkraft das sichtbare Licht in sich absorbiert, so wird das Sichtbare zum Gesehenen. Absorbiert aber das Anderssein des sichtbaren Lichtes durch sein Übergewicht die schwache Sehkraft, so geht die Einheit der Sehkraft in Anderssein und Zerteilung über. Ähnliches gilt nun auch von der Vernunft und dem Lichte des Verstandes. Der Verstand ist das Anderssein der Vernunfteinheit; ist nun deren Kraft nicht bedeutend, so wird sie oft von dem Anderssein des Verstandes absorbiert, und hält eine Meinung (opinionem) für einen wahren Begriff. Ebenso absorbiert das Anderssein der Phantasiegebilde sehr oft den Verstand, und der Mensch hält eine Einbildung für etwas durch den Verstand Erwiesenes. So absorbiert endlich das Anderssein des Sinnes bisweilen die Einheit der Phantasie; man hält das, was man sieht, für das, was man sich einbildet, wie wenn ein Kind, das noch eine ungeregelte Einbildungskraft hat, ein Weib, das es sieht, für die Mutter hält, die es sich einbildet.

Da demnach das Erkennen mit dem Sinnlichen anfängt (cum a sensibilibus ortum capiat), so ist es nicht absolut, sondern nur relativ (secundum quid) wahr, im Verstande verstandesmäßig, in der Vorstellung nach der Weise der Vorstellung, im Sinne nach der Weise des Sinnes. Erst wenn der Geist die Dinge abstrakter in seiner einfachen geistigen Natur betrachtet, erfaßt er sie im Lichte der Wahrheit. Denn der Geist ist das Anderssein der unendlichen Einheit. Je mehr daher der Geist von seinem Anderssein sich lostrennt (se abstrahit), je mehr er sich zur einfachsten Einheit erhebt, desto vollkommner ist er. Denn da jedes Anderssein nur in seiner Einheit erkannt wird, so kann der Geist, *der nicht der göttliche absoluteste Geist, sondern menschlicher Geist, also ein Anderssein ist, nur in der göttlichen Einheit sich selbst in seinem Ansich anschauen.* In sich schaut er aber zugleich auch die unendliche Einheit *nicht in ihrem Ansich, sondern so wie sie menschlich gedacht werden kann.* Aber durch sie, die er so im Anderssein anschaut, erhebt er sich noch höher, um zu ihr, wie sie in sich ist, überzugehen (ut absolutius in eam, uti est, pergat), vom Wahren zur Wahrheit, Ewigkeit und Unendlichkeit. Das ist dann die höchste Vollendung des Geistes, weil er durch die *Theophanie*, die sich zu ihm herniedersenkt, beständig sich erhebt zur *Annäherung* an die unendliche, göttliche Einheit, die das unendliche Leben, die Wahrheit und Ruhe des Geistes ist.

Siebzehntes Kapitel

Von der Selbsterkenntnis

Auf dem oft erwähnten Wege gelangen wir endlich auch zur *Selbsterkenntnis.* Die Anwendung der Figur P zeigt nämlich, in wie vielfachen Abstufungen der einzelne Mensch an dem Menschsein und durch dieses an dem Sein Gottes selbst partizipiert. Um eine Veranschaulichung zu geben, so denke man sich die einfachste Einheit dieser sichtbaren Welt als ein unbeschränktes *Licht,* wonach also die *Farbe* die Partizipation desselben im Anderssein ist. Der Kreis des Universums sei nun der Umfang des Farbenreichs. So ergeben sich drei Farbenregionen in 9 graduellen Differenzen. Wenn du nun, mein Julian! das Licht als die Gottheit, die Farbe als die Menschheit, das Universum als die sichtbare Welt nimmst, so untersuche nun selbst, ob du zur obersten, mittleren oder unteren Region gehörst. Ich meinesteils bin der Ansicht, daß du die Menschheit in der obersten Region und zwar in einer edlen Spezies derselben, partizipierend an dem göttlichen Lichte, darstellst. Beachte nun, daß dein Menschsein dein ganzes Sein umfaßt, und daß du an der Gottheit nach dem Maße deines konkreten Menschseins partizipierst. Die Gottheit aber ist die unendliche *Einheit, Gleichheit* und *Verbindung*, und zwar in der Einheit die Gleichheit und Verbindung, in der Gleichheit die Einheit und Verbindung. Weil nun an der Gottheit geistig partizipieren soviel heißt, als die Einheit partizipieren und diese eben das geistige Sein, die Vernunft selbst ist, so partizipieren wir das Licht der Gottheit im Lichte der *Vernunft* (intelligentiae), und zwar um so mehr, je mehr diese eine einige ist. Wir partizipieren die Gottheit geistig als die Gleichheit, welche zugleich Einheit und Verbindung ist, also durch das Licht der *Gerechtigkeit.* Wir partizipieren sie endlich als die ewige Verbindung, in der die Einheit und Gleichheit ist – also in dem Lichte der *Liebe.* Wie du nun das dreieinige Licht der Gottheit in der höchsten Sphäre deines Menschseins vernünftig, also am vollkommensten partizipierst, so in der mittlern Sphäre nach ihrer Weise etc. Du siehst, mein Vater Julian! daß du an jener Kraft partizipierst, welche die Natur der Gleichheit und Verbindung in sich trägt, so daß deine Vernunft, indem sie nach ihrer Weise an dem göttlichen Sein partizipiert, in der Gleichheit desselben die göttliche Vernunft erkennen und lieben kann, und so *dein vernünftiges Erkennen nichts an-*

deres ist als die Gleichheit deiner Vernunft mit der partizipierten Einheit. Da wir nun an der Einheit um so vollkommener partizipieren, je größer in ihr die Gleichheit und Verbindung ist, so können Vernunfterkenntnis und Liebe ohne die Vollkommenheit der Einheit der Vernunft nicht gesteigert werden. Es hat daher die Vernunft eine Neigung zum Erkennen und Lieben, ebenso der Verstand zum Denken, der Sinn zum Wahrnehmen, um zur Vollkommenheit zu gelangen. Daher *gibt sich die Vernunft der Spekulation hin*, zu ihrer Ernährung, Erhaltung, Vervollkommnung, Ausschmückung. Du siehst nun, Vater Julian! daß du ein *Ebenbild Gottes* bist. Dein Menschsein ist ein dreieiniges; es ist Einheit oder Wesenheit, durch welche du eben ein Mensch bist, und in dieser Einheit ist auch die Gleichheit, vermöge welcher alles in dir, Körperliches und Geistiges auf das Gerechteste, Proportionierteste geordnet ist; endlich die Verbindung, durch welche dieses Mannigfaltige in dir eine Einheit ist, und ohne welche die *Einheit deines menschlichen Bewußtseins aufhören würde* (unum tuum humanum esse deficere necesse erit). Und da auch kein anderes endliches Sein anders besteht als durch die absolute Dreieinigkeit, *so gelangst du in dir und von dir aus zur Erkenntnis von allem.* Hieraus folgt aber auch: *Nichts im Universum dürfen wir anders lieben als in der Einheit und Ordnung des Universums*, keinen Menschen anders als in der Einheit und Ordnung seines Menschseins. *Aus dir selbst* kannst du nun auch die *gottähnliche Liebe* erkennen. Du siehst, daß Gott, der die unendliche Verbindung ist, nicht wie ein beschränkt Liebenswürdiges zu lieben ist, sondern als die absoluteste unendliche Liebe. In der Liebe, mit welcher Gott geliebt wird, muß die höchste Einheit und Gerechtigkeit sein. Es muß folglich alle Liebe zu Gott notwendig geringer sein als die, mit der er geliebt werden kann. Du siehst auch: *Gott lieben heißt von Gott geliebt werden, weil er die Liebe ist.* Je mehr wir also Gott lieben, desto mehr haben wir teil an seiner Gottheit. So siehst du auch durch Teilnahme an seinem göttlichen Lichte, daß das gerecht und billig ist, was die Einheit und Verbindung in sich faßt. Ein Gesetz, dem die Einheit und Verbindung fehlt, kann nicht gerecht sein. Daher bezeichnet das Gesetz: »*was du willst, daß man dir tue, das tue einem andern*« die Gleichheit in der Einheit. Willst du gerecht sein, so hast du nichts anderes zu tun, als von der Gleichheit, in welcher die Einheit und Verbindung ist, nicht abzulassen. Dann wirst du gleichmütig (aequaliter) in Einheit und Liebe sein bei

Armut oder Reichtum, Ehre oder Verachtung; du wirst nicht rechts oder links abschweifen, sondern in der sichern Mitte der Gleichheit verharren. Nichts Hartes, kein Ungemach kann dir begegnen, wenn du das den Sinnen Widrige begreifst und erfassest als etwas in der Gleichheit der Einheit und Liebe zu Ertragendes; dies heißt an der Gottheit auf eine edle und beseligende Weise teilhaben. Du siehst nun auch, daß diese oft erwähnte Gleichheit *die Mutter, der Inbegriff aller Tugend ist,* und daß es keine Tugend geben könne, außer in der Teilnahme an dieser Gleichheit. –

Doch du kannst weit besser als ich das Partizipieren an dem dreieinigen Lichte der Gottheit in dir selbst betrachten, der du dich längst von zerstreuenden Weltsorgen hinweg in jener Gleichheit des Lebens der Pflege der Gerechtigkeit geweiht hast, und ich hätte diese meine albernen Mutmaßungen vor dir auszukramen nicht gewagt, hätte ich nicht gewußt, daß du dieselben gemäß dem oft erwähnten Gesetze der Gleichheit in der Einheit der Liebe aufnehmen werdest.

Über das Gottsuchen

(De quaerendo Deum)

Deinem Wunsche nach Kräften zu entsprechen, in Christus wahrhaft ehrwürdiger Bruder! will ich jetzt, was ich gewöhnlich am Epiphaniefeste über das Verständnis des Namens Gottes erörtere, kurz und deutlich hier schriftlich wiederholen, damit unser beiderseitiges Nachdenken geweckt und durch denkendes Hinaufsteigen der innere Mensch von einer Klarheit zur andern umgestaltet werde, bis er durch das Licht der Glorie zu klarer Anschauung in die Freude seines Herrn eingeht.

Zuvörderst beachtest du, mein bester Bruder! wie Paulus, der nach seiner Aussage zur Anschauung von göttlichen Geheimnissen in den dritten Himmel entzückt wurde, als er den Philosophen in Athen auf dem Areopage die Wahrheit predigte, als Thema ankündigte, den unbekannten Gott, dem die Heiden selbst einen Altar errichtet hatten, wolle er ihnen verkündigen. Im Eingange seiner Erörterung schickte er voraus, daß Gott in einem Menschen alle erschaffen und ihnen in dieser Welt eine bestimmte Zeit gelassen habe, Gott zu suchen, ob sie ihn wohl finden würden, wobei der Apostel bemerkt, Gott sei nicht ferne von einem jeden, denn in ihm haben wir Sein und Leben und Bewegung. Dann den Götzendienst verwerfend, fügt er bei, daß im Denken des Menschen nichts (Gott) Ähnliches sein könne. Es befremdet mich diese Stelle der Apostelgeschichte, sooft ich sie lese. Paulus wollte den Philosophen den unbekannten Gott offenbaren, von dem er nachher sagt, daß er durch keinen menschlichen Verstand erfaßt werden könne. Darin wird also Gott offenbar, daß man weiß, jeder Verstand sei zu schwach zu dessen Erkenntnis. Der Apostel nennt ihn Gott, griechisch *ϑεός*. Wenn nun der Mensch dazu erschaffen ist, daß er Gott suche und dem gefundenen anhange und durch diese Anhänglichkeit seine Ruhe finde und er gleichwohl in dieser Sinnenwelt Gott nicht suchen und erfassen kann, da Gott ein Geist, nicht ein Körper ist, und er ihn auch auf dem Wege der geistigen Abstraktion nicht erreichen kann, da der Mensch hier keine Ähnlichkeit Gottes findet: Wie kann dann Gott so gesucht werden, daß man ihn wirklich findet? Gewiß, wenn nicht diese Welt dem Suchenden behilflich ist, so ist der Mensch umsonst zu dem Ziele, Gott zu suchen, in die Welt gesetzt. Diese Welt muß also dem Suchenden Hilfe leisten und der Suchende muß zur Einsicht kommen, daß weder in der Welt noch in allem, was der Mensch begreift, etwas Gott Ähnliches zu finden ist.

Sehen wir nun, ob der Name ϑεὸς oder *Deus* uns einen Fingerzeig gibt.

Der Name ϑεός selbst ist nicht der Name Gottes, der über allen Begriff und Namen ist. Er kann nur der Name Gottes sein, insoweit Gott vom Menschen in dieser Welt gesucht wird ... ϑεός kommt her von ϑεωρέω oder ϑέω: ich sehe, ich laufe. Der Mensch muß also *laufen, durch das Gesicht suchend*, um zu dem alles sehenden Gott zu gelangen. Wir müssen also die Natur des sinnlichen Anschauens vor dem Auge der geistigen Anschauung erweitern, um eine Leiter des geistigen Aufsteigens zu gewinnen.

Das Sehen entsteht durch einen gewissen hellen und lichten Geist, der aus dem Gehirne in das Auge als Organ herabsteigt und von einem farbigen Objekte ein ähnliches Bild in das Auge reflektiert unter Mitwirkung des äußern Lichtes. In der Region des Sichtbaren ist überall Farbe. Das Sehen aber ist nicht aus dieser Region, sondern über dieselbe erhaben. Das Sehen hat also keine Farbe; um jede Farbe recht sehen zu können, ist es nicht auf eine derselben beschränkt. So rein von jeder befleckenden Vermengung mit der Farbenwelt ist das Sehen, daß alles Sichtbare im Vergleiche zu ihm gewissermaßen Finsternis ist, eine körperlicher Dichtigkeit, im Vergleiche zum Sehgeiste. Die sichtbare Farbenwelt weiß daher auch nichts von dem Sehen, da sie nur das Farbige kennt. Sagen wir ihr auch, das Sehen existiere und es sei farblos, so wird sie sich aus ihrem ganzen Bereiche keinen entsprechenden Begriff vom Sehen zu machen imstande sein, da ihre Begriffe der Farbe nicht entbehren können; ja es wird – aus demselben Grunde – das Farblose für sie gar nicht existieren. Daher paßt auf das Sehen kein Name von allen möglichen Farben, weder von jeder einzelnen noch von der ihr entgegengesetzten, noch von der Verbindung der entgegengesetzten

Farben. Wenn jemand, da die Farbe nicht sich selbst differenziert (cum color non sit discretus) und darum auch nicht durch sich selbst, sondern nur durch eine höheren Ursache, das Sehen, erkannt wird, alle sichtbaren Dinge fragte, ob dem so sei und wie sie jene höhere Ursache erkennen, so werden sie antworten, jene ihnen vorgesetzte Ursache – das Sehen – sei etwas sehr Gutes und Schönes nach allem, was sie fassen können. Sie werden aber bei ihrer Vorstellung von demselben immer wieder auf die Farbe zurückkommen und sagen, es sei schöner als jede mögliche weiße Farbe, es sei das Äußerste, das Höchste und Reinste in der weißen Farbe.

Erhebe dich nun, mein Bruder! in analogem Verfahren vom Sehen zum Hören, Geschmack, Geruch, Tastsinn, dann zum allgemeinen Sinne. Dann steige höher hinauf in das Gebiet der Vernunft, die über der ganzen Verstandeswelt ist und daher von dieser nicht erfaßt wird, da sich die Vernunft verhält wie das Sehen, das Verstandesmäßige wie die Farben. Dehnst du deine Betrachtung weiter aus, so wirst du einsehen, daß die Vernunft sich verhält wie ein freier Blick oder wahrer Richter über die ganze Verstandeswelt, in welchem sich keine Vermengung mit dem Speziellen der Verstandeswelt findet, so daß sie eines hellen intuitiven Urteils über die ganze Mannigfaltigkeit des Verstandesmäßigen fähig ist. Durch diese wird daher die Vernunft so wenig begriffen, als das Sehen durch die Farbe. Will sie von ihrem Könige, Richter und Vorgesetzten sich einen Begriff machen, so nennt sie ihn die Grenze, das Äußerste ihrer Vollkommenheit. So sagen auch die geistigen Naturen, die Naturen des Wahren, ihr König sei das Äußerste, das Höchste aller intuitiven Vollkommenheit. Sie nennen ihn θεός oder Deus, *gleichsam die Spekulation und intuitive Kraft selbst, alles zu sehen*, in der Fülle der Vollkommenheit. Indes in der ganzen Region der intellektuellen Naturen findet sich nichts, dem der König selbst ähnlich wäre: Er ist über alles hinaus, was begriffen und erkannt wird, sein Name ist nicht zu erfassen, obwohl er der Name ist, der alles Vernünftige nennt und unterscheidet ... Alle Könige und Häupter der untergeordneten Gebiete unterscheiden und sehen, spekulieren, bis zum König der Könige und Herrn aller Herrscher, der die Spekulation selbst ist und alle Könige in seiner Gewalt hat, von dem sie alles haben, was sie haben: Macht, Schönheit, Wesenheit, Freude, Leben und alles Gute. Im Reiche des obersten und größten Königs wird daher alle Zierde sichtbarer Formen, die bunte Farbenwelt, das Angenehme der Proportion, der Glanz des Goldes, alles, was das Auge ergötzt, es wird an der Kurie des großen Königs für nichts gehalten, es gehört zum Geringsten in der Kurie. Auch aller Stimmen schöner Einklang, alle süße Harmonie, alle Gesänge der Sirenen und Nachtigallen, sie sind Kot, der am Boden klebt, in der Kurie des größten und besten Königs ... Doch die Könige des geistigen Gebiets *gehören zur Dienerschaft* (de familia sunt) des obersten Anführers, sie freuen sich, seinem Kriegsdienste zugeteilt zu sein, und haben keinen andern Wunsch, als irgendeine Rangstufe am Hofe des Herrschers zu erlangen, auf welcher sie in geistiger Anschauung durch ihn, der θεός genannt wird, erquickt würden. *In ihm ist alles in seiner Ergänzung, in sich, göttlich,* was in den andern Regionen und Königen unvollkommen, außer sich, wie im Schattenrisse und Abbilde, in unproportionalem Abstande, konkret gefunden wird ... Im Reiche des Allmächtigen, wo das Reich der König selbst ist, wo alles, was in allen Reichen, der König ist, wo die Farbe nicht sinnlich, nicht geistig, sondern göttlich, *ja Gott selbst ist,* wo alles Bewegungs- und Leblose in der sinnlichen Welt, alles, was vegetatives, verständiges oder vernünftiges Leben hat, *das göttliche Leben selbst ist,* welches die Unsterblichkeit selbst ist, in der nur Gott wohnt – *in ihm alles, Er selbst* –, dort ist die Wonne aller Freuden, die durch Aug, Ohr, Geschmack, Tasten, Geruch, Gefühl, Leben, Bewegung, Verstand, Vernunft genossen werden, unendliche Freude, göttlich und unaussprechlich, und die Ruhe aller Freude und alles Ergötzens; weil Gott selbst das Sehen ist und das Laufen, er, der alles sieht, in allem ist, durch alles läuft. Auf ihn schaut alles hin, als auf den König; auf seinen Befehl bewegt sich alles und alles Laufen nach dem Ziele der Ruhe geht auf ihn zu. *So ist Gott also alles* (omne): *der Anfang des Auslaufens, die Mitte, in der wir bewegt werden, und das Ziel des Zurücklaufens.*

Auf diesem Wege bestrebe dich, mein Bruder, in eifriger Spekulation Gott zu suchen: Er muß gefunden werden, wenn er recht gesucht wird, da er überall ist.

Wenden wir uns jetzt zum zweiten Teile unserer Frage und sehen wir, wie wir zum stufenmäßigen Aufsteigen in dem genannten Schauen (sofern θεός von θεωρέω abgeleitet wird) gelangen, da wir doch zum ganz Unbekannten uns nicht hingetrieben fühlen. Zu dem Ende müssen wir die Natur des Sehens betrachten.

Damit das Gesicht etwas Sichtbares genau erkenne, bedarf es eines doppelten Lichtes. Es ist nicht der Gesichtssinn, der den Farben die Namen gibt, sondern der Geist im Gesichtssinn. Der Sinn, der durch die Augennerven aus dem Gehirne in das Auge herabsteigt, erhält durch ein vorgehaltenes Objekt einen Anstoß, und es entsteht eine verworrene Wahrnehmung. Die animalische Kraft kommt durch diese Wahrnehmung in eine Art Erstaunen, und sie bestrebt sich nun zu unterscheiden. Also nicht der Gesichtssinn an sich unterscheidet, sondern ein höherer Sinn (das Bewußtsein) bewirkt das Unterscheiden. Wir können dies täglich wahrnehmen. Vorübergehende, deren Bild in unser Auge eindringt, bemerken wir oft nicht, wenn wir mit anderem geistig beschäftigt sind, und wenn mehrere mit uns zugleich reden, so verstehen wir nur den, auf welchen unsere Aufmerksamkeit gerichtet ist. Damit ist erwiesen, daß der Gesichtssinn durch ein höheres Licht, nämlich des Verstandes, seine Tätigkeit vollzieht. Außer diesem höhern (geistigen) Lichte ist aber auch das natürliche Licht notwendig, mittelst dessen das Bild eines Gegenstandes in unser Auge gelangt. In diesem Lichte ist die Farbe gleichsam in ihrem Prinzipe; denn die Farbe ist nur die Begrenzung (terminus) des Lichts in einem durchscheinenden Medium (in diaphano), wie wir am Regenbogen sehen. Die Farbe ist daher nur in ihrem Prinzipe, dem Lichte, sichtbar. Das äußere Licht und der Gesichtssinn erzeugen gemeinsam ein klares Bild (lux extrinseca et spiritus visivus in claritate communicant).

Hieraus, mein Bruder! bahne dir den Weg zu der Untersuchung, wie der unbekannte Gott alles das übertrifft, wodurch wir zu ihm hinbewegt werden … Unbekannt ist das Licht, durch das wir die Farben sehen, dem Auge, und doch ist es dem Gesichtssinn ein Ergötzen … Das Licht des Unterscheidens ist der Anfang, die Mitte und das Ende der Sinnenerkenntnis, in ihm haben alle Sinne ihr Leben, ihre Tätigkeit, Freude und Ruhe … So ist nun auch die Vernunft das Licht der Verstandestätigkeit. Von hier erhebe dich zu *Gott, der das Licht der Vernunft ist.* Wenn du so mittelst der Analyse der Sinnenerkenntnis weiter gehst, so wirst du finden, daß unser Gott, der in Ewigkeit gepriesen sei, alles das, was in jedem Sein ist, ebenso ist wie das Licht der Unterscheidung in den Sinnen, das der Vernunft im Verstande; daß er es ist, von welchem die Kreatur ihr Sein, Leben und Bewegung hat; daß in seinem Lichte sich all unser Erkennen bewegt, so, daß nicht wir es sind, die erkennen, sondern vielmehr er in uns. Nur durch sein Licht, das in unsern Geist eindringt, werden wir angetrieben, zu ihm zu kommen. Wie das Sein, so hängt auch das Erkanntwerden von ihm ab: Wie vom materiellen Licht das Sein der Farbe, so hängt von dem Lichte selbst die Erkenntnis der Farbe ab ... Wir werden also zum unbekannten Gott hingezogen durch das bewegende Licht seiner Gnade, der nicht anders erkannt werden kann, außer er zeige sich selbst, der gesucht sein will und den Suchenden sein Licht gibt, ohne welches sie ihn nicht suchen können. – So wird er also durch Sehen (theorice) gesucht, in einem Laufe (cum cursu), der den Laufenden zur Ruhe der Bewegung hinführt, wenn er mit größter Sehnsucht gesucht wird. Nicht anders wandeln wir auf dem rechten Weg, um die Weisheit zu erreichen, außer man suche sie mit der größten Sehnsucht. Wer sie so sucht, sucht sie auf dem rechten Wege, wo sie unzweifelhaft gefunden wird, indem sie selbst sich kundgibt. Es gibt keinen andern Weg als diesen, keinen andern weisen uns die gelehrten und heiligen Männer, welche nach Weisheit gestrebt haben. Jene stolzen, anmaßenden, sich weise dünkenden Geister, die nur ihrem eigenen Verstande vertrauten, in stolzer Erhebung sich dem Höchsten gleich betrachteten – sie alle sind im Irrtume. Sie alle haben sich den Weg zur Weisheit versperrt, weil sie nichts für Wahrheit hielten, als was sie mit ihrem Verstande gemessen haben; in ihrer Eitelkeit sind sie verkommen: Den Baum der Erkenntnis haben sie umfaßt, aber den Baum des Lebens nicht erlangt. Jene aber, welche lehrten, man könne die Weisheit und das ewige geistige Leben nur durch das Geschenk der Gnade erlangen; so groß sei die Güte Gottes, daß er alle erhört, die seinen Namen anrufen, diese wurden selig ... Gott ist der Geber alles Guten, in seiner Furcht müssen wir leben, in seiner Liebe wandeln; in aller Demut muß man das unsterbliche Leben von ihm erbitten und alles, was zu demselben verhilft, mit aller Religiosität erfassen. Du siehst, mein Bruder! daß keine Tugend, kein Gesetz, keine Vorschrift uns rechtfertige, so daß wir nach Gebühr (merito) jenes herrliche Geschenk erlangen, sondern die Virtuosität des Lebens, Beobachtung der Gebote, Abtötung des Fleisches, Verachtung der Welt u. dgl. begleiten den, der in rechter Weise das göttliche Leben und die ewige Weisheit sucht. Wo den Suchenden nicht diese Dinge begleiten, ist er offenbar nicht in, sondern außer dem Leben ... Nur wer alles verläßt, kann ungestört im Liebesdrange zur Weisheit eilen; wie der Hirsch nach Wasserbächen, so sehnt sich eine solche Seele nach Gott. Er liebt, die ihn lieben, und weil er die Liebe ist, so schenkt er sich selbst einer solchen Seele.

Du siehst nun, mein Bruder! wozu du, wie ich im Eingange erwähnt habe, in die Welt gekommen bist: um Gott zu suchen. So übe dich also vielfach, erhebe dich im Gebiete des Sehens und du wirst eine Nahrung finden, die dich auf deinem Wege stärkt und immer mehr deine Sehnsucht steigert. Unser Geist hat die Natur des Feuers in sich; er ist zu keinem andern Zwecke von Gott auf diese Erde gesetzt, als um zu brennen und zu einer Flamme anzuwachsen. Er wächst, wenn er durch Staunen angeregt wird. Bei der Betrachtung der Werke Gottes staunen wir über die ewige Weisheit; dieses Staunen ist der Wind, der unsere Sehnsucht zur Liebe des Schöpfers steigert und zur Anschauung der Weisheit, die alles wunderbar geordnet hat. Sehen wir ein ganz kleines Senfkorn und bedenken dann seine Kraft und die in ihm liegende Möglichkeit, so haben wir einen Weg, um zur Bewunderung Gottes hingerissen zu werden. In diesem kleinen Korne ist eine unermeßliche Kraft: ein großer Baum mit vielen solchen Körnern, in deren jedem wieder die Potenz eines Baumes ist. Würde diese ganze Kraft des Senfkorns aktuell entfaltet, so würde diese sichtbare Welt, ja 10 und 1000 Welten, ja sogar soviele Welten, als sich nur zählen lassen, nicht hinreichen. Wer muß hier nicht staunen, wenn er noch dazu erwägt den Geist des Menschen, der diese ganze Potentialität des Senfkorns, ja die ganze körperliche meßbare Welt umfaßt? Welche Größe ist demnach in unserm Geiste! Und wenn diese Größe doch nur wie ein Punkt ist, wie groß ist dann vollends Gott! ... Er ist die Wirklichkeit aller Möglichkeit, denn er ist das Ende aller Möglichkeit, nicht der konkreten Möglichkeit des Senfkorns oder unsers Vaters Adam u. dgl., sondern der absoluten Möglichkeit, welche die absolute Wirklichkeit ist. Wer wird nicht in staunende Bewunderung versetzt, wenn er Gottes Allmacht auf diesem Wege sucht? ... Mit dem Auge des Geistes siehst du, daß in jedem Stücke Holz oder Steine alle möglichen Körperformen der Geometrie, alle möglichen Abbildungen von Menschen, Tieren, Blumen etc. potentiell enthalten sind. Wenn nun der schon ein großer Künstler ist, der aus einem Holze die Gestalt eines Königs oder eines Tieres etc. herausschnitzen kann, welch ein Künstler ist dann der, der alles das in Wirklichkeit setzen kann, was im ganzen Bereiche der Möglichkeit ist! Doch noch größere Macht und Weisheit hat der, welcher das Senfkorn selbst erschaffen und diese ungeheure Potenz in es gelegt hat. Stupende Meisterschaft aber besitzt der, welcher alle möglichen Formen aus dem Senfkorne nicht in akzidenteller Ähnlichkeit, sondern in essentieller Wahrheit herausbilden kann. Und ein allen Verstand übersteigendes, unbeschreibliches Wunder ist es, nicht etwa aus Steinen lebende Menschen zu machen, sondern aus nichts und was nicht ist, ins Dasein zu rufen, während alle menschliche Kunst nur Etwas in Etwas bildet.

Endlich gibt es noch einen Weg in dir, Gott zu suchen, dies ist die Negation alles Begrenzten. Wenn ein Künstler aus einem Holze das Bild eines Königs verfertigt, so nimmt er alles hinweg, was anders begrenzt ist, als das Bild des Königs, das er geistig vor sich hat. Wenn du nun Gott dir vorstellst als besser denn alles, was man sich vorstellen kann, so wirfst du alles weg, was konkret und begrenzt ist: Körperlichkeit (Gott ist kein Körper), Sinne, Einbildung, die nicht ohne die Sinnenwelt tätig sein können; Verstand, denn er begreift nicht alles; Vernunft, denn auch sie ersetzt nicht die reine Wahrheit der Dinge. Kurz, du findest nichts in dir Gott ähnlich, und sagst daher, Gott sei über alles dieses hinaus das Prinzip deines geistigen Lebens, aus dem dir alles zufließt, was du hast. Auf diesem Wege findest du Gott, um ihn nach diesem Leben in seiner Wahrheit anzuschauen. Das möge er dir und mir verleihen, er, der sich denen, die ihn lieben, reichlich mitteilt. Er sei gepriesen in Ewigkeit! Amen.

Über die Gabe des Vaters des Lichtes

(De dato patris luminum)

An Bischof Gerhard

1.

Obwohl die Dunkelheit meines Geistes längst bekannt ist, so hast du doch, ehrwürdiger Vater! in einer sinnreichen Weise Lichtfunken demselben abzugewinnen versucht. Als während des Botanisierens die Sprache auf das Wort des Apostel Jakobus kam, *jede gute Gabe und jedes vollkommene Geschenk komme von oben, vom Vater des Lichtes*, batest du mich dringend, über das Verständnis dieser Stelle meine Ansicht niederzuschreiben. Ich weiß, daß du, ehrwürdiger Vater! die Ansichten der gelehrtesten Theologen getreu im Gedächtnisse bewahrst, während ich noch sehr wenige Schriften gelesen habe; ich müßte daher mit Recht erröten, kennte ich nicht die Aufrichtigkeit deiner Gesinnung. So empfange denn hier meine Ansicht!

Nach meiner Meinung war es die Absicht des heiligen Apostels, uns auf einem leicht zu betretenden Wege zu allem von uns Ersehnten hinzuführen.

Jeder vernünftige Mensch hat das Verlangen nach Wissen. Wissen (verstehen, intelligere) ist das Leben des Geistes, ist sein ersehntes Ziel; er kann aber zum Erfassen der Weisheit sich nicht erheben, als unwissend, durch sein eigenes Licht. Denn wer mangelhaft ist, hat an dem Mangel, was er entbehrt. Das Mangelhafte muß sich als mangelhaft erkennen und begierig der Ergänzung seiner Mangelhaftigkeit zustreben. Wenn der, dem Weisheit fehlt, diese von dem verlangt, dessen Schätze die Fülle der Weisheit sind, der dem Bittenden dieselben noch vermehrt, dessen Kargheit das reichlichste Austeilen ist, so muß er notwendig die Weisheit erlangen, zumal diese sich selbst dem Geiste des Suchenden hingibt. Verlangen aber heißt mit festem Glauben suchen, in der unzweifelhaften Hoffnung des Erlangens. Von wem nun die Weisheit, dieses Licht für unsern Pfad und Leuchte für unsere Füße, das Verständnis und Leben der Seele, verlangt werden müsse, lehrt uns der Apostel, um jeden Irrtum auszuschließen, in den Worten: Jede gute Gabe und jedes vollkommene Geschenk *ist von oben.*

Wenn jedes Sein insoweit sich für gut hält, daß es nie etwas anderes als eben dieses sein Sein (wiewohl auf eine zulässig vollkommenere Weise) zu sein wünscht, so erkennt jedes Wesen, das sich aus dem Besten stammend erkennt, seinen Zustand als den besten. Es erkennt sein Sein, dessen Zerstörung oder Veränderung in das Sein einer andern Gattung es nie wünschen kann, ihm von nichts anderem gegeben, das nicht von oben ist, erhaben über alles, in der Höhe der Vollkommenheit (in altitudine omnis optimitatis). Der menschliche Verstand glaubt nicht, seine Wesenheit habe er von etwas erhalten können, dessen Güte (Vollkommenheit) nicht das Höchste hoch oben über alles Gute hinaus wäre. Es würde auch kein Wesen mit der ihm verliehenen Wesenheit zufrieden sein, wenn es aus einem verminderten, nur erschaffenen Guten herstammte; sondern weil es von dem besten und höchsten Meister, über dem es nichts Höheres gibt, sein Sein hat, so ruht es in seiner spezifischen Wesenheit als in der besten aus dem Besten; es ist also von oben, aus der unendlichen Allmacht, die eine solche Kunst und Weisheit in sich hat, daß sie das völlig ausreichende Bildungsprinzip von allem ist.

Wie aber kein Wesen den Grad der höchstmöglichen spezifischen Vollkommenheit wirklich erreicht, sondern von derselben (nur Jesus Christus macht eine Ausnahme) in weitem Abstande sich befindet, so braucht auch der Geist, der potentiell alles umfaßt, was nicht sein Schöpfer ist, um zum wirklichen Erfassen der Dinge zu gelangen, das Geschenk der Gnade seines Schöpfers, wie der Schüler das aufhellende Wort des Lehrers. Die geistige Erleuchtung, die eine Gabe Gottes ist, kommt also von oben, vom Vater aller Gaben, welche Erleuchtungen oder Gottesoffenbarungen sind (theophaniae). Salomon hatte in der natürlichen Beschaffenheit seiner Seele eine große Gabe Gottes erlangt; doch war (in natürlicher Hinsicht) seine Seele nicht besser als die Seele jedes andern Menschen; aber durch die Gabe der Erleuchtung hatte er eine Seele, deren geistige Kraft zur wirklichen Erfassung der Weisheit sich über alle vorausgegangenen jüdischen Könige erhoben hat. Der Apostel wollte daher zwei Irrtümer beseitigen, einmal den, welcher Gott zum Urheber des Bösen macht, sodann den der Selbstüberhebung, als könne der Mensch *aus sich*, ohne das Geschenk der Gnade oder des Angezogenwerdens durch den Vater, zum Erfassen der Weisheit gelangen. Dies war die Sünde höchster Anmaßung in dem Sondergeiste (spiritus separati) Luzifer, der durch eigene Kraft zur Ähnlichkeit des Allerhöchsten sich erheben wollte, so wie unserer Stammeltern. Eben darum fordert uns auch der Apostel zum beständigen und glaubensvollen Gebete auf.

2.

Erheben wir uns nun zur größeren Bewunderung des wunderbaren Lichtes, das in den Worten des Apostels verborgen ist. Er sagt: »Alle gute (optimum) Gabe und jedes vollkommene Geschenk« etc.

Nach diesem Worte scheint jede Kreatur gewissermaßen Gott zu sein. Denn nur Gott ist der ganz Gute oder der Beste. Ist nun die Kreatur die beste Gabe, so scheint sie ein gegebener Gott zu sein. (Datum igitur optimum si est creatura, quoniam omnis creatura est bona valde, videtur Deus datus esse.) Das Gegebene muß nämlich in der Macht des Gebers sein: In der Macht des Guten ist das Gute. Da nun aber das Beste nur eines, einfach und unteilbar ist, weil es das Beste ist, so kann es nur sich selbst geben, sich selbst ausspenden, jedoch nicht teilweise, unvermindert, denn es ist alles das, was es sein kann; sein Sein ist sein Bestsein, seine Ewigkeit. Hiernach scheint es, daß Gott und die Kreatur dasselbe sind: nach der Modalität (secundum modum) des Gebers: Gott, nach der Modalität des Gegebenen: die Kreatur. Es ist also nur eines, das nach der verschiedenen Seinsweise (secundum modi diversitatem) verschiedene Namen erhält. Ein und dasselbe ist ewig in Hinsicht auf (secundum modum) den Geber, und zeitlich in Hinsicht auf das Gegebene: eines und dasselbe ist Schöpfer und Geschöpf etc. Unstreitig fehlt es dieser Darstellung an Präzision. Suchen wir das Verständnis der Wahrheit auf!

Die Philosophen sagen, die Form sei es, die einem Dinge das Sein gibt. Dieser Behauptung fehlt die Präzision: Es ist nicht ein Ding da, welchem die Form das Sein gibt, da jedes Ding nur durch die Form ist. »Die Form gibt einem Dinge das Sein« – will also heißen: Die Form ist das Sein selbst in jeder Sache; das dem Dinge gegebene Sein ist die Sein gebende Form selbst. Gott nun ist die absolute Form des Seins, er gibt allem das Sein; er wird daher von vielen mit Recht der Geber der Formen genannt. Gott ist also nicht die Form der Erde, Luft, des Wassers etc., sondern die absolute Form der Form der Erde etc. Die Erde ist daher nicht Gott, sondern Erde, die Luft ist Luft etc., jegliches Wesen ist dieses durch seine Form. Die Form jeden Wesens *steigt herab* aus der universellen Form. Das drückt der Apostel in wunderbarer Tiefe in dem Worte aus: Jede gute Gabe steigt herab (descendit), als wollte er sagen: Der Geber der Formen gibt nichts von sich selbst Verschiedenes, seine Gabe ist die beste, ist sein absolut Bestes und universell Größtes; aber *sie kann nicht aufgenommen werden so*, wie sie gegeben wird, weil die Aufnahme des Gegebenen auf dem Wege des Herabsteigens erfolgt (receptio dati fit *descensive*). Das Unendliche wird endlich aufgenommen, das Universelle partikulär, das Absolute beschränkt (contracte). Da eine solche Aufnahme ein Abfall von der sich mitteilenden Wahrheit ist, so wird sie *zur Ähnlichkeit und zum Abbilde, sie ist nicht der wirkliche Geber, sondern sein Bild*, in stufenmäßiger Klarheit. So sind die Farben die verschiedene Aufnahme des herabsteigenden Lichtes. Jeder Sinn, Auge, Ohr etc. ist eine verschiedenartige Aufnahme des allgemeinen Bewußtseins, welches in die Sinnenorgane herabsteigt; eben darum ist dieses nicht identisch mit den einzelnen Sinnen … Obwohl auf diese Art Gott alles in allem ist, *so ist doch die Menschheit nicht Gott*; wiewohl man bei richtigem Verständnisse das Wort des Hermes Trismegistus gelten lassen könnte, Gott werde mit dem Namen aller Dinge und alle Dinge werden mit dem Namen Gottes benannt, so daß der Mensch *ein vermenschlichter Gott* (Deus humanatus) und diese Welt *ein sinnlicher Gott* (Deus sensibilis) genannt werden könnte, wie auch Plato meinte. Weil Gott das Endziel seiner Schöpfung ist, der um seinetwillen alles gemacht hat, so gab er sich als sinnliche Welt (se dedit mundum sensibilem), damit die sinnliche Welt um seinetwillen da wäre, damit seine Aufnahme im Gebiete des Sinnlichen seine Güte auf dem Wege des Sinnlichen darstelle und das unendliche Licht der Sinnenwelt sinnlich leuchte, den lebenden Wesen als Leben, der Verstandeswelt als Verstand, den Vernünftigen als Vernunft.

3.

Ich beachte, wie vorsichtig der Apostel sagt, jede Kreatur sei in ihrem Geber ewig und die Ewigkeit selbst. Die Allmacht des Gebers koinzidiert mit seiner Ewigkeit: Immer konnte der Allmächtige geben. Jedes Gegebene war also in der Ewigkeit beim Vater; von ihm steigt es durch Aufnahme herab. Immer und ewig hat der Geber gegeben, aber die Aufnahme erfolgte nur im Abfall von der Ewigkeit, in der Einschränkung der Ewigkeit in die Zeitdauer, die einen Anfang hat. Die Zahl ist das Maß der Dauer, sie ist das Bild der zu einem Anfange gewordenen, aber endlosen Ewigkeit. Die Welt hat daher einen Anfang, in ihm ist all ihr Sein Ewigkeit (in ipso aeternitas est omne esse eius), jedoch nicht die absolute, sondern die durch einen Anfang beschränkte Ewigkeit. Die ewige Welt ist geworden; und es ist die Welt, die ewig bei dem Vater ist, keine andere als die durch Herabsteigen vom Vater gewordene, aber jene ist nicht veränderlich, ist beständig sich gleichbleibend, ohne allen Schatten der Veränderung; diese ist durch das Herabsteigen ins besondere Sein veränderlich und unstet wogend. Die Welt ist gleichsam der veränderliche Gott, die unveränderliche Welt ist der ewige Gott. Das sind Redeweisen der Spekulation, denen alle Präzision fehlt, wiewohl sie im Ineinandersein der Begriffe von Gott und der Welt sich der Präzision nähern. Präziser ist freilich *die* Auffassung von Gott, dem Unaussprechlichen, welche ihn weit über alle Affirmation und Negation, Gegensatz und Veränderung im unzugänglichen Lichte der Intelligenz wohnen läßt.

4.

Es erübrigt nun noch das Wort des Apostels zu erwägen, wonach er Gott nicht das Licht, sondern den *Vater der Lichter* nennt.

Alle Dinge sind für uns Erscheinungen (apparitiones), gleichsam Lichter. Weil nun ein Vater und Urquell der Lichter ist, so sind alle Dinge Erscheinungen des einen Gottes, in unendlicher Verschiedenheit. Gott ist die unendliche Kraft und völlige Aktivität. Wenn diese vermöge ihrer Güte sich offenbaren will, so läßt sie aus sich verschiedene Lichter – Theophanien – herabsteigen, in welchen allen sie den

Reichtum des Lichtes ihrer Herrlichkeit offenbart. Dieses Hervorbringen (generatio), das ein ganz freiwilliges ist und keinen andern Grund hat als die eigene Güte, geschieht durch das Wort der Wahrheit. Das Wort der Wahrheit ist die absolute Kunst, das Licht jedes Verstandes. Dieses Licht, das Wort, der eingeborene Sohn, ist die höchste Erscheinung des Vaters. Alle Erscheinungen der Dinge hat der Vater der Lichter erzeugt; in der obersten Kraft, in der Stärke der Einheit sind alle andern erscheinenden Lichter inbegriffen: in der absoluten Sohnschaft ist jede andere Sohnschaft, in der universellsten Kunst jedes Kunstwerk, in dem absoluten Verstande jeder Verstand, jede Unterscheidung enthalten. In diesem ewigen Worte hat der Vater uns erzeugt, auf daß wir, indem wir das Licht des ewigen Wortes durch dessen Herabsteigen in der uns möglichen Weise aufnehmen, ein gewisser Anfang seines Wesens seien (simus initium aliquod creaturae eius). Diese Aufnahme der Erscheinung des Vaters im Worte ist *mehr* als der Anfang seines Wesens, weil wir das Wort der Wahrheit, in dem er uns erzeugt hat, in unserer Weise aufnehmen ... Wir sind also ein Geschlecht Gottes (sumus igitur nos *genus Dei*), weil er uns erzeugt hat. Wie im Worte oder der Kunst der Menschheit alle Menschen so erzeugt sind, daß sie einen Anfang des besondern Menschseins erlangen, so ist im Worte der Wahrheit alles, was wahrhaft ist – die Lüge *ist* nicht –, so erzeugt, daß es ein Anfang der Wesenheit (creaturae, so ist offenbar dieses Wort hier zu übersetzen) des Erzeugers ist.

5.

Noch einen Punkt, der nicht zu übergehen ist, will ich besprechen, *die Gaben der Erleuchtung.*

Es gibt verschiedene Gaben des einen vollendenden Geistes. Es wird nämlich Gott, der die reinste Aktualität und absolute Vollkommenheit ist, im Herabsteigen zu uns nicht so, wie er ist, aufgenommen, sondern nur potentiell, wie der Baum von seiner Frucht nur als Same aufgenommen wird. Wie nun der Vater im Worte der Wahrheit alles erschafft (generat), so wird vom Geiste, der vom Vater und Sohne ausgeht, alles vollendet. Der Geist erfüllt, d.i. bringt zur Vollendung den Erdkreis, und was die Kenntnis der Sprache hat (quae vocis scientiam habent), steht zum Vater im Verhältnis der Vaterschaft (sunt in patre paternaliter), zum Sohne in dem der Sohnschaft (filialiter), zum heiligen Geiste in dem der Vollendung (perfectionaliter). Im Vater hat alles das Sein, im Sohne die Macht, im heil. Geiste die Wirksamkeit. Gott der Vater ist alles in allem, Gott der Sohn kann alles in allem, Gott der heil. Geist bewirkt alles in allem, denn aus dem Sein und Können geht das Wirken hervor. Der Geist bewirkt die Vollendung des Seins in dem Seienden, des Lebens in den Lebenden, des Wissens in den Denkenden, auf daß jede Kreatur nach der Beschaffenheit ihres Wesens zum Gottwerden (deificationem), d. i. zum Ziele ihrer Ruhe sich erhebe. Es ruht nämlich das körperliche Sein in dem Leben, das Leben im Geiste, der Geist in der Wahrheit, welche Gott ist. Die geistigen Naturen sind also die Vermittlung für den Ausfluß der niederen Naturen aus – und ihren Zurückfluß in Gott.

Um aber das Ziel ihrer Ruhe zu erreichen, um aus der Möglichkeit ihrer Kraft zur höchsten Entfaltung derselben zu gelangen, bietet der vollendende heil. Geist der geistigen Natur viele Lichter dar. Alle Geschöpfe sind ihr solche Lichter, durch deren Mannigfaltigkeit sie erleuchtet wird, um zum wesentlichen Licht aller Geschöpfe vorzudringen. Indem der Mensch in einigen Kreaturen bloßes Sein, in andern Leben, in wieder andern Verstand wahrnimmt, wird er sogleich erleuchtet, daß die absolute Wesenheit der Kreaturen nicht eines oder das andere hiervon ist, weil sonst die übrigen nicht Kreaturen wären. Sie ist daher *keine* der einzelnen Kreaturen. Die Kreaturen sind groß, klein, ansehnlich, unansehnlich etc. Die absolute Wesenheit ist also weder groß noch klein etc. Andere Lichter werden durch göttliche Erleuchtung dem Geiste eingegossen (infunduntur), wie das Licht des *Glaubens*, durch welchen der Geist erleuchtet wird, daß er über den Verstand hinaus sich zum Erfassen der Wahrheit erhebt. Weil der Geist durch dieses Licht dahin gebracht wird, daß er glaubt, er könne die Wahrheit erreichen, die er mit Hilfe des Verstandes nicht erreichen kann, und so seine Schwäche und Blindheit, um derentwillen er der Stütze des Verstandes sich bediente, in einem ihm von Gott eingegebenen Verlangen verläßt und die Möglichkeit, auf eigenen Füßen zu stehen, aufgibt, so gelangt er, durch das Wort des Glaubens gestärkt, zu der zweifellosen Zuversicht, das Verheißene zu erlangen, und erfaßt es auch alsbald im eiligen Lauf der Liebe (amoroso cursu festinanter apprehendit). Das ist die Erleuchtung, von welcher der Apostel redet.

Unsere geistige Kraft hat unsägliche Schätze von Licht in sich, die wir, solange sie nur potentiell da sind, nicht kennen, bis sie uns durch ein aktiv einwirkendes geistiges Licht eröffnet und die Art und Weise, sie hervorzulocken, gezeigt wird, durch diejenigen, welche dieser Geisteskultur von jeher eine große Sorgfalt gewidmet haben. Die Philosophen, Moses, die Propheten und Apostel waren solche mit Tugenden gezierte Männer, welche das finstere Reich dieser Welt verließen und dem Lichte des Geistes folgten. Durch welche der Geber der Lichter uns den verborgenen Schatz der Weisheit erschlossen, die Art, den Acker zu bewahren, von Unkraut zu reinigen und den Lebensbaum zu pflanzen gelehrt hat. Doch aller dieser Männer Lehre war nur ein empfangenes Licht aus dem absoluten Worte, nicht dieses Wort selbst, das unendliche Licht des Vaters, bis dieses Wort ohne Einschränkung sich sinnlich wahrnehmbar in unserm Herrn Jesus Christus offenbarte. In diesem Worte sind wir als Kinder des Lichts geboren, weil es uns geoffenbart hat, daß die Schätze der Glorie des ewigen Reichs in uns und innerhalb unsers Wesens seien (in nobis ac intra nos esse revelavit) und uns die Unsterblichkeit des Geistes durch Abtötung erreichen lehrte. Es sei in Ewigkeit gepriesen! Amen.

Dialog über die Entstehung der Welt

(De genesi)

Conrad. Eine Abwechslung auch von weniger ausgesuchten Speisen gewährt uns eine angenehme Mahlzeit. Obwohl du daher, mein Nikolaus! mir schon oft auf das Freigebigste dargeboten hast, was zu einer unvergänglichen Geistesnahrung hinführt, so möge es dir gleichwohl nicht unlieb sein, wenn ich eine noch schmackhaftere Nahrung von dir erbitte.

Nikolaus. Du weißt es längst, mein Conrad! daß ich in unermüdlichem Eifer nach dem Unbegreiflichen strebe, und es freut mich, durch Fragen angeregt oder durch Einwürfe angetrieben zu werden. Sprich also!

Conrad. Ich staune, wie eines und dasselbe aller so verschiedener und entgegengesetzter Dinge Ursache ist. Mein Forschen ist daher auf die *Entstehung des Weltalls* gerichtet, worüber ich von dir eine kurze und faßliche Erklärung zu erhalten wünsche; denn auch der göttliche Moses und viele andere haben durch ihre verschiedenen Erklärungsweisen immerhin noch Schwierigkeiten übriggelassen.

Nikolaus. Alle, welche über die Entstehung der Welt gesprochen haben, haben, wie du sagst, von demselben gesprochen in verschiedenen Weisen. Warum also befremdet es dich, daß *Dasselbe* die Ursache des Verschiedenen ist?

Conrad. Weil dasselbe nur geeignet scheint, dasselbe hervorzubringen.

Nikolaus. Richtig; eben deshalb *sind alle Dinge von demselben Absoluten das, was sie sind, und in der Weise, wie sie sind.* Denn das absolute Dasselbe ist, weil es Dasselbe ist, ewig. Es kann nicht von einem andern sein. Denn wenn es dies (Einzelwesen) hervorbringen kann, so auch ein anderes und wieder ein anderes usf. Von welchem andern sollte es also selbst sein? Es ist also ewig, einfach, unbegrenzt, unveränderlich, unvermehrbar, usf. ... Es ist daher auch keinem andern gleich oder entgegengesetzt, da alles in ihm dasselbe ist. Das Allgemeine und Partikulare, die Einheit und die Unendlichkeit sind in ihm dasselbe. Wirklichkeit und Möglichkeit, ja Sein und Nichtsein sind im absoluten Demselben notwendig dasselbe... Sagen wir, das Entgegengesetzte ist entgegengesetzt, so sagen wir, es sei *sich dasselbe*. Nur durch das absolute Dasselbe ist alles, was ist, sich selbst gleich, und für ein anderes anders, während *das absolute Dasselbe selbst nie dasselbe mit einem anderen, oder einem andern entgegengesetzt sein kann*. Und weil das absolut Dasselbe auch in allem Bildsamen das bildende, gestaltende Prinzip ist, so kann das bildende Prinzip nicht außerhalb Demselben sein. Denn daß ein Ding sich selbst gleich ist, kommt aus dem gestaltenden Prinzip; daß es aber für ein anderes Ding ein anderes ist, kommt daher, weil sein Bildungsprinzip nicht das absolut Dasselbe ist, nicht das Gestaltende in allem, was gestaltet. Nur *das absolut Dasselbe ist daher Anfang, Mitte und Ende jeder Gestaltung, die absolute Wirklichkeit aller Möglichkeit*. – Doch laß uns nun diese Prämissen weiter verfolgen: Du zweifelst nicht, daß Dasselbe auch dasselbe bewirke (idem identificat). Der Verstand versteht, das Gesicht sieht, die Wärme wärmt etc. Weil aber das absolut Dasselbe keine Vervielfältigung zuläßt, so besteht sein Identifizieren in einem *Assimilieren*. Das »Nichtdasselbe« steigt in einer Umkehr zu »Demselben« herauf, und weil es das (absolut) Dasselbe nicht erreichen kann, so assimiliert es sich ihm. Es koinzidiert gewissermaßen das Hinabsteigen des Dasselben zu dem »Nichtdasselben« und das Hinaufsteigen des »Nichtdasselben« zu Demselben. Die Erschaffung der Welt kann daher *eine Verähnlichung mit dem absoluten Sein* genannt werden, weshalb die Heiligen die Schöpfung eine Ähnlichkeit und Bild Gottes genannt haben. Aus dem angeführten Grunde ist die Schöpfung eine Vielheit, die in verschiedener Weise an dem Einen und Demselben partizipiert, woraus eben die *Ordnung* und *Harmonie des Ganzen* (κόσμος) entsteht. Alle Wesen rufen einstimmig und verkünden das Eine und Dasselbe, und dieses einstimmige Rufen ist die Assimilation, ist die vollere und reichere Darstellung des Einen und Desselben. Aber auch alle Zeugung, Zerstörung, Andersbildung etc. kommt daher, weil Dasselbe immer Dasselbe bewirkt. Denn indem das Eine und Dasselbe sich in größtem Gegensatze der Kräfte manifestiert, so entsteht, indem jedes das sich Gleiche und dem andern Entgegengesetzte wirkt, ein Kampf der Kräfte, und aus diesem neue Zeugung und Zerstörung.

Conrad. Du hast mich vollständig befriedigt... Ich sehe nun auch deutlich, warum frühere Forscher über die Entstehung der Welt irregingen, weil sie das eben Gesagte nicht bedacht haben. Aus der unermeßlichen Dauer der Welt haben sie eine Ewigkeit der Welt gemacht, da doch die Ewigkeit, das absolut Dasselbe, durch keine noch solange Dauer zu erreichen ist, und in der unermeßlichen Dauer gerade seine Unerreichbarkeit um so deutlicher offenbart. Der Maßstab der bloßen Reflexion, der nur das Zeitliche berührt, reicht nicht zu den Dingen, die zeitlos sind, wie das Gehör das nicht erreicht, was nicht hörbar ist, wiewohl dies für den Verstand erreichbar ist.

Nikolaus. Ganz richtig. Das Wahre haben daher unsere Heiligen ausgesprochen, wenn sie sagten, die Welt sei im Anfange erschaffen worden. Es ist klar, daß der Anfang der Welt nicht in einem andern ist, sondern das absolut Dasselbe ist Anfang, Mitte und Ende der Welt, und es ließ Gott die Zeitdauer ebenso wenig als die Welt außerhalb dem absolut Demselben den Anfang nehmen. Sowenig daher durch die Welt und alles in der Welt ein Weltwesen in seinem wahren Wesen erfaßt wird, sondern nur in dem einen Absoluten, so wenig kann die Zeitdauer in ihrem Wesen durch irgendein (relatives) Maß erfaßt werden, nur das absolut Dasselbe ist das adäquateste Maß alles Meßbaren.

Conrad. Ich würde gerne beistimmen, wenn mich nicht das Buch Moses über die Erschaffung der Welt zurückhielte. Nach dem dort Erzählten können wir das Zeitmaß für den Anfang der Welt berechnen, die noch keine 7000 Jahre alt ist, wiewohl es in der Naturgeschichte des Plinius und vielen andern Schriften wieder anders angegeben wird.

Nikolaus. Ich schätze die Schriften des Moses sehr hoch und weiß, daß sie durchaus wahr sind, sofern ich auf die Absicht des Schriftstellers hinsehe. Sofern ich auf Gott selbst, dem es eigen ist, gottähnlich zu bilden (cuius est deificare), hinsehe, so stimme ich Moses nicht deshalb, weil ich Christ und dem (göttlichen) Gesetze verpflichtet bin, sondern *weil die Vernunft anders zu denken verbie-*

tet, auf das Entschiedenste bei. Indes hat Moses hinsichtlich der Art, wie die Welt erschaffen wurde, sich durchaus menschlich ausgedrückt, um die Wahrheit in menschlich erfaßbarer Weise darzustellen. Wenn er sagt, Gott sei nichts von allem dem, was gesehen oder abgebildet werden kann, er sei nur auf den Fußstapfen, die hinter ihm sind, sichtbar, so hat er damit hinlänglich ausgedrückt, er habe die Art und Weise der nicht zu schildernden Schöpfung menschlich dargestellt. Wenn daher die Weisen sagen, der unsichtbare Gott habe alles nach seinem Willen *auf einmal* erschaffen, so stehen sie mit der Intention Moses' in keinem Widerspruche … Sie entkleiden die Angabe des Gesetzgebers von ihrer konkreten Hülle, so daß sie nur das sehen, daß das absolut Dasselbe identifizierte. Sie stoßen sich daher auch nicht an dem Abweichenden der Erzählung, der Zeit, der Benennung der Menschen, dem entgegengesetzten Laufe der nach der Erzählung mitten aus dem Paradiese ausströmenden Flüsse und *noch anderem, das vielleicht noch abgeschmackter* (absurdiora) *sein mag*, sondern erbeuten aus diesen Abgeschmacktheiten einen geheimen Sinn voll tiefer Bedeutung, wie du es bei den geistig geübtesten Kirchenlehrern hinsichtlich dieses Teils der Genesis finden kannst: in des *Ambrosius* Schrift über das Paradies, in seinem *Hexaëmeron*, bei *Basilius, Augustin, Hieronymus*. –

Conrad. Es freut mich sehr, dies von dir zu hören. Doch weil David anderswo sagt: »Durch das *Wort des Herrn* sind die Himmel gegründet, und durch *den Hauch seines Mundes* all ihre Kraft«, so wünsche ich eine Belehrung darüber, ob diese Vorstellung angemessen sei.

Nikolaus. Es gibt verschiedene Erklärungen über die Art, wie alles aus dem Einen und Ersten entstanden ist, allein die tieferen Philosophen lassen die Formen der Naturwelt durch Gott, den reinsten Geist, der die lautere und vollkommenste Wirksamkeit ist, auf den Befehl seines Willens so entstehen, wie auf den Befehl des Baumeisters das Haus entsteht. Willst du aber eine passendere Vergleichung, so findest du sie in dem *Verfertigen gläserner Gefäße* aus der glühenden Glasmasse *mittelst Blasens*.

Conrad. Sehr treffend zum Verständnis der sichtbaren Welt! Doch gib mir noch eine universellere Vergleichung!

Nikolaus. Ich glaube, daß das *Lehren* unter den uns wohl bekannten

Operationen die universellste Anwendung zuläßt. Um einen noch ununterrichteten Schüler zur Identität mit dem Lehrer heranzubilden, macht der Lehrer die Stille zu einem seinem Begriffe ähnlichen Laute. Dieser Laut ist die (bildsame) Möglichkeit, aus der hernach die Silben, und aus diesen die Worte, freilich in kaum bemerkbarem Nacheinander, entstehen. Das so entstandene Wort des Lehrers begreift eine dreifache Ordnung in sich: Es ist *sinnlich* und wird durch den Gehörsinn vernommen, es ist *verständig*, weil nur der Verstand die Worte faßt; es ist endlich *geistig*, sofern es den Sinn des Lehrers, der die größte Ähnlichkeit seines Geistes ist, zur geistigen Anschauung bringt. Ganz passend vergleicht also der Prophet David die Schöpfung mit dem Worte und dem Hauche des Mundes. Vielleicht wollte dies auch Moses andeuten, wenn er in den Worten: »Gott sprach: Es werde Licht! Und es ward Licht«, die Schnelligkeit des Schaffens mit dem gesprochenen Worte verglich.

Conrad. Ich begreife nun die schöne Ordnung in der Welt, wie nämlich das *Körperliche* zum Behufe der *Sinnenunterscheidung*, diese zum Behufe der *verständigen*, diese für die *geistige*, die geistige wegen der wahren Ursache, die Schöpferin von allem gegeben ist. Die ganze Natur dient also der geistigen Natur; diese ist das Bild (signaculum) der wahren und absoluten Ursache, so daß jedes Ding nur durch deren Vermittlung den Quell seines Seins erreicht. Denn was sucht alle Sinnentätigkeit als Reflexion oder Verständigkeit? Was sucht der Verstand anderes als das Vernünftige? Was sucht die Vernunft anderes als die wahre absolute Ursache? Nur der Geist (die Vernunft) hat also ein Auge, um die Wesenheit (quidditas) anzuschauen, die er nur in der wahren Ursache, welche die Quelle aller Sehnsucht ist, anschaut, in welcher Sein und Verlangen (Sehnsucht) koinzidieren. – Mit Freuden habe ich diese Wahrheiten aus deiner Belehrung geschöpft, aus denen ich vieles und wichtiges über die Weltschöpfung und die Natur ableiten kann. Doch weil einige Heilige die Welt mit einem *geschriebenen Buche* vergleichen, so sage mir auch über dieses Bild deine Ansicht.

Nikolaus. Das Bild scheint mir sehr passend. Ein Deutscher, dem ein griechisches Buch Platos vorgelegt würde, könnte durch Vermutung mittels Kombination einige Vokale und Worte erkennen; das Wesen, der Geist des Buchs im ganzen und einzelnen bliebe ihm ebenso verborgen, wie wenn ein Maler die Kunst zu malen, im Falle niemand da wäre, dem er sie lehrte, in einem Buche in verschiedenen Gemälden niederlegte. Wer würde diese Kunst, die selbst nicht sichtbar, sondern nur durch den Geist erreichbar ist, aus dem Buche voll Gemälden erlernen, wenn der Unterricht des Künstlers fehlte? So kann auch Gott Vater, die Quelle der Kunst zu identifizieren, er, die im Weltall wie in einem Gemälde entfaltete Kunst des Seins, durch keinen erkannt werden, der nicht das Verständnis dieser Kunst besitzt, da nur der Geist Gottes des Vaters jene Kunst besitzt, welche die absolute Kunst ist. Diese Erwägung führt uns zur Verachtung des syllogistischen Jagens und zur Unterwerfung unter die Erleuchtung durch die Offenbarungen der Propheten. So schreitet der Geist, sich selbst als völlig ungenügend verachtend, in seinem Suchen weiter. Die Erkenntnis der Unwissenheit erniedrigt und gibt in der Erniedrigung die Erhöhung und Einsicht. Treffend hat dies Moses ausgedrückt, indem er den Menschen, der, auf *seine* Kraft sich stützend, im Wissen Gott gleich sein wollte, in Unwissenheit fallen läßt, welche der Tod des Geistes ist.

Conrad. Nachdem nun so vieles zum Verständnis des Propheten mir dargeboten ist, erkläre mir noch deutlicher, warum er sagt, die Himmel seien durch das Wort, und ihre Kräfte durch den Hauch seines Mundes gebildet worden.

Nikolaus … Es sind nach diesen Worten die Himmel, und was unter dem Namen oder nach Ähnlichkeit des *Himmels* ins Dasein gelangt, durch ein Wort der Allmacht auf einmal entstanden. Diesem erschaffenen Himmel haucht der Schöpfer eine *Kraft* ein. Das Äußere eines jeden Wesens, gleichsam der es umschließende Himmel, ist sein Entstehen aus dem Nichts; sein Inneres ist die ihm vom Schöpfer eingehauchte, verliehene Kraft des Seins, durch welche es eine größere Ähnlichkeit mit dem Schöpfer hat, als durch den (äußern) Himmel seines Seins. Es sind daher in jedem Wesen drei Dinge: die *Möglichkeit*, durch seine Hervorrufung aus dem Nichts, die *Wirksamkeit*, durch sein Partizipieren an der göttlichen Kraft und die *Verbindung von beidem.* Moses drückt dies in den Worten aus: »Es bildete Gott den Menschen aus Erde und hauchte ihm den Hauch des Lebens ein, und so wurde er ein lebendes Wesen« …

Conrad. Ich kann dieser Ausführung nicht widersprechen. Doch weil David den Himmeln Kräfte und Engel zuteilt, wenn er sagt: »Lobt den Herrn von den Himmeln, lobt ihn in der Höhe! Lobt ihn alle seine Engel, lobt ihn alle seine Kräfte!«, so sage mir nur mit einem Worte noch, ob diesen Himmeln Engel vorstehen; dann will ich, da die tiefe Nacht uns zur Ruhe ruft, vom Fragen ablassen.

Nikolaus. Gegen unsere Verabredung ziehst du vieles und nun vollends einen Punkt herbei, der eine tiefere Forschung erfordert. Doch um fertig zu werden, sage ich nur ein Wort: Alle Bewegung der verständigen Wesen trachtet nach dem absolut »Demselben«. Es geht ein Hauch der Kraft von Gott aus, welcher die an seinem Sein Partizipierenden beständig zu »Demselben« hinleitet. Jeder Kreis, Himmel des Seins, hat eine eigene ihm bestimmt zugemessene Kraft des Seins. Ein Geist, Engel, der den einzelnen Sphären des Seins vorsteht, und die ganze Kraft dieser Sphäre in sich begreift, ist also gleichsam der dienende Geist, der Engel des Schöpfers in dieser Sphäre und leitet und regiert sie wie der Rektor einer Schule die Klassen der Grammatik, der Rhetorik, der Logik je durch die diesen vorgesetzten, ihm unterworfenen Lehrer leitet und regiert …

Doch weil dieser Gegenstand zu tieferer Ergründung eine passendere Zeit erfordert, so sei die Unterredung nun geschlossen. Der Hahn hat uns längst zur Ruhe gerufen. Lebe wohl!

Über das Sehen Gottes

(De visione Dei)

oder:

Über das Bild

(De icone)

An den Abt und die Brüder in Tegernsee

Ich gebe hier etwas, was ich euch, geliebte Brüder! längst versprochen habe, zur leichten Erfassung der mystischen Theologie. Euch, die, wie ich weiß, der Eifer für Gott beseelt, halte ich für würdig, diesen kostbaren und überaus ergiebigen Schatz zu eröffnen. Ich bitte den Allmächtigen, daß er mir das Wort von oben verleihe, welches allein sich selbst darlegen kann, um nach eurer Fassungskraft wunderbare Dinge euch zu erzählen, die weit über alle Sinn-, Verstandes- und Vernunfterkenntnis hinaus nur geoffenbart werden. Ich werde auf die einfachste und gemeinverständlichste Weise mittelst einer sinnlichen Anleitung (experimentaliter) euch in das geheiligte Dunkel führen; dort angelangt, werdet ihr das unzugängliche Licht wahrnehmen, und jeder mag dann, wie es ihm von Gott gegeben ist, demselben sich immer mehr nähern und in einem süßen Verkosten einen Vorgeschmack des Mahles ewiger Glückseligkeit empfinden, zu dem wir im Worte des Lebens durch das Evangelium Christi berufen sind, der gepriesen sei in Ewigkeit!

Vorwort

Soll ich euch auf menschlich verständige Weise zum Göttlichen hinführen, so bedarf es hierzu eines Bildes. Unter Werken von Menschenhand fand ich kein Bild, das sich für meinen Zweck mehr eignet als ein Bild des Allsehenden, das von geschickter Künstlerhand so gemalt ist, daß es nach allen Seiten zu sehen scheint. Es gibt treffliche Bilder dieser Art auf dem Markte zu Nürnberg, zu Brüssel von dem ausgezeichneten Maler Roger auf einem sehr kostbaren Gemälde, das sich in der Wohnung des Statthalters befindet, zu Koblenz in meiner Kapelle zur hl. Veronika, zu Brixen in der Engelsburg, und mehrere andere. Damit jedoch eure Betrachtung, welche durchaus ein solches sinnliches Bild erfordert, nicht mangelhaft sei, schicke ich eurer Liebden (caritati vestrae) ein kleines Gemälde, wie ich es eben bekommen konnte, welches das Bild des Allsehenden darstellt. Ich nenne es das Bild Gottes (iconem Dei). Dieses befestiget an irgendeiner Stelle, etwa in der nördlichen Wand; stellet euch, Brüder! in mäßiger Entfernung um dasselbe und schauet es an. Jeder wird meinen, von welchem Standpunkte er es auch anschaut, das Bild sehe nur ihn allein an. Wer östlich steht, wird glauben, das Bild sehe östlich, wer südlich oder westlich steht, wird es nach Süden oder Westen sich richten sehen. Anfangs werdet ihr staunen, wie es möglich sei, daß es auf alle und jeden zugleich hinschaut. Der östlich Stehende kann es nicht fassen, daß der Blick des Bildes nach einer andern Richtung, etwa West oder Süd, gerichtet sei. Sodann stelle sich der Bruder, der östlich stand, westlich, und er wird finden, daß der Blick nun auf ihn ebenso nach Westen gerichtet ist, wie er vorher nach Osten gerichtet war. Da er weiß, daß das Bild unbeweglich an der Wand befestigt ist, so wird er die Beweglichkeit des unbeweglichen Blickes desto mehr bewundern. Heftet er den Blick fest auf das Bild und geht dabei von West nach Ost, so wird er den Blick des Bildes beständig ihm folgen sehen. Kehrt er von Ost nach West zurück, so wird der Blick auch hier ihn nicht verlassen und er wird sich wundern, wie derselbe unbeweglich sich bewegte; seine Vorstellung wird es nicht fassen, daß der Blick sich zugleich mit einem andern, der ihm in entgegengesetzter Richtung entgegenkommt, bewegt. Wenn er hiervon einen Versuch machen will und heißt zu dem Ende einen Bruder das Bild anschauen und dabei von Ost nach West gehen, während er selbst von West nach Ost geht, und fragt dann den ihm entgegenkommenden Bruder, ob der Blick des Bildes sich beständig mit ihm fortbewege und erhört nun, daß der Blick sich ebenso in entgegengesetzter Richtung bewege, so wird er dem Bruder glauben; glaubte er nicht, so würde er die Sache nicht für möglich halten. So kommt er durch die Offenbarung des Berichterstattenden (revelatione relatoris) dahin, daß er weiß, jener Blick wende sich von keinem, wenn er auch in entgegengesetzter Richtung geht, hinweg. Er wird also erfahren, daß das unbewegliche Antlitz sich so nach Osten kehrt, daß es zugleich auch nach Süden gerichtet ist, nach einem Orte und nach allen zugleich, daß die Bewegung des Blicks auf einen und auf alle zugleich geht. Wenn jeder beachtet, daß jener Blick keinen verläßt, so überzeugt er sich, daß er für jeden so große Sorge trägt, als gehe der sorgende Blick nur auf den allein, der sich beobachtet sieht und auf keinen andern, dergestalt, daß der von dem Blicke Beobachtete es nicht fassen kann, daß das Antlitz auch für einen andern Sorge trägt. Er überzeugt sich auch, daß der Blick für das kleinste Geschöpf die größte Sorge wie für das größte und für das ganze Universum trägt.

Nach diesem sinnlichen Bilde (apparentia) gedenke ich euch, geliebte Brüder! auf dem Wege frommer Betrachtung (per quandam praxin devotionis) in das Gebiet der *mystischen Theologie* zu erheben, wozu ich drei hierfür geeignete Sätze vorausschicke.

I.

Die sinnliche Erscheinung (das sinnliche Bild) gewinnt ihre Wahrheit und Vollkommenheit in der Vollkommenheit Gottes (quod perfectio apparentiae verificatur in Deo perfectissimo)

Als erste Voraussetzung bezeichne ich, daß an dem Sehen (Blicke) der Abbildung Gottes nichts vorkommen kann, das nicht im wahren Sehen Gottes wahrer (und vollkommener) wäre. Denn Gott, das Höchste aller Vollkommenheit, größer als unser Gedanke (maior, quam cogitari potest), wird eben deshalb ϑεός genannt, weil er alles sieht. Wenn daher der gemalte Blick auf einem Bilde die Erscheinung eines zugleich alles und jedes einzelne (denn das ist eben das vollkommene Sehen) sehenden Blicks gewinnt, so kann dies bei der Wahrheit (lebendigen Wirklichkeit) in nicht geringerem Grade zutreffen als bei dem Bilde in der Sphäre der sinnlichen Erscheinung. Wenn das eine Sehen schärfer ist als das andere, wenn der eine kaum das Nahe, der andere sogar Entfernteres noch unterscheidet, der eine einen Gegenstand langsam, der andere schnell erschaut, so ist kein Zweifel, daß das absolute Sehen, von dem jedes Sehen herrührt, alle Schärfe, Schnelligkeit und Kraft aller, die wirklich sehen oder sehend werden können, weit übertrifft. Wenn ich nämlich hinsehe auf das reine Sehen (ad abstractum visum), bei dem ich alle Augen und Sehwerkzeuge hinwegdenke, und erwäge, daß dieses reine Sehen in seinem konkreten Sein, so wie die Sehenden durch das Sehen selbst sehen, an Zeit, Himmelsgegend, einzelne Objekte und andere Bedingungen gebunden ist, während das reine Sehen von diesen Bedingungen ganz frei ist, so begreife ich vollkommen, zum Wesen des Sehens gehöre es nicht, daß es mehr auf ein Objekt als auf ein anderes Rücksicht nehme, wiewohl dieses bei dem konkreten Sehen stets eintrifft, daß, während es auf das eine sieht, nicht zugleich auf das andere, oder absolut auf alles sehen kann. Gott nun, das wahre, unbeschränkte Sehen, ist nicht geringer als unser Begriff von dem reinen Sehen, sondern außer allem Verhältnisse vollkommener. Die konkrete Erscheinung des Sehens in jenem Bilde kann sich daher noch weit weniger der höchsten Vollkommenheit des absoluten Sehens nähern als der Begriff davon. Was daher in jenem Bilde sinnlich hervortritt, muß ohne Zweifel im absoluten Sehen auf eminente Weise sich wiederfinden.

2.

Das absolute Sehen begreift alle Arten (des Sehens) in sich

Fürs zweite beachte, daß das Sehen in den Sehenden variiert, infolge der verschiedenen konkreten Form desselben. Denn unser Sehen richtet sich nach den Affektionen des Sehorgans und des Gemütes. Es sieht einer jetzt liebreich und freudig drein, jetzt schmerzlich und erbittert, erst als Knabe, dann als Mann, zuletzt als Greis. Das absolute Sehen aber, frei von jeder Beschränktheit, zugleich und einmal (simul et semel) begreift alle und jede Art des Sehens in sich, als deren adäquatestes Maß und wahrstes Vorbild. Denn ohne das absolute Sehen gibt es kein endliches Sehen. Es begreift alle Arten des Sehens so in sich, daß es zugleich jede einzelne umfaßt, und bleibt von jeder Verschiedenheit gänzlich frei. In ihm sind alle konkreten Arten des Sehens auf nicht konkrete Weise. Denn jede Konkretheit (contractio) ist in dem Absoluten, weil das absolute Sehen das Konkrete alles Konkreten ist; denn das Konkrete ist nicht weiter konkret zu machen. (Omnis enim contractio est in absoluto, quia absoluta visio est contractio contractionum. Contractio enim est incontrahibilis.) Das einfachste Konkrete koinzidiert daher mit dem Absoluten. Ohne Konkretheit gibt es kein Konkretes (Sine autem contractione nihil contrahitur). So ist denn das absolute Sehen in jedem Sehen, weil jedes konkrete Sehen durch dasselbe ist und ohne dasselbe nicht sein kann.

3.

Die Prädikate Gottes sind keine realen Unterschiede (quod quae de Deo dicuntur, realiter non differunt)

Als Folgesatz aus dem Gesagten beachte, daß alle Aussagen von Gott wegen dessen höchster Einfachheit keine realen Differenzen sein können, wiewohl wir nach diesen oder jenen Beziehungen immer wieder andere Namen geben. Da aber Gott die absolute Vernunft ist, so faßt er alle vernünftigen Verhältnisbestimmungen in sich (Deus cum sit absoluta ratio, omnium formalium rationum in se omnes rationes complicat). Wenn wir daher auch Gott Sehen, Hören, Schmekken, Riechen, Tasten, Sinn, Verstand, Vernunft etc. zuschreiben, nach den verschiedenen Gesichtspunkten, welche jedes dieser Worte angibt, so ist doch sein Sehen nicht verschieden von seinem Hören, Tasten, Fühlen, Denken, Begreifen. Daher sagt man, die ganze Gotteslehre bewegt sich im Kreise, weil eines der göttlichen Attribute auch von dem andern ausgesagt wird; Gottes Haben ist sein Sein, sein Bewegen Stillstehen, sein Laufen ein Ruhen etc. Mögen wir ihm nach einem Gesichtspunkte (ratione) Bewegung zuschreiben, nach einem andern Stillstehen, so kann doch in Gott, weil er die absolute Vernunft ist, in der jedes Anderssein Einheit und jeder Gegensatz Identität ist, eine Verschiedenheit von Bestimmungen (rationum diversitas), die nicht zugleich Identität wäre, wenigstens nach dem, was wir uns unter Verschiedenheit denken, nicht bestehen.

4.

Das Sehen Gottes ist Vorsehung, Gnade und ewiges Leben

Tritt nun, mein betrachtender Bruder! zum Bilde Gottes heran und stelle dich zuerst östlich, dann südlich, zuletzt westlich. Da der Blick des Bildes auf dich überall gleichmäßig hinschaut und dich nicht verläßt, wohin du auch gehen magst, so wirst du zum Nachdenken angeregt werden und sprechen:

Herr, jetzt schaue ich in diesem deinem Bilde deine *Vorsehung* in einer sinnlichen Erfahrung; denn wenn du mich nicht verlässest, der ich der Geringste von allen bin, so verlässest du keinen Menschen. Bei allen und jedem bist du so, wie bei allen und jedem das Sein ist, ohne das sie nicht sein können. Du, das absolute Sein von allem, bist so bei allen, als hättest du keine Sorge für etwas anderes. Dies kommt daher, weil jedes Wesen sein Sein allen andern, und seine Art des Seins allen andern Arten vorzieht, und sein Sein dergestalt beschützt, daß es das Sein aller andern lieber als das seinige zugrunde gehen ließe. Denn du, o Herr! schauest jedes Wesen so an, daß man denken sollte, du habest keine andere Sorge, als daß nur dieses Wesen auf die bestmögliche Weise existiere und daß alle andern Wesen nur dazu da seien, um zu dienen, damit das Wesen, das du anschauest, auf das Beste existiere. Du läßt es, o Herr! mich durch keine Vorstellung denken, daß du ein anderes Wesen mehr liebst als mich, da nur mich kein Blick nicht verläßt. Und weil da das Auge ist, wo die Liebe, so erkenne ich, daß du mich liebst, weil auf mich, deinen Knecht, deine Augen mit der größten Aufmerksamkeit gerichtet sind (quia supra me, servulum tuum, oculi tui sunt attentissime). Herr! *Dein Sehen ist Lieben.* Und wie dein Blick sich so aufmerksam mir zuwendet, daß er sich niemals von mir kehrt, so auch deine Liebe. Und weil deine Liebe immer bei mir ist, und deine Liebe, o Herr! nichts anderes ist, als du selbst, der du mich liebst, so bist du immer bei mir, o Herr! Du verlässest mich nicht, beschützest mich von allen Seiten, weil du die größte Sorgfalt für mich trägst. Dein Sein, o Herr! verläßt mein Sein niemals. Denn nur so weit bin ich, als du bei mir bist, und da dein Sehen dein Sein ist, so bin ich, weil du auf mich siehst, und wendest du deinen Blick von mir ab, so bin ich nicht mehr. Doch ich weiß, daß dein Blick jene größte Güte ist, welche sich jedem Empfänglichen mitteilen muß. Du kannst mich also niemals verlassen, solange ich für dich empfänglich bin. Meine Sache ist es daher, immer mehr für dich empfänglich zu werden. Ich weiß aber, daß die Empfänglichkeit, die zur Einigung führt, ein Ähnlichsein ist. Die Unempfänglichkeit kommt aus der Unähnlichkeit. Mache ich mich also auf jede mögliche Weise deiner Güte ähnlich, nach den Stufen der Ähnlichkeit, so werde ich für die Wahrheit empfänglich sein. Du hast mir, o Herr! das Sein gegeben, und ein solches Sein, das sich deiner Gnade und Güte immer empfänglicher machen kann. Die Kraft, die ich von dir habe, in welcher ich das lebendige Bild deiner Allmacht besitze, ist der freie Wille, durch welchen ich die Empfänglichkeit für deine Gnade erweitern oder einschränken kann: erweitern durch Gleichförmigkeit, wenn ich gut zu sein trachte, weil du gut bist, gerecht, weil du gerecht, barmherzig, weil du barmherzig; wenn all mein Streben nur auf dich gerichtet ist, weil all dein Streben auf mich gerichtet ist; wenn ich ganz aufmerksam nur auf dich hinsehe und nie den Blick meines Geistes wegwende, weil du mich beständig mit deinem Blicke umgibst; wenn ich meine Liebe nur dir zuwende, weil du, der du die Liebe bist, nur mir zugewendet bist. Was ist, o Herr! mein Leben als die Umarmung, mit welcher deine süße Liebe mich so liebend umfaßt? Ich liebe mein Leben, weil du die Süßigkeit meines Lebens bist. Ich erblicke jetzt in dem Bilde, wie in einem Spiegel, *das ewige Leben*, weil dieses nur das selige Anschauen ist, mit welchem du in höchster Zärtlichkeit bis ins Innerste meines Herzens mich zu sehen nicht aufhörst. Dein Sehen ist ein Beleben, ein beständiges Einflößen der süßesten Liebe zu dir, durch dieses Einflößen ein Entflammen meiner Liebe zu dir, durch das Entflammen ein Nähren, durch das Nähren ein Anfeuern der Sehnsucht, durch das Anfeuern ein Tränken mit dem Taue der Wonne, durch das Tränken ein Einsenken der Quelle des Lebens, durch das Einsenken ein Vermehren und Andauern und ein Mitteilen deiner Unsterblichkeit, ein Verleihen der unverwelklichen Glorie des himmlischen, höchsten und größten Reiches, ein Mitteilen jener Erbschaft, welche nur dem Sohne gehört, ein Inbesitznehmen der Seligkeit, wo der Urquell (ortus) aller Wonnen ist, die je erstrebt werden können, über welchen hinaus etwas Besseres nicht nur keinem Menschen oder Engel denkbar ist, sondern auch in keiner Weise des Seins existiert, denn es ist die absolute Größe selbst von jedem vernünftigen Verlangen, die nicht mehr größer sein kann.

5.
Fortsetzung

O Größe der Süßigkeit, die du denen, die dich fürchten, vorbehalten hast (quam abscondisti timentibus te)! Es ist ein unerschöpflicher Schatz der vollsten Freude. Deine Süßigkeit verkosten heißt in unmittelbarer Berührung (experimentali contactu) die Lieblichkeit alles Ergötzlichen in seinem Ursprunge erfassen und den vernünftigen Grund alles Ersehnenswerten in deiner Weisheit erreichen. Die absolute Vernunft, welche die Vernunft aller ist, sehen, heißt nichts anderes, als dich, o Gott! geistig verkosten, weil du die Lieblichkeit selbst bist, das Sein des Lebens und Denkens. *Was anderes ist daher dein Sehen, o Herr!* wenn du mich mit mildem Auge anblickst, *als daß du von mir gesehen wirst*? Indem du mich siehst, gibst du dich mir zu sehen, der du der verborgene Gott bist (quid aliud, Domine, est videre tuum, quando me pietatis oculo respicis, quam te a me videri? videndo me das te a me videri, qui es Deus absconditus)? Niemand kann dich sehen, außer soweit du es verleihst, gesehen zu werden, und daß du gesehen wirst, ist nichts anderes, als daß du den siehst, der dich sieht. Ich sehe an diesem deinem Bilde, wie gerne du, o Herr! dein Antlitz allen zeigst, die dich suchen, denn nie schließest du die Augen, nie wendest du dich nach einer andern Seite. Wenn ich mich auch von dir wegwende, indem ich mich ganz nach einem andern Gegenstande hinwende, so wendest doch du deshalb weder Auge noch Blick. Siehst du mich nicht mit gnädigem Auge an, so liegt die Ursache in mir, weil ich mich von dir getrennt und einem andern Gegenstande, den ich dir vorziehe, zugewendet habe. Gleichwohl wendest du dich nicht ganz von mir, dein Erbarmen folgt mir nach, ob ich etwa wieder zu dir zurückkehre, um für die Gnade empfänglich zu sein ... O unendliche Liebe! Wie unglücklich ist jeder Sünder, der dich, die Lebensader, verläßt, und dich nicht in dir, sondern in dem sucht, was in sich nichts ist und auch nichts geblieben wäre, wenn du ihn nicht aus dem Nichts gerufen hättest! Wie töricht ist, wer dich sucht, der die Güte ist, und indem er dich sucht, von dir weicht und die Augen von dir abwendet! Jeder Suchende sucht doch nur Gutes; wer Gutes sucht und dabei von dir abweicht, weicht von dem zurück, was er sucht. Jeder Sünder verirrt sich von dir und kommt immer weiter auf Abwege. Kehrt er aber zu dir zurück, so kommst du ihm unverweilt entgegen und bevor er dich noch erblickt, wendest du mit Vaterliebe deine barmherzigen Augen zu ihm hin. Dein Erbarmen ist nichts anderes als dein Sehen. Dein Erbarmen begleitet daher jeden Menschen in seinem ganzen Leben, auf jedem seiner Schritte, wie dein Blick keinen je verläßt. Solange daher der Mensch lebt, treibst du ihn unaufhörlich mit süßer, innerlicher Ermahnung an, daß er von seinem Irrtume abstehe und sich zu dir kehre, um glücklich zu sein. Du, Herr! bist der Gefährte meiner Pilgerreise; wohin ich gehe, immer sind deine Augen über mir. Dein Sehen ist dein Bewegen; du bewegst dich daher mit mir, und hörst in deiner Bewegung nicht auf, solange ich mich bewege. Ruhe ich, so bist du bei mir; steige ich auf eine Höhe, so steigst du mit; steige ich herab, so steigst auch du herab: wohin ich mich wende, bist du dabei. Du verläßt mich auch nicht am Tage der Trübsal; sooft ich dich anrufe, bist du mir nahe. Denn dich anrufen heißt sich zu dir wenden; du kannst den nicht verlassen, der sich zu dir wendet und es kann sich niemand zu dir bekehren, du seiest denn zuvor bei ihm. Wärest du nicht da und würdest mich anregen, so kennte ich dich nicht; wie könnte ich mich also zu dir wenden? Du bist also mein Gott, der alles sieht, dein Sehen ist Wirken. Du wirkst daher alles, daher nicht uns, o Herr! nicht uns, sondern deinem großen Namen, welcher ϑεός heißt, singe ich ewiges Lob; denn ich habe nichts, was du nicht gibst, und ich würde das, was du gegeben hast, nicht behalten, wenn nicht du es mir bewahrtest. Du gibst mir alles; du bist der allmächtige und barmherzige (pius) Gott, der uns alles schenkt; der Diener, der in allem uns dient, die erhaltende Vorsehung. Dies alles wirkest du in einem einfachen Blicke. Sei gepriesen in Ewigkeit!

6.

Von dem Sehen des Antlitzes (De visione faciali)

Je länger ich dein Antlitz, mein Herr und Gott! anschaue, desto schärfer scheint dein Blick auf mir zu ruhen. Dein Anblick treibt mich zu der Erwägung hin, daß dieses dein Abbild deshalb in dieser sinnlichen Weise gemalt ist, weil das Antlitz nicht ohne Farbe gemalt werden und die Farbe nicht ohne Quantität sein kann. Ich sehe aber nicht mit den fleischlichen Augen, die dieses Bild ansehen, sondern mit den Augen des Geistes dein unsichtbares wahres Bild, welches hier nur im unvollkommenen Umrisse gezeichnet ist. Dieses dein wahres Bild ist frei von jeder Beschränktheit, es ist nicht Quantität, nicht Qualität, nicht zeitlich und örtlich, es ist die absolute Form, das Antlitz aller Antlitze. Beachte ich, daß dieses Bild die Wahrheit und das adäquateste Maß aller Antlitze ist, so ergreift mich Staunen. Denn jenes Bild hat keine Quantität; es ist daher weder größer noch kleiner. Es ist aber auch keinem Antlitze gleich, weil es keine Quantität, sondern absolut ist. Es ist daher die Wahrheit, welche die Gleichheit ist, frei von allem Quantum. So begreife ich, daß dein Antlitz, o Herr! jedem möglichen Antlitze vorhergehe, das Urbild und die Wahrheit aller Antlitze ist und diese alle – Abbilder von jenem, das keine Beschränkung und Mitteilung zuläßt. Daher sieht jedes Antlitz, welches in das deinige schaut, nichts anderes oder von sich Verschiedenes, weil es seine Wahrheit sieht. Gleichwie, wohin ich immer mein Antlitz wende, dieses dein Bild hier sich mir zuwendet, so ist dein Antlitz allen Antlitzen, die dich anschauen, zugewandt. Dein Sehen, o Herr! ist dein Antlitz. Wer daher mit liebevollem Antlitze dich anschaut, wird auch dein Antlitz nicht anders als liebreich finden und je liebreicher er dich anschaut, desto liebreicher wird er dein Antlitz finden. Wer dich mit Unwillen anschaut, wird dein Antlitz gleichfalls unwillig finden; wer freudig zu dir blickt, dem wird dein Blick ebenso freudig begegnen. Wie dem fleischlichen Auge, wenn es durch ein rotes Glas schaut, alles rot erscheint, bei einem grünen Glase alles grün, so beurteilt das geistige Auge, verdüstert durch Beschränktheit und äußere Einwirkung (obvolutus contractione et passione), dich, das Objekt des Geistes, nach der Natur dieser Beschränktheit und Einwirkung. Der Mensch kann nicht anders als menschlich urteilen. Wenn der Mensch dir ein Antlitz gibt, so sucht er dieses nicht außerhalb der menschlichen Gattung, weil sein Urteil in den Kreis der menschlichen Natur eingeschränkt ist und er diese Beschränktheit im Urteilen nicht ablegt. Würde ein Löwe dir ein Antlitz geben, so würde es wie das eines Löwen ausfallen, bei dem Adler wie das des Adlers. O Herr! wie wunderbar ist dein Antlitz! Dem Jünglinge ist es jung, dem Manne männlich, dem Greise bejahrt. Wer es verstehen wollte, müßte sich über die Gestalten aller denkbaren Antlitze hinaus erheben. Wie versteht er es aber, wenn er über alle Antlitze, alle Ähnlichkeit derselben, über alle Begriffe, die sich von dem Antlitze geben lassen, über alle Farbe und Schmuck aller Antlitze sich hinaus erhebt? Wer also zum Sehen deines Antlitzes sich aufmacht, ist, solange er noch etwas begreift, noch weit von deinem Antlitze entfernt. Denn jeder Begriff, jede Schönheit bleibt weit hinter demselben zurück. Dein Antlitz hat Schönheit und dieses Haben ist das Sein, es ist die absolute Schönheit, das bildende Prinzip, das jeder schönen Gestalt das Sein gibt. O überaus schönes Antlitz, dessen Schönheit zu bewundern keiner von allen hinreicht, denen es vergönnt ist, es anzuschauen! In allen Antlitzen wird es nur verhüllt (velate) und rätselhaft gesehen; enthüllt (revelate) erst dann, wenn wir über alle einzelnen Antlitze eingehen in eine gewisse geheime und verborgene Stille, wo sich nichts von der Wissenschaft und dem Begriffe des Antlitzes findet. Denn eben diese Finsternis oder Unwissenheit zeigt uns an (revelat), hier sei das Antlitz, erhaben über alle Verhüllung (supra omnia velamenta). So erblickt unser Auge, wenn es das Sonnenlicht, welches das Antlitz der Sonne ist, sehen will, dieses Licht zuerst verhüllt in den Sternen, Farben und allem, was am Lichte partizipiert. Wenn es das Licht enthüllt sehen will, so geht es über alles sichtbare Licht hinaus, weil es weiß, daß, solange es noch etwas sieht, dies nicht das Licht ist, das man nicht sehen kann. Im Hinausgehen aber über alles sichtbare Licht ist das, was in das Auge nun eindringt, notwendig lichtlos und daher sozusagen Finsternis. Jetzt wissen wir, daß wir dem Antlitze der Sonne uns genaht haben, denn jene Dunkelheit im Auge entsteht eben aus der überaus großen Helle des Sonnenlichts. Je größer wir also die Finsternis erkennen, desto wahrer erreichen wir in der Finsternis das unsichtbare Licht. Ich sehe ein, o Herr! daß ich so und nicht anders zum unzugänglichen Lichte, zur Schönheit und zum Glanze deines Antlitzes auf dem Wege der Enthüllung gelangen kann.

7.

Von der Frucht dieser Anschauung des Antlitzes und wie sie gewonnen wird

Groß ist die Wonne, mit der du, o Herr! auf diesem Wege meine Seele nährst. Eine Unterstützung geben mir hierbei teils die Erfahrungen dieses Lebens, teils die willkommenen Vergleichungen, die du eingibst. Denn da du, o Herr! jene Kraft, jenes Prinzip bist, aus dem alles ist, dein Antlitz jenes Prinzip ist, aus welchem alles das ist, was es ist, so betrachte ich jetzt diesen großen und herrlichen Nußbaum, dessen Prinzip ich zu sehen wünsche. Mit dem sinnlichen Auge sehe ich ihn groß und breit, farbig, voll Zweigen, Blättern und Nüssen. Mit dem geistigen Auge sehe ich, daß er in dem Samen war, nicht so wie ich ihn hier sehe, sondern der Kraft nach (virtualiter). Ich beachte die wunderbare Kraft dieses Samens, in welchem der ganze Baum mit allen seinen Nüssen und mit allem neuen Samen der Nüsse enthalten war, und ich sehe, daß diese Kraft in keiner Zeit je ganz zu erschöpfen ist. Indessen ist die Kraft dieses Samens doch beschränkt, weil sie nur in dieser Gattung von Nüssen Geltung hat. So sehe ich denn die Samenkraft aller Bäume aller Gattungen beschränkt auf jede Gattung. Will ich daher die absolute Kraft aller Gesäme und ihr Prinzip erkennen, so muß ich über alle Samenkraft, die gedacht werden kann, hinausgehen und in das Gebiet jener Unwissenheit eingehen, in welcher nichts von der Kraft des Samens zu finden ist. Dann finde ich in jener Finsternis die staunenswerte Kraft, keiner denkbaren Kraft erreichbar, welche das Prinzip ist, das jeder Kraft dessen, was Same oder nicht Same ist, das Sein verleiht. Da diese absolute und über alles erhabene (superexaltata) Kraft jeder Samenkraft es verleiht, daß sie virtuell den Baum mit allem, was zum Baume gehört und aus ihm hervorgeht, in sich faßt, so faßt jenes Prinzip im Keime und in absoluter Weise (complicite et absolute) als Ursache alles in sich, was als Wirkung von ihr hervortritt (quidquid dat effectui) … Ich erkenne daher den Baum als eine Entfaltung der Samenkraft und den Samen als eine Entfaltung der allmächtigen Kraft. Ich sehe ein, daß, wie der Baum im Samen nicht Baum, sondern die Kraft des Samens ist, so die Kraft des Samens in ihrer Ursache, welche die Kraft aller Kräfte ist, nicht Samenkraft, sondern absolute Kraft ist. So ist der Baum in dir, meinem Gotte, du selbst, o mein Gott, in dir ist er die Wahrheit und das Urbild seiner selbst (et ita est arbor in te Deo meo tu ipse Deus meus, et in te est veritas et exemplar sui ipsius). Ebenso ist der Same des Baumes in dir die Wahrheit und das Urbild seiner selbst: Für Baum und Samen bist du, o Gott! Wahrheit und Vorbild. Du bist die Natur aller Naturen. O Gott! wohin hast du mich geführt, daß ich nun sehe, dein absolutes Antlitz sei das natürliche Antlitz jeder Natur, die absolute Wesenheit alles Seins, die Kunst und Wissenschaft alles Wissens. Wer also dein Antlitz zu sehen verdient, sieht alles enthüllt und nichts bleibt ihm verborgen. Alles weiß und alles hat, o Herr! wer dich hat, alles hat, wer dich sieht, denn niemand sieht dich, der dich nicht hat, niemand kann sich dir nahen, weil du unnahbar bist. Niemand faßt dich, es sei denn, du schenkest dich ihm. Wie habe ich dich, o Herr! da ich nicht würdig bin, vor deinem Antlitze zu erscheinen? Wie soll mein Gebet zu dir gelangen, da du auf jede Weise unzugänglich bist? Wie soll ich dich verlangen (quomodo petam te)? Denn was ist ungereimter, als zu verlangen, daß du dich mir schenkest, der du alles in allem bist? Und *wie wirst du dich mir geben, wenn du mir nicht zugleich Himmel und Erde und alles, was in ihnen ist, gibst? Ja, wie wirst du dich mir geben, wenn du nicht mich selbst mir gibst?* Indem ich so in der Stille der Betrachtung ruhe, sprichst du, o Herr! in mein Herz hinein zu mir: *Sei du dein eigen und ich werde dein eigen sein* (sis tu tuus, et ego ero tuus)! O Herr! du Wonne aller Süßigkeit, du hast es ganz in meine Freiheit gelegt, daß ich, wenn ich will, mir angehöre. Gehöre ich daher nicht mir an: so gehörst auch du nicht mir; denn *du nötigst die Freiheit, da du nicht mir gehören kannst, wenn ich nicht mir gehöre. Weil du jedoch dies ganz in meine freie Wahl gelegt hast, so nötigst du mich nicht, sondern erwartest, daß ich es erwähle, mir selbst anzugehören.* (O Domine, suavitas omnis dulcedinis, posuisti in libertate mea, ut sim, si volam, mei ipsius. Hinc nisi sim mei ipsius, tu non es meus; necessitas enim libertatem, cum tu non possis esse meus, nisi et ego sim mei ipsius. Et quia hoc posuisti in libertate mea, non me necessitas, sed exspectas, ut ego eligam mei ipsius esse). Von mir hängt es also ab, nicht von dir, o Herr! weil du deine große Güte nicht einschränktest, sondern auf das Reichlichste über alles Empfängliche ausgießest. Und deine Güte, das bist du, o Herr! Wie gehöre ich aber mir an, wenn du, o Herr! mich nicht belehrst? Das ist deine Lehre, daß der Sinn der Vernunft gehorcht und die Vernunft herrsche. Dient der Sinn der Vernunft, dann gehöre ich mir selbst an. Allein die Vernunft wird durch nichts anderes gebildet, als durch dich, o Herr! der du das Wort und die Vernunft aller Vernunft bist. Ich erkenne nun: Wenn ich dein Wort höre, das in mir unaufhörlich redet und beständig in meiner Vernunft leuchtet, so bin ich mein eigen, frei, kein Sklave der Sünde, und du gehörst mir, gibst mir zu sehen dein Antlitz und ich bin glückselig. – Gepriesen seiest du daher, o Gott! in deinen Gaben, der du allein imstande bist, meine Seele zu trösten und zu der Hoffnung aufzurichten, dich zu erreichen und zu genießen, als ihre eigentümliche Gabe (ut suo proprio dono) und als den unendlichen Schatz alles Wünschenswerten.

8.

Das Sehen Gottes ist Lieben, Verursachen (causare), Lesen und alles in sich fassen

Mein Herz ruht nicht, o Herr! weil deine Liebe es mit solcher Sehnsucht entflammt hat, daß es nur in dir ruhen kann. Ich habe angefangen, das Gebet des Herrn zu beten, und du hast es mir eingegeben zu beachten, daß du unser Vater bist. Dein Lieben ist dein Sehen, deine Vatergüte ist dein Schauen, das uns alle väterlich umfaßt; denn wir sagen: Vater unser. Du bist der Vater aller und jedes Einzelnen. Wer da sagt: Du bist unser Vater, die väterliche Liebe, der begreift darunter alle und jedes deiner Kinder, denn der Vater liebt in der Art alle Kinder, daß er jedes einzelne liebt, weil er insofern der Vater aller ist, als er der Vater jedes Einzelnen ist. So liebt er ein jedes seiner Kinder, daß jedes sich allen andern vorgezogen glaubt. Bist du also der Vater und unser Vater, so sind wir deine Kinder. Die Liebe des Vaters kommt aber der der Kinder zuvor. Solange wir deine Kinder sind und dich als Kinder anschauen, hörst auch du nicht auf, uns mit väterlichem Blicke anzuschauen. Du bist daher unser väterlicher Versorger (provisor noster paternus) und hast für uns eine väterliche Sorgfalt. Dein Sehen ist Vorsehung. Geben wir, deine Kinder, dich, den Vater, auf, so sind wir nicht mehr deine Kinder, und nicht mehr freie Kinder, in unserer Gewalt, sondern wir ziehen in ein fernes Land, indem wir uns von dir trennen, und geraten in eine harte Knechtschaft, unter einen Fürsten, der dein Feind ist. Doch du, o Vater! der du wegen der uns verliehenen Freiheit, weil wir deine Kinder sind, der du die Freiheit selbst bist, uns zwar abirren (quanquam sinas nos abire) und die Freiheit und das große Vermögen in den schlechten sinnlichen Lüsten verzehren lässest, verlässest uns doch nicht ganz, sondern bist in beständiger Anregung uns nahe, redest in uns und rufst uns zu dir zurück, bereit, immer uns mit dem ewigen Vaterauge wieder anzuschauen, wenn wir zurückkehren und zu dir uns wenden. O guter Gott! blicke auf mich, der ich in Zerknirschung aus der elenden Sklaverei, der schmutzigen Lust der Schweine, in der ich vor Hunger verschmachtet, jetzt zurückkehre, um in deinem Hause mich wieder zu sättigen. Nähre mich, o Herr! mit deinem Anblicke und lehre mich, daß dein Blick jeden Blick des Sehenden und alles Sichtbare, jeden Akt des Sehens, jede Sehkraft, jede sichtbare Kraft und alles, was aus allem dem entsteht, sehe. Denn dein Sehen ist *Verursachen*, du siehst alles, der du alles verursachst. Lehre mich, o Herr! daß du mit einem Blicke zugleich uns im Einzelnen (simul et singulariter) unterscheidest. Schlage ich ein Buch zum Lesen auf, so sehe ich verworren die ganze Seite. Will ich nun die einzelnen Buchstaben, Silben und Worte unterscheiden, so muß ich mich der Reihe nach zum Einzelnen hinwenden, ich kann nur sukzessiv einen Buchstaben, Wort, Satz nach dem andern lesen. Du aber, o Herr! siehst und liesest zugleich das ganze Buch ohne Zeitmaß. Lesen zwei zugleich, der eine schneller, der andere langsamer, so siehst du zugleich mit beiden und scheinst zeitlich zu lesen, weil du mit den Lesenden liesest, siehst aber alles über aller Zeit und liesest daher zumal (simul). Denn dein Sehen ist dein Lesen. Alle geschriebenen oder noch zu schreibenden Bücher hast du zugleich und einmal (simul et semel) frei von allem Zeitverzug von Ewigkeit zugleich gesehen und gelesen, und dabei (cum hoc) liesest du sie mit allen Lesenden der Zeit nach (seriatim). Auch liesest du nichts anderes in der Ewigkeit und anderes in der Zeit zugleich mit den Lesern, sondern ein und dasselbe, da du dich immer auf dieselbe Weise verhältst, der du nicht veränderlich bist, sondern die feststehende (fixa) Ewigkeit. Da aber die Ewigkeit die Zeit nicht verläßt, so scheint sie sich mit der Zeit zu bewegen, obschon die Bewegung in der Ewigkeit Ruhe ist. – Herr! du siehst und hast Augen. Du bist daher das Auge, weil dein Haben dein Sein ist; du schauest daher in dir selbst alles. Wäre in mir das Sehen Auge wie in dir, mein Gott! so würde ich in mir alles sehen, weil das Auge ein Spiegel ist und ein noch so kleiner Spiegel in sich im Bilde einen großen Berg samt dessen ganzer Oberfläche sieht. Die Gestalten von allem sind in dem Spiegel des Auges. Weil aber unser Blick mittelst des Auges als Spiegel nur den einzelnen Gegenstand sieht, dem er sich zuwendet, da seine Sehkraft durch das Objekt determiniert ist, so sieht er nicht alles, was der Spiegel des Auges zu erfassen vermag. Dein Blick aber, der ein lebendiger Spiegel ist, sieht in sich alles, ja wie er die Ursache alles Sichtbaren ist, so erfaßt und erschaut er alles in der Ursache und dem Grunde von allem, d. i. in sich selbst. Dein Auge, o Herr! reicht ohne Hemmung (sine flexione) zu allem. Denn daß unser Auge durch die Objekte seine Richtung erhält, rührt daher, weil unser Blick nur durch einen quantitativen Winkel (per angulum quantum) sieht, dein Augenwinkel aber, o Gott! ist nicht ein quantitativer, sondern ein unendlicher, er ist ein Kreis, ja die unendliche Sphäre; dein Blick ist das Auge des unendlich Sphärischen und Vollkommenen. Er sieht daher im Umkreise, nach oben und unten, alles zugleich. O wie bewunderungswürdig ist dein Blick, welcher ϑεός ist für alle, die ihn erforschen! wie schön und liebenswürdig für alle, die dich lieben! Wie erschrecklich für alle, die dich, mein Gott und Herr! verlassen! Durch deinen Blick, o Herr! belebst du jeden Geist, erfreuest jeden Glücklichen, verscheuchest jede Traurigkeit. So blicke denn mit Barmherzigkeit auf mich herab, und meiner Seele ist Heil widerfahren!

9.

Gottes Sehen ist universell und partikulär zugleich. Vom Wege zur Anschauung Gottes

Ich staune, o Herr! daß in deiner Sehkraft, der du zugleich alle und jeden siehst, wie dieses Gemälde zeigt, das Universelle mit dem Einzelnen koinzidiert. Ich erkenne aber, daß meine Vorstellung darum nicht begreift, wie dieses vor sich geht, weil ich in meiner Sehkraft dein Sehen zu erkennen suche. Da nun dieses nicht an das Sinnenorgan wie das meinige gebunden ist, so täuscht mich mein Urteil. Dein Sehen, o Herr! ist deine Wesenheit. Fasse ich nun die Menschheit, die in allen Menschen die eine und einfach ist, ins Auge, so finde ich sie in allen und jedem Menschen. Obwohl sie an sich weder eine orientalische noch okzidentalische, weder eine südliche noch nördliche ist, so ist sie doch in den Orientalen im Orient, in dem Okzidentalen im Okzidente. Ebenso gehört Bewegung und Ruhe nicht zum Wesen der Menschheit; sie bewegt sich jedoch in den Beweglichen, ruht mit den Ruhenden und steht mit den Stehenden zugleich und auf einmal in dem gleichen Moment, weil die Menschheit die Menschen nicht verläßt, sie mögen sich bewegen oder nicht, schlafen oder ruhen. Verhält es sich nun bei der Natur der Menschheit, welche beschränkt ist und außer der Menschenwelt sich nicht vorfindet, der Art, daß sie einem Menschen nicht mehr innewohnt als dem andern, und einem so vollkommen, als wäre sie in keinem andern, so gilt dies in weit höherem Grade von der unbeschränkten Menschheit, welche das Vorbild und die Idee, das Gestaltende und die Wahrheit der beschränkten menschlichen Natur ist. Sie kann die beschränkte Menschheit in den Individuen nie verlassen, denn sie ist das Gestaltende, das der Natur als Form das Sein gibt. Die spezifische Form kann demnach ohne sie nicht sein, da jene kein Sein für sich hat; sie stammt von ihr, die durch sich ist, ehe noch eine andere war. Jenes Gestaltende also, was der Spezies das Sein gibt, ist die absolute Form, und das bist du, o Gott! der Schöpfer (formator) Himmels und der Erde und des ganzen Universums. Sehe ich also auf die beschränkte Menschheit und durch sie auf die absolute, indem ich im Beschränkten das Absolute wie in der Wirkung die Ursache und im Abbilde die Wahrheit und das Urbild sehe, dann trittst du mir entgegen, o mein Gott! als das Urbild aller Menschen, als der Mensch an sich (homo per se), das ist, der absolute Mensch. Wende ich mich in ähnlicher Weise in allen Gattungen zur Gestalt aller Gestalten, so begegnest du wieder mir in allen als deren Idee und Urbild. Weil das absolute und einfachste Urbild, bist du nicht zusammengesetzt aus mehreren Urbildern, sondern ein einfachstes Urbild, unendlich, so daß du von allem und jedem, was sich gestalten läßt, das wahrste und adäquateste Urbild bist. Du bist somit die Wesenheit der Wesenheiten und gibst der endlichen Wesenheit dasjenige Sein, das sie hat. Außer dir, o Gott! kann also nichts sein. Wie deine Wesenheit, so durchdringt also auch dein Sehen, das deine Wesenheit ist, alles. Wie nichts von allem, was ist, seinem eigenen Sein entfliehen kann, so auch nicht deiner Wesenheit, welche die Wesenheit allem verleiht, somit auch nicht deinem Blicke. Alles und jedes siehst du daher, o Herr! zugleich, du bewegst dich mit allem, was sich bewegt, und stehst mit den Stillstehenden. Wenn einige sich bewegen, während andere stehen bleiben, so stehst du, o Herr! und bewegst dich zugleich, du schreitest voran und ruhest zugleich. Denn wenn sich Bewegung in der Zeit zugleich mit der Ruhe in verschiedenen Personen nur in beschränkter Weise findet, und nichts außerhalb dir sein kann, so ist auch Bewegung und Ruhe nicht außerhalb dir; allen bist zu zugleich und einmal und jedem in der Ganzheit nahe, o Herr! Indessen hast du keine Bewegung und Ruhe, weil du hocherhaben (superexaltatus) und frei von allem bist, was sich denken oder aussprechen läßt. Du stehst und wandelst und zugleich stehst und wandelst du nicht; das zeigt mir dieses Gemälde deines Angesichts. Denn wenn ich mich bewege, so scheint sein Blick sich zu bewegen, weil er mich nicht verläßt. Steht ein anderer, der das Bild betrachtet, während ich mich bewege, still, so verläßt auch diesen der Blick nicht, sondern er bleibt mit ihm unbeweglich. Indessen kann es dem absoluten Antlitze nicht zukommen, daß es unbeweglich sei oder sich bewege, weil es über alles Unbewegliche und alle Bewegung in der einfachsten und absolutesten Unendlichkeit sich befindet; erst nach dieser Unendlichkeit beginnt Bewegung und Ruhe, Gegensatz, Begriff und Wort. Ich sehe daraus, daß ich notwendig in die Finsternis eingehen und die Koinzidenz der Gegensätze zugeben muß, über alles Erfassen des Verstandes hinaus, und die Wahrheit da suchen, wo die Unmöglichkeit mir entgegentritt. Wenn ich dann selbst über die höchste Erhebung der Vernunft hinaus zu dem gelange, was von jeder Vernunft unerkannt ist, was jeder Geist als die größte Entfernung von der Wahrheit ansieht, dann finde ich dich, mein Gott! der du die absolute Notwendigkeit bist. Und je mehr jene dunkle Unmöglichkeit als dunkel und unmöglich erkannt wird, desto wahrer leuchtet die Notwendigkeit, desto weniger verhüllt ist sie nahe. Daher danke ich dir, mein Gott! daß du mir offenbarst, es gebe keinen andern Weg, dir zu nahen, als eben den, welcher allen Menschen, auch den gelehrtesten Philosophen, ganz unzugänglich und unmöglich erscheint, weil du mir gezeigt hast, du könnest nirgendwo gesehen werden, als wo die Unmöglichkeit mir entgegentritt. Du, o Herr! der du die Nahrung für große Geister bist (qui es cibus grandium), hast mich ermutigt, mir selbst Gewalt anzutun, weil die Unmöglichkeit mit der Notwendigkeit koinzidiert. Hier habe ich die Stelle gefunden, wo du geoffenbart gefunden wirst; sie ist umzäunt mit der Koinzidenz der Gegensätze. Das ist die Mauer des Paradieses, in dem du wohnst. Seine Pforte bewacht der stolze Verstand. Wird dieser nicht besiegt, so öffnet sich das Tor nicht zum Eingange. Also nur jenseits der Koinzidenz der Gegensätze kannst du geschaut werden, diesseits derselben in keiner Weise. Ist die Unmöglichkeit die Notwendigkeit, so ist in deinem Blicke, o Herr! nichts, was dein Blick nicht sehe.

10.

Gott wird jenseits der Koinzidenz der Gegensätze erkannt.
Sein Sehen ist Sein.

Ich stehe vor dem Bildnisse deines Antlitzes, mein Gott! das ich mit sinnlichen Augen anschaue. Ich bestrebe mich, mit innern Augen die Wahrheit anzuschauen, die in dem Gemälde angedeutet ist. Da drängt es sich mir auf, wie klar dein Blick redet. Denn dein Reden ist nichts anderes als dein Sehen, da sie in dir, der absoluten Einfachheit, nicht real differieren. Ich erkennen es klar, daß du zugleich alles und jedes siehst, weil ich, wenn ich predige, zugleich und auf einmal zu der versammelten Gemeinde rede, indem ich zu allen in der Kirche ein und dasselbe Wort und in diesem einen Wort zu jedem rede. Was für mich die Kirche ist, das ist für dich, o Herr! die ganze Welt und jede Kreatur, die ist oder sein kann. So sprichst du zu jedem, und die, zu denen du sprichst, siehst du.[1] O Herr! höchster Trost aller auf dich Hoffenden, du gibst mir ein, daß ich dich durch mich liebe! denn du hast mir ein Antlitz nach deinem Belieben gegeben. Alle, denen ich predige, sehen es einzeln und zugleich, so wie jeder mein Wort hört. Ich aber kann nicht alle Redenden zugleich unterscheiden, hören oder sehen, sondern nur einen nach dem andern. Hätte ich aber eine solche innere Kraft, daß Gehörtwerden und Hören, Gesehenwerden und Sehen, Reden und Hören koinzidierten wie sie bei dir, der höchsten Kraft, koinzidieren, so würde ich alle und jeden zugleich hören und sehen. Wie ich mit jedem zugleich reden könnte, würde ich auch aller und eines jeden Antworten in demselben Momente hören und sehen. Ich beginne daher an der Türe der Koinzidenz der Gegensätze, die der Engel bewacht, der am Eingange des Paradieses aufgestellt ist, dich, o Herr! zu sehen. Dort bist du, wo Reden, Sehen, Hören, Verkosten, Berühren, Denken, Wissen und Einsehen ein und dasselbe sind, wo Sehen koinzidiert mit Gesehenwerden, Hören mit Gehörtwerden, Verkosten mit Verkostetwerden, Berühren mit Berührtwerden, Reden mit Hören, Schaffen mit Reden. Würde ich also sehen, wie ich sichtbar bin, so wäre ich keine Kreatur. Und wenn du, o Gott, nicht sehen würdest, wie du

---

1 Der Text, et ea quibus loqueris vides, scheint korrupt zu sein. Analog dem vorausgehenden: singulis loquor muß es wohl heißen: *et eos*, quibus loqueris, vides.

sichtbar bist, so wärest du nicht der allmächtige Gott. Von allen Kreaturen kannst du gesehen werden (ab omnibus creaturis es visibilis) und alle siehst du: Dadurch, daß du alle siehst, wirst du von allen gesehen. Anders können die Kreaturen nicht sein: Durch dein Sehen sind sie. Würden sie nicht dich den Sehenden sehen, so hätten sie von dir kein Sein: Das Sein der Kreatur ist dein Sehen und Gesehenwerden zugleich. Du redest durch dein Wort zu allem, was ist, und rufst ins Dasein, was nicht ist … du redest zur Erde und berufst sie zur menschlichen Natur. Und es hört dich die Erde und dieses ihr Hören ist das Werden des Menschen. Du redest zum Nichts, als sei es Etwas, und rufst es zum Etwas, und das Nichts hört dich, weil Etwas wird, was nichts war. O unendliche Kraft! Dein Denken ist Reden; du denkst den Himmel, und er ist, wie du ihn denkst, die Erde und sie ist, wie du sie denkst. – Doch, zum Verwundern bist du, mein Gott! Du redest und denkst einmal; wie kommt es denn, daß nicht alles zumal, sondern vieles sukzessiv da ist? Wie kommt so Verschiedenes aus einem Gedanken? An die Schwelle der Türe hingestellt erleuchtest du mich mit der Einsicht: Dein Gedanke ist die einfachste Ewigkeit selbst. Nun kann aber nichts werden nach der einfachsten Ewigkeit (nihil est autem possibile fieri post aeternitatem simplicissimam). Daher umgibt die unendliche Dauer = Ewigkeit alles Nacheinander (omnem successionem). Was uns daher als Nacheinander erscheint, ist keineswegs nach (post) deinem Gedanken, der die Ewigkeit selbst ist. Dein einiger Gedanke, welcher dein Wort ist, umfaßt (complicat) alles und jedes in sich, dein einiges Wort kann nicht vielfach, entgegengesetzt, veränderlich sein. So sehe ich denn, o Gott! daß nichts nach (post) deinem Gedanken ist; alles ist, weil du es denkst, du denkst es aber in der Ewigkeit, das Nacheinander in der Ewigkeit ist die Ewigkeit ohne Nacheinander, dein Wort selbst, o Herr und Gott! Ein Ding, das uns zeitlich erscheint, hast du nicht eher gedacht, als es ist. Denn in der Ewigkeit, in der du denkst, koinzidiert alles Nacheinander der Zeit mit dem Jetzt der Ewigkeit. Es gibt daher keine Vergangenheit oder Zukunft, wo Zukunft und Vergangenheit mit der Gegenwart koinzidieren; daß aber Dinge in dieser Welt früher oder später existieren, rührt daher, weil du diese Dinge früher nicht als Seiende gedacht hast. In wessen Gedanken ein Vorher und Nachher vorkommt, so daß er zuerst das eine denkt und nachher ein anderes, der ist nicht allmächtig. Weil nun du der allmächtige Gott bist, so bist du innerhalb der Mauer im Paradiese. Die Mauer ist die Koinzidenz des Spätern mit dem Frühern, wo das Ende koinzidiert mit dem Anfange, wo *α* und *ω* dasselbe sind. Immer sind daher die Dinge, weil du sagst, daß sie seien, und sie sind nicht eher, weil du es nicht eher sagst. Wenn ich lese, Adam habe vor so vielen Jahren gelebt und heute sei ein solcher (Adam d.i. Mensch) wieder geboren worden (et hodie talem natum), so scheint es unmöglich, daß Adam *damals* lebte, weil du es damals gewollt hast, und daß ein solcher uns in gleicher Weise heute geboren wurde, weil du es *jetzt* gewollt hast, und daß du gleichwohl nicht früher gewollt hast, daß ein Adam sei, als bis der jetzige geboren wurde. Allein was unmöglich scheint, ist die Notwendigkeit selbst; denn Jetzt und Damals sind erst nach (post) deinem Worte. Daher begegnen sie dem, der sich dir naht, in der Mauer, die den Ort umgibt, wo du in der Koinzidenz (der Gegensätze) wohnst; denn Jetzt und Damals koinzidieren im Umkreise der Mauer des Paradieses. Du aber, o mein Gott! lebst und redest über dem Jetzt und Damals hinaus, denn du bist die absolute Ewigkeit.

11.

In Gott ist ein Nacheinander ohne Nacheinander (quod videtur in Deo successio sine successione)

Ich empfinde deine Güte, o mein Gott! die mich armen Sünder nicht nur nicht verachtet, sondern mit einer gewissen Sehnsucht süß entzückt. Du hast mir über die Einheit des geistigen Wortes oder Begriffes von dir und dessen Verschiedenheit in der sukzessiven Erscheinung ein passendes Bild eingegeben: Der einfache Begriff einer guten Uhr ist mir ein Fingerzeig, der mich zur tiefen Erkenntnis deines Begriffes und Wortes fortführt. Der einfache Begriff einer Uhr faßt alles zeitliche Nacheinander in sich. Ist nun die Uhr der Begriff, so hören wir, wenn wir gleich den Schall des Schlages sechs vor dem Schlage sieben vernehmen, doch den Schlag sieben nicht bälder, als es der Begriff der Uhr gebietet; sechs Uhr ist nicht eher im Begriffe, als sieben oder acht Uhr, sondern in dem einen Begriffe der Uhr ist keine Stunde früher oder später als die andere, wiewohl die Uhr eine Stunde nie bälder schlägt, als wenn es ihr Begriff gebietet. Da nun die Uhr in Gott der Begriff desselben ist, so sehen wir einigermaßen, wie das Nacheinander der Uhr ohne Nacheinander im Worte oder Begriffe Gottes ist, wie in diesem einfachen Begriffe alle Bewegungen und Töne und alles empirische Nacheinander begriffen sind, und wie alles Nacheinander nicht über den Begriff hinauskommt, sondern eine Entfaltung desselben ist, so daß der Begriff einem Jeden das Sein gibt und daher nichts früher war, ehe es wird, weil es vorher nicht als Seinsollendes begriffen war. Denken wir uns den Begriff der Uhr als die Ewigkeit selbst, so ist die Bewegung in der Uhr das Nacheinander. Die Ewigkeit begreift und entfaltet daher das Nacheinander.

Gepriesen seiest du, mein Herr und Gott! der du mich mit der Milch des Gleichnisses nährest und speisest, bis du mir stärkere Nahrung reichest. Führe mich, mein Gott und Herr! auf diesen Wegen zu dir! Wenn du mich nicht führest, kann ich bei der Hinfälligkeit der vergänglichen Natur und dem zerbrechlichen Gefäße, das ich umhertrage, auf dem Wege nicht aushalten. Im Vertrauen auf deine Hilfe, o Herr! komme ich wieder, um dich über der Mauer der Koinzidenz, über dem Begriffe und seiner Entfaltung (ultra murum coincidentiae complicationis et explicationis) zu finden, und indem ich durch diese Türe deines Begriffes und Wortes ein- und ausgehe, finde ich die süßeste Weide. Finde ich dich als die alles entfaltende Kraft, so gehe ich ein und aus zugleich. Ich gehe ein, von den Geschöpfen zu dir dem Schöpfer, von den Wirkungen zur Ursache; ich gehe aus, von dir dem Schöpfer zu dem Geschöpfe, von der Ursache zur Wirkung. Ich gehe ein und aus zugleich, wenn ich erkenne, daß das Ausgehen zugleich ein Eingehen und das Eingehen zugleich ein Ausgehen ist. Das Ausgehen der Kreatur von dir ist ihr Eingehen in dich und das Entfalten ist ein Insichfassen. Wenn ich dich, o Gott! im Paradiese sehe, welches von der Mauer der Koinzidenz der Gegensätze umgeben ist, so sehe ich, daß du weder zusammenfassest noch entfaltest, weder disjunktiv noch kopulativ; denn das Disjunktive, wie die Verbindung, ist die Mauer der Koinzidenz, über welcher hinaus du existierst, absolut fern von allem, was sich sagen oder denken läßt.

12.

Gott wird unsichtbar gesehen und unerschaffen erschaffen (quod ubi invisibilis videtur, increatus creatur)

Du bist mir, o Herr! als unsichtbar von jedem Geschöpfe erschienen, weil du der verborgene, unendliche Gott bist. Die Unendlichkeit ist aber in jeder Weise des Begreifens unbegreiflich. Dann erschienst du mir als von allen sichtbar, weil ein Ding insoweit ist, als du es siehst, und es wäre nicht wirklich (actu), wenn es nicht dich sähe; denn dein Sehen gibt das Sein, weil es deine Wesenheit ist. So bist du, mein Gott! unsichtbar und sichtbar zugleich: unsichtbar, sofern du bist (uti tu es), sichtbar, sofern die Kreatur ist, welche insofern ist, als sie dich sieht. Du wirst also, mein Gott! unsichtbar von allen gesehen und in jedem Blicke (in omni visu) gesehen. Durch jeden Sehenden, in allem Sichtbaren, in jedem Akte des Sehens wirst du gesehen, der du unsichtbar, absolut und ins Unendliche hocherhaben bist. Ich muß also, o Herr, jene Mauer des unsichtbaren Sehens übersteigen, wo du alsdann gefunden wirst. Diese Mauer ist: alles und nichts zumal. Denn du, der du mir erscheinst, als seiest du alles und zugleich nichts von allem, wohnest innerhalb jener erhabenen Mauer, welche kein Verstand durch seine eigene Kraft übersteigen kann. Zuweilen legt sich mir der Gedanke nahe, du sehest in dir alles, gleich einem lebendigen Spiegel, in welchem alles sich abspiegelt. Weil aber dein Sehen Wissen ist, so denke ich hinwieder, du sehest nicht in dir alles, gleich einem lebendigen Spiegel, weil sonst dein Wissen aus den Dingen entstünde. Dann kommst du mir vor, du sehest in dir alles, wie eine sich selbst anschauende Kraft; gleichwie die Kraft des Samens des Baumes, könnte sie sich selbst beschauen, in sich den Baum in seiner Kraft anschauen würde, weil die Kraft des Samens der Baum in der Potenz (virtualiter) ist. Alsdann kommt es mir vor, als sehest du dich nicht und in dir alles als Kraft. Denn den Baum in der Potenz sehen ist etwas anderes, als das Anschauen des Baumes in der Wirklichkeit (in actu). So finde ich denn, daß deine unendliche Kraft über die Weise des Spiegels und des Samens, über die Koinzidenz des Ausstrahlens und Reflektierens, der Ursache und des Verursachten hinausgeht, weil jene absolute Kraft das absolute Sehen (visio absoluta) ist, die Vollkommenheit selbst, höher als alle Arten des Sehens; denn alle Arten, welche die Vollkommenheit des Sehens darstellen wollen, sind ohne Art, dein Sehen, das deine Wesenheit ist, mein Gott!

Doch laß, gütiger Gott! dein geringes Geschöpf noch weiter mit dir reden!

Wenn dein Sehen dein Erschaffen ist, und du nichts anderes als dich siehst, so daß du selbst das Objekt deiner selbst bist (denn du bist der Sehende, das Sichtbare und das Sehen), *wie erschaffst du dann Dinge, die etwas anderes sind als du*? Denn du scheinst offenbar dich selbst zu erschaffen, wie du dich selbst siehst. Doch du tröstest mich, Leben meines Geistes! denn wenn sich mir auch die Mauer des Widersinnigen entgegenstellt, nämlich der Koinzidenz des Erschaffens mit dem Erschaffenwerden (gäbe man diese zu, so hieße dies behaupten, ein Ding sei, bevor es ist; denn wenn Gott etwas erschafft, so ist es, und ist nicht, weil es erschaffen wird), so sehe ich darin doch kein Hindernis: denn dein Schaffen ist dein Sein. Zugleich erschaffen und erschaffen werden heißt nichts anderes *als dein Sein allen mitteilen*, so daß du alles in allem bist und doch von allem frei und losgelöst (nec est aliud creare pariter et creari, quam esse tuum omnibus communicare, ut sis omnia in omnibus, et ab omnibus tamen maneas absolutus). Denn ins Leben rufen, was nicht ist, heißt das Sein dem Nichts mitteilen (est communicare esse nihilo). *So ist das* (ins Leben) *Rufen ein Erschaffen, das Mitteilen ein Erschaffenwerden* (sic vocare est creare, communicare est creari). Über diese Koinzidenz des Erschaffens mit dem Erschaffenwerden hinaus bist du der absolute und unendliche Gott, weder erschaffen noch erschaffbar (creabilis), wiewohl alles das ist, was es ist, weil du bist. O Höhe des Reichtums, wie unbegreiflich bist du! Solange ich den Schöpfer als schaffend denke, bin ich noch diesseits der Mauer des Paradieses. Solange ich den Schöpfer als erschaffbar denke, bin ich noch nicht eingegangen, sondern noch auf der Mauer. Wenn ich dich aber als die absolute Unendlichkeit erkenne, der weder der Name des schaffenden Schöpfers noch des erschaffbaren Schöpfers zukommt, dann fange ich dich enthüllt zu schauen an und beginne in den Ursprung der Wonne einzugehen, weil du nichts von dem bist, was sich sagen oder denken läßt, sondern absolut und unendlich über all das erhaben. Du bist also nicht Schöpfer, sondern mehr als Schöpfer, ins Unendliche, obwohl ohne dich nichts geschieht oder geschehen kann.

Dir sei Lob und Ehre in alle Ewigkeit! Amen.

13.
Gott wird als die absolute Unendlichkeit erkannt

Mein Herr und Gott! Hilfe der dich Suchenden! ich sehe dich im Ursprung des Paradieses und weiß nicht, was ich sehe, weil ich nichts Sichtbares sehe; ich weiß nur das allein, daß ich weiß, ich wisse nicht, was ich sehe, und könne es nie wissen; ich weiß dich nicht zu benennen, weil ich nicht weiß, was du bist. Und sagte mir auch jemand, dies oder jenes sei dein Name, so weiß ich gerade daraus, daß er einen Namen angibt, daß dies nicht dein Name ist. Denn jegliche Bezeichnung durch Namen ist die Mauer, über welche hinaus ich dich sehe. Gibt jemand einen Begriff an, durch den du begriffen werden magst, so weiß ich, daß dies nicht der Begriff von dir ist; denn jeder Begriff hat seine Schranke innerhalb der Mauer des Paradieses. Auch von jedem Bilde und Gleichnisse, nach dem du zu denken wärest, weiß ich, daß es nicht dein Bild ist. Auch jede Vernunfterkenntnis (intellectus) ist noch weit von dir entfernt. Eine hohe Mauer trennt dich von allem dem. Erhebe ich mich daher so hoch als möglich, so sehe ich dich als die *Unendlichkeit*. Daher bist du unzugänglich, unerfaßbar, unnennbar, unsichtbar. Wer dir sich nahen will, muß über alle Begriffe, Grenze und Begrenztes sich erheben. Der Geist muß unwissend (ignorantem) werden und ins Dunkle sich stellen, wenn er dich sehen will. Was ist aber diese Unwissenheit des Geistes? Ist es nicht die *gelehrte Unwissenheit* (docta ignorantia)? Es kann sich also dir, mein Gott! der du die Unendlichkeit bist, nur derjenige nahen, welcher weiß, daß er dich nicht kenne (qui scit se ignorantem tui). Du, mein Gott! bist die *absolute Unendlichkeit*, von der ich erkenne, sie sei das unendliche Ende, allein ich vermag es nicht zu fassen, wie das Ende ein Ende ohne Ende ist. Du bist, o Gott! *das Ende deiner selbst*, weil du bist, was du hast; hast du ein Ende, so bist du das Ende. Du bist somit das unendliche Ende, weil das Ende deiner selbst. Weil dein Ende deine Wesenheit ist, so wirst du nicht durch ein anderes Ende begrenzt, sondern durch dich selbst. Somit ist das Ende, welches das Ende seiner selbst ist, das unendliche Ende. Jedes andere Ende ist ein endliches. Du, o Herr! der du die Grenze bist, die alles begrenzt, bist eben darum die Grenze, die keine Grenze hat, die unendlich ist … Als unendlich gibt es für dich kein Anderes, Verschiedenes oder Entgegengesetztes, da außer dem Unendlichen nichts ist; denn alles umschließt und umfaßt die absolute Unendlichkeit. Gäbe es eine Unendlichkeit und ein anderes außer ihr, so wäre weder die Unendlichkeit noch das andere. Die Unendlichkeit ist in der Art alles, daß es nichts von allem ist. Die Unendlichkeit ist auch kein Ganzes, welches den Teil zum Gegensatze hat, nicht groß oder klein, sondern das Maß aller Größen, die absolute Gleichheit; einem jeden und allen und keinem gleich … O wie erhaben bist du, o Gott! über alles, und dabei so herablassend (humilis), weil du in allem bist! Du bist, als unendlich, ohne Anfang und Ende; du bist der Anfang ohne Anfang und das Ende ohne Ende; der Anfang ohne Ende und das Ende ohne Anfang; du bist als Anfang zugleich das Ende und als Ende zugleich der Anfang; weder Anfang noch Ende, sondern über Anfang und Ende die absolute Unendlichkeit, welche gepriesen sei in Ewigkeit!

14.

Gott faßt alles in sich, ohne Anderssein

Ich erkenne, o Herr! durch die Unendlichkeit deiner Erbarmung dich als die Unendlichkeit, die alles umgibt. Es ist also nichts außer dir, alles ist in dir nichts von dir Verschiedenes (omnia autem in te non sunt aliud a te). So lehrst du mich, o Herr! daß das Anderssein (alteritas), das in dir nicht ist, auch nicht in sich selbst ist und sein kann. Das Anderssein, das in dir nicht ist, bewirkt es daher auch nicht, daß die eine Kreatur verschieden (altera) ist von der andern (ab alia), wiewohl ein und dieselbe nicht eine andere ist (sondern sich selbst gleich). Der Himmel ist nicht die Erde, obwohl der Himmel Himmel und die Erde Erde ist. Erforsche ich nun dieses Anderssein, das weder in dir noch außer dir ist, wo werde ich es finden? Hat es kein Sein, wie ist dann die Erde ein anderes Geschöpf als der Himmel? Ohne Anderssein läßt sich dies nicht denken. – Doch du, o Herr! redest in mir und sprichst: Das Anderssein ist kein positives Prinzip, und so hat es kein Sein (non est); denn wie könnte das Anderssein ohne Prinzip (Anfang) sein, es wäre denn selbst das Prinzip und die Unendlichkeit? Nun ist aber das Anderssein nicht das Prinzip des Seins; denn es wird benannt vom Nichtsein (alteritas enim dicitur a non esse), weil eines nicht ein Verschiedenes ist, nennt man es ein anderes (quod enim unum non est aliud, hinc dicitur alterum). Das Anderssein ist aber nicht etwas; daß aber der Himmel nicht die Erde ist, rührt daher, weil der Himmel nicht die Unendlichkeit selbst ist, die alles umgibt. Weil die Unendlichkeit absolut ist, daher rührt es, daß das eine nicht verschieden sein kann. Das Sein des Sokrates umfaßt das ganze sokratische Sein, in dem mithin kein Anderssein, keine Verschiedenheit ist: Von allem, was in Sokrates ist, ist das Sokratessein die individuelle Einheit, in diesem einen Sein ist das Sein von allem, was in Sokrates ist, enthalten, in diesem einen Sein entfaltet sich das ganze Wesen des Sokrates, außer demselben ist es nicht und kann es nicht sein, obwohl in dem Sokratessein das Auge nicht Ohr, das Haupt nicht Herz, das Gesicht nicht Gehör, der Sinn nicht der Verstand ist. Dies rührt nicht von einem Prinzip des Anderssein her, sondern das einfachste Sein des Sokrates vorausgesetzt, ergibt es sich, daß das Haupt deswegen nicht die Füße sind, weil das Haupt nicht das einfachste Sokratessein selbst ist. Daher umfaßt das Sein des Hauptes nicht das ganze Sokratessein. So sehe ich durch deine Erleuchtung, o Herr! daß, *weil das einfache Sokratessein dem Sein des einzelnen Gliedes durchaus nicht mitgeteilt, nicht auf dasselbe eingeschränkt werden kann,* deshalb das Sein des einen Gliedes nicht das des andern ist, wohl aber ist das einfache Sokratessein zugleich das Sein aller Glieder des Sokrates; in ihm ist alle Verschiedenheit und Andersheit, die den Gliedern zukommt, eine einfache Einheit, wie die Vielheit der Formen und Teile in der Form des Ganzen Einheit ist. Ähnlich verhält sich dein Sein, o Gott! als die absolute Unendlichkeit zu allem, was ist. Ich danke dir, mein Gott und Herr! der du mir, so weit ich es fassen kann, deutlich zeigst, daß du die Unendlichkeit bist, welche das Sein aller in einfachster Kraft in sich faßt. Sie wäre nicht Unendlichkeit, wäre sie nicht unendlich geeint (quae non esset infinitas, nisi infinite unita), denn die geeinte Kraft hat größere Stärke. Ist demnach eine Kraft so geeint, daß sie nicht noch mehr geeint werden kann, so ist sie unendlich und allmächtig. Du bist der allmächtige Gott, weil die absolute Einfachheit, welche die absolute Unendlichkeit ist.

15.

Die aktuelle Unendlichkeit ist die Einheit und in ihr die Wahrheit

Laß noch ferner deinen Knecht, dem alle Weisheit fehlt, soweit du sie ihm nicht verleihst, mit dir, seinem Gotte, reden! Ich sehe in diesem Gemälde ein Bild der Unendlichkeit; denn der Blick desselben ist nicht auf ein Objekt oder eine Stelle beschränkt und insofern unendlich, denn er wendet sich dem einen Beschauenden nicht mehr zu als dem andern. Obwohl aber der Blick desselben in sich unbeschränkt ist, so scheint er doch durch jeden Beschauenden beschränkt zu werden, weil er jeden Beschauenden insofern beschränkt ansieht, als es scheint, er sehe nur ihn und nichts anderes. Du erscheinst mir daher, o Herr! als das absolute und unendliche *Seinkönnen*, das in jede Form sich bilden und einzwängen läßt. Denn wir sagen, die bildungsfähige Potenz der Materie sei unendlich, weil sie nie ganz begrenzt wird. Allein du, unendliches Licht in mir! erwiderst hierauf, deine absolute Potenz sei die Unendlichkeit selbst, welche jenseits der Mauer der Koinzidenz liegt, wo das *Werdenkönnen* mit dem *Wirkenkönnen* und die Potenz mit der Wirklichkeit koinzidiert. Wenn gleich die Materie die Potenz für unendliche Formen ist, so kann sie dieselben doch aktuell nicht haben, sondern ihre Potenz wird durch eine Form begrenzt und, ist diese aufgehoben, durch eine andere. Würde also das Seinkönnen der Materie mit dem wirklichen Sein koinzidieren, so wäre sie Potenz und Wirklichkeit zugleich und hätte in Wirklichkeit unendlich viele Formen. Die aktuelle Unendlichkeit ist aber ohne Anderssein und kann nicht Unendlichkeit sein, ohne zugleich Einheit zu sein. Somit kann es nicht aktuell unendliche Formen gebe, sondern die aktuelle Unendlichkeit ist die Einheit. So bist denn du, o Gott! der du die Unendlichkeit selbst bist, der *Eine* Gott, in welchem ich alles Seinkönnen in Wirklichkeit (actu) sehe. Denn das absolute Können, frei von jeglicher Beschränkung, ist das absolute Sein; was in dem unendlichen Sein ist, ist das unendlichste einfachste Sein selbst, es ist daher das Allesseinkönnen im unendlichen Sein das unendliche Sein selbst. Das absolute Seinkönnen und das wirkliche absolute Sein sind in dir, mein Gott! nur du selbst, mein unendlicher Gott! Alles Seinkönnen bist du, mein Gott! Wenn du daher, mein Gott! mir als die bildsame Materie vorkommst, weil du die Form eines jeden dich Anschauenden annimmst, so erhebst du mich zu der Einsicht, daß *der dich Anschauende nicht dir eine Form gibt, sondern in dir schaut er sich an, weil er von dir empfängt, was er ist.* Was du demnach von dem Anschauenden zu erhalten scheinst, ist dein Geschenk an ihn, als seiest du der lebendige Spiegel der Ewigkeit, der die Form aller Formen ist. Blickt jemand in diesen Spiegel, so sieht er seine Form in der Form aller Formen und glaubt nun, die Form, die er in diesem Spiegel sieht, sei die (konkrete) Figur seiner Form, weil es in einem materiellen polierten Spiegel so der Fall ist. Und doch ist gerade das Gegenteil hieran wahr; denn was er in jenem Spiegel sieht, ist nicht die Figur, sondern die Wahrheit, deren Figur der Sehende ist. Es hat also die Figur in dir, mein Gott! ihre *Wahrheit*, du bist das *Urbild* von allem und jedem, was ist oder sein kann.

O Gott, wunderbar für jeden Geist! zuweilen scheint es mir, als seiest du ein Schatten, der du doch das Licht bist. Denn wenn ich sehe, wie mit meiner Veränderung auch der Blick deines Bildes verändert scheint, so scheint mir auch dein Antlitz verändert, und du kommst mir verändert vor, als wärest du ein Schatten, welcher der Ortsveränderung des Gehenden folgt. Weil aber ich der lebendige Schatten, du die Wahrheit bist, so meine ich, mit der Veränderung des Schattens habe sich auch die Wahrheit verändert. Du bist also, mein Gott! in der Art der Schatten, daß du zugleich die Wahrheit bist, in der Art mein und eines jeden Bild, daß du zugleich das Urbild aller bist. Mein Herr und Gott! Erleuchter der Herzen! Mein Antlitz ist ein wahres Antlitz, weil du es mir gegeben hast, der du die Wahrheit bist. Mein Antlitz ist auch ein Abbild, weil es nicht die Wahrheit selbst ist, sondern ein Abbild derselben. Der Begriff von mir faßt also die Wahrheit und das Abbild meines Antlitzes in sich, er ist die Koinzidenz des Abbildes mit der Wahrheit; soweit es Abbild ist, soweit hat es Wahrheit. Und nun zeigst du mir, o Herr! wie mit der Veränderung meines Antlitzes auch dein Antlitz *verändert und unverändert zumal* ist: verändert, weil es von der Wahrheit meines Antlitzes nicht weicht, unverändert, weil es der Veränderung des Abbildes nicht folgt. Während dein Antlitz die Wahrheit meines Antlitzes nie verläßt, folgt es der Veränderung des anders sein könnenden Abbildes nicht; denn die absolute Wahrheit gestattet kein Anderssein, die Wahrheit meines Antlitzes aber ist veränderlich, weil sie nur insofern Wahrheit ist, als sie Abbild ist, die Wahrheit deines Antlitzes aber ist unveränderlich, weil sie insofern Abbild ist, als sie zugleich die Wahrheit selbst ist. Die Wahrheit meines Antlitzes kann von der absoluten Wahrheit nie verlassen werden; denn sonst könnte jenes nicht bestehen. So scheinst du denn, o Gott! wegen deiner unendlichen Güte veränderlich, weil du die veränderlichen Kreaturen nicht verläßt; doch wie du die absolute Güte bist, so bist du nicht veränderlich, weil du der Veränderlichkeit nicht folgst. O Gott von unendlicher Tiefe! du verläßt und begleitest die Kreaturen nicht. O unerklärliche Liebe! du gibst dich dem dich Anschauenden hin, als empfangest du von ihm das Sein und machst dich ihm gleichgestaltet, damit er dich umso mehr liebe, je ähnlicher du ihm erscheinst; denn wir können doch unmöglich uns selbst hassen. Wir lieben, was unser Sein angeht und begleitet, wir umfangen unser Gleichbild, weil es uns repräsentiert und wir in ihm uns lieben. Du, o Gott! zeigst dich uns in der Demut deiner unendlichen Güte, *als wärest du unser Geschöpf, um uns so an dich zu ziehen.* Ja, du ziehest uns an dich auf jede mögliche Weise, in der das freie vernünftige Geschöpf angezogen werden kann. In dir, o Gott! koinzidiert das Erschaffenwerden mit dem Erschaffen; denn die Ähnlichkeit, die als von mir erschaffen erscheint, ist die Wahrheit, die mich erschafft, damit ich verstehe, wie innig ich mit dir verbunden sein soll, da in dir das *Geliebtwerden mit dem Lieben koinzidiert.* Denn wenn ich mich in dir, dem mir Ähnlichen, lieben soll, und um so mehr hierzu verpflichtet bin, wenn ich sehe, daß du mich als dein Geschöpf und Abbild liebst, wie sollte der Vater den Sohn nicht lieben, der Sohn und Vater zugleich ist (qui sic est filius, quod pater)? Wenn der große Liebe verdient, welcher der vermeintliche Sohn, bei richtiger Erkenntnis aber der Vater ist (qui est aestimatione filius, cognitione pater), verdienst dann du nicht die größte Liebe, der du über den vermeintlichen Sohn wie über den wirklichen Vater weit hinausreichst? Du wolltest, o Gott! die kindliche Liebe zu dir auf jene menschliche Anschauung von dir gründen; du willst ähnlicher als ein Sohn uns erscheinen und zärtlicher als ein Vater erkannt werden, weil du die Liebe bist, welche die Liebe so des Sohnes als des Vaters in sich begreift (tu Deus voluisti filialem dilectionem in aestimatione constitui et vis similior filio aestimari et intimior patre cognosci, quia es amor, complicans tam filialem quam paternalem dilectionem). So sei denn du, meine süße Liebe! mein Gott! gepriesen in Ewigkeit!

16.

Wäre Gott nicht unendlich, so gäbe es kein Ziel und Ende unserer Sehnsucht

Im Feuer erlischt nicht die Glut und in der Liebe zu dir, o Gott! nicht die Sehnsucht, da du das Urbild alles Wünschenswerten und die Wahrheit bist, die in aller Sehnsucht erstrebt wird. Da ich nun durch deine honigsüße Gnade angefangen habe, deine unbegreifliche Lieblichkeit zu kosten, die mir um so lieber ist, je unendlicher sie erscheint, so sehe ich, daß du, o Gott! deshalb von allen Geschöpfen unerkannt bist, damit sie in dieser heiligen Unwissenheit wie in einem unzählbaren und unerschöpflichen Schatze desto mehr Ruhe finden. Eine weit größere Freude empfindet, wer einen Schatz gefunden hat, den er als unzählbar und unendlich erkannt hat, als wer einen zu ermessenden endlichen Schatz entdeckt hat. Daher ist diese heilige Unkenntnis deiner Größe die ersehnte Nahrung für meinen Geist, zumal, da ich diesen großen Schatz in meinem Acker gefunden, so daß er mein Schatz ist. O Quelle des Reichtums! du willst dich durch mein Besitztum begrenzen lassen und doch unbegrenzt und unbegreiflich bleiben, weil du eine Fülle von Süßigkeiten bist, von denen keine das Ziel erreichen kann. Wie könnte die Begierde nach dem Nichtseienden begehren? Der Wille mag nach dem Seienden oder Nichtseienden begehren, das Begehren selbst kann nie ruhen, sondern geht ins Unendliche. Du steigst zu uns herab, o Herr! um erfaßt zu werden, und bleibst doch ungemessen und unendlich, *und bliebest du nicht unendlich, so bliebest du nicht das Ziel der Sehnsucht*; du bist unendlich, um das Ziel aller Sehnsucht zu sein. Denn die Sehnsucht des Geistes geht nicht nach dem hin, was größer oder ersehnenswerter sein kann. Nun aber alles Nicht-Unendliche (omne citra infinitum) kann größer sein. Du bist also, o Gott! die Unendlichkeit selbst, die ich allein in all meiner Sehnsucht ersehne. Der Wissenschaft des Unendlichen kann ich mich nicht mehr nähern, als indem ich es als unendlich erkenne. Je mehr ich also dich, meinen Gott, als unbegreiflich erkenne, desto mehr nähere ich mich dir, weil ich mich dem Ziele meiner Sehnsucht nähere. Meine Sehnsucht, in der du widerscheinst, führt mich zu dir; sie wirft alles Endliche, jeden Begriff, von sich, weil sie darin nicht ruhen kann; *nur durch dich wird sie zu dir geführt*. Du aber bist der Anfang ohne Anfang, das

Ende ohne Ende. Durch den ewigen Anfang, von welchem meine Sehnsucht ihr Sein hat, wird sie zu dem Ziele ohne Ziel, zum unendlichen Ziele geführt. Ich sehe dich, Herr und Gott! in einer Art von Entzückung (in raptu quodam mentali); denn wenn das Auge nicht durch den Anblick, das Ohr nicht durch das Gehörte, so wird noch weniger der Geist durch den Geist (intellectus intellectu) gesättigt. Was also den Geist sättigt und ein Ziel ist, ist nicht das, was er erkennt, so wie ihn auch das nicht sättigen kann, was er durchaus nicht erkennt, sondern nur das, was er, ohne es zu begreifen, erkennt (sed solum id, quod non intelligendo intelligit). Was der Geist in der Art als erkennbar erkennt, daß es nie vollkommen erkannt werden kann, das kann ihn allein sättigen. Wer einen unersättlichen Hunger hat, den sättigt nicht wenig Speise, noch eine Speise, zu der er nicht gelangen kann, sondern nur eine solche Speise, die zu ihm gelangt und, ob sie gleich beständig genossen wird, doch nie vollständig verzehrt werden kann, weil sie von der Art ist, daß sie durch das Genießen sich nicht vermindert, somit unendlich ist.

17.

Gott kann nur als dreieiniger vollkommen erkannt werden

Du hast dich mir, o Herr! so liebenswürdig gezeigt, daß du nicht liebenswürdiger sein kannst, denn du bist unendlich liebenswürdig, mein Gott! Nie also kannst du von jemand so geliebt werden, wie du Liebe verdienst, außer von einem unendlich Liebenden. Wäre nicht ein unendlich Liebender, so wärest du nicht unendlich liebenswürdig. Deine Liebenswürdigkeit, welche darin besteht, daß du ins Unendliche geliebt werden kannst, bedeutet auch zugleich das ins Unendliche Liebenkönnen und unendlich Geliebtwerdenkönnen entsteht das unendliche Band der Liebe zwischen dem unendlich Liebenden und unendlich Liebenswürdigen, die keine Vermehrung zuläßt. So bist denn du, o Gott! der du die Liebe bist, die liebende Liebe, die liebenswürdige Liebe und die Verbindung (nexus) beider ... du bist also, o Gott! die unendliche Liebe, die ohne einen Liebenden, Geliebten und die Verbindung beider von mir nicht als eine natürliche und vollkommene Liebe erkannt werden kann. Denn was in der endlichen (contractus) Liebe gefunden wird, kann in der unendlichen nicht fehlen. Du aber, o Gott! bist die vollkommenste und einfachste Liebe. Daher sind in dir der Liebende, der Geliebte und die Verbindung beider nicht etwas anderes, sondern du selbst, mein Gott! Sie sind nicht drei, sondern Eines ... O bewunderungswürdiger Gott! der du nicht Einzahl, nicht Mehrzahl bist, sondern über beides erhaben, einigdrei (unitrinus) und dreieinig (triunus). Ich sehe also in der Mauer des Paradieses, wo du bist, die Mehrzahl mit der Einzahl koinzidieren und dich weit darüber hinaus wohnen. Lehre mich, o Herr! wie ich das als möglich begreifen kann, was ich als notwendig einsehe. Wer da sagt: Eines, Eines, Eines, sagt dreimal Eines, aber nicht drei, sondern das Eine dreimal; er wiederholt das Eine, er zählt aber nicht, denn zählen heißt das Eine zu einem andern machen (unum alterare), das Eine und dasselbe aber dreimal wiederholen, heißt, ohne Zahl vermehren ... In der endlichen Liebe sind jene drei nicht wesenhaft (essentialiter) verbunden und eine Einheit, sondern gehen in Differenzen in eine Dreiheit auseinander ...

So habe ich nun in einem Bilde den Vorgeschmack deiner Wesenheit ausgedrückt. Doch verzeihe mir, wenn ich den unbeschreiblichen Genuß deiner Süßigkeit zu schildern versuche. Wenn die Süßigkeit eines unbekannten Obstes keine Schilderung, keine Beschreibung zuläßt, wer bin ich armer Sünder, der ich dich, Unsichtbaren, darzustellen und jene unendliche Süßigkeiten andern zum Genusse darzubieten mir herausnehme, die ich selbst noch nicht zu kosten verdient habe und durch meine Darstellung eher verkleinere als vergrößere? Doch deine große Güte, o mein Gott! läßt auch Blinde vom Lichte reden und das Lob eines Gegenstandes verkünden, von dem sie nichts wissen und wissen können, es werde ihnen denn geoffenbart. Die Offenbarung aber berührt den Geschmack nicht, das Ohr des Glaubens nicht die zu verkostende Süßigkeit. Das hast du, mein Gott! mir geoffenbart, daß die unendliche Süßigkeit kein Ohr gehört und keines Menschen Herz je empfunden hat, welche du denen bereitet hast, die dich lieben. Das hat uns dein großer Apostel Paulus geoffenbart, der über die Mauer der Koinzidenz ins Paradies entzückt wurde, wo du allein enthüllt (revelate) geschaut werden kannst, du die Quelle aller Wonne. Ich habe dieser Entzückung mich hinzugeben versucht (conatus summ e subjicere raptui), im Vertrauen auf deine unendliche Güte, um dich, Unsichtbaren, zu sehen, und deine unenthüllbare und doch enthüllte Anschauung (et visionem revelatam irrevelatbilem). Wohin ich aber gekommen bin, weißt du, ich weiß es nicht; es genügt mir deine Gnade, durch die du mir die Gewißheit gibst, daß du unbegreiflich seiest, und die feste Hoffnung in mir begründest, ich werde einst, von dir geleitet, zum Genusse deiner selbst gelangen.

18.

Wäre Gott nicht dreieinig, so wäre er nicht die Glückseligkeit

Möchten doch, o Herr! die Augen des Geistes alle öffnen, welche sie als Gabe von dir erhalten haben, und mit mir erkennen, daß du Gott, der Eiferer, weil du die liebende Liebe bist, nichts hassen kannst. In dir, dem liebenswürdigen Gott, der alles Liebenswürdige in sich faßt, liebst du alles Liebenswürdige. So mögen alle mit mir einsehen, durch welches Bündnis du mit allen vereinigt bist. Du liebst, o Gott! alles und jedes, du breitest deine Liebe über alle aus; doch viele lieben dich nicht und ziehen anderes dir vor. Indessen wäre das Liebenswürdige nicht verschieden von dem Liebenden, so wärest du allen so liebenswürdig, daß sie außer dir nichts lieben könnten, und alle vernünftigen Naturen wären genötigt, dich zu lieben. Du bist aber so edelmütig, mein Gott! daß du es dem freien Willen der vernünftigen Seelen überläßt, dich zu lieben oder nicht. Daher wird deine Liebe nicht immer mit Gegenliebe erwidert (quapropter ad amare tuum non sequitur, quod ameris). Während du, mein Gott! durch ein Band der Liebe mit allen geeint bist, ist nicht jeder vernünftige Geist mit dir geeint. Jede vernünftige Seele hast du durch deine Liebe dir zur Braut gewählt; aber nicht jede Braut liebt dich als ihren Bräutigam, sondern hängt sich oft an einen andern. Wie könnte aber deine Braut, mein Gott! die menschliche Seele, ihr Ziel erreichen, wärest du nicht liebenswürdig, so daß sie, indem sie dich, den Liebenswürdigen, liebt, zur glückseligen Vereinigung mit dir gelangen kann? Wer kann also dich als den dreieinigen Gott leugnen, wenn er doch einsieht, daß du weder der edelmütige und vollkommene Gott bist, noch daß es einen freiwählenden Geist gäbe und dieser zum Genusse deiner und so zu seiner Glückseligkeit gelangen könnte, wärest du nicht dreieinig? Weil du die erkennende und erkennbare Vernunft (intellectus intelligens et intellectus intelligibilis) und die Verbindung beider bist, darum kann die erschaffene Vernunft in dir, ihrem erkennbaren Gott, die Vereinigung mit dir und so die Glückseligkeit erreichen. Ebenso kann der erschaffene liebende Wille, da du die liebenswürdige Liebe bist, mit dir, seinem liebenswürdigen Gott, die Vereinigung und so die Glückseligkeit vollziehen. Wer dich, das geistige Licht, aufnimmt, kann zu einer solchen Vereinigung mit dir gelangen, daß er dir geeint ist, wie der Sohn mit dem Vater. Ich sehe durch deine Erleuchtung, o Herr! ein, daß die vernünftige Natur die Vereinigung mit dir nur darum vollziehen kann, weil du liebenswürdig und geistig erfaßbar (intelligibilis) bist. Sie ist nicht der Vereinigung fähig mit dir, dem liebenden Gott (denn so wärest du nicht ihr Objekt), sondern mit dir, als ihrem liebenswürdigen Gott, da das Liebenswürdige das Objekt des Liebenden ist ... Der Mensch, der auf diese Weise mit dir, seinem Gott, sich vereint, geht in eine Verbindung ein, die wegen ihrer Innigkeit und Festigkeit den Namen der Kindschaft (filiationis) erhalten mag; denn wir kennen kein festeres Band als das der Kindschaft. Ist diese Verbindung die größtmögliche geworden und kannst du, liebenswürdiger Gott! von einem Menschen nicht noch mehr geliebt werden, dann erreicht jene Verbindung die vollkommenste Kindschaft. Diese ist dann die Vollendung, die jede mögliche Kindschaft in sich begreift, durch welche alle Kinder die höchste Glückseligkeit und Vollkommenheit erlangen. In dem obersten Sohne ist die Kindschaft wie die Kunst in dem Künstler, wie das Licht in der Sonne, in allen andern nur wie die Kunst in den Schülern oder das Licht in den Sternen. (Dieser Oberste in der Kindschaft ist der Sohn Gottes, Jesus Christus.)

19.

Jesus ist die Vereinigung (unio) Gottes und des Menschen

Ich sage dir unaussprechlichen Dank, Gott, Leben und Licht meiner Seele! denn ich erkenne jetzt den Glauben, den durch Belehrung (revelatione) der Apostel die katholische Kirche festhält, nämlich daß du, liebender Gott! aus dir den liebenswürdigen Gott erzeugt und daß du, gezeugter liebenswürdiger Gott! der absolute Vermittler bist. Denn durch dich ist alles, was ist und sein kann; du, liebender Gott! fassest (complicas) alles in dir, dem liebenswürdigen Gott. Alles, was du, o Gott! willst oder denkst, ist in dir, dem liebenswürdigen Gott, enthalten (complicatum). Es kann nichts sein, außer du wollest, daß es sei. Es hat also alles in deinem liebenswürdigen Gedanken die Ursache, den Grund des Seins; es gibt keinen andern Grund aller Dinge, außer dein Wohlgefallen, und nichts gefällt dem Liebenden als das Liebenswürdige. So bist also du, liebenswürdiger Gott! der Sohn Gottes des liebenden Vaters, denn auf dir ruht das ganze Wohlgefallen des Vaters (in te enim est omnis complacentia patris). So ist alles erschaffbare Sein in dir, dem liebenswürdigen Gott, enthalten. Da demnach aus dir, dem liebenden Gott, der liebenswürdige Gott ist, wie der Sohn aus dem Vater, so bist du dadurch, daß du, der liebende Gott, Vater des liebenswürdigen Gottes des Sohnes bist, der Vater von allem, was ist. Denn dein Gedanke (conceptus) ist der Sohn und alles in ihm, er ist die Einigung mit dir und der Gedanke von dir, woraus sich die Tätigkeit und Wirksamkeit erhebt, in der er die Wirklichkeit und Entfaltung von allem ist (Nam conceptus tuus est filius, et omnia in ipso, et unio tua et tuus conceptus est actus et operatio exsurgens, in qua est omnium actus et explicatio.) Wie nämlich aus dir, dem liebenden Gott und dem liebenswürdigen Gedanken, der aus dir erzeugt ist, deine Wirksamkeit und der Begriff von dir (actus tuus et tuus conceptus) hervorgeht, der ein Band ist (nexus nectens) und ein Gott, der dich und deinen Gedanken einigt; gleichwie das Lieben den Liebenden und das Liebenswürdige in der Liebe einigt, welche Verbindung ein Geist genannt wird, denn der Geist ist gleichsam eine Bewegung, die aus dem Bewegenden und Bewegbaren hervorgeht. Sie ist also die Entfaltung des Gedankens des Bewegenden. Es entfaltet sich demnach alles in dir, Gott, heiliger Geist! wie alles in dir gedacht wird, Gott Sohn! Durch deine Erleuchtung sehe ich nun, daß alles in dir, dem Sohne Gottes des Vaters, als in seinem Grunde, Begriffe, Ursache und Urbilde, und der Sohn die Vermittlung (medium) von allem ist, weil er die Vernunft ist. Denn mittelst der Vernunft und Weisheit wirkest du alles, Gott Vater! Der Geist oder die Bewegung setzt den Gedanken der Vernunft in Wirklichkeit, wie der Kasten als Gedanke des Künstlers mittelst der bewegenden Kraft der Hände zur Wirklichkeit wird. Sodann sehe ich, mein Gott! daß dein Sohn die Vermittlung der

Einigung von allem ist, so daß alles durch Vermittlung des Sohnes in dir ruht. Ich sehe Jesum, der gepriesen sei, den Menschensohn deinem Sohne auf das Höchste (altissime) geeint und daß das Menschenkind mit dir, Gott Vater! nur durch Vermittlung deines Sohnes, des absoluten Vermittlers, vereint werden konnte. Wer wird nicht auf das Höchste entzückt, wenn er dieses aufmerksam überdenkt? Du, mein Gott! offenbarst mir Armen das Geheimnis, daß ich einsehe, der Mensch könne dich, o Vater! nicht erkennen, außer in deinem Sohne, welcher erkennbar und der Mittler ist, so wie daß dich erkennen heiße, mit dir vereinigt werden. Es kann also der Mensch mit dir durch deinen Sohn, der das Mittel der Vereinigung ist, vereinigt werden. Die menschliche Natur, auf das Höchste mit dir vereint, kann in keinem Menschen eine innigere Vereinigung mit dir vollziehen. Ohne Vermittlung kann sie mit dir nicht vereinigt werden. Sie wird daher durch die gegebene Vermittlung auf das Höchste vereint, sie selbst aber wird nicht die Vermittlung. Wiewohl sie aber selbst nicht die Vermittlung werden kann, da ohne Vermittlung keine Vereinigung mit dir möglich ist, so wird sie doch durch eine absolute Vermittlung dergestalt mit dir verbunden, daß zwischen ihr und deinem Sohne, der diese absolute Vermittlung ist, keine weitere Vermittlung möglich ist; denn sonst wäre seine Vermittlung nicht die höchstmögliche. O guter Jesu! In dir sehe ich die menschliche Natur auf das höchste mit Gott dem Vater vereinigt! Der Menschensohn ist in dir, o Jesus! der du Menschensohn bist, mit dem Gottessohn auf das höchste vereinigt, und mit Recht heißt du daher Sohn Gottes und Sohn des Menschen. Deine Menschensohnschaft beruht (subsistit) auf deiner Gottessohnschaft, nicht bloß als inbegriffen, sondern wie das Angezogene an der anziehenden Kraft, die verursachte Substanz an der substanzgebenden (substantiatum in substantiante). Eine Trennung (separatio) des Menschensohns von dem Gottessohne ist in dir, o Jesus! nicht möglich. Diese Trennung entsteht daraus, daß eine Vereinigung größer sein konnte; wo dies nicht ist, kann nichts dazwischenkommen. Größer aber kann es keine Vereinigung geben, als wo das Geeinte in dem Einigenden seine Subsistenz hat. So ist es in Jesus. Ehre sei dir, Gott! in Ewigkeit!

20.

Jesus ist das Band (copulatio) der göttlichen und menschlichen Natur

Du, o ungeschwächtes Licht! zeigst mir, daß die höchste Vereinigung, in welcher die menschliche Natur in meinem Jesus mit deiner göttlichen Natur verbunden ist, in keiner Weise der unendlichen Vereinigung ähnlich ist. Denn die Einigung, in welcher Gott der Vater mit Gott dem Sohne vereinigt ist, ist der hl. Geist; daher ist sie eine unendliche Vereinigung, sie reicht in die absolute und wesenhafte Identität hinein (pertingit in identitatem etc.). Nicht das Gleiche gilt von der Vereinigung der menschlichen Natur mit der göttlichen. Die menschliche Natur kann nicht in die wesenhafte Vereinigung mit der göttlichen übergehen, so wenig als das Endliche mit dem Unendlichen unendlich vereinigt werden kann, denn es ginge sonst in die Identität mit dem Unendlichen über und hörte auf, endlich zu sein. Daher ist die Vereinigung der menschlichen Natur mit der göttlichen (in Jesus) nur eine höchstmögliche Anziehung (attractio) der menschlichen Natur an (ad) die göttliche, so daß die menschliche Natur als solche nicht weiter und höher angezogen werden könnte. Es ist also die größte Vereinigung, jedoch nicht die absolut größte, wie die göttliche Vereinigung ist. So sehe ich denn durch deine Güte und Gnade *in dir, o Jesus! dem Menschensohne, den Sohn Gottes und in dem Sohne Gottes den Vater.* Ich sehe in dir, dem Menschensohne, den Sohn Gottes, weil du in der Art Menschensohn bist, daß du zugleich Gottes Sohn bist; in der angezogenen endlichen Natur sehe ich die anziehende unendliche, in dem absoluten Sohne sehe ich den absoluten Vater; denn der Sohn kann als Sohn nicht erkannt werden, ohne daß nicht auch der Vater erkannt wird. Ich sehe in dir, o Jesus! die göttliche Sohnschaft (Kindschaft, filiatio), welche die Wahrheit aller Sohnschaft als das allerähnlichste Abbild der absoluten Sohnschaft. Gleichwie das Abbild, zwischen welchem und dem Urbilde kein vollkommeneres Abbild dazwischentreten kann, am allernächsten in der Wahrheit, deren Abbild es ist, subsistiert, so sehe ich die menschliche Natur in der göttlichen subsistieren. In deiner menschlichen Natur sehe ich somit alles, was ich auch in deiner göttlichen wahrnehme, doch ist dort auf menschliche Weise, was hier die göttliche Wahrheit selbst ist. Was ich Menschliches an dir, o Jesus! sehe, ist eine Ähnlichkeit der göttlichen

Natur, die aber ohne Medium an das Urbild so angeschlossen ist, daß sie nicht ähnlicher sein könnte. In der menschlichen oder vernünftigen Natur sehe ich den verständigen Menschengeist mit dem göttlichen Geiste, welcher der absolute Verstand ist, auf das Innigste geeint, ebenso die menschliche Vernunft mit der göttlichen Vernunft; ich sehe alles in deiner Vernunft, o Jesus! Denn du erkennst alles, o Jesus! als Gott, und dieses Erkennen ist das Sein von allem. Du erkennst alles als Mensch, und dieses Erkennen ist die Ähnlichkeit von allem. Denn der Mensch erkennt jedes Ding nur durch eine Ähnlichkeit: Der Stein ist im menschlichen Geiste nicht als in seinem Grunde, sondern als Ähnlichkeit der Spezies. Es ist also in dir, o Jesus! das menschliche Erkennen mit dem göttlichen Erkennen geeint wie das vollkommenste Abbild mit der Wahrheit des Urbildes ... Ich sehe dich, o guter Jesus! innerhalb der Mauer des Paradieses; denn dein Geist ist Wahrheit und Abbild zugleich, wie du Gott und Kreatur zugleich bist, unendlich und endlich zugleich. Es ist unmöglich, dich diesseits (citra) der Mauer zu sehen, weil du die Vereinigung (copulatio) der schaffenden göttlichen und der erschaffenden menschlichen Natur bist. *Das ist aber zwischen deinem Geist und dem eines jeden Menschen der große Unterschied,* daß kein Mensch alles weiß, was der Mensch wissen kann, weil keines Menschen Geist mit dem Urbilde aller Dinge so vereinigt ist, daß diese Vereinigung nicht inniger und tatkräftiger (magis in actu) sein könnte. *Dein Geist aber erkennt wirklich* (actu) *alles, was der Mensch erkennen kann,* weil in dir die menschliche Natur die vollkommenste ihrem Urbilde am nächsten ist. Es übersteigt daher dein menschlicher Geist jeden menschlichen Geist in der Vollkommenheit der Erkenntnis. *Alle vernünftigen Geister sind weit unter dir,* für sie alle bist du, o Jesus! der Lehrmeister, das Licht und die Vollendung. Durch dich gelangen sie, als durch den Vermittler, zur absoluten Wahrheit. *Du bist der Weg zur Wahrheit und zugleich die Wahrheit selbst, das Leben für das Leben des Geistes und zugleich das Leben selbst,* der Wohlgeruch der erfreuenden Nahrung und zugleich der erfreuende Genuß selbst. Darum, o süßester Jesus! sei gepriesen in Ewigkeit!

21.

Ohne Jesus gibt es keine Glückseligkeit

Jesus, Vollendung des Universums (finis universi), in welchem jede Kreatur als im Höchsten der Vollkommenheit ruhet, du bist allen Weisen dieser Welt gänzlich unbekannt, weil wir von dir das Entgegengesetzte mit vollster Wahrheit aussagen: Du bist Schöpfer und Geschöpf, das Anziehende und das Angezogene, das Endliche und das Unendliche. Dies als möglich anzunehmen halten sie für Torheit. Sie fliehen daher deinem Namen und fassen dein Licht nicht, mit dem du uns erleuchtest. Indem sie sich aber für weise halten, bleiben sie Toren, unwissend und blind in Ewigkeit. Würden sie glauben, daß du Christus, Gott und Mensch bist, würden sie die Worte des Evangeliums als die eines so großen Lehrmeisters annehmen und behandeln, so würden sie auf das Klarste einsehen, daß im Vergleiche zu dem Lichte, das in deinen einfachen Worten verborgen ist, alles andere dichte Finsternis und Unwissenheit ist. Nur gläubigen Kindern wird diese gnadenreiche, Leben spendende Offenbarung zuteil. In deinem geheiligten Evangelium, dieser Himmelsspeise, ist, wie in dem Manna, alle Süßigkeit der Sehnsucht verborgen, die nur von dem mit Glauben Genießenden verkostet werden kann. Nur wer es gläubig aufnimmt, erfährt auf das Zuverlässigste, daß du vom Himmel gekommen und der einzige Lehrer der Wahrheit bist. O guter Jesus! du bist der Baum des Lebens im Paradiese aller Wonnen; niemand kann mit dem ersehnten Leben gespeist werden als nur durch deine Frucht. Du bist, o Jesus! die Speise, die allen Kindern Adams verwehrt ist, welche aus dem Paradiese vertrieben, von der Erde, auf der sie sich abmühen, ihre Nahrung suchen. Daher muß jeder den alten Menschen, den Hochmut, ausziehen, und den neuen Menschen der Demut, der nach dir gestaltet ist, anziehen, wenn er innerhalb des Paradieses der Wonne die Nahrung des Lebens verkosten will. Der neue und der alte Adam haben die gleiche Natur, aber im alten Adam ist sie tierisch, in dir, dem neuen Adam, geistig, weil geeint mit Gott, welcher Geist ist. Jeder Mensch muß daher, wie durch die ihm und dir gemeinsame Natur, so auch in einem Geiste mit dir, o Jesus, vereinigt sein, um so in seiner Natur, die er mit dir gemein hat, zu Gott dem Vater, der im Paradiese ist, zu gelangen. Gott den Vater und dich seinen Sohn erkennen heißt im Paradiese und der ewigen Glorie sein; wer außer dem Paradiese ist, kann diese Anschauung nicht haben, da weder Gott der Vater, noch du, Jesus, außer dem Paradiese zu finden bist. Es hat also jeder die Glückseligkeit erlangt, wer mit dir, o Jesus! wie das Glied mit dem Haupte vereinigt ist. Niemand kann zum Vater kommen, er sei denn vom Vater gezogen (attractus). Der Vater hat durch seinen Sohn deine Menschheit, o Jesus, angezogen und durch dich, o Jesus, zieht nun der Vater alle Menschen an sich ... Ohne dich ist es also unmöglich, die Glückseligkeit zu erlangen. Du, o Jesus! bist die Offenbarung des Vaters. Denn der allen unsichtbare Vater ist nur dir seinem Sohne sichtbar, und durch dich demjenigen, der durch dich und deine Offenbarung ihn zu sehen verdienen wird ... Kein Weiser dieser Welt kann die wahre Glückseligkeit erlangen, wenn er dich nicht kennt. Kein Glücklicher kann den Vater sehen außer mit dir, o Jesus! innerhalb des Paradieses. Auch von dem Glücklichen kann das Entgegengesetzte, wie von dir, o Jesus! ausgesagt werden, da er mit dir in dem vernünftigen, natürlichen und einen Geiste geeint ist. Denn es ruht jeder glückliche Geist in deinem Geiste, wie der Neubelebte in dem Belebenden. Es sieht jeder glückliche Geist den unsichtbaren Gott und ist durch dich, o Jesus! mit dem unzugänglichen und ewigen Gott geeint. So wird das Endliche durch dich mit dem Unendlichen und Nichtzueinenden geeint, der Unbegreifliche wird begriffen in ewigem Genusse, der die höchste nie endende Seligkeit ist.

Erbarme dich, o Jesus! erbarme dich meiner, laß mich dich enthüllt sehen, und meine Seele ist gerettet!

22.

Wie Jesus sieht und wirkt

Das Auge des Geistes kann sich nicht sattsehen an dir, o Jesus! Du bist die Ergänzung (complementum) jeder geistigen Schönheit und aus diesem Bilde schließe ich, daß dein Blick, o gepriesener Jesus! überaus wunderbar und staunenswert ist. Als du in dieser sichtbaren Welt wandeltest, hattest du fleischliche Augen wie wir, mit denen du die Gegenstände scharf und genau unterschiedest. Aber noch mehr! Aus der Gestalt des Antlitzes und der Augen derer, die du sahest, schlossest du mit Wahrheit auf ihre inneren Empfindungen von Zorn,

Freude, Trauer. Noch schärfer erkanntest du aus wenigen Zeichen, was im Geiste eines Menschen verborgen war (denn der Geist denkt nichts, was nicht im Angesichte, besonders in den Augen sich ausdrückt, denn es ist der Bote des Herzens). Weit richtiger als jeder erschaffene Geist erkanntest du nach diesen Zeichen das Innere eines Menschen. Aus einem unbedeutenden Zeichen erkanntest du die ganze Geistesrichtung, wie die Verständigen aus wenigen Worten den ganzen Gedankengang einer langen Rede, und Gelehrte aus einigen Blicken in ein Buch den ganzen Sinn des Schriftstellers erraten. Du, o Jesus! übertrafst in dieser Art von Erkennen alle Vollkommenheit, Schnelligkeit und Scharfsinn aller früheren, jetzigen und der zukünftigen Menschen. War auch dieses menschliche Erkennen an das leibliche Auge gebunden, so war es doch staunenswert und bewundernswürdig. Denn wenn es Menschen gibt, die durch langes und mühsames Forschen den Sinn eines Schreibenden aus neuerfundenen Schriftzügen und ungesehenen Zeichen herausraten, so siehst du, o Jesus! unter jedem Zeichen und jeder Figur – alles. Wenn man von einzelnen Menschen liest, welche die Gedanken der sie Fragenden, selbst wenn dieselben in Gedanken ein Lied singen, aus einigen Zeichen an den Augen erraten, so erkennest du, o Jesus! noch weit besser alle Gedanken aus jeder Bewegung der Augen. Ich kannte ein taubes Weib, das aus der Bewegung der Lippen ihrer Tochter alles verstand, was diese sagte. Ist dies durch lange Gewohnheit möglich, so gabest du, o Jesus! der du alles zu Wissende wirklich wußtest, als der Meister aller Lehrmeister aus ganz kleinen und von uns unbeachteten Winken und Zeichen über das Innere und seine Gedanken ein ganz richtiges Urteil. – Mit dieser deiner menschlich ganz vollkommenen, wiewohl immerhin noch beschränkten und an ein Organ gebundenen Erkenntnis war jedoch ein absolutes und unendliches Erkennen (visio) verbunden, vermöge dessen du alles und jedes zugleich als Gott erkanntest, Abwesendes und Gegenwärtiges, Vergangenheit und Zukunft, die Substanz der Dinge. Noch nie hat ein im Fleische Lebender außer dir, o Jesus! die Substanz, die Wesenheit der Dinge gesehen. Du allein hast Seele und Geist und alles im Menschen auf das Genaueste gesehen. Wie nämlich das Erkenntnisvermögen des Menschen mit dem sinnlichen Sehvermögen so vereint ist, daß der Mensch nicht bloß sieht als Tier, sondern auch unterscheidet und urteilt als Mensch, so ist das absolute Erkennen in dir, o Jesus! mit dem menschlichen Erkenntnisvermögen vereinigt ... Wie in dem höhern Erkennen des Menschen alle niedern Stufen des Erkennens, so sind in dem göttlichen Erkennen alle Grade der geistigen Erkenntnis inbegriffen. So erkenne ich in dir, o Jesus! alle Vollkommenheit: Die Vernunft ist dem Verstande oder dem diskursiven Erkennen, welches das Oberste in der Sinnenerkenntnis ist, übergeordnet; mit der Vernunft in ihrer höchsten Stufe ist das göttliche Wort vereint. Dieses Wort Gottes erleuchtet die Vernunft wie das Sonnenlicht die Welt, es erleuchtet jeden Geist. Du bist also allein der Höchste unter allen Kreaturen: Geschöpf und Schöpfer, der gepriesen sei!

23.

Jesus ist gestorben, jedoch ohne Auflösung der Vereinigung mit dem Leben

O Jesus, köstliche Nahrung des Geistes, du erscheinst mir bewundernswert, so oft ich dich innerhalb der Mauer des Paradieses betrachte. Denn du bist das menschgewordene Wort Gottes und der gottgewordene Mensch (verbum enim Dei es humanatum et homo es deificatus). Du bist jedoch keine Zusammensetzung aus Gott und dem Menschen. Bei Zusammengesetztem ist eine Proportion notwendig, aber das Endliche steht in keiner Proportion zu dem Unendlichen. Du bist auch nicht die Koinzidenz des Schöpfers mit dem Geschöpfe in der Weise, wie die Koinzidenz bewirkt, daß eines zugleich ein anderes ist. Denn die menschliche Natur ist nicht die göttliche und umgekehrt. Denn die göttliche Natur ist nicht veränderlich, geht nicht über in etwas anderes. Man kann dich, o Jesus! auch nicht eine zwischen den göttlichen und menschlichen in der Mitte stehende Natur nennen, die an jeder derselben partizipierte, denn die göttliche partizipiert nicht. Du, o Jesus! wärest dann weder Gott noch Mensch. Ich erkenne dich, o Herr Jesus! über allen Verstand als die eine Hypostase (video te – unum suppositum), weil du der eine Christus bist, wie ich auch sehe, daß deine eine menschliche Seele, in welcher eine zerstörliche sinnliche Natur enthalten ist, in der geistigen unzerstörbaren Natur ihre Subsistenz habe (subsistere). Deine Seele war nicht zusammengesetzt aus Zerstörbarem und Unzerstörbarem, auch koinzidiert das Sinnliche nicht mit dem Geistigen, wohl aber sehe ich die geistige Seele mit dem Körper durch die sinnliche Kraft, welche den Körper belebt, vereinigt (video autem animam intellectualem uniri corpori per virtutem sensibilem, vivificantem corpus). Würde nun das geistige Prinzip (anima intellectiva) die Belebung des Körpers unterlassen, ohne daß sie jedoch vom Körper sich trennte, so wäre der Mensch tot, weil das Leben fehlte (quia vita cessaret). Gleichwohl wäre der Körper nicht vom Leben getrennt, da der Geist sein Leben ist. Wenn jemand mittelst des Gesichts aufmerksam einen Herankommenden unterscheiden will und seine Aufmerksamkeit, indem er plötzlich von andern Gedanken ganz in Anspruch genommen ist, aufhört, während das Auge immer noch auf den Herankommenden gerichtet ist, so wird das Auge nicht von der Seele, wohl aber von der unterscheidenden Aufmerksamkeit der Seele getrennt. Würde mit jener Zerstreutheit nicht bloß die unterscheidende (discretiva), sondern auch die sinnliche (sensitiva vivficatio) Belebungskraft des Auges aufhören, so wäre das Auge tot, weil es nicht belebt würde. Gleichwohl wäre es nicht von dem geistigen Prinzipe (a forma intellectiva) getrennt, welches das Sein gibt, wie eine verdorrte Hand mit dem Prinzipe (formae), das den ganzen Körper zusammenhält, auf diese Weise vereinigt bleibt. Es gibt Menschen, die den lebenden Geist zurückziehen können und tot und empfindungslos zu sein scheinen, wie der hl. Augustin angibt. In diesem Falle bleibt die geistige Natur mit dem Körper vereinigt, der Körper behält sein lebendes Prinzip, allein dieses breitet sich in Wirklichkeit nicht in den Körper aus. Ich sehe, daß ein solcher Mensch wahrhaft tot ist, weil ihm das Belebende fehlt (der Tod ist der Mangel des lebengebenden Prinzips), und doch wäre dieser tote Körper nicht von seinem Leben, das seine Seele ist, getrennt. Auf diese Weise sehe ich das absolute Leben, welches Gott ist, mit deinem menschlichen Geiste, o gütigster Jesus! und durch diesen mit deinem Körper unzertrennlich vereinigt. Denn diese Vereinigung ist die größtmögliche, und eine trennbare Vereinigung steht weit unter ihr. Es kann also und wir nie wahr sein, daß die göttliche Natur von deiner menschlichen getrennt war, somit auch nicht von der Seele und dem Körper, ohne welche die menschliche Natur nicht denkbar ist. So wahr es ist, daß deine Seele aufgehört hat, den Körper zu beleben und du wahrhaftig in den Tod gegangen bist, so gewiß ist es, daß dein Körper nie von der Wahrheit des Lebens getrennt wurde (quamvis verissimum sit, animam tuam desiisse corpus vivificare et te veraciter mortem subiisse et tamen nunquam a veritate vitae separatum). Wenn jener Priester, den Augustin erwähnt, was immer für eine Gewalt hatte, die Belebung aus dem Körper hinwegzunehmen, indem er sie in die Seele zurückzog, wie wenn eine brennende Kerze in einem Zimmer lebend gedacht würde und die Strahlen ins Zentrum ihres Lichtes zurückzöge d. h. nicht mehr ausströmen ließe, ohne jedoch aus dem Zimmer entfernt zu werden; was Wunder, wenn du, o Jesus! die Gewalt hattest, da du das lebendige und freieste Licht bist, die belebende Seele zu geben und zu nehmen (vivificantem animam ponendi et tollendi)? *Als du sie weggeben wolltest, erlittest du den Tod, als du sie wieder nehmen wolltest, bist du durch eigene Kraft auferstanden.* Man sagt nämlich, die Seele werde weggegeben, wenn der menschliche Geist aufhört, zu beleben. Gibt er diese Verrichtung auf und trennt er sich insofern (quoad hoc) vom Körper, so ist er deshalb noch nicht schlechthin vom Körper getrennt.

Solches gibst du mir ein, o Jesus! um mir, dem Unwürdigsten, soweit ich es fassen kann, zu zeigen, daß in dir die sterbliche menschliche Natur die Unsterblichkeit angezogen habe, auf daß alle Menschen von gleicher menschlicher Natur in dir Unsterblichkeit und göttliches Leben erlangen können. Was ist süßer, was erfreulicher, als die Überzeugung, daß wir in dir, o Jesus! alles in unsrer Natur finden, der du allein alles kannst, auf das Freigebigste mitteilst und nichts uns vorwirfst (et nil improperas). O unaussprechliche Liebe und Erbarmen! du, o Gott! die Güte selbst, konntest deiner unbegrenzten Liebe und Güte nicht genügen, bis du dich selbst uns gabest. Dies konnte nicht für dich passender, für uns zur Aufnahme leichter geschehen, als indem du unsere Natur annahmst, da wir zu deiner Natur nicht gelangen konnten. So kamst du zu uns, und dein Name ist Jesus, der in Ewigkeit gepriesene Heiland.

24.

Wie Jesus das Wort des Lebens ist

Ich betrachte durch deine große und liebevolle Gnade dich, o mein Jesus! wie du das Wort des Lebens verkündigst und den göttlichen Samen reichlich in die Herzen der Zuhörer ausstreust; ich sehe, daß nur diejenigen dich verlassen, welche nicht verstehen, was des Geistes ist. Bleiben sehe ich diejenigen Jünger, welche die Süßigkeit deiner das Innere belebenden Lehre schon zu verkosten angefangen haben. In ihrer aller Namen hat der Fürst und oberste aller Apostel, Petrus, das Bekenntnis abgelegt: *Du hast Worte des Lebens*, und er wunderte sich, daß die, welche das Leben zu erlangen suchen, von dir weggehen. Paulus vernahm von dir, o Jesus! in der Entzückung Worte des Lebens, und von da an vermochte nicht Verfolgung, nicht Schwert und Hunger ihn von dir zu trennen. Niemand hat je dich verlassen, der die Worte des Lebens verkostet hat. Wer kann einen Bären vom Honig hinwegbringen, wenn dieser einmal die Süßigkeit verkostet hat? Wie groß ist die Süßigkeit der Wahrheit, die das freudigste Leben gewährt, weit über alle körperliche Freude? Was ist stärker als die Liebe, aus der alles Liebenswürdige stammt? Wenn das Band der irdischen Liebe bisweilen so stark ist, daß selbst die Furcht vor dem Tode es nicht zerreißen kann, wie fest muß dann das Band jener Liebe sein, aus der alle Liebe stammt! Es befremdet mich nicht, daß andere deiner Streiter, o Jesus! die grausamsten Strafen für nichts geachtet haben, nachdem du dich ihnen als Nahrung des Lebens hingegeben hast. O Jesus, meine Liebe! du hast den Samen des Lebens auf den Acker der Gläubigen ausgesät und mit dem Zeugnis deines Blutes begossen; durch den leiblichen Tod hast du gezeigt, die Wahrheit sei das Leben des vernünftigen Geistes. Der Same wuchs in gutem Erdreiche und gab reiche Frucht … Weil der vernünftige Geist nicht durch den Einfluß des Himmels (der Himmelsbewegung) bedingt wird (necessitatur), sondern ganz frei ist, so gelangt er, wenn er sich nicht dem Einflusse des Wortes Gottes unterwirft, nicht zur Vollendung, wie ein freier Schüler, der sein eigener Herr ist, wenn er sich nicht dem Worte des Lehrers im Glauben unterwirft, nicht zur Vollkommenheit gelangt; er muß dem Lehrer glauben und ihn hören. Durch das Wort Gottes vervollkommnet sich der Geist, wächst und wird beständig fähiger und dem Worte ähnlicher. Diese Vervollkommnung, welche aus dem Worte kommt, aus dem auch das Sein hervorgeht, ist nicht eine vergängliche, sondern eine gottähnliche Vervollkommnung, wie die Vollendung des Goldes nicht eine vergängliche, sondern eine himmelsähnliche (coelestiformis) (aus dem Einflusse des Sonnenlichts) ist. Jeder Geist muß im *Glauben* sich dem Worte Gottes unterwerfen, mit der größten Aufmerksamkeit die innere (internam) Lehre des höchsten Lehrmeisters anhören, und hörend, was der Herr durch das Wort zu ihm redet, wird er vollkommen werden. Daher hast du, o einziger Lehrmeister Jesus! verkündet, der Glaube sei jedem, der zum Quell des Lebens gelangen wolle, notwendig, nach dem Grade des Glaubens richte sich die Einwirkung der göttlichen Gnade. Nur zwei Stücke hast du gelehrt, Erlöser! *Glaube* und *Liebe*. Durch den Glauben gelangt der Christ zum Worte, durch die Liebe wird er mit ihm vereint; je mehr er sich naht, desto mehr wächst seine Kraft, und je mehr er liebt, desto mehr gründet er sich im Lichte des Wortes (duo tantum docuisti, Christe salvator, fidem et dilectionem. Per fidem accedit intellectus ad verbum, per dilectionem unitur ei. Quantum accedit, tantum in virtute augetur, et quantum diligit, tantum figitur in luce eius). Das Wort Gottes ist innerlich; man darf es nicht außer sich suchen, denn innerlich wirst du es finden und im Glauben dich ihm nahen. Ihm nahezukommen kannst du durch Gebet erlangen, denn das Wort wird durch Mitteilung seines Lichtes den Glauben erhöhen.

Ich danke dir, o Jesus! daß ich durch deine Erleuchtung bis daher gelangt bin. In deinem Lichte erkenne ich das Licht meines Lebens: du, das Wort, gibst allen Glaubenden das Leben und vollendest alle, die da lieben. Gibt es eine kürzere und wirksamere Lehre als diese, o guter Jesus? Du willst nur *Glauben* und gebietest nur *Liebe*. Was ist leichter, als Gott glauben (credere Deo)? Was ist süßer, als ihn lieben? Wie süß ist dein Joch, wie leicht deine Bürde, einziger Lehrer! Wer deine Lehre beobachtet, dem versprichst du alles Ersehnte, du verlangst nichts, was dem Glauben schwer, nichts, was der Liebe zu verweigern wäre. Das sind die Verheißungen an deine Jünger, sie sind wahr, weil du die Wahrheit bist, die nur Wahres versprechen kann. Ja, dich selbst versprichst du, der du die Vollkommenheit eines jeden der Vollkommenheit Fähigen bist. Lob, Ehre und Dank sei dir in alle Ewigkeit!

25.

Jesus ist die Vollendung (consummatio)

Was ist es, o Herr! was du dem Geiste des Menschen, den du zur Vollkommenheit führst, einsenkst? Ist es nicht *dein guter Geist*, der ganz Wirksamkeit ist, die Tugend aller Tugenden, die Vollkommenheit der Vollkommenen? Er ist es, der alles bewirkt. Wie die Kraft des Sonnenlichts in die Vegetation herabsteigt und dieselbe zur Vollkommenheit bringt, so daß durch ein ganz zuträgliches Auskochen der himmlischen Wärme mittelst eines guten Baumes eine gute Frucht hervorkommt, so kommt dein Geist, o Gott! in den Geist eines guten Menschen und bringt durch die Wärme der göttlichen Liebe die Anlage zur Tugend zum Auskochen und zur Vollkommenheit, so daß eine liebliche Frucht entsteht. Die Erfahrung zeigt, daß dieser einfache, in seiner Kraft unendliche Geist auf vielfache Weise aufgenommen werde. Bei dem einen bewirkt er die Gabe der Weissagung, bei dem andern die der Auslegung, bei dem andern die der Wissenschaft usf. Seine verschiedenen Gaben sind geistige Vollkommenheiten, wie dieselbe Sonnenwärme in verschiedenen Bäumen verschiedene Früchte zur Reife bringt. Ich sehe, o Herr! daß dein Geist keinem Geiste fehlen könne, denn er ist der Geist der Geister, die Bewegung aller Bewegungen, er erfüllt den Erdkreis. Er ordnet alles, was keinen vernünftigen Geist hat, durch die geistige Natur (per intellectualem naturam), die den Himmel bewegt, und durch ihre Bewegung alles leitet, was ihr untergeordnet ist. Die Dispositionen aber in der geistigen Natur hat der Geist Gottes sich selbst ausschließlich vorbehalten, denn er hat sich mit dieser Natur vermählt, er hat sie auserwählt, in ihr zu ruhen, als in seiner bleibenden Wohnung und dem Himmel der Wahrheit; denn nirgends außer in der geistigen Natur kann die Wahrheit *an sich* erfaßt werden. Du, o Herr! der du alles um deiner selbst willen wirkst, hast diese ganze Welt um der geistigen Natur willen erschaffen, wie ein Maler, der verschiedene Farben mischt, um zuletzt sich selbst zu malen und ein Bild von sich zu haben, an dem er Gefallen finde, in dem seine Kunst zur Ruhe komme und er selbst, da er nicht zu vervielfältigen ist, wenigstens in entsprechendem Abbilde vervielfältigt werde. Er macht viele Bilder, weil das Abbild seiner unendlichen Fähigkeit nur in der Vielheit vollkommener sich ausprägen kann. *So sind auch alle vernünftigen*

Geister jedem Geiste dienstbar (opportuni). *Wären sie nicht unzählbar, so könntest du, unendlicher Gott, nicht auf eine bessere Weise erkannt werden.* Jeder vernünftige Geist sieht in dir, o mein Gott! etwas, was durch die Mitteilung an andere bewirkt, daß sie dich, ihren Gott, auf noch bessere Weise erkennen. Die liebevollen Geister offenbaren sich gegenseitig ihre Geheimnisse; dadurch steigert sich die Erkenntnis des Geliebten, und die Sehnsucht nach ihm, die Süßigkeit der Freude durchwärmt das Herz (revelant igitur sibi mutuo secreta sua amoris pleni spiritus et augetur ex hoc cognitio amati et desiderium ad ipsum et gaudii dulcedo inardescit). Indes ohne deinen Sohn Jesus, den du vor seinen Genossen gesalbt hast, welcher Christus ist, fehlte deinem Werke, o Herr und Gott! die Ergänzung, denn in seinem Geiste ruht die Vollendung der erschaffbaren Natur: Er ist die höchste, vollkommenste, unvermehrbare Ähnlichkeit Gottes, und eine solche kann es nur eine geben. Alle andern Geister sind durch seine Vermittlung Ähnlichkeiten. Alle ruhen in ihm als in der höchsten Vollkommenheit des Bildes Gottes, in verschiedener Abstufung. Durch deine Gnade, o mein Gott! (dono tuo) habe ich also diese ganz sichtbare Welt, die ganze Schrift und alle dienenden Geister zu meiner Hilfe; zum Wachstum in deiner Erkenntnis, zur Hinkehr zu dir treibt mich alles an. Alle Schrift will nur dich zeigen, alle vernünftigen Geister haben kein anderes Streben als dich zu suchen und was sie von dir gefunden haben, mitzuteilen. Mehr als dieses hast du mir in Jesus, dem Lehrmeister, den Weg, die Wahrheit und das Leben gegeben, damit mir durchaus nichts fehle. Du stärkst mich durch deinen Geist, du gibst mir durch ihn die Berufswahl und heiliges Verlangen ein. Durch den Vorgeschmack der Süßigkeit der himmlischen Glorie treibst du mich an, daß ich dich, den guten Gott, unendlich liebe. Du führst mich in die Entzückung, daß ich über mich selbst hinauskomme und in der Glorie den Ort zum Voraus sehe, zu welchem du mich einlädst. Viele schmackhafte Genüsse, die mich durch ihren Wohlgeruch fesseln, zeigst du mir; einen Schatz von Reichtum, Liebe, Freude, Schönheit läßt du mich schauen. Die Quelle, aus der alles Ersehnte in Natur und Kunst fließet, deckst du mir auf. Nichts bleibt mir Geheimnis. Die Ader der Liebe, des Friedens und der Ruhe verbirgst du mir nicht. Alles bietest du mir Armen an, den du aus nichts erschaffen hast. Was zögere ich also? Warum eile ich nicht, mit Wohlgerüchen gesalbt von meinem Christus, warum eile ich nicht in die

Freude meines Herrn? Was hält mich zurück? Hemmte mich bisher die Unkenntnis deiner, o Herr! und die eitle Weltfreude, so soll sie mich fortan nicht mehr hemmen. Ich will, o Herr! weil du mir die Kraft, es zu wollen, gibst, die Dinge dieser Welt verlassen, weil auch die Welt mich verlassen will. Ich eile zum Ziele, ich habe die Laufbahn beinahe vollendet; ich komme der Welt mit dem Lebewohl zuvor, und schmachte nach der Krone. Ziehe mich zu dir, o Herr! Niemand kann zu dir gelangen, außer von dir gezogen. Gezogen von dir, löse ich mich los von dieser Welt und vereinige mich mit dir, dem absoluten Gott, in der Glorie des ewigen Lebens. Amen.

Gespräch über das Seinkönnen

(De Possest)

Die Sprechenden sind: Bernhard, Johann, der Kardinal

Bernhard. Da wir die längst ersehnte Gelegenheit haben, den Kardinal zu sprechen, und es ihm nicht lästig fällt, einen längst erwogenen Gedanken mitzuteilen, so bringe du, mein Abt Johannes! um ihn anzuregen, etwas aus seiner Philosophie zur Sprache. So angeregt wird er uns ohne Zweifel willkommenen Aufschluß geben.

Johannes. Mich hat er schon oft gehört; wenn du die Anregung gibst, wird er schneller entgegenkommen, da er dich gerne sieht und liebhat. Ich werde dabei nicht fehlen. Treten wir näher zum Feuer (Kamin)! Sieh ihn dort auf seinem Sitze, bereit, deinen Wünschen zu entsprechen.

Kardinal. Tretet näher! die ungewöhnliche Kälte fesselt uns und entschuldigt es, wenn wir uns am Kamine zusammensetzen.

Bernhard. Da die Zeit drängt, gehorchen wir deinem Befehle.

Kardinal. Ihr habt vielleicht einen Zweifel, da ihr so nachdenklich seid. Machet mich zum Genossen eurer Studien!

Johannes. Wir haben allerdings Zweifel, welche dir Bernhard vorlegen wird.

Kardinal. Gut.

Bernhard. Ich stieß auf den Brief des Apostel Paulus an die Römer und las dort, daß Gott den Menschen das offenbart, was ihnen von ihm bekannt ist. Dies geschehe in der Weise, daß das Unsichtbare von ihm durch Erschaffung der Welt erkannt werde, seine ewige Macht und Gottheit. Darüber wünschen wir von dir eine Aufhellung zu erhalten.

Kardinal. Wer kann den Sinn des Paulus besser geben als Paulus? Das Unsichtbare, sagt er anderswo, ist das Ewige, die zeitlichen Dinge sind Abbilder des Ewigen. Wenn also das, was erschaffen ist, erkannt wird, so wird das Unsichtbare an Gott erkannt: seine

Ewigkeit, Kraft und Gottheit. So ist die Erschaffung der Welt eine Offenbarung Gottes.

Bernhard. Wie wird dieses Schauen aus der unsichtbaren Welt entwickelt?

Kardinal. Ich weiß, daß, was ich mit den Augen sehe, nicht *aus sich selbst ist*; es muß von einer höhern Kraft, und diese muß ewig, aus sich selbst sein.

Bernhard. Der Apostel scheint aber doch noch einen tiefern Sinn mit seinen Worten zu verbinden, zu einer fruchtbareren Erkenntnis Gottes. Das eröffnet uns!

Kardinal. Da jedes Existierende das sein kann, was es *wirklich* ist, so erkennen wir die absolute Aktualität als diejenige, durch welche die wirklichen Dinge das sind, was sie sind; wie wenn unser Auge etwas Weißes sieht, wir das Weißsein geistig schauen, ohne welches das Weiße nicht weiß ist. Da nun die Aktualität wirklich ist, so *kann* sie auch sein, weil das Nichtseinkönnende auch nicht ist. Das *absolute Seinkönnen* kann nichts anderes sein als das Können und die absolute Aktualität nichts anderes als das Wirkliche. Das absolute Seinkönnen kann auch nicht vor der Wirklichkeit sein, wie wir sagen, die Möglichkeit gehe der Wirklichkeit voran. Denn wie wäre sie zur Wirklichkeit geworden, außer durch die Wirklichkeit? Denn wenn das Werdenkönnen sich selbst in Wirklichkeit setzte, so wäre es wirklich, bevor es wirklich ist. Es geht daher die absolute Möglichkeit, durch welche das, was wirklich ist, wirklich sein kann, der Wirklichkeit nicht voran, noch folgt sie ihr nach, denn wie könnte die Wirklichkeit sein, wenn die Möglichkeit nicht wäre? Es sind also *gleich ewig die absolute Möglichkeit, Wirklichkeit* und die *Verbindung beider*. Es gibt aber nicht mehrere Ewige, sondern sie sind so ewig, daß sie die Ewigkeit selbst sind. Leuchtet dies euch ein?

Bernhard. Allerdings.

Kardinal. So gehe ich weiter meinem Ziele zu. Ich nenne diese Ewigkeit den glorreichen Gott und sage: Wir kennen nun Gott *vor* der Wirklichkeit, sofern diese von der Möglichkeit unterschieden ist, und vor der Möglichkeit, unterschieden von der Wirklichkeit, als das einfache Prinzip der Welt. Alles, was *nach* ihm ist, existiert im Unterschiede der Möglichkeit und Wirklichkeit; so daß *Gott allein das ist, was sein kann*, keineswegs aber die Kreatur, da Möglichkeit und Wirklichkeit nicht in ihr, sondern nur in ihrem Prinzipe Eins sind[1].

Bernhard. Halte ein wenig ein, Vater! und löse mir einen Zweifel. Kann man nicht auch von Sonne, Mond und jedem Dinge sagen, daß es das ist, was es sein kann?

Kardinal. Ich rede in absoluten und generellsten Ausdrücken, wie wenn ich sagte: Da Möglichkeit und Wirklichkeit in Gott Eins sind, *so ist Gott alles das wirklich, von welchem das Seinkönnen ausgesagt werden kann,* denn nichts kann sein, was nicht Gott ist. Nicht so ist es bei der Sonne, obwohl sie wirklich ist, was sie sein kann, so kann sie doch anders sein, als sie wirklich ist. Sie kann nicht überall sein, sie könnte größer oder kleiner sein etc.

Bernhard. Fahre weiter, Vater! denn es ist klar, daß keine Kreatur wirklich alles das ist, was sein kann; da Gottes Schöpferkraft durch die Schöpfung nicht erschöpft ist, daß er nicht aus einem Steine einen Menschen erschaffen, jede Qualität vermehren oder vermindern, jede Kreatur in eine andere und wieder andere verwandeln könnte.

Kardinal. Richtig. Da also Gott alles Mögliche wirklich ist, *so ist er complicite alles.* Alles, was irgendwie ist, oder sein kann, ist in ihm als dem Prinzip enthalten, alles Erschaffene oder noch zu Erschaffende wird aus ihm entfaltet. *Substanzen, Qualitäten* etc. *sind in Gott Gott, wie sie entfaltet als Kreatur Welt sind.*

Johann. So ist denn Gott groß.

Kardinal. Allerdings, und zwar so groß, daß er die absolute Größe ist, *die weder größer noch kleiner sein kann,* somit die *absolute Gleichheit des Seins.* Ebenso ist er die *absolute Schönheit, Güte, Bewegung* etc. Gott ist aber *in der Weise alles in allem, daß er nicht eines mehr ist als das andere, weil er nicht so eines ist, daß er nicht zugleich ein anderes wäre.*

Johann. Siehe zu, daß du dir nicht widersprichst, wenn du sagtest, Gott sei alles und zugleich, er sei nicht die Sonne.

---

1 Ita ut solus Deus id sit quod esse potest, nequaquam autem quaecunque creatura, cum potentia et actus non sint idem, nisi in principio. Um den Unterschied zwischen dem göttlichen und kreatürlichen Sinn nach Cusa festzuhalten, müssen wir übersetzen: Gott ist alles das, was sein kann, nicht: was *er* sein kann; während der Satz: sol est sol in actu, quod esse potest zu übersetzen ist: Die Sonne ist wirklich, was *sie* sein kann.

Kardinal. Ich sage, Gott sei die Sonne, aber nicht in *der* Seinsweise, wie diese Sonne ist; das Sonnesein fehlt ihm nicht, aber er ist es in der vollkommensten, der *göttlichen Weise.* So hat die Hand ihr vollkommeneres Sein in der Seele, als in der Hand, weil in der Seele Leben ist, während die Hand für sich tot ist; wiewohl ich damit nicht sagen will, daß Gott *die Weltseele* ist. Am treffendsten kann daher Gott mit einem Worte: *Possest,* das *Können und Sein* benannt werden. Als daher Gott im Anfang die Kenntnis seiner selbst offenbaren wollte, sprach er: Ich bin der *alles Könnende* (omnipotens) *Gott,* d.h. ich bin die Wirklichkeit aller Möglichkeit. Dieser Name führt die Spekulation über alle Sinnen-, Verstandes- und Vernunfterkenntnis zur *mystischen Anschauung,* wo das Ende aller aufsteigenden Erkenntnis und der Anfang der Offenbarung des unbekannten Gottes ist. Der Geist hofft auf dieser Stufe in demütigstem Verlangen, von Gott erleuchtet zu werden, um ihn, den Unsichtbaren, so weit zu sehen, als er sich ihm offenbaret. So verstehe ich das besprochene Wort des Apostels …

Bernhard. Wir wünschen uns noch eine Veranschaulichung, besonders wie das Ewige Alles zugleich und das ewige Jetzt ist.

Kardinal. Ich will es versuchen. Denkt man sich den Kreis b c in der möglichst schnellen Bewegung um a, so würde er dem *festen* Kreise d e an Ruhe gleich kommen. Die entgegengesetzten Punkte b, c wären immer bei d und zugleich immer bei e; ebenso alle zwischen b und c liegenden Punkte. Der ganze Kreis, wie groß er auch sein möchte, wäre also in jedem Augenblicke bei dem Punkte d und bei jedem Punkte des Kreise d e. Bezeichnet nun der Kreis b c die Ewigkeit, d e die Zeit, so ist klar, daß es kein Widerspruch ist, daß die Ewigkeit *zugleich ganz* in jedem Zeitpunkte ist und Gott ganz in allem und alle Zeitdistanzen in Gott lautere Gegenwart sind (denn wenn im beweglichen Kreise b zu d kommt, so ist es zugleich bei e). Ihr könnt nun auch die Theologen in Einklang bringen, wenn die einen sagen, die Weisheit, welche Gott ist, sei beweglicher als alles, sie durchdringe alles, während die andern behaupten, das Grundprinzip sei fest, unbeweglich, in beständiger Ruhe, wenn es gleich

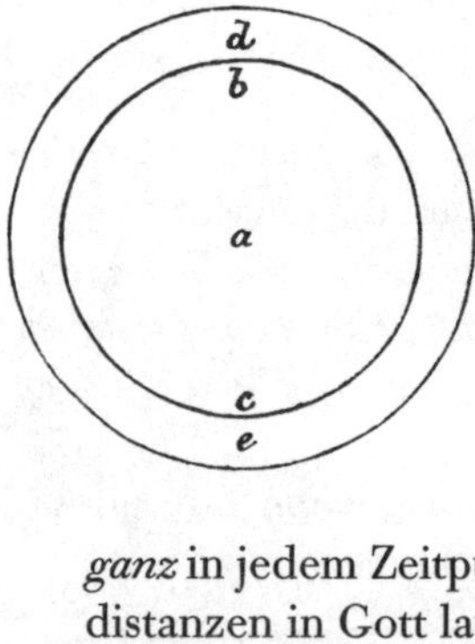

allem Bewegung verleihe … Aus dem Gesagten sehet ihr auch, daß auch das Nichtsein, da es durch den Allmächtigen sein kann, in der unendlichen Möglichkeit, im Possest enthalten ist. *Nichtsein ist in Gott alles sein.* Eben darum ist *Gott die absolute Notwendigkeit, weil er nicht nicht sein kann.*

Bernhard. Weil die Welt erschaffen werden konnte, so war auch immer die Möglichkeit ihres Seins. Dies ist aber in den sinnlichen Dingen die *Materie. Die Materie ist also ewig.*

Johann. Dein Beweis geht *nicht richtig voran.* Denn *die unerschaffene Möglichkeit ist das Können und Sein* (*Possest*). Dieses ist der einzige Grund alles Seins. Bedurfte das absolute Können der Materie, so wäre es nicht das Können und Sein selbst. Denn daß der Mensch zu seinem Machenkönnen der Materie bedarf, rührt daher, weil er nicht das Können und Sein ist, in welchem Machen und Werden das Können selbst ist.

Kardinal. Der Abt hat recht.

Johann. Kein Verstand faßt die absolute Möglichkeit, nur sie selbst begreift sich und in sich alles.

Kardinal. Wenn sie nicht das Könnengesehenwerden in Wirklichkeit setzt durch Offenbarung ihrer selbst, so wird sie nicht gesehen. Es gibt aber einen Offenbarenden, es ist *Jesus Christus.* Er zeigt in sich den Vater, und wer es verdient, ihn, den Sohn, zu sehen, sieht auch den Vater.

Johann. Du willst vielleicht sagen, denen werde der Vater gezeigt, in welchen Christus durch den Glauben wohnt.

Kardinal. Christus kann in niemand durch den Glauben wohnen, wenn er nicht den *Geist der Wahrheit* hat, der *alles lehrt.* Der Geist Christi wird in den Christo Gleichförmigen ausgegossen und ist der Geist der Liebe, den nur besitzt, wer über die Welt sich erhebt. In diesem Geiste wenden wir uns in zweifellosem Glauben, der von Liebe belebt ist, im inständigen Gebete, an Christus, der den Seinigen nichts verweigert.

Bernhard. Diese großen Wahrheiten hast du uns ebenso kurz als klar dargelegt. Ich wünsche nur von dir, Vater! noch etwas über die heiligste *Trinität* zu hören, um über alle wichtigen Wahrheiten eine beruhigende Einsicht zu haben …

Kardinal. Ohne *Möglichkeit, Wirklichkeit* und *Verbindung von beiden* ist nichts und kann nichts sein. Keines von diesen dreien darf fehlen. Wie wäre etwas, wenn es nicht sein *könnte*? Wie wäre es, wenn es nicht wirklich wäre? Wenn es sein könnte, aber nicht wäre, so wäre es nicht. Dieses dreieinige Prinzip hat seinen Widerschein in allen Wesen. Die Dreieinigkeit der endlichen Wesen als endlicher ist aber *nach* dem dreieinigen Urprinzipe, dieses also ewig.

Johann. Da aber der christliche Glaube lehrt, daß die Person des Vaters = des absoluten Könnens eine andere sei als die des Sohnes = des absoluten Seins, und wieder eine andere der heilige Geist = die absolute Verbindung und Liebe beider, wie ist dies zu denken?

Kardinal. Das »Andere« ist hier nicht ein (konkretes) Anderssein, da ja die Dreieinigkeit nicht von einem andern, sondern durch sich ist. Sondern das Sein (der Sohn) setzt das Können, die Möglichkeit (= Vater) voraus, während die Möglichkeit nichts voraussetzt. Sehe ich daher Gott, der keinen Grund seiner selbst voraussetzt, und Gott, der einen Grund seiner selbst voraussetzt, und Gott, der aus beiden hervorgeht, und sehe ich darum doch nicht drei Götter, sondern die Einheit der Gottheit in der Dreiheit, so zweifle ich nicht, daß das, was ich so im Unterschiede sehe, in der unterschiedslosen Gottheit wahrer und vollkommener sei, als ich es sehe. Wie ich daher sehe, daß das absolute Können in der Ewigkeit ewig ist und das Sein des ewigen Könnens nur aus dem ewigen Können ist, so glaube ich, daß das ewige Können ein ewiges Fürsichsein, Hypostase, habe und durch sich sei, daß von Gott dem Vater, der durch sich ist, *gezeugt* werde Gott, der alles, was er ist, durch die Allmacht des Vaters ist, so daß der *Sohn der Allmacht* alles das ist, was der Vater kann (vermag), somit allmächtig aus dem absoluten Können, aus welchen beiden hervorgeht die Verbindung der Allmacht und des Allmächtigen. Ich sehe demnach Gott ewiglich und denselben Gott von Gott ewiglich und denselben Gott aus beiden ewig hervorgehen. Wie daher die Vollkommenheit des Grundes verlangt, daß er *Einer sei*, so verlangt sie in Wahrheit, daß er *dreieinig sei*. Die Einheit wäre nicht die vollkommenste, wenn sie nicht alles in sich faßte, was zum vollkommensten Prinzip notwendig ist, und dies wird durch die Dreiheit ausgedrückt. Die Dreiheit wäre nicht vollkommen, wenn sie nicht Einheit wäre. Die Einheit Gottes ist nicht eine *mathematische*, sondern eine wahre und *lebendige*, welche alles in sich faßt, und zwar muß die *Möglichkeit*, um die *vollkommenste* zu sein, das Sein und die Verbindung beider in sich fassen, so das *vollkommenste Sein* die Möglichkeit und die Verbindung beider, die *vollkommenste Verbindung* endlich die Möglichkeit und das Wirkliche. Auch die Dreiheit ist keine mathematische, sondern eine *lebendige Korrelation. Ohne das dreieinige Leben gibt es keine ewige Freude und höchste Vollkommenheit.* Das Lebenkönnen muß so allmächtig sein, daß es aus sich das Leben seiner selbst erzeugt, und aus beiden hervorgeht der Geist der Liebe und die ewige Freude. – Das sind die Lehren jener *gelehrten Unwissenheit*, die zu dem Unaussprechlichen hinstrebt ...

Johann. Ich fürchte unbescheiden und lästig zu werden, sonst würde ich noch um eine weitere Belehrung bitten.

Kardinal. Bittet nur beide; diese Unterredungen ermüden mich nicht, sondern sind mir ein großes Vergnügen. Ist also noch etwas übrig, so habet keine Nachsicht mit mir, da ich vielleicht ein andermal weniger Muße finde.

Johann. Unter Unzähligem, was ich zu hören wünsche, habe ich vornehmlich die eine Frage, warum wir die göttliche Allmacht *auf negativem Wege* besser erreichen ...

Kardinal. Nehmen wir die erste aller Negationen: *nicht sein*, haben wir hier nicht eine *Voraussetzung* und eine *Verneinung*?

Johann. Allerdings, sie setzt das Sein voraus und verneint es.

Kardinal. Das Sein, welches sie voraussetzt, ist also vor der Verneinung.

Johann. So ist es.

Kardinal. Das Sein also, welches von der Negation vorausgesetzt wird, ist ewig, denn es ist vor dem Nichtsein, und jenes Sein, welches negiert wird, hat nach dem Nichtsein seinen Anfang.

Johann. Notwendig.

Kardinal. Die Negation, welche das Sein trifft, negiert also jenes vorausgesetzte Sein, was nichts anderes heißt, als daß das Sein nach dem Nichtsein nicht das ewige und unaussprechliche Sein ist.

Johann. Ich kann das nicht leugnen.

Kardinal. So sehe ich denn auf diese Weise Gott wahrhaftiger als die Welt. Denn ich sehe die Welt nur in Verbindung mit dem Nichtsein, negativ, wie wenn ich sagte: Ich sehe die Welt als das Nicht-Gottsein, Gott aber sehe ich vor dem Nichtsein, *darum wird das*

Nichtsein von ihm negiert... Was ist die Welt anders, als die unsichtbare Erscheinung Gottes? Was ist Gott anders, als die Unsichtbarkeit des Sichtbaren, wie der Apostel in der Stelle sagt, von der unsere Unterredung ausging.

Unsere ganze Unterredung aber hat keinen andern Zweck als zu begreifen, daß Gott alle Begriffe übersteige, dessen allein beseligende Anschauung uns im Glauben durch die Wahrheit selbst, den Sohn Gottes, verheißen wird, wenn wir den von ihm durch Wort und Tat vorgezeichneten Weg einhalten. Das verleihe uns unser Herr Jesus Christus, der hochgelobt sei in Ewigkeit. Amen.

Über das Globusspiel

(De ludo globi)

Erstes Buch

Ein Gespräch zwischen dem Herzog Johann von Bayern
und dem Kardinal

Johann. Da ich dich in den Sessel zurückgelehnt sehe, vielleicht müde vom Globusspiele, so möchte ich, wenn es beliebt, über dieses Spiel mit dir sprechen.

Kardinal. Mir sehr angenehm.

Johann. Wir bewundern alle dieses neue und unterhaltende Spiel, vielleicht weil es die Veranschaulichung einer tiefen Spekulation ist, die wir gerne erklärt wünschen.

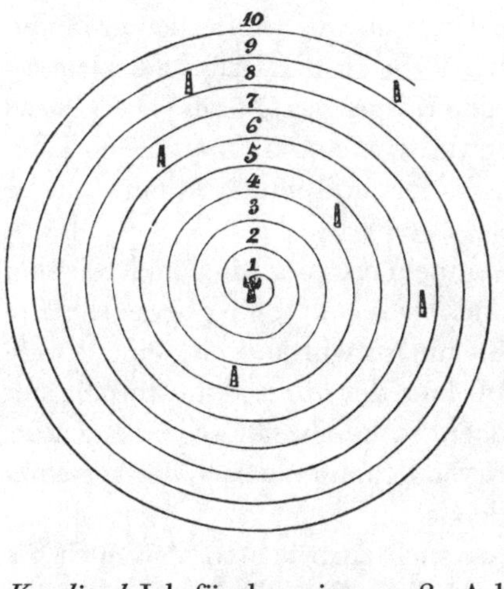

Kardinal. Die Vermutung ist nicht unrichtig. Einige Wissenschaften haben ihre Instrumente und Spiele, so die Musik den Monakkord; auch das Schachspiel ist nicht ohne Moral. Jedes ehrbare Spiel faßt irgendeine gute Lehre in sich. Doch dieses unterhaltende Globusspiel sollte uns, denk' ich, einen nicht geringen philosophischen Aufschluß geben.

Johann. So erkläre uns die Sache ein wenig.

Kardinal. Ich fürchte eine große Arbeit zu unternehmen, die zuvor eine längere Meditation erfordert.

Johann. Ich will nicht in alle Tiefen eingeweiht sein, befriedige uns nur mit wenigem!

Kardinal. Die Jugend ist feurig und ungestüm, hat aber bald genug. Doch ich will entsprechen und in euren edlen Geist einige Samenkörner der Erkenntnis legen, welche von euch aufgenommen und gepflegt, eine herrliche Frucht der vom Menschen so ersehnten Selbsterkenntnis hervorbringen werden. – Fürs erste werdet ihr wohl erwägen, daß der Globus und seine Bewegung ein Werk der Intelligenz sind. Kein Tier kann es verfertigen. Solche Werke der Menschen entstehen aus einer Fertigkeit, in der sie die Tierwelt übertreffen.

Johann. So ist es allerdings.

Kardinal. Allein warum der Globus durch die Kunst des Drechslers die Figur eines Kegels mit kugelförmiger, etwas konkaver Mitte erhalten hat, werdet ihr wohl wissen. Dadurch allein macht er eine spiralförmige Bewegung, denn der Teil des Globus, der ein vollkommener Kreis ist, würde sich in gerader Richtung fortbewegen, wenn nicht der schwerere und korpulente Teil diese Bewegung hemmte und zu einer Zentralen hinzöge. Durch diese Verschiedenheit ist die Figur der hervorzubringenden Bewegung angepaßt, welche weder eine ganz gerade, noch eine ganz kreisförmige ist. Beachtet also zuerst den Grund der Gestalt des Globus, in welchem ihr eine konvexe Oberfläche an der Hälfte der größeren Sphäre und eine konkave Oberfläche an der Hälfte der kleinern Sphäre und zwischen beiden den Körper des Globus sehet. Durch die verschiedene Abänderung der genannten Oberflächen kann der Globus unzählige Male geändert und immer in eine andere Bewegung gebracht werden.

Johann. Ich begreife das, denn wenn ein eiserner Ring ein Kreis sein könnte, ohne alle Breite des Umkreises, und rollte über eine glatte und ebene Oberfläche, z. B. Eis hin, so würde er nur eine gerade Linie beschreiben. Da wir nun hier den Ring globusförmig, mit einer gewissen Korpulenz, sehen, so beschreibt er keine gerade, sondern eine krumme Linie, deren Krümmung nach der Verschiedenheit des Globus verschieden ist.

Kardinal. Ganz recht; allein es ist auch zu beachten, daß auch die Bewegungslinien bei einem und demselben Globus verschieden und nie die gleichen sind, er mag durch dieselbe oder eine andere

Person in Bewegung gesetzt werden, weil die bewegende Kraft immer eine verschiedene ist; ist diese stärker, so scheint die beschriebene Linie mehr gerade, ist sie schwächer, mehr krumm zu sein. Im Anfang der Bewegung, wenn der Stoß noch frisch ist, sind daher die Bewegungslinien gerader, als wenn die Bewegung nachläßt. Der Globus wird nämlich immer zur Hervorbringung einer geraden Richtung in Bewegung gesetzt. Bei einem stärkern Abstoßen wird daher der Natur des Globus mehr Gewalt angetan, er muß sich gegen seine Natur soviel als möglich geradeaus bewegen. Bei einem geringern Abstoßen leidet seine natürliche Bewegung weniger Gewalt und die Bewegung folgt ihrer natürlichen Angemessenheit an die Form des Globus.

Johann. Ich sehe das klar ein. Denn nie bewegt sich der Globus das eine Mal gerade so wie das andere Mal. Das muß die Wirkung des verschiedenen Abstoßens sein.

Kardinal. Wer den Globus hinauswirft, hält ihn nicht jedes Mal gleichmäßig in der Hand, legt ihn nicht immer gleichmäßig auf dem Boden auf und wirft ihn nicht immer mit gleicher Kraft hinaus, denn nichts kann zweimal auf die gleiche Weise geschehen. Es ist ein innerer Widerspruch, daß zwei Dinge in allen Stücken ohne jegliche Differenz ganz gleich seien. Denn wie könnte mehreres sein ohne Differenz? Obgleich der im Spiele Geübtere sich immer gleichmäßig zu verhalten scheint, so ist dies doch mit voller Präzision nicht möglich, wenn man gleich die Differenz nicht immer bemerkt.

Johann. Mancherlei bewirkt eine Verschiedenheit: die Verschiedenheit des Bodens, das Dazwischenkommen von Steinchen, welche den Lauf stören, oft ganz hemmen, das Massenhafte des Globus, eine Spalte, die er etwa erhält, und vieles andere.

Kardinal. Alles das muß man ins Auge fassen, um dadurch zu dem spekulativen Momente, auf das wir ausgehen, zu gelangen. Die Bewegung wird oft, wenn der Globus über seine ebene Fläche hinabfällt, mangelhaft, sie wird gehindert durch den Wechsel der äußern Umstände im Verhältnis zum Globus, und nimmt naturgemäß ganz ab, wenn an dem Pole oder der Mitte der krummen Oberfläche die Bewegung sich allmählich vermindert. Dieses und vieles andere ist wegen der Ähnlichkeit der Kunst und Natur genau zu beachten. Denn da die Kunst die Nachahmung der Natur ist, so schreiten wir von dem, was wir an der Kunst wahrnehmen, zur Erkenntnis der Kräfte der Natur.

Johann. Was verstehst du unter dem Wechsel der Umstände?

Kardinal. Die Veränderung des Himmels, der Sterne, Luft und Zeit; der Wechsel dieser Dinge bewirkt auch eine Veränderung der Umstände und des Inhalts.

Johann. Du sagtest, der Globus habe eine halbsphärische Oberfläche. Könnte er nicht eine größere oder geringere oder das Runde einer ganzen Sphäre haben?

Kardinal. Ich leugne nicht, daß der Globus eine größere oder geringere Oberfläche haben oder auch eine vollständige Sphäre sein könnte, wenn wir von der sichtbaren Gestalt oder Rundheit, die nie ganz vollkommen ist, reden. Das Runde, das nicht mehr runder sein könnte, ist nicht sichtbar. Denn da die Oberfläche vom Zentrum der Sphäre überall gleich weit entfernt ist, so bleibt das Äußerste des Runden (extremitas rotundi), dessen Grenze ein unteilbarer Punkt ist, für unsere Augen ganz unsichtbar. Denn nur das Teilbare und Quantitative können wir sehen.

Johann. So ist also das Äußerste der Weltkugel, die ich für die vollkommenste runde Gestalt halte, nicht sichtbar?

Kardinal. Keineswegs, und ebensowenig ist die Rundheit der Welt teilbar, da sie in einem nicht zu teilenden und nicht zu vermehrenden Punkte besteht. Das Runde kann nicht aus Punkten zusammengesetzt sein, denn da der Punkt unteilbar ist, keine Quantität, Teile, kein Vorne und Hinten und andere derartige Unterschiede hat, so kann er mit keinem andern Punkte zusammengesetzt werden. Aus Punkten wird nichts zusammengesetzt; Punkt und Punkt addieren, heißt soviel als nichts und nichts verbinden. Das Äußerste (extremitas) der Welt ist somit nicht aus Punkten zusammengesetzt, sondern ihr Äußerstes ist das Runde, das im Punkte besteht. Denn da das Runde die gleiche Höhe hat, die überall gleichweit vom Zentrum entfernt ist, und es nicht mehrere präzis gleiche Linien geben kann, so wird es nur eine gleichweit entfernte Höhe des Runden geben, die im Punkte ihre Grenze findet.

Johann. Wundervoll! Ich sehe ein, daß alle möglichen sichtbaren Formen in der Welt enthalten sind, und gleichwohl wäre die Welt, könnte sich jemand außerhalb derselben aufstellen, für ihn unsichtbar wie ein unteilbarer Punkt.

Kardinal. Richtig erfaßt! Du begreifst nun, daß die Welt, das größte Quantum, im Kleinsten, dem Punkte, enthalten ist, und ihr Zentrum und Peripherie nicht gesehen werden können, so wie, daß es nicht mehrere verschiedene Punkte gibt, da der Punkt keine Vervielfältigung zuläßt; in mehreren Atomen ist nur ein und derselbe Punkt, wie in vielem Weißen nur das eine Weiße. Die Linie ist demnach die Entfaltung (evolutio) des Punktes. Entfalten heißt, den Punkt selbst entwickeln (explicare), was soviel heißt, als daß der Punkt in der Mehrheit von Atomen in der Weise ist, daß die einzelnen verbunden und aneinandergereiht sind.

Johann. Ist nicht auf diese Weise auch das Äußerste (extremitas) des Winkels, da dasselbe im Punkt ist, unsichtbar?

Kardinal. Allerdings. Wenn aber der ganze Winkel nur das Äußerste wäre, wie die Rundheit das Äußerste des Runden ist, so wäre gewiß auch der ganze Winkel unsichtbar.

Johann. Ich begreife, es ist so, wie du sagst. Somit kann auch das Oberste und Unterste des Runden nicht gesehen werden, da es der gleiche Atom ist. In einer Sphäre oder dem Runden ist aber alles oben und unten. Es kann daher weder das Runde noch ein Teil desselben gesehen werden. Ich sage nicht, daß ein runder Gegenstand nicht sichtbar ist, aber die Rundheit selbst ist unsichtbar. Wenn der Sinn etwas rund heißt, so ist das nicht die wahre Rundheit. Ich glaube, du willst sagen: *Das Urteil des Sinnes über das Runde sei kein wahres.*

Kardinal. Das ist meine Absicht. Nur das Materielle ist sichtbar; die wahre Rundheit ist nicht im Materiellen zu finden, sondern nur ihr Abbild.

Johann. So ist denn keine Form wahrhaft in der Materie, sondern immer nur ein Abbild der wahren Form, da die wahre Form frei von allem Materiellen ist.

Kardinal. Obwohl du im platonischen Sinne wahr sprichst, so ist doch zwischen der Rundheit und einer andern Form ein Unterschied, weil die Rundheit, wenn es auch möglich wäre, daß sie materiell sich ausdrücke, dennoch nicht sichtbar wäre. Anders ist es bei den andern Formen, wenn sie materiell erscheinen; sie können alsdann gesehen werden, nicht aber die Rundheit. Denn nur Länge und Breite sind sichtbar. In dem Runden aber ist nichts lang und breit oder gerade, sondern sie ist ein von einem Punkte zum andern gezogenes Konvexum, dessen Höchstes überall ist, es ist ein Atom, der durch seine Kleinheit unsichtbar ist.

Johann. Sind nicht mehrere Atome, mehrere Höchste in der Rundheit und bilden eine gewisse konvexe Linie, die sichtbar ist, so daß ein Teil der Rundheit sichtbar wäre?

Kardinal. Das ist unmöglich, da in dem Runden alles das Höchste ist. Wenn der Atom das Höchste im Runden bildet, wo sollte das Auge anfangen, das Runde zu sehen? Nicht beim Atome, da dieser unsichtbar ist, und doch könnte das Auge nur bei dem Höchsten des Runden den Anfang damit machen, das Runde zu sehen. Müßte nicht das Auge vom Höchsten zum Höchsten den Blick richten?

Johann. Das müßte es allerdings, da im Runden nichts als das Höchste ist.

Kardinal. Nun ist aber das Höchste ein unsichtbarer Atom. Mercurius hat daher richtig gesagt, die Welt sei aus sich nicht sichtbar, weil sie rund ist, und nichts sieht man von ihr oder in ihr, als die in ihr enthaltenen Formen der Dinge.

Johann. Da die Rundheit der Welt materiell ist und durch ihren Anschluß an die Materie ein Abbild der (wahren) Rundheit, so kann das Abbild des Runden im Materiellen nicht gesehen werden.

Kardinal. Dieses Abbild des Runden nähert sich so sehr dem wahren Runden, daß es über den Gesichtskreis und alle Sinne hinausgeht.

Johann. Deshalb also sehen wir die Welt nicht, als insoweit wir in ihren Teilen die Formen der Dinge sehen; wären diese hinweg, so würden wir weder die Welt noch ihre Form sehen.

Kardinal. Richtig, denn die Gestalt der Welt ist eine unsichtbare Rundheit. Nimmt man demnach die sichtbaren Formen hinweg, so hat die ganze Welt nur ein Aussehen (vultus) – die Möglichkeit des Seins oder die unsichtbare Materie, in welcher die Gesamtheit der Dinge enthalten ist, und ganz philosophisch kann man zugeben, daß sie wegen ihrer Vollkommenheit die Rundheit sei.

Johann. Das geht über meinen Verstand, obwohl ich merke, daß du die Wahrheit redest. Es befremdet mich jedoch, daß in der Welt keine wahre Rundheit ist, sondern nur ein der Wahrheit sich annäherndes Abbild.

Kardinal. Wundere dich nicht! Denn da ein Rundes vollkommener als das andere ist, so gibt es nie ein Rundes, das die Rundheit selbst ist. Diese Regel ist gültig, weil wir in allem, was ein Mehr oder Weniger zuläßt, nicht auf ein schlechthin Größtes oder Kleinstes kommen ... Die Welt ist demnach in ihrer Rundheit unsichtbar, weil das, was sich von der Rundheit der Welt dem Auge darbietet, ein Atom ist.

Johann. Eine klare Auseinandersetzung! In wenigen Worten hast du mir vieles erläutert. Allein sage mir: Wie verstehst du das, die Rundheit der vollkommenen Welt sei ein Abbild, das immer vollkommener werden kann?

Kardinal. Ich weiß, daß die Rundheit eines Runden runder ist, als die eines andern. Man muß daher im Runden zu einem Runden von größter Rundheit gelangen, die nicht mehr größer sein kann, weil man nicht ins Unendliche so fortschreiten kann. Das ist die Rundheit der Welt; durch Partizipieren an ihr ist alles Runde rund. Allein, obgleich die Rundheit der Welt die größte ist, die *aktuell* nicht mehr größer sein kann, so ist sie doch nicht die absolute und wahrste Rundheit selbst, somit das Abbild von ihr. Im Kreise, der keinen Anfang und kein Ende hat, da kein Punkt in ihm ist, der mehr den Anfang als das Ende bildet, sehe ich das Bild der Trinität; somit ist auch die Rundheit das Bild der Ewigkeit, da sie dasselbe ist (wie der Kreis).

Johann. Ich stimme bei. Allein ich frage nun: Kann man die Welt nicht, so gut man sie rund nennt, auch ewig nennen; denn es scheint, daß, da die Ewigkeit und die absolute Rundheit das gleiche sind, auch das Ewige und Runde ein und dasselbe seien.

Kardinal. Ich glaube nicht, daß man bei richtigem Verständnisse nicht sagen könne, *die Welt sei ewig, wiewohl sie nicht die Ewigkeit ist.* Denn nur der Schöpfer des Alls ist in der Art ewig, daß er die Ewigkeit selbst ist; wird etwas anderes ewig genannt, so ist es dies nur durch Teilnehmen an der Ewigkeit. Die Ewigkeit geht allem Ewigen voraus, es sei denn jenes Ewige, das mit der Ewigkeit identisch ist. Es ist daher die Ewigkeit der Welt, da sie der Welt Ewigkeit ist, vor der gleichfalls ewigen Welt (aeternitas igitur mundi, cum sit mundi aeternitas, est ante mundum etiam aeternum). Von ihr hat die Welt, daß sie ewig ist, wie das Weiße von dem Weißsein es hat, daß es weiß ist. Da demnach die Ewigkeit der Welt das in sich hat, was die absolute Ewigkeit ist, so konstituiert sie die ewige Welt, d. i. die Welt, die nie ein Ende hat, oder beständig dauert (perpetuum), welche deshalb ewig genannt wird. Man konnte nie mit Wahrheit sagen: Die Ewigkeit ist, ohne daß es nicht auch wahr gewesen, zu sagen: Die Welt ist, wiewohl die Welt durch jene ist, was sie ist.

Johann. Wenn ich recht verstehe, *so kann es nur eine Welt geben, die ganz rund und ewig ist.*

Kardinal. Richtig aufgefaßt! denn da man in dem Runden notwendig auf ein aktuell Größtes kommen muß, wie im Warmen auf das Feuer als das Wärmste, so gibt es nur eine Welt, und diese hat soviel Rundheit, daß sie sich der ewigen Rundheit am meisten nähert, weshalb sie auch unsichtbar und ewig genannt werden kann, wie der Apostel Paulus sagt: »Das Unsichtbare ist ewig«; nicht als ob sie ewig genannt werde, weil sie ohne Anfang ist, sondern weil es nie mit Wahrheit gesagt werden konnte: Die Ewigkeit ist, ohne daß man nicht auch wahrhaft sagen konnte: Die Welt ist. *Denn die Welt hat nicht in der Zeit angefangen.* Denn nicht die Zeit ging der Welt voran, sondern allein die Ewigkeit. Auch die Zeit wird bisweilen ewig genannt, wie der Prophet von einer ewigen Zeit spricht, da doch die Zeit nicht ihren Anfang in der Zeit haben konnte. Der Zeit ging nicht die Zeit voran, sondern die Ewigkeit. Die Zeit wird deshalb ewig genannt, weil sie von der Ewigkeit ausschließt. So heißt auch die Welt ewig, weil sie aus der Ewigkeit, nicht aus der Zeit stammt. Indessen kommt der Welt die Benennung *ewig* mehr zu als der Zeit, weil *die Dauer der Welt nicht von der Zeit abhängt.* Hört auch die Bewegung des Himmels und die Zeit, die das Maß der Bewegung ist, auf, so hört darum die Welt nicht auf zu sein. Wäre aber die Welt nicht mehr, so wäre auch die Zeit aus. *Die Ewigkeit als Weltschöpferin ist Gott,* der alles nach seinem Willen gemacht hat (aeternitas igitur mundi creatrix Deus est, qui ut voluit cuncta fecit). Die Welt ist nämlich nicht so vollkommen erschaffen, daß Gott in ihrer Erschaffung alles, was er machen konnte, wirklich gemacht hätte, wiewohl die Welt so vollkommen, als sie es werden konnte, gemacht ist. Gott konnte eine vollkommenere und rundere Welt und ebenso eine unvollkommenere und weniger runde Welt machen, wiewohl sie so vollkommen, als sie sein konnte, gemacht ist. Sie wurde, was sie werden konnte, ihr Werdenkönnen ist geworden. (Hoc enim factus est, quod fieri potuit, et fieri posse ipsius factum est.) Aber dieses ihr gewordenes Werdenkönnen ist nicht das absolute Wirkenkönnen des allmächtigen Gottes (sed hoc fieri posse eius, quod factum est, non est ipsum facere posse absolutum omnipotentis Dei). Obwohl in Gott Werdenkönnen und Wirkenkönnen eines sind, so ist doch nicht das Werdenkönnen eines jeglichen Dinges identisch mit dem Wirkenkönnen Gottes. Hieraus erhellt, daß Gott die Welt nach seinem Willen erschaffen hat. Sie ist daher überaus vollkommen, weil sie ganz nach dem freien Willen des *gütigsten* Gottes erschaffen ist. Da man dies in meinen andern Schriften ausführlich lesen kann, so mag das Gesagte für jetzt genügen.

Johann. So kehre denn zu unserem Spiele zurück, und füge einiges über die Bewegung des Globus bei.

Kardinal. Es bleibt noch vieles zu sagen übrig; komme ich auf das eine oder andere, so werde ich es erwähnen. Fürs erste bemerke ich: Wenn ich den Globus von dem Punkte aus, wo man sich aufstellt, zu dem in der Mitte stehenden Zeichen des angegebenen Kreises werfe, so ist dies in einer geraden Linie nicht möglich. a sei der Standort, b d der Kreis, c sein Mittelpunkt, e der Globus.[1] Ich will nun von a nach c werfen, das kann nur durch eine solche Bewegungslinie geschehen, die keine gerade ist, welche Figur immer der Globus haben mag.

Johann. Wenn er kugelförmig wäre, so wäre wohl eine geradlinige Bewegung a c möglich. Denn ich sehe nicht ein, warum eine Kugel nicht durch a c sich bewegen und in c ruhen könnte.

Kardinal. Du wirst deinen Irrtum sogleich einsehen, wenn du erwägst, daß eine Linie gerader ist als die andere, und daß man daher nach dem vorhin Gesagten zu einer ganz präzis geraden Linie nicht komme. Es ist daher nicht möglich, daß auch die vollkommenste Kugel in einer präzis geraden Linie von a nach c gelange, mag auch der Boden ganz eben und die Kugel ganz rund sein. Denn eine solche Kugel würde die Ebene nur in einem Atom berühren. Sie würde nur eine unsichtbare Linie beschreiben und keineswegs die geradeste zwischen a und c und sie würde nie in c ruhen. Denn wie sollte sie über einem Atome ruhen? Vollkommen und so, daß das Oberste auch das Unterste und zwar ein Atom ist,

---

1 Die hier angegebene mathematische Figur fehlt im Text.

wird sie, einmal bewegt, nie aufhören, sich zu bewegen, da sie sich nicht verschieden verhalten kann. Was nämlich bewegt wird, würde nie ruhen, wenn es sich nicht zur einen Zeit anders verhielte als zur andern. Daher würde eine Kugel, einmal auf einer ebenen und gleichförmigen Fläche bewegt, sich bei stets gleichem Verhalten immerfort bewegen. Die Gestalt des Runden ist daher zur Fortdauer der Bewegung die passendste. Kommt zu dieser von Natur aus (naturaliter) die Bewegung, so wird diese nie aufhören. Wenn sie daher sich immer um sich selbst (super se) bewegt, so daß sie das Zentrum ihrer Bewegung ist, so bewegt sie sich beständig. Das ist die *natürliche Bewegung*, durch welche das Äußerste der Kugel ohne Kraftanwendung von außen (sine violentia) und Ermüdung sich bewegt, eine Bewegung, an der alles, was natürliche Bewegung hat, partizipiert.

Johann. Wie hat Gott die Bewegung dem Äußersten der Sphäre anerschaffen (concreavit)?

Kardinal. Ähnlich wie du die Bewegung des Globus hervorbringst (creas). Denn jene Sphäre wird nicht durch Gott, den Schöpfer, noch durch den Geist Gottes bewegt, wie auch der Globus nicht durch dich oder deinen Geist bewegt wird, wenn du ihn hinrollen siehst, wiewohl du ihn in Bewegung gesetzt hast, indem du durch einen Stoß der Hand, durch deinen Willen, ihm einen Anstoß gibst; solange dieser dauert, bewegt er sich.

Johann. Das läßt sich wohl auch von der Seele sagen, durch deren Sein im Körper dieser sich bewegt.

Kardinal. Es geht wohl kein näherliegendes Bild (exemplum), *um die Erschaffung der Seele*, durch welche die Bewegung im Menschen erfolgt, *zu begreifen.* Denn nicht Gott ist die Seele, noch bewegt der Geist Gottes den Menschen, sondern es ist in dir eine Bewegung, die sich selbst bewegt, wie die Platoniker sagen, geschaffen; dies ist die vernünftige Seele, die sich und dein ganzes Ich bewegt. (Creatus est in te motus, se ipsum movens, secundum Platonicos, qui est anima rationalis movens se et cuncta tua.)

Johann. Beleben ist Sache der Seele. Es ist also Bewegung.

Kardinal. Allerdings ist das Leben eine Art Bewegung.

Johann. Ich bin ganz damit einverstanden; denn durch dieses konkrete Beispiel sehe ich nun ein, daß viele in der Auffassung der Seele geirrt haben.

Kardinal. Beachte, daß die Bewegung des Globus abnimmt und aufhört, obwohl der Globus ganz und unversehrt bleibt, weil derselbe keine natürliche, sondern nur ein akzidentelle, durch Gewalt hervorgebrachte Bewegung hat. Die Bewegung hört daher auf, wenn der auf den Globus ausgeübte Anstoß nachläßt. Wäre aber der Globus vollkommen rund, so würde er, wie vorhin gesagt, weil einem solchen Globus die runde Bewegung natürlich und nicht gewaltsam beigebracht ist, nie ruhen. So hört die das Tier belebende Bewegung nie auf, den Körper zu beleben, solange dieser lebensfähig und gesund ist, weil sie eine natürliche ist. Und hört auch die belebende Bewegung im Tiere durch mangelnde Gesundheit des Körpers auf, so hört doch die Bewegung nicht in der vernünftigen menschlichen Seele auf, welche (Bewegung) sie auch ohne Körper hat und ausübt. *Es ist also jene sich selbst geistig bewegende Bewegung in sich ruhend* (in se subsistens) *und substantiell.* Eine nicht sich selbst bewegende Bewegung ist ein Akzidens, die sich selbst bewegende eine Substanz. Wessen Natur Bewegung ist, hat diese nicht als Akzidens, wie z. B. die Natur des Geistes (intellectus), der nicht Geist sein kann ohne geistige Bewegung, durch welche er in Aktivität tritt (per quem est actu). Die geistige Bewegung ist demnach eine substantielle, eine sich selbst bewegende. *Sie hört daher nie auf* (nunquam igitur deficit). Dagegen ist die Belebung (vivificatio) eine Lebensbewegung, die für den Körper akzidentiell ist, weil er nicht seiner Natur nach lebendig ist, denn auch ohne Leben ist der Körper ein wahrer Körper. Diese dem Körper akzidentielle Bewegung kann also aufhören, deshalb hört aber die substantielle, sich selbst bewegende Bewegung nicht auf. Denn seine Kraft, welche auch Geist (mens) genannt wird, verläßt den Körper, wenn sie aufhört, in ihm Leben zu spenden (vivificare), zu empfinden (sentire) und vorzustellen (imaginari). Übt sie auch diese Tätigkeiten im Körper nicht mehr aus, so existiert sie dennoch beständig, obgleich sie lokal vom Körper getrennt ist. Wenn jene Kraft auch in einen Raum begrenzt ist, so daß sie nur in diesem Raume ist, so nimmt sie doch nicht diesen Raum ein, da sie Geist ist. (Virtus enim illa, licet in loco circumscribatur, ut non sit nisi ibi, non tamen occupat locum, cum sit spiritus.) Durch ihre Anwesenheit wird nicht der Luftkreis geschieden (non distenditur aër) oder ein bestimmter Platz eingenommen (aut locus occupatur), so daß sie (nach dem Ausscheiden) weniger vom Raum des Körpers einnimmt als zuvor.

Johann. Diese Vergleichung des Globus mit dem Körper und seiner Bewegung mit der Seele gefällt mir ausnehmend. Der Mensch macht den Globus und dessen Bewegung, die er ihm durch einen Stoß gibt, und diese Bewegung ist unsichtbar, unteilbar, keinen Raum einnehmend, wie unsere Seele. Daß diese aber eine substantielle Bewegung ist, möchte ich noch besser einsehen.

Kardinal. Gott gibt (est dator) die Substanz, der Mensch das Akzidens oder die Ähnlichkeit der Substanz. Die Gestalt des Globus, die dem Holze durch den Menschen gegeben ist, ist der Substanz des Holzes beigegeben; so ist auch die Bewegung der substantiellen Form beigegeben, Gott aber ist der Schöpfer der Substanz. Vieles partizipiert an der Bewegung, um dadurch bewegt zu werden. Man kommt also auf eines, das durch sich bewegt wird: Dies hat die Bewegung nicht akzidentiell, durch Partizipieren, sondern aus seiner eigenen Wesenheit; das ist die vernünftige Seele, denn die Vernunft bewegt sich selbst. Um es noch deutlicher zu verstehen, beachte, daß in dem Runden die Angemessenheit zur Bewegung liegt; denn das Runde wird leichter bewegt. Wäre nun die Rundheit die größtmögliche, so würde sie durch sich selbst bewegt, sie wäre das Bewegende und Bewegliche zugleich. Die Bewegung also, welche Seele heißt, ist dem Körper anerschaffen (concreatus), nicht ihm von außen eingedrückt (non impressus ei) wie bei dem Globus, eine Bewegung aus sich (per se motus), mit dem Körper verbunden, so daß sie wieder von ihm getrennt werden kann, folglich Substanz.

Johann. Von jener Kraft, die du die vernünftige Seele nennst, wird daher auch mit Recht gesagt, *daß sie leide oder belohnt werde* (quod patiatur aut praemietur).

Kardinal. Das sei dir eine ausgemachte Wahrheit. Denn wie sie im Körper den körperlichen Affektionen unterliegt, so auch außerhalb des Körpers dem Zorne, Neide und andern Affekten (afflictionibus), da sie noch vom Schmutze des Körpers beschwert ist (gravata adhuc sorde corporea) und den Körper nicht vergessen hat. Sie leidet auch durch ein materielles, *zu diesem Zwecke zubereitetes* Feuer, so daß sie den Schmerz des Brennens empfindet. Durch *unser* Feuer könnte sie freilich nicht berührt (affligi) werden. Ebenso wird jene Kraft, die Seele, selig (salvatur), denn sie kommt in die Ruhe und leidet keine Qualen.

Johann. Ich sehe ein, daß du sagen willst: *Die Seele ist eine unkörperliche Substanz und die Kraft zu verschiedenen Fähigkeiten.* Sie ist die *Sinnenwahrnehmung* (sensualitas), sie ist das *Einbildungsvermögen* (ipsa est imaginatio), sie ist *Verstand* und *Vernunft* (ratio et intelligentia). Sinnenwahrnehmung und Einbildung übt sie im Körper aus, Verstand und Vernunft außerhalb des Körpers. Sinnenwahrnehmung, Einbildungskraft, Verstand und Vernunft haben eine und dieselbe Substanz, wiewohl der Sinn nicht Einbildung, Verstand oder Vernunft ist. Ebenso ist die Einbildungskraft nicht Verstand und Vernunft oder eines der andern Vermögen. Es sind verschiedene Auffassungsweisen in der Seele, von denen die eine nicht auch die andere sein kann. Das willst du wohl sagen.

Kardinal. Allerdings.

Johann. Es scheint auch deine Ansicht zu sein, daß die Seele im Körper zugleich an verschiedenen Orten ist.

Kardinal. Ja, denn da sie eine Kraft ist und in der wahren Philosophie in jedem Teile einer Kraft die ganze Kraft sich bewahrheitet (quaelibet pars virtutis de toto verificetur), so ist das Lebengebende der Seele – die Seele. Nun belebt aber die Seele verschiedene Glieder des Körpers, die an verschiedenen Orten sind. Folglich ist sie da, wo sie belebt. Es ist somit die ganze Substanz der Seele, solange sie im Körper ist, an verschiedenen Stellen. Solange sie aber außerhalb des Körpers ist, ist sie nicht an verschiedenen Orten, wie auch der Engel nicht, der nicht belebt. Im Körper also ist die ganze Seele in jedem Teile des Körpers, wie ihr Schöpfer in jedem Teile der Welt.

Johann. Zieht sich die Seele zurück, wenn der Finger angeschnitten wird?

Kardinal. Keineswegs, sondern sie hört auf, den Finger zu beleben. Sie zieht sich nicht zurück, weil sie nicht von einem Teile des Körpers zum andern übergeht, da sie zugleich in allen und jedem Teile ist.

Johann. Eines möchte ich noch fragen über die Bewegung der Seele. Da du sagst, die Seele bewege sich selbst: – In welcher Art von Bewegung bewegt sie sich beständig?

Kardinal. In keiner von allen sechs Arten von Bewegungen bewegt sie sich, ihre Bewegung ist eine äquivoke (aequivoce). *Die Seele bewegt sich selbst,* d.i. sie unterscheidet, abstrahiert, trennt und verbindet. Das Denken (ratiocinari) ist eine Kraft der Seele, folglich ist es auch die Seele (ratiocinari virtus est animae; igitur et anima). Einige Verstandeswahrheiten sind beständig und unveränderlich, wie daß vier nicht zwei sind, weil vier drei in sich fassen, nicht aber zwei. Das ist eine unveränderliche Verstandeswahrheit (ratio). Es ist also auch die Seele unveränderlich. Indem nun aber der Verstand im Denken diskursiv verfährt (discurrit), so ist gewiß dieses Diskursive verständig. Folglich wird der Verstand beim Denken aus sich (a se) bewegt. Die Seele hat ferner die Kraft in sich, neue Künste und Wissenschaften zu erfinden. Sie kann daher in dieser auf die Erfindung von Neuem hinzielenden Bewegung nur von sich selbst bewegt werden. Ebenso wird sie aus sich bewegt, indem sie sich allem Erkennbaren assimiliert (dum se facit similitudinem omnium cognoscibilium). Sie assimiliert sich durch den Sinn dem Sinnlichen, durch das Gesicht dem Sichtbaren, durch das Gehör dem Hörbaren etc. Daher sagt man, die Seele bestehe aus Gleichem und Entgegengesetztem (ex eodem et diverso), wegen ihrer Fähigkeiten, das Universelle und das Partikulare der Gegensätze zu erfassen, sie sei Individuum und Dividuum, weil sie sich dem Teilbaren und Veränderlichen konformiert. *Die Seele ist demnach jene Kraft, die sich allen Dingen konformieren kann;* sie macht sich zur Ursache der körperlichen Bewegung der Hand, des Fußes, allein nicht immer durch Selbstbestimmung (ex discretione); denn es gibt auch eine aus der Natur stammende Bewegung, wie die der Nerven und des Pulses. In den Knaben übt sie wegen der Zartheit des Alters diese Assimilation noch nicht aus, sondern erst nach den Jahren der Unterscheidung, wenn der Körper erstarkt und das Urteil erwacht ist (adiuncta discretione), hauptsächlich wenn Unterricht und Übung hinzukommt. Die Seele ist im Knabenalter noch ungebildet, hinsichtlich des Gebrauchs der Vernunft noch dem Naturleben unterworfen, und es soll erst ein kräftiger und vollkommener Mann werden. Das Ungebildete gelangt durch Unterricht und Übung zur Vollkommenheit. Man kann sagen, die Seele bewege sich auf zweifache Art: teils, indem sie sich zur Ursache der Bewegungen des Körpers macht, was sie auch im Schlafe tut, teils, indem sie sich den Dingen assimiliert, und dieses ihr Leben außerhalb des menschlichen Körpers scheint auch ein Sichbewegen zu sein. Die Seele hat daher ein wahreres Leben, indem sie sich aus sich bewegt, als der menschliche Leib, der durch die Seele bewegt wird.

Johann. Ich glaube daher, daß Gott in noch wahrerer Weise lebt, als die Seele.

Kardinal. Ganz richtig, nicht als ob Gott sich bewege oder den Dingen assimiliere, wie die Seele, wiewohl in ihm alles in einer gewissen Einfachheit ist, sondern weil er selbst das wahre Sein der Dinge ist und das Leben alles Lebens. Denn er sagt: »Ich bin die Auferstehung und das Leben«.

Johann. Was du vorhin über die Erfindung des Neuen gesagt, hat mir besonders gefallen, denn hier sieht man deutlich, daß die Seele sich selbst bewege. Ich wünsche, daß du diesen Punkt auf das Spiel anwendest.

Kardinal. Ich faßte den Gedanken, ein Weisheitsspiel zu erfinden, ich überlegte, wie dies auszuführen wäre, dann bestimmte ich die Ausführung so, wie du siehst. *Denken, Überlegen* und *Begriffbilden* (cogitatio, consideratio et terminatio) sind Kräfte unserer Seele. Kein Tier faßt den Gedanken, ein neues Spiel zu erfinden. Daher überlegt es nicht und bildet keinen Begriff. Dies sind Kräfte des lebenskräftigen Verstandes, der Seele heißt, und sind selbst lebenskräftig, weil sie ohne die Bewegung des lebenskräftigen Verstandes nicht bestehen könnten. In jenem Denken bemerkt jeder die Bewegung des verständigen Geistes, der erwägt, daß das Denken ein gewisses Sichhinundherwenden (discurrere) ist, ebenso das Überlegen und Begriffebilden, wobei der Körper keine Hilfe leistet. Es zieht sich daher die Seele soviel als möglich vom Körper zurück, um besser zu denken, zu überlegen und Begriffe zu bilden. Denn sie will ganz in ihrer Freiheit sein, um frei zu wirken. Diese freie Kraft, die wir die vernünftige Seele nennen, ist um so kräftiger, je unabhängiger sie von körperlichen Beschränkungen ist. Die Seele lebt daher nicht *mehr* in dem Körper als außer demselben, sie wird durch die Auflösung der Harmonie oder rechten Stimmung (temperamenti) des Körpers *nicht* aufgelöst, da sie nicht, wie die Gesundheit, von dieser richtigen Stimmung abhängt. Im Gegenteil, *diese Stimmung hängt von der Seele ab*; ohne sie gibt es keine gute Disposition des Körpers. Die Seele ist Leben, weil sie Verstand, die lebende Bewegung ist. Indem ich also denke, überlege und begreife, was ist dies anderes, als daß der verständige Geist, der die Denk-, Überlegungs- und Begriffe bildende Kraft ist, sich selbst bewegt? Indem ich die Begriffsbestimmung (determinationem) der Seele suche und frage: Was ist die Seele? so denke und überlege ich und finde, *die Seele bewege sich selbst kreisförmig*, weil ihre Bewegung in sich selbst zurückkehrt. *Denn wenn ich über das Denken nachdenke,* so ist dies eine kreisförmige, sich selbst bestimmende Bewegung. Eben deshalb ist die lebendige Bewegung der Seele eine beständig dauernde, weil sie kreisförmig, weil sie *Reflexion über sich selbst* (supra se ipsum reflexus) ist.

Johann. Ich verstehe dich, und es ist mir sehr angenehm, jene drei Kräfte der vernünftigen Seele vernommen zu haben, von denen keine die andere ist: Die erste ist das Denken, die zweite das Überlegen, die dritte das Begriffbilden. Das Denken erzeugt das Überlegen, das Begriffbilden geht aus beiden hervor; alle drei sind nur eine lebendige, sich selbst vollkommen bewegende Bewegung. Du erkennst hieraus, daß die vernünftige Kraft notwendig eine *dreieinige* sei, wenn sie vollkommen leben oder sich bewegen soll.

Kardinal. Setze noch hinzu, sie sei darum die vollkommenere, weil in ihr die unendliche und vollkommenste Kraft – Gott – sich mehr abspiegelt. Wie Gott ewig, so ist sie *beständig dauernd* (perpetua). Die beständige Dauer ist eine vollkommenere Abspiegelung der Ewigkeit, als das Zeitliche.

Johann. Ich will diesen Satz sehr gerne annehmen, aber auch eine mir sehr willkommene Wahrheit nicht hinweglassen.

Kardinal. Und diese wäre?

Johann. Gehört, wie du trefflich gezeigt hast, zur Vollkommenheit unseres Geistes notwendig, daß er dreieinig ist, so muß man alle für Ignoranten erklären, welche leugnen, daß Gott, der vollkommenste Geist, dreieinig ist.

Kardinal. Allerdings beweist es große Unwissenheit, von Gott nicht auszusagen, was zur Einfachheit und Vollkommenheit gehört. Je mehr nämlich die Einheit einigt, desto einfacher und vollkommener ist sie. Die dreieinige ist demnach vollkommen; denn sie ist in der Art einig, daß sie auch in drei Personen, deren jede eine Einheit ist, die Einheit bildet; sonst wäre sie nicht die vollkommenste Einheit. Denn es fehlte ihr, was zu ihrer vollkommensten Wesenheit erforderlich ist. Doch das ist höhere Art als die Gegenstände, die uns jetzt beschäftigen.

Johann. Wohl bedacht hast du es, als du sagtest, der Gedanke von diesem Spiele, die Überlegung und der Begriff desselben finden sich nicht bei den Tieren, wobei du wohl nicht leugnen willst, daß die Tiere im Nesterbauen, Jagen und anderem auch denken, überlegen und Begriffe bilden. Wie willst du nun beweisen, daß dies keine Verstandestätigkeit ist?

Kardinal. Sie haben nicht den freien Willen, den der Mensch hat. Als ich dieses Spiel erfand, dachte ich nach, überlegte und stellte den Begriff desselben fest, was ein anderer nicht dachte, überlegte und feststellte, weil jeder Mensch die Freiheit hat, zu denken, was er will, ebenso zu überlegen und in Begriffe zu fassen. Daher denken nicht alle dasselbe, weil jeder den eigenen freien Geist hat. Nicht so bei den Tieren. Der Instinkt treibt sie zu dem, was sie tun, und die gleiche Gattung treibt das Jagen und Nesterbauen auf die gleiche Weise.

Johann. Sie tun es aber doch nicht ohne Verstand.

Kardinal. Es waltet Verstand in der Natur (natura movetur intelligentia). Allein wie der Gesetzgeber, von vernünftigen Gründen geleitet, das Gesetz anordnet, wo dann nicht die ratio legis die Untertanen, denen diese verborgen bleibt, leitet, sondern der Befehl der Obern sie zwingt, so wird das Tier durch das Machtgebot der Natur, das ihm eine Nötigung ist, bestimmt, nicht durch Vernunftgründe, die es nicht kennt. Wir sehen daher von einer spezifischen Bewegung alle Tiere derselben Spezies wie von einem ihnen angeborenen Gesetze der Natur angetrieben und bewegt. Eine solche Nötigung fesselt nicht unsern Geist, der wie ein König und Kaiser frei waltet (hac coactione non stringitur spiritus noster regius et imperialis), sonst würde er nichts erfinden, sondern nur den Impuls der Natur vollziehen.

Johann. Da ich sehe, daß die Spinnen in ihren Geweben und Jagden, die Schwalben im Nesterbauen und so unzählige andere Tiere das gleiche Gesetz beobachten, so begreife ich wohl, daß alles in derselben Gattung einer Bewegung folge und diese von einem Impulse herrühre, ich gebe mich daher zufrieden.

Kardinal. Wenn du beachtest, daß wir einiges, was unsere tierische Natur fordert, naturgemäß (naturaliter) denken, überlegen und feststellen, anderes, was den Körper nicht, wohl aber den Geist berührt, in der oben genannten Weise, so erkennst du auf dem Wege der Erfahrung, daß wir im ersteren Falle frei bewegt werden, jedoch gemäß unserer sinnlichen und körperlichen Natur, im zweiten jedoch ganz frei, da das Freie sich selbst bewegt. *Die Natur kann unserm Geiste nie einen Zwang auferlegen, wohl aber der Geist der Natur,* wie man an dem Guten, der Enthaltsamkeit, Keuschheit und an dem Bösen sieht, wenn wir gegen die Natur sündigen, wenn Verzweifelte an sich selbst Hand anlegen und sich töten.

Johann. Eines wünschte ich noch deutlicher einzusehen: *das verschiedene Verhalten der Empfindungs- und der Vegetativkraft im Menschen und in den Tieren.* Du sagtest nämlich, es sei nur eine Substanz, und diese der Inbegriff vieler Kräfte: der vegetativen und was diese in sich faßt, der Wahrnehmungskraft und ihres Inhalts, auch der vernünftigen und was zu ihr gehört. Nun ist es ausgemacht, daß diese Substanz der Seele, da sie nicht vom Körper abhängt, für sich besteht (est per se stans), ohne den Körper, wiewohl sie andere Kräfte, die Wahrnehmungs- und Vegetativkraft, nicht ohne den Körper ausübt. Sie ist also außer dem Körper nicht von geringerer Kraft als in demselben, wenn auch die Ausübung der den Körper erfordernden Kräfte aufhört. Da aber die Seele des Tieres eine Substanz und Kraft ist, die den Körper erfordert, weil sie ohne Körper nicht ausgeübt wird, so scheint es, daß sie mit dem Aufhören des Körpers aufhört. Da sie aber eine Substanz ist, die im Menschen vernünftig ist und eine nicht abnehmende Kraft, so scheint auch sie nie aufzuhören; denn die Substanz ist nach Dionysius eine unzerstörliche Wesenheit; sie kann immerdauernd (perpetua) sein, weil sie in der Seele des Menschen immerdauernd ist.

Kardinal. Du gehst gründlich zu Werke, indem du nach dem Unterschiede der Empfindungs- und Vegetativkraft im Menschen und in den Tieren fragst. Fürs erste ist zu beachten, daß die Vegetativ-, die Empfindungs- und Einbildungskraft in der vernünftigen Kraft des Menschen, wie Aristoteles richtig bemerkte, so sind wie das Trigon in dem Tetragon. Das Trigon hat aber in dem Tetragon nicht seine Trigonform, sondern die des Tetragon. In den Tieren dagegen hat das Trigon die Form des Trigons. *Das Trigon ist somit von anderer Natur als das Tetragon.* So sind auch die Vegetativ-, die Empfindungs- und Einbildungskraft, welche das Trigon, welches Tierseele heißt, konstituieren, von geringerer (imperfectioris) Natur als im Menschen, wo sie in Vereinigung mit der edelsten und vollkommensten Kraft, der vernünftigen, das Tetragon, welches Menschenseele heißt, konstituieren. Denn das Niedere ist in dem Höhern *nach der Natur des Höhern.* So ist das Leben auf edlere Weise in der Empfindungs-, als in der Vegetativkraft, noch edler in der Vernunft, am edelsten in der göttlichen Natur, die das Leben alles Lebens ist. *Kein Wunder daher, wenn jene Kräfte im Trigon nicht von der Natur der Kräfte im Tetragon sind, wo sie in die substantielle Identität mit der unzerstörlichen, vernünftigen Kraft gelangen.* Denn wie die Vegetativ-, Empfindungs-, Einbildungs- und Vernunftkraft in der göttlichen Natur, welche die ewige Ewigkeit selbst ist, ewig sind, *so ist die Vegetativ-, Empfindungs- und Einbildungskraft in der vernünftigen Natur, die immerwährend ist, gleichfalls immerwährend.* Und obwohl jene Kräfte im Tiere nicht immerwährend sind kraft des Immerwährenden der vernünftigen Natur, so glaube ich doch nicht, daß an jenen Kräften infolge des verschiedenen Verhaltens des Körpers sich etwas substantiell verändere. Denn wie im Menschen, wenn auch seine Hand verdorret, die Substanz des Vegetativ- und Empfindungslebens nicht verdorret, sondern immer bleibt, weil die Kraft der Seele des Menschen unzerstörbar ist, wenn auch Vegetation und Empfindung in der Hand aufhört, *so geht vielleicht auch beim Tode des Tieres und dem Verdorren des Baumes jene Substanz, welche Empfindung oder Vegetation* (Wachstum) *genannt wird, nicht verloren* (non perit), wiewohl sie ihre Wirksamkeit nicht mehr wie früher ausübt.

Johann. Wie bleibt sie vorhanden?

Kardinal. Wir können nicht leugnen, daß der Mensch ein Mikrokosmos, d.i. eine Welt im Kleinen ist, der eine Seele hat. So lassen nun manche *auch die große Welt eine Seele haben,* welche einige Natur, andere *Weltseele* (spiritum universorum) nennen, die alles in sich nährt, eint, verbindet, hegt und bewegt. Jene Weltkraft, welche sich und alles bewegt (von der wir gesprochen), ist immerwährend, weil ihre Bewegung eine runde und kreisförmige ist, die jede andere Bewegung, wie der Kreis jede andere Figur, in sich begreift. Sehr viele nennen daher diese Seele auch das fest umschließende Band (necessitas complexionis), andere das Fatum der Substanz (fatum in substantia), weil sie alles in Ordnung entfaltet. Die ganze Körperwelt verhält sich zu dieser Seele wie der menschliche Körper zur Seele. Sie ist die Empfindung in den empfindenden Wesen, das Wachstum in dem, was wächst, das Elementare in den Elementen (anima ... elementativa in elementis). Hört sie auf, einen Baum wachsen oder ein Tier leben zu lassen, *so hört dieses deshalb noch nicht auf zu sein,* wie von der Seele des Menschen vorhin gezeigt wurde.

Johann. Die Seele eines Tieres oder Baumes ist demnach nicht eine andere als die eines andern?

Kardinal. Der Substanz nach muß dies nach unserer Auffassung zugegeben werden, denn es ist nur eine Seele von allen (quoniam non est nisi una omnium anima), allein *akzidentiell* sind alle verschieden. So ist die Sehkraft im Menschen substantiell vom Gehöre nicht verschieden, weil es die eine Seele ist, die die Kraft des Sehens und Hörens bildet, während akzidentiell eine Verschiedenheit stattfindet, da die Sehkraft im Auge, nicht im Ohre, und das eine Auge geeigneter zum Sehen ist als das andere.

Johann. Demnach kann man sagen, es gebe eine dreifache Welt: die kleine Welt – der Mensch, die größte – Gott, die große – das Universum. (Secundum hanc opinionem concedi potest, quod triplex est mundus: parvus, qui homo, maximus, qui est Deus, magnus, qui universum dicitur.) Die kleine Welt ist das Bild (similitudo) der großen, die große das Bild der größten. Allein ich bezweifle, ob der Mensch, da er die kleine Welt ist, auch ein Teil der großen ist.

Kardinal. Allerdings ist der Mensch in der Weise eine kleine Welt, daß er zugleich Teil der großen ist. In allen Teilen spiegelt sich das Ganze, da der Teil ein Teil des Ganzen ist. So spiegelt sich der ganze Mensch in der Hand ab, die eine richtige Proportion zum ganzen Menschen hat. Indessen spiegelt sich doch im Haupt die ganze Vollkommenheit des Menschen vollkommener ab. So spiegelt sich auch das Universum in jedem seiner Teile ab. Denn alles hat seine Angemessenheit und sein richtiges Verhältnis zum Universum. Gleichwohl spiegelt es sich in dem Teile, der Mensch heißt, besser ab als in jedem andern. Da nun die Vollkommenheit des Universums in seiner *Totalität* sich mehr im Menschen abspiegelt, *so ist auch der Mensch eine vollkommene Welt,* wenn schon eine kleine und ein Teil der großen Welt. Was demnach das Universum universell hat, hat auch der Mensch in partikulärer, eigentümlicher (proprie) und abgesonderter (discrete) Weise. Und da es nur ein Universum, wohl aber viel Partikulares und Abgesondertes geben kann, so tragen die vielen partikularen und abgesonderten Menschen die Gestalt und das Bild des einen vollkommenen Universums an sich, auf daß die sich gleichbleibende (stabilis) Einheit des großen Universums in der mannigfaltigsten Vielheit vieler kleiner wechselnder (fluidorum) Welten, die aufeinanderfolgen, um so vollkommener sich entfalte.

Johann. Wenn ich recht verstehe, so ist der Mensch, wie das Universum, ein großes Reich, auch ein Reich, wiewohl ein kleines in dem großen Reiche, wie das Königreich Böhmen im römischen Reiche oder im Kaisertum.

Kardinal. Ganz recht. Der Mensch ist ein Reich, ähnlich dem Reich des Universums, gegründet auf einen Teil des Universums. Solange er nämlich Embryo im Mutterleibe ist, ist er noch nicht ein besonderes Reich, sondern erst nach Erschaffung der vernünftigen Seele, die durch Schöpfung in ihn kommt (quae creando imponitur), wird er ein Reich, das seinen besondern König hat und Mensch heißt. Weicht die Seele von ihm, so hört er auf, Mensch und ein Reich zu sein. Der Körper kehrt, wie er vor der Ankunft der vernünftigen Seele dem allgemeinen Reiche, der großen Welt angehörte, in dieses wieder zurück, gleichwie Böhmen dem Reiche angehörte, bevor es einen besondern König hatte, und jenem wieder anheimfällt, wenn der besondere König aufhört. Der Mensch ist also unmittelbar seinem besondern König, der in ihm thront, untertan, mittelbar ist er dem Reiche der Welt unterworfen. Solange er aber noch keinen König hat oder wenn er zu sein aufgehört hat, ist er unmittelbar dem Reiche der Welt unterworfen. Im Embryo übt daher die Natur oder Weltseele wie in anderem, was Wachstum hat, die Kraft des Wachstums aus und setzt diese Funktion auch in einigen Toten fort, denen Haare und Nägel wachsen. Indessen habe ich, daß der Mensch ein besonderes Reich, frei und von edler Beschaffenheit sei, anderwärts ausführlicher erörtert. Es ist eine schöne Betrachtung, wie der Mensch durch Selbsterkenntnis in seinem, wenn auch kleinen Reiche alles reichlich ohne Mangel vorfindet, sich glücklich findet, wenn er nur will, und vollkommen zufrieden ist. Dies sei daher hier nur kurz berührt.

Johann. Laß es dich nicht verdrießen, zu dieser so schönen Entwicklung noch beizufügen, *wie die größte Welt – Gott – in dem Universum sich abspiegelt.*

Kardinal. Du verlangst Hohes, ich weiß nicht, ob ich genügen werde; doch will ich mir mittelst des Globus helfen, so gut ich kann. Der sichtbare Globus ist das Abbild des unsichtbaren, der im Geiste des Künstlers ist. Beachte nun wohl, daß der Geist die Kraft des Bildens und Gestaltens hat. Indem nämlich der Geist in sich die Fähigkeit hat, zu denken, was er will, besitzt er die Kunst, seinen Gedanken zu entfalten (pandendi conceptum), was wir die Kunst des Bildens (fingendi) nennen wollen, der sich die Töpfer, Bildhauer, Maler, Dreher, Zimmerleute, Weber und ähnliche Künstler widmen. Gesetzt nun, ein Töpfer wollte Häfen, Schüsseln und dgl., wovon er sich einen Begriff bildet, sichtbar darstellen, um als Meister erkannt zu werden, so verschafft er sich zuerst die Möglichkeit hierzu, d. i. er macht die Materie tauglich zur Aufnahme einer künstlerischen Form. Ist dies geschehen, so findet er, daß er ohne Bewegung die Möglichkeit nicht in Wirklichkeit umsetzen kann, auf daß sie die Form annimmt, die er sich gedacht hat; er macht ein Rad, durch dessen Bewegung er die von ihm zuvor erdachte Form aus der Möglichkeit der Materie herausarbeitet. Da eine Materie gefügiger als die andere ist, so kann keine Möglichkeit die vollkommenste sein. In keiner Materie kann daher die immaterielle geistige Form wahrhaft, wie sie an sich ist, abgebildet werden; jede sichtbare Form wird nur Abbild und Ähnlichkeit der wahren, unsichtbaren Form sein, die im Geiste der Geist selbst ist. So ist im Geiste des Drehers dieser Globus sein Geist selbst, und indem er seinen Gedanken sichtbar machen will, nimmt er Materie, hier Holz, da die geistige Form aufnehmen soll. Durch Drehen bringt er nun die Form in das Holz. Der Globus war also im Gedanken, und dort ist der vorbildliche Globus der Gedanke (mens); er war im Holze als Möglichkeit, und hier war er die Materie; er war endlich in der Bewegung, indem er aus der Möglichkeit zur Wirklichkeit gebracht wurde, und hier war er die Bewegung. Die Möglichkeit wurde Wirklichkeit durch Determinierung der Möglichkeit, welche nun in Wirklichkeit so determiniert ist, daß sie ein sichtbarer Globus ist. Aus diesem Bilde der menschlichen Kunst kannst du dir einigermaßen einen Begriff von der göttlichen schaffenden Kunst machen, wiewohl zwischen dem *Schaffen Gottes* und dem *Machen des Menschen* ein ebenso großer Unterschied ist als zwischen dem Schöpfer und Geschöpfe. Der göttliche Geist, der die Welt denkt, ein Gedanke, welcher der Geist selbst ist, gleich (aequalis) dem Gedanken, heißt die vorbildliche (archetypus) Welt. Nun wollte aber Gott die Schönheit seines Gedankens offenbaren. So schuf er denn die Möglichkeit oder das Werdenkönnen der schönen Welt und die Bewegung, durch welche sie aus der Möglichkeit heraus zur Wirklichkeit kommen sollte, in welcher die Möglichkeit, so wie es Gott wollte und wie es sein konnte, wirklich begrenzt wurde.

Johann. Verstehst du unter dem Werdenkönnen, der Möglichkeit oder Materie etwas, woraus die Welt gemacht ist, wie der Globus aus dem Holze?

Kardinal. Keineswegs, sondern nur den Übergang der Welt aus der Seinsweise, welche Möglichkeit, Werdenkönnen oder Materie genannt wird, in die Seinsweise des wirklichen (actu) Seins. Es wird nämlich nichts, was nicht werden konnte. Was unmöglich werden kann, wie sollte dieses werden? Wäre die Materie etwas in Wirklichkeit (aliquid actu), so wäre sie entweder die Ewigkeit selbst oder ein Geschöpf der Ewigkeit (aeternitatis factura). Nun kann sie aber nicht die Ewigkeit sein, denn die Ewigkeit ist Gott, der alles das ist, was sein kann. So ist die Materie nicht, denn sie ist die Möglichkeit, das Werdenkönnen oder die Veränderbarkeit (variabilitas). Sie ist aber auch nicht ein Geschöpf der Ewigkeit; denn wäre sie gemacht worden, so hätte sie werden können und so wäre das Werdenkönnen oder die Materie aus der Materie d. i. aus sich selbst gemacht, was unmöglich ist. *Folglich ist die Materie nicht etwas Wirkliches.* Wohl aber sagt man, die Sache, welche wird, werde aus der Materie, weil sie werden konnte. *Der göttliche Geist wäre nicht allmächtig, wenn er nur aus Etwas etwas machen könnte,* was der nicht allmächtige erschaffene Geist täglich tut.

Johann. Du negierst nicht, daß das Werdenkönnen, obwohl es nicht irgendein Sein ist, doch etwas werden kann. Es ist also nicht durchaus nichts, da aus nichts nichts wird. Und da es nicht Gott ist, noch auch etwas in Wirklichkeit noch aus etwas, noch auch nichts, so ist es, was es auch sein mag, aus nichts; denn aus sich selbst kann es nicht sein, da es sich nicht aus nichts erschaffen kann. Es scheint also ein Geschöpf Gottes zu sein.

Kardinal. Die Folgerung ist ganz richtig. Dazu nötigt uns die gesunde Vernunft (viva ratio), wiewohl wir, wie die Sache zu denken sei, nicht einsehen. Denn wie der Begriff von Gott alle Begriffe übersteigt, so entzieht sich auch der Begriff der Materie jeglichem Begreifen.

Johann. Liegen die Formen in der Materie verborgen (latent), wie der Globus im Holze verborgen lag?

Kardinal. Mitnichten. Denn indem der Dreher den Globus dadurch macht, daß er Holzteile solange abschneidet, bis er auf die Gestalt des Globus kommt, geht die Möglichkeit, welche er im Holze hatte, indem er den Globus dem Globus in seinem Geiste gleich gestaltet, aus dem möglichen Sein in das wirkliche über. Die materielle Ursache hiervon ist das Holz, die wirkende (efficiens) der Künstler, die gestaltende (formalis) das Urbild im Geiste des Künstlers, das Endziel (causa finalis) der Künstler selbst, der um seiner selbst willen tätig war. Drei Ursachen finden sich also im Künstler selbst, die vierte ist die materiale. So ist auch Gott die dreifache Ursache (tricausalis): die schaffende, gestaltende und zielgebende für jede Kreatur und für die Materie selbst, welche etwas verursacht (quae causat aliquid), obwohl sie selbst nicht etwas ist. Allein ohne sie könnte das, was wird, nicht werden. Denn da das, was im Geiste Gottes ist, Gott – die Ewigkeit – ist, so kann offenbar das nicht werden und wird auch nicht, was nicht im Geiste und Gedanken Gottes ist. Die Wahrheit jedes Dinges, das wird, muß daher notwendig nichts anderes als das Urbild von ihr sein, das der Geist Gottes ist. Alles, was wird, ist daher das Abbild einer Urform (exemplaris formae); denn die Wahrheit des Abbildes ist nicht das Abbild, sondern das Urbild. Wenn also alles, was wird, nicht die Wahrheit ist, sondern nur ihr Abbild, so muß, was wird, da es von der sich gleichbleibenden Ewigkeit herabkommt, in dem veränderlichen Subjekte aufgenommen werden, wo es nicht so, wie es in der Ewigkeit ist, sondern wie es werden kann, aufgenommen wird.

Johann. Wenn ich alles recht verstehe, so ist alles in Gott und in ihm die Wahrheit, die kein Mehr noch Weniger ist. In ihm ist alles complicite und unentwickelt, wie der Kreis im Punkte. Alles ist in der

Bewegung, aber in ihr ist es in seiner Entwicklung. Alles ist im Werdenkönnen, wie der Kreis in der Materie, die zu einem Kreise gebildet werden *kann*. Alles ist in der bestimmt begrenzten Möglichkeit, wie der wirklich beschriebene Kreis.

Kardinal. Du hast diese Punkte ziemlich summarisch zusammengefaßt, die, ich weiß nicht wie, außerhalb des Themas in unser Gespräch hereingekommen sind. Kehren wir daher zu unserm Spiele zurück; ich will, was ich noch im Auge habe, so kurz als möglich mitteilen.

Johann. Sähe ich nicht, daß du reichlich und über unser Erwarten und befriedigt und uns eine Belehrung, die zu tiefem Nachdenken führt, gegeben hast, so würde ich bei unserer großen Lernbegierde dich, obwohl du ermüdet bist, inständig bitten, das Begonnene in ausführlichen Abhandlungen weiterzuführen. Doch verfahre nun nach Belieben, wir werden deine Schriften aufsuchen, die, wie wir hoffen, reich an solchen Höhepunkten der Spekulation sind (quos his apicibus refertos speramus).

Kardinal. Ich glaube, daß ich dieses und anderes öfters mündlich und schriftlich erörtert habe, vielleicht besser als jetzt, wo meine Kräfte mehr nachlassen und das Gedächtnis nur langsam seine Dienste tut. Meine Absicht war, diesem neuen Spiele, das jedermann leicht versteht und gerne spielt, dem aber ein sicheres Verfahren fehlte, eine meinem Vorhaben entsprechende Einrichtung zu geben. Ich bezeichnete den Standpunkt zum Werfen des Globus und einen Kreis in der Mitte einer ebenen Fläche. Mitten im Kreise ist der Sitz des Königs, dessen Reich das Reich des Lebens ist, eingeschlossen in den Kreis, der noch neun andere Kreise in sich faßt. Die Regel des Spiels ist nun die: Der Globus muß innerhalb des Kreises zur Ruhe kommen; je näher dem Zentrum er ruht, desto mehr gewinnt er nach der Zahl des Kreises, in dem er zur Ruhe kommt. Wer am schnellsten es auf 34 – die Zahl der Jahre Christi – bringt, ist Sieger. Dieses Spiel nun bezeichnet die Bewegung unserer Seele aus ihrem Reiche in das Reich des Lebens, in dem Ruhe und ewige Seligkeit ist, in dessen Zentrum unser König, der Spender des Lebens, Jesus Christus, thront. Da er uns gleich war, bewegte er den Globus seiner Person dergestalt, daß er in der Mitte des Lebens ruhte, uns ein Beispiel hinterlassend, daß auch wir es machen wie er. Unser Globus folge dem seinigen, wiewohl es unmöglich ist, daß ein anderer Globus in demselben Zentrum des Lebens, in dem der Globus Christi ruht, zur Ruhe gelange. Innerhalb des Kreises sind nämlich unendlich viele Orte des Stillstehens. Jeder einzelne kommt an dem ihm eignenden Punkte, den nie ein anderer erreichen kann, zur Ruhe. Keine zwei Globi sind vollkommen gleich weit vom Zentrum entfernt, sondern einer mehr, der andere weniger. Jeder Christ muß nun bedenken, daß einige keine Hoffnung auf das andere Leben haben; es sind die, welche ihren Globus nur im Irdischen bewegen. Andere haben die Hoffnung auf Glückseligkeit, allein mit ihren eigenen Kräften und Gesetzen, ohne Christus, streben sie zu jenem Leben zu gelangen. Diese folgen nur ihrem Globus; mittelst ihrer eigenen Geisteskräfte und den Lehren ihrer Propheten und Lehrmeister nehmen sie einen Anlauf in die Höhe (ii globum suum sequendo ingenii vires et suorum prophetarum et magistrorum praecepta ad alta currere faciunt), aber ins Reich des Lebens gelangen sie nicht. Endlich gibt es solche, welche den Weg, den Christus, der eingeborne Sohn Gottes, gelehrt und betreten hat, einschlagen. Diese wenden sich der Mitte zu, zum Throne des Königs der Tugenden, des Mittlers zwischen Gott und den Menschen. Den Fußstapfen Christi folgend, treiben sie ihren Globus zu mäßigem Laufe an (globum suum mediocri cursu impellunt). Sie allein erlangen eine Wohnstätte im Reiche des Lebens, denn nur der Sohn Gottes, der vom Himmel herabgestiegen, kannte den Weg des Lebens, den er den Gläubigen durch Wort und Tat geoffenbart hat.

Johann. Du sagst: den Gläubigen. Wer sind diese?

Kardinal. Wer an den Sohn Gottes glaubt und daß das Evangelium durch ihn verkündet sei, der hat über die Wahrheit des Evangeliums Gewißheit, weil der Sohn Gottes nicht lügt. Er zieht daher die Verheißungen des Evangeliums diesem Leben vor. Er freut sich, hier zu sterben, um mit Christus in das ewige Leben einzugehen. Sterben muß man jedenfalls. Aber Sterben für den Glauben an den Sohn Gottes hat die Vergeltung des ewigen Lebens. Denn wie sollte Gott, der so gerecht und barmherzig ist, den treuen Glauben des für Gottes Ehre Sterbenden nicht vergelten? und welche andere Vergeltung sollte er geben, als die des Lebens dem, der für ihn das Leben gegeben hat? Ist Gott weniger edelmütig als ein Edelmann, der die Treue seiner Dienstmannen reichlich, bis zur Teilnahme an der Herrschaft, belohnt? Wenn daher ein Gläubiger für die Ehre des Sohnes selbst den ewigen Tod zu leiden sich entschlossen hätte, welche andere Vergeltung wird ihm zuteil werden als die des Lebens, mit der Gewißheit, daß er immer und ewig wahrhaft lebe und sich freue?

Johann. Sind das also keine wahren Christen, die nicht wie Christus für die Ehre Gottes sterben?

Kardinal. Der ist ein Christ, der die Ehre Christi dem eigenen Leben und der eigenen Ehre vorzieht, und zwar so, daß, wenn die Prüfung der Verfolgung über ihn kommt, er als Christ erfunden wird. In dem lebt Christus, und er selbst lebt nicht. Welt und Leben verachtet der, in dem durch den Glauben der Geist des Sohnes Gottes, Jesu Christi, ist, der der Welt abgestorben in Christus lebt.

Johann. Soviel ich sehe, ist es schwer, dem gekrümmten Globus eine solche Richtung zu geben, daß er dem Wege Christi folgt, in dem der Geist Gottes war, der ihn ins Zentrum und zum Quell des Lebens führte.

Kardinal. Es ist ganz leicht für den, der wahren Glauben hat, wie ich vorhin sagte. Der Globus deiner Person wird durch den Geist des *Glaubens* angetrieben, durch feste *Hoffnung* geleitet, durch *Liebe* an Christus gefesselt, der dich mit sich zum Leben führt. Für die Ungläubigen ist dies unmöglich.

Johann. Davon bin ich fest überzeugt: Wer nicht Christus, dem Sohne Gottes, glaubt, huldigt der Welt und hofft nicht auf ein besseres Leben; der Gläubige aber freut sich im Unglück, weil er weiß: Ein glorreicher Tod gibt mir das unsterbliche Leben. Allein es scheint kaum möglich, daß der, seiner Natur nach, nach unten geneigte Globus nicht bei der Bewegung eine schiefe Richtung nehme, der eine mehr als der andere.

Kardinal. Das ist eben das höchste Geheimnis dieses Spiels, daß wir lernen, die Senkungen und natürlichen Krümmungen durch eifrige Übung so zu überwinden, daß wir endlich nach vielen Schwankungen, unsichern Bewegungen und Krümmungen im Reiche des Lebens zur Ruhe kommen. Du siehst, daß der eine den Globus auf diese, der andere auf eine andere Weise antreibt, während der Globus selbst immer seine Kurvengestalt beibehält. Nach dem verschiedenen Anstoße ist auch seine Bewegung und zur Ruhe kommen verschieden, und bevor er zur Ruhe kommt, weiß man nie mit Sicherheit seinen Ruhepunkt anzugeben. Sieht nur einer, daß der von einem andern angetriebene Globus ganz nahe ans Zentrum gekommen, so will er es ihm nachmachen, versucht es wiederholt, und zuletzt gelingt es.

Johann. Jeder Globus ist von besonderer Art und anders gekrümmt. Es kann somit nicht einer dem andern folgen.

Kardinal. Allerdings, keiner kann in die Fußstapfen eines andern präzis eintreten, wohl aber muß jeder die Senkungen seines Globus – seine Leidenschaften – durch Übungen, die er mit sich vornimmt, überwinden. So geschult, suche er dann die Richtung zu treffen, bei der die Krümmung seines Globus kein Hindernis mehr findet, um in den Kreis des Lebens zu gelangen. *Das ist die mystische Bedeutung des Spiels: Durch eifrige Übung kann auch ein gekrümmter Globus eine so regelrechte Richtung bekommen, daß er nach unsicher sich hinwendender Bewegung im Reiche des Lebens zur Ruhe kommt.*

Johann. Ich kann nicht leugnen, daß sich der Globus nach dem verschiedenen Anstoß des Werfenden immer verschieden bewegen werde und daß der nämliche Globus von jemand beliebig geworfen werden kann, so daß, obwohl die krumme Richtung immer bleibt, doch seine Bewegung eine verschiedene ist. Da er jedoch nicht immer im Zentrum des Kreises, wohin ihn jeder Spieler bringen will, zur Ruhe kommt, und ein Spieler das eine Mal ihn nahe ans Zentrum bringt, das andere Mal, obwohl er dieselbe Absicht hat, weit vom Zentrum entfernt bleibt, so scheint mir, daß nicht bloß die Absicht des Spielers, sondern auch das *Glück* auf die Bewegung Einfluß hat.

Kardinal. Glück kann man nennen, was unabhängig von der Absicht sich ereignet, und da jeder Spieler nach dem Zentrum des Kreises zielt, so ist es nicht Glück, wenn er es trifft. Indessen steht es auch nicht in unserer Gewalt, daß unser Wille vollzogen wird (quod voluntas nostra perficiatur). Denn indem der Globus hinrollt, sehen wir aufmerksam zu, ob er ins Zentrum gelangt, und gerne möchten wir ihm, wenn es möglich wäre, zu Hilfe kommen, daß er endlich im Zentrum anlange. Weil wir ihm aber auf seinem Wege nicht mehr helfen können, wenn wir nicht zuvor ihm den nötigen Anstoß gegeben haben, so können wir mit unserer hintennach hinzukommenden Absicht den Lauf, den wir ihm gegeben, nicht lenken, gleichwie, wer von einem Berge herab zu laufen angefangen hat, im schnellen Laufe, auch wenn er will, sich nicht anhalten kann. Man muß daher auf den Anfang der Bewegung seine Aufmerksamkeit richten. Daher läßt eine schlechte Gewohnheit, die auch eine Bewegung ist, uns nicht zum Guthandeln kommen, wenn wir sie nicht aufgeben und durch eine gute Gewohnheit die Bewegung zur Tugend hin richten. Es dürfen daher die, welche ihrem Lebenslaufe eine schlechte Richtung geben, wenn sie auch während desselben Reue empfinden, keinem äußern Verhältnisse, das man Schicksal (fatum) oder Mißgeschick (mala fortuna) zu nennen pflegt, es zuschreiben, wenn sie ihren Lauf schlecht endigen, sondern nur *sich selbst*, die sich unüberlegt ins Verderben gestürzt haben. Du siehst deutlich, daß du den Globus, *wann und wie du willst, in Bewegung setzen kannst*, auch wenn eine Konstellation am Himmel dir sagte, der Globus müsse unbeweglich bleiben; der Einfluß dieser Konstellation wird deine Hand nicht hemmen, den Globus, wenn du willst, in Bewegung zu setzen. Denn das Reich eines jeden ist ein freies, wie auch das Reich des Universums, in dem auch die Himmel und Gestirne inbegriffen sind, die auch in der kleinen Welt, wiewohl in menschlicher Weise, sich vorfinden.

Johann. Demnach muß jeder auch das Unglück nur sich selbst zuschreiben.

Kardinal. Allerdings, im Gebiete des Sittlichen und in denjenigen Handlungen, die der Mensch als Mensch begeht. Niemand ist ein Sünder, als nur durch seine Schuld.

Johann. Warum nennt man aber das Schicksal allmächtig?

Kardinal. Das sagt ein Dichter, der wußte, daß dies die Lehre der Platoniker sei. Denn diese nennen das Schicksal (fortuna) die Ordnung und Einteilung aller Dinge nach ihrem besondern Sein, sie nennen es das fest umschließende Band (necessitatem complexionis), weil jener Anordnung nichts widerstehen kann. Diese heißt weder ungünstig noch günstig an sich, sondern nur in Bezug auf uns und nach der Entwicklung der Dinge, z. B. die Bestimmung und Anordnung, daß ein Mensch sei, womit gesagt wird, daß alles so geschehe, wie es zu geschehen pflegt, sonst würde ein Mensch nicht entstehen. Diese Notwendigkeit ist daher unvermeidlich, und nichts kann ihr widerstehen, insofern allmächtig.

Daß aber Sokrates und Plato wirklich verschiedene Menschen sind, das rührt nicht daher, daß das Schicksal oder die Anordnung der Dinge günstig oder ungünstig ist, sondern nur relativ wird dem einen von ihnen Glück zuteil im Verhältnis zum andern. *Allein weder dieses Schicksal noch die früher genannte Weltseele ordnet in unserem Reiche dasjenige an, was den Menschen betrifft.* Jeder Mensch hat den freien Willen, zu wollen oder nicht zu wollen; jeder erkennt Tugend und Laster, das Sittliche und Unsittliche, das Gerechte und Ungerechte, das Lob- und das Tadelswerte, das Ehrenvolle und das Entehrende; jeder weiß, daß man das Gute wählen, das Böse verwerfen müsse, denn er hat in sich den König und Richter. Da die Tiere von allem dem nichts wissen, so kommt es dem Menschen als Menschen zu. Diese eben erwähnten Tugenden bilden ein edles Reich, das weder dem Universum noch einer andern Kreatur unterworfen ist, nicht aber jene äußeren Glücksgüter, über die der Mensch nicht nach seinem freien Willen verfügen kann, weil sie nicht wie die genannten unsterblichen Güter dem Willen des Menschen unterworfen sind. Die unsterbliche Seele sucht und wählt sich mit freier Wahl die unsterblichen Tugenden, die ihrem Leben eine unsterbliche Nahrung geben, wie sich der Körper die ihm zusagende körperliche Nahrung sucht. Und wiewohl es unmöglich ist, solange der Globus in Bewegung ist, vorher zu wissen, in welchem Punkte er ruhen werde, und obwohl er nicht jedesmal im Kreise zur Ruhe kommt, weil er manchmal in den Kreis gelangt, so kann man doch durch Gewohnheit und beständige Übung mit ziemlicher Wahrscheinlichkeit vorherbestimmen, daß der Globus im Kreise seine Ruhe finden werde. Schwerer läßt sich sagen, in welcher Ordnung der abgesonderten Kreise, aber durchaus nicht, in welchem Punkte. Mit dem irdischen Menschen und seiner Wanderschaft hat der Globus mit seinem gewichtigen Körper, seiner der Erde sich zuneigenden Seite und der durch einen Menschen ihm gegebenen Bewegung manche Ähnlichkeit. Denn die menschliche Bewegung kann nicht in der geraden Richtung bleiben. Durch ihr irdisch gesinntes Wesen (propter terresteritatem) senkt sie sich schnell, unbeständig und wechselnd schwankt sie beständig. Gleichwohl kann sie durch Tugendübung ihre Bewegung im Kreise zum Ziele bringen, und einen guten und beharrlichen Willen unterstützt Gott, der in der

> Bewegung gesucht wird, und bringt ihn zur Vollendung (perficit bonam voluntatem). Denn er ist es, der den Gläubigen leitet (dirigit) und zur Vollkommenheit führt und der Ohnmacht des auf ihn Hoffenden durch seine allmächtige Güte aufhilft (et impotentiam in ipsum sperantis sua omnipotenti supplet clementia). Wenn daher der Christ alles, was in ihm ist, vollzieht (qui facit omnia, quae in ipso sunt), so wird er, wenn er gleich merkt, daß sein Globus eine unbeständige Bewegung habe, doch im Vertrauen auf Gott nicht zuschanden werden, weil Gott die nicht verläßt, die auf ihn hoffen.

Das ist das Geheimnis dieses Spiels, das ich nun in so kurzer Zeit hinlänglich erläutert habe. Du kannst aus diesem wenigen vieles dir entnehmen und in der Bewegung vorankommen, auf daß wir einmal vereint im Reiche des Lebens mit Christus unserm Könige glücklich den Ruhepunkt finden! Das möge der gewähren, der allein die Macht dazu hat und in Ewigkeit gepriesen sei. Amen.

Zweites Buch

Ein Gespräch zwischen dem jungen Albert, Herzog von Bayern,
und dem Kardinal Nicolaus

Albert. Es ist dir bekannt, mein Vater! daß ich in der frohen Hoffnung, unserem Papste Pius, dir und andern Kardinälen bekannt zu werden und mich weiter auszubilden, hierhergekommen bin. Als ich nun den erlauchten Herzog Johann, meinen lieben Vetter, in der Stadt antraf und nach den gemeinschaftlichen Besuchen bei unsern Freunden bemerkte, daß er die Schrift über das Globusspiel fleißig lese, so bewunderte ich sowohl das Spiel als die Schrift und bemühte mich, wenigstens einiges mit meinem noch jungen Verstande zu erfassen. Allein ich verstand die Erklärung der mystischen Bedeutung der Kreise in der Region des Lebens nicht. Ich bitte daher deine Güte, verachte nicht meine Unfähigkeit, ein solches Geheimnis zu erfassen. Reicher an Belehrung werde ich, was ich etwa von dir höre, bei mir wiederholen, und so mit Hilfe Gottes Fortschritte machen.

Kardinal. Es hat mich sehr gefreut, dich mit deinem Bruder Wolfgang bei mir zu sehen. Denn dein Vater Albert, der erlauchte Pfalzgraf und Herzog von Bayern, war mir viele Jahre mit besonderer Liebe zugetan und hat mir dies auch durch die Tat bewiesen. Zu sehen, daß der Vater in den erlauchten talentvollen und gebildeten Söhnen fortlebe, ist mir ein großes Vergnügen. Ich werde daher, was in meinen Kräften steht, gerne mitteilen. Über das Globusspiel wünschest du Aufschlüsse, die du vielleicht bei deiner Jugend nicht fassen kannst. Doch wirst du jedenfalls staunen und mit einem gewissen Eifer erhabene Wahrheiten in dich aufnehmen, die dich fähig machen, alles andere Wissen schneller zu erfassen; du mußt aber das Auge des Geistes auftun und den

Blick ganz in die Höhe richten, so daß du meine Worte mehr siehst als hörest.

Albert. Ich will das alles tun, soweit Anlage und Talent es erlauben.

Kardinal. Um das Geheimnis der Kreise zu verstehen, merke dir folgenden Satz: Es kann nichts größer oder kleiner sein als das, das in allem und in dem alles ist. Es ist daher das Urbild von allem.

Albert. Gut, ich habe diesen Satz meinem Gedächtnisse eingeprägt. Damit aber der Geist die Wahrheit einsehe, bedarf es einer Erklärung.

Kardinal. Wenige Worte werden genügen. Wie sollte etwas kleiner sein als das, das in allem, oder wie größer als das, in dem alles? Wenn also nichts von allem größer oder kleiner ist, so sind alle Dinge notwendig die Abbilder (exemplata) jenes einen Urbildes.

Albert. Das ist die kürzeste Erklärung, denn ich sehe ganz gut ein, daß, da das Abbild alles nur vom Urbilde hat, und es nur ein Urbild von allem gibt, das in allem und in dem alles ist, du mich zu einer Betrachtung hoher Dinge führst, indem du mir die Einheit des Urbildes aller verschiedenen Abbilder zeigst.

Kardinal. Du siehst also ein, daß das Abbild nicht sein könne, es sei denn in ihm das Urbild.

Albert. Ganz gewiß.

Kardinal. Allein wie existiert das Abbild, wenn es nicht in seinem Urbilde ist? Denn ist das Abbild außerhalb seines Urbildes, wie bleibt es dann noch Abbild?

Albert. Ich nehme keinen Anstand, dies zuzugeben. Das Abbild muß notwendig in seinem Urbilde enthalten sein, sonst wäre es kein wahres Abbild. Vollkommen sehe ich ein, daß das Urbild notwendig in dem Abbilde und das Abbild in dem Urbilde enthalten ist.

Kardinal. *Das Urbild ist also in allen Abbildern, und alle Abbilder sind in ihm.* Kein Abbild ist also kleiner oder größer als dasselbe. Somit sind alle Abbilder Abbilder des einen Urbildes.

Albert. Ganz richtig, ich begreife das.

Kardinal. Und es bedarf nicht wegen der Vielheit der Abbilder mehrerer Urbilder, da eines für unendliche viele genügt. Denn naturgemäß geht das Urbild dem Abbilde, aller Vielheit die Einheit voraus, welche das Urbild aller abbildlichen Vielheit ist. Wären nun mehrere Urbilder, so müßte die Vielheit der urbildlichen Einheit vorangehen. Jene mehreren Urbilder wären nicht die gleichmäßig ersten (aeque prima) Urbilder, sondern die Abbilder eines ersten Urbildes. Man kommt also immer wieder auf ein erstes Urbild, das in allen Abbildern und in dem alle Abbilder.

Albert. Du hast mir gezeigt, was ich zu sehen wünschte. Ohne Anstand sehe ich ein, daß die Einheit das Prinzip aller Vielheit ist; infolge hiervon erkenne ich die Einheit als das Urbild aller Abbilder.

Kardinal. Ich sagte, die Einheit sei das Urbild aller Zahlen oder aller Vielheit und Menge. *Denn in jeder Zahl siehst du die Einheit und jede Zahl siehst du in der Einheit enthalten.* Jede Zahl ist eins: der Zweier, Dreier, Zehner etc., jedes ist die Einzahl. Das wäre nicht möglich, wenn in ihr nicht die Einheit und sie nicht in der Einheit wäre.

Albert. Bisher beachtete ich dies nicht; ich glaubte, der Zehner sei größer als die Einheit und somit nicht in der Einheit enthalten. Jetzt sehe ich aber, daß der Denar, da er ein Denar ist, dieses nicht sein kann, außer er sei in der Einheit enthalten.

Kardinal. Du mußt aber auch darauf achten, daß die Einheit weder kleiner noch größer sein kann. Daß sie nicht kleiner ist, hast du soeben zugegeben; daß sie nicht größer ist, siehst du auch ein, wenn du beachtest, daß das, was größer als eines wäre, nicht eines wäre. So ist's beim Denar; er mag vermindert oder vergrößert sein, so ist er nicht mehr der Denar. Das hat alle Zahl von der Einheit, denn die Zahl ist das Abbild der Einheit als des Vorbilds.

Albert. Der Satz, den du vorausgeschickt hast, scheint der Schlüssel zum Verständnisse verborgener Wahrheiten zu sein, wenn der Forschende ihn recht anwendet.

Kardinal. Die Anwendung ist nicht schwer. Wenn ich eine Reihe von Fragen an dich richte, so wird schon die Frage dich zur Anschauung der Wahrheit hinführen, z.B. ich frage dich, ob du glaubst, daß alles, was du siehst, reale Existenz habe. Ich bin überzeugt, du wirst sagen: Alles dies hat seine Existenz.

Albert. Da es etwas ist, so muß es auch existieren.

Kardinal. Ist in dem, was existiert, das Sein selbst?

Albert. Allerdings, denn wenn in ihm nicht das Sein selbst wäre, wie könnte es existieren?

Kardinal. Existiert also nicht alles, was ist, in dem Sein selbst?

Albert. Außerhalb des Seins selbst würde es freilich nicht existieren.

Kardinal. Das Sein von allem ist also in allem, was existiert, und alles Existierende existiert in dem Sein selbst.

Albert. Es ist mir nichts gewisser, als daß das einfachste Sein von allem das Urbild alles Existierenden ist.

Kardinal. Das ist das absolute Sein, das wir als den Schöpfer von allem, was ist, glauben.

Albert. Wer sollte nicht einsehen, daß das, was du gesagt hast, sich wirklich so verhalte?

Kardinal. So siehst du in dem Beseelten die Seele und zugleich das Beseelte in der Seele, im Gerechten die Gerechtigkeit und ihn in der Gerechtigkeit, im Weißen das Weißsein und das Weiße im Weißsein, *überhaupt im Konkreten* (in contracto) *das Absolute und das Konkrete im Absoluten,* die Menschheit im Menschen und den Menschen in der Menschheit.

Albert. Ich begreife dies alles als notwendig, allein die Vorstellung (imaginatio) kann das Wie nicht fassen. Oder wer sollte es fassen, daß eines in dem andern ist und dies andere in demselben einen?

Kardinal. Dies ist deshalb nicht vorstellig (inimaginabile), weil die Vorstellung durch die Kategorie oder Quantität beschränkt ist. Was kein Quantum ist, erfaßt die Vorstellung nicht. Daß daher das Einschließende in dem Eingeschlossenen ist (continens in contento), versteht die Vorstellung nicht, indem sie sich einen Raum, der eine Quantität hat, vorstellt; sie meint, es sei, als wollte man sagen: Wenn jemand in einem Hause ist, so ist das Haus in ihm. Allein das Auge des Geistes, das auf das Erkennbare, das über die Vorstellung hinausgeht, hinschaut, kann den Satz nicht in Abrede stellen; denn es sieht in dem Sein selbst, das über die Vorstellung hinausliegt, alles, auch die Vorstellung selbst, eingeschlossen, und wäre dies so vom Eingeschlossenen nicht wahr, so existierte es nicht.

Albert. Ich erkenne die Wahrheit dieses Satzes, und es fällt mir ein deutliches Beispiel hiervon ein. Was durch Sinn und Vorstellung erreicht wird, ist an der Substanz (circa substantiam) und heißt Akzidens. Würden die Akzidentien nicht in der Substanz enthalten sein (nisi continerentur per substantiam), so würden sie nicht bestehen. Was also die Akzidentien in sich schließt, muß in den Akzidentien sein und bestehen (substare), damit diese in ihm bestehen. Die Substanz der vernünftigen Natur (intelligibilis naturae), die über Sinn und Vorstellung hinausliegt, begreift also alle Akzidentien in sich und existiert in dem von ihr Inbegriffenen. Daß die Akzidentien an einem Subjekte d. i. an der Substanz sind, ist soviel, als daß die Substanz in den Akzidentien ist. Ganz besonders sehe ich das als wahr ein, daß die Akzidentien nicht an ihrem Subjekte, der Substanz, wie an einem bestimmten Orte sind, da der Ort selbst Akzidens, nicht Substanz ist.

Kardinal. Es freut mich, daß du einen gesunden Geistesblick hast. Wenn du unsere Gedanken auf die vernünftige Seele, welche die Substanz aller ihrer Kräfte und Fähigkeiten ist, ausdehnst, so siehst du, daß sie diese in sich enthalte und in allen ihren Kräften und Fähigkeiten enthalten sei.

Albert. Ich fange an Geschmack an diesem schmackhaften Wissen zu finden; ich werde mich in ihm üben, um Festigkeit darin zu erlangen. Doch damit ich dich nicht zu lange bei dieser für mich notwendigen Digression aufhalte, so fahre nun weiter, um zu deinem Ziele zu gelangen.

Kardinal. Nun wirst du, denk ich, diese Lebenskreise (des Globus) leicht verstehen. In jedem Lebenden muß Leben und der Lebende im Leben sein. Das Leben der nach Christus Gestalteten (vita Christiformium), d. i. aller derer, die in der Region der Lebenden sind, verhält sich also so, *daß das Leben, welches Christus ist, welcher sagt: »Ich bin das Leben«, in allen dort Lebenden ist und alle Lebenden in dem Leben sind, welches Christus ist. Es ist* somit *das Leben Christi das Urbild für alle dort Lebenden,* welche die Abbilder desselben sind.

Albert. Ich sehe wohl, daß der lebendige Christ sich so verhalte, wie du sagst: Es muß in ihm das Leben Christi und er in diesem Leben sein.

Kardinal. Abgebildet wird dieses Leben in der Region der Lebenden in der runden Figur, die du siehst, und indem alle Kreise das gleiche Zentrum haben, sind sie das Bild des Runden. Das Runde ist das Kreisförmige, die Bewegung des immerwährenden und unendlichen Lebens. In jedem Runden muß die Rundheit sein, durch die es eben rund ist. Wie es nun weder eine Kenntnis noch Wesenheit des Runden oder Immerwährenden (perpetui) geben kann, außer im Zentrum, um das sich die immerwährende Bewegung dreht, so daß ohne das Zentrum eine immerwährende

Dauer und eine Bewegung des immerwährenden Lebens, die auf dem gleichen Verhältnis zur Identität des Zentrums beruht, weder sein noch erkannt werden kann, so verhält sich auch das Zentrum, welches Christus ist, zu allen kreisförmigen Bewegungen. Die Kreise bezeichnen die Bewegung des Lebens. Die lebensreicheren Bewegungen (vivaciores motus) werden durch die dem Lebenszentrum näheren Kreise bezeichnet. Denn das Lebenszentrum selbst ist der Art, daß es weder größer noch kleiner sein kann. In ihm ist die Lebensbewegung, die außer ihm nicht ist. Denn eine Lebensbewegung, in der nicht das Leben ist, ist keine wahre Lebensbewegung. Die kreisförmige und zentrale Bewegung ist das Leben der Lebenden. Je näher nun der Kreis dem Zentrum ist, desto schneller ist seine Kreisbewegung. Folglich kann der Kreis, der mit dem Zentrum zusammenfällt, im Augenblick (in nunc instanti) sich umdrehen; die Bewegung ist demnach hier eine unendliche. Nun ist aber das Zentrum ein fixer Punkt; *die Bewegung ist daher die größte oder unendliche und zugleich die kleinste da, wo Zentrum und Umkreis identisch sind.* Wir nennen dies das *ewige Leben*, das in seiner fixen Ewigkeit alle mögliche Bewegung des Lebens in sich begreift.

Albert. Ich begreife, daß du sagen willst, der kleinere Umfang der Kreise bezeichne eine schnellere oder lebensvollere Lebensbewegung, weil sie dem Zentrum, dem Leben der Lebenden, näher ist. Doch sage mir: Warum hast du neun Kreise gezeichnet?

Kardinal. Wir wissen, daß einige in der vernünftigen Bewegung schnell, andere langsam sind, in verschiedenen Gradunterschieden, wie wir an der Verschiedenheit der Talente sehen. Einige haben eine solche Lebensfülle, daß sie ganz schnell sich bewegen; andere sind langsamer, sie machen in keinem Stücke Fortschritte. *Christus nun,* der das Leben ist, *ist auch die Weisheit und das schmackhafte Wissen* (sapida scientia). Die Weisheit, sofern sie schmackhaft ist, erweist sich als lebendiges Erfassen. Von dieser Art ist das vernünftige Erfassen der Weisheit oder des schmackhaften Wissens. *Daher will jede lebendige, vernünftige Bewegung den Grund ihres Lebens erkennen und in diesem Wissen unsterbliche Nahrung finden.* Gelangt sie nicht zu diesem Ziele, so lebt sie nicht, weil sie den Grund ihres Lebens nicht kennt. Der Spender des Lebens ist Gott; aber niemand kennt ihn, wenn ihn nicht Christus, der Sohn Gottes, bekannt macht (ostendit). Dieses Bekanntmachen vermag nur er; denn niemand kann den Vater als Vater bekanntmachen als der Sohn. Es ist aber nur ein Vater Christi und unser Vater, der die Ewigkeit selbst ist, der in allen Vätern ist und in dem alle Väter enthalten sind. Um noch deutlicher den, der den Vater bekanntmacht, zu erkennen, so beachte, daß er die Wahrheit ist. Denn er sagte, er sei der Weg und die Türe, das Leben und die Wahrheit. Ein zuverlässiges und wahres Bekanntmachen ist nur durch die Wahrheit möglich. Die Lüge, die dem Lügner und Verführer, dem Teufel, zugeschrieben wird, irrt und verirrt (errat et deviat). Die Kindschaft (filiatio) Gottes offenbart in Christus sich selbst, weil er die Wahrheit ist. *Wer Christus wahrhaftig erkennt, erkennt in ihm den Vater und ihn im Vater. Die Kreise bedeuten die Stufen der Erkenntnis* (gradus visionis). In jedem Kreise sieht man das allen gemeinsame Zentrum, doch näher in dem nähern, entfernter in dem entfernteren. Wer nicht in einem Kreise ist, kann das Zentrum, das man nur in einem Kreise sieht, nicht sehen, und ist somit außerhalb der Stufen der ewigen Anschauung. *Ohne Christus siehst du nicht das Leben der Lebenden, das Licht der vernünftigen Lichter.* In der Finsternis ist daher kein Leben: *Sehen heißt leben.* In der Ermangelung des Lichts kann man nichts sehen, wenn auch das Auge gesund ist. *Daher kann die Seele,* obwohl ihrer Natur nach unzerstörlich, *ohne das aufhellende Licht* (luce carens ostensiva), *das Christus ist, nichts sehen und nicht vernünftig leben.* Wie das physische Sehen, um wahr und lebendig zu sein, das sinnliche Licht braucht, so braucht das vernünftige Sehen (intellectualis visio) das vernünftige Licht der Wahrheit, um zu sehen und zu leben. Weil nun im Zehner sich alle Zahl abschließt, so habe ich das Aufsteigen (ins Reich des Lebens) durch neun Kreise, aus denen man in den zehnten, der so Kreis als Zentrum ist, gelangt, bezeichnet.

Albert. Wenn ich auch alles, was du gesagt hast, nicht vollständig begriffen habe, so habe ich doch die Wahrheit davon eingesehen. Nur das verstehe ich noch nicht, *wie,* da doch die Unendlichkeit des zentralen Lichts auf das Freigebigste ausströmt, *Grade entstehen können.*

Kardinal. Dieses Licht verbreitet sich nicht über äußere Räume wie das physische (corporea) Licht, das die ihm zunächst liegenden

Räume am hellsten beleuchtet. Es ist ein Licht, das, wie das Denken des Geistes, in keinen Raum eingeschlossen und durch kein Hindernis gehemmt wird. Was aber von ihm beleuchtet wird, muß verschiedener Art sein, weil vieles ohne Verschiedenheit[1] nicht Vieles wäre; denn es wäre sonst ein und dasselbe. Die Aufnahme des Lichts ist in den verschiedenen Geistern eine verschiedene, wie das eine physische Licht in verschiedenen Augen verschieden aufgenommen wird, in dem einen heller als in dem andern, nach der Fähigkeit des Auges, die bei verschiedenen Subjekten nicht eine gleiche sein kann. Es nehmen daher auch die Christusähnlichen (Christiformes) das Licht der Glorie zwar alle in hinreichendem Grade (sufficienter) auf, allein verschieden nach der Fähigkeit eines jeden. Wenn der Prediger des Evangeliums das eine Licht (der göttlichen Wahrheit) auf gleiche Weise in die Zuhörer ausströmen läßt, so wird es nicht von allem auf gleiche Weise aufgefaßt, da sie nicht von gleichem Geiste und Fassungskraft sind.

Albert. Da nur Selige (nemo nisi beatus) in der Region der Lebenden sind, und nur der selig ist, welcher hat, wonach er strebt, und die Ruhe alles Strebens einzig darin besteht, auf die beste und vollkommenste Weise das Zentrum des Lebens zu sehen, so fällt es mir auf, daß du in der Abbildung einige dem Zentrum näher kommen läßt, da doch die Entfernteren nicht auf eine bessere Weise, als es möglich ist, (das Zentrum des Lebens) erfassen.

Kardinal. Die ewige Seligkeit wird (gewöhnlich) in dem Bilde des Trinkens aus dem Quell des Lebens dargestellt; Sehen und Trinken ist hier ein und dasselbe. Es gibt nur eine lebendige Quelle durch die ganze Region der Lebenden, aus welcher jeder, soviel er Durst und Verlangen hat, trinkt. Es können aber unmöglich zwei gleichen Durst und gleiches Verlangen haben. Wenn daher gleich alle zur vollen Genüge (sufficientissime) trinken, soviel sie erlangen, so geschieht es doch nicht bei allen auf gleiche Weise, weil sie nicht auf gleiche Weise dürsten. Die Liebe macht uns dürsten, die in Verschiedenen verschieden ist. So verglich Christus das Himmelreich mit einem Hochzeitmahle, wo er selbst einem jeden nach dessen Verlangen austeilt. Alle werden gesättigt nach

1 Im Texte steht: sine veritate; es muß, um den richtigen Sinn zu geben, notwendig *sine varietate* heißen.

dem Maße ihres Verlangens und Hungers, wiewohl die einen mehr, die andern weniger erhalten.

Albert. Dem stimme ich bei; ich sehe nun, daß es nicht bloß neun Kreise der Glorie gibt, sondern unzählige, da jeder der Seligen seinen eigenen Kreis hat.

Kardinal. Wiewohl es so ist, daß die ganze Breite des Reichs des Lebens vom Zentrum bis zur Peripherie sich ausdehnt und diese Breite wie eine Linie, die unendlich viele gleiche Linien vom Zentrum zur Peripherie in sich faßt, gehackt werden kann, wo das gemeinsame Zentrum aller und die Peripherie der einzelnen zusammenfallen (unumque sit commune omnium centrum et circumferentia singularum), so läßt sich doch jene unendliche Menge von Linien in *neun Grade* teilen, damit wir stufenweise durch das Gebiet jenes Reiches, das mit schönster Ordnung geziert ist, wo das gemeinsame Zentrum und die partikulare Peripherie eines sind, zu Christus hingeführt werden. *In ihm ist das gemeinsame Zentrum und die partikulare Peripherie der Kreatur Eines.* Denn Christus ist Gott und Mensch, Schöpfer und Geschöpf, von allen seligen Kreaturen ist er das Zentrum. Beachte hierbei wohl, daß seine Peripherie die Peripherienatur aller Peripherien, d. i. aller vernünftigen Naturen hat. Und da er in persönlicher Identität ist mit dem Zentrum von allem, dem Schöpfer, so finden alle Seligen, die durch die Peripherie der Kreise vorgestellt sind, in der Peripherie Christi, die der erschaffenen Natur ähnlich ist, ihre Ruhe und ihr Ziel, infolge der hypostatischen Vereinigung der Peripherie der erschaffenen Kreatur mit der unerschaffenen Natur. Hieraus siehst du, *daß Christus für alle, die selig werden wollen, so notwendig ist, daß ohne ihn niemand selig werden kann;* er ist der einzige Mittler, durch den man den Zugang zum wahren Leben (ad viventem vitam) erlangen kann.

Albert. Große und schöne Wahrheiten hast du da ausgesprochen; möchten doch die Gegner des Christentums sie beherzigen, dann würden sie schnell mit Christus und den Christen Frieden schließen! Da ich vorhin von Substanz und Akzidens gesprochen, so kommt mir der Gedanke, daß man wohl durch die neun beschriebenen Kreise ebenso zum Zentrum gelange wie durch die neun Akzidenzen zur Substanz.

Kardinal. Die Zahl ist ein Unterschied des einen vom andern, durch eins, zwei, drei und so fort bis zum Zehner, in dem es sich abschließt. Daher kommt auch alle Zahl mit dem Zehner zum Abschluß. So unterscheiden sich auch die Akzidenzen in neun ganz generelle Arten und tragen dadurch zur Erkenntnis der Wesenheit oder Substanz bei. Durch je eine hinzukommende Einheit entsteht zwei, drei, vier, fünf, sechs, sieben acht, neun. Hiermit ist die Zahl erschöpft, die in die Einheit des Denars sich zusammenschließt. Das Zählen ist ein Unterscheiden. Die Dinge unterscheiden sich hauptsächlich durch die Substanz, und die Substanz durch Quantität, Qualität und die übrigen Akzidenzen, die neun verschiedene Arten bilden. Um die vollständige Unterscheidung zu bezeichnen, deshalb gab ich der Figur diese Einteilung.

Albert. Ich habe gehört, auch die Engel unterscheiden sich in neun Chören.

Kardinal. Die Engel sind Intelligenzen, und weil sie verschieden sind, so müssen ihre Anschauungen als Intelligenzen (intelligentiales eorum visiones et discretiones) in Ordnungen und Stufen, vom untersten bis zum obersten (welcher Christus ist, der magni consilii angelus genannt wird) intellektuell unterschieden werden, wodurch sich drei Ordnungen und in jeder drei Chöre ergeben. Den Abschluß (der neun Stufen) bildet das Zentrum[1], gleichwie der Zehner der Abschluß der neun Einheiten ist. *Die erste Ordnung* ist mehr zentraler Natur (centralior est) und besteht aus solchen Intelligenzen, welche durch einfaches Schauen in das Zentrum oder allmächtige Urbild alles ohne Nacheinander, sei es der Zeit, sei es der Natur, und alles zumal (omnia simul) begreifen (comprehendunt), und der göttlichen Majestät assistieren, von der sie es haben, daß sie in dieser Weise alles sehen können. Denn gleichwie Gott aus sich die Unterscheidungskraft hat, daß er in seiner Einfachheit alles zumal anschaut, weil er die intelligente Ursache von allem ist, so verleiht er jenen assistierenden Geistern, daß sie in göttlicher Einfachheit alles wissen. Sie werden daher auch, obwohl sie erschaffen sind, ewig genannt, weil sie alles zu-

1 Der Text unserer Ausgabe: Et minus centrum est, gibt durchaus keinen Sinn; er scheint auch hier wieder korrupt zu sein. Ich vermute, daß statt minus zu lesen ist: *terminus*, was sowohl zum Vorausgehenden paßt, als auch durch die folgende Vergleichung: ut denarius *terminus* novem articulorum nahegelegt ist.

mal erfassen. *Die zweite Ordnung* der Intelligenzen erfaßt zwar alles zumal, allein nicht ohne das natürliche Nacheinander, d. i. in der Art, wie eines aus dem andern naturgemäß entsteht. Obwohl sie ohne das Nacheinander der Zeit erkennen, so haftet doch an ihrem Erkennen, weil sie in demselben an die natürliche Ordnung gebunden sind, eine gewisse Abschwächung. Sie heißen daher nicht ewig, wie die der ersten Ordnung, sondern immerwährend, weil sie in natürlicher Ordnung und Reihenfolge erkennen. *Die dritte Ordnung* ist die verstandesmäßige (rationalis); sie haben zwar ein sicheres Erfassen und Begreifen, erkennen aber doch minder vollkommen als die andern. Die erste Ordnung hat drei Chöre, die den göttlichen Willen in Gott, wiewohl in differenter Weise, anschauen, und ahmen sein Unterscheiden (eius discretionem) nach. Die drei intelligibeln Chöre erfassen den göttlichen Willen im Gebiete des Intelligibeln. Die drei rationalen Chöre schauen den göttlichen Willen im Gebiete des Intelligibeln. Es sind also neun Ordnungen, und Gott, der alles in sich umschließt und enthält, wird durch den Zehner abgebildet. Es hat somit jede der neun Ordnungen ihre ϑεοφανία oder Erscheinung der Gottheit, Gott selbst ist die zehnte, von der alle andern emanieren. Es gibt daher zehn verschiedene Arten von Unterschieden (discretionum): die göttliche, die als Zentrum abgebildet ist, die Ursache von allem, und neun andere, bestehend in den neun Chören der Engel. Es gibt nicht mehr Zahlen, somit auch nicht mehr Unterschiede. Daraus erhellt, warum ich das Reich des Lebens so abgebildet, das Zentrum als Sonnenlicht dargestellt und die drei nächsten Kreise feurig, drei andere ätherisch und drei gleichsam wässerig, die in das finstere Erdreich auslaufen, gezeichnet habe.

Albert. Da der Zehner alle Unterscheidung in sich faßt, warum schließt sich die Progression im *Quaternar* ab? Man spricht nur von vier Ursachen oder Gründen der Dinge, von vier Elementen, vier Jahreszeiten etc.

Kardinal. Wenn du von dem größten äußern Kreise bis zum kleinsten, innersten und zentralen zählst, in der Weise: einmal eins, dann zweimal eins, dann dreimal eins, zuletzt viermal eins, so endet der Quaternar im Zentrum. Du siehst also, daß ein, zwei, drei und vier zusammen zehn geben. Daher schließt sich die Progression im Quaternar ab, da es keine Unterscheidung oder Zahl gibt, die sich in ihm nicht findet. Doch siehst du nur eins in jeder Zahl. Eins kann nur eins sein. Mehrere sind nicht eins, wie du auch in allen Kreisen ein und dasselbe Wesen des Kreises siehst, obgleich die Peripherie des einen mehr als die des andern vom Zentrum entfernt ist. Das ist bei mehreren notwendig, da es unmöglich ist, daß mehrere Peripherien von demselben Zentrum gleich weit entfernt sind. Das Anderssein ist somit Folge der Vielheit. Obgleich daher in allem Seienden nur ein Sein ist und alles Seiende in diesem, das Gott ist, so daß zur Unterscheidung alles Seienden *als solchen* es nichts weiter bedarf als die Unterscheidung des einen Seins, so ist doch, da mit der Vielheit das Anderssein verbunden ist, zur Unterscheidung alles Seienden *als einer Vielheit* die genauer unterscheidende (discretior) Zahl des Andersseins notwendig, ohne welche das eine vom andern nicht unterschieden werden kann.

Albert. Gott erkennt also das Seiende (entia) nicht? Denn erkennen heißt unterscheiden, was ohne Zahl nicht möglich ist.

Kardinal. Das Erkennen Gottes ist Sein, das Sein Gottes ist Wesenheit; das Erkennen Gottes heißt soviel, als daß das göttliche Sein in allem Seienden ist. (Cognoscere Dei est esse, esse Dei est entitas; cognoscere Dei est, entitatem divinam in omnibus entibus esse.) Nicht so ist unser Geist in seinem Erkennen wie Gott, der erkennend erschafft und bildet. Unser Geist unterscheidet in seinem Erkennen das Erschaffene, um mit seiner Erkenntniskraft alles[1] zu umfassen. *Gleichwie Gott die Urbilder von allem in sich hat, um alles zu gestalten, so hat der Geist die Idee von allem in sich, um alles zu erkennen.* Gott ist die schaffende Kraft, vermöge welcher er sich alles begrifflich macht. Die Wahrheit ist demnach sein Objekt; wenn er seine Begriffe nach ihr bildet (cui suum conceptum si assimilat), so hat er alles als Erkenntnis, als Vernunftgebilde (entia rationis) in sich. Der Stein ist im Erkennen unseres Geistes nicht als ein reales Sein, sondern als ein Ding unseres Verstandes (ens rationis). Du siehst: Gott bedarf der Zahl nicht, um zu unterscheiden, aber unser Geist

1 Im Texte steht: ut sua notitiali virtute anima ambiat. Ist anima Subjekt des Satzes, so fehlt das Objekt. Überdies ist nicht abzusehen, warum Cusa, wenn er von unserm Geiste = mens als Erkenntniskraft spricht, plötzlich auf die anima, die ihm vorherrschend belebendes Prinzip des Körpers ist, übergehen und ihr die Erkenntniskraft zuschreiben sollte. Es wird daher, statt anima zu lesen sein: *omnia*, was den beiden: omnia im folgenden Satze entspricht.

vermag ohne Zahl das Anderssein und die Verschiedenheit der Dinge nicht zu unterscheiden.

Albert. Erschafft der Schöpfer nicht auch das Anderssein? Wenn dies, so unterscheidet auch er durch die Zahl, da er nichts erschafft, was er nicht erkennt, das Anderssein aber ohne Zahl nicht erkannt wird.

Kardinal. Alles erschafft Gott, auch das dem Anderssein Unterworfene (alterabilia), das Veränderliche und Zerstörbare, aber das Anderssein, die Veränderung und Zerstörung erschafft er nicht. Da er das Sein selbst ist, so schafft er nicht den Untergang, sondern das Sein. Daß die Dinge untergehen oder anders werden, haben sie nicht vom Schöpfer, sondern *zufällig* (sed sic contingit). Gott ist die die Materie hervorbringende Ursache; nicht Entziehung und Mangel, sondern Fülle (opportunitas) oder Möglichkeit, welcher der Mangel (carentia) folgt, schafft er, so daß es keine Fülle ohne Mangel gibt, welche zufälligerweise hinzukommt. *Folglich sind das Übel, das Sündigen-, Sterbe-* und *Anderswerdenkönnen nicht Geschöpfe Gottes, der das Sein ist.* Das Anderssein kann aus seiner Wesenheit sein, da in ihr kein Sein und sie in keinem Sein ist. Auch aus der Wesenheit des Binarius stammt das Anderssein nicht, obwohl sich daran, daß er Binarius ist, das Anderssein anschließt. Wenn von mehreren Kugeln, die in einem Wurfe auf eine ebene Fläche hingeworfen werden, keine ganz gleich mit der andern fortrollt oder ruhen bleibt, so rührt dieses Anderssein und Verschiedensein nicht von dem Werfenden her, sondern aus dem Zufall (ex contingenti), da es nicht möglich ist, daß sie sich gleich bewegen oder an derselben Stelle ruhen.

Albert. Ist es nicht Sache des Seins, zu vereinigen und zu verbinden?

Kardinal. Allerdings.

Albert. Was aber verbunden[1] werden soll, muß verschieden, anders und getrennt sein.

Kardinal. Obwohl Gott, der die Verbindung (nexus) ist, nicht die Ursache der Trennung ist, so ist er doch der Schöpfer alles Verschiedenen und Getrennten. Die Verbindung ist vor der Trennung, weil die Trennung die Vereinigung voraussetzt. Die Einheit, die das Sein ist, verbindet daher das Entgegengesetzte und Ge-

---

1 Es ist offenbar *connecti* statt des im Texte stehenden conjecti zu lesen.

trennte in einen harmonischen Einklang. Denn das Viele als solches hat kein Sein, außer sofern es verbunden ist. Die Verbindung geht aus der Einheit und Gleichheit hervor. Das Viele hat es also nicht von der Einheit oder dem Sein, daß es ein vielfaches Sein ist[1]. Allein da es nicht Vieles geben kann, außer im Anderssein und in Trennung, so ist das Viele, um in der Einheit zu bestehen, durch das Sein, das Gott ist, in einer Verbindung, welche aller Trennung vorausgeht, zusammengehalten. Bei genauerer Erwägung siehst du demnach, *das Sein sei die Einheit selbst, welche aus sich die Gleichheit erzeugt, aus der die Verbindung beider hervorgeht.* Die Gleichheit kann nur die Gleichheit verschiedener Hypostasen sein, vor allem Ungleichsein und Anderssein. Sehen wir daher auf die Vielheit der Kreaturen des einen Universums hin, so finden wir in ihnen eine Einheit, welche das Sein von allen ist, und die Gleichheit der Einheit. Denn alle haben das Sein auf gleiche Weise, da das eine Ding nicht mehr oder weniger ein Ding ist, als das andere. In allem und jedem Dinge ist die Totalität des Seins in der Gleichheit. Es sind daher auch alle Dinge zu einem Ganzen verbunden, weil in allen und jedem das Sein, die Gleichheit und die Verbindung ist, die aus der Einheit und Gleichheit hervorgeht. *So erkennst du die erste Ursache als eine,* weil sie die erste ist, *und als dreieinig,* weil sie Einheit, Gleichheit und Verbindung ist; wenn das nicht wirklich so wäre, so wäre die erste Ursache nicht das Sein des Seienden. *Gott muß also als Schöpfer dreieinig und einig sein.* Die Welt ist von ihm erschaffen, auf daß in ihr der Schöpfer als dreieinig und einig erkannt werde. Er wird *Vater* genannt, als Einheit = Sein, *Sohn* als Gleichheit der Einheit (denn die Einheit, das Sein erzeugt die Gleichheit, welche die Gleichheit des Seins ist), *heiliger Geist,* weil Verbindung oder Liebe der Einheit und Gleichheit, was ich anderwärts ausführlicher gezeigt habe.

Albert. Es ist gut, dies öfters zu wiederholen, weil es nützlich und etwas Seltenes ist, das ich, wie ich hoffe, später besser verstehen werde. Ich wende mich nun wieder zu dem ganz einfachen Zentrum und sehe, daß es Anfang, Mitte und Ende aller Kreise ist. Seine Einfachheit ist unteilbar und ewig, alles faßt es in seiner unteilbaren und vollständigsten Einheit in sich. Es ist der Anfang

1 quod *non* sunt esse plura; *non* muß, wie der Sinn erfordert, gestrichen werden.

der Gleichheit; denn wenn nicht alle Linien vom Zentrum zur Peripherie einander gleich sind, so ist es nicht das Zentrum des Kreises. Die Unteilbarkeit des Zentrums ist der einfache Anfang der Gleichheit, und wenn sich nicht die Einfachheit des Punktes mit der Gleichheit verbindet, so kann es nicht das Zentrum des Kreises sein, dessen Wesen in der gleichen Entfernung von der Peripherie besteht. So sehe ich in dem Zentralpunkte die Einheit, Gleichheit und die Verbindung beider.

Kardinal. Du dringst tief ein, und wenn du auf das Wort eines Weisen achtest, welcher sagte: Gott ist ein Kreis, dessen Zentrum überall ist, dann siehst du ein, daß, wie der Punkt in jedem Quantum überall sich findet, so auch Gott in *allem* ist. Es gibt jedoch deshalb nicht mehrere Punkte, weil unser Verstand den Punkt in einem Quantum überall findet. So gibt es auch nicht mehrere Götter, wenn gleich Gott in jedem einzelnen erkannt wird.

Albert. Das verstehe ich nicht ganz. Erkläre mir, daß der Punkt nicht in mehrere Punkte vervielfältigt ist, obgleich er in einem Quantum überall angetroffen wird.

Kardinal. Wenn du ein Papier mit Schriftzügen der Art erfülltest, daß du nichts als das Wort: »Eines« überall hingeschrieben. Das »Eines« ist durch das vervielfältigte Schreiben an mehreren Stellen nicht verändert und vervielfältigt worden.

Albert. Es ist sicher, daß ich das Niederschreiben des »Eines«, nicht das »Eines« selbst vervielfältigt habe.

Kardinal. So sieht der Verstand in allem Weißen das Weißsein, es ist deshalb letzteres nicht ein Vielfaches. In allen Atomen sieht er den Punkt, es sind deshalb aber nicht mehrere Punkte.[1] Noch deutlicher siehst du die Sache ein, wenn du erwägst, daß das einfachste Eine in sich die ganze Vielheit begreife und eben deshalb nicht zu vervielfältigen sei, da es selbst die Vervielfältigung alles Vielfachen, aller Menge ist. Daher erscheint es in jeder Vielheit; denn die Vielheit ist nur die Entfaltung der Einheit. Das gleiche gilt vom Punkte, der der Inbegriff (complicatio) der Größe ist.

Albert. Ich begreife, daß das so sei.

Kardinal. Öffne nun den Blick des Geistes, und du wirst konsequen-

---

1 Im Texte steht offenbar unrichtig: non tamen ideo *non* sunt plura puncta. Non vor sunt muß wegbleiben, wenn der Sinn nicht ins Gegenteil verkehrt werden soll.

terweise Gott in aller Vielheit finden, weil er in dem Einen ist, und in aller Größe, weil er im Punkte ist. Hieraus ergibt sich auch, daß die göttliche Einfachheit noch reiner (subtilior) ist als das Eine und der Punkt, denen sie die Kraft verleiht, Vielheit und Größe in sich zu fassen. Gott ist daher eine noch mehr kompakte Kraft (virtus magis complicativa) als Einheit und Punkt.

Albert. Allerdings ist die Einfachheit Gottes größer als die des Einen und des Punktes.

Kardinal. Folglich auch kompakter, denn die kompakte Kraft besteht in der Einfachheit; je mehr geeint, desto einfacher und kompakter. *Folglich ist Gott,* die größte Kraft, die es geben kann, *die am meisten geeinte und einfachste Kraft.* Er ist daher *auf das Höchste mächtig* (maxime potens) und *kompakt* (complicans); er ist das Kompakte alles Kompakten (igitur est complicatio complicationum).

Albert. Ganz richtig.

Kardinal. Gesetzt nun, ein Ding sei der Inbegriff aller existierenden Dinge, so ist es dir ganz ausgemacht, da kein Ding ist, es sei denn in ihm das Sein, daß *Gott* eben deshalb, weil das Sein in dem Seienden ist, in *Allem* ist. Und obwohl das Sein selbst in allem, was ist, erkannt wird, so ist doch nur ein Sein, wie vorhin vom Einen und dem Punkte gezeigt wurde. Der Satz: Gott ist in allem heißt nichts anderes, als daß das Sein in dem Seienden ist, welches alles in sich faßt. Das hat derjenige ganz richtig eingesehen, der sagte: Weil Gott ist, ist alles.

Albert. Ich würde mit diesem Schlusse einverstanden sein, wenn nicht das im Wege stünde, daß Gott von Ewigkeit ist, die Geschöpfe aber einen Anfang haben.

Kardinal. Du täuschest dich; du stellst dir vor, vor Erschaffung der Welt sei Gott gewesen, aber nicht die Geschöpfe. Beachtest du aber, daß man nie in Wahrheit sagen konnte, Gott sei gewesen, ohne daß nicht auch die Geschöpfe waren, so siehst du ein, *daß man nicht eigentlich sagen kann, Gott sei vor den Geschöpfen gewesen.* Denn daß etwas, da die Zeit noch nicht war, gewesen sei, ist unmöglich, da das Gewesensein eben die vergangene Zeit ist. Die Zeit ist ein Geschöpf der Ewigkeit, jene ist nicht die Ewigkeit, welche die Totalität und das Zumal ist; sie ist nur ihr Abbild, da sie ein Nacheinander ist.

Albert. Warum wird die Zeit das Abbild der Ewigkeit genannt?

Kardinal. Wir fassen die Ewigkeit nicht ohne Dauer, und die Dauer können wir uns nicht vorstellen ohne Nacheinander. Daher legt sich uns das Nacheinander als Zeitdauer nahe, wenn wir die Ewigkeit begreifen wollen. Allein unser Verstand sagt uns, daß die absolute Dauer, die Ewigkeit, naturgemäß der sukzessiven Dauer vorangehe. So erkennen wir in der sukzessiven Dauer wie im Abbilde die Dauer an sich.

Albert. Die Vorstellung unterstützt also doch den mit ihr verbundenen Verstand.

Kardinal. Es ist ganz sicher, daß das vernünftige Denken (intelligentem) aus Bildern und Vorstellungen der unzerstörbaren Welt philosophische Gedanken schöpfe (ex phantasmatibus incorruptibilium haurire speculationem.) Diese Bilder gibt uns die Einbildungskraft (imaginatio). Solche Bilder stehen dem die Wahrheit suchenden Verstande leichter zu Gebote (citius succurrunt). Würde unser Verstand nicht der Hilfe der Einbildungskraft bedürfen, um zur Wahrheit, welche über die Einbildungskraft hinaus liegt, und um die es ihm allein zu tun ist, zu gelangen, wie, wer über einen Graben springt, sich mit einem Stocke stützt, so wäre uns die Einbildungskraft nicht gegeben. Doch genug hiervon.

Albert. Du hast, wie ich höre, in andern Schriften ausführlicher dich hierüber verbreitet. Kehren wir nun zu der Kreisauslegung unsers Spiels zurück. Wenn noch ein Geheimnis darin enthalten ist, so sage es mir.

Kardinal. Es sind deren noch so viele, daß ich sie nicht alle vollständig ausführen kann. Wie von der hierarchischen Ordnung der guten Geister die Rede war, so wird der Denkende auch über die bösen abgefallenen Geister und deren Fall vieles finden. Von jeder Ordnung und jedem Chore sind einige Frevler abgefallen; ihr Fall bestand darin, aus der Gewißheit des Wissens in die Ungewißheit hinabgesunken zu sein (quorum casus est, a certitudine scientiae in incertitudinem[1] ruisse). Auch hinsichtlich der Unterscheidung der Himmel läßt sich einiges erbeuten (venari). Einige Heilige sprachen von einem sichtbaren, einem erkennbaren (intelligibile) und einem vernünftigen (intellectuale) Himmel und von drei Unterschieden in einem jeden, so daß die Neunzahl

---

1 Im Texte steht: in certitudinem, offenbar unrichtig, statt: in incertitudinem.

der Himmel im Zehner (wo der Thron Gottes über den Cherubim ist) zum Abschlusse kommt.

Albert. Ich zweifle nicht, daß die Zahl unterscheidet und daß im Zehner alle Zahl und Unterscheidung enthalten ist. Was aber vom Menschen gezählt und unterschieden wird, hat von der Unterscheidung nicht das Sein, sondern das Unterschiedensein; denn wäre es nicht, wie könnte es unterschieden sein? *Diese unterscheidende Kraft*, die nach der Sein setzenden ist, scheint mir ein schöner Stoff zum Besprechen. Gib mir deine Ansicht!

Kardinal. Ich will einiges berühren, um deinem edlen Verlangen zu entsprechen. *Jene Kraft zu unterscheiden heißt in uns Verstand* (rationalis anima).[1] Obwohl unsere Seele mit dem Gesichte das Sichtbare, mit dem Gehöre das Hörbare, überhaupt mit den Sinnen das sinnlich Wahrnehmbare erfaßt, so unterscheidet sie doch nur mit dem Verstande. Beim Hören erfassen wir mit dem Sinne die Stimmen (concinentes voces), allein die Unterschiede und das Zusammenstimmen messen wir durch den Verstand und den erlangten Unterricht. Die finden wir bei den Tieren nicht. Sie haben nicht die Fähigkeit für Zählen und für Proportion. Daher können sie nicht Musik lernen, wiewohl sie die Töne wie wir erfassen und der Einklang der Töne ihnen Ergötzen macht. Unsere Seele wird daher mit Recht verständig genannt, weil sie eine messende und zählende Kraft ist, die alles in sich faßt, ohne was eine genaue Unterscheidung nicht möglich ist. Indem das Gehör durch einen schönen harmonischen Einklang angenehm bewegt wird, hat der Verstand, indem er sieht, daß der Grund der Harmonie in ihm in Zahl und Proportion liege, den durch die Zahl vermittelten rationellen Unterricht über musikalischen Einklang erfunden. Die Seele scheint daher jene lebendige Einheit zu sein, die das Prinzip der Zahl ist, alle unterscheidende Zahl in sich faßt und aus sich die Zahl entfaltet, gleichsam der lebendige Funke des unterscheidenden Lichtes, das sich über das, was es unter-

---

1 Im Texte folgt hier der Satz: Ratio ne quidem discernit, ratiocinatio, supputatio et numeratio est. Auch hier ist der Text in den ersten Worten korrupt, die Herstellung des mutmaßlichen Textes jedoch schwieriger. Indessen da der Satz im Folgenden seine Erläuterung findet, so habe ich ihn in der Übersetzung ganz weggelassen. Es dürfte etwa zu lesen sein: Ratione quidem discernit ratiocinatio, supputatio et numeratio.

scheiden will, ausdehnt und von dem, was es nicht wissen will, zurückzieht, wie es denn auch den Gesichtssinn zu dem Sichtbaren, das es sehen will, hin und von dem Sichtbaren, das es nicht sehen will, wegwendet.

Albert. Das wünschte ich zu hören. Doch da du vorhin Gott die Einheit nanntest und jetzt die Seele eine Einheit nennst, so sage mir, wie ich dies zu denken habe.

Kardinal. Gott ist die Einheit, die zugleich das Sein ist (entitas) und alles dem Sein nach in sich faßt. Die vernünftige Seele ist eine Einheit, die alles, wie es gedacht oder unterschieden werden kann, in sich faßt. In der Einheit, die Gott ist, ist die Einheit der vernünftigen Seele enthalten, so daß sie das sein kann, was sie ist, d. h. daß sie als Seele alles ideal (notionaliter) in sich faßt. In der Einheit, die Gott ist, ist alles auch, sofern es gedacht werden kann, enthalten, da Einheit und Sein (entitas) in Gott eines ist. *Folglich sind in ihm auch Sein und Erkanntwerden eins. Allein die Einheit, welche die vernünftige Seele ist, ist nicht eines mit dem Sein selbst,* welches das Prinzip des Seins ist, durch welches auch die Seele das hat, was sie ist. Wohl sind die Einheit der Seele und ihr besonderes Sein Wechselbegriffe, nicht aber die Seele und das absolute Sein, weil auch die Einheit der Seele keine absolute ist, sondern der Seele eigentümlich, wie auch ihr Sein. *Die vernünftige Seele ist der Inbegriff der ganzen Gedankenwelt* (complicatio omnium rationalium complicationum). Sie faßt in sich den Begriff (complicatio) der Vielheit und den Begriff der Größe, d. i. den des Einen und des Punktes, denn ohne Vielheit und Größe gibt es keine Unterscheidung. Sie faßt in sich den Begriff der Bewegungen, und dieser Begriff heißt Ruhe; denn in aller Bewegung sieht man nichts als Ruhe. Die Bewegung geht von der Ruhe in die Ruhe. Sie faßt auch in sich den Begriff der Zeit; dieser Begriff ist das Jetzt oder die Gegenwart. In der Zeit finden wir nichts als ein beständiges Jetzt. Das Gleiche gilt von allen andern Begriffen: Die vernünftige Seele ist die Einfachheit aller Begriffe. Die subtilste Kraft der vernünftigen Seele erfaßt in ihrer Einfachheit alles Komplizierte, ohne was eine vollkommene Unterscheidung nicht möglich ist. Um die Vielheit zu unterscheiden, assimiliert sie sich der Einheit oder dem Inbegriff der Zahl, und entwickelt so aus sich den Zahlbegriff der Vielheit. Ebenso assimiliert sie sich dem Punkte, der der Begriff der Größe ist, um aus sich die Begriffe von Linie, Oberfläche und Körper zu entwickeln. Aus dem Begriffe beider zusammen, der Einheit und des Punktes, entwickelt sie die mathematischen Figuren, Kreise und Polygone, die ohne Vielheit und Größe zugleich nicht gedacht werden können. Sie assimiliert sich der Ruhe, um die Bewegung zu unterscheiden. Da alle diese Begriffe in ihr vereint sind, so vermag sie als der Begriff aller Begriffe alles zu unterscheiden und zu messen: Zeit, Bewegung, Felder und alles Quantum. Sie ist es, die die Arithmetik, Geometrie, Musik, Astronomie erfunden hat, weil alle diese Wissenschaften in ihrer Kraft enthalten sind. Da dieselben unvergänglich sind und immer in derselben Weise verbleiben, so erkennt die Seele hieraus, daß sie selbst unzerstörlich ist und immer fortdauert, weil diese Wissenschaften nur in ihr und ihrer Fähigkeit enthalten sind und durch sie erzeugt werden, so daß, wenn es keine vernünftige Seele gäbe, auch jene nicht existierten. Es sind daher auch die zehn Eigenschaften (praedicamenta), die fünf Universalien und alle logischen Bestimmungen, überhaupt was zu einem vollkommenen Begriff gehört, in der Begriffe bildenden Fähigkeit der Seele enthalten, sie mögen nun ein Sein außer dem Geiste haben oder nicht, da es ohne sie kein vollkommenes Unterscheiden und Begriffebilden gibt.

Albert. Wie befriedigt mich die Einsicht, daß die Zeit, das Maß der Bewegung, ohne die vernünftige Seele weder sein noch gedacht werden könne, da sie der Grund (ratio) oder die Zahl der Bewegung ist, und daß die Begriffe als solche aus der Seele stammen, welche die Schöpferin der Begriffe ist, wie Gott der Schöpfer des Seienden!

Kardinal. Die Seele erschafft durch ihre Erfindungskraft neue Werkzeuge zum Unterscheiden und Erkennen. So erfand Ptolemäus das Astrolabium, Orpheus die Leier etc. Nicht durch ein Äußeres erschufen die Erfinder diese Dinge, sondern durch ihren Geist. In der Materie verwirklichten sie ihren Begriff. So sind Jahre, Monate, Stunden vom Menschen ersonnene Werkzeuge des Zeitmaßes. *So ist die Zeit, als Maß der Bewegung, Werkzeug des messenden Verstandes.* Es hängt also nicht die verständige Seele (ratio animae) von der Zeit ab, sondern das verständige Maß der Bewegung, welches Zeit heißt, hängt von der verständigen Seele ab. *Die verstän-*

dige Seele ist daher auch nicht der Zeit unterworfen, sondern geht der Zeit vorher (ad tempus se habet anterioriter), wie das Sehen dem Auge; obgleich das Sehen des Auges bedarf, so kommt das Sehen doch nicht vom Auge her, da das Auge nur das Organ ist. So ist auch die vernünftige Seele, obwohl sie die Bewegung nicht ohne Zeit mißt, deshalb doch nicht der Zeit unterworfen, im Gegenteile, sie gebraucht die Zeit als Werkzeug und Organ, um die Bewegungen zu unterscheiden. Die Bewegung der unterscheidenden Seele kann daher durch keine Zeit gemessen werden, sie ist daher auch nicht durch die Zeit begrenzbar, folglich immerwährend.

Albert. Ich sehe auf das Klarste ein, daß die unterscheidende Bewegung der vernünftigen Seele, die alle Bewegung und Ruhe mittelst der Zeit mißt, nicht mit der Zeit gemessen werden kann. Künste und Wissenschaft, die durch die Zeit nicht zu verändern sind, was sind sie anderes als ein Verstandeswerk? Wer zweifelt noch, daß das Wesen (rationem) des Kreises über der Zeit ist und aller kreisförmigen Bewegung naturgemäß vorangehe, folglich von der Zeit ganz unabhängig sei? Wo anders sehen wir dieses Wesen des Kreises als in der vernünftigen Seele? Wenn also diese in sich selbst das Wesen des Kreises, das über der Zeit ist, sieht, so mag nun die verständige Seele der Verstand selbst oder (Sache von) Unterricht, Kunst oder Wissenschaft sein oder auch nicht, soviel ist gewiß, daß sie über der Zeit ist. Das ist mir Beweis genug davon, daß die verständige Seele zu keiner Zeit Schaden leiden oder untergehen kann. Wenn ich aber einen Menschen sehe, der keinen Verstand hat, sondern nur Sinnentätigkeit, so weiß ich nicht, ob seine Seele nicht wie die eines unvernünftigen Tieres anzusehen ist.

Kardinal. Die Seele des Menschen ist *Eines* und heißt vernünftig, wenn sie gleich mit den Tieren die Sinnentätigkeit gemeinsam hat. Wie ich mich erinnere, dem Herzog Johann in einem frühern Gespräche am Trigon und Tetragon gezeigt zu haben, so ist die Sinnentätigkeit im Menschen nicht die einer Tierseele, sondern einer vernünftigen Seele, was sich an dem Beispiele des Priesters Restitutus, von dem der heil. Augustin im 14. Buche seiner Schrift »de civitate Dei« redet, ganz deutlich gezeigt hat.

Albert. Wieso?

Kardinal. Augustin erzählt, daß dieser Priester Restitutus, wenn es ihm beliebte oder er von andern angegangen wurde, auf das Rufen eines scheinbar lamentierenden Menschen sich so seiner Sinnestätigkeit entäußern konnte und einem Toten ganz ähnlich da lag, daß er nicht nur das Zupfen und Stoßen anderer nicht im mindesten empfand, sondern bisweilen auch ohne alles Gefühl von Schmerz gebrannt wurde. Man bemerkte an ihm wie an einem Toten keinen Atem. Nur gab er nachher an, Stimmen von Menschen, die etwas laut sprachen, wie von ferne gehört zu haben. Dieser durch freien Willen hervorgebrachte Zustand beweist, daß die vernünftige Seele sich vom Körper dergestalt zurückgezogen habe, daß er keine Empfindung mehr hatte. Hieraus erhellt, daß die vernünftige und die empfindende Seele durch den freien Willen geschieden seien und daß die Vernunft über die Sinnentätigkeit herrschte. Die vernünftige Seele und das Empfindungsvermögen ist also im Menschen eine Einheit; wenn auch der volle Vernunftgebrauch im einzelnen Menschen nicht hervortritt, so ist deshalb die Seele doch nicht eine tierische. So wenn auch der Körper so dünn oder klein wäre, daß man ihn nicht leicht sehen oder berühren könnte, so hörte er deshalb nicht auf, Körper zu sein, da er sich nicht in einen Nicht-Körper auflösen ließe. Es ist auch nicht möglich, daß ein Mensch, der durch Mitteilung der vernünftigen Seele einmal einen Verstand hatte, später desselben ganz beraubt werden kann, wenn man gleich keinen Beweis von Verstand an ihm wahrnimmt. Denn die Entwicklung des Verstandes ist bei dem einen klarer, bei dem andern verworrener, sie kann daher nie eine kleinste sein, wenn sie gleich so klein ist, daß sie von andern nicht unterschieden werden kann. Dies erhellt aus dem Prinzip des gelehrten Nichtwissens, welches sagt, daß man bei allem, was ein Mehr oder Weniger zuläßt, nie auf ein absolut Größtes oder Kleinstes kommt.

Albert. Wenn der Blödsinn (stultitia), den man bei vielen Menschen antrifft, in uns Zweifel erregt, ob diese wohl Verstand haben, so scheint mir folgende Vergleichung geeignet, diesen Zweifel zu lösen. Einige haben unversehrte Augen, unterscheiden aber nichts. Sie entbehren nicht der Sehkraft, sondern deren Gebrauch, wozu eine bessere Disposition des Organs erforderlich wäre. Wie bisweilen das Auge eine bessere Disposition empfängt, was ein besseres Sehen zur Folge hat, so ist es auch mit dem Blödsinn. Dieser hört auf, sobald die Gesundheit des Organs eintritt, ohne welches kein Gebrauch des Verstandes möglich ist, er hört aber nicht auf, solange der Defekt des Organs nicht behoben ist. Das aber halte ich für ausgemacht, daß, gleichwie kein Auge in einer so schlechten Disposition ist, daß es nicht einiges Licht wahrnimmt, wenn es auch nichts unterscheidet, es sich ebenso mit dem Blödsinn verhält. Indessen bleiben in mir doch noch einige Anstände: Wenn die Seele die Ursache der körperlichen Bewegung ist, wie ist dies möglich ohne Veränderung? Und wenn die Seele durch Bewegung verändert wird, so ist sie ja zeitlich; denn alles, was verändert wird, ist unbeständig und kann nicht immerwährend sein.

Kardinal. Wir müssen sagen, die Seele bewege, werde aber nicht verändert, wie Aristoteles sagte, der (von allen) ersehnte Gott setze in Bewegung. Denn jenes von allen ersehnte Gut bleibt in sich unbeweglich und bewegt alles zu sich hin, was nach demselben ein Verlangen hat. Die vernünftige Seele sucht ihre Absicht auszuführen. Während diese ihre Absicht unverändert bleibt, bewegt sie Hände und Werkzeuge, indem der Bildhauer den Stein bearbeitet. *Die Absicht scheint in der Seele unbeweglich zu bleiben* und Körper und Werkzeuge in Bewegung zu setzen. So setzt auch die Natur (welche einige die Weltseele nennen), während sie selbst unbeweglich ist und die feste Absicht hat, den Willen des Schöpfers zu vollziehen, alles in Bewegung. Und der Schöpfer erschafft alles nach ewig unveränderlicher und unbeweglicher Absicht. Was ist aber die Absicht anderes als der Begriff oder das vernünftige Wort, in dem die Urbilder aller Dinge sind? Sie ist der Endzweck (finalis intentio), die Erkenntnis Gottes zu erwerben, d. h. im Begriffe das Gut in sich zu haben, nach dem alles strebt. *Nie ändert die vernünftige Seele als solche diesen Endzweck.* Es gibt indes auch noch andere, sekundäre (secundae) Absichten, die, sofern sie von jener ersten Absicht abweichen, sich verändern, während das erste Verlangen unverändert bleibt. Allein wegen der Veränderung dieser Absichten verändert sich nicht auch die vernünftige Seele, weil sie fest bei der ersten Absicht verharrt. Gerade die Unveränderlichkeit dieser ersten Absicht ist die Ursache der Veränderung der sekundären Absichten.

Albert. Mit wenigen Worten hast du mich zu der Einsicht gebracht, daß Gott und die vernünftige Seele durch die unveränderliche

Absicht, aus welcher und nach welcher sie wirken, alles schafft und bewegt. Kein Zweifel, daß, wenn die Absicht fest bleibt, Gott und die vernünftige Seele bewegen, nicht aber bewegt und verändert werden. Bei feststehender Absicht steht auch der Beabsichtigende fest, der durch die Absicht nicht bewegt wird. In Gott ist die Absicht nichts anderes als der beabsichtigende Gott. So ist auch in der vernünftigen Seele die Absicht nichts anderes als die beabsichtigende Seele. Was du von den sekundären Absichten gesagt hast, verdient eine besondere Beachtung und hebt viele Zweifel.

Kardinal. Will ich das Sichtbare sehen, so setze ich die Augen, will ich hören, die Ohren, will ich gehen, die Füße in Bewegung; überhaupt, will ich wahrnehmen, so setze ich die Einbildungskraft oder das Gedächtnis in Bewegung. Zu allem Körperlichen gelange ich also mittelst eines körperlichen Organs. Will ich mich aber zum Unkörperlichen hinwenden, so ziehe ich mich vom Körperlichen zurück, und zwar um so mehr, je richtiger ich jenes zu erforschen trachte. So wenn ich meine Seele sehen will, die kein Objekt des Gesichtssinns ist, so werde ich sie richtiger mit geschlossenen Augen erkennen. Sodann mache ich die Seele zum Werkzeuge, Unkörperliches zu sehen. Will ich die Wissenschaften erfassen, so wende ich mich an die Vernunfttätigkeit der Seele, Will ich Grund und Ursache aller Dinge erkennen, so wende ich mich an die vernünftige, einfachste und stärkste Kraft der Seele. die Seele sieht das Unkörperliche besser als das Körperliche, weil sie jenes sieht, indem sie in sich eingeht, dieses, indem sie aus sich herausgeht. In allen diesen Bestrebungen hat sie nur eine Absicht, den Grund von sich und allem durch Vernunfttätigkeit einzusehen und zu begreifen, um, indem sie diesen Grund in ihrer lebendigen Vernunft als vorhanden vorfindet, das höchste Gut, beständigen Frieden und Freude zu genießen. Denn was sucht das natürliche Verlangen der Vernunft nach Wissen anderes als Grund und Ursache von allem? Es ruht nicht, bis es ihn erkannt hat, und dies ist nur möglich, indem es dieses sein eigenstes Verlangen, d. i. die ewige Ursache der Vernunft, in sich mittelst dieser Vernunft erkennt und empfindet. (Rationalis enim spiritus, natura scire desiderans, quid aliud quaerit quam ominum causam et rationem? nec quiescit, nisi ipsam sciat, quod fieri nequit, nisi suum sciendi desiderium, scilicet rationis suae aeternam causam, in se, ipsa scilicet virtute rationali videat et sentiat.)

Albert. Eine große und unbestrittene Wahrheit! Da die vernünftige Seele das höchste Verlangen hat, zu unterscheiden und zu erkennen, so hat sie offenbar, wenn sie an dem Punkt angelangt ist, die Ursache dieses Verlangens in sich selbst, nämlich in ihrem Unterscheidungsvermögen, zu erkennen, in sich die Kenntnis dessen, der jenes Verlangen gegeben hat. Überhaupt kann sie nach nichts streben, was sie nicht in sich selbst erkennte. Denn was kann das Verlangen nach Wissen noch weiter verlangen, wenn das Verursachte die Wissenschaft seiner Ursache in sich erkennt? *Es besitzt ja den Grund und die Kunst der eigenen Erschaffung, und damit die Vollendung und Ergänzung jeglichen Wissensdrangs*, das höchste Glück und die höchste Wonne für die wißbegierige vernünftige Seele. Die Kenntnis aller zu erlernenden Künste zu besitzen heißt noch wenig im Vergleiche zu der Kunst, die die Schöpferin aller Künste ist. Nur das scheint mir schwierig, wie die wenn auch noch so vernünftige und gelehrige Kreatur jene schöpferische Kunst (creativam artem) erfassen kann, die nur Gott besitzt.

Kardinal. Die schöpferische Kunst, die die glückselige (felix) Seele erlangt, ist nicht jene Kunst im Wesensetzen (ars illa per essentiam), die nur Gott ist, sondern die Mitteilung und das Teilnehmen an derselben.

Albert. Das gefällt mir, da die heil. Schrift vom Sohne Gottes sagt: »Wenn er in seiner Herrlichkeit erscheint, werden wir ihm ähnlich sein«, sie sagt nicht: Wir werden er selbst sein. Doch da du von dem *Bewußtsein* der vernünftigen Seele (de sensu rationalis animae) gesprochen hast, wie verstehst du das, daß in der vernünftigen Natur Bewußtsein (sensum) ist?

Kardinal. Wir beachten oft Vorübergehende nicht, weder mit unserem Gesichte noch mit dem Gehöre, weil wir nicht aufmerksam auf sie sind; sind wir aber aufmerksam, so sind wir dessen bewußt (sentimus). Wir besitzen in unserer Seele der Fähigkeit nach (virtualiter) die Kenntnis alles Wissenswerten, wir sind uns dessen aber in Wirklichkeit erst bewußt, wenn wir unsere Aufmerksamkeit darauf hinlenken. Wenn ich auch Kenntnis von Musik habe, so merke ich doch, solange ich mich der Geometrie widme, nicht, daß ich ein Musiker bin. Also nur aufmerksames Beachten läßt mich Geistiges erkennen, von dem ich vorher kein Bewußtsein gehabt hatte. Wie das Zentrum aller Kreise in der Tiefe verborgen ist, in dessen Einfachheit die alles in sich fassende Kraft liegt, so faßt auch das Zentrum der vernünftigen Seele alles, was zum Gebiete des Vernünftigen gehört, in sich, allein wir sind uns dessen nicht bewußt (non sentiuntur), solange jene Kraft der Vernunft nicht durch aufmerksames Nachdenken angeregt und entwickelt wird.

Albert. Trefflich und willkommen sind alle deine Antworten. Du eilst nun, wie ich sehe, dem Ende zu. Füge nun nur noch einiges *über das Verborgene und Offenbare* (circa occultum et patulum) bei, denn es scheint nach der gezeichneten Figur *alle Kraft im Zentrum verborgen zu sein.*

Kardinal. Es steht geschrieben, Gott sei den Augen aller Weisen verborgen und alles Unsichtbare ist im Unsichtbaren verborgen. Das Sichtbare ist den Augen offenbar, das Unsichtbare liegt den Augen fern. Die Prinzipien, sagt Aristoteles, haben die kleinste Quantität und die größte Kraft. Die Kraft ist geistig und unsichtbar, die Kraft (virtus) eines Feuerfunkens hat soviel Gewalt (potentiae) als das ganze Feuer. Ein kleines Senfkorn hat soviel Kraft als viele Körner, ja als alle, die sein können. Das Ziel des Offenbaren ist das Verborgene, das des Äußern das Innere. Die Häutchen und Rinden sind um des Fleisches und Markes willen, und dieses wegen der darin verborgenen unsichtbaren Kraft. Die elementarische Kraft ist im Chaos verborgen, in der vegetativen die der Sinnenwahrnehmung, in dieser die Einbildung, in dieser die Verstandeskraft (Logik), in dieser die Vernunft (intellectualis), in der Vernunft das Erkennbare (intellectibilis virtus), in dieser die Kraft aller Kräfte. Dies lies als Geheimnis aus der Figur der Kreise heraus. Der äußerste umschließende Kreis bezeichnet das verworrene Chaos, der zweite die elementare Kraft, die die nächste am Chaos ist, der dritte die mineralische; diese drei Kreise schließen sich im vierten ab, der die vegetative Kraft vorstellt. Der fünfte bezeichnet die Sinnenwahrnehmung, der sechste die Einbildung oder Phantasie. Diese drei letztgenannten Kreise schließen sich im zweit-vierten ab, der als der siebente die Verstandeskraft oder Logik bezeichnet. Darauf folgt der achte, der die Vernunft (intelligentialem), der neunte, der das vernünftig Erkennbare (intellectibilem) vorstellt. Diese drei, der siebente, achte und neunte, schließen sich im nächst-vierten, dem zehnten ab.

Albert. Sehr schön hast du da den Fortschritt aus dem Verworrenen zum Unterschiedenen gezeigt. Weil man nach dieser Auffassung von allem Unvollkommenen zum Vollkommenen aufsteigt, von der verworrenen Finsternis zum unterschiedenen Lichte, vom Törichten zum Verständigen durch Zwischenstufen, vom Schwarzen zum Weißen durch Zwischenfarben (von allem dem kann der Mensch die Erfahrung an sich selbst machen, weshalb er auch Mikrokosmos genannt wird), so möge es dir nicht verdrießlich sein, über das Wesen dieser so wunderbaren und fruchtbaren Progression, die sich auf alle Gegenstände des Wissens anwenden läßt, noch einiges zu sagen.

Kardinal. Wie alle Unterscheidung, so *faßt der Zehner auch allen Fortschritt in sich.* Denn eins, zwei, drei und vier sind zehn. In Zehn schließt sich also, wie die Unterscheidung, so auch der Fortschritt der Unterscheidung ab. Es können nicht mehr als drei solche Progressionen sein, weil die dritte durch den Zehner abgeschlossen ist (concluditur), die sich notwendig so zueinander verhalten, daß das Oberste der ersten das Unterste der zweiten und das Oberste der zweiten das Unterste der dritten bilden, so daß eine stetige und zugleich dreifache Progression sich herausstellt. Wie die erste Progression sich im Quaternar abschließt, so beginnt die zweite in diesem und endet im Siebener. Mit diesem beginnt die dritte und vollendet sich im Zehner. Willst du den Grund hiervon erkennen, so merke folgendes. Die Ordnung, die notwendig zu allen Werken Gottes gehört, wie der Apostel mit Recht sagt: »Was von Gott kommt, ist geordnet«, kann ohne Anfang, Mitte und Ende weder sein, noch gedacht werden. Es gibt nun eine absolut vollkommenste und einfachste Ordnung, die in jedem Geordneten und in dem jedes Geordnete ist, wie ich es in einem generellen Schema im Eingange unseres Gesprächs gezeigt habe. In dieser Ordnung, dem Urbilde aller Ordnungen, muß notwendig die Mitte die einfachste sein, da die Ordnung die einfachste ist. Die Mitte wird also so gleich sein, daß sie die Gleichheit selbst ist, eine Ordnung, die von uns durch keine Unterscheidung, sondern nur durch die geordnetste Progression erfaßt wird, die mit der Einheit beginnt und im Ternar sich abschließt. In ihr bildet die einfachste Mitte die gleiche Mitte des Anfangs und des Endes. Denn zwei ist die präzise und gleiche Mitte von eins und drei und zugleich die präzise dritte Zahl der ganzen Ordnung und Progression. (Duo enim medium est praecisum et aequale unius et trium et praecisa tertia totius ordinis et progressionis). Anders als nach dieser Progression können wir die einfachste göttliche Ordnung nicht unterscheiden. Da nun die Mitte eine gleiche Mitte ist, ganz ununterschieden von der Gleichheit, so bleibt sie auch in dem Gebiete der Wesenheit eins mit dem Anfange und Ende. Denn von verschiedenen Wesenheiten kann es keine präzise Gleichheit geben. Jede Ordnung nun, die ihr Sein von der genannten einfachsten Ordnung hat, kann keine einfache und gleiche Mitte haben. Denn eine solche (abbildliche) Ordnung ist zusammengesetzt; alles Zusammengesetzte besteht aber aus Ungleichem. Es können unmöglich mehrere zusammensetzbare Teile ganz gleich sein; sie wären sonst weder mehrere noch Teile. Auch läßt die Gleichheit keine Vervielfältigung zu. In der ersten und einfachsten Ordnung ist daher eine Gleichheit der drei Hypostasen. Kann also in der erschaffenen Ordnung keine einfache und gleiche Mitte sein, so ist sie auch nicht in der Progression des Ternars inbegriffen, sondern *geht in die Zusammensetzung über* (sed ultra progreditur in compositionem). Der Quaternar geht unmittelbar von der ersten Progression aus, was nicht der Fall wäre, wenn die Progression nicht geordnet wäre. Was daher die geordnete Progression, die von der ersten absolut geordneten ausgeht, erfordert, das liegt in ihr, weil sie die Progression des Ternars (ternaria progressio) ist. Sie hat daher eine zusammengesetzte Mitte, zwei und drei, die zugleich die Mitte der ganzen Progression sind. Denn $1 + 2 + 3 + 4 = 10$. Zwei und drei sind fünf, die Mitte (Hälfte) von zehn. Ebenso verhalten sich 4, 5, 6, 7 und 7, 8, 9, 10. Hierin hast du den Grund des vorhin Gesagten.

Albert. Groß ist die Energie (vigorositas) der Vernunft, wie ich sehe. Doch befremdet mich noch deine Äußerung, nichts sei aus Gleichem zusammengesetzt. Ist der Vierer nicht aus zwei Zweiern zusammengesetzt?

Kardinal. Keineswegs. Jede Zahl ist entweder gleich oder ungleich. Ist sie zusammengesetzt, so ist sie nur aus einer Zahl zusammengesetzt, d. i. aus einer gleichen und ungleichen, oder aus der Einheit und dem Anderssein. Ich negiere nicht, daß die Quantität des Quaternar aus zwei Zweiern besteht, allein seine Substanz besteht nur aus Gleichem und Ungleichem. Denn unter den Teilen, die etwas zusammensetzen sollen, muß eine Proportion, somit auch Verschiedenheit bestehen. Mit Recht sagte daher Boëtius, aus Gleichem werde nichts zusammengesetzt. Die Harmonie besteht aus proportionierten, hohen und niedern Tönen, und so alles. Der Quaternar ist daher aus dem Ternar und einem andern zusammengesetzt. Der Ternar ist ungleich, das Andere (alter) gleich; so der Zweier aus Einem und einem Andern. Das Anderssein wird gleich genannt wegen seines Abfalls von der unteilbaren Einheit in die Teilbarkeit, die in dem Gleichen (in pari) liegt. So ist der Quaternar aus dem ungleichen und unteilbaren Ternar und dem andern, d. i. dem Teilbaren zusammengesetzt. Jede Zahl besteht aus der Zahl; sie ist aus einem und einem andern zusammengesetzt; eines und ein anderes ist Zahl. Ich erinnere mich, hierüber in mehreren Schriften, namentlich in denen »über den Geist« (de mente) ausführlicher gesprochen zu haben. Hier sei dieses nur wiederholt, damit du die unterscheidende Kraft der Seele an der Zahl, die ein Erzeugnis des Geistes ist, besser erkennst und einsehest, daß dieses Unterscheidungsvermögen gleich der Zahl aus einem und einem andern zusammengesetzt ist; denn das Zählen des Geistes heißt ein Gemeinsames vervielfältigen, so daß eines in vielem und vieles in einem ist und eines vom andern sich unterscheiden läßt. *Pythagoras* hat in der Erwägung, daß es keine Wissenschaft geben könne, außer durch Unterscheidung, über alles mittelst der Zahl philosophiert. Kein Philosoph hat wohl eine vernünftigere Methode des Philosophierens eingehalten; weil Plato diese Methode nachgeahmt hat, wird er mit Recht als ein großer Philosoph gefeiert.

Albert. Ich gebe dies zu. Da nun der Tag sich zum Abend neigt, so schließen wir unser Gespräch. Füge zu so vielem Beachtenswerten noch einen schönen Schluß hinzu!

Kardinal. Ich will es versuchen, und glaube das Ende des Gesprächs nicht besser verwerten zu können, als wenn ich von dem *Werte* spreche.[1]

---

1 Die Worte: et non incidit mihi, quomodo melius, quae dixi, *valere* (Lebewohl sagen, beschließen) faciam, quam si de *valore* loquar – lassen sich in der Übersetzung kaum anders als etwa in der oben angegebenen Weise wiedergeben.

Albert. Ganz recht.

Kardinal. Es ist etwas Gutes, Edles und Kostbares um das Sein, daher ist nichts, was ist, ohne Wert. Es kann nichts geben, das gar keinen Wert hätte. Es gibt auch nichts von so geringem Werte, daß er nicht noch geringer sein könnte, und nichts von so großem Werte, daß er nicht noch größer sein könnte. Nur der Wert, der der Wert aller Werte ist, der in allem, was Wert hat, sich findet und in dem alles Wert hat, faßt allen Wert in sich und sein Wert kann nicht größer oder kleiner sein. Diesen absoluten Wert, die Ursache alles Wertes, denke dir im Zentrum aller Kreise verborgen; den äußersten Kreis betrachte als den geringsten Wert, beinahe wie nichts. Beachte denn, wie dieser Wert mittelst der dreieinigen Progression, nach der wiederholt besprochenen Weise, sich zum Denar steigert und du wirst treffliche Gedanken daraus entwikkeln.

Albert. Wenn du von einem bestimmten Werte reden wolltest, so wäre dies vielleicht belehrender.

Kardinal. Soll ich etwa vom Gelde reden?

Albert. Ja.

Kardinal. Gut. Doch nun beachte, daß der Wert aller Dinge nur das Sein von allem ist. Und wie in dem einen, einfach größten, ganz unzusammengesetzten und unteilbaren Werte der Wert von allem auf das Wahrste enthalten ist, so im einfachsten Sein das Sein von allem. Wie in dem Werte eines Guldens der Wert von 1000 kleinen Denaren, in einem Dippelgulden der von 2000 und so ins Unendliche enthalten ist, so muß in dem absolut besten Gulden der Wert von unzähligen Denaren enthalten sein. Wie du dies für wahr erkennst, so ist es auch in der Wirklichkeit wahr.

Albert. Allerdings.

Kardinal. Indem du es aber in dir als wahr erkennst, welchen Wert hat da der Blick deines Geiste, der durch seine Kraft alle Werte unterscheidet? In diesem Blicke ist der Wert von allem und von jedem einzelnen, doch nicht so, wie in dem Werte aller Werte. Denn deshalb, weil der Geist das sieht, was alle Werte bestimmt, hat er noch nicht den Wert von allem (non enim propterea, quia mens videt id, quod omnia valet, ideo ipsa omnia valet). Denn in ihm sind die Werte nicht essentiell, sondern nur ideal; denn der Wert ist etwas Reales, wie auch der Wert des Geistes etwas Reales ist. So ist denn ein

Ding in Gott, als in der Wesenheit des Wertes, und ist Gedankending, weil es erkannt werden kann, in unserer Vernunft, welche die Werte erkennt, nicht als in höherem Werte und nicht als in der Ursache oder Wesenheit des Wertes. Denn deshalb, weil unsere Vernunft den geringern oder größeren Wert erkennt, ist der Wert selbst nicht größer oder geringer. Dieses Erkennen gibt dem Werte nicht seine Wesenheit.

Albert. Vermehrt aber nicht diese Erkenntnis eines größeren Wertes als der Wert des erkennenden Subjektes ist, auch den Wert eben dieses erkennenden Subjektes?

Kardinal. Der *Wert der Erkenntnis des erkennbaren Subjektes steigert sich dadurch, daß es mehr erkennt,* so mag dieses Mehr nun von größerem oder geringerem Werte sein als der Wert des Erkennenden. Denn der Wert des Erkannten geht nicht in den Wert des Erkennenden über, um dessen Wert zu erhöhen, wiewohl die Erkenntnis verbessert wird. So macht das Erkennen des Bösen den Erkennenden nicht schlimmer, und das Erkennen des Guten ihn nicht besser, doch verschafft beides ihm eine bessere Erkenntnis.

Albert. Ich verstehe. So nennen wir jemand einen viel geltenden Gelehrten (valentem doctorem), wenn gleich mehrere Nichtgelehrte einen größeren Wert haben als er. *Der Wert der vernünftigen Natur ist jedenfalls ein sehr großer,* weil in ihr die Unterscheidung aller Werte liegt, die wunderbar ist und alles, was nicht unterscheiden kann, weit übertrifft.

Kardinal. Wenn du die Sache tiefer betrachtest, *so ist der Wert der vernünftigen Natur der nächste am Werte Gottes, denn in ihr liegt der Wert Gottes und aller Dinge ideal und in ihrer Unterscheidung* (dum profunde consideras, intellectualis naturae valor post valorem Dei supremus est; nam in eius virtute est Dei et omnium valor notionaliter et discretive). Obwohl die Vernunft den Werten nicht ihr Sein gibt, so kann doch ohne Vernunft selbst das Vorhandensein eines Wertes nicht ermessen werden (sine intellectu valor discerni etiam »quia est« non potest). Denn bei Abwesenheit der Vernunft läßt sich gar nicht sagen, ob ein Wert da ist. Ohne die Verstandestätigkeit, die nach Proportion mißt (proportionativa), fehlt jedes Schätzen und ohne dieses fehlt der Wert. Wollte also Gott, daß der Wert seines Werkes geschätzt werde, so mußte er unter seinen Werken auch die vernünftige Natur erschaffen.

Albert. Wenn wir Gott als Münzmeister (monetarium) betrachten, so ist die Vernunft der Wechsler (nummularius).

Kardinal. Die Vergleichung ist nicht unpassend, wenn man sich Gott als den allmächtigen Münzmeister denkt, der durch seine erhabene und allmächtige Kraft jegliche Münze hervorbringen kann. Hätte jemand so große Macht, daß er aus seiner Hand jede beliebige Münze hervorbringen könnte, und würde er einen Wechsel aufstellen, der die Fähigkeit hätte, alle Münzen zu unterscheiden, der die Kenntnis des Zählens verstände, wobei jene nur die Kunst des Münzens sich vorbehielte, so könnte der Wechsler die Kostbarkeit und den Wert der Münzen, Zahl, Gewicht und Maß, das jede Münze von Gott erhalten, angeben, so daß der Wert der Münze und eben dadurch die Macht des Münzmeisters offenbar würde. Die Vergleichung wäre unstreitig sehr treffend.

Albert. Groß wäre die Macht dieses Münzmeisters, der in ihr den Schatz aller Münzen besäße. Aus diesem Schatze könnte er neue und alte, goldene, silberne und wächserne Münzen von großem, kleinem und mittlerem Werte hervorholen, während der Schatz immer unendlich, unerschöpflich und ungeschwächt bliebe. Groß wäre auch das sondernde Geschäft des Wechslers, der alle diese verschiedenen Münzen zu sondern, zu zählen, zu wägen und den Wert aller zu messen hätte. *Die Kunst Gottes würde jedoch die Kunst des Wechslers unendlich übertreffen,* denn jene würde Sein setzen, diese nur Erkenntnis bewirken.

Kardinal. Siehst du da nicht, die Münze existiere anders in der Kunst des allmächtigen Münzmeisters, anders in der zu münzenden Materie, anders, wenn sie durch Bewegung und Instrumente gemünzt wird, anders als fertige Münze? Alle diese Seinsweisen kommen am Sein der Münze vor. Wieder anders ist die Art und Weise, die sich auf jene Seinsweisen bezieht, sofern nämlich die Münze in dem unterscheidenden Verstande ist. Was die Münze verfertigt, ist *das Bild oder Zeichen dessen, dem sie gehört.* Gehört sie dem Münzmeister, so trägt sie dessen Bild, die Abbildung seines Angesichts, wie Christus uns belehrt, als er nach Vorzeigung einer Münze fragte: Wessen ist das Bildnis? und zur Antwort erhielt: des Kaisers. Durch das Antlitz erkennen wir den Menschen, indem wir dadurch einen von dem andern unterscheiden. Es gibt daher nur ein Antlitz des Münzmeisters, durch das er gekannt wird, das ihn offenbart, der sonst unsichtbar und unerkennbar wäre. Da das Bild dieses Antlitzes auf allen Münzen ist, so gibt es uns Kenntnis von dem Münzmeister, dem die Münze gehört. Das Bildnis ist nichts anderes, als die Umschrift. Denn also sagte Christus: »wessen ist das Bildnis und seine Umschrift?« Sie antworteten: des Kaisers. Somit sind das Bildnis, der Name, die Gestalt der Substanz und der Sohn des Münzmeisters ein und dasselbe. Der Sohn ist das lebendige Bild, die Gestalt der Substanz und der Abglanz des Vaters, durch welchen der Vater, der Münzmeister, alles macht oder münzt oder zeichnet (signat). Da ohne dieses Zeichen die Münze keine rechte ist, so ist das eine, das in jeder Münze abgebildet wird, das einzige Urbild und die formale Ursache aller Münzen. Ist daher der Münzer die *Einheit* oder das Sein, so ist die *Gleichheit*, die naturgemäß von der Einheit gezeugt wird, die formale Ursache des Seienden. In der einen und einfachen Gleichheit siehst du daher die Wahrheit von allem, was ist oder sein kann, sofern es durch das Sein signiert ist. Du siehst auch in der Gleichheit die Einheit, wie im Sohne den Vater. *Was daher ist oder sein kann, ist in jener Gestalt der Substanz des Vaters als des Schöpfers enthalten. Der schöpferische Münzmeister ist daher mittelst der Gestalt seiner Substanz in allen Münzen.* Beachte, daß ein münzbarer Stoff durch ein aufgeprägtes Zeichen eine Münze wird. Diese so mit einem Zeichen versehene, in eine Gestalt (figurata) gebrachte Materie empfängt eben dadurch die Begrenzung der Möglichkeit, eine Münze zu sein. So sehe ich das Gepräge (signatum) vor dem Zeichen, in dem Zeichen und nach dem Zeichen. Vor dem Zeichen als die Wahrheit, die vor ihrer konkreten Gestalt ist, in dem Zeichen als die Wahrheit in ihrem Abbilde, nach dem Zeichen, sofern das Gepräge durch das Zeichen entstanden ist. Das erste Gepräge ist die unendliche Aktualität, das letzte – die unendliche Möglichkeit; das mittlere Gepräge ist doppelt: teils sofern das erste im Zeichen, teils sofern das Zeichen im letzten ist. Das erste Gepräge, das ich die unendliche Aktualität nannte, heißt die absolute Notwendigkeit, die allmächtig, allbezwingend ist, der nichts widerstehen kann. Das letzte Gepräge, die unendliche Möglichkeit, heißt auch die absolute und unbegrenzte (indeterminata) Möglichkeit. Zwischen diesen extremen Seinsweisen liegen zwei andere: die eine, die die Notwendigkeit zu einem allumschließenden Band gestaltet und das mit Notwendigkeit umschließende Band (necessitas complexionis) heißt, wie z. B. die Notwendigkeit, ein Mensch zu sein. Diese Notwendigkeit faßt bezüglich des Menschen alles in sich, was zum rechten und vollen Menschenwesen, zur Menschheit notwendig ist. So auch bei allem andern. Die andere (Seinsweise) erhebt die Möglichkeit mittelst Begrenzung zur Wirklichkeit, und heißt die begrenzte Möglichkeit, z. B. *dieser* Gulden, *dieser* Mensch. Betrachte nur irgendeine Münze, etwa einen päpstlichen Gulden, und denke ihn dir lebendig und vernünftig, mit Selbstreflexion (et quod in se mentaliter respiciat), so wird er durch philosophische Selbstbetrachtung (se speculando) dieses und alles, was gesagt wurde oder gesagt werden kann, finden. Kein Tier ist so stumpf, daß es nicht sich von andern Tieren unterscheide und andere Tiere derselben Gattung erkenne. Wer aber vernünftiges Leben hat, erkennt alles vernünftig, d. h. er findet die Ideen von allem in sich. Die Vernunft faßt alles vernünftig zu Erkennende in sich. *Alles, was ist, ist vernünftig erkennbar* (omnia, quae sunt, intelligibilia sunt), wie alles Farbige sichtbar ist. Einiges Sichtbare entgeht dem Blicke, wie ein ungewöhnlich helles Licht, anderes ist so klein, daß es den Blick nicht auf sich zieht und direkt nicht gesehen wird. Das helle Sonnenlicht wird nur negativ gesehen; was man sieht, ist nicht die Sonne, die ein so überaus helles Licht hat, daß man es nicht sehen kann. Ebenso ist, was man sehen kann, kein unsichtbarer Punkt, da dieser zu klein ist, als daß er gesehen werden kann. So sieht denn die Vernunft nur negativ die unendliche Wirksamkeit, die Gott ist, und die unendliche Möglichkeit oder die Materie. Das dazwischen Liegende sieht sie mittelst des Verstandes affirmativ. Die Vernunft betrachtet also die Seinsweisen, sofern sie vernünftig erkennbar (intelligibilis) sind, in sich wie ein lebendiger Spiegel. *Die Vernunft ist das Geldstück, das zugleich der Wechsler ist* (est igitur intellectus ille nummus, qui et nummularius), *wie Gott die Münze ist, die zugleich der Münzmeister ist* (sicut Deus illa moneta, quae et monetarius). Die Vernunft findet daher eine ihr verwandte Kraft, jede Münze zu erkennen und zu zählen. Wie aber jenes lebendige Geldstück, die Vernunft, in sich alles vernünftig sucht und findet, davon kannst du ein beliebiges Beispiel in dem finden, was ich im Hinblicke auf die Vernunft gesagt habe. Wer hier tiefer als ich eindringt, wird auch schärfer sehen und Besseres mitteilen können. Soviel über den Münzmeister und Wechsler.

Albert. Eine überaus reiche Anwendung hast du von meiner einfachen Vergleichung gemacht. Zu meiner Belehrung magst du nur noch Folgendes anhören. Es scheint mir, du wolltest sagen: Hätte ein päpstlicher Gulden vernünftiges Leben, so würde er sich unstreitig als Gulden erkennen, folglich auch einsehen, daß er die Münze dessen sei, dessen Zeichen und Bild er trägt. Er würde erkennen, daß er das Guldensein nicht aus sich habe, sondern von dem, der ihm sein Bildnis aufgeprägt, und indem er in allen vernünftigen Wesen das gleiche Bildnis fände, würde er sie alle als demselben Herrn angehörig erkennen. Das gleiche Bild auf allen mit Zeichen versehenen Münzen erkennend, würde er die eine Gleichheit, durch welche jede Münze in Wirklichkeit getreten, als die Ursache jeder möglichen gleichen Münze erkennen. Ebenso würde er, da die Münze eine geprägte ist, einsehen, daß die Münze werden konnte, und vorher münzbar (monetabilis) war, ehe sie wirklich gemünzt wurde. So würde er die Materie erkennen, die durch das Aufdrücken des Zeichens zu einem Gulden begrenzt wurde. Da die Münze dem gehört, dessen Zeichen sie trägt, so hat sie ihr Sein von der Wahrheit (dem Urbilde) des Zeichens, nicht von dem der Materie aufgedrückten Zeichen, wie denn die eine Wahrheit in verschiedenen Zeichen die Materie in verschiedener Weise begrenzt. Mehrere Zeichen sind nicht möglich, ohne daß die Vielheit auch die Verschiedenheit im Gefolge hat und die Wahrheit kann in verschiedenen Zeichen nur verschiedenartig die Materie begrenzen. Hieraus ergibt sich, *es müsse jede Münze mit der andern übereinstimmen* (concordare), da es übereinstimmende Münzen sind, weil sie den gleichen Münzmeister haben, *aber auch differieren,* da sie unter sich verschieden sind. Dies und noch vieles andere würde der lebendige Gulden in sich erkennen.

Kardinal. Vollständig hast du das Besprochene reassumiert. *Doch ganz besonders präge dir ein, daß es nur ein wahres, präzises und vollkommen ausreichendes Prinzip* (forma) *gibt, das alles gestaltet, in verschiedenen Zeichen sich abspiegelt, das Bildsame verschiedenartig bildet und determiniert oder in Wirklichkeit setzt.*

Von der Jagd auf die Weisheit

Vorwort

Ich habe mir vorgenommen, meine Jagden auf die Weisheit, wie ich sie bis zu meinem Greisenalter vor dem Auge meines Geistes für immer wahrer gehalten, in den Hauptergebnissen aufzuzeichnen und der Nachwelt zu hinterlassen, da ich nicht weiß, ob mir eine längere und geeignetere Zeit zum Denken vergönnt ist; denn ich habe jetzt das 61. Lebensjahr zurückgelegt.

Schon längst habe ich eine Abhandlung geschrieben *über das Gott-Suchen*; ich machte darauf Fortschritte und schrieb andere Abhandlungen. Jetzt, nachdem ich in des Diogenes Laërtius Lebensbeschreibung der Philosophen die Jagden verschiedener Philosophen nach Weisheit gelesen, habe ich, dadurch angeregt, meinen Geist ganz und gar einer so angenehmen Spekulation zugewandt, dem Süßesten, was der Mensch genießen kann. Was ich durch die sorgfältigste Meditation gefunden habe, wie unbedeutend es auch sein mag, will ich armer Sünder, um Begabtere zum tiefern Geistesforschen anzuregen, schüchtern und ehrerbietig mitteilen, wobei ich in folgender Ordnung verfahre.

Durch ein unserer Natur angeborenes Verlangen streben wir nicht nur nach Wissen, sondern nach Weisheit (sapientiam), d.i. nach einem schmackhaften Wissen (sapidam scientiam). Zuerst werde ich daher einiges über das Wesen derselben sagen, dann für das Philosophieren (denn das verstehe ich unter der Jagd nach Weisheit) Reviere (regiones) und in denselben einige Stellen bezeichnen und die Philosophen auf Felder hinführen, wo sie nach meiner Meinung reiche Beute finden werden.

Erstes Kapitel

Die Weisheit ist die Nahrung des Geistes

Da unsere geistige Natur lebt, so bedarf sie notwendig der Nahrung. Aber eine andere als geistige Nahrung kann sie unmöglich stärken, zumal jedes lebende Wesen durch eine seinem Leben ähnliche Nahrung gespeist wird. Da die Lebenskraft eine angenehme Bewegung ist, welche Leben genannt ist, so erlischt diese Lebenskraft, wenn sie nicht durch die ihrer Natur angemessene Erfrischung erhalten wird ... Wenn nun jedes lebende Wesen eine angeborene Kenntnis dessen hat, was zu seiner und der ganze Gattung Erhaltung notwendig ist, wenn es einen Trieb hat, nach seiner Nahrung zu jagen, das hierzu geeignete Licht, passende Organe für das Erjagen (wie z. B. die Tiere, die nachts jagen, ein den Augen gegebenes [oculis congenitam lucem] Licht), wenn es die ihm geeignete Nahrung erkennt und zu sich nimmt, so wird gewiß unser geistiges Leben alles dessen nicht entbehren. Daher ist der Geist von Natur mit Logik ausgerüstet, um mittelst ihrer hin und her zu eilen und seine Jagd zu machen. Die Logik ist, wie Aristoteles sagte, das exakteste Werkzeug zum Erjagen des Wahren und des Wahrscheinlichen. Wenn der Geist die Wahrheit findet, so erkennt er sie und ergreift sie mit Begierde. Die Weisheit ist es also, welche gesucht wird, weil sie den Geist nährt; denn sie ist eine unsterbliche Speise, sie nährt also auch unsterblich. Sie leuchtet aber aus verschiedenen Verhältnissen (rationibus) hervor, welche in verschiedener Weise an ihr partizipieren. In verschiedenen Verhältnissen sucht daher auch der Geist das Licht der Weisheit, um sich dadurch zu nähren. Wie das sinnliche Leben in verschiedenen sinnlichen Dingen durch Anwendung des Verstandes seine Nahrung sucht, so erjagt auch der Geist aus sinnlichen Vorstellungen mittelst des Verstandes seine geistige Nahrung. Eine Nahrung stärkt ihn mehr als die andere, doch das Kostbare ist immer auch das Schwierigere. Weil jedoch der Mensch größerer Anstrengung als ein anderes Geschöpf bedarf, um sein leibliches Leben zu nähren, wozu er seine natürliche Logik anwendet, so ist er auf die geistige Nahrung nicht in dem Grade bedacht, wie die geistige Natur es erfordert. Die Übertreibung jenes Haschens nach der leiblichen Nahrung entfernt von dem Streben nach Weisheit. Daher muß die Philosophie das Fleisch, dessen Feindin sie ist, ertöten. Auch unter den Philosophen selbst findet sich große Verschiedenheit; der eine ist ein besserer Jäger als der andere, weil er geübter ist und die Logik ihm geläufiger zu Gebote steht; der eine weiß besser als der andere, in welchem Reviere die gesuchte Weisheit schneller gefunden und wie sie festgehalten werde.

Zweites Kapitel

Nach welchem Prinzipe ich die Gebiete der Weisheit durchsucht habe

Der erste Philosoph, Thales von Milet, sagte, Gott sei der älteste, weil er unerschaffen ist, die Welt sei die schönste, weil sie durch Gott erschaffen ist. Diese Worte, die ich in Laërtius las, gefielen mir ausnehmend. Ich erkenne die Welt als sehr schön, weil in ihr die höchste Güte, Weisheit und Schönheit des höchsten Gottes widerscheint. Es treibt mich, den Baumeister dieses bewunderungswürdigen Werkes zu erforschen, und ich sage bei mir: Da das Unbekannte durch noch Unbekannteres nicht erkannt werden kann, so muß ich an etwas ganz Gewissem festhalten, das alle Jäger unbezweifelt voraussetzen, und in seinem Lichte das Unbekannte suchen. Denn Wahres und Wahres stimmt zusammen (verum enim vero consonat). Indem mein Geist eifrig nach einem solchen Punkte suchte, stieß ich auf den Satz, den auch Aristoteles im Anfang seiner Physik ausspricht: *Was unmöglich werden kann, wird nicht.* Nach diesem Prinzipe durchschreite ich in der nachfolgenden Betrachtung die Regionen der Weisheit.

Drittes Kapitel

In welcher Dialektik (discursu) die Vernunft ihre Jagd anstellt

Da das Unmögliche nicht wird, so wird nichts, ohne daß es *werden kann.* Was aber *ist* und nicht gemacht und erschaffen ist, das kann nicht gemacht und erschaffen werden. Denn es geht dieses dem *Werdenkönnen* voraus und ist *ewig*, da es weder gemacht noch erschaffen ist, noch ein anderes werden kann. Alles aber, was geworden ist oder wird, hat, da es ohne das Werdenkönnen weder geworden ist noch wird, ein absolutes Prinzip, welches das Prinzip des Werdenkönnens selbst ist. Dies ist jenes Ewige, welches *alles das ist, was sein kann.* Das, was wird, wird aus dem Werdenkönnen hervorgebracht (producitur), weil das Werdenkönnen aktuell (actu) alles das wird, was es wird. Alles, was aus dem Werdenkönnen geworden ist, ist entweder das, was werden kann, oder *nach* demselben, und folgt dem Werdenkönnen und ahmt es nach. Da jedem Gewordenen das Werdenkönnen vorausgeht, wie sollte das Werdenkönnen selbst werden? Da es jedoch *nach dem* ist, welches alles ist, was sein kann, dem Ewigen, so hat es einen Anfang. Gleichwohl kann das Werdenkönnen nicht abnehmen (deficere); denn wenn es abnähme, so würde dieses (das Abnehmen) werden können und somit das Werdenkönnen selbst nicht abnehmen. Das einen Anfang habende Werdenkönnen bleibt also beständig. Da es nicht geworden ist und doch einen Anfang hat, so nennen wir es erschaffen, da es, seinen Schöpfer ausgenommen, nichts voraussetzt, woraus es ist. Alles also, was nach ihm ist, ist durch den Schöpfer aus dem Werdenkönnen hervorgebracht.

Was geworden ist, was es werden kann, das sind *die himmlischen und geistigen Naturen.* Was ist, aber nicht das, was es werden kann, ist nichts Festes und in beständiger Mangelhaftigkeit. Es ahmt das Beständige nach, ohne es je zu erreichen. Es ist das Zeitliche und Irdische, die *Sinnenwelt.*

Wende ich mich also zur Betrachtung des Ewigen, so sehe ich es als reine Aktualität, und in ihm sehe ich alles enthalten als in der absoluten Ursache.

Sehe ich auf das beständig Dauernde, so sehe ich geistig das Werdenkönnen und in ihm die Natur von allem und jedem einzelnen, wie es in vollkommener Entfaltung nach der Vorherbestimmung des göttlichen Geistes werden soll.

Sehe ich auf das Zeitliche, wie alles in der Reihenfolge sich entfaltet, so sehe ich, wie es die Vollkommenheit des Beständigen im Gebiete des Sinnlichen nachahmt. Die Sinnenwelt ist eine Nachahmung der Geisteswelt. Es ist somit in dem erschaffenen Werdenkönnen alles Erschaffene prädeterminiert, so daß diese schöne Welt, so wie sie ist, geworden ist. Hierüber weiter unten ausführlicher. Wie dies zu denken sei, will ich durch ein, wiewohl nur annäherndes, Beispiel erläutern.

Viertes Kapitel

Wie die Vernunft an der Logik ein Mittel zur Veranschaulichung findet

Die Vernunft des Lehrers will die syllogistische Kunst erschaffen. Er geht aber dem Werdenkönnen dieser Kunst vorher, die Kunst ist in ihm als in ihrer Ursache. Er setzt und stellt fest das Werdenkönnen dieser Kunst. Was jene Kunst erfordert, das kann werden: Name, Worte, aus diesen Sätze und aus den Sätzen der Syllogismus, der aus drei Sätzen besteht, deren zwei die Prämissen sind, aus denen der dritte, der Schlußsatz folgt. Subjekte und Prädikate aller drei Sätze dürfen nur drei Begriffe sein. Einer muß daher in den Prämissen zweimal vorkommen. Dies ist der Mittelbegriff; sei es, daß er im Obersatze Subjekt und im Untersatze Prädikat, oder in beiden Sätzen Prädikat oder Subjekt ist. So entstehen drei Figuren und von jeder Figur verschiedene Arten: Barbara und Celarent … Diese spezifischen syllogistischen Figuren sind in dem Denkvermögen begründet und daher konstant: jeder Syllogismus muß sie nachahmen. So erklärt sich das Werdenkönnen dieser Kunst. Diese Kunst übergibt der Lehrer, der sie erfunden, dem Schüler und läßt diesen nach allen angegebenen Modalitäten Schlüsse bilden.

So verhält es sich einigermaßen auch mit dem Kunstwerk der Welt. Indem ihr Lehrmeister, der glorreiche Gott, eine schöne Welt erschaffen wollte, schuf er das Werdenkönnen derselben und in demselben complicite alles zur Einrichtung der Welt Notwendige. Die Schönheit der Welt erfordert seiende, lebende und denkende Wesen und von diesen drei Klassen verschiedene Arten oder Weisen der Schönheit. Es sind dies die praktischen vorherbestimmten Ideen des göttlichen Geistes und die nützlichen schönen Kombinationen, geeignet zur Weltgründung (quae sunt divinae mentis practicae praedeterminatae rationes et utiles pulchrae combinationes, ad mundi constitutionem opportunae). Dieses göttliche Kunstwerk (opificium) übergab Gott der gehorsamen Natur, die mit dem Werdenkönnen zugleich erschaffen wurde (obedienti scilicet naturae, ipsi posse fieri concreatae, tradidit), so daß er das Werdenkönnen der Welt nach den eben genannten prädeterminierten Ideen der Vernunft entfaltete, so z. B. das Werden des Menschen nach der vorherbestimmten Idee des Menschen. Und so alles, wie der einen Syllogismus Bildende auf die vorherbestimmten Formen desselben (ad praedeterminatas rationes): Barbara und Celarent hinsieht.

Fünftes Kapitel

Auch die Geometrie dient als Mittel zur Veranschaulichung

Der Geometer ahmt die Natur nach, indem er einen Kreis bildet. Er sieht auf die vorherbestimmte Idee (ad praedeterminatam rationem) des Kreises hin, welcher gemäß er operiert, soweit dieses das Werdenkönnen des sinnlichen Substrats gestattet; denn das eine ist fügsamer als das andere. Jene Idee ist aber keine andere als die gleiche Entfernung des Zentrums von dem Umkreise. Das ist die wahre Idee des Kreises, die kein Mehr oder weniger zuläßt. Kein Kreis kann aber so vollkommen gezogen werden, daß er diese Idee präzis erreiche, denn das Werdenkönnen des sinnlichen Kreises ist *nach* jener vernünftigen und sich gleich bleibenden Idee, und folgt ihr wie das Abbild der Wahrheit im Bereiche der sinnlichen Materie. Da diese veränderlich ist, so wird der beschriebene Kreis nie alles das sein, was der sinnliche Kreis werden kann, da ein jeder möglich gegebene Kreis noch wahrer und vollkommener und der Idee des Kreises ähnlicher sein könnte. – Will der Geometer einen rechten Winkel bilden, so sieht er auf die Idee desselben hin, die alles das ist, was der rechte Winkel seiner Idee nach sein kann. Dies vermag kein sinnlicher Winkel präzis nachzuahmen. Auch wenn er einen spitzigen oder stumpfen Winkel bildet, sieht er auf keine andere Art von Winkel hin, sondern nur auf den rechten: Der spitzige ist kleiner, der stumpfe größer als der rechte. Denn der spitzige Winkel kann dem rechten immer ähnlicher werden, ebenso auch der stumpfe. Wäre der eine von beiden nicht mehr ein solcher (spitzig oder stumpf), so daß er nicht mehr minder spitzig oder stumpf sein könnte, so wäre er ein rechter. Jene sind somit in der Idee des rechten Winkels enthalten, da sie rechte Winkel sind, wenn sie sind, was sie werden können. So sieht auch die Natur auf keine andere Art als die menschliche hin, indem sie das männliche oder weibliche Geschlecht hervorbringt, wiewohl die Idee des Menschen nicht männlich oder weiblich ist, was nur der sinnlichen Erscheinung zukommt. Denn die Art (species) ist das Mittlere, das in sich einigt, was von ihr entweder rechts oder links abweicht. Daß jenes so sei, siehst du noch deutlicher, wenn du beachtest, daß das vernünftig Geistige (intelligibilia) nichts von dem ist und an sich hat, was an den sinnlichen Dingen wahrgenommen wird. Es hat nicht Farbe, Figur, Härte, Weichheit, Quantität, Geschlechtliches etc. Alles dieses folgt dem Geistigen, wie das Zeitliche dem Immerwährenden. So ist denn auch wieder keines von den geistigen Wesen die Ewigkeit, die allem vernünftig Geistigen vorhergeht, wie das Ewige dem Immerwährenden (perpetuum). Alles Präzise und Dauernde ist schöner als das Sinnliche, das nur insofern schön ist, soweit die geistigen Ideen oder Schönheiten in ihm sich abspiegeln.

Sechstes Kapitel

Erläuterung des Werdenkönnens

Der Leser wird nun ohne Zweifel sich damit beschäftigen, das Werdenkönnen zu begreifen, eine schwierige Aufgabe, weil das Werdenkönnen durch nichts begrenzt wird, außer durch sein Prinzip (seinen Urgrund). Damit er jedoch nicht ganz abirre, will ich dem Leser mit einem freilich ungenauen Bilde zu Hilfe kommen. Denken wir uns Gott als das ewige Licht, die Welt ganz unsichtbar, und das Licht wolle nun eine sichtbare Welt erschaffen. Weil nun das Werdenkönnen der sichtbaren Welt die Farbe ist, die Ähnlichkeit des Lichtes (die Hypostase der Farbe ist das Licht), so schafft das Licht die Farbe, in welcher alles, was gesehen werden kann, enthalten ist (complicatur). Wiewohl nun die eine Farbe, wie z. B. die weiße, dem Lichte näher und daher edler ist als die andere, so nimmt doch nichts Farbiges an der Farbe so sehr Anteil, daß es nicht noch vollkommener daran partizipieren könnte, und das Werdenkönnen hat keine Grenze außer in der Ursache der Farbe, dem Lichte. So ist die Farbe das sichtbare Werdenkönnen; denn was wir sehen, sehen wir nur, weil es farbig ist. Weil der Gesichtssinn an dem Lichte der Unterscheidungskraft partizipiert und selbst nicht farbig ist, um über *alle* Farbe urteilen zu können, so ist die Farbe nicht sein Werdenkönnen. Noch ein helleres Licht hat die Vernunft; denn sie unterscheidet auf das Schärfste Unsichtbares; die Farbe ist daher noch weniger das Werdenkönnen der Vernunft; sondern das Werdenkönnen dieser hellen und schönen Welt mit allem, was in ihr ist, auch selbst die Farbe inbegriffen, ist etwas Einfacheres als die Farbe, die nur eine Ähnlichkeit des ewigen Lichtes ist, welche in ihrer passiven Potenz alles Lichte, was ist, lebt, empfindet, denkt, in sich faßt.

Siebentes Kapitel

Es gibt nur eine Ursache des Werdenkönnens von allem

Die Konjekturen meiner ganzen Jagd ruhen in dem Satze: **Es ist nur eine schöpferische Ursache des Werdenkönnens von allem** (non est nisi una omnium causa *creatrix*, posse fieri omnium); sie geht allem Werdenkönnen vorher, und ist dessen Begrenzung (terminus); sie ist mit keinem Namen zu bezeichnen, sie läßt kein Partizipieren zu, wohl aber wird ihr Abbild (similitudo) in allem partizipiert.

Weil dieses Partizipieren aller Dinge ein verschiedenes ist, und in verschiedenen Gattungen, so kommt man notwendig zu einem, welches vorzugsweise so genannt werden kann, und das Erste oder Prinzip oder Vornehmste in der spezifischen Partizipation ist, an dessen Ähnlichkeit die andern Wesen derselben Ordnung partizipieren. So nennen wir das Licht ein Abbild der Grundursache, welches in einem ganz hellen Körper, z. B. der Sonne zuerst und vornehmlich widerscheint, in andern leuchtenden Körpern durch deren Partizipieren an dem Sonnenlicht. *Die Ursache des Sonnenlichts aber hat nichts gemein mit dem Sonnenlichte, sondern ist die Ursache von allem, und eben darum nichts von allem.* Denn es ist außer Zweifel, daß das Urprinzip nichts Gewordenes (factum) ist, da nichts aus sich selbst, sondern aus einem Vorausgehenden wird. Was aber nicht geworden ist, kann sich auch nicht auflösen und nicht untergehen, es ist ewig. Das Werdenkönnen, die passive Potenz, kann nicht sich selbst zur Wirklichkeit (in actum) hervorbringen; denn das Hervorbringen kommt aus der Aktualität (ex actu). Vor der Potentialität ist daher die Aktualität (actus). *Das Werdenkönnen ist somit nicht das einzige Prinzip.* Mit Recht sagte ein heiliger Lehrer: Behaupten, die passive Potenz sei immer gewesen, ist Häresie. Der große Dionysius sagt im 9. Kapitel von den göttlichen Namen: Jenes Erste ist ewig, unbeugsam, unveränderlich, unvermischt, immateriell, ganz einfach, nichts bedürfend, nicht vermehrbar, unsterblich, nicht gemacht, immer seiend. Dies sieht jeder ein, der begreift, daß jenes erste Werdenkönnen auch untergehen kann. Ich fasse nun die zwei Momente ins Auge, daß das Urprinzip keine Vermehrung und Verminderung zuläßt, und gehe mit diesen auf die Jagd und sage: Was keine Vermehrung zuläßt, kann nicht größer sein; es ist also *das Größte.* Was keine Verminderung zuläßt, kann nicht kleiner sein; es ist also das *Kleinste.* Da es nun das Größte und Kleinste zugleich ist, so ist es in der Tat nicht kleiner als irgendetwas (nullo utique est minus), weil es das Größte ist, und nicht größer als irgend etwas, weil es das Kleinste ist, sondern *von allem, dem Großen wie Kleinen das präziseste Maß und Vorbild.*

Achtes Kapitel

Wie Plato und Aristoteles die Jagd angestellt haben

Plato, ein höchst umsichtiger Jäger, erwog, daß die oberen Dinge (Welt) in den unteren auf dem Wege des Partizipierens (participative), die unteren in den obern durch Hervorragen (excellenter) seien. Indem er nun sah, daß vieles gut, gerecht, sittlich genannt werde durch das Teilhaben am Guten etc., bemerkte er, daß dieses den Namen dessen, woran es partizipiert, erhalten, und kam so auf den Begriff des an sich Guten, Gerechten etc., sowie darauf, daß, wenn das Partizipierende gut, gerecht etc. ist, vollends das an sich Gute etc. zugleich die Ursache von anderem wird. Hiermit stimmt das scharfsinnige Haupt der Peripatetiker, *Aristoteles,* überein, der, indem er in der Natur viele Wärme wahrnahm, lehrte, man müsse auf ein an sich Warmes kommen, welches dieses im höchsten Grade und die Ursache der Wärme in allem sei, wie es das Feuer ist. Auf diesem Wege kommen beide zu der ersten, durch sich bestehenden Ursache aller Ursachen, zum Sein des Seienden, Leben alles Lebenden und Verstand aller Verständigen. Näher betrachtet gelangte *Plato,* aufsteigend von dem partizipierten Guten zu dem an sich Guten, auf folgende Weise zur Universalursache von allem. Er erwog, daß alles Seiende, auch das nur potentiell Seiende, durch das Teilnehmen an einem Guten gut genannt werde, weshalb das im höchsten Grade Gute, das an sich Gute, von allen auf das Eifrigste erstrebt wird. Dieses muß daher eben deshalb die Ursache von allem sein, da alles, seinem eigenen Grunde zugewandt, nach ihm strebt, von welchem es alles hat, was es hat. Plato lehrte daher als Urprinzip den an sich einen und guten

Gott; die Prinzipien von allem andern: Sein, Leben, Geist etc. nannte er das an sich Seiende, das an sich Lebende, das an sich Denkende. Proclus nennt diese Prinzipien die weltgründenden Götter (conditorios Deos), durch deren Partizipation alles Sein, Leben und Denken besteht. Nach dem ersten Gott der Götter lehrte Plato einen zweiten Gott, den weltgründenden Verstand (conditorem intellectum), welchen Proclus in Jupiter, dem obersten der Götter, erkannte. Er scheint die Attribute der Gottheit, in denen kein realer, sondern nur ein logischer Unterschied ist, zu verschiedenen Göttern zu machen, dadurch verleitet, daß nichts denkbar (intelligibile) ist, was nicht wirklich existiert, da das Denkbare am Sein partizipiert. Was daher gedacht wird, nahm er als seiend an, und alles Nichtmaterielle als geistiges Sein. Die Peripatetiker stimmen dem nicht bei; sie sehen die Gedanken als ein Produkt des Verstandes an, durch welche das real Seiende nicht berührt werde. Auch darin stimmen sie nicht bei, das Eine und Gute (das Urprinzip) sei älter als das Seiende: Eines, Seiendes und Gutes sind ihnen Wechselbegriffe; die Ursache des Einen und Guten und Seienden ist: eine und dieselbe. Gleichwohl schreibt Aristoteles dem Verstande, der ihm wie dem Anaxagoras die erste Ursache und das Prinzip der Bewegung ist, nicht die Regierung der ganzen Welt zu, sondern nur der himmlischen, welche hinwieder das Irdische leiten. Epikur jedoch läßt die ganze Welt allein von Gott, ohne jegliche andere Hilfe geleitet werden. – Unsere Theologen haben durch göttliche Offenbarung gelernt, die erste Ursache, die nach allgemeiner Lehre dreiursächlich (tricausalis) ist: wirkend, gestaltend und zum Ziele führend, sei insofern eine, als sie dreieinig ist, und insofern dreieinig, als sie eine ist. Als wirkende Ursache wird sie mit Plato Einheit genannt; als gestaltende mit Aristoteles das Seiende (entitas), als zum Ziele führend mit beiden die Güte, das Gute.

Neuntes Kapitel

Daß die hl. Schrift und die Philosophen das Nämliche, nur in verschiedenen Ausdrücken, bezeichnet haben

Wer mit diesen Voraussetzungen zuerst die Genesis, die Moses lange vor der Zeit der Philosophen geschrieben hat, liest, wird, was ich oben über die Prinzipien gesagt habe, wiederfinden. Moses sagt: Im

Anfang schuf Gott Himmel und Erde, dann das Licht, womit er sagen will, das Werdenkönnen der Welt, welche durch Himmel und Erde bezeichnet ist, sei im Anfange erschaffen worden. Nachher beschreibt er erst das wirklich Gewordene: den Himmel, der unter dem Firmament, die Erde, die unter dem Trockenen, das Licht, das unter der Sonne zu verstehen ist. Im Werdenkönnen wurde alles verworren und complicite erschaffen, was nachher wirklich geworden und entwickelt worden ist. Wenn er daher anführt, Gott habe gesagt: es werde Licht! und es ward Licht, so hat er dies von der Natur des Werdenkönnens gesagt. Im Werdenkönnen sah er das Licht als gut und notwendig zur Wahrheit dieser sichtbaren Welt und sprach daher zu dieser Natur des Lichts im Werdenkönnen: Es werde Licht! und es trat nun das Werdenkönnen des Lichts als wirkliches Licht hervor. Die Bewegung, wodurch das Werdenkönnen in die Wirklichkeit übergeht, ist eine natürliche; von Natur aus, die das Werkzeug des göttlichen Willens ist, ist diese Bewegung dem Werdenkönnen anerschaffen, daß es mit einer gewissen Lust ohne Anstrengung und Ermüdung, wirklich werde, was werden kann. Das Wort Gottes aber, auf welches die Natur hört, daß alles werde, ist Gott selbst. – Die *Platoniker* nennen dieses Wort den weltgründenden Verstand, den eingeborenen, den Herrn von allem, nach Proclus. *Anaxagoras* nennt es den *Geist* (mentem, *νοῦν*); die Stoiker das Wort, das sie auch Gott nennen, wie man im Laërtius liest. Diese sind ganz richtig dem Propheten *David* gefolgt, welcher sagt: »Durch das Wort des Herrn sind die Himmel geschaffen worden;« anderswo sagt er: »er sprach, und sie wurden, er befahl, und sie waren erschaffen.« Beachten wir noch, wie sich die Philosophen diese Prinzipien näher dachten. *Anaxagoras* sagt, der Geist, das Prinzip der Bewegung, sei zur Materie, in welcher alles verworren lag, hinzugekommen, und habe alles im einzelnen geordnet und unterschieden. So spricht auch *Plato* von Gott und der Materie als zwei Prinzipien der Dinge. *Aristoteles* faßt alles in den zwei Begriffen von Wirklichkeit und Möglichkeit zusammen. *Pythagoras* vergleicht die Prinzipien der Monas und Zweiheit: die noch ununterschiedene Materie sei der Monas als ihrem Urheber unterworfen. Die *Stoiker* nannten Gott den Baumeister (opifex) dieser unermeßlichen Welt, und sprachen von zwei Prinzipien aller Dinge: einem wirkenden und leidenden (faciens et patiens). Nach *Epikur* ist auf den Befehl Gottes alles aus der Materie, die ihnen eine Unzahl von Atomen ist, entstanden. Weiteres findet sich nicht bei Laërtius.

Bei genauer Erwägung geht die Tendenz (intendunt) aller auf das oben Ausgeführte: Gott, der reinste Akt, macht auch alles aus dem Werdenkönnen, nur hat *Moses* es viel bestimmter ausgesprochen, daß das Werdenkönnen ein Geschöpft Gottes sei. *Thales* widerspricht dem nicht, wenn er sagt, die Welt sei ein Geschöpf Gottes. So hält auch *Plato* die Erschaffung der Welt fest. Beharrlich sagt er, alles Sinnliche (sensibile) sei notwendig von einem früheren Prinzipe, die Zeit sei nicht vor der Welt, sondern mit der Erschaffung der Welt sei auch die Zeit entstanden. Nach *Aristoteles* aber hat das Werdenkönnen keinen Anfang, Bewegung und Zeit sind ihm nichts Geschaffenes. Seine Täuschung besteht darin, daß er, weil das Werdenkönnen ohne Bewegung nicht wirkliches Sein wird, daraus schloß, Bewegung und Zeit seien nicht erschaffen. Hätte er bedacht, daß vor dem Werdenkönnen actu das Ewige ist, so hätte er nicht leugnen können, daß jenes durch das, was ihm vorhergeht, seinen Anfang habe. Das Nacheinander der Bewegung, dessen Maß die Zeit ist, negiert aus sich selbst die Ewigkeit der Zeit und der Bewegung, da die Ewigkeit *zugleich* alles wirklich ist, was sein kann. Richtig sagt daher der schärfer sehende Plato, die Zeit sei das Bild der Ewigkeit; sie ahmt die Ewigkeit nach und folgt dem Werdenkönnen; denn wie würde ein Nacheinander werden, wenn es nicht werden könnte? *Anaxagoras* nahm einen Anfang der Dinge und ein Ende der Zeit an; denn auf die Frage: obwohl da, wo die Gebirge von Lampsacus sind, einmal Meer sein werde, antwortete er: Ja, wenn die Zeit nicht ausginge. So stimmen auch die *Stoiker*, nach welchen die Welt zerstörbar ist, besser mit uns, mit dem geoffenbarten Glauben überein.

Zehntes Kapitel

Wie die Philosophen das Werdenkönnen genannt haben

Dem *Thales* aus Milet war das *Wasser* das Werdenkönnen, da aus seiner Ausdünstung die Luft, aus seiner Verflüchtigung (subtilitate) das Feuer, aus seiner Verdichtung (grossitie) die Erde werde und alles Lebende durch dasselbe genährt werde, somit auch entstehe, denn woraus die lebenden Wesen sind, daraus ziehen sie auch ihre Nahrung. Daß aber das Wasser nicht das Werdenkönnen der Welt sein könne, geht daraus hervor, weil Gott nach Thales selbst das Älteste ist, also vor allem Erschaffenen; das Wasser ist also nach ihm geworden, es geht also dem Wasser das Werdenkönnen voraus. Der Stoiker *Zeno* lehrte, Gott habe die Substanz des Feuers mittelst der Luft in Wasser verwandelt; und gleichwie der Same im Fötus enthalten ist, so sei die Keimfähigkeit (serendi rationem) in der Feuchtigkeit zurückgeblieben, eine zum Bearbeiten sehr taugliche Materie, aus welcher dann alles entstanden sei. Man beachte hier wieder, daß unser Prinzip, das Werdenkönnen dem Wasser und allen Elementen, allem Gewordenen vorhergehe. Auch ist jene Feuchtigkeit nicht reines Wasser, da es ein absolut reines Wasser, das nicht mehr reiner sein könnte, nicht gibt (es ist also mit anderem vermischt). Es darf daher auch nicht einem Elemente, sondern der Vereinigung von allen das Werdenkönnen der sichtbaren Welt zugemessen werden …

Elftes Kapitel

Von den drei Gebieten und den zehn Feldern der Weisheit

Um unsern Gedanken darzulegen, sagen wir: Es gibt *drei Gebiete* der Weisheit; das *erste* ist jenes, in welcher sie so aufgenommen wird, wie sie in ihrem *ewigen* Sein ist. Im *zweiten* Gebiete wird sie aufgenommen in ihrer *beständigen* Ähnlichkeit; im *dritten* leuchtet sie aus der Ferne, im *zeitlichen Abflusse* ihrer Ähnlichkeit. Sodann gibt es *zehn Felder*, die zur Jagd auf die Weisheit sehr geeignet sind: 1) die *gelehrte Unwissenheit*, 2) das *Könnensein* (possest), 3) das *Nichtanderssein*, 4) das *Licht*, 5) das *Lob*, 6) die *Einheit*, 7) die *Gleichheit*, 8) die *Verbindung*, 9) die *Bestimmtheit* (terminus), 10) die *Ordnung*.[1]

1 Die zehn Felder sind ebensoviele *Auffassungen* des göttlichen Wesens, um durch allseitige Bestimmtheit desselben zur vollen Gotteserkenntnis zu gelangen. Das erste Feld könnte deutlicher die *Unerfaßbarkeit Gottes* genannt werden.

Zwölftes Kapitel

Erstes Feld: Die gelehrte Unwissenheit

Indem ich in das erste Feld eintrete, sehe ich, daß der *Unerfaßbare nur als unerfaßbar* erkannt wird. Eusebius erzählt, Sokrates habe einen nach Athen gekommenen Inder gefragt, ob man, wenn man Gott nicht kenne, etwas zu wissen imstande sei; der Inder habe befremdet über diese Frage erwidert: Wie wäre dies möglich? Er meinte nicht, daß man nichts wisse, auch nicht, daß man von Gott gar nichts wisse; denn alles, weil es ist, gibt auch von Gott, weil er ist, Zeugnis. Ja vielmehr: Weil Gott ist, ist alles. Wie nun die Kausalität Gottes (sicut »quia est« Dei) die Ursache des Wissens von allem ist, weil es ist, so ist auch, weil die Wesenheit Gottes (quia Deus quid sit) an sich unbekannt ist (denn was man weiß, kann besser und vollkommener gewußt werden; man weiß also nichts, so wie es zu wissen ist – nihil uti scibile scitur –), auch die Wesenheit von allem als solche (uti scibilis est) unbekannt. Aristoteles sagt von ihr, sie sei beständig eine gesuchte, wie er denn auch in seiner Ersten Philosophie sie sucht, aber nicht findet. Es kann nicht sein, daß man das weiß, was dem Seinkönnen vorhergeht. Dies ist Gott; er ist also unbegreiflich. Da man das Wesen des Werdenkönnens so wenig als die Ursache von diesem begreifen kann, so wird das Wesen von keinem Ding an sich wirklich erfaßt. Je mehr jemand überzeugt ist, daß man dies nicht wissen könne, desto gelehrter (doctior) ist er … Ich habe dies in den Büchern über die gelehrte Unwissenheit (so gut ich konnte) auseinandergesetzt. Sonderbar! Der Geist hat ein Verlangen nach Wissen, jedoch ist ihm dieses natürliche Verlangen nicht anerschaffen zur Erkenntnis der *Wesenheit* seines Gottes, sondern zur Erkenntnis der *Unendlichkeit* der Größe Gottes, die allen Begriff und alles Wissen übersteigt. Der Geist selbst wäre nicht in sich zufrieden, wenn er die Ähnlichkeit eines so kleinen und unvollkommenen Schöpfers wäre, der noch größer und vollkommener sein könnte. Nur den Gott von unerfaßbarer Vollkommenheit, und nicht einen kleineren, erkennt alle Kreatur als ihren Gott an und sich als Ähnlichkeit desselben … Da Gott über das Werdenkönnen hinausreicht, so kann nichts vollkommener werden, das er nicht überträfe. Er ist alles einer Vervollkommnung Fähige und alles zur Vollkommenheit Gelangte (omne perfectibile perfectumque). Er ist das Vollkommene selbst, die Vollkommenheit. Es freut sich daher der Geist, daß er eine solche die Vollkommenheit bewirkende, nie völlig aufzuzehrende Nahrung habe, durch die er unsterblich genährt wird und immer in der Weisheit wachsen und erstarken kann; wie der sich mehr freut, der einen unendlichen, unerschöpflichen Schatz gefunden hat, als der, welcher nur einen beschränkten und begrenzten entdeckt hat … du siehst nun, daß die nach Weisheit jagenden Philosophen, welche die Wesenheit der Dinge bei Unkenntnis der Wesenheit Gottes zu erjagen und die immer nur annähernd zu erforschende Wesenheit Gottes als erforschte darzustellen sich bemühten, vergebliche Mühe aufgewendet haben, sie haben das Feld der gelehrten Unwissenheit nicht betreten. Nur Plato, der etwas weiter als die anderen Philosophen sah, sagte, es sollte ihn wundern, wenn Gott sollte gefunden werden, und noch mehr, wenn der Gefundene den Menschen sollte können bekanntgemacht (propalari) werden.

Dreizehntes Kapitel

Zweites Feld: Das Könnensein (possest)

Wenn der Geist in das Feld des Könnenseins, wo die Möglichkeit Wirklichkeit (actu) ist, eintritt, so erbeutet er ganz ergiebige Nahrung.

Gott ist, wie Thales von Milet richtig bemerkt, älter als alles, weil er nicht geworden oder erschaffen ist; er ist vor dem Etwas und Nichts, vor dem Aussprechlichen und Unaussprechlichen, vor dem Werdenkönnen und dem Gewordenen. Er kann also nichts werden, was er nicht von Ewigkeit wirklich (actu) ist. Obgleich die Menschheit das ist, was zum Menschsein gehört, so ist sie doch nicht wirklich alles, was sie sein kann; denn sie ist nach dem Werdenkönnen und steht unter der Allmacht des Schöpfers des Werdenkönnens. Es ist also nichts von allem, was nach dem Werdenkönnen folgt, von der Möglichkeit frei, anders zu werden, als es ist. Nur Gott ist das Könnensein, weil er wirklich ist, was er sein kann. Man darf daher Gott in keinem andern Felde suchen als in dem des Könnenseins. Was man immer aufweist, so ist Gott nicht dieses; denn dieses kann ein anderes werden. Er ist nicht klein, weil das Kleine größer, nicht groß, weil das Große kleiner werden kann. Er ist vor allem, was anders werden kann, vor allen Differenzen von Licht und Finsternis, Gleichheit und Ungleichheit, vor der Differenz der Indifferenz und der Differenz etc., er ist somit die Ewigkeit.

Was die Philosophen abschreckte, dieses Feld zu betreten, war ihre Voraussetzung, man müsse auch Gott wie alles, was dem Werdenkönnen folgt, in der Differenz der Gegensätze aufsuchen. *Vor* der Differenz der kontradiktorischen Gegensätze glaubten sie Gott nicht zu finden. Indem sie also die Jagd auf ihn innerhalb jenes Prinzips: »Jegliches ist entweder, oder es ist nicht« anstellten, konnten sie ihn, der auch älter als dieses Prinzip ist und über dessen Umfang hinausreicht, unmöglich finden.

Vierzehntes Kapitel

Drittes Feld: Das Nichtanderssein (non aliud)

Das, was dem Werdenkönnen vorhergeht, kann nicht anders werden, es kann nicht durch andere Begriffe (termini) definiert werden, das absolute Sein ist *die Definition seiner selbst* (sui ipsius definitio est), denn die Definition drückt die generische Konkordanz und die spezifische Differenz des Definierten aus, das Absolute aber ist über und vor aller Differenz. Es selbst *definiert alles*, da dieses nicht existierte, wenn es nicht durch dasselbe wäre und definiert würde ... Das Feld, auf welchem die angenehmste Jagd auf das angestellt wird, was sich und alles definiert, nenne ich das Nichtanderssein. Auf die Frage: Was ist das Nichtanderssein? wird am passendsten also geantwortet: das Nichtanderssein ist nichts anderes, als: »nicht anders.« Und auf die Frage: Was ist das »Anders«? ist die richtige Antwort: Das »Anders« ist nichts anderes als immer anders. So ist die Welt nichts anderes als Welt etc. Siehst du nun, daß jenes uralte Ewige auf diesem Felde ganz ergötzlich erjagt werden kann? Denn da es die Definition seiner selbst und alles andern ist, so finden wir es in nichts anderem klarer und bestimmter als in dem Nichtanderssein. Staunend findet der Geist in dem geheimnisvollen Felde, wenn er genau verfährt, daß *die Trinität, ohne welche Gott sich selbst nicht definiert, Einheit sei*, weil die Definition zugleich das Definierte ist. Der dreifache und einfache Gott ist die Definition, die sich und alles definiert ... Die Vernunft findet also, daß Gott das Nichtanders ist, weil er das »Anders« selbst definiert. Denn nimmt man das Nichtanderssein hinweg, so bleibt nichts anderes übrig. Denn wenn das Anderssein sein soll, so kann es *nichts anderes* sein, als eben anders, sonst wäre es anders als anders und somit nicht anders. Da es also vor dem Anderssein ist, kann es nicht anders werden und ist wirklich (actu) alles, was es schlechthin sein kann. Beachte übrigens wohl, daß das Nichtanderssein nicht soviel ist als identisch sein (idem); sondern das Dasselbe (idem) nichts anderes ist als Dasselbe, so geht das Nichtanders ihm und allem vorher. Wenn daher Gott das Nichtanderssein genannt wird, weil er das Nichtanders jeden andern Wesens ist (ipse est non aliud, ab alio quocunque), *so ist er deswegen nicht* **Dasselbe** wie jedes Wesen; er ist das nichts Anderes des Himmels (non est aliud a coelo), aber deshalb nicht dasselbe, was der Himmel. Er hat (hält) daher alle Dinge als nicht andere, als wie sie sind (habet igitur omnia ut non alia quam sunt), weil Gott sie definiert; von ihm, dem Nichtanderssein, haben sie es, daß sie nichts anderes, sondern sich Ähnliches in den Gattungen hervorbringen. – Die auf Wahrheit Jagd machenden Philosophen haben dieses Feld gar nicht betreten, in welchem allein keine Negation der Affirmation entgegengesetzt ist. Das Nichtanders ist kein Gegensatz zum Anders, da es dieses definiert und ihm vorübergeht. Nur außerhalb dieses Feldes stehen Negation und Affirmation einander entgegen, wie sterblich und unsterblich etc. Gott also in andern Feldern suchen, wo er nicht gefunden wird, ist ein vergebliches Jagen; Gott steht keinem Gegensatze gegenüber. Unvollkommener wird daher Gott unsterblich genannt, dem das Sterblichsein entgegensteht, genauer: das Nichtanderssein, dem weder das Anders noch das Nichts entgegensteht, da es auch dem Nichts vorhergeht und es definiert. Denn das Nichts ist *nichts anderes* als nichts. Sehr scharfsinnig sagt der göttliche Dionysius, Gott sei in allem alles und in nichts – nichts (in nihilo nihil).

Fünfzehntes, sechzehntes und siebzehntes Kapitel

Viertes Feld: Das Licht[1]

Ich will nun das Feld des Lichts betreten und durch das gegebene Licht die Erleuchtung der Weisheit suchen. Denn es leuchtet über uns, wie der Prophet sagt, das Licht des Antlitzes oder der Erkenntnis Gottes, und in diesem Lichte ist das Jagen nach Weisheit überaus freudig und angenehm.

Wer den Schnee sieht, sagt, er sei weiß. Dieser Definition widersprechen wäre Unsinn. Was jeder Verstand als wahr definiert, muß wahr sein. Die sich und alles definierende Definition ist daher notwendig sehr gut, groß, wahr, schön, weisheitspendend, ergötzend, klar, gleichmäßig (aequa), selbstgenügend. Alles dieses ist in der Definition die Definition und in dem Definierten das Definierte. (Definition und Definiertes fallen zusammen, decken sich vollständig.) Daraus erbeutet der Geist eine bewunderungswürdige, äußerst genußreiche Weisheit, da er auf das Evidenteste einsieht, *alles dieses sei in dem ewigen einfachsten Gott – Gott selbst*, der sich und alles definiert, daher auch in jedem Definierten das Definierte ist. Der Geist weiß nun auch, daß *nichts von allem, was ist, ganz frei von dem Guten, Großen, Schönen* etc. *ist*. Alles ist auf das Genügendste erschaffen, jedes Wesen hat soviel, als es zu seiner Selbstgenüge bedarf. O wunderbare Weisheit Gottes, welches Alles, was sie gemacht hat, als sehr gut erkannte. Durch die ganze Jagd zur Bewunderung dieser ewigen Weisheit gelangen, das heißt, sich ihr nähern... In dieser freudenvollen Hoffnung steigert der Jäger seinen Lauf. Nur durch die Last des Körpers gehemmt, die überaus schnell vor ihm hineilende Weisheit zu erreichen, wünscht er vom Körper getrennt zu sein; er möchte das Band lösen, das ihn mit diesem verbindet, und fürchtet daher den Tod nicht, um die Weisheit Gottes als unsterbliche Speise zu kosten. Wer ihrer wert ist, weiß, daß man sie selbst dem eigenen Leben vorziehen und von solcher Liebe zu ihr entflammt sein muß, daß man sich und alles gerne hingibt, um nur sie zu gewinnen. – Fragen wir nach der Definition des Guten, so finden wir, daß alle übrigen oben

---

1 Nach der folgenden Erläuterung ist unter *Licht* die innere *Wahrheit, Vollkommenheit Gottes* und die Wahrheit der Dinge in Gott zu verstehen, das Korollar hiervon ist das *Lob Gottes* (im fünften Feld, mit beigefügten praktischen Folgerungen).

genannten Prädikate (groß, wahr, schön etc.) das Gute sind. Definieren wir das Große, so sind in ihm das Gute, Wahre etc. eben das Große. *In jedem derselben sind alle es selbst.* Notwendig sind sie in dem Nichtanderssein nicht anders, also das Gute *nichts anderes* als das Große, Wahre etc., während in dem Anderssein diese Prädikate anders werden. So ist das Gute der Sonne anders als ihre Größe, Wahrheit etc. Es nimmt die Natur des Zusammengesetzten, des Verschiedenen an. Wenn das Wahre, Gute etc. aus allen Dingen hervorleuchtet, so ist *alles in allem,* versteht sich in besonderer Art des Seins; das Gute, Wahre, Schöne etc. *ist in Gott Gott, in unserem Geiste geistig, im Sinne sinnlich.* Dadurch aber ist dem Geiste das Erkennen des Wahren möglich: In sich beschaut er alles wie in einem Spiegel, alles sieht er sich assimiliert; in dieser Assimilation *hat er das lebendige Bild des Schöpfers von allem* und erkennt sich als dessen Abbild; *in diesem Abbilde erkennt er mit zweifelloser Gewißheit seinen Gott.*

Achtzehntes, neunzehntes und zwanzigstes Kapitel

Fünftes Feld: Das Lob Gottes

Sobald ich das Feld des Lichtes durchpirscht hatte, öffnete sich mir das schöne Feld des Lobes Gottes, denn nachdem ich jene zehn oben erwähnten Prädikate: das Gute, Große, Wahre etc. erbeutet hatte, fand ich, daß sie alle im Felde des Lobes Gottes gepflanzt seien, als ein ebensovielfaches Lob Gottes. Daher sang David im Hinblicke auf alle Werke Gottes: Lobet den Herrn im Himmel! Lobet ihn in der Höhe! Jedes Geschöpf Gottes lobt Gott, daß er gut ist, weil es bezeugt, daß es selbst gut und lobenswert nur durch sein Geschenk ist; ebenso lobt ihn jedes als groß, schön etc. Im Felde des Lobes Gottes haben in größter Ehrfurcht ihre Jagd angestellt die Propheten und übrigen Heiligen, wie ihre Schriften beweisen, welche alle auf das Lob Gottes abzielen … Wenn gleich jede Gattung von Geschöpfen ein besonderer Akkord im Hymnus der ganzen Schöpfung ist, so hat doch der denkende Mensch mehr Gehalt als alles Sichtbare zum Lobe Gottes in sich, um vor allen andern Gott beständig zu loben. Das ist daher auch das Ziel seines Lebens, Gott wiederzugeben, was er zu seinem Sein erhalten hat – Lob und Ehr … Unsinn ist daher der Götzendienst, welcher der Kreatur das Lob Gottes widmet, erzeugt von einem schwachen, blinden und irregeführten Geiste. Kennt ja doch die ganze Schöpfung ihren Schöpfer, versteht sein Wort und folgt ihm. Sagt er zu einem Steine, er solle Leben werden, so hört er es und gehorcht. Sogar Tote hören das Wort Gottes und leben, wie die Christen an Lazarus sehen. Hieraus folgt, daß der mit freiem Willen begabte Mensch, der Gott nicht lobt und auf sein Wort nicht hört, nicht zu entschuldigen ist, da ihn seine eigene Natur verurteilt, und unwürdig der Gemeinschaft der Seligen ist, die Gott ohne Ende loben. Unsäglich ist das beständige und freudige Lob Gottes aus dem Munde der Heiligen. So groß ihr Lieben, so groß ist auch ihr Loben (quantum amant, tantum clamant), und je mehr sie Gott loben, desto mehr Lob erlangen sie selbst und nähern sich dem unendlich Lobenswürdigen, ohne ihm je gleich zu werden. In entgegengesetzter Richtung wird auch die ewige Verdammnis der rebellischen Geister nie eine zeitliche und endende. Die Ehre und das Lob der vollkommenen Menschen bestehen nach beständiger Überlieferung in der Gemeinschaft mit Gott und allen Heiligen. Welt- und Eigenliebe haben diese Vollkommenen weggeworfen und den Lehrer der Wahrheit, das menschgewordene Wort Gottes, nachgeahmt, der zum Lobe Gottes unter allen Schrecken dem Schrecklichten, dem schmählichsten Tode sich freiwillig unterzogen hat. Unzählige Märtyrer sind ihm nachgefolgt und haben durch den Tod unsterbliches Leben erlangt, und auch heute noch streben viele Religiosen, der Welt abzusterben und vollkommene Lobpreiser Gottes zu werden …

Einundzwanzigstes und zweiundzwanzigstes Kapitel

Sechstes Feld: Die Einheit

Aurelius Augustinus sagt in seiner Schrift über die Ordnung, das Nachdenken aller Philosophen beschäftige sich mit der Einheit. Das gleiche hat nach ihm der gelehrte *Boëtius* durch sein Buch über die Einheit und das Eine ausgesprochen. Beide folgten dem *Plato*, welcher das Eine das erste und ewige Prinzip nennt. Vor ihm lehrte *Pythagoras* aus Samos, welcher alles unter dem Gesichtspunkte der Zahl betrachtete, die Monas sei das Prinzip von allem, denn die Einheit ist vor aller Vielheit.

Wir wollen nun dieses Feld der Einheit durchstreifen. Obwohl das Nichtanderssein der Einheit vorhergeht, so ist doch die Einheit jenem am nächsten. Das Eine und Dasselbe (unum et idem) scheinen an dem Nichtanders mehr als alles andere zu partizipieren ... Und da das eine das ist, was es sein kann, ganz einfach, nicht vermehrbar, so faßt es alles in sich, was ohne dasselbe nicht mehr wäre. Denn alles ist nur insofern, als es eines ist, das eine umfaßt das Wirkliche und das Mögliche, somit mehr als das Sein (ens) (wiewohl nach Aristoteles Sein [ens] und Einheit Wechselbegriffe sind). Das Seiende (ens) wäre daher ein beschränkteres Prinzip von allem als die Einheit. Es kann auch keine Vielheit geben, die nicht an der Einheit partizipierte; sonst wäre das Ähnliche unähnlich; vieles Ähnliche wäre zugleich unähnlich; dasjenige nämlich, das nicht an der Einheit partizipierte und doch mit dem Partizipierenden Ähnlichkeit hätte. So würde alle Ordnung der Dinge aufhören, wie dies Plato im Parmenides scharfsinnig nachgewiesen hat. Das Eine kann nicht geschaffen sein, da es dem Geschaffenen vorhergeht, es kann nicht zerstört, geändert werden, da es dem Werdenkönnen vorhergeht und alles ist, was es sein kann ... Unwahr ist es daher, daß vor dem Werdenkönnen Götter seien, die an dem Einen partizipieren wie an einer Spezies von Gottheit; es wäre sonst eine Vielheit des ewigen göttlichen Wesens. Vergebliche Mühe machte sich daher Proclos in seinen 6 Büchern über die Theologie des Plato, indem er aus unsicheren Konjekturen die Differenzen jener ewigen Götter und ihr Verhältnis zu einem Gott der Götter zu ermitteln suchte; denn es gibt nur einen ewigen Gott, der für alles vollkommen genügend ist und die ganze Welt regiert. Die Philosophen scheinen alle ihre Betrachtungen über Gott, Götter, den Himmel und seine Bewegung, Fatum, Geisterwelt, Ideen und die Natur nur vom Standpunkte dieser sichtbaren (sensibili) Welt und dem, was zu ihrer Erhaltung nötig ist, angestellt zu haben, als ob diese irdische Welt die Krone aller Werke Gottes wäre. Aristoteles und Plato lassen Gott die Himmel leiten; die Himmel aber sind nach ihnen nur um dieser sichtbaren Welt da, damit die Zeugungen und was zur Erhaltung der Erde gehört, durch Nachahmung der Himmelsbewegung erfolgen. Sie bedachten nicht, daß unzählige Sterne, viel größer als diese bewohnte Erde, so viele Geister nicht bloß für diese Erde geschaffen sind, sondern, wie oben gesagt, zum Lobe ihres Schöpfers.

Die verständigste Jagd auf diesem Felde haben diejenigen angestellt, welche, wie Augustin, die *Einheit* als eine *fruchtbare* (lebendige) erkannt haben, welche die *Gleichheit* aus sich erzeugt, und die *vereinigende Liebe*, die von der Einheit und Gleichheit ausgeht …

Dreiundzwanzigstes Kapitel

Siebentes Feld: Die Gleichheit

Die Vielheit bringt auch die Ungleichheit mit sich. Von den vielen Dingen ist keines dem andern vollkommen gleich. Die Gleichheit, welche das ist, was sie sein kann, ist daher *vor* dem Anderssein und der Ungleichheit und eben deshalb ewig, wie die Einheit, aus der sie ewig hervorgeht. Die Gleichheit ist daher keiner Vervielfältigung fähig. Das Gute, Große, Wahre, Schöne etc. sind nicht Vielheiten, sondern sich gleich und ewig. Aus dem ungleichen Partizipieren aller Dinge an der absoluten Gleichheit folgt der Satz: Alle Dinge stimmen unter sich überein und differieren zugleich (concordant pariter et differunt omnia).

Vierundzwanzigstes, fünfundzwanzigstes und sechsundzwanzigstes Kapitel

Achtes Feld: Die Verbindung

Mit der Vielheit und Mannigfaltigkeit ist auch die Teilung gegeben, aber aller Teilung geht die Verbindung (nexus) voraus, als ewige Unteilbarkeit, die aus der ewigen Einheit und deren Gleichheit ewig hervorgeht… Obwohl die Einheit nicht die Gleichheit ist und die Verbindung, so ist doch die Gleichheit und Verbindung nicht etwas anderes als die Einheit, da sie das Nichtanderssein sind, das dem Anderssein vorhergeht. Alles und Jedes ist ein Nachbild dieser Trinität … die Einheit ist die Bindung (constructio) des flüchtigen Seins; die Gleichheit ist die Gestaltung (formatio) des Gebundenen, die Verbindung (nexus) ist die Verknüpfung des Geeinten und Gestalteten. Die Verbindung geht als zusammenhaltendes Prinzip durch die ganze Schöpfung; sie verbindet Seele und Leib, sie bindet mit einem geistigen Bande den Geist an die Weisheit und bewirkt dadurch die Erkenntnis und die wahre Glückseligkeit.

Die Philosophen haben dieses Prinzip der Verbindung zumeist nicht erkannt und deshalb auch die wahre Weisheit nicht erreicht …

Siebenundzwanzigstes, achtundzwanzigstes und neunundzwanzigstes Kapitel

Neuntes Feld: Die Idee (terminus)

Das der Verbindung zunächst liegende Feld, welches ich das der *Idee*[1] nenne, ist voll der ersehnten Beute, überaus groß und unbegrenzt. Es hat weder Anfang noch Ende, wohl aber hat es die Anfänge, Mitte und Ende alles Bestimmbaren (terminabilium) in sich, gleichsam die Wurzel der Allmacht, indem sie in ihrer Kraft alles begreift (continet), auch alles aus sich entfaltet und begrenzt. Die Bestimmtheit (terminus), welche alles ist, was sein kann, ist vor jeder Bestimmtheit der Dinge, die werden können. Sie ist die unbegrenzte Bestimmtheit des Werdenkönnens selbst, die alles, was werden kann, determiniert vorher in sich faßt. Es ist also die Bestimmtheit aller Dinge und aller Wissenschaften. Wer anders aber setzt Grenze und Bestimmtheit als der Geist (mens) und *die Weisheit*? Der Geist, wie Anaxagoras sehr richtig sah, begrenzt (determinat) und unterscheidet die verworrene Möglichkeit und bewegt alle Dinge, daß sie zu dem von ihm den Dingen bestimmten Ziele gelangen. Die Weisheit[2] hat die *Urbilder der Dinge* gebildet (exemplaria rerum definivit), die *Ideen* (rerum rationes), die in ihr präexistieren, nach welchen (secundum quas) die göttliche Weisheit alles vorherbestimmt oder vorherbegrenzt und hervorgebracht hat (praedestinavit seu praedeterminavit produxitque). Was sind also diese Ideen anderes als die Bestimmtheiten (termini), die allem Bestimmtheit geben? Gewiß ist, daß für sie alle der göttliche Geist das Bestimmende (terminus) ist. Er hat sie rationell in sich auf das Vollkommenste determiniert, und sie sind keine *wirksamen* (validae) und *vollkommenen* Ideen, außer insoweit sie am göttlichen Geiste partizipieren, *wodurch sie das sind,*

1 So muß nach der folgenden Erläuterung die Aufschrift »terminus« gefaßt werden.

2 Haec bezieht sich nach dem ganzen Zusammenhange nicht auf mens, sondern auf das grammatisch näherstehende sapientia.

was sie sind. Die Verschiedenheit der Ideen entsteht nur aus dieser verschiedenen Partizipation. Wenn du vor das Werdenkönnen hinschaust und nach menschlicher Weise denkst, Gott habe von Ewigkeit den Gedanken gefaßt, er wolle schaffen, so war offenbar, da noch nichts geschaffen war, weder Himmel noch Erde, noch Engel etc., alles dieses nicht mehr erschaffbar, als anderes, was mit diesem gar nichts gemein hat und das wir uns gar nicht vorstellen können. *Gott bestimmte nun* (determinavit) *in seinem Begriffe, daß er gerade diese Schöpfung, die wir sehen, erschaffen wolle.* Durch die *Selbstbestimmung des göttlichen Geistes* (ex determinatione mentis in se ipsa) hat also alles seine Bestimmtheit, so oder so zu sein, erhalten. Nach dieser ewigen Idee (conceptus) hat Gott das erschaffene Werdenkönnen determiniert zum Werden *dieser* Welt und ihrer Teile. Das Werdenkönnen ist nicht vag und unbestimmt, sondern zu dem Ziel und mit der Bestimmtheit, diese Welt zu werden und nichts anderes, erschaffen. Die Idee also, auch das geistige Wort (verbum mentale) oder die Weisheit genannt, ist die Bestimmtheit, die keine Bestimmtheit, Grenze, hat. Vor dem göttlichen Geiste ging kein anderer Geist voraus, der ihn zum Erschaffen dieser Welt bestimmte; der ewige göttliche Geist hat, mit *vollkommener Freiheit*, zu schaffen oder nicht zu schaffen, so oder anders, seine Allmacht in *sich selbst nach seinem Willen* von Ewigkeit determiniert … Es ist klar, daß die göttliche Weisheit in diesem Felde verborgen ist und durch eifriges Jagen gefunden wird. Denn sie ist es, »die dem Meere und festen Lande, Sonne, Mond und Sternen und ihrer Bewegung die Grenzen gesetzt und ihr Gesetz jeglicher Kreatur gegeben hat, das diese nicht überschreiten kann«, wodurch alles in bestimmtem Maß, Gewicht und Zahl sich bewegt; ohne dieses Gesetz wäre überall nichts als Verwirrung.

Unser Geist ist ein Abbild des göttlichen Geistes; er ist daher das Prinzip, nicht der Dinge, sondern nur seiner geistigen Tätigkeiten, die er determiniert; er faßt alles begrifflich (notionaliter), nicht wesenheitlich, in sich. Das Wesen der Dinge findet er daher nicht in sich; selbst seine eigene Wesenheit erkennt der Geist nicht, sondern nur das Bild von ihr; da er denkt, weiß er, daß er ein denkendes Wesen ist. Die Ähnlichkeit der Dinge ist in ihm, daher wird er ein *Ort der Begriffe* (locus specierum) genannt. Die Wesenheit der Dinge ist *vor* den Begriffen von ihr, diese sind also erst *nach* den Dingen …

Dreissigstes, einunddreissigstes und zweiunddreissigstes Kapitel

Zehntes Feld: Die Ordnung[1]

Dionysius, scharfsinniger als alle andern Philosophen, sagt in dem Kapitel von der Weisheit: Vielleicht sagen wir richtig, daß wir Gott aus seiner Natur und Wesenheit nicht erkennen (denn diese ist uns ganz unbekannt und übersteigt alle Verstandes- und Sinnenerkenntnis), wohl aber *aus der überaus trefflichen Ordnung aller Geschöpfe*, die sein Werk ist und ein Ausdruck und Abbild seiner göttlichen Ideen. Wir erheben uns zu dem, der alles übertrifft, systematisch durch gänzliche *Privation* und durch Betrachtung Gottes als der *Ursache* von allem. Daher wird in allem und außer allem (seorsum ab omnibus) Gott erkannt, durch Wissen und durch Nichtwissen (per scientiam et ignorationem noscitur Deus) … In allem ist er alles und in keinem nichts, aus allem wird er von allem erkannt und aus keinem von niemand (in omnibus omnia est et in nihilo nihil; et ex omnibus omnibus noscitur, et ex nullo nemini). Indem Gott der Schöpfer von allem ist, der alles stets in Einklang bringt (omnia concordans), als die Ursache einer unauflöslichen Einheit, der das Ende des Ersten verknüpft mit dem Anfange des Zweiten und so einen Einklang im ganzen Universum und eine schöne Harmonie hervorbringt, ist er der Urheber der Ordnung, durch welche auch Ruhe, Friede und Selbstgenüge in allen Kreaturen entsteht, indem jedes mit der Stellung zufrieden ist, in die es für die Ordnung des Ganzen in das Ganze, wie z. B. Fuß und Auge in den Körper, eingefügt ist.

Da alles, was aus dem Werdenkönnen wirklich werden soll, die Ordnung voraussetzt, welche alles das ist, was sein kann, so ist die Ordnung ewig. Wäre sie erschaffen, so wären die Dinge durch die Ordnung aus dem Möglichen zur Wirklichkeit gelangt, und es wäre die Ordnung dagewesen, bevor sie war, was unmöglich ist. Sie hat also keinen Anfang und kein Ende. Was kann aber die Ordnung im einfachsten Prinzipe oder Dinge anders sein als dieses Prinzip selbst? Sowohl das Prinzip ohne Prinzip als auch das Prinzip aus dem Prinzi-

---

1 Nach den folgenden Erläuterungen ist unter diesem Felde die *kosmologische Gotteserkenntnis* zu verstehen, womit die s. g. *via negativa* und *positiva*, sowie *via causalitatis* in der Erkenntnis Gottes in Verbindung steht.

pe und das aus beiden hervorgehende Prinzip. Ohne diese kann die Ordnung im Prinzipe nicht sein, da es zum Wesen der Ordnung gehört, Anfang (principium), Mitte und Ende zu sein. Werden diese in dem einfachsten und obersten Prinzipe negiert, so wird auch die Ordnung negiert, ohne welche nichts übrigbleibt, da die Welt ohne Ordnung und Schönheit nicht bestehen kann. Denn wie sollte das Sein ohne Ordnung aus dem Seinkönnen in die Wirklichkeit gelangen? Wenn im Prinzip keine Ordnung ist, woher sollte das durch das Prinzip Gesetzte Ordnung haben?

In dem durch das Prinzip Gesetzten ist (abbildlich) das Prinzip ohne Prinzip die *Wesenheit* (essentia), das Prinzip aus dem Prinzip die *Kraft*, das Prinzip, das aus beiden hervorgeht die *Wirksamkeit* (operatio). Diese drei finden sich in allem, auf daß alles an der göttlichen Ordnung partizipiere. Die Welt ist geordnet in *geistiges, lebendiges* und *lebloses* Sein; das bürgerliche und Familienleben, Kunst und Wissenschaft haben ihre Ordnung, nur ein geordnetes Wissen hat Erfolg und Fortschritt, und eine geordnete Rede macht Eindruck; Ordnung kommt dem Gedächtnisse zu Hilfe; kurz: die Ordnung ist ein Widerschein der Weisheit (relucentia sapientiae ordo), die ohne Ordnung nicht mit Erfolg wirksam wäre. Ordnung ist das Band des Universums (copula universi). Durch sie ist der Mensch als Mikrokosmos an die Spitze der Sinnenwelt und an die unterste Stufe der intelligiblen Welt gestellt, an den Horizont der Zeit und Ewigkeit, beide Welten in sich verbindend, indem er an jeder partizipiert. In noch großartigerer Weise verbindet die Menschheit Jesu Christi die niedere Natur nicht nur mit der höhern, geistigen, sondern mit *Gott dem Schöpfer* selbst und der ewigen Unsterblichkeit, wenn wir durch Glaube und Liebe ihm, dem Mittler, gleichgestaltet werden.

Was ist schöner als die wunderbare Ordnung der Wiedergeburt? Ich habe im Bisherigen einiges über die Felder der zu erjagenden Weisheit gesprochen, aber dort, in der Ordnung der Wiedergeburt, hat die inkarnierte Weisheit den Weg zu ihr durch ihr eigenes Beispiel geoffenbart.

Wir streben nach Weisheit, um unsterblich zu sein; da uns aber keine Weisheit vor den Schrecken des Todes bewahrt, so wird das die wahre Weisheit sein, durch welche die Notwendigkeit des Sterbens in die Kraft zu leben und in den sichern Weg zur Auferstehung umgewandelt wird, was nur mit der Kraft Jesu und Nachahmung seines Beispiels möglich ist. Hierauf müssen wir also den größten Eifer verwenden, hier allein ist sichere Jagd, der Erfolg zuverlässig – der Besitz der Unsterblichkeit.

Dreiunddreissigstes Kapitel

Über die Bedeutung des Wortes

Die Philosophen haben oft über die Bedeutung (vis) eines Wortes große Rücksicht genommen, als ob das Wort das präzise Bild (figuratio) des Gegenstandes wäre. Allein die Worte, die der erste Mensch aus Reflexion des Verstandes den Dingen gab, sind keine präzise Bezeichnung; denn der Begriff ist nicht das Wesen der Sache. Hätte jemand den Namen für das Wesen einer Sache, dann würde er alles richtig benennen und besäße die vollkommenste Kenntnis von allem. In dem substantiellen Wesen der Dinge liegt also kein Widerstreit (dissensio), sondern in den Worten, die nach verschiedenen Gesichtspunkten (rationibus) den Dingen gegeben werden und in den verschiedenen Bildern (configuratione) von den Dingen, wie Plato in seinen Briefen an den Tyrannen Dionysius sehr schön ausführt. Dionysius Areopagita will daher, man solle mehr auf den Sinn als auf die Bedeutung der Worte sehen. Niemand bemühte sich eifriger, die Wortbedeutung aufzusuchen, als Aristoteles, der in der Definition, welche ihm die Worterklärung ist, das Licht der Erkenntnis fand. In der Erkenntnis der menschlichen Dinge mag dies der Fall sein, weshalb die Kenntnis, welche sich auf die Wortbedeutung stützt, dem Menschen, als seiner Natur angemessen, sehr geläufig ist. In der Erforschung der göttlichen Weisheit aber muß man menschliche Ausdrücke, wie sie dem Menschen zugeschrieben werden, von Gott negieren. So bezeichnet das Wort Leben, das alles Lebende umfaßt, nicht das Wesen Gottes, welcher die Ursache alles Lebens ist. Auch auf die Unterscheidung der verschiedenen Bedeutungen der Worte muß man, wie schon der hl. Thomas aufmerksam gemacht hat, sorgfältig achten …

Diese meine Forschung nach der unaussprechlichen Weisheit, welche älter ist als alles Namengeben, bewegt sich mehr im Stillschweigen und Schauen als im vielen Reden und Hören. Sie setzt voraus, daß die menschlichen Worte, derer sie sich bedient, nicht präzis sind, keine Engels- und Gottesworte; sie gebraucht sie, da sie anders keinen Begriff ausdrücken kann, wenn sie die Ewigkeit durch sie bezeichnen will, die freilich keines von den Dingen ist, um derentwillen die Worte gebildet sind, sondern die Ursache von ihnen, und *ein Wort nicht von dieser Zeit* (verbumque nullius temporis).

Vierunddreissigstes, fünfunddreissigstes und sechsunddreissigstes Kapitel

Über die gefangene Beute

Nachdem ich nun die zehn Felder durchpirscht habe, erübrigt mir noch, die gefangene Beute zu sammeln. Eine große Jagd habe ich angestellt, um große Beute zu erlangen. Nicht mit irgend etwas Großem, das größer sein konnte, zufrieden, habe ich die Ursache der Größe, die nicht mehr größer sein kann, aufgesucht. Könnte jene Ursache größer sein, so würde sie durch das von ihr Verursache größer. So wäre das Spätere vor dem Früheren. Notwendig muß daher die Ursache der Größe das sein, was sein kann. Die Größe (das absolut Größte) geht somit dem Werdenkönnen vorher, da kein anderes werden kann, wenn es alles das ist, was sein kann. Die Größe ist somit die Ewigkeit, die keinen Anfang und kein Ende hat, da sie nicht geworden ist, weil vor allem Gewordenen das Werdenkönnen ist, welchem die Größe vorangeht. Da dies von Gott im Verhältnis zu allen Geschöpfen oben im Felde vom Lobe Gottes nachgewiesen ist, so wenden wir nun den Begriff der Größe auf das Sinnliche und Vernünftige, dann auch auf das Lobenswerte an, um zu sehen, ob wir jene (die Größe) nicht, sei es dem Sinne, sei es der Vernunft, als gewonnene Beute aufweisen können. Zu dem Ende ziehe ich die Linie a–b, und sage: die Linie a b ist groß, weil sie größer als ihre Hälfte ist; sie kann noch größer werden durch ihre Verlängerung. Sie wird aber nie die Größe werden, da diese ist, was sein kann. Würde die Linie so groß, daß sie nicht größer werden könnte, so wäre sie, was sein kann; sie wäre nicht geworden, sondern ewig, dem Werdenkönnen vorhergehend, und sie wäre nicht eine Linie, sondern die ewige Größe. Ich sehe daher: Da alles, was größer werden kann, nach dem Werdenkönnen ist, so wird es nie das, was sein kann. Weil aber die Größe das ist, was sein kann, so kann sie nicht größer und kleiner werden; sie ist also von allem Großen und Kleinen die höchste Ursache; sie ist alles Große und Kleine und zugleich keines von allen, da alles Große und Kleine nach dem Werdenkönnen ist, das ihnen vorangeht. Da nun Oberfläche, Körper, Zahl, Sinn, Vernunft, Himmel, Sein und alles Erschaffene nicht ohne Größe ist, so ist in ihnen allen das Seinkönnen (Possest) – so nenne ich *die* Größe – das, was sie sind und keines von allen ...

Da ich ferner sehe, das Gute sei etwas Großes und könne immer besser werden, weil ein Gutes besser ist als ein anderes, so sagen wir folgerichtig: Da das Gute, das so gut ist, daß es nicht mehr besser werden kann, das Seinkönnen selbst ist, so ist es die Ursache der Größe. Das Nämliche gilt vom Schönen, Wahren, Weisen, kurz von allen zehn lobenswerten Eigenschaften. In gleicher Weise ist das Große, Schöne, das so gut, schön etc. ist, daß es nicht mehr besser, schöner etc. sein kann, die Ursache der Güte, der Schönheit etc. Es ist also das Seinkönnen die Ursache der Güte, Größe, Schönheit, Wahrheit, Weisheit, Freude, Vollkommenheit, Klarheit, Gleichheit und Seligkeit (sufficientiae). Der Höhepunkt des Werdenkönnens von je neun dieser Eigenschaften zeigt uns jedesmal das Seinkönnen als die Ursache des je zehnten (terminus ipsius posse fieri novem ipsorum ostendit Possest causam decimi). Denn der Höhepunkt des Werdenkönnens der Größe, der Güte, Schönheit, Wahrheit etc. zeigt das Seinkönnen als die Ursache der Größe. Der Höhepunkt des Werdenkönnens der Güte, der Größe, Schönheit, Wahrheit etc. zeigt das Seinkönnen als Ursache der Güte. (Im Seinkönnen haben alle Eigenschaften ihre höchste Ursache und Einheit und sind unter sich Eins.) Da ich also das Seinkönnen als die Ursache aller lobenswerten Eigenschaften erkenne, und diese alle durch Teilnahme an dem Lobe lobenswert sind, so nenne ich das Seinkönnen das Lob, welches das ist, was sein kann, weil es Quelle und Ursache alles Lobenswerten ist. So sagt der große Prophet *Moses* in seinem Lobgesang: »*Gott ist mein Lob*«. Da ich sonach Gott als die wesentliche Ursache alles Lobenswerten erkenne, so sehe ich auch mit *Dionysius*, daß die Wesenheit und Substanzen von allem, was geworden ist oder werden kann, durch Teilnahme an dem Lobenswerten das sind, was sie sind.

Das ist es also, was ich durch meine Jagd erbeutet habe: Mein Gott ist in allem Lobenswerten lobenswert, nicht als partizipiere er an dem Lobe, sondern als das absolute Lob, das in sich selbst lobenswert und die

Ursache alles Lobenswerten ist. Er ist daher vor und über (prior atque maior) allem Lobenswerten, denn er ist der Höhepunkt (terminus) und das Seinkönnen alles Lobenswerten. *Alle Werke Gottes sind lobenswert*, weil sie durch Teilnahme an dem Lobenswerten, in welchem Gott als Ursache gelobt wird, erschaffen sind. Ich weiß auch, daß mein Gott größer ist als alles Lob und durch kein Lob gebührend gelobt werden kann. Und allen, die da versuchen, ihn mehr und mehr zu loben, offenbart er sich selbst, daß sie ihn erkennen als lobenswert, glorreich und über alles erhöht. Diese loben ihn dann nicht bloß in seiner *Güte*, in der er sich allen mitteilt, in der *Größe*, die er allen verleiht, in der *Schönheit*, die er allen spendet, in der *Wahrheit*, die keinem Wesen fehlt, in der *Weisheit*, die alles ordnet, in der *Freude*, in der alles in sich selig ist, in der *Vollkommenheit*, deren sich alles rühmt, in der *Klarheit*, die alles erhellt, in der *Gleichheit*, die alles läutert, in der *Selbstgenüge*, in der alles seine Ruhe und sein Genügen findet, oder in anderem, was Folge des Partizipierens an der Gottheit ist, sondern *den Gott der Götter selbst in Zion loben sie*, indem sie in der Offenbarung seines Lichtes ihn anschauen.

Siebenunddreissigstes Kapitel

Erklärung (De declaratione)

Ich will nun das schon oft Gesagte wiederholen, weil es das Wesen unserer ganzen Jagd ausmacht. Es heißt: Da das Gewordene dem Werdenkönnen nachfolgt, so ist es nie so geworden, daß das Werdenkönnen in ihm ganz und gar seine Grenze gefunden hätte (quod posse fieri sit in eo penitus terminatum). Denn das Werdenkönnen ist zwar, sofern es in Wirklichkeit tritt, aber nicht schlechthin begrenzt. So ist in Plato zwar das Menschwerdenkönnen begrenzt, aber nicht vollständig, sondern nur das Platonischsein; es bleiben noch andere, sogar vollkommenere Seinsweisen übrig. Aber auch in Plato ist das Menschwerdenkönnen nicht an seiner Grenze angelangt. Denn der Mensch kann Musiker, Geometer, Mechaniker werden, was Plato nicht war. Das Werdenkönnen wird somit schlechthin nur durch das Seinkönnen, als sein Prinzip und Ende begrenzt. So hat die Zahl ihre Grenze (terminus) in der *Monas*, die ihr Prinzip und Ende ist. In Wirklichkeit (actu) findet das Werdenkönnen in der Welt seine volle

Verwirklichung (terminatur), da es in Wirklichkeit nichts Vollkommeneres und Größeres als sie gibt. Das *Gewordene* ist immer etwas Singuläres und keiner Vervielfältigung fähig, wie jedes Individuum, aber es ist nicht immer unzerstörlich, es sei denn ein Erstes. Was nämlich eine Nachahmung des Ersten ist, ist, da es das, was es ist, durch Partizipieren am Ersten ist, zerstörbar; denn es kann an dem unzerstörbaren singulären Sein des Ersten, das keine Vervielfältigung zuläßt, nicht partizipieren. Daß aber die Ersten (prima), deren Sein nicht von dem Partizipieren eines vorhin Gewordenen abhängt, unzerstörbar sind, hat seinen Grund darin, weil *das Werdenkönnen in ihnen spezifisch* determiniert ist. Daher ist das vernünftig Erkennbare, das Himmlische unzerstörbar, wie die vernünftigen Naturen, Sonne, Mond und Sterne. Daß Sonne, Mond und Sterne die ersten Geschöpfe sind (prima facta), sagt *Moses* deutlich in der Schöpfungsgeschichte: Sie seien von Gott gemacht, um *beständig* zu leuchten. Immer und ohne Aufhören ist der sichtbaren Welt, wenn sie keinen Mangel haben soll, ihre Sichtbarkeit notwendig. Was also gemacht ist, um zu leuchten, muß immer so bleiben. Sie sind somit nicht nach einem vorher Gewordenen gemacht, durch dessen Partizipation sie sind, was sie sind. So hat denn das Sonne-, Mond- und Sternewerden in den Individuen, die wir sehen, seinen Höhepunkt erreicht, dagegen sind die Individuen der sinnlichen Natur Nachahmung, Abbilder der geistigen Urbilder, wie *Dionysius* sagt. Da nun das Sinnliche das Geistige nicht präzis nachahmen kann, so partizipiert es auf eine veränderliche und zeitliche Weise an dem, was immerwährend ist, und ist daher selbst nicht immerwährend (perpetuum).

Achtunddreissigstes Kapitel

Rekapitulation

Um durch Rekapitulation meinen Gedanken noch deutlicher darzulegen, füge ich folgendes bei.

Es ist ausgemacht, daß das Werdenkönnen sich auf etwas bezieht, was demselben vorhergeht. Weil es dem Werdenkönnen vorhergeht, kann es selbst nicht werden. Es ist auch nicht geworden, da nichts geworden ist, was nicht werden konnte. Das Gewordene folgt also dem Werdenkönnen. Da nun das, worauf sich das Werdenkönnen bezieht, was seine Voraussetzung ist, ihm vorhergeht, so ist es notwendig *ewig*. Da das Ewige nicht werden kann, so muß es wenigstens nichts anderes als das sein, was im Werdenkönnen poniert wird. (Unde cum aeternum non possit fieri, necesse erit quod saltem aeternum non sit aliud ab eo, quod in posse fieri affirmatur.) Das Ewige ist somit nichts anderes als alles das, was wird, obgleich es selbst nicht wird. (Aeternum igitur non est aliud ab omni eo, quod fit, licet non fiat.) Es ist somit Prinzip und Ende des Werdenkönnens. Was also geworden ist, ist Darstellung des keinem Werden unterworfenen Ewigen (hinc quod factum est, infactibilis aeterni est repraesentatio). Hieraus erhellt, daß das Werdenkönnen der Welt sich auf das Urbild der Welt (mundum archetypum) im ewigen Geiste Gottes bezieht. Da die Ewigkeit keine Vervielfachung und Vermehrung zuläßt und keine Möglichkeit andeutet (nec aliquam possibilitatem significans), da sie dem Werdenkönnen vorhergeht, so ist sie weder durch die Vernunft noch den Sinn erkennbar, nicht vollständig darstellbar (nec plene repraesentabilis), nicht durch die Einbildung zu erfassen (imaginabilis) und gestattet keine Assimilation (nec assimilabilis). In letzter Instanz (ultimate) findet daher das Werdenkönnen seinen Höhepunkt nicht in etwas (non terminatur in aliquo), das ihm nachfolgt, sondern sein Ziel und Höhepunkt (terminus) geht ihm vorher. Ich sehe daher, daß alles, was werden kann, nur jenes einfache Urbild hat, das nichts anderes ist (non est aliud ab) als alles, was werden kann, da es die Wirklichkeit aller Möglichkeit ist (actus omnis posse). Da es die Wirklichkeit aller Möglichkeit ist und nichts anderes sein kann, weder größer noch kleiner, noch anders, noch in anderer Weise, so ist es nichts anderes als irgend etwas (non aliud ab aliquo), nicht größer oder kleiner als irgend etwas, nicht anders, nicht in anderer Weise. Es ist somit von allem, was ist, lebt und denkt, die Ursache, das Urbild, das Maß, die Art und Weise und die Ordnung. Nichts in allem und allen einzelnen gibt es, das nicht aus ihm als seiner Ursache ist und hervorgeht. Und weil alles nur die Repräsentation von ihm ist, so ist alles ihm zugewandt, von allem wird es ersehnt, gepriesen, gelobt, verherrlicht und angerufen. Es ist der *unbeschränkte Ziel- und Höhepunkt von allem* (terminus interminus).

Alles, was ich auf diese Weise erkenne, und so, wie ich es erkenne, nicht in Worten genügend auszudrücken vermag, kann ich in keinem kürzern Ausdrucke zusammenfassen, als den: *Der Höhepunkt des Wer-*

denkönnens von allem ist: Allesmachenkönnen (terminus posse fieri omnia est posse facere omnia), gleichwie der Höhepunkt des determinierten Werdenkönnens das determinierte Machenkönnen ist. So ist der Höhepunkt des Warmwerdenkönnens das Warmmachenkönnen. Das Feuer, der Ziel- und Höhepunkt des Warmwerdenkönnens, kann *warm* machen; der Ziel- und Höhepunkt des Vollkommenwerdenkönnens ist das Vollkommenmachen. Es ist daher das von allen Ersehnte, weil es der Ziel- und Höhepunkt alles Ersehnenswerten ist, die Ursache aller Sehnsucht. Da demnach der Ziel- und Höhepunkt alles Werdenkönnens allmächtig ist, alles machen kann, so *kann er auch das Werdenkönnen machen.* So ist er der Höhepunkt von dem, dessen Prinzip er ist, und das Werdenkönnen ist nicht vor dem Allmächtigen, gleichwie in allem Gewordenen das Werdenkönnen zuerst gesehen wird, sowohl das Werdenkönnen schlechthin (simpliciter), dessen Anfang und Ende der Allmächtige ist, als das konkrete Werdenkönnen von diesem und jenem. *Diese Determination des Werdenkönnens geht von dem Schöpfer aus,* der in seiner Allmacht allein zu bestimmen hat, daß das Werdenkönnen so oder so werde. Und weil das Werdenkönnen nur durch den Allmächtigen determiniert wird, so ist jede Determination des Werdenkönnens in dem, was wird, nicht eine Determination des Werdenkönnens von der Art, daß der Allmächtige nicht machen könnte, was er will; indem aber einmal das Werdenkönnen singulär auf dieses Einzelwesen eingeschränkt wird (contracta ad hoc), bildet es des so Gewordenen Natur und Substanz.

Neununddreissigstes Kapitel

Schluß[1]

Da nichts geworden ist, was nicht werden konnte, und nichts sich selbst machen kann, so folgt, daß es ein *dreifaches Können gibt: Machenkönnen, Werdenkönnen* und *Gewordenseinkönnen* (posse factum). Vor dem Gewordenseinkönnen ist das Werdenkönnen, vor dem Wer-

1 Dieses *dritte* Schlußwort der letzten bedeutenderen philosophischen Schrift Cusas beweist sein unermüdliches Streben, das System in dem wichtigsten Teile, der Lehre von dem Verhältnis Gottes zur Welt, zum festen Abschlusse zu bringen.

denkönnen das Machenkönnen. Prinzip und Höhepunkt des Werdenkönnens ist das Machenkönnen; das Gewordenseinkönnen ist durch das Machenkönnen aus dem Werdenkönnen geworden. Da das Machenkönnen vor dem Werdenkönnen ist, *so ist es weder geworden, noch kann es ein anderes werden.* Es ist somit alles, was sein kann. Es kann also nicht größer sein, und dies nennen wir das Größte, noch kleiner, und dies nennen wir das Kleinste; auch kann es nicht ein anderes sein. Es ist also die bewirkende, gestaltende und zum Ziele führende Ursache von allem, da es Ziel- und Höhepunkt und Ende des Werdenkönnens und somit auch des Gewordenseinkönnens ist. In dem *Machenkönnen* ist somit alles, was werden kann und was geworden ist, zum Voraus (prioriter) enthalten. Das *Werdenkönnen* dagegen ist in allem, was geworden ist, das, was es geworden ist; denn nichts ist in Wirklichkeit geworden, außer was werden konnte, nur ist es in einer andern Sinnesweise, in unvollkommenerem Sein als Potenz, in vollkommenerem als Wirklichkeit. Werdenkönnen und Gewordenseinkönnen sind somit wesentlich (in essentia) nicht verschieden, aber das Machenkönnen ist, obwohl es kein anderes ist, doch *als Ursache der Wesenheit nicht die Wesenheit selbst,* denn die Wesenheit ist das von ihm Verursachte. Da aber das Werdenkönnen nicht das Gewordenseinkönnen ist, so ist das Werdenkönnen nicht aus dem Werdenkönnen geworden, sondern vor dem Werdenkönnen ist nichts als das Machenkönnen. *Aus nichts ist daher,* wie man gewöhnlich sagt, *das Werdenkönnen geworden.* Daher sagen wir, dem Machenkönnen gehe nichts vorher, nicht aber dem Werdenkönnen. *Da also das Werdenkönnen aus nichts durch das Machenkönnen hervorgebracht, nicht geworden ist, so sagen wir, es sei* **erschaffen**. (De nihilo igitur posse fieri cum sit per posse facere productum et non factum, creatum dicimus.) Da wir nun das absolute Machenkönnen den Allmächtigen nennen, so sagen wir, der Allmächtige sei ewig, nicht geworden, nicht erschaffen, der nicht zu nichts oder anders werden kann, als er ist, weil er vor dem Nichts und dem Werdenkönnen ist. Wir verneinen auch alles von ihm, was die Sprache als Namen in sich hat, weil diese erst dem Werdenkönnen folgen. Der Name setzt das Werdenkönnen, d. i. etwas, das benannt werden kann, voraus. Auch hat das Werdenkönnen seinen Ziel- und Höhepunkt nur im Machenkönnen; eben deshalb wird es nie zunichte werden (non annihilabitur); denn wäre letzteres, so könnte es werden; wie sollte also das

Werdenkönnen zu nichts werden? Es ist somit immerdauernd (perpetuum), da es einen Anfang hat und nicht zunichte werden kann, sondern sein Ziel- und Höhepunkt auch sein Anfang ist. Da nun aber von demjenigen, was werden kann, einiges das Erste, anderes nach dem Ersten ist und dieses nachahmt, so ist jenes Erste (prima), da sein Werdenkönnen Wirklichkeit und komplett ist, wie das Werdenkönnen selbst, immerdauernd. In den dem Ersten nachfolgenden Dingen ist das Werdenkönnen nicht komplett und vollkommen, sondern nur Nachahmung des Kompletten; daher sind diese nicht immerdauernd, sondern ahmen dieses nur nach; sie sind daher unbeständig und zeitlich...

Hiermit glaube ich nun den unvollkommenen und nicht vollständig geläuterten Begriff meiner Jagd, soweit es mir möglich war, dargelegt zu haben. Ich unterwerfe alles dem Urteile eines Geistes, der besser als ich in diese Tiefen eindringt.

Sichtung (Kritik) des Alchoran

(De cribratione Alchoran)

Pius II., dem obersten heiligen Vater der ganzen christlichen Kirche gewidmet

Empfange, heiliger Vater! dieses Buch, das dein untertänigster Diener im Eifer für den Glauben verfaßt hat. Wenn du nach dem Vorgange des dreimal heiligen Papst Leo, der die nestorianische Häresie mit apostolischem Geiste, engelgleichem Verstande und gottbegeisterten Worten darniederwarf, die mahomedanische Sekte, die aus jener entstanden ist, in demselben Geiste, mit gleicher Einsicht und Beredsamkeit als irrig und verwerflich darlegst, so möge dir diese meine Schrift das nötige Material zum schnellen Gebrauche zur Hand geben! Deinem Urteile, der du der Erste im Episkopat des Glaubens bist, unterwerfe ich mein Buch und alles, was ich geschrieben habe oder noch schreiben werde, ja mich selbst, wie es einem Christen geziemt, ganz und gar, mit dem Vorsatze, in keinem Stücke je von deinem apostolischen Throne abzuweichen.

Vorwort

Ich gab mir die größte Mühe, das Gesetzbuch der Araber zu verstehen, das ich nach der Übersetzung des Abts Peter von Clugny zu Basel besaß, samt der (aufgezeichneten) Disputation jener zwei vornehmen Araber, von denen der eine, ein Genosse Mahomeds, den andern auf seine Seite zu ziehen suchte, welcher, gebildeter und von Ansehen unter den Arabern, zeigte, man müsse vielmehr am christlichen Glauben, dem er sehr eifrig huldigte, festhalten. Dabei waren noch einige andere Schriften über die Abstammung Mahomeds und über seine 12 Nachfolger in der Regierung, sodann über seine Lehren, gegen 100 Untersuchungen. Ich ließ das Buch bei Meister Johann von Segovia zurück und reiste nach Konstantinopel, wo ich bei den Minoriten, die beim hl. Kreuz wohnen, einen Alchoran in arabischer Sprache fand, den mir diese Brüder in einigen Punkten, so gut sie konnten erklärten. In Pera, im Konvent der Dominikaner, fand ich eine Übersetzung, ganz wie die, welche ich in Basel zurückließ. Ich erkundigte mich, ob ein Grieche gegen diese Albernheiten geschrieben habe und erfuhr, daß nur Johannes Damascenus, der kurz nach der Entstehung dieser Sekte lebte, einiges wenige, was man noch hat, geschrieben habe. Es war damals ein Kaufmann, Balthasar de Luparis, in der Nähe von Konstantinopel. Als dieser mein eifriges Nachforschen vernahm, sagte er mir, daß der Gelehrteste und Angesehenste unter den Türken, der in Pera heimlich im Evangelium des hl. Johannes unterrichtet wurde, mit 12 angesehenen Männern zum Papst zu reisen und sich vollständig unterrichten zu lassen beabsichtigte, wenn ich ihnen heimlich für das Geleit sorgte. Ich erfuhr durch den Bericht der Brüder, daß dem so sei, und gab ihnen das gewünschte Geleit. Weil jener angesehene Türke die Aufsicht über die Spitäler hatte, wollte er diese visitieren und sich dann zuletzt heimlich an den Ort begeben, wo das Schiff zur Überfahrt nach Rom sie erwartete. Allein die Pest raffte ihn während der Visitation hinweg. Herr Balthasar, der jetzt als Kriegsmann zu Bologna sich aufhält, sagte mir oft, daß alle ihre Gelehrten eine große Liebe zum Evangelium haben und es ihrem Gesetzbuche vorziehen. Ich munterte endlich den Bruder Dionysius den Karthäuser auf, gegen den Alchoran zu schreiben. Er tat es und schickte sein umfassendes Buch dem Papste Nicolaus (dem Fünften). Später sah ich zu Rom die Schrift des Bruders Ricold aus dem Predigerorden, der das Arabische in Baldach (Bagdad) studierte und am meisten Beifall fand. Ich sah noch andere katholische Schriften von Brüdern über diese Materie, besonders die des hl. Thomas über die Vernunftgründe des Glaubens (de rationibus fidei) an den Kantor von Antiochia, jüngst die Schrift des hochwürdigsten Kardinals von Sct. Sixtus, der die Häresien und Irrtümer Mahomeds mit einleuchtenden Gründen widerlegt. *Meine Tendenz geht dahin, auch aus dem Alchoran die Wahrheit des Evangeliums nachzuweisen.* (Ego ingenium applicui, ut etiam ex Alchoran Evangelium verum ostenderem). Zu dem Ende schicke ich einen kurzen Vorbegriff voraus.

Wir wissen, daß in uns ein Streben liegt, dessen Beweggrund (ratio) und Ziel das Gute ist... Weil unser Geist nicht dieses Gute selbst ist, wonach er strebt, so liegt es nicht in ihm, er kennt es nicht, wohl aber strebt er, es zu ergreifen … Da wir wissen, daß nichts von unserer Vernunft erfaßt werde, was nicht durch den Sinn in sie eingeht (der Blinde hat keine Kenntnis von der Farbe), so wissen wir, daß jenes Gut nicht aus der Region der sinnlichen Welt ist und daß unser Geist in dieser Welt nicht zur Ruhe gelangt. Würde indes die sichtbare Welt unserm Geist nicht zur Erlangung seines Zieles behilflich sein, so wären wir umsonst in dieser Welt. Der Weg, den wir in dieser Welt zurückzulegen haben, um uns zum Erlangen des ersehnten Gutes zu befähigen, muß gleichfalls ein guter sein. *Da es jedoch viele Wege geben kann, welche gut scheinen, so entsteht Zweifel darüber, welches der wahre und vollkommene Weg ist, der uns zuverlässig zur Erkenntnis des Guten hinführt.* Dieses Gut nennen wir Gott, um uns zu verstehen, wenn wir davon reden. Moses hat einen solchen Weg beschrieben, aber nicht alle haben ihn eingeschlagen und verstanden. *Christus* hat ihn aufgehellt und vervollkommnet, allein viele sind ungläubig geblieben. *Mahomed* hat diesen Weg, damit ihn auch alle Götzendiener betreten möchten, bequemer zu machen gesucht, ward jedoch vom bösen Geiste irregeführt. Dies die merkwürdigsten Beschreibungen des genannten Weges, wiewohl es noch andere von Philosophen und Propheten gibt. Alle gehen davon aus, das oft erwähnte Gut sei das größte und daher nur eines, welches sie den einen Gott nennen. Sie nennen ihre Beschreibungen gut, weil dieselben wirklich oder vermeintlich von diesem guten Gotte geoffenbart sind. Es ist nun aber klar: Da kein Mensch für sich (purus homo) Gott begreifen kann, *so haben wir keine Gewißheit, daß ein purer Mensch uns den Weg zu einem ihm unbekannten Ziele zeigen kann.* Wenn weder Moses noch Mahomed während ihres Lebens auf Erden das genannte Gut gesehen haben (Gott hat noch kein Mensch gesehen), wie können sie dann andern den Weg zu ihm zeigen? Gesetzt auch, sie hätten einige ihnen anvertraute Worte (immissos sermones) veröffentlicht, welche Gott und den Weg zu ihm bezeichneten oder versinnbildlichten, so hätten doch weder sie noch ein anderer Mensch diese Worte erklären (exponere) können. Könnte ein Mensch diesen Weg offenbaren, so müßte er der größte aller Menschen sein, wie dies alle Nationen vom Messias zugeben. Wäre dieser Mensch nicht die allwissende göttliche Weisheit selbst, durch die Gott alles wirket, so könnte er nicht offenbaren, was ihm selbst unbekannt ist. Jesus aber, der Sohn der Jungfrau Maria, der Christus (Gesalbte), den Moses und die Propheten vorausgesagt haben, kam und hat jenen Weg, da er alles wußte, aufs Deutlichste gezeigt, *wie es Mahomed selbst bezeugt.* Wer Christus und seinen Wegen folgt, kommt zum Ergreifen des ersehnten Gutes. *Wenn also Mahomed in einem Punkte von Christus abweicht, so muß dies entweder von Unwissenheit, in der er Christus nicht gekannt und verstanden hat, oder von böser Absicht herrühren,* indem er die Menschen nicht zu dem Ziele der Ruhe hinführen wollte, zu welchem Christus den Weg gezeigt hat, sondern *indem er unter dem Vorwand jenes Zieles nur seine Verherrlichung suchte.* Daß wir beides annehmen müssen, wird *eine Vergleichung des Gesetzes Christi mit dem Gesetze Mahomeds zeigen.* Wir werden daher daran festhalten müssen, daß die *Unwissenheit* die Ursache des Irrtums und der Bosheit sei. Niemand, der Christus kennt, stimmt mit ihm nicht überein oder entzieht ihm etwas von seiner Ehre.

Meine Absicht ist, unter Voraussetzung des Evangeliums Christi, das Buch Mahomeds zu sichten und zu zeigen, daß sich auch in diesem Buche alles das finde, wodurch das Evangelium, wenn es dieses Zeugnisses bedürfte, ausnehmend bestätigt würde; daß aber, wo dieses Buch vom Evangelium abweicht, dieses aus der Unwissenheit Mahomeds und infolge hiervon aus verkehrter Absicht desselben entstanden sei, indem Christus nicht seine Ehre, sondern die seines Vaters und das Heil der Menschen, Mahomed nicht Gottes Ehre und das Heil der Menschen, sondern seine Ehre suchte.

Zweites Vorwort

(Über die Entstehung des Alchoran,
im Verhältnisse zum Nestorianismus.)

Der vornehme christliche Araber, von dem ich oben sprach, gibt an, der aus seinem Kloster ausgestoßene Mönch Sergius sei nach Mecha (Mekka) gekommen, wo er zwei Völker: Götzendiener und Juden angetroffen habe; er habe hier den christlichen Glauben nach der Lehre des Nestorius gepredigt, um seine nestorianischen Brüder sich wieder zu versöhnen, wie er denn alle Götzendiener zum Glauben bekehrt habe. Darunter war auch Mahomed, der vom Götzendienste bekehrt als nestorianischer Christ gestorben ist. Allein drei ganz verschmitzte Juden schlossen sich an Mahomed an, um ihn vom Christentum abwendig zu machen; sie gaben ihm verschiedene schlimme Ratschläge. Als nun nach dem Tode Mahomeds alle zu seinem (dem nestorianisch-christlichen) Glauben übergingen, machten sich diese Juden an Halis Sohn, *Habitalix*, welchem Mahomed seine Schriften (collectiones) überlassen hatte, und beredeten ihn, er möchte auch wie Mahomed als Prophet auftreten; sie taten nach Willkür am Buche Mahomeds davon und dazu. Mahomed scheint anfangs durch Sergius einen festen Grund im christlichen Glauben erhalten zu haben, und die Juden vermochten ihn von diesem Wege nicht abzubringen. Um jedoch ihr möglichstes zu tun, machten sie solche Zusätze, daß Mahomed als Stifter einer eigenen Sekte erschien, die dem alten Testamente nicht minder als dem Evangelium Glauben schenkte. Sergius hatte es (wie der oben erwähnte Gewährsmann berichtet) bei ihm vermocht, daß er im Alchoran die Christen, namentlich die Ordensmänner und Priester, als größere Feinde als die Juden bezeichnete. Gleichwohl verspottete er später, von den Juden verleitet, die Christen, weil diese ihre Prälaten und Päpste an Gottes statt verehrten. Das kommt daher, weil die Christen sie mit einem Namen bezeichnen, mit welchem nur Gott bezeichnet wird, nämlich Herr, ein Name der nur Gott gebührt. Denn im Exodus steht: Der Herr ist Gott. Es erwähnt auch Mahomed einmal die zehn Namen Gottes, unter welchen auch der Name *adonai* ist, welcher Herr bedeutet; ein unaussprechlicher Name wird durch *adonai* bezeichnet, gelesen und ausgedrückt. Daher wird im Alchoran nur Gott, auch nicht Christus und Maria dieser Name beigelegt. Weil nun die Christen Christus den Herrn Jesus und Maria die Herrin (domina) nennen, so sollen sie sie deshalb an Gottes statt verehren. Wie er sich hütet, niemand außer Gott den Namen Herr zu geben, so hütet er sich auch, Gott den Namen Vater zu geben; er versteht unter Gott den, der alles macht, was er will, daher eignet ihm nicht der Akt der Zeugung (generationis). Wenn Mahomed von den Christen günstig spricht, so versteht er darunter die weiß Gekleideten (so nennt er seine Schüler) und die Nestorianer, deren Irrtum er nicht einsah, während er keine andern Christen kannte. Nestorius nahm das ganze Evangelium an, in Christus einen Leib, Seele und Gottheit, nur in der Art der Vereinigung irrte er. Er gab zu, daß Leib und Seele in einer natürlichen Einigung zu einem wahren Menschen (in Christus) verbunden seien, dieser Mensch aber sei mit der Gottheit durch die Gnade geeint, nicht durch die allgemeine Gnade, welche alle Guten mit Gott vereint, sondern durch die Fülle der Gnade, durch welche Gott und der Mensch

Jesus nur einen Willen haben, um welcher ganz ausnehmenden (excellentissimam) Gnade willen von Christus in Wahrheit gesagt wurde, er sei der Sohn Gottes. Er gab aber nicht zu, daß Maria die Mutter Gottes sei, weil, was Christus von seiner Mutter annahm, nicht Gott zukommt (non convenit Deo). So meinte er, die menschliche Natur sei in Christus vergöttlicht worden (deificatam esse). Da aber das Evangelium sagt: Das Wort Gottes ist Fleisch geworden, nicht: Das Fleisch ist das Wort Gottes geworden, so verwarf die Kirche jene Auslegung im dritten und vierten allgemeinen Konzil und gab der Mutter Jesu den Namen *ϑεότοκος*, Gottesgebärerin. Die Nestorianer lehren die ewige Zeugung (des Sohnes aus dem Vater). Daher scheint es, Mahomed habe nichts gegen die heiligste Dreifaltigkeit schreiben, sondern nur die Wahrheit der Götter verwerfen wollen. Hätte jemand Mahomed gefragt: In welcher Gestalt würde Gott an die Menschen einen Gesandten, der mehr als ein Engel ist, gesendet haben? er hätte gewiß geantwortet: Einem Engel und einem Wesen, das mehr als ein Engel ist, würde er die menschliche Gestalt gegeben haben. Nun schickte er aber nach Mahomed selbst Christus, den er das Wort Gottes und den Sohn Mariä nennt. Da nun das Wort Gottes notwendig derselben Natur ist wie Gott (denn alles, was Gottes ist, ist Gott – omnia enim Dei Deus sunt – wegen seiner einfachsten Natur), so hat Gott, wenn er den höchsten Gesandten senden wollte, sein Wort gesendet, über welches hinaus es keinen größeren Gesandten gibt. Weil er ihn an die Menschen sandte, so sollte er die reinste (mundissimam) menschliche Natur annehmen, was in Maria der Jungfrau sich vollzog, wie man öfter im Alchoran lesen kann. *Es wird also nicht schwer sein, im Alchoran die Wahrheit des Evangeliums zu finden, obwohl Mahomed selbst vom wahren Verständnisse desselben weit entfernt war.*

Nicht zu übersehen ist auch, daß die Kapitel der Sammlung im genannten Gesetzbuche der Araber nicht ein zusammenhängendes Ganzes bilden; jedes bildet ein Ganzes für sich. Es ist ein eigentümlicher Rhythmus oder metrisches Gedicht (carmen bene mensuratum – die Suren). Der Compilator legte das größte Gewicht darauf, durch glänzende Darstellung zu fesseln, zur Bewunderung hinzureißen und so seine Schriften als göttliche Eingebung erscheinen zu lassen. Man wird mir daher verzeihen, daß ich nicht immer eine rechte Ordnung einzuhalten scheine, wenn ich den Inhalt des überaus konfusen Buchs bespreche.

Erstes Buch

I.

Über den Alchoran und daß der wahre Gott nicht der Urheber desselben ist

Das Gesetzbuch der Araber hat den Namen *Alchoran*, welches: »Sammlung der Gebote« und *Alfurkam*, welches die »Einteilung in Kapitel« bedeutet. Es hat auch noch andere Namen. Einige Erklärer sagen, es habe im Orient eine andere Einteilung als in den abendländischen Gegenden. Die Okzidentalen sagen, es enthalte nach dem vorausgehenden Gebete, welches »die Mutter des Buchs« genannt wird, 123 Azoren (Suren) oder Kapitel. Nach den Orientalen geht die erste Azore bis: Soretamram, welches das fünfte Kapitel in der spanischen Ausgabe ist. Ich habe das Buch, wie man es in Spanien in lateinischer Übersetzung hat, gelesen; nach dieser Übersetzung zitiere ich.

Dieses Buch scheint apokryph zu sein. Nach einigen Arabern hat es Muhamed, ein Araber aus dem Geschlechte Ismael, verfaßt. Nach andern behauptete Mahomed, es sei durch fünf Männer vom Himmel herabgekommen. Wieder andere lassen nach dem Tode Mahomeds vier verschiedene und sich widersprechende Alchorane durch vier Gegner, deren Namen sie angeben, verfaßt werden. Einige sagen, der jetzt gebräuchliche Alchoran sei von Merba, einem Sohne Elhekens verfaßt, die andern Alchorane habe er verbrannt. Elgag, ein angesehener Mann, soll 85 Sentenzen aus dem Buche genommen und ebensoviele andere an deren Stelle gesetzt haben. In der Chronik Mahomeds und der ihm folgenden Kalifen lesen wir, Gomar, der zweite Kalif nach Mahomed, habe Gebete in allen Tempeln für den Monat Remadam angeordnet, der Alchoran solle in diesem Monate ganz durchgelesen werden. Ihm folgte Oodiner, der mit Hilfe anderer zuerst den vollständigen Alchoran gesammelt hat. Hieraus erhellt, daß, wenn gleich Mahomed einige Gebote aus dem alten Testamente und dem Evangelium gesammelt hat, welche Gebote Gottes oder Alchoran genannt wurden, das Buch in seiner Vollständigkeit doch erst nach dem Tode Mahomeds zusammengestellt wurde.

Das Buch sagt im ersten Kapitel: »Jeder Gegner Gabriels, der dieses Buch deinem Herzen durch den Schöpfer anvertraut, – das Buch ist kraft göttlichen Befehls deinen Händen anvertraut« etc. Diese Worte findet man als angebliche Worte Gottes sehr oft im Buche; nach ihnen soll *nur Gott der Schöpfer der Verfasser des Buchs sein.*

Allein nach den gelehrten Arabern und der wahren Geschichte, nach dem Buche selbst und seinem Namen ist es eine Sammlung einiger Vorschriften, die in keiner Weise dem wahren Gotte zugeschrieben werden kann. Woher sollte er sammeln, der die Weisheit selbst ist? Eine Sammlung, die nur allmählich in der Zeit entstehen kann, kann nie Gott zukommen, dessen Wirken über aller Zeit, ohne ein Nacheinander ist. Wem kann sie allein zugeteilt werden als einem Menschen, der aus verschiedenen Schriften eine Sammlung macht und dem Gesammelten einen beliebigen Namen gibt? Daher sagen einige verständige Verteidiger des Buchs, die Sammlung sei eine menschliche, sie sei aber eine vertrauliche Eingebung Gottes mittelst des Engels Gabriel (intimationem vero Dei per Gabrielem esse). Das Letztere kann aber unmöglich wahr sein. Denn das Buch enthält Dinge, die wegen ihrer Schändlichkeit, Ungerechtigkeit, Erlogenheit und ihrer Widersprüche Gott ohne Gotteslästerung nicht zugeschrieben werden können. Ein anderer als der wahre Gott muß der Urheber sein; *es kann nur der Gott dieser Welt sein.* Er ist es, der die Ungläubigen verblendet, daß das Licht des Evangeliums der Glorie Christi, der das Abbild des unsichtbaren Gottes ist, sie nicht bescheine. Da ihnen das Evangelium verborgen bleibt, sind sie verloren, wie der Apostel an die Korinther schreibt. Dieser falsche Gott, der Fürst dieser Welt, der Lügner von Anfang an, hat durch einen seiner Engel, der die Gestalt des Lichts und vielleicht den Namen Gabriels angenommen hat, durch Mahomed, den er als einen Götzendiener, Verehrer der Venus (Wollust) und aller Weltfreuden hierzu am tauglichsten fand, sowie durch dessen Nachfolger den lügenhaften Alchoran gesammelt und hat dem Sammler häretische Christen und verkehrte Juden als passende Ratgeber beigesellt. Dahin gehören der Nestorianer Sergius, der Jacobite Baheira, die Juden Finees, Abdia, mit Namen Salon, später Abdalla genannt, was die wahre arabische Geschichte nachweist. Wiewohl das Buch viele Zeugnisse zum Lobe des alten und neuen Testaments, des Abraham, Moses, vorzüglich Jesu Christi, des Sohnes der Jungfrau Maria zu enthalten scheint, so muß man doch, da es diesem allem, wenn man auf einen wahren und heilsamen Endzweck hinsieht, widerspricht (wie sich nachher zeigen wird), annehmen, dieses Lob sei mehr zum Täuschen gespendet worden.

2.

Was enthält der Alchoran nach den Lobrednern desselben?

Die Anhänger Mahomeds sagen, der Alchoran sei in guter Absicht geschrieben, er enthalte, wie Mahomed, ein Waise, Götzendiener, arm, des Gesetzes und der Schrift ganz unkundig, der nur die arabische Volkssprache verstand und viele Weiber hatte, von Gott Gnade erlangt habe, reich, hochherzig (magni cordis), gewandt im Verständnis schwieriger Dinge und berühmt geworden sei. Gott selbst hat ihn zum Lehrer des ungebildeten arabischen Volkes aufgestellt, als seinen Gesandten und Propheten, jedoch ohne offenkundige Wunderkraft. Er sollte die Araber vom Irrtum des Götzendienstes zum wahren Leben führen. Gott offenbarte ihm, er solle den Glauben Abrahams, des Gerechten, der sich vom Götzendienste wegkehrte und den einen Gott und Schöpfer des Alls anbetete, annehmen und auch seine Araber hierzu vermögen, jedoch ohne allen Zwang, er solle Gott verkünden als den einzigen Schöpfer und Regenten der Welt, der alles Gute verleiht, allmächtig, Herr des Lebens und des Todes, weise, unkörperlich, unbegreiflich, unbegrenzt, gnädig und barmherzig, voll Erbarmen gegen alle Gläubigen, die ihn anbeten und anrufen. Am Tage des schrecklichen Weltgerichtes, des Weltendes, wird er die Toten mit der Leichtigkeit, mit der er den Menschen erschuf, auferwecken, gute und böse scheiden; den Gläubigen wird er nach ihren Verdiensten ein ewiges Paradies aller Genüsse, Erfüllung aller Wünsche und das beste Leben, den Ungläubigen und Bösen nach ihren Mißverdiensten (demerita) die Gehenna und ewige Strafe geben. Das Buch Alchoran sei vom Himmel herabgekommen; die Mutter und das Fundament desselben sei der vornenan stehende Glaube an einen Gott und an das Gelangen aller vor sein schreckliches Gericht. Das Übrige im Buche seien teils Beweise für jenen Glauben, teils Gesetze, welche die gläubigen Araber zu beobachten haben, wenn sie in der Gnade Gottes verharren und einst den Lohn im Paradiese erlangen wollen. Alle Anhänger dieses Glaubens heißen *Mussilmannen*, d. i. Männer des rechten Glaubens (sanae fidei), sie mögen Menschen, Engel oder Dämonen sein. Dieser Glaube sei zur Seligkeit notwendig, alle Propheten stimmen in ihm überein. Gott habe allen Völkern auch einheimische Boten (nativos nuncios) gesendet, welche sie über den Glauben und die Gebote belehrt hätten ... Wenn daher durch diese verschiedenen Boten Gottes bei den verschiedenen Völkern neben der Einheit des Glaubens verschiedene Riten und Gesetze sich finden, so könne dies kein Hindernis bilden, von dem gütigen und gerechten Richter den gebührenden Lohn zu erlangen. Als Propheten und Boten Gottes, denen man Glauben schuldig war, zählt Mahomed auf: *Abraham, Ismael, Isaak, Jakob, Moses, Christus* und mehrere andere.

3.

Was enthält der Alchoran nach dem Urteile der Verständigen?

Wer von den Arabern und Christen durch die Gnade Gottes Vollkommenheit erlangt hat, weiß wohl, daß der Alchoran unter dem Vorwande der Vertilgung des Götzendienstes lehrt, Christus sei weder der Sohn Gottes, noch sei er gekreuzigt worden. Dies scheint die Haupttendenz des ganzen Buchs zu sein. Denn nur dieser Glaube besiegt den Teufel und die Welt, nur dieser Glaube vermag das unsterbliche Leben im geistigen und unzerstörlichen Himmelreiche zu verleihen. Durch Aufhebung dieses Glaubens sucht Satan das Evangelium ganz auszurotten, wie wir denn leider sahen, daß schon viele christliche Reiche vom wahren Glauben Christi abgefallen sind und das arabische Gesetz angenommen haben. Wir wissen jedoch sowohl aus dem Evangelium als aus dem Alchoran, daß Mahomed nicht das Übergewicht erlangen könne; *Christus wird zuletzt siegen.* Viele Christen unter arabischen Fürsten dienen Christus nur um so treuer, und unzählige Christen sind wieder zurückgekehrt. Viele Araber geben sich nur aus Furcht vor dem Schwerte für Anhänger jenes Glaubens aus; in der Todesstunden bekennen sie sich als Christen; zuletzt werden dies alle tun.

4.

Wo der Alchoran der heiligen Schrift widerspricht, verdient er keinen Glauben

Ein Gelehrter macht darauf aufmerksam, Mahomed, der außer der arabischen keine Sprache verstand, nicht lesen und schreiben konnte, müsse Juden und Christen an der Hand gehabt haben, welche ihm auf arabisch den Inhalt des alten Testaments und Evangeliums angaben ... Als man ihm aber diese Belehrung durch andere vorhielt, fiel er auf sein Angesicht nieder, seine Hände und Füße zogen sich krampfhaft zusammen, und seine Genossen bedeckten ihn mit ihren Gewändern. Als er wieder zu sich kam, sagte er: Gott hat es zugelassen, euch zu strafen wegen dieser eurer Rede. Er las eine Sentenz aus der Sure Eluael, d. i. die Palme, welche heißt: »Wir wissen, daß sie sagen werden: Es wird ihn einer in persischer Sprache unterrichten.« Das Arabische ist aber die Muttersprache des Persischen ... Daher sprach er: Wie kann man sagen, jene belehrten mich, von denen der eine ein Perser, der andere ein Hebräer ist? Worauf man ihm erwiderte: Ist es möglich, daß sie in ihrer Sprache mit dir reden und dir erklären, und du in deiner Sprache alle richtigstellst? Darauf wußte er keine Antwort. Siehe, Mahomed ist von Verschiedenen belehrt worden! Da zur Zeit als Mahomed auftrat (624 nach Christus unter Kaiser Heraklius) bereits viele Häresien aufgetaucht und auf Synoden verworfen waren, so ist es wahrscheinlich, daß zu ihm mehrere kamen, welche den reinen Sinn der heiligen Schrift mit den Neuerungen ihrer minder wahren Ansichten, das alte Testament mit Talmudischen Sagen, das lautere Evangelium mit apokryphen Büchern vermischt hatten und nun, wie es ihnen gutdünkte, dem Mahomed berichteten. Daher und aus der poetischen Schreibart sei es gekommen, *daß das Geschichtliche im Alchoran selten mit dem Geschichtlichen des alten Testaments und Evangeliums übereinstimmt.* Hiergegen führt freilich Mahomed zu seiner Rechtfertigung an, er sei nur von Gott belehrt, und sagt im 25. Kapitel: »Wenn ein Wort mit einem andern vertauscht ist, so sagen die Ungläubigen sogleich: Du bist ein Lügner, da du so sehr in den Worten schwankest. Das verstehen sie aber nicht; denn Gott selbst und der heilige Geist haben dieses ganz wahre Buch verfaßt.« Allein diese erdichtete und lügenhafte Entschuldigung genügt nicht, um das Schwanken des Verfassers zu verbergen (quia libri compositor varius reperiatur), was von dem wahren und unveränderlichen Gotte ausgesagt, Blasphemie wäre. So sagt der Alchoran, die Jungfrau Maria, die Mutter Jesu, sei die Schwester Aarons und die Tochter Amrams. Gewiß hat der, welcher dies Mahomed angab, geirrt und das Wahre nicht gewußt, da Maria, die Tochter Amrams, die Schwester Moses und Aarons, vor mehr als 1000 Jahren gestorben ist, während nach demselben Alchoran Maria, die glorreiche Mutter Jesu zur Zeit des Zacharias, des Vaters Johannes des Täufers lebte. Ein Buch mit solchen Irrtümern kann nicht ein Werk Gottes sein. Nach der Erzählung in Kapitel 35 kam Moses zu Pharao und dieser sagt, er habe ihn in seinem Hause ernährt. Allein jener Pharao, welcher Moses ernährt hatte, war, als Moses nach Ägypten zurückkehrte, längst gestorben. Exod. 4. Moses war 40 Jahre in Madian, und während dieser Zeit starb jener. Man kann also den Inhalt des Alchoran nicht als Gottes Wort ansehen, wenn er mit früheren, durch Gott überlieferten und durch den Alchoran selbst angenommenen Schriften nicht harmoniert.

5.

Das Evangelium hat den Vorzug vor dem Alchoran

Im fünften Kapitel des Alchoran heißt es: »Der gütige und barmherzige Gott, der lebendige und höchste, außer welchem es keinen andern gibt, ist es, der zuerst das alte Testament, nachher das Evangelium als rechten Weg den Menschen gegeben hat, zuletzt das wahrhaftige Buch Alfurkam zu Bekräftigung eures Gesetzes von oben euch mitgeteilt hat. Dieses Buch enthält einige feststehende und unwiderlegliche Worte« etc. Siehe, wie Altes Testament und Evangelium die rechten Wege genannt werden und der Alchoran selbst dies bestätigt! … Wo dieser also mit jenen beiden nicht übereinstimmt, muß man sich auf Seite der letztern stellen. Zu beachten ist ferner Kap. 12, wo es heißt, Gott habe den Juden erklärt: »Christus ist der Sohn Mariens, welchem ich das Evangelium anvertraut, welches das Licht und die Kraft des alten Testaments, der rechte Weg der Gottesfürchtigen ist; zur Erfüllung eures Gesetzes habe ich ihn gesendet.« Anderswo nennt er das Evangelium helleuchtend (lucidum), einmal sogar glanzvoll (splendidissimum). Wenn dem so ist, *so findet sich im Alchoran nichts, was zur Seligkeit notwendig ist, über das hinaus, was das Evangelium enthält;* was nach dem Alchoran zur Seligkeit notwendig ist, ist dem Evangelium konform. Ein frommer, der arabischen Sprache mächtiger Mann, der in Baldach (Bagdad) den Alchoran studierte, sagt, in dem Kapitel »Elmeide« stehe: »Wir haben den Fußstapfen der Menschen durch Jesus, den Sohn Mariens, der überaus wahrheitsliebend ist, eine bestimmte Richtung und ihm das Evangelium gegeben, das eine Richtschnur, ein Licht und offenbare Wahrheit ist.« Daraus erhellt, daß der Alchoran die Araber an das Evangelium weise. Denn es steht im Alchoran: »Man soll wissen, daß die Gesetzesmänner die Vollkommenheit keines Gesetzes oder Glaubens erreichen, außer die des Alten Testaments und Evangeliums; sie sollen daher den Geboten dieses von Gott gegebenen Buches gehorchen«. Dies kann nur von den Juden und Arabern, welche die Männer des Gesetzes sind, gemeint sein. Im 70. Kap. wird erwähnt: »Alle Guten sollen Gott dienen, wie es Jesus Christus, der Sohn Mariens, gelehrt hat«. Wenn also die guten Christen diesen Geboten des Alchoran nachkommen, so verdienen sie gewiß von den Verehrern des Alchoran keinen Tadel.

6.

Das Evangelium ist das Verständnis (lux) der Wahrheit des Alchoran

Es läßt sich vom Alchoran nicht sagen, er sei in sich genügend und der rechte Weg, außer sofern das Evangelium in ihm enthalten ist; nur das im Alchoran kann das Verständnis der Wahrheit und des rechten Weges genannt werden, was mit dem Evangelium übereinstimmt. Der Verfasser des Alchoran war über das Evangelium nicht im ungewissen; er führt zusammenhängende Stücke aus demselben an, z. B. wie, als Christus die Parabeln erklärte, einige von ihm weggingen, von dem Getreidekorn, von dem Blindgeborenen etc. Da das Evangelium mehrere hundert Jahre vor Mahomed der Welt bekannt geworden und bis heute unverändert geblieben ist, so muß man sich wundern, daß die Araber nicht zum Verständnis des Alchoran das Evangelium lesen und studieren, wie denn auch viele Gebildete unter ihnen heimlich dem Evangelium die größte Verehrung erweisen, da sie ohne dasselbe nichts Gutes aus dem Alchoran entnehmen können. Würden aber die heiligen und wahren Bücher des Evangeliums öffentlich gelesen, so würde das Falsche des Alchoran alsbald entdeckt werden ... *Das Schöne, Wahre und Herrliche, das sich im Alchoran befindet, ist ein Strahl aus dem Sonnenglanze des Evangeliums* (si quid pulchri, veri et clari in Alchoran reperitur, necesse est, quod sit radius lucidissimi Evangelii). Das sieht man erst ein, wenn man nach Lesung des Evangeliums sich an den Alchoran macht. Woher hat dieser die Weltverachtung, den Vorzug des künftigen Lebens, Überzeugung von der Gerechtigkeit und den Werken der Barmherzigkeit, Liebe Gottes und des Nächsten, Aufopferung des Vermögens, ja selbst der Seele für Gott? Woher hat er den Glauben, sterben für Gott sei ewiges Leben? Woher haben Liebe zur Tugend, Verbot des Wuchers, Mordes, Meineides, der Hurerei, der Begierde nach fremdem Gute im Alchoran ihren Glanz erborgt, wenn nicht durch die Vollkommenheit des Evangeliums? Warum wird vieles, was der Alchoran dem Sinnengenusse verheißt, als Werk der Finsternis, als häßlich und gering selbst von arabischen Gebildeten betrachtet, als weil es zu den Verheißungen des Evangeliums durchaus nicht stimmen will? Die Sonne des Evangeliums leuchtet aus dem Alchoran heraus, selbst gegen die Absicht des Urhebers, für die, welche den Geist Christi haben, freilich nicht für den schlüpfrigen Mahomed und jene Antichristen, welche diese Welt der künftigen vorziehen und nichts für gut halten, was nicht ihre Begierden befriedigt. Sie meinen, Gott, der Urheber des Alchoran, genehmige ihre verdorbenen Gelüste und beachten nicht, daß nichts wahr ist, was dem Evangelium widerstreitet.

7.

Die schöne Sprache beweist nicht, daß der Alchoran ein Werk Gottes sei

Niemand darf sich durch die Behauptung berücken lassen, der Alchoran könne nicht von Menschen, nicht von Dämonen, sondern wegen seiner ausnehmend schönen Sprache nur von Gott herrühren.

Gesetzt auch, Mahomed habe diese Gabe gehabt und man schließe daraus, das Buch sei ein Geschenk Gottes, so folgt daraus keineswegs, daß alles, was in ihm steht, das Wort Gottes sei, der wahrhaft und sich gleichbleibend ist. Nun schwankt aber der Alchoran, wie wir gesehen haben, in seinen Angaben über das Alte Testament und Evangelium. Daß aber schöne Wortstellung noch nicht auf die Wahrheit des Gesagten schließen läßt, erhellt aus dem dritten Kapitel des Alchoran, wo zu lesen ist: »Süßtönende Worte, die mit dem Herzen nicht übereinstimmen, rufen Gott, den Herzenskundigen als Zeugen an, und da sie dem Redenden Verderben, dem Volke Schande bringen, so mögen sie mit den Strafen im Abgrunde der Gehenna gezüchtigt werden.« Wollten wir zugeben, die Absicht des Alchoran sei, wie seine Anhänger sagen, Gott dem Schöpfer, Christus und den Propheten nicht nur nichts zu entziehen, sondern vielmehr deren Ehre zu erhöhen und zu bekräftigen – wovon freilich der Alchoran an vielen Stellen das Gegenteil enthält –, dann freilich könnte die Lektüre des Alchoran einigen Nutzen gewähren. Liest man das Leben Mahomeds im Alchoran, so sieht man sogleich, es sei durch göttliche Zulassung deshalb geschrieben, damit erhelle, es halte mit Christus, Moses und andern Propheten keinen Vergleich aus, viel weniger habe es einen Vorzug.

8.

Die Verehrer Christi werden (auch nach dem Alchoran) allen andern vorgezogen

Der Alchoran gibt zu, daß die Verehrer Christi allen andern vorgezogen werden, da Christus über allen noch so heiligen Propheten stehe. Der Gott des Alchoran sagt Kap. 4: »Während ich einen der Propheten über den andern erhoben und mit einigen derselben selbst gesprochen habe, so habe ich Christus, dem Sohne Mariens, meine eigene Seele verliehen, und ihm dadurch Kraft und Macht vor allen andern gegeben.« Wenn wir also alle von Gott uns geschickten Propheten hören und ihnen folgen müssen, so gilt dies in vorzüglichem Grade von Christus. Ein anderes Mal sagt der Alchoran, Christus habe gesagt: Denen, die Gott fürchten, sollen wir folgen; denn durch Anbetung meines und eures Gottes schreitet ihr auf der rechten

Bahn. An einer andern Stelle heißt es: »Die uns verliehene göttliche Wahrheit zeigt dem Wanderer den rechten Weg, dessen Betretung die Seligkeit, dessen Verlassen Nachteil bringt.« Die göttliche Wahrheit ist aber durch Christus im Evangelium offenbar geworden ... Dann wieder: »Alle Guten dienen Gott, wie Jesus, der Sohn Mariä, uns auffordert, wenn er die Männer mit weißen Kleidern fragt: Wer wird mir beistehen, indem er mir nachfolgt? Worauf jene antworteten: »Wir.« Einige der Söhne Israels glaubten, die wir weit über die ungläubig Gebliebenen erheben.

Wir haben nun hinlänglich aus dem Alchoran gezeigt, man müsse vielmehr Christus als Mahomed, dem Evangelium als dem Alchoran folgen.

9.

Mit Unrecht nennt der Alchoran die Christen Ungläubige

Da du, Verfasser des Alchoran, nur eine Vielheit von Göttern verwirfst, warum nennst du die Christen, welche an Christus als den Sohn Gottes glauben, Ungläubige? Sagt nicht der Alchoran, nachdem er wiederholt verneint, daß Gott einen Sohn habe, im 32. Kapitel: »Gott hat nicht einen *andern* Gott zum Sohne oder Genossen angenommen«, womit er selbst zugibt, die Christen seien nicht ungläubig, wenn sie sagen, Christus, der Sohn Gottes sei nicht ein *anderer* Gott. Sofern nämlich Genossenschaft, Sohnschaft der Ehre Gottes nichts entzieht, will der Alchoran Gott, der die absolute Vollkommenheit ist, nichts entziehen; nur sofern jene Worte vom Sohne Gottes einen andern Gott bedeuten würden, entziehen sie – nach dem Alchoran – Gott dem Schöpfer seine Ehre, weil er sie mit einem andern Gott zu teilen hat. Gott der Schöpfer bleibt nicht Gott, wenn ihm nicht *alle* Ehre zukommt. Mehrere Götter sind soviel als – kein Gott, da jeder von ihnen der höchstmöglichen Ehre entbehren würde. Christen und Juden erheben hingegen keinen Widerspruch. Wenn aber der Alchoran sagt, Mahomed sei zu den götzendienerischen Arabern gesandt, um sie zur Anbetung eines Gottes zu führen, warum verfolgt er die Christen, die weder Araber sind, noch an mehrere Götter glauben? Die Christen verdienen gewiß keinen Tadel, wenn sie den Schöpfer der Welt Vater nennen. Der Alchoran hat auch im Grunde hiergegen nichts zu erinnern, es scheint ihm nur ungereimt, daß die Menschen sich Kinder Gottes (filios Dei) nennen; denn er sagt Kapitel 12: »Wenn ihr Juden und Christen die geliebten Kinder Gottes seid, warum bestraft er euch, wenn ihr sündigt? Gewiß seid ihr also nicht mehr als andere Leute.« Er scheint vorauszusetzen, als wäre die Kindschaft eine Gleichheit der Substanz (consubstantialitas). Will man dies nicht sagen, so hat er nichts einzuwenden. Da im Alten Testamente und Evangelium nirgends steht, Christus oder sonst jemand werde in dem Sinne Sohn Gottes genannt, als wäre er ein *anderer* Gott als Gott der Vater und Schöpfer, so braucht auch kein Christ die Behauptung des Alchoran zu widerlegen, Gott könne keinen Sohn annehmen, weder von einem Weibe noch durch Annehmen des vornehmsten Geschöpfes als Sohn. *Die Kreatur kann nie gleicher Natur mit dem Schöpfer sein.* Wenn aber der Alchoran negiert, Christus sei der Sohn Gottes, so frage ich dich, Sklave des Alchoran (subditum libro Alchoran): Warum soll der Messias nicht Sohn Gottes sein, da er in dem von dir selbst gutgeheißenen Evangelium sehr oft so genannt wird? Vielleicht sagst du mit dem Alchoran, Christus, von Gott zur Rechenschaft gefordert, daß er sich Gott genannt, habe dies beharrlich geleugnet. Wir wundern uns weniger hierüber als darüber, daß Mahomed dabei zugegen war, der doch, wie er selbst sagt, den unsichtbaren Gott nie gesehen hat, über den wir daher nur lachen können. Wußte Gott die Wahrheit nicht, und traute er Christus eine Sünde (falsum) zu? Und wenn er die Wahrheit kannte, so wußte er sie erst, nachdem Christus sich entschuldigt hatte! Sagt nicht der Alchoran, Christus werde wiederkommen und im künftigen Gerichte Rechenschaft von allen seinen Taten ablegen? Wie reimt sich damit die Behauptung, diese Rechenschaft sei schon erfolgt? Hören wir noch das Gespräch im Alchoran, Kapitel 13: Gott sagt: »Jesus, Sohn Mariä, du beredest die Menschen, sie sollten an Gottes statt dich und deine Mutter als Götter annehmen und verehren. Jesus antwortete: Gott behüte, daß ich etwas wider die Wahrheit rede; was ich gesprochen habe, weißt du, der du die Geheimnisse aller Herzen durchschauest; du durchdringst die Geheimnisse meines Herzen, ich aber sehe nicht in dein Herz. Du weißt, daß ich den Menschen nur deine Gebote mitgeteilt habe: Sie sollen dich als meinen und ihren Gott anbeten. Jetzt, da du mich von ihnen zu dir erhöhet hast, magst du der Richter über mich sein. Gott spricht: Der Tag des Gerichts naht heran. Ich komme nun für die, die mir gefolgt sind; es wird ihnen zum größten Vorteile sein, ein Paradies lieblich durch Ströme von Wasser will ich ihnen geben; denn ich bin der allmächtige Gott, der über Himmel und Erde gebietet.« Diese Stelle enthält nichts gegen die göttliche Sohnschaft Christi. Daß dieser je die Menschen gelehrt habe, ihn und seine Mutter an Gottes statt zu verehren, sagt weder das Evangelium, noch glauben es die Christen. Jesus kam nur, um Gott seinem Vater die Ehre zu geben, seine Ehre suchte er niemals.

10.

Es wird deutlich gelehrt, Christus sei der Sohn Gottes

Es könnte ein Araber sagen: Wenn Christus Gott gewesen wäre, so hätte er auf die Worte der Juden: »Du machst dich zu Gott, da du doch ein Mensch bist« nicht sich damit entschuldigt, daß im Gesetze diejenigen Götter genannt werden, an welche das Wort des Herrn ergangen sei, sondern hätte sich deutlich ausgedrückt. Wir sagen hierauf: Er hat sich deutlich ausgesprochen, denn er sagte: »Wenn die Schrift jene Götter nennt, an welche das Wort des Herrn ergangen ist, und die Schrift nicht aufgehoben werden kann, warum saget ihr zu dem, den der Vater geheiligt und in die Welt geschickt hat, er lästere Gott, weil ich sagte: Ich bin der Sohn Gottes? Wenn ich nicht die Werke meines Vaters tue, so glaubet mir nicht; tue ich sie aber, und ihr wollet *mir* nicht glauben, so glaubet wenigstens den Werken, damit ihr einsehet und glaubet, daß der Vater in mir ist, und ich in dem Vater.« Welch eine deutliche Sprache! Es ist also keine Lästerung, daß er sich Sohn Gottes nannte, er hat sich somit stillschweigend als Gott bekannt. Denn wenn die, welche die Worte Gottes fassen, Götter genannt werden, so begeht gewiß der, welchen der Vater als Vater von Ewigkeit geheiligt und in der Zeit in der Welt gesandt hat, keine Lästerung, wenn er sich Sohn Gottes nennt. Denn der Vater als Vater zeugt und heiligt nur den Sohn; dieser ist als solcher gleichewig mit dem Vater. Dies beweisen die Werke, die kein Mensch vor ihm vollbracht hat. Wäre nicht der Vater der Schöpfer in Christus, wie hätte dieser dann seine Werke vollbracht? Er war also die Wesenheit (essentia) des Vaters, die alles wirket in Christus. Ist aber

Gott der Vater wesentlich (essentialiter) in Christus, so ist dieser der Sohn des Vaters, weil von gleicher Wesenheit.

11.

Christus nennt sich nicht Gott, sondern Sohn Gottes

Nach dem christlichen Glauben ist der allmächtige Vater Gott der Schöpfer, und Christus nennt diesen Gott seinen Vater. Denn er sagt zu den Juden: »Mein Vater ist es, der mich verherrlicht, von dem ihr saget, daß er euer Gott sei.« Christus nennt sich hier nicht Gott, weil er sonst sich seinen Vater genannt hätte. Er nennt sich aber den Sohn Gottes, weil er den immer Vater nennt, den die Juden Gott nannten. Christus ist also der Sohn Gottes des Vaters, nicht Gott Vater; er ist der wahre Sohn Gottes des Vaters, daher auch gleichen Wesens mit dem Vater, wiewohl kein *anderer* Gott, als der Vater. Durch den Sohn erschafft Gott alles. Der Alchoran nimmt dies im allgemeinen an (approbat) und widerspricht nicht im besonderen, wie aus dem Folgenden erhellen wird.

12.

Das Lob Christi im Alchoran und der Nachweis seiner Gottheit

Es steht nämlich im Alchoran, Jesus Christus sei der Sohn der Jungfrau Maria, mit folgenden Worten: »O Maria, herrlicher, reiner und schöner als alle Weiber und Männer! Dir wird die höchst erfreuliche Botschaft im Worte Gottes, welches Jesus Christus heißt, der das Urbild aller Völker in dieser und der zukünftigen Welt, ein höchst weiser und trefflicher Mann ist, vom Schöpfer des Universums gesendet. Jene antwortete: O Gott, da ich einen Mann nicht kenne, wie soll ich einen Sohn haben? Die Engel antworteten: Gott ist nichts unmöglich; er wirket alles, wie er will. Er wird deinen Sohn, der mit göttlicher Kraft ausgerüstet kommt, im Gesetzbuche, in der Lehrweisheit, im (alten) Testamente und Evangelium unterrichten. Blinde und Stumme wird er heilen, Aussätzige wird er reinigen, Tote unter Mitwirkung des Schöpfers auferwecken. Das alte Testament wird er bestätigen und ausrufen: Ihr Gottesfürchtigen folget mir! Gott ist mein und euer Herr; wer ihn anbetet, wandelt auf dem rechten Wege.« An einer andern Stelle: »Jesus, der Sohn Mariens, ist Gottes Gesandter, dessen Geist und das vom Himmel an Maria gesandte Wort.« Er ist also derselben Natur wie Gott, der ihn sendet; denn Gott und sein Wort sind nicht zwei Götter, sondern derselbe einfachste Gott. So sind also der sendende Gott und das gesendete Wort derselben göttlichen Natur. Da aber der sendende Gott nicht sich selbst sendet, noch auch einen andern Gott, so kann der Sendende nicht der Gesendete noch der sendende Gott ein anderer als der gesendete sein.

13.

Es ist leicht zu beweisen, das Christus, das Wort Gottes, dessen Sohn ist

Ausgemacht ist es dem Alchoran, daß durch das Wort Gottes alles erschaffen ist. Somit ist das Wort Gottes selbst unerschaffen, ewig. Es ist also kein sinnliches Wort, sondern sogar noch mehr als ein geistiges. Das geistige Wort, durch welches der Geist alles bewirkt, ist der geistige Begriff. Wenn der Geist nicht in seinen Begriff schaut, kann er nichts schaffen. So schaut der Baumeister in den Begriff des Hauses, das er bauen will. Dieser Begriff wird Wort genannt; wie das äußere Wort von dem innern geistigen Worte erzeugt wird, so der Begriff von dem Geiste. *Die geistige Natur formiert und reformiert alles durch ihr Wort.* Der Baumeister formiert durch das Wort das Haus, und wenn dieses baufällig wird, so reformiert er es durch dasselbe Wort. *So formiert und reformiert Gott durch das Wort*, dies Wort wird auch Weisheit genannt; denn Gott wirkt alles durch die Weisheit. Der Alchoran sagt nun: »Christus, der mit göttlichen Kräften kommt, spricht: Siehe, ich bin da mit Weisheit, eure Streitigkeiten zu schlichten; folgt mir nach und fürchtet Gott!« Der Alchoran nennt also, was er vorhin das Wort nannte, jetzt göttliche Kraft und Weisheit. Doch warum nennt er den Sohn lieber Wort als Sohn? Vielleicht um allen Anlaß zu Götzendienst solchen zu benehmen, welche eine geistige Sohnschaft nicht zu fassen vermochten. Es ist auch in der Tat eine unpassende Ausdrucksweise: Gott hat einen Sohn. Denn da Gott alles das ist, was er hat, so könnte es soviel heißen, als: Gott der Vater sei der Sohn. Wie dem sei, der Alchoran hatte nicht die Absicht, dem Evangelium und dem Zeugnis des Johannes des Täufers zu widersprechen, den er einen Bekräftiger der Behauptung, Christus sei der eingeborene Sohn Gottes, nennt. Er scheint also nur darin von den Christen abzuweichen, daß er den das Wort Gottes und den Sohn Mariens nennt, den die Christen Christus nennen.

14.

Ein Einwurf aus dem Alchoran und die Lösung desselben

Man könnte einwenden: Steht nicht im Alchoran: »Sehr viele haben in *lügnerischer Weise* behauptet, Gott habe einen Sohn.« Widerspricht dies nicht dem Evangelium? Ich sage hierauf: Der Alchoran erklärt sich selbst, denn er fügt bei: »Hat Gott also angefangen, die Söhne mehr zu lieben?« Was saget ihr hierauf, die ihr ein so kurzes Gedächtnis habt? Wenn ihr für eure Behauptung einen festen Grund habet, so leget euer Buch vor! – Daß Gott keinen Sohn nach menschlicher Weise habe, widerspricht dem Evangelium nicht, da Gott ein Geist ist, der nicht Fleisch und Bein hat. Daß aber Christus der eingeborene Sohn Gottes ist, dafür können wir die Beweise aus dem Evangelium beibringen und werden als wahrhaftig erfunden werden. – Ferner könnte man einwenden: Sagt nicht die vorletzte Azore: »Beharrlich belehre sie, es sei ein Gott, unkörperlich, der weder zeugt, noch gezeugt ist, und nichts seinesgleichen hat.« Wir erwidern: Diese Azore hat die Tendenz, Gott die Ehre zu geben, nicht aber, der Ehre Christi etwas zu entziehen. Da unkörperlicher Gott und Gottheit identische Begriffe sind, so widerspricht diese Azore dem Evangelium nicht, da die Gottheit als solche nicht zeugend und gezeugt ist und keine andere ihr gleiche Gottheit hat, wohl aber zeugt der Vater den Sohn von gleicher Wesenheit (quando respicis in Deitatem, nullam vides generationem; cum respicis in Deum, vides ipsam). Daß Gott Vater genannt werde, liest man deutlich im alten Testamente, den Psalmen und dem Evangelium, nirgends aber ist die Gottheit Vater genannt. Kommt es Gott zu, Vater genannt zu werden, so ist es nicht unzukömmlich für Gott, daß auch von einem Gott Sohn gesprochen wird, da ein Vater nicht gedacht werden kann ohne einen Sohn. Wenn daher auch jene Azore zunächst, was die Hauptabsicht des ganzen Buchs ist, die Mehrheit der Götter ausschließen soll, so kann sie doch auch im wahren Sinn des Evangeliums geduldet werden, nämlich: Gott habe weder gezeugt, noch sei er gezeugt worden. Denn die *ewige* Zeugung im göttlichen Wesen ist nie eine bloß vergangene gewesen, sondern Gott, der ewige Vater, zeugt Gott den ewigen Sohn, den Gott von gleicher Gottheit, den ewigen von gleicher Ewigkeit (Deus pater aeternus generat Deum filium aeternum eadem deitate Deum, eadem aeternitate aeternum).

15.

Jesus ist als Messias der wahre Sohn Gottes

Wenn der Alchoran Jesum den *Messias* d. i. Christus nennt, so gibt er von ihm alles zu, was die Propheten von Christus sagen. Der Prophet *Micheas* sagt: »Du Bethlehem Ephrata, du kleine unter den Städten Judas. Von dir wird für mich ausgehen der Herrscher in Israel, sein Ausgang ist von Anfang an von den Tagen der Ewigkeit.« Dieser Prophet redet von der Zeugung (generatio) des Messias, die ihm teils eine zeitliche, in Bethlehem, teils eine ewige ist. Von Anfang der Welt an ist geweissagt, Gott werde den Messias als Heiland in die Welt senden. Es ist also ausgemacht, daß der Messias vor der Welt Gründung ist, wie Christus von sich in den Worten bezeugt: »Verherrliche mich, Vater! mit der Herrlichkeit, die ich vor der Welt Gründung hatte«. Dieser Messias, der, weil der oberste und größte Erlöser, als Sohn Gottes erwartet wurde, war also ein anderer als der Vater, der ihn sandte. Er war aber zugleich gleicher Natur mit dem Vater, vor aller Kreatur, denn er war, als noch keine andere Natur außer der göttlichen da war. Daher sagt der Prophet *Jesajas*: Gott selbst wird kommen und uns erlösen. Dann werden die Augen der Blinden und die Ohren der Tauben sich öffnen. Der Prophet *Baruch* sah den Messias als Gott und als Weisheit Gottes kommen und mit den Menschen verkehren ... Solange die Propheten den Messias im Geiste sahen und seine Ankunft voraussagten, haben sie ihn nie als ein Geschöpf gesehen, sondern als göttliche Kraft und Macht. Und wie sie gesehen und geglaubt haben, so ist es geschehen: Derselbe, den sie in der Ewigkeit im Geiste geschaut haben (und kein anderer), ist in der Zeit erschienen ... Der Alchoran will nicht weniger von Christus aussagen als das Evangelium und die Propheten. Wenn er sagt, Christus sei als der höchste Bote Gottes mit der Kraft Gottes erschienen, so sagt er das

Größte von ihm; denn wie ist der Gesandte fähig, die Macht des ihn sendenden Gottes zu fassen, wenn er nicht der absolut Höchste (summus, quo maior esse nequit) ist? Wie kann er eine pure Kreatur sein, wenn Gott einen Vollkommeneren und Reineren als ihn nicht erschaffen kann? Wie kann er eine Macht haben, die nicht die absolut größte ist durch die Mitteilung der Fülle der göttlichen Macht?

16.

Christus ist als Wort und Gesandter des höchsten Gottes – Sohn Gottes

Es war also das Wort, das in der Jungfrau Maria die menschliche Natur angenommen hat, das allmächtige Wort des allmächtigen Vaters, welches alle Kreatur nicht zu fassen imstande ist. Mit Recht schreibt ihm daher der Alchoran Weisheit und Lehramt zu und lehrt ganz trefflich, Christus habe der Welt bewiesen, daß er mit göttlicher Macht gekommen sei und als Gesandter Gottes, dem Gott alles in seine Hand gelegt, alles vermag, was die Menschen von Gott erflehen. Zu dem Ende zählt der Alchoran im allgemeinen als Wunder Christi auf: Heilung unheilbarer Krankheiten und Auferweckung von Toten; auch habe Christus Vögel aus Kot gebildet und sie durch Anhauchen belebt, als wollte der Alchoran damit sagen, nichts von dem habe gefehlt, was wir Gott zuschreiben. So lehrt Mahomed auch, Christus habe aus der Erde (aus dem Grab?) im Namen seines Vaters Japhet, den Sohn des Noë, erweckt, damit er die Taten seines Vaters Noë erzähle. Diese Wundertaten sind, wie der Alchoran schließen läßt, veröffentlicht, um Glauben zu erwecken. Denn da kein Gesandter Gottes, der purer Mensch ist, der Art ist, daß man ihm notwendig glauben muß, da Gott einen noch glaubwürdigeren erschaffen könnte, so können wir nur dem unbedingt glauben, der als gleicher Natur mit Gott auch gleich wahrhaftig ist …

17.

Zeugnisse des Alchoran beweisen, Christus sei der Sohn Gottes

Man könnte fragen: Was will der Alchoran mit der Behauptung, der göttliche Geist sei für Christus, den Sohn Mariens, als unterstützender Zeuge aufgetreten? Daß der hl. Geist für Christus Zeugnis gegeben, bezeugt Johannes, der Sohn des Zacharias, wenn es im Evangelium heißt: »Ich sah den Geist herabkommen wie eine Taube vom Himmel und über Jesus ruhen, und ich kannte ihn nicht. Der mich aber gesendet hat, mit Wasser zu taufen, hat mir gesagt: Über wen du den Geist herabkommen und bleiben siehst, der ist es, der mit dem hl. Geiste tauft. Ich sah ihn und habe Zeugnis gegeben, daß dieser der Sohn Gottes ist.« Wie bei Christus hat der hl. Geist auch in allen Aposteln und andern Heiligen Zeugnis abgelegt, daß Jesus ist Christus, der Sohn Gottes. Welche Hilfe er in der Empfängnis der heiligen Jungfrau und in allen, die ihn als die Bürgschaft der Verheißungen Christi aufnehmen, geleistet, und wie er die Gläubigen in das Verständnis der Lehre Christi eingeführt, das wissen alle, die das Evangelium und die Schriften der Heiligen sorgfältig lesen. Zu beachten ist nun, wie sehr der Alchoran Johannes, den Sohn des Zacharias, preist als einen durchaus glaubwürdigen Mann; er nennt ihn einen guten Mann, der in der Jungfräulichkeit verharrte, einen großen Propheten, der das Wort Gottes bekräftigte, und in gleicher Weise führt er das Zeugnis des hl. Geistes an. Alles dies ließ der barmherzige Gott in den Alchoran aufnehmen, um die Verständigen zu den Zeugnissen der Wahrheit hinzulenken, um Christo nichts zu entziehen, wenn auch (wegen des niedrigen sinnlichen Standpunktes des Volkes, welches die geistige und göttliche Natur Christi nicht zu fassen imstande ist), nicht offen von ihm gesagt wird, er sei der Sohn Gottes. Es schien daher vorsichtiger, nur negativ zu lehren, Christus, der Sohn Mariens, sei nicht der Sohn Gottes, da er als solcher körperlich uns sichtbar war. Daß er aber göttliche Kraft und Macht hat, die nur der Glaube sieht, wie die Wunder beweisen, konnte auch der Alchoran nicht leugnen.

18.

Wie die Worte des Alchoran zu verstehen seien, Christus sei der Geist, die Seele Gottes

Warum sagt der Alchoran: Christus ist der Geist Gottes? und anderswo: Gott hat ihm seine eigene Seele verliehen (Deus ipsi animam suam proprie contulit)? Ich erwidere: Der Alchoran nimmt Seele und

Geist oft gleichbedeutend; ich verstehe darunter das geistige Leben, welches die Weisheit ist. Gott verlieh ihm eine gnädige und mitleidige Seele, d.i. das Leben im eigentlichen Sinne. So sagt Christus selbst: »Wie der Vater das Leben in sich hat, so hat er dem Sohne gegeben, das Leben in sich zu haben.« Wie also der leibliche Vater sein leibliches Leben im eigentlichen Sinne dem Sohne gibt, daß er in sich selbst lebt, so hat Gott sein Leben Christus gegeben. Diese Einheit der Lebensnatur Gottes des Vaters und Christi drückt der Alchoran durch die eine Seele beider aus. Wie der Vater lebendig machen kann, wen er will, so hat er auch dem Sohne gegeben, lebendig zu machen, wen er will. Daher wird jenes Leben Geist Gottes genannt, da jede Bewegung aus verborgener Ursache Geist genannt wird. Mit Recht sagt daher der Alchoran, Christus habe von sich im Evangelium gesagt: »Ich bin das Leben und die Auferstehung«; anderswo: »Die Worte die ich geredet habe, sind Geist und Leben.« Denn der Geist Christi ist der gute Geist, der zum guten und unsterblichen Leben, welches Gott ist, hinführt. Der Geist des Teufels aber ist der böse Geist, der zum ewigen Tode hintreibt.

19.

Wie die Worte des Alchoran zu verstehen seien, Christus sei ein guter, ja vortrefflicher Mann und das Urbild (faciem) aller Völker

Was bedeuten die Worte des Alchoran, Christus sei ein guter, ja vortrefflicher Mann und das Urbild aller Völker in dieser und der zukünftigen Welt? Wir antworten: Der Alchoran erhebt die Jungfrau Maria über alle Männer und Weiber, und mit Recht, weil sie die Mutter Christi, des Sohnes Gottes ist. Nun ist aber unstreitig Christus über seine Mutter erhöht (exaltatus). Er ist als der Beste, weil er nicht besser sein kann … Zwischen ihm und Gott kann nichts dazwischenliegen, er ist die Güte selbst. Christus ist daher gut durch erschaffene Güte, welche nicht die Güte selbst ist, sofern er Mensch war, daneben aber ist er auch gut in unerschaffener Güte, welches die Güte selbst ist, da er der absolut Gute ist, der keiner Zunahme in der Güte fähig ist. – Durch den Ausdruck: Christus ist das Urbild aller Völker, wird Christus als derjenige bezeichnet, von welchem der Prophet Daniel sagt: Schön an Gestalt vor allen Menschensöhnen, ist Anmut über deine Lippen ausgegossen; daher preist dich Gott in Ewigkeit. Wo findet sich der Ausdruck der Schönheit, außer im Antlitze? Was ist schöner als ein Bild aller Tugenden, der König aller Herrlichkeit, Klarheit und Schönheit? Daher ist er der Sohn Gottes, an welchem der Vater das größte Wohlgefallen hat, und ist gesalbt vor allen seinen Genossen. Daher sagt Mahomed, die Vollkommenen stehen am Tage des Gerichts in der Natur Adams und in der Gestalt Jesu Christi von den Toten auf. Die Gestalt Christi ist die Vollendung der Vollendeten. Daher ist es Christus, durch den die Vollendeten gerichtet werden; seine Gestalt ist die allein dem unsterblichen Leben angemessene. Die ihm ähnlich sind, gehen ein in die Freude des Herrn. Daher wiederholt der Alchoran öfter, die Gestalt der einen (der Gerechten) sei am Tage des Gerichts weiß und glänzend, die der andern (der Ungläubigen und Bösen) sei schwarz. Um mich kurz zu fassen: Christus ist alles das, was in allen Völkern der Gegenwart und Zukunft nach Recht und Wahrheit Lob verdient. Er ist das schöne Urbild aller, in welchem alle Völker ruhen und gepriesen werden.

20.

Digression zur Veranschaulichung im Gebiete des Übersinnlichen

Der Alchoran nennt Christus *Ruhella* (vom hebräischen רוח), was einige Hauch Gottes, andere Geist Gottes, andere Wort Gottes, wieder andere Seele Gottes übersetzen. Wie man es übersetzen mag, notwendig ist damit Gott gemeint, wie aus dem Vorhergehenden erhellt. Mir scheint die Deutung: *Wort Gottes*, nämlich das geistige Wort, das wir auch *Begriff, Idee* nennen, weil sie mit dem heiligen Evangelium übereinstimmt, den Vorzug zu verdienen. Damit nun weniger Gebildete durch ein konkretes Beispiel den Vater, das Wort und den Geist einigermaßen, wenn auch in weiter Ferne, erkennen, so mögen sie die Glasbereitung sich vorstellen. Sie ist das Werk der Intelligenz. An eine eiserne Röhre läßt man eine geeignete Quantität des Glasstoffes sich anhängen, bläst in sie und macht so ein Glas nach Belieben. Das Blasen wirkt innerhalb des Glasstoffes und bildet ihn. Dies hat Ähnlichkeit mit dem Wirken der Natur. Beachte in dem Blasen zweierlei: das Äußere, die wahrnehmbare Luft aus dem Munde des

Künstlers, innerlich – seinen Verstand, denn er hat eine bestimmte Absicht bei seinem Blasen –, den Begriff, das (geistige) Wort. Dieses Wort wird von dem Geiste erzeugt, der sich in ihm entfaltet. Vom *Geiste* und seinem Begriffe (*Wort*) geht dann die *Bewegung* aus, welche in der Tat sich vollendet. So geht nun auch von dem Schöpfer mittelst des Worts durch göttliche Bewegung oder den Geist alles ins Dasein hervor. Zu beachten ist, daß Gott den Elias, 3. Könige, Kap. 16, belehrte, er sei nicht im Sturmwinde, der die Berge umstürzt, nicht im Feuer, das auf die Bewegung folgt, sondern im sanften Säuseln, das auf das Feuer folgt. Das heißt, er sei ein feinerer Geist als jeder auch der feinste Geist, d. i. ohne Einnahme eines bestimmten Raumes, wie der Geist in der Sprache; kein Akzidens, sondern die Substanz, die alle Substanz erschafft. – Dies sei gesagt, damit die weniger gebildeten Anhänger des Alchoran ihren Geist zum Geistigen erheben und erwägen, daß der Geist Gott in allem nachahmen soll, daß das Substantielle, das nur durch den Geist erfaßt wird, dem Akzidens weit vorzuziehen sei, da das Akzidens kein sein (esse), sondern nur ein Dabeisein (adesse) hat, und daß wir in der Schule der göttlichen Dingen lernen sollen, die göttliche Zeugung nicht mit der irdischen, die Freuden des ewigen Lebens, nach denen wir trachten, nicht mit den Freuden der Welt in Vergleichung zu bringen, auf daß sie sich vom Alchoran zum sichern, geistigen und göttlichen Evangelium Christi hinwenden.

Zweites Buch

I.

Von der mystischen Theologie, nach welcher Gott unaussprechlich ist

Ich schreite jetzt zur Erklärung der Dreieinigkeit, die wir in der Gottheit anbeten, und zeige, daß der Alchoran, richtig ausgelegt, der Dreieinigkeit, wie wir Christen sie nach dem Evangelium glauben, nicht widerspreche. – Es könnte vielleicht ein Araber sagen: Wir, die wir den Alchoran als Wort Gottes verehren, und den Glauben an einen Gott, den Schöpfer des Alls, der ohne Teilnehmer, Genossen, Vielheit, während die Christen von einer Vielheit Gottes des Vaters, Gottes des Sohnes, und Gottes des hl. Geistes reden, widersprechen dem Evangelium nicht, daher ziehen die Muselmanen mit Recht den Alchoran dem Evangelium vor. Die Kalifen in Bagdad, wo die hohe Schule dieser Sekte ist, verbieten, daß man über Evangelium und Philosophie Vorlesungen halte. Denn sie hatten die Erfahrung gemacht, daß diejenigen, welche das Evangelium studierten, Christen geworden, daß ein christgewordener Kalif das Kreuz stets heimlich auf seiner Brust getragen habe, und die Philosophen den Alchoran verlachen.

Im 11. Kap. des Alchoran wird Christus genannt Jesus, der Sohn Mariens, Gottes Gesandter und Geist, das Wort, das Marien vom Himmel gesandt wurde. Wer also an Gott und diesen seinen Gesandten glaubt, sage nicht, es seien drei Götter, da nur ein Gott ist, der keinen Sohn hat, dessen Allmacht alles im Himmel und auf Erden unterworfen ist. Christus selbst und die der Gottheit nächsten Engel werden am wenigsten leugnen, daß sie Gott unterworfen sind. Wir antworten hierauf: Das Evangelium verwirft nicht nur alle Vielheit der Götter, sondern erklärt dieselbe für geradezu unmöglich. Niemand bezweifelt, daß Gott das Prinzip und der Urgrund von allem ist. Wie kann die Vielheit Prinzip sein, da vor ihr die Einheit oder Einzigkeit (singularitas) ist, die als reines Prinzip notwendig ewig ist, weil sie der Anfang, nicht das Angefangene ist (quia principium et non principiatum)? Jenes Urprinzip kann nun betrachtet werden ohne Rücksicht auf das durch dasselbe Begründete (principiata), so daß es nicht mehr Prinzip als nicht Prinzip ist. Nach dieser Betrachtung ist es schlechthin unendlich und unbegrenzt, unbegreiflich, unaussprechlich. Über alle Sinnen- und Vernunfterkenntnis erhaben, ist es weder eines noch dreifach, weder gut noch weise, weder Vater, noch Sohn, noch hl. Geist. Es ist den Augen aller Weisen verborgen, von keiner Kreatur, nur von sich selbst erkannt … Daher bewundern und verehren wir es nur mit Stillschweigen. Von diesem unendlichen Gott spricht der Alchoran 29. Kap.: »Das Ende dieser Welt oder den Tag des Gerichts, der keine Lüge ist, erwartend, erkenne nur den Gott, der keine Grenze hat, außer dem kein anderer Gott ist;« und Kap. 64: »Jedes Weltwesen hat sein Grenze, nur die Gestalt des großen und gütigen Gottes ist unbegrenzt. – wer leugnet dies?«

2.

Von der affirmativen Theologie, nach welcher Gott dreifach und Einer ist

Wir finden, daß diese sichtbare Welt, da sie anders sein könnte, als sie ist, nicht durch sich selbst ist, sonst wäre sie gewesen, ehe sie war. Da sie anders sein könnte, größer, kleiner etc., und ihre Größe eine begrenzte ist, so ist sie offenbar durch ein älteres Prinzip das, was sie ist; dieses hat sie so und nicht anders gemacht. Da dieses Prinzip von keinem anderen genötigt sein konnte, weil kein anderes vor ihm war, so hatte und hat es die freie Wahl, zu schaffen und nicht zu schaffen, wie der Geist frei ist in seiner Tätigkeit. Wie dieser in sich einen Begriff von dem bildet, was er schafft, so hat auch Gott in einer göttlichen Kunst oder Wissenschaft das, was er wirket. Ebenso hat er das, was er wirkt, auch in seinem Willen. Wie würde ein Maler ein Gemälde verfertigen, wenn er nicht in seinem Geiste die *Vorstellung* des Gemäldes hätte? Wie könnte er es ausführen, wenn er nicht die *Kenntnis* der Malerei hätte, und wenn er nicht *wollte*? Der Wille ist aber nicht die Kenntnis und die Vorstellung oder das geistige Bild; dagegen was im Geiste (als geistiges Bild) ist, ist auch in der Kenntnis und im Willen, und zwar nicht jedesmal in anderer Weise, sonst wäre es nicht eine vollkommene Tätigkeit ...

3.

Aus der Tätigkeit unserer geistigen Natur erkennen wir die Tätigkeit der göttlichen

Diese edle Beschaffenheit hat unsere geistige Natur von ihrem Schöpfer: Wie dieser als Schöpfer die wirklichen Dinge hervorbringt, so der Geist, sein Abbild, durch Denken die Bilder der wirklichen Dinge. Gottes Schaffen ist ein Setzen von Wesen (creare est essentiare), Denken ist Assimilieren. Da nun der Schöpfer vor allem ein Bild von dem hat, was er schafft, er *versteht* zu schaffen und schaffen *will*, so ist der eine Schöpfer des All notwendig *dreieinig*, dessen Bild in unserm Geiste, der eines im Wesen und dreifach in seiner Wirksamkeit ist, sich abspiegelt. So ist Gott: *Vater, Sohn* und *hl. Geist.* Wegen dieser Trinität nennt Moses Gott am Anfange der Genesis im Plural: אֱלֹהִים und sagt: »Lasset uns den Menschen machen«, wiewohl er anderswo wieder sagt: »Ich bin Gott der Eiferer.« So sagt auch im Alchoran Gott: »Wir haben die Menschen aus vergänglicher feuchter Masse erschaffen«, und anderswo: »Den Himmel und alles Himmlische haben wir nach unserm Belieben erschaffen«, wiewohl es an einer andern Stelle heißt: »Sage meinem Volke, ich bin der barmherzige Gott.« – Wie Moses und Mahomed durch den Ausdruck der Mehrzahl in dem Schaffen und Wirken Gottes nicht eine Mehrheit von Göttern anerkennen wollten, so wollen die Christen um der Dreieinigkeit willen nicht vom Glauben an einen Gott und Schöpfer ablassen.

4.

Wie wir uns von der Fruchtbarkeit unserer geistigen Natur zur Fruchtbarkeit der göttlichen Natur erheben

Um dich mittelst einer sinnlichen Anschauung zur Fruchtbarkeit des Geistes und von diesem zur Fruchtbarkeit der göttlichen Natur zu erheben, erwäge, daß die unzähligen Städte, Tempel, Schlösser und

Gebäude, Gemälde und andere Kunstgegenstände, Sprachen, Künste und Wissenschaften, süße Harmonien, geordnete Staaten und unzähliges andere das Werk des einfachen, von Gott uns gegebenen, unsichtbaren Geistes sind. Sie wären nicht sein Werk, wenn sie nicht in höherer Weise zuvor geistig (ideal) in ihm existierten. So erscheint dir der Geist als ein wahres Wunder. Erhebe dich nun vom Geiste zu seinem und aller Dinge Schöpfer, um seine göttliche Fruchtbarkeit zu erkennen, da die Intelligenzen, die Himmel, die Sterne, Sonne, Mond, die Elemente, das Werk des einfachsten und fruchtbarsten Schöpfers sind. Die Schöpfung ist das Sichtbarwerden dessen, was immer und ewig in seinem Geiste er selbst war, in seiner Kunst oder Weisheit immer und ewig er selbst war, im Wohlgefallen seines Willens ewig er selbst, der gepriesene Gott, war. Er zeigt die Schätze seiner Herrlichkeit aus reiner Güte, wie ein reicher Geist die Schätze seiner Einsicht zur Offenbarung seiner Herrlichkeit kundgibt und mitteilt. So hat auch Gott der einfachste, der unaussprechlich reiche, schöne und in sich selige, alle licht- und ideenreichen (formis plenas) Intelligenzen, alle helleuchtenden Sterne, alle lebenden Wesen, alle süßen Gerüche und Düfte, alle schönen Blumen etc. erschaffen.

5.

Analogie (manuductio) aus den Weltwesen zur Erkenntnis Gottes als des Dreieinigen

Da Mahomed in seinem Glauben an Gott, den Schöpfer des All, von demselben notwendig aussage, was die Christen über die Dreifaltigkeit desselben glauben, so sage ich, damit jeder Araber sich in seinem Glauben zur göttlichen *Fruchtbarkeit, Geburt* und *Liebe* erheben kann, daß diese Welt ohne Fruchtbarkeit, Geburt und Liebe nicht bestehen kann; sie müßte notwendig zergehen (deficere). Durch jene drei ist sie *eine* Welt. Fruchtbarkeit, Geburt und Liebe sind nicht jedes eine andere Welt, sondern sie sind zusammen eine und dieselbe Welt, so daß nichts von der Welt ohne sie ist (sic sunt unius mundi, ut nihil mundi sit sine illis). An der Fruchtbarkeit, Geburt und Liebe partizipieren aber die Engel engelmäßig, die Menschen menschlich, die Tiere tierisch, die Vegetabilien vegetabilisch, die Mineralien mineralisch, die Himmel himmlisch, die Sonne sonnenartig, die Geister geistig, jedes in seiner Weise. Woher hat es nun die Welt, daß sie notwendig so dreieinig als eine ist, außer von ihrem Schöpfer? Wenn also die Welt ohne diese Trinität weder ihre Natur hätte, noch ihre natürliche Vervollkommnung, noch den Segen vom Schöpfer, wenn die Dreieinigkeit in der dreieinigen Einheit ihres Wesens sich abspielt, wie sollte der Schöpfer die Vollkommenheit nicht haben, die er doch allen Wesen verleiht, auf daß sie möglichst vollkommen seien? *Gott ist also dreieinig*, der die Welt dreieinig als sein Ebenbild erschaffen hat. Die Fruchtbarkeit ist der *Vater*, die Geburt dieser Fruchtbarkeit ist der *Sohn*, die Liebe ist die Verbindung beider – der *hl. Geist*.

6.

Analogie von der Trinität des Geistes zu der der Gottheit

Um in der Gott ähnlichen Kreatur sein Bild zu erkennen, wollen wir die geistige Natur betrachten. Wie viele Theorien über die Wahrheit hat die Fruchtbarkeit des Geistes schon geschaffen? Wie viel geistiger Genuß ist daraus entstanden, wie viele Verachtung der Weltfreuden? In der geistigen Natur ist eine Fruchtbarkeit, die aus sich das Wort oder den Begriff erzeugt; aus beiden geht die Umarmung oder der Wille hervor. Sowenig man das liebt, was man nicht weiß, so gewiß erzeugen der Geist und die Erkenntnis den Willen, das Streben. Dies führt uns wieder zum dreieinigen Gott. Gott ist nicht unkundig seiner selbst. Erkennt er sich, so erzeugt er auch das Wort oder den Begriff von sich selbst, und beide sind in Liebe verbunden. Das Wort ist von der Selbsterkenntnis Gottes verschieden und doch nicht anderer Wesenheit …

7.

Analogie aus dem Wesen der Liebe

Damit alle Vernünftigen einsehen, daß wir, die wir an die Trinität glauben, vernünftig verfahren, wollen wir durch ein anderes Beispiel zu demselben Ergebnisse gelangen. Jedermann sieht ein, daß die Liebe zum Bestande der Welt durchaus notwendig ist; ohne sie könnte die Welt nicht bestehen. In allen lebenden und in den geistig lebenden Wesen, in allem, was ein Fürsichsein hat, findet sich die Liebe, in jedem auf seine Weise; können wir die Liebe Gott absprechen, welcher der Schöpfer der Liebe ist? Sagen wir also, Gott habe Liebe, so ist er, was er hat, er ist das Wesen der Liebe. Weil aber die Liebe eint, so gehört die *Einheit* zum Wesen der Liebe. Die Liebe erzeugt aber auch die *Gleichheit* ihrer selbst, die Liebe, weshalb man sagt: Willst du geliebt sein, so liebe. Aus beidem geht ihr *Band*, die verbindende Liebe hervor. Die Liebe ist die Verbindung des Vaters und des Sohnes, von welchen sie ausgeht. Die Einheit ist vor der Vielheit, die Gleichheit vor der Ungleichheit, die Verbindung vor der Trennung, somit ewig. Mehrere Ewigkeiten kann es aber nicht geben, daher ist die Dreieinigkeit eine Ewigkeit.

8.

Erklärung (declaratio) der heiligen Dreieinigkeit

Es ist nun klar, daß, wer nicht einsieht, daß das Nichtanderssein nicht das Identische ist und das Nichtidentische nicht ein Anderssein, auch nicht fassen kann, daß die Einheit, Gleichheit und ihre Verbindung dasselbe in der Wesenheit, aber nicht dasselbe unter sich betrachtet sind. Daher begreifen sie die Trinität in der Gottheit nicht, außer in drei Göttern. Christus hat uns aber belehrt, daß Gott der Vater lebendig mache und daß auch der Geist, der von beiden ausgeht, lebendig mache, wie man im Evangelium des hl. Johannes lesen kann. Deshalb sind aber nicht drei lebengebende und drei belebende Götter. Wer dies nicht begreift, hat offenbar keinen vollkommenen Begriff von dem vollkommensten Gott, sondern man erdichtet sich einen Gott, der nicht der allerglückseligste ist, keine Natur und Wesenheit hat (innaturalem), unfruchtbar ist, der Süßigkeit der Liebe als Vater, Sohn und Verbindung beider und der vollen Entfaltung der Fruchtbarkeit entbehrt. Man beachtet nicht, daß Gott durch Jesajas gesagt hat: »Sollte ich, der ich andere gebären lasse, selbst nicht gebären? der ich andern die Zeugungsfähigkeit gebe, solle unfruchtbar sein?« – Die Araber können den Propheten Jesajas nicht verwerfen, da im Alchoran kein Prophet verworfen, sondern alle angenommen werden.

9.

Ein wenn auch nur entfernt ähnliches Bild der heiligen Dreieinigkeit

Bis wir in diesen Dingen eine Geistesgewandtheit haben, müssen wir zu einem Bilde (aenigma) unsere Zuflucht nehmen.

Ich sah zwischen runden Ufern ein großes Wasser, ohne Zu- und Abfluß eines andern Wassers, immer von gleicher Quantität und ringsum fruchttragende Bäume, Saatfelder und Wiesen; das Landvolk, das hier wohnte, konnte das Wasser nicht genug loben als das beste, das es gebe. Ich wunderte mich, daß es sich nicht verminderte, nicht austrocknete und nicht sumpfig wurde, da doch kein Bächlein einen Zufluß brachte. Ich trat näher und bei sorgfältiger Untersuchung fand ich, in der Mitte sei eine Quelle, die aus einer Strömung, die vom Zentrum zu kommen schien, herrühre, und dachte: Das ist wohl der Grund, warum sich dieses Wasser nie vermindert, während es doch der ganzen Umgebung Vegetation bereitet. Wiewohl es an den Ufern hin stagniert (stille steht), so erneuert es sich doch beständig, weil es aus einer Quelle hervorkommt. Das Wasser war also Quelle, Fluß (Strömung) und Stagnation (stille Wasser) und zwar gleichmäßig, weil es das eine nicht mehr als das andere war. Im stillstehenden Wasser sah ich die Strömung und die Quelle, doch war die Quelle nicht die Strömung noch das Stillstehende, die Strömung nicht die Quelle noch das Stillstehende, das Stillstehende nicht die Quelle noch die Strömung. Ich begriff dies aber erst, als ich geistig die Quelle aus sich die Strömung hervorbringen sah. Beide differieren also wie der Erzeuger und das Erzeugte, wie Vater und Sohn. So kann auch das Stillstehende nicht der Fluß oder die Quelle sein, aus welchen es hervorgeht. Ich sprach bei mir: Die Quelle ist die Einheit, die Strömung die Gleichheit, das Stillstehende die Verbindung beider. Erhebe ich mich von diesem Bilde ins Gebiet des Ewigen, so begreife ich es als das Dreieinige. Im Alchoran steht, alles Lebende sei aus dem Wasser. Wenn nun jenes Wasser seiner ganzen Umgebung Vegetation verleiht, wie vielmehr gibt der Schöpfer dieses Wassers allen Kreaturen alles, ohne Verminderung seiner selbst!

10.

Analogie aus drei Personen

Die Menschheit und der (einzelne) Mensch sind nicht identisch, wohl aber Gott und die Gottheit. Es gibt weder mehrere Gottheiten, noch mehrere Götter. In der Menschheit sind nur drei Personen: ich, du, er, die gleich sind im Menschsein. Woher hätten sie dies, wenn nicht auch Gott dreifach in den Personen, einfach in der Wesenheit wäre? Gott kann sagen: Ich bin Gott, du bist Gott, er ist Gott von gleicher Gottheit. Diese drei Personen sind aber nicht drei Götter, sondern nur ein Gott. –

11.

Die Araber müssen notwendig die Dreieinigkeit bekennen

Wenn die Araber nicht freiwillig die Trinität im Göttlichen zugeben, so wird ihnen aus dem Alchoran, den sie doch für ein Buch der Wahrheit halten, nachgewiesen, daß Gott einen Genossen habe. Dort spricht Gott zu Mahomed: »Dir, der du Gesetz und Schrift nicht kanntest, schickten wir unsern Geist und verschafften dir dadurch Erleuchtung.« Dann wieder: »Der gepriesene und ganz gerechte Geist hat dein Herz durchdrungen, daß du mit ihm ausgerüstet die Araber zurechtweisest.« Christus nennt er bekanntlich Jesus, den Sohn Mariens, den Gesandten Gottes, und dessen Geist das Wort, das Marien vom Himmel gesandt wurde. Ferner: »Gott und sein gepriesener Geist haben diesen Alchoran verfaßt.« Da nun der Geist Gottes keine Kreatur genannt werden kann und der gesendete Geist nicht durch sich selbst gesendet ist, so muß man, wenn man nicht sagt, er sei die dritte Person in der Gottheit, vom Vater und Sohn gesendet (weil er in der Mehrzahl von den Sendenden spricht), notwendig mehrere Götter annehmen (was doch ganz gegen die Tendenz des Alchoran ist). Auch das Wort Gottes kann keine Kreatur sein; denn durch das Wort Gottes ist alles erschaffen worden. Das Wort Gottes ist also Gott. Ist es Gott und doch nicht die zweite Person, der Sohn, so kommt man wieder auf mehrere Götter, das Wort Gottes ist ein Genosse Gottes (particeps Deo). *Die Araber müssen also an die Trinität glauben, sonst sind sie Ungläubige.*

Es läßt sich auch so beweisen: Ihr gebet zu, das Evangelium sei ein ganz klares und wahres Buch. In diesem steht nun, es sei ein Gott, Vater, Sohn und heiliger Geist. Hiergegen könnet ihr nichts anführen, da das Evangelium von keiner geringern Autorität als der Alchoran ist, wie dieser selbst behauptet.

Soviel von der heiligen Dreieinigkeit.

12.

Christus ist wahrhaft gestorben und gekreuzigt worden

Es bleiben nun noch einige nicht unerhebliche Abweichungen des Alchoran vom Evangelium zu erläutern übrig.

Im 11. Kapitel des Alchoran steht, Christus sei nicht gestorben, sondern ein Christo ähnliches Subjekt hätten die Juden aufgehängt, Christus aber nicht getötet; der unergründbare, weise Gott habe ihn zu sich hinüberwandern lassen (transmigrare fecit). An ihn werden die Männer des Gesetzes vor ihrem Tode glauben und in der Zukunft wird er als ihr Zeuge vor ihnen stehen. Allein das Evangelium und alle Schriften der Schüler, die Weltgeschichte lehrt einstimmig, Christus sei nicht nur gestorben, sondern auch so gestorben, wie es die Propheten vorausgesagt hatten. Da nun nach den Schriften der Späteren der Alchoran nicht so verstanden werden soll, als widerspreche er sich, da er das Evangelium und die Propheten anerkennt, so fragt es sich, was er mit dem Vorerwähnten sagen will. Suchen wir zuerst das dem Evangelium Konforme auf, die Stelle: zuletzt werde Christus der eine Hirt und die ganze Welt der eine Schafstall desselben sein. In Übereinstimmung hiermit lehrt der Alchoran, alle Männer des Gesetzes, des alten wie des neuen und des arabischen, würden vor dem Tage des Gerichtes an ihn wahrhaft glauben. Die ganze Tendenz des Alchoran ist der Glaube an einen Gott. Somit trennt er in der Behauptung: Alle Gesetzesverehrer werden an Christus glauben, diesen von der Gottheit nicht, er erklärt ihn stillschweigend für göttlicher Natur. So sagt auch im Evangelium Christus, wer an ihn glaube, glaube an den, der ihn gesendet. Sodann nehmen Evangelium und Alchoran im letzten Gerichte den gleichen Richter und Zeugen an, der nach dem Evangelium Christus ist. Da auch der Alchoran dies stillschweigend zugibt, wenn er Christus den Zeugen seiner Getreuen in der Zukunft nennt, so erkennt er ihn auch als den Richter an. Nach dem Alchoran ist aber nur Gott der Schöpfer der Richter. Der Mensch Christus ist also als Richter auch Gott. Der Alchoran sagt im 45. Kapitel: »Gott, Schöpfer von allem, du wirst mit den ermordeten Propheten dich nahen und alles in der Wahrheit richten.« Wenn Gott in Gesellschaft der ermordeten Propheten richtet und Christus, der über allen Propheten steht, im Gerichte nicht fehlt, so ist er also auch nach dem Alchoran im Gerichte der oberste aller Propheten, die Wahrheit selbst, das wahrhaftige Wort Gottes, durch das alles gerichtet wird, weshalb das Evangelium mit Recht sagt, Gott der Vater habe das ganze Gericht dem Sohne übergeben, weil er auch *Menschensohn* ist. Gemäß seiner menschlichen Gestalt urteilt er, daß die ihm ähnlichen Menschen Kinder Gottes seien wie er, und so werden sie denn auch Kinder der Unsterblichkeit sein, daß dagegen die ihm Unähnlichen Kinder des ewigen Todes seien. Nach einer milden (pia) Auslegung hat der Alchoran diese Geheimnisse nur den Verständigen (sapientibus) offenbaren wollen. Daher sagt er, er verschweige kein Geheimnis; nur für die Verständigen sei er leicht, für die andern schwer zu verstehen. Die ungebildeten Araber, welche der Alchoran die schlimmsten unter allen Ungläubigen nennt, durften nicht offen über jene Geheimnisse belehrt werden. Hätte Mahomed ihnen einfach das Evangelium gepredigt und kein besonderes Gesetz gegeben, so wären sie zum christlichen Gesetze übergegangen, das sie beinahe 600 Jahre lang verworfen hatten. Er belehrte sie daher, sie seien Ismaeliten und stammten von Abraham; sowohl Juden als Christen verehrten diesen Patriarchen und hätten seinen Glauben, durch den er so Großes von Gott in dieser und der andern Welt erlangt habe. Wenn die Heiden, welche Abraham nachfolgen, ihre Götzen verwerfen und entweder Moses' oder Christi Gesetz annehmen, so müßten sie, die aus Abraham stammen, sich um so besser halten. Gott habe ihnen Mahomed als seinen Gesandten auserwählt, der weder Jude noch Christ gewesen, da er vor beiden gelebt. Er verwarf die Götzen und wandte sich zur Anbetung des wahren Gottes hin. So brachte Mahomed viele zur Verwerfung des Götzendienstes, wozu sie vorher das Evangelium nicht gebracht hatte, da die evangelische Vollkommenheit ihnen zu schwer schien. Auch lehrte der Alchoran, daß diejenigen, welche den christlichen Glauben annehmen, aber die Gebote nicht halten, mehr als alle andern Gott beleidigen und in der Hölle die größten Strafen leiden. Daher verbarg ihnen Mahomed die Geheimnisse des Evangeliums, von denn er glaubte, daß sie später den Verständigen bekannt würden. So blieb ja auch das Evangelium am Anfange vielen dunkel und unbekannt, bis es nach und nach besser erkannt wurde. Wäre das nicht nützlich gewesen (nisi hoc expedivisset), so hätte Christus zu dem Volke nicht in Gleichnissen geredet.

13.

Christi Kreuzigung ist seine Erhöhung und Verherrlichung

Wenden wir uns nun dem Mysterium des Todes Christi zu, um zu erkennen, wie es wohl zu verstehen sei, Christus sei nicht am Kreuze gestorben. Fürs erste ist ausgemacht, es stimme mit dem Evangelium überein, daß Christus lebt. Lebt er und wird seine Wiederkunft erwartet, um alle Männer des Gesetzes zu bekehren, so ist klar, daß die Christen, die sein Evangelium angenommen haben, kein anderes Evangelium annehmen werden, da jenes auch nach dem Alchoran vollkommen ist. Wenn dagegen andere Schriften folgen, welche dem Evangelium widersprechen, so müssen sie diese verwerfen und das Evangelium annehmen. Dann erst werden sie auf dem rechten Wege sein. Es ist daher ganz ungereimt, wenn die Araber die Verehrer des Evangeliums aus dem Grunde verfolgen, weil der Alchoran nach ihrer Auslegung mit dem Evangelium nicht übereinstimmt. In dieser Verfolgung der Gläubigen und des im Alchoran selbst gebilligten Evangeliums handeln sie vielmehr gegen den Alchoran. Vielleicht sagen sie: In dem Glauben, Christus, das Wort Gottes, sei durch die treulosen Juden ans Kreuz geheftet worden, seien die Christen nicht Christen, sondern Gotteslästerer. Die Christen antworten hierauf: Der erst gegen 600 Jahre nach dem Tode Christi verfaßte Alchoran bestätigt das Evangelium, das um die Zeit des Todes Christi geschrieben wurde, und die Propheten, welche von dem Tode Christi weissagten, Christus werde zu der Zeit kommen, in der er auch wirklich kam, er werde so handeln, wie er handelte, so sterben, wie er wirklich gestorben ist. Es verdient Beachtung, daß der Engel Gabriel dem Daniel offenbarte, nach 62 Wochen müsse Christus getötet werden, wie man bei Daniel 9. Kapitel liest. Das hat also derselbe Engel

Gabriel geoffenbart, von welchem Mahomed sagt, er habe ihm den Alchoran mitgeteilt. Wie reimt es sich nun, daß Gabriel auf Befehl Gottes dem Propheten den Tod Christi voraussagte und ihm nach Umfluß dieser Zeit sagt, er sei nicht gestorben, indem er Gott und sich zum Lügner macht? Erwäge auch, daß Christus vor seinem Tode seinen Tod am Kreuze den Jüngern voraussagte. So behaupten es einstimmig die Geschichtsbücher jener Zeit, so haben alle Christen, Juden und Heiden vor Mahomed gegen 600 Jahre lang geglaubt. Man darf also wohl annehmen, daß man, wenn der Alchoran dies verneint, dem Evangelium glauben muß, da jener keinen Grund für seine Behauptung beibringt. – Einige sagen, dem Verfasser des Alchoran habe die Kreuzigung wohl eine Lästerung geschienen, man dürfe sie von einem so großen Propheten nicht annehmen, da sie ihm nicht zur Ehre gereicht hätte. In diesem Falle hat er das Mysterium des Kreuzes Christi nicht verstanden. Die Kreuzigung Christi ist seine Erhöhung und Verherrlichung, die Rechtfertigung und das Leben der Christen und die Auferstehung aller Menschen. Viele Könige und Fürsten haben die Christen wegen ihrer Verehrung eines Gekreuzigten verspottet und verfolgt, wie Egeas in Achaia Andreas, den ersten Jünger Christi. Andreas erklärte jenem, dies sei die Folge seiner Unkenntnis des Mysteriums des Todes Christi am Kreuze, den die Heiden nicht zu fassen vermöchten. Als der Apostel Paulus vom Kreuze Christi predigte, das den Juden ein Ärgernis, den weltweisen Griechen eine Torheit war, schwieg er nicht, bis er das Geheimnis der Erlösung den Christen enthüllt hatte. Hätte der Alchoran den Arabern die Kreuzigung Christi, ohne zugleich das Geheimnis aufzuschließen, offen gelehrt, so hätte er in ihrem Sinne Christus nicht verherrlicht. Nach einer mildern Auslegung wollte er wohl den schmählichen Tod Christi den Arabern verbergen und daher lehren, er lebe noch und werde wiederkommen. Er hätte auch seine Auferstehung vom Tode, vermöge der Gewalt, die er nach seiner Aussage im Evangelium hatte, sein Leben hinzugeben und wieder zu nehmen, nicht lehren können, außer wenn er ihn nicht als einen bloßen Menschen, sondern auch als Gott auffaßte, welches letztere aber nach dem Alchoran mit der Einheit Gottes im Widerspruch war. Auch paßte es, wie ich sogleich zeigen werde, sonst nicht zu seinem Glauben, zu lehren, Christus sei bereits vom Tode auferstanden, weshalb er vermutlich so gesprochen hat. Er spricht indes in einer

Weise, daß die Verständigen wohl zwischen den Zeilen lesen (elicere) können, das Evangelium habe das Wahre.

14.

Nach dem Alchoran hat Gott die Seele Christi an sich gezogen, ihn aus dem Leibe wandern (transmigrare) lassen und zu sich hinüber genommen

Als die Ungläubigen mit Christus treulos zu verfahren anfingen und ihn durch den Tod zu vertilgen trachteten, wurden sie nach dem Alchoran hintergangen. Denn der Schöpfer redet dort Christus also an: »Indem ich deine Seele an mich zog und erhöhte, habe ich dich von den Ungläubigen befreit.« Dann anderswo: »Gott hat Christus an sich angezogen (assumpsit)«. Die Christen geben dies alles zu: Denn als Jesus nach dem Evangelium mit lauter Stimme am Kreuze zu seinem Vater rief, warum er ihn verlassen habe, und beifügte, er empfehle seinen Geist in seine Hände, den er unter diesem Rufen aufgab, da bewahrheitete es sich, daß Gott seine Seele an sich gezogen habe. Denn Seele und Geist sind ein und dasselbe. In der Auferstehung erfüllte sich das Hinüberwandern (transmigratio); denn sie war der Übergang durch den Tod zum unsterblichen Leben. So ließ ihn Gott zu sich, der allein in der Unsterblichkeit wohnt (qui solus habitat immortalitatem), hinüberwandern, was die Christen Peschah nennen, von welchem auch der Alchoran redet. In der Himmelfahrt Christi vollzog sich sein Hinaufgenommenwerden (assumtio). – Nach Mahomed haben die Juden nicht Christus getötet, sondern einen andern, der ihm ähnlich war, und nirgends erwähnt er der Kreuzigung. Vielleicht wollte Mahomed also argumentieren: Christus lebt, also ist er durch die Juden nicht getötet worden, denn wie könnte er sonst leben, außer durch die Auferstehung; diese ist aber noch nicht erfolgt, sondern erfolgt erst in der Zukunft. Vor diesem Tage der Auferstehung muß alles, was[1] Leben hat, seien es Engel oder Menschen oder andere lebende Wesen, sterben, damit die allgemeine Auferstehung und Wiederkunft (reditio) erfolgen kann. Somit war Christus, der, wie ausgemacht ist, lebt, nie getötet; er wird

1 Im Texte: omnia, quo vitam habent, statt omnia, quae v. h.

jedoch einmal sterben und am Tage der Auferstehung auferstehen. Das ist der Glaube Mahomeds, der im Alchoran, wiewohl nur da und dort vorkommt. Gleichwohl sagt er Kap. 48: »Beim ersten Posaunenschall verfällt alles dem Tode, was nicht die Rechte Gottes beschützt, beim zweiten lebt alles wieder auf.« Das ist wegen des Folgenden wohl zu merken. Mahomed lehrt auch, nur Gott sei der Auferwecker der Toten; von den schon Auferweckten und den noch Aufzuerwekkenden dürfe man nicht glauben, sie seien bereits von den Toten auferstanden. Sie müssen daher vor dem Tage der Auferstehung noch einmal sterben. Auch liegt nach ihm zwischen dem Todestage und dem Tage der Auferstehung keine wahrnehmbare Zeit zwischen inne. Wenn Abel, Adams Sohn, der erste Gestorbene, aufersteht, so wird er meinen, er sei nicht länger tot gewesen als derjenige, welcher kurz vor dem Tage der Auferstehung stirbt. Im 55. Kap. heißt es: »Am Tage des Gerichtes, an welchem jedem unser Gebot offenbar wird, wird jeder herankommen, als hätten sie nur eine Stunde eines Tages sich verweilt.« So auch Kap. 25 und an vielen andern Stellen. Die mittlere Zeit zwischen dem Tode und der Auferstehung bringt er nicht in Anschlag, obwohl er sagt, daß diejenigen, die für Gott zu sterben scheinen, nicht wirklich sterben. So sagt auch der Alchoran: »Niemand halte die aus Gehorsam gegen Gott Gefallenen für tot, vielmehr für gesund und lebend.« Ein anderes Mal: »denen, die aus Gehorsam und Liebe zu Gott in den Tod gehen, naht sich die göttliche Liebe und gewährt ihnen Freuden.« Und wieder: »Die auf den Wegen Gottes sterben, darf man nicht für tot halten; erfreut von der Güte und Liebe Gottes, leben sie bei Gott, harrend ihrer Hinterbliebenen, nicht fürchtend.« Obwohl daher Mohamed sagt: »Jede Seele (anima) wird den Tod kosten«, so folgt er doch dem Evangelium, welches sagt, man dürfe die nicht fürchten, welche nur den Körper, aber nicht die Seele töten können, wohl aber den, der außer dem Leibe auch die Seele in die Hölle stürzen kann; er folgt den Büchern der »Weisheit«, nach welchen die Gerechten, wenn sie auch in den Augen der Unverständigen zu sterben scheinen, dennoch leben und im Frieden sind. Nichtsdestoweniger müssen die Seelen solcher (nach dem Alchoran) sterben, damit sie bei der allgemeinen Auferstehung, welche er den Tag der Wahrheit nennt, auferstehen. Denn es heißt im Alchoran: »Am Tage der Wahrheit, an welchem die Seelen und Engel auferstehen.« Und in den Lehren an Abdalla: »An jenem Tage wird Gott dem Engel des Todes befehlen, jede lebende Kreatur zu töten: alle Engel, Teufel, Menschen, Vögel, Fische und Tiere des Waldes und Feldes. Alles ist tot, außer Gott.« Er fügt bei: »Zuletzt wird Adriel, der Todesengel, sich selbst töten.« Dann folgt die Auferstehung. »Raphael nimmt die Posaune, die 500 Jahre lang ist, er steht in Jerusalem, bläst in sie und bläst alle ihm inzwischen anvertrauten Seelen hinaus, die zu ihren Körpern eilen.« – Nach dieser Ansicht ist es gewiß, daß Christus von den Juden seiner Seele nach nicht getötet wurde; denn sie hätten ihn wegen seines Gehorsams gegen Gott getötet, und als solcher darf er nicht für tot gehalten werden. Daß die Juden Christus gekreuzigt haben, ist (nach dem Alchoran) ganz irrig; was aber im Alchoran dabeisteht: »Indem sie sich als die *Urheber* (auctores) seines Todes bekennen, fühlen sie in ihrem Innern eine nicht geringe Beklommenheit (ambiguitatem), allein getötet haben sie ihn nicht«, ist wohl zu beachten. Nach diesen Worten scheint nicht geleugnet zu sein, daß die Juden nicht die Urheber des Todes Christi sein könnten, wenn sie ihn auch nicht getötet haben. Der Alchoran leugnet also die Kreuzigung Christi nicht ganz und gar (in toto), die Pilatus, wenn auch nicht die Juden, vornehmen lassen konnte, so wie es im Evangelium steht.

15.

Von der Auferstehung Jesu Christi

Daß Christus ohne Leiden (expers malorum) gestorben und durch seine eigene Kraft lebendig auferstanden ist, scheint aus dem 28. Kap. des Alchoran klar hervorzugehen, wo Christus unter anderem also spricht: »Gott hat mich als einen, der frei von Leiden ist, erschaffen; über mir ruht die Hand Gottes (divina salus) am Tage meiner Geburt und meines Todes, aus welchem ich lebendig hervorgehe.« Dies ist ein wahres Wort über Christus, den Sohn Mariens, worüber jedoch viele verschiedener Ansicht sind. Beachte, daß von dem Tage des Todes, nicht von dem der allgemeinen Auferstehung, die er anderswo auf Johannes, den Sohn des Zacharias, anwendet, die Rede ist, wenn er sagt, die Hand Gottes sei über Johannes am Tage seiner Geburt, des Todes und der Auferstehung. Ich verstehe daher jene Stelle so, Christus sei vor der allgemeinen Auferstehung gestorben und wieder auferstanden, wie es das Evangelium lehrt. Es ist demnach nicht wahr, Christus und alles Lebende sterbe beim Schalle der Posaune oder durch den Todesengel Adriel, wie in der Lehre Mahomeds zu lesen ist. Zur Berichtigung dieser Behauptung wird daher Kap. 42. beigesetzt: »Alles unterliegt dem Tode, außer was die Hand Gottes beschützt«. Wenn irgendeiner, so ist Christus dieses Schutzes würdig; ja er selbst ist jene rechte Hand Gottes oder Macht, durch welche Gott alles gemacht hat und noch macht. Von Belang ist auch, was man in der Chronik Mahomeds und seiner Nachfolger liest, Maria, die Mutter Jesu, habe diesen fünf Jahre überlebt und 54 Jahre gelebt.

Doch saget mir, ihr Gesetzeskundigen der Araber! Wenn die für Gott Gefallenen nicht tot sind, weil sie bei Gott leben, so werden ihre Seelen getrennt vom Körper leben. Müssen nun ihre Seelen am Tage des Todes alles Lebenden sterben? Saget ihr: ja, so erwidere ich: Wird nicht ein Freund Gottes, der auf den Wegen Gottes wandelt, wenn er an jenem Tage durch den Engel Gottes getötet wird, ebensowenig seiner Seele nach sterben, wie wenn er schon längst getötet worden wäre? Ist dem so, so wird ein solcher also der Seele nach am Tage[1] der allgemeinen Auferstehung nicht tot sein, somit auch nicht die früher für Gott Gefallenen, weil die ja in keiner schlimmen Lage sein werden. Die Seele aller dieser wird daher nie sterben und auferstehen, wiewohl der ganze Mensch, bestehend aus Seele und Leib, welcher tot war, auferstehen wird. Da es nicht angeht zu sagen, die tote und ganz erloschene Seele des Sünders werde von Gott wieder zum Leben erweckt, damit sie ewig in der Hölle brenne, so ist offenbar die Lehre Christi wahr, die Seele könne nicht getötet werden. Es muß daher die Stelle im Alchoran: »Alles ist tot außer Gott« im Verhältnis zu Gott verstanden werden, der allein in der Unsterblichkeit wohnt (inhabitat immortalitatem), durch welchen alles Lebende insofern lebt, inwiefern Gott ihm Leben verleiht. Gott verleiht aber der vernünftigen Seele die Freiheit, infolge deren sie gerichtet wird, wenn sie den Irrtum der Wahrheit vorzieht; sie kann daher nicht untergehen, da sie dem göttlichen Gerichte unterworfen ist (cum sit subiectum divini iudicii). Da die vernunftlosen

1 Der Text hat: Non exit igitur ille secundum animam Dei generalis resurrectionis mortuus. Statt Dei ist offenbar zu lesen: die.

lebenden Wesen nicht gerichtet werden können, und es daher nicht notwendig ist, daß sie zum Gerichte auferstehen, so würden sie umsonst auferstehen. Wie sollten sie auferweckt werden, da die vorige Seele doch nicht mehr in ihren Körper zurückkehren würde, indem dieselbe durch den Tod ganz erloschen und zu nichts geworden ist? Und wie sollte die reine geistige Natur, die aus keiner vorhergegebenen Materie erschaffen wird (cum creetur ex nulla praeiacenti materia), wie sollte diese auferstehen? Deshalb haben Engel und Dämonen keine Auferstehung, da sie rein geistige Naturen und bereits gerichtet sind. Es müssen auch nicht alle einst zu richtenden Wesen zu Gott, aus dem sie sind, zurückkehren, da es bei ihm kein Vergessen, keine Vergangenheit gibt. Somit müssen die Araber jene nicht mit dem Evangelium harmonierenden Sätze im Sinne des christlichen Glaubens auffassen. Nicht ohne guten Grund nennt der Alchoran das Evangelium oft ein sehr helles Licht und den rechten Weg. Unrichtig ist die Behauptung, Christus werde noch einmal sterben und zuletzt mit den andern auferstehen; wahr ist nur, daß er von den Toten auferstanden ist.

16.

Das Mysterium der Geburt und des Todes Christi

Um die Ursache des Kreuzestodes Christi einzusehen, müssen wir vorausschicken, daß Gott alles zur Offenbarung seiner Herrlichkeit erschaffen hat. Da ein unbekannter König in seiner Herrlichkeit ebenso gut für keinen König als für einen König gehalten wird und aller Ehre und Erweise seiner Güte entbehrt, so wendet er alle seine Tätigkeit darauf, daß seine Macht und Herrlichkeit geschaut und er als ein großer König erkannt, geehrt und verherrlicht werde. Er gibt sich aber nur den mit Verstand Begabten zu erkennen. So hat auch Gott geistige Naturen, fähig, seine Herrlichkeit und Wahrheit zu erkennen, geschaffen, um erkannt zu werden, und um dieser geistigen Naturen willen die ganze unter ihnen stehende Welt (cuncta inferiora). Um seiner selbst willen hat er alles gewirkt, wie im 94. Kapitel des Alchoran steht, er sei der Anfang und das Ende aller Dinge. Der Mensch, der unter den geistigen Naturen die unterste Stelle einnimmt, hat den Geist nur als Potenz (in potentia) und Bedarf eines andern Aktes, der ihn aus der Potenz zur Aktualität bringt. Er ward ins Paradies gesetzt, mit Unschuld geziert (dotatus innocentia), auf daß er unschuldig, im Gehorsam gegen Gott lebend, durch Gottes Gnade zuletzt zur Anschauung der Herrlichkeit seines Gottes gelange und zum Genusse derselben. Weil aber der freie Mensch durch Überredung des Teufels es vorzog, mehr durch Wissen (per scientiam) als durch Unschuld und Gehorsam sich zu erheben (ascendere), verweigerte er Gott den Gehorsam, um nach den Verheißungen des Teufels *aus sich* Gutes und Böses zu wissen (ut secundum promissa diaboli esset per se sciens bonum et malum). Nach Verlust der Unschuld wurde er aus dem Paradiese verstoßen. Er, der vorher, wenn er standhaft blieb (si stetisset) beständig hätte leben können, wurde sterblich und unwissend (ignorans). Es war ihm nie mehr möglich, mit aller seiner Anstrengung zur Unsterblichkeit und Anschauung der Herrlichkeit Gottes, die kein Sterblicher schauen kann, zu gelangen. Es gab kein anderes Mittel, als wenn der, welcher ihn zu diesem Zwecke erschuf, ihn aus Gnade wiederschuf (denuo gratiose reformaret). Zur Vorbereitung dieser Wiedergeburt (ad hanc reformationem aptandam) sollte der Mensch an sich die Probe machen (probatus est homo), ob er durch das natürliche, ihm anerschaffene Gesetz voranschreiten könne. Später kam das geschriebene Gesetz hinzu und erweckte in ihm die Hoffnung auf die Verheißungen Gottes, zuerst im Gebiete des Sinnlichen, dann in dem des Geistigen. Von allen Propheten wurde der von Gott als Erlöser aller Menschen zu sendende Messias als künftig erscheinend vorausgesagt, welcher, mit der Kraft Gottes ausgerüstet, das Volk Gottes vollständig reformieren und erlösen sollte. Lange erwartet kam er endlich vom Himmel als höchster Gesandter und Gottes Sohn in Menschengestalt, arm und unansehnlich, der Sohn der armen Jungfrau Maria in die Welt und ward Jesus Christus genannt. Seine göttliche Kraft und Macht bewies er durch seine himmlische Lehre und göttliche Wundertaten, damit jedermann sehe, in ihm wirke Gott der Vater, der ihn gesandt, und seine Worte seien Worte des wahrhaftigen Gottes. Johannes, des Zacharias Sohn, legte von ihm das zuverlässigste Zeugnis ab. Er verkündete, was er bei seinem himmlischen Vater gesehen. Wer seine Worte aufnahm, erfuhr es in sich, daß er das wahrhafte Wort Gottes sei. Der geliebte Sohn Gottes gab allen, welche an ihn als den Sohn Gottes glaubten, die Macht, Kinder Gottes zu werden.

Denn dahin ging all sein Streben, daß man an ihn als den Sohn und das Wort Gottes glaube (ut crederetur filius et verbum Dei); denn dann würden auch alle seine Lehren angenommen, seine Verheißungen über das künftige Reich Gottes, Auferstehung der Toten und ewiges Leben zweifellos geglaubt und seine Gebote befolgt. Wer sollte noch sündigen, wenn er von dem keinen Zweifel zulassenden Worte Gottes weiß, die Sünde bringe den ewigen Tod? Wer sollte nicht bis in den Tod gehorsam sein, wenn er vom Worte Gottes erfährt, daß er für den zeitlichen Tod von Gott, dem gerechten Vergelter, das ewige Leben erhalten werde? Wie kann der Mensch an den Verheißungen noch zweifeln, wenn sein Glaube ihm mit aller Bestimmtheit sagt, es seien Verheißungen Gottes? Jesus kam in die Welt ohne jegliche Begierlichkeit des Fleisches, nicht durch den Willen eines Mannes, dem Tode nicht unterworfen, der wegen der wirklichen Sünde der Stammeltern und wegen der Erbsünde aller ihrer in der Begierlichkeit des Fleisches erzeugten Nachkommen über alle kommt, bei denen es Gott zuläßt. Der sündenlose (innocens) Jesus war daher frei vom Tode, da er weder in Sünden geboren wurde, noch je eine Sünde vollbracht hat. Über den himmlischen Vater, dessen Reich und Glorie offenbarte er, was nur er, kein anderer wissen konnte, da niemand je den Vater in dieser sinnlichen Welt, in der er unsichtbar ist, gesehen hat; er offenbarte sich als den Weg, die Wahrheit und das Leben. Die Schrift legte er aus, weil sie von ihm sprach (quoniam de ipso erant); durch Wort und Tat zeigte er, er sei der Arzt gegen alle Krankheiten des Körpers und der Seele, auch gegen den Tod selbst. Er lehrte, er sei der König und Messias, doch sein Reich sei nicht von dieser Welt; diese Welt, dieses Leben müsse man für nichts halten, im Vergleiche zum zukünftigen. Nach vielen Zeichen und Wundern, durch die er zeigen wollte, man müsse dieses Leben für die Wahrheit und das unsterbliche Leben darangeben und Gott selbst bis zum schmählichen Tode des Kreuzes gehorchen, ging er, der, wenn er wollte, unsterblich sein konnte, in den Tod, indem er so Gott, seinen Vater, der es so wollte, verherrlichte und durch seinen unschuldigen Tod allen, die ihn im Glauben annehmen und in sich ausgestalten (ipsum inducentibus), das ewige Leben bei ihm verdiente. Der vollzogene Tod des unschuldigen eingebornen Sohnes Gottes, den dieser in seiner menschlichen Natur erduldete, hatte zu seinem Verdienste die Befreiung aller durch den Satan, den

Urheber des Todes, Gefangenen etc. Im Tode Christi ist jeder Gläubige, der ihm eingegliedert ist (eidem incorporatus), gleichfalls gestorben und hat als Verdienst das Leben. Alle mit dem Messias gekreuzigten und gestorbenen Christgläubigen haben als Verdienst das ewige Leben in Christus erlangt. Am dritten Tage stand er durch eigene Macht auf, denn er hatte Macht, sein Leben im Tode hinzugeben und es in der Auferstehung wieder zu nehmen. Seine Auferstehung ist es, durch welche alle Menschen, die mit ihm gleicher menschlicher Natur sind, die in ihm dem unsterblichen Leben geeint ist, auferstehen. Er stand auf, um tatsächlich zu beweisen, man müsse an die Auferstehung der Toten glauben, die am Tage des Gerichts erfolgen werde. In seinem Tode sterben wir, in seiner Auferstehung werden wir wieder erweckt; durch ihn haben wir den Zugang zu Gott Vater, um ihn zu schauen in seiner Herrlichkeit und mit ihm Jesus Christus, seinen ewig gepriesenen Sohn.

Aus dieser kurzen Darstellung erhellt, daß der schmähliche Kreuzestod Christi sehr große Geheimnisse in sich begreife, und ebenso notwendig für die Gläubigen als glorreich für Christus sei. Dieser starb, *um seinen Vater zu verherrlichen*, um zu zeigen, wie groß Der ist, dem der Messias mit Aufopferung seines Körpers, im schmählichsten und schmerzlichsten Tode bis zur Grenze aller Schrecken gehorchte; wie groß das Erbarmen dieses Gottes ist, der allen Christusähnlichen wegen ihrer Gemeinschaft mit dem Tode des Sohnes, mit diesem seinem geliebten Sohne das Reich des ewigen Lebens zum Besitze erteilt. Der Tod Christi *verherrlichte aber auch Jesum* als den Sohn voll göttlicher Liebe, der nicht so mitleidig, erbarmungsvoll und bereitwillig im Gehorchen bis zum Tode gewesen wäre, wäre er nicht ganz vollkommen und Gott gleich (Deiformis) gewesen. Mit seinem Blute gab er von dem Vater das Zeugnis, er sei über alles zu lieben, seine Verehrung, die Verfolgung seiner Gebote, die Verherrlichung des künftigen Lebens müsse bis zur Verachtung dieses elenden Lebens gehen. Christus zeigt, die Verheißungen seines Vaters und seine eigenen Vorhersagungen seien erfüllt, wahrhaftig sei der Vater und er selbst die Wahrheit desselben. Alle Wissenschaft, alle Geheimnisse der heiligen Schrift sind durch ihn enthüllt.

Das wissen alle Kinder des Lichts, die Christus nachfolgen; den Söhnen der Finsternis, den Kindern dieser Welt, denen der Geist Christi fehlt, bleibt es ewig verborgen.

17.
Von der Frucht des Todes Christi

Ein eifriger Araber könnte sagen: Wenn der Tod Christi den Vater, den Schöpfer des Alls, verherrlicht, so ist er allerdings machtvoll und rühmlich, und es wäre mir erwünscht, hierüber noch vollständiger belehrt zu werden. Solchem Eifer will ich nach meinem geringen Vermögen noch einiges mitteilen, damit jeder die Wahrheit jener Behauptung einsehe.

Es unterliegt keinem Zweifel, daß die Sünde eine Trennung zwischen Gott und dem Menschen bewirke, wie der Prophet sagt: »Eure Sünden haben zwischen euch und eurem Gott eine Trennung bewirkt«, und David, ein Nachahmer Gottes, sagt: »die Sünder hasse ich.« Diese Sünde kann von der Abstammung herrühren, so daß der in Sünden von seiner Mutter Empfangene in Unreinigkeit und Fleischeslust lebt, wie derselbe Prophet von seiner Abstammung aussagt. Auf diese Weise sind wir alle aus Adam von der Mutter nach dem Willen des Mannes empfangen; keiner hat die gottgefällige Reinheit, wie Hiob sagt: »Kann der Mensch gerecht sein im Vergleiche zu Gott, oder der vom Weibe Geborene rein erscheinen?« Wir werden als Kinder des Zorns mit dem Geiste der Begierlichkeit des Fleisches geboren, der nicht aus dem geistigen Himmelreiche unseres unkörperlichen Gottes ist. Aus der Geneigtheit zum Bösen, die wir von Kindheit an haben, erfahren wir, daß uns nicht der gute Geist Gottes regiert, und zwar erfahren wir dies in uns durch eine Gabe Gottes. Gott hat nämlich den Menschen so geschaffen, daß er beim Anblick eines Übels erschrickt, wie der Alchoran Kap. 79 sagt. – Jeder von Adam auf dem Wege der Begierlichkeit Geborene ist also teils durch die Erbsünde, teils durch wirkliche Sünden von Gott getrennt, mit einziger Ausnahme von Christus, der auch nach dem Zeugnisse des Alchoran von der Mutter und Jungfrau Maria, die nie gesündigt hat, ohne Zutun eines Mannes, ohne fleischliche Lust, ganz rein geboren ist. Er ist kein Sohn des Zorns, des Hasses und Abscheues, sondern ganz rein; daher der Liebling Gottes unter allen, die lebten oder noch leben werden. Nie beging er eine wirkliche Sünde, denn von ihm steht geschrieben: »Er beging keine Sünde und kein Trug ging aus seinem Munde hervor.« Er war somit von Gott nie getrennt, die göttliche Weisheit nahm ihn zur Einigung mit sich an (in sui unionem assumpsit). Wie die Weisheit ein böses Herz und einen der Sünde dienenden Körper verabscheut, so liebt sie eine reine Seele und einen von jeder sündlichen Befleckung reinen Körper; sie feiert mit einer solchen Seele eine ewige Vermählung (sibi perpetuo foedere desponsat). Christus ist der erst- und zugleich eingeborene Sohn des Königs der Tugenden, des Königs der Herrlichkeit. Wenn nach Moses Gott sagte: »Mein erstgeborener Sohn ist Israel«, so ist ohne Widerrede Christus in Israel der Erste von allen, weil er der Messias ist; der Erstgeborene Gottes ist in die Welt gesandt, der zugleich der eingeborene Sohn Gottes ist, wie Christus selbst sagt: »Wer nicht an mich glaubt, ist schon gerichtet, weil er nicht an den Namen des eingeborenen Sohnes Gottes glaubt.« Wenn Gott diesen seinen erst- und eingeborenen Sohn für die Erlösung der Welt hingegeben hat, so hat er gewiß die Welt auf das Höchste geliebt. Dies bezeugt das Evangelium mit den Worten: »So sehr hat Gott die Welt geliebt, daß er seinen eingeborenen Sohn dahingab.« Sind wir also nicht um einen teuren Preis erkauft, durch das kostbare Blut des eingeborenen Sohnes, um Gott anzugehören, die wir vorher dem Fürsten der Finsternis gehörten? Der Alchoran sagt, Adam habe das Gebot Gottes nicht erfüllt und sei so dem Recht des Todes verfallen (ius mortale subivit). Infolge der Sünde des Stammvaters verlor das ganze Menschengeschlecht die Unschuld (innocentia), die allein im Himmelreiche eine Stätte findet; unterworfen dem Fürsten dieser Welt, ward es auf ewig verdammt, der Anschauung der Herrlichkeit Gottes beraubt zu sein, und dies ist der Tod der geistigen Natur; es büßte seine Schuld im Tode des eingeborenen Sohnes, der für alle, die ihn als Messias und König des geistigen Lebens aufnehmen, in den Tod ging. So haben alle, die in seinem Tode gestorben sind, Genugtuung geleistet, und sind von dem Sklavenjoche des Fürsten des Todes befreit. Der kostbare Tod des Eingeborenen, den Gott mehr als alle andern liebte, hat deshalb volle Genüge geleistet, weil es der Tod dessen war, der den Schmerz des Todes aufhob (quia fuit mors praecidentis dolorem mortis), wie der Prophet sagt: »Ihn (den Schmerz) kennen alle Sterbenden nicht.« Derselbe sagt: »Er hat unsere Schmerzen getragen.« Sehen wir auf den gläubigen Abraham, den Vater des Glaubens, hin, auf die Größe seines Verdienstes, da er seinen einziggeborenen Sohn Isaak Gott zulieb dem Tode weihen wollte, so erkennen wir sogleich die

Größe des Verdienstes des Messias, der sich, Gott zu gefallen, für die Erlösung der Menschheit in den Tod hingab. Erkenne die unaussprechliche Liebe Gottes, der seines Sohnes nicht schonte, sondern ihn für uns alle hingegeben hat! Verdiente er nicht, gleich Abraham, eine unzählbare Menge von Söhnen und Erben seines himmlischen Reiches zu erlangen? Und was verdiente Jesus, der eines so schmählichen und schmerzlichen Todes starb, der alle Schmerzen der Sterbenden übertrifft? Weil er das Leben hingab, so verdiente er gewiß Auferstehung von den Toten für sich und seine dem Vater erworbenen Brüder, unter welchen er gleichsam der Erstgeborene ist, der an der Spitze vieler Brüder steht. Das Reich der geistigen Himmel dürfen wir nicht wie ein irdisches Reich betrachten, von welchem jeder um so weniger hat, je mehrere daran Anteil haben; sondern da er selbst ohne Verminderung (absque defectu) von Unzähligen geschaut und erkannt werden kann, so kann das geistige Reich Christi von unzähligen Geistern und von jedem solidarisch in Besitz genommen werden (ipsum regnum intellectuale ab innumeris intellectibus potest a quolibet in solidum possideri). Geistig ist das Leben der Auferstehenden, so daß sie wissen und sich dessen freuen, daß sie leben. Wäre es eine Vergeltung des für Gott sterbenden Gläubigen, wenn er im Tode bliebe oder nicht wüßte, daß er lebe? Lieber will der Mensch nicht sein, als ohne allen Geist sein. Daher erfolgt die Auferstehung des Menschen zum geistigen Leben nur durch die Weisheit, die ein schmackhaftes Wissen (sapida scientia) ist, welches empfindet und weiß, daß es lebt. Die Weisheit, an welcher alle geistigen Naturen partizipieren, hat im Messias ihren Meister (in Messia magisterium habet). Durch das Teilnehmen an dieser Meisterschaft lebt jeder, der in Christus aufersteht, weil dieser die Auferstehung und das Leben ist. Daraus erhellt nun, wie viel das Werk der Wiedergeburt (reformationis) des Menschengeschlechts erhabener ist als das Werk seiner Erschaffung, und wie weise alles hier geordnet ist. Die Weisheit nun, welche alles, sowohl was den Tod als die Auferstehung Christi anbelangt, auf das Weiseste angeordnet hat, ist, obwohl sie Christus nie verlassen hat, niemals gestorben, auch als Christus gemäß seiner Menschheit durch die Trennung der Seele und des Körpers starb. Auch ist es keine andere Weisheit, welche den Menschen Jesus angenommen hat (assumpsit) und durch welche alles erschaffen wurde (der Alchoran scheint diese die Seele Gottes zu nennen, wenn er sagt, die Seelen der Menschen partizipieren insoweit an der Seele Gottes, als die Weisheit in ihnen widerscheint); allein die Seele Christi war der Fülle der Weisheit Gottes geeint. Daher sagt der Alchoran, Gott habe im eigentlichen Sinne seine Seele Christus gegeben, und daß dieser sie vom Mutterleibe an gehabt habe, zeigt der Alchoran an mehreren Wundern. Nach ihm sprach Christus zu seiner Mutter im Momente der Geburt tröstende Worte. Er verteidigte seine Mutter an seinem Geburtstage vor den Verwandten, welche gegen sie Argwohn hegten. Er unterhielt sich mit unmündigen Kindern, als wären es Greise, und redete zu Lehmgebilden, um Menschen oder Vögel daraus zu machen. So behauptet Mahomed in seiner Lehre und im Alchoran. Christus machte durch ein Wort den Blindgewordenen sehend, Aussätzige und andere Kranke gesund, brachte Tote ins Leben zurück. Dieses und mehreres andere kann aus dem Evangelium und Alchoran entnommen werden, welcher letztere Christus auch einen Weisen nennt, indem er ihm den nämlichen Namen gibt, wie Gott, der sehr oft unbegreiflich und weise genannt wird. Gibt er also zu, Christus sei der absolut Weise, wie auch Gott der Vater, so ist die Weisheit Gottes des Vaters keine andere als die Christi, sondern Gott der Schöpfer wirkt alles durch seine Weisheit, welche Christus ist. Das ist die unverwelkliche Weisheit, die jedem Geiste Leben gibt, der ohne die Weisheit tot ist. Die Ergreifung derselben ist der Endzweck bei Erschaffung der geistigen Natur. Der Mensch kann sie ohne den Mittler Christus, in welchem die allen Menschen gemeinsame menschliche Natur der höchsten Weisheit in unauflöslicher Weise geeint ist, in seiner menschlichen Natur für sich nicht erreichen. Christus ist daher der Meister, der die Lehre und das belebende Wort für unsern Geist hat, der Enthüller aller Schätze der Gottheit, der Verkündiger (ostensor) des Vaters, des Quells der Weisheit und Herrlichkeit. Dieses Verkünden ist ein Aufnehmen der Weisheit, das den Geist ewig belebt und Christus, dem Sohne Gottes ähnlich macht. Das ist die wahre Glückseligkeit, die ewige Herrschaft im Himmel, in höchster Wonne. Diese Verheißungen Christi haben für alle, die ihn aufnehmen, volle Gewißheit.

18.

Vom Paradiese

Ein Araber könnte sagen: Die Aufschlüsse des Alchoran über das Paradies und die Verheißungen des Evangeliums gehen weit auseinander. Der Alchoran verheißt den Gläubigen und Anhängern des Gesetzes die Erfüllung aller Wünsche und schildert diese Wünsche als solche, von welchen gewöhnlich die Wollüstigen erfüllt werden. Das Evangelium aber verheißt nur eine geistige Glückseligkeit, bestehend in der geistigen Anschauung, Wissenschaft, Weisheit und Erkenntnis. Wir antworten hierauf: Immer ist es uns vorgekommen, zwischen dem Paradiese Mahomeds und Christi sei ein Unterschied, wie zwischen Sinnlichem und Geistigem, oder zwischen Sichtbarem, das zeitlich, und dem Unsichtbaren, das ewig ist; ein Verhältnis, das überhaupt zwischen Alchoran und Evangelium besteht. Einige geben indes zur Entschuldigung des Verfassers des Alchoran an, er habe dadurch nur die ungebildeten Araber zum Glauben an den einen Schöpfer bestimmen wollen: Der ihnen das zeitliche Leben gegeben, werde ihnen auch im Jenseits ein Leben, ohne Mangel, viel besser als dieses zeitliche, geben. Zu dem Ende habe er mehrere Gleichnisse, anschauliche Bilder hiervon gegeben, die er jedoch nicht weiter ausführte, sondern den Verständigen als bekannt überließ. Hätte er diese Bilder nicht von dem sinnlichen Leben genommen, um die Süßigkeit des zukünftigen Lebens zu schildern, so hätten die Araber die Sache nicht verstanden und wären durch ihnen unbekannte Verheißungen nicht angetrieben worden. Er sagt nämlich 51. Kapitel: »die Gläubigen und die Mildtätigen werden im Besitze der schönsten Gegenden des Paradieses alle ihre Wünsche erfüllt sehen; dies ist ihr größter Gewinn, dies ihre schönste Wonne.« Er scheint daher den einen Gedanken aussprechen zu wollen, daß Gott den Gläubigen, ihm Dienenden vergilt nach der Hoffnung und Sehnsucht des ihm Dienenden: Für zeitlichen Dienst erlangt er Zeitliches, für Ewiges das Ewige, für Sinnengenuß wieder Sinnengenuß, für Geistiges wird ihm Geistiges zu Teil; denn 6. Kapitel sagt er: »Gott, der alle Wünsche kennt und überaus reich (omnium dives) ist, gibt denen, die Zeitliches suchen, Zeitliches, die nach Himmlischem streben, Himmlisches als höchstes Gut.« Im 51. Kapitel sagt er: »Wer nach den Gütern dieser Welt strebt, dem geben wir sie, aber am andern hat er keinen Anteil.« Wenn er daher im 1. Kapitel sagt, die Guten gehen in das Paradies ein, wo sie herrliches Wasser, alle Arten von Obst, verschiedene Früchte, anständige und saubere Frauen (decentissimas ac mundissimas mulieres) und alles Gute ewig besitzen werden, so ist zu beachten, daß diese letztern Worte: »und alles Gute werden sie ewig besitzen« nichts anderes als Gott bezeichnen. Gleichwohl wiederholt er die sinnlichen Verheißungen sehr oft und zuletzt, 64. Kapitel, sagt er: »Alle Weisen sollen also Gott fürchten, der allen Gläubigen Weisheit und Erkenntnis Gottes verleiht.« Im 107. Kapitel sagt er: »Sie werden das Paradies bei Gott erlangen.« Ähnliches kommt oft vor, daß nämlich ewiges Leben, ewige Freude und Seligkeit die Vergeltung sein werde. In den Lehrbegriffen (doctrinis) sagt er auch, vom ewigen Leben lasse sich kein Bild entwerfen. Schließlich scheint er also doch nicht dem Evangelium zu widersprechen, wenn er ein Paradies für die Geistigen und Weisen, Anschauung Gottes und seiner Weisheit, d. i. Christi, behauptet. Daher nennt auch der Alchoran in andern Stellen die Bewohner der Hölle beraubt des Unterscheidens (discretione) und der Weisheit. Wieder an andern Stellen sagt er nach Aufzählung aller Dinge dieser Welt und seiner Verheißungen vom Paradiese, die Güter des ewigen Lebens seien viel besser als all dieses, weil dieses Leben nichts sei im Vergleich zum ewigen. Wenn er im Bilde der Qualen eines materiellen Feuers die Strafe der Verdammten schildert, so im Bilde des Wassers und der Quellen das Leben der Seligen. Doch beschreibt er nicht die reine geistige Seligkeit, wie Avicenna in seiner Metaphysik selbst zugibt. Obwohl dieser dem arabischen Gesetze (Glauben) angehörte, so sagt er doch, Mahomed schildere nur eine sinnliche Glückseligkeit, die geistige, die weit vortrefflicher sei, werde von dem Philosophen besser dargestellt. Der Alchoran setze jedoch, wiewohl minder deutlich (minus extense) die vollkommene Glückseligkeit der Weisen (Philosophen) in die Erkenntnis Gottes und dessen Weisheit, welche der Sohn Gottes ist, wie auch das Evangelium lehrt: »Die Welt vergeht mit ihrer Lust«, die Dinge der zukünftigen Welt aber verhalten sich zu den Dingen dieser Welt wie das Ewige zum Vergänglichen. Die Kenntnis und Anschauung Gottes des Vaters und seiner Weisheit ist eine unsterbliche Nahrung für den Geist, weil die Weisheit nie vergeht (est immarcessibilis), wie aus dem Buche der Weisheit zu ersehen ist.

19.

Invektive gegen den Alchoran

Bei der Lektüre des Alchoran bemerkte ich, daß er sehr oft des furchtbaren Tages des Letzten Gerichts, des Paradieses und der Hölle Erwähnung tut, in einer großen Mannigfaltigkeit von Gleichnissen, da sich das, was noch in keines Menschen Sinn gekommen, nicht anders als auf dem Wege der Mutmaßung nach dem Sinnlichen und Sichtbaren, das ein Bild des Geistigen ist, beschreiben läßt. Da auch das Himmelreich auf diese Weise in verschiedenen Gleichnissen im Evangelium und alten Testamente geschildert ist, so fand jener Weg bei mir nach einer milden Auslegung Entschuldigung. Als ich aber im Alchoran von der Keuschheit der Jungfrau Maria, des Johannes des Täufers, von dem Lobe der Keuschheit überhaupt las, von dem Verbote des fleischlichen Zusammenlebens in Tempeln, vom Gebote der Waschungen nach demselben und vor dem Gebete, und daß die Reinheit Gott gefällig sei, daß die Guten Gott schauen und bei ihm im Paradiese sind, daß Gott sie auf das Höchste liebe und ihnen das Höchste (maximum, d. i. sich selbst) als Lohn gebe, daß das Höchste und Größte selbst die geistige und ewige Freude ist, da mußte ich staunen, wenn so oft von Freudenmädchen und ihren Brüsten, vom tierischen Konkubinat im Paradiese die Rede ist, mit der Erklärung, 88. Kapitel, das sei die beste Vergeltung Gottes für die Gläubigen; das Schamgefühl hielt mich ab, jene schmutzigen Dinge zu lesen, indem ich bei mir dachte: Wenn Mahomed dieses Buch voll Unrat Gott zuschreibt oder es zwar selbst schreibt, aber Gott die Urheberschaft beilegt, so wundere ich mich, wie verständige, keusche und tugendsame Araber, Mauren, Ägypter, Perser, Afrikaner und Türken, welche zu jenem Glauben gehören, Mahomed für einen Propheten halten, dessen Leben niemand nachfolgen kann, der nach dem Himmelreiche strebt, wo man nicht heiratet, sondern, wie Christus lehrte, den Engeln gleich ist. So Schmutziges spricht niemand auf eine so schmutzige Weise aus, der nicht selbst voll solchen Schmutzes ist; aus der Fülle des Herzens redet der Mund. Daß jenes wahr sei, erhellt aus dem 42. Kapitel, wo er sagt, Gott habe die für andere verbotene Wollust, trotz dem Verbote, welches am Ende des 7. Kapitels steht, ganz nach Belieben ihm (Mahomed) erlaubt; Gott habe befohlen, daß ein durch ihn (Mahomed) gegebener Eidschwur zum

Zweck des Ehebruchs mit einer Christin Maria aufgehoben werde. Hiervon redet er im Eingange des 75. Kapitels, im Gegensatze gegen das, was er an andern Stellen über die Verdammnis der Ehebrecher und Meineidigen ausspricht. Im 77. Kapitel sagt er selbst, Meineidige, die zu ihrer persönlichen Rettung schwören, seien verdammt. Warum fürchtet er sich nicht vor Blasphemie, wenn er von Gott aussagt, er habe einen Eidschwur befohlen, damit dadurch ein Ehebruch fortgesetzt werde? Eine Bestätigung findet obiges auch in mehrerem, was er hinsichtlich der Weiber gestattete, wie z. B. 3. Kapitel: »Weiber, die euch unterworfen sind, mögt ihr nach euren Verhältnissen (pro modo vestro), soviele ihr wollt, halten.« 8. Kapitel: Er erlaubte soviele Weiber, als jeder im ehelichen Leben halten konnte und wollte. Im 9. Kapitel heißt es: »Dieses euch vom Himmel herab gegebene Buch verordnet als erlaubt und geboten, daß ihr für euer Geld keusche Weiber nehmet. Lebet mit ihnen, wie es euch beliebt, ohne Scheu und Scham!« Daß David und später andere heilige Männer (des alten Bundes) die Zahl der Weiber überschritten, entschuldigt Mahomed nicht, der vielmehr kraft seines Gesetzes dies gestattete, was bisher bei allen Propheten und Gesetzgebern unerhört war; ja, es ist Lästerung Gottes, ihm in den Mund zu legen, was er ganz und gar verabscheut. Ich erwog, daß ich im Alchoran las, 76. Kapitel, Gott habe also dem Mahomed befohlen: »Zeige dich wahrhaftig! Sage nichts anderes, als du seiest mein Bote!« Ebenso nennt ihn Gott im Eingange des 77. Kapitels unter eidlicher Versicherung seinen Boten an die götzendienerischen Araber. Im 27. Kapitel: »Nichts habe ich deiner Zunge gestattet, als daß du den Gottesfürchtigen eine freudenvolle Botschaft, den Ungläubigen Buße und Bekehrung (castigamen incredulis) bringest.« Im 32. Kapitel: »Sprich: Mir ist nichts aufgetragen, als Gott allein anzubeten und keinen ihm Gleichen anzuerkennen. Ihm empfehle ich mich, zu ihm kehre ich wieder zurück.« Ist dies Wahrheit, warum hat es Mahomed nicht beobachtet? Warum hat er andern geboten, was ihm nicht geboten war? Warum nennt er sich im 77. Kapitel den Völkerapostel, da er doch nach dem oben Gesagten nur ein Bote an die götzendienerlichen Araber war? Wenn du, Mahomed, dich in das dir nicht Aufgetragene durchaus nicht einzumischen hattest, sage mir, warum sprichst du dann doch gegen das Evangelium, gegen das Gesetz des alten und neuen Bundes, als wäre dir dies aufgetragen worden? Wenn du sagst, deine

Zunge habe keine andere Vollmacht, als den Gottesfürchtigen eine große Freudenbotschaft, den Ungläubigen Buße und Bekehrung zu bringen, so schenkt man hierin dir und jedem, der solches behaupten würde, Glauben. Jeder kann solches behaupten und verkünden, weil es eine Wahrheit ist und jede Wahrheit von dem wahrhaftigen Gott stammt. Was nimmst du dir aber heraus, von andern Dingen zu reden, da es dir Gott weder geboten noch gestattet hat? Warum soll ich dir glauben, da du Gott nicht gehorchest? Du wärest zu entschuldigen, wenn du nicht dem unveränderlichen Gott veränderliche Gesinnung beilegtest, und so als Gotteslästerer erschienest. *Indes der allmächtige Gott wollte, daß allen jenen schmutzigen und nichtigen Lehren, die den verständigen Arabern selbst ein Abscheu sind, einiges untermischt werde, aus dem der Lichtglanz des Evangeliums so hervorschimmern sollte, daß er sich für Verständige, die ihn sorgfältig aufsuchen, durch sich selbst zu erkennen gibt.* Das Licht des Evangeliums leuchtet so helle, daß ohne dasselbe nichts wahr und hell ist. Jedes Wort, jede Schrift, die des Lichtes entbehrt, welches spricht: »ich bin das Licht der Welt, das jeden Menschen erleuchtet, der in diese Welt kommt; wer mir folget, wandelt nicht in der Finsternis« – ist finster, ungeordnet, dunkel, todbringend, dem Geiste ein Abscheu, und nur der tierischen Natur, die aus dieser Welt ist, mag sie ergötzlich erscheinen!

Drittes Buch

1.

Der Alchoran hält zwar den Glauben an einen Gott fest, schmeichelt aber allen, wiewohl er Christus den Vorzug gibt

Der Leser des Alchoran wird bemerken, daß dieser unbeschadet des Glaubens: »Es ist kein Gott außer Gott« keinem andern Glauben entgegenzutreten versucht. Wo er auf Glaubensgegensätze stößt, schwankt (variat) er dergestalt in seinem Glauben, daß jeder in ihm etwas Angenehmes findet, welcher Häresie oder Sekte er auch angehören mag. So sagt er oft, daß zwischen dem Tode und der Auferstehung eines jeden kaum eine Stunde zwischeninne liegt, damit man über den Zustand der Seelen vor dem Gerichte keine Besorgnis zu haben braucht. Gleichwohl flicht er wieder die Behauptung ein, einige werden in der Zwischenzeit in eine anmutige, quellenreiche Gegend versetzt, so Christus, die Jungfrau Maria und die für Gott gefallenen Gerechten (3. Kapitel), die nach ihm in Gott leben. Einige Seelen werden nach dem Alchoran (32. Kapitel) bis zum Tage des Gerichts mit Feuer gequält, während er anderswo sagt, es befinden sich keine Seelen im Paradiese und in der Hölle vor der Endentscheidung des Weltrichters. Das ist alles so unbestimmt gesprochen, daß er die entgegengesetzten Lehren der Häretiker und der Rechtgläubigen über die Seelen der Gestorbenen vor dem Gerichte zu begünstigen scheint. So sucht er in allen Ansichten zu »machen« (sic nititur in omnibus facere opinionibus). Vom Himmelreiche spricht er nie, wohl aber sehr oft vom Paradiese, als meinte er ein irdisches Paradies; der Gläubige werde nach dem Gerichte in den Ort, aus welchem Adam vertrieben worden war, wieder eingesetzt, um beständig dort zu bleiben. Um jedoch nicht das Paradies der Christen, das Himmelreich hintanzusetzen, nimmt er an einem bestimmten Orte zwei Paradiese an mit verschiedenen Abstufungen; im Paradiese finde man dereinst, was die Christen in ihrem Himmelreiche zu besitzen glauben, das ewige Leben. So sagt er 25. Kapitel: »Das Irdische vergeht schnell, das Himmlische niemals. Nach den besten Werken wird Gott einem jeden vergelten und das ewige Leben verleihen, es sei Mann oder Weib.« Siehe, wie das ewige Leben das göttliche ist, das im Himmelreiche besteht und von den Christen erwartet wird! So heißt es auch im 18. Kapitel: »Zuletzt werden alle Beobachter der göttlichen Gebote volle und ewig dauernde Freude erlangen.« Das kann nur bei Gott sein, der im Himmel wohnt. Im 26. Kapitel sagt er, die Guten gelangen ins Paradies, wo ihnen aus der göttlichen Substanz mitgeteilt wird. – So macht er es in allen Stücken. Nach dem 25. Kapitel hat Gott zu ihm gesagt: »Dieses Buch habe ich dir aus keiner andern Ursache anvertraut, als damit du den Menschen ihre Widersprüche aufzeigest.« Im gleichen Kapitel sagt er: »Ich habe dich gesendet, damit du Abrahams Gesetze folgest, ohne abzuweichen, um kein Ungläubiger zu sein. Die Beobachtung des Sabbats habe ich jedoch nicht geboten, weil hierüber ein Gegensatz und Meinungsverschiedenheit bestand, worüber Gott, der künftige Richter, entscheiden wird.« Anderswo gibt er denen den Vorzug, welche den Propheten glauben und über sie nicht diskutieren. So sagt er 4. Kapitel am Ende und 2. Kapitel: »Wer Gott und dessen Gesandten nicht gehorcht und über sie diskutiert, wer sich der Partei, nicht dem Ganzen, das den rechten Weg verfolgt, anschließt, über den werde ich, als über einen der Wahrheit selbst nicht Glaubenden Unheil hereinbrechen lassen. Den Glaubenden aber, die nicht lange diskutieren, wird der barmherzige Gott, der reich an Erbarmen ist, unermeßlichen Lohn verleihen.« Trotz Gegensatz und Widerspruch muß man also jedem Gesandten Gottes glauben; Keines Ansicht darf man einzeln annehmen, die Entscheidung, welche die richtige sei, muß man Gott am Tage des Gerichtes überlassen. In dieser Weise spricht er sehr oft; zweifelhafte Stellen im Gesetze und in den Propheten muß man auf den Tag des Gerichtes verschieben; da er übrigens im 26. Kapitel sagt, der Alchoran sei nur nach und nach Schritt für Schritt erschienen, so schickt er im 2. und 3. Kapitel eine Erörterung über die Propheten voraus. In dieser wird Christus über alle andern gestellt. Folglich muß man sich bei Zweifeln an Christus halten, welcher sagte, er sei nicht gekommen, Gesetz und Propheten aufzuheben, sondern zu erfüllen; Gesetz und Propheten redeten von ihm. Da also Christus das Ziel und der Abschluß vom Gesetz und allen Propheten ist, die je aufgetreten oder noch auftreten werden, so erlangt die Erörterung über alle Propheten in ihm ihren Abschluß.

2.

Mahomed schwankt in seinem Denken und Handeln und hat keine festen Lehrsätze hinterlassen

Daß Mahomed nicht der Erste ist, gesteht er selbst im 55. Kapitel: »Ich bin nicht der erste Bote (Gottes) und weiß nicht, was ich oder ihr tun sollen. Doch will ich die göttlichen Aufträge erläutern, an die ihr, obwohl sie hier stehen und viele gläubige Israeliten sie bezeugen, nicht glaubet.« – Welch ein Prophet ist demnach Mahomed, der nicht weiß, was er und andere tun sollen; er hält sich nur an frühere Gebote (Gottes), wobei er die Juden als Zeugen für sich anführt und behauptet, er erkläre nur die älteren göttlichen Gebote. Er sagt, wer den Geboten Moses' folge, werde selig; dann verwirft er wieder alle Juden, weil sie an die Auferstehung nicht glauben und Christus nicht anerkennen. Die Christen, welche Christus folgen, spricht er selig, an andern Stellen nennt er so Juden als Christen, weil beide Gott einen Sohn zuschreiben, ungläubig, wiewohl es von den Juden nicht wahr ist, daß sie Gott einen Sohn geben. Alle Ungläubigen sind nach ihm verdammt. So im 46. Kapitel: »Fest steht das Wort Gottes über die Ungläubigen; sie werden ins ewige Feuer gehen.« Allein im 51. Kapitel sagt er: »Die Ungläubigen wird Gott vielleicht alle verstoßen, vielleicht vielen verzeihen.« Sehr oft läßt er *alle* Seelen bei der Auferstehung in ihre Körper zurückkehren. Im 18. Kapitel aber sagt er: »Den Sterbenden nimmt Gott in der Stunde des Todes, den andern in der Stunde der Betäubung (hora sopitionis) die Seelen aus dem Leibe. Einigen gibt er sie wieder zu einer bestimmten Stunde, andern niemals, alles nach seinem Willen; Verständige können das nicht begreifen.« Nach andern Stellen ziehen die Engel die Seelen aus den Leibern heraus. Er läßt also die allgemeine Auferstehung, auf die er beinahe in jedem Kapitel zurückkommt, in Zweifel, wenn er behauptet, einige erhalten ihre Seelen nie wieder. So bleibt bei ihm nichts Gewisses übrig als der Satz: Es ist ein Gott, der Schöpfer des Universums. Nur der Glaube an einen Gott ist, wie er oft wiederholt, zur Seligkeit notwendig. Am Ende zweifelt er auch an diesem Satze und faßt den notwendigen Glaubensinhalt in die Worte: »*Es ist kein Gott außer Gott* (non est Deus nisi Deus), *und Mahomed ist sein Gesandter.*« Die Seinigen fügen bei: sein *großer* Gesandter. Nun, Gott nennt kein Mensch klein, da seine Größe keine Grenze hat. Auch nennt niemand den Satz irrig: Gott ist Gott. Auch dem Götzendiener, der an mehrere Götter glaubt, ist es eine Wahrheit, daß Gott Gott ist, weil dies an und für sich klar ist. So hätte es nie einen Ungläubigen gegeben und wird nie einen geben. Wenn er beifügt: »und Mahomed ist sein Gesandter«, so ist dies in dem Sinne, daß er ein Bote der Wahrheit, d. i. einer an und für sich ausgemachten Behauptung ist, nichts Großes; denn allezeit galt es von ihm und jedem andern als wahr, der sei ein wahrer Bote, der solches verkündet. Anders aber ist es mit dem Glaubenssatze: »und Mahomed ist sein Gesandter«; er kann unmöglich zur Seligkeit notwendig sein. Denn es war eine Zeit, wo es als ausgemachte Wahrheit galt: Es ist kein Gott außer Gott, aber als ebenso große Unwahrheit: »Mahomed ist sein Gesandter«, als nämlich dieser noch nicht lebte. Wenn also damals alle nur durch den Glauben: Es ist kein Gott außer Gott – selig wurden, so werden notwendig alle zu allen Zeiten nur durch diesen Glauben selig. Aber auch zur Zeit Mahomeds war der Glaube: Mahomed ist sein Gesandter – nicht zur Seligkeit für alle notwendig, da er selbst sagt, er sei nur ein Gesandter an die Araber und an seine Nation. Und auch die Araber waren nicht zum Glauben an ihn verpflichtet, da er nicht mit solchen Wundern und Tugenden auftrat, welche in ihm das Wort Gottes erkennen ließen. Da er ohne Wunderkraft auftrat und ein Leben gemeiner Sünder führte, ein Götzendiener war und, wie andere, der Venus huldigte, so darf es uns nicht wundern, wenn die Araber ihm entgegenhielten, er habe, durch einen der Götter beleidigt, um sich an ihm zu rächen, sich für den Gesandten des einen Gottes ausgegeben, wie im 20. Kapitel zu lesen ist. Im 30. Kapitel hielten sie ihm entgegen, er sei ein ihnen ähnlicher Mensch, da er doch in der Kunst eines Magiers zu ihnen gekommen sei, dessen Körperumfang also entweder ein Traumbild oder eine Erdichtung sei. Gegen solches und anderes, das sie aus seinen eigenen Worten gegen ihn anführten, wußte er keine andere Entgegnung, als die im 29. Kapitel: »Man sagt: Wenn er mit göttlicher Wunderkraft ausgerüstet gekommen wäre (dann würden wir ihm glauben). Habe ich nicht aus den frühern heil. Schriften Zeugnisse für mich beigebracht?« Siehe, er beruft sich auf Evangelium und (altes) Testament! dort sei von ihm die Rede. Im 70. Kapitel sagt er, Christus habe vorausgesagt, nach ihm werde ein Gesandter Gottes kommen, Mahomed mit Namen, den sie fälschlich den Großen nennen werden. So beschränkt sich also das ganze Zeugnis darauf, Mahomed sei ein Gesandter Gottes. Da dies ganz unwahr ist, so ist klar, daß von allen seinen Behauptungen nichts als wahr übrigbleibt, als der Satz: Es ist kein Gott außer Gott.

3.

Warum die an den Alchoran Glaubenden selig werden. Das Schwert ist Lehrmeister

Als Mahomed merkte, daß es bei ihm an Wahrheit fehle und die Lügen, die er dem ungebildeten und unwissenden Volke unter Berufung auf das alte Testament und Evangelium anführte, nicht lange verborgen bleiben könnten, weder für die Christen noch die Juden, da weder im alten noch neuen Testamente Mahomeds Erwähnung geschehe, so wandte er sich den Waffen zu und sprach zum Volke: »Gott hat mir befohlen, die Völker mit dem Schwerte zu erobern, bis sie bekennen: Es ist kein Gott außer Gott, und ich bin sein Prophet. Legen sie dies Bekenntnis ab, so retten sie Leben und Vermögen.« Von Schrecken erzitternd, fügten sich viele und entgingen so dem Blutbade und der Plünderung; sie heißen nun *Gerettete* (salvati) oder *Muselmanen.* Zu beachten ist, daß er sich oft den einzigen einheimischen oder Landes- (nativum) Propheten der Araber nennt, welche vor ihm keinen Propheten hatten. Und doch läßt er im Kapitel von den Propheten Gott sagen: »Wir haben dich an die Gesamtheit der Völker gesendet«, wodurch er hier wie in andern Stellen Gott in Widerspruch mit sich selbst setzt. Zuletzt, nachdem er bereits einen großen Anhang gewonnen hatte, gab er den Glaubensartikel, er sei ein Gesandter Gottes, ganz auf und ließ verkünden, wer sage: Es ist kein Gott außer Gott, komme ins Paradies. Nach der arabischen Überlieferung wollte Mahomed eigentlich sagen: Wer glaubt, kommt ins Paradies, wenn er auch ein Hurer, Räuber oder sonstiger schwerer Sünder ist, *weil der Glaube selig macht* (quia fides salvaret). Er gab also auf Befehl seines Gottes das Prädikat eines *göttlichen* Gesandten auf; denn im 72. Kapitel heißt es: »Um als wahrhaftig zu erscheinen, nenne dich nur einen Gesandten!« Da es nun aber der Absicht Mahomeds nicht konvenierte, bloß zu verkündigen: Es ist kein Gott außer Gott, und Mahomed ist ein Gesandter, so ließ er den letztern Satz lieber ganz weg. So sprechen denn solche, die sich an ihn anschließen wollen, nur durch die Erhebung eines Fingers den Glauben an einen Gott aus und sagen, dies genüge. – so ist denn der *letzte Beweis* von allem, was im Alchoran steht – das *Schwert*! (Est igitur ultima resolutio probationis omnium, quae in Alchoran leguntur, gladius.) Denn so steht es im Kapitel von den Propheten im Alchoran über Mahomed: »Du hast Träume ausgesprochen und Blasphemien aneinandergereiht, oder ist vielleicht das Ganze ein Gedicht (vel forte poëtizas). Zeige uns doch deine Wunder, wie sie frühere Propheten verrichtet haben.« Er antwortet hierauf: »Wir haben, spricht Gott, Städte zerstört, welche nicht glaubten, und ihr würdet auch Wundern nicht glauben, sondern nur dem Schwerte.« Gott habe es befohlen, man solle bei den Menschen Gewalt gebrauchen (violentiam hominibus inferri). So macht er Gott, von dem Mahomed doch sehr oft schreibt, er habe solchen Zwang und Gewaltanwendung verboten, zu einem veränderlichen, schwankenden und lügnerischen Wesen, wovon weiter unten noch die Rede sein wird.

4.

Der Gott des Alchoran scheint der absolute Gott zu sein; der Alchoran spricht aber noch von einem andern Gott, welcher mit der Welt vermischt ist (rebus immersus)

Nun wollen wir untersuchen, wer der Gott des Alchoran sei. Der Gott Mahomeds sagt im 24. Kapitel: »Wir haben den Menschen aus Erde und Kot (vorher war der Teufel aus zerstörendem Feuer erschaffen) gebildet, als ich den Engeln mitteilte, ich wolle den Menschen aus Kot bilden und ihm einen Teil meiner Seele einhauchen.« Im 26. Kapitel: »Auf die Frage: wem die Seele gehöre, sage: Gott, der dir nur ein geringes Maß von Weisheit gegeben hat.« Im 30. Kapitel: »Indem Gott seine Seele in den Leib Mariens eingehaucht hat, hat er diese und ihren Sohn zum Gegenstand eines offenbaren Wunders gemacht.« 31. Kapitel: »Gott hat den Menschen aus Kot gebildet und dessen Nachkommen aus vergänglicher Feuchtigkeit und hat ihm aus seinem Geiste eingehaucht.« Im 47. Kapitel: »Gott sprach zu den Engeln, er wolle den Menschen bilden. Nachdem derselbe aufs Beste eingerichtet war, haben wir ihm aus unserm Geiste eingehaucht und auf unsern Befehl haben sich außer Belzebub, der abfiel, alle Engel vor ihm gebeugt. Auf die Frage, warum er sich gegen Gott empöre und sich nicht demütigen wolle, erwiderte dieser: Ich bin aus Feuer und besser als jener Kot.« Im 26. Kapitel sagt Gott: »Den Gläubigen, deren Werke meinen Beifall haben, gebe ich das Paradies, ich teile ihnen mit aus meiner göttlichen Substanz, die keineswegs geringe ist.« Hieraus erhellt, daß der Gott des Alchoran noch von einem andern Gotte spricht. Denn er sagt: »Sage, sie (die Seele) sei *Gottes*, nicht: Sie sei *mein* oder *unser*.« Wenn also der Gott, der im Alchoran redet, der Gott der Götter ist, und der Gott, von welchem er redet, ein anderer Gott ist, dem die Seelen angehören, der seine Seele den Menschen mitteilt und seine göttliche Substanz seinen Lieblingen, der seinen Geist in die Leiber der Schwangeren einhaucht, so ist der Gott des Alchoran absolut und unteilbar, der Gott aber, von welchem dieser redet, in die Dinge versenkt, teilbar, somit körperlich. Da nun nach dem Alchoran, 38. Kapitel, jede Seele den Tod verkosten wird, und die Seele jenes Gottes auch die Seele aller ist, so ist dieser Gott sterblich. Es sind also auch die Engel und Dämonen körperliche, und zwar feurige Naturen. Haben Gott und die Menschen eine Seele, so auch die Engel, nach 45. Kapitel. Die Seele der Engel ist die ihnen mitgeteilte Seele Gottes, dieser Gott ist *von der Natur der Geschöpfe – und alle vernünftigen Kreaturen sind von der Natur dieses Gottes*, da in ihnen die Natur Gottes in konkreter Form (contracta) ist. Er ist das Bildungsprinzip (forma) eines jeden, ein Teil des Zusammengesetzten, der einem jeden das Sein gibt. *Er ist nicht Gott der Schöpfer, der aus Nichts erschafft, sondern er gestaltet alles aus sich selbst*: *er ist die ὕλη oder die Materie.* Aus seiner Seele bildet er Seelen, aus seinem Geiste Geister, aus seinem Körper Körper, aus seinem Sein alles, was ist, aus seinen Flügeln die Flügel der Engel, dem einen zwei, dem andern vier, wie der Alchoran von diesen Flügeln erzählt. Gehört aber die Seele Gott, dem einzigen und höchsten Schöpfer und spricht der Gott im Alchoran, welcher sagt, die Seele ist Gottes, von sich, d.i. von dem einzigen Schöpfer des Alls, dann ist seine Seele auch Gott, da alles, was zum göttlichen Wesen gehört, Gott ist (cum nihil sit Dei nisi Deus). Daher ist jede Kreatur von geistiger Kraft Gott und Kreatur: Gott nach ihrem Geiste, Kreatur nach ihrem Körper, in hypostatischer Einigung (Igitur omnis creatura formae intellectivae erit Deus et creatura: Deus secundum spiritum seu formam, et creatura secundum corpus in unione hypostatica). Und da Christus die Seele Gottes nicht teilweise und annäherungsweise (non secundum portionem aliquam nec appropriate), sondern im eigentlichen Sinne (proprie) hat, so ist er im eigentlichen Sinne Gott und Kreatur: voller (plenus) und vollkommener Gott und voller und vollkommener Mensch. Das gilt nicht von den andern vernünftigen Naturen, weil in ihnen die Seele Gottes partiell, unvollkommen und uneigentlich ist. Daher werden sie nicht im eigentlichen Sinne Gott und Kreatur genannt, sondern nur uneigentlich könnten sie so genannt werden, nur Christus im eigentlichen Sinne. Das muß jeder zugeben, der den Alchoran annimmt. Christus ist also die absolute Vollkommenheit der geistigen Kreaturen, an dessen Fülle alle teilnehmen. In dem Haupte Christus liegt die Vollendung (perfectio) jeder Kreatur, welche (Vollendung) nicht größer oder kleiner sein kann, weil sie alles ist, was sie sein kann, während sie in anderen Kreaturen einen Zuwachs oder Abnahme zuläßt. Christus ist der Wert des Goldes in reinem Golde, die andern geistigen Naturen sind der Wert des Goldes in andern Metallen, von welcher das eine mehr, das andere weniger goldhaltig ist.

5.

Der Gott des Alchoran erscheint geringer als die Welt; er ist der Diener Mahomeds und dessen Begriff (servus Mahomed atque eius conceptus)

Wie steht es, wenn der Gott des Alchoran bei dem Herrn des Orients und des Okzidents schwört? Daraus geht hervor, daß der Gott des Alchoran einen andern Gott über sich, daß er den Herrn des Orients und Okzidents als den größeren anerkennt. Es ist also nicht der höchste und absolute Gott, ja er schwört bei dem Rohre, dem Feigenbaume, der Mücke und anderen Geschöpfen. Der Gott des alten Testaments und des Evangeliums hat nie auf solche Weise geschworen, sondern immer nur bei sich selbst, da er keinen größeren Gott kennt; er hat auch nicht die Art des Schwörens geändert, da er ein sich gleichbleibender Gott, ohne Veränderung, ist. Da aber der Gott des Alchoran bei geringen Geschöpfen schwört, bald bei diesen, bald bei jenen, so ist er bei dieser seiner Unbeständigkeit und seinem Schwanken weniger als jedes Geschöpf. Denn die Bekräftigung einer Aussage erfolgt durch einen, der wahrhaftiger und größer ist, bei dem man schwört, der als Zeuge für die Glaubwürdigkeit der Aussage angerufen wird. – Beachtet man das 42. Kapitel, so ist der Gott des Alchoran der Diener (servus) Mahomeds. Er und die Engel beten für Mahomed. Dieser Gott redet, was Mahomed zu reden sich scheut, er ist der Vermittler zwischen ihm und Mahomeds Weibern, indem er der unreinen Lust desselben dient, durch Dispension vom Eidschwure, Gesetz und Versprechen, um ihm gefällig zu sein; Schande, Schuld und Sünde nimmt er auf sich, damit Mahomed nicht guten Ruf und Reputation verliere. Macht da nicht Mahomed Gott zu seinem Diener? Dies erhellt aus vielen Stellen. Wenn Mahomed im 48. Kapitel sagt: »Gottes Gebot ist es, daß ich ihn mit reinem Herzen anrufe und in Beobachtung des den Gläubigen gegebenen Gesetzes allen vorangehe, da ich sonst in großes Unglück gerate. Ich ahme daher Gott und seinem Gesetze standhaft nach«; wenn er im 55. Kapitel von sich sagt: »ich bin der Erste der Gläubigen und der Gottergebenen«; wie vereinigt sich dies mit deiner Behauptung, du beobachtest kein Gesetz, keinen Eid, weil es dir Gott verboten habe, der deinem unreinen Herzen, deiner Fleischeslust den Vorrang vor Gesetz und Eid gegeben habe? Du willst glauben machen, Gott habe dir solches geboten? Wie kannst du der Erste der Gläubigen und gottergebenen sein, der du an andern Stellen Moses als den Ersten bezeichnest? Du warst von Anfang ein Sünder und bist es unaufhörlich gewesen; du starbst im Hause eines deiner Weiber (unius mulieris tuae), nach unzähligem Blutvergießen, Plünderung, Unzucht und Unterdrükkung der Armen. Hat Gott dir geboten, dem gerechten Abraham zu folgen, bist du, wie du selbst sagst, der Letzte der Propheten, wie kannst du dann der Erste der Gläubigen sein? – Der Gott des Alchoran ist also nicht jener große Gott, dem jede vernünftige Kreatur glauben muß, weil er der Schöpfer von allen ist, sondern es ist *dein Gott*, der durch dich redet, was du denkst. Was also im Alchoran Gott redet, es sei wahr oder falsch, ist nichts anderes, als der Gedanke Mahomeds. Und da er vieles schrieb und schreiben ließ, was er von Sergius und Baheira und ihm befreundeten Juden gehört und nicht verstanden hat, vielleicht auch die nicht, die es ihm hinterbracht haben, so hat er selbst nicht alles verstanden und nur Gott das Verständnis des Alchoran zugeschrieben, der nach 82. Kapitel ihm eingeschärft hat, fleißig und eifrig auch des Nachts im Alchoran zu lesen, was freilich wieder der im Alchoran niedergelegten Behauptung widerspricht, er sei des Lesens und Schreibens unkundig gewesen.

6.

Mahomed verfolgt blindlings, gegen die Gebote Gottes, Christus in den Christen

Sage mir ferner, Mahomed! Nachdem dir Gott so oft befohlen hat, um des Gesetzes willen keine Gewalt anzuwenden, so 4. und 15. Kapitel: »Von den Ungläubigen laß ab, ohne ihnen Übles oder Schmach zuzufügen, wenn sie auch im Zorne oder aus Unwissenheit schlecht von Gott reden (jedem Volke gefallen seine Sitten); kehren sie zu Gott zurück, so werden sie ihre Fehler deutlich durch die Gnade Gottes schon einsehen«; 18. Kapitel: »Die Völker sollen zum Glauben nicht gezwungen werden, weil ohne den Willen Gottes, der die Sünder in ihrem Sündenschmutze läßt (nisi Deo volente), niemand glauben kann«; 56. Kapitel: »Füge ihnen keine Gewalt durch Züchtigung zu, sondern erkläre ihnen nur den Alchoran« und so an vielen Stellen –, wie vermagst du gegen deinen Gott, der dir dies befohlen, Ungläubige gefangenzunehmen, zu morden und auszuplündern, zum Glauben zu zwingen oder einen Tribut zu entrichten? Gott fügst du damit ein großes Unrecht und große Schmach zu, in dessen Augen ein erzwungener Dienst eine Sünde ist (Deo magnam facis iniuriam et contumeliam, apud quem coacta servitia vitia sunt). Er will Anbeter, die aus freier Wahl ihm ergeben und gläubig sind. Du sagst 19. Kapitel, Gott habe dir gesagt: »Den sich Widersetzenden sage: Wie sie für das Ihrige, so sorge du für das Deinige«, aber er sagt nicht, du sollest ihnen Gewalt antun. Anderswo sagst du, über die Entgegnungen der Juden, Christen und anderer werde am Tage des Gerichts entschieden. An andern Stellen läßt du dich von Gott wegen deiner Frömmigkeit und Milde loben. Warum zeigst du dich aber tatsächlich anders und strafst so das Zeugnis Gottes Lügen? Warum stellst du deinen Gott ebenso oft im Widerspruche mit sich selbst dar, als du deinen Sinn geändert hast? Im 25. Kapitel sagst du: »Wer mit Beibehaltung seines Glaubens durch Gewalt und Zwang ungläubig geworden ist, aber Glauben und Gesetz in seinem Herzen bewahrt, der wird nicht verdammt, sondern nur wer freiwillig abfällt.« Du weißt, daß die Christen den Glauben an einen Gott haben, ohne einen andern Gott oder Genossen Gottes. Sie sind daher nach dir Gläubige. Wenn sie daher gleich gezwungen dir beizustimmen scheinen, im Herzen bleiben sie Christen und werden mit dir nicht verdammt werden. Warum bekämpfest du gleichwohl Christus in den Christen, indem du diese verfolgst, von denen du doch nicht leugnest, daß sie durch ihr Gesetz selig werden? Die Christen waren vor dir da, und Christus wird in seinen Gläubigen einen großen Teil dieser Welt auch ferner besitzen, durch den standhaften, bis in den Tod gehenden Gehorsam unzähliger Märtyrer Gottes. Warum verfolgen also deine Anhänger Christus, um ihm das Volk, das er sich als eigen erworben hat, zu entreißen? Unsere Zuversicht ist das Evangelium, dem du nach so vielen Bestätigungen desselben Unrecht zufügest, in welchem Christus sagt: »Selig sind, die um der Gerechtigkeit willen Verfolgung leiden, ihrer ist das Himmelreich. Selig seid ihr, wenn euch die Menschen schmähen und verfolgen und alles Üble gegen euch sagen in Lügen, um meinetwillen. Freuet euch und frohlokket, groß ist der Lohn im Himmel. So haben sie die Propheten vor euch verfolgt.« Das ist unser Trost in all unserer Not und Bedrängnis, weil wir vom Tode ins ewige Leben gelangen.

7.

Mahomed glaubt, die Gegenwart Gottes nötige (necessitare) zu allem, was die Meschen tun (ad omnia, quae aguntur)

Sage mir weiter, Mahomed! Warum verfolgst du die Christen? Wenn du sagst: wegen ihrer Sünden, so sage mir: Wenn du glaubst, durch Zwang könne jemand dahin gebracht werden, daß er gut wird, warum sagst du dann im 9. Kapitel, Gott verzeihe Todsünden nicht, sondern nur kleinere? Und im 13. Kapitel steht: »Schlechte Menschen wird Gott nicht auf den rechten Weg führen.« Warum sagst du im 16. Kapitel, Gott habe gesagt: Wahrhaftig ist Gottes Wort, daß Ungläubige nie bekehrt werden sollen. Im 46. Kapitel: »Wer von Gott in Irrtum geführt worden ist, wird nie auf den rechten Weg geführt werden« (a Deo deductus in errorem nunquam dirigetur). Im 66. Kapitel: »Nichts für eure Seelen Schädliches werdet ihr auf Erden vollbringen, was nicht vor euer Erschaffung von dem alles wissenden Gotte aufgezeichnet war.« Zeigen diese Stellen nicht deutlich, du *könntest* die Schlechten nicht auf den rechten Weg hinführen, da Gott selbst sie nicht dahin lenkt? Gleichwohl sagst du oft, wie auch sonst, das gerade Gegenteil hiervon. Deine Anhänger wissen wohl, daß du meinst: Was der Mensch tut, tut er deshalb, weil Gott ihm zum voraus bestimmt hat, so zu tun (quia sic Deus faciendum praenotavit), nicht bloß, weil Gott alles Zukünftige voraussieht, sondern weil sein *Voraussehen nötiget* (sed quod praevisio necessitet), ein Grundirrtum, der alle Gesetze und Gerichte, Belohnungen und Strafen aufhebt. Da Gott in der Ewigkeit alles *zugleich* sieht, was in der Zeit nacheinander geschieht, so sieht er Geburt und Tod und den ganzen dazwischenliegenden Lebenslauf des Menschen mit einem Male, und dieses Sehen ist keine Nötigung (et haec visio non necessitat). Wenn ich dich fallen sehe, so fällst du nicht, weil ich dich fallen sehe, sondern weil du fällst, so sehe ich dich fallen. Gott sieht also alles, was der Mensch tut; indem er in der Ewigkeit alles weiß, hält er ein gerechtes Gericht nach den guten oder schlechten Taten, die der Mensch in der Zeit vollbringt und für ihn ewig gegenwärtig sind. – Sage mir auch: Was soll der Gläubige tun, den du an den Alchoran verweisest, da doch, wie du selbst sagst, niemand außer Gott und den Weisen, die göttliche Wissenschaft besitzen, denselben versteht? Davon sagst du wieder das Gegenteil, der Alchoran sei klar und leicht verständlich. Wer mag das fassen? So ist alles von dir in Widersprüche und Schwankungen eingehüllt, was auf das Argument, das du im 9. Kapitel für den Alchoran aufstellst, hindeutet. Du sagst nämlich: »Wäre er nicht ein Werk Gottes, so würde er viele Widersprüche enthalten.« Folglich kann er, da er sich so oft widerspricht, nicht aus Gott sein.

8.

Das Ziel Mahomeds war seine Erhöhung

Du scheinst mir, Mahomed! unter dem Vorwande der Religion nur nach Herrschaft zu streben; denn die ganze Entscheidung legst du in das Schwert, durch das Schwert hoffst du jedenfalls zum Tribut zu gelangen. Du lehrst, jeder könne nach seiner Religion (in sua lege) selig werden, Gott liebe die Standhaftigkeit der Gläubigen, keineswegs aber die schwankenden Gemüter. Dann nimmst du das Schwert in die Hand, als wollest du diejenigen zur Wahrheit hintreiben, die du zur Standhaftigkeit ermahnt hast; allein du lässest ihnen nur die Wahl, entweder den Glauben zu wechseln oder Tribut zu zahlen. Wer sieht nicht ein, daß das Ziel deiner Religion, der Eifer für dein Gesetz kein anderes ist, als – *Herrschaft*? Denn wer befriedigt Gott und dich durch einen Tribut? Du hattest keine andere Absicht, als *mittelst Gottes und der Religion mächtig zu werden*. Nie hast du an die Wahrheit der vorgeblichen Gebote Gottes geglaubt, weil du sie nicht befolgt hast. Läßt du nicht Gott im Alchoran sagen, die Christen seien mehr deine Freunde als die Juden? Und an andern Stellen verabscheust du die Verfolgung, welche einige gegen die Christen begonnen haben, indem du sagst, Gott habe ihnen Stärke verliehen (36. Kapitel). Anfangs wurden sie in einem benachbarten übelgesinnten Lande von den Heiden besiegt, nach 9 Jahren aber wurden sie mit Hilfe Gottes die Sieger. Hieraus erhellt, daß du nicht infolge einiger feindseliger Verhältnisse oder aufgrund deines Gesetzes die Christen verfolgt, sondern einzig aus Herrschsucht ihnen Gewalt zugefügt und so deinen Nachfolgern ein sehr schlechtes Beispiel hinterlassen hast. Denn aus derselben Herrschsucht verfolgen sie die Christen. Doch die Christen werden zuletzt mit der Gnade Gottes ihre Überwinder besiegen.

9.

Mahomed nennt Christus bald Gott und Menschen, bald nur einen Menschen; bald einen Gott in der Einzahl, bald in der Mehrzahl (modo singularem Deum, modo pluralem)

Über Christus spricht sich der Alchoran oft in einer Weise aus, daß jener als der göttlichen Natur teilhaftig (consortem) erscheint. Er geht von dem Grundsatze aus, Wunder seien Beweis der Gottheit (miracula divina esse). Nun aber habe Christus Wunder wie kein anderer verrichtet. Er gibt nicht nur diejenigen Wunder an, die im Evangelium erzählt sind, sondern auch solche, die in andern, apokryphen Schriften enthalten sind, wie z. B. die Erschaffung lebender

Vögel aus Kot und anderes, was auf eine göttliche Natur in Christus schließen läßt. Der Besitz der generellen Gewalt zu allen Arten von Wundern ist Beweis des Göttlichen. (Habere enim generalem omnium miraculorum potestatem, divinum est.) So bewies sich Jesus als Messias, als Johannes vom Gefängnisse aus zwei seiner Schüler an ihn sandte, mit der Frage: Bist du der Messias, der da kommen soll, oder sollen wir auf einen andern warten? Jesus antwortete: Gehet und saget dem Johannes, was ihr gesehen und gehört habt! Die Blinden sehen, die Lahmen gehen, die Aussätzigen werden rein, die Tauben hören, die Toten stehen auf, den Armen wird das Evangelium verkündet, und selig ist, wer sich an mir nicht ärgert. Siehe, wie Jesus durch Taten ausspricht, er sei der erwartete Messias, von welchem Johannes, wenn er dies alles vernommen, nicht mehr zweifeln solle, er sei der Sohn Gottes, dem der heilige Geist am Jordan das Zeugnis gab. So sucht auch der Alchoran Christus zur Gemeinschaft (consortium) der göttlichen Natur zu erheben, wenn er sagt, Christus stehe über allen Propheten, wenn diese auch noch so sehr mit Gott vertraut und ihm ganz nahe waren. Nun aber liegt zwischen dem, der über den höchsten Propheten steht, und der göttlichen Natur nichts zwischeninne, da es keinen geben kann, der noch näher an Gott wäre. Der Alchoran sagt ferner, Gott wohne in den guten Menschen und nennt Christus den allerbesten. Gott wohnt also ganz in ihm, auf das Vollkommenste, mit seiner ganzen Fülle, so daß die menschliche Natur mit der göttlichen, die in ihm wohnt, im höchsten Grade der Einigung geeint ist, die wir eine hypostatische oder persönliche nennen, wie im Menschen der Körper mit der Seele, wie die tierische Natur mit der geistigen geeint ist. Daher ist Christus der Mittler zwischen der menschlichen und göttlichen Natur. Wie es zwischen ihm und den Menschen keine Vermittlung geben kann, wegen der Identität seiner menschlichen Natur und der aller Menschen, so kann es auch zwischen ihm und Gott keine Vermittlung geben wegen der Identität seiner göttlichen Natur und der Gottes. Wiewohl jedoch der Alchoran über Christus Sätze aufstellt, aus welchen die Verständigen unschwer das eben Erwähnte folgern können, so schwankt er doch auch hier wieder und lehrt an andern Stellen, was einer Negation seiner Gemeinschaft mit der göttlichen Natur gleich sieht. So war nach ihm die Jungfrau Maria Christi wahre Mutter; Christus habe mit seiner Mutter menschliche Speise und anderes Eßbare genossen (ipsum cum matre usum fuisse humanis cibis etc.), da er doch an andern Stellen behauptet, Gott esse nicht, Gott sei der Herr von Christus und stehe über ihm, Gott habe ihn und seine Mutter, wie andere Kreaturen, wenn er gewollt, zunichte machen können (annihilare; Christus sei weder Gott noch Sohn Gottes, kein Genosse und Teilhaber (der göttlichen Natur). Seine Behauptungen stehen mit den früheren in durchaus keinem Einklange. Sollen sie nicht an innerem Widerspruche leiden, so müssen sie in dem oben angegebenen Sinne gefaßt werden: Christus sei kein anderer Gott, sondern gleicher göttlicher Natur mit dem Schöpfer der Welt. So wiederholt er über die Einheit Gottes beständig, es sei nur ein Gott und Schöpfer; und doch redet die Gottheit im Alchoran im Werke der Schöpfung und sonst sehr häufig in der Mehrzahl: Wir haben den Menschen geschaffen. Soll diese Einzahl und Mehrzahl sich nicht widersprechen, so muß sie im früher angegebenen Sinne verstanden werden, wonach die Dreiheit oder Mehrheit nicht als Pluralis zu nehmen ist, sondern als Singularis, als Einheit; denn die Vielheit ist auch bei den Grammatikern nicht der Plural, weil der Singular die Einheit ist. So ist auch bei den Theologen die Vielheit die Einheit der einfachsten göttlichen Natur. Es ist daher Gott nur die singuläre und eine Gottheit, wie wir früher kurz gezeigt haben. Das scheint auch der Alchoran am Ende des 32. Kapitels zu sagen, wenn er die Anrufung eines andern Gottes mit den Worten verbietet: »Gott ist in sich allein seine volle Zahl« (quia apud Deum solum totus est illius numerus).

10.

Beispiele des beständigen Schwankens Mahomeds

Mahomed sagt im Kapitel von den sieben Schlafenden, jeder könne in geheimen Dingen sagen, was ihm beliebt, er verdiene keinen Tadel. Daher hält er sich in der Anführung verschiedener, ja entgegengesetzter Ansichten bald an diese, bald an jene. Für geheim hält er aber alles, worin die Propheten und deren Schriften nicht mit den von Gott gegebenen Geboten übereinstimmen. Es stimmen aber alle Propheten von Abraham bis auf ihn überein in dem Glauben an einen Gott und Schöpfer und Richter am Tage der Auferstehung, was er in die Worte zusammenfaßt: Es ist kein Gott außer Gott, ein Glaube, ohne welchen niemand selig werde. Wer dies einfach glaubt und das durch einen Propheten ihm gegebene Gesetz befolgt, wird das Paradies besitzen; wer nicht glaubt, wird, wenn nicht Gott, der reich an Erbarmen ist, ihm verzeiht, ewig verdammt. Glaubt er, beobachtet aber das Gesetz nicht und ist unbußfertig, so wird er verdammt. Der Bußfertige aber erlangt im Augenblick des Todes Verzeihung. Das scheint, wie oben gesagt, der Hauptgedanke zu sein. Schwankend scheint er jedoch von denen zu sprechen, die von einem Gesetze zu einem andern übergehen. Im 1. Kapitel heißt es: »Im allgemeinen ist zu wissen, daß jeder, der rechtschaffen lebt, er sei Jude oder Heide, wenn er seine Religion verläßt und zu einer andern übergeht, jeder, der Gott anbetet und gut handelt, unzweifelhaft sich der Liebe Gottes erfreut. Jeder Sünder aber, der Schuld auf Schuld häufet, wird vom ewigen Feuer verbrannt.« Er sagt: *Jeder* (generell), der von seiner Religion zu einer andern übergeht. Im 3. Kapitel aber sagt er: »alle, die von deinem Gesetze abfallen, sollen ohne Unterbrechung von deinem Volke bekriegt werden, bis sie womöglich wieder zu deinem Gesetze bekehrt werden. Wer dein Gesetz gegen ein anderes vertauscht und in diesem verharrt, wird schon hier und in der andern Welt als schuldig des unauslöschlichen Feuers zugrunde gehen.« Siehe, wie er hier jener generellen Behauptung entgegen von den Anhängern seines Gesetzes sagt, daß sie in einer andern Religion nicht selig werden. Im Widerspruche hiervon heißt es 4. Kapitel »Um des Gesetzes willen tue niemand Gewalt an, da Gutes und Böses sich selbst offenbart. Wer nicht an die Götzen, sondern an den Schöpfer glaubt, wer den Geboten des Weisen und Allwissenden, der allen seinen Verehrern gnädig ist, gehorcht, kommt von der Finsternis zum Lichte. Der Ungläubige wird vom ewigen Feuer gequält.« Diese Stelle stimmt wieder mit jener ersten überein, die ganz generell gehalten ist. So sagt er im 5. Kapitel »Die an Gott glauben und um Vergebung ihrer Sünden, um Befreiung von der Qual des Feuers flehen, die Enthaltsamen und Wahrhaftigen, die Freunde des Gebets und Almosens werden nach dem Zeugnisse Gottes, der Engel und aller Verständigen, die an einen unbegreiflichen und weisen Gott und Schöpfer glauben, vor dem kein Gesetz (Religion) Beifall findet, sondern nur die gänzliche Hingabe an ihn, die Freuden des Paradieses genießen.« Hier spricht er wieder generell, wie im 1. Kapitel. Ähnlich im 12. Kapitel. Dagegen ganz anders im 37. Kapitel: »Du, der du das Buch Alchoran ganz unerwartet zugesendet erhalten hast, sollst von seinen Geboten nicht abweichen, um nicht ungläubig oder ein Begünstiger der Ungläubigen zu sein.« Und 41. Kap.: »Gibt es etwas Schlechteres, als nach der Annahme unsrer Gebote von denselben abzuweichen? Schon durch Moses haben wir dieses Buch den Söhnen Israels übergeben, dessen Befolgung unfehlbar mit Gott verbindet.« Hier stellt er sein Buch als Gottes Wort hin, so daß jeder dieses Gesetz Gottes zu halten verpflichtet ist, wenn er nicht als Sünder gelten will. Da die Christen nach ihm mehr als andere in ihrem Gesetze schwanken (legem variant), so benennt er sie oft mit dem Schimpfnamen Gesetzesänderer (legem variantes). Nach jener Stelle darf weder ein Anhänger des (mohammedanischen) Gesetzes noch ein Jude oder Christ ohne Sünde das einmal empfangene Gesetz (Religion) ändern. Denn er sagt, Gott liebe die Getreuen, bei seinem Gesetze Beharrenden mehr als andere. Im 51. Kap. heißt es: »Wir lehren jetzt die Gebote des Gesetzes und die Vorschriften, die wir Noë, dir, Abraham, Moses und Christus geoffenbart haben. An diesen haltet fest, und widersetzet euch ihnen nicht!« Damit sagt er offen, er wolle die den frühern Propheten geoffenbarten Gebote nicht bestreiten, sondern lehren. Ein andermal sagt er, Christen und Juden seien ungläubig und allesamt verdammt. Wer mag aus allem dem etwas Festes herausfinden?

11.

Gegen die Behauptung, das Gesetz des Alchorans sei das Gesetz Abrahams

Sage mir, Mahomed: Der Glaube ist doch wohl zur Seligkeit notwendig. Wenn du nun sagst, dir sei von Gott geoffenbart worden, dem Gesetze Abrahams zu folgen, ohne rechts oder links abzuweichen, um nicht als ungläubig erfunden zu werden, wie wagst du zu behaupten, das Gesetz des Alchoran komme von Gott, da du keinem beweisen kannst, daß Abraham ein solches Gesetz gegeben habe? Wenn dir Gott das Gesetz Abrahams zur Beobachtung gegeben hat, wenn das dem Moses und das Christus gegebene Gesetz in den göttlichen Schriften des alten und neuen Bundes, wie du sagst, enthalten sind, so weichen sie notwendig weder rechts noch links vom Gesetze

Abrahams ab. Wie kommst du nun zu der Behauptung, dein Gesetz habe den Vorzug vor jenen? Es gibt doch nicht zwei Gesetze des alten Testaments und Evangeliums, sondern nur ein göttliches Gesetz, das Christus nicht aufgelöst, sondern erfüllt hat, indem er den Geist des Gesetzes, der in dem Buchstaben enthalten und nicht erfaßt war, enthüllte. Weder das alte noch das neue Testament weicht vom Gesetze Abrahams ab, sondern erklärt, was dem *Abraham* geboten war, daß er nämlich vor Gott wandeln solle, um vollkommen zu sein. *Moses* zeigt nun, wie man vor Gott wandeln müsse, *Christus*, wie der nach Moses' Anweisung vor Gott Wandelnde zur Vollkommenheit, die dem Abraham geboten war, gelangen könne. Es ist also am Gesetze Abrahams nichts mehr zu erläutern. Wie kann nun dein Gesetz, welches das Gesetz der Araber heißt, Abrahams Gesetz genannt werden, da es doch vom Evangelium abweicht? Du wirst doch nicht annehmen, Gott habe dir größere Kenntnis gegeben als Christus, den du selbst dir und allen Propheten vorziehest! Du mußt also zugeben, es sei nur ein Gesetz, das des Abrahams, Moses' und Christus, das seinen Anhängern das ewige Leben als höchsten Lohn verheißt. Es kann nicht mehrere Vollkommenheiten (plura perfectissima) geben, da sonst jede noch vollkommener sein könnte. Es gibt also nur einen vollkommensten Weg zum einen vollkommensten Ziele, und es kann dies kein anderer sein als der, den Christus, der Allervollkommenste, gewandelt ist und gelehrt hat. Was macht dich so schwankend und unsicher in allem, als die Unkenntnis Christi? Du sagst, Jesus, der Sohn der Jungfrau Maria sei Christus, und darin irrst du nicht; was aber Christus sei, ist dir ganz unbekannt. Würdest du in festem Glauben Christus als den wahren Sohn Gottes des Vaters und der Mutter Maria erkennen, so würdest du einsehen, daß das ewige Leben, welches die höchste heiß ersehnte Glückseligkeit ist, durch keinen Menschen, außer in ihm erreichbar ist; Gott würde in dir und du in Gott bleiben, du würdest dich nicht in den Meinungen derer, welche Christus nicht kennen, unsicher hin und her bewegen. Hättest du doch die Wissenschaften verstanden, und wenigstens nur den kleinen kanonischen Brief des Johannes des Evangelisten, jenes geliebten Jüngers Christi, studieret! Du hättest das Schreiben des Alchoran aufgegeben und hättest in jenem Lichte der Wahrheit deine Ruhe gefunden. Warum wollte Gott, daß jene in weiße Kleider gehüllten Anhänger Christ, zu denen der Evangelist Johannes, der Liebling Christi, der in der Jungfrauschaft verharrte, gehörte, so oft im Alchoran mit den höchsten Lobsprüchen gepriesen werden, als damit ihr Verehrer des Alchoran der Christen Leben und Lehre erforschet und nachahmet? So suchet denn das Licht in dem angeführten Briefe, damit ihr zu Christus, dem wahren Lichte, das jeden Menschen erleuchtet, gelanget, und ihr werdet einen Schatz von Weisheit und Verständnis der ganzen hl. Schrift finden.

12.

Der Alchoran nennt Abraham fälschlich einen Götzenanbeter Angabe des wahren Sachverhalts

Ich suche jetzt zu zeigen, daß das Evangelium uns auf das Vollkommenste das Gesetz Abrahams gegeben hat. Fürs erste entziehen das Evangelium und seine Verehrer nichts der Ehre Abrahams, wie es der Alchoran und seine Anhänger in der Behauptung tun, Abraham sei zuerst ein Götzenanbeter gewesen, der nach seiner Bekehrung seinen Vater Thara wegen des Götzendienstes getadelt habe, worüber der Alchoran vieles erzählt. Dies gereicht Abraham zur Schmach, wie man denn in der »Lehre Mahomeds« liest, Abraham selbst erkläre sich wegen des Götzendiensts für einen unwürdigen Vermittler bei Gott. Mahomed hat dies nicht aus dem Texte des alten Testament geschöpft, sondern ein Jude hat es aus einer Glosse zur Entkräftung des Einwurfs, den man hinsichtlich der Jahre Tharas und Abrahams erhebt, ersonnen; die Christen nahmen es nicht als wahr an, und ebensowenig der große jüdische Geschichtsschreiber Josephus. Daher ist nicht zu glauben, daß Abraham, als er aus dem Lande Ur in Chaldäa auszog, ein Götzendiener gewesen sei, oder sein Vater oder der Großvater Nachor oder Heber, von welchem er und die Juden Hebräer hießen, oder Noe, oder irgend ein anderer Vorfahre Abrahams. Auf Gottes Befehl zog Abrahams sogleich aus dem Lande, von seinen Verwandten weg in das Land Kanaan. Wegen dieses Gehorsams sprach Gott: »Ich will dich zu einem großen Volke machen, ich will dich segnen, und deinen Namen verherrlichen, und du wirst gesegnet sein. Ich will segnen die dich segnen, und verfluchen, die dir fluchen, ja in dir sollen alle Völker der Erde gesegnet sein.« Ferner: »Alles Land, das du siehst, gebe ich dir und deinem

Samen auf ewig; ich will deinen Samen wie Sand machen. Wenn jemand vermag, den Staub der Erde zu zählen, so wird er auch deinen Samen zählen können.« Dann: »Fürchte dich nicht, ich bin dein Beschützer und dein überaus großer Lohn.« Wiederum: »Nicht dein Hausgeborner wird dein Erbe sein, sondern der aus deinen Lenden hervorgeht, den wirst du zum Erben haben. Blicke auf zum Himmel und zähle die Sterne, wenn du kannst; so wird dein Same sein. Abraham glaubte Gott, und dies ward ihm zur Gerechtigkeit angerechnet.« Dann: »Ich bin der allmächtige Gott, wandle vor mir und sei vollkommen. Ich will meinen Bund schließen zwischen mir und dir und dich sehr vermehren.« Da fiel Abraham auf sein Angesicht auf die Erde, und Gott sprach zu ihm: Ich bin und schließe meinen Bund mit dir, du wirst der Vater vieler Völker sein. Du sollst von nun an nicht mehr *Abram*, sondern *Abraham* heißen, weil ich dich zum Vater vieler Völker gemacht habe. Ich mache dich sehr fruchtbar und mache dich zu Völkern, und Könige sollen aus dir hervorgehen. Und ich errichte meinen Bund zwischen mir und dir und deinem Samen nach dir auf ihre künftigen Geschlechter hin, als einen ewigen Bund, dein Gott zu sein und deines Samens nach dir … *Sarai* dein Weib sollst du nicht *Sarai*, sondern *Sara* nennen. Ich segne sie und gebe dir von ihr einen Sohn, den ich segnen werde, er wird zu Nationen werden, und Könige der Völker werden aus ihm hervorgehen. Da fiel Abraham auf sein Angesicht und lachte und sprach in seinem Herzen: Glaubst du wohl, daß einem Hundertjährigen geboren wird, und daß Sara, die Neunzigjährige, gebären wird? Und er sprach zum Herrn: Möge Ismael leben vor dir, den ich von der Magd Hagar erhalten habe auf das Verlangen und die Bitte der Sara. Und der Herr sprach zu Abraham: Sara, deine Frau, wird dir einen Sohn gebären, und du sollst seinen Namen Isaak nennen. Und ich will meinen Bund mit ihm errichten zu einem ewigen Bündnis und mit dem Samen nach ihm. Auch für Ismael erhörte ich dich. Siehe ich segne ihn, ich mache ihn fruchtbar und vermehre ihn sehr; zwölf Fürsten soll er erzeugen, und ich mache ihn zu einem großen Volke. Und meinen Bund errichte ich mit Isaak … Darauf beschnitt Abraham, wie es ihm Gott befohlen hatte, sich und Ismael, seinen Sohn von zwölf Jahren, und alles Männliche in seinem Hause … Und es erschien ihm der Herr im Tale Mambre; er saß an der Türe seines Zeltes bei der Hitze des Tages. Und nachdem er ihm die Augen eröffnet hatte, erschienen ihm drei Männer, die vor ihm standen. Als er sie erblickte, lief er ihnen entgegen aus der Türe des Zeltes, fiel nieder zur Erde und sprach: Herr, wenn ich Gnade gefunden habe vor deinen Augen, so gehe nicht vorüber an deinem Knechte; ich will ein wenig Wasser bringen, und es sollen eure Füße gewaschen werden; ruhet unter dem Baume. Ich will einen Bissen Brot vorsetzen, und es stärke sich euer Herz; dann möget ihr weitergehen. Sie sprachen: Tue, wie du gesagt hast ... Sara empfing und gebar einen Sohn in ihrem Alter, um die Zeit, welche Gott vorhergesagt. Und Abraham nannte den Namen seines Sohnes, den ihm Sara geboren hatte, Isaak. Er beschnitt ihn am achten Tage, wie ihm Gott befohlen hatte, als jener 100 Jahre alt war... Und als Sara den Sohn der Hagar, der Ägypterin, mit ihrem Sohne Isaak spielen sah, sprach sie zu Abraham: Vertreibe diese Magd und ihren Sohn, denn der Sohn der Magd soll nicht Erbe sein mit meinem Sohne Isaak. Und es sprach Gott zu Abraham: Alles, was Sara dir sagt, gehorche ihrer Stimme; denn nach Isaak soll dein Samen genannt werden. Doch auch den Sohn der Magd will ich zu einem großen Volke machen, weil er dein Same ist... Hierauf versuchte Gott Abraham und sprach: Nimm deinen einziggeborenen Sohn etc. (folgt das Opfer Abrahams mit neuen Verheißungen, nach 1. Mos. 22, 1 ff.)

13.

Über die dem gläubigen Abraham gegebene Verheißung

Abraham war der Vater vieler Völker, weil er Vater des Glaubens war; er glaubte Gott, und dies ward ihm zur Gerechtigkeit angerechnet. Daher werden alle, welche Gott glauben (Deo credentes), wie Abraham, durch den Glauben gerechtfertigt. Da Gott ihm um des Glaubens willen den Sohn Isaak gab, der sonst nach dem Laufe der Natur dem 66 (oben: 100) Jahre alten Abraham und der 90 Jahre alten und überdies unfruchtbaren Sara nicht geboren werden konnte, so sehen wir, daß wir durch den Glauben, über unsere sterbliche Natur hinaus, das ersehnte ewige Leben erlangen. Wir wünschen Söhne zu haben, damit in ihnen unsere sterbliche und hinfällige Natur neues Leben gewinne und wir in ihnen fortleben. Durch den Glauben sehen wir Abrahams, des Gerechtfertigten, Verlangen erfüllt (per fidem videmus Abrahae desiderium iustificatum). Er verdiente die Erfüllung seines Verlangens durch den, dem in seinen Augen nichts unmöglich war. Durch den Glauben erlangte er das Leben in dem ihm von Gott gegebenen Sohne und so in seinen Nachkommen für ewige Zeiten; denn Gott spricht: Dieses Land will ich deinem Samen auf ewige Zeiten geben. Es lebt also Abraham in seinem ewig dauernden Samen, und wie lebt er? Nicht fleischlich (secundum carnem), wie in seinem Sohne Ismael, der ein Sohn des Fleisches, nicht der Verheißung war, sondern *geistig* (secundum spiritum), wie der Geist des Glaubenden in den Verheißungen Gottes lebt. Es wird also der Bund Abrahams mit Gott, welcher Bund ewig sein soll, durch Isaak fortgesetzt, nicht durch Ismael. Alle Glaubenden sind in Isaak der Samen Abrahams. Söhne Abrahams sind also alle, welche Gott so sehr glauben, daß sie durch den Glauben gerechtfertigt werden. Daher sagte der Prophet: Freue dich, Unfruchtbare, die du nicht gebärst, brich in Freudenruf aus, die du keine Kinder hast! Denn viele Söhne hat die Verlassene, mehr als die, welche einen Mann hat. Daher zeigt der der freien, wiewohl unfruchtbaren Sara verheißene Isaak, daß alle gläubigen Heiden in dem Vater Abraham gesegnete Söhne der Verheißung seien. Indem Gott dem Abraham eine überaus große Vermehrung seines Samens versprach, in welchem alle Völker und alle Stämme der Erde gesegnet werden sollten, bezog er den Bund mit Abraham auf Christus, daß nämlich er, der eine Schöpfer, ihr Gott sein wolle (utique de Christo locutus est pactum Dei et Abrahae, scilicet, quia unus ipse creator esset Deus eorum). Der Bund wurde genau beobachtet von allen Söhnen Abrahams, den Propheten, die über der Beobachtung jenes Bundes sorgfältige Wache hielten. Zuletzt mußte man zum größten aller Propheten kommen, in welchem jener Same sein höchstes Wachstum erlangte und die Fülle des verheißenen Segens sich offenbarte. Das ist Christus, in welchem Abraham und alle Glaubenden ewig leben. Als daher die Jungfrau Maria nach der Empfängnis im Geiste frohlockte und ihre Seele Gott pries, sprach sie: Er hat sich Israels, seines Zöglings, angenommen, eingedenk seiner Barmherzigkeit; wie er zu unsern Vätern gesprochen, über Abraham und seine Nachkommen auf ewig. Aus diesem Lobgesange wissen wir, Christus sei der Zögling Israel, der als Mann Gott sieht (Christum puerum esse Israel virum videntem Deum), nach der dem Abraham und dessen Samen gegebenen Verheißung. Der Prophet Zacharias, der Vater Johannes des Täufers, sagte von Jesus, er sei das Horn des Heils, aufgerichtet im Hause Davids, d. i. Messias, der Heiland, wie er durch den Mund der Heiligen gesprochen, die von Anfang sind, gemäß dem Eidschwure, den er geschworen unserem Vater Abraham, er werde ihn (den Erlöser) uns geben. Somit ist Christus der Sohn Abrahams, der verheißene Same, der ewige Sohn, in welchem alle Gläubigen ewig leben. Da alle gläubigen Stämme der Erde im Vater Abraham gesegnet sind und er in seinem Sohne lebt, Jesus, dem gesegneten Samen, so leben alle gesegnet in dem Vater und in dem gesegneten Sohne. Daher sagte Christus zu den Juden, er wisse wohl, daß sie Söhne Abrahams seien, nämlich nach dem Fleische. Weil aber dies zur wahren geistigen Sohnschaft nicht hinreichte, so setzte er bei: »Wenn ihr Söhne Abrahams seid, so tuet die Werke Abrahams«, womit er sie belehren wollte, das seien die wahren Söhne Abrahams, welche seine Werke tun, gläubig sind und Gott gehorchen. Er sagte auch: Abraham wünschte seinen Tag zu sehen; er sah ihn und freute sich. Er sah also vor sich Christus und daß dieser ihm verheißen sei und aus seinen Nachkommen erstehen werde. Indem er diesen Tag der Ankunft sah, freute er sich. In dieser Anschauung hatte er die Gewißheit, daß alles ihm Verheißene in Erfüllung gehe, und daß diese Verheißungen ihm nicht bloß wegen des Gesetzes und der Beschneidung, sondern wegen seines Glaubens gemacht worden seien. Diese anfangs verborgenen Geheimnisse sind uns durch Christus und seine Jünger geoffenbart worden.

14.

Der Bund Gottes mit Abraham schließt die Ismaeliten aus und kommt in dem Mittler Christus zum Abschluß (in Christo mediatore concluditur)

Nun merket an, ihr Araber! und erkennet, daß ihr, Nachkommen Ismaels dem Fleische nach, nicht in dem Bunde Abrahams mit Gott, wie die Söhne der Verheißung aus Isaak, mitbegriffen seid; ihr habet keinen Anteil an dem Erbe Abrahams, weil ihr Nachkommen der Magd Hagar und Feinde des Geistes seid, wie das Fleisch immer wider den Geist ist. Ihr könnet nicht im Samen Abrahams gesegnet sein, wenn ihr nicht geistige Söhne Abrahams durch den Glauben seid. Nur dann könnet ihr die Verheißung des Segens in Christus, der das Ziel und die Vollendung der Verheißung ist, erlangen. Verstehet es, der Glaube wird durch den Geist erfaßt und erlangt in Christus, dem Leben, das unsterbliche und ewige Leben, da dieser ebenso Menschensohn als Sohn Gottes ist, der allein unsterblich ist. Im ersten Kapitel des Alchoran steht, Abraham habe also gebetet: »O Gott, erwecke einen Sohn unseres Geschlechts als Vermittler und Propheten, der den andern ihre Pflichten und deine Tugenden schriftlich offenbare und sie segne; denn du bist ja der erhabene Lehrer, der alles weiß und hört.« Siehe, wie er in diesem Gebete von Christus, dem Mittler zwischen Gott und dem Menschen Abraham, redet. Kein anderer kann gemeint sein, da er von dem Propheten, der ein Sohn seines (Abrahams) Stammes ist, redet, nämlich Isaak, den Gott dessen Einziggeborenen nannte. Dieser ist der Mittler zwischen Gott und dem Menschen, weil er der einzige ist, zwischen welchem und Gott kein anderer als Vermittler auftritt, da Christus der allerhöchste Prophet ist, der allein Gott den Vater bekannt macht, weil er dessen Sohn ist, und die Gläubigen durch sich als den obersten Hohepriester segnet. Sehet nun, Araber! Wie seid ihr die Nachkommen Abrahams, da ihr an diesem Glauben nicht festhaltet? Wie wandelt ihr vor Gott, um vollkommen zu sein, da ihr doch nicht Söhne der Verheißung in Christo Jesu seid? Forschet nach und ihr werdet nicht finden, daß Gott je einen Gesandten oder Lehrer, Propheten oder Boten gesendet habe, der nicht die Verträge und Bündnisse heilig hielt, welche Gott mit Abraham, Isaak und Jakob geschlossen hat. Aus der Reihenfolge der Verehrer dieser Bündnisse waren alle, denen Gott den Geist der Propheten gegeben hat, nicht aus der Genealogie Ismaels, mit dem Gott keinen Bund geschlossen hat, da er, mit Ausschließung desselben, Isaak erwählt hat, obwohl Abraham jenen segnete und seinen Samen vermehrte und zwölf Fürsten aus demselben hervorgingen, so daß er sowohl in diesem als dem zukünftigen Leben beständigen Segen erlangte. Leget kein Gewicht darauf, wenn im 2. Kapitel des Alchoran Ismael unter den Propheten nach Abraham und vor Isaak gesetzt, wenn er im 28. Kapitel Gesandter und Prophet genannt wird. Diese Behauptung hat kein Zeugnis, weder im Alten noch Neuen Testamente für sich, sondern es steht von ihm zu lesen, daß der Engel der Hagar, als sie mit Ismael schwanger ging, vorausgesagt habe, er werde ein wilder Mensch werden, der seine Zelte gegen seine Brüder aufstelle. Mahomed setzte jenes in den Alchoran, um sich, da er ein Ismaelite war, als Nachkommen eines Prophetengeschlechtes darzustellen und so desto leichter als Gesandter und Prophet bei den Arabern Eingang zu finden. Da es aber in diesem Stücke bei ihm fehlerhaft aussah, so zeigte er dadurch nur, was von ihm zu halten sei. Im 46. Kapitel sagt er, Abraham habe zu Isaak gesagt: »Mein Sohn, mir ist in einer Erscheinung angekündigt worden, ich solle dich enthaupten; sage mir, was ist deine Meinung?« Er antwortete: »Vollziehe den Befehl, mich wirst du standhaft finden, alles zu leiden.« Ist dem so, wie dort steht, so verdiente allerdings Isaak, indem er Gott und seinem Vater bis in den Tod gehorsam war, derjenige zu sein, den Gott berufen hat, als den Samen des Segens für alle Gläubigen. Denn gewiß war Abrahams Glaube sehr groß, da er im festen Glauben, daß Gott seinen Samen in Isaak auf das Äußerste vermehren werde, unerachtet des Befehles, diesen Sohn als Brandopfer Gott darzubringen, nicht daran dachte, es geht dies gegen die Verheißungen Gottes, sondern hoffte, Gott werde nur um so mehr sein Versprechen erfüllen, wenn er ihm in der Tötung des Sohnes gehorche, indem er wußte, es sei dem nichts schwer oder unmöglich, der Tote ganz leicht auferweckt.

15.

Nur ein Christ, der die Dreieinigkeit in der Einheit anbetet, kann ein Sohn Abrahams sein

Ganz vollkommen war also der Glaube Abrahams, dessen Sohn Isaak sein wahrer Nachfolger und Erbe war, der Typus jenes vollkommensten Samens, der Messias, der seinem Vater bis zum schmählichsten Tode gehorsam war. Doch was ist noch weiter beachtenswert? Gewiß, daß ein Widder statt des Isaak geopfert wurde. Dieser Widder, den Abraham fand und statt seines Sohnes opferte, bedeutet die Darbringung Christi als Opfer, der wahrhaft geopfert und getötet wurde, damit der gläubige Isaak und das ganze Geschlecht der Gläubigen lebe. Isaak also bedeutet Christus, wegen seiner Freudigkeit des Gehorsams bis in den Tod, die allen wahren Gläubigen innewohnen muß. Der Widder bedeutet Christus, sofern dieser das Opfer (holocaustum) ist, der durch seinen Tod alle Kinder Gottes durch den vollendeten Glauben (per consummatam fidem) erlöst und vom ewigen Tode befreit hat. In den »Lehren Mahomeds« steht, der Widder sei ohne (fleischliche) Vermischung wie Christus geboren. – Wenn du, Araber! die Sache richtig fassest, so war Abraham (wie der Alchoran an einer Stelle sagt), allerdings nicht vor Christus, weshalb der Alchoran Abraham keinen Christen nennt, wohl aber war Christus, der Sohn Gottes, der gleichewig mit Gott dem Vater ist, vor ihm; denn im Evangelium sagt Christus: »Bevor Abraham geboren ward, bin ich.« Dieser sah also in prophetischem Geiste, der Messias, der Mittler und Heiland, werde einmal in die Welt kommen, ohne den weder er noch irgend jemand Zugang zum Vater haben werde. Abraham war daher ein Christ, indem er hoffte, durch die Vermittlung Christi unzweifelhaft das ewige Leben zu erlangen. Das ist der einzige und vollkommene Glaube Abrahams, der auch der Glaube aller sein muß, die den reinen (sanam) Glauben haben und durch denselben selig werden wollen. Abraham sah drei Männer im Tale Mamre, fiel auf die Erde und betete an und sprach: »Herr, wenn ich Gnade vor deinen Augen gefunden habe, so gehe vor deinem Knechte nicht vorüber.« Den *einen Herrn betete er in drei Personen an*; das ist die Anbetung der Christen; wenn ihr an dieser nicht festhaltet, so seid ihr nicht Nachkommen Abrahams. Wie glaubet ihr in den Fußstapfen des gerechten Abraham zu wandeln, da ihr die Kinder Abrahams verfolget? Es ist nur ein Sohn Abrahams, der Erde aller, Jesus Christus, der Sohn der Jungfrau Maria, der Tochter Abrahams. Er, dessen Vorbild Isaak ist, ist der wahre Erbe aller, weil er zugleich der Sohn Gottes ist, wahrer Gott und der überaus große Lohn Abrahams. Gott gab dem Abraham den Sohn Isaak, weil er glaubte, Gott sei wahrhaftig in den Verheißungen; wegen des Gehorsams aber, den er in der Opferung des Sohnes bewies, gab er ihm zum Lohne Christus, den König und Herrn von allem. Ihr Araber glaubet aber nicht, daß Abraham für seine Gerechtigkeit und Gehorsam einen solchen Lohn erlangt habe. Ihr glaubet also weniger von Abraham als die Christen, die wahren Kinder Abrahams. Seid ihr keine getreuen Kinder Abrahams, so könnt ihr auch nicht Miterben Christi, des Sohnes Abrahams sein.

16.

Die Araber kennen das Gesetz Abrahams nicht und verfolgen dasselbe

Genügt für euch die Beschneidung? Erfüllet ihr damit das Gesetz Abrahams? Die Beschneidung macht euch noch nicht zu Kindern Abrahams, der Gott *glaubte*, und das ward ihm zur Gerechtigkeit angerechnet. Der Glaube Abrahams rechtfertigt. Abraham war gerecht, als er noch nicht beschnitten war; allein Gott, der Abraham, Isaak und Jakob und deren Nachkommen zu seinem besondern Volke auserwählt hat, wollte den Bund, daß er ihr Gott sein wolle, durch die willige Annahme der Beschneidung (in obedientia circumcisionis) bekräftigen lassen; ein Bündnis, mit jedem einzelnen dadurch geschlossen, daß er sein Blut aus Gehorsam gegen Gott vergoß, konnte nicht verleugnet werden, und wer von der Verehrung des von ihm angenommenen Gottes abfiel, sollte das Zeichen seiner Treulosigkeit an seinem Körper tragen. Die Christen aber sind in Christus beschnitten, da sie durch Glauben und Taufe den mystischen Leib Christi bilden. In Christus bereits beschnitten, zeigen sie sich durch ihren Namen als Gläubige Gottes vor aller Welt. Wenn die Beschneidung das Sinnbild des Abschneidens der fleischlichen Gelüste ist, so beweist euer Gesetz, daß es nicht das Gesetz Abrahams sei, da es die Gelüste allzu freigebig gestattet. Die Beschneidung soll acht Tage nach der Geburt, wie es bei Isaak der Fall war, vorgenommen werden. Ihr aber haltet euch nicht an den Befehl Gottes, sondern nehmet sie erst im dreizehnten Jahre (weil in diesem Alter Ismael beschnitten war) vor, um Ismaeliten zu sein. Ihr wisset, daß Abraham, um seinen Bruder zu befreien, mit vollem Rechte zu den Waffen gegriffen und dennoch sich von Raub und Plünderung und fremdem Gute nicht habe bereichern wollen. Ihr wollet durch ungerechte Angriffe und Plünderung reich werden und behauptet, es sei euch durch euer Gesetz erlaubt, das doch vom Gesetze Abrahams nicht abweichen darf. Eure Lüge, dies sei mit dem Gesetze Abrahams im Einklange, ist eine Lästerung des Gottes Abrahams gegen Abraham. Euer Gesetz gibt Gott, dessen Eigentum die Welt, den fünften Teil der Beute. Wie lächerlich, wenn ihr sagt: Solches (Plünderung etc.) geschieht nur gegen die Ungläubigen. Ist es nicht nach eurem Glauben ganz unbekannt, wer einen bessern Wandel führe, wenn gleich jeder glaubt, er sei der Bessere? Nach dem Alchoran ließ Gott einem jeden sein Belieben. Das uns verborgene Innere eines jeden gehört vor den Richter der Verborgenen am Tage des Gerichtes. Weiset nach, wo Abraham solches getan oder zu tun befohlen habe! Da ihr nichts der Art auffinden könnt, so saget ihr mit Unrecht, ihr befolget das Gesetz Abrahams. Wie oft sagt euer Buch: Wenn es Gott wollte, so hätten alle freien Glauben und Gottesdienst; allein er läßt den dermaligen Zustand zu. Warum nehmet ihr euch heraus, eine andere Weltordnung als Gott festzustellen, als weil ihr Gott mehr als alle andern in gotteslästerischer Weise zu eurem sündhaften Begehren mißbraucht? Ihr saget vielleicht: Wir zehnten wie Abraham; hat nicht Abraham dem Hohepriester Melchisedech Zehnten gegeben? Was versinnbildete aber der König von Salem, der Priester des höchsten Gottes, anders als den Messias? David sagt dies von ihm, Gott habe gesagt (im 109. Psalm): Du bist der Priester auf ewig nach der Ordnung Melchisedechs.« Jesus Christus selbst legt den Psalm im Evangelium auf diese Weise aus. Gebet ihr Christus, dem ewigen Priester, Zehnten, so ahmet ihr den Zehnten Abrahams nach; gebet ihr aber *Christo* keinen, so seid ihr, wenn ihr ihn auch (sonst) gebet, nicht Nachkommen Abrahams. Allein ihr verfolget Christus, ihr plündert ihn, ihr bekämpfet ihn in seinen Gliedern; somit tut ihr Abraham, als dessen Nachfolger ihr euch rühmet, Gewalt an. Möchtet ihr doch einsehen, daß das geheimnisvolle Brot und Wein, das Opfer des ewigen Priesters, die himmlische Tafel, auf ewig nähre! Dann würdet ihr vollkommen einsehen, daß gleichwie die Substanz von Brot und Wein, die nicht lebendig ist, durch die Tätigkeit der (menschlichen) Natur gereinigt und durch die menschliche Substanz zur lebendigen Einigung mit ihr angenommen wird, weil die Substanz der Nahrung in die Einigung mit der Substanz des durch sie Genährten übergeht, so auch die lebendige Substanz des Menschen durch die Tätigkeit des Wortes Gottes gereinigt und in die Einigung mit diesem aufgenommen wird, um in einem höhern Leben als vorher, nämlich im göttlichen und ewigen, zu leben. (tunc perfecte videretis, quod sicut substantia panis et vini, quae non est viva, opere naturae depuratur et assumitur per substantiam humanam in sui unionem vivam, quoniam substantia nutrimenti *transit* in unionem substantiae aliti: sic substantia viva hominis depuratur opere verbi Dei et demum assumitur in eius unionem, ut vivat vita altiori quam prius, scilicet divina et aeterna.) Hieraus sieht man, wie Christus, das Wort Gottes und sein mystischer Leib ein unsterbliches und ewiges Leben mittelst der oben genannten Einigung leben. Doch diese ganz verborgenen Geheimnisse vermöget ihr nicht zu fassen. Weil ihr an die personelle Einigung der menschlichen und göttlichen Natur in Christus nicht glaubet. Ihr könnet die oben erwähnte Frucht nie kosten, weil ihr ohne Glauben und Hoffnung seid.

17.

Guter Rat an den Sultan, er solle befehlen, daß die Jungfrau Maria als Gottesgebärerin, *θεότοκος*, verehrt und das Licht des Evangeliums angenommen werde

Sultan von Babylon, Fürst eines großen Volkes! Bedenke, warum du behauptest, dir sei die Bewachung des Glaubens der Araber anvertraut! Du warst einst Christ und hast, um zur Herrschaft fähig zu sein, den christlichen Glauben verleugnet. Du willst Christus nicht ganz verleugnet haben, sondern nur weniger glauben als vorher. Du glaubtest, er sei der wahre Sohn Gottes, dies glaubst du jetzt nach dem arabischen Glauben nicht mehr. Dagegen den Glauben an die Einheit Gottes hältst du jetzt noch wie früher fest. Du glaubtest, Maria, die Mutter Jesu Christi, sei *θεότοκος*, Gottesgebärerin; jetzt hältst du sie zwar für die Mutter Christi, aber nicht für die Mutter Gottes. Du glaubtest, Christus sei in Jerusalem durch Pontius Pilatus zu unserm Heile gekreuzigt worden, du besuchtest sein Grab in Jerusalem, du sahest die Zeichen von dem, was in seiner Todesstunde vorging, die Spalten der Felsen infolge des Erdbebens; jetzt leugnest du seinen Tod und behauptest, er lebe noch. Du sahst oft mit Andacht die Stätte seiner Geburt im Stalle zu Bethlehem; jetzt leugnest du diese Tatsache und sagst, unter einer Palme in einer einsamen Gegend sei Christus geboren. Sonderbar! Du bist nicht Sultan geworden, um die Ehre und Verherrlichung Christi und seiner Mutter, der Jungfrau Maria, zu vermindern; daß jene heiligen Orte die beständigen Denkmale der Kreuzigung und Geburt Jesu, ein ununterbrochenes Zeugnis von mehr als tausend Jahren seien, gibst du zu, daß sie aber dich deines Unglaubens überführen, darüber errötest du nicht. Einst glaubtest du, daß der Engel Gabriel von Gott zu der Jungfrau Maria nach Nazareth gesandt worden sei und ihr gemeldet habe, sie werde Jesus, den Sohn Gottes, gebären. Jetzt glaubst du, Amram sei der Vater Mariens und folglich sie nicht jene Maria, von welcher das Evangelium redet, welche auf jene erste Maria erst nach mehr als 1000 Jahren gefolgt ist. Sagst du, der Alchoran habe hierin geirrt, so folgt, daß der Gabriel des Evangeliums wahrhaftig und der Gabriel des Alchoran ein Lügner ist. Bedenke doch: Wenn Mahomed durch die ihm beistehenden Juden getäuscht worden ist, welche ihm beibrachten, Maria, die Mutter Christi, sei die Schwester Aarons gewesen, so konnten sie ihn auch in vielem andern täuschen, da er von der Geschichte gar nichts verstand. Die glorreiche Jungfrau Maria verlangt von dir, daß du ihr die ihr von Gott verliehene, von der dritten Synode unter Theodosius, von der vierten unter Martianus feierlich ausgesprochene Ehre wiederherstellest. Blicke hin auf jene ruhmvollen Kaiser Theodosius, Martianus, Constantin und alle andern, welche die Ehre der Jungfrau und Mutter Christi mit dem größten Eifer zu erhöhen sich bestrebten. Bist du ein Fürst, so bedenke, deine Ehre erfordere es, ebenso zu handeln, da dich dazu das früher von dir bekannte Evangelium verpflichtet, das du jetzt durch die Annahme des Alchoran aufs neue bekräftigt und bestätigt hast. Du sagst vielleicht: »Ferne sei es von mir, daß ich der Jungfrau Maria nicht die gebührende Ehre geben wollte! so verstehe ich den Alchoran nicht, weshalb ich alle, welche die heilige Jungfrau lästern, mit dem Tode bestrafe. Allein es fehlt mir das Verständnis über die Art der Geburt Jesu aus der Jungfrau.« Ich antworte darauf: Die Art der Menschwerdung des Wortes geht über den menschlichen Verstand; da aber das Evangelium sagt: Das Wort ist Fleisch geworden, so mußt du dies glauben, wenn du anders dem Evangelium glaubst. Es genügt, wenn du an die Mutter Christi glaubst (si credis matrem Christi), welcher Christus das Wort ist, das in Maria der Jungfrau Fleisch angenommen hat, in der Weise, wie dies Gott bewirkt hat. Wenn du daher den Befehl erläßt, daß alle in deinem ganzen Reiche dem Evangelium glauben, wie die Ägypter, Afrikaner, Römer und Asiaten geglaubt und die hl. Jungfrau zur Zeit Mahomeds, vor und nach ihm, wenigstens zum größeren Teile, verehrt haben, so wird dieser Befehl gewiß Gott und Christus und der unbefleckten (intemeratae) Jungfrau angenehm sein, unzähligen Gemütern Heil und Frieden, dir unsterbliches Lob und das ewige Leben verschaffen. *Kommen muß die Zeit* (wie oben aus dem Alchoran gezeigt ist), *wo nur der Glaube*

Christi besteht (Evenire debet tempus, ut supra dictum est ex Alchoran, quo non erit nisi fides Christi). Mache du den Anfang zum Übertritte und es folgen dir alle Fürsten jener Sekte! Dann wird man sagen: Siehe, Gott hat Böses zugelassen, damit Gutes daraus hervorgehe. Der Glaube des Evangeliums war allenthalben von den orientalischen Götzendienern verachtet: Da kam der arabische Glaube (lex), scheinbar abgeneigt jenem beizustimmen (quasi nolens consentire in ipsam), und führte die Araber zur Anbetung des einen Gottes, jedoch mit heimlicher Billigung des Evangeliums (approbato tamen occulte Evangelio). Jetzt gefiel es Gott, daß das so bestätigte Evangelium, das jedoch noch mit vielen Albernheiten des Alchoran bedeckt ist, ans Tageslicht hervorkomme. So werden diejenigen vom arabischen Glauben zum Evangelium geführt werden, welche Anfangs den stärksten Widerstand leisteten, zur Ehre des großen Gottes, des Königs der Könige, des Schöpfers und Herrn der Welt.

18.

An den Kalifen von Bagdad, daß die Juden über Abraham im Alchoran (willkürliche) Zusätze gemacht haben

Zuvörderst frage ich deine Weisheit, der du das Haupt der arabischen Religionsgenossenschaft bist (qui praees legi Alchoran): glaubst du, daß Gott der Urheber des Alchoran ist oder nicht? Wo nicht, warum befiehlst du, daß man auf der Hochschule zu Bagdad diesem Buche so eifriges Studium widme, das von sich selbst falsches Zeugnis ablegt, da es behauptet, von Gott verfaßt zu sein, was du doch nicht glaubst? Glaubst du aber, daß das Buch Gottes Wort enthalte, wie kann es behaupten, Gott habe es dem Mahomed durch Gabriel eingehändigt mit den Worten: »Dieses Buch Gabriels, das er deinem Herzen durch den Schöpfer nahelegt«? Wie können diese Worte Gott in den Mund gelegt werden, der der Schöpfer ist? Du weiß durch das Lesen des Buchs, daß sich sehr häufig Dinge darin finden, die an und für sich beweisen, sie seien nicht Worte Gottes? Doch gesetzt, du glaubest nun einmal, trotz dieser und anderer Einwürfe, Gott habe das Buch zusammengestellt, so mußt du auch den ganzen Inhalt für ganz wahr halten. Sage nun: Wenn es im 19. Kapitel heißt: »Ich, dem Gott den rechten und geraden Weg, den Weg des nicht ungläubigen Abrahams öffnet und darbietet«, was verstehst du unter: Ich? Meinst du Mahomed, so sind es nicht Worte Gottes und verdienen keinen Glauben. Wenn Mahomed von sich selbst Zeugnis gibt, so hat dieser Beweis keinen Wert. Da aber jene Worte im Alchoran stehen, so hast du sie für Gottes Worte erklärt, was beides sich nicht zusammenreimt. Sodann, steht nicht im 6. Kapitel: »Schärfe den andern ein, Gott habe wahrhaftig geboten, sie sollten Abrahams Sekte nachahmen, der kein Ungläubiger und kein Götzendiener war«? hat Gott dies befohlen und darauf im 16. Kapitel dem Mahomed zuerst den Weg Abrahams geoffenbaret, wie reimt sich beides und wie verträgt sich damit das im 6. Kapitel Gesagte, Abraham sei kein Ungläubiger und kein Götzendiener gewesen, was er auch in seinem »Lehren« behauptet? Sage mir: Da Mahomed 40 Jahre alt vom Götzendienste durch den nestorianischen Mönch Sergius, von dem er auch den Ordenshabit annahm, bekehrt wurde und in diesem Glauben gestorben sein soll, wie kann es dann wahr sein, daß er das Gesetz Abrahams beobachtet habe? Wo liest man im Alchoran ein Gebot über die Beschneidung oder daß Mahomed beschnitten war; nicht 8 Tage nach seiner Geburt, wie es für die Söhne Abrahams geboten war, nicht im 13. Jahre, wie Ismael (denn damals war er noch Götzendiener), noch auch später war er beschnitten. Wohl aber war er als nestorianischer Christ getauft. Denn die Nestorianer halten am Evangelium fest und haben die Taufe. Es ist nicht wahrscheinlich, daß Mahomed jene (obigen) Stellen in den Alchoran geschrieben habe. Denn bekanntlich enthält das 12. Kapitel und was vor jenen Kapiteln steht, welche das Gesetz Abrahams dem Mahomed mitgeteilt werden lassen, Lobsprüche auf das Evangelium; ebenso enthält das 4. Kapitel ein Lob auf Christus, was von Mahomed herrühren kann, da er Christ war. Es ist ausgemacht, daß er Christus allen Propheten und den evangelischen Glauben allen andern vorzieht. Daher ist es nicht wohl denkbar und wahrscheinlich, daß er, nachdem er Christus und das Evangelium verlassen, durch Gott auf Abraham hingewiesen worden sei, da die Christen wissen, daß die Beobachtung des Evangeliums die ganze Vollkommenheit des Glaubens und Gesetzes Abrahams in sich begreife. Wahrscheinlich haben daher die Stelle über das Gesetz und den Weg Abrahams die Juden nach Mahomeds Tod in den Alchoran gesetzt, indem die Sammlung Mahomeds, wie früher erwähnt, in ihren Händen sich befand. – Nun siehst du, Kalif! daß ihr durch verschmitzte, alles verkehrende, gotteslästernde Juden getäuscht seid, welche den Alchoran bei Lebzeiten Mahomeds nie veröffentlicht haben, so wie auch sein Inhalt nie jemandem im Zusammenhange als ein Ganzes mitgeteilt wurde. Nach dem Tode Mahomeds setzten die Juden, die sich an Mahomed angeschlossen und die Sammlung seiner Gebote ganz in ihrer Gewalt hatten, ehe sie diese Sammlung dem Ali, dem sie nach Mahomeds Anweisung übergeben werden sollte, zustellten, die Stellen über Abraham hinein, als dessen Söhne die Juden sich rühmen, sowie noch mehreres andere, was dann im Alchoran stehen geblieben ist. Da du dies wohl weißt, so fasse einen männlichen Entschluß in der Furcht Gottes und ziehe die Wahrheit der Lüge vor.

19.

Beweis, daß niemand ohne Christus selig werden kann

Bedenke ferner, daß du dich Christus und seinem Evangelium ohne Zweifel auch nach Mahomed unterwerfen mußt, wenn du zum ewigen Leben gelangen willst, weil dies dem Menschen ohne Christus unmöglich ist. Um dies zu zeigen, schicke ich voraus, daß auch nach dem Alchoran der Sterbliche durch keine Anstrengung und Übung in der Tugend unsterblich werden kann. Könnte die sterbliche Natur sich selbst unsterblich machen, so könnte sie auch sich zu Gott machen, der allein durch seine Natur unsterblich ist, auch nach dem Alchoran. Kein Mensch kann bei dem größten Eifer solche Werke verrichten, um derentwillen er nach Recht und Verdienst unsterblich würde. Da wir gleichwohl alle nach Unsterblichkeit uns sehnen, so gelangte niemand zur höchsten Glückseligkeit, außer er erreichte die Unsterblichkeit, und es würde nicht genügen, sie ohne Verdienst zu besitzen. Wer das Reich der Unsterblichkeit nicht als Erbe und Herr durch die Gerechtigkeit erlangt, ist noch nicht glücklich. Der Vasall, der das, was er hat, aus Gnade hat, ist nicht glücklich, weil er ein Diener ist, sondern nur der Herr und Erbe. Wie ist es nun möglich, daß der Mensch zum Reiche des Himmels und der Unsterblichkeit so gelange, daß er König und Herr und Erbe dieses Reiches sei, wenn der Sterbliche die Unsterblichkeit nicht so verdienen kann, daß sie ihm als Verdienst gebührt (sic mereri non potest, quod ei debeatur)? wie das Leben des unvernünftigen Tieres durch keine Übung sich zum geistigen und intelligenten Leben hinauf erheben kann, wiewohl das eine Tier mehr als das andere durch die Dressur (doctrina) des Menschen zu einer Ähnlichkeit der Intelligenz aufsteigen kann als das andere; doch wird es nie möglich sein, daß das Tier intelligent werde. – Gäbe es aber ein Tier, das der Belehrung in dem Grade fähig wäre, daß ihm durch fortgesetzte Übung das Verständnis der Dinge, die nur der Mensch versteht, aufginge und es dies durch die Tat beweisen würde, so wäre dies keineswegs ein reines brutum, sondern hätte einen Verstand, mit welchem die spezifisch tierische Natur wie mit seiner Hypostase geeint wäre. Es könnte daher, was es in jener Wurzel, die ich Hypostase nenne, als Natur besaß (naturaliter habuit), in der angenommenen tierischen Spezies durch entsprechende Übung verdienen (potuit etiam in assumpta specie brutali congruo mereri exercitio). Was vom Tiere und Menschen gilt, das muß auch vom Menschen und der Gottheit (divinitate), welche auch Unsterblichkeit genannt wird, gelten. Mag ein Mensch noch so sehr der Unsterblichkeit oder Gott ähnlicher sein als ein anderer, so gelangt er doch nie durch keine noch so eifrige Übung, wenn er auch beständig heiliger wird, zur Gottheit oder Unsterblichkeit. Und glaubt auch einer dahin gelangt zu sein, so muß seine Wurzel oder Hypostase göttlich gewesen sein, so daß er in der angenommenen Menschheit durch eine entsprechende Tugendübung die Unsterblichkeit, die er in seiner Wurzel oder Hypostase schon hatte, auch verdienen konnte. Ihr zweifelt nach dem Alchoran nicht, es könne ein Mensch durch Glauben und Werke verdienen, daß ihm durch den Urteilsspruch Gottes, des Richters, am Tage des letzten Gerichtes das ewige Leben zuerkannt werde. Bei Christus könnet ihr dies also am allerwenigsten bezweifeln, weil keiner sittlich würdiger als er war. Ihr müßt also zugeben, daß, weil Christus als sterblicher Mensch, die Unsterblichkeit in der menschlichen Natur sich verdient hat, *diese menschliche Natur in ihm zur Wurzel* (wenn ich so sagen darf) *und Hypostase der göttliche Natur hatte.* In keinem andern Menschen war die menschliche Natur so erhöht (elevata), daß ihre Hypostase die göttliche war; denn er allein ist der Höchste (altissimus). Es konnte deshalb und kann kein anderer Mensch seiner menschlichen Natur die Unsterblichkeit verdienen, nur Christus konnte es. Er verdiente daher die Unsterblichkeit allen, die durch die gleiche menschliche Natur ihm konform sind. Nun begreifen wir, warum er in der durch den Engel Gabriel an die Jungfrau Maria ergangenen, im Evangelium aufgezeichneten Verkündigung – von Gott *Jesus* genannt wurde, weil er der Erlöser ist, der sein Volk erlöst, ebenso, warum er Messias oder gesalbter König ist. Zu seinem Reiche gehören alle, die das ewige und unsterbliche Leben erlangen wollen.

20.

Beweis, daß Christus den Christen die Unsterblichkeit verdient hat

Verstehe, Kalif! daß Christus dieses Reich der Unsterblichkeit durch die aus der Jungfrau angenommene menschliche Natur verdient hat, weil er in der Wurzel oder Hypostase, der Natur nach (per naturam) unsterblich war ... Die menschliche Natur ist in ihm nicht einzig und allein durch die Gnade der Einigung derselben mit der göttlichen Hypostase, sondern auch durch die Tugendübung (ex exercitio virtutis) unsterblich geworden. Nach Ablegung der Sterblichkeit im Tode, den er aus Gehorsam gegen Gott erduldet, verdiente er unsterblich zu werden (meruit fieri amplius immortalis). Es ist daher der Messias oder Christus der König, vor allen seinen Genossen (prae consortibus) gesalbt, durch Natur und Verdienst der König des ewigen oder unsterblichen Lebens. Es ist dies sein Reich, des Königs der Tugenden und der (himmlischen) Glorie; zu diesem seinem Reiche sind alle, Ungläubige und Gläubige, durch ihn berufen, um mit ihm zu herrschen; die seine Stimme hören und ihm nachfolgen, besitzen die Unsterblichkeit. Du siehst hieraus deutlich, Christus sei der Mittler zwischen Gott und den Menschen und kein Mensch verdiene durch Glauben und Werke das ewige Leben, außer durch ihn. Er ist der Erbe des unsterblichen Reiches Gottes, in dem Gott allein wohnt, nach dem alle Menschen sich sehnen. Er ist Erbe in jeder Weise, nach seiner Natur und nach positiver Anordnung (secundum naturam et constitutionem). Als Erbe der Natur nach wird er der wahre Sohn Gottes genannt, denn der Sohn ist der natürliche Erbe, als Erbe nach positiver Anordnung heißt er Menschensohn, gesalbt vor seinen Genossen. Die Anordnung ist aber eine doppelte: die eine, welche einfach von der Wahl des Anordnenden abhängt, die andere, die nicht nur von der Wahl des Anordnenden, sondern von dem Verdienste des Beorderten (constituti) abhängt. Wenn ein König, der einen Sohn und einen mächtigen Feind hat, verkündete, er werde denjenigen Krieger zu seinem Erben einsetzen, der ihm den Feind besiege, und wenn nun der Sohn die Gestalt eines Kriegers annähme und Sieger würde, so wäre dieser in beider Hinsicht Erbe: durch Natur und positive Anordnung. So ist auch Christus der Erbe von allem durch Natur und positive Anordnung. Denn er hat die menschliche Knechtsgestalt angenommen und den Fürsten dieser Welt, den Feind Gottes besiegt, aus dessen Hand er die gefangene menschliche Natur befreit hat, die nach dem Ebenbilde Gottes und zu seiner Anschauung erschaffen ist. Du siehst also, Christus ist der vollkommenste Erbe Gottes, durch Natur und Verdienst Gottes- und Menschensohn. Alle, die Christus ähnlich sind, sind durch ihn Erben und Kinder Gottes und Miterben Christi. Die Erbschaft ist das Reich des ewigen Lebens, in welchem Gott der Vater in seiner Herrlichkeit geschaut wird und Christus, der Siegreiche, in der Herrlichkeit Gottes des Vaters. Anders kann auch der Alchoran die Sache nicht verstehen, wie du selbst in deinem klaren Verstande einsiehst. Wenn du darauf recht achtest, so siehst du, daß in Christus nur eine göttliche Hypostase ist, in welcher die menschliche Natur wurzelt (radicatur). Die Hypostase der göttlichen und unsterblichen Natur nimmt die menschliche Natur an (humanam in se colligit naturam). Wegen dieser Hypostase ist Christus eine göttliche Person, obwohl er göttliche und menschliche Natur zugleich hat. Durch communicatio idiomatum wird von ihm ausgesagt, was wir der göttlichen und menschlichen Natur zugleich zuweisen. Hierüber kannst du, wenn es dir beliebt, bei vielen gelehrten Christen hinlänglichen Aufschluß erhalten.

21.

Nachweis der Ähnlichkeit zwischen Adam und Christus

Da über die Art der Einigung der menschlichen Natur mit der göttlichen Hypostase viele keine rechte Vorstellung haben, weil diese das nicht erreicht, was allen Verstand übersteigt, so will ich hierüber noch einiges beifügen, damit du nicht auf Irrwege geratest, wenn du dem Nestorius oder Eutyches oder einem andern, der keine richtigen Begriffe hat, folgest.

Zu einem richtigen Verständnisse mußt du wissen, daß, wie im 5. Kapitel des Alchoran steht, Jesus eine gewisse Ähnlichkeit mit Adam hat. Der Begriff hiervon ist folgender: Adam wurde von Gott erschaffen, um über die Tiere zu herrschen, er war König und Messias der Tiere. In ihm war eine höhere Hypostase als in den Tieren, die geistige Natur, welche die tierische Natur in sich faßt und mit sich einigt. Er war daher eine Person, wiewohl von geistiger und tierischer Natur. Da die Natur (natürliche Beschaffenheit) den Vorzug hat vor jedem Stufengang der Vervollkommnung, so geht Gott allem vorher, nicht der Zeit nach, da er nicht in der Zeit ist, sondern seiner Natur nach, weil er vollkommener ist. Gott ist daher älter als die Vernunft, die Vernunft älter als die sinnliche oder tierische Natur, diese älter als das Vegetabilische. Ich sage älter, nicht in Rücksicht auf die Zeit, sondern auf die Stufe, Würde und Vollkommenheit. So hat nun in Adam die geistige Natur, älter als die sinnliche, diese mit sich geeint, und er ist der König aller sinnlichen lebenden Wesen geworden... So kann auch Christus nach dieser Ähnlichkeit gefaßt werden als Messias und König aller geistigen Naturen, weil die göttliche Natur, älter als die geistige, diese mit sich geeinigt und zu göttlicher Tätigkeit (ad operationes divinas) in Bewegung gesetzt hat. Es ist jedoch nur eine teilweise Ähnlichkeit, nicht eine totale. Denn das geistige Leben in Adam hat nicht nur mit sich das sinnliche Leben geeint, sondern weil zwischen dem geistigen und sinnlichen Leben ein gewisses Verhältnis möglich ist, da jedes erschaffen und beschränkt ist, so ist das geistige Leben in dieser Einigung zum gestaltenden Prinzip (forma) geworden, welches das ihm geeinte sinnliche Leben gestaltet und belebt (formans). Das göttliche Leben in Christus aber hat zwar die geistige menschliche Natur hypostatisch mit sich geeint, jedoch nicht als gestaltendes Prinzip (non formaliter), da zwischen dem göttlichen, ganz unbegrenzten Leben und dem geistigen beschränkten kein Verhältnis besteht, wie es doch notwendig zwischen der Gestalt und dem gestaltenden Prinzip bestehen muß. Da jedoch die Hypostase von unendlicher Kraft ist, so verläßt sie die in sich aufgenommene Natur niemals; wie die Kraft des Magnets das von seiner Hypostase angezogene Eisen nie verläßt und mittelst des angezogenen Eisens auch ein anderes anzieht, was ins Unendliche ginge, wenn seine Kraft eine unendliche wäre. Gleichwohl wird die Kraft des Magnets nicht das gestaltende Prinzip für das Eisen, sie geht nicht ins Eisen über, um Eisen zu werden, sie ist keine Zusammensetzung mit dem Eisen, so daß ein Drittes aus der Zusammensetzung beider würde, sondern bei unvermischtem Fortbestande beider Naturen (remanentibus naturis inconfusis) hängt sich das Eisen so an die Kraft des Magnets an, daß es dieselbe nie verläßt, es mag hinauf, hinunter oder auf die Seite bewegt werden. In diesen wiewohl unvollkommenen Bildern erfasse Christus. Sodann: Wie der irdische Adam jeden Menschen, der in diese sichtbare Welt kommt, in sich faßte, so daß complicite alle Menschen in ihm waren und von ihm die Möglichkeit erhielten, Menschen für diese Welt zu sein, so sind auch in Christus, dem zweiten und himmlischen Adam, alle zum unsterblichen Leben Prädestinierten, von dem sie alles empfangen, um Bürger und Hausgenossen jenes unzerstörbaren himmlischen Reiches sein zu können. Dies wirst du auf das klarste und deutlichste einsehen, wenn Gott dir die Augen zum Lesen und Verstehen des heiligen Evangeliums öffnet. Das verleihe dir der gnädige und barmherzige Gott, dem Preis sei in Ewigkeit! Amen.

Über den Frieden oder die Übereinstimmung unter den Religionen

(De pace seu concordantia fidei)

1.

Die Nachricht über die Grausamkeiten, welche der türkische Sultan jüngst bei Konstantinopel verübte, haben einen frommen Mann, der früher jene Gegenden gesehen hatte, dergestalt ergriffen, daß er unter vielen Seufzern den Schöpfer bat, er möchte doch der außerordentlichen Verfolgung, die dort wegen der Verschiedenheit der Glaubensbekenntnisse wütet, in seiner Gnade eine Grenze setzen. Da geschah es, daß jenem frommen Manne nach einigen Tagen infolge des täglich fortgesetzten Nachdenkens eine Erscheinung zu Teil wurde, die ihn auf die Idee brachte, es könnte durch einen Verein einiger verständiger Männer, welche von allen Verschiedenheiten der Religionen auf der ganzen Erde eine genaue Kenntnis haben, eine gewisse Übereinstimmung (concordantiam) in denselben aufgefunden und so ein beständiger Religionsfriede durch ein geeignetes, auf Wahrheit gegründetes Mittel hergestellt werden. Damit nun jene Erscheinung zur Kenntnis derer, welche bei jenen wichtigen Ereignissen einzuschreiten haben, gelänge, so hat er dieselbe, so gut das Gedächtnis sie wiedergab, im Nachstehenden aufgezeichnet.

Er ward auf eine Höhe geistiger Betrachtung erhoben, wo unter Hingeschiedenen im hohen himmlischen Rate unter dem Vorsitze des Allmächtigen über diese Sache folgende Beratung gepflogen wurde.

Der König Himmels und der Erde sprach, traurige Botschaften von den Seufzern Unterdrückter seien aus dem Reiche der Welt zu ihm gelangt. Viele hätten um der Religion willen die Waffen gegeneinander erhoben, eigenmächtig zwingen die einen die andern unter Androhung des Todes zur Abschwörung eines lange Zeit geübten Glaubens. Sehr groß war die Zahl der Überbringer dieser Klagen aus dem ganzen Erdenrunde, welche der Himmelskönig im Plenum den Heiligen vortragen ließ. Jene Botschafter schienen alle den Himmelsbewohnern bekannt zu sein, weil vom König des Universums selbst von Anfang an über die einzelnen Provinzen und Religionen eingesetzt. Sie sahen nicht wie Menschen aus, sondern erschienen als geistige Kräfte (intellectuales virtutes). Der Oberste von ihnen sprach im Namen aller: Herr und König des Weltalls! Was hat jede Kreatur, das du ihr nicht gegeben hast? Den aus Staub der Erde gebildeten Leib hast du mit einem vernünftigen Geiste belebt, auf daß in ihm das Bild deiner unsterblichen Macht widerscheine. Einer hat sich zu einem großen Volke vermehrt, welches die Oberfläche der Erde bewohnt. Und obwohl dieser vernünftige Geist, gepflanzt in Erdenstaub und umfangen von Schatten (absorptus in umbra), das Licht und den Anfang seiner Entstehung nicht zu sehen vermag, so hast du ihm doch alles noch dazu gegeben (concreasti), wodurch er, zum Staunen über das, was sein Auge sieht, angeregt, das Auge des Geistes zu dir, dem Schöpfer des Alls erheben, mit dir in höchster Liebe sich einen und so reich an Verdienst (cum fructu) zu seinem Ursprunge zurückkehren kann. Du weiß aber, o Herr! daß eine große Menge nicht ohne große Verschiedenheit sein kann, daß fast alle ein mühseliges, kummer- und leidensvolles Leben führen müssen und in knechtischer Unterwürfigkeit unter ihren Königen stehen. Daher haben nur wenige aus allen soviel Muße, daß sie in selbstständiger, freier Entschließung zur Kenntnis ihrer selbst gelangen: Durch viele irdische Sorgen und Geschäfte gestört, vermögen sie dich, den verborgenen Gott, nicht zu suchen. Daher hast du deinem Volke Könige und Propheten gegeben, von denen die meisten in deinem Namen und Auftrage Gottesdienst und Gesetze angeordnet und das unwissende Volk belehrt haben. Diese Gesetze haben sie, als hättest du selbst von Angesicht zu Angesicht zu ihnen geredet, angenommen und in jenen deinen Dienern haben sie deine Stimme vernommen, den verschiedenen Nationen hast du verschiedene Propheten und Lehrer zu verschiedenen Zeiten gesendet. Im Menschenwesen liegt es nun, daß eine zur Natur gewordene lange Gewohnheit zuletzt als Wahrheit festgehalten wird. So entsteht nicht geringe Uneinigkeit, wenn jede religiöse Genossenschaft ihren Glauben dem andern vorzieht. So eile denn du zu Hilfe, der allein helfen kann; denn um deinetwillen, den sie allein verehren in dem, was alle anbeten, besteht dieser Wettstreit. Jeder erstrebt in dem, wonach er zu streben scheint, nur das Gut, das du bist. Was will der Lebende, als leben? was der Seiende, als sein? Du also, der du der Spender des Seins und Lebens bist, bist es, der in verschiedenen Religionen (ritibus) in verschiedener Weise gesucht und mit verschiedenen Namen benannt wird, weil du in deinem wahren Sein allen unbekannt und unaussprechlich bist. Die Kreatur kann von deiner Unendlichkeit sich keinen Begriff machen, weil zwischen Endlichem und Unendlichem keine Proportion besteht. Du kannst aber, allmächtiger Gott! auf eine erfaßbare Weise dich jedem Geiste erkennbar offenbaren. So verbirg dich nicht länger, o Herr! sei gnädig und zeige dein Antlitz, und Heil widerfährt allen Völkern, welche ferner die Ader des Lebens und ihre Süßigkeit, die sie noch zu wenig gekostet haben, unmöglich verlassen; denn niemand verläßt dich, außer wer dich nicht kennt. Ruhen wird dann das Schwert und der Haß und alle Leiden, und alle werden einsehen, daß in der Verschiedenheit der religiösen Gebräuche nur eine Religion ist (cognoscent omnes, quod nonnisi una religio est in rituum varietate). Kann diese Verschiedenheit der Gebräuche nicht aufgehoben werden, oder frommt es nicht, soferne die Verschiedenheit eine Erhöhung der Gottesverehrung im Wetteifer der einzelnen Länder bewirkt, so möge wenigstens, wie du einer bist, eine Religion und eine Gottesverehrung (unus latriae cultus) bestehen. Sei also versöhnlich, o Herr! Dein Zorn ist Liebe und deine Gerechtigkeit Mitleid; erbarme dich deiner gebrechlichen Kreatur! So flehen deine Bevollmächtigten, die du deinem Volke zu Wächtern gesetzt hast, in tiefster Demut zu deiner Majestät.

2.

Als nach dieser Bitte des Erzengels alle Himmelsbürger sich vor dem höchsten Könige verbeugten, sagte, der auf dem Throne saß, er habe den Menschen frei geschaffen, und durch die Freiheit die Fähigkeit der Gemeinschaft mit ihm gegeben. Weil aber der tierische und irdische Mensch unter dem Fürsten der Finsternis in Unwissenheit gehalten wird, solange er in diesem sinnlichen Leben wandelt und nicht nach dem geistigen innern Menschen, der in der Region seines Ursprungs sich bewegt, so habe er mit vieler Sorgfalt durch Propheten den Menschen von seinem Irrwege zurückgerufen. Und als endlich auch die Propheten den Fürst der Unwissenheit vollständig besiegen konnten, habe er sein Wort, durch das er die Welt erschaffen, gesendet, das die Menschheit annahm, um auf diesem Wege den gelehrigen freien Menschen zu erleuchten, auf daß er einsehe, nicht nach dem äußern, sondern nach dem innern Menschen müsse er wandeln, wenn er zur Süßigkeit des unsterblichen Lebens zu gelangen hoffen wolle. Indem das Wort die menschliche Natur annahm, hat es dadurch der Wahrheit Zeugnis gegeben, daß der Mensch des ewigen Lebens fähig sei und daß das ewige Leben nur die Sehnsucht des innern Menschen ist. Was konnte also noch geschehen, das nicht geschehen ist?

3.

Auf diese Frage des Königs der Könige antwortete *das Wort*, das Fleisch geworden, das unter allen Himmelsbewohnern den obersten Rang einnimmt, also: Vater der Erbarmung! Alle deine Werke sind ganz vollkommen und bedürfen keiner Ergänzung. Weil du aber von Anfang an den Menschen frei erschaffen wolltest und in dieser sinnlichen Welt nichts festen Bestand hat und nach dem Zeitgeiste die Ansichten und schwankenden Meinungen wechseln wie auch die Sprachen und Auslegungen, so bedarf die Menschheit einer wiederholten Sichtung (visitatione), daß die über dein Wort so häufig sich erhebenden Irrtümer ausgerottet werden und die Wahrheit stets ungetrübt strahle. Da diese nur eine ist und jeder freie Geist sie notwendig erfassen muß, *so möge alle Verschiedenheit der Religionen auf den einen orthodoxen Glauben zurückgeführt werden*! – Der König stimmte bei. Alle Engel, die den Nationen und Sprachen vorstehen, wurden herbeigerufen und jedem derselben befohlen, je einen besonders Verständigen zum menschgewordenen Worte herbeizuführen. Da erschienen alsbald vor dem Worte die angesehensten Männer der Erde, wie in einer Ekstase hinweggerafft, die das Wort Gottes also anredete: Der Herr des Himmels und der Erde hat das Seufzen der Ermordeten, der Gefesselten und Gefangenen gehört, die um der Religionsverschiedenheit willen leiden, und da alle, welche diese Verfolgung ausüben oder erdulden, nicht anders glauben, als ihr

Seelenheil erfordere dies und es habe das Wohlgefallen ihres Schöpfers, so hat sich der Herr seines Volkes erbarmt und genehmigt, daß *alle Religionsverschiedenheit infolge allgemeiner Übereinstimmung auf eine Religion friedlich reduziert werde, die fortan unverletzlich sein soll.* Den Vollzug dieser Aufgabe übergibt er euch Auserwählten. Zur Beihilfe gibt er euch aus seiner Kurie Geister der Engel, die euch beschützen und leiten. Als den passendsten Ort der Versammlung bezeichnet er *Jerusalem.*

4.

Nun sprach einer, älter als die Übrigen, wie es schien, ein *Grieche*: Lob und Preis unserm Gotte, … der allein bewirken kann, daß die große Glaubensverschiedenheit zum gemeinsamen Frieden gebracht werde. Wir wünschen jedoch belehrt zu werden, wie diese Einheit durch uns hergestellt werden soll. Denn jede Nation wird schwerlich einen andern Glauben als den, welchen sie bisher mit ihrem eigenen Blute verteidigt hat, annehmen. *Das Wort*: Ihr werdet finden, daß *derselbe Glaube überall vorausgesetzt* wird. Ihr alle seid doch Philosophen und liebet die Weisheit. Setzet ihr also nicht alle die Weisheit voraus? – Alle stimmten bei, und das Wort sprach: Es kann nur eine Weisheit geben; gäbe es mehrere, so müßten sie aus einer herstammen; denn vor aller Weisheit ist die Einheit. Jeder erfährt in der Entfaltung derselben ihre unendliche Kraft. Der *Grieche*: Allerdings auf keinem andern Wege, als durch Staunen über die sichtbaren Werke der Weisheit gelangen wir zur Liebe zu ihr… *Das Wort.* Ihr seid auf ganz richtigem Wege zu unserm Ziele. Doch saget mir: *Umfaßt die eine Weisheit alles, was sich nur aussprechen läßt?*

5.

Der Italer antwortete: Ja, es gibt kein Wort außer der Weisheit. Denn das Wort des Weisesten bewegt sich in der Weisheit und im Worte ist Weisheit und nichts ist außer ihr. Alles Unendliche umfaßt die Weisheit. *Das Wort.* Wenn also der eine sagt: Alles ist in der *Weisheit* erschaffen, und der andere: Alles ist im *Worte* erschaffen, würden sie dasselbe oder verschiedenes sagen? *Der Italer.* Bei der Verschiedenheit der Worte ist hier Einheit des Gedankens, denn das Wort des Schöpfers, in dem er alles erschuf, kann nur seine Weisheit sein. *Das Wort.* Ist also jene Weisheit Gott oder ein Geschöpf? *Der Italer.* Weil Gott der Schöpfer alles in der Weisheit erschafft, *so ist er notwendig die Weisheit der erschaffenen Weisheit* (ipse est necessario sapientia creatae sapientiae). *Das Wort.* So ist denn die Weisheit *ewig*, weil vor allem Erschaffenen. *Der Italer.* Allerdings … *Das Wort.* Es kann aber nicht mehrere Ewigkeiten geben; *die Weisheit ist also Gott*, der eine, einfache, ewige, der Anfang von allem. *Der Italer.* Gewiß. *Das Wort.* Siehe, wie verschiedene philosophische Schulen in dem Bekenntnisse eines Gottes, sofern sie alle Liebhaber der Weisheit sind, übereinstimmen.

6.

Nun begann der *Araber*: Nichts ist klarer und wahrer als dies … Die Weisheit ist das Leben, die Nahrung, das Verlangen des Geistes … *Das Wort.* Es gibt also nur eine Religion, nur einen Kultus aller Vernünftigen (omnium intellectu vigentium), die bei aller Verschiedenheit der Ritus vorausgesetzt werden. *Der Araber.* Du bist die Weisheit, das Wort Gottes; sage, wie die Verehrer mehrere Götter mit dem einen Gott der Philosophen übereinstimmen! … *Das Wort.* Alle Verehrer mehrerer Götter haben stets das Dasein der Gottheit vorausgesetzt. Diese beten sie in allen Göttern als in den an der Gottheit Partizipierenden an. Wie es ohne das Weißsein nichts Weißes, so gibt es ohne die Gottheit keine Götter… Wer von mehreren Göttern spricht, meint immer vorzugsweise ein Prinzip von allen, wie mehrere Heilige einen Heiligen der Heiligen voraussetzen. Kein Volk hat je von seinen mehreren Göttern einen jeden für das Urprinzip und den Weltschöpfer gehalten. *Der Araber.* So ist es. Mehrere Urprinzipe ist ein innerer Widerspruch … *Das Wort.* Gehen also alle Verehrer mehrerer Götter von der Gottheit selbst aus, und verehren sie diese öffentlich, wie sie sie stillschweigend voraussetzen, so ist der Streit gelöst. *Der Araber.* Das hat wohl keine Schwierigkeit, allein jedes Volk hält daran fest, daß durch seine Götterverehrung ihm helfende Fürbitte (suffragia) zu Teil werde, und daher kommt es um seines eigenen Besten willen immer wieder auf seine Gottheiten zurück. *Das Wort.* Wenn das Volk über sein wahres Bestes in dem angegebenen Sinne belehrt würde, so würde es sein Heil gewiß lieber bei dem suchen, der ihm das Sein gegeben hat und selbst der Heiland in unendlichem Maße ist, als bei denen, welche aus sich nichts haben, was ihnen nicht vom Heilande selbst gegeben ist. Wenn aber das Volk zu solchen, welche allgemein für heilig gehalten wurden, weil sie gottähnlich (deiformiter) gelebt, in Krankheiten oder andern Nöten seine Zuflucht nehmen würde, als zu Gott wohlgefälligen Fürsprechern und denselben nur *Verehrung* erwiese (eosdem *δουλικα* veneratione coleret), woferne es nur dem einen Gotte die *Anbetung* widmet (dummodo uni soli Deo omnem daret *latriae* cultum), so wäre das kein Widerspruch mit der einen Religion, und das Volk würde sich wohl gerne dabei beruhigen.

7.

Der Indier. Wie verhält es sich aber mit den *Götzen-Statuen und Bildern*? *Das Wort.* Abbildungen, welche das veranschaulichen, was in der wahren Verehrung des einen Gottes erlaubt ist, sind nicht verwerflich; wenn sie aber von der Anbetung des einen Gottes ablenken, als liege in den Bildsäulen selbst etwas Göttliches, so sind sie eine Täuschung, lenken von der Wahrheit ab, und müssen daher zerstört werden. *Der Indier.* Es ist schwer, das Volk vom eingewurzelten Götzendienste abzubringen, wegen der Orakelsprüche, welche dort erteilt werden. *Das Wort.* In der Regel werden diese Orakelsprüche durch Priester fabriziert, welche sie dann für Aussprüche der Gottheit ausgeben … Daher sind sie auch gewöhnlich mehrdeutig, damit sie nicht offen der Lüge beschuldigt werden können, oder gänzlich falsch und so nur zufällig manchmal wahr … Nachdem dieser Trug des Satans in vielen Gegenden aufgedeckt worden, haben beinahe alle Verständigen den Götzendienst verworfen; und es wird nicht schwer werden, auch im Orient ihn auszurotten. *Der Indier.* Nachdem die verständigen Römer, die Griechen und Araber ihre Götzenbilder zerstört haben, ist zu hoffen, daß auch die weisen Indier, zumal sie die Notwendigkeit der Anbetung eines Gottes einsehen, dem Beispiele jener folgen werden.

Doch über den *dreieinigen Gott* wird es sehr schwer sein, eine Eintracht herzustellen, da alle die Trinität ohne eine Dreiheit sich nicht denken können. *Das Wort.* Gott als Schöpfer ist dreieinig und einer; als unendlich weder dreifach noch einer, noch irgend etwas von dem, was genannt werden kann. Da die Gottesverehrer ihn als den Urheber des Universums anbeten müssen, in diesem sich aber Vielheit, Ungleichheit und Trennung findet, und das Prinzip der Vielheit die Einheit, der Ungleichheit die Gleichheit, der Trennung die Verbindung ist, so ist Gott als die *Einheit, Gleichheit* und *Verbindung* aufzufassen; jede von diesen muß vor der Zeit, also ewig sein, und da es nicht mehrere Ewigkeiten gibt, so ist diese Dreifaltigkeit einig, somit Gott *dreieinig.*

8.

Der Chaldäer. Mögen das auch die Philosophen einigermaßen fassen, so geht es doch über den Verstand des gemeinen Mannes. Denn soviel ich verstehe, ist es unwahr, daß drei Götter sind, sondern einer, der dreieinig ist. Willst du etwa sagen, dieser eine sei in seiner Wirkungsweise (in virtute) dreieinig? *Das Wort.* Gott ist die absolute Kraft (vis) aller Wirksamkeit (omnium virtutum), weil er allmächtig ist. Da es nun nur eine absolute Wirksamkeit gibt, welche die göttliche Wesenheit ist, so heißt die Behauptung, diese Wirksamkeit sei eine dreieinige, nichts anderes, als Gott sei dreieinig. Doch fasse diese Wirksamkeit nicht im Gegensatze gegen die Realität auf, weil in Gott die Wirksamkeit die Realität selbst ist. So wäre es denn nicht ungereimt zu sagen, die göttliche Allmacht habe in sich die *Kraft* (virtus) *der Einheit,* welche die Dinge ins Dasein setzt (denn ein Ding ist nur insofern, als es einig (una) ist), *die Kraft der Gleichheit,* welche alles Seiende gestaltet (denn wäre ein Ding mehr oder weniger, als das, was es ist, so existierte es nicht), und *die Kraft der Verbindung,* durch welche alles zusammengehalten wird … Diese Einheit, Gleichheit und Verbindung sind von einander unzertrennlich. Die Gleichheit ist wesentlich Gleichheit der Einheit, die Verbindung ist die Verbindung der Einheit und Gleichheit. In der Dreieinigkeit ist daher kein essentieller Unterschied, sondern nur eine verschiedene Verhältnisbestimmung (non in essentia, sed in ipsa relatione videtur, quomodo alia est unitas, alia aequalitas, alia connexio) … *Der Chaldäer*. Ich glaube, daß niemand dieser Erläuterung widersprechen könne; daß aber Gott einen Sohn hat, einen Genossen der Gottheit, das bestreiten die Araber und viele mit ihnen. *Das Wort*. Einige nennen die Einheit *Vater*, die Gleichheit *Sohn* und die Verbindung den *hl. Geist*, weil diese Ausdrücke, obwohl sie nicht *eigentlich* zu nehmen sind, doch die Trinität passend bezeichnen. Die Natur des Vaters geht mit einer gewissen Ähnlichkeit in den Sohn über und verbindet beide in Liebe. Könnte man einfachere Ausdrücke finden, so wären sie noch passender etwa: Einheit, Diesheit (iditas) und Dieselbigkeit (identitas). Diese Ausdrücke scheinen die so fruchtbare Einfachheit des Wesens noch besser zu bezeichnen. Auch in der Wesenheit der vernünftigen Seele ist eine fruchtbare Einheit: *Geist, Weisheit und Liebe* oder Wille. Der Geist erzeugt die Weisheit, aus beiden entsteht die Liebe oder der Wille. Jede Kreatur trägt das Abbild der unerschaffenen göttlichen Dreieinigkeit an sich …

9.

Hierauf sprach *der Jude*: Trefflich ist die hochgepriesene Dreieinigkeit dargestellt, die nicht geleugnet werden kann. Denn ein Prophet hat sie uns in aller Kürze geoffenbart, wenn er sagt, Gott habe gefragt, wie er selbst, die anderen die Fruchtbarkeit der Fortpflanzung verleiht, unfruchtbar sein sollte. Wiewohl die Juden nichts von der Trinität wissen wollen, weil sie dieselbe als Vielheit nehmen, so werden sie doch nach erlangter Einsicht, daß sie nur die Fruchtbarkeit der einfachsten Einheit ist, sehr gerne beistimmen. *Das Wort*. Unschwer werden auch die Araber und alle Philosophen hieraus einsehen, daß die Trinität leugnen soviel heißt, als die göttliche Fruchtbarkeit und Schöpferkraft leugnen, und daß die Annahme der Trinität das Aufgeben der Vielheit und Genossenschaft (consocialitatem) der Götter ist. Die Fruchtbarkeit, welche die Dreieinigkeit ist, hebt die Notwendigkeit mehrerer Götter auf, welche miteinander das All erschaffen, da eine unendliche Fruchtbarkeit zur Erschaffung alles dessen hinreicht, was erschaffen werden kann. Viel besser werden die Araber die Wahrheit in diesem Sinne als nach ihrer Auffassung begreifen, wenn sie sagen, Gott habe eine Wesenheit und eine

Seele und noch beifügen, Gott habe ein Wort und einen Geist. Denn sagt man, Gott habe ein Seele, so kann man diese Seele nicht anders fassen, als sie sei die Vernunft oder das Wort, welches Gott ist. Vernunft und Wort ist dasselbe, und was ist denn der hl. Geist Gottes als die Liebe, welche Gott ist? Von Gott, dem Einfachsten, wird nichts ausgesagt, was nicht er selbst ist: Ist es wahr, Gott habe ein Wort, so ist auch wahr, daß dies Wort Gott sei; ist es wahr, Gott habe einen Geist, so ist auch wahr, daß der Geist Gott sei. Denn das Haben kommt nur uneigentlich Gott zu, der alles ist. Haben ist in Gott Sein. Der Araber negiert daher nicht, Gott sei ein Geist, aus diesem werde das Wort oder die Weisheit erzeugt, und aus beidem gehe der Geist oder die Liebe hervor. Dies ist die oben erklärte und durch die Araber gelehrte Trinität, obwohl die Meisten von ihnen nicht bemerken, daß sie an die Trinität glauben. Ihr Juden findet auch in euren Propheten: »Durch das Wort Gottes sind die Himmel geschaffen und durch seinen Geist.« In dem Sinne, wie Araber und Juden die Trinität leugnen, muß sie gewiß von allen negiert werden; in dem oben erläuterten Sinne aber muß sie notwendig von allen angenommen werden.

10.

Der Scythe. Kein Skrupel kann mehr hinsichtlich der Anbetung der einfachsten Dreieinigkeit zurückbleiben. Auch heutzutage beten sie alle an, welche Götter verehren. Die Philosophen sagen, Gott sei der Schöpfer beider Geschlechter, er sei die Liebe. Sie wollen so die fruchtbare Dreieinigkeit, so gut sie es verstehen, erklären. Andere sagen, Gott, der über alles erhaben, erzeuge aus sich die Vernunft, und nennen diese Gott von Gott. Sie nennen Gott den Schöpfer, weil jedes Geschöpf eine Ursache hat, warum es gerade dieses und nichts anderes ist. Gott ist also die eine unendliche Ursache von allem. Die Vernunft aber (λόγος oder Wort) geht von dem Redenden aus. Wenn also der Allmächtige das Wort ausspricht, so ist das real geworden, was im Worte ideal begriffen war. Sie sagen dann, an dritter Stelle gehe der Geist der Verbindung hervor, der alles zur Einheit des Universums verbindet. Dies ist die Weltseele der Philosophen, durch welche jede Kreatur ein lebendiges Glied des Universums ist. Dies ist die Liebe Gottes, welche das ganze Universum durchdringt: die Verbindung aller Teile zu einem Ganzen, ohne welche es keine Vervollkommnung gäbe, hat Gott zu ihrem Prinzipe. – So sieht man, daß alle Philosophen *irgendeine Seite* der Trinität in der Einheit erkannt haben. Wenn sie daher die Erläuterung, die wir nun vernommen haben, hören, so werden sie sich freuen und Gott loben.

II.

Der Gallier. Bisweilen habe ich unter den Philosophen auch folgende Beweisführung erörtert gefunden: Die Ewigkeit ist entweder eine ungezeugte oder gezeugte (ingenita aut genita), oder weder ungezeugt, noch gezeugt. Die ungezeugte wird vernünftigerweise der allmächtige Vater genannt, die gezeugte das Wort oder der Sohn, die weder ungezeugte noch gezeugte die Liebe oder der hl. Geist, weil er von beiden ausgeht. Er ist nicht ungezeugt, weil er nicht der Vater ist, nicht gezeugt, weil er nicht der Sohn ist, sondern von beiden ausgeht. Es ist also eine Ewigkeit, und diese ist dreifach und ganz einfach. Eine dreieinige Gottheit, eine dreieinige Wesenheit, ein dreieiniges Leben, eine dreieinige Macht (potentia), eine dreieinige Wirksamkeit (virtus). In dieser Schule habe ich meine Fortschritte gemacht, und was mir dunkel war, ist mir jetzt als sonnenklare Einsicht verliehen.

Der größte Gegensatz erhebt sich nur noch im Gebiete der Welt. Die einen sagen, *das Wort sei Fleisch geworden*, um uns alle zu erlösen, andere lehren wieder anderes. Wir müssen daher belehrt werden, wie wir auch in diesem Gegensatze die Übereinstimmung auffinden. *Das Wort.* Mit der Aufhellung dieses Gegenstandes ist der Apostel Petrus beauftragt; höret ihn, er wird euch hinlänglich über alles, was euch noch dunkel ist, belehren. Petrus erschien in ihrer Mitte und begann also: *Petrus.* Alle Gegensätze über die Menschwerdung reduzieren sich auf folgendes: Fürs erste sagen einige, das Wort Gottes sei nicht Gott. Dieser Einwurf ist schon in dem Vorhergehenden hinlänglich widerlegt, weil das Wort Gottes notwendig Gott ist (cap. 9) ... Wer also zugibt, das Wort Gottes sei Fleisch oder Mensch geworden, muß auch zugeben, jener Mensch, der das Wort Gottes genannt wird, sei auch Gott.

12.

Der Perser: Petrus! wenn das Wort Gottes Gott ist, wie kann Gott, der unveränderlich ist, Nicht-Gott werden –, ein Mensch, der Schöpfer ein Geschöpf? Wir leugnen dies beinahe alle mit wenigen Ausnahmen in Europa. Auch einige unter uns, welche Christen genannt werden, stimmen in der Unmöglichkeit der Sache mit uns überein, daß das Unendliche endlich, das Ewige zeitlich sein soll. *Petrus.* Daß das Ewige zeitlich sei, negiere auch ich mit euch auf das Entschiedenste; da aber ihr alle, die ihr am Gesetze der Araber festhaltet, saget, Christus sei das Wort Gottes, und dies ganz richtig saget, so müsset ihr ihn auch für Gott halten. *Der Perser.* Wir geben zu, er sei das Wort oder der Geist Gottes, weil keiner unter allen jetzt oder früher Lebenden eine *so ausgezeichnete Kraft des Worts oder Geistes Gottes besaß*; deswegen geben wir jedoch nicht zu, daß er Gott war, der keinen seines Gleichen (participem) hat. Um nicht in Vielheit der Götter zu verfallen, halten wir ihn nicht für Gott, wiewohl für den Nächsten an Gott. *Petrus.* Glaubet ihr eine menschliche Natur in Christus? *Der Perser.* Allerdings, und zwar eine wahre menschliche Natur. *Petrus.* Diese Natur war als menschliche nicht göttlich. Und das gilt von allem, was ihr an Christus infolge seiner menschlichen Natur wahrnehmet, durch welche er den Menschen ähnlich war. In ihr sehet ihr nicht den Gott, sondern den Menschen Christus (non apprehendistis Christum Deum sed hominem). *Der Perser.* Allerdings. *Petrus.* Hierin weicht niemand von euch ab. Die menschliche Natur war in Christus die vollkommenste, durch welche er wahrer Mensch und sterblich wie alle Menschen war; nach dieser Natur war er nicht das Wort Gottes. Sag mir also, wenn ihr ihn das Wort Gottes nennet, was wollet ihr damit sagen? *Der Perser.* Wir meinen dabei nicht seine Natur, sondern die Gnade: Er habe diese ausgezeichnete Gnade erlangt, weil Gott sein Wort in ihn gelegt hat. *Petrus.* Hat er nicht in andere Propheten in gleicher Weise sein Wort gelegt? Alle haben durch das Wort Gottes geredet und waren Herolde des göttlichen Wortes. *Der Perser.* So ist es; doch Christus war der größte unter allen Propheten, daher wird er mehr als alle Propheten im eigentlichen Sinne das Wort Gottes genannt. Mehrere Sendschreiben könnten für besondere Geschäfte und Provinzen das Wort eines Königs enthalten, aber nur ein Sendschreiben könnte das Wort des Königs in sich fassen, durch welches das ganze Reich regiert wird, weil es ein Gesetz und Gebot enthält, dem alle zu gehorchen haben. *Petrus.* Du scheinst ein für unsern Zweck passendes Gleichnis gebracht zu haben; das Wort eines Königs, auf verschiedene Papiere geschrieben, verwandelt diese Papiere nicht in andere Naturen, ihre Natur bleibt nach der Aufzeichnung des Wortes, wie sie zuvor war. So saget ihr auch, die menschliche Natur sei in Christus geblieben. *Der Perser.* Ja. *Petrus.* Nun gut. Doch beachte den Unterschied zwischen einem Sendschreiben und dem Erben des Reichs. Im Erben des Reichs ist das Wort des Königs im eigentlichen Sinne lebendig, frei und uneingeschränkt, in den Sendschreiben nicht. *Der Perser.* Ich gebe zu, wenn der König den Thronerben in das Reich aussendet, so bringt (portat) er das Wort des Vaters lebendig und uneingeschränkt. *Petrus.* Ist nicht eigentlich der Thronerbe das Wort und nicht ein Bote oder Kommissär oder ein Sendschreiben? Sind nicht im Worte des Erben alle Worte der Boten und Sendschreiben enthalten? Und obwohl der Thronerbe nicht der Vater, sondern der Sohn ist, so ist ihm die Königs-Natur doch nicht fremd, wegen deren Gleichheit er eben Thronerbe ist. *Der Perser.* Ich verstehe das, aber der König und sein Sohn sind eben zwei, deshalb geben wir nicht zu, daß Gott einen Sohn hat. Denn der Sohn wäre ein anderer Gott als der Vater, wie der Sohn des Königs ein anderer Mensch als sein Vater ist. *Petrus.* Ganz richtig bekämpfst du die Ähnlichkeit, sie ist keine wahre (propria), wenn du auf die Subjekte (supposita) siehst. Hebst du aber die numerische Verschiedenheit der Subjekte auf, und siehst auf die Macht, welche in der königlichen Würde des Vaters und seines Sohnes, des Thronerben liegt, dann siehst du, daß die Königsmacht die eine im Vater und Sohne ist: im Vater als in dem Ungezeugten, im Sohne als in dem Gezeugten oder dem lebendigen Worte des Vaters. *Der Perser.* Fahre weiter! *Petrus.* Gesetzt, es gebe eine solche absolute ungezeugte und gezeugte Königsmacht, und die ungezeugte berufe zur Teilnahme an der Sukzession der gezeugten gleichen Natur (vocet ad societatem successionis connaturalis genitae) eine andere Natur (natura alienum), so daß diese andere Natur in Einheit (unione) mit der eigenen zugleich und ungeteilt das Reich besitzet, treffen alsdann nicht die Succession aus Natur und die aus Gnade oder durch Adoption in der einen Erbschaft zusammen? *Der Perser.* Das ist klar. *Petrus.* So sind auch in einer Succession eines Reiches Sohnschaft und Adoption verbunden; jedoch hat die Succession der Adoption ihre Grundlage (suppositatur) nicht *in sich*, sondern *in der Succession der Sohnschaft*. Es ist daher der Adoptiv-Nachfolger kein anderer, als der natürliche, wiewohl der Adoptierte eine andere Natur ist als der Sohn. Wäre der Adoptierte abgesondert (separatus) und nicht in gleicher Hypostase mit dem Sohne, wie könnte er an der Sukzession der *unteilbaren* Erbschaft teilnehmen? Daher müssen wir festhalten, in Christus sei die menschliche Natur mit dem Worte oder der göttlichen Natur vereinigt, so jedoch, daß die menschliche nicht in die göttliche übergeht, wohl aber so unauflöslich an sie sich anschließt (adhaeret eidem), daß sie nicht abgesondert in sich, sondern in der göttlichen besteht (sustentetur seu personetur), zu dem Zwecke, daß die menschliche Natur, berufen zum Erben des ewigen Lebens mit der göttlichen, in und durch diese die Unsterblichkeit erreichen kann. *Der Perser*. Ich fasse das vollständig. Doch veranschauliche das Gesagte noch durch ein anderes passendes Beispiel! *Petrus*. Ganz präzise Gleichnisse lassen sich nicht erdichten, doch siehe! Die Weisheit in sich – ist sie ein Akzidens oder Substanz? *Der Perser*. Sie ist Substanz, sofern sie in sich ist, Akzidens, sofern sie in einem andern vorkommt. *Petrus*. Alle Weisheit an sich ist, weil sie Gott ist. *Der Perser*. Das ist schon gezeigt. *Petrus*. Ist nicht ein Mensch weiser als der andere? *Der Perser*. Gewiß. *Petrus*. Der Weisere ist also näher an der Weisheit an sich, die die absolut größte ist, der weniger Weise ist entfernter von ihr. *Der Perser*. Ich gebe es zu. *Petrus*. Kein Mensch ist aber nach seiner menschlichen Natur so weise, daß er nicht noch weiser sein könnte; zwischen der beschränkten (contractam) menschlichen Weisheit und der Weisheit an sich, die göttlich, die größte und unendlich ist, bleibt immer ein unendlicher Abstand. *Der Perser*. Auch das ist mir ganz klar. *Petrus*. So ist es auch mit der absoluten und der endlichen Meisterschaft; in jener ist die unendliche, in dieser nur eine endliche Kunst. Gesetzt nun, es habe ein Mensch in seinem Geiste eine solche Meisterschaft und Weisheit, daß eine größere nicht mehr möglich ist, dann ist sein Geist mit der größten *Weisheit an sich* geeint, so, daß eine größere Einigung nicht denkbar ist. Würde nicht ein solcher Geist durch die Kraft der mit ihm geeinten höchsten Weisheit und Meisterschaft die göttliche Kraft (virtutem) erlangt haben? wäre nicht in diesem Menschen die menschliche geistige Natur auf das Unmittelbarste (immediatissime) mit der göttlichen Natur oder dem

Worte der ewigen Weisheit oder der allmächtigen Kunst geeint? *Der Perser.* Ich gebe es ganz zu, allein diese Einigung wäre doch Sache der Gnade. *Petrus.* Wenn die Vereinigung der niedern Natur mit der göttlichen die größtmögliche wäre, dann wäre sie auch in einer Personal-Einheit mit ihr geeint; denn solange jene nicht zu einer Personal- oder hypostatischen Einheit mit der göttlichen erhoben wäre, könnte sie *noch* größer sein. Wird also die Einigung als die größte vorausgesetzt, so besteht die niedere nur im Anschluß an die höhere (inferior in superiori adhaerendo *subsistit*), und das geschieht nicht durch die Natur, sondern durch die Gnade. Allein zwischen der größtmöglichsten Gnade und der Natur besteht keine Distanz, sie ist mit dieser geeint (haec autem gratia maxima, quae maior esse nequit, non distat a natura, sed cum illa unitur –, immediatissime terminatur in natura). *Der Perser.* Sage mir, was du willst: Seitdem die menschliche Natur durch die Gnade in jedem Menschen zur Einigung mit der göttlichen erhoben werden kann, kann der Mensch Christus nicht mit größerem Rechte Gott genannt werden als jeder andere Heilige, wiewohl er unter allen Menschen der Heiligste war. *Petrus.* Würdest du beachten, daß nur in Christus die absolut höchste Hoheit, die größte Gnade, die nicht mehr größer sein kann, die größte Heiligkeit gewesen sei, dann müßtest du einsehen, daß diese Hoheit, Heiligkeit etc. nur eine sein kann und daß die Hoheit etc. jedes Propheten bei was immer für einem Grade derselben in keinem Verhältnis stehe zu der absolut größten Hoheit, Weisheit, Meisterschaft etc. Christi. Dies glauben auch die Araber selbst, wiewohl sie sich dessen nicht klar bewußt sind, wenn sie sagen, Christus allein sei der Höchste in dieser und der zukünftigen Welt und das Wort Gottes. Nichts anderes sagen die, welche glauben, Christus sei Gott und Mensch. *Der Perser.* Wenn die Einigung, welche in dem Höchsten notwendig ist, gehörig ins Auge gefaßt wird, so können die Araber vielleicht zur Annahme dieses Glaubens bestimmt werden, weil durch dieselbe die Einheit Gottes, auf welche wir das größte Gewicht legen, nicht im mindesten alteriert, sondern festgehalten wird. Doch sage mir, wie begreift es sich, daß die menschliche Natur nicht in sich, sondern in der göttlichen durch Anschluß an dieselbe hypostasiert (adhaerendo supponitetur)? *Petrus.* Hier ein wiewohl nicht ganz zutreffendes Gleichnis! Der Magnet zieht das Eisen in die Höhe und an dem Magnete hängend besteht die Natur des Eisens nicht in ihrer Natur der Schwere (sonst müßte es auf die Erde fallen), sondern in der Kraft des Magnets schwebt es in der Luft. Die Ursache davon, daß die Natur des Eisens zur Natur des Magnets incliniert, ist, weil das Eisen in sich eine Ähnlichkeit mit der Natur des Magnets hat, aus welcher es seinen Ursprung erhalten haben soll. Wenn sonach die menschliche geistige Natur sich auf das Allerinnigste an die geistige Natur Gottes, von der sie das Sein erhalten hat, anschließt (adhaeret), würde sie mit ihr als dem Quell ihres Lebens unaufhörlich verbunden sein. *Der Perser.* Ich begreife. *Petrus.* Es gibt eine beträchtliche arabische Sekte, welche lehrt, Christus habe Tote auferweckt, aus Kot Vögel geschaffen und vieles andere getan, was Jesus Christus als einen, der Macht hatte, darstellt. Dadurch können sie um so leichter überzeugt werden, weil sich nicht leugnen läßt, daß er jenes nur kraft der göttlichen Natur, welcher die menschliche hypostatisch (suppositaliter) geeint war, getan habe. *Der Perser.* Noch vieles glauben die Araber von Christus, was im »Alfurcan« aufgezeichnet ist; schwerer wird man die Juden zu diesem Glauben bestimmen, weil sie von Christus ausdrücklich nichts zugeben. *Petrus.* Sie haben auch alles dieses in ihren Schriften über Christus (den Gesalbten), allein am Wortlaute hängend, kommen sie nicht zum Verständnisse. Doch dieser Widerstand der Juden hindert die Übereinstimmung nicht, denn sie sind nur wenige und werden ja wohl nicht mit Waffengetöse die ganze Welt in Verwirrung bringen (et turbare universum mundum armis non poterunt)!

13.

Der Syrer. Petrus! ich habe vorhin gehört, daß nach den gegebenen Voraussetzungen in jeder Sekte die Übereinstimmung hergestellt werden kann. Sage mir, wie läßt sich dies an diesem Artikel nachweisen? *Petrus.* Ich will es dir zeigen; doch sage mir zuvor: Ist nicht Gott allein ewig und unsterblich? *Der Syrer.* Allerdings; denn alles außer Gott hat einen Anfang, somit auch ein Ende. *Petrus.* Hält aber nicht beinahe jede Religion, die jüdische, christliche, arabische und viele andern fest, daß die menschliche Natur eines jeden Menschen nach dem Tode zum ewigen Leben auferstehen werde? *Der Syrer.* Allerdings. *Petrus.* Sie geben also alle zu, daß die menschliche Natur mit der göttlichen und unsterblichen geeint werden müsse. Wie sollte sonst die menschliche Natur zur Unsterblichkeit übergehen, wenn sie nicht durch eine unauflösliche Einigung sich an sie anschlösse? *Der Syrer. Das setzt der Glaube an Auferstehung notwendig voraus. Petrus.* Lehrt dies der Glaube, so muß die menschliche Natur in einem Menschen vorbildlich (prioriter) mit der göttlichen geeint sein, in dem nämlich, welcher das Vorbild (facies) aller Völker ist, der höchste Messias und Christus, wie Araber und Juden Christus nennen. Er, nach dem Glauben aller Gott am nächsten, wird derjenige sein, in welchem aller Menschen Natur zum voraus mit Gott geeint wird. Dadurch ist er der *Erlöser* und *Mittler* aller, in dem die eine menschliche Natur, durch welche alle Menschen Menschen sind, mit der göttlichen und unsterblichen Natur geeint wird, auf daß so alle Menschen von gleicher Natur die Auferstehung von den Toten erlangen. *Der Syrer.* Ich sehe, daß nach dir der Glaube an die Auferstehung der Toten die Einigung der menschlichen Natur mit der göttlichen voraussetzt, ohne welche dieser Glaube unmöglich wäre; diese Einigung siehst du in Christus vollzogen; dieser Glaube setzt also ihn voraus. *Petrus.* Ganz richtig. Alle Verheißungen an die Juden haben im Glauben an den Messias oder Mittler ihre Bekräftigung, durch welchen allein die Verheißungen des ewigen Lebens in Erfüllung gehen können. *Der Syrer.* Und wie steht es mit den andern Religionssystemen? *Petrus.* Ganz gleich. Alle Menschen haben in ihrer menschlichen Natur nur das Verlangen und die Hoffnung des ewigen Lebens; dazu haben sie Bußübungen und Opfer eingeführt, um sich in ihrer Natur diesem ewigen Leen besser anzuschmiegen. Die Menschen begehren die Glückseligkeit, welche das ewige Leben ist, *in keiner andern, als in der ihnen eignenden menschlichen Natur*; der Mensch will nur Mensch sein, kein Engel oder eine andere Natur; er will aber ein glückseliger Mensch sein, der die höchste Glückseligkeit erreicht. Diese Glückseligkeit ist der Genuß oder die Einigung des menschlichen Lebens mit seiner Quelle, aus welcher das Leben selbst strömt, und diese ist das göttliche, unsterbliche Leben. *Wie wäre aber dies dem Menschen möglich, wenn nicht in einer Person die gemeinsame Menschennatur zu dieser Einigung erhoben wäre, durch welchen als den Mittler alle Menschen das letzte Ziel ihrer Sehnsucht erreichen könnten?* Dieser ist dann der Weg, weil er ein Mensch ist, durch welchen jeder Mensch den Zugang zu Gott hat, dem Ziele all unseren Sehens. Christus ist also die Voraussetzung aller, welche die höchste Glückseligkeit zu erlangen hoffen. *Der Syrer.* Das gefällt mir ausnehmend. Denn wenn der menschliche Geist glaubt, er könne eine solche Einigung mit der Weisheit erreichen, daß er dadurch ewige Nahrung für sein Leben findet, so setzt er voraus, der Geist eines ganz erhabenen (altissimi) Menschen habe jene Einigung in der erhabensten Weise (altissime) erreicht und so das höchste und erhabenste Lehramt erlangt, mittelst dessen er auf ähnliche Weise einmal zur Weisheit zu gelangen hofft. Würde er das nicht für unmöglich halten, so würde er es auch an dem hervorragendsten Menschen nicht für möglich halten. Da es nun die Hoffnung aller ist, einmal zur Glückseligkeit zu gelangen, auf welche jede Religion abzielt (hierin gibt es keine Täuschung, weil diese Hoffnung durch ein anerschaffenes Verlangen allen gemeinsam ist und folgerichtig auch die Frucht dieser Hoffnung, die Religion, welche in gleicher Weise allen angeboren ist), so sehe ich, daß der Lehrmeister und Mittler, welcher im Besitze der höchstmöglichen menschlichen Vollkommenheit den Principat in der Menschheit einnimmt, von allen vorausgesetzt werde. Indes die Juden sagen vielleicht, dieser Fürst (principem) der menschlichen Natur, in welchem alle Mängel aller Menschen ausgeglichen sind, sei noch nicht geboren, sondern werde erst auf die Welt kommen. *Petrus.* Es genügt, daß sowohl Araber als Christen und andere, die mit ihrem Blute Zeugnis abgelegt haben, sowohl aus dem, was die Propheten von ihm gesagt haben, als auch, was er selbst während seines Wandelns auf Erden Übermenschliches vollbracht hat, bezeugen, er sei bereits gekommen.

14.

Der Spanier. Über den Messias, dessen bereits erfolgte Ankunft der größere Teil der Welt annimmt, kann vielleicht hinsichtlich seiner Geburt eine andere Schwierigkeit entstehen: Christen und Araber glauben, er sei aus Maria der Jungfrau geboren, andere halten dies für unmöglich. *Petrus.* Alle, welche an die erfolgte Ankunft Christi glauben, lehren auch, er sei aus der Jungfrau geboren. Denn da er das Äußerste (ultimitas) in der Vollkommenheit der menschlichen Natur und allein der Höchste (solus altissimus) ist, von welchem Vater sollte er der Sohn sein? Jeder erzeugende Vater befindet sich durch die Unvollkommenheit seiner Natur in einem so weiten Abstande von der höchsten Vollkommenheit, daß er dem Sohne nicht die absolut höchste Vollkommenheit mitteilen kann, die nur in einem Menschen möglich ist; es kann dies nur *der* Vater, welcher der Schöpfer der Natur ist. Der Höchste (altissimus) hat also nur den zum Vater, von dem alle Vaterschaft herstammt. Durch göttliche Kraft wird daher der Höchste im Leibe der Jungfrau empfangen und in der Jungfrau vereinigte sich die höchste Fruchtbarkeit mit der Jungfräulichkeit. Christus ist uns daher so geboren, daß er mit allen Menschen in der innigsten Verbindung steht (ut sit omnibus hominibus conjunctissimus). Er hat den zum Vater, von welchem jedes Menschen Vater das Vatersein hat, und er hat die zur Mutter, die mit keinem Menschen fleischlich vermählt war. So erblickt jeder in der allernächsten Verbindung mit Christus seine Natur in der höchsten Vollkommenheit.

15.

Der Türke. Es erübrigt nun noch eine nicht geringe Differenz. Die Christen sagen, Christus sei durch die Juden gekreuzigt worden, andere verneinen dies. *Petrus.* Wenn einige sagen, Christus sei nicht gekreuzigt worden, sondern lebe noch und werde zur Zeit des Antichrists wiederkommen, so verstehen sie das *Mysterium seines Todes nicht.* Sie lassen ihn in sterblichem Fleische wiederkommen, als ob er in anderer Weise den Antichrist nicht besiegen könnte. Die Verneinung seiner Kreuzigung scheint aus Verehrung für Christus zu entstehen, als ob Leute wie die Juden keine Gewalt über ihn gehabt hätten. Beachte jedoch, daß jene Historien, deren es viele gibt, und die Predigt der Apostel, die für die Wahrheit gestorben sind, mit Recht Glauben verdient, Christus sei wirklich gestorben. So haben es die Propheten von Christus vorausgesagt, er müsse zum schmählichsten Tode verurteilt werden, und dies ist der Kreuzestod. Das tiefere Verständnis liegt im Folgenden.

Christus kam, von Gott dem Vater gesendet, um das Himmelsreich zu verkünden; seine Lehre vom Himmelreiche konnte nicht besser bewahrheitet werden als durch das Zeugnis seines Blutes. Um also seinem Vater ganz gehorsam zu sein und für die von ihm verkündete Wahrheit alle Gewißheit darzubieten, starb er und zwar des schmählichsten Todes, damit kein Mensch sich weigere, die Wahrheit anzunehmen, für deren Bezeugung Christus freiwillig in den Tod gegangen war. Er verkündete das Himmelreich, indem er lehrte, wie der Mensch, fähig für dieses Reich, zu demselben gelangen könne. Um dieses Reiches willen muß man das Leben in dieser Welt, an dem alle so zäh festhalten, für nichts achten, und, damit man wisse, daß jenes himmlische Reich das Reich der Wahrheit ist, gab er für die Wahrheit sein irdisches Leben hin, um so auf das Vollkommenste das Himmelreich zu verkünden und die Welt von der Unwissenheit zu befreien, in der sie dieses Leben dem zukünftigen vorzieht, und um sich zum Opfer für viele hinzugeben, um, erhöht am Kreuze vor allem Augen, alle zum Glauben hinzuziehen (attraheret ad credendum omnes), das Evangelium zu verherrlichen, die Schwachen zu stärken, sich zum Lösegeld für viele hinzugeben und alles auf die bestmögliche Weise einzurichten, auf daß die Menschen den *Glauben* an die Erlösung (fidem salvationis), die *Hoffnung*, derselben teilhaftig zu werden und die *Liebe* in Erfüllung der Gebote Gottes erlangen. Wenn daher die Araber auf die Frucht des Todes Christi hinsehen wollten, sowie, daß es ihm, dem Gesandten Gottes, zukam, sich selbst zum Opfer zu machen, um den Willen seines Vaters zu erfüllen, und daß es für Christus nichts Ruhmvolleres gab, als für die Wahrheit in Gehorsam des schmählichsten Todes zu sterben, so würden sie Christus nicht diesen Ruhm seines Kreuzes entziehen, durch welches er, der Größte, dem Gehorsam wie der Natur nach (et obedientissimus et altissimus – vergl. über den letztern Begriff Kapitel 13), in die Herrlichkeit seines Vaters erhöht zu werden verdiente. Wenn ferner Christus lehrte, die Menschen würden nach dem Tode in der Auferstehung Unsterblichkeit erlangen, wie konnte er die Welt hierüber besser überzeugen als durch seinen freiwilligen Tod, seine Auferstehung und Erscheinen als Lebender? Dadurch hat die Welt die äußerste Gewißheit erlangt, daß sie die Auferstehung und das Wiederaufleben des am Kreuze gestorbenen Christus von vielen bezeugt hörte, welche ihn lebend sahen und ihr Leben ließen, um treue Zeugen seiner Auferstehung zu sein. Das ist also das vollkommenste Evangelium, welches Christus an sich selbst gelehrt hat, ein vollkommeneres konnte es nicht geben, aber ohne Tod und

Auferstehung konnte es immerhin vollkommener sein. Wer daher glaubt, Christus, unser Herr, habe auf das Vollkommenste den Willen seines Vaters erfüllt, muß auch alles das zugeben, ohne was sein Evangelium nicht das vollkommenste war. – Beachte sodann, daß das Himmelreich bis auf Christus allen verborgen war. Denn das ist eben das Evangelium Christi, jenes allen unbekannte Reich zu verkünden. Es gab also keinen Glauben, keine Hoffnung, das Himmelreich zu erlangen, niemand konnte es lieben, weil es ganz unbekannt war, es war keine Möglichkeit, es zu erlangen, da die menschliche Natur noch nicht zu jener Höhe hinaufgehoben war, wo sie der göttlichen Natur teilhaftig (consors) wurde. Christus hat uns daher auf jede Weise das Himmelreich eröffnet, auf welche es nur immer eröffnet werden kann. Doch eingehen kann in dasselbe nur, wer das Reich dieser Welt im Tode aufgibt (deponit). Der Sterbliche muß die Sterblichkeit niederlegen, d.i. die Möglichkeit des Sterbens, was durch den Tod geschieht, dann kann er die Unsterblichkeit anziehen. Wenn daher Christus als sterblicher Mensch nicht starb, so legte er die Sterblichkeit nicht ab und konnte so nicht in das Himmelreich eingehen. Wenn er, der Erstling (primitiae) und Erstgeborene aller Menschen nicht das Himmelreich geöffnet hat, so ist unsere Gott geeinte Natur noch nicht in das Himmelreich eingeführt. Das Gegenteil hiervon behaupten aber alle Menschen, welche an das Himmelreich glauben; denn alle glauben, daß wenigstens einige Heilige aus ihrer Religion die ewige Glückseligkeit erreicht haben. Daher setzt der Glaube, daß es Heilige in der ewigen Glorie gebe, den Tod und die Himmelfahrt Christi voraus.

16.

Der Deutsche. Alles das ist ganz gut, allein hinsichtlich der *Glückseligkeit* sehe ich nicht geringe Gegensätze. Den Juden ist in ihrem Gesetze nur Zeitliches verheißen, das in sinnlichen Gütern besteht, die Araber haben in ihrem Gesetze, das in Alchoran aufgeschrieben ist, nur Verheißungen von fleischlichen, aber ewig dauernden Genüssen. Das Evangelium verspricht Ähnlichkeit mit den Engeln, welche nichts Fleischliches an sich haben. *Petrus.* Läßt sich eine Sehnsucht nach irgend etwas dieser Welt denken, die nicht abnimmt, sondern sich beständig steigert? *Der Deutsche.* Alles Zeitliche vergeht, *nur das Geistige nicht*: essen, trinken, Wohlleben u. dgl. gefallen eine Zeitlang, dann nicht mehr, sie sind etwas Unbeständiges; *wissen aber und denken, mit dem Auge des Geistes die Wahrheit sehen, macht immer Freude.* Je älter der Mensch wird, desto größere Freude gewähren sie ihm, je mehr er sich ihnen hingibt, desto mehr wird das Verlangen nach dem Besitze der Wahrheit gesteigert. *Petrus.* Wenn also die Sehnsucht und die Nahrung derselben eine immerdauernde sein soll, so kann sie nicht zeitlich und sinnlich sein; sondern eine Nahrung des *geistigen* Lebens. Wenn sich daher im Alchoran die Verheißung eines Paradieses befindet, mit Strömen von Wein und Honig, mit einer Menge von Mädchen und schon in dieser Welt viele diese Dinge verabscheuen, wie können diese glücklich sein, wenn sie dort erlangen, was sie schon hier nicht wollen? Es heißt im Alchoran: »schöne schwarze Mädchen befinden sich dort mit ganz weißen Augen;« – allein kein Deutscher, wenn er auch den fleischlichen Gelüsten ergeben ist, würde schon in dieser Welt an ihnen Gefallen finden. Diese Dinge müssen daher bildlich verstanden werden. Denn an andern Stellen verbietet der Alchoran Konkubinat in Kirchen oder Synagogen, Moscheen (mesquitis) und alle andern fleischlichen Genüsse; es ist jedoch nicht anzunehmen, daß ihm die Moscheen heiliger sind als das Paradies. Wie können daher diese Dinge hier in den Moscheen verboten werden, welche dort im Paradiese eine Verheißung sind? Anderswo sagt er: »diese Dinge finden sich dort, weil dort die Erfüllung von allem ist, was hier ersehnt wird.« Damit zeigt er hinlänglich, was er damit sagen wolle, wenn er sagt, diese Dinge finden sich dort. Denn wenn sie in dieser Welt ersehnt werden, in der Voraussetzung, daß in der andern Welt die gleiche Sehnsucht ist, so müßten sie dort in exquisiter Weise und in Fülle gefunden werden. Nur in diesem Sinne konnte er sagen, jenes Leben sei die Erfüllung alles Sehnens. Er wollte auch dem ungebildeten Volke keine andern verborgenen Dinge offenbaren, sondern nur eine sinnlich höhere Glückseligkeit, damit nicht das Volk, welches an den Dingen des Geistes keinen Geschmack findet, die Verheißungen geringschätze. Das Hauptbestreben des Gesetzgebers scheint gewesen zu sein, das Volk vom Götzendienst abzuhalten, zu welchem Zwecke er solche Verheißungen machte. Allein er verwarf das Evangelium nicht, im Gegenteil er lobte es, indem er zu verstehen gab, die im Evangelium verheißene

Glückseligkeit sei nicht geringer als jene sinnliche. Die Verständigen und Weisen unter den Arabern erkennen dies auch als die Wahrheit. *Avicenna* sagt, der geistige Genuß des Anschauens oder Genießens Gottes und der Wahrheit sei über allen Vergleich besser als die im Gesetzbuche der Araber geschilderte Glückseligkeit, und er stand doch unter diesem Gesetze; dasselbe sagen ihre andern Philosophen. Darin kann also keine Schwierigkeit liegen, alle Religionen zu vereinigen. Man wird sagen, jene Glückseligkeit gehe über alles, was sich beschreiben oder aussprechen läßt, weil sie die Erfüllung jeder Sehnsucht und der Genuß des Guten an seiner Quelle, die Erlangung des unsterblichen Lebens ist. *Der Deutsche.* Wie steht es aber mit den Juden, welche die Verheißung des Himmelreichs nicht fassen, sondern nur die der zeitlichen Dinge? *Petrus.* Die Juden geben sich für ihr Gesetz und die Heilighaltung desselben dem Tode hin. Würden sie nicht glauben, dadurch nach dem Tode die Glückseligkeit zu erlangen, daß sie den Eifer für das Gesetz dem Leben vorziehen, so würden sie sich nicht in den Tod hingeben. Die Juden sagen daher nicht, es gebe kein ewiges Leben und sie könnten es nicht erlangen (sonst würde keiner von ihnen für das Gesetz sterben), allein sie erwarten die ewige Glückseligkeit nicht aus den Werken des Gesetzes, weil die Gesetze es nicht verheißen, sondern aus dem Glauben, und dieses setzt Christus voraus, wie oben gezeigt ist.

17.

Der Tartar. Zu dem vielen und mir bisher Unbekannten, worüber sich viele schlichte Tartaren, die einen Gott über alles verehren, verwundern, gehört auch *die Verschiedenheit des Ritus* bei solchen, die doch mit ihnen den einen Gott verehren. Sie lachen darüber, daß einige Christen, alle Araber und Juden die *Beschneidung* haben, andere *auf der Stirne ein Brandmal erhalten*, andere *getauft* sind. In der *Ehe* besteht gleichfalls eine sehr große Verschiedenheit: Einer hat nur eine Frau, ein anderer eine ihm rechtlich angetraute Ehefrau mit mehreren Konkubinen, wieder ein anderer hat mehrere legitime Frauen. In den *Opfern* ist eine so große Verschiedenheit des Ritus, daß sie sich nicht beschreiben läßt. Unter dieser großen Mannigfaltigkeit scheint das Opfer der Christen, wenn sie Brot und Wein opfern und sagen, es sei der Leib und das Blut Christi und dieses Opfer nach der Aufopferung essen und trinken, um so verabscheuungswürdiger, als sie den verzehren, den sie anbeten. Wie in diesen Dingen, die überdies nach Ort und Zeit verschieden sind, eine Einigung zustande kommen soll, das begreife ich nicht. Und kommt sie nicht zustande, so hört die Verfolgung nicht auf. Denn die Verschiedenheit erzeugt Trennung, Feindschaft, Haß und Krieg. – Da begann *Paulus*, der Völkerapostel (doctor gentium), im Auftrage des Worts also: Man muß zeigen, daß *nicht durch die Werke, sondern den Glauben das Heil dargeboten werde* (praesentari). Abraham war der Glaubensvater aller Glaubenden, seien es Christen, Araber oder Juden, er glaubte Gott (credidit Deo) und dies wurde ihm zur Gerechtigkeit angerechnet; die Seele des Gerechten wird das ewige Leben erben. Ist dies zugegeben, so wird die Verschiedenheit der Riten keine Störung machen, denn sie sind als sinnliche Zeichen der Wahrheit des Glaubens eingesetzt und angenommen; die Zeichen lassen eine Veränderung zu, nicht aber das dadurch Bezeichnete. *Der Tartar.* Erkläre mir, *wie der Glaube rechtfertigt* (salvat). *Paulus.* Wenn Gott etwas aus reiner Gnade und Barmherzigkeit verspricht, muß man dann nicht ihm, der die Macht hat, alles zu geben und der wahrhaftig ist, glauben? *Der Tartar.* Gewiß, zumal niemand getäuscht werden kann, der ihm glaubt; wer ihm nicht glaubte, wäre unwürdig, eine Gnade von ihm zu erhalten. *Paulus.* Was rechtfertigt also den, der die Gerechtigkeit erlangt? *Der Tartar.* Seine Verdienste nicht, sonst wäre es nicht Gnade, sondern Schuldigkeit. *Paulus.* Ganz richtig; allein gerade weil kein Mensch durch seine Werke vor Gott gerechtfertigt wird, sondern weil der Allmächtige durch seine Gnade, wem er will, das gibt, was er will, so muß man, um würdig zu sein, die Verheißung, welche pure Gnade ist, zu erlangen, notwendig Gott glauben. Dadurch wird der Mensch gerechtfertigt, dadurch allein erlangt er die Verheißung, daß er Gott glaubt und hofft, daß das Wort Gottes in Erfüllung gehe. *Der Tartar.* Nachdem Gott versprochen hat, ist es gerecht, daß das Versprechen gehalten werde. Der Gott Glaubende wird also vielmehr durch die Verheißung (repromissionem) als durch den Glauben gerechtfertigt. *Paulus.* Gott, welcher Abraham einen Samen versprochen hat, in welchem alle gesegnet werden sollten, hat Abraham gerechtfertigt, auf daß er die Verheißung erlange. Hätte aber Abraham Gott nicht geglaubt, so hätte er weder die Rechtfertigung noch die

Verheißung erlangt. *Der Tartar.* Allerdings. *Paulus.* Der Glaube hat also bei Abraham bewirkt, daß die Erfüllung der Verheißung eine gerechte war, die außerdem weder eine gerechte, noch eine vollzogene (adimpleta) gewesen wäre. *Der Tartar.* Was hat Gott verheißen? *Paulus.* Gott verhieß dem Abraham, er werde ihm einen Nachkommen (semen) in Isaak geben, in welchem alle Geschlechter gepriesen werden sollen. Diese Verheißung wurde zu einer Zeit gegeben, wo es nach dem gewöhnlichen Laufe der Natur für Sara unmöglich war, noch zu empfangen und zu gebären; weil er aber glaubte, erhielt er den Sohn Isaak. Dann stellte Gott Abraham in dem Gebote auf die Probe, den Sohn, in welchem die Verheißung eines Nachkommen in Erfüllung gegangen war, zu töten und zu opfern. Abraham gehorchte, glaubte jedoch nichtsdestoweniger an die sicher sich erfüllende Verheißung, wenn der tote Sohn wieder ins Leben gerufen würde. Seitdem nun Gott einen so großen Glauben bei Abraham fand, wurde Abraham gerechtfertigt, und die Verheißung in dem einen Samen erfüllt, der von ihm in Isaak ausging. *Der Tartar.* Welches ist dieser Same? *Paulus. Christus*; denn alle Völker erlangen in ihm den göttlichen Segen. *Der Tartar.* Und worin besteht dieser Segen? *Paulus.* Der göttliche Segen ist das Ziel unserer Sehnsucht, die Glückseligkeit, das ewige Leben, über welches du vorhin das Hinlängliche vernommen hast. *Der Tartar.* Meinst du also, Gott habe uns in Christus den Segen der ewigen Glückseligkeit verheißen? *Paulus.* Allerdings. Daher muß man Gott glauben, wie Abraham glaubte, auf daß der so Glaubende mit dem gläubigen Abraham gerechtfertigt werde, um in dem einen Samen Abrahams, Christus Jesus, die Verheißung zu erlangen, welche der göttliche Segen ist, der alles Gute in sich begreift. *Der Tartar.* Meinst du also, *jener Glaube allein* rechtfertige zur Erlangung des ewigen Lebens (vis igitur, quod sola fides illa iustificet ad perceptionem aeternae vitae)? *Paulus.* Allerdings. *Der Tartar.* Wie wirst du aber den schlechten Tartaren das Verständnis darüber aufschließen, daß sie es begreifen, Christus sei es, in welchem sie die Glückseligkeit erreichen können? *Paulus.* Du hast doch gehört, daß nicht nur die Christen, sondern auch die Araber glauben, Christus sei der Höchste (altissimum) von allen, welche je lebten oder noch leben werden und das Urbild (faciem) aller Völker. Wenn also in einem Nachkommen alle Völker gesegnet sind, so kann dies nur Christus sein. *Der Tartar.* Welchen Beweis führst du an? *Paulus.* Das Zeugnis der Araber wie der Christen, daß der Geist, der die Toten ins Leben ruft, der Geist Christi ist. Wenn nun der belebende Geist in Christus ist, welcher die Macht hat, alle, die er will, zu beleben, so ist er der Geist, ohne den kein Toter auferweckt wird und kein Geist ewig leben kann. Denn es wohnt in dem Geiste Christi die Fülle der Gottheit und Gnade, aus welcher Fülle alle zu Erlösenden die Gnade der Erlösung erlangen. *Der Tartar.* Es freut mich, dies von dir, dem Apostel der Heiden, zu vernehmen, weil es in Verbindung mit dem vorhin Vernommenen für unsern Zweck genügt. Ich erkenne nun die Notwendigkeit des Glaubens, ohne den niemand selig wird. Doch – genügt der Glaube? *Paulus.* Ohne Glauben ist es unmöglich, Gott zu gefallen. *Der Glaube muß aber ein lebendiger sein, ohne die Werke ist er tot* (oportet autem, quod fides sit formata, nam sine operibus est mortua). *Der Tartar.* Welches sind diese Werke? *Paulus. Wer Gott glaubt, hält seine Gebote*; wie kannst du glauben, Gott sei Gott, wenn du dich nicht bestrebst, seine Gebote zu erfüllen? *Der Tartar.* Nicht mehr als billig, daß die Gebote Gottes beobachtet werden. Doch die Juden sagen, sie hätten seine Gebote durch Moses, die Araber, durch Mahomed, die Christen, durch Jesus; andere Nationen verehren vielleicht wieder besondere Propheten, durch welche sie die Gebote Gottes bekommen haben wollen. Wie kommen wir da zu einer Übereinstimmung? *Paulus.* Die göttlichen Gebote sind ganz kurz, allen hinlänglich bekannt und allen Nationen gemeinsam; ja, das Licht, das sie aufhellt, ist unserer vernünftigen Seele anerschaffen. In uns selbst spricht Gott, daß wir ihn lieben sollen, von dem wir das Leben haben, und daß wir keinem etwas zufügen, außer was wir wünschen, daß auch uns zugefügt werde. Die Liebe ist die Erfüllung des göttlichen Gesetzes, alle Gesetze reduzieren sich auf dieses eine Gesetz. *Der Tartar.* Ich zweifle nicht, daß sowohl der Glaube, als das Gesetz der Liebe von den Tartaren angenommen werden; doch wegen der verschiedenen Riten bin ich im Zweifel, ich weiß nicht, wie sie Beschneidung, über die sie lachen, annehmen sollen. *Paulus.* Hinsichtlich der Seligkeit liegt an der Beschneidung nichts, denn sie macht nicht selig; wer jedoch die Beschneidung zwar zur Seligkeit nicht für notwendig hält, dieselbe jedoch an sich vornehmen läßt, um Abraham und dessen Nachfolgern auch hierin gleichförmiger zu sein, der wird deshalb nicht verdammt, wenn er nur den Glauben hat. So war Christus beschnitten und viele Christen wegen seiner, wie noch jetzt die Jacobinischen Äthiopier und andere, als wäre es ein zur Seligkeit notwendiges Sakrament. Doch wie kann der Friede unter den Gläubigen bestehen, wenn die einen beschnitten sind, die andern nicht und so noch größerer Zweifel entsteht? Da der größere Teil der Menschen nicht beschnitten ist, so halte ich es für passend, in Erwägung, daß die Beschneidung nicht notwendig ist, daß der kleinere Teil sich um des Friedens willen dem größten, mit dem er im Glauben eines ist, konformiert. Ja, wenn um des Friedens willen der größere Teil sich an den kleinern anschlösse und die Beschneidung annähme, sollte er es meiner Meinung nach tun, damit durch gegenseitiges Sichanschließen der Friede befestigt werde. Würden so die einen Nationen von den Christen den Glauben und die Christen von andern um des Friedens willen die Beschneidung annehmen, so würde der Friede mehr Befestigung erlangen. Die Ausführung halte ich aber für schwierig. Es mag daher genügen, den Frieden im *Glauben* und *in dem Gebote der Liebe* zu befestigen und den Ritus da wie dort zu dulden.

18.

Der Armenier. Wie soll man es mit der *Taufe* halten, da es bei den Christen für ein zur Seligkeit notwendiges Sakrament gehalten wird? *Paulus.* Die Taufe ist das Sakrament des Glaubens. Wer glaubt, er könne durch Jesus Christus die Rechtfertigung erlangen, der glaubt auch, daß es durch ihn eine Abwaschung der Sünden gebe. Diese Reinigung, die durch das Taufbad bezeichnet wird, wird jeder Gläubige offen an den Tag legen. Denn die Taufe ist nichts anderes als das Bekenntnis jenes Glaubens mittelst des sakramentalischen Zeichens. Es wäre kein Gläubiger, wer nicht seinen Glauben durch Wort und alle hierzu von Christus eingesetzten äußern Zeichen offen bekennen wollte. Es gibt ein solches Taufbad aus Ehrfurcht vor der Religion bei Hebräern und Arabern, denen es nicht schwerfallen wird, die von Christus zum Bekenntnis des Glaubens angeordnete Taufe anzunehmen. *Der Armenier.* Die Annahme dieses Sakraments scheint notwendig, da es zur Seligkeit notwendig ist. *Paulus.* Der Glaube ist notwendig bei den Erwachsenen, die ohne dieses Sakrament selig werden können, wenn sie es nicht bekommen können. Können sie es aber bekommen, so können sie sich nicht Gläubige nennen, wenn sie sich nicht als solche mittelst des Sakraments der Wiedergeburt zeigen wollen. *Der Armenier.* Wie steht es mit den kleinen Kindern? *Paulus.* Sie werden sich um so leichter dazu verstehen, die Kinder taufen zu lassen, als sie die Knäblein am achten Tage aus Religiosität beschneiden ließen; die Vertauschung der Beschneidung mit der Taufe wird willkommen sein und man wird ihnen die Wahl lassen, ob sie sich mit der Taufe begnügen wollen.

19.

Der Böhme. In allen bisher besprochenen Punkten dürfte es möglich sein, eine Übereinstimmung zu finden, in den Opfern aber wird es sehr große Schwierigkeit haben. Wir wissen, daß die Christen das Opfer von Brot und Wein im *Sakramente der Eucharistie* nicht andern zu gefallen aufgeben können, da dieses Opfer von Christus eingesetzt ist; daß aber andere Nationen, welche nicht so zu opfern pflegen, diese Weise des Opferns annehmen, ist nicht leicht zu glauben; zumal da sie es für Unsinn halten, an eine Verwandlung des Brotes in den Leib und des Weines in das Blut Christi zu glauben und nachher das Sakrament zu verspeisen. *Paulus.* Das Sakrament der Eucharistie *versinnbildet* (figurat) nichts anderes, als daß wir aus Gnade in Jesu Christo die Erquickung (refectionem) des ewigen Lebens erlangen werden, wie wir in dieser Welt durch Brot und Wein erquickt werden. *Wenn wir also glauben, Christus sei die Nahrung des Geistes, dann nehmen wir ihn unter den Gestalten, die den Körper speisen.* (Quando igitur credimus Christum cibum mentis, tunc ipsum sumimus sub speciebus corpus cibantibus.) Und da wir in dem Glauben übereinstimmen müssen, daß wir die Nahrung des belebenden Geistes (cibationem vitae spiritus) in Christus erlangen, warum wollen wir diesen Glauben nicht in dem Sakramente der Eucharistie offen zeigen? Es ist zu erwarten, daß alle gläubigen Menschen durch den Glauben schon in dieser Welt jene Speise verkosten wollen, die im andern Leben in Wahrheit die Speise unseres Lebens sein wird. *Der Böhme.* Wie wird man alle Völker von der *Verwandlung der Substanz des Brots in den Leib des Herrn* überzeugen? *Paulus.* Der Gläubige weiß, daß das Wort Gottes in Jesu Christo uns aus dieser elenden Welt hinüberführen wird bis zur Kindschaft Gottes (transferet usque ad filiationem Dei) und zum Besitze des ewigen Lebens, weil Gott nichts unmöglich ist. Wenn wir das glauben und hoffen, dann zweifeln wir auch nicht, daß das Wort Gottes nach der Anordnung Christi das Brot in das Fleisch (Christi) verwandeln könne. Wenn die Natur dies bei den Tieren tut, wie sollte das Wort es nicht vermögen, durch welches Gott die Welt erschaffen hat? Der Glaube nötigt uns, daran festzuhalten. Denn wenn es möglich ist, daß wir Kinder Adams, die aus Erde sind, umgestaltet werden in Christo Jesu, dem Worte des unsterblichen Gottes, wenn wir dieses glauben und die Frucht davon hoffen; wenn es möglich ist, daß wir dereinst sein werden wie Jesus, das Wort des Vaters, so müssen wir in gleicher Weise an die *Transsubstantiation* des Brotes in das Fleisch und des Weines in das Blut glauben durch das nämliche Wort, durch welches Brot Brot ist und Wein Wein, Fleisch Fleisch und Blut Blut, und durch welches die Natur die Speise in das mit der Speise Versehene umwandelt. *Der Böhme.* Diese Verwandlung der Substanz des Brotes wird schwer begriffen. *Paulus.* Durch den Glauben sehr leicht! Denn nur durch den Geist (sola mente) ist dies zu erfassen (est attingibile), welcher allein die Substanz als Kausalität, nicht als Wesen betrachtet (quae sola substantiam intuetur *quia* est, non *quid est*); denn die Substanz geht allem Akzidens voraus. Da demnach die Substanz weder Qualität noch Quantität hat und sie allein verwandelt wird, so daß nicht mehr die Substanz des Brotes, sondern die des Fleisches da ist, so ist jene Verwandlung nur eine geistige (spiritualis), weil ganz entfernt von allem, was durch den Sinn erfaßbar ist. Durch diese Verwandlung wird daher nicht die Quantität des Fleisches vermehrt, nicht numerisch vervielfältigt. Daher ist es nur die eine Substanz des Fleisches, in welche die Substanz des Brotes verwandelt ist, wenn auch das Brot an verschiedenen Orten dargebracht wird und mehrere Brote bei einem heiligen Meßopfer vorgelegt werden. *Der Böhme.* Ich begreife nun diese mir sehr werte Lehre, daß dieses Sakrament das Sakrament der Speise des ewigen Lebens ist, durch welche Speisung wir die Erbschaft der Kinder Gottes in Jesu Christo erlangen, und daß *eine Ähnlichkeit* hiervon in dem Sakramente der Eucharistie liegt (et quomodo est similitudo huius in sacramento isto eucharistiae), sowie daß dies Geheimnis nur durch den Geist erreicht (sola mente attingitur), durch den Glauben verkostet und genossen wird (fide degustatur et capitur). Wenn dieses Geheimnis nicht begriffen wird, so rührt es daher, weil Ungebildete vielleicht nicht nur einen Widerwillen haben, es zu glauben, sondern auch ein so großes Sakrament zu empfangen. *Paulus.* Soweit dieses Sakrament in sinnlichen Zeichen besteht, ist es, wofern der Glaube da ist, nicht so notwendig, daß man ohne es nicht selig wird, denn zur Seligkeit genügt es zu glauben und auf diese Weise (sic) das Brot des Lebens zu genießen. Daher ist auch über die Ausleihung des Sakraments an das Volk: ob, wem und wie oft es dem Volke ausgeteilt werden solle, kein zwingendes Gesetz (lex necessitatis) gegeben. Wenn jemand, der Glauben hat, sich für unwürdig hält, zum Tische des höchsten Königs hinzutreten, so ist diese Demut vielmehr zu loben. Hinsichtlich des Empfanges und des Ritus werden daher die Vorsteher der Kirche in jeder Religion das ihnen nach den Zeitumständen geeignet Scheinende (allzeit unbeschadet des Glaubens) anordnen können, so daß bei der Verschiedenheit der Ritus gleichwohl der Friede des Glaubens unversehrt bleibt.

20.

Der Engländer. Wie steht es mit den andern Sakramenten: *Ehe, Priesterweihe, Firmung* und *letzte Ölung*? *Paulus.* Man muß der menschlichen Schwachheit sehr oft Rechnung tragen, so weit es nicht gegen die ewige Seligkeit anstößt. *Eine exakte Konformität in allen Stücken suchen, heißt vielmehr den Frieden stören.* Es ist jedoch zu hoffen, daß, was die Ehe und Priesterweihe betrifft, eine Übereinstimmung gefunden werde. Bei allen Nationen scheint die Ehe durch ein Naturgesetz gewissermaßen in der Art eingeführt, daß einer eine Frau habe; so findet sich auch das Priestertum in allen Religionen. Hierin wird also eine Vereinigung um so leichter sein und es wird sich auch nach dem Urteile aller andern nachweisen lassen, daß die christliche Religion in beiden Sakramenten eine lobenswertere Reinheit der Auffassung festhalte. *Der Engländer.* Was ist deine Ansicht über *Fasten, kirchliche Ämter* (officiis ecclesiasticis), *Abstinenz von Speise und Trank, Gebetsformeln* u. dgl.? *Paulus.* Wo sich keine Übereinstimmung in der Art und Weise finden läßt, lasse man die Nationen (unbeschadet des Glaubens und Friedens) bei ihren Andachten und Zeremonien. Die Andacht gewinnt vielleicht sogar durch die Verschiedenheit, wenn jede Nation sich bemüht, ihren Gottesdienst durch Eifer und Sorgfalt an Glanz zu erhöhen, um die andern darin zu übertreffen, und so mehr Verdienst vor Gott, mehr Lob vor der Welt zu erlangen. –

Nachdem alles dieses mit den Weisesten aus den Nationen durchgesprochen war, wurden sehr viele Schriften von solchen vorgelegt, welche über die alten Gebräuche geschrieben haben, deren es in jeder Sprache einige hervorragende gibt; z. B. bei den Lateinern Marcus Varro, bei den Griechen Eusebius, welcher die verschiedenen Religionen zusammengestellt hat, und noch viele andere. Nach Durchgehung derselben zeigte sich, daß alle Verschiedenheit mehr im Ritus als in der Verehrung des einen Gottes gelegen sei, von welchem sich aus der Vergleichung aller jener Werke ergab, daß er von Anfang an stets von allen vorausgesetzt und in allen Gottesdiensten verehrt worden sei, wiewohl das schlichte Volk, durch die feindliche Macht des Fürsten der Finsternis oft irregeführt, nicht immer verstand, was es tat.

So wurde denn nun im Himmel der Vernunft die Eintracht der Religionen beschlossen in der bisher angegebenen Weise (conclusa est igitur in coelo rationis concordia religionum). Der König der Könige befahl, die Weisen sollten in ihre Länder zurückkehren und ihre Nationen zur Einheit des wahren Kultus bewegen; dienende Geister sollten sie führen und ihnen beistehen. Dann sollten sie mit Vollmacht von allen versehen (cum plena omnium potestate) in Jerusalem als dem gemeinsamen Mittelpunkte zusammenkommen und im Namen aller einen Glauben annehmen und über denselben einen ewigen Frieden schließen, auf daß durch den Frieden der Schöpfer aller verherrlicht werde, dem Preis und Ehre sei in Ewigkeit! Amen.

II.

Speziell Dogmatisch-Ethisches

Wert der Literatur

Die Schrift stammt aus der Kunst der geistigen Natur, vermöge welcher ein Geist dem andern die Eingebung (inspirationem) des göttlichen Lichtstrahles zur Ehre Gottes und Vervollkommnung der vernünftigen Natur mitteilen kann. Die Schrift ist das Mittel, Gedanken bekanntzugeben zur Belehrung der Gegenwärtigen und Abwesenden über die Vergangenheit, Gegenwart und Zukunft. Der Geist bedarf nämlich einer gewissen Erfahrung zu seiner Ausbildung, um die Fähigkeit zum Untersuchen zu erlangen. Da man aus dem Samen nicht wissen kann, was aus ihm werde, wenn nicht die Erfahrung aus der Vergangenheit mich hierüber belehrt (der Mensch kann die Zukunft nur durch die Kenntnis der Vergangenheit vorherwissen), so ist dem Menschen Kenntnis der Vergangenheit notwendig. So hat Ptolemäus aus den Beobachtungen des Abraches und Timochores über die Bewegung der Planeten die Gesetze ihrer Bewegung in der Zukunft entdeckt. Der Mensch muß daher die Vergangenheit kennen, und die Beobachtungen aus langer Zeit, um sicherer über die Zukunft Schlüsse bilden zu können. Daher hatten die ersten Menschen ein so langes Leben, um aus langer Erfahrung von 600 Jahren die Himmelsbewegung und anderes zu untersuchen und ihre Erfahrung zum Gemeingute der Nachwelt zu machen. Ein Hilfsmittel hierzu ist die Schrift, durch welche sich Zeitalter an Zeitalter anreiht, auf daß der Mensch in ihr wie in einem Spiegel die Vergangenheit erkenne und daraus Nutzen ziehe; durch die Schrift spricht der Tote mit dem Lebenden, der Abwesende mit dem Gegenwärtigen – ein wahrhaft göttliches Kunstwerk, durch welches alle Jahrhunderte und Zeitalter, alle Gelehrten, die je gelebt, alle göttlichen Eingebungen und menschlichen Erfindungen der früheren Zeiten auch in der

Gegenwart noch jedem Geiste zu Gebote stehen und zu dessen Ausbildung dienen. Zu unserer Belehrung lebt der Geist des hl. Paulus in seinen Briefen und belehrt und bildet uns durch das Mittel der Schrift. (Exc. VIII, 615, 616.)

Summe der hl. Schrift

Wenn du recht in die hl. Schrift eindringst, so findest du nichts als: *Gott*, die *Welt* und *Christus*, und daß Christus es ist, durch den Gott die Welt mit sich wieder versöhnt hat. Es gibt keine andere Wissenschaft als dieses Wissen. Gott der Vater wollte, daß auch wir Menschen an seiner Herrlichkeit teilhaben. Welche größere Herrlichkeit kann es für die menschliche Natur geben, als daß in ihr ein Mensch sich fand, der der gepriesene Sohn Gottes ist, in dem alles im Himmel und auf Erden gesegnet wird? Auch die Engel wären ohne das Wort Gottes ohne Leben. Die göttliche Vernunft, die das Wort Gottes ist, ist die Weisheit, die jedem vernünftigen Geschöpfe Nahrung gibt, und Gott offenbart die Schätze seiner Weisheit zu seiner Verherrlichung durch das Wort, das alle vernünftigen Geister ewig nähret.
(Exc. VI, 524, vgl. Exc. VIII, 617.)

Altes und neues Testament

Das ist der *Unterschied zwischen altem und neuen Testamente*: das neue ist *Verständnis* (novum intelligit) und durch dieses Wirken als Verständnis ist es in der *Freiheit*. Niemand kann von sich sagen, er diene wie ein Knecht, wer tut, was ihm die Vernunft zu tun befiehlt, wohl aber der, welcher aus Furcht vor Strafe ein Gesetz zu beobachten genötigt wird, das er nicht versteht, weil sich in demselben einiges Geheime befindet, das sich dem Auge des Verständnisses entzieht und erst seiner Zeit geoffenbart, vorher aber nur wie in einem Rätsel (Bilde) erkannt wird. Ein solcher erfüllt knechtisch, aus Furcht und Zwang, das Gesetz, wie ein Knabe unter dem Lehrmeister, dessen Zuchtrute er fürchtet, mühsam die Elemente des Wissens erlernt und sich in der Grammatik übt, ohne jetzt noch zu wissen, wozu das diene. Kommt er aber in das reifere Alter, so erkennt er den Nutzen davon und ist nicht mehr ein Sklave der Grammatik, sondern handhabt frei den Geist, die Bedeutung der Worte, kümmert sich nicht um Worte, sondern um Gedanken, jagt nach Wahrheit und ruht erst, wenn er diese erjagt hat. So hat denn alle Anstrengung für Elementarkenntnisse ihr Ziel in der Wahrheit; hat man diese erfaßt, so bedarf es der Formen und Figuren nicht mehr. So verhält es sich auch mit *Gesetz* und *Christus*, der die Wahrheit ist. Die Fülle schließt das teilweise aus, die Wahrheit das bloße Bild, der Geist den Buchstaben, das Ziel das, was für es angeordnet ist. Die Wahrheit vollendet sich in uns in vier Stufen. Gleichwie etwas in der weiten Ferne zuerst überhaupt als ein Gegenstand erscheint, näher herankommend als ein lebendiges Wesen, noch näher als ein Mensch, der endlich in der nächsten Nähe als der, der er ist, als Vater oder Sohn etc. erkannt wird, so erschien auch die Wahrheit vor der Periode des Gesetzes in der Ferne im verworrenen Sein in der *Natur.* Als sodann ein Engel (Bote Gottes) das Gesetz gab (wie in der Apostelgeschichte steht), wurde die Wahrheit, nicht bloß als ein Gegenstand überhaupt, sondern als etwas Lebendes enthüllt. Durch den Sohn Gottes wurde sie noch spezifischer, nämlich als ein Mensch, geoffenbart. Es ist nun noch die vierte Stufe übrig, wo wir ohne Vermittlung eines Offenbarenden sie selbst sehen und erkennen, wie sie ist. Das ist die höchste und letzte Stufe: In ihr hat die vernünftige Seele ihr Ziel und ihre Ruhe.

(Exc. V, 499.)

Die hl. Schrift

Die hl. Schrift übertrifft alle Wissenschaften schon durch die Art ihrer Darstellung, weil sie in einer und derselben Darstellung eine Tatsache erzählt und zugleich ein Glaubensgeheimnis darlegt (dum narrat gestum, prodit mysterium). (Exc. II, 403.)

Verständnis der hl. Schrift

Das Licht muß die Erkenntnis leiten und erleuchten. Was beachtet nun der, welcher ein Buch lesen will? Sieht er nicht vorher in sein Gedächtnis, ehe er das Buch liest? *Denn er liest das im Buche, was er vorher in sich sah* und in dem Begriffe hatte, der aus dem Gedächtnis hervorgeht. Das Gedächtnis erzeugt nämlich die Erkenntnis der Buchstaben und Wörter in einem innerlichen Begriffe, der vorher geschaut wird, ehe er im Buche gelesen wird. Denn durch die Kenntnis der Buchstaben gelangen wir zum Lesen; indem ich sinnlich die Buchstaben sehe, gehe ich auf das Gedächtnis zurück und erinnere mich an den ähnlichen Buchstaben; wenn ich diese Formen nicht im Gedächtnis habe, so kann ich mir keinen Begriff bilden und nicht lesen. Soll also der Geist, der aus Gott ist und Vernunft heißt, in Güte, Gerechtigkeit, Wahrheit, voranschreiten, so müssen seine Augen auf das vernünftige Gedächtnis, das nicht einen sinnlich erworbenen, sondern angeborenen Inhalt hat, worin seine Wesenheit besteht, weil es Ebenbild Gottes ist, hinsehen. Dort findet er das Licht der Güte, Gerechtigkeit und Wahrheit als Naturgesetz, das die Augen erleuchtet, und er bildet sich über jene Dinge (Güte etc.) einen Begriff, nach dem er seinen Wandel einrichtet. Dieses Licht ist das erleuchtende Wort Gottes, durch das wir Gutes und Böses, Gerechtes und Ungerechtes unterscheiden. Von dieser innerlichen Anschauung aus begibt sich nun der Geist zu der hl. Schrift und sieht nun in ihrem Geiste und Buchstaben das geistig Vernünftige, das er in sich schaut im Lichte des in ihm wohnenden (göttlichen) Wortes. Daher der Name Vernunft; denn diese ist nur ein Abglanz des göttlichen Lichtes, das die absolute Vernunft, das absolute Licht ist. In diesem Lichte wandeln, heißt sich in allem dem Gebot der Vernunft unterwerfen. So siehst du, daß das innere Wort erleuchtet und lehrt den Weg der Gerechtigkeit zum Ergreifen des wahren Lebens, das in der Erkenntnis dessen besteht, der das Leben in sich ist. *Wen daher dieses Wort belehrt*, der wird, er mag nun in dasselbe eindringen oder *mit demselben* an die Lesung der heiligen Schrift gehen, reichliche Nahrung finden. (Exc. IX, 656.)

Die Taufe des Johannes hatte die Gestalt eines reinigenden Wassers, allein der Geist hatte sich noch nicht darin ergossen, um die Seele zu reinigen. Das kalte Wasser nimmt die eingedrungenen Flecken nicht hinweg, wenn es gleich dieselben oberflächlich wegzuwischen scheint. Kommt aber die Wärme durch Feuer hinzu, so reinigt das so erwärmte Wasser auch die tiefer eingedrungenen Flecken eines Kleides. Der Geist Jesu ist die Gnade, die aus seiner Fülle auf die, welche glauben und durch das Sakrament des Glaubens, d. i. die Taufe, zeigen, daß sie an eine Reinigung (durch die Gnade) glauben, übergeht. So ist denn auch die Schrift des alten Bundes ein Leib, dem Christus durch sein Wort den Geist gegeben hat. Er hat uns durch das Wort seiner Lehre, in das er seinen Geist eingehaucht hat, die Schrift erschlossen. Gibt demnach er uns nicht seinen Geist, so wird die Schrift nicht verstanden, so daß sie belebt und in unserem Geiste Wohlgefallen erweckt. (Exc. VII, 563.)

Niemand versteht die Schrift eines andern, wenn er nicht zur Absicht (intentio) des Schreibenden vordringt. Will er aber dieses, um zum Verständnisse zu gelangen, so muß seine Intention und die des Schreibenden, oder der beide bewegende Geist einer und derselbe sein. Wer also nicht denselben Geist wie Jesus hat, kommt nicht zum Verständnisse und Genusse des Evangeliums. (Exc. VII, 581.)

Verherrlichung Gottes – das Ziel aller seiner Werke

Siehe, wie Gott das Ziel aller seiner Werke ist! Er heiligt, um geheiligt, er belehrt, um erkannt, er verherrlicht, um verherrlicht, er liebt, um geliebt zu werden. Daher werden die Gott Liebenden geliebt, die Erkennenden erkannt, die Weisen mit Weisheit erfüllt (sapientes sapiuntur), die Gott nicht Kennenden nicht gekannt, die ihn Ignorierenden ignoriert.

Du fragst mich, warum verlangt er unsere Heiligung? Ich sage: weil er ein Licht ist, in dem keine Finsternis ist, ein geistiges, vernünftiges Licht. Wie nämlich das sinnliche Licht um so besser ist, je edler es ist und sich gemäß der Natur seiner Vortrefflichkeit um so weiter verbreitet, so ist es auch mit dem geistigen Lichte, der Geist will begriffen und erkannt sein. Wie ein mächtiger König, wenn er in seiner königlichen Herrlichkeit nicht erkannt wird, nicht mehr König ist, als ein jeder Privatmann, weshalb die königliche Würde in ihrer Herrlichkeit erkannt sein will, so verhält es sich auch mit dem Geiste, der der König der Könige ist. Denn was in jedem Regierenden regiert, ist die Vernunft, sie will daher erkannt sein, und um so mehr, je vortrefflicher sie ist, wie wir an den Schriften der Gelehrten sahen. So hat denn die weltschaffende Vernunft (conditor intellectus), da sie unendlich gut ist, in dem Bestreben erkannt zu werden, weil sie die unendliche Vernunft ist, alles erschaffen, auf daß sie in ihrer Herrlichkeit erkannt oder geschaut und geheiligt werde, wie die Sonne einen hellen Anblick gewährt, damit sie in ihrer Herrlichkeit geschaut und gepriesen werde. Weil also Gott geheiligt sein will, deshalb ist alles da, was er erschaffen hat. Er will, was er will, weil er Gott ist. Du fragst mich: Da die Heiligkeit die Gottähnlichkeit (Deiformitas) ist, wie wird sie erworben? Ich sage: durch die Christusähnlichkeit (in Christiformitate); denn da uns Gott unbekannt ist, so hat er, um uns zur Gottähnlichkeit heranzuziehen, seinen Sohn in unsere Natur gesandt. Da dieser Mensch ist, so haben wir einen Zugang zu ihm. Indem er unsere sterbliche, von jeder Sünde freie (ab omni vitio separatam) Natur angenommen hat, wissen wir, daß wir, wenn wir von Sünde frei uns erhalten, ihn anziehen können, und wie er Menschensohn geworden, wir Söhne Gottes werden. Dann sind wir rein, wenn wir von Sünde frei sind. Keine Sünde haben heißt heilig und unbefleckt sein, und dies sind wir, wenn wir den Geist Christi haben, der nicht von dieser Welt ist. Wäre er von dieser Welt, so würde die Welt ihn und er die Welt lieben. – Du fragst: Woran erkennt man diesen Geist? Ich sage: an der Armut in der Welt des Fleisches, die Reichtum ist in der Welt des Geistes. Nichts von dieser Welt als Eigentum besitzen, ist die Armut im Geiste. Ihn befleckt keine Liebe zum Ruhme, zeitlichen Gütern oder fleischlichen Genüssen. Die Welt ist ihm ein Schiff, in dem er das Meer durchsegelt, um schnell und unversehrt in den Hafen zu gelangen. Das ist das Zeichen, daß der Geist, der nicht ohne den Zug der Liebe ist, sich der Liebe der ewigen Güter zugewandt habe. Da wir das Verlangen haben, in Gott überzugehen (in Deum transire), so strebt jeder, nach Kräften Gott ähnlich zu werden. Da nun aber Gott als Geist nur durch den Geist erreicht (adiri) werden kann, unser Geist aber, der Vernunft und Willenskraft hat, nicht durch die Vernunft in Gott übergehen kann, weil Gott alle Vernunft übersteigt, und nicht durch den Willen oder die Liebe, weil das Unerkannte nicht geliebt wird, so ist klar, daß er nicht durch sich, folglich nur durch einen Mittler zum Übergehen in Gott gelangen kann. Gott der Vater zieht durch Vermittlung des Mittlers unsern Geist an sich, wie das Ersehnte den Sehnenden. Indem der Geist das Wort und die Lehre Jesu aufnimmt und in sich bewahrt, so liebt er Christus als den Sohn Gottes und in diesem den Vater, und der Vater liebt ihn durch die Liebe des Sohnes. Gott ist die Liebe, die durch Liebe erkannt und durch Erkennen geliebt wird. So geht der Geist in Gott ein in der Einheit der oben genannten zwei Kräfte. (Exc. X, 679. 680.)

Jesus, das Ziel der Weltschöpfung

Der Sohn Gottes, vor aller Zeit vorherbestimmt, das Menschengeschlecht zu erlösen, hat den Namen Jesus auf dem Wege der Prädestination aus dem Munde Gottes erhalten. Wenn ein Goldschmied, der eine Masse Goldes in der Hand hat, gefragt würde, was er damit mache, und antwortete, einen Kelch wolle er machen, so würde der Kelch diesen Namen erhalten, wenn er auch noch nicht zu sehen ist, weil der Künstler den Kelch bereits in seinem Geiste sieht. Doch wie? Wenn der Künstler, noch bevor irgendein bildsamer Stoff, aus dem ein Kelch verfertigt werden könnte, vorhanden ist, zuerst eine Metallader aufsuchte und zu dem Zwecke reinigte, um einen Kelch zu verfertigen, würde er nicht auf die Frage, was er in allen diesen Vorarbeiten bezwecke, mit Recht antworten, er mache einen Kelch, wenn gleich eine mehrfache und stufenmäßige Zubereitung des Stoffes vorhergeht? Was sollen wir nun von dem allmächtigen Künstler sagen, der nicht aus etwas anderem Gold sucht, sondern alles aus Nichts schafft: Himmel, Erde und was in ihnen ist? Würde er auf die Frage: warum er alles erschaffe, sagen, er erschaffe alles wegen Jesus, so würde er richtig antworten. Jesus ist jenes Gemach des ganzen Weltgebäudes, in welchem wie in einem großen Palast der Sohn des Königs ruhet. (Non est Jesus nisi camera illa totius aedificii, in quo ut in magno palatio filius regis requiescit.) Das Wort Gottes heilt. »Er sandte (er sagt) sein Wort aus und heilte sie.« Die vernünftige Kreatur ist der Palast, der Mensch das Gemach, das auch der Endzweck des Palastes ist, in welches der Heiland herabzusteigen beschlossen hat, um dort Wohnung zu nehmen. Jenes Gemach ist das letzte, was zubereitet wird, wiewohl alles um dessentwillen da ist; das Ziel des

Gemachs ist die Ruhe des Wortes. Es hat somit Gott, der um seiner selbst willen alles geschaffen hat, alles zu dem Zwecke erschaffen, *damit Jesus sei*, der das Ziel und der Endpunkt (ultimitas) der Schöpfung ist. So ist Jesus vor allem, durch ihn und für ihn ist alles, er ist das Ziel und die Ruhe des schaffenden Schöpfers und aller erschaffenen Geschöpfe, der Erstgeborene vor aller Kreatur, das Alpha und Omega. Als daher nach Abfluß der Zeit, in der Fülle der Zeit derjenige in der sichtbaren Welt zeitlich geboren wurde, der ewig ist, als der kam, der sich nie bewegt, als der an einem bestimmten Orte geboren wurde, der in keinen Raum eingeschlossen werden kann, der in Ewigkeit immer gezeugt wird, nahm er diesen Namen: Jesus, Erlöser mit in unsere Natur. So ist Jesus oder die Erlösung in der menschlichen Natur geboren, die bis zu seiner Ankunft stets der Verdammnis unterworfen war. (Exc. V, 502.)

Lehre von den Engeln

Ordnung ist der Widerschein des Göttlichen. Alle Vielheit ist und besteht durch Ordnung, denn die Vielheit ist der Abfall (cadit ab …) von dem Einen und Seienden; jedes Ding ist nur insoweit, als es eines ist. Das Viele, zur Einheit geordnet, hat dadurch sein Bestehen, während es in sich, als Vieles, nicht bestehen kann. Die Ordnung fordert aber Proportion und Harmonie. Die kirchliche Ordnung, die von einem aus in viele übergeht, hängt von der göttlichen Hierarchie ab (der Ordnung der Engel), deren Abbild sie ist.

Wie gelangen wir aber zu einiger Kenntnis des Wesens der Engel (»quid est« angelorum) oder der geistigen Substanzen (substantiarum intellectualium)? Denke dir das also:

Alle Nationen lehren einstimmig das Dasein der Engel, zuerst die heil. Bücher der Bibel, die allen andern Büchern vorhergehen. Abraham ging allen griechischen Schriftstellern vorher, Moses ist älter als Plato und Sokrates. Die Philosophen reden von *Intelligenzen* (de intelligentiis), welche Moses Engel nennt, indem sie davon ausgingen, alles entstehe (nasci) durch die Bewegung des Himmels. Das Leben stammt aber nicht von den Himmelskörpern, denn die Körperkraft bezieht sich nur auf den Körper. Jenes Etwas also, das dem Körper die Lebensbewegung verleiht, ist nicht aus der Körperwelt, sondern aus dem Beweger des Himmels (ex motore coeli). Wie also die Bewegung der Körper aus der Himmelsbewegung, so kommt die Lebensbewegung aus dem Beweger des Himmels. Da aber die Lebensbewegung eine Bewegung mit einem bestimmten Endzwecke ist, so stammt sie von der Intelligenz, die nach einem bestimmten Ziele hin bewegt. Intelligenzen sind also die bewegenden Kräfte der Welten (motrices orbium). Der Zodiakus ist der Ort, unter dem sich die Planeten bewegen. Der Zodiakus ist auch der Lebenskreis (vitalis) genannt worden (*Ζωή* = vita). Es gibt also so viele Intelligenzen, als es gesonderte Bewegungen am Himmel gibt. Wenn jeder Stern seine besondere Bewegung hat, so hätte er demnach auch seinen besonderen Beweger oder seine besondere Intelligenz... Der Engel ist eine abgesonderte (nicht mit Körperlichem verbundene, somit reine) geistige Substanz. In jeder spezifischen Bewegung sehen wir Einklang; die Spezies der Pferde ist eine, und alle Pferde erlangen eine und dieselbe spezifische Bewegung. Daher hat diese Spezies eine Intelligenz zu ihrem Verstande, welche einheitlich die ganze Sphäre der Spezies bewegt. An dieser einheitlichen Bewegung der Spezies erkennen wir die bewegende Intelligenz; sonst wäre es nicht eine Spezies, Kraft und Tätigkeit. Jede Spezies, die ein unteilbares Ganzes ausmacht, ist ein Himmel, dem eine Intelligenz oder Engel vorsteht, der gleichsam der Gott in diesem seinem Reiche ist. Jeder Mensch ist gleichsam eine Spezies für sich, wegen seiner Vervollkommnung. Hermes schreibt an Äskulap, die Menschheit sei die Gattung, die Menschen die Arten. Da wir sehen, daß die menschliche Seele, ohne die der Mensch nicht Mensch ist, nicht durch Fortpflanzung (non ex traduce), sondern in jedem Menschen durch den Schöpfer (ex creante), der der Schöpfer der Arten ist, entstehe, so finden wir, daß auch der vernünftigen Bewegung des Menschen eine Intelligenz vorstehe. Denn die Bewegung, die aus unserem Geiste ausgeht, der sich in einem der Sünde unterworfenen Körper befindet (quae est in corpore subdito peccatis), würde, wäre sie nicht von einer abgesonderten Intelligenz geleitet, nur den körperlichen Trieben folgen. So aber steht uns der Engel zur Seite, der uns die Bewegung nach oben gibt, daß wir verlangen, was der vernünftigen Natur geziemt und der ganzen geistigen Bewegung die Richtung nach dem Ewigen gibt. Eine andere ist die Bewegung der tierischen Natur, der das Irdische gefällt; diese Bewegung ist inspiriert vom Fürsten der Finsternis. Das ist nun eben der Kampf in uns, in dem wir Vernunft und Sinne entgegengesetzten Fürsten, die sich unaufhörlich bekämpfen, untergeordnet finden.

Auch das Gesetz wird durch die Engel vollzogen. Jede Art in der Natur hat ihre besonderen Gesetze; der der Art vorstehende Engel leitet sie nach diesem Gesetze. Das Gesetz ist auch der Geist Gottes oder die göttliche Vorsehung; der Engel ist der Verkündiger oder Vollstrecker dieses Gesetzes. Wenn in einem Sendschreiben die Stimme des Kaisers, in der Stimme das Wort, im Worte der Geist, der die Untergebenen über die Absicht des Kaisers unterweiset, zu den Untertanen gelangt, so kann ein solches Schreiben ein Bote oder Engel genannt werden; das Wort und der Geist im Worte ist der gemäß dem Willen der göttlichen Vorsehung bewegende Geist. Der Engel ist es daher, durch den Gott alles, was er will, ankündigt oder anordnet; der Engel ist der Träger (gerulus) des ewigen, göttlichen Gesetzes und Willens, der Vollstrecker der göttlichen Anordnung. Gott der Geist ist in jedem Engel; der Engel ist die Aufnahme (receptio) der Absicht Gottes. Der Engel ist demnach das lebendige geistige Gesetzbuch, das lebendige Papier, auf dem die Schrift des göttlichen Willens aufgezeichnet ist, ein intelligenter Gesandter an die Kreatur, auf daß sie, die in den Geist des unsichtbaren Gottes nicht hineinschauen kann, mittelst eines äußern Zeichens das Verständnis der göttlichen Absichten erhalte (ut … mediante signaculo recipiat illuminationem intentionis).

Ich sage dies zugleich mit Bezug auf die Namen der Engel, welche Bezeichnungen ihrer Ämter als Dienst tuender Geister sind. Der eine Engel heißt *Michael*, der andere *Gabriel*, der dritte *Raphael*, der vierte *Uriel*, nach ihren Verrichtungen, weil sie je nach der Bedeutung des Worts göttliche Gaben uns vermitteln. Wie an dem Hofe eines Königs die Diensttuenden ihre Namen haben, so enden die Namen aller Engel auf e l, (אל heißt Gott), weil sie die Diener des Königs der Gerechtigkeit sind. Indessen *an sich*, nicht als Diener Gottes betrachtet, sind uns jene Geister ganz unbekannt. Wir kennen jemand aus seinem Dienste, ohne diesen kennen wir ihn nicht. Die geistige Natur wird nur nach ihrer Ähnlichkeit (mit ihrem Urbilde, Gott) erkannt, wie man die durch die Einwirkung des Sonnenlichts erzeugten Dinge aus ihrer größeren oder geringern Aufnahme des Sonnenstrahls erkennt… So erkennen wir auch aus dem Einflusse der geistigen

Sonne jene edlen, geistigen, nach Gott gestalteten Naturen, gleich als lebendige, leuchtende Spiegel und lebendige Abbilder Gottes… Die göttliche Intelligenz wird teils *seraphisch*, teils *cherubisch*, teils *thronisch* etc. aufgefaßt (capitur). Gleichwie aus der verschiedenen Aufnahme und Brechung des Lichts neun Ordnungen der Farben entstehen, so gibt es auch neun Chöre der Engel … Das Evangelium sagt: »die Engel der Gläubigen sehen das Angesicht des Vaters im Himmel.« Sie sind daher wie reine Augen des Herzens. Wie ein Spiegel, der nicht rein ist, aufhört, der Wirksamkeit nach Spiegel zu sein, so sieht auch das Auge nichts, wenn es nicht rein ist. Die Engel sind daher ganz reine geistige Augen. Wie das Auge am Anblicke des sichtbaren Schönen seine Freude hat, so sucht die geistige Natur durch ihre geistige Anschauung den Schöpfer ihrer geistigen Form zu sehen, der das Schönste ist und in dem sie ihre Ruhe findet. Durch das Angesicht kennen wir die Menschen. Das Angesicht des Vaters der geistigen Natur sehen heißt die Quelle ihres Lebens erkennen. Jede Vernunft strebt die Ursache von allem, Gott, zu erkennen; ihn erfassen, ist das süßeste Ergötzen. Allein ihn zu sehen ist nur möglich durch die Offenbarung des Sohnes, weil nur der Sohn den Vater kennt, alle andern erkennen ihn nur durch die Offenbarung des Sohnes. Denn der Vater ist, wie der Sohn sagt, im Verborgenen. Der Mittler aller vernünftigen Geister ist das Wort oder der Sohn Gottes; durch ihn erlangen alle das Ziel ihrer Sehnsucht, die höchste Glückseligkeit.

Die Engel verdienten im Kampfe für Christus im Siege befestigt und in der Gnade bestärkt zu werden, weil sie die Ehre Gottes ihrem Leben vorgezogen; daß sie aber siegten, kam aus dem Verdienste des Blutvergießens Christi. Denn Christus verdiente es, daß diejenigen, welche für seine Ehre bis in den Tod kämpfen, vom Satan nicht besiegt werden, sondern ihn besiegen, weil Christus selbst ihn besiegt hat und Christi Gewalt ihn überragt. In Christi Kraft wird der Drache besiegt. Die Kraft Christi aber ist, gehorsam zu sein bis in den Tod und nicht das Seinige, sondern Gottes Ehre zu suchen. So kam denn das Verdienst Christi den Engeln von Anfang an zu Hilfe (subvenit), wie auch den heiligen Vätern, die seiner Ankunft im Fleische vorangegangen. Wie ein treuer und beglaubigter Bürge einen Schuldner augenblicklich befreit, indem er die Schuld auf sich nimmt, wenn er gleich erst später zu einer vorherbestimmten Zeit wirklich Genugtuung leistet, so ist es auch bei Christus. Beachte daher, daß das Wort Gottes oder die Gewalt Christi die das ganze Reich der seligen Geister umfassende Gewalt ist (potestatem Christi esse imperialem virtutem spirituum beatorum).

(Exc. VIII, 603–605.)

Ursprung der Seele

Ist die Seele aus der Wesenheit (essentia) Gottes?

Gott schafft und wirkt nicht durch ein Akzidens, da dies auf ihn als den Einfachsten keine Anwendung findet; er wirkt nicht wie das Feuer durch Wärme, sondern er wirkt als erwärmende Wärme gemäß seiner Wesenheit. Allein er teilt sich nicht auf dem Wege der Verendlichung (via contractionis) mit, da er einfach und kein Teilnehmen an sich, keine Vermischung mit seinem Wesen zuläßt, wie der Sonnenstrahl durch keinen Schmutz verunreinigt werden kann. Es bleibt also Gott absolut und *schafft durch seinen Willen*, wie der König nach seinem Willen die Officialen ernennt und nach einem unveränderlichen Gesetze alles bewegt. Indem er den Officialen und Rektoren das Sein gibt, drückt er durch seinen Willen die Ähnlichkeit mit seiner Herrschaft den Rektoren auf, so daß sie an dem Abbilde seiner Herrschaft partizipieren, während das Urbild der Herrschaft unpartizipiert in ihm bleibt. Wenn ein Sigill sein Bild in Wachs eindrückt, so sind die Buchstaben im Wachse nicht aus der Wesenheit der Buchstaben des Sigills, die keine Mitteilung (ihres Wesens) zulassen, sondern sind Abbilder der wesentlichen Buchstaben. Gott drückt die Bilder (die Ähnlichkeit) seiner Ideen (suarum rationum) der vernünftigen Natur ein und teilt sich auf diese Weise ihr mit. Beachte, daß die Ähnlichkeit der Unendlichkeit Gottes, sofern nämlich Gott die in Wirksamkeit (actu) unendliche Kraft ist, in der Weise im Geiste gefunden wird, in welcher die Ähnlichkeit der Ewigkeit, welche lautere Wirksamkeit zumal ist (quae est tota simul actu). Daher ist die Möglichkeit, immer mehr und mehr zu erkennen ohne Ende, die Ähnlichkeit der ewigen Weisheit. Hieraus folgere, daß unser Geist das lebendige Abbild des Schöpfers ist, das sich dem Schöpfer ohne Ende immer mehr gleichgestaltet, daher der Belehrung fähig ist.

(Exc. X, 679.)

Die Seele von Natur eine Christin

Das Wort Gottes gab uns eine Ähnlichkeit seiner selbst. Da es der *λόγος* oder die Vernunft ist, so wollte es in dem vernünftigen Geiste widerscheinen. Es legte in ihn das Verlangen nach Wahrheit, das Verlangen nach Leben und gab ihm das ewige Gesetz, durch welches er zur Wahrheit und zum Leben gelangen kann. Christus ist das Wort, welches die Wahrheit, das Leben und der Weg ist. Es ist also unser Verlangen nach Wahrheit ein Verlangen nach Christus, das Verlangen nach dem Leben ist ein Verlangen nach Christus. Wir fragen, auf welchem Wege wir dahin gelangen; Christus ist der Weg, weil Gott die Liebe ist. Die Liebe ist der Weg zum wahren Leben. Wir alle fühlen es, daß die Grundzüge von allem diesem in unsere Vernunft gelegt sind (Omnes haec in ratione nostra characterizata sentimus), denn es gibt niemand, der kein Verlangen nach Wahrheit habe, niemand, der nicht die Unsterblichkeit wünschte, niemand, der nicht liebte. Allein in dieser Welt wissen wir nicht, was Wahrheit ist, Leben, Weg, Gesetz oder Liebe. Deshalb kam Christus in diese Welt, um uns alles dieses zu zeigen. (Exc. III, 404.)

Ursprüngliche Unschuld, Verlust derselben

Ein unschuldiger Knabe sündigt nicht und ist ohne Sorge wegen seines Lebens. Woher er das leibliche Leben hat, von daher wird er auch genährt. Die Mutter, die ihn geboren, nährt ihn auch an ihrem Leibe. Wenn er aber zur Erkenntnis des Guten und Bösen gelangt ist, wird er seinem eigenen Urteile überlassen; er lebt nun schon in Sorge und bebaut die Erde. Die Unschuld hatte also dieses Vorrecht (erat sic privilegiata). Von Gott allein nämlich erhielten unsere Eltern das Leben, und hätte die Unschuld fortgedauert, so hätten sie ohne Sorge gelebt; denn wer ihnen das Leben gab, hätte auch aus sich, wie an seinen eigenen Brüsten, den Geist, den er ihnen eingehaucht, belebt. Und so wäre aus der Unsterblichkeit selbst dem Geiste das Leben mitgeteilt worden; Himmel und Erde und was in ihnen ist, hätten im Dienste des Menschen diesem alle Bedürfnisse seines Körpers zu einem vergnügten Leben gereicht. Aber unsere Eltern, *vollkommen geboren*, hatten die Vollmacht, die Unschuld, welche mit der vollkommenen Vernunft eines war (quae cum perfecta ratione concurrebat), zu verlassen und zum Gebrauch des Verstandes sich hinzuwenden und so sich selbst zu regieren. Solange nämlich ein Kind sich nicht selbst regieren kann, überlassen es die Eltern nicht sich selbst, sondern sorgen für dasselbe. Unsere Voreltern hatten die Vollmacht, wie unverständige und unschuldige Kinder unter der Leitung des Schöpfers oder des Wortes oder der ewigen Vernunft zu verbleiben oder sich durch ihren eigenen Verstand zu regieren. Da sie nun sich selbst gefielen, verachteten sie die Leitung Gottes und wurden eitel und arm, wie die Parabel vom verlorenen Sohne ganz trefflich zeigt. Jesus kam als Lehrer in die Welt, um zu zeigen, daß man den törichten Hochmut, der von dieser Welt ist, ablegen und zur Demut und Schlichtheit der Unschuld zurückkehren müsse, auf daß so der Mensch zu dem Regenten, der allein für solches Sorge trägt, zurückkehre. Obwohl der verschwenderische Sohn sich der Leitung seines Vaters entzog, so wurde er doch, nachdem er in sich gegangen (reversus ad cor) und sich verdemütigt, wieder aufgenommen und ihm die frühere Liebe und Gnade wieder zugewandt (recipitur denuo cum priori stola). (Exc. VI, 517.)

Sünde

Ob Gott in deiner Seele als in seinem heiligen Tempel wohne, kannst du daran erkennen, wenn du frei von Sünden bist. Dann wohnt Gott in dir. Die Sünde verursacht dreierlei Übel in der Seele: Sie wird durch sie *verdunkelt* (obumbratur), *befleckt* (maculatur), *betrübt* (contristatur). Gleichwie die Braut, die den Bräutigam verloren hat, sich schwarz kleidet, nicht wäscht, sondern schmutzig und traurig ist, so geht es der Seele beim Verluste ihres Bräutigams durch die Sünde, welche das Eheband infolge ehebrecherischer Liebe auflöst. Kommt aber der Bräutigam wieder, so hört jenes alles auf. Empfindet die Seele in sich das klare Licht der göttlichen Gnade, die das Gewissen dergestalt erhellt, daß du deine Sünden einzusehen vermagst, die du ohne dieses Licht nicht sahest, dann ist Gott wieder da.

(Exc. V, 505.)

Die Sünde ist wie die Fäulnis im Obst. Diese benimmt Farbe, Wert, Geschmack und Geruch. So nimmt auch die Sünde dem Leben seine Zierde (decorem vitae), dem guten Rufe den Wohlgeruch, der Gnade ihren Wert, der (künftigen) Herrlichkeit ihren Wohlgeschmack (saporem gloriae). Die Sünde ist wie eine Wunde im Körper; solange diese noch neu ist, läßt sie sich berühren und drücken, nach drei Tagen schon schwerer. So ist es auch bei den Sündern. Es sind auch hier drei Tage: Vollführung (perpetratio), Gewohnheit, Verstocktheit (obstinatio); dann läßt sich die Sünde nicht mehr anfassen; nach dem Worte in den Proverbien: Wenn der Sünder tief in die Sünde geraten ist, so verachtet er. Die Bosheit verhärtet ihn und er haßt den, der ihn zurechtweiset. (Exc. II, 399.)

Das Böse, sein Wissen durch Gott, sein Ursprung nicht aus Gott

Einige sagen: Daß Gott das Gute kenne, geben wir zu, weil er die Güte ist, von dem alles Gute kommt. Da aber das *Böse* nichts ist, so wäre es besser, zu sagen, er wisse es nicht, als daß er es weiß. Es scheint demnach, daß Gott das Böse nicht weiß. Ich behaupte aber, daß Gott das Gute und Böse kenne (weil er sonst nicht vollkommen erkennte), wie das Auge Licht und Finsternis erkennt; denn er erkennte das Licht nicht vollkommen, wenn er nicht auch die Finsternis kennte. Der Maler erkennt sein Gemälde, auch wenn einer dasselbe mit schmutziger Farbe besudelt. Gott hat durch seine allmächtige Hand alle Kreaturen gemalt und seine Ähnlichkeit in den schönsten Farben allen aufgedrückt. Der Teufel aber befleckt dieses Gemälde. Das weiß Gott, wie der Maler es weiß, wenn sein Gemälde verunstaltet wird, wie Gott es wußte, daß der böse Feind nach dem guten Samen Unkraut aussäte. So wird auch das Böse, *obwohl es der Sache nach nichts ist*, doch erkannt. Gott erkennt das zukünftige Böse; ich sage: das zukünftige, nach unserm Standpunkte, denn sein Erkennen, das über der Zeit ist, ist weder ein vergangenes noch ein zukünftiges. Es könnte aber jemand einwenden, Gott habe den Menschen schwach, hilfsbedürftig erschaffen, so daß wegen dieser seiner Mangelhaftigkeit ein Arzt nötig ist. Ich sage: *Gott hat keinen Mangel oder Schwäche erschaffen*; wohl aber, wenn ein solcher *infolge der Frei-*

heit des Menschen eintreten sollte, sich die Heilung vorbehalten, damit nicht der durch seine Schuld schwache Mensch ganz erschlaffe; wie der Vater dem verschwenderischen Sohne nur einen Teil seines Erbes gab und den andern für den Fall, daß der Sohn verarme, aufbewahrte. (Exc. IX, 646–647.)

Warum Gott die Sünde zuliess

Die Frage: Warum ließ Gott Adam, unsern Stammvater, sündigen und uns alle infolge seiner Sünde sterben? löst sich im Hinblick auf das Wort Christi an den Blindgeborenen, daß in seiner Heilung sich die Herrlichkeit Gottes offenbaren sollte. Daß es Gott zuließ, daß Adam in Sünde geriet, das rührte nicht von seiner Sünde her, sondern damit die Herrlichkeit Gottes offenbar würde, denn obgleich Gott an der Sünde, deren Entstehen er verhinderte, kein Gefallen hatte, so weiß er doch auch aus dem Bösen Gutes hervorzubringen (elicere). Das läßt sich von allen zur Seligkeit Prädestinierten sagen, von denen man weiß, daß sie Sünder gewesen.

Die heilige Schrift faßt alles unter der Sünde, damit den Gläubigen die Verheißung aus dem Glauben zuteil werde.

Gott wollte seine Herrlichkeit in seinem Sohne offenbaren, damit, wie durch einen Menschen der Tod in die Welt kam, so durch Christus Jesus das Leben in allen käme. Der Sohn verherrlicht den Vater, indem er die Schätze der Herrlichkeit des Vater aufzeigt und mitteilt, der Vater verherrlicht den Sohn, weil er durch ihn das ewige Leben verleiht. Gott ließ es daher zu, daß alle der Gnade bedurften, um den Reichtum seiner Gnaden in Jesus zu zeigen, dem er als der Quelle (ut fonti) die Fülle der Gnaden zuwies (contulit). Gott ließ zu, daß wir alle unvollkommen (defectuosos) seien, um sich als den Vollkommensten zu erweisen, der alles in Christus erfüllt und vollendet. (Exc. VI, 523. cf. VI, 541.)

Sündenfall im Verhältnis zu Gott

Gott gab dem Menschen eine Gnade (donum), durch die er von Tod und Schwäche frei sein konnte. Aber er beraubte sich derselben durch seinen eigenen Willen und gab sich, mit Verschmähung der Gabe Gottes, in den Tod hin. Gott verurteilt ihn zum ewigen Tode, nicht wegen der Natur, die er gab, sondern wegen der Schuld, der sich der Mensch unterwarf; denn Gott will den Tod des Sünders, die Verdammung nicht aus dem Grunde der Sünde oder der Verdammung, d. h. nicht um der Verdammung als solcher willen (non sub ratione peccati vel damnationis), sondern um der Gerechtigkeit willen (sub ratione iusti). (Exc. VII, 575.)

Gewissen, Sünde, Todsünde

Wir haben in uns einen erkennbaren Geist, der aus der Wahrheit stammt und uns belehrt, wenn wir etwas Tadelnswertes, gegen das ewige Gesetz, getan haben; *unser Herz*, nämlich das erkennende (cor nostrum scilicet intellectuale), *tadelt uns.* Da aber Gott größer ist als unser Herz, weil er die Quelle des Lichtes der Erkenntnis ist, durch das unsere Seele die Erkenntniskraft erlangt hat, so kennt er unser ganzes Inneres. Wir fühlen es also in uns, ob wir vor Gott tadelnswert seien oder nicht, und indem wir dieses erkennen, erforschen wir unser Inneres; macht uns unser Inneres keine Vorwürfe, so haben wir gute Zuversicht (fiduciam). Da niemand Reue haben kann, es tadle ihn denn sein Inneres, so erhellt, daß die Reue über die Sünde aus dem Lichte der göttlichen Erkenntnis entspringt. Macht uns das Innere keine Vorwürfe, so sehen wir daraus, daß wir im Lichte der Wahrheit wandeln. Die *Sünde* ist demnach das Überschreiten der Gebote des Lichts, das Nichtverrichten von Werken des Lichts, die Gott gefallen, weil er selbst das Licht und die Wahrheit ist. Die Sünde ist ein Kämpfen wider das Licht der Erkenntnis (peccatum est in lumen intelligentiae offendere). Das lehrt Christus: »Wäre ich nicht gekommen und hätte ich nicht zu ihnen geredet, so hätten sie keine Sünde, so aber haben sie keine Entschuldigung.« Das Licht der Erkenntnis, das wir in Ähnlichkeit des göttlichen Lichtes besitzen, ist das Licht der Vernunft; es ist der Vernunft *von Natur aus* gegeben, ohne welches unsere Vernunft nicht vollkommen ist. In diesem Lichte erkennen wird die Gebote (quae legis sunt), daß man Gott den Geber des Lebens und in Gott den Nächsten lieben müsse, wie wir geliebt sein wollen. Allein wir erkennen in diesem Lichte noch nicht die *Macht des Geistes*, welche ist die Einigung desselben mit der reinen Wahrheit, worin die höchste Glückseligkeit besteht. Darum kam Christus, dessen vernünftige Erkenntnis (rationalis intelligentia) mit der höchsten göttlichen Wahrheit so vereinigt ist wie der Glanz mit dem Sonnenstrahle, und belehrte uns, wie wir die Kindschaft (filiatio) Gottes erlangen können. Dieses Licht ist das *Licht der Gnade*, das unsere Erkenntnis durch den Glauben an Jesus Christus erlangt ... Wer daher Christus nicht aufnimmt, wenn er gleich das Licht der Vernunft zu haben scheint, durch welches er erkennt, daß man Gott anbeten und den Nächsten lieben müsse, der bleibt in der Finsternis der Unwissenheit, weil er nicht das Licht der Gnade aufnimmt, das den Geist zur Kindschaft Gottes erhebt. Ein *Solcher* mag *treiben, was er will*, er wird nie zur Ruhe der geistigen Erkenntnis, die im Erfassen der Wahrheit an sich (veritatis uti est) besteht, gelangen können; denn bei dem natürlichen Lichte ist jeder menschliche Geist unfähig für das Schauen der Wahrheit. *Diese Unfähigkeit findet ihre Ergänzung einzig in dem Fleisch gewordenen Worte.* Wer also das Licht des Glaubens, der Kindschaft Gottes, sich nicht erworben hat, in dem bleibt die Sünde, weil er die höchste Glückseligkeit, die er nicht glaubt und hofft, nicht erlangen kann. Daraus geht klar hervor, daß wir dann eine *Todsünde* begehen, wenn wir die Gebote des Lichtes der Erkenntnis übertreten (quando mandata luminis intelligentiae transgredimur). Denn dieses Licht belehrt uns, man müsse die rechte Ordnung festhalten, welche verlange, daß das unveränderliche Gut dem veränderlichen, das sittlich Gute dem Nützlichen, Gottes Wille unserm Willen, die Vernunft der Sinnlichkeit vorgezogen werde. Die Verkehrung dieser Ordnung ist, da sie mit dem Lichte der Erkenntnis nicht übereinstimmen kann (quoniam in ipsum lumen intelligentiae nequit consentire), die Sünde der Wegkehr von dem Leben, mithin Todsünde. Wenn man daher gewöhnlich sagt, die Zustimmung der Vernunft (consensum rationis) mache die Todsünde aus, in der Verkehrung der rechten Ordnung, so ist dies nach dem eben Gesagten richtig aufzufassen, daß man nämlich sage, die Vernunft stimme dann überein, wenn sie unterliegt. Denn als Vernunft stimmt sie nie überein, wohl aber überwiegt der Geist der Finsternis, der Welt und des Fleisches, mag auch die Vernunft Widerspruch erheben. Weil jedoch die Vernunft durch ihren Widerspruch (ratio reclamans) siegen kann, wiewohl ihr eine gewisse Gewalt angetan wird, so wird das

Sichgefangengeben (captivitas) ihr angerechnet. Wenn sie so unterliegt, so gerät sie in eine um so größere Knechtschaft unter den Geist der Finsternis, je freier die Kraft des Widerstandes in ihr zuvor gewesen; gleichwie die Nachlässigkeit eines Kirchenobern eine Todsünde ist, wenn er einen Untergebenen von einer großen Sünde fernhalten kann und es nicht tut. Jene Bewegungen des Geistes der Finsternis heißen *Versuchungen*; sie versuchen vielmehr, als daß sie der Vernunft Gewalt antun, deren Macht sich über alles erstreckt, was zu dieser Welt und deren Fürsten gehört. Der Versuchung unterliegen ist daher schimpflich für den, der siegen kann. In den ersten Bewegungen, die noch nicht dem Urteile der Vernunft vorgehalten werden, liegt keine Überschreitung; wenn aber der Widerstrebende gestattet, daß die Sinnlichkeit zustimme, so erhält die Ordnung der Gerechtigkeit einen Riß und es entsteht die Sünde. Zuweilen entsteht eine Störung dieser Ordnung, jedoch ohne Verkehrung der Gerechtigkeit, weil nicht ein veränderliches Gut einem unveränderlichen vorgezogen wird. Dies ist *eine Sünde, welche Verzeihung verdient*, weil von solcher Sünde bei der Gebrechlichkeit unserer Natur kaum jemand frei sein kann. Die Todsünde macht die Seele, wie eine unheilbare Krankheit, für allezeit unfähig, eine Braut Christi zu sein, die ohne alle Makel sein muß. Die läßliche Sünde macht die Seele nur vorübergehend hierzu unfähig, bis sie gereinigt ist. Es ist daher mit der Sünde wie mit der Krätze, deren es verschiedene Arten gibt: einige sind schnell zu heilen, andere schlummern längere Zeit (quaedam morpheaticae), wieder andere haben Ähnlichkeit mit dem Aussatze. (Exc. III, 427.)

Der Teufel und seine Versuchungen

Sooft in dir ein Verlangen nach dem entsteht, was nicht aus dem Reiche der Wahrheit ist, so nimm dich vor dem Versucher in acht; denn er pflegt sich den Menschen zu nahen, wenn sie sich in ein solches Verlangen einlassen. Sei daher vorsichtig bei allen Reizen dieser Welt, wenn du auch nichts minder sittlich Gutes dabei bemerkst; es kann die Schlange im Grase verborgen sein.

Der Satan war ungewiß, ob es (in der Wüste) der Sohn Gottes sei, wiewohl er wußte, daß derselbe Hunger hatte. Darüber war er also nicht ungewiß, daß der Sohn Gottes Menschensohn sein und Hunger gleich einem Menschen haben könne. Weil aber der Gottmensch hungern und einen Stein in Brot verwandeln kann, um ihn zu essen, so wollte er aus der vorzunehmenden Verwandlung der Naturen (des Steins in Brot) sich Gewißheit verschaffen. Beachte, wie der Versucher argumentiert! »Wenn du der Sohn Gottes bist, so befiehl, daß diese Steine Brot werden.« Denn auf das Wort des Sohnes Gottes hört alles, ja selbst die Toten hören seine Stimme... Er redet nicht an Ohren von außen her, sondern als die innerste Kraft der Wesenheit. Die Wunder der Verwandlung sind die Werke des Sohnes Gottes. Erfolgen sie durch einen Menschen, so glauben wir an ihn als den Sohn Gottes. Daher werden die Heiligen, die erweislich Wunder, erhaben über die Natur, verrichtet haben, unter die Söhne und Heiligen Gottes gezählt, wenn sie anders als gläubig erfunden worden. Beachte hier, wie ein Geist, der nach der Kindschaft (filiatio) Gottes trachtet, wenn er sich soviel als möglich hierzu geeigenschaftet hat, den Versucher zu fürchten hat, der ihn durch Wunder versucht.

(Exc. V, 484.)

Fall des Teufels

Der Teufel liebt es, dem Höchsten ähnlich (similis) zu gelten; das ist die Sünde, in der er von Anfang an verharrt. Denn niederfallen und anbeten schließt das Bekenntnis der höchsten Ehrfurcht, die nur dem Allerhöchsten gebührt, in sich. Weil er nicht der Höchste sein konnte, wollte er demselben ähnlich sein. Weil aber auch das nicht möglich war, da jene Ähnlichkeit des Höchsten, die absolute Gleichheit selbst, nur Gott ist, so fiel er, der bis zum Unmöglichen hinaufsteigen wollte, in die Region der Unähnlichkeit. Und nun hört er in dieser Region nicht auf, die Menschen zu überreden, ihn als den Allerhöchsten zu verehren, wiewohl er es nicht ist; wie der Heuchler auf jede Weise durch alle möglichen Zeichen und Winke zu überreden sucht, daß man ihn als heilig verehre, was er doch nicht ist, ja er beweist gerade durch dieses sein Benehmen, daß er es nicht sei, er verrät und verurteilt sich selbst als Betrüger. (Exc. V, 484.)

Wirkungen des Teufels

Die Kraft des bösen Feindes ist wie die Kraft des rauen Nordwindes, der durch sein Wehen kalt und gefrieren macht, tötet und starr macht. Er kann nur überwunden werden durch den Geist der Liebe oder Wärme, die Sonne der Gerechtigkeit, die Eis und Schnee auflöst und das Unbewegliche beweglich, lebendig und flüssig macht. Dazu erschien der Sohn Gottes, um die Werke des Teufels zu vernichten. (Exc. VII. 567.)

Einfluss der Dämonen

Über die Wesen, welche keine Vernunft (intellectus) haben, hat der Dämon Gewalt. Daher kann der Dämon auf unsere geistige Natur nicht eindringen (illabi). Denn was der Dämon fesselt, das fesselt er durch sich selbst und durch sein Eindringen (per suum illapsum), wie die Kälte durch ihr Einfallen das Wasser gefrieren oder das Lab die Milch gerinnen macht. So war die Zunge des Stummen bei Marc. 7. Kapitel gefesselt, und es wurde das Band seiner Zunge gelöst. Allein in den vernünftigen Geist kann außer dem Worte Gottes nichts eindringen (illabi), weil er Gott ähnlich ist, welcher ein Geist ist, und zwischen Gott und dem Geiste ist keine vermittelnde Natur. Zwischen der Wahrheit und dem Geiste kann es keine dazwischenliegende (media) Natur geben. Gott ist die Wahrheit; die Wahrheit wird im Geiste erfaßt. Nur Gott also dringt (illabitur) in die geistige Natur ein. Wie die Kälte das Wasser, das sie fesselt, in Besitz nimmt, so nimmt das Leben der Wahrheit durch ihr geistiges Eindringen die Seele in Besitz. Der Begriff der Freude erfreut, eine große Freude noch mehr, die ewige Freude ewig, die absolute Freude absorbiert uns ganz. Dies empfinden die, welche in die Freude ihres Herrn eingehen. Wenn der böse Geist per accidens gefrieren macht, so macht der gute Geist wieder flüssig. Daher sagt die Braut: »Meine Seele ist flüssig geworden, wie mein Geliebter zu mir geredet hat.«

(Exc. V, 474.)

Die Erlösung der Welt nur durch göttliche Vermittlung möglich

Christus mußte leiden, weil er auf andere Weise der Wahrheit das größte Zeugnis nicht geben konnte. Denn er war dazu geboren, der Wahrheit Zeugnis zu geben. Anselm wirft die Frage auf, ob eine Notwendigkeit es forderte, daß der Höchste sich so sehr erniedrigte, und der Allmächtige solchem Leiden sich unterzog, und antwortet darauf: Alle Notwendigkeit und Unmöglichkeit unterliegt seinem Willen: Was er will, muß sein, was er nicht will, kann unmöglich sein. Somit hat er allein durch seinen Willen, der allezeit gut ist, also allein durch seine Güte die Erlösung bewirkt. Die menschliche Natur mußte eigentlich alles tun, was notwendig war, damit sie zu dem wiederhergestellt werde, um dessentwillen sie erschaffen war. Allein weder sie noch alles, was nicht Gott ist, reichte dazu hin. Denn der Mensch wird zu seiner ursprünglichen Bestimmung nur dann hergestellt, wenn er zur Ähnlichkeit mit den Engeln, in welchen keine Sünde ist, emporgehoben wird, was unmöglich ist, wenn ihm nicht alle Sünden nachgelassen werden, und dies erfolgt nur durch eine vollständige *Genugtuung*, welche der Art sein muß, daß der Sünder oder jemand an seiner statt Gott etwas von dem Seinigen gibt, das er (zu geben) nicht schuldig ist (quod debitum non sit), und das alles übertrifft, was nicht Gott ist. Denn wenn Sündigen heißt Gott beleidigen, und der Mensch dies nicht tun soll, auch wenn alles, was nicht Gott ist, zugrunde ginge, so fordert unstreitig die unveränderliche Wahrheit und die klare Vernunft, daß der Sünder Gott für die diesem entzogene Ehre etwas gebe, was größer ist, als das, um dessentwillen er ihn nicht beleidigen durfte (reddat Deo … aliquid maius, quam sit hoc, pro quo illum exhonorare non debuit). Da dieses die menschliche Natur allein nicht geben konnte, und dieselbe ohne gebührende Genugtuung nicht versöhnt werden konnte, so kam die Güte Gottes zu Hilfe, damit die Gerechtigkeit Gottes nicht in seinem Reiche die Sünde als etwas Ungeordnetes bestehen lasse. Der Sohn Gottes nahm die menschliche Natur in seiner Person an, damit in dieser Person der Mensch Gott wäre, welcher besitzt, was nicht nur alle Wesenheit, die nicht Gott ist, sondern auch alle Leistung, die der Sünder zu entrichten hat, weit übertrifft (ut in ea persona esset homo Deus, qui haberet, quod superaret non solum omnem essentiam, quae Deus non est, sed etiam omne debitum, quod peccatores solvere debent). Da er (der Gottmensch) nichts für sich zu leisten hatte, so tat er es für andere; denn das Leben des Menschen ist kostbarer als alles, was nicht Gott ist, und übertrifft jegliche Leistung (omne debitum). Wenn sein Tod alle Menge und Größe der Sünden, die sich nur denken lassen, übertrifft, so ist klar, daß sein Leben mehr Gutes in sich hat, als alle Sünden Böses. Dieses Leben gab derjenige, der nicht infolge einer Schuld sterben mußte, weil er kein Sünder war, freiwillig als sein Eigentum (de suo) zur Ehre des Vaters hin, indem er es sich um der Gerechtigkeit willen nehmen ließ, um allen ein Beispiel zu geben, man dürfe die Gerechtigkeit selbst bei Verlust des Lebens nicht aufgeben. Anders ist es bei dem aus Adam stammenden Menschen, dessen ganzes Streben vermöge seines natürlichen Ursprungs auf Erhaltung dieses zeitlichen Lebens gerichtet ist. Das Kind dieser Welt weiß von keinem Verlangen nach dem, was der Gegensatz zu dieser Welt ist, wie das Auge nicht nach den Gegenständen des Gehörs ein Verlangen hat, es will nur gut sehen. Die Sehnsucht nach dieser Welt zieht den Menschen dahin, hienieden seine Ruhe zu suchen. Weil der Mensch nicht wußte, daß er die Fähigkeit für das andere Leben habe, so konnte auch kein Verlangen nach demselben in ihm entstehen. Der Mensch war von seiner Geburt an unwissend, allein er sollte weise werden und das höchste Ziel erreichen. Da nahm die Weisheit die menschliche Natur an, Christus, die Weisheit Gottes, wurde Gottmensch und unsere Weisheit, damit wir in ihm die Sehnsucht nach der andern Welt empfänden. Da aber unsere gebrechliche Natur sich nicht nach oben aufschwingen konnte, wenn nicht das irdische Verlangen in ihr ertötet ist, so finden wir in Christus die Fülle und Vollkommenheit, die alle unsere Mängel ergänzt (plenitudo, replens omnes defectus nostros). In Ihm, der kam, um alle unsere Mängel zu ergänzen (adimplere), müssen wir also die Läuterung aller sinnlichen Begierden finden. Diese Läuterung erfolgt durch eine sinnliche Strafe ... Wer durch Christus auf dem rechten Wege sich zu Gott hinwendet, kann das Ziel erreichen; wer sich von ihm wendet, verliert das Ziel der Erlösung.

(Exc. III, 418, 419.)

Bedürfnis einer objektiven substantiellen Weisheit

Wenn Plato um des Wissens willen die Welt durchwandert und überall einen Lehrmeister gesucht, wenn er Archytas aufgesucht hat, und ebenso andere, die gewiß alle nur die Inkarnation der Weisheit gesucht haben, so wird in allen Lehrmeistern diese Inkarnation der Weisheit gesucht. Wäre sie daher nicht in irgendeinem inkarniert, d. i. gäbe es nicht einen Menschen, der so weise ist, daß eine höhere Weisheit nicht möglich ist, welche die Weisheit in ihrer *Wesenheit* ist, so suchten wir vergeblich alle Lehrmeister auf, wenn die Weisheit in keinem gefunden werden könnte. (Exc. IX, 632.)

Christus, der Erlöser. Bedingung der Aufnahme seines Geistes in uns

Je mehr der Geist sich des Adels seiner Abkunft bewußt ist, desto mehr fühlt er seine Gebundenheit durch die Schranken der endlichen Natur, Ergreifung des ewigen Lebens, das in seinem Ursprung oder Schöpfer ruht, sich zu erheben. Der edle Geist sehnt sich daher nach etwas, dessen Erfassung jedoch über alle seine Kraft geht, und er seufzt, daß er, was er so sehr verlangt, nicht ergreifen kann. Da nun die Sehnsucht nach der Erfassung des ewigen und unsterblichen Lebens allen edlen vernünftigen Geistern, die nämlich ihr Leben geistig zu leben wünschen, eingepflanzt ist, so erhellt hieraus, daß der, welcher aus seiner Gnade das edle Streben nach Unsterblichkeit gegeben hat, dieses heiße Sehnen nicht ohne die Hoffnung der Erfüllung gab; denn sonst würde diese Gabe zur Qual, was Gott, dem besten Vater, nicht zukommt, der nur Gutes spendet. Daher lehren denn auch alle Propheten, und selbst die Weisen der Heiden im Gefühle, daß sie nicht aus sich selbst das Verlangen ihres Geistes befriedigen können, und im klaren Bewußtsein, daß ihnen dieses Verlangen nicht umsonst innewohne, daß der, welcher dem Geiste dieses Verlangen gab, auch die Gnade, es zu erreichen, geben werde. Diese Gnade aber, die Ergänzung der unvollkommenen Natur wird notwendig in einem als Gnade der ewigen Zeugung erscheinen, durch welchen sie dann als Gnade der Wiedergeburt auf alle übergeht. (Haec autem gratia, quae est suppletio defectuum naturae, necessario erit in aliquo gratia generationis, per quem gratia regenerationis in omnes veniet.) Ohne Zweifel würde jeder, der die Kunst zu beleben verstünde, ewig leben, weil er beständig den Tod, vor dem er einen so großen Abscheu hat, von sich abwehrte. Daher wünschten die Alten, daß die Kunst des unsterblichen Lebens, nach welcher alle sich sehnen, durch die Gnade der Zeugung einem anerschaffen würde, der dann dieselbe jedem vernünftigen Geiste mitteilen könnte. Das unsterbliche Leben aber ist Gott, und die Kunst dieses Lebens die Weisheit oder der Sohn Gottes. *Dieser ist daher der Erlöser, der uns neu schafft,* durch das Licht der Weisheit oder der unsterblichen Kunst, um unser höchstes Verlangen zu erreichen. Jesus sagt: der Kleinste im Himmelreich sei größer als Johannes; denn jener ist wahrhaft wiedergeboren zum unsterblichen Leben; Johannes aber nur im Glauben; denn er glaubte, daß der allgemein erwartete Erretter kommen werde und daß er durch ihn die Wiedergeburt erhalten werde, die er jedoch in der Wirklichkeit noch nicht erlangt hatte; denn niemand kann jenes Leben in der Tat erreichen, wenn nicht das sinnliche Leben erstorben ist. Der *Glaube* führt daher vom sterblichen Leben zum unsterblichen; er ist der Weg zum Übergang aus der Gnade der Geburt in dieser Welt zur Gnade der Wiedergeburt in der andern Welt. Johannes vergleicht in der Offenbarung das Wissen des kreatürlichen Lebens mit dem Monde, die Weisheit der Wiedergeburt mit der Sonne, und zwar deshalb, weil die Sonne das Werk der höchsten Weisheit ist, da in der Sonne das erleuchtende Licht und die belebende Wärme oder Liebe vereinigt ist. So koinzidiert auch in der Weisheit das Wissen mit der Liebe. Denn sie ist ein schmackhaftes Wissen. Mit Recht betrachtet sich der verständige Geist mehr als tot denn als lebend, weil er in allen seinen Kräften keine Lebensbewegung findet, sondern vielmehr eine vom Leben entfernte traurige, die in Erkenntnis des Ewigen traumähnlich, dagegen sehr gewandt im Irdischen ist. Endlich weiß er sich nicht als frei und als arm im Geiste, welche Armut des Geistes allen Reichtum in sich schließt. Dagegen findet er in sich den eigenen Willen mächtig, der ihn ganz beherrscht, und er schätzt sich im Besitze desselben für reich, da doch in diesem Reichtum die größte Mangelhaftigkeit ist, weil Gottes Wille da fehlt, wo der eigene herrscht.

Diese Mangelhaftigkeit des Geistes kann nur durch Christus geheilt werden; er, der die Blindheit der Unwissenheit hinwegnehmen kann, ist der Lebensspender; denn der Tod des Geistes ist die Unwissenheit, seine Freude das Wissen. Daher erhält das Auge das Gesicht, oder der Geist die Einsicht, durch die unendliche Weisheit; der Hinkende die Bewegung, d.h. die rechte Richtung zum Ewigen, ohne zu hinken, d.h. ohne der Sinnlichkeit sich hinzugeben, durch die unendliche Gerechtigkeit; der Geist die Heilung von der Ansteckung aus Fleischeslust durch den göttlichen Arzt. Es erfolgt die Herstellung des Gehörs zur glaubensvollen Aufnahme des Wortes Gottes im Geiste durch die unendliche Kunst; die Erweckung des erstorbenen Geistes durch den Schöpfer; die Entfernung des Eigenwillens und Aneignung des göttlichen Willens, so daß im Geiste nur die Liebe Gottes ist, nur durch den Erlöser Aller. Daher wird der Geist mit Recht glücklich gepriesen, der sich nicht daran stößt, so wunderbare Eigenschaften am Menschen zu sehen, sondern Gott die Ehre gibt und nicht der Magie oder dem Geiste des Irrtums, und keinen Augenblick zweifelt, daß, wer solches verrichtet, der Sohn des lebendigen Gottes sei; denn er findet den Messias und weicht nicht von ihm, weil er weiß, daß er Worte des ewigen Lebens habe; gleichwie Petrus glücklich war, der, nachdem er von Christus Erlösung erlangt, arm am Geiste, überall das ewige Reich verkündete; denn jene Umwandlung des unwissenden Fischers zum größten Theologen und Menschenfischer legte auch die göttliche Weisheit Christi an den Tag, welche diese erstaunliche und wunderbare Umänderung bewirkte. Daß aber jene Mängel in geistiger Beziehung verstanden werden, erhellt aus vielen Stellen der Schrift, wo von Blindheit des Herzens, von blinden Führern der Blinden, von den Befehlen Jesu an den tauben und stummen Geist, von den Toten, die ihre Toten begraben, die Rede ist. Daher sind alle jene verschiedenen körperlichen Mängel geistig gefaßt – ein und derselbe Mangel. Wo das Sehen zugleich ein Hören ist, da ist die Blindheit auch Tod; wo die Begierde Bewegung ist, da die Schwäche ein Hinken. Wie daher Christus die Blinden, Stummen und Tauben durch sein Wort heilte, so erfolgt auch die vollständige Heilung mit dem Geiste der Weisheit, mit dem Geiste Jesu.

Um aber diesen Christo ähnlichen Geist zu erhalten, muß alles, was in der Welt Christo vorherging, auch im Menschen als einer Welt im Kleinen vorhergehen. Zuerst ist er daher Adam, dann steigt er auf, bis er Noe wird, auf daß er in der Arche gerettet werde; dann werde er ein treuer Abraham, dann Isaak, Jakob, dann wandere er nach Ägypten. Hierauf folge der Zug durch das Rote Meer und die Wüste, unter Moses; auf daß er durch Josua in das heilige Land geführt werde, und in der heiligen Stadt Jerusalem sein Geist erstarke, so daß er gelehrt und tüchtig sei zur Weissagung, zur Leitung und Opferung als Leiter und Priester, und in ihm ein feuriger Geist wohne, wie in Elias und Johannes, und er so endlich den Geist der tiefsten Demut und reinsten Fruchtbarkeit, wie Maria, erlange, in welchem er dann, von der Gnade des Höchsten überschattet, jenes Licht aufnehmen kann, welches das Irdische ins Himmlische verwandelt – den Geist Jesu. So ist dann sein Geist geläutert, indem er den ganzen alten Bund, Gesetz und Propheten, geistig in sich durchlebt. Zu beachten ist, daß Gesetz und Propheten ihre Grenze in Johannes haben; denn dieser offenbart im kürzesten Ausdrucke alle Geheimnisse des Gesetzes und der Propheten; er ist der läuternde Bote, der vor dem Angesichte Gottes des Erlösers vorhergeht. Es ruft der Geist des großen Propheten Johannes: Ein jeder tue Buße, der selig werden und das Reich des ewigen Lebens erlangen will, denn das Himmelreich ist nahe. Es muß sich also unser Geist, um himmlisch zu werden, durch Abstreifen des Irdischen reinigen.

Dann wird er fähig für das Sonnenlicht, für die Sonne der Gerechtigkeit, deren Licht von den gereinigten Sternen, so wie es an sich ist, unverlierbar aufgenommen wird. Nehmen wir Christi Wort, das alle Wahrheit in sich begreift, in dieser Weise im Glauben auf, dann werden wir erkennen, daß Gott wahrhaftig ist, und daß wir in ihm alles erlangen können, weil er die Fülle der Gnade ist, aus welcher Fülle uns alles Mangelnde zufließt und das Ähnlichwerden mit Christus uns möglich wird. Wir sehen dann: Ihm anhängen heißt mit der höchsten Güte verbunden sein; in ihn allein setzen wir dann unsere Hoffnung, da er allein mächtig, liebevoll und barmherzig ist. Durch diese Unterweisung Johannes des Täufers wird unser Geist der Kraft des Elias gleichgestaltet, feurig und läuternd mit Zerstörung alles dessen, was im Feuer zerstört werden soll, so daß er fähig ist, das himmlische Licht der ewigen Weisheit aufzunehmen.

(Exc. VII, 560–562.)

Jesus

Gott ist Erretter, Jesus die Errettung (salvatio); Gott ist wahrhaftig, Jesus die Wahrheit Gottes; Gott ist barmherzig, Jesus seine Barmherzigkeit; Gott ist gütig, Jesus seine Güte; Gott ist weise, Jesus seine Weisheit; Gott ist allmächtig, Jesus seine Kraft und Allmacht; Gott ist Schöpfer, Jesus seine Schöpfung (creatio eius); Gott ist Lehrer, Jesus sein Lehramt; wie wenn einer ein Buch Platos zeigte, das dessen ganzen Lehrbegriff enthielte. Kurz: In Jesus hat die menschliche Natur alles erlangt, was sie verlangt und was wir Gott zuschreiben. Sie verlangt Glückseligkeit, welche Gott ist; diese hat sie in Christus erlangt, weil er Gott erfaßt (apprehendit). Und Jesus hat sie nicht nur für sich, sondern kann sie auch *mitteilen*. Adam erhielt die lebendige Seele durch die Vernunft, welche die Glückseligkeit dieser Welt ist, in dem Bild der ewigen; aber er erhielt sie nicht so, daß er sie sollte mitteilen können, weil er die Vernunft *nur für sich* erhielt, wohl aber erhielt er den tierischen Menschen zur Mitteilung, weil er seine Natur annahm, nicht aber nahm er so das Bild Gottes oder der Weisheit an. Christus aber, der *zweite Adam*, nahm die Natur oder das Wesen der Weisheit selbst an, nicht ein nicht mitteilbares bloßes Abbild; daher wird er zum belebenden Geist für alle, die ihn aufnehmen. (Exc. IX, 627.)

Die Vollkommenheit Christi

In Christus erschien alles als Totalität und Einheit, was in allen Heiligen getrennt und partiell sich zeigt. In der Heiligkeit des Lebens schien Johannes der Täufer in ihm wieder erstanden zu sein. Andere glaubten, in ihm sei der Geist des Elias, andere sahen in ihm den Geist des Jeremias oder eines andern Propheten. Erkenne hieraus, daß der Geist Christi die Tugenden aller Heiligen in sich begriffen habe. (Exc. V, 499.)

Christus, ein Magnet

Christus ist die *Magnetnadel*, die den Schiffern beim Sturme den rechten Weg zeigt (Exc. VII, 566). Ohne diese Magnetnadel würden wir in die Finsternis der Unwissenheit geraten und den Hafen des Heils nicht erreichen. Die Magnetnadel bleibt fest in ihrer Richtung, wie auch das Meer tobe. So ist Christus das Licht, das in der Finsternis leuchtet. Der *Geist Christi* zieht, weil Christus der Sohn Gottes ist, jeden vernünftigen Geist an sich, wie der Name Platos Schüler herbeizog, denen der Philosoph die Weisheit mitteilte, oder wie der *Magnet* das Eisen anzieht, dem er die Anziehungskraft mitteilt, so daß das von ihm Angezogene in der Gemeinschaft mit ihm wieder anderes Eisen anzieht. So werden viele eisernen Ringe, wie zu einer Kette verbunden, durch die freie Anziehungskraft des Magnets, gleichsam wie durch die Gnade desselben nach oben gezogen, ungehemmt durch die Schwerkraft, die nach dem Erdenzentrum zieht. Die über den ersten Ring ausgegossene Magnetkraft bewirkt, daß das Unterste des ersten Rings das Oberste des zweiten an sich zieht usf. So ist es durch die wunderbare Macht Gottes geordnet, daß das Unterste der obern Sphäre mit dem Obersten der untern verbunden ist. Das *Wort Gottes* reinigt das Eisen, daß es fähig zur Aufnahme der Magnetkraft wird. Die Anziehungskraft ist der *heilige Geist*. Die Kraft des Magnets wächst durch seine Verbindung mit einer größeren Quantität Eisen; so auch die Kirche durch die Vereinigung vieler mit Christus. (Exc. VII, 563, 566, 563, 567.)

Maria, frei von der Erbsünde

Es dient zum Lobe Gottes und der Jungfrau und Mutter *Maria*, daß sie, aus welcher das Leben Fleisch annehmen sollte, zu keiner Zeit unter der Herrschaft des Urhebers des Todes war. Die Jungfrau bedurfte keines Befreiers, der sie von dem Urteilsspruche freisprach, der infolge der fleischlichen Lust (ex voluptate carnis) über Adam und dessen Nachkommen ergangen war. Nie unterlag sie demselben, weil das Erbarmen zum Voraus der auserwählten Mutter der Barmherzigkeit zu Hilfe kam. Wer als ein Freier empfangen und geboren wird, bedarf keines Befreiers von der Sklaverei, in der er sich nie befunden. Die heilige Jungfrau hatte nämlich an Christus einen Vorausbefreier (praeliberatorem), wie alle andern einen Befreier und Nachbefreier (postliberatorem). Sie allein wurde seit dem Falle Adams nicht ermangelnd, sondern voll der ursprünglichen Gerechtigkeit, wie Eva, ja noch weit mehr, erschaffen, gleichwie Christus seiner menschlichen Natur nach in der ganzen Fülle der Gerechtigkeit (in noch weit höherem Grade als Adam) erschaffen wurde. Nur der auserwählten Mutter Gottes war es gegeben, daß sie vom Anfang ihres Seins an nicht unter der Knechtschaft des bösen Feindes irgendeinen Fehler hatte (quod ... deficere nequivit), daß sie also bei der Erschaffung ihrer vernünftigen Seele im Körper und bei dem Scheiden derselben aus dem Körper nie in der Gewalt des bösen Feindes war. Von der glorreichsten Jungfrau allein findet man also nie, daß sie der Erbsünde unterworfen gewesen. Ihre erschaffene Seele entbehrte in ihrem dunkeln Körper aus Adam nie des Lichtes des Lebens, welches vielmehr ohne Verzug auf das Reichlichste bei ihrer Erschaffung zugegen war (creationi coaffuit). Maria ist nicht ausgestrichen aus dem Buche des Todes, des Fürsten des Todes, weil sie nie in dasselbe eingeschrieben war, sie war vielmehr nach ewiger Vorherbestimmung schon vor ihrer Empfängnis ins Buch des Lebens eingeschrieben. (Exc. VIII, 616.)

Unbefleckte Empfängnis Marias

Jener Same durfte nicht auf dem Wege der Begierlichkeit des Fleisches aus der Potenz in Wirklichkeit gesetzt werden, wenn er anders ganz gereinigt (purgatissimum) sein sollte. Denn die aus der Sünde entstandene Begierlichkeit inhäriert dem aus Begierlichkeit entstandenen Samen dergestalt, daß jener Same die Begierlichkeit in dem aus ihm Erzeugten nicht ablegt.

Die Fruchtbarkeit in der Jungfräulichkeit ist die größte. Eine Frau ist fruchtbarer als die andere. Jene aber, welche ohne einen Mann aus sich selbst Fruchtbarkeit entfalten kann, ist über alle gepriesen.

Eva hieß die Mutter der Lebenden, gemäß ihrer Empfängnis aus Adam. Maria heißt die Mutter der Erleuchteten und Wiedergeborenen wegen ihrer Empfängnis aus dem heiligen Geiste. Eva hat uns geboren als irdische Geschöpfe dieser Welt, Maria als himmlische. Wir alle werden geistig wiedergeboren durch den Geist und Maria, so daß wir Brüder und Miterben Jesu werden. Maria ist die Kirche.

Die glorreiche Jungfrau empfing durch den Glauben ihren Sohn. Diese Zeugung ist ähnlich der göttlichen Zeugung, wo die Fruchtbarkeit des Vaters so groß ist, daß die Fruchtbarkeit aus sich selbst zeuget. So ist die Fruchtbarkeit in der Jungfrau, weil sie Mutter und Jungfrau, Samen Abrahams ohne männlichen Samen.

Gleichwie Eva in Adam war, und aus diesem ohne Samen die Mutter der Lebenden entstand, so aus Maria Christus. Maria war nämlich jene Mutter, die den Mann – Christus – umgab. Und wie Eva die erste, so wird Maria die zweite Mutter der Lebenden genannt. Denn Maria erhielt ihren Namen von dem zweiten Adam, d. i. dem Manne (vir = mar, mas, wovon masculum), den sie umgab, wie die erste aus Adam virago hieß. Beachte hier folgendes: Ein Weizenkorn wird mehrmals in die Erde ausgesät, um in einem guten Erdreiche sich mehr und mehr zu veredeln, bis es zuletzt die höchste Veredlung erreicht hat. Dieses Weizenkorn ist der Same Abrahams, das beste Erdreich ist der Leib der heiligen Jungfrau; durch die Kraft des heiligen Geistes wird nun dieses Weizenkorn in den Leib Christi verwandelt, wie es durch den Priester am Altare verwandelt wird … Wie Christus der zweite Adam, so ist Maria die zweite Eva, die Mutter aller aus dem Glauben Lebenden, deren Vater Christus ist. Wunderbar ist es, daß der Sohn Vater, Christus der Vater, Maria die Mutter ist, *in welcher* Christus der Vater ist, wie in Adam, dem Vater, die Mutter Eva war. Diese Generationen verhalten sich in umgekehrter Weise zueinander, wie Himmel und Erde; die eine ist himmlisch, die andere irdisch. (Exc. V, 480.)

Adams Ungehorsam, Christi Gehorsam

Christus ist der Töpfer, der aus einer ungehorsamen Seele ein kostbares Gefäß macht, in dem das Manna, d. i. das Wort Gottes, das nur eine gehorsame Seele aufnimmt, aufbewahrt wird.

Der erste Mensch fiel, weil er Mensch war und Gott sein wollte, mit Bewußtsein vom Gehorsam ab und suchte in dem Reizenden der Frucht des Baumes die Nahrung für die Erkenntnis des Guten und Bösen, fand aber den Tod. Die Lüge wurde sein Bildungsprinzip (mendacium magisterum formandi accepit), der Mensch unterwarf sich ihm und erhielt so die Gestalt des Irrtums. Der von Hochmut angefüllte Thron wurde nun spröde und unbildsam, hart wie kaltes Wachs, und fügte sich nicht dem Siegel der Ewigkeit. Er konnte nur durch ein geistiges Feuer erweicht werden, aber in dieser Welt fand er sich nicht. Da kam Christus und erniedrigte sich in Knechtschaft bis zur Leerheit und zum Freisein von aller eitlen, nichtigen Form, wie der Ton ist, wenn er geformt wird, um zu allem gefügig zu sein. Denn der Ton muß ganz formlos werden, um jedem Befehle des Töpfers gehorchen zu können. So wurde Christus; er entäußerte sich, so daß in ihm weder Gestalt noch Leben blieb; durchs Kreuz oder den Baum des Todes ging er in die Herrlichkeit des Vaters. Adam fand durch die Frucht des Baumes der Erkenntnis Unwissenheit und Tod, Christus durch den Baum des Todes das Leben. Gewiß ist durch Christus die menschliche Natur, der Ton aus Adam, das starre Wachs durch die Wärme des himmlischen Feuers, welches die Liebe ist, aus der Starrheit aufgelöst und dem Willen Gottes gefügig worden. Je fügsamer nun die Seele für den veredelnden Eindruck des göttlichen Lebensprinzips geworden ist, desto heller strahlt sie die Herrlichkeit Gottes zurück. Denn es wird aus ihr durch göttliche Kunst, entsprechend ihrer Fähigkeit, ein lebendiges Gefäß, aus welchem zuvor alle irdischen Begierden entfernt sind; sie wird mit dem Taue der Gnade angefüllt, so daß sie sich durch die Sonne der Gerechtigkeit in die Höhe hebt, wie ein ausgehöhltes mit Tau angefülltes und durch Wachs verschlossenes Ei durch die Sonne in die Höhe gezogen wird.

Wir, die Bewohner dieser Welt, haben eine der Umbildung fähige Seele, gleich als wäre sie ein geistiges Wachs, die sich ihren Begierden oder von ihr selbst beliebten Formen gleich gestaltet. Da sie die göttlichen Formen, die himmlisch und ewig dauernd sind, nicht kennt, so bildet sie sich nicht nach diesen, sondern nach den zeitlichen, die ihr nicht geben können, was sie nicht haben. Wenn sie sich aber in Einfalt dem Töpfer unterwirft, der die Herzen aller gebildet und ihnen sein Siegel aufgedrückt hat, dann gewinnt sie durch das Wort Gottes eine himmlische und unsterbliche Gestalt, die nicht von dieser Welt ist, eine Gestalt, die sie, ehe sie dieselbe erhalten, nicht gekannt hat und die niemand kennt, ehe er sie empfängt. Nach dem Empfange derselben erkennt sie, daß sie sich nach dem Worte Gottes, dem sie gehorcht, gestalte. Solange die Seele sich nach dem gestaltet, was sie liebt, solange sie sich lebt und somit sich nach sich gestaltet, während sie doch aus sich Sein und Leben nicht hat, solange liebt sie sich nicht, indem sie sich lebt. Wenn sie aber Gott liebt, von dem sie Sein und Leben hat, dessen Ebenbild sie ist, wenn sie sich nicht liebt, um jenen desto mehr zu lieben, dann liebt sie sich. Keine Seele kann aber

Gott lieben, in der nicht die Gestalt Christi ist, der allein uns durch Wort und Beispiel belehrt, wie wir Gott lieben können, nämlich in der Nachahmung der Gestalt Christi. Wenn wir daher in uns wahrnehmen, was wir an Christus wahrnehmen (id quod in Christo credimus), den Gehorsam bis zum Tode, dann gestaltet sich Christus in uns, und wir gewinnen die Gestalt des Sohnes Gottes, durch die wir zur Herrlichkeit des Vaters gelangen. Wie empfinden wir Christus am Kreuze in uns? Wer, wie der, der am Pfahle des Kreuzes hing, nicht das Gegenwärtige im Auge hat, nicht an seine Neigungen denkt, nicht von Sorgen und Ängsten für den morgigen Tag gequält, nicht von Begierden aufgeregt, von keinem Stolze, Neid und Hasse erfüllt wird, sondern glaubt, daß, solange er noch atmet, für ihn alle Elemente nur Mangelhaftes haben; wer, wie Christus, dorthin den Blick seines Innern richtet, wohin zu gelangen er zuversichtlich hofft, siehe! wer so mit dem gekreuzigten Christus gestimmt ist, der ist mit ihm gekreuzigt; frei nicht nur von Sünden, sondern selbst von den Elementen dieser Welt, hat er seine Augen fest dahin gerichtet, wohin er jeden Augenblick zu wandern hofft. Ein solcher gehorcht vollkommen, das ist der vollendete Gehorsam. (Exc. X, 660.)

Das Verdienst Christi durch seinen Tod

Christus wußte alles (sein ganzes Leben) voraus, damit so sein Leiden und Tod ein vollkommener (consummata) wurde, der alle Bitterkeit des Todes in höchster Intensität in sich faßte, wodurch folgerichtig auch sein Verdienst ein vollkommenes, für alle genugtuendes werden sollte. Denn die Vergeltung für die Bitterkeit des Todes ist das Leben. Wenn der klar vorausgesehene bittere Tod alle Strafe aller Sterbenden in sich faßt, so ward auch die Belohnung allen zuteil, denen das Verdienst zugewendet wird. Beachte das Mysterium, daß deshalb der Erlöser notwendig Gott und Mensch sein mußte: Gott, damit von dem furchtbaren Todesleiden nichts ihm verborgen bliebe; Mensch, damit er sterben konnte. So ist der Tod Christi das hinreichende Verdienst des Lebens für alle, die durch ihren[1] Tod das

1 Das »quam«, wie es grammatisch geboten ist, auf qui bezogen, würde ausdrükken, was Nicolaus von Cusa an mehreren Stellen hervorhebt, daß diejenigen,

ewige Leben von Gott verdienen können. (Et sic mors Christi esset sufficiens meritum vitae omnibus, qui per mortem suam vitam aeternam a Deo mereri possent.) Die Frage, ob Gott den Menschen auf einem andern Wege erlösen konnte, kann in folgender Weise gelöst werden. Das ewige Leben, das durch Verdienst in Besitz genommen werden muß, damit nichts zur vollen Glückseligkeit fehle, da derjenige Besitz angenehmer ist, der infolge von Verdienst wie eine schuldige Gebühr erworben wird, konnte nicht anders, als es Gott angeordnet hatte, erworben werden. Indem er nun anordnete, daß Christus sterben solle, so mußte dieser sterben und so in seine Herrlichkeit eingehen, wie er seine Schüler vor seinem Tode und am Tage der Auferstehung auf dem Wege nach Emmaus belehrt hatte. Denn so wurde er unsere Rechtfertigung (nostra iustificatio), so daß die Gemeinschaft (communicatio) seines Verdienstes durch seine Gnade unsere Gerechtigkeit geworden ist. Nun können wir zu Gott unserem Vater sagen, er möge uns das Reich des Lebens geben, das durch das Verdienst unsers Christus uns als unser Eigentum gebührt (per meritum Christi nostri nobis debitum tanquam nostrum). Das halte ich für das höchste Mysterium des Kreuzes, denn ich glaube, daß Christus das Reich durch sein Verdienst besitze. Und diejenigen, denen er sein Verdienst aus Gnade mitteilt (communicat), besitzen es in gleicher Weise durch die Gnade der Mitteilung (ex gratia communionis) und durch das Verdienst des Leidens Christi. In jedem Erlösten konkurriert daher Gnade und Gerechtigkeit (concurrit gratia cum iustitia), wie wenn der Papst ein beneficium verleiht, so tut er dies aus der Fülle der Gnade; denn er kann es verleihen oder nicht. Wem er es aber verleiht, der besitzt es kraft eines rechtlichen Titels (iusto titulo). Beachte hierbei noch: Nur Christi Tod konnte das ewige Leben verdienen, weil der vollkommenste Tod (consummata mors) das unsterbliche Leben verdient. Alle andern Märtyrer verdienen durch ihren Tod nicht das ewige Leben, weil jeder andere Tod hinter dem größten (vollkommenen), der allein das größte, d. i. ewige Leben verdient, in unendlichem Abstande zurückbleibt. Wohl aber beweist der Tod der Märtyrer, daß sie Christus ähnlich (christiformes) sind, sich im Stande der Gott wohlgefällig machenden Gnade befinden

---

welche am Verdienste Anteil haben wollen, gleichfalls sich selbst ertöten müssen (Exc. IX, S. 655.)

und deshalb, durch das Verdienst des Todes Christi, das aus Gnade ihnen mitgeteilt ward, gerechtfertigt und geheiligt sind. – Noch könnte man fragen: Wenn der Tod Christi alles verherrlicht, wie beweist er, daß Jesus, der Menschensohn, Sohn Gottes sei? Ich sage, wie mich ein gefeierter älterer Erklärer der Briefe des Paulus – seines Namens kann ich mich bis jetzt nicht erinnern – belehrt: Der Tod Christi zeigt, daß er Sohn Gottes ist, weil er für seine Feinde gestorben ist, so wie, um in uns mit dem Zeugnisse seines Blutes die Worte des Lebens zu bekräftigen. Da Gott die absolute Güte ist, so wird derjenige, der so gut ist, daß er sogar für das Heil seiner Feinde stirbt, da es eine größere Güte nicht geben kann, mit Recht der Sohn der Güte, welche Gott selbst ist, genannt. Christus selbst sagt: »Eine größere Liebe kann niemand haben, als wer sein Leben für seine Feinde hingibt.« Diese absolute größte Güte ist also göttlich. So beweisen die aus der größten Liebe hervorgehenden Werke, daß der Geist Christi göttlich ist. Daher vergilt ein christlicher Geist, da er der Geist Christi ist, nicht Böses mit Bösem, sondern Böses mit Gutem, Haß mit Liebe. Mit Recht tadelte Christus seine Jünger, die mit Feuer vom Himmel herab eine Unbild rächen wollten, mit den Worten: »Ihr wisset nicht, wes Geistes ihr seid.« Begreife demnach, daß der Tod Christi für seine Feinde ein Beweis dafür ist, er sei der Sohn Gottes.(Exc. IX, 647.)

Rechtfertigung

Jeder Sünder ist ein Knecht der Sünde. Der Knecht aber kann sich nicht selbst aus der Knechtschaft befreien. Wenn die Werke des Gesetzes und seine Handlungen ihn rechtfertigen, so könnte er sich selbst rechtfertigen. Das ist aber unmöglich, ja ein Widerspruch. Denn wie es ein Widerspruch ist, daß jemand sich selbst erschaffen kann – er wäre ja, bevor er wäre –, so ist es auch bei der Rechtfertigung. Wer sich selbst rechtfertigen könnte, wäre gerecht, bevor er gerecht ist. Daß daher der Ungerechte gerecht wird, kann nicht durch die Gerechtigkeit des Ungerechten oder die gerechten Werke des Ungerechten, sondern nur durch die Gerechtigkeit des Gerechten erfolgen, der nur durch die Gnade gerecht macht, wen er will. Es gibt aber nur eine und nur eines einzigen Gerechtigkeit. Dies ist die Gerechtigkeit des einen Mittlers, der notwendig Gott und Mensch ist. Dieser will nur das Gerechte. Weil er durch Gnade rechtfertigen will und was er will, das Gerechte ist, so ist es gerecht, daß der wirklich gerechtfertigt werde, den er rechtfertigen will. Damit dieser sein Wille die rechtfertigende Gerechtigkeit sei, wurde er selbst unsere Gerechtigkeit, indem er sich selbst hingab. So brachte er auf ewig unsere Heiligung zu Stande. Gott setzte ihn zum gnädigen Vermittler (propitiatorem) durch den Glauben in dessen Blute, zur Offenbarung seiner Gerechtigkeit. Die Gnade, durch die wir gerettet werden, ist Gerechtigkeit. Alles also, was durch Moses auf göttlichen Befehl in Bezug auf Rechtfertigung geschrieben und angeordnet wurde, sollte uns andeuten, daß durch Tod und Besprengung mit Blut, d.i. durch Gemeinschaft des Todes die Rechtfertigung und Heiligung, die der Seele das Leben geben, zu geschehen habe…

Die vollkommene Blutbesprengung erfolgte durch den Hohepriester, der allein einmal im Jahre in das Allerheiligste eintrat. Dadurch wurde angedeutet, daß die alles vollendende (consummatrix) Salbung und Hingabe, die in der Vergießung des Blutes ihr Höchstes erreicht, nur durch den schlechthin größten Hohepriester erfolgen könne. Der Umlauf eines Sonnenjahrs verhält sich zur immerwährenden Dauer, wie der zeitliche Hohepriester zum obersten Hohepriester.

Alle zeitlichen Hohepriester assistieren Gott nicht innerhalb des Vorhangs, wo das Allerheiligste ist, sondern gehen jährlich einmal ein und aus. Unser Hohepriester aber assistiert Gott im himmlischen Allerheiligsten ohne Unterlaß, und steht immer für uns, weil er *unser* Hohepriester ist. Wie das Licht in der Sonne immer der Klarheit assistiert und nie von ihr weicht, so assistiert Christus, die Sonne der Gerechtigkeit, immer der Klarheit des ewigen Vaters.

Die Sonnenjahre gehen dahin und mit ihnen die Hohepriester. Die Sonne aber, aus deren Fülle alle Licht und Leben schöpfen, bleibt ewig. Er ist der wahre Hohepriester, weil er alle hohepriesterlichen Verrichtungen in höchster Vollkommenheit zumal ausgeübt hat. Er spricht von der Schuld frei und erläßt sie, ohne Genugtuung (sine satisfactione). Er gießt die Gnade ein, ohne äußeres Vehikel (sine instrumentis); er erlangt Verzeihung, ohne ein Hindernis. Kein anderer Hohepriester kann die Schuld nachlassen. Der Papst kann die Erbsünde nicht ohne die Taufe, eine Todsünde nicht ohne das Sakrament der Buße nachlassen; denn die Kunst vermag nichts, ohne Beihilfe der Natur. Die Natur selbst aber vermag nichts ohne die Hilfe (adiutorio) Gottes, der die Materie erschaffen und ihr ihre Wirksamkeit gegeben hat. So vermag denn der Papst nichts ohne die Sakramente, die Sakramente nichts ohne Gott. Gott aber kann alles ohne alles andere…

Paulus sagt, ein anderer sei der äußere, ein anderer der innere Mensch, ein anderer der alte, ein anderer der neue Mensch. Der äußere Mensch ist sichtbar, der innere unsichtbar. Der alte Mensch ist zweifach, der alte ist seelisch, der neue geistig, der alte ist nach dem alten Adam, der neue nach dem neuen Adam – Christus. Paulus nimmt eine dreifache Bewegung der vernünftigen Seele an: das Leben der *Natur*, des geschriebenen *Gesetzes* und der *Gnade*. Einige sind nämlich der Natur nach sich selbst Gesetz: die Natur treibt und bewegt sie, daß sie erfahren, wo das Leben ihrer Seele zu finden ist. Andere werden durch das Gebot des Gesetzes, andere durch das Gebot des Wortes Gottes dahin gebracht. Genau genommen kann alle Lebensbewegung der vernünftigen Seele nur aus dem Worte Gottes kommen. Denn die Seele hört entweder, wie Gott in ihr redet, und dieses Reden ist das *Gewissen*, das billigt oder tadelt. So spricht Gott zu ihr mittelst der Vernunft. Eine andere Sprache spricht das Wort Gottes durch menschliche Worte, wie durch den Gesetzgeber Moses und die Propheten. Wieder eine andere spricht Gott durch das eigene Wort, durch das menschgewordene Wort. Das erste Wort ist in die Natur geschrieben, das zweite ist in Gesetz und Propheten, das dritte im Evangelium enthalten. Das erste ist wie der Sinn, das zweite der Verstand, das dritte der Geist. Das erste Wort, wenn es auch Gutes zu uns redet, macht doch nicht selig (non salvat). Das Heil liegt nicht in der Natur, sondern übertrifft sie. In keines Menschen Sinn ist es je gekommen, was den Menschen glückselig macht. Das Auge sieht es nicht, das Ohr hört es nicht, was glückselig macht. Das zweite bringt gleichfalls nicht die Seligkeit; denn die Werke des Gesetzes rechtfertigen nicht. Wer außerhalb der Gerechtigkeit steht, kann sich nicht selbst rechtfertigen. Könnte er durch Werke gerechtfertigt werden, so könnte er sich selbst rechtfertigen. Nur das dritte rechtfertigt, denn die Gnade Gottes wirkt hier ein (influit), mittelst deren der Mensch über seine Natur hinaus glaubt und hofft; und weil Gott getreu ist, wird er das Ziel erreichen. Das erste und zweite Wort dienen dem dritten, wie der Sinn dem Verstande, dieser der Vernunft.

Der im innern Menschen gepflanzte Baum des Lebens kann aus sich die Lebensfrucht nicht hervorbringen, wenn er nicht die Einwirkung der Sonne der Gerechtigkeit, der ewigen Weisheit, in sich aufnimmt. (Exc. VI, 515. 516.)

Die Rechtfertigung ein Werk Gottes

Der Schöpfer ist auch der Rechtfertiger. Denn gleichwie die Erhebung des Nichts zum Sein ein Werk der Allmacht ist, so ist auch die Versetzung des Sünders in den Zustand der Rechtfertigung das Werk keiner geringern Kraft. Denn nur die unendliche Güte kann dies bewirken, da keine beschränkte Kraft es vermag. Denn wie will ein Toter sich selbst ins Leben erwecken, wenn die Kraft des Lebens in ihm fehlt? So kann auch die Gottlosigkeit (impietas) sich nicht selbst zur Gerechtigkeit erheben, da in dem Gottlosen die Gerechtigkeit ganz erloschen ist. Dies wird also das Werk desselben sein, der auch das Etwas aus dem Nichts und aus dem Tode ins Leben bringt. (Exc. III, 426.)

Die Höllenfahrt Christi

Die Anschauung (visio) des Todes im Wege der unmittelbaren Erfahrung (via cognoscentiae) ist die vollkommenste Strafe. Da nun der Tod Christi ein vollkommener war, weil er durch eigene Erfahrung den Tod sah, den zu dulden er frei gewählt hatte, so stieg die Seele Christi in die Unterwelt (ad inferna) hinab, wo die Anschauung des Todes ist. Denn der Tod wird Unterwelt (infernus) genannt und ist aus der unteren Unterwelt losgelassen (liberata est ex inferno inferiori). Die untere oder tiefere Unterwelt ist da, wo man den Tod aufschaut. Als Gott Christus auferweckte, entriß er ihn, wie wir in der Apostelgeschichte lesen, aus der untern Unterwelt, nachdem er ihn von den Qualen der Unterwelt befreit (solutis doloribus inferni), weshalb der Prophet sagt: »Er ließ meine Seele nicht in der Unterwelt.« Das Leiden Christi, das größte, das sich denken läßt, war wie das der Verdammten, die nicht noch mehr verdammt werden können, d. i. bis zur Strafe der Hölle (usque ad poenam infernalem). Im

Namen Christi sagt der Prophet: »Die Qualen der Hölle haben mich umgeben, du hast aber meine Seele aus der Hölle herausgeführt.« Er ist es allein, der durch einen solchen Tod in seine Herrlichkeit einging. Die Strafe an den Sinnen (poenam sensus) wollte er ähnlich den Verdammten in der Hölle dulden zur Verherrlichung seines Vaters, um zu zeigen, man müsse ihm bis zur äußersten Qual (usque ad extremum supplicium) gehorchen. Das heißt Gott auf jede mögliche Weise und zu unserer Rechtfertigung preisen und verherrlichen, wie Christus getan hat. Wir Sünder haben in ihm die mit Recht verdienten Höllenstrafen (exsolvimus), so daß wir zur Auferstehung des Lebens gelangen. Die aber Christo nicht angehören, bleiben im Tode, weil sie nicht mit Christus auferstehen und werden den ewigen Tod sehen. Und dieses Sehen des Todes ist der zweite Tod. Das Anschauen des Todes in alle Ewigkeit ist nichts anderes als das Sein im Tode auf dem Wege der eigenen Erfahrung, von welchem man nie befreit wird. Die Wahrheit befreit uns von solchem Tode. Daher ist das Anschauen der Wahrheit das Sein im unverlierbaren und unsterblichen Leben. Daher sagt Christus, in der Erkenntnis Gottes und seiner, der sich die Wahrheit nennt, bestehe das ewige Leben. (Exc. X, 659.)

Prädestination

Christus, vom Vater gesendet, wußte, welchen der Vater es gegeben hat, zu glauben. Hierin liegt eine tiefe Auffassung der Prädestination. Da aber das Gehen mit dem Kommen koinzidiert, so daß es jenem vom Vater gegeben ist, der durch Glauben zum Sohne kommt, so kann niemand zweifeln, daß es ihm gegeben sei. Indessen wird jeder, soviel an ihm ist, das Kommen beschleunigen[1], denn das Glauben ist niemand unmöglich. Das Geben des Vaters fehlt also keinem, der sich ihm nahet, wie das Feuer die Natur hat, warm zu machen, und sein Geben (donum) darin besteht, alles Kalte zu erwärmen, so daß nichts warm wird, außer durch seine Gabe. Was sich daher dem Feuer nahet, erlangt diese Gabe der Erwärmung; nichts geht derselben verlustig, außer demjenigen, das sich nicht nahet. Daher er-

1 Statt acceleravit im Texte dürfte wohl dem Zusammenhange angemessen sein: accelerabit, scil. quisque.

mahnt uns die Schrift, uns Gott zu nahen, damit wir erleuchtet werden. »Kommet, heißt es, zu mir alle, die ihr nach mir Verlangen habt, und ihr werdet von mir erfüllt werden.« Jener nun, der weiß, was im Menschen ist, dem das Leben des Menschen bis zu dessen Ende gegenwärtig ist, weiß auch, ob der einzelne sich nahe oder nicht, so daß er infolge hiervon sieht, ob die Gabe Gottes gegeben ist, oder nicht. Er hat von Anfang an, in einem Momente, der alle Zeit und die ganze Lebensdauer des Menschen in sich faßt, gewußt, ob und wer glaube. Das Leben des Menschen verläuft nicht gemäß diesem Wissen, als gehe dieses Wissen, welches unfehlbar ist, dem Lebenslaufe vorher. Das Wissen folgt auch nicht dem Lebenslaufe erst nach, als entstünde es erst nach und nach aus dem Lebenslaufe, sondern ohne Vorher und Nachher *verläuft das Wissen zugleich mit dem Lebenslaufe*, obwohl der Lebenslauf gemäß der Einrichtung dieser Welt in einer bestimmten Zeit sich bewegt, während jenes Wissen als über diese Welt erhaben, auch über aller Zeit ist … In Wahrheit konnte daher Christus zu seinen Aposteln sagen: »Gleichwie ihr Zwölfe deswegen, weil ich euch auserwählt habe, nicht alle so seid, wie ich es von euch wünschte, da einer von euch ein Teufel (diabolus) ist, so daß meine Wahl es euch nicht benommen hat, nach eurem freien Willen anders zu handeln, als so, wozu ich euch erwählt habe, so darf auf der andern Seite niemand glauben, er könne nicht zu mir kommen, wegen meines Vorherwissens. Denn wie die Wahl den freien Willen nicht aufhebt, so auch nicht mein Vorherwissen, obwohl es wahr ist, daß ohne die Gabe des Vaters niemand zu mir kommen kann.

(Exc. IV, 450.)

Der hl. Geist – das Feuer der Liebe

Das Feuer, aus welchem die göttliche Flamme hervorkommt, ist der *Geist*, der auch die *Liebe* genannt wird. Und wie das Feuer in einer unverzehrbaren Materie nicht aufhört, zu erwärmen, so hört auch der hl. Geist nie auf, lebendige Freude, die Flamme der Liebe in der vernünftigen Seele zu entzünden, wenn diese der Vereinigung mit ihm fähig und unzerstörbar ist. Der Apostel nennt das Herz die Seele selbst, wenn er sagt: »Die Liebe Gottes ist in unsere Herzen ausgegossen durch den hl. Geist, der uns gegeben ist.« Das Herz wird hier genannt, weil es das Zentrum des Lebens ist. So heißt der heilige Geist die Liebe, obwohl die Liebe vom hl. Geiste stammt und in den Mittelpunkt unseres Lebens ausströmt, wie das Herz Seele genannt wird, obschon von der Seele die Spendung des Herzlebens (vitae cordialis) ausgeht. Was *die Einheit der Geister* bewirkt und erhält, ist die Liebe. Der Geist Jesu also ist es, in welchem die Gläubigen eines sind, der Geist Gottes die Liebe. wie im menschlichen Leibe verschiedene Glieder sind, die für sich kein Leben oder Bestehen haben, sondern nur in Einheit mit dem den Körper belebenden Geiste leben, jedes in seiner Sphäre; so sind im geistigen Körper Augen, Ohren, Sprache etc. auf geistige Weise, wie gewisse Kräfte oder Potenzen des Geistes Jesu, geordnet zur Einheit im Geiste, aus welchem alle Kräfte strömen. Daher sind alle Gläubigen verbunden, daß sie mittelst der *Kirche* oder des mystischen Körpers Christi vom Geiste des Lebens Jesu Leben erlangen. (Exc. VII, 586.)

Die Gaben des hl. Geistes

Zweifach ist Gott in der Kreatur: durch seine Wesenheit, Gegenwart und Macht, und in diesem Sinne ist er überall; oder auf dem Gnadenwege (gratuite) und geistig, durch Verleihung der Gaben der Gnade, und in diesem Sinne ist er hier (sic est hic; ohne Zweifel von der Sendung des hl. Geistes zu verstehen). Denn er kommt mit einem Geschenke. Die Liebe Gottes, heißt es, ist ausgegossen in unsere Herzen durch den hl. Geist, der uns gegeben ist. Durch die umsonst verliehene Gnade (per gratiam gratis datam) wird niemand selig, wohl aber durch die wohlgefällig machende Gnade (per gratiam gratum facientem), nämlich die Liebe, weil wir ohne den hl. Geist nicht selig werden. »Wenn ich die Liebe nicht habe, so bin ich nichts.« Diese Liebe verbindet die Seele durch süße Zuneigung mit Gott und wird die *genußreiche* (fructivus amor) Liebe genannt. Sie gebietet über alle Kräfte der Seele und des Körpers, daß sie dem Geliebten überall und allezeit dienen. Sie heißt auch die Liebe der göttlichen Begierlichkeit (amor divinae concupiscentiae), weil sie Gott zu dienen begehrt und ist als solche die *werktätige, praktische Liebe.* Eine andere Stufe derselben ist die, in welcher sie die Seele antreibt, daß der Geliebte vor allen geliebt, gelobt und gepriesen werde. Daraus fließt die Liebe zum Nächsten ... Der hl. Geist kommt zur Heiligung, weil er heilig ist. Die Sendung des hl. Geistes ist das Hervorgehen der Liebe aus dem Vater und Sohne auf das Geschöpf zur Heiligung des Geschöpfes. Nur die vernünftige Natur ist dieser Heiligung fähig, weil sie allein Gott durch Vernunft und Willen fassen kann. Die Heiligung ist nichts anderes als die Gott wohlgefällig machende Gnade oder die Liebe, die der hl. Geist durch sein Kommen uns eingießt. Sie entsteht zuerst durch Nachdenken über die Sünden, durch Furcht vor dem strengen Gerichte und der Strafe, und ist als solche noch knechtische Furcht und der Anfang der Weisheit. Dann folgt das Erwägen der vom Schöpfer erhaltenen Guttaten und das Erröten darüber, ihn beleidigt zu haben, und nun macht der hl. Geist den Anfang mit seinem Eingehen in den Geist des Menschen. Erwägt alsdann der Mensch nicht seine Person, nicht die Strafe, sondern die Ehre Gottes, dann wird die Liebe die eines Kindes Gottes (filialis) und dies ist die *erste Gabe* (donum primum)! Der Sinn des Menschen wird jetzt religiös (pia) und auf eine edle Weise wohlgesinnt (liberaliter benevola); er bestrebt sich, Gott alles, was er ihm gegeben, zu vergelten, und den Nächsten um Gottes willen zu lieben und ihm alles Mitgefühl zu schenken. Dies ist die *zweite Gabe*. Weil aber hierzu Unterscheidung notwendig ist, kommt die Gabe der *Wissenschaft* (scientiae) hinzu, die übernatürliche Unterscheidung in dem, was zu tun ist; weil das Widerstreben der Versuchungen nicht fehlt, folgt die Gabe der *Stärke*; dann die Gabe des *Rates*, um eifrig zu vollziehen, was der Geist beschlossen hat. Dies sind die Gaben für das *aktive Leben*. Nun folgt die Gabe des *Verstandes* (intellectus) für das *kontemplative Leben*, durch welche wir die wunderbare Macht Gottes, seine wunderbaren Werke und sein Gesetz erkennen. Dann die Gabe der *Weisheit*, um zu verkosten, wie lieblich der Herr ist.

Mit einigen Gaben des hl. Geistes wird die Gott wohlgefällig machende Gnade nicht verliehen, wie die knechtische Furcht und der leblose (informis) Glaube. Mit andern wird sie nicht immer verliehen, wie die Gabe der Sprachen, der Wunder, der Weissagung. In andern wird sie immer verliehen, ja sie sind die wahre Heiligung des Geschöpfes, so die *Liebe*, welche den Menschen Gott angenehm macht, und das ist eben Heiligmachen. Durch die Eingießung der Liebe wird daher der hl. Geist verliehen, denn sie ist die Tugend aller Tugenden, deren belebendes Prinzip, das ihnen den Wert des

Verdienstes gibt. Nur die Liebe scheidet zwischen Kindern Gottes und des Verderbens. Ein aus häufigen Handlungen erworbener Seelenzustand vermag die Liebe nicht zu ersetzen, denn menschliche Übung vermag mit all ihrer Anstrengung den Menschen nicht zu seinem höchsten Ziele zu führen; nur die Liebe treibt in übernatürlicher Weise den Geist sowohl hienieden, als in seinem Vaterlande. Sie ist ein von Gott durch den hl. Geist eingegossener habitus, und unter den erschaffenen Gaben die vortrefflichste, ja gewissermaßen ein Teilnehmen an der ungeschaffenen Gabe, dem hl. Geiste selbst, von dem sie unmittelbar in den Geist und zwar zunächst in den Willen ausströmt; sie belebt alle Kräfte der Seele und gibt ihnen die Richtung zu Gott. Wie der hl. Geist das unauflösliche Band ist, in welchem der Vater und der Sohn sich und uns lieben, so ist die Liebe das Band, durch das wir in zärtlicher Zuneigung mit Gott verbunden und mit dem Nächsten in Gott gleichsam verkittet werden (das heißt: Gott bleibt in uns und wir in Gott), *nicht wie das sittliche Verhältnis der Freundschaft*, das um des sittlich Guten, Angenehmen und Nützlichen willen zum Zwecke des bürgerlichen Zusammenlebens die Menschen verbindet, sondern jene ist die höchste Liebe im seligen Zusammenleben mit Gott.

Die Liebe hat ihre Ordnung. Zuerst erhebt sie sich *über sich* in Gott um seiner selbst willen. Wer Gott nur bekennt, wenn er ihm eine Wohltat erweist, liebt mehr sich als Gott und steht außerhalb der Liebe. Zweitens bewegt sie sich *in sich*, indem sie sich als einen Genossen der Glorie Gottes liebt. Drittens bewegt sie sich auf das, was *neben ihr* ist, – den Nächsten als den Genossen der Seligkeit. Wer den Nächsten nicht wegen Gott, sondern wegen seiner selbst liebt, steht nicht in der Liebe. Viertens bewegt sie sich auf das, was *unter ihr* (infra se) ist, auf den eigenen Leib, um ihn zu nähren, zu leiten, zu kasteien, auf daß er ein Genosse der Glückseligkeit werde. Keine Liebe ist es, das eigene Fleisch in sinnlicher Lust zu lieben.

Da die Liebe das Leben der Seele ist, so ist jede Sünde, die gegen die Liebe ist, Todsünde. Die Verachtung bewirkt die Todsünde, weil sie der Liebe widerstreitet. Im weitern Sinne ist daher jede Sünde eine Sünde wider den hl. Geist…

Wie müssen wir uns *vorbereiten*, damit uns der hl. Geist zuteil werde?

Da der hl. Geist eine Kraft Gottes ist, so wird er nur einem Geiste zu Teil werden, der mit Tugend ausgerüstet ist; denn die Tugend verträgt sich nicht mit einem bloßen Scheinleben oder einem sündhaften Leben. Ein guter Geist muß seine Richtung nach dem Einen, Wahren und Guten haben. Er muß sich nach dem Einen hin bewegen, der das Sein selbst ist, d. i. nach dem Vater, nach dem Wahren, das ist der Sohn, nach dem Guten, das ist der hl. Geist. In einem solchen kann der Vater, der Sohn und der hl. Geist wohnen. Wer Gott allem, was in der Welt, die in vielfacher Trennung begriffen ist und im Argen liegt, vorzieht, der hat die Richtung zum Vater. Wer die Wahrheit allem vorzieht, der nimmt aus dem Truge und der Täuschung dieser Welt die Richtung zu dem Sohne. Wer das Gute in seiner Reinheit auserwählt, verläßt allen Schein des Guten in dieser Welt und nimmt die Richtung zu dem hl. Geiste. Wer seinem Geiste durch solche Bewegung eine feste Richtung gibt, flößt ihm einen heiligen Eifer ein. Der ganze Mensch wird diesen Eifer haben, wenn der Geist keine sinnliche Bewegung außerhalb dieses Weges aufkommen läßt, sondern den Körper durch Zügel und Sporen bändiget. Ein solcher schmückt sein Haus mit Klugheit, Starkmut, Gerechtigkeit, Selbstbeherrschung, so daß in ihm die theologischen Tugenden wohnen können: Glaube, Hoffnung und Liebe. Sodann muß er beachten, daß die Worte Christi Geist und Leben sind. Er muß an ihnen festhalten, über sie nachdenken und erwägen, daß, wenn die sinnliche Gegenwart nicht an ihm vorüberzieht, er nicht im Geiste leben kann; er muß beten, bitten und anklopfen; wer anklopft, dem wird von der Güte, die ins Verborgene sieht, geöffnet werden. Das Haus werde sorgfältig vorbereitet, gereinigt von Sünden der Unreinigkeit, denn der Geist ist nicht ein Schwein; das Tierische werde abgelegt, denn der tierische Mensch vernimmt nicht, das des Geistes ist. Sowenig Wasser und Feuer sich vertragen, so wenig fleischliche und geistige Genüsse. Nach der Reinigung muß das Haus mit verschiedenen Gemälden heiliger Betrachtungen geziert werden. Durch inständiges Gebet muß der hl. Geist eingeladen werden; denn er ist nicht wie ein Possenreißer, der uneingeladen zur Hochzeit geht. Die Apostel beteten für sich und für andere. Der Einladung folgt er schnell. »Ich bat, sagt der Weise, und es wurde mir der rechte Sinn gegeben. Ich rief zu Gott, und es kam zu mir der Geist der Weisheit.« Zur rechten Zeit müssen wir ihn anrufen, nicht erst in den letzten Tagen unseres Lebens. (Exc. III, 420. 423.)

Jede Vielheit schließt sich in harmonischer Ordnung zu einer Einheit zusammen. So sind viele Stimmen zu einer Harmonie, viele Glieder zu einem Leibe verbunden. Der Geist, der das innere Band ist, einet die Glieder, daß sie geeint einen Leib darstellen; die Glieder sind notwendig verschieden, damit sie mittelst der Proportion, in welcher die Verschiedenen zueinander stehen, harmonisch geeint werden können. Der belebende Geist einigt den ganzen lebensfähigen Leib nach seiner innern Seite und mittelst des Ganzen alle Teile und Glieder. Aus dem Ganzen empfängt jedes Glied die Ordnung seines Lebens. Und wie jedes aus dem Ganzen empfängt, so hat es auch wieder eine Beziehung zum Ganzen. Das Auge empfängt von der Seele mittelst des Körpers das Leben, das im Sehen besteht, und erfreut sich dieses Lebens. Dieses Sehen betrifft nun aber nicht bloß das Auge, sondern den ganzen Menschen, darum sieht das Auge nicht bloß für sich, sondern auch für Hände und Füße. Weil alle Glieder zur Herstellung der Harmonie, welche Mensch heißt, geordnet sind, so ist jedes Glied zufrieden mit seinem Orte, Quantität, Qualität und Tätigkeit, weil es nicht überflüssig, sondern zur Herstellung der Harmonie, welche Mensch heißt, geeignet ist.

So ist es auch mit der Kirche, dem mystischen Leibe Christi, in welcher der Geist Christi, d. i. die heiligende Liebe weht, deren Subjekt die vernünftige Seele ist. Diese belebt den Körper, während sie selbst vom Geiste Christi belebt wird; der Geist ist das *Wort des Lebens*, die vernünftige Seele ist das *Priestertum*, der Leib das *gläubige Volk*. Die Seele empfängt aus dem Worte Jesu den Geist des Lebens. Das Wort ist unter dem Buchstaben des ewigen Evangeliums verborgen, erquickt die Seele und teilt sich dem Leibe mit. Die eine Seele ist im Priestertum, in den verschiedenen Gliedern desselben verschieden. Da alles, was von Gott kommt, wohlgeordnet ist, so ist *Petrus* der *Lehrmeister* (magister), dem der Vater das ganze Geheimnis des Glaubens geoffenbart hat; er muß daher die Brüder stärken und nimmt den Stuhl ein, an den die Wahrheit geknüpft ist (cui veritas alligata est). Die Bischöfe nehmen die Stelle der Apostel, die Pfarrer (plebani) die Stelle der Jünger (discipulorum) ein. So gestaltet sich alles zur Ordnung und Einheit in der Kirche … Die Kirche empfängt das Wort des Lebens aus der Schrift, weil ihre Aussprüche (eloquia) ihr anvertraut sind, und das Wort des Lebens will, daß wir erforschen sollen, was von ihm herrührt. Der Geist ist also die göttliche Schrift, in welcher der Geist des Lebens unter dem toten Buchstaben verborgen ist, wie die Lehre vom Paradiese, vom Acker des Herrn, vom Weinberge und wahren Weinstocke, vom Brunnen lebendigen Wassers, das vom Libanon herabfließt, von den lebenden Tieren, den Sternen des Himmels und den Früchten der Erde und von allem, was uns vom Sinnlichen auf das unsichtbare Leben hinweist. Der Hirt führt durch die Türe, d.i. Christus, die Seelen zur Weide; beim Ein- und Ausgehen finden sie Weide. Beim Eintritte in die Welt findet der Mensch Weide, indem er im aktiven Leben Christus nachfolgt, und beim Austritte aus der Welt, indem er Christus auf dem Wege der Kontemplation nachfolgt. Alles das ist von Gott zu unserer Heiligung angeordnet; denn das ist der Wille Gottes, unsere Heiligung zum dereinstigen Anschauen seiner Glorie, die nur den Heiligen sichtbar ist, da nichts Unreines in jenes Reich eingehen kann, wo unser König in seiner Glorie thront. (Exc. VII, 575 f.)

Die Kirche und die verschiedenen Geistesrichtungen

Die *Kirche* ist zu betrachten als ein Körper, der eine Seele hat, und einen Geist – die Seele, in der der Geist der Weisheit ist, ist zu betrachten, wie der menschliche Körper in der Angemessenheit zu seiner Seele. Wie eine Seele im Menschen ist, die sich durch den ganzen Körper ausbreitet und in jedem Teile des Körpers auf andere Weise aufgenommen wird, so breitet sich der Geist der Weisheit durch die vernünftige Seele der Kirche, die er erleuchtet, nach allen Teilen aus, wird aber immer wieder anders aufgenommen. Es vereinigt somit der Geist Jesu, der durch das Wort in die Seele der Kirche sich einsenkt, viele auf partikulare Weise zur Einheit des göttlichen Lebens, wie die Seele viele Glieder des Körpers zur Einheit des sinnlichen Lebens verbindet; die Ausdehnung desselben ist eine Einigung. Anders aber wird der Geist des göttlichen Lebens oder der ewigen Weisheit im Worte Gottes in der Seele des Petrus, anders in der Seele des Paulus und so anders in jedem einzelnen erfaßt; doch einet das göttliche Leben sie alle, so daß alle Seelen im Geiste eine Seele sind, wie alle Schüler Platos im platonischen Systeme vereinigt sind, wenn gleich Memnon dasselbe anders auffaßt als Criton. (Exc. VII, 577.)

Wir erlangen das christliche Leben, die geistige Wiedergeburt durch Vermittlung der Kirche

Um zu begreifen, daß Jerusalem unsere Mutter ist, bemerke folgendes: Wie Maria die Mutter Christi ist, des Menschensohnes, so die Kirche unsere Mutter, auf daß wir Kinder Gottes seien. Christus, der von Ewigkeit der Sohn Gottes oder das Wort war, ist wiedergeboren aus dem Schoße Mariens, um in Menschengestalt Menschensohn zu sein. So werden wir, die wir in der Menschheit als Menschensöhne geboren werden, durch den Schoß der Mutter Kirche wiedergeboren, auf daß wir neu geschaffen werden aus Gott. Dieses Geborenwerden ist aber ein geistiges, weil die Braut, die Kirche, in Einheit des Geistes, vereint mit Christus, ihrem Bräutigam, uns geistig neu gebiert; denn die katholische Kirche empfängt uns aus dem sie überschattenden hl. Geiste, aus der Kraft des Allerhöchsten, so daß der von ihr Empfangene ein Kind Gottes ist. Wenn daher dein Geist neu geboren werden soll, d. h. wenn er Christum anziehen will, so muß er in den Schoß der Kirche aufgenommen sein, welche Fleisch vom Fleische Christi und Gebein von seinem Gebeine ist. Dies kann aber nur durch die umwandelnde Kraft des Geistes geschehen, der die Liebe ist, des heiligen Geistes. *Durch die heilige Liebe* also geht der Geist in eine neue Empfängnis über, um neu geboren zu werden. Zu ganz Unbekanntem führt uns die Liebe nicht hin. Daher wird er durch die Liebe nur zu dem geführt, was er als liebenswürdig glaubt. Durch den Glauben also wird unser Geist im Schoß der Kirche empfangen, auf daß *er als Kind Gottes neu geboren werde*, d. h. der Glaube, daß Christus der Sohn Gottes sei und daß in ihm der Geist des Menschen die Kindschaft Gottes erlangen könne. Daher eint dieser in der Kirche verkündete Glaube *die Gläubigen untereinander*, welche Glieder Christi durch den Glauben sind, und legt uns in seinen Schoß, d.h. in den Schoß der Kirche, welcher der Leib Christi ist, in welchem Leibe ein Geist ist, welchem sich der unsrige unterwirft und durch Liebe allmählich vermählt, so daß er immer mehr in ihn umgestaltet wird, bis wir nach diesem irdischen Leben wiedergeboren werden in dem nach Christus umgestalteten Geiste und so die Kindschaft Gottes erlangen. (Exc. IV, 453.)

Über die drei Stände in der Kirche

Wie sich die Heiligen im Himmel an der Anschauung Gottes weiden, so die Heilligen der Kirche an der Anhörung des Worts. Im Himmel ist alles gemein und einer teilt mit dem andern, das Verdienst des einen vermehrt die Freude aller. So war es im Stand der Natur vor dem Gesetze, so in der ersten Kirche und so jetzt in einigen Orden. Im Himmel heiratet keiner, alle sind ganz rein, keusch; so auch im Ordensleben (in religione). Im Himmel bieten sich alle Gott zu einem vollkommenen Opfer dar, so im Orden durch den Gehorsam, indem sie Gott ihren eigenen Willen übergeben. Im Himmel gehorchen die Bürger freiwillig, freudig und beharrlich dem göttlichen Befehle, so in dem Orden dem Abte. Der Gehorsam bezieht sich entweder auf Vorschriften oder Ratschläge, oder Gleichheit der Gesinnung, wie Paulus sagt: Was willst du, daß ich tue? Ohne Murren muß man gehorchen, denn unter Murren und Schreien fuhren die Teufel auf den Befehl Jesu aus. Himmlisch und heiter muß der Gehorsam sein, dann erfreut er den Prälaten, erleichtert die Arbeit und gewährt Ruhe des Gewissens. Auch muß er anhaltend sein, daher sagt Bernhard: Christus verlor das Leben, um nicht den Gehorsam zu verlieren. In der christlichen Religion gibt es aber drei verschiedene Stände, den der *Laien*, der *Kleriker* und *Mönche*. In jedem derselben übrigens muß *das Leben unter Gehorsam gelebt werden*; denn Christus unser Meister ward seinem Vater gehorsam, da er sprach: Nicht wie ich will, sondern wie du, und zwar bis zum Tode. So müssen alle gehorsam sein, aber größer muß doch der Gehorsam im geistlichen Stande sein, noch größer der der Mönche. Im ersten Stande sind jene drei Stücke auch wesentlich, aber die Keuschheit ist nicht so streng (laxa), weil die Begierlichkeit des Fleisches erlaubt wird, wenn sie nicht bis zur Ausgelassenheit geht. Daher ist die Ehe hier erlaubt, weil sie sich noch diesseits der Grenze der Ausschweifung und Hurerei bewegt. So ist auch Armut in diesem Stande, wenn einer bloß das Seinige besitzt, ohne fremdes Gut sich anzumaßen. Bei dem Geistlichen muß die Keuschheit schon strenger sein, weil hier auch die Ehe nicht erlaubt ist. So kann er auch nicht etwas sein Eigentum nennen, obschon er von den Dingen, welche der Kirche gehören, Gebrauch machen und sie besonders verwenden darf. In dem Mönchstande aber wird weder Ehe noch Gebrauch von Gütern mit deren Verwaltung gestattet, sondern nur einem, der vorsteht und verwaltet. – Wir wollen nun bei dem *Laien*stand stehen bleiben und zuerst erwägen, daß jeder Christus, dem Haupte der Religion und dessen Stellvertretern Gehorsam schuldig ist. Christus hat uns nämlich das evangelische Gesetz hinterlassen, und Wächter desselben an seiner statt eingesetzt; wer jenes verkündet und nicht seine eigenen Worte redet, der ist von Christus gesandt. Im Evangelium ist aber das Wort des Sohnes Gottes enthalten; wer daher die Worte des Evangeliums verkündet, der muß ganz wie Christus angehört werden. Die Worte des Bischofs (pontificis) sind die Worte Gottes des Vaters, uns durch seinen Sohn verkündet und durch die Bischöfe wieder vorgetragen. Diesen muß man daher gehorchen. Beharrlicher Ungehorsam schließet von der christlichen Religion aus, ist heidnisch und satanisch und das Verbrechen des Götzendienstes. Wie Gott, also muß man den Vorschriften der Kirche gehorchen, und beharrlich Ungehorsame müssen abgesondert und außer der Gemeinschaft mit den übrigen gebracht werden, als Glieder, die wegen ihrer Fäulnis von dem mystischen Körper Christi losgetrennt sind. Das wisset also, meine Lieben! Wenn ihr nicht euren Vorgesetzten gehorcht, so seid ihr nicht aus der Kirche, in welcher die Binde- und Lösegewalt ist, und wenn ihr nicht glaubet, daß eure Vorgesetzten die Stelle Christi einnehmen, so könnet ihr nie die Nachlassung eurer Sünden erlangen, noch Lossprechung und Indulgenz, die aus dem bischöflichen Stuhle ausfließen. Denn wer nicht glaubt, hofft nicht und wer nicht glaubt und nicht hofft, erlangt nicht. – Es sei daher jeder vereint mit seinem Vorsteher und Prälaten; in diesem verehre er Christus und nehme seine Worte als die Worte Christi an! Dann bringt er durch diesen Gehorsam sich selbst Gott zum Opfer, bis zur *Ertötung des freien Willens*, dieweil nicht er lebt, sondern Christus in ihm, dessen Willen, vom Priester ihm ausgedrückt er ohne Murren gehorcht. Tust du also das und bist du dem von Gott dir Vorgesetzten in allem gehorsam, dann wirst du durch die Hände des Vorgesetzten zum ewigen Reiche geleitet und du brauchst beim strengen Gerichte von nichts anderem Rechenschaft zu geben, als vom Gehorsam. Wenn du dann sagst: Herr! ich habe dir in den mir Vorgesetzten gehorcht, so genügt dir dies zu deinem Heile, auch wenn dein Vorgesetzter über die Lasten, die er auf deine Schultern gelegt, über seine Vorschriften und Lossprechungen Gott Rechenschaft geben muß. Du kannst durch den Gehorsam gegen den von der Kirche geduldeten Vorgesetzten nicht getäuscht werden, wenn er auch gegen das Recht dir Befehle gab; denn dir kommt es nicht zu, zu urteilen, ob seine Befehle ungerecht waren, und du darfst nicht ungehorsam sein, wenn er dir ungerecht scheint; denn das wäre kein Gehorsam, wenn es in deiner Willkür stünde, über den Befehl des Bischofs zu urteilen, ob man ihm gehorchen müsse. Die Kirche präsumiert von dem Befehle, er sei ein gerechter; wenn du ihm gehorchst, wird dein Lohn groß sein. Der nicht raisonierende (irrationalis) Gehorsam also ist der vollkommene. Siehst du also, daß dein Bischof mit jemandem keinen Umgang habe (non communicare), so habe auch du keinen Umgang mit ihm. Sieh, wie sehr die sündigen, welche den Bischof herabzusetzen suchen und Böses gegen den Stellvertreter Christi reden, besonders in solchen Sachen, wo jener als Bischof handelt. (Exc. VI, 546–547.)

Die Eucharistie

Da Christus das belebende Leben ist, und unser Leben nicht ohne Speise erhalten werden kann, so ist er, wie der Geber, so auch der Erhalter des Lebens – das Brot des Lebens. Als Brot oder Speise des Lebens kann er aber nur durch den *Glauben* erfaßt werden, denn das Belebende ist der Geist. Woher aber und wohin dieser wehe, kann man nach der Lehre Christi nicht wissen. Durch das Wissen kann er mithin nicht erreicht werden. Weil wir aber doch zum Geist des Lebens gelangen müssen, wenn wir das Leben erlangen wollen, und dies durch das Wissen nicht geschehen kann, so muß es durch jene Kraft geschehen, welche über dem Wissen ist –, durch den Glauben.

Der Glaube, welcher das Leben des Geistes erfassen soll, muß sieghaft und kämpfend sein und den Verstand dem Gehorsam gegen Christus unterwürfig machen, um ein sieghafter Glaube und eine Tugend (virtuosa) zu sein. Die Tugend wird nur durch ein ihr Entgegenstehendes vollkommen. Daher muß jener Glaube, um tugendhaft und stark zu sein, Schwierigkeiten zu überwinden haben und um so mehrere, je siegreicher er sein soll. Soll er aber so kräftig sein, daß er im Geiste das ewige Leben des Geistes erfaßt, so muß er der allerkräftigste und darum auch siegreichste sein. Es muß daher das zu überwindende Entgegenstehende recht augenfällig hervortreten, und von der Art sein, daß es durch sein Dasein dem Glauben geradezu entgegentritt, wie die Gewißheit der sinnlichen Anschauung. Da nichts im Verstande ist, was nicht vorher in der sinnlichen Anschauung war, so beweist es die größte Stärke des Glaubens, den Verstand gefangenzunehmen und das zu glauben, wovon der Sinn gerade das Gegenteil zeigt. Daher bietet sich Christus nur jenen Geistern als Lebensspeise dar, welche mit Besiegung der Sinnenerkenntnis im Glauben sich gefangen geben und zweifellos das für wahr halten, wovon der Sinn das Gegenteil aussagt. Dies tun diese bloß deshalb, weil sie den, den sie als Menschen kennen lernten, für den Sohn Gottes halten, und infolge dieses Glaubens glauben sie allen seinen Aussprüchen und Lehren als Worten Gottes, bei dem nichts unmöglich ist. Doch je unmöglicher etwas ist, desto möglicher ist es für Gott zur Offenbarung seiner Allmacht und Herrlichkeit. Er lehrte, die evangelische Speise habe in sich *die Lehre des Lebens*, weil sie das Wort des ewigen Lebens ist *und die Rechtfertigung, so daß es eine und dieselbe Speise des Lebens ist: die des Fleisch gewordenen Wortes als rechtfertigendes Opfer*. Weil aber zum glaubensvollen Erfassen des Lebensbrotes jener Kampf gegen die sinnliche Anschauung für alle Zeit stattfinden sollte, auf daß diese Nahrung, wie sie für alle notwendig ist, so auch stets durch einen ganz starken Glauben erfaßt werden könnte, so versprach Christus bei seinem Scheiden von dieser Welt, er wolle mit uns sein bis zum Ende der Welt auf eine Weise, daß seine Gegenwart uns zur Erlangung des ewigen Lebens hinführe. Da er nun sah, es sei zum Erfassen des Lebens am geeignetsten, wenn er sich als die Nahrung des geistigen Lebens unter sinnliche Gestalten, die eine leibliche Nahrung sind, also unter den Gestalten von Brot und Wein genährten Leibe, d. i. in seinem Fleische und Blute verborgen trug, so hinterließ er bei seinem Scheiden von der Welt uns ein Sakrament, in welchem er selbst als geistige Speise, unter den sinnlichen Zeichen des Sakraments verborgen ist, gleichwie er bei seinem Herumwandeln auf Erden das Brot des Lebens in seinem Fleische und Blute verborgen trug, damit in jenen Speisen, in welchen der sterbliche Leib eine vorübergehende Erquickung aus vergänglichem Manna erhält, auch der Geist durch den Glauben die Nahrung eines unvergänglichen, vom Himmel herabkommenden Manna erhalte; so daß der Glaube es ist, der durch seine Lebendigkeit den Geist in das lebendige Brot hineinbringt, auf daß der Geist in dem Leben lebt (ut fides sit quasi spiritum suo fervore in panem vivum iniciens, ut in vita vivat), gleichwie der Magen durch seine Kraft die Nahrung aus dem vergänglichen Brote zu seiner Erquikkung sich aneignet. Wie nun Jesus vom Vater gesandt war und als Lehrer im Worte des Lebens die Nahrung des Lebens darbot und zugleich sich selbst uns als Speise hingab, so sandte er wieder die Apostel und Schüler und deren Nachfolger bis zum Ende der Welt aus, auf daß auch sie durch das Wort des Lebens die Lebensspeise darböten, und ihn als Lebensspeise in sinnlicher Speise opferten und spendeten (offerrent). So ist auch die Verkündigung des Evangeliums ebenso ein Darreichen der Lebensspeise wie die Ausspendung der Lebensspeise, und die Verkündigung ist um so vollkommener, je fruchtbringender sie ist, und oft ist sie eine süße Darbringung des mystischen Leibes Christi (et saepe in ipsa est dulcissima oblatio mystici corporis Christi).

Ich will nur noch die Ursache und Veranlassung der Einsetzung dieses Sakraments berühren. Die eine ist die eben angegebene, daß nämlich Christus so bei uns sei, daß wir durch den Glauben die Nahrung des Lebens uns aneignen (haurire) können, d. i. daß wir, da er als rechtfertigendes Opfer, das für das Leben der Welt dargebracht wurde, bei uns ist, in einer dem Sinne nicht zugänglichen Weise durch starken Glauben in Darbringung des unsichtbaren Opfers, das in sichtbaren Gestalten enthalten ist, das Leben erlangen können. Wohl zu bemerken ist aber noch die andere Ursache der Einsetzung. Christus nahm nämlich Brot, dankte, brach es und gab es seinen Jüngern mit den Worten: »Nehmet und esset, das ist mein Leib, der für euch hingegeben wird; dies tut zu meinem Andenken!« womit er sagen wollte, daß sein wahrer Leib für sie hingeopfert werden sollte, um ihnen das Leben zu geben, gleichwie das Brot, das er zu seinem Leibe machte, eines und zugleich ein geteiltes war für einen jeden, und ein jeder durch den Genuß desselben Erquickung erhielt. Ebenso beim Kelche. Wie demnach Christus, das belebende Leben, den ganzen Körper der Gläubigen in der Einheit des Lebens einigt, so daß er das Leben ist, die Gläubigen der Leib; so setzte er dieses

Sakrament ein, damit in ihm er selbst die Lebensspeise, und die das eine Brot Empfangenden *auch einen Leib Christi, aus einem Lebensbrote erquickt, bildeten.*

Zum Andenken daran, daß er, das Leben, für die Gläubigen sich hingegeben, sollte nach seinem Willen das Brot gesegnet und den Gläubigen gespendet werden. Für den Gläubigen ist es daher Pflicht, den Leib Christi zu genießen, der in dem Sakramente des Brotes enthalten ist, damit er dadurch bekenne, daß er die Hingabe Christi für ihn wohl in der Erinnerung habe, und zwar muß er es tun in der Einheit mit dem mystischen Körper Christi, wodurch er am Brote der Gläubigen und mit dem mystischen Körper zugleich an der Verbindung mit Christus, den man im Sakramente empfängt, Teil nimmt. Die Liebe des Nächsten genügt nicht ohne die Liebe Gottes, denn der Gegenstand des Sakraments ist zum Heile notwendig. Notwendig ist daher die beständige Verbindung mit dem Leibe Christi und mit dem Haupte Christus, ohne welches kein Leben möglich ist. Sodann ist der Genuß dieses Sakraments notwendig als öffentliches Zeugnis, daß wir glauben, diese Eingliederung in Christus sei zur Seligkeit notwendig. (Exc. IV, 444.)

Dem Stande dieses Lebens kommt es nicht zu, Christus offen zu sehen, wegen der Hülle des Geheimnisses und des Verdienstes des Glaubens. Es gibt keine andere geistige gemeinsame und heilbringende Nahrung, als den *wahren Leib Christi.* Er muß daher wahrhaftig in diesem Sakramente sein; es erfordert dies die Vollkommenheit des Opfers des einigenden Sakramentes und der erquickenden Wegzehrung, welche das Sein im neuen Testamente gibt, der geoffenbarten Gnade und der Wahrhaftigkeit Christi. Der wahre Leib Christi kann nicht in Teile geteilt werden, denn Leib, Seele und Gottheit ist hier nur ein einfaches Sakrament (est enim ibi corpus, anima et Deus utrobique unum et simplicissimum Sacramentum). Der ganze Leib ist so unter der ganzen Gestalt wie unter einem jeden Teile derselben, die Gestalt mag ganz oder geteilt sein. Demnach ist er in der Gestalt nicht begrenzt (circumscriptum), als nehme er einen Ort ein, oder habe eine bestimmte Lage (ut habeat situm) und sei durch einen menschlichen Sinn wahrnehmbar; er ist vielmehr jedem Sinne verborgen, damit Glaube und Verdienst Platz greifen. Die Akzidenzien haben daher, damit der Leib Christi nicht erkannt werde (ut non deprehendatur), die volle Tätigkeit, die sie auch vorher hatten, obwohl sie ohne ein Subjekt sind (licet sint praeter subiectum), solange sie den Leib Christi in sich (intra se) haben, d.h. solange sie in ihrer natürlichen Beschaffenheit fortbestehen und zum Genießen tauglich sind.

Erheben wir unsern Geist zu einiger Erwägung der wunderbaren Süßigkeit dieses heiligen Sakramentes und sprechen wir:

O Herr, wie groß ist die Süßigkeit deiner Güte, der du willst, daß wir im Genusse der Lebensspeise (in esu vitae) täglich deinen Tod verkünden! Was konntest du dem Menschen, der durch Essen tot war, mehr geben als das Leben durch Essen (quid plus dare potuisti homini mortuo per esum, quam vitam per esum?) O Nahrung des Lebens, ans Kreuz geheftet! Wer kann dieses große Geschenk in seinem Geiste fassen, daß du Höchster, Gütigster, Edelster! dich selbst zu Nahrung hingibst? Es heißt alles Maß der Freigebigkeit und Liebe überschreiten, wenn das Geschenk dasselbe ist, was der Schenkende. Gibt es ein Volk, welches seine Gottheit sich so nahe weiß, wie du wahrer Gott uns nahe bist, zwar unter einer andern Form, aber in der eigenen Wesenheit? O Speise, die wahrhaft nährt, erquickt und stärkt, nicht das Fleisch, sondern die Seele. O edles Gedächtnismahl, die Tiefe des Herzens anzuvertrauen und sorgfältig im Gemüte zu bewahren! Süßigkeit, Freude und Tränen vereinigen sich in dieser Gedächtnisfeier. Weinen wir in heiliger Freude! Das Herz von unendlicher Wonne durchströmt, träufelt süße Tränen durch die Augen.

Erhebe ich mich, o Herr! zur Betrachtung dieses hohen Geheimnisses, so erkenne ich, daß das Licht meines Verstandes nichts vermag; du bist es, der allein alles vermag. Die Neugierigen (curiosi) fragen nach Ursachen, Vernunftgründen und Zeichen, ich nahe mich dir durch den Glauben. Ist es ein Wunder, daß plötzlich durch das Aussprechen von Worten die Verwandlung (transsubstantiatio) erfolgt? Verwandelt sich nicht durch Wärme ein gewisser Same in lebende Tiere, die s. g. Seidenwürmer? Wird nicht die Schlange durch Worte bezaubert (incantatur) und ihr Gehör verhärtet, daß sie die Stimme der Zauberer nicht hört? Hast nicht du, o Gott! mit einem Worte alles erschaffen? »Er sprach, und es ward.« Ist nicht Loths Weib durch einen Blick in eine Salzsäule verwandelt worden? Verwandelt nicht gewisses Quellwasser Holz in Stein, Eisen in Kupfer? Wer wollte sich über keine Allmacht wundern! Verwandelt nicht unser Magen Fleisch und Blut, Brot und Wein in seine Natur? Bringt nicht der Glasverfertiger aus der Asche des Kieselsteins ein schönes Glas hervor? Kommt nicht aus dem Anschlagen des Feuersteins plötzlich Feuer hervor? Was ist darüber zu wundern, daß du Gott und Mensch, nicht eingeschränkt (non contractus) in der ganzen Quantität, in der du am Kreuze hingst, in diesem Sakramente zugegen bist? Ist nicht in einem kleinen Senfkorne eine große Kraft, ein großer Baum in der Potenz? Was bedarf es des Wunderns, daß die Gestalten über ihre Natur hinaus ohne Subjekt sind (quod species *super naturam* sunt sine subiecto)? Das Vorbild, daß das Sakrament uns verhüllt unter Gestalten gegeben werde, ist Jakob unter der Gestalt Esaus, wodurch Isaak getäuscht wurde. So werden auch hier alle Sinne getäuscht: Gesicht, Geschmack, Tastsinn. Doch das Gehör Isaaks ward nicht getäuscht, weil er die Stimme, die aus dem Innern kam, kannte. So wird auch hier der Glaube nicht getäuscht. Was ist es wunderbar, mein Gott! daß Fleisch und Blut in diesem Sakramente an verschiedenen Orten und doch ganz und vollkommen sind (quid mirandum de hoc, quod sacramentaliter corpus et sanguis sunt in diversis locis integraliter)? Wird nicht die eine Rede, die ich halte, ganz und vollkommen von mehreren zugleich gehört und verstanden? Ich weiß ja, daß Gott überall ist, der Mensch nur an einer Stelle. Was Wunder, wenn der Gottmensch in einer gewissen mittlern Weise nicht überall, aber nicht bloß an einem Orte, sondern an mehreren zugleich ist? Kommt nicht eine Definition der Spezies mehreren Individuen zugleich zu? Ist nicht das ganze Wort, das von Ewigkeit und in Ewigkeit beim Vater ist, auch ganz in den Leib der Jungfrau herabgestiegen? Er, der überall der Ganze und Eine ist, ist Fleisch geworden, um die Menschen zu speisen, derselbe, der zugleich vollständig beim Vater blieb, um die Speise der Engel zu sein. Ebensowenig wundere ich mich, daß er ganz unter jedem Teile der geteilten Hostie ist. Wenn er nämlich ungeteilt an vielen Orten zugleich und doch ganz (totaliter) ist, so ist auch der eine und ganze Christus unter jedem Teile der Hostie. Ist im Spiegel nicht ein Bild, das nur eine Gestalt abbildet? Wird er aber zerbrochen, so geben die Stücke die ganze Gestalt zugleich wieder. Ist nicht in den homogenen Dingen z. B. Wasser jeder Teil wie das Ganze? Erhielt nicht von dem Manna, das in der Wüste herabfiel, auch wer mehr gesammelt hatte, nicht mehr als ein anderer? Ist nicht die Seele in einem kleinen Menschen so groß, als in einem großen, ganz im ganzen Menschen und ganz in jedem Teile? Noch weniger wunderbar ist, daß dieser Leib, obwohl täglich genossen, sich doch nicht vermindert, weil er nach der Auferstehung zur Unzerstörbarkeit verherrlicht ist. Er wird nicht aufgelöst (corrumpitur), weil er sich nicht in die Natur des Genährten verwandelt, im Gegenteile: Wer diese geistige Speise genießt, wird durch Begeisterung und Liebe (per mentis excessum et amorem) in sie verwandelt. Wird nicht, wenn auch viel Kerzen von einem Lichte angezündet werden, doch das Licht nicht vermindert? Fließt nicht aus der Quelle Wasser, ohne daß jene abnimmt? Wie viel weniger wird der Quell des Erlösers abnehmen? Was Wunder, daß dieses Sakrament dem einen zur Seligkeit, dem andern zum Gerichte wird? Zieht nicht aus derselben Blume die Biene Honig, die Spinne Gift? Ein und dasselbe ist dem einen eine Heilkraft, dem andern der Tod. Schmilzt nicht die eine Sonne das Eis und macht den Kot gefrieren? – Ich habe keinen Zweifel, o Herr! Gib, daß ich durch dieses Sakrament das Leben erlange, das du verheißen hast! O Herr! wenn man dieses Leben, das voll Elend, dem Tode nahe und in keinen Vergleich mit der Ewigkeit kommt, so sehr liebt, wieviel mehr müssen wir es lieben, in dir zu sein, dem ewigen Leben? Wohl denen, die würdig zu diesem Sakramente hinzutreten! Wehe den Unwürdigen! Aus dem Quell des Lebens trinken sie den Tod. Wenn ich erwäge, o Herr! daß die Menschen über den Freuden und Genüssen dieses vergänglichen Lebens, dich, das ewige Leben, verlieren, so seufze und zittere ich. O der Verblendung, in der der größere Teil der Menschen dir nur zum Scheine dient! Daher ist die Wahrheit, sie ist überwältigt durch den falschen Schein! O Priester, bedenke dein Leben, bedenke deine Gewalt, bedenke deine Worte und Handlungen, bedenke die Würde deines Amtes! (Exc. II, 396. 397.)

Transsubstantiation

Die Eucharistie ist eine Speise für beide Seiten des Menschen; sie nährt den Körper, wie ein im Magen verdautes Brot, und nährt den Geist, als das im Glauben an den Sohn Gottes aufgenommene Wort.

Denn das Wort, das in dem Glauben aufgenommen wird, es sei das Wort des Sohnes Gottes, ist ein nahrhaftes Brot, das alle Süßigkeit gewährt. Die nährende Kraft des Brotes ist aber principaliter von Gott, wie auch die Kraft des Wortes, das die Seele nährt, vom Worte Gottes oder der göttlichen Substanz herrührt. Es ist nämlich in der Eucharistie *eine Substanz*, aus der jene Kräfte herrühren, die man nicht die Substanz des sichtbaren Brotes nennen kann, sondern die *Substanz des Wortes*. Dies bestätigt Christus, als er nach der Weise, in der Moses von diesem Mysterium gesprochen hat, sagte: »Nicht vom Brote allein lebt der Mensch, sondern von jedem Worte, das aus dem Munde Gottes geht.« Denn wenn der äußere Mensch von der Substanz des Brotes leben kann, so schließt dies nicht aus, daß er von der Substanz des Wortes, das die Kraft des Brotes in sich faßt, leben kann. Wenn man daher sagt, nicht nur Brot, sondern auch der Leib Christi sei in diesem Sakramente, so beachtet man nicht, daß die Substanz des Brotes zur Nahrung nicht notwendig ist, *wenn eine solche Substanz vorhanden ist, welche die nährende Kraft in sich begreift*. Die Kraft der niedern Substanz ist in der der höhern. »Durch das Wort Gottes sind die Himmel befestigt worden und durch den Hauch seines Mundes all ihre Kraft.« Die Substanz des Brotes muß im Bekenntnisse dieses Sakraments (in confessione sacramenti) in die höhere Substanz Christi hinübergenommen werden (transsumi), sonst wäre es nicht das vollkommene Sakrament, in welchem auf jede mögliche Weise eine *Transsubstantiation* enthalten sein muß (in quo debet contineri omni possibili modo transsubstantiatio); diese findet wahrhaft statt, wenn unsere Natur in die gnadenreiche Kindschaft Gottes übergeht. Ich sage nicht, daß die Natur vergeht (quod natura pereat), aber daß die Substanz in eine höhere übergeht (transsumitur). So geht auch hier die Natur des Brotes, die im Nahrunggeben besteht, nicht unter, aber die Substanz wird transubstanziiert, d. i. geht in eine höhere Substanz über. Das lehrt uns der göttliche Prophet *David*, wenn er sagt: »Das Gesetz des Herrn ist lauter, es verwandelt (convertens) die Herzen; das Zeugnis Gottes ist getreu, es gibt Weisheit den Unmündigen.« Was ist das lautere Gesetz des Herrn anders, als das Wort Gottes? Dieses Gesetz, das Wort Gottes, gestaltet die Herzen um, wie die Weisheit den Geist umwandelt, indem sie ihn zur Weisheit hinüberzieht, und den Kindern (parvulis) dieser Bekehrung gibt es ein getreues Zeugnis. Das will heißen: In diesem Sakramente erlangen wir ein sehr treues Zeugnis dieser Umwandlung (conversionis), wo die Substanz des Brotes in die Substanz des Fleisch gewordenen Wortes umgewandelt wird (convertitur), was der präziseste und kräftigste Beweis davon ist, daß unsere geistige Natur, wenn sie gleich die menschliche zu sein scheint, durch das Wort Gottes in den Sohn Gottes und aus der Finsternis der Unkenntnis Gottes und der Wahrheit in die Anschauung oder ins Licht verwandelt werden könne.

Hieraus erhellt, Christus sei im Sakramente nicht räumlich (localiter), aber mit den Akzidenzien der Substanz des Brotes (sed cum accidentibus substantiae panis), nicht als ob die Akzidenzien in der Substanz des Brotes wären oder in der Kraft ihren Bestand hätten, welche aus der höhern Substanz, als das Brot ist, ausfließt. Die Substanz des Brotes, die in die Substanz des Leibes Christi verwandelt ist, geht jedem Akzidens voraus (praevenit); so bleiben die Akzidenzien wie zuvor, allein die Substanz ist verwandelt. Wie wenn ein Unwissender ein Weiser, ein Laie ein Priester, ein Sklave ein König wird; alle Akzidenzien bleiben, nur die Unwissenheit wird in Weisheit etc. verwandelt. Dies ist was immer für eine Vergleichung; besser wäre sie, wenn Unwissenheit und Weisheit Substanzen wären. Versteht es jemand in dem Sinne, das Brot werde nicht transsubstanziiert, sondern nur mit einer edleren Substanz *überkleidet* (supervestiri), wie wir hoffen, mit dem Lichte der Glorie überkleidet zu werden, unbeschadet unserer Substanz, wie einige ältere Theologen die Sache aufgefaßt haben, welche sagten, nicht nur das Brot, sondern auch der Leib Christi sei in dem Sakramente, so muß man auf die Bedeutung der Worte acht haben. Sagt man, jenes Licht der Glorie sei ein Akzidens, so wird es jedenfalls edler (nobilius) sein als die vorige Substanz. Wie Christus von Judas sagt: Besser wäre es gewesen, er wäre nicht geboren, als verdammt, so sage ich umgekehrt: besser ist das Licht der Glorie als die Substanz der Seele (animae), und so ist der Unterschied nicht bedeutend. Ich nenne Substanz das, als welches es nichts Besseres an einem Gegenstande gibt. Wenn du jenes (Licht der Glorie) ein Akzidens nennst, weil es nach dem natürlichen Sein noch hinzukommt, so ist nur im Ausdrucke ein Unterschied.

Aus dem Bisherigen folgt ferner, daß der Leib Christi *ohne quantitative Größe*, somit *unteilbar* und in *jedem Teile der Hostie vollkommen* gegenwärtig ist. Unser Gedächtnis ist nicht größer, ob es einen Berg oder ein Senfkorn in sich aufnimmt, es ist ganz in jedem, woran es sich erinnert, so wie auch der Gegenstand, an den es sich erinnert, ganz im Gedächtnis ist. Wenn das Gedächtnis zugleich und auf einmal in mehreren wäre, wie ein Bild in vielen Augen ist, so wäre die Vergleichung noch präziser. (Exc. VI, 522.)

Bedingung des würdigen Empfanges des Abendmahls

Die Eucharistie ist das Sakrament des Worts. Wie durch die körperliche Speise Nahrung des Leibes, so erlangt man durch sie Nahrung des Geistes in dem *Glauben*, daß das Wort Gottes die Nahrung für das Leben des vernünftigen Geistes ist. Wie kann nun der ernstlich glauben, die Eucharistie sei das Sakrament des gnadenvoll nährenden Wortes, der es verschmäht, die Stimme des Wortes selbst in seine Seele aufzunehmen? Er gleicht dem, der durch das bloße Anschauen der Schriften Platos ein Platoniker werden will, ohne dessen lebendige Rede hören zu wollen. Ich frage, wie wird dir die Eucharistie ein lebendiges Brot, wenn du nicht durch das Wort selbst belehrt bist? Siehe, das lebendige Wort macht dir das Brot des Abendmahls schmackhaft, welches nur durch die Erleuchtung des Worts eine Nahrung deiner Seele wird. Ohne das Wort bleibt dir jener liebliche Geschmack verborgen, und du fühlst nicht, daß es alle Erquickung in sich begreifet. Der Unwissende nimmt es mehr wie ein tierischer denn als ein geistiger Mensch, weil der Geist nichts davon empfindet und nie empfinden wird, außer durch Belehrung. Wenn einem geborenen Blinden ein Brot mit der Aufforderung gereicht würde: Iß dieses Brot und du wirst sehr schön und wohlgestaltet werden, so würde der Blinde jenen Worten wenig Gehör schenken, weil er die Schönheit nicht kennt. Um die Größe des ihm verheißenen Geschenkes einzusehen, müßte man ihm vorher die Augen öffnen, und bei dem Anblicke mehrerer Schönheiten würde er dann im Glauben, daß er eine solche Schönheit erlangen werde, gierig essen. Aus sich selbst aber käme er nicht dahin, und ohne vorherige Erleuchtung würde er das Brot ohne Freude über die ihm versprochene Schönheit essen. So ist denn die Erleuchtung des Wortes allen notwendig, welche mit Entzücken und innigem Verlangen das Abendmahl empfangen wollen. Sonst geht man, wie leider! häufig geschieht, kalt hinzu. (Exc. IX, 626.)

Unsterblichkeit der Seele

Die Fähigkeit für Weisheit und Unsterblichkeit ersehen wir daraus, weil der Geist sich zu dem hinneigt, was unzerstörlich ist, und es erfaßt, wie wir es an den Künsten sehen; er faßt die unsterbliche Fähigkeit in sich, zu zählen und zu messen. Das könnte er nicht, hätte er nicht eine Seele, welche sich aus dem partikularen und zerstörbaren Erfahrungsmäßigen zu dem universellen Verständnis desselben erheben und so sich eine Kunst erwerben kann. (Hoc non posset facere, nisi haberet animam, quae de particularibus corruptibilibus experimentis se posset ad universalem talium rationem convertere et ita artem acquirere.) Diese Fähigkeit der Seele aber ist ein Beweis, daß sie nicht an das zerstörbare Instrument des Körpers und an die Organe der Sinne gebunden ist. Sie ist daher fähig für Wissenschaft und Künste und Weisheit, Dinge, die von allem Partikularen und Zerstörbaren frei (separata) sind. Die Seele zergeht (perit) deshalb nicht, wenn auch der Körper zergeht, da sie nicht von ihm abhängt, wie das Sehen vom Auge, das aufhört, wenn das Auge, an welches es gebunden war, zerstört ist. Da die Sehkraft in der Seele bleibt, so könnte sie wieder sehen, sobald das Auge wiederhergestellt ist. Wir erkennen auch in der Einbildungskraft (imaginatio) eine höhere Art von Sinn, weil unser Einbilden bei Abwesenheit eines Gegenstandes genauer (subtilius imaginamur, quam sentiamus) ist als Sinnenerkenntnis. Indessen irrt die Einbildung oft, hinsichtlich der Wahrheit, wie wenn wir uns einbilden, die Gegenfüßler fallen. Es gibt deshalb eine genauere Kraft, welche die Einbildung korrigiert – der Verstand, welcher uns sagt, jenes Fallen wäre ein in die Höhe Steigen des Schweren, woraus er schließt, daß jene ebensowenig fallen können, als wir in die Höhe steigen. Allein auch der diskursive Verstand irrt sehr oft und hat sein Korrektiv an der vernünftigen Anschauung (visio intellectualis) wie in der Schrift »von der Brille« berührt ist. Da unsere Seele (aus der geistigen Anschauung) ein Auge hat, mit welchem es in das Prinzip, das allem Gegensätzlichen und somit aller Zerstörbarkeit vorangeht, hineinschaut, so ist sie unzerstörbar. Denn das Zerstörbare wird vom zerstörbaren Auge, das Zusammengesetzte vom Zusammengesetzten, das Materielle vom Materiellen, das Ähnliche vom Ähnlichen erfaßt. So kann auch das Unzerstörbare nur vom Unzerstörbaren, das Einfache vom Einfachen, das Immaterielle vom Immateriellen geschaut werden. Hieraus siehst du, daß die Vernunft (intellectum) einfach und unzerstörbar ist; denn sie sieht einfach und unteilbar bei jeder Art von Teilung das erste Prinzip der Kreaturen, und in ihm alles, was eines Prinzips fähig ist (in ipso omnia principiabilia), während jenes Prinzip nichts von allem durch es Entstandenen ist. Noch höher als durch die vernünftige Natur schaut die Seele mittelst des Glaubens nach der Lehre des Erlösers, und dies ist das Höchste, zu was der Geist erhoben werden kann. Die Wunder bezeugen dem Gläubigen, daß der Geist in das ganze Gebiet des Glaubens, in Erkennen und Wirken fortschreiten könne. (Et miracula sunt, quae attestantur medio fidei, intellectum ad omnia credibilia posse procedere et operari). Durch die Erwägung sehen wir deutlich, daß der Geist nicht sinnlicher Art ist (intellectum non esse sensum), da wir vieles sinnlich wahrnehmen, das wir nicht verstehen, und umgekehrt, sowie daß wir mit verschlossenen Augen, und ohne zu hören, begreifen (intelligere) können. So hat denn die Seele, sofern sie an den Körper gebunden ist, sinnliche Empfindungen (sentit); durch ihre Wesenheit aber, sofern sie in sich ist, d. i. gesondert (separata) von der Belebung (animatio), die sie dem Körper verleiht, ist sie gewissermaßen frei von partikularer Beschränkung, schaut in die Prinzipien des konkreten Universums (est quodammodo absoluta a particulari contractione et intuetur in principia universalia contracta), und ist so der Weisheit und Unsterblichkeit fähig.

Wenn der Geist die sinnliche Erkenntniskraft ins Auge faßt, so findet er, daß dieselbe zwar, sofern sie von einem mangelhaften Organe abhängt, mangelhaft ist, nicht aber als Seelenvermögen (ut est vis animae), weil sie nach Herstellung des Organs wieder so gut wie früher (ehe dasselbe krankhaft geworden) wahrnimmt, ohne daß eine neue Fähigkeit, ein neues Wahrnehmungsvermögen geschaffen worden wäre. Ebenso verhält es sich mit der Einbildungskraft: Bei einem minder guten Organe sind die Bilder der vernünftigen Seele minder lebendig; auf eine Zeitlang kann der Mensch, wenn das Organ gehemmt ist, das Gedächtnis verlieren, und dann wieder erhalten. Es bleibt also in der Seele die Gedächtniskraft, wiewohl ihre Wirksamkeit zessiert, die sie ohne ein gesundes Organ nicht ausüben kann. Wie der Schreibende ohne Feder nicht schreiben kann, so ist auch die Verstandestätigkeit mangelhaft, wenn die Tätigkeit des Organs leidet, obwohl jene im Geiste fortbesteht. Während die Vernunft bei ihrer Anschauung des vernünftig Erkennbaren keines sinnlichen Organs bedarf, so ist dagegen der Geist bei der Erkenntnis der sinnlichen Dinge an ein Organ gebunden, desgleichen bei der Einbildung, da diese sinnlicher Natur ist. Auch der diskursive Verstand bedarf, da er das denkend durchgeht, was er aus der Sinnenwelt geschöpft hat, der Sinnenorgane, die das Mehr oder Weniger genau auffassen und zum Gebrauche geübt sind. Nur bei der Anschauung des vernünftig Erkennbaren (in visione intelligibilium), das durch keinen sinnlichen Gegenstand zu fixieren ist (qua non sunt in aliquo sensibili signibilia), weil seine Einfachheit und das Unkonkrete seiner absoluten Natur über das Gebiet der Sinnenwelt hinausgeht, bedarf der Geist keines Sinnenorgans, sondern nur seiner inneren, der Natur des zu Erkennenden konformen Einfachheit. Diese geistige Anschauung ist daher in der Vernunft nicht mangelhaft, und da sie von keinem Organ abhängt, so kann nichts sie hindern, immer den Blick frei zu bewahren. Wenn das Auge und die Sehkraft der Seele eines und dasselbe wären, nämlich die Seele selbst, so würde das Sehen nie durch Alter oder Mangelhaftigkeit des Auges eine Beeinträchtigung erfahren. Die Vernunft sieht in die Gründe (intuetur in rationes) und urteilt, welcher Grund wahr, welcher für die Unsterblichkeit beweisend ist, welcher nicht. Sie sieht also ihre Unsterblichkeit, indem sie einsieht, daß der eine Grund mehr zum Erfassen derselben diene als der andere, daß sie in dem einen bestimmter widerscheine als in dem andern. Dieses Urteil könnte die Vernunft nicht fällen, wenn sie nicht ihre eigene Unsterblichkeit vollständig erkennte. Die Vernunft erkennt (videt) sich also als unsterblich, indem sie einsieht, daß sie durch keinen Verstandesgrund so ans Licht gestellt werden kann, daß sie nicht noch präziser nachgewiesen werden könnte. Die Vernunft beurteilt daher den Wert eines für sie geltend gemachten Grundes nach ihrer Anschauung der Unsterblichkeit, und nicht umgekehrt die Unsterblichkeit aus dem angeführten Grunde. Und würde auch irgendein Grund für die Unsterblichkeit beweisend sein, so bliebe dies doch ganz unerkannt, wenn nicht die Vernunft so urteilte. Die Vernunft sieht bei diesem ihrem Urteile nicht bloß in die Beschaffenheit des Grundes, sondern in die Wahrheit selbst hinein, und eben indem sie die Übereinstimmung mit ihr in dem angeführten Grunde findet, spricht sie das Urteil aus, der Grund sei ein wahrer. Aus dieser allseitigen genauen Erwägung ergibt sich, daß die Vernunft nicht in dem Verstandesgrunde, sondern in sich die unzerstörbare Natur ihrer Einfachheit schaue.

Diese Kraft der Vernunft (virtus intellectualis) rührt keineswegs von der Abstammung her (nequaquam est a generante), sonst würde sie die Natur und Beschaffenheit anderer Zustände, die von Abstammung herrühren, annehmen. Wie das Auge ein natürliches Verhältnis zur Farbe, der Sinn zum Objekte hat, so müßte man auch von der Vernunft sagen, sie sei nicht frei im Wollen, Gedächtnis und Erkennen, sondern durch die Natur genötigt, oder könne durch einen andern Menschen genötigt werden, während wir das Gegenteil hiervon wahrnehmen: Der Mensch ist frei in seinem Lieben, Wollen und Erkennen. Die Vernunft altert auch nicht wie der Sinn, sie ist folglich nicht aus dem Bereiche des Sterblichen und Zerstörbaren. Wir sehen, daß Bejahrte, während ihre Sinne abnehmen, an Erkenntnis und Weisheit zunehmen. Ferner gelangt der Mensch in dem, was er durch Abstammung hat, zu einer Grenze und zur Sättigung; es kommt ein Zeitpunkt, wo er nicht mehr sehen und hören mag, was er gesehen und gehört hat. Nicht so ist es bei dem Erkennen oder Wollen: Immer will er, was er erkennt, besser erkennen, was er liebt, noch mehr lieben. Ja, die ganze Welt genügt ihm nicht, weil sie sein Verlangen nach Erkenntnis nicht ausfüllt, während ein einziges Objekt dem Sinne genügt. Nichts genügt also der Vernunft als Gott, von dem der Mensch das Sein hat, dessen Ebenbild er ist. Denn das lebendige Abbild, das geistige Leben, kann weder in sich noch in etwas anderem Ruhe finden, sondern nur in seinem Urbilde als in seinem Prinzip, Ursache und Wahrheit. Rührte die Seele von der Abstammung her, so wären alle ihre Verrichtungen naturnotwendig, sie könnte nichts Sittliches: Gerechtigkeit, Klugheit etc. ausüben. Ein verständiger Vater erzeugt nicht wieder einen verständigen Sohn, vermöge seiner Einsicht, und der Sohn ist nicht naturnotwendig verständig, sondern er hat von Gott den Geist, der einer unsterblichen Tugend fähig ist, weil er von dem unsterblichen Vater herrührt. Wäre der Mensch von Natur aus eifrig fürs Gute, so wäre dies jeder

Mensch, so gut als jeder Mensch sichtbar ist. Die vernünftige Natur ist geistig (spiritualis), daher nicht der Fortzeugung fähig. Sonst wäre sie auch zerstörbar, wie wenn aus genossenem Brote Fleisch wird, so wird die Spezies des Brotes zerstört und daraus Fleisch gebildet. Allein die Spezies der geistigen Natur kann nicht, wie die der körperlichen Natur, die ihr Subjekt und eine verschiedene Spezies fähige Materie hat, zerstört werden. Der letzte und bedeutendste Grund dafür, daß die vernünftige Seele nicht von Abstammung herrührt, ist der: Sie hat einen Endzweck, um dessentwillen sie da ist, und dieser ist höher, als bloß das belebende Prinzip im Menschen zu sein; sie soll Gott erkennen und lieben. Die Vernunft stammt somit vom Schöpfer her. (Exc. X, 677–679.)

Unsterblichkeit

»Wer aus Gott ist, hört Gottes Wort.« Der Herr spricht hier von der Seele, welche allein die Worte hören kann; die Ohren hören nur die Stimme. Wenn nun die Seele, welche die Worte hört, nur von dem Worte unmittelbar abstammt, so ist sie unsterblich und unzerstörbar, wie wir sehen, daß alles beständig fortdauert, was unmittelbar von Gott erschaffen ist: der Himmel, die Erde, die Elemente. Gott erschafft durch sein Wort, sein Wort ist seine Kunst. Durch diese Kunst erschafft er die der Kunst fähige Seele. Die Seele, welche der Inbegriff der Kunst selbst ist (quae est ipsa capacitas artis), mißt daher alles: Zeit, Bewegung etc. Sie ist daher nicht selbst zeitlich, weil sie über der Zeit steht (superponitur tempori), deren Maß sie ist. Jeder Künstler bringt sein Werk auf die bestmögliche Weise hervor. So erschafft auch die unendliche Allmacht ein Werk ohne Ende und Endliches mit einem Ende. Was von Gott mittelst der endlichen Kreatur, welche nichts Unendliches in sich haben kann, hervorgebracht wird, hat ein Ende, wie der Mensch, vom Menschen gezeugt, sterblich ist; ebenso die Gewächse. Ein Geschöpf, das Gott lieben, Gerechtigkeit, Wahrheit und alle unsterblichen Tugenden üben kann, kann auch von Gott unsterblich geliebt werden. Und da die Liebe ihr Wohlwollen nicht nur im guten Willen, sondern in tatsächlichem Beweise zeigen soll, die Guten aber in dieser Welt unterdrückt leiden und ihnen nicht unsterbliches Wohlwollen bewiesen wird, so muß es ihnen in der unvergänglichen Welt bewiesen werden. Denn die Gerechtigkeit Gottes erfordert Vergeltung. Wie kann sie aber dem zuteil werden, der den Tod um der Gerechtigkeit willen gewählt hat, wenn es durch den Tod mit ihm ganz aus wäre? Die Seele, eine geistige Substanz, die keinen Gegensatz hat, ist im Körper wie in einem Gefängnisse oder wie der Schiffsmann im Schiffe, und wird nicht zerstört, wenn auch das Gefängnis oder Schiff zerstört wird. Daher sprach David: »Führe meine Seele aus ihrem Gefängnisse heraus, damit sie deinen Namen bekenne.« Der Körper ist das Werkzeug der Seele, wie der Hammer für die Kunst des Schmieds; mit dem Hammer geht die Kunst nicht zugrunde. Dies bestätigt auch Aristoteles, wenn er sagt: Hätte der Greis das Auge eines Jünglings, so würde er sehen, wie ein Jüngling. Die Brille ist ein Beweis, daß nicht die Seele, sondern nur das Organ des Auges altersschwach wird. Die Seele ist im Körper, wie das Sonnenlicht in der Luft; verläßt es auch die Luft, so doch nicht die Sonne. Das vegetative Leben erlischt nicht, sowenig als das Feuer in der Kohle, das sensitive sowenig als das Feuer in der Kerze, das geistige sowenig als der Sonnenstrahl in der Luft. Die Tätigkeit der Seele scheint nicht der Zeit unterworfen zu sein. Eine jede Sache wird durch ihr Wirken erkannt, das Wirken von Zeitlichem ist selbst zeitlich. Der zeitliche Körper stirbt daher zeitlich; wer nach Rom gehen will, reist mehrere Tage. Das Wirken der Seele aber ist ohne Zeit, wie wir erfahren, wenn wir uns plötzlich über das Meer hinüber denken. Der Mensch ist in die Mitte gesetzt zwischen die höhere Natur der Engel und die niedere tierische. Das Mittlere aber nimmt an der Natur beider andern Gebiete Anteil. Somit gehört er nach seinem vernünftigen Geiste der höhern, unzerstörbaren Natur an.

(Exc. V, 488. 489.)

Die Vernunft (intellectus) ist das Auge (visus) der Seele. Die Seele lebt dort ewig, wo sie den Tod nicht sieht, d. i. in der Vernunft. Denn wenn die Vernunft, welche die Weisheit Gottes in sich hat, ihr Leben sieht oder erkennt, weil das Erkennen desselben ihr Sein ist und erkennend sein soviel heißt, als ewig lebend sein, so sieht sie den Tod in Ewigkeit nicht. Denn der Lebende sieht als in sich lebend nichts als Leben und keineswegs den Tod, da der Tod nur die Beraubung des Lebens ist. Sehen kann nur dem Lebenden zukommen. Somit ist der Tod dem Lebenden nicht sichtbar; wer alles sieht, sieht den Tod nicht, denn der Tod ist nichts von allem. Die vernünftige Seele, die für die Aufnahme des Wortes fähig ist, hat allein ein unzerstörbares Auge (visum), weil es ewig und unbegrenzt ist, denn sie kann durch das ewige Wort genährt werden. Wie daher die sinnliche Sehkraft durch alles Sichtbare kein Ende finden kann (est infinibilis) (denn nie wird das Auge des Sehens satt), so wird auch die Sehkraft des Geistes nie satt im Schauen der Wahrheit. Immer wird die Sehkraft geschärft und gestärkt, was wir an uns erfahren: Je mehr wir in einer Wissenschaft Fortschritte machen, desto fähiger sind wir und desto mehr suchen wir immer weiter zu schreiten. Das ist ein Beweis der Unzerstörbarkeit des Geistes.

Die Juden beten zu Gott, er möge eingedenk der Verheißungen sein, die den Patriarchen gegeben wurden. Sind nun Patriarchen und Propheten im Gedächtnis Gottes, der das Leben ist, so können sie nicht tot sein. Denn das Gedächtnis Gottes ist Gott, der das Leben ist; außer demselben sind die, welche vor seinen Augen tot sind. Das Gedächtnis Gottes ist daher das Buch des Lebens; tot sind die, welche im Buche des Lebens ausgestrichen sind. (Exc. V, 488.)

Untergang der Welt

Wenn die Welt erneuert wird und eine andere Gestalt erhält, geht ihre Zerstörung vorher, wie wenn aus dem Ei das Junge hervorkommt. So auch, wenn der Mensch ein Kind Gottes werden soll, was er im Glauben der Potenz nach ist, wie das Junge im Ei. – Aus dem Gleichnisse vom Feigenbaum belehrt uns Christus, daß das Reich Gottes im Vergleiche zu dieser Welt sich verhält wie der Sommer, nämlich ein fruchtreicher Sommer, zum Winter. Denn in dieser Welt nehmen wir das Werden der Frucht im Glauben auf; im Sommer, d. i. in der andern Welt blühen wir und bringen Früchte durch die aufgenommene Feuchtigkeit. Wenn die Bäume Frucht tragen, ist es Sommer. Gleichwie der Baum im Winter keine Frucht bringt, sondern in sich (Nahrung) aufnimmt, und keine Frucht an ihm wahrgenommen werden kann, so wenig als eine Rose an den Dornen, und es nicht möglich scheint, daß aus dem trockenen, rauhen und unscheinbaren Holze im Sommer eine schöne Rose mit Vegetationskraft hervorwachse und köstlichen Wohlgeruch verbreite, so geht auch der vom Menschen im Glauben an Christus aufgenommene Fruchtkeim der Christusähnlichkeit im andern Leben als Leben auf; allein die Unwissenden und Ungebildeten glauben es nicht.

Zwei Dinge lehrt Christus: Wenn die sichtbare und zerstörbare Welt ihrem Ende zugeht, so erscheint das Zeichen der Erlösung, wie wenn der Winter seinem Ende zueilt, das Zeichen des kommenden Sommers aufgeht. Dies verstehe ich so, daß, wie die Zeichen der Zerstörung dem Untergange der Welt noch während jener Generation vorhergehen, so kommen auch die Zeichen des sich nahenden Reiches Gottes; es wird nämlich der Geist der Auserwählten und Gläubigen eine Stärkung erhalten (fortificabitur), weil die Ankunft Christi, der am Tage des Gerichts sichtbar sein wird, in den Wolken mit großer Macht und Herrlichkeit erfolgen wird, in jenen Wolken, welche dahineilen, wie die Wolken, unter denen Christus verborgen ist. Diese Ankunft geht dem Untergange dieser Welt voraus, wie hier (in der heiligen Schrift) geschrieben steht. Denn es sagt Christus: »Wahrlich, sage ich euch, dieses Geschlecht wird nicht vergehen, bis alles das geschieht,« d. i. alle die vorher angegebenen Zeichen.

An jenem Tage wird ein neuer Himmel und eine neue Erde sein, und der Menschensohn wird zu einer Erneuerung erscheinen. Denn der Mensch wird unzerstörbar und unsterblich auferstehen und doch eben derselbe sein, der jetzt sterblich ist. Er wird daher einen wahren Leib haben, aus wahren Elementen, wie früher gebildet, er wird die Augen haben, die er früher hatte, aber alles wird die Unsterblichkeit anziehen. Wie der Mensch durch die Auferstehung erneuert wird, so auch alles, ohne was der Mensch gegenwärtig (hodie) nicht sein kann. Nun aber hat gegenwärtig das ganze Universum: Himmel, Erde und was in ihnen ist, auf das Sein des Menschen Einfluß. Es muß daher auch alles dieses, d. i. das ganze Universum, erneuert werden, wenn der Mensch in die Unsterblichkeit versetzt ist. Wie also der Mensch vergehen wird (transibit), so auch Himmel, Erde und alles. Nur das Wort, durch welches alles ins Sein hervorgegangen ist, wird nicht vergehen, denn durch dasselbe wird alles neu gemacht. (Exc. V, 493 f.)

Auferstehung

Es könnte jemand sagen: Da die Auferstehung eine allgemeine ist, so sage, *wie* sie erfolgt. Ich antworte: Die Art und Weise ist uns unbekannt, allein mit einigen kann man sagen, im Menschen sei eine körperliche Natur, die aber viel Himmlisches (multum coelestialem) an sich hat, wie in ihm ein Geist ist, der viel Göttliches (multum divinus) hat. Diese himmlische Natur nun, die man die Quintessenz nennen kann und die elementarische Natur in sich als in der Einheit begreift, bleibt, wenn die Elementarstoffe auch zerstört sind, (wie wenn Gold, das Blei mit sich vereinigt enthält, übrigbleibt, wenn auch das Blei aufgelöst ist). Der Geist des Menschen hat nun eine Hinneigung (inclinatur) zu jenem seinem himmlischen Körper und wird am Ende der Weltbewegung mit ihm wieder vereint, so daß das Gericht gehalten wird über den mit dem geistigen, himmlischen und unzerstörbaren Körper vereinten Geist, was eben das Menschenwesen ausmacht (in quibus consistit homo), und an dem Menschen nach seinen Verdiensten Himmelfahrt, oder nach seinem Mißverdienste (pro demerito) Höllenfahrt vollzogen wird. (Exc. X, 672.)

Allgemeines Gericht

Die Ursache, warum ein *allgemeines Gericht* ist, ist, weil der allmächtige, weise und barmherzige Gott auch gerecht ist. Wie wäre er Gott, wenn er nicht gerecht ist? »Gerecht ist der Herr, er liebt Gerechtigkeit.« Allmächtig bewies er sich in der Schöpfung, weise in der Anordnung des Ganzen, barmherzig in der Erlösung. Es ist nur noch übrig, daß er sich als gerecht beweist. Da er nämlich gütig ist und die geistige Natur mit Freiheit ausgestattet hat, um seine Güte zu verkosten, so erfordert die Gerechtigkeit, daß über diese geistige Natur ein Urteil gefällt werde, ob sie durch ihre Freiheit das Leben verdient habe, welches in dem Genusse des Schöpfers selbst besteht, oder nicht. Und da derjenige ohne alle Entschuldigung ist, der nicht im Werke sich barmherzig zeigt (denn wie will derjenige, welcher nicht Mitleid mit dem Nächsten gehabt hat, die Strenge der Gerechtigkeit mildern?), so wird das strenge Gericht gegen diejenigen ergehen, die in den Werken der Barmherzigkeit sich lieblos bewiesen haben. Da vor dem Angesichte jenes Richters kein Mensch rein ist, so haben wir nichts darzubringen, als die Werke der Liebe, damit sie unsere Unreinigkeit zudecken. Wir können bei dem Mangel derselben keine Entschuldigung finden, denn in uns selbst finden wir den Richter im Gerichte unseres Gewissens, welches sagt, daß wir das dem andern tun sollen, was wir wollen, daß man uns tue. In jenem gerechten Gerichte ist alles klar und offen, und es kann über den Ausspruch des Richters kein Bedenken geben, weil er nur über dasjenige richtet, was vor unserem eigenen Gewissen unbestrittenermaßen als gerecht erscheint (Non iudicat nisi super iis, quae apud conscientias nostras sunt notorie iusta). Es bedarf keines Advokaten, keines Gerichtsverfahrens, es sind keine Schriften zur Einleitung des Prozesses notwendig. In einem Augenblick wird die Sache erledigt, eine Sentenz ist es, die ruft und verdammt. Zum Richter ist einzig derjenige eingesetzt, der an und durch sich selbst Richter ist, Jesus der Gottmensch; indem alle ihn als den Richter anschauen, schauen sie in ihm ihren Urteilsspruch. Die ihm Gleichgestalteten werden Kinder Gottes genannt werden, weil er selbst der Sohn Gottes ist, die ihm Unähnlichen werden dem ihm unähnlichen Satan zugesellt werden, der nun ihr Haupt und Fürst sein wird. (Exc. V, 511.)

Die Vortrefflichkeit der christlichen Sittenlehre

Die meisten Stifter von Religionen (legislatores) haben das ewige Wort in ihren Religionssystemen (leges)[1] auszudrücken sich bemüht, und die einzelnen Religionssysteme sind gewisse Gedanken (quaedam locutiones) des Wortes Gottes, der ewigen Vernunft.[2]

Nur jenes Sittengesetz ist gut, welches aus der Liebe hervorgeht; Je mehr es Liebe enthält, desto besser ist es. Das Sittengesetz, das die

---

1 lex bedeutet hier im Zusammenhange = Glaubens- und Sittensystem, wie auch an vielen Stellen in: de cribrat. Alcoran. In dem obigen Abschnitte tritt jedoch mehr der Begriff des auf dem Glauben ruhenden *Sittengesetzes* in dem Worte lex hervor.

2 Der Grundgedanke der Schrift: de pace fidei.

vollkommenste unveränderliche und ewige Liebe selbst ist, ist nicht von dieser Welt, weil es durch jeden vernünftigen Geist allezeit erfüllt werden kann. Es kann in der Beobachtung desselben leben … Glauben wir, Christus sei der Sohn Gottes, so zweifeln wir nicht im mindesten, daß seine Worte die Worte Gottes des Vaters sind, der ihn gesendet, somit Worte der Wahrheit, so daß Himmel und Erde vergehen, aber seine Worte nicht, sowie, daß Gott, der Spender des Lebens, uns in seinem Sohne nur Leben und Worte des ewigen Lebens gegeben hat. Im Glauben an Jesus, den Sohn Gottes, haben wir den Glauben, der die Welt überwindet, der uns die zuversichtliche Gewißheit gibt, wir werden die Verheißung des ewigen Lebens erlangen, wenn wir seine Gebote erfüllen. Und damit nicht die Menge der Gebote uns die Erlangung des Verheißenen unmöglich mache, so haben wir *nur ein Gebot,* die *Liebe,* das in erster Linie sich auf Gott, in zweiter auf den Nächsten bezieht. Sofern es sich auf den Nächsten bezieht, bewegt es sich in Ähnlichkeit mit dem Gebote der Liebe Gottes.

Daß aber alles aus dem Glauben hervorgeht, ersieht jeder aus folgender Betrachtung. Ist der Glaube an Jesus, den Sohn Gottes, groß und vollkommen, und nicht der mindeste Zweifel mehr vorhanden, wie denn die Apostel und Märtyrer ihren Glauben durch ihr Blut bezeugt haben, so begeht der so Glaubende auch keine Sünde, denn er weiß mit voller Gewißheit, daß die Sünde, wenn sie Todsünde ist, den ewigen Tod herbeiführe. Der Glaubende stirbt lieber den zeitlichen Tod, als daß er eine Todsünde beginge. Alle Unbilden dieser Welt trägt er mit Freude in größter Geduld; denn er weiß, daß zweifellos das Wort Christi feststeht: »Freuet euch und frohlocket, die ihr Unrecht duldet, groß ist euer Lohn im Himmel«; er weiß, daß die, welche in den Augen der törichten Welt zu sterben schienen, in der himmlischen Glorie leben. Der wahre Christ besiegt die Welt; die Armut, die den Kindern dieser Welt lästig ist, ist den Söhnen des Lichtes willkommen. Denn die Armut dieser Welt bringt ihm die Schätze der andern Welt, nach der er eilet, um dort zu bleiben. Die Betrübnis in dieser Welt bringt dem Glaubenden die Freuden der andern Welt, der Tod hienieden dort – das ewige Leben. Wie bewundernswert ist die Kraft des Glaubens, der in jedem Leiden Trost findet. In dieser Erwägung spricht der Christ: Wer sollte nicht Gott lieben, von dem wir einen Lehrmeister haben, der uns die von jeher verborgenen Geheimnisse enthüllt hat? Wer wollte nicht diesen

Lehrmeister lieben, der uns gelehrt hat, mit einem Worte: es heißt *Glaube*, können wir zu allem, auch was unsern Verstand übersteigt, uns hinauf erheben und alles glücklich erreichen. Wer wollte den Lehrmeister nicht lieben, der, da er uns die Dinge des Glaubens nur durch das Hören mitteilen konnte, Fleisch annahm und sich unserer Natur gleichgestellt hat, um uns auf diesem Wege den Glauben zu verkünden und uns aus dem zerstörbaren Leben ins ewige hinüberzuführen? Wer wollte nicht diesem Lehrmeister huldigen, der, da er uns die Wahrheit des Evangeliums nicht vor die Augen stellen konnte (quum non posset ad oculum ostendere), durch sichtbare Wunder und übernatürliche Werke uns allen Zweifel benommen und zuletzt uns noch das allergrößte Zeugnis der Wahrheit gegeben hat, indem er im schmählichsten Tode sein Leben für die Wahrheit hingab? … In seinem Blute hat er uns gereinigt, in jenem Orte auf dem Altare des Kreuzes. (Exc. VI, 538. 539.)

Die Gebote Gottes sind Gebote der reinen Vernunft

Ohne allen Zweifel ist die absolute Vernunft der König des Universums, alles Seins und Lebens… Christus Jesus ist diese inkarnierte absolute Vernunft. Er ist daher unser König, wir seine Untertanen … Wir sind ihm daher nicht einen bloß relativen Gehorsam (non debemus obedire *secundum quid*, hoc est in eo, in quo nobis videtur) schuldig, sondern bis zum Tode, ja zum schmählichsten Kreuzestode. Wir wissen jedoch, daß ein wahrer König nichts Böses befiehlt, sondern seine ganze Regierung zielt auf das Gute hin. Wenn daher auch etwas hart und schwer erscheint, solange es geschieht, aber süß in seinem Ende ist, so zweifelt doch kein Mensch, daß das geschehen müsse, *was die Vernunft gebietet*. Die Gebote unseres Königs sind die Gebote der unbefleckten, unbeschränkten, gerechten, wahren, guten, vollkommenen, kräftigen, weisen und allvorsehenden Vernunft: Den zu lieben, der dir alles gegeben hat, was du hast, samt der Fähigkeit, zu ergreifen, was du willst: Leben oder Tod. Erscheint er dir nicht als der Mächtigste, Beste, Freigebigste und Gerechteste? Wer ist er? Er ist der Herr der Kräfte, der König der Herrlichkeit, der Vater und Urgrund alles Seins, Lebens und Denkens! Ich muß ihn daher mit ganzer und voller Kraft absolut lieben, ihn den Urquell aller Tugenden, der in sich liebenswürdig ist, von dem jede gute Gabe stammt. Zweitens, niemand zweifelt, daß, wenn Gott unsere Liebe verdient, ihm nichts vorgezogen werden darf. Wer etwas der Wahrheit vorzieht (Gott ist die Wahrheit), zieht etwas Gott vor. Ein solcher handelt gegen *sein eigenes vernünftiges Sein* und gibt sich selbst in den Tod hin. – Ein andres *Gebot der Vernunft* ist: Tue dem andern, was du willst, daß man dir tue; befolgst du dies, so liebst du Gott und den Nächsten. Wer wollte diesen Vernunftgeboten nicht gehorchen? Der Jude und Heide, der Vernunft hat, kann sie nicht in Abrede stellen. Unser König befiehlt nichts anderes, als das zu tun, durch dessen Unterlassung du dich selbst notwendig verdammest. Er befiehlt nichts anderes, *allein er fügt noch bei, was vor ihm niemand wissen konnte*, weil niemand ein Auge hatte, um über den gestirnten Himmel hinaus zu schauen oder Unkörperliches zu sehen. *Die Vernunft war in allen eine beschränkte mit bestimmtem Maße; keines Vernunft reichte bis zum Anfange ihrer selbst*; wie wenn ein Kind nach seiner Geburt auf eine Insel ausgesetzt würde und bis zu den Jahren der Jugend über seinen Anfang nachdenken sollte, so würde es schlechterdings nichts finden … Daher kam Christus und verkündete uns vom Himmel den Anfang unseres Geistes, dessen Ziel und Ende und das Leben im Reiche des Vaters, und gab uns alle mögliche Bürgschaft unseres Glaubens an ihn … (Exc. III, 424.)

Nachweis des freien Willens

Der Mensch hat einen Leib, der nicht aus sich lebt; denn wir sehen, daß der Leib kein Leben hat, wenn ihm die Empfindung fehlt (quando non sentit). Er hat also das Leben aus der empfindenden Kraft (sensitiva virtus). Wir sehen aber, daß diese Kraft nach Richtungen, die ihrem Wünschen gerade entgegengesetzt sind, gelenkt werde, wie zur Keuschheit und Enthaltsamkeit. Demnach muß das eine höhere Kraft sein, der die Empfindung dient, und dies ist der *freie Wille.* Der freie Wille kann aber nur in der geistigen Natur sein. Denn der Wille setzt Einsicht voraus, da er ein Wählen ist; das Wählen ist ein Vergleichen und Unterscheiden. (Exc. X, 680.)

Zum Behufe des sittlichen Fortschritts läßt Gott auf eine Zeitlang eine Versuchung zu, allein zur rechten Zeit ist der Beistand da, der, wenn er angefleht wird, aus der Bedrängnis befreit, ja, er befreit nicht nur, sondern verherrlicht den Angefochtenen, weil er in der Versuchung gesiegt hat. Christus gibt den Siegeslohn dem, in welchem er selbst gesiegt hat, denn der, in dem er siegt, ist sein Getreuer, er wohnt daher in ihm mit seiner Gnade. Das Verbleiben der Gnade des Herrn beruht auf der Treue seines Dieners (Gratiae domini mansio est fidelitas servitoris). Der Herr schreibt den Sieg, den er durch seine Kraft und Macht errungen hat, der Treue seines Dieners zu. Die Treue erlangt daher den Preis, denn sie ist es, welche die starkmachende Gnade an sich fesselt. Christus sagt: »Es genügt dir, Paulus! meine Gnade«, denn die Natur genügt nicht. Nur die Gnade ist das Genügende (est sufficientia); sie enthält das Fehlende. So kann dem Diener eines Königs der Adel der Geburt, Tapferkeit, Klugheit und mehreres andere fehlen, was von einem königlichen Diener gefordert wird, allein wegen seiner Treue ist er in der Gnade des Königs. Diese Gnade des Königs genügt, sie ergänzt alles, sie macht ihn adlig, tapfer, klug in den Augen des Königs, und das genügt ihm, in den Augen des Königs durch dessen Gnade ohne Mangel dazustehen. Die Gnade macht den Menschen würdig, Adoptivsohn Gottes und so auf das Höchste, als Erbe des Reiches Gottes, glücklich zu sein. Die Gnade Gottes ist das Prinzip (forma), das die schwache Natur zur Vollkommenheit bringt (perficiens). Die Fülle der Gnade in ihrem Fortschritte zur Mitteilung an alle ist Christus (plenitudo gratiae proficientis ad communicandum omnibus est Christus), aus dessen Fülle alle empfangen und vollkommen werden. Wie dem Paulus, so genügt allen diese Gnade, die die absolute Gnade ist, ohne die niemand Gott wohlgefällig sein kann, durch welche alle Gott wohlgefällig werden, weil in dem wahren Sohne Gottes, dessen Sohnschaft alle Gnade in sich faßt (complicat).

Seien wir also getreu, wie Paulus, und zeigen wir gleich ihm die Treue in jeglicher Bedrängnis, und wir werden hinreichende Gnade haben, durch die wir ihm ähnlich werden, in der Herrlichkeit Gottes des Vaters, der gepriesen sei in Ewigkeit! (Exc. IX, 645.)

Gnade, in uns aufgenommen durch Liebe

Gott kann seiner Natur nach nicht in einem beschränkten Raume sein. Allein die *Gnade* ist das gleiche in vielen. Die Gnade eines Königs kann auf vielen seiner Diener zugleich ruhen und dies ist soviel, als daß viele in der Gnade des Königs sind. Daß Gott durch seine Gnade in vielen Heiligen ist, heißt soviel als: Viele Heilige sind in der Gnade Gottes. »Wer in der Liebe bleibt, bleibt in Gott und Gott in ihm.« Es ist eine Koinzidenz: das Bleiben des Heiligen in Gott und Gottes in dem Heiligen. Da jedoch Gottes Gnade seine Güte und seine Wesenheit ist (cum Dei gratia sit bonitas eius et sit essentia eius), so ist Gott nirgends durch seine Gnade, wo er nicht ist durch seine Wesenheit, wiewohl Gott nicht in allem, was ist, als Gnade aufgenommen wird. Wohl aber würde alles, was ist, nicht sein, wenn in ihm nicht Gott wäre, der das Sein (entitas) alles Seins ist … Obwohl Gott nichts von allem, was er gemacht hat, hassen kann, so kann er doch das eine mehr lieben als das andere. In dieser Hinsicht hat Gott eine Regel gegeben, nach der wir wissen, ob er uns liebt und wir in seiner Gnade sind, wenn er sagt: »Ich liebe, die mich lieben.« Unsere vernünftige Natur, welcher von Gott die Fähigkeit gegeben ist, Gott zu fassen (capax Dei), ist der Tempel, in welchen Gott aufgenommen werden kann nach seiner Barmherzigkeit und Liebe, wenn wir Gott lieben. Im Feuer der geistigen Liebe wird Gott aufgenommen, der die Liebe ist. Die Liebe ist etwas Edles und Freies. Unsere geistige Natur muß daher edelgesinnt und frei sein, um wahrhaft und auf edle Weise ihren Gott lieben zu können. Wird Gott wahrhaft geliebt, er, der die Liebe ist, so muß er notwendig in dem Liebenden sein. Wer einen körperlichen Gegenstand liebt, trägt denselben in seiner Liebe; weil aber dieser Gegenstand nicht die Liebe ist, so ist er nicht in dem Liebenden, obwohl der Liebende in sich die Liebe zu ihm trägt. Der Gegenstand ist nur in seinem Bilde im Liebenden, nicht in der Wahrheit; nur Gott ist in der geistigen Liebe wahrhaftig, weil nur Gott die Sättigung der Liebe ist. Da das, was außer Gott (praeter Deum) geliebt wird, nur im Bilde zu dem Liebenden gelangt, so kann es nicht sättigen. Die geistige Liebe findet außerhalb der Wahrheit keine Ruhe. Jene Schattenbilder und Scheingestalten von göttlicher Liebe bringen nur Qual und Leiden (Umbrae igitur illae et figurae charitatis divinae potius cruciant et passiones inferunt). Der Tempel Gottes ist der von Liebe erfüllte vernünftige Geist. Wenn der Liebende das Bild des geliebten Gegenstandes in sich trägt, so hat er sich zur Ähnlichkeit mit demselben umgestaltet (hoc est se transformasse etc.) Lieben wir daher Niedriges, so werden wir ins Niedrige umgestaltet … Wer daher Gott liebt, trägt sich in Gott über (in Deum transfertur), was nicht geschehen kann, ohne daß sich Gott gewissermaßen auch in ihn überträgt (quod esse nequit, nisi Deus fuerit quodammodo translatus in ipsam, scil. mentem). Da Gott die Liebe ist, so kann der Geist Gott nicht erkennen, ohne ihn zu lieben. So kann es denn keine wahre Erkenntnis Gottes geben, wo nicht die Liebe ist. In jedem Sünder ist daher Unkenntnis (ignorantia) Gottes. Assimilieren und Assimiliertwerden koinzidieren im Geiste, wie Erkennen und Lieben. Ohne eine Sehnsucht erkennt der Geist nicht, und ohne Erkenntnis liebt er nicht. (Exc. V, 503.)

Die Bekehrung

Obwohl die Todsünden eine solche Last sind, daß sie die sündige Seele schwerer machen als das ganze Gewicht der Erde, so daß die Seele dadurch bis in die Hölle, zum Zentrum der Erdenschwere herabgedrückt wird, so ist doch Jesus barmherzig und sucht jede irrende Seele auf. Läßt sie sich von ihm suchen und verbirgt sie sich nicht vor dem Antlitze des Suchenden, dann ergänzt er selbst ihre Ohnmacht, sich in den Himmel zu erheben, und auf seinen eigenen Schultern trägt er sie hinauf in die Freude der Heiligen.

Welche Strafe verdient der Verirrte, der sich nicht finden und bekehren läßt! Seine Trauer wird mit Recht so groß sein, als groß die Freude im Himmel über seine Bekehrung gewesen wäre. Ewige Trauer und ewiges Elend ist also sein Los, weil die Freude im Himmel ewig ist.

Wenn ein Glied des Körpers das Leben verloren hat, z. B. die Hand verdorret ist, und dann das Leben wieder erhält, so ist der *ganze* Mensch darüber erfreut.

Der Auffindung einer verlorenen Seele geht eine Umkehr (revolutio) des ganzen Hauses voraus. Bevor der Sünder sich als Sünder bekennt und Reue empfindet, geht eine große Veränderung in ihm vor und alles, was im Hause ist, muß sich verändern. In der wahren

Buße erleidet die ganze Sinnlichkeit eine Umgestaltung, alles Ergötzen des fleischlich gesinnten Hauses wird zernichtet, eine Art Todeskampf (quaedam agonia) geht dem Scheiden von der Welt voraus, auf daß durch die Buße die Reinigung der Seele erfolge, die mit der ewigen Weisheit wieder verlobt werden soll. Wenn dann die Weisheit ihre geliebte Braut aus dem Rachen des Todes und Verderbens entrissen hat, so ruft sie die Nachbarn zusammen, sich mit ihr zu freuen. Das sind die Kräfte der Engel, die der Weisheit zunächst sind. So freuen sich denn alle vernünftigen Geister mit dem Worte Gottes, wenn eine vernünftige Seele, die verloren war, durch die Weisheit wiedergewonnen wird. Denn ohne einen Sieg über den Fürsten dieser Welt ist dies nicht möglich; daher freuen sich über diesen Sieg des Wortes, das die Waffen seines Feindes zerbricht und seine gefangene Braut befreit, alle Kämpfer seines Heeres. Beachte dies, o Sünder! Siehe, wie dich dein Schöpfer liebt, der über deine Errettung eine solche Freude hat, mit dem sich auch alle heiligen, vernünftigen Geister freuen! Auch deine Freude wird also groß und ewig sein, weil du siehst, daß sich Gott und alle Heiligen um deinetwillen freuen. Diese Freude Gottes und der Heiligen ist deine Freude. Mit ihnen allen wirst du dich mit Christus, deinem Erlöser, freuen, dem du, wie er es verdient, ewige Ehre und Verherrlichung erweisest. (Exc. VI, 543.)

So weit der Himmel von der Erde ist, so weit ist die Freude der Himmlischen von der der Erdbewohner, und das Streben Christi, einen Sünder aufzusuchen und zu bekehren, von den Bemühungen eines Menschen, sein verlornes Schaf wiederzufinden, verschieden. Wenn die Todsünde auch noch so schwer ist, so daß sie die sündige Seele mehr beschwert, als jede Last der Erde, und die Seele bis zur Unterwelt, bis zum Mittelpunkt der Schwere herabsinkt, so ist doch Jesus so gnädig, daß er jede verirrte Seele sucht. Und wenn sie sich finden läßt und sich nicht selbst vor dem Antlitze des Suchenden verbirgt, so ergänzt er selbst ihre Ohnmacht, in dem Himmel sich zu erheben, und trägt sie auf seinen eigenen Schultern hinauf zur Freude der Heiligen.

So groß wird die Strafe des Verirrten, der sich nicht finden und bekehren lassen will, so groß wird billig des Verstockten Betrübnis sein, als groß die Freude über seine Bekehrung im Himmel gewesen wäre. Ewige Trauer und ewiges Elend wird ihn treffen, weil auch die Freude im Himmel ewig ist. Die Freude im Himmel wird vermehrt durch die Teilnahme an der Gesellschaft der Heiligen, und über neunundneunzig Gerechte entsteht keine so große Freude als über die Bekehrung eines einzigen Sünders; denn die Gerechten sind immer eins mit dem Vater, wie geliebte Söhne; und weil sie nicht tot, sondern lebend sind, so entsteht keine Freude über sie, als hätten sie neu aufgelebt. Wo aber ein Glied des Körpers das Leben verloren hat, z. B. die Hand verdorrt ist, da empfindet das ganze Leben des Menschen, wenn jenes dem Leben wiedergegeben ist, Freude, und es ist, wie wenn das Leben, das verloren war, wieder gefunden worden wäre. In allen andern Gliedern aber war das Leben nie verloren, daher auch in ihnen keine Freude über ein wieder erneutes, sondern nur über die Erhaltung und Vermehrung des gewöhnlichen Lebens. Die daher über große Sünden eine recht lebhafte Reue empfinden, erregen die Freude aller Bürger der triumphierenden Kirche, und je mehr wir die Freude der Heiligen erregen, eine desto größere Freude erlangen wir selbst. Wenn wir uns schon in dieser Welt bemühen, solches zu tun, worüber sich jedermann unter uns freut, so laßt uns noch viel eifriger Werke der Buße tun, über welche sich die ganze himmlische Versammlung ewig freut!

Mit einem Lichte wird die verlorene Seele gesucht; sie verbirgt sich, denn sie scheuet das Licht, weil die bösen Werke sich verbergen. Der Auffindung derselben geht daher eine Umwälzung in dem ganzen Hause vorher. Bevor die sündige Seele sich als Sünderin bekennt und Buße tut, geht eine große Veränderung vorher und alles, was im Hause ist, gerät notwendig in Bewegung; denn bei der wahren Reue beugen sich alle Sinne und jedes Vergnügen des fleischlichen Hauses wird vernichtet: Der Scheidung von der Welt geht ein Kampf voraus, so daß durch Buße eine Reinigung der Seele, die nun der ewigen Weisheit sich verlobt, erfolgt. Wenn daher die Weisheit ihre geliebte Braut dem Rachen des Todes und des Verderbens entrissen hat, so ruft sie ihre Nachbarn zur Mitfreude auf – die Engel, die der Weisheit am nächsten stehen. Es freuen sich alle vernünftigen Geister mit dem Worte Gottes, wenn dieser eine verlorene vernünftige Seele durch Weisheit wieder gewinnt; denn dies ist ohne einen Sieg über den Fürsten dieser Welt unmöglich. Daher müssen sich über den Sieg des

Worts, wenn es die Waffen seines Gegners zerbricht und die von diesem gefangengenommene Braut befreit, alle aus seinem Heere mitfreuen. Beachte nun, o Sünder, wie sich mit dem Worte Gottes bei deiner Bekehrung alle Engel mitfreuen! Siehe, wie dich dein Schöpfer liebt, der sich über dein Wohl so sehr freut und mit ihm alle vernünftigen Geister! Deine Freude wird also ewig und unendlich sein, weil du über dich Gott und alle Heiligen sich freuen siehst und diese ihre Freude wird auch deine Freude sein, weil du mit ihnen allen in Christus dich freuest, dem du dadurch ewigen und nie welkenden Ruhm und Preis bereitest. (Exc. VI, 542. 543.)

Weg zur Lostrennung von der Sünde

Zuerst muß man in das Herz sich erheben (ascendendum est primo ad cor), fürs Zweite in ein *reines* Herz, drittens in ein reines und *von Liebe entzündetes* Herz.

In die Todsünde hast du dich durch dreifaches Herabsteigen verwickelt: durch die Wegwendung von Gott im Hochmute, dem formalen Grund der Sünde und Hinkehr an die Kreatur, durch Wohlgefallen an der Sünde, durch wirkliches Handeln gegen das Gesetz Gottes. Erhebe dich nun gleichfalls in dreifacher Stufe! Zuerst wende das Herz von den Kreaturen weg und habe den festen Vorsatz, wenn du auch tausendmal sterben müßtest, Gott zu dienen und dich nicht mehr den Kreaturen zu unterwerfen, mit Schmerz über die erfolgte Wegwendung von Gott. Diese Stufe ist die *Zerknirschung* (contritio): Das harte Herz wird erweicht, zerknirscht und schmilzt. Zweitens, weil du Gott im Hochmute verachtet hast, mußt du dich einem Menschen, der an Gottes statt die Lösegewalt hat, demütig unterwerfen und ihm, als wäre er Christus, der Herr und Richter, in Demut, Zerknirschung und Schmerz deine Sünden bekennen. Dann werden dir nach dem Maße der Zerknirschung und der ehrfurchtsvollen Verdemütigung deine Sünden in der Beichte nachgelassen. Drittens, wie du bisher deine Glieder durch die Sünden zu Werkzeugen des Satans gemacht hast, so mußt du sie nun zu Werkzeugen der Gerechtigkeit machen, in Heiligung, auf daß du Entgegengesetztes durch Entgegensetztes heilest und Genugtuung leistest. Dann bist du ins Herz zurückgekehrt. (Exc. III, 405.)

Das Ei kommt vom Schöpfer, daraus wird ein Vogel, dann wächst dieser so, daß er fliegen kann. So ist es auch mit unserer geistigen Natur. Wie Gott die Kreatur aus dem Nichtsein zur Ähnlichkeit mit sich ruft, so sammelt die geistige Natur die Ähnlichkeit der Dinge in sich, um sich den Dingen ähnlich zu machen. Der menschliche Geist, durch das Wort Gottes belehrt, erfaßt daher Gott, um sich ihm ähnlich zu machen und nimmt in der Wiedergeburt die göttliche Gestalt seines Schöpfers an, wie das Ei zu einem Jungen (in pullum) wieder geboren wird. Allein es gelangt noch nicht zur Vollkommenheit, sondern wird erst durch eine lebengebende Bewegung vollendet, wie das Junge aus dem Ei noch keine Federn hat, sondern erst allmählich zum Fliegen fähig und dem Vogel, aus dem es stammt, ähnlich wird. In der Gestalt eines fliegenden Vogels wurde der *heil. Geist* gesehen. Die fliegende Taube bezeichnet sehr richtig die Einfachheit des heil. Geistes. Der Taube gleich wird unser Geist immer geistiger, um zuletzt zu jener göttlichen Gestalt zu gelangen, aus der er durch Erschaffung hervorgegangen ist. Siehe, wie das Ei, dessen Bewegung seiner Natur nach unten geht, lebendig wird. Nachdem es Nahrung zu sich genommen, erstarkt der Lebensgeist, es erhält Federn, mittelst deren es sich erhebt, nach oben bewegt und in die Höhe aufschwingt. So wird unsere Seele, die nach der Natur des Fleisches sich nach unten neigt, wiedergeboren, wird lebendig, und wenn sie die Speise des geistigen Lebens gekostet, bekommt sie die Federn der Liebe und der Betrachtung (contemplationis) und schwingt sich in die Höhe. (Exc. X, 674.)

Wer Quellwasser trinkt, trinkt nicht die Quelle selbst; könnte er die Quelle selbst trinken, so würde er nie mehr dürsten, weil die lebendige Quelle in ihm wäre. Wer den Geist trinkt, der trinkt die voll sprudelnde Quelle, ein sich selbst unaufhörlich vermehrendes Wasser … So wird auch die Kraft des Geistes Christi, die den geistigen Sohn erzeugt, zu einer geistigen Quelle, die sich ewig lebendig aus sich selbst bewegt. Sie ist daher wie ein göttlicher, geistiger Samen. Diese geistige Geburt wird *Wiedergeburt* genannt, weil unsere geistige Natur noch einmal geboren werden muß. Gleichwie der Wissende noch einmal geboren ist, weil der zuvor Unwissende (hinsichtlich des Wissens) ein anderer Mensch geworden ist, nicht als ob von Außen etwas Sichtbares in den innern Menschen eingedrungen wäre, so wird unser Geist wieder geboren, wenn in ihn der Same Gottes oder der Wissenschaft des Lebens kommt, nicht durch Eindringen von irgendetwas von außen, sondern durch die Kraft des Allerhöchsten, die unsern Geist überschattet, ihn umwandelt und nach sich umgestaltet, wie ein schöner Gegenstand die Traurigkeit in Freude verwandelt und nach sich umgestaltet. *Wie daher der Sohn Gottes, noch einmal geboren* (denuo natus) *durch die Kraft des Allerhöchsten Menschensohn geworden ist, so wird der Menschensohn, wiedergeboren durch die Kraft des Allerhöchsten, Gottessohn* ... Ist das höhere, göttliche Prinzip – der Glaube, in unsern Geist eingesenkt, so wird es zu einer göttlichen Quelle, deren wahres und lebendiges Wasser ewig fortströmt. Daher sagte Christus, daß aus dem, der an ihn glaube, Ströme lebendigen Wassers von innen heraus ewig ausströmen.

(Exc. X, 657.)

Der Christ bringt sich Gott zum Opfer

Wer ein lieber Sohn Gottes sein will, der muß nach der Weise Christi handeln, er muß aus Liebe sich zum Opfer machen und sich Gott als ein wohlriechendes Opfer darbringen. In der vollkommenen Liebe aber wandelt der, in dem die Liebe stark wie der Tod ist, d. h. in dem nichts, was sein ist (nihil sui), sondern nur Christus lebt. In wem nur Christus lebt, in dem lebt die Liebe Gottes und des Nächsten.

Der wahre Christ macht seinen tierischen Menschen zu einem Opfertiere; er streckt über ihn aus die Hände der Kraft des Geistes als über die Sünde, gleichwie Moses das Opfertier Sünde nennt; er tötet das Verlangen und die Freuden des tierischen Menschen, auf daß nur Christus in ihm lebt. Ein solches Gott dargebrachte Opfer, das wegen der Lieblichkeit seines Geruches Gott versöhnt, ist friedebringend, wie das Opfer Christi uns den Frieden gebracht hat.

Wer in sich den Hochmut ertötet, der hat ein Opferlamm geschlachtet. Wer den Zorn zu Boden wirft, schlachtet einen Widder. Wer der sinnlichen Lust entsagt, hat einen Bock, ein lüsternes Tier, getötet. Wer unnütze Gedanken aus sich entfernt, der opfert Vögel. Ein jeder Leib, der auf diese Weise getötet wird, ist ein lebendiges Opfertier. Dann können wir mit dem Apostel sagen: »Immer tragen wir die Wundmahle Jesu an unserm Leibe herum, damit auch das Leben Jesu an uns offenbar werde.« Denn sind die Sünden am lebendigen Opferleibe ausgerottet, so ist die geheiligte und gottgefällige Seele eine Wohnung des hl. Geistes. Der Apostel nennt dieses Opfer einen vernünftigen Gehorsam, weil sich ein vernünftiger Grund davon angeben läßt; die Tötung von Tieren zu Opfern hat keinen vernünftigen Grund. (Exc. IX, 655.)

Glaube, objektiv

Der Herr sprach zu dem Weibe: »Dein Glaube hat dir geholfen, geh hin im Frieden!« um die Menschen durch diese wunderbare Nahrung seiner Lehre in der Überzeugung zu befestigen, daß nur der Glaubende das Heil erlangen kann und daß der Glaube mit dem Erlöser koinzidiert, so daß das Sache des Erlösers ist, was Sache des Glaubens ist (fides illa coincidit cum salvatore, ut id sit salvatoris, quod est fidei). Denn indem Christus sprach: »Deine Sünden sind dir vergeben«, war er es, der vergab, wie die Anwesenden richtig einsahen. Jetzt aber sagt er, der Glaube habe ihr geholfen. Somit war Christus der Glaube, der ihr geholfen, er, der ihr die Sünden vergeben hat. Christus hilft also nicht, man glaube denn, er sei der Erlöser. Somit bewirkt der Glaube, der sich Christus als dem Erlöser naht, daß Christus hilft, so daß die Errettung (salvatio) Sache *Christi und des Glaubens* ist, nicht als zweier Verschiedenen, so daß der Glaube ein anderes und Christus ein anderes ist, sondern in Koinzidenz, so daß Christus der Glaube ist, der selig macht. Der Geist, der den Glauben an Christus hat, geht in die Einheit mit Christus über, so daß die Operation des Seligmachens nicht Christus angehört als einem, der separat von dem Geiste dessen ist, der selig wird, noch auch dem Glauben als einer Macht, welche nicht Christus ist, sondern einem und demselben, Christus dem Seligmacher und dem Glauben des Beseligten (sed sit unius, qui est Christus salvator et fides salvati). Wer auf diese Weise das Heil erlangt, indem er durch den Glauben in Christus und Christus durch Erteilen des Heils in ihm ist, den heißt Christus mit Recht im Frieden hinziehen, denn er ist zu dem Ziele des Lebens gelangt, in welchem Ruhe ist, so daß er, um den Frieden zu suchen, nicht weiterzugehen braucht, sondern sich inmitten des gefundenen Friedens befindet; wie wenn ein noch unwissender Schüler, der lange einen Lehrer sucht, wenn er diesen gefunden, im Frieden ist, wenn er gleich noch nicht dem Lehrer ähnlich ist; er wandelt nach gefundenem Lehrer im Frieden, indem er immer größere Fortschritte macht. (Exc. III, 426.)

Glaube

Gott hat unserm Geiste zwei Dinge verliehen: das *Hörenkönnen* von seinem Ruhme (in dieser Welt) und das *Schauen desselben* (in der andern Welt). Weil aber das Hörenkönnen vom Reiche Gottes in uns ist und weil, was wir hören, das Wort ist, so können wir das Wort vom Reiche Gottes hören. Weil aber nur Gott zu uns von seinem ihm allein bekannten Reiche reden kann, so hat uns Gott das *Glaubenkönnen* verliehen. Ohne dieses Glaubenkönnen könnten wir seinen Ruhm nicht fassen. Ohne Glauben könnte uns über die unsichtbare Herrlichkeit Gottes nichts geoffenbart werden. Daher hat uns Gott das Glaubenkönnen verliehen, um so mittelst des Gehörs die Offenbarung zu fassen. Weil aber, wer nicht geneigt ist (nolens), nicht glaubt, sondern nur der zum Glauben Geneigte (volens), und der Wille frei ist, so steht es in unserer Gewalt, glauben zu können oder nicht. Wählen wir das Glauben, so unterwerfen wir uns dem Worte, sowohl im Verstande, den wir gefangen geben, als im Willen. Das Glauben ist ein Denken, mit unserer Zustimmung verbunden (credere est cum assensione cogitare); denn im Glauben (in ipso credere) stimmt unser geistiges Auge dem Gehörten oder das Sehen dem Hören bei, wie ich in einem wahren Berichte über etwas Schönes, das ich nicht gesehen, über dasselbe zustimmend denke (cogito de illa cum assensu). Aber das Glauben ist nicht ein reines Hören oder Sehen des Geistes, sondern es steht unter dem Schauen und über dem Hören; denn wir stimmen nicht allem bei, was wir hören, und sehen nicht alles, dem wir beistimmen; glauben wir aber dem Gehörten, dann stimmen wir dem Nichtgesehenen bei. Daher kann jeder Geist, der nur ein wenig Verstand hat, glauben, weil dazu kein

Scharfblick (acutus visus) erfordert wird, sondern ein mäßiger Grad genügt. Die Einfältigen sind daher geeignet zum Glauben, denn sie haben ein bereitwilliges Gehör. Wir machen die Erfahrung, daß die mehr zum Sehen Aufgelegten weniger geneigt zum Hören sind, und umgekehrt. Jeder Schüler muß zuerst aufmerksam zuhören, dann das Gehörte sorgfältig überlegen, um schließlich in sich die Wahrheit des Gehörten zu schauen. Nur wer ganz ohne Verstand ist, kann nicht glauben, weil er nicht denken und nicht beistimmen kann. Daher wird auch den Kleinen und Einfältigen das Reich Gottes verkündet, und es muß, um die Offenbarung zu fassen, der Mann ein Kind und der Weise ein Tor werden, d.h. alle Weisheit, die sich irgend welche Kenntnis vom Reiche Gottes anmaßt, für Torheit halten; denn nie ist in eines Menschen Sinn etwas dem Reiche Gottes Ähnliches gekommen. Er unterwirft sich dann dem Worte Gottes, um es zu fassen. (Exc. VI, 536.)

Der *Glaube* geht über die Kraft der Natur. Dem Glaubenden ist nichts unmöglich. Denn das Wort, durch das die Himmel erschaffen sind, wohnt in unserer Seele durch den Glauben, dessen Belebendes, woraus seine Wirksamkeit entspringt, die Liebe ist. Nichts anderes bewirkt das Heil, als der Glaube an Christus Jesus durch die werktätige Liebe (Nihil aliud operatur salutem, nisi fides in Christo Jesu per charitatem operantem) ... Da unsere Seele das lebendige Abbild der unendlichen Kraft Gottes ist, so kann sie Gott gleichgestaltet werden durch einen habitus der Gnade, der ihrer Natur verliehen wird (qui additur naturae suae), und dieser habitus ist *das lebendige Licht des Glaubens.* Der Glaube, der in ein demütiges Gemüt kommt, erhebt die Natur über ihre Grenze hinaus. Wie das Auge die Gestirne nur durch das von diesen ausstrahlende Licht erblickt, so erkennen wir das Göttliche nur im göttlichen Lichte, welches der lebendige Glaube ist. Der Glaube hat seine Wohnung nur in einem demütigen Gemüte; der Stolze, Anmaßende glaubt nicht, wenn er nicht begreift, der Demütige begreift nicht, wenn er nicht glaubt. Deshalb sind unser Stammvater und der Luzifer gefallen, weil sie nicht aus Glauben und Gehorsam, sondern aus ihrem eigenen Wissen leben wollten. Die wahre Beschaffenheit des Glaubens ist eine

Gottähnlichkeit. Nun ist Gott dreieinig, so also auch jene Beschaffenheit. In derselben sehen wir ein Prinzip, den *Glauben*, aus diesem geht die *Hoffnung*, aus beiden die *Liebe* hervor, wie aus dem Sonnenstrahle das Licht, aus diesem die Erleuchtung, aus beiden die Wärme. Der Glaube ist aus dem Vater, die Hoffnung aus dem Sohne, die Liebe aus dem heiligen Geiste. Je vollkommener der Glaube, desto vollkommener auch die Hoffnung und die Liebe. Jesus lehrte den Glauben an den Vater, die Hoffnung auf ihn, die Liebe zum hl. Geist. Der Vater ist in uns durch den Glauben, der Sohn durch die Hoffnung, der hl. Geist durch die Liebe. Christus hat uns wieder geboren zum Glauben, und lebendige Hoffnung zu ihm selbst eingeflößt. Der Glaube ist tot ohne die Liebe, wie der Körper ohne die Seele. Allein ohne die Hoffnung geht aus dem Glauben die Liebe nicht hervor. Wunderbar! Der Glaube belebt sich selbst und erzeugt aus sich die Hoffnung; aus beiden entsteht die Liebe, die das Leben des Glaubens ist. Die gläubige Seele lebt also ein unsterbliches Leben, weil sie den Quell des Lebens in sich hat. (Exc. V, 506 f.)

Irdische Weisheit und Glaube, jedes in seinen Wirkungen, nach Paulus

Durch die Philosophie, die irdische Weisheit, werden diejenigen getäuscht, welche in dieser Welt weise sein wollen. Der Apostel Paulus nennt jene Weisheit eitlen Trug aus menschlichen Überlieferungen. Wenn gleich die menschliche Weisheit vieles Wahrscheinliche lehrt, so ist es doch eitel; denn es stammt aus den Elementen dieser Welt, nicht aus Christus, in welchem die Fülle der Gottheit leibhaftig wohnt. Alles, was der Vater hat, hat er dem Sohne gegeben, indem er ihn in der Fülle der Gottheit zeugte; in ihm wohnt also die Fülle leibhaftig (corporaliter), denn er hat einen Leib angenommen, in welchem der vollkommene (plenus) Gott geblieben ist. Wer also in ihm ist, der ist, wie der Apostel sagt, aller Weisheit voll, weit mehr, als es durch die Elemente der Welt möglich ist; denn in Christus empfangen, die in ihm sind, den Reichtum der Gottheit (abundantiam divinitatis). Das ist der schlichte Glaube (simplicitas fidei), an dem man nach der Lehre des Apostels festhalten soll. Alles andere sollen wir für nichts halten, hauptsächlich jene menschlichen Erfindungen, die durch die bösen Engel eingegeben sind. Diese Überlieferungen böser Geister sind die Ursache des Götzendienstes; von ihnen rührt nämlich die Astrologie her, mittelst deren sie die Menschen zu Wahrsagungen verleiteten. Daraus entstanden dann die Götzenbilder aus den verschiedenen Konstellationen, was weiterhin dazu führte, Geister mit ihren Einwirkungen, wie den Geist des Saturn und Jupiter an die Bildnisse zu bannen (alligandi spiritus influentiales), endlich diese Geister durch eine nur Gott gebührende Verehrung für sich zu gewinnen. So hat der böse Geist eine Art von Religion, die von Gott hinwegführt und in welcher nur jener verehrt wird, eingeführt. Diesen Trug vernichtet nur die Religion Christi. Der Glaube, daß die Lehre Christi die Lehre des wahren Gottes und seines Sohnes ist, zerstört jene Überlieferungen, welche für Engellehren ausgegeben werden, und deckt sie als das Werk der bösen Geister auf, die durch Christus ausgetrieben worden.

Die Summe der Lehre des Paulus ist demnach: was den Menschen von dem einfachen Glauben abzieht, wie die irdische Weisheit, die Meinungen von einer Religion der Geister etc. ist verwerflich, denn es ist nicht die gesunde Lehre. Den Herrn Jesus Christus anziehen, heißt sich mit unvergänglichen Tugenden schmücken, indem man die vergänglichen Begierden ertötet, und Gerechtigkeit, Wahrheit und andere Tugenden übt; sie sind die Glieder des innern Menschen, der nach Gott geschaffen ist, Tugenden, wie wir sie an dem Haupte Christus antreffen. So nehmen wir die Gestalt Christi an, wir werden Christo gleich gestaltet, die Sünden sterben im Tode Christi, und wir stehen auf in Christus. Denn wer die Gestalt Christi annimmt, an dem geht alles gleichmäßig vor sich, was wir an Christus vollzogen sehen. Die Taufe ist das Sakrament der Abwaschung der Sünde oder des alten Menschen und des Anziehens des neuen Menschen Christi durch den Glauben.

Das ist eine kurze Erinnerung an Paulus und seine Lehre, die er von Christus hatte, der durch ihn gesprochen, der ihn zu seinem Gesandten auserwählt hat, wie Paulus durch die Kraft des Wortes und der Wunder bewiesen hat. Lasset uns nun Gott Dank sagen für das Gesagte, und ihn inständig bitten, er möge uns den Geist des Paulus mitteilen, zu unserm Heile und zu seiner ewigen Verherrlichung!

(Exc. IX, 637.)

Durch das Wort Gottes entsteht in uns kein solches Wissen, wie wenn wir durch das Wort eines Menschen unterrichtet werden; die Weisheit, die aus dem Worte Gottes in uns entsteht, ist *schmackhaft* (sapida) und *belebend*, ein wahres Ergötzen für die Seele, weil sie ein Strahl aus dem Lichte ist, durch das alles, auch die Seele, gemacht ist. Sie demütigt und belebt. Menschliches Wissen erzeugt wohl auch Freude, aber keine belebende und vergöttlichende, sondern oft nur eine eitle und aufblähende Freude ... Das Wort Gottes ist ein göttlicher Same, der im Acker der vernünftigen Seele Frucht bringt, wenn der Acker durch lebendigen Glauben gut zubereitet ist. Es hat eine umgestaltende Kraft. Wo dieser Glaube ist, da ist die Vernunft, der *λόγος* – die Autorität, somit volle Gewißheit. Wo aber noch Zweifel ist, da begnügt sich die Seele nicht mit der Autorität des Redenden, sondern fragt nach dem Grunde (de causa inquirit). Ein solches Wort wandelt das Innere nicht um, *sondern der Zuhörer sucht vielmehr das Wort in sich umzuwandeln.* Wenn seine Einsicht das Wort nicht für wahr hält, so verwirft er es; er will nicht glauben, außer er sehe. Wenn er aber sieht, glaubt er nicht, denn der Glaube bezieht sich auf die Dinge, die man nicht sieht. Die Gewißheit des Glaubens setzt voraus, das Wort sei Gottes Wort, da jeder Mensch lügenhaft ist.

(Exc. VIII, 568).

Wie das Angenehme und Nützliche sich dem Willen von selbst nahe legt und ihr Subjekt an und für sich zu einem Gegenstande des Strebens macht, so erwecken *Evidenz* und Wahrheit aus sich Glauben und Glaubwürdigkeit. Es ist daher in diesem Falle kein Verdienst und keine Tugend, zu glauben, wohl aber, wenn das Unwahrscheinliche, Nichtzubeweisende (improbabilia) durch die Tugend des Glaubenden geglaubt wird, ohne daß sich das Geglaubte von selbst nahe legt. Wie das Licht zum Gesichte, so verhält sich das des Beweises Fähige (probabile) zum Geiste, das Angenehme und Nützliche zum Willen. Wie das Finstere zum Gesichte, so verhält sich das Nichtzubeweisende zum Geiste.

Die Wahrscheinlichkeit (probabilitas) ist eine geringe und schwache Erhellung durch Licht. Sie bewirkt daher keine Festigkeit, während die Evidenz der Wahrheit stark in den Geist eindringt, darin haftet und Gewißheit erzeugt. Daraus erhellt klar, daß Unerwiesenes glauben ebenso eine Stärke und Kraft des Geistes erfordert, wie die Liebe zum Schädlichen und uns Lästigen von Stärke und Kraft des Willens zeugt. Es ist ein starkes Glaubenslicht erforderlich, wenn es die Finsternis vieler unerweisbarer (improbabilium) Dinge, die zum Glauben gehören, durchdringen und sie erhellen soll. Daraus erhellt, daß der Glaube die erste Gnade der Vernunft ist, durch welche sie mit Glorie umgeben wird (vestitur), und ohne welche die Glorie nicht eintritt. Der *ganze Mensch muß religiös sein*, wenn er zur Glorie gelangen will, vor allem das Haupt, d.i. die *Vernunft muß durch den Glauben religiös sein*. Wie der Wille notwendig gegen sich selbst streiten muß, wenn er zur Glorie gelangen will, so wird es auch bei der Vernunft ebenso sein müssen. Unter den Tätigkeiten des Geistes verursacht nur das Glauben Widerstreit. Glauben, Vermuten und Meinen gehen nur mit Gewalt in den Geist ein, er nimmt sie nicht mit freiem Willen auf; nicht so das Demonstrierte und Bewiesene, dem er mit Notwendigkeit beistimmt. Die Wissenschaft ist ein Werk der freiwilligen Forschung. Das Glauben (credere), das Fundament der Religion, hat zu kämpfen mit dem Disputieren, Abraten, dem Gegenteile, der Unwahrscheinlichkeit, welche direkt gegen den Verstand in die Schranke tritt; wo der Verstandesgrund fehlt, ergänzt der Glaube (Credere … habet contra se bellum disputativum, dissuasivum, contradictorium, improbabilitatis, quae improbabiliter directe pugnat contra rationem, quia ubi ratio deficit, fides supplet). Jeder Kampf muß aber mit kriegerischer Tapferkeit geführt werden; ohne Tapferkeit gibt es keinen Sieg. Somit ist der Glaube eine Tugend. Jedem Menschen glaubt man nur infolge seines Überredens, Gott glaubt man ohne Zureden und Beweis, durch den Glauben.

Darin ehrt der Gläubige Gott vor allem andern, daß er ihm schneller glaubt. Der Verstand sucht wegen seiner Schwäche Stützpunkte und Vermittlung durch Beweise (fulcimenta et media probationum); er stützt sich auf sie wie auf einen Stock, indem er von einer Konklusion zur andern schreitet. Wer aber durch eigene Kraft (virtute propria) glaubt, bedarf der Stütze nicht und hat einen größeren Glauben (et magis credit); wie der Liebende, der durch eigene innere Kraft liebt, eine größere Liebe zum Geliebten hat, als er infolge dessen liebt, was er bei dem Geliebten wahrnimmt; sonst wäre die Liebe eine auf sich selbst zurückkehrende, wenn er nur von dem Geliebten angereizt wäre.

Der Verstand, der nach Beweisen sucht, gleicht einem Verkäufer, der ein Pfand verlangt und außerdem nicht glaubt. Ein solches Pfand verlangt der Heide, ehe er glaubt. Der Christ aber, der weiß, daß das Pfand von Gott aus Mangel an Glaubensgeneigtheit verlangt werde, verlangt kein Pfand. Ein Stab macht den Kranken nicht gesund, so auch nicht ein Pfand den Verstand, es macht ihn nicht redlich und eifrig. (Baculi non sanant infirmum, sic nec pignora intellectum, quare nec probum et studiosum faciunt.) Den Glauben darf man auch nicht durch Zeichen erstreben wie die Juden, nicht durch Wissenschaft und Kunst, wie die Griechen, sondern durch Tugend. Zuverlässiger (certius) wird er auf dem Wege der Tugend, als dem der Kunst erkannt. Die Kunst ist ein Gemälde, das eine äußere Form zeigt, die Tugend ein Wohlgeruch und Wohlgeschmack, der das Innere offenbart. Je näher das Licht der Sonne, desto reiner ist es; je entfernter und gebrochener, desto weniger hell. So kommt der Glaube von Gott, dem Lichte der Lichter, mittelst der Gnade herab, die Gegenstände des Beweises (probabilia) durch ein entferntes Licht. Reiner ist daher das in gerader Richtung von Gott kommende Licht als das von den Kreaturen reflektierte. »Jede gute Gabe, jedes vollkommene Geschenk kommt von oben, vom Vater der Lichter.« Die übernatürlichen Gaben sind daher stärkere als die natürlichen, weil sie zur Seligkeit uns hinziehen. Es gibt somit nichts Zuverlässigeres als den Glauben: Der Glaube ist demnach die Gnade der göttlichen Freigebigkeit, des göttlichen Wohlwollens, er ist ein durch Gnade erlangtes Gut (gratuitum bonum). Er ist zugleich eine Kraft, die aufrichtet, den Verstand stärkt (firmans intellectum), ihn auf sich selbst stehen (faciens illum per se stare) und den rechten Weg wandeln (recte ambulare) macht, auf dem Wege der Heilswahrheit (salutaris veritatis), ohne Hilfe und Stütze eines Stockes, eine Kraft, welche ihn schützt gegen die Pfeile des Disputierens und ihm eine feste Unterlage darbietet gegen die Angriffe und Stöße der Gegensätze und Meinungen so wie gegen den Einfluß der eigenen Schwäche und Unbeholfenheit. Der Glaube ist ein Licht, welches das natürliche Licht der Sinne und selbst der Vernunft übertrifft, wie man dies am Sakramente des Altares sieht, wo die Sinne durch den Glauben besiegt sind und man Gott auf eine seiner würdige Weise, ohne jedes Pfand glaubt (Deo creditur), wo ihm kraft des Gehorsams geglaubt wird… Raymund sagt, der Glaube ist eine gute Richtung (habitus bonus) vermöge der Güte Gottes; durch den Glauben werden diejenigen objektiven Wahrheiten hergestellt (restaurantur), welche der Geist nicht erreichen (attingere) kann. Umfassender ist der Glaube des Christen von Gott, denn er glaubt an den dreieinigen Gott, an Menschwerdung, Leiden, Auferstehung, Himmelfahrt, an die Herrschaft Christi über alles, an die sieben Sakramente. Der Geist kann einen Habitus des Glaubens und der Wissenschaft haben, und zwar den Habitus des Glaubens, um den der Wissenschaft zu erwerben, wie Jesajas sagt: Wenn ihr nicht glaubet, so werdet ihr nicht erkennen.

Der Glaube ist eine Kraft, verbunden mit Gerechtigkeit; denn es ist gerecht, jene Wahrheiten von Gott zu glauben, welche die Vernunft nicht erreichen kann. Der Glaube ist eine Richtung (habitus), in welcher der Katholik die einzelnen göttlichen Wahrheiten glaubt (credit distincte in divinis), damit er das Licht für die Vernunft vorbereite (ut praeparet lumen intellectui) und die Vernunft klar, nicht konfus die Akte der göttlichen Wahrheiten erkenne: den Handelnden, das zum Handeln Fähige (agibile) und die Handlung … Der katholische Glaube ist also ein Mittel für die Vernunft, daß sie besser erleuchtet sei, um die Höhe Gottes zu erreichen. (Exc. II, 383–385.)

Glaube und Wille

Der Glaube, durch den der sterbliche Mensch die Gewißheit hat, daß er die Unsterblichkeit erlangen könne, wird nur durch einen schweren Kampf errungen; der Sieg, in welchem der Glaube den Verstand (rationem) besiegt, erfordert den größten Kampf. Indem Abraham glaubte, was der Verstand für unmöglich erklärte, siegte er. So wenn der Mensch glaubt, er werde zum unsterblichen Leben auferstehen, was weder Verstand noch Erfahrung bestätigen, da vielmehr der Verstand ihn zu der entgegengesetzten Ansicht hinzieht, muß notwendig der Verstand ersterben und seine Klugheit weichen, der Hochmut muß sich demütigen, die Anmaßung des Geistes ertötet werden, der Mensch muß wie ein Tor und Sklave werden, der auf die Freiheit seines Verstandes verzichtet und sich gefangen gibt. Das ist der größte Kampf, nicht gegen Fleisch und Blut, sondern gegen den anmaßenden, stolzen Geist, wo die Demut den Stolz besiegt. Glaubenkönnen (posse credere) ist daher die größte Kraft (maxima animae nostrae virtus), sie übertrifft alle geistige Kraft (intellectivam virtutem), denn sie gehört in das Gebiet des *Willens*, sie *entspringt aus der Freiheit des Willens*. Die vernünftige Seele kann glauben oder nicht glauben, je nachdem sie will oder nicht, und das ist die größte Gabe (donum) Gottes. So herrscht der Geist oder freie Wille durch den Glauben, den er annimmt (quam assumit), über den Verstand und bildet ihn nach seiner Gestalt (informat cum sua forma); denn er redet gebieterisch zu dem Verstande (loquitur intellectui imperative). Das ist es, was einige sagten, der Glaube stehe in der Spekulation unter dem Gebote des Willens, weil er den Geist nur, wenn dieser durch Glauben eine bestimmte Gestalt gewonnen hat, zum Unterscheiden kommen läßt (fidem esse in intellectu speculativo sub imperio voluntatis, quia non sinit intellectum nisi habituatum fide discernere). Indessen faßt der Geist (intellectus) den Glauben, den er nicht begreift, leicht auf, wenn der Wille durch den Glauben ihm das als Gegenstand des Glaubens (credenda) ankündigt, was wir hören, weil es ihm durch den Sohn Gottes oder das Wort Gottes geoffenbart ist. Der Wille ist nämlich gleichsam das Gehör der Seele, wie die Vernunft (intellectus) das Gesicht. Was daher eine strebsame Seele als etwas Gutes vernommen hat (quae anima zelosa ad bonum audivit), das meldet sie der Vernunft, damit diese sich selbst erkenne, weil das, was sie meldet, von der Art ist, daß es nicht gesehen werden kann. Die Vernunft glaubt sich, indem sie das ihr Gemeldete für wahr hält (credit sibi vera esse nunciata), und erfaßt es als Gesehenes, d. i. in der Gewißheit, als hätte sie es gesehen. So ist der Glaube hinsichtlich der Vernunft die Koinzidenz von Sichtbarem und Unsichtbarem. Wenn der Wille durch einen bestimmten Glauben auf die Vernunft drückt (Dum voluntas hac fide intellectum imprimit), daß nämlich Gott zu uns durch die Propheten, zuletzt durch den Sohn, der uns die Lehre von der Unsterblichkeit geoffenbart, geredet hat, so nimmt die Vernunft keinen Anstand, dem Worte Gottes zu glauben (non dubitat, esse … credendum). Das Verlangen der vernünftigen Seele nach Wissen ist der Wille oder die Liebe zur Wahrheit; kann die Seele nicht mittelst der Vernunft das Ersehnte aus eigenen Kräften erreichen, so glaubt sie dem Worte Gottes. Und sie glaubt nicht an das Wort Gottes, weil sie begreift, sondern sie begreift, weil sie glaubt. Die göttliche Vernunft, die unserer vernünftigen Seele das Verlangen nach Erfassen der Unsterblichkeit gegeben hat, indem sie in dieser Sehnsucht zu uns redet, gibt uns ein (inspirat), daß diese Sehnsucht nicht gegeben wäre, wenn die vernünftige Kreatur es (den Gegenstand der Sehnsucht) nicht erreichen könnte. Wer also die Sehnsucht gegeben hat, ist auch imstande, die Befriedigung[1] derselben zu geben. So wird die vernünftige Seele zum Glauben bestimmt (ad fidem movetur), indem sie das bei Gott für möglich glaubt, wovon sie die Art und Weise, wie es geschieht, nicht begreifen kann. So glaubt sie dem Worte Gottes, das den Gläubigen Glückseligkeit verheißt, und sie glaubt, daß dasjenige, welches verheißt, das Wort Gottes sei. Sie nimmt das Wort Jesu an als Wort Gottes, das allein versprechen kann, das ewige Leben, nach dem der Geist mehr als nach allem andern seufzend sich sehnt, zu geben; sie nimmt Christus als den Lehrmeister an, als das Fleisch gewordene Wort Gottes, um durch dasselbe glückselig zu werden.

So erhellet, durch welchen Kampf wir zur wahren Tugend des Glaubens gelangen. Nach dem ersten Kampfe, in welchem die Seele gläubig wird und Gott glaubt, sind die übrigen Kämpfe nach Maßgabe der Größe des errungenen Glaubens. Denn was in jedem Kampfe siegt, ist der Glaube; ist der Glaube groß, so unterliegen die Versuchungen schnell; ist er klein, so werden sie langsamer zurückgedrängt. Hast du den festen Glauben, du werdest durch Sieg über die Versuchungen die Unsterblichkeit erlangen, so verachtest du alles, was diesem zeitlichen Leben gefällt. Da alles Sichtbare, Sterbliche und Zeitliche zur Unsterblichkeit und ewigen Dauer nichts beiträgt, so achtest du es gering und wie Auskehricht. So weit es dich von der Erwartung ewiger Glückseligkeit fern hält, mußt du es wie Gift fliehen. In diesem Kampfe hast du kein anderes Vorbild als Christus, den Sieger über den Tod. Auf seinen Pfaden siegst du gleich allen Heiligen, mit denen du die ewige Siegeskrone zu erlangen hoffst. Ist aber dein Glaube klein, unlebendig, so droht dir täglich großer Kampf, nicht nur mit dem, was die Sinne dir von außen als schön, angenehm, ergötzlich darstellen, sondern auch das Fleisch selbst

1 st. affectum muß es im Texte notwendig heißen: effectum.

kämpft aufs Erbittertste gegen den Geist und sehr oft unterliegst du; du verfällst in ein tierisches Treiben, weil dir der Schild des Glaubens fehlt, mit dem du die Pfeile des sinnlichen Lebens abhältst. Der Lebenslauf des Christen muß voll fester und sicherer Hoffnung sein; schwankt er, so fehlt alle Sicherheit in Erreichung des Zieles. Wer im Vertrauen auf Jesus nicht wanket, wird in Wirklichkeit erlangen, was er zuversichtlich hoffte; die Hoffnung läßt nicht zu Schanden werden. Wer Gott nicht vertragsmäßig, sondern im Vertrauen auf seine Gnade dient, der wird als ein guter und getreuer Knecht von dem überaus gnädigen Herrn eine Vergeltung erlangen, die nicht geringer ist, als sie einer großen Treue aus der Hand des freigebigsten und glorreichsten Herrn der Welt gebühret. (Exc. IX, 641–643.)

Fruchtbarkeit des Glaubens.
Der Glaube ein inneres Erfahren

Die Fruchtbarkeit des Glaubens gelangte in der Jungfrau Maria auf ihre oberste und höchste Stufe. Maria ist das Vorbild davon, wie der Glaube Herrschaft ausübt und den Menschen in dem Grade hinaufhebt, sogar bis zur Gottähnlichkeit (usque in formam Dei), als er glauben kann. In Abraham fand der Glaube seinen Höhepunkt (terminabatur) in dem Gebären der Unfruchtbaren, die ihm den von Gott, dem er glaubte, verheißenen Sohn gebar. In der Jungfrau Maria gelangte der Glaube zu seinem Höhepunkte in der Geburt des Sohnes Gottes, dem sie glaubte. Siehe, wie fruchtbar jene unfruchtbare Mutter des Glaubens ist, aus deren Fruchtbarkeit alle Söhne Israels hervorgegangen sind und noch hervorgehen, die jetzt und in Zukunft Gott sehen, hier rätselhaft, dort von Angesicht. In dem schlichten Glauben (in sterilitate fidei) ist eine größere Fruchtbarkeit (als in dem durch reichliche Verstandesgründe vermittelten Erkennen). Wie die Empiriker unter den Ärzten lehren, so haben einige Kräuter für Vertreibung von Cholera eine erstaunliche Wirkung, obwohl man die Gründe davon nicht einsieht, weil die Wirkung in einer verborgenen spezifischen Eigentümlichkeit derselben liegt. Wer der Autorität dessen, der die Erfahrung gemacht hat, glaubt, findet, daß die Sache wahr ist, wiewohl ihn kein Verstandesgrund überzeugt hat. Von diesen Heilmitteln erfahren wir größere und untrüglichere Wirkungen, als wenn die Physiker durch Kombinationen des Verstandes eine Arznei zusammensetzen. So ist der Glaube, daß das Fleisch gewordene Wort Gottes jede Erschlaffung der Seele heilt, und in derselben eine Erneuerung ihrer Jugendfülle, d. i. Unschuld, bewirkt und in derselben erhält, gleich einem erprobten Heilmittel, das diese Wirkung als spezifische Eigentümlichkeit an sich hat. Wer dies glaubt, der wird durch Erfahrung sich glücklich fühlen. Dieses Fühlen ist ein Sehen, welches eine größere Gewißheit ist, als die Schlüsse des Verstandes sie geben (quam ratiocinari). So ist also im schlichten Glauben, dem das Sehen (Erkennen) folgt, eine größere Fruchtbarkeit, als in dem, was infolge einer Fülle von Verstandesgründen behauptet wird (Ita patet, quod maior est foecunditas in sterilitate fidei, quam sequitur visio, quam in eo, quod multis rationibus foecundum asseritur). (Exc. X, 658.)

Lebendiges Wissen – Weisheit

Einige widmen sich der Mathematik, andere der Arithmetik, andere der Musik, andere der Philosophie und Theologie. Wer in der Grammatik nachforscht, hätte gewiß eine sehr große Freude, wenn er eine ganz kurze Regel fände, durch die er in einem Momente die ganze Grammatik noch weit besser als Priscian verstünde. So der Rhetoriker, wenn ihm ein kurzes Wort gegeben würde, durch das er mit einem Male ein ungleich besserer Redner als Cicero würde. Diese Vollkommenheit wäre die Speise des Lebens des Geistes, der gleichsam durch die Kunst der Allmacht dahin gelangte, wo der Wille mit der Macht koinzidiert. Das Wissen Gottes ist jenes, das der Wechselbegriff seines Willens ist (quae convertitur cum voluntate); es weiß, was es will, und es ist der Wechselbegriff seiner Macht: Es ist das wirklich, was es kann. An diesem Wissen Teil haben, ist unsterblicher Genuß; es heißt Weisheit haben, nämlich eine schmackhafte und lebendige Erkenntnis, welche Unsterblichkeit gewährt. Denn wer ein solches Wissen hat, daß er weiß, was er wissen will, und das ist, was er weiß und sein will, der ist glückselig. (Exc. IX, 655.)

Wissen und Weisheit

Die vernünftige Seele hat einen Trieb in sich nach Geistigem, und dieses Verlangen ist das Wissen. Die Neigung zur Begierlichkeit im Fleischlichen und die Neigung zur Wissenschaft im Gebiete des Vernünftigen liegt in uns. Wie nun die Begierlichkeit des Fleisches, hinübergeleitet in das Sakrament der Ehe, ihre Heiligung und Ruhe findet, so findet die Liebe zum Wissen, hinübergeleitet zur wahren Vermählung mit dem Bräutigam, ihre Ruhe. Solange der vernünftige Geist, getrennt von seinem wahren Bräutigam, schrankenlos (illimitate) sich dem eitlen Wissen (ad vanas artes) hingibt, so findet er das, wozu das natürliche Verlangen ihn hintreibt, ebenso wenig, als wer mit jeder Dirne buhlt. Er muß daher zur Vermählung schreiten und sich nicht mit einer unbeständigen, sondern *der ewigen Weisheit* verloben. (Exc. V, 473.)

Die Liebe als virtus infusa

Keine Tugend reicht zur Seligkeit hin, wenn nicht die *eingegossene Tugend*, d.i. die Liebe hinzukommt. Wie die Klugheit das Prinzip (forma) der menschlichen Tugenden ist, so gibt die Liebe den Tugenden das Gepräge göttlicher Tugenden, welches allein Gott wohlgefällig ist (format virtutes, ut sint formatae forma divina, quae solum est Deo accepta). (Exc. VIII, 607.)

Die Liebe

Die Liebe ist das belebende Prinzip aller Tugenden. Wer die wahre Liebe haben will, muß alle Furcht und unvollkommene Liebe aus sich verbannen; denn wer fürchtet, liebt noch nicht vollkommen; denn die Furcht sagt, daß der Liebende noch nicht um des Geliebten willen etwas zu verlieren bereit ist, nämlich die Anhänglichkeit an das, was er nicht gerne verlöre. Aber die vollkommene Liebe liebt nur den einen Geliebten; denn der liebt weniger, als er kann, der seine Liebe teilt und Verschiedenes liebt. Die Liebe entfernt daher alle Furcht, außer derjenigen, den Geliebten zu beleidigen. Und daher hat der, welcher Christus wahrhaft liebt, keine Furcht, etwas zu verlieren, weil er nichts außer ihm und alles wegen ihm liebt. Die Liebe, das Band der Einheit und Eintracht, hält alles zusammen, auf daß es das ist, was es ist. Die Welt wird, um ein für sich bestehendes Ganzes zu sein, durch ein gewisses Band der Liebe, welches alles, was zu jener gehört, umschlingt, zusammengehalten. Auch das sinnliche Leben besteht nur durch Liebe; denn ein gewisser, der Seele und dem Körper gemeinsamer Geist (Nervengeist), der aus der Natur der Welt ist, sofern die Seele in den Körper, als dessen belebende Kraft hinabsteigt, und aus der Natur des Körpers, sofern dieser sich erhebt, um zur Aufnahme dieser Kraft empfänglich zu sein, dieser Geist ist das Liebesband (vinculum amorosum) zwischen beiden, denn die Seele verlangt, den Körper zu beleben, und der Körper liebt die Seele, ohne die er nicht bestünde. Wie jedes Ding in das Nichts, in Tod und Zerstörung übergeht, ohne das zusammenhaltende Band der Liebe, so hört der Körper zu leben auf, wenn ihm die Kraft jenes Geistes fehlt, denn mit der natürlichen Wärme hört auch jener Geist auf, der nicht ohne Wärme sein kann, und so entsteht der Tod. Und bemerke hier, daß wie sich die Seele zum Körper, so auch Gott zur Seele verhält; denn der Körper hat aus sich kein Leben, wenn es ihm nicht von der Seele gegeben wird. So wird auch das Leben unserer Seele, das sein Sein aus dem wahren Leben hat, unserer Seele durch das liebevolle Herabsteigen des wahren Lebens erteilt, durch welches wir sind, was wir sind. Zuerst also hat uns Gott geliebt, der keines seiner Geschöpfe hassen kann. Aber er gab uns nicht nur ein Sein, wie seiner Sonne, die er über Gute und Böse aufgehen läßt, sondern ein solches geistiges Leben, durch welches sich unser Geist emporheben und mit der Quelle seines Lebens verbinden kann, wie der Körper mit der Seele, auf daß er durch das Leben der Seele lebe. Wie aber der Körper nur durch den warmen Geist, welcher durch die beständige Beihilfe des ursprünglich Feuchten, das durch die feuchte Nahrung genährt wird, mit der Seele verbunden werden kann, so unser Geist mit seinem Leben nur durch die Wärme der geistigen Liebe. Die Liebe fesselt daher unsern Geist so zur Quelle des Lebens, daß er aufs Innigste an sie gebunden ist, wie das Leben des Körpers an das Leben der Seele. Nur die Liebe ist daher die Ergänzung, durch die wir in unserm Leben das geliebte Leben besitzen. Die lebendige Vernunft ist selbst gewissermaßen Liebe. Denn was ist das Leben, recht betrachtet, anders, als Liebe oder Freude und Fröhlichkeit? Es ist Sache der Liebe, nie zu ruhen. Auch Freiheit ist die Liebe, denn frei bewegt sich die Liebe wegen ihrer edlen Natur und kann nicht gezwungen werden. Unser Geist ist frei und kann sich liebend nach oben oder unten wenden. Wendet sich seine Liebe dem Unbeständigen zu, so haftet sie daran und *verwandelt sich* in den Gegenstand ihrer Liebe. Sie wird daher an ihm auch haften, wenn sie diesen Körper verläßt. In Unbeständigkeit, ohne Ruhe, Freude und Frieden wird der Mensch gequält sein, nach der Natur des geliebten Gegenstandes, in den er verwandelt worden ist. Verlassen wir also auf unserer irdischen Wanderschaft, was nur scheinbar ergötzt, und wenden wir uns zur Quelle der Liebe und des unveränderlichen Gutes, in der allein Ruhe zu finden ist. In Christus haben wir Frieden, in der Welt Angst und Not. (Exc. IV, 464, 465.)

Etwas Wunderbares ist die Liebe, die sich in den andern und den andern in sich umwandelt. Die Liebe ist die Kraft des höchsten Geistes, welcher in den vernünftigen Geist eingehend und ihn erhebend über alle Natur dahin bringt, daß er seine Einheit vermehre und sein Anderssein identifiziere. (Exc. VIII, 614.)

Die Liebe im Verhältnis zum Erkennen und zur Freiheit

Jetzt erkennen wir nur teilweise und unvollkommen, dann aber, sagt der Apostel, werde ich erkennen, wie ich erkannt bin. Denn wer Gott liebt, der ist von ihm erkannt; je mehr er also liebt, desto mehr ist er erkannt. Und wie er daher durch die Liebe dem Liebenden erkannt ist, so erkennt er auch (durch die Liebe den ihn Liebenden). Denn das Leben schließt das Erkennen in sich.

Die Liebe (charitas) ist das belebende Prinzip und die Vollkommenheit aller vernünftigen Handlungen oder Tugenden. Durch Liebe wird ein Geist mit dem andern verbunden. Sie machte, daß die Apostel ein Herz und eine Seele waren. Der vernünftige Geist ist frei, seine Freiheit heißt Wille. Wenn daher der Wille durch die Liebe an etwas gefesselt wird, so ist der Geist durch das Band der Liebe an das Geliebte gebunden. Wenn nun der Geist nicht an dieses oder jenes sinnliche und zeitliche Liebenswürdige gefesselt ist, sondern frei von aller endlichen Gebundenheit sich allein zur Liebe hinwendet, welche das Belebende in allem Liebenswürdigen ist –, zu Gott, so bleibt er in der Einheit mit der unzerstörlichen Freude. Der in der Liebe gewurzelte Geist bleibt daher frei und unabhängig von jeder endlichen Gebundenheit, weil mit seinem Gott, der die Liebe selbst ist, vereint, ohne an irgendein Geschöpf gefesselt zu sein, das aus sich nichts geben kann. Die Liebe ist daher die Verbindung unseres freien Geistes mit dem belebenden Leben. (Exc. VII, 574.)

Wenn der Wille in freier Liebe den wählt, von dem er die freie Wahl hat, so vermehrt sich die Wahlfreiheit umso mehr, je größer die Liebe ist. Genau betrachtet ist die Liebe zu Gott nicht wie die Liebe zu einem Geliebten, der von der Liebe selbst verschieden ist, wo die Liebe und das Geliebte nicht koinzidieren. Gott ist *die* Liebe; wer Gott liebt, liebt die Liebe. Wo nun die Liebe das Geliebte ist, bleibt die Seele frei, denn sie ist nicht an dies oder jenes gebunden, sondern bleibt in der Liebe, welche allem einzelnen Liebenswürdigen als Grund und Ursache vorangeht. (Exc. VII, 575.)

Die nach Wissen streben, lieben die Wahrheit, die sie suchen. Wenn du aber das liebst, was du suchst, liebst du etwas dir Unbekanntes und auch wieder nicht Unbekanntes, eben weil du es suchst. Gott ist die Wahrheit. Der Weg also, die Wissenschaft der Wahrheit oder der Erkenntnis Gottes zu erlangen, ist dieser, ihm zu nahen mit dem Geiste der Sehnsucht oder Liebe. Wenn man sagt, daß man nichts Unbekanntes liebt, so wäre dies wahr, wenn nicht Wahrheit und Güte koinzidierten. Denn die Liebe, die Gott ist, wird, so sehr sie geliebt wird, ebenso sehr auch erkannt; soviel erkennt der Liebende, als er liebt. *Beachte hier die Koinzidenz!* (Exc. VII, 584.)

Die Kraft der Liebe

Die Liebe ist stark wie der Tod. Wie dem Tode alles unter dem Himmel unterworfen ist, so auch die Liebe. Unauflösliche Verbindungen knüpfen sich durch die Liebe. So lobenswert daher die rechte Liebe ist, so tadelnswert ist die verkehrte Liebe. Begierlichkeit, Zorn und alle Leidenschaften entstehen aus dem Mangel der wahren Liebe.

Jesus sagte: »Niemand kann zu mir kommen, außer der Vater, der mich gesendet hat, ziehe ihn.« Wodurch zieht ihn aber der Vater? Durch Liebe, nach jenem Ausspruche: »in ewiger Liebe habe ich dich geliebt; darum hab ich aus Erbarmen dich an mich gezogen.« Denn die Liebe ist eine geistige Wärme, die Wärme aber hat eine entwickelnde Kraft, wie wir sehen, daß sie die Kraft des Samens unter der Erde anziehe und ihn zum Keimen bringt. Sie löst das Schwere und zieht die Dünste in die Höhe; das angezündete Holz sendet sogleich die Flamme in die Höhe. So löst die Liebe den Geist des Menschen, den sie berührt, von aller Fleischlichkeit ab und zieht ihn in die Höhe. (Exc. VI, 544.)

Wirksamkeit der Liebe

Blicken wir zum Himmel, so sehen wir alle Kraft desselben in der Sonne konzentriert; auf der Erde ist alle Kraft des Mineralreichs im Golde; in der Mitte von beiden sehen wir die wunderbare Kraft des Feuers. Ich sage nun, daß die Liebe in diesen drei sinnlichen Körpern ihr Abbild finde und daß ihre Kraft in ihnen sich abspiegle. Wie das *Sonnenlicht* alle Sterne erleuchtet und zu sich hinwendet, weil in ihm der Quell alles Lichtes ist, so verbreitet sich die Liebe über alle geistigen Naturen, zieht sie an sich, daß sie an ihrer Natur, die das göttliche und unvergängliche Leben ist, Teil nehmen. Sie müssen aber in ihrem Innern die Sonnenstrahlen aufnehmen, dann bleibt in ihnen keine Finsternis. Der Mond, von irdischer Natur, nimmt den Sonnenstrahl in seiner Tiefe nicht auf, er ist daher nur auf der Oberfläche, welche der Sonne zugekehrt ist, erleuchtet. So nimmt auch unsere Seele, die sich am Horizont der Zeit und Ewigkeit bewegt, den Geist der Liebe nur in der obersten Potenz, wo sie der Sonne der Gerechtigkeit zugewandt ist, auf, weil nur diese reine und geglättete Oberfläche für den Lichtstrahl fähig ist, nicht aber nimmt sie ihn auf in der Tiefe, in Fleisch und Blut; denn der tierische Mensch faßt nicht, was des Geistes ist. – Ohne den Einfluß der Sonne lebt nichts. Alles nimmt an der Lebensbewegung Anteil, die von der Bewegung der Sonne im Zodiacus oder Kreislaufe des Lebens ausgeht. So sind im Himmel der geistigen Natur viele Kräfte, wie die Sterne am Firmament, die alle von der Sonne der Gerechtigkeit ihr Licht haben, ohne welches sie ohne allen Glanz und Schönheit und keine Tugenden wären; denn der Tugend darf Ordnung und Zierde nicht fehlen (virtus enim absque ornato decore non est). Nur der Geist der Sonne der Gerechtigkeit bewirkt jenes göttliche Leben, welches die Kindschaft Gottes genannt wird. Der Wert des Goldes ist der Maßstab des Wertes aller Tugenden: Soviel Liebe in ihnen ist, soviel Wert haben sie. – Die Wirksamkeit der Wärme, ohne die nichts lebt, stammt aus dem *Feuer*, das alles durchdringt und in sich umgestaltet. Was wir sehen, ist nicht reines Feuer, wohl aber feuerhaltig. So ist auch die Liebe an sich unerkennbar, aber sie liegt allen Tugenden zu Grunde, welche sie umgestaltet, reinigt und erneuert. Die Liebe ist wie der Stein des Gyges, der den Menschen unsichtbar macht; denn die Liebe deckt das Schmutzige und Nackte zu, sie deckt eine Menge Sünden zu, so daß kein Flecken sich zeigt. Die schwarze Kohle und das schwarze Eisen sind im Feuer nicht schwarz, sondern leuchtend; nur getrennt vom Feuer sind sie wieder schwarz. Schon die Liebe dieser Welt deckt die Mängel zu, denn der Liebende sieht die Mängel des geliebten Gegenstandes nicht, solange er liebt; sobald die Liebe aufhört, sieht er sie. Aber die Liebe der Welt deckt die Mängel nicht wirklich zu, sondern verblendet nur und benimmt den richtigen Blick; denn der sinnlich Liebende urteilt nicht nach wahrer Einsicht, sondern nach der Leidenschaft.

(Exc. VII, 588–590.)

Die Liebe im Verhältnisse zu Glaube und Hoffnung

Der durch die Liebe ausgedehnte und weiter (capacior) gewordene Geist bleibt in dieser Erweiterung, wie wenn eine Quantität Goldes, ins Feuer geworfen, eine erweiterte Masse bleibt. Diese Erweiterung, die durch das Gießen entstanden ist, bleibt, wenn das Gold an einen ruhigen Platz gelegt wird, obwohl sie, solange der Fluß in Bewegung ist, durch eine entgegenwirkende Kraft verloren werden kann. So kann auch die Seele, die durch das Feuer der Liebe, durch Gießen d. i. Barmherzigkeit eine Erweiterung erhalten hat, diese in dieser Welt durch verschiedene Gegensätze und Erschütterungen verlieren. Wenn sie aber über dieser Welt in den Ort ihrer Ruhe gelangt ist, so verliert sie die erlangte Erweiterung nie mehr, sondern sie bleibt ihr immer. Glaube aber und Hoffnung vergehen; sie sind nur die Werkzeuge, durch welche jene Erweiterung hergestellt wird. Der Glaube ist der Ofen, der das zu schmelzende Gold aufnimmt. Die Hoffnung ist das Modell (dispositio) für die zu gießende Masse, in einem festen Behältnisse. Ist die Masse gegossen, so kümmert man sich weder um den Ofen, noch um das Modell. Die Liebe aber, welche die Seele erweitert, erweitert sie für die Liebe oder Gnade Gottes. Denn die Liebe ist weit genug für die Liebe des Geliebten; die Gnade ist ein Geschenk, das nur der wahrhaft Liebende erlangt. Wie die Liebe (amor) der Form sich öffnet, um die Form des Geliebten in sich aufzunehmen, und in Einheit mit ihm d. i. Gleichförmigkeit sich zu erfreuen, so ist die Charitas die Liebe der Liebe, welche Gott ist (sic charitas est amor amoris, qui Deus est). Die Liebe sucht daher, was Gottes ist, das Ewige: Wahrheit, Gerechtigkeit, Tugend etc. Das Gold im Ofen schmilzt nur durch das Blasen des Windes. So schmilzt auch die Seele nicht, wenn nicht der hl. Geist die Süßigkeit der Liebe ihr einhaucht. Der verborgene Gott wird uns nicht lieblich und liebenswürdig, es werde denn von uns zuvor der liebliche Geruch empfunden, der von ihm uns mitgeteilt wird. Wie verborgenes Obst durch seinen Wohlgeruch unser Verlangen nach demselben erweckt, daß wir es mit Liebe aufsuchen und als einen Genuß fürs Leben erstreben, so sagte eine fromme Seele, sie eile nach dem sie fesselnden Wohlgeruche der Salben ihres Geliebten. Finden sich jene hohen Dinge, die Paulus aufzählt, in einem Menschen ohne die Liebe, so sind sie nichts. Ohne die Liebe kann der geistige Mensch ebenso wenig leben, als das sinnliche Leben ohne Wärme seine Lebenstätigkeit ausüben kann. (Exc. VII, 573.)

Liebe und Wissen

Die Natur Gottes ist für den endlichen Geist unbegreiflich; nur in Christus wird er erkannt. In ihm erkennen Gott auch die Heiligen. Wie die Königswürde nur in ihrer Macht, diese aber nur in ihrer Wirksamkeit erkannt wird, so auch die absolute Größe nur in ihrem Worte und dem Geiste aus beiden. Dieses Wort aber wird nur durch den Geist erfaßt, der unsere Kraft stärkt, so daß in unserem inneren Menschen Christus durch den Glauben wohnt. So in der Liebe gegründet, können wir mit allen Heiligen begreifen, welches die Länge und Breite, Höhe und Tiefe (Gottes) sei. Indem wir in lebendigem Glauben Christus anziehen, gelangen wir zur Ergreifung des Heils; denn das ist die Form der Heiligkeit: die Form Christi. Christus ähnlich sind daher alle Heiligen, die das Heil ergreifen. Beachte auch die folgenden Worte des Apostels: »zu erkennen auch die alles übertreffende Wissenschaft der Liebe Christi, um mit der ganzen Fülle Gottes erfüllt zu werden.« Die göttliche Wissenschaft ist nämlich nicht ohne die Liebe. Der zweifellose Glaube führt zur Liebe und durch die Liebe zur Erkenntnis Gottes. Niemand kennt die Liebe als der Liebende; je mehr er liebt, desto mehr erfaßt er die Liebe. Wie die Liebe immer wächst, so auch ihre Erkenntnis. Die Liebe, die im Herzen wohnt, lehrt daher sich selbst d. i. Gott erkennen. Die Liebe Christi lehrt uns die Wissenschaft der Liebe, durch die der Mensch mit der ganzen Fülle der Gottheit erfüllt wird.

(Exc. IX, 641.)

Wollte die Weisheit nicht, so würde sie (die das Beweglichste und Schnellste ist und allem vorauseilt) nicht gefangen werden. Weil sie sich fangen lassen will, so muß sie durch *Liebe* gefangen werden, da sie durch keine erschaffene Kraft oder Macht gefangen werden kann. Wenn daher die Weisheit nicht durch Liebe gewonnen (placata) sich selbst in die Seele des Suchenden herabläßt, um sich fangen zu lassen, so wird sie nicht erfaßt. Sie selbst aber ist es, die spricht: »Ich liebe, die mich lieben.« Diese Weisheit kannten alle Jagd auf sie machenden Philosophen nicht; nur Christus machte sie uns bekannt, indem er lehrte, daß der Jäger, wenn er in Glaube, tätig in Liebe, sie verfolgt, Gnade findet in ihren Augen und sie sich ihm hingibt.

(Exc. VI, 553.)

Über die Liebe zu Gott und dem Nächsten

Die erste und größte und wahre Liebe (dilectio) ist die Liebe zu Gott (charitas dei); die andere ist ihr Abbild und heißt Liebe des Nächsten. Wenn die Liebe des Nächsten nicht Abbild der Liebe Gottes ist, so ist sie nicht vollkommen; denn nichts ist durch Teilnahme an dem Abbilde vollkommen, außer sofern es Abbild der absoluten Vollkommenheit ist; daher erfüllt die Nächstenliebe, sofern sie ähnlich ist der Liebe Gottes, den göttlichen Befehl; denn in ihr ist das, was erscheint, Ähnlichkeit, aber der darunter verborgene Geist ist die Liebe, den jene Liebe im Abbilde darstellt. Den Nächsten lieben heißt Gott in seinem Abbilde lieben. Liebe ich einen Mensch, der wie ich Gott zum Vater hat, so liebe ich in ihm den Vater. In der Tat sind daher die wahren Werke der Barmherzigkeit heilige Werke, weil sie aus reiner Nächstenliebe hervorgehen, bei welchen Gott der Beweggrund ist. Wer daher den Nächsten nicht um Gottes, sondern um eines zeitlichen Vorteils willen liebt, der erfüllt das Gebot nicht, der ist nicht in der Liebe Gottes, sondern seiner selbst, *weil er nur sich im Nächsten liebt.* Durch Liebe gelangen wir zur Erkenntnis Gottes. Wir wissen aber, daß Gott die Liebe ist, und die Liebe des Nächsten ihr Abbild. Durch die Liebe des Nächsten gelangen wir wie durch Abbild und Gleichnis zur Erkenntnis Gottes.

(Exc. VII, 588. 589. vgl. Exc. X, 658.)

Über die Nachfolge Christi

Christus sagt, er gehe, wie von ihm geschrieben steht. Wir müssen also eilen, mit ihm zu gehen; denn er kommt vom Himmel und kann uns allein zum Himmel führen. Wir müssen also eines mit ihm sein, weil er allein in den Himmel eingehen kann; er, der vom Himmel herabkam, kehrte auch wieder in denselben zurück. Wir müssen also gehen und eines sein mit ihm. Wie das tote Fell, das du anziehst, mit dir zur Anschauung des Königs gelangt, so gehst du mit Christus in den Himmel ein, wenn du mit ihm vereinigt bist. Aber du mußt noch mehr mit ihm verbunden sein (als bloß äußerlich). Du mußt ein Glied von ihm sein. Wie der Sklave keinen Akt eines freien Menschen verrichten kann, wenn er nicht von der Sklaverei in die Freiheit versetzt ist, so auch nicht der Mensch, wenn er nicht von dieser Welt in das Reich Christi versetzt ist. Ist aber der Mensch einmal wie vom stürmischen Meere in den ruhigen Hafen eingegangen, so muß er weiter überlegen, *wie* er mit Christus gehen kann. In Christus findet er alles; er ist der Sohn des Menschen und der Bruder aller. Man findet ihn auf gleiche Weise in jeglicher Weise des menschlichen Lebens: der Diener als Diener, der Sklave als Sklave, der Lehrer als Lehrer, der König als König. *Alles ist in ihm; – aber was ist er in al-*

len? – Gewiß ist, daß er der Demutsvolle, der von Herzen Sanfte, der Gerechte und Friedfertige ist. So also mußt du wandeln und sein Joch auf dich nehmen, welches sanft und leicht ist. Lege darum ab die schwere Sündenlast, welche den Lauf mit Christus hindert! Wollen wir also mit Christus wandeln, so müssen wir darauf bedacht sein, wie wir heute gelesen und ihn haben handeln sehen. Zuerst müssen wir aus Ägypten gehen und im roten Meere abgewaschen werden und zwar gemäß dem Vorgelesenen, was wohl zu erwägen ist, damit wir ohne Murren das Brot des Himmels erhalten. Nach der Abwaschung und Buße müssen wir dann dem Erlöser entgegengehen und ihn in uns aufnehmen; dann mit Paulus entzückt werden über die Erkenntnis Christi und endlich durch leiden Christo im Tode nachfolgen. (Exc. V, 469.)

Über die Trennung von der Welt und die Freundschaft mit Christus

Der Schüler (Scholasticus) trennt sich von der Welt und schließt sich an eine Zahl von Schülern an, sobald er hört, daß sein Lehrer ein Christ sei und die Welt verlassen habe, mit allem Vertrauen Christo folge und alle überflüssige Sorge für das Fleisch aufgegeben habe. Wer Christus nachfolgt, sucht das Himmelreich, welches das Leben des Geistes ist, und diesem Leben wird alles andere beigegeben. Der Knabe braucht nicht darüber besorgt zu sein, was er am kommenden Tage esse, wenn er einen Vater hat, welcher weiß, was sein Sohn braucht und welcher alles in seiner Gewalt hat. Wenn der Mensch geistig beschäftigt ist, so ist er, wenn gleich unter einer Schar lebend, von der sinnlichen Welt getrennt. Die das Evangelium des ewigen Reiches hören, haben diese Welt verlassen; die aber unter Menschen leben, hören und handeln von Dingen dieser Welt, und legen dadurch dem Geiste ein Hindernis; denn wie eine verdorbene Luft den Körper verderbt, verdorbenes Wasser den Wein, verdorbenes Obst das übrige Obst und ein krankes Schaf die gesunde Herde ansteckt, so befleckt diese Welt, in der keine Wahrheit ist, den Geist, der nur durch Wahrheit sein Leben ernährt. Der Geist der Finsternis hält mittelst der Gemeinschaft mit den weltlichen Dingen jene zurück, die zum Leben und zur Glückseligkeit sich erheben wollen. Mit dem

Sohne Gottes dagegen kann man eine vollkommene Verbindung eingehen, weil er das Bild von allem in sich trägt. Daher heißt er auch die Kunst des Vaters, voll der Bilder aller Dinge; denn er ist ein Spiegel ohne Flecken. Wir sehen, daß wenn eine Sache eine bestimmte Gestalt hat, sie nicht eine andere annimmt, der Spiegel aber, weil er keine hat, viele andere. So hat Gott als Geist nicht eine eigentümliche Form eines Dinges und daher wahrhaft die Bilder von allen in sich. Mit ihm kann daher eine vollkommene und erfreuliche Gemeinschaft und Freundschaft stattfinden, weil er für alle Menschen paßt. Gott enthält alles in sich, was man an einem Freunde sucht. An diesem sucht man Weisheit zur Belehrung, Schönheit zur Erheiterung, Reichtum zur Unterstützung, Kraft zum Schutze, Adel und hohe Würde zur Erhöhung. Alles das findet sich in ausgezeichnetem Grade in Christus. In ihm sind alle Schätze der Weisheit verborgen, er ist schöner als die Sonne; denn seine Schönheit bewundern Sonne und Mond; in seiner Rechten sind Schätze und Ruhm, niemand kann seinem Willen widerstehen, da er erhaben ist über alle Völker. Es gibt keine dauernde Verbindung und Freundschaft, außer in Christus; denn jede Freundschaft besteht wegen irgendeines Gutes; es gibt aber kein reines Gut, außer Gott; jedes andere ist gemischt.

(Exc. VI, 545.)

Christus vergilt unsere Wohltaten

Wunderbar ist die Lehre Christi: willst du deinen Geist nähren, so nähre den eines andern. Was du willst, daß man dir tue, das tue dem andern. Sollte dir ein anderer von Rechtswegen etwas leisten, was er jedoch nicht zu leisten imstande ist, so wird es dir der vergelten, der die Gerechtigkeit selbst ist, Gott, welcher der Vergelter alles Guten ist, und nicht Gutes unvergolten läßt. Die Gerechtigkeit vergilt nicht unter Gebühr, da sie auf den Erfolg, nicht auf die Tat sieht(ad effectum, non ad hoc, quod ago, respiciens). Sie vergilt, wie es ihrer Erhabenheit gemäß ist, welche zugleich Güte, Mitleid und Freigebigkeit ist, mit dem Hundertfachen, sie gibt für Zerstörbares Unterzerstörbares, für Blei Gold, für eine irdische Erquickung ewiges Leben. Wir Menschen alle sind in dem einen Menschen Christus Brüder, welcher der Sohn des Menschen ist und das Band der Vereinigung der menschlichen Natur mit der göttlichen, der Schöpferin von allem. Christus hebt allen trennenden Unterschied so auf, daß der Barbar und der Scythe in ihm nicht verschieden, sondern Brüder sind. Erweise ich daher einem Bruder in Christus Barmherzigkeit, so erhalte ich in Christus, welcher die Fülle der Gnade ist, gemäß seiner großen Barmherzigkeit, Vergeltung. Was der Nächste wegen seinem Unvermögen nicht vergelten kann, das vergilt der, in welchem unser Nächster stark ist, Christus, da in diesem seine menschliche Natur, welche die menschliche Natur Christi ist, voll der Gnade und des Reichtums ist, denn meine menschliche Natur ist in Christus mit ihrem Prinzipe oder dem Worte, durch welches ich erschaffen bin, vereint, und so auch die eines jeden Menschen. Was daher dem Geringsten getan wird, wird Christo getan, da eines jeden, großen oder kleinen Menschen Menschheit in Christus mit seinem Prinzip vereint ist. Ein jeder vergilt daher in Christus nicht wie in einem andern, sondern als in seiner eigenen Menschheit, welche mit dem Prinzip ihres Lebens verbunden ist. So vergilt denn die menschliche Natur (humanitas) verbunden mit dem Leben, göttliches Leben, da ich sie mir in einem bestimmten Menschen zur Schuldnerin gemacht habe. Und es ist Vergeltung des Lebens; denn wenn die Menschheit selbst in Christus mit dem Leben vereint ist, so nimmt sie mich als einen Menschen zur Genossenschaft an, so daß ich als Mensch in meiner Menschheit, die in Jesu Christo ist, die Teilnahme am göttlichen Leben, das mit der Menschheit in Christus vereint ist, erlange.

(Exc. III, 425.)

Begriff und Bedingungen des wahren Gebets

Das *lebendige Gebet* ist da, wo die reine Vernunft ist, die das Wort des Geistes ist; denn ohne das Denken (mens), das vom Gedanken (a memorando) seinen Namen hat, entsteht kein Gedanke. – Du denkst das Leben, indem du den Begriff desselben im Gedächtnis hast. Wie könntest du sonst den Gedanken desselben hervorbringen? Aus dem Gedächtnis und dem Worte geht dann ein Trieb und Verlangen nach dem Gedanken hervor. Im *Gebete drückt sich daher der Geist der Sehnsucht in Worten aus*: in Worte ausbrechen heißt die Fülle des Verlangens ausdrücken. Dieses Verlangen unseres Geistes durchdringt den Himmel und gelangt bis zu den Ohren Gottes. Wer Erhörung finden will, muß wohl beachten, daß das Gebet alles Erschaffene übertrifft, wegen unseres vernünftigen Geistes, der (im Gebete) sich selbst steigert, wie ein Feuer, das seine Kraft durch Bewegung erhöht. Wenn du die Sache recht beachtest, so weicht dem Gebete die Natur, die Bewegung des Himmels und jede Kreatur. Es betete Elias und es regnete nicht und alles verdorrte. Er betete wieder und es regnete und die Erde wurde fruchtbar. Er betete, und Feuer, dessen natürliche Bewegung nach oben geht, fiel vom Himmel herab. Stand nicht die Sonne in ihrer regelmäßigen Bewegung stille, infolge des Gebetes? Das Gebet hat also eine gewisse Allmacht in sich, nicht vermöge unseres Geistes, sondern jenes Geistes, welcher in dem unsrigen ist; denn aus der Bewegung des Feuers entsteht die Sehnsucht. Es liegt in unserm Geiste eine gewisse Macht, den göttlichen Geist in sich zu denken (concipiendi), wenn anders unser Geist in der gehörigen Verfassung ist. Er begreift nämlich nicht ohne Glaube: Was wir nicht glauben, das verwerfen und verachten wird. Der Glaube also, daß du von Gott erlangen könnest, um was du bittest, muß vorausgehen. Du darfst z. B. nicht zweifeln, daß Gott alles möglich sei und daß er alles Gute reichlich mittelt. Du bittest und du erhältst. Du mußt aber auch für sein Geschenk empfänglich sein: du verlangst Erleuchtung und hast nicht die dichte Finsternis in dir verscheucht; du betest um Keuschheit und gibst nicht den Umgang mit unkeuschen Weibern und die Reizmittel der Wollust auf; um Mitleid und bist doch nicht mitleidig, sondern nährest Groll gegen deinen Nächsten; um zeitliche nicht notwendige Güter, und hast nicht den frommen Sinn zu ihrer guten Verwaltung; um Ehrenstellen, aber es fehlt dir die Armut des Geistes, wodurch jene für dich nur ein lästiger Dienst, für andere eine Quelle des Segens werden. Die Empfänglichkeit deines Geistes für die Aufnahme des Geistes Gottes, welcher die Liebe ist, besteht in dem Ähnlichwerden mit ihm; denn die Ähnlichkeit verbindet. Willst du den Geist der Wahrheit, so mußt du die Lüge hassen, denn Unähnlichkeit trennt. So wird dein Geist fähig zur Aufnahme des guten Geistes, wenn er alles, was diesem entgegen ist, nicht nur nicht liebt, sondern verabscheut. (Exc. VII, 588.)

Gebet ist Nötigung Gottes

Satan versucht uns, damit wir verleitet werden, Gott zu versuchen, wie es in den s. g. Rechtfertigungen der Unschuld (purgationes) durch heißes Wasser, glühendes Eisen, Zweikampf etc. geschieht, die der Satan angibt, um die Menschen zu täuschen… Gott darf nicht versucht werden, es darf nicht seine Macht, Weisheit, Wahrheit auf die Probe und somit in Frage gestellt werden.

Beten sollen wir zu Gott, er möge unserer Bedrängnis, und zwar wenn es nicht auf natürlichem Wege ausreicht und menschliche Hilfe nicht zu Gebote steht, auch sogar in wunderbarer Weise zu Hilfe kommen. Immer jedoch müssen wir beisetzen, wie Christus auf dem Ölberge: Dein Wille geschehe! Wisse, daß Gott nicht durch Versuchen, sondern durch Gebet genötigt werden soll. Es ist dies eine Art von Koinzidenz der Gegensätze: Das Gebet wird Nötigung (oratio fit coactio). Gott wird durch das anhaltende Gebet genötigt, wie das anhaltend bittende Weib vom Richter Lossprechung erhielt. Wie viel das anhaltende Gebet eines Gläubigen vermöge, hat Christus an eben diesem Weibe, der Apostel Jacobus am Beispiel des Elias gezeigt. (Exc. IX, 649.)

Belehrung über Anwendung des Vaterunser als Gebet in jedem Anliegen

Wenn die Kirche im Missale oder Pontifikale einige Gebetsformeln gegen Gewitter, verpestete Luft u. dgl. festgestellt hat, müssen wir diese Formeln beobachten. Wo sie aber nichts Spezielles festgesetzt hat, müssen wir die allgemeinen Gebete auf den besondern Zweck anwenden. Wo keine gut anwendbaren allgemeinen Gebetsformeln sich finden, da machen wir uns mit Hilfe des Gebetes des Herrn selbst ein Gebet. Ein jeder kennt das Gebet des Herrn, das alles, was wir von Gott erbitten können, in sich begreift, und kann es in frommer Absicht auf besondere Fälle anwenden. Willst du z. B. eine den Früchten günstige Witterung, so sagst du: Vater unser! und fügst dann demütig bei: »Herr, du heißest mich von dir das tägliche Brot bitten, und den allzeit notwendigen Lebensunterhalt. Um diesen nun als deine Gabe zu erhalten, nimm ungünstige Witterung, Hagel, unmäßigen Regen, allzu große Kälte etc. hinweg!« Wünschest du von Gott einen guten Bischof, so fängst du wieder an: Vater unser! und fügst dann bei: »Weil du, o Gott! befiehlst, daß wir alle Erquickung des Lebens nur von dir verlangen und die Weisheit oder dein Wort die Nahrung der Seele und das tägliche Brot des vernünftigen Geistes ist, darum, o Gott! damit meine Seele genährt werden möge vom Wort des Lebens, gib uns, o Gott! einen guten Bischof, der verständig ist, und dich liebt, der uns unaufhörlich und täglich nähre.« Willst du andere Bedürfnisse von Gott dir erbitten, wie Gesundheit, Frieden, Liebe u. dgl., so kannst du unter dem Namen des Brotes alles dieses von Gott erbitten. (Exc. VI, 546.)

Erklärung des Vaterunser

Je allgemeiner (communior) eine Sache ist, desto besser ist sie. So ist der Tastsinn besser als jeder andere, weil ihn auch diejenigen haben, die der andern Sinne entbehren; sind alle andere Sinne zerstört, so ist doch noch Leben da; mit dem Tastsinn hört auch das Leben auf. So ist unter Sein, Leben, Denken das Sein das Allgemeinere und daher Bessere, denn alles hat ein Verlangen zu sein. Das *Gebet* aber ist noch allgemeiner[1]; denn das Sehen geschieht durch die Augen, das Hören durch die Ohren, das Denken durch den Geist, das Lieben durch den Affekt, das Beten aber durch dieses alles. Denn das Wort Gottes hören heißt beten, das Himmlische lieben, die Officien singen, alles das ist beten, gemäß jenem Spruche: »Der hört nicht auf zu beten, der nicht aufhört Gutes zu tun.« Jeder hat seine besondern Pflichten, das Gebet ist die Pflicht aller.

Das Gebet ist stärker als alle Geschöpfe. Die Engel oder Intelligenzen bewegen die Weltkörper, die Sonne und die Sterne. Das Gebet aber ist stärker, denn es hemmt diese Bewegung, wie das Gebet Josuas die Sonne stillstehen machte. Es ist stärker als die Einflüsse der Sterne, stärker als das Leben, das ohne Nahrung nicht bestehen kann. Aber das Gebet hat ohne Nahrung lange Zeit Heilige am Leben erhalten, wie den Elias, Moses u. A. Es ist stärker als jede Krea-

1 Es scheint hier der Kontext mangelhaft zu sein und einige Zwischengedanken zu fehlen.

tur, denn keine kann die Kreatur in den Schöpfer verwandeln (transformare), das Gebet des konsekrierenden Priesters kann es. Es ist mehr als Almosen und Fasten; denn wer auch kein Almosen geben oder fasten kann, kann doch beten, wenn auch nur im Herzen, wenn er stumm ist oder den Todeskampf kämpfet, nach jenem Worte: »Mein Gebet ist beständig vor dem Herrn.« (Exc. VI, 549.)

Erklärung des Vaterunser in Fragen und Antworten

1. F. Warum lehrte unser Lehrmeister uns beten?
   A. Wegen der ausgezeichneten Kraft des Gebetes.
2. F. Warum hat er ein so kurzes Gebet gemacht?
   A. Weil er der einzige Lehrmeister ist.
3. F. Warum fängt es an mit: *Vater*, und nicht mit *Gott* oder *Herr*?
   A. Weil der Vater nichts abschlägt.
4. F. Was bedeutet: *unser*?
   A. Daß jeder denselben Vater anbete, daß wir uns als Brüder bekennen und einen Gott verehren.
5. F. Was bedeutet: *der*?
   A. Daß Gott ganz unbeschränkt ist (absolutus ab omnibus).
6. F. Was bedeutet: *du bist*?
   A. Daß er allein *ist* und daß das absolute Sein das väterliche ist, aus dem alles stammt.
7. F. Was bedeutet: *in*?
   A. Daß er, der von allem unbeschränkt, in allem ist.
8. F. Was bedeutet: *den Himmeln*?
   A. Daß, wer in den Himmeln ist, in allem ist, weil die niedere Natur in der höhern ist.
9. F. Was bedeutet: *Vater unser*?
   A. Daß wir einmütig (unanimes) beten sollen.
10. F. Was bedeutet: *der du bist*?
    A. Den Unterschied zwischen Gott dem Vater und einem zeitlichen und veränderlichen Vater.
11. F. Was bedeutet: *in den Himmeln*?
    A. Daß der Vater eigentlich dort ist, wo es keine Veränderung gibt.
12. F. Was bedeutet: *Vater unser, der du bist in den Himmeln*?

A. Daß wir uns alle im Gebete an einen und denselben wenden sollen.

13. F. Warum hat er uns beten gelehrt?

A. Damit wir bekennen, daß wir alles aus Gnade besitzen.

Erste Bitte

1. F. Warum heißt die erste Bitte: *geheiligt werde dein Name*?

A. Weil darin die Erleuchtung unseres Geistes liegt.

2. Was bedeutet: *geheiligt werde*?

A. Daß wir deswegen auf der Welt sind, damit wir seine Herrlichkeit erkennen und er von uns geheiligt (verherrlicht) werde.

3. F. Was bedeutet: *Name*?

A. Name ist die Kenntnis oder Offenbarung des Vaters, – der Sohn oder die Gleichheit.

4. F. Was bedeutet: *dein*?

A. Der Name, der des Vaters Name ist, ist der Sohn, in dem Sohne wird der Vater benannt.

5. F. Warum sagte er: *geheiligt werde dein Name*?

A. Weil die Heiligung in der Aufnahme des Vaters und des Sohnes besteht.

Zweite Bitte

1. F. Warum fügte er die zweite Bitte über das Reich bei?

A. Auf die Kenntnis des Vaters und des Sohnes folgt Friede und Glückseligkeit, und dies ist das Reich.

2. F. Warum sagte er: *zu uns komme*?

A. Damit wir wissen, es sei zukünftig und nicht von dieser Welt, weil diese den Geist nicht fassen kann.

3. F. Was bedeutet: *Reich*?

A. Ein Reich ist eine Einheit oder Verbindung; diese kommt dem hl. Geiste zu.

4. Was bedeutet: *dein*?

A. Daß man wisse, es sei ewig und gleicher Substanz (consubstantiale) mit dem Vater.

5. F. Warum sagte er: *zu uns komme dein Reich*?

A. Weil der Betende für das Reich fähig ist, wie der Körper lebensfähig, wenn die Seele hinzukommt.

Dritte Bitte

1. F. Warum fügte er die dritte Bitte bei: *dein Wille geschehe*?
   A. Weil die vorausgegangene Bitte nicht in Erfüllung geht, wenn nicht sein Wille geschieht.
2. F. Was bedeutet: *geschehe*?
   A. Das »Geschehe« oder »Werde« ist das Wort Gottes, wie z.B. »es werde Licht«.
3. F. Was bedeutet: *Wille*?
   A. Es ist der heilige Geist.
4. F. Was bedeutet: *dein*?
   A. Der hl. Geist ist aus dem Vater, als seinem Urquell.
5. F. Was bedeutet: *dein Wille geschehe*?
   A. Die Allmacht Gottes.
6. F. Warum setzte er bei: *wie im Himmel, so auch auf Erden*?
   A. Weil im Himmel nur der Wille Gottes geschieht.
7. F. Warum sagte er: *wie*?
   A. Daß sich diese Welt in der Ähnlichkeit mit der andern bewegen soll.
8. F. Was bedeutet: *im*?
   A. Daß der Wille Gottes innerlicher als das Innerlichste ist (intimior omni intimo).
9. F. Was bedeutet: *im Himmel*?
   A. Er sagt nicht: »in den Himmeln«, damit wir einsehen, daß wir bitten, wie der Wille in unserm innern Menschen redet, so möge er vom äußern Menschen vollzogen werden.
10. F. Was bedeutet: *auch*?
    A. Daß der Wille in dem einen Menschen einer sei aus der Verbindung zweier Naturen.
11. F. Was bedeutet: *auf* (in)?
    A. Daß dieser Wille in uns als die bewegende Natur sei, die von Innen heraus treibt.
12. F. Was bedeutet: *Erden*?
    A. Daß der Mensch aus Erde ist.

Vierte Bitte

1. F. Warum fügte er die vierte Bitte bei: *Unser tägliches Brot gib uns heute*?
   A. Weil zur Erlangung des Erbetenen das Brot notwendig ist.

2. F. Warum sagte er: *Brot*?
A. Um das auszudrücken, was wir als gemeinsam und notwendig erkennen.
3. F. Was bedeutet: *unser*?
A. Weil wir für alle bitten und es wird uns gegeben.
4. F. Was bedeutet: *täglich*?
A. Weil es immer notwendig und immer zu erflehen ist.
5. F. Was bedeutet: *übernatürlich* (supersubstantialem)?[1]
A. Daß der Mensch nicht vom Brote allein lebt, sondern von jedem Worte, das aus dem Munde Gottes kommt, und dies ist das übernatürliche Brot.
6. F. Was bedeutet: *gib*?
A. Daß wir unser Brot nicht anders haben können, denn als ein Geschenk; die es haben und nicht als Geschenk, haben fremdes Gut genommen, wie die Wucherer, Diebe und Räuber.
7. F. Was bedeutet: *uns*?
A. Daß wir in der Kirche sind.
8. F. Was bedeutet: *heute*?
A. Daß wir es immer und ohne Unterbrechung bedürfen, da es das Leben ist.[2]
9. F. Was bedeutet: *unser tägliches Brot*?
A. Daß wir um ein anderes nicht bitten sollen.
10. F. Was bedeutet: *gib uns heute*?
A. Daß wir nicht einmal, sondern zu jeder Zeit darum bitten sollen.

Fünfte Bitte.

1. F. Warum folgt die fünfte Bitte: *Und vergib uns unsere Schulden*?
A. Weil die Vergebung der Sünden nur den in Christus Eingegliederten zu Teil wird, der uns die Vergebung der Sünden verdient hat.

---

1 Während es scheint, als sei hier in das Vater unser willkürlich ein Wort eingeschoben, das nicht in demselben steht, unterliegt es keinem Zweifel, daß nur die Fassung der Frage eine nicht ganz gelungene ist. Es hätte die Frage passender etwa so gestellt werden können: Was hat »Brot« noch für eine weitere Bedeutung?

2 Dies scheint sich auf das übernatürliche Brot zurückzubeziehen.

2. F. Was bedeutet: *und*?
A. Weil beides zugleich geschieht, die Eingliederung in Christus und die Rechtfertigung.
3. F. Was bedeutet: *vergib*?
A. Weil die durch die Sünde gefesselte Seele nur durch einen Stärkern befreit und erlöst werden kann.
4. F. Was bedeutet: *uns*? (d.i. den in Christus Eingegliederten.)
A. Daß es außerhalb der Kirche keine Sündenvergebung gibt.
5. F. Was bedeutet: *Schulden*?
A. Daß wir alle Schuldner und der Gerechtigkeit Gottes verfallen sind.
6. F. Was bedeutet: *unsere*?
A. Daß nichts unser ist als die Sünde; denn außer derselben haben wir nichts, was nicht Gott gehört.
7. F. Warum ist beigesetzt: *wie*?
A. Damit wir nichts Ungerechtes von Gott erbitten; denn wer bittet, daß ihm vergeben werde, und nicht vergibt, dessen Bitten ist ein Widerspruch.
8. F. Warum wird: *auch* beigesetzt?
A. Damit die Ähnlichkeit der Beziehung mit Rücksicht auf die Gleichheit der Gerechtigkeit ausgedrückt werde.
9. F. Warum folgt: *wir*?
A. Weil, wenn einer in der Kirche beleidigt wird, alle beleidigt werden; deshalb muß die Vergebung durch alle erfolgen.
10. F. Warum heißt es: *wir vergeben*?
A. Unser Vergeben ist ein Abbild der wahren Vergebung, wenn wir verzeihen und Gott die Bestrafung (vindictam) überlassen.
11. F. Was bedeutet: *Schuldigern*?
A. Daß wir denen vergeben, die uns für zugefügtes Unrecht Genugtuung leisten und überdies körperlich gezüchtigt werden sollten.
12. F. Was bedeutet: *unsern*?
A. Weil sie uns und einem jeden Genugtuung leisten und zum allgemeinen Besten gestraft werden sollten.

Sechste Bitte

1. F. Warum heißt die sechste Bitte: *und führe uns nicht in Versuchung*?

A. Weil wir nicht übersehen sollen, was besonders notwendig zu erbitten ist.

2. F. Was bedeutet: *und*? (das Verbindungswort.)

   A. Daß wir mit demjenigen zu unserm Besten verbunden und vereinigt seien, von dem wir alle Hilfe erwarten.

3. F. Warum folgt: *nicht*?

   A. Damit er dem Feinde alle Gewalt, uns zu schaden, nehme.

4. F. Was bedeutet: *und nicht*?

   A. Daß er uns nie von ihm, dem wir fest anhangen, getrennt werden lasse.

5. F. Warum setzen wir bei: *uns*?

   A. Weil wir selbst es sind, die im Guten befestigt, und gegen das Böse geschützt zu werden bedürfen.

6. F. Was bedeutet: *führe uns*?

   A. Weil es keine Fähigkeit, gut zu handeln, gibt, wenn er sie nicht gewährt, noch eine Macht der Versuchung, wenn er sie nicht zuläßt.

7. F. Was bedeutet: *in*?

   A. Daß in ihm alles und er in allem ist; oben im Himmel und unten auf der Erde, und in allen Abgründen ist seine Macht.

8. F. Was bedeutet: *in Versuchung*?

   A. Ein vom Wolfe angegriffenes Schaf kann sich nicht befreien und wenn es auch vom Hirten befreit wird, so wird es doch verwundet. So wird auch, wer der Versuchung preisgegeben wird, vom bösen Feinde verwundet, wenn er auch, nachdem die Zulassung vorüber, befreit wird, wie wir an Petrus, der der Versuchung überlassen war, deutlich sehen.

Siebente Bitte

1. F. Welches ist die siebente Bitte?

   A. Sondern erlöse uns von dem Übel. Amen.

2. F. Warum: *siebente*?

   A. Weil die Siebenzahl die Zahl der Ruhe und nach Entfernung alles Übels jeder im Guten seine Ruhe findet.

3. F. Was bedeutet: *sondern erlöse uns von dem Übel*?

   A. Daß uns das Gute wie ein Licht bescheinen möge, denn das Licht leuchtet nicht, solange nicht die Finsternis entfernt ist, und das Gute geht nur denen (irradiat) auf, die vom Übel befreit sind.

4. F. Warum folgt: *sondern*?
   A. Weil man vom Bösen sich absondern soll (adversandum).
5. F. Zu wem sagen wir: *erlöse uns*?
   A. Zu dem, der allein erlösen kann, der sprach: »ich verwunde und ich heile, und niemand kann aus meiner Hand hinausfallen.«
6. F. Was bedeutet: *uns*?
   A. Daß alle für sich Gutes erstreben.
7. F. Warum sagen wir: *von*?
   A. Weil der, von dem alles, jedes Sein ist (est ens omne), das sich scheidet von dem Nichts und nicht Seienden.
8. F. Warum schließen wir die Bitte mit dem Worte: *von dem Übel*?
   A. Weil wir alles Übel ausschließen und ausscheiden müssen, damit in uns alles Gute Frucht bringe.
9. F. Warum schließen wir das ganze Gebet mit: *Amen*?
   A. Wie wir von Gott die Bekräftigung in allem Guten erflehen müssen. Denn hat auch ein Wesen das Gebetene erhalten, so macht es doch geringe Fortschritte, wenn es im Guten nicht befestigt (confirmatur) wird.
10. F. Warum ist das *Amen* das Letzte in den Bitten?
    A. Weil Gott selbst das Amen ist und die Bekräftigung aller Bekräftigung. Wer daher am Schlusse sagt: Amen, bittet Gott um die Erlangung des Zieles und um die Bekräftigung von allem.

So bekräftige uns denn in allem Guten Gott, der alles Gute übertrifft und alles Gute verleiht! Amen (Exc. VI, 549–552.)

Eine andere Erklärung des Vaterunser

Die Auslegung über den Pater Noster, von her Nicolas von Cusa, Cardinal und Bischoff zw Brixen

Jesus in einer allerdiemütigsten menschhait war wärer got, und also waren seine wort und lere auch war, und übertreffent dye anderen all; und darumb so ist der pater noster in ainer ainfeltigkeit der wort wegreiffend die höchst ler und weishait. Wann gleichals die gothait in der menschhait Cristi verporgen lag, also ist all wegreiffliche weyshait verporgen in den ainfältigen worten der ler Christi, die nyemants gar gegründen mag auf disem ertreich. Ein yjeglich mensch hat ein unergänklich speis auf dieser sichtigen Wellt in der verporgenen weishait gotes unter den worten und sinnlichen zaichen als der krösten mensch wartend ist ainer ewigen speis des obristen verstäntlichen Lebens offenbarung an (ohne) alle zaichen oder mittel der kranken sinnlichait. Darum ist es, daß ein mensch mag nach der gnad gotes ein klarär und höcher verstäntnuss haben in den worten des pater nosters, denn der ander, als ainer klarär augen hat dann der ander, die sune an zesehen, und wiewol ein yeglicher in sainer ainfalt eine sünderliche genügliche süßigkait in demselben gepet haben mag, so ist doch, daß got ainem ainen vortail wider den andern geben hat ainen yeglichen ze nütz, und darum lernet ainer den andern und sy begeren von einander zü lernen.

Mein verstäntnuss des pater nosters zu dieser Zeit ist hie nach geschriben und getraw daß solich verstäntniss soll in mir gemert und beklärt werden von tag zü tag, als ich auch in dir von got des begeren pin. Es ist ze wissen, daß ein gepet get nach der wegirde und der pegirlich will get nach dem hoffen, wann was der mensch nit hofft, des pegert er nicht; aber die hoffnung volgt dem glauben und verstäntnüss. Nyemants hofft, das er nit geglaubt oder ways, und darum so uns das obrist gepet haben bye obristen pegirde, hoffen und glauben; und das ist, daß du für dich setzen solt in dem pater noster zu suchen. Wann nun unser verstäntnüss ist genaigt die warhait ze wissen, so findest du, was du glauben sollt in der warhait ye got und den creaturen, und wann du den glauben der warhait funden hast, durch den du erleucht wirdest, warzu menschlich wesen kömen mag zü seiner völkommenhait, so hoffest du auch darzu ze kömen, und wann du findest, daß solich völkommenhait gut ist, so wegerest du derselben, und pitest nach dem du dy selben versteest, und hoffest daß du darzu kommen mügst. Und also unser verstäntniss zu der warhait genaygt findet ein erläuchtung in dem pater noster ze wissen in ainem stäten glauben, was dy warhait sey: zu dem ersten von dem anbeginn und ursprung aller ding, von dem ausfluss aller ding von got, von dem mittel des widerfluss aller ding und von dem ende. Der ursprung ist die göttliche Natur in den worten: *vater unser der du da pist in den Himmeln, geheiligt werdt dein nam, zü köm uns dein reich.* Der ausfluss in den worten: *dein will geschech als in dem Himmel und in der erden.* Das krefftig mittel in den worten: *unser täglich prot gib uns heut, vergib uns unsre schuld als wir tun unsern schuldigern, nit ver-*

layt uns in wekorung. Das ende in den worten: *sundern erlös uns von übel. Amen.*

Der ursprung ist uns aufgetan in ainem glauben in den worten: *vater unser*, in dem hoffen der verstäntnüss in den worten: *geheiligt werdt dein nam*; in wegirt des guten in den worten: *zu kom uns dain reich.* Der ausfluss der creaturen wirt uns offenbar in seiner ordnung in den worten: *dein will geschech in dem Himmel und in der erden.* Unser wandlung hye in der zeyt will haben ein krefftige speis, und eine ringerung der schwären pürd, des, dardurch wir leyden hinternüss, ein sicher wegweis und eine beschirmung im weg. An die vier punkten kann nyemants wol gewandeln. Der erst punkt ist in den worten: *unser täglich prot gib uns heut,* der ander in den worten: *vergib uns unser schuld*, der dritt in den worten: *als wir tun unsere schuldigern,* der viert in den worten: *nit verlayt uns in Bekorung*. Das ende aller wandlung ist zu dem guten begriffen in den worten: *Sundern erlös uns von übel. amen.*

Die Natur, die gnad und glorie und alles, das der mensch wegert zu wissen, wye des möglich ist uns auf disem erdreich in der ordnung, als die maister von den höchsten synnen des begreiffen mögen, ist alles ze finden in disem heiligsten gepet, darin nichts übrigs, nichts ze wenig ist, nichts ze schwär, nichts ze leicht, nichts ze lang, nichts ze kurz, nichts an sach und rechte ordnung ist, da das erst das erste soll seyn, das lezt das letzte, wann der Artikel: Vater unser, der du pist in den himmeln mag kainen vor ym leyden, und der artikel: geheiligt wed dein nam get auß dem ersten, und der dritt aus dem zweyten vorgenannten. Der artikel: dein will werde, geet aus den, die vor ym gennt, und also pis an das ende, ein yedlicher in seiner ordnung. Diß aller heiligstes und höchstes gepet leg ich mit dem kürzten also aus.

Vater unser. Ein vater ist ein natürlicher erster und öbrister ursprung und ist allain ein anbeginnen aller unser, des beweist das wort: *unser*, wann *ains* ist nit *unser*, sundern *unser ist viel*, aber vil haben ainen ursprung, als uns die zal des weist. Zehen oder zwanzig ist mer dann ains und ist vil, aber deß zehen zehen sind, oder zwanzig zwanzig sind, des haben sy von ainem. Zehen ist nit anders, dann ains zehnmal, und darumb wär ains nicht, zehen möchten nit gesein, und also sind zehen von ainem, und haben von yu (ihnen) selber nichts, Sondern was sysind, des ist von ainem, und ist in ym nichts dann ains. Darumb so sein wir alle, wie vil unser sein, von ainem und seyn wir nichts von uns, und was wir sein, des seyn wir in dem vater, an den wir nit sein mügen, und also haben wir wie all Creaturen von ainem vater und in ainem seyn, aus den worten: vater unser. Darnach volgt: *du pist.* Da merk: seyt der vater ist, So ist er das wesen aller ding, wann alle ding von ym und in ym sind, und also ist got alles, das da in yedlichen ist, das da ist.

Und darnach volgt: *in den himeln.* Durch die himel verstee ich die obristen creaturen, und also lerent mich diese ainfeltige wort, wie got der vater ist in allen dingen, wann er ist in den himeln. Die obristen creaturen das sind die verstäntlichen naturen, die haben in irer krafft und macht die undristen als die bewegleich lebendig natur. Der paum hat in ym die untrest element; und das sinlig leben der tier begreift yn ym des beweglich leben, und darumb wachset und nympt zu das tyer als der paum. Die vernünftig natur befreifft dye sinnlichen, als in den menschen, und die verständig himlisch natur begreift in yr die redleich (rationalis) als in den engeln. Und darumb ist ain got der vater, in dem alle ding sind in den hymeln. So ist er in allen, und ist ain got vater in vil himeln, und sind vil himlisch naturen, in den ein ainig ainfeltig got vater ungetailt und unvermengt ist. Daraus du merkst wie diß ertreich der synlichait ist vern von der erkäntniss gotes, wann er in den himeln der obresten verstäntnüss ist, und daselbs wirt erfunden mit den augen der verstäntlichen naturen, die wir auch in unser selen haben; wann er eine obreste geistliche natur ist, die unser synnliche und leipliche augen nit schauen mügen. Und also merk, daß got der vater ist das wesen aller ding, und ist in yedlichenn also, als in allen und in kainem wesend, aber wegreifflich und merklich; so ist er in den himeln der verstäntlichen naturen.

Geheiligt werdt dein name. Ein nam ist ein kantnuss. Pay dem namen haben wir underschidliche bekanntnüss, und so der nam je paß bedeutt, das da genannt wird, so er ye rechter und warer ist. Und darumb ein warhaftiger nam ist ein recht geleichniüß des genannten; und ist als ein begreifflich wort, das da fleußt aus macht der verstäntnüss. Also ist der nam got des vaters ein obrist wort, gleich der verstäntlichen naturen des vaters; und wann der nam allergleichist ist dem vater (und der obrist nam ist, der nicht warer, rechter und gleicher sein mag), so mag der nam nicht mynner sein dann der vater. Wann wär er mynner, so möchte (könnt) er mer sein, denn er wär, und also wär er nit der obrist warhaftigste nam. Seyt aber, daß er gleich dem vater ist, so ist er gleich got, als der vater. Aber got der vater ist ein ainig ursprung aller ding, als oben geschriben stent; derumb muß der name, der dem vater gleichist, derselb ainig got sein, der der vater ist; wye wol der name der vater nicht ist, an (sondern?) es vaters name, den wir um deswillen, daß er ist von dem vater, als sein obriste gleichnüss nennen mügen den sun. Nym ein gleichnüss in der sinnlichen gepurt, da der sun ist von dem vater. Kain sun auf disem ertreich ist seinem vater also gleich, er möchte ym noch gleicher seyn. Also kain ding mag dem andern nymer so gleich sein, es möchte ym noch gleicher seyn. Und wann nur die allerröbrist und warhaftigist gleichnüss ist allein des vaters sun oder name, darumb ist alle gleichnüss auf disem ertreich gemengt und vermischt mit ungleich und ist gotes vaters nam auf disem ertreich nit ze finden yn ettwe gleichem an große ungleichheit. Und wann nun got nit erkannt mag werden anders, denn in seinem namen, so ist daß wir hoffen, daß wir derzu kommen mügen, daß wir In über unser verstäntnüss bekennen, in dem daß got der vater uns in seinem namen erleuchtet, daß wir in hailigen. Wann wenn wir heiligen seinen namen, das kömpt aus dem Licht, das uns geben ist von dem Vater, darin wir sehen seinen namen über all namen. Wann wir den namen also sehen, dann so heiligen wir in über alles, das da heilig, war und recht ist; wann wir sehen, wye der name der war nam ist und der gerecht nam der obristen gleichnüss und der Spiegl der wyshait, darin got der vater allein gesehen und erkannt mag werden, und daß alles, das da genannt ist im himmelreich und im ertreich hat kainen waren namen, an gepresten, abgang und ungleichhait, aber anders ist es in disem namen, und das darum kain dingk mög erkannt werden in der warhait anders dann in dem namen. Also lernet uns Christus piten, daß der name geheiligt wird durch uns, darine begriffen ist die unergrünt lere zu kommen in die erkänntnüss gotes, derzu wir nyt kommen mügen von uns, sondern von gnaden gotes, die uns heiligt, daß wir auch heiligen mügen den namen der erkänntnüss gotes über alle erkänntnüss. Und wenn also unser verstäntnüss allain gotes namen heiligt, und in keinen andern dingen lust noch rue findet oder suchet, so hat der mensch, des (was) er pitet von got in den worten: *geheiligt werdt dein nam.*

Darnach volgt: *Zu kom uns dein reich.* Ein reich ist ein verainigung.

Ein künigreich ist ein verainigung in einem künig. Ein gotesreich ist ein verainigung in got. Das gotliche reich ist die gotlich und obrist verainigung, die nicht mag mer gesein. Die verainigung des vaters und des suns, der dem vater allergleichist ist, ist die obrist verainigung. Aus einem und seinem gleichen kämpt verainigung als aus ungleich tailung, und darumb so kümpt aus einem und seinem allergleichisten die obrist ainigung. Die obrist ainigung, die nit mer mag sein, muß got sein; wann alles, des da ist, des es sein mag, des ist got; und was got nit ist, des mag durch got anders sein, dann es ist. Aber got allain ist alle, des da gesein mag. Also ist die obrist verainigung got, den wir nennen den heiligen geist, der da kümpt von ainen und seinem gleichen, das ist von dem vater und von dem sun. Also merkst du, daß des vaters reich ist die obrist verainigung, der heilig geist. Und darumb, wann der mensch erhebt wirt in die bekanntnüss gotes in seinem namen, und also gesheen hat, deß got allain der allerbegierlichist ist und das oberst gut, so findet er, daß got des reich ist aller wunne und freuden, und die lieb ist aller lieblichkeit, und daß allain in dem reich ist der heilig ewig frid und verainigkait stätiklich, und deß außer dem reich ist alle lieb vergänklich gemengt mit layd, und aller frid unstätiglich gemengt mit unfrid und alle frewndtschaft und verainigung geprechenlich. Darumb so sullen wir mit großer begird piten, daß des reich zu uns kom darin uns nichts gepresten mag, sondern ewiglich fälig sein. Wir piten des, daß *uns des reich zuköm.* Darin versteen wir, daß wir glauben sullen, wie wol wir creatur sein und auf disem ertreich leben in vil gepresten und creatur beleiben müssen, daß uns doch das fridsam untötlich reich zukommen müg. Und also werden wir gelernet von Cristo, daß wir begreifflich sein, gotes kinder ze sein, und daß uns gottes reich zukomen mag zu einer ewigen erbschafft, und daß wir an uns haben ein untötlichait, zu der gotes reich komen mag. Wir werden auch gelernet, daß unser oberste hoffnung sein soll zu besitzen das reich der ewigen frewben. Und indem, daß wir piten umb das reich, werden wir gelernt, daß uns got des reich von gnaden geben mag, und daß wir kein recht, des zu fordern haben, wann wir sein als von uns selbs kinder des zorns und der zwitracht und der sünden, das ist der tailung, wann sündt kümpt von sündern, das ist tailen. Darumb so seind wir nit als von uns selbs geporen zu dem reich des fridens und verainigung, sondern allain von gnaden. In dem aber, daß cristus uns lernt got darumb zu piten, versteen wir, daß got darumb gepeten will werden, und daß seine gnad uns das dann nit verzeichen will. In dem aber, daß du gelernet pist zu sprechen: *zu kom* uns dein reich, darin merkestu, daß gotes reich ist zukünfftig nach dieser vergängklichen zeit, und daß deß reich dieser welt, das nun ist, in dem wir nun sein, unbegreifflich ist des reichs gotes, und daß du gedullt haben solt in dieser wellt und harren mit großer begird gotes reich nach dieser welt; und also schick dich in dem reich, da du nun ynnen pist, dich also got ze lieben und zu verainigen, daß dir gotes reich zukomen müg. Indem aber wir piten, daß sein reich *uns zukom*, darin merkestu, daß du zu gotes reich nit anders kümpst, dann daß das reich gotes zu dir käm. Als unser leib kümpt nit anders zu dem leben, dann wann das leben der sel zu ym kümpt.

Also hastu des erst tayl des heiligen paternosters in dem kürzten, und versteest wol aus dem, daß die ler Cristi unzergründen ist. Nun merk noch aus den dreyen Artikeln, die ich dir also ausgelegt hat, wie du von dieser wellt dich zu got keren sollt. Du findest zu dem ersten auf disem ertreich vil dings, stayn, tyer, paum etc. Dernach siehst du, daß die vil ungleich sind. Ein stayn ist einem tyer ungleich, und ein tyer ist einem paum ungleich, also daß kein ding dem andern gleich ist. Darnach siehst du, daß alle ding gesundert und getailt sind, die sterne da oben, die erden hyn nieden, die fisch in dem wasser, die vögel in der luft, und ist hie ains getailt von dem andern. Die drew ding merkt ein yedlich mensch wol auf disem ertreich, *vil ungleich* und *gesündert*, und aus *vil* kümpt *ungleich*, und aus yn paiden kümpt gesundet oder getailt. Will du nun zu got komen, merk den ursprung von *vil*, des ist *ains*. Seyt nun vil in ainem verainigt sind als in yrem ursprung, so ker dich von viel zu ainem: so magst du sprechen: *vater unser, der du pist in dem himeln*. Darnach merk, wie ungleich gleich ist, des ist in gotes sun. Darumb ker dich von ungleichem und unrechtem zu dem gleichen und rechten, so kerest du dich zu gotes sun, und magst wol piten: *geheiligt wert dein nam*. Darnach merk, wie alle taylung und sünderung verainigt ist, des ist in dem waren frid, das ist in dem heiligen geist. Darumb ker dich von allern sünderung und tailung der sünden, die da tailen zwischen dir und got und deinen nägsten, das sey in zernen oder hass zu der veranigung der lieb und des friedes; so magst du wol piten: *zukom uns dein reich*. Und die weg sind dir not und sind auch genuck.

Dein will wird als in dem himel und in der erden. In disen worten werden wir gelerent, daß alle ding von got ausfliessent nach dem willen gotes und daß alle ding haben ihres wesens kain anders ach, dann gotes willen. Daß der himel himel ist und die erd erd ist, und ein mensch ein mensch ist, das ist um anders nichts, dann daß got also des will. Darum in *dein, werde* und *wille* fließen alle dinge von dem vater in ir wesen. Das ist nit anders, dann daß alle ding sein das alles, das sie sein, von ainem driwaltigen got, von dem vater, in seinem wort, des ist der sun; mit seinem willen, das ist der heilig geist. Darumb merk, daß in den dreyen worten: *dein will wird* alle ding in iren ausfluss verzeichnet sind; von got dem vater in den wort *dain*; von got dem sun in de wort: *werde*; von got dem heiligen geist in dem wort *will*; und als die drey wörter bezeichnent die dryvaltigkait, und in den worten die heilig drivaltigkeit bedewtet wirdt. Also hat ein yedlich ding, das da ist, ein pild gotes und der heiligen dryvalt in ym, durch welche pilde das ding ist, wann kain ding nichts anders ist, dann als fern und als vil es gotes pild ist. Merk mit fleiß dise drew wort: *dein will wird*, die dir geben in der heiligen drivalt den ausfluss aller ding zu versteen. Wann wildu wissen, wye der mensch mensch ist worden, so wirdest du sie gelernt, daß du bekennet, daß kain anders ach ist, dann daß gotes des vaters will werden ist. Also nym es in allen dingen.

Darnach volgt: *als in dem himel und in der erden.* Daraus merkst du die ordnung aller ding; wan alle ding, die got beschaffen hat, sind sie wenannt. Mit der ordnung ist sie genannt der himmel, die erden und damit ein end. Da merk ein oberste himlische natur, die geistlich ist, ein undriste yrdische natur, die leiplich ist, und ein mitteleiche natur von disen paiden verainigt, die da himlisch und irdisch ist, als die menschlich natur, die ob ir hat die himlischen englischen natur, und unter ir hat irdische natur, das ist alle natur der lementen. Daraus merkest du, wie alle natur unter dem menschen haben kain gemeinschafft mit der himlischen geistligen natur, und daß darumb got, der in dem himel ist, durch sy nit erkannt wird, merklicher wann sy sein aus der erden; die ist ir aller gemaine mutter, und werden daraus erhaben die andern element, und aus den elementen werden stain und beweglich und sinnlich natur erhaben; und wann die natur ist irdisch von der muter, so ist sy der himlischen undertänig. Aber die himlisch ist geistlich und got gleich und darumb edler, wann in der verständlichen natur finden wir ein geistlich wesen verständnüss und willen. Das wesen ist genaigt zu der ewigkeit und untötlichait, die verständnüss ist genaigt zu der warheit, der will zu dem guten. Also findest du, wie die himlisch geistlich natur ist ein schein gotes und der heiligen drivaltigkait; ein schein gotes des vaters, der ewig ist in sr. Untötlichkait; ein schein des sun gotes in der verstäntnuss in der warhait, die da erscheint in der verstäntnuss, durch die dy verstäntnuss hat den glanz der wissenhait zu der warhait; ein schein des heiligen geists yn dem willen, der von dem licht des heiligen geists anders nit pegerdt, denn das gut ist. Also pegert der will nichts denn gut, wann gut fleußt von dem heiligen geist; und hat des begeren zu dem guten von dem ausfluss des heil. Geists, als auch die verstäntnuss zu komen zu nichts andern denn zu warhait aus dem ausfluss von dem sun gotes genaigt ist. – Und also die menschlich natur, verainigt von den himlischen und irdischen naturen, findet in dem geist seiner selen die himlisch naigung zu der untötlichkait, zu der warhait und zu dem guten über sich zu got; und in der irdischen sinnlichen natur findet sy ain naigung unter sich zu dem vergänklichen, unwaren, scheinenden gut; also daß die gefaßt ungleich und wider einander sind. Darum lernet uns Cristus piten, daß der will gotes werde in der erden als in dem himel, daß die sinnlich fleischliche natur sich kere zu der verständlichen und weleibenden in der gehorsamkait verainigt. Das ist darumb, wann also (weil so) ist der mensch ganz über sich in dem himel seiner verstäntnuss, da got wanend ist im freyen wandeln. Und aus dem, daß wir solichs piten sein, bekennen wir, daß wir von uns selbs kranker natur sein; und mügen an die gnad gotes dem fleisch und der sinnlichait nit widersten, und aus irdischer natur, mag sy die himlischen gesetzt, durch welch sy der götlichen ewigkait tailhaftig wird, nit empfahn an götliche genad, die doch got williglich geben will, wann wir mit ynnigkait piten seyn: dein will wird, als in dem himel und in der erden. Also das und ander vil großer ler in den worten uns von Cristo Ihesu geoffenbaret sind.

Unser täglich prot gib uns hewt.

Wyr haben vor gepeten, daß unser irdische Natur in die gehorsam käme der gaistlichen himlischen naturen. Wann nu söliches umb gepresten der naturen nicht geschehn mag, wir haben dann ein speis, dye unß täglich und an unterläß speis und sterke, und dieß ist, das

Cristus uns lernet, daß wir got piten um die speis des lebens, dardurch wir gespeist werden, krafft ze haben, und des todes und aller geprechenlichait ledig ze seyn. Wann nun in uns verainigt seyn zwo natur, ein himlische und ein irdische, so piten wir um das nottürftig prot zu paiden naturen, das ist umb das himlisch prot, darin das himlisch untodlich leben ist über alle selbstentigkait aller creaturen, als der evangelist Matheus schreibt, und um das prot aller notturfft, die uns als heut, als in disem sinnlichen leben täglich zukomen mag.

Nun haben wir verstanden hyevon, daß die verstäntlich geistliche natur wirt mit der warhait und dem wort gotes das ist mit dem ewigen gotes sun, der die weisheit ist, untötlich gespeyset. Darumb piten wir, daß das wort ein speis werde unser menschlichen natur. Nun muß ein speis verainigt werden mit dem, der da gespeys't wirdt, anderst so ist es kein speis, und darumb piten wird, daß die warhait oder das wort gotes unser natur verainiget uns gegeben wird, wann das ist das prot, in dem wir das untötlich leben haben mügen, und ist unser prot unser natur; darumb piten wir, daß got uns unser prot geb das ist *Ihesum Cristum* in unser herz des lebens geb als ein speis des lebens; und wirt unser prot uns gegeben zu einer speis des lebens, wann wir Ihn in unserm herzen mit ganzem Glauben für ein speis des lebens empfahen; wann also dann verainigt sich unser leben in unsrer aignen menschlichen natur in Cristo, in welchem unser natur dem götlichen leben untötlich verainiget ist; und also sein wir dann gespeyst in unserm brot, das uns got also geben hat.

Merk nu, wye dyse wort: *unser täglich prot* dir zu dem ersten offenbaren, daß sölich *unser* prot ist, und darnach, daß es uns zu dem leben notist, und daß wir ein hoffen haben süllen, daß wir damit gespeyst werden, und daß das nyt, dann mit gotes gnaden geschehen mag, und daß got mit andacht und liebe darumb gepeten will seyn, und dann geben will – das alles beweisent uns die wort des gepets.

Da merk auch, was darzu gehört, daß der mensch das leben haben mög, wann es ist Not, daß er Cristum hat, der das himlisch prot ist. Aber Cristus wirt nyemant, wann durch den glauben, daß er sey das prot des lebens, und die hoffnung und lieb und eine gnadenreiche gabe gotes. Merk hye: seyt Cristus ein speis ist des lebens, so vollbringt cristus in uns und erstätt all geprechen, als die speis erfüllt die notturft; und darumb so ist Cristus eine speis aller speis in aller vokomenhait, all gepresten zu erstatten; und also, was und geprist, es sey in dem wesen, in der gerechtigkeit, weishait oder warhait und in dem frid, der lieb oder guthait, das finden wir alles in disem prot. Darauf beweysen wir unser begird zu dem prot, und unser glauben und hoffnung und liebe werden gemeret. Also ist daß got uns diß prot alle tag geben ist, und das ist das obrist, ehiligist sacrament, daß wir mit großer lieb und andacht als die obrist und höchste gotes gab in diesem gepet begern und empfahen füllen. Nun vorsteest du wol, daß der mensch zu dem ewigen untötlichen leben zu besytzen oder begreiffen des oberst gut anders, dann in *Cristo Ihesu*, darinn all unser gepresten erfüllt sein, nicht komen mag, Sondern daß wir alle in Im volkomen werden und in Im ersteen von dem tod und verainigt werden dem leben, wann er sit das lebendig prot, das über alle substanzien und selbstständigkeit aller creaturen ist, und sind in Im all creaturen in irer obristen volkomenheit, und er ist der vorgank und das haupt aller hoffnung gottes, und sind alle werk gotes in Im, und er ist ein anbeginne und ursprung, der ausfluss aller creaturen, und das mittel des widerfluss und das ende aller volkomenhait; wann die menschlich natur in ihr verainigt all creaturen die himlischen und irdischen, und die ist in cristo gotes sun verainigt. So ist cristus das ende aller volkomenhait, wann er ist allain der höchst. Daraus merkest du, daß er nie ist ein speis, bye sich keret in unser natur, als ein leiplich speis, wann er allain der obrist ist, Sundern er ist ein speis des lebens, die uns in sich verainigt, und in seinem leben uns lebendig macht, als deine sel ist ein speis eines natürlichen lebens deinem leibe und allen deinen glidern, nit daß die sel sich ker in den leib und die leiblich natur an sich nem, sundern daß die sel verainigt in ir deinen leib und alle diene glieder. In der verainigung so lebt der leib in dem leben der sel. Da merk, daß alle creaturen, die da zu dem ewigen leben komen, sind als glid eines leichnams, cristi; in denen ist das leben cristi also, daß in Ihnen nit anders lebt dann cristus; und ist das nicht anderst, dann daß die vernünfftigen creatur verainigt sind in ainen leib, der in dem leben Cristi verainigt ist.

Nu sich eigentlich: Wildu daß Cristus in dir leb, so mußt du in Im verainigt sein; als wolt dein finger, daß dein sel in im lebt, so muß dein finger verainigt sein dem leib, und durch den leib der sel. Wann scheidest du den finger von der sel, durch daß du den finger von dem leib scheidest, so schaidest du in von dem leben; und also siehst du, daß du verainigt muß sein Cristo, solt du leben. Aber die verainigung mit Cristo mag nicht gesein, denn du seist in dem leib Cristi verainigt, das ist in der heiligen sanung der kristenlichen kyrchen, und darumb pitet du: *unser* täglich prot gib uns hewt. In dem daß du sprichst: *unser*, so wekennst du, daß du der samung verainigt bist. In dem, daß du sprichst: *prot* bekennst du ein lebentige speis, dardurch die wurdest verainigt in Im. In dem daß du sprichst: *gib uns hewt*, bekennest du, daß diese speis wird nit gegeben ainem, der da gesündert ist, sunder vil, die da mit einander verainigt sind. Darumb merk aus der ler Cristi, daß dir der gelaub und sacrament und all tugend nit helfen mügen, daß du zu dem ewigen leben kömpst, du seyst dann ein glid des leichnams der glaubigen Cristi in einer verainigung. Du solt auch merken, wie du gelernet wirst alle tag an unterlasst zu piten, wenn gleich als deiner sele Einfluß den glidern deines leibes alzeit Not ist, füllen deine glider leben, also ist deiner sel alzeit not diß himlisch prot, und das merkest du wol aus dem wort *täglich* und dem wort *heut*. Wann ist das prot täglich not, und piten wird, daß uns das prot, deß wir täglich nottürftig sein, hewt gehen wird, so bekennen wir auch, seyt es uns zu allen tagen Not ist, daß wir in allen tag darumb piten sullen, wann wir in der zeit diß sinnlichen lebens als wegkertig wandrär zu dem himlischen leben bedurffen der speis, an die wir nit zeitlicher leben mügen. Und also lernet uns Cristus, daß wir um das prot biten sullen. Nu merk, daß Cristus ist unser prot, als wir zu Im wandernd sein, und wird uns gegeben in seinem wesen, in seiner weishait und seiner güthait, nachdem uns nur dann möglich ist, in dieser wandelpären zeit zu empfahen.

Wann nu dise unsre fleischliche augen in diser sinnlichen wellt Cristum, der untötlich und nach der urständ vom tod mit tötlichen augen unsichtbar ist, von seiner allerwesentlichen und unbegreifflichen geistlichen klarhait wegen, von welcher natur wegen Cristus ein geistlich speis ist unsrer sel: So ist, daß Cristus uns unter der gestaltnuss des prots in diser wandlung uns gegeben wird, da wir In nit gesehen mügen mit den sinnlichen augen, Sunder mit den augen des glaubens. Und also ist Cristus warhaftig unter der gestaltnüss des prots in dem sacrament und ist alles das dadurch die sinn ansehen, kosten, schmecken oder riechen, wegreiffen mit den war leichnam Cristi, sundern die warzeichen oder sacrament des leichnams, der da ist, und mit dem glauben der verständnüss allain gesehen wird. Das ist die obrist gab gotes zu unser speis uns wandrärn gegeben, pis wir aus dieser wellt der sinnlichait zu den himeln der verstäntnüss kommen, da wir Cristum nicht verdekt unter den sacramenten und nit mit dem glauben, sunder in der warhait, als er ist, schawen werden. Umb das prot piten wir und füllen es empfahen mit ganzem glauben, allergrößter hoffnung und mit voller lieb. In dem glauben sollen wir Cristum unter den sacramenten warhaftig empfahen, daß er ganz und warhaftig sei unter aller gestaltnüss des protes in allen sacramenten und tailen, als unser sel unsichtigklich ist warhaftig und ganz in allen unser glidern und in einem yedlichen; als ein angeischt in vil augen, die das sehen, und ein wort in vil ören, die das hören, und ein kunst in vil maistern, die das können, und ain warhait in vil verstäntnüss, die sie merken, und als unser sel nit wechst, wenn wir klain sein und groß werden, sunder der leib allain; daß auch also Cristus nicht größer ist unter der gestaltnüss des großen oder des klainen protes oder unter vil oder wenig sacramenten.

Wir füllen auch hoffen, daß wir von dem glauben kömen werden zu der warhait, und füllen also Cristum empfahn mit großer lieb, daß wir Im verainigt werden durch die lieb als unserm höchsten gut undhaile.

In seiner weishait wird uns Cristus gegeben in seiner lere; wann in lere des maisters ligt die kunst der maisterschafft. Darumb so finden wir Cristum in seiner lere, und des beweyset uns die ler des heiligen pater noster, da Cristus innen ist, wann die ler Cristi ist vor aller weishait vor aller tugend und nit zu verpessern als der maister.

Nu merk in disen worten: *unser täglich prot gib uns hewt*: nachdem wir wandlpär sein, lernet uns Ihesus, daß wir unbesorgt süllen sein, wann got unser notturfft uns zu disem leben geben will von tag zu tag, pis wir von hynnen kömen. Darumb füllen wir kainen fleyß haben yn girikait, vil pey einander haben und besitzen yn zeitlichait, wannalso wären wir nit wandrär, sundern innwonär diß ertreichs, oder daß got nit wisse, was wir not haben, und uns das in der zeit nit geben müg. Wir werden auch gelernet, daß wir von got nichts piten söllen, dann das täglich nottürftig prot, wann er wirt uns andes nit erhören, und kümpt uns die über notturfft zu, daß uns die von got nit kümpt als um unser willen, sundern umb der notturfft willen, den armen und durfftigen durch dich zu behelfen, auf daß du wissest, als du got pitest umb das täglich prot, daß dann sölich prot, das got gibt, nit *dein* allein, sondern *unser* ist, das ist derer, die des nach dir bedürffen sind, und ob du das prot, das du dein notturfft hast, nicht gemain machest den durfftigen, so ist ein zaichen, daß du söich prot mit unrecht und zeitigkeit gesamet hast und unrecht besitzest, und got unwürdig pist, der dir und einem yedlichen notturfft bestellt zu geben, da du wider seinen willen als ein ungetrewer diener den armen goteskindern ir tail verhalltest. In dieser und andrer ler Cristi, in disem heiligen pater noster und den heil. Evangelien gibt uns got Cristum, der der weg, die warhait und das leben ist. Got gibt uns auch ein speis unsrer wandlung in dem *leben* Cristi, darin wir in unsrer wandlung gespeist werden, wann was uns notturfft ist zu wandeln, das finden wir da. Ist unser wandlung gebrechenhafftig in hoffart, so finden wir in der diemütigen wandlung Cristi ein speiß, wollen wir die vordern (sein), begeren und zu uns nehmen, so ist diese not und dieser geprest der hoffart abgenommen, wann wir unser leben spiegeln in dem leben Cristi. So sehen wir, was uns geprist und was wir tun söllen. Wollen wir wandeln zu Cristo in das ewig leben, so füllen wir uns fleyßen auf diesem ertreich zu wandeln als Cristus gewandelt hat, und füllen umb unser selbs hayl willen den weg nit versmähen, den Cristus got und mensch umb unsres hayl willen nach der menschhait, in der uns gleich ist, gewandet hat; und ob du als gantz den weg nit gehalten kanst oder magst, so ist doch not, daß du dem weg in sölichem fleyß volgest, daß du zu dem end, da Cristus ist, geraichen mügst. Läßt du aber den weg und kerest ym den ruck, so pist aus dem weg des leben sin dem weg des tods, und kümpst nit zu Cristo. Da merk, wie du in deiner wandrung aus den werken der wandrung Cristi gespeist wirdest; und ob du umb dise speis nit pitest noch empfahest, so wird dir gepresten das lebendig prot, und das ist, das du aus den vorgeschriben worten merken magst.

Und vergib uns unser schuld

Christus lernet uns, daß wir got piten sullen umb vergebung unser schuld. Darinn merken wir, daß wir all umb unser natur wegen mit schulden bestricket sein, und seyt nun, daß jederman nach der ler Cristi also piten soll, so bekennet auch ein jederman schuldig zu sein, und ist die schuld unser, wann sy ist unser natur. Darumb ist sy gemain einem yedlichen, und ist got kain sach oder ursach unser schuld, wann sy ist unser, und darumb piten wir vergebung *unser* schuld. Daraus merk, daß got allain die schuld, die wir wider ihn geborcht haben, vergibt, wann wir in innigklich piten sein. Da lern, daß du glauben solt, daß got den sündern rechtfertigen mag und sein schuld vergeben, und wir kain schuld, große noch klain, ausgenommen. Da merk auch, daß gotes mächtigkeit ist sein parmherzigkeit, und durch seiner gnaden parmherzigkeit macht er aus dem ungerechten den gerechten, als er durch seine allmächtigkeit macht aus nichts ettwas und aus dem toden den lebendigen, aus einer natur die andere, aus wasser wain nach seinem willen, wann sein will ist seine macht, und was er will, das mag er thun und muß geschehen. Merk auch, daß kain Mensch verzweifeln sol an der parmherzigkeit gotes, sondern ein hofnung haben in ainer gantzen stätigkeit, daß got ym vergeb, wann Cristus lernet dich piten vergebung der schuld; möchte dir aber nit wergeben werden, so hätt dich Cristus nit gelernet, daß du hoffen solltest vergebung und darumb piten. Du solt auch merken, *wie* diß gebet anhebt mit ainem »*und*«, wann es spricht: *und* vergib uns. Das *und* stricket und pinnt diß gepet zu dem nächsten vorgeschriben: *unser täglich prot gib uns hewt*, und vergib uns unser schuld, wann vergebung der schuld mag uns nit werden an das prot; Sunder mit der verainigung in dem himlischen prot. Durch den glauben mügen wir piten vergebung der schuld, wann wir haben als von uns eine verschulte und versündigte natur, dye allain in Cristo gerainigt ist; und also mag die gnad der rainigung von den sünden in unser natur nit kömen, denn durch Cristum, der all unser bresten erfüllet und bezallt, doch ob wir in seiner lieb verainigt sein, also daß uns die quittanzie und genugtuen unsrer sünden erlösung dann werden mag, wann uns Cristus mit seinem verdienen verainigt ist, in dem wir all in unsrer natur genug getan haben, und also werden wir pilleich von got erhöret. Merk auch, daß du pitest, vergib *uns unser* schuld, wann wer da geschaiden ist und gesündert von den andern und maynt für sich allein zu piten, und nit für die andern, der mag nit sprechen: vergib *uns*, und darumb erwirbt er nicht; wann wir lernen hye, daß vergebung der sünden ist in der ainträchtigkait der heil. samung der Cristenlichen kirchen, außer welchen kirchen mag der glaub Cristi nyemands helfen, daß er von seinen schulden erlöst müg werden.

Als wir tun unsern schuldigern

In disem heiligen pater noster, darin alles, das uns Not ist, zu einer ler begriffen ist, finden wir nit anders, das wir *tun* sollen, dann in disen artikel, der da steet: als wir *tuen* unser schuldigern. Darumb so sindt hye alle gesätz Cristi, die wir sollen begreifen, das ist *vergeben.* Cristus lernet uns, daß got uns nit vergibt anders, dann wie wir vergeben.

Da merk, daß Cristi Gesätz ist, daß du tuest andern, als du willst dir getan haben. Das außweisen die wort: *vergib uns unser schuld, als wir vergeben unsern schuldigern.* Bitet du aber got, daß er dir vergeb, und vergibst du nit, so versagest du dir selber. Dein schuldiger ist gotes creatur, als du pist, und got will den von dir erledigt haben, als wol als dich dünkt dich gut sein, daß got an dir tue sölichs, das du nit wilt tun an deym schuldiger. Wie pist du denn wirdig vor got das gut der vergebung ze empfahen, pist du nit gut, das selb zu tuen. Merk wie ein vernünftiges und klares gesätz das ist, das yedermann pilleichen tuen muß und versteet. Wer got pitet, daß er ym vergeb, und vergibt nicht, und glaubt, daß sein gepet erhört wede, der glaubt, daß got nit got sey, und daß unrecht recht sei, und bös gut sey. Wer aber glaubt, das Cristus uns lernt, daß got vergeb, als wir vergeben, der hat einen rechten glauben zu got, daß er der gerecht und pest got sey, und mag der Mensch aus seinen werken der vergebung hoffen, daß ym von got vergeben wird und mit lieb darumb piten. Daraus merk mensch, daß dir hye ein ainig weg wirt aufgetan, dadurch du wissen magst, ob du von got erhöret werdest, und goteskind seyest, das ist, ob du vergebest deinen schuldigern klärlaich und nicht tragst zu yn anders, dann lieb.

So ist an zweifel, daß du ein ganz getrawen magst haben, daß du von got vergebung aller deiner sündt erworben hast und ein kind des ewigen lebens seyst, wann dir geprist kain gesätz zu erfüllen, wann in der lieb deines nächsten, die in der vergebung der schuld in den weken beweist wird, ist die volkomenhait aller gesätz.

Nicht verlayt uns in bekorung

Hye werden wir gelernet, ob wir wol der gesätz ains erfüllt hätten und vergebung unsrer sünden erworben, so sein wir doch nit sicher, daß wir westeen und nit fallen in die schuld durch das in laytten der Bekorung. Das ist, daß die bekorung dann anhebt, wann wir der sündt ledig sein und füllen glauben, daß wir behüttet mügen werden von got, daß wir besteen und nit fallen, und hoffen, daß wir deezu komen mügen, und des mit Innigkeit von got piten, und also sprechen: nit layt uns in bekorung, als wollten wir sprechen: her, kain betrügnüss under einer gestaltnüss des guten in seiner bekorung gewollt hab nicht zu verlaitten, es sey denn daß du sölichs verhengest, und yn dem daß alle Ding durch dein verhengnüss oder willen geschehen, so mag ich nit fallen; aber durch das abziehn deines schirmes laytest du mich in bekorung, als dise Sune durch daß sy untergeet, giebtsye uns die nacht, darin wir nit sehen.

Merk auch, wie wir wider in die sünd fallen, wann wir werden gelayit von einer bekorung eines scheinenden gutes, das uns fürbracht wirdt yn der synnlichait von der sichtigen welt, oder in der vernunft von den pösen geist, der verkehren ist, die verstäntnüss von der warhait zu verlaytten; und wann wir zu got nit fliehn, daß er uns behütt und beschirme, So werden wir verlaytt, bis wir in die bekorung kömen, und die aufnehmen für gut. Also sein wir dann von got, der das obrist gut ist, gewallen in das betrogene scheinbar gut. Da haben wir kainen andern weg nicht wider dann nach der ler Cristi got zu piten, in aller bekorung, daß wir nit verlaytt werden, nach den worten des heiligen gepets.

Sunder erlöß uns von übel

Hye in disen letzten worten haben wir aus der ler Cristi daß wir in diser wellt an dye bösen bekorung nit sein, wann wir sein, da das übel ist. Von dem piten wir erlösung. Darinn bekennen wir ain ander reich zu sein, da das übel nicht ist, sunder allain das obrist warhafftig und ungemengt gut, und daß unser erlösung vom übel ist die erlösung von diser synnlichen schalkhafftigen wetrogen wellt, und begeren der glory des ewigen guts, darin wir allain erlöst mügen sein von allem übel, wann außerhalb der obristen glory ist kain stat des lauttern, unvergänklichen, stäten gutes. Wir piten umb die Erlösung. Darinn gelauben und erkenenn wird, wie wol daß wir nu in dem leben der sinnlichen wellt sein, und aus der anders denn durch den tod nit komen mügen, daß nach disem synnlichen tod wir ain wesen haben mügen in ainem stäten ewigen gut, und hoffen darzu zu kömen, und mit großer lieb sein wir piten und pegeren darzu zu komen, wie wol diß an den synnlichen tod nit gesein mag. – Und darumb so ist unser synnlichait in disem gepett in die geistlichait unsrer verstäntnüss ist als in der synnlichen erden, wann der gantz mensch ist gantz über sich in got bekert yn begerung zu schaiden und erlöst zu sein von disem zeitlichen pösen leben, auf daß er pei got, der das gut ist und davon got von dem guten genannt ist, in ewigkait sein müg.

Merk hye: wer nit gerne sterben wollt des synnlichen tods, darumb daß er zu got käm und bittet erlösung von übel, der erwirbt nichts, wann er pitet wider sein herz; und wer dise pöse wellt lieber hat dann got, der beleibt geschaiden von got und von dem guten und ist in ewigkait in dem übel, darauß er nimmer mer erlöst mag werden. Und darumb ist diß gepet des menschen der recht unbeflekt und ungemengt lieb tragend weg zu got; wann er da setzt got für sein zeitlich leben und für alles das geschaffen ist, und das got nit ist; der bittet um die erlösung von disem krancken vergänklichen leben, darumb daß er müg bey seinem allerliebsten gut sein, an welches gut er nit begert zu leben, wann er perstet, daß er nicht enlebt anders dann in der verainigung gotes, da ihn seine lieb hinfürt und da er durch die lieb allain ist, wie wol er doch in diser sinnlichen wellt noch in seinem fleischlichen templ gefangen ist. Der pitt mit andacht erlösung, dem diß leben also laidet um der lieb willen, dye er zu got hat, daß Ihn bedunkt, wye er in ainem schnöden vinstern unraynen karcher gefangen sey, und wann er daraus wär, daß er zu einer stäüten, guten und obristen frewden zu seinem allerliebsten käm, das er allain begert. Der also ist in gotes lieb, und ist nach den punckten diß heiligen pater nosters darzu komen, und findet sunder got zu hören über alle artikel erlösung von übel, das ist gebung des ewigen lebens, wann das ewig leben nit anders ist, dann das obrist, das wir begeren mügen, und wir mügen anders nit begeren, dann gut, das ist got selber.

Der mensch spricht: O her, seyt du mir mein schuld vergeben hast durch das himlisch prot, nit verlayt mich in bekorung, nit lass mich lang in diser betrogenen wellt weleiden, da ich unbekort nit sein mag und unverlayt westeen an deinem schirme, Sunder erlöß mich her von allem übel, darzu du mir in deym Ihesu gerufen hast.

Merk hye: will du wissen, was die ewig frewd sey, die kain mensch wegreißen mag umb irer größ willen, so findest du, daß die ewig frewd nit mag paß kürzer und klarär verstanden werden durch uns, dann als Cristus hye uns lernet, wann die frewd ist erlösung von dem übel. Will du wissen, was die hell ist; Cristus lernet dich, daß die hell ist eine ewige fänknüss in dem übel. Erlösung vom übel ist die oberste frewd, unerlösung oder fänknüss im übel ist die maist betrübnüss und pein. Die obrist himlisch frewd ist in dem gut, das got ist ewiglich zu sein, geschaiden vom übel. Die größte hellisch pein ist, geschaiden sein von dem guten das got ist. Das reich, da nit dann gut oder got ist, haißet das obrist reich, das himelreich; das reich, da nit dann pöß und übel ist, haißt die hell, wann hell ist unter oder in der, und ist die hell in ainer tailung, zwieträcht, unfrid, unwissen und vinsternüss. Darumb die fürsten der hell fürsten der finsternüss oder tewfel haißen. Aber das reich der himel ist einträchtigkait, freud, friede, lieb, weyßhait als gut und klarhait. Darumb haißet der fürst des himelreichs erlöser von allem übel, den wir piten uns zu erlösen von der helle und allem übel. Amen.

Macht des sittlichen Wandels

Viel mächtiger ist die Predigt dessen, der heilig ist, als dessen, der in großen Würden steht. Ich sah, daß der Papst Martin zu Rom das Volk nicht dazu bewegen konnte, einige Ermahnungen zu befolgen. Da berief er den Minoritenbruder Bernhardin, der jetzt heilig gesprochen ist; dieser brachte zuwege, was dem Papste nicht gelungen war. Dieser Bruder pflegte, wie ich zu Padua selbst von ihm hörte, zu sagen, ein Prediger, der Feuer hat, könne auch aus erloschenen Kohlen ein Feuer anfachen. Ich gebe es zu von solchen, die sich über Gott belehren lassen und das Wort Gottes aufnehmen: »wer aus Gott ist, hört Gottes Wort.« Schnee und Eis fassen den Lichtstrahl nicht, sie werden erst warm, wann sie zu Wasser aufgelöst sind. So faßt auch die Seele im Zustande tierischen Lebens, wodurch sie ganz verhärtet und verdichtet wird, das Wort Gottes nicht auf. Sie muß zuvor erweicht werden, um den göttlichen Geist und das Einströmen der Wärme, welche die Liebe ist, zu fassen. (Exc. IX, 634.)

Der wahre Seelenhirt

Der Seelenhirt darf nicht auf sich hinsehen, er tue nur, was Gott dem guten Hirten befiehlt, wenn er auch denken müßte, er werde in die Hölle verstoßen. Denn wer eine solche Liebe hätte, der würde natürlich nicht verdammt. Der Gerechte in der Hölle hätte nicht die Strafe der Ungerechten zu dulden. Je mehr Liebe ein Seelenhirt hat, je bereitwilliger er ist, noch mehr für seine Herde zu leiden, desto größer ist die Herrlichkeit, die er erlangen wird. Denkt er also nicht an sein Leben, wenn nur die ihm Anvertrauten leben, die gewissermaßen sein mystischer Leib sind, so wird er, je wahrer sich dieses Letztere herausstellt, ein desto besseres Leben haben; weil nicht nur er in den Seinigen lebt, sondern auch sie in ihm, der sein Leben ihnen hingegeben hat. Hat ein Haupt schwächliche Glieder, so leidet es alles, damit die Glieder gesund werden. Aus der Gesundheit der Glieder, die durch sein Ringen und Abmühen erlangt worden ist, wird dann hinwieder Gesundheit und Leben des Hauptes erhöht und dem Haupte wird für seine Traurigkeit und Leiden nur Freude zu Teil. Denn je mehr jemand sein Leben aus Liebe hingibt, desto mehr erlangt er es wieder. Denn je mehr er aus Liebe verliert, desto größer ist seine Liebe. Je größer aber die Liebe, desto größer das Leben des Geistes, da die Liebe das Leben des vernünftigen Geistes ist. Denn aus der Erkenntnis Gottes entsteht die Liebe, die eine ergötzliche Bewegung, eine Freude über das Erfassen (Gottes) ist. Wer Gott kennt, zweifelt nicht, man müsse ihm bis aufs Äußerste gehorchen und tut daher alles aus Liebe. Wenn daher eine Handlung eine größere Liebe beweist, so beweist sie auch ein größeres Leben im Geiste. Während daher der Geist, der sich der äußersten Demut hingibt und soviel er vermag, sich aus Liebe in Nichts auflöst, in Nichts zu vergehen scheint, geht er in Wahrheit in ein vollkommeneres Sein über. (Exc. X, 668.)

Der Prediger

Der Prediger des Evangeliums muß ein starkmütiger (fortis) und ernster Mann sein, ohne Sünde, durchaus wahrhaftig, denn er vertritt die Stelle Gottes. Die Gläubigen müssen sich bei Anhörung des Wortes Gottes gerade so verhalten, wie bei dem Empfange der Eucharistie.

Das Predigen kommt nicht wie das Konsekriren allen Priestern zu; es erfordert eine höhere Kraft (est altioris virtutis), und kommt den Ersten in der Kirche Gottes, den Nachfolgern der Apostel, zu, den andern nur dann, wenn sie durch diese gesendet werden.

(Exc. V, 488.)

Selten oder nie findet man an verschiedenen oder auch an einem Orte gleiche Bäcker, und es steht auch nicht in der Macht des Bäkkers, immer gleich gutes Brot zu backen; das Gleiche gilt vom Prediger. Es ist auch unter ihnen, wie unter den Bäckern, ein großer Unterschied. Das sind gute Prediger, die das Getreidekorn, welches Christus ist, gut zu mahlen verstehen, daß man bis zum Innersten und Reinsten des Weizens gelangt, und die dann verschiedenes Brot zu backen wissen, für die verschiedenen Stände des Adels, des Mittelstandes und der untern Klasse, und der Kirche diese Brote zugleich darbieten, so daß jeder nach seinem Stande Nahrung findet. Der Bäcker kann nicht immer gleich gutes Brot machen, weil dies von der Gnade Gottes abhängt. Und ihr sollt nicht darauf sehen, wer der Bäcker ist, sondern auf das Brot; denn wenn ihr nicht hungrig seid, so werdet ihr das gute Brot nicht zu schätzen wissen. Wann ihr aber mit Appetit es kostet und das Brot ansehet, so werdet ihr seine Schmackhaftigkeit erkennen. Wo ein Hungriger ein Brot bekommen kann, fragt er nicht lange nach dem Bäcker, wie sein Leben sei, welcher Nation er angehöre, ob er rein ist oder nicht, sondern er achtet nur auf das Brot. Kann er kein Brot, das seinem Stande angemessen ist, bekommen, wenn er z. B. ein Adeliger ist, so wird er auch ein anderes nehmen, weil er hungrig ist. Keiner also, meine Lieben! zeige, daß er nicht hungrig ist, sondern nur, wenn ihr hungrig seid, werdet ihr reichlich gesegnet werden; seid ihr vollgesättigte Reiche, so geht ihr leer aus. Die sind nicht hungrig, die mit vieler Neugierde nach der Beschaffenheit des Bäckers oder Koches fragen, ehe sie essen, oder die das Brot nicht niedlich genug zubereitet finden und es daher nicht nehmen, oder denen an der Menge des Brotes ekelt; – hätten sie Hunger, sie würden die Menge nicht verachten, sondern sie zur allmählichen Erquickung aufbewahren; oder die aus der untersten Klasse an Kleienbrot gewöhnt sind und am feinsten Weizenmehl Ekel haben oder umgekehrt. Wenn sie warten können, bis der Bäcker alle Brote aus dem Ofen herausgenommen hat, werden sie schon das Brot finden, an das sie nach ihrem Stande gewöhnt sind. Ich rate euch indes, daß ihr lernet, edlerer natur zu werden und mit edlerem Brote euch zu nähren. Denn der Mensch kann ja sogar von dem Brote der Engel genießen, wenn er sich hierzu fähig macht. Beten wir also, daß der Bäcker die Gnade erhalte, uns ein Brot, das alle Lieblichkeit in sich begreift, mitzuteilen! (Exc. IV, 465.)

Der wahre Ordensmann

Der wahre Ordensmann geht in das Kloster, um nicht hintergangen zu werden und um Buße zu tun. Dem falschen Ordensmann ist alles schwer, dem wahren alles leicht. Es ist daher leicht zu erproben, welches die wahren und die falschen Ordensleute sind. Der *Gehorsam* zeigt es. Der wahre bestrebt sich auf das Eifrigste, den Befehlen der Oberen ebenso, als wären es Befehle Gottes, zu gehorchen; er wird wie ein Lasttier, dem eine Last aufgelegt wird; er sagt nie: es ist genug, solange er nicht unter der Last erliegt. Der falsche Ordensmann will im Orden weniger tun, als er in der Welt hätte tun müssen; er meint, durch den Orden sei er ein Herr, und dürfe sich dem Müßiggang und Wohlleben hingeben; denn deswegen hat er den Namen eines Religiosen angenommen, um die fleischlichen Begierden besser befriedigen zu können. Wird ihm etwas auferlegt, was hart ist und Bezähmung des Fleisches bezweckt, so vermag er sogleich seinen Widerwillen nicht zu verbergen. (Exc. V, 496.)

Erziehung der Jünglinge

Man muß die Jünglinge in der Einsamkeit erziehen, damit sie schlechte Gespräche und Gesellschaften meiden. Zur unausgesetzten Arbeit müssen sie gewöhnt werden, damit sich der Körper an Anstrengung gewöhne, und nicht beim Müßiggang das Laster sich einschleiche. Sie dürfen keinen Schmausereien und Trinkgelagen sich hingeben, und es darf keine Zeit geben, in der sie nicht etwas zu tun haben. Die Zeit selbst muß sie antreiben und auffordern, jetzt dieses, jetzt jenes zu tun, zur bestimmten Stunde aufzustehen, dann nach einer Betrachtung ein Gebet zu verrichten, so an diesem und dem andern Tage, dann wieder anders an diesem und dem andern Tage und so in siebentätiger Abwechslung. Am Sonntage sollen sie erwägen, was in der ganzen Woche Gutes oder Böses getan, was unterlassen wurde; das Versäumte muß dann nachgeholt werden. Man muß sodann der Freunde, der lebenden wie der verstorbenen, gedenken, dies jeden Tag vor dem Schlafengehen, worauf dann jedes Mal für sie etwas zu beten oder in ihrem Namen zu tun ist. Es muß eine Tagesordnung gegeben werden, auf daß alle Arbeit in rechter Ordnung verrichtet werde *und der Teufel immer den ganzen Menschen beschäftigt finde.* (Exc. IV, 451.)

Die Heiligen

Wie an glühenden Kohlen nur Feuer, und an bemaltem Tuche nur Farbe hervortritt (apparet), so an den Heiligen nur Gott. (Exc. IX, 644.)

Freundschaft

Wie der Baum bei heftigem Winde durch die Wurzeln festgehalten wird, so der Mensch im Unglücke durch Freunde, die ihn trösten. (Exc. VI, 545.)

Selbstverleugnung

Alles haben wir von Gott, nichts aus uns. Wenn wir daher alles verkaufen, so sind wir in allem arm und besitzen nichts, um jenen einen Edelstein zu kaufen, in welchem wir alles Ersehnte besitzen; wie wenn ein Schüler alles verkaufte, um von einem Lehrmeister, der alle Wissenschaft besitzt, die eine Wissenschaft zu kaufen; oder wie wenn ein reicher Mann alles zu Geld machte, um damit einen Acker zu kaufen, in welchem ein Schatz aller Reichtümer verborgen ist. So muß, wer das Himmelreich kaufen will, all seine Freiheit verkaufen und sich zum Sklaven (servum) dessen machen, von dem er den Edelstein oder den Acker mit dem Schatze kaufen will. Nichts wird ihm mehr übrig bleiben, alles gehört dem Lehrmeister oder verkaufenden Besitzer. Lebst du, so gehört dein Leben nicht dein, sondern deinem Herrn, dem du dich verkauft hast. Siehe da, wie du durch verkaufen und Armwerden Reichtum, durch Abtötung das Leben erlangst. Willst du also die unsterbliche Wahrheit und das ewige Leben erlangen, so müssen alle deine Glieder nur Werkzeuge der Wahrheit sein, deine Zunge darf nur Wahrheit reden, die Hand muß ohne trug sein; so Fuß und Auge, ohne Begierlichkeit nach fremdem Gute. Erwäge, daß der Edelstein aus dem Tau des Himmels entsteht, und durch Erschütterung (conquassatione) edel und groß wird. So wurde die hl. Margaretha aus der Erschütterung im Leiden edel und berühmt. (Exc. II, 378. 379.)

Selbstbeherrschung

Der Mensch besteht aus der vernünftigen und tierischen Natur, die eine ist oben, die andere unten; er ist gleichsam aus Feuer und Wasser; die letztere ist dem Wasser, die erstere dem Feuer ähnlich. Dies sind in der Natur Gegensätze, allein durch die Einrichtung des Menschen wird dieser Gegensatz vermindert: denn der Mensch ist die Vereinigung zweier Naturen, die verschiedene Gesetze und Bewegung haben. Diese Vereinigung ist daher mit einem beständigen Kampfe verbunden. Die Tugend, welche diesen Kampf besänftigt, ist die *Geduld*. Eine Tugend ist sie, weil die Seele den Körper liebt. Kann sie dem Körper in seinen Begierden nicht zu Gefallen sein, sondern widersteht sie dem Körper, den sie doch liebt, um nicht, während sie seinem Verlangen huldigt, das vernünftige Leben zu verlieren, dann liebt sie sich und leidet dabei (patienter se amat). Sie leidet nämlich, weil sie dem nicht beistimmen kann, was sie liebt. Befiehlt daher die Vernunft, was beschwerlich ist, und erträgt der Vollzieher des Gebotes diese Beschwerde gutwillig und gibt sich hierbei viele Mühe, so übt er die Tugend aus, durch welche der Mensch *sich selbst beherrscht*; denn der Herr sagt: »in Geduld werdet ihr eure Seelen besitzen.« Nicht unpassend kann man von dem Geduldigen sagen, er wisse zu leiden; es koinzidiert in der Geduld Traurigkeit und Tröstung, wie Christus sagt, die Traurigkeit der heiligen verwandle sich in Freude. Läge im Dulden nicht ein angenehmer Trost, so wäre es keine Tugend. Die Geduld ist eine edle Art zu siegen; wer duldet, siegt und sendet die Pfeile seiner Feinde in ihre eigenen Herzen zurück. Duldend besiegt er Feinde, Dämonen und sich selbst. Eine geduldige Seele gleicht dem Salamander, der sich vom Feuer der Trübsal nähret, dem Strauß, der Eisen verschluckt, dem Golde, das in den Glühofen gelegt wird, um es zu läutern.

(Exc. VIII, 615.)

Wert frommer Gelübde

Außer der besonderen Form eines Sakraments[1] kann der Gläubige sich seine eigene Form machen, in der Form des *Gelübdes* (ex voto). Wenn ich z. B. von Jesus Heil erlangen (salutem impetrare) will, so sage ich bei mir selbst: Wenn ich zu dem Kreuze hintrete, an welchem sein Erbarmen sich uns darstellt, ein Gebet verrichte und das Bild, welches ihn sinnlich darstellt, küsse, den ich in meinem Geiste zu erfassen das Verlangen habe, so wird mir Heil zu Teil werden (salvabor). Oder wenn ich bei mir spreche: den ersten Armen, der mir begegnet, will ich wie Christus ansehen, ich will ihm tun wie Christus, dessen Person er darstellt; ich will seine Füße waschen und ihm Almosen geben, und ich werde ohne Zweifel von Christus Heil erlangen (assequetur salvationem), es sei denn, er bitte etwas wider das Heil seiner Seele, dann weiß er nicht, was er bittet; wüßte er es, so würde er nicht in dieser Weise bitten. Er wird somit nicht erlangen, was er in Unkenntnis seinem Heile zuwider bittet. Christus ist der Heiland; eine Bitte, die wider das Heil ist, gewährt er nicht.

(Exc. VIII, 612.)

Verschiedenheit des Lohns

Der Grund, warum die Letztberufenen für geringe Arbeit so große Gnade erhielten, ist, weil der Glaube durch die Liebe wirkt. Jene Gläubigen, die auf die Güte und Gnade des Spenders vertrauten, verrichteten, was sie in kurzer Zeit arbeiteten, mit großer Liebe. Die-

1 uni non est propria forma alicuius sacramenti. Der Sinn kann nur sein: Wenn gleich zur Erlangung des Heils die bestimmte Form der Sakramente positiv angeordnet ist, so kann doch auch durch Gelübde ein unser Heil förderndes göttliches Wohnwollen erlangt werden, ohne daß damit gesagt ist, daß hierdurch eines der das Heil zunächst vermittelnden Sakramente ersetzt werde.

se Intensität ihrer warmen Liebe fiel schwerer ins Gewicht, als das extensiv Viele der andern, wie das Gold schwerer wiegt, als Kupfer. Denn die um gedungenen Lohn arbeiteten, arbeiteten nicht aus Liebe zum Herrn, sie war nicht ihr Ziel; die Gläubigen aber tun alles bis in den Tod um des Herrn willen, der die Güte und Liebe selbst ist, von dem sie daher den Lohn empfangen, der denen zu Teil wird, welche die Güte lieben, denn er ist nichts als Liebe und Güte. Wer die Liebe liebt (qui charitatem diligit), erwartet keinen andern Lohn; in der Liebe ist Liebe die Vergeltung; der Liebende ist der Liebe treu, der er dient, und was er tut, tut er aus Liebe. – Warum sagt der Herr: »Ich will aber diesem Letzten soviel geben, als dir«? Deshalb, weil er dem einen, was ihm gebührt (quod suum est), nach Gerechtigkeit geben kann und dem Andern, was er will, aus Liebe. Den Liebenden gibt die Liebe sich selbst, weil sie geliebt sein will, und nichts anderes; darum gibt sie sich den Liebenden. – Warum sagt er: »So werden die Ersten die Letzten und die Letzten die Ersten sein«? ich sage: Erhöhung fällt zusammen mit Erniedrigung, wie in Christus; darum ward er über alle erhöht. In der Erniedrigung ist Erhöhung, im Tode Auferstehen. Das ist so, weil die Liebe vordringt und den Siegespreis erhält. Haben gleich viele vor ihr den Lauf begonnen, so hat doch nur sie eine getreue, lebhafte und ausdauernde Bewegung, die nicht ermüdet, sondern beständig wächst. Wer mehr liebt, wird mehr erhalten. Es ist hier ein Kreislauf: aus Liebe wird er verkosten und durch Verkosten wird er mehr in Liebe erglühen.

(Exc. IX, 643.)

Der Friede

Das Ende ist das Erste und Letzte, wo die Absicht Erfüllung ist. Hier fängst du an, den *Frieden* zu erkennen. Der Künstler, der um des Endzwecks willen wirkt, hat den Endzweck in seiner Absicht und strengt sich an, das, was er beabsichtigt, in Stand zu bringen. So ist der Endzweck (finis) die Ursache aller Ursachen; denn was das schaffende (efficiens) und gestaltende Prinzip (forma) verursachen (causans), haben sie aus dem Endzwecke. Wer nun ein solcher Künstler wäre, daß seine Absicht zugleich der Vollzug wäre und durch seinen denkenden Geist die gedachte Sache zumal ins Dasein

gesetzt würde, in dem würde α und ω, Anfang und Ende koinzidieren. Diese in ihrem Wesen (in se) betrachtete Koinzidenz ist der *Friede der dreikausalen Einheit*; das schaffende, gestaltende und sich als Ziel setzende (finalis) Prinzip ist die *eine und dreifache Ursache*. Denn in dem schaffenden Prinzip findest du, wenn du die Sache recht betrachtest, auch das gestaltende und das sich als Ziel setzende, ebenso indem gestaltenden Prinzip das schaffende und das sich als Ziel setzende, in diesem die beiden andern; gleichwie der Geist, indem er sich denk, schaffend, gestaltend und sich als Ziel setzend ist, denn er schafft, bildet und erzielet nichts anderes, als sich selbst ... Daher ist der Friede, der die Dreieinigkeit ist, wie der Prophet sagt, »seine Stätte und Wohnung auf dem Berge Zion«, d.i. in der Höhe der Spekulation. Es ist der Gott, den auch der Heide *Aristoteles*, als die dreikausale, zugleich aber eine und einfachste Ursache erkannte, ohne die nichts bestehen kann. *Plato* faßt in einem Briefe das dreikausale Prinzip als die dreifache Art des Seins der Dinge in dem einen, wie wenigstens die besser Unterrichteten ihn verstehen.
Für jetzt will ich nur das gesagt haben, der absolute Friede sei es, in welchem allein der dreieinige Gott gefunden wird; denn daß *Gott der Friede ist, heißt soviel, als daß er das dreieinige Prinzip ist.*

Ich sage nun: Der göttliche Friede ist es, ohne den nichts bestehen kann. Denn notwendig müssen alle Kräfte, aus denen die Kreaturen bestehen, unter einander in Frieden verbunden sein, damit sie Ruhe und Bestand haben. Der Friede ist aber eine Einigung, der Friede einigt. Die Einigung erfolgt durch eine Vermittlung; diese Vermittlung ist das, worin die Gegensätze ihre Ruhe finden (in quo quietantur extrema). Der Friede scheint daher die Verbindung (nexus) zu sein, durch welche alles mit dem Zentrum verbunden wird, daß es nicht auseinander fahre (ne defluant). Der Friedensstifter heißt Vermittler; denn in der Bewegung findet man nur Ruhe, und in der Zeit nur ein beständiges Jetzt. Der reine Friede ist nur der Friede an sich oder der göttliche. Kein Ding kann des Friedens entbehren; jedes Ding besteht nur insofern, sofern es am Frieden partizipiert. Der Friede muß die Sehnsucht aller Wesen sein, weil ohne ihn nichts besteht. Der Friede ist die Vereinigung der Peripherie mit dem Zentrum, das Zentrum ist der Ort des Friedens und der Ruhe. Der Friede besteht in der Koinzidenz der Gegensätze; die Vermittlung ist der Ort des Friedens. Die Substanz besteht weder in dem Prinzip, welches ihr das Sein verleiht, noch in der Materie, dem Substrate des Prinzips (in materia subiectiva), sondern im Zentrum der Verbindung, des Friedens und der Vermittlung beider. Feste und bleibende Wahrheit gibt es nicht außer der Region des Friedens. Ohne friedliche Vermittlung, durch welche die sichere (stabilis) Wahrheit erkannt wird, gibt es keine *Wissenschaft*.[1] Denn indem der Geist Vermittlung [der entgegengesetzten Gedanken] sucht, sieht er in allen Stücken besser die Wahrheit (Nam mens dum utitur hoc pacis medio in omnibus verius intuetur). Alle, welche mit seinem Geiste über die Wahrheit geschrieben haben, haben, so präzis als sie es nur vermochten, das Wahre der verschiedenen Meinungen in friedlicher Weise zu vermitteln gesucht (Omnes, qui de veritate eleganter scripserunt, quanto praecisius potuerunt, veritatem opinionum ad pacis medium reduxerunt). Alle Wissenschaften scheinen demnach nur verschiedene Weisen zu sein, um die Anschauung des Friedens auszudrücken. Auch im Gebiete der Sittlichkeit ist die *Tugend* die Vermittlung und der Friede.

Der Friede ist der Himmel der Glückseligen, denn mit Recht sagt man: glücklich, wer die Mitte inne hält (medium tenuere beati). Der Philosoph forscht nach vielem, um durch dasselbe zur Wahrheit sich zu erheben. Viele Gegensätze treten ihm entgegen, und solange er sich in Gegensätzen bewegt, sieht er den Frieden noch nicht. Die Stätte der Wahrheit ist der Friede, der durch kein Raisonnement des Verstandes (nulla ratiocinatione) erlangt wird; nur über allen Gegensätzen, alle Sinnen- und Verstandeserkenntnis übersteigend, wird er geschaut. Sind nicht die Akzidenzien in der Peripherie des Friedens? Der Friede ist das Zentrum, der Ort der Substanz. An je dauernderem Frieden ein Ding partizipiert, desto edlerer Art ist es. Es gilt daher vom Frieden, was von dem Guten und dem Leben. Die Klugheit ist Friede und Leben. Die Weisheit des Geistes ist daher sein Friede und sein Leben. Daher nennen wir das ewige Leben die ewige Ruhe. Die Vereinigung der Gottheit mit der Menschheit ist der höchste Friede, denn sie ist die Vereinigung des Friedens oder der

1 De medio pacis, per quod videtur stabilis veritas, non est scientia. Wenn der Text hier nicht korrupt ist, so kann der aus dem Zusammenhange sich klar ergebende Sinn nur dadurch in der Übersetzung ausgedrückt werden, daß de negativ genommen wird = *weg von ... getrennt von* etc.

ewigen Ruhe. Der absolute Friede zieht alles an sich und vereinigt alles mit sich. Der Friede Gottes, ohne den nichts bestehen kann, ist mit allen, aber nicht jeder Geist ist mit Gott, weil der frei Geist, nach freier Bewegung dem Frieden sich nähern oder von ihm entfernen kann. Wir werden als Kinder des Zornes geboren, aber durch den Glauben an Christus mit dem Vater und Urheber des Friedens versöhnt. Für diesen Frieden Christi ist alles von Anfang an zum Voraus zubereitet, so daß eine Welt ist und für alles in ihr der Endzweck – Christus.

Der Ungehorsam des Menschen hat den Frieden mit Gott gebrochen und den Widerspruch erhoben, der bewirkt, daß das Einströmen des göttlichen Geistes in den menschlichen aufhörte … Christus kam, vereinigte sich mit der menschlichen Natur, und es wurde Friede und der Einfluß der göttlichen Gnade wieder hergestellt.

(Exc. V, 497, 498.)

Die wahre Freude

Die Freude wohnt im vernünftigen Geiste, in dem die Liebe ist, denn aus dem Feuer der Liebe kommt die Freude, denn sie ist ein Ergötzen, das die Wärme der Liebe begleitet. Diese Wärme ist der Seele gleichsam die Ausbreitung einer ihr zusagenden Begeisterung, die sie durch den Einfluß des geliebten Gegenstandes, dem sie eine gastliche Wohnung in sich bereitet, erweckt (qui calor est in anima quasi dilatatio ardoris sibi placentis, quem ex se exserit in virtute amati sui, in se hospitati). In den Tieren ist eigentlich keine Freude, obwohl sie sich an dem ergötzen, was ihnen zusagt. Die Freude entsteht aus dem Bewußtsein der Gegenwart des geliebten Gegenstandes; es ist, als ob sich die Seele erweitere, um das Geliebte, das sie schon erfaßt hat, noch fester zu umfassen. Die Traurigkeit verengt (arctat), um das dem Leben nicht Zusagende auszustoßen, die Freude dehnt sich aus, um das dem Leben Zusagende festzuhalten. Der Traurige schließt die Augen und schränkt den Blick ein; der Freudige öffnet und erweitert ihn, sein Auge strahlt (laetus aperit visum, ampliat et magnificat). Die vernünftige Freude ist ein gewisses Gefühl des Geistes, der seine Lebensfülle empfindet. Die Seele, von der Liebe berührt, erweichet, wie das von der Wärme berührte Wachs.

Diese Berührung empfindet die Seele und dieses Empfinden ist ein Erweichtwerden. Ferner hat sie ein Ergötzen, wie der durch Kälte Erstarrte, wenn er Wärme fühlt, die den Gliedern die lebendige Biegsamkeit wieder gibt, Freude und Wohlbehagen empfindet.[1]

Das Wort des Heils, Fleisch geworden im Leibe der Jungfrau, redete durch den Mund der Gottesgebärerin (als Maria Elisabeth besuchte). Johannes hörte es durch das Ohr seiner Mutter und freute sich über die Nähe des göttlichen Wortes. So wurde der Geist Jesu, der durch den Mund der Apostel frohe Botschaft verkündete, von den Ohren solcher gläubigen Seelen vernommen, welche für geistige Freude fähig waren. Auf das Machtgebot des Wortes erweichten die Herzen und lösten sich auf in Freude. Bemerke die wunderbare Kraft des Worts! Es macht die Seele wie von einem tiefen Schlafe erwachen, es löst sie und befreit sie von dem Tode der Unwissenheit und Traurigkeit. Ist es einmal die Signatur der Seele geworden (si hoc signatur in anima), so gibt es ihr eine herzliche, innerliche Freudigkeit, weil es ihr das wahre und unzerstörbare Leben bringt, da es das Wort Gottes ist und das Licht des Lebens, welches die Finsternis des Verstandes erleuchtet, in sich hat. Und welche Seele wird nicht zum Jubel hingerissen, wenn sie die Quelle des Lebens in sich fühlt? Wenn sich die freuen, welche Beute unter sich verteilen oder das Verlorene wieder erhalten, verborgene Schätze finden, oder das Augenlicht wieder erlangen, so ist die Freude des Geistes unendlich größer bei dem, der die Quelle des Lebens in sich findet, ein nie mangelndes Leben, die Weisheit, die Schöpferin von allem. Dies ist der belebende Geist, der notwendig Freude schafft, weil er der Geber unsterblicher Freude ist. Die Seele, deren Fassungskraft unendlich ist, bleibt immer leer, solange der fehlt, der sie allein mit Freude erfüllen kann. »Ich bin gesättigt, wenn deine Herrlichkeit erscheint.« Von der sinnlichen Freude leitet uns der Herr durch Vergleichung zu der geistigen. Nun ist die sinnliche Freude zeitlich, mangelhaft, vergänglich, trügerisch. Die geistige, die unsichtbar ist, ist somit ewig; denn das Unsichtbare ist ewig. Und diese Freude ist notwendig rein, denn die leere vergängliche Freude ist mit vielem Widrigen verbunden und ihr Ende ist Trauer. Wie die Traurigkeit dieser Welt Grade

---

1 In dem Texte: sicut qui ob frigus … gaudet et delectatur; et loquitur verbum salutis etc. scheint ein den Übergang vermittelnder Gedanke zu fehlen.

hat, bis zur Traurigkeit des Todes, den der Verdammte in der Hölle erleidet, so läßt auch die Freude ein Wachstum zu, und man kommt nicht zur vollen absoluten geistigen Freude, außer wenn der Geist in die Freude des unsterblichen Lebens eingeht. In dieser Welt ist also keine reine Freude, wie keine absolut größte Traurigkeit. Wie es aber unter allen Werken des sinnlichen Lebens für den Sinn keine größere Freude gibt, als jene, die der Mensch unter dem Gesetze der Ehe empfindet, wenn er aus der Natur, die er von Adam hat, ein sich Ähnliches erzeugt und so ein Leben hervorbringt, in dem sein Leben enthalten ist, so kann es für den vernünftigen Geist keine größere Freude geben, als die, in welche der geistige Mensch unter dem Gesetze Christi und der Kirche eingeht, wenn er aus der göttlichen Gnade, die er von dem Spender des geistigen Lebens hat, aus sich ein nie abnehmendes Leben erzeugt, wie eine sich nicht verzehrende Kerze durch das ihr gegebene Feuer aus sich Licht hervorbringt, das ihr Leben ist (eine ausgelöschte Kerze ist tot) oder wie der Asbest, einmal angezündet, nie erlöscht. Dies ist das Feuer, das Christus in die Seelen senkt, daß es brenne; von diesem Feuer war die Seele des Elias, Elisäus und Johannes des Täufers entflammt, der daher von Christus eine brennende Leuchte genannt wird. Keine Freude kann gesichert sein, sie sei denn über allen Wechsel erhaben. In dieser Welt, wo Gegensätze sind, ist nichts gesichert. Nur die größte Freude, über die hinaus keine größere gedacht werden mag, ist gesichert. Denn sie ist über allen Gegensatz erhaben und frei von aller Traurigkeit, wie der Himmel von aller Dunkelheit frei ist, weil die Sonne, die Ursache des Lichts, dort immer scheint. So ist in der himmlischen Freude die Ursache der Freude, Gott, die Sonne der Gerechtigkeit, immer gegenwärtig, und die Wirkung hört nie auf, da die Ursache immer wirkt. Das ist die wahre Freude, während die Freude dieser Welt nur (vorübergehende) Erscheinung, nicht Wahrheit ist. Wie trügerisch die Freude der Welt sei, erhellt aus ihrem Ende und den Strafen, die ihr folgen. Sie ist wie die Freude des Trinkers, auf welche verdummende Betrunkenheit folgt, oder wie die Freude des Turniers und Tanzes, welche Ermüdung bis zur Entkräftung zur Folge hat, oder wie die Freude derer, welche die ersten noch sauren Trauben beim Beginne der Tafel essen und dadurch die Zähne abstumpfen, daß sie für schmackhaftere Speisen nicht mehr tauglich sind. So sind die Weltfreuden ein Hindernis für die Freuden des Geistes. Der Geschmack an diesen geht verloren und bleibt, wenn nicht die Gnade Gottes noch zur richtigen Einsicht führt, ganz unerkannt. Daher lehrt uns das Gesetz Christi die Weltfreuden fliehen, damit wir unbefleckt durch dieselben die große Süßigkeit Gottes verkosten mögen.

Die Freude in Gott ist *immer neu*, weil sie sich immer wiederholt, wie das Sonnenlicht, das Licht der Kerze, die rieselnde Quelle immer neu ist, weil sie sich beständig erneuert. Die himmlische Freude ist daher immer neu, ohne Mangel, ohne nachzulassen oder zu altern. Das Immerwährende darf nicht als ein Altwerden gedacht werden; denn es geht nie in Vergangenheit oder Zukunft über, es ist ein beständiges Heute, denn es wird erzeugt, wie der Sohn Gottes, von dem der Prophet sagt: »Heute habe ich dich gezeugt.« Das Heute geht nie in Vergangenheit oder Zukunft über, sondern ist immer neu. So ist es bei den Werken Gottes, von welchen es heißt: »Siehe, ich mache alles neu.« So ist das Leben immer neu im Körper, weil die Einwirkung der Seele eine kontinuierliche ist. Die Neuheit ist, reiflich erwogen, über der Zeit und vor ihr, da auch die Zeit durch die Neuheit eine neue genannt wird. Jeder Zeitmoment ist neu, weil er keine Vergangenheit und Zukunft ist. Und wie in der Zeit alles neu ist, so auch in allem Erschaffenen. Daher ist alles neu, sofern es in Wirklichkeit tritt. Die Neuheit ist daher das Prinzip, welches in allem das wirkliche Sein verleiht. Nur von Gott kommt diese Neuheit, weil er der Schöpfer ist; die Kreatur ist die ins Sein aufgenommene Neuheit (creatura est novitas sic recepta); indem Gott aus Nichts den Himmel neu schuf, ist die auf diese Weise ins Sein aufgenommene Neuheit – Himmel geworden; ebenso bei allen andern Geschöpfen. Die Neuheit ist aber nicht in beständigem Flusse, sondern sie ist die Erneuerung eines und desselben (est circa idem innovatum), über den Begriff der Zeit hinaus. Wenn z. B. etwas durch Feuer sein Sein hätte, wie das Gold, so würde dieses bei Abwesenheit des Feuers nicht sein, dagegen bei Anwesenheit desselben stets erneuert werden. Die Philosophen, welche sagen, das Sein müsse man bei der beständigen Strömung der Zeit nicht anders denken als ein Werden, denken sich das Sein nicht als etwas Beständiges, in irgendeinem Zeitmomente. Ich aber fasse das Sein als etwas Beständiges, weil es nie altert, wie das Jetzt der Zeit nie altert, sondern es wird dasselbe Jetzt erneuert, weil es vom Schöpfer nicht mittelst des nacheinander

der Zeit, sondern unmittelbar herrührt, *nach* der Zeit, welche nur die Entfaltung desselben ist, wie die Zahl die Entfaltung der Einheit. Die Neuheit, absolut betrachtet, ist ewig; denn vor der Neuheit kann nichts sein als die Ewigkeit. Die Neuheit wird von der Ewigkeit erzeugt. Sie ist die stets neue Ewigkeit (novitas est nova aeternitas). Ist die Ewigkeit der Anfang ohne Anfang, oder der allmächtige Vater, so ist die Neuheit der Anfang vom Anfange oder der Sohn, der die ewige Neuheit ist, durch welche alles erschaffen ist ... Die ewige Liebe geht aus beiden hervor als heiliger Geist ... Durch ihn werden daher die Herzen *erneuert.* Reinigung, Läuterung und was zur Neuschaffung gehört, geht von ihm aus. *Das Reich der Glückseligkeit ist daher die Freude im heiligen Geiste.* (Exc. VIII, 618–620.)

Das Schöne

Mit den geistigen Sinnen, mit welchen wir nach Erlangung von Kenntnissen ausgehen, erreichen wir auch in gewisser Weise das *Schöne.* Wir sagen, die Farbe, die Gestalt habe Schönheit, dasselbe sagen wir von der Stimme und Sprache. Es erreichen also Gesicht und Gehör einigermaßen das Schöne. Geruch, Geschmack und was dem Tastsinn unterliegt, nennen wir nicht schön, weil diese Sinne nicht so an das Geistige angrenzen; sie sind rein tierisch. Es sind nämlich alle Sinne durch ihre Vereinigung mit dem vernünftigen Geiste edler als in den Tieren; die edlere Kraft veredelt auch das mit ihr Vereinte, wie das Sonnenlicht die Luft durchleuchtet. Die feineren Sinne sind in einer innigeren Vereinigung mit der Vernunft. Daher wird das Gesicht durch eine schöne Gestalt und Farbe, das Gehör durch eine schöne Harmonie gefesselt und dies ist im Menschen Wahrheit, weil das Verständige, das in der Proportion seine Freude hat, in jenen Sinnen deutlicher widerscheint. Was daher wohl geordnet und proportioniert ist, d.h. wo in der Vielheit die Einheit als Proportion oder Harmonie sich abspiegelt, das ist uns angenehm. Nach Dionysius besteht das Wesen des Schönen in dem Einklange der Gegensätze (Rationem autem pulchri consistere in quadam consonantia diversorum, Dionysius dicit.) Dionysius handelt davon, daß gewisse göttliche Wirksamkeiten in die Kreaturwelt heraustreten, wodurch diese zur Ähnlichkeit mit Gott erhoben wird (sunt quaedam divinae processiones in creaturas, quibus perficiuntur in divinam assimilationem, cum procedant processione formali), da dieses Heraustreten ein bildendes und gestaltendes ist, wie aus der ersten Wärme alles Warme entsteht. Das erste Heraustreten, das in unserem Geiste vor sich geht, bezieht sich auf das Erfassen des Wahren. Das Wahre leuchtet alsdann auf, es zündet als etwa Gutes und nun erst erhebt sich das Verlangen nach ihm (Prima autem processio, quae est in mente, est secundum apprehensionem veri. Deinde illud verum excandescit et accenditur in ratione boni, et sic demum movetur desiderium ad ipsum). Der Bewegung des Verlangens muß nämlich ein doppeltes Erfassen vorangehen: ein Erfassen der *theoretischen Vernunft* (intellectus speculativi), welches das absolute Erfassen des Wahren selbst ist, und ein Erfassen der *praktischen Vernunft* (intellectus practici), durch das Auffassen des Wahren unter dem Gesichtspunkte des Guten[1] (per apprehensionem veri in ratione boni). Nun erst entsteht die Sehnsucht nach dem Guten. Gleichwie nämlich die Heilkunst in ihrem Wirken keinen Erfolg erzielt, wenn sie nicht durch die Wirksamkeit der Natur unterstützt wird, so kommt es auch zu keiner Sehnsucht, wenn sie nicht durch das Erfassen der Wahrheit ihre Richtung erhält. Dem Erfassen des Wahren als Wahren (in ratione veri) korrespondiert das Hervorgehen des Lichtes; dem Erfassen des Wahren als des Guten (in ratione boni) korrespondiert das Hervorgehen des *Schönen*; der Bewegung der Sehnsucht korrespondiert das Hervorgehen des *Liebenswürdigen* (processio diligibilis).

Das Schöne, das nach Tullius durch seine innere Kraft uns an sich zieht und durch seinen innern Wert fesselt, faßt in seinem Wesen drei Stücke in sich: Erstens das Glänzende der Gestalt (splendorem formae), sei diese nun eine substantielle oder akzidentielle, das sich über die proportionierten und bestimmt begrenzten Teile eines Gegenstandes verbreitet, wie z. B. der Körper schön genannt wird durch die angemessene Verteilung der Farbe über proportionierte Glieder (ex resplendentia coloris, super membra proportionata). Zweitens: das Erregen des Verlangens zum Schönen. Dies kommt dem Schönen zu, sofern es etwas Gutes und ein Endzweck (finis) ist. Drittens: das Schöne sammelt alles in eine Einheit (congregat omnia), und zwar

1 Gut ist (bonum) hier und im Folgenden im weiteren Sinne = das uns Zusagende, im Gegensatze von Übel genommen.

sofern es ein gestaltendes Prinzip ist (et hoc dicitur ex parte formae), dessen Abspiegelung eben das Schöne bewirkt.

Die Schönheit an sich ist das, was durch seine Wesenheit die Ursache des Schönen ist und alle Schönheit bewirkt. Das Schöne und sittlich Gute (honestum) sind bezüglich ihres Gegenstandes identisch (in ratione subiecti idem sunt), in ihrem Wesen aber verschieden. Das Wesen des Schönen als Universale besteht darin, daß sich ein gestaltendes Prinzip in der Proportion der Bestandteile oder in verschiedenen Materien und Handlungen abspiegelt; das Wesen des sittlich Guten besteht darin, daß es das Verlangen nach sich erweckt. Schönheit und einzelnes Schöne sind eines in Gott. *Die Schönheit in Gott ist die erste und höchste*, aus welcher die Natur der Schönheit in allem einzelnen Schönen ausfließt. Sie ist das Prinzip (forma) alles Schönen; denn sie bewirkt (facit) alles Schöne, wie die Weißheit alles Weiße (sicut albedo omnia alba). Die Wesenheit Gottes, welche Gott selbst ist, ist die oberste und erste Schönheit.

In allem Schönen ist Übereinstimmung oder Proportion und Klarheit (claritas): Übereinstimmung an dem einzelnen Subjekte (der Schönheit) (consonantia, ut subjectum), Klarheit, sofern das Schöne Wesenheit ist (claritas, ut essentia). Die Tugend hat eine Klarheit in sich, vermöge welcher sie schön ist, wenn sie auch von niemand erkannt wird; sie ist jedoch so eingerichtet, daß sie mitsamt ihrer Klarheit erkannt wird. In diesem Sinne nannte Tullius das sittlich Gute auch das Schöne. Vom Schönen als einzelnem Gegenstande (ratione subjecti) gilt, was vom Guten gesagt wird: Alles hat ein Verlangen nach dem Schönen (wie nach dem Guten).

Zum Wesen des *Guten* gehört, daß es Ziel der Sehnsucht ist; denn nach dem, was gut ist, strebt alles. Das *sittlich Gute* fügt zu dem Begriff des Guten noch den der innern Kraft und Würde hinzu, mit der es uns anzieht. Das *Schöne* geht noch weiter, indem es (das Gute) mit einem großen Glanze und Klarheit verbunden mit Proportion überkleidet (De ratione *boni* est, quod sit finis desiderii, movens ipsum ad se; nam ipsum est quod omnia appetunt. Honestum addit supra bonum, quod sua vi et dignitate nos trahat. *Pulchrum ulterius supperaddit* resplendentiam et claritatem quandam super quaedam proportionata). Der Schönheit kommt es daher, sofern sie Endzweck und ein Gut ist, zu, an sich zu fesseln; sofern sie bildendes Prinzip (forma) ist, zu sammeln und zu einigen (dem Prinzip kommt es eigentlich zu, zu sammeln, weil es vielfache Potenzen der Materie eint und in eines zusammenfaßt). Eine Schönheit, die nur von einem bildenden Prinzip abhängt, ist eine vollkommenere Schönheit, als diejenige, deren Schönheit von mehreren Prinzipien bedingt ist; denn von je Wenigerem etwas seine Vollkommenheit erlangt, desto edler ist es. Das Schöne, das mit dem Guten gleichbedeutend ist, ist die Ursache aller Bewegungen der Geister, da die Sehnsucht das Bewegende ist. Sehnsucht ist so recht die Sache des Geistes. Wenn dem Engel die Schönheit eines Gutes gezeigt wird, so strebt er eifrigst, dieselbe zu offenbaren und dann so schnell als möglich zum Genusse derselben zurückzukehren, um so den Kreislauf abzuschließen. Das Zeigen geschieht im Zentrum. Das Herabsteigen zum Offenbaren ist eine geradlinige Bewegung zur äußersten Peripherie, im Wege der Vorsehung. Die Rückkehr ist wie der Reflex der Bewegung, so daß in der Schönheit des Guten der Kreis sich abschließt. So teilt der, dem ein Schatz aufgezeigt wird, seine Freude so schnell als möglich dem Freunde mit, dann eilt er zurück, um den Schatz zu zählen oder zu genießen. So bewegen sich die Engel kreisförmig, in gerader und reflektierter Richtung (reflexe). Die Seelen bewegen sich in ebensovielfacher Bewegung. Wenn die Sonne die Sehkraft erhellt, daß sie mittelst derselben die Farben sieht, so zieht sich die Sehkraft, wenn sie das Sonnenlicht sehen will, von allem Farbigen zurück. So sieht auch die Seele, durch das Licht des Verstandes, das Partikulare. Will sie in das Licht des Verstandes selbst hineinsehen, so zieht sie sich von dem Partikularen zurück und kehrt zu dem ersten Lichte zurück. Diese Bewegung ist gleichfalls eine kreisförmige. Denn die Sehkraft ist der Verstand, das Sonnenlicht ist das Licht des in Tätigkeit begriffenen Verstandes; das Erkennbare (intelligibilia) sind die Farben. So geht die Bewegung von der Schönheit des Ersten aus und kehrt zu diesem zurück; denn mit der Kraft des göttlichen Lichtes, das in dem tätigen Verstande schimmert, bewirkt der in Tätigkeit befindliche Verstand alles. Wenn daher der Verstand als Potenz (intellectus possibilis) das Licht des tätigen Verstandes in sich aufnimmt und aus dem Partikularen zur Anschauung seiner selbst in sich zurückkehrt, dann empfängt er von ihm, und was ihm wirkliches Sein gegeben hat, kehrt wieder in den ersten (die Anregung gebenden) Verstand zurück.

Alle Bewegung der sinnlichen Dinge geht aus dem Schönen in das

Schöne zurück, so alle Progressionen, Leben, Sinne, Seele, Natur, Kleines, Großes, Proportionen, Mischungen, kurz: alles. Denn alles, was ist, ist aus dem Schönen und Guten, im Schönen und Guten und wird in Schönes und Gutes verwandelt. Alles, was geschieht, geschieht wegen des Guten und Schönen, nach diesem schaut alles hin, von ihm, um seinetwillen und durch es wird alles bewegt und zusammengehalten; in ihm ist das Prinzip für alle Nachahmung... Alles ist auf übersubstantielle Weise (omnia supersubstantialiter) im Schönen und Guten, es ist der Anfang und das Ende von allem. Für alle ist das Schöne und Gute ein Gegenstand der Sehnsucht, der Liebe und des Begehrens; durch dasselbe und um seinetwillen liebt das Niedere auf dem Wege der Umwandlung das Höhere, das Gleiche wie einen Vertrauten das Gleiche, schließt sich das Höhere in vorsorglicher Liebe an das Niedere an. Jedes Wesen liebt sich in seinem Bestande und dem Beschlossensein in sich selbst (et ipsa se amant singula suae ratione constantiae vel continentiae); was sie tun und wollen, das tun und wollen alle aus Sehnsucht nach dem Schönen und Guten. Selbst der Schöpfer von allem liebt alles, tut alles, vollendet alles, umfaßt alles, verwandelt alles nach der Größe seiner Güte. So lehrt der große Dionysius Areopagita, das sei das Gute, was alle anstreben, und das absolut Schöne, das mit der Schönheit identisch ist. Er nimmt besondere Arten des Schönen an, was er an dem Beispiele von der Sonne nachweist. Vom sinnlichen Lichte geht er zum geistigen über und zeigt, wie jenes Licht in den geistigen Naturen ebenso wirkt, wie das Sonnenlicht in der sinnlichen Natur.

Die Abspiegelung des Schönen in der niedersten Stufe erreichen wir mit den mehr geistigen Sinnen, dem Gesicht und Gehör. Dadurch wird der Geist mit Verwunderung erfüllt und seine Kraft angeregt, in tätiger Weise das Schöne geistig zu erstreben, das der Sinn nur im allerkleinsten Maße erreicht, wie der, welcher nur mit der Zungenspitze etwas Süßes verkostet hat, dadurch bestimmt wird, sich durch dasselbe zu erquicken. Denn alles strebt nach dem Guten, das auch das Schöne ist, und wendet sich ihm zu, Jegliches nach seiner Natur: als Sein, Leben oder Geist (aut essentialiter, aut vitaliter aut intellectualiter). Da nun die geistige Natur an der Natur des Guten und Schönen geistig partizipiert, weil diese ihr Prinzip ist, so kann sie nur unter dem Einflusse desselben Nahrung und Leben erhalten. Im geistigen Anschauen und Genießen des Schönen und

Guten besteht ihr Leben. Wir sehen, daß alle verständigen Wesen über das Schöne zu urteilen vermögen; sie nennen diesen Kreis, diese Rose, jenes Holz, jenen Gesang schön. Hätte nun das Urteilende, der Geist, nicht die Idee der Schönheit, die alle sinnliche Schönheit in sich faßt, so könnte er nicht zwischen mehrerem Schönen urteilen, und das eine schön, das andere noch schöner nennen. Daher ist der Geist eine gewisse universelle Schönheit oder die Idee der einzelnen Arten des Schönen (species speciarum), da diese nur konkrete Schönheiten sind. Wie das Feuer die Gestalt und den Begriff alles Warmen in sich faßt, so ist der Geist der Inbegriff aller geistigen Ideen. Die geistige Natur, die erste Ausstrahlung des Schönen (quae est prima pulchri irradiatio), sofern sie Ebenbild Gottes, der absoluten Schönheit ist, faßt alles natürliche Schöne, das sich in seinen Gattungen im Universum entfaltet, vorbildlich (antecedenter) in sich. Die absolute Schönheit, welche Gott ist, entflammt sich durch ihre Selbstanschauung zur Liebe ihrer selbst. Wie sollte die Quelle alles Schönen, die von allem Schönen mit Recht Vater genannt wird, die höchste Schönheit sein, wenn sie sich selbst nicht als schön erkennte! Die unendliche Schönheit muß also notwendig sich selbst erkennen. Erkennt sie aber sich selbst, so muß daraus unendliche Liebe entstehen. Siehe da *die Dreieinigkeit in der Einheit des Wesens der Schönheit,* wo der *Quell* der Schönheit die *Selbstanschauung* der Schönheit erzeugt, aus denen dann die *Liebe* entspringt! Unser Auge sieht sich nicht selbst, außer im Reflex des Spiegels, der Geist aber sieht anderes nicht, bevor er nicht sich selbst sieht, denn erst durch sich sieht er anderes. Wäre die Sehkraft, die im Auge ist, Geist, so würde sie zuerst sich und das andere in sich sehen. Die vernünftige Natur weiß, daß sie vernünftig ist, sonst wäre sie nicht vernünftig; dieses Wissen heißt sich selbst anschauen. Dann erst sieht sie in sich anderes geistig, wie der Sinn das Sinnliche in sich auf sinnliche Weise erfaßt. Die lebendige Schönheit also, das göttliche und ewige Leben, sie, das Leben selbst, das Gott ist, wollte ihre Herrlichkeit, die das Prinzip aller Schönheit ist, offenbaren, und zwar darum, weil die Schönheit auch die Güte ist, die Güte aber sich selbst mitteilt, wie die Schönheit an sich fesselt. Um also ihre Herrlichkeit zu offenbaren und an der Güte und Schönheit Anteil zu nehmen zu lassen, erschuf sie die Welt. Die Schönheit zieht an. Soweit also jedes aus dem Nichts der Schönheit sich nähert, insoweit kommt es aus dem Nichts zum Sein. Kein Wesen ist daher frei von Schönheit und Güte. Das Prinzip demnach, welches das Sein verleiht, ist kein anderes, als die Teilnahme an der Schönheit. Nach dem Grade der Ähnlichkeit mit der Schönheit gestalten sich die Gradunterschiede der Dinge; durch die Schönheit des Akzidens, die wir mittelst des Sinnes erfassen, und die sich wie in einer Verhüllung und Äußerlichkeit der Figuren vorfindet, steigen wir auf zur Schönheit der Substanz. Alles, was ist, ist Werk der absoluten Schönheit, nach der Ähnlichkeit mit ihr gebildet. Dieses Bilden ist ein Anziehen. Im Reiche der Schönheit ist alles schön, was ist und was sein kann. Die Schönheit ist das ganze Sein alles Seienden, alles Lebenden, alles Vernünftigen. Denn in der Einheit ist alle Zahl complicite, in der Zahl alle Proportion und Vermittlung, in der Proportion alle Harmonie, Ordnung und Einklang, somit alle Schönheit, die in Ordnung, Proportion und Einklang sich abspiegelt. Nennen wir daher Gott den Einen, so ist dieser Eine die übersubstantielle Einheit oder Schönheit, die alles Schöne in sich begreift. Nennen wir Gott das Licht, in dem keine Finsternis, so ist dieses Licht nichts anderes, als die Einheit. Gäbe es einen einfacheren Namen, welcher das Licht, das die Einheit ist, als göttliches Attribut ausdrückte, so faßte dieser Name das ganze Wesen der Schönheit in sich, sowohl das Materielle der Schönheit: die Proportionen, als auch das Formelle: den Schein (resplendentia), und zwar jenes, weil es Einheit, dieses, weil es Licht ist.

Die Kräfte der Himmel – was sind sie anderes, als Schönheiten im Reiche Gottes? Eine Kraft ist insoweit groß, soweit sie schön ist. Das Gemeine (foeda) ist nicht vom Reich der Schönheit. Die sittlichen Mißgestaltungen (deformitates) der Seelen sind eine Häßlichkeit (foeditates), welche die Schönheit der Seele entstellen (animarum pulchritudinem deformantes); sie stammen nicht aus der Schönheit, weil aus der ersten Schönheit nur Schönes und Gutes hervorgehen kann. Die Entstellung rührt von dem aufnehmenden Geschöpfe her, die Schönheit von dem bildenden Schöpfer (Deformitas ex recipientibus, decor a datore formae).

Blickt das Auge zum Reiche der Schönheit auf, so findet es, daß die Schönheit jedes einzelnen Schönen die Schönheit des andern nicht beeinträchtigt (non occupet), weil die Schönheit kein Quantum ist, nicht klein oder groß, sondern Kleines und Großes ist schön durch die Schönheit. Betrachten wir die Schönheit eines Königreichs oder der Hierarchie der streitenden Kirche vom Standpunkte des Himmelreichs[1], so sehen wir sie dort in ihrer Reinheit, erhaben über jede Beschränkung des Raumes oder der Zeit. Die Schönheit von Sachen, Örtern, Gegenden etc. ist im Reiche der Schönheit geistig und ewig. Die Schönheit der Unschuld, Reinheit, Jugend, Männlichkeit, Keuschheit, Tapferkeit etc. bilden nicht ein Gemengsel von Gemeinplätzen (non sunt confusae provinciae), sondern sie sind schön und wohl geordnet im Himmelreiche. Bleibende Stätten voll Schönheit (mansiones pulchrae) sind in diesem Reiche; sie werden die Wohnstätten für jene schönen Geister, die mit dem Glanze der Tugend geschmückt sind. Jeder erhält die Stelle, die seiner Tugend entspricht. Die zwölf Stämme Israels d. i. derer, die Gott schauen in Jerusalem d. i. in der Anschauung des Friedens, haben in dem einen Reiche nach Stämmen abgesonderte Wohnsitze, und weiden sich dort an der Schönheit, je nach der Schönheit ihrer Tugend. Der vernünftige Geist strebt in dieser schönen Welt (die daher *κόσμος* genannt wird) nach der Schönheit der Tugenden, mit denen er den Schmuck seiner natürlichen Schönheit erhöht. Liebe ist das Ziel der Schönheit; die Schönheit will geliebt sein. Gott ist die Schönheit selbst, er will also geliebt sein. Die aus sich selbst liebenswürdige Schönheit ist die Charitas; ohne sie wird also niemand die absolute Schönheit schauen. Unser Streben wird es daher sein müssen, daß wir von der Schönheit des Sinnlichen uns zur Schönheit unseres Geistes erheben, welche alle sinnliche Schönheit in sich faßt. Von der Betrachtung unserer Schönheit steigen wir auf zur Bewunderung der Quelle der Schönheit, von der unsere Schönheit ein Abbild ist. Verlassen wir alles Häßliche, die Sünden, von denen unser Geist selbst, das Gewissen, uns Zeugnis gibt, daß sie häßlich sind, und streben wir mit der uns innewohnenden Schönheit in beständiger Liebe, dem Quell der Schönheit uns gleich zu gestalten. Denn die lebendige geistige Schönheit wird durch Erkenntnis der absoluten Schönheit in unbeschreiblicher Sehnsucht zu ihr hingezogen; je inniger die Sehnsucht, desto mehr nähert sie sich und wird mehr und mehr dem Urbilde ähnlich. Denn die Sehnsucht oder Liebe verwandelt den Liebenden unaufhörlich zur Ähnlichkeit mit dem Gegen-

1 Nach dem Zusammenhange f. v. a. im idealen Reiche der Schönheit.

stand seiner Liebe, und es naht zuletzt die Stunde der Erhebung (in das himmlische Reich der Schönheit), im Zuge der Schönheit oder der göttlichen Glorie. Die Glorie ist nur im Himmelreich der Schönheit (nam non est gloria nisi in regia pulchritudine). In der Glorie sein heißt in der Anschauung der Schönheit sein und in Liebe mit ihr vereint. (Exc. VIII, 591–594.)

Höchste Glückseligkeit

Die Glückseligkeit unseres Geistes besteht nicht im *Wissen*, da dieses ein Mehr oder Weniger zuläßt. Was mehr oder weniger sein kann, macht nicht glücklich; denn kann es weniger sein, so kann es auch ganz aufhören; kann es mehr sein, so ist es nicht vollkommen. Die Glückseligkeit aber ist nichts Unbestimmtes (non est in ambiguo), sie ist das Ende der Vollkommenheit in der beständigen Ewigkeit. So gewiß uns demnach der Grad der höchsten Sinnenerkenntnis fehlt, solange wir eine Sache nicht gesehen haben, so gewiß sind wir zum Ziele unserer Sehnsucht noch nicht gelangt, solange wir die Wahrheit nur wissen, und wir sie nicht in jener Anschauung sehen, welche die höchste mit dem Genusse verbundene Erkenntnis ist (ultima fruitiva cognitio). Die Glückseligkeit besteht also in der geistigen *Anschauung* des Schöpfers der Welt.

Welches der Weg zu Erlangung dieses göttlichen Geistes sei, ist klar: Es ist das Evangelium, die frohe Botschaft, nicht die Philosophie, nicht die Logik oder Dialektik, nicht das Überreden aus Vernunftgründen (rationalis persuasio), sondern die Verkündigung des Sohnes Gottes, die sich in der Kraft der Wunder bewährt hat. Durch diese Anleitung gelangen wir zu dem Geiste, der uns zur Glückseligkeit führt, auf jedem andern Wege nicht. Daher sagt Paulus, er tue alles mögliche, um des Evangeliums, in dem der Geist sich findet, der uns zum Leben führt, teilhaftig zu werden. Wir müssen also unsern Lebenslauf so einrichten, daß wir des Evangeliums teilhaftig werden. Dann sind wir versichert, daß das Ergreifen der unsterblichen Krone uns gelingen werde. (Exc. X, 681.)

Wenn ich sage, das ewige Leben sei die Erkenntnis der Liebe und du auf die Erkenntnis allein hinsiehst, so besteht dir das ewige Leben in der Erkenntnis und ist somit Sache der Vernunft. Siehst du aber auf die Liebe hin (charitatem), so ruht dir das ewige Leben im Willen, weil die Liebe als solche nur durch Liebe erkannt wird. Erhebst du dich aber zu jener Einfachheit, wo Erkennen und Lieben eines ist, so begreifst du, daß diese beiden Potenzen der Seele, Erkennen und Lieben, in der höchsten Glückseligkeit koinzidieren. Soviel die glückselige Seele liebt, soviel erkennt sie und umgekehrt: soviel sie erkennt, soviel liebt sie, da die Glückseligkeit ihr von dem zu Teil wird, in dem Erkennen und Lieben eines ist und der, indem er die Seele beglückt, im Erkennen sich nicht mehr ihr mitteilt als im Lieben. Um dies noch deutlicher einzusehen, erwäge, daß die vernünftige Seele in dieser Welt zwei verschiedene Kräfte hat: durch die eine sammelt sie alles in sich, dies ist die Vernunft, die alles in sich nimmt (intellectus, *intus* seu in se *legens* omnia) oder alles innerlich an sich bindet (seu omnia in se intus ligans); durch die andere geht sie zu allem aus sich hinaus und bindet sich an alles, das ist der Wille oder die Liebe. Durch diese einet sie sich mit allem und bindet sich an alles. Ist sie glückselig, so hat sie Gott, in dem sie alles in sich hat. In ihm ist sie mit allem vereint, und es ist dasselbe, daß alles in ihr und sie in allem ist, weil sie Gott hat, in dem alles und der in allem ist.

(Exc. X, 671.)

III.

Religiöse Dialoge

Über die Verkündigung der glorreichsten Jungfrau Maria

Ein frommes Gespräch

Personen: Der Verfasser, ein Christ, Maria

In einem Gespräche unterhielt sich ein frommer Christ mit Maria am Feste der Verkündigung derselben. Um dieses Fest würdig zu feiern, ging er in sein Gemach, kniete auf den Boden – bekannte zuerst seine Schuld unter vielem Weinen und Tränen, und dachte dann in inniger Demut und heißem Verlangen darüber nach, wie er das merkwürdige Ereignis dieses Tages würdig feiern könne. Da fiel ihm ein, daß ihm das unmöglich sei, weil er ein Unwissender war (idiota erat et ignorans). Endlich nahm er zum Gebete seine Zuflucht, auf daß er Weisheit erlange. Da erschien ihm die glorreiche Jungfrau; erschrokken fiel er zu Boden; sie aber machte ihm Mut mit den Worten: Fürchte dich nicht, ich bin eine gnädige Mutter, die Mutter der Barmherzigkeit, deine Mutter und die Mutter aller Erben des Reiches und Miterben meines Sohnes! Sie berührte ihn mit ihrer Hand voll Gnade und Kraft. Er erhielt die Besinnung wieder; gestärkt richtete er sich schüchtern ein wenig auf und sprach:

Der Christ. Entferne dich von mir, Mutter des Himmelskönigs, denn ich bin ein Sünder, der Unreinste aller Menschen, und dieses ganze Haus ist unrein wegen meiner Sünden.

Maria. Weil du dich als unrein erkennst, so wird die Gnade dich nicht verlassen, und je mehr du deine Unreinigkeit erkennst, desto besser erkennst du dich selbst. Ich bin die Mutter aller, welche sich selbst kennen; diese sind die von aller Weisheit erleuchteten Söhne und ich bin *Maria, die Lichtspenderin* (illuminatrix). Ich nehme mit jenen, welche sich selbst kennen, am Lichte Teil. Darum sei getrost! Denn daß dir deine Sünden ein Greuel sind, ist ein Zeichen, daß du von mir heimgesucht zu werden verdienest, die ich wie eine auserlesene Myrthe lieblichen Wohlgeruch mitteile. Wem seine Sünden ein Gegenstand des größten Abscheues sind, der ist gesund, der hat einen gesunden Geruch, hellsehende Augen, mit denen er seine Richtigkeit erkennt; er verdient, daß ich, die Mutter der schönen Liebe, mich ihm zeige und ihn wie eine Mutter liebe und pflege. Doch weil du aus vollem Herzen um die Gnade der Weisheit gefleht hast, um mein Fest würdig feiern zu können, siehe! so bin ich, die Mutter der Gnade, bereit, deinen Bitten zu willfahren.

Der Christ erhob sich nun ein wenig und redete die Mutter der Gnade also an:

Der Christ. O Mutter der Gnade! dieweil du dich zu meiner niedrigen Hütte herabzulassen gewürdigt hast, so sollte ich dich wohl mit irgendeinem deiner würdigen Lobe und Gruße empfangen. Doch wer bin ich, um etwas zu sagen, was allen Wert übersteigt? wie soll ich dich preisen, Jungfrau, die den, welchen die Himmel nicht zu fassen vermögen, in ihrem Schoße getragen hat? Du bist die Himmelskönigin, die Mutter der Engel und Menschen, der Jubel der Propheten; dein Vorzug ist, Mutter Gottes und des Menschen zu sein. Was soll ich beginnen wenigstens nach meiner Schuldigkeit, denn nach Gebühr kann ich dir nichts erweisen? Indes bestreben will ich mich wenigstens, daß ich es an nichts fehlen lasse, um alles zu deiner Verehrung auszuführen.

Maria. Der Allvater im Himmel, der dich und alles erschaffen hat, wird dich belehren, wie du mich, als die Mutter seines Sohnes, begrüßen sollst. Mir kann nichts lieber sein, als was Gott angeordnet hat. So bediene dich denn des Engelsgrußes, da menschliches Lob zu schwach ist, zum Gruße für die Mutter Christi. – Dies hob den Mut des frommen Beters und er sprach:

Der Christ. Gegrüßt seiest du Maria, du bist voll der Gnade; der Herr ist mit dir. – Bei diesen Worten lächelte Maria in Freude und Entzükken den Beter an und sprach:

Maria. Der Engel brachte mir diesen Gruß in wahrem Engelssinn; und je mehr ich ihn in diesem Engelssinne mir bringen höre, desto größer ist meine Freude darüber. Wenn ein frommes Gemüt mir diese hohe Gnade in die Erinnerung bringt, so durchströmt Freude mein Herz.

Der Christ. Sage mir doch, Maria, wie ich es dahin bringen kann, daß ich dich in diesem Engelssinne grüße.

Maria. Ein Engel ist ein vernünftiger Geist; je geistiger daher und je weniger fleischlich jemand ist, desto vernünftiger ist er, desto weniger zerstreut, desto mehr gesammelt und begeistert, desto mehr engelgleich. Bedenke daher, indem du mich begrüßest, daß du mich nie genug engelgleich begrüßt habest, und strebe in beständiger Wiederholung, mit innerer Begeisterung (interiori ferventia spiritus) mich zu grüßen, und du wirst Fortschritte machen.

Der Verfasser. Nun wiederholte der fromme Christ in lebendigerem Gefühle den Gruß. Er sah, wie Maria von größerer Freude strahlte, sie blickte ihn noch liebreicher an und sprach: Mein Sohn, so bleibe und ich werde nie aufhören, wie eine Mutter dich zu nähren und zu pflegen, auf daß du Teil habest an dem Erbe der Söhne Gottes und der Miterben meines Sohnes.

Der Christ. Es scheint, Maria! daß mit diesem Gruße der Anfang der Feier des heutigen Tages zu machen sei.

Maria. Allerdings; denn er ist der Anfang aller meiner Feste.

Der Christ. Fürs Erste sind mir die Worte des Lucas, des Beschreibers deiner Geheimnisse (Lucas secretarius tuus), daß du bei dem Gruße erschrakest, unklar; wenn du erschrakest, warum freuest du dich jetzt?

Maria. Als der Engel meine Unruhe aus Furcht entspringen sah, sagte er: fürchte dich nicht, Maria! denn ich erschrak nicht wie über eine unangenehme und mir mißfällige Sache; die Erhabenheit der Botschaft erschreckte mich. Ich fürchtete mich nicht, weil ein Engel zu mir sprach, als über etwas ganz Neues (denn es war mir nichts Neues und ich erschrak nicht vor dem Engel der Kraft und Stärke Gottes, mit dem ich längst vertraut war), sondern ich erschrak, wie das Auge erschrickt, wenn der reine Lichtstrahl in es hineinfällt. Dem Gesichte ist nichts lieber als das Licht; aber vor einem allzu starken Lichte erschrickt es, so daß es Tränen vergießt.

Der Christ. Gebieterin! Warum dachtest du nach, was das wohl für ein Gruß wäre? Du besaßest doch alle Einsicht, nach dem Zeugnisse des Engels, der dich »voll der Gnade« nannte.

Maria. Ich dachte nicht nach, als verstünde ich den Gruß nicht, und bat auch den Engel nicht um Aufschluß über denselben, sondern ganz erstaunt, wie ich war, dachte ich nach, wie ein so erhabener Gruß mir, der geringen Magd und Dienerin, vom Himmel zugesandt wurde. Würde nicht ein geringer Knecht, dem die frohe Nachricht eröffnet wird, daß er zum Könige erwählt worden sei, wegen der Größe der Erhöhung von Staunen ergriffen werden? würde nicht seine Seele ihre Sinnentätigkeit aufgeben und sich zur Erwägung der wichtigen, ihr gewordenen Botschaft in sich zurückziehen?

Der Christ. Mit Recht konntest du dich über den Gruß und seine Beschaffenheit wundern; denn Gottes Macht brachte dir vom Himmel die Botschaft in Engels-, nicht in Menschenworten. Denn daß eine Jungfrau die Fülle der Gnade empfing, daß Gott mit ihr war und sie, obwohl Jungfrau, mit Fruchtbarkeit vor allen Weibern gesegnet wurde, dies war etwas Neues, das Gott weit über allem Irdischen veranstaltete. Von der Erde kam allen Erdbewohnern das Weh: vom Himmel das »Ave«. Von der Erde stammen alle Söhne des Zorns, alle Lasterhaften und mit Sünden Beladenen: vom Himmel die Fülle der Gnade. Von der Erde alle, die unter der Gewalt der Finsternis sind: vom Himmel der Herr aller, der mit dir ist. Alle Jungfrauen (dich allein ausgenommen) entbehrten des Segens der Fruchtbarkeit; alle (dich allein ausgenommen) waren unter der Gewalt der Finsternis, nicht als ob alle gefallen wären, sondern weil sie fallen konnten. Nicht über das Ereignis selbst also dürfen wir uns wundern und nachdenken; wohl aber wünschte ich darüber Aufschluß, daß der Engel sprach: »Fürchte dich nicht, Maria! du hast Gnade bei Gott gefunden.« Hast du, Maria! etwa Gott gebeten, daß an dir dieses Wunder geschehen möge?

Maria. Nachdem einmal Gott, der vor aller Zeit ist, mich zur Mutter seines Sohnes auserwählt und mich nach seinem Erbarmen mit allem dem ausgeschmückt hat, was der Mutter der Weisheit des Vaters ziemte, so duldete er nicht, daß mir irgendeine seiner Gnaden und Segnungen fehlte. Er gab mir daher Weisheit und Einsicht weit über alle Menschen und Engel, da ich die Mutter der Weisheit, der Vernunft und des Wortes sein sollte. Ich erkannte demnach, Gott habe in seiner Erbarmung einen Samen versprochen, in welchem alle Völker gesegnet würden. In welcher Zeit aber jenes dem Abraham eidlich gegebene Versprechen in Erfüllung gehen würde, blieb, so wie auch die Art der Erfüllung, mir und allen verborgen. Ich sah das Elend des Volkes Gottes, das ohne den verheißenen Samen die ewige Seligkeit nicht erlangen konnte. Ich bat Gott, er möchte Den schicken, den er schicken wollte. Und da dieser *im Geiste* mit mir war, so war mein höchstes Verlangen, daß er auch im *Fleische* gesehen werde, damit er die Sünden der Welt hinwegnehme. Ich dachte: Wie glücklich ist doch die Mutter des Königs, dessen Reich kein Ende nimmt! wie edel, wie rein muß sie sein! Indem ich so dachte und in mir nur Gott war, über dessen Ankunft ich nachdachte, siehe! da verkündete[1] mir der Engel, es sei mir die Gnade geworden, zu sehen das Heil meines Gottes. Und er fügte bei: *»siehe! du wirst empfangen und einen Sohn gebären und seinen Namen Jesus nennen; dieser wird groß sein und ein Sohn des Allerhöchsten genannt werden; denn Gott der Herr wird ihm den Thron Davids, seines Vaters, geben; herrschen wird er im Hause Jacob in Ewigkeit, und seines Reiches wird kein Ende sein.«*

Der Christ. O welche überreiche Gnade hast du, glückliche Jungfrau! gefunden, daß es dir vergönnt war, aus deinem jungfräulichen Leibe geboren zu sehen, was du gewünscht hast. Du solltest die Mutter des Kindes sein, die du doch nur wünschtest, die demütige Magd seiner Mutter sein zu dürfen. Diese Worte des Engels sind die Erklärung des Grußes, über den du stauntest. Als er nämlich dich Jungfrau die gepriesene unter allen Weibern nannte, mochtest du wohl, da er noch nicht beigefügt hatte[2], du, die Jungfrau, *werdest in deinem Leibe einen Sohn empfangen,* über die Beschaffenheit dieses Grußes nachdenken. Er löste aber dein Bedenken, als er beifügte, du werdest einen Sohn empfangen. Sage nun, süße Jungfrau! warum sagte der Engel: *»er wird groß sein und ein Sohn des Allerhöchsten genannt werden.«*

Maria. Ich glaubte und dachte mir in meinem Geiste den verheißenen Messias so, wie der Engel ihn mir ankündigte, daß ich ihn empfangen werde; ich dachte ihn als schlechthin groß, nicht als groß in Hinsicht auf eine besondere Gabe, z.B. die Weisheit, wie Salomo große Weisheit unter den Königen Israels besaß, auch nicht groß an Schönheit wie Absolon, oder an Stärke, wie Simson, oder an prophetischer Gabe, wie Elias usw., sondern schlechthin

1 Im Texte: annuntiabit statt annunitiavit
2 Im Texte steht: adiecerant statt adiecerat.

groß, in aller Größe der Vollkommenheit und Gnade, als *die Größe aller Größen* (ut sit ipse magnitudo omnium magnorum). Ich dachte ihn als den Sohn keines andern als des Allerhöchsten, wodurch er allein in dieser Weise groß sein konnte. Ich dachte ihn also als den Urheber von allem, als den höchsten König, als Sohn des Allerhöchsten, so daß er herrschte auf dem Throne Davids und im Hause Jacobs in Ewigkeit und seines Reiches kein Ende sei. Denn kein Thron ist heiliger, als der Davids, kein Volk ist heiliger, als das der zwölf Stämme Israels, die im Hause Jacobs sind. Sein Reich ist daher Heiligkeit und Gerechtigkeit in Ewigkeit. Und weil ich das alles ebenso überdachte, wie es die Propheten von ihm vorhergesagt hatten, darum fügte der Engel, indem er mir *Jesus* ankündigte, damit ich nicht bei diesem Namen mir einen gewöhnlichen Menschen vorstellte, da noch mehrere Menschen diesen Namen hatten, noch hinzu, der mir verkündigte Jesus sei nicht ein Heiland (salvator) für besondere Fälle, wie Josua im Kriege, oder Jesus Sirach im Ratgeben, sondern *der Heiland selbst* (ipsa salutatio), der als der Messias von mir empfangen würde.

Der Christ. Sage mir, selige Jungfrau! warum erwidertest du dem Engel: *Wie soll das geschehen, da ich keinen Mann erkenne?*

Maria. Der Engel hatte mir gesagt, er sollte der Sohn des Allerhöchsten genannt und der Thron seines Vaters David ihm verliehen werden, er sollte also sowohl eines andern, als auch mein Sohn sein, die ich ihn in meinem Leibe tragen sollte. Ich begriff daher nicht, wie dies nach dem Gesetze der Natur anders als durch einen Mann geschehen sollte. Und da ich keinen Mann erkannte, fragte ich, wie ich einem andern einen Sohn gebären sollte, ohne Verbindung mit demselben. Darauf erwiderte der Engel, mich zufrieden stellend: *der hl. Geist wird über dich kommen und die Kraft des Allerhöchsten wird dich überschatten, daher wird das Heilige, das aus dir geboren wird, Sohn Gottes genannt werden.*

Der Christ. O Maria, Lichtspenderin! erläutere mir diese tiefen Worte des göttlichen Herolds.

Maria. Mein Christ! die Worte sind klar. Denn da der Engel mir sagen wollte, der Sohn des Allerhöchsten, den ich empfangen sollte, sei, wenn gleich David sein Vater genannt wird, doch nur der Sohn Gottes und nicht eines, wenn auch noch so hoch stehenden Menschen, so erklärte er eben dadurch, die Art und Weise meines

Empfangens gehe von der Kunst des Geistes und der Kraft Gottes aus. Denn wenn der Sohn eines Vaters Sohn ist durch die im Weibe zeugende Kraft des Vaters, so ist der der Sohn Gottes, bei dessen Werden keine andere menschliche Kraft gestaltend wirkte (coextitit), als allein die Kraft Gottes. So wird denn aus dem hl. Geiste nur das Heilige und aus der Kraft des allerhöchsten Gottes des Vaters nur der Sohn Gottes empfangen. Da nun der hl. Geist die Liebe und die Verbindung ist, so ist die Liebe, die der hl. Geist ist, über mich gekommen und hat in mir gewirkt und durch ihre Wirksamkeit hat die Kraft des Allerhöchsten mich überschattet, als bringe mir der hl. Geist die Kraft oder das Wort Gottes. Indem das Wort Gottes in mir die menschliche Natur angenommen hat, hat es mich überschattet, weil die in mir verborgene Kraft Gottes ihr Licht durch eine fleischliche Hülle zugedeckt hat. Es hat sich also für mich die Kraft des Allerhöchsten überschattet (obumbravit *se mihi* virtus altissimi), indem der Sohn Gottes sich in mir verborgen hat (cum se condidit in me filius Dei). Wie der Laut das Wort des Geistes dem Gehöre zuführt und der Verstand des Hörers die Kraft (den Sinn) des Wortes aufnimmt und in sich empfängt, wobei der Laut nur mitwirkt, indem er überbringt, jedoch nicht selbst empfangen wird, sondern das geistige Wort, das den Geist des Menschen überschattet, auf daß es erfaßt werde: so ist in ähnlicher Weise die Kraft Gottes oder das Wort durch den über mich kommenden hl. Geist mir zugedacht und in mir Fleisch geworden.

Der Christ. Maria, meine gnädige Gebieterin! Lucas schreibt, der Engel habe noch beigefügt: »*Und siehe, Elisabeth, deine Verwandte, hat gleichfalls in ihrem Alter einen Sohn empfangen, und schon geht sie, die für unfruchtbar Gehaltene, im sechsten Monate, denn bei Gott ist nichts unmöglich.*« Warum, gütige Mutter! hat er dies beigefügt? Denn gewiß hat der Engel nur das Notwendigste gesprochen, besonders zu dir, der verständigen auserwählten Braut Gottes.

Maria. Der Engel wußte, daß ich keines seiner Worte hinsichtlich des Tatsächlichen bezweifle, sondern bloß die Art der Ausführung einer Sache, die vorher noch nie da gewesen. Da nun der segenreiche Samen Abrahams, der der Vater des Samens geworden ist, weil er Gott (Deo) in dem geglaubt hat, was nach dem Naturgesetze und dem gewöhnlichen Gange nicht möglich war, nur von der gläubigsten Seele empfangen werden konnte, so hat der Engel, damit, so weit an ihm lag, die Beschleunigung der Empfängnis, die er alsbald vollzogen wünschte, erfolge, eifrigst jene Worte beigefügt, die mich über die Art und Weise zufrieden stellen sollten. Denn bei Gott zu fragen, wie er wirke, er, dem nichts unmöglich ist, ist unpassend; denn was er will, muß sein, und der entgegengesetzte Gang der Natur ist kein Hindernis. So führte er denn das Beispiel der Verwandten an. So hatte auch Sara einen festen Glauben, als der Engel sie belehrte, für Gott sei nichts schwierig. Er, die reine Notwendigkeit, ist nicht an eine Weise, so oder so zu verfahren, gebunden; denn von der Unvollkommenheit rührt es her, zu fragen, welche Art und Weise erforderlich sei. Wo also Möglichkeit und Unmöglichkeit, die von dieser Welt sind, wo die Art und Weise entscheidet, nicht statt haben, sondern der reine Wille die absolute Notwendigkeit ist, da ist es überflüssig, über die Art und Weise nachzuforschen. So wurde mir jeder Zweifel benommen. Und da nun in mir nichts mehr war, als ein ganz fester Glaube, so sagte ich zustimmend: »*Siehe, ich bin die Magd des Herrn, mir geschehe nach deinem Worte.*« Denn ich, die Magd des Herrn, wünschte, es möchte geschehen, was mir verkündet war, daß ich, die Magd des Herrn, die Mutter des Herrn würde.

Der Christ. O wunderbarer Verkehr! der Schöpfer des Menschengeschlechts würdig sich, unter den Geschöpfen aus seiner Magd geboren zu werden!

Maria. Der Herr und Schöpfer von allem, vor den Zeiten gezeugt,[1] ist wieder von mir empfangen und würdigt sich als Menschensohn, von mir geboren zu werden, wie der geborene Mensch (geistig) noch einmal empfangen wird, damit er als Kind Gottes wieder geboren werde.

Der Christ. O Glanz alles Lichtes der Erkenntnis! erkläre mir dies deutlich!

Maria. Ich werde es dir nachher im geeigneten Zusammenhange erklären[2], wenn du mich inständig bittest. Doch nun, als ich so mit vollem Glauben wünschte, das Wort des Engels möchte sich erfül-

---

1 *natus* ante saecula ist wohl *im Sinne* unseres Schriftstellers richtiger durch obige Übersetzung wiedergegeben.

.2 explanando im Texte muß unstreitig *explanabo* heißen.

len, empfing ich in demselben Momente in meinem Leibe den Sohn Gottes und der Engel schied von mir, nachdem er seinen Auftrag vollzogen.

Der Christ. Lucas erzählt, du habest dich aufgemacht und seiest eilends in das Gebirgsland in eine Stadt Judas gegangen und habest, als du in des Zacharias Haus gekommen, Elisabeth begrüßt.

Maria. Elisabeth war meine Verwandte, die den größten Propheten der Welt in ihrem Leibe trug. Da mir dies der Engel gemeldet hatte, so schien es, als sende er mich damit zu ihr. Und wie ich zu meiner Freude von dem Engel erfuhr, sie habe empfangen, so war es billig, daß auch sie zu ihrer Freude vernehme, ich sei schwanger. Da ich jung war, schien es meine Pflicht zu sein, alsbald die schwangere bejahrte Verwandte zu besuchen und ihr Dienste zu leisten und wegen der erlangten Mutterschaft nicht sogleich die Pflichten einer Magd aufzugeben, sondern vielmehr die erlangte Würde durch die Demut, durch die ich Gott gefallen hatte, zu erhöhen. So zog ich denn über das Gebirge, eilends, wie Freunde eilen, die sich gegenseitig einen Dienst erweisen wollen. Als ich in das Haus des Zacharias eintrat, grüßte ich mit aller möglichen Ehrerbietung und Zuneigung meine Verwandte Elisabeth und wünschte ihr Glück, daß im vorgerückten Alter eine so wunderbare ausgezeichnete Empfängnis –

Der Christ (einfallend) – der Vorläufer Johannes ihr Glück erhöhen sollte.

Maria[1]. Mein Besuch brachte der bejahrten Mutter viele Freuden. Der Prophet im Leibe der bejahrten Mutter merkte, daß in meinem Leibe sein Herr, dessen Vorläufer er werden sollte, zu ihm gekommen sei, und indem das Kind im Leibe vom hl. Geiste erfüllt in Freude sich bewegte, ging diese Freude auch auf die Mutter Elisabeth über, so daß sie mir zuvorkam[2] im Bekenntnisse dessen, was sie durch mich erst erfahren sollte. Denn mit lauter

---

1 Dieses Wort fehlt im Texte vor den Worten: et multa attulit bona etc. Das »et« läßt vermuten, daß im Texte einige Worte fehlen.

2 Der Text hat: ut ipsa perveniret confitendo. Die folgenden Worte aber: quae me narrante audire debuit und der ganze Zusammenhang legen den Gedanken nahe, Elisabeth sei Maria im Bekenntnisse, daß Letztere die Mutter des Sohnes Gottes sei, zuvorgekommen, weshalb ich vermute, daß statt perveniret – praeveniret zu lesen ist.

Stimme rief sie, angetrieben vom heiligen Geiste und über die Maßen begeistert: »*Woher kommt mir das, daß die Mutter meines Herrn zu mir kommt?*« Sie bekannte damit, daß ich die Mutter ihres Herrn sei, ein Bekenntnis, das sie, wenn nicht erfüllt vom hl. Geiste, unmöglich hätte ablegen können. Da sie alt, ich jung und Jungfrau war, wie hätte sie auf einem andern Wege wissen können, ich sei die Mutter ihres Herrn? Und ihr Kind, bestimmt zum Dienste Jesu, meines Herrn, war es nicht durch eine wunderbare Fügung Gottes von ihr, der Bejahrten und Unfruchtbaren, aus dem bejahrten Zacharias empfangen? Die Verwandte fügte bei: »*Siehe, wie der Laut deines Grußes in meine Ohren drang, sprang vor Freude auf das Kind in meinem Leibe*«. Sie bewies damit, daß nicht nur ihr Kind, sondern auch sie selbst vom hl. Geiste erfüllt war, da ihr Kind im Leibe aufhüpfte, und sie dieses empfand, was ohne Erfülltsein vom Geiste des Herrn unmöglich geschehen konnte. Damals wurde Johannes im Mutterleibe geheiligt, da er durch ein Zeichen weissagte, der Erlöser sei da, und er konnte nun im Mutterleibe der Prophet des Allerhöchsten genannt werden, da er durch dessen Ankunft den Geist so großen Frohlockens erhalten hatte. Daher nannte mich sogleich Elisabeth, gleichfalls vom hl. Geiste erfüllt, die Gepriesene unter den Weibern, weil sie wußte, daß ich Jungfrau bin, und sagte diese Worte nicht in Verbindung mit dem, was der Engel mir gesagt hatte: Gebenedeit ist die Frucht deines *Leibes*! Denn sie selbst war von demselben hl. Geiste belehrt, die Leibesfrucht, die ich trug, sei jene gesegnete Frucht, die einst Gott versprochen hatte und die ich endlich empfing.

Der Christ. O heilige Elisabeth! Ich sehe nun, daß die Mutter des Herrn zu dir gekommen ist, damit der Prophet in deinem Leibe, indem er in dir vor Freude aufsprang, die über alle gepriesene Leibesfrucht weissage. Und wie die Jungfrau alle Segnung, mehr als alle Weiber erlangte, weil sie zugleich Jungfrau und Mutter war, so kam ihr Sohn, gepriesen vor allen Söhnen, zu Johannes, um diesen zu seinem Herolde einzusetzen; es kam Maria zu Elisabeth, um zu hören, sie sei die gesegnete Mutter einer segensreichen Frucht. O welch ein Freudentag! Doch, glückliche Jungfrau! nach Lucas fügte Elisabeth die Worte bei: »*Selig bist du, daß du geglaubt hast, es werde alles an dir in Erfüllung gehen, was dir vom Herrn gesagt wurde.*« Sage, Maria, warum sie dieses sagte.

Maria. Ich trug zu diesem wunderbaren Geheimnisse nichts bei als *den Glauben*[1]. Und weil sich in mir kein anderer Grund dieser großen Gnade finden läßt, so sagte Elisabeth mit Recht, daß ich nur durch den Glauben dieses ganze Geschenk Gottes erlangt habe. Auf welchem Wege kann das Geschöpf etwas von Gott erlangen, als durch den Glauben? Niemand kann etwas aus sich, aber Gott vermag alles; er allein ist wahrhaftig und treu in seinen Verheißungen, denn er ist die Wahrheit. Da wir durch uns selbst nicht gerecht werden können, so besteht unsere ganze Gerechtigkeit in dem Glauben an Gott (credere Deo), welcher mächtig genug ist, alle seine Versprechen zu erfüllen. Nur der Glaube besieht diese Welt und alle Gesetze der Natur. Wie kann der getäuscht werden, welcher der Wahrheit glaubt, bei der nichts unmöglich oder schwer ist?

Der Christ. Du sangest auch einen Lobgesang, Maria! erkläre mir auch diesen noch, damit ich so die Feier deines heutigen Festes freudig vollende.

Maria. Der Ausruf der Elisabeth, die mich wegen meines Glaubens selig pries, stimmte mich zu dem Gesange: »*Es preiset meine Seele den Herrn.*« Diese Worte flossen aus meinem gotterfüllten Herzen. Mein Herz brach im Übermaße geistiger Wonne in einen Lobgesang aus, um den zu preisen, der sich mir, obwohl er der Höchste war, zu seinem Sohne gab. »*Und mein Geist,* welcher das Leben der Seele ist, *frohlockte nur in Gott, meinem Helfer*«, denn der Geist ist das Leben der Seele, er lebt das vollkommenste Leben, welches Gott selbst ist, Das Leben des Geistes kann daher nur in Gott frohlocken, welcher sein Jubel, seine Liebe, sein Leben und sein Verlangen ist.

Der Christ. Sage, Jungfrau! ist ein Unterschied zwischen Seele und Geist?

Maria. Die Seele beseelt und belebt den Körper; ihr gehören alle Lebenstätigkeiten an, die man am Körper wahrnimmt. Die Seele hat übrigens die Kraft in sich, sich vom Körper weg und zu Gott hinzuwenden; dann geht sie in den Geist (spiritum) über. Wie sich das Feuer über das Brennbare ausdehnt, um es in Feuer zu setzen, zu welchem Zwecke es sich zu einer Pyramide von großer

---

1 fide im Texte muß heißen: fidem.

Kraft einigt, so teilt sich die Seele, indem sie den Körper belebt, mit und scheint nach dieser Seite sehr körperlicher Natur zu sein, wie das Feuer im Holze von ziemlich dichter (crassae) Natur zu sein scheint. Trennt sich aber die Seele vom Körper und reinigt sie sich, so wird sie (resolvit se) zu einem starken, nach oben strebenden Geiste, der der Geist der Liebe ist. Dieser Geist ist die Schärfe (acuties) des Verstandes und der Vernunft in der Seele. Da nun die Seele in der Sphäre des tierischen Lebens sich durch die Sinnenorgane ausbreitet, in der Sphäre des Verstandes aber schon höher und in der Vernunft noch geläuterter (purior) ist und nichts geliebt wird, wenn nicht der Glaube vorhergeht, so ist die Liebe die Schärfe der Vernunft oder des vernünftig erleuchteten Glaubens (fidei, quae est intellecta).

Der Christ. Fahre in der Erklärung deines Lobgesangs fort, weise Jungfrau! *Warum frohlockte dein Geist in Gott deinem Helfer?*

Maria. Herab sah er auf seine geringe Magd. Darüber frohlockte am meisten mein Geist, daß der Herr auf die Niedrigkeit seiner Magd herabsah. Eine Magd, die sich als solche erkennt, ist demütig, denn sie erkennt sich als nichts weiter, denn was sie wirklich ist. Sie verrichtet alle Geschäfte einer Magd. Diese zielen aber alle dahin, ihrem Herrn zu gefallen. Und wenn der Herr die Niedrigkeit seiner Magd ansieht und gnädig aufnimmt, so muß die Magd in der größten geistigen Freude frohlocken, denn sie hat, was sie gewünscht.

Der Christ. Ich sehe aus deiner Belehrung, daß Gott nichts lieber ist, als Demut; denn da er bei dir nicht auf deine unzähligen Vorzüge, die du Gnadenvolle hattest, sondern auf deine Demut sah und du als Jungfrau um der Demut willen Mutter Gottes zu werden gewürdigt wurdest, so sehe ich, daß jedem Christen Demut notwendig ist.

Maria. Mit Recht; denn wie dem Herrn als solchem Hoheit und Erhabenheit geziemt, so dem Knechte als solchem Demut; jede Kreatur ist eine Dienerin, nur Gott ist der Herr.

Der Christ. So lehre mich denn Demut, glorreiche Jungfrau!

Maria. Der Weg zu ihr ist Selbsterkenntnis. Nur der Demütige weiß es, daß er aus sich nichts ist und hat, sondern nur durch den, der ihm nach Wohlgefallen mitteilt, zu dem Zwecke, daß er ihm diene. Bedenke daher: Je größere Güter du von deinem Herrn empfangen hast, desto strengere Rechenschaft mußt du von deiner Verwaltung ablegen. Prüfe dich daher öfter, welchen Gebrauch du von diesen Gaben gemacht hast, von deinem Leben, deinen Sinnen, deinem Geiste, von allem Übrigen: von Dienerschaft, Weib und Kindern, von deinem Amte. Und hältst du nun daran fest, daß du nie der Meinung gewesen, du habest deine geringe Kraft genug geübt und die zu deiner Verherrlichung dir verliehenen Gaben nach Pflicht angewandt, erkennest du dich als unnützen Knecht; dann ist deine Demut als die Demut einer Magd dem Herrn angenehm; auf jene sieht er herab, die, sich selbst für nichts haltend, zu ihm fliehen.

Der Christ. Maria, welches sind die *Zeichen* der Demut?

Maria. Gelassenheit (omnia aequo animo ferre); wer Unbilden geduldig erträgt, hält sich für nichts; er nimmt jede Unbild an, als wäre er so gering, daß ihm gar keine Unbild angetan werden könnte, Krankheit erträgt er ebenso wie Gesundheit, Armut wie Reichtum, geringe Geschäfte verrichtet er so freudig wie die wichtigsten. Daher ist Übung in Ertragung von Unbilden und in niedrigen Geschäften eine ganz zweckmäßige Übung. Ein ganz besonderer Beweis der Demut ist aber das, daß man Freude daran hat, erniedrigt und verachtet zu werden; denn nun weicht von uns aller *Schein* der Demut, der sich bei dieser Tugend oft für Wahrheit ausgibt.

Der Christ. Wie wird die Seele eine Magd des Herrn?

Maria. Auf die Demut folgt Unterwürfigkeit in frommer Ergebung. Diese ist eben die Bereitwilligkeit des Geistes im Dienste des Herrn: Der Geist gibt sich Gott hin und weihet alle seine Kräfte und Vermögen zu einem lautern Gottesdienste. Wenn so die Sinnlichkeit ohne Widerstreiten der Vernunft gehorcht, dann feiert die Demut unter Gottes Beistand ihren Triumph in geistiger Wonne und in einem lebendigen, durch alles Sinnliche nicht zu stillenden Verlangen; denn die Liebe Gottes macht das harte Herz weich, verschafft ihm Genuß und Ergötzen und flößt ihm regen Eifer ein. Doch ganz besonders dient die Seele Gott, wenn sie beständig mehr zu dienen wünscht, weil sie weiß, daß sie nie nach Gebühr gedient habe.

Der Christ. Erkläre nun, glorreiche Jungfrau, weiter die Worte: »*siehe, darum werden mich selig preisen alle Geschlechter.*«

Maria. Weil Gott auf die Niedrigkeit seiner Magd sah, weil Großes tat an mir der Mächtige, indem er nach seiner unbeschränkten Macht, welcher nichts widerstehen kann, mich zur Gottesgebärerin machte, darum werden alle Geschlechter, nicht nur Elisabeth, mich preisen; alle sind meine Geschlechter (sunt omnes generationes), da ich die Mutter des Sohnes der Menschen Gottes bin. Darum erwählte er mich, die Jungfrau, damit er nicht der Sohn von diesem oder jenem, sondern universell der Menschensohn sei, gleichwie auch die Jungfrau, indem sie keinem bestimmten Manne angehört, die Möglichkeit hat, universell von einem Manne zu empfangen. So ist die Geburt der Jungfrau der Menschensohn, nicht der Sohn von diesem oder jenem, der ihn »mein Sohn« nennen könnte, so daß er weniger oder anders als jede mögliche andere Geburt wäre. Jesus hat denselben Vater, den auch du hast, nämlich Gott, den Vater aller. Jesus ist daher auch der Bruder aller, aber er ist der Erstgeborene des Vaters, und um so wahrer, als er keinen andern Vater in irgendeiner Weise hat, wie wir. Zwar hatte auch Adam keinen andern Vater, als Gott den Schöpfer, aber Adam war irdisch. Er war daher nicht der Menschensohn, weil er Adam, d. i. der Irdische, heißt. Da aber Jesus der Menschensohn ist und er dies nicht werden konnte, wenn nicht Adam Mensch geworden wäre; so erhellet, daß Adam aus Erde als Mensch geschaffen wurde, damit Jesus aus einer Jungfrau, einer Tochter Adams als Mensch geboren würde. Gleichwie daher Adam um Christi willen erschaffen wurde, so auch wir alle, die wir aus Adam sind. Christus ist aber um so erhabener als Adam, je niedriger der irdische Anfang Adams war, welchem erst nachher der Geist des Lebens eingehaucht wurde, auf daß er Mensch würde. Nicht so bei Jesus: Er war die kraft des Allerhöchsten, welche in der Jungfrau die menschliche Natur annahm. Adam ist also von der Erde, Christus vom Himmel, wie es der Ursprung eines jeden dartut. Christus ist daher die Ergänzung (complementum) und das Ziel aller Geschlechter aus Adam. Darum preisen mich selig alle Geschlechter. – Noch füge ich bei, daß *mein Sohn der Vater alles Segens ist.* Er macht alle zu Söhnen Gottes. Alle Söhne Gottes erlangen also in ihm Segen. Er ist daher die Wiedergeburt aller und der Vater der Wiedergeburt. Er ist auch der Glaube aller; denn er ist der Sohn Abrahams, in dem alle Gläubigen waren, und alle, die glauben wie Abraham, erlangen Segen in dessen Sohne, welcher ist Jesus Christus. Daher nennt er seine Schüler und die, so den Willen seines Vaters tun, Mutter und Brüder. *Er also ist der Sohn, wir seine Mutter und Brüder.*

Der Christ. So sei denn du, Königin der Barmherzigkeit! uns eine wahre Mutter und dein gepriesener Sohn, wie durch seine Geburt so auch durch seine Leitung auf allen unsern Wegen, ein barmherziger Vater!

Der Verfasser. Nach diesen Worten verschwand die Königin der Barmherzigkeit und scheidend erfüllte sie ihren frommen Dienst mit aller *Hoffnung, Glauben* und *Liebe.*

(De Annuntiatione. 343–349.)

Auf den Karfreitag

Der Glaubensartikel: »*Gekreuzigt für uns unter Pontius Pilatus, gestorben und begraben*« ist der fünfte Glaubensartikel und wird dem heiligen Johannes zugeschrieben. Mit Recht hat er, der allein unter den Aposteln in den Leidenstagen Jesu anwesend war, und alles mit ansah, diesen Glaubensartikel dem apostolischen Glaubensbekenntnisse beigefügt. Wir wollen daher eben diesen von Gott geliebten Apostel herzlich anreden mit der Bitte, uns den Sinn und die Bedeutung dieser Worte zu erklären. Maria, die Mutter der Barmherzigkeit, sei unsere Sachwalterin; sie rede in unserem Namen und die Antworten des Johannes auf ihre Fragen mögen uns über das, was heute die Kirche feiert, belehren. Laßt uns also Maria in ehrfurchtsvollem Gebete um die Gewährung unserer Bitte anrufen und sprechen: Du bist die Mutter, welche die Gottgebärerin genannt wird, die Mutter Gottes, die Gebärerin des Wortes, und du bist Mensch, weshalb Jesus von dir seinen Namen hat und sich oft zu deinem Lobe Menschensohn nannte, den du bis zu seinem Begräbnis nicht verließest. Du weißt, daß wir heute den Todestag deines Sohnes feiern und zu seiner Ehre ihn mit dem Auge des Geistes in dem Leiden, das er für unsere Erlösung duldete, zu schauen wünschen. Übernimm die Mühe, beste Mutter! und frage deinen Johannes, damit dieser uns alles erkläre.

Maria. Wohl verdient diese Bitte ein williges Gehör. Denn eben das wünsche ich, daß die Liebe meines Sohnes, welche er besonders darin zeigte, daß er sie seinem eigenen Leben vorzog, erkannt werde.

Die Kirche. Du weißt, Mutter der Güte, wie notwendig für unser Heil es ist, das Leben deines Sohnes, in dessen Leben das Leben aller Lebenden begriffen ist, zu erkennen. Nur befürchten wir, es möchte die uns so nötige Erinnerung hieran in dir die Wunden deines Schmerzes erneuern. Wir wünschten gern, was zu unserem Heile uns frommt, aber wir möchten nicht, daß der bittere Schmerz des durchdringenden Schwertes aufs Neue unserthalben dein jungfräuliches und zugleich mütterliches Herz durchbohre.

Maria. Freudenvoll ist das Andenken an den Schmerz für mein Mutterherz, nachdem ich den Sohn lebend gesehen. Nicht lästig sind mir daher die Töne des Mitgefühls, die ihr Frommen hören lasset; vielmehr freuen sie mich über alles, da sie heute zu eurem Heile und zur Ehre meines Sohnes dienen. Durch die Gnade meines Sohnes ist meine Natur von allen Leiden befreit (sum … impassibilis naturae); denn er, der durch seinen Tod der Natur, die er von mir erhielt, Freiheit von allen Leiden erwarb, machte auch meine Natur durch sich frei von Leiden. So seid auch ihr, solange ihr diese sterbliche Natur nicht im Tode ableget, den Leiden unterworfen und könnet leiden mit meinem Sohne, durch dessen Leiden ihr, die ihr mit ihm leidet, aus dem sterblichen Leide befreit, zur Ähnlichkeit mit ihm auferstehen und eine von Leiden befreite Natur annehmen werdet. Das wird der Tod meines Sohnes in euch wirken, wenn ihr als leidend mit ihm erfunden werdet.

Die Kirche. Wir sehen, Mutter der Güte! daß das Andenken an den Tod Jesu, um mit ihm zu sterben, allen zur Erlangung der Freiheit von Leiden notwendig ist.

Mutter. Ganz richtig! denn obwohl mein Sohn nur einmal gestorben ist, so will er doch, daß dieser sein so bitterer Tod dem Geiste der Gläubigen stets gegenwärtig sei, mitsterbend mit ihm, allezeit das Leben verdienen. Wer mit dem Sohne Gottes stirbt, der lebt mit ihm. Die Genossen seines Todes sind auch Genossen seines Trostes. Kein Tod verdient das ewige Leben, außer der Tod des sündenlosen Christus, von ihm selbst dazu bestimmt, daß er allen, die mit ihm sterben, Teilnahme am Leben verschaffe. Das ewige Leben, welches ein geistiges ist, belebt alle, die an ihm Teil nehmen, wie die Gerechtigkeit alle ihre Anhänger gerecht macht, und allen verdienstlichen Werken Leben und Geschmack gibt. Denn wie ohne Salz jegliche, auch noch so kostbare Speise geschmacklos ist, so hat mein Sohn, das Salz der Erde, dem Tode sich geweiht, und ist so das Salz, welches den Tod aller Märtyrer salzt und schmackhaft macht.

Die Kirche. Sag uns doch, Mutter der Gnade! wie wir mit dem Erlöser mitleiden und sterben sollen.

Maria. Vor allem müßt ihr glauben, daß mein Sohn auch der Sohn Gottes sei, der durch seinen Tod jedem, der ihm sich naht und durch festen Glauben die innigste Gemeinschaft mit ihm eingeht, das Leben erworben hat. Denn alle, die durch den stärksten Glauben mit ihm verbunden sind, gehen in die Einheit mit seinem Verdienst über, weil sie gläubige Glieder von ihm sind; denn es freuen sich die Söhne über das durch das Verdienst ihres Vaters Errungene. Der Glaube muß aber lauter (integra) und wahr sein bis zum Tode. Wenn der Sohn Gottes bis zum Tode getreu war und durch seinen Tod den Gläubigen Befreiung vom ewigen Tode verdient hat, so geht billig sein Tod auf alle Befreiten über (mors eius omnibus liberatis imprimitur), so daß sie dieses ganz vortreffliche Werk des Glaubens mit innigster Liebe in frohem Andenken behalten. Sie wünschen daher, den Glauben an ihren Befreier auf alle mögliche Weise an den Tag zu legen und halten es für die größte Gnade, daß der Tod Christi zu seiner Ehre in ihnen erneuert wird.

Die Kirche. Das Leiden mit Christus muß also ein *freudiges* sein.

Maria. Allerdings ist ein freiwilliges nicht ohne Freude; zwar ist das Fleisch schwach, aber die Bereitwilligkeit des Geistes äußert sich in Freude. In dem Leiden meines Sohnes traf die höchste Freude des Geistes mit dem tiefsten Schmerz des Körpers zusammen. Der Wille des Fleisches wollte nicht sterben, er fürchtete vielmehr den Tod mehr, als ihn je der Wille irgendeines andern Sterbenden fürchtete, weil er die Kenntnis des Todes hatte. Der Wille des Geistes dagegen hatte die größte Sehnsucht nach dem Tode, weil er wußte, daß er dadurch Gott und den Mitmenschen wohlgefalle; denn der Sinn, der von dieser Welt ist, findet in ihr seine Ruhe, der Geist aber, der aus dem Himmel stammt, kann nur im Himmel seine Ruhe finden. Da der Geist, der dem Sinne das edle Prinzip des Lebens gibt, durch seine Trennung vom Körper den Tod des Körpers verursacht, weil er diesem seine Freude, das Leben entzieht, so ist das Sinnenleben traurig, der Geist aber freut sich, der durch diesen Tod in sein Leben eingeht. Weil nun nur diejenigen, in welchen der Geist des Sohnes Gottes, des Siegers über den Tod ist, sicher wissen, daß ihr Geist vom Tode ins Leben übergehe, so ist der Tod, mit Ausnahme derer, welche eine Bürgschaft ihrer Gewißheit haben, für alle andern etwas Bitteres.

Die Kirche. Was führt uns zur Erinnerung an den Tod Jesu?

Maria. Alle Einrichtungen der Kirche: Taufe, Abendmahl und die übrigen Sakramente, welche den Tod Christi als Verdienst und Kraft in sich haben, Schriften, Gemälde, das Bildnis des Gekreuzigten in allen Kirchen, an Scheidewegen, in Bethäusern, die Lebensgeschichte und die lebendige Rede des Predigers, der irgend ein sinnliches Bild auf die geistigen Begriffe der Seele überträgt, wodurch er die Kraft des Verdienstes Christi einschärft und die Seele zur Ehre des Erlösers entflammt und Christus ähnlich macht, so daß ihr das Andenken an die Liebe des Gekreuzigten erfreulich ist.

Die Kirche. Damit nun in uns dieses Andenken geweckt werde, predige uns, Johannes! und präge uns unter deiner Leitung das Bild des Gekreuzigten ein. Wir brennen vor Begierde, das Wort des Heils zu hören.

Maria. So rede denn, geliebter Johannes!

Johannes. Gebiete, Mutter! was ich reden soll.

Maria. Sprich zuerst von dem Geheimnisse des Kreuzes, damit die Erzählung anziehender werde!

Johannes. Du hast mit wenigen Worten alle Geheimnisse des Kreuzes berührt, beste Mutter! Weil du aber eine Wiederholung wünschest, so gehorche ich willig. Leite du mich, Mutter des Fleisch gewordenen Wortes, und helle mir das Dunkle auf! So wisset denn, ihr Gläubigen! Doppelt ist das Reich der vernünftigen Natur, die allein regiert, weil sie den freien Willen hat. Das eine ist das Reich dieser Welt, das im Argen liegt, weil der böse Feind es beherrscht; das andere ist das Himmelreich, das auf dieser Welt unbekannt war, und erst durch Christus verkündet worden ist. In jenem ist diese Welt das Ziel aller Religion und Tugend; es ist das zeitliche Leben; in diesem ist Gott das Ziel, und das Leben ist ein ewiges. In jenem wird nur Sinnliches und sinnliche Genüsse versprochen, in diesem nur Geistiges und geistige Genüsse. Das vom Himmelreich kommende, Fleisch gewordene Wort hat geoffenbart, was der Welt ganz unbekannt war, daß das Ziel und die Glückseligkeit des Geistes nicht in den Genüssen dieser Welt, sondern in den Freuden des himmlischen Paradieses liege, daß das

Reich dieser Welt in Vergleich mit dem himmlischen gänzlich Knechtschaft und Elend sei, weil diese Welt und jenes Reich sich unterscheiden wie Sichtbares und Unsichtbares, wie Zeitliches und Ewiges. Das war etwas Neues und vorher Unerhörtes für das ganze Menschengeschlecht. Um es zu fassen, fügte der göttliche Lehrer mehrere Ermahnungen bei: Man solle diese Welt und was in ihr ist, nicht lieben, weil ihre Güter nur Scheingüter seien, ohne alle Wahrheit und ewige Dauer, die Güter des Himmelreiches dagegen seien ewig und wahr, und gewähren eine ewige Freude und Glückseligkeit. Weil die Welt die Botschaft nicht fassen konnte als etwas Geistiges, das sie nicht sah und hörte, so wollte er aus Mitleid etwas festsetzen, wodurch dieselbe erfaßt würde. Er lehrte daher, der Glaube umfasse alles, er sei vom Himmel gekommen und erzähle, was er dort bei seinem Vater gesehen habe, ihm müsse man glauben, weil er die Wahrheit sei, der Sohn oder das Wort des Vaters. In Kraft und Macht erwies er sich als Gott, als Sohn Gottes, durch Wunder, die über die menschliche Kraft hinaus gehen. Er sagte: »Wenn ihr mir nicht glaubet, so glaubet den Werken, die der Vater, der in mir ist und mich zu euch gesandt hat, zu eurem Heile wirket«; er lehrte, dem Glaubenden sei nichts unmöglich, denn wer Gott (Deo) glaube, könne unmöglich getäuscht werden, da Gott wahrhaftig und getreu in seinen Verheißungen ist. Daß er selbst das Leben gebe, bewies er durch die Auferweckung von Toten, besonders des Lazarus, wobei er versprach, er werde denen, die an ihn glauben, das ewige Leben geben, da er das Wort Gottes ist, so dürfen wir nicht zweifeln, daß er jenes (neue) Leben in den Gläubigen hervorbringen kann. Er lehrte: Wie das sinnliche Leben durch die Aufnahme von Speis und Trank, so besteht das geistige Leben durch eine geistige Nahrung – die Weisheit. Die Weisheit ist das Leben der Vernunft. Er selbst nannte sich diese Weisheit oder das Wort des alles belebenden Vaters. Das glückselige Leben besteht daher nach der Lehre Jesu in der Erkenntnis Gottes und seines Wortes; nur das Wort, der Sohn erkennt den Vater, und wem es der Sohn offenbart, gleichwie niemand die Weisheit eines Gelehrten erkennt, außer dessen geistiger Gedanke oder Wort. Wenn dann dieser von dem Gelehrten gezeugte Gedanke oder Wort sich in einen sinnlich wahrnehmbaren Laut einhüllt, so offenbart dieser seinen Vater.

Das ganze Streben Christi ging dahin, den Menschen vom sinnlichen Vergnügen zum Kosten jener Süßigkeit, welche der Geist im Erfassen der belebenden Wahrheit empfindet, hinzuführen; er schloß daher den Sinn der hl. Schrift auf, die unter dem Buchstaben den Geist der Wahrheit verbirgt, der die unsterbliche Nahrung der Seele ist. Irrtum, der zum geistigen Tode hinführt, entsteht (aus der hl. Schrift) nur für die, welche bei der Oberfläche und Rinde stehen bleiben; für das geistige Verständnis ist sie Wahrheit und Süßigkeit. Niemand kann von dem Irrtum, der in dieser Welt, fern von der Wahrheit herrscht, befreit werden, als durch die Aufnahme seines Wortes als des Wortes des Sohnes Gottes, der zur Erleuchtung der Finsternis dieser Welt von Gott gesandt ist. Der Geist des Irrtums, der das Menschengeschlecht gefangen hielt, der Geist der geistigen Finsternis kann nur durch das geistige Licht des Wortes Gottes verbannt werden. Nur das Wort Gottes hat die Kraft, jenen Tod, der in der Verfinsterung des Geistes besteht, durch die Offenbarung seiner selbst und des Vaters zu entfernen. Denn die Selbstoffenbarung des Lichtes aus der Quelle der Wahrheit verscheucht aus der Vernunft die todbringende Finsternis der Unwissenheit, wie das Sonnenlicht die physische Finsternis vertreibt. Der Unterschied ist nur der, daß die Erleuchtung, die den Geist belebt, bleibend ist, weil sie den Geist in sich verwandelt, wie die Weisheit oder das schmackhafte Wissen die Seele, der sie eine schmackhafte Nahrung bereitet, in sich verwandelt, nicht bloß zeitlich, denn sie gibt der Seele eine Nahrung, die nicht vergeht. Durch die Kraft dieser Nahrung gewinnt der Geist immer mehr Stärke und Leben, sie gewährt somit Unsterblichkeit. Anders ist es bei der zeitlichen, sinnlichen Nahrung, weshalb die tierische Natur altert und zuletzt stirbt. Da aber die menschliche Natur wegen ihrer Beflecktheit durch die Erbsünde und durch lange Gewohnheit zur Vertreibung des Geistes des Irrtums aus seiner alten Gewohnheit nicht fähig ist, da sie der Gerechtigkeit ermangelt, welche allein den Geist gerecht und für jene unsterbliche Seligkeit fähig macht (in ein böses Herz dringt der Geist der Weisheit nicht ein), so ward Christus, um seine Sendung vollkommen zu erfüllen, der Reiniger unserer Seelen durch das Verdienst seines Todes, damit er den so Gereinigten die Gemeinschaft mit seinem göttlichen Leben mitteilen konnte. Zur Erlangung dieser Reinigung, welche in der Abwaschung der Sünden und geistigen Flecken besteht, erklärte er es für notwendig, daß der Geist sich auch hierzu vorbereite und fähig mache. Diese Vorbereitung besteht in seiner *Nachahmung*, in der Betrachtung der Tugenden, welche Christus durch sein Wort lehrte und durch die Tat übte, und in der Nachahmung derselben, nämlich der Sanftmut, Demut, Geduld, Wahrheit, Barmherzigkeit, Friede, Glaube, Liebe, Gerechtigkeit und den übrigen Früchten des Geistes. Wenn so Wille und Geist sich dem Willen Christi ähnlich macht, und dies in tugendhaften Werken zeigt, dann bereitet er sich zur Aufnahme des Verdienstes der Erlösung und zur Einheit mit dem Geiste des Lebens Christi vor. Die Tugenden der Abtötung (virtutes mortales) machen das Gemüt, in dem sie sich bleibend niederlassen, zur Aufnahme des unsterblichen Lebens fähig. Denn wenn der Geist zu einem solchen Gehorsam gelangt, daß in ihm nur die Kraft und der Wille Gottes herrscht, und der eigene Wille, der Wille des Fleisches und dieser Welt ganz ertötet ist, dann ist er zum Leben des göttlichen Geistes fähig. Wer so zum Geiste gelangt, beobachtet die Gebote Gottes in Gottes- und Nächstenliebe, und zieht die Liebe Gottes und des Nächsten seinem eigenen zeitlichen Leben vor. Der göttliche Geist wohnt beständig in ihm. Um diese Beweise seiner Gottes- und Menschenliebe an sich selbst darzutun, wählte er, der Unschuldige, den Tod, um zu zeigen sowohl seine große Liebe zu Gott, da er aus Gehorsam gegen ihn sterben wollte, als auch seine große Liebe zu den Menschen, für deren Heil er blutete. So sind denn alle göttlichen Geheimnisse in der Kreuzigung des unschuldigen Christus enthalten. So sehr muß man Gott mit aller Kraft der Seele lieben, daß man alles, ja das Leben selbst zur Offenbarung seiner Herrlichkeit für nichts hält. So sehr muß man das Seelenheil des Nebenmenschen lieben, daß man den schmählichsten zeitlichen Tod gegen ein so großes Gut für nichts halten soll. Der Tod des unschuldigen Christus erwarb das ewige Leben, und mit Recht, da er aus reiner Liebe zu Gott und den Menschen, nicht um eine Sünde, von der er ganz frei war, abzubüßen, gelitten hat. Als sein Leiden herannahte, erklärte er, daß er sich selbst heilige oder opfere für seine Apostel und alle Gläubigen, und daß der Fürst dieser Welt, der die Menschen beherrschte, hinausgestoßen werde.

Offenbar sollte nun werden die unendliche Liebe des Vaters, der den Menschen erschuf, um ihm seine Herrlichkeit zu zeigen und seines eigenen Sohnes nicht schonte, sondern ihn für die Befreiung der Menschheit dahingab. Offenbaren sollte sich nun auch die unendliche Liebe des Sohnes, der sich selbst für die Menschen dahingab und sich so als den Sohn Gottes bewies. So ward dem Menschensohn Gewalt über das Leben gegeben, wegen des Verdiensts seiner Liebe in der Hingabe seines Lebens. In diesem Tode, der Wirkung reiner Liebe, wurde Christo das ewige Leben als Verdienst gegeben, welches alle körperlich und geistig Toten, die durch Glauben und Tugend dazu fähig sind, ewig beleben kann; wie wenn Gott jemandem diese sichtbare Sonne als Verdienst gäbe, so hätte dieser die Macht, jede sinnliche, für Licht und Leben empfängliche Natur zu erleuchten und zu beleben. Christus hat also das Leben des Geistes in seiner Macht, als rechtmäßiger Besitzer und Erbe des Reiches des Lebens: Er allein hat das Gesetz erfüllt, welches das Leben verheißt, sowie auch Christus selbst im Gesetze verheißen war. Gott und den Nächsten so vollkommen, als das Gesetz es befiehlt, lieben konnte nur der Sohn Gottes, welcher den Vater und das ewige Leben erkennt. Daher ist der Messias im Gesetze verheißen und die Propheten verkündeten ihn; *Christus ist somit der Geist des Gesetzes.* Weil nun das Gesetz dem Beobachter desselben das Leben verspricht, so ist Christus derjenige, dem das Reich des Lebens versprochen ist. Durch seinen Tod offenbarte Christus eine solche Liebe Gottes und des Nächsten, wie keine größere möglich war. Wie er somit alle nur mögliche Liebe in sich schließt, so auch alle Gesetzeserfüllung; er ist teilhaftig aller auf diese gesetzten Verheißungen. Er ist der Bräutigam, der die Braut und alle geistige Wonne hat. Wie daher keine Seele gerecht sein kann, ohne die gerechtmachende Gerechtigkeit, so auch nicht lebendig, ohne das belebende Leben. (Gerechtigkeit ist nichts anderes als Belebung.) Christus ist durch das Verdienst seines Todes die gerechtmachende Gerechtigkeit und das belebende Leben aller Gläubigen, die Christus ähnlich sind. Die daher im Lichte wandeln, wie er, diese reinigt sein Blut von allen Sünden, sie sind Freunde, für die er gestorben, für deren Heil er sich in den Tod hingegeben hat.

Keiner kann durch seinen Tod sich selbst reinigen, weil keiner sich selbst das Leben gegeben hat. Kein Toter kann sich selbst auferwecken, sein Heil bewirken und sich neu schaffen; denn kein toter Sünder hat etwas, wodurch er das Leben verdiene. Niemand kann in Wahrheit von sich sagen, er sei ohne Sünde; wer es sagt, ist ein Lügner. Daher macht nur der Tod des unschuldigen Christus, der sich selbst für uns ans Kreuz gegeben, diejenigen, welche in ihm bleiben und wie er wandeln, gerecht. In Christus belehrt uns die vollkommene im Tode erprobte Liebe, daß die, so in der Liebe bleiben und ihm nachfolgen, Söhne Gottes sind, hier in der Hoffnung, nach dem Tode in der Wirklichkeit, weil wir ihm ähnlich sein werden. Die Geheimnisse des Todes Christi lehren uns, daß die Gebote Gottes, nämlich die Liebe Gottes und die dieser ähnlichen Liebe des Nächsten, erfüllt werden müssen, wenn die Liebe vollkommen sein soll, und daß der, welcher sie befolgt, nicht weit vom Himmelreich entfernt, sondern auf dem Wege dahin wandelt, weil er Christus nachahmt, der zu diesem Reiche führt. Niemand hat je das Gesetz, das in der Liebe besteht, erfüllt, außer Christus, der nicht kam, das Gesetz aufzuheben, sondern es zu erfüllen. Das ist also die vollkommene Liebe, die im Tode Christi sich gezeigt hat; sie verdient das Reich des ewigen Lebens. Und da niemand zu dieser vollkommenen Liebe sich erheben kann, da es niemand gibt, der etwas Gutes tut, das nicht durch etwas Besseres übertroffen würde, mit Ausnahme des einen, Christus, so ist er es allein, der vollendet und ergänzt, was allen fehlt: *aus seiner Fülle empfangen alle.* Und weil das Verdienst des Leidens das (ewige) Leben mit seinen Schätzen ist, darum werden durch das Geheimnis des Kreuzes notwendig alle gerettet, die gerettet werden. Daher gab ich im apostolischen Symbolum an, daß Christus für uns gekreuzigt worden ist.

Maria. Sage nun, Johannes! wie das Leben in den Gläubigen, die meinem Sohne folgen, bleibt.

Johannes. Das ewige Leben ist das Reich des Vaters, welches der Vater dem Sohne übergeben hat, es ist das lebendige Licht der Weisheit oder die Liebe: Wer im Sohne bleibt, bleibt in dem Lichte oder im Leben des Vaters. Die Verheißung lautet: »Wer in der Liebe bleibt, bleibt in Gott.« Wer in der lebendigen Kraft der Liebe Christi bleibt, bleibt in Christus. Christus ist aber der Sohn des Vaters: Wer in Christus bleibt, ist also Sohn Gottes durch die Gestalt Christi, in der er bleibt. Er ist daher auch im Vater, weil der Sohn im Vater, und der Vater ist in ihm, weil der Vater im Sohne ist. Und das ist das ewige Leben. Wer den Sohn bekennt, bekennt auch den Vater; wer den Sohn leugnet, leugnet auch den Vater. Nur der lebendige Glaube aber ist jenes Bekenntnis, welches das ewige Leben verschafft; denn die Liebe, welche den Glauben belebt, ist die Liebe Christi und ist allein als das belebende Prinzip vollkommen.

So wissen wir denn, um diese Erörterung zu schließen, daß der Sohn Gottes gekommen ist und Fleisch angenommen hat, für uns gestorben und für uns auferstanden ist, daß er uns zu sich genommen, und uns den Sinn für die Erkenntnis des wahren Gottes eröffnet hat, so daß wir in seinem wahrhaften Sohne, Jesus Christus, leben, welcher wahrer Gott ist und das ewige Leben.

Maria. Du hast nun, geliebter Johannes! die Ursache der Ankunft meines Sohnes im Fleische hinlänglich erörtert, daß sein Kreuzestod ihn verherrlicht, und daß er es ist, der im Gesetze und den Propheten verheißen ist, in dem alle gesegnet und belebt werden; daß er durch seinen Tod der alles versöhnende und alles vollendende Mittler ist, *die Gerechtigkeit Gottes und der Menschen*: die Gerechtigkeit Gottes des Vaters, denn alle seine Verheißungen sind in ihm erfüllt; er bewies die Gerechtigkeit, Treue und Wahrhaftigkeit des Vaters; die Gerechtigkeit der Menschen, welche alle durch seine Gerechtigkeit gerecht sind. Und diese Gerechtigkeit ist durch den Kreuzestod vollkommen ins Werk gesetzt (consummata). Doch, wie er zu diesem Tode kam, wünscht das gläubige Volk von dir noch zu hören, Johannes!

Johannes. Was ich sah und noch im Gedächtnis habe, will ich auf deine Aufforderung, Mutter der Barmherzigkeit! erzählen. Ich befürchte aber sehr, meine Erzählung möchte kälter als die Wärme der Liebe des leidenden Christus und schwächer als die Bosheit seiner Widersacher – deinem lebhaften Wunsche und dem Heile des hörbegierigen Volkes nicht genügen, wenn nicht deine Liebe sie ergänzt.

Maria. Ich stehe dir bei und unterstütze dich.

Johannes. Ich bitte nun vor allem meine Zuhörer, fest zu glauben, daß Christus, der Gesandte der Liebe, alles Vorherbestimmte so vollkommen ausgeführt hat, daß es nicht besser hätte geschehen können. War es demnach die Absicht des Vaters, daß der Sohn durch seinen Tod das Menschengeschlecht vom Tode befreie, so unterzog sich der Sohn einem solchen Tode, der durch die Heftigkeit des Schmerzes die Todesstrafe aller zu Befreienden in sich faßte, so daß jeder, der durch die Übertretung des Gesetzes oder den Ungehorsam mit Recht den Tod verdiente, im Tode Christi Genugtuung leistete, wenn er auch die Höllenstrafen verdient hätte. Die Heftigkeit des Schmerzes Christ, der unsere Schmerzen trug, das Todesurteil auf sich nahm und die Handschrift ans Kreuz heftete, war so groß, daß nur die vollkommenste Liebe, die nur der Sohn Gottes haben konnte, sie zu ertragen imstande war. Jede erdenklich Strafe ist daher kleiner als die Genugtuung leistenden Strafe, die Christus gelitten hat. Denn er kannte den Tod und alle Strafen aller, die Strafe leiden können; seiner leiblichen Natur nach hatte er einen so edlen Körper, daß dieser stärker als jeder andere das Leiden empfand. Er litt eine Art von Strafe, die die empfindlichste, schmählichste und schimpflichste war nach Ort und Zeit, sowie durch die Anwesenheit aller derer, die zur Erhöhung des Schmerzes als Zuschauer versammelt waren. Kurz: alles Mögliche vereinigte sich, um den Schmerz zu erhöhen, so daß es ein vollendeter (consummata) Tod war: kein Mitleid, kein Erbarmen bei den Juden, bei ihren Dienern und den Henkersknechten! *Jesajas* hatte das alles von ihm vorhergesagt; er nennt ihn den Mann der äußersten Schmerzen, der da kennt unsere Schwäche, unschuldig unsere Sünden auf sich nimmt. Das mögen also die Zuhörer im Glauben festhalten, damit sie einsehen, daß die Größe der Strafe sich nicht in Worten schildern lasse; und wollte sie der eine so, der andere anders beschreiben, so fehlten sie nicht darin, daß sie zu viel, sondern stets zu wenig darüber sagten.

Maria. Ganz richtig, Johannes! Wie könnte mein Mitleiden über das Leiden meines Sohnes durch einen andern geschildert werden, da ich selbst es nicht schildern konnte! Es genüge daher, daß jeder nach seiner Verehrung und Liebe zu meinem Sohne sich eine dem heftigsten Leiden so sehr als möglich entsprechende Vorstellung mache. Fahre nun fort!

Johannes. Beginnen wir also damit, daß die wunderbare Auferwekkung des Lazarus durch Jesus nahe bei Jerusalem, vier Tage nach dem Tode, wobei Jesus laut rief: »Lazarus, komm heraus!« die Juden dergestalt beunruhigte, daß sie an die Tötung Christi dachten. Denn sie hatten wohl bemerkt, daß viele mit dem Glauben (vom Grabe) weggingen, Christus sei der Sohn Gottes oder der Messias. Da sie der Überzeugung nicht Raum geben konnten, er sei Gott, so schrieben sie die Macht, die Christus bewies, der Magie und dem Teufel zu. Sie hielten nun einen Rat, in welchem auf den Vortrag des Hohepriesters Kaiphas, es sei gut, daß ein Mensch für das Volk sterbe, damit nicht alle zu Grunde gehen, der Beschluß gefaßt wurde, Christus sollte bei passender Gelegenheit in Jerusalem sterben. Siehe da das wunderbare Geheimnis! Christus sollte sterben, damit er verherrlicht würde und verherrlicht in der Erhöhung am Kreuze alles an sich ziehe! Die Juden aber, welche sein Andenken von der Erde vertilgen wollten, glaubten, der Rat des Kaiphas sei ihrem Vorhaben förderlich, und vollzogen ihn. Christus wollte sterben, allein in der Weise, daß er als ein Verurteilter sterbe, weil, wenn der Gerechte als ein Verurteilter starb, der Satan alles Recht, das er sich über die Kinder Adams angemaßt, verlor; denn indem er gegen die Gerechtigkeit selbst sündigte, verlor er allen Rechtsanspruch, wie der Mißbrauch den Verlust des Privilegiums nach sich zieht. Christus ließ dies alles geschehen, weil es seinem Vorhaben nicht entgegen war; im Gegenteile, es mußte so kommen, damit er von Juden und Heiden Gott zum Opfer für alles Volk dargebracht würde, wie Kaiphas geweissagt hatte, damit nicht das ganze Volk zu Grunde gehe. Wie wunderbar! Sie wollten von aller Täuschung befreit sein, deshalb opferten sie Christus, und siehe! das Volk erlangte eben dadurch Befreiung von den Täuschungen des Fürsten dieser Welt. Der Satan täuschte sich selbst: er leitete es ein, daß Christus sterbe, damit er seine Herrschaft nicht verliere, und eben dadurch verlor er sie.

Sodann ereignete sich ein anderer Vorfall, der Judas zum Verrate bestimmte. Sechs Tage vor dem Osterfeste war nämlich Jesus nach Bethanien gekommen. Als nun Lazarus mit ihm zu Tische saß und mehrere, um Lazarus zu sehen, gekommen waren, brachte Maria Magdalena eine kostbare Salbe von echtem Nardenöle, zerbrach das Alabastergefäß, in dem es aufbewahrt war, und goß das Öl über das Haupt Jesu. Der Wohlgeruch verbreitete sich durch das ganze Haus. Auf Antrieb des Judas drückten nun die

Jünger des Herrn ihren Unwillen über das Verschwenden einer so kostbaren Salbe aus: Sie hätte um einen hohen Preis zum Besten der Armen verkauft werden können. So beredete sie Judas, damit die Jünger von den Armen redeten, wiewohl er an diese nicht dachte; er war ein Dieb und hätte von dem Erlöse einen Teil für sich behalten (er führte den Beutel). Er berechnete, daß er als zehnten Teil des ganzen (projektierten) Erlöses (von 300 Denaren) dreißig Silberlinge gewonnen hätte, und beschloß daher Christus den Juden um diese dreißig Silberlinge zu verkaufen. Was Christus zur Rechtfertigung seines und der Magdalena Verfahrens sagte, ist euch wohl bekannt. Als nun am andern Tage Christus, als König und Hohepriester sein Volk zu besuchen, auf einer Eselin nach Jerusalem kam, und die Jünger samt den Scharen des Volks und den Kindern der Hebräer ihm als dem Sohne Gottes ihre Verehrung bezeugten, nahten sich die Pharisäer, unwillig hierüber, Christus und verlangten von ihm, er möge seinen Jüngern und den Übrigen diese Lobpreisungen verbieten. Christus aber antwortete ihnen: »wenn diese schwiegen, so würden die Steine schreien.« Im Eifer für das Haus des Herrn vertrieb er nun die Wechsler aus dem Tempel, heilte viele Kranke und kehrte nach Bethanien zurück. Dies steigerte den Haß der Schriftgelehrten und Pharisäer gegen ihn. Als er am andern Tage früh Morgens in den Tempel zurückkehrte, versuchten sie ihn durch Herbeiführen der Ehebrecherin.[1] Den Aposteln, die ihm meldeten, es seien Heiden[2] zum Feste gekommen, die ihn zu sehen wünschten, sagte er: Die Stunde der Verherrlichung sei da, der Vater im Himmel habe dies bezeugt; er müsse jetzt verherrlicht werden, wobei er das Gleichnis vom Weizenkorne gebrauchte, das, wenn es erstirbt, viele Frucht bringt. Wenn er von der Erde erhöht sein werde, werde er alles an sich ziehen. Abends kehrte er wieder nach Bethanien zurück. Das Haus des Lazarus und seiner Schwestern stand nämlich am Fuße des Ölbergs, 15 Stadien oder ungefähr 2 Meilen von Jerusalem entfernt.

Maria. Laß mich die Verherrlichung, von der mein Sohn gesprochen, den zuhörenden Heiden erklären!

---

1 Die Begebenheit mit der Ehebrecherin fällt nach Joh. c. 8 in eine frühere Zeit.
2 vgl. Joh. 12, 20.

Was die Seele glückselig macht, ist die Weisheit oder das schmackhafte Wissen. Die höchste Glückseligkeit besteht daher in der Erkenntnis des Besten, d.i. Gottes und seines Gesandten, meines Sohnes. Herrlichkeit (claritas) ist ein klares Erkennen, ein solches, das mit Lobpreisung verbunden ist.[1] Kenntnis Gottes und seines Sohnes, die zur Lobpreisung antreibt, ist eben das, was Christus offenbaren wollte. Hauptsächlich hat er dies durch seinen Tod vollbracht, wo die Liebe, die Gott ist, jene Kenntnis Gottes offen dargelegt hat. Dort hat der Sohn den Vater verherrlicht, denn aus Gehorsam gegen ihn ist er gestorben, und der Vater hat den Sohn verherrlicht, der die große Kraft, in einen solchen Tod aus Liebe zu gehen, nicht gehabt hätte, wäre er nicht der Sohn Gottes und der Liebe, die Gott ist, gewesen!

Die Kirche. Dank sei dir, Jungfrau der Jungfrauen, die du gemäß deinem Namen Maria uns erleuchtet hast! Erleuchte uns weiter auch darüber, in wiefern das ewige Leben in der Erkenntnis besteht.

Maria. Die vernünftige Natur erkennt oder versteht. Das Verstehen (intellegere) ist ein innerliches Lesen oder Sammeln (intelligere est intus legere seu colligere). Wenn die vernünftige Natur das Körperliche versteht, so sammelt sie die Körper nicht in sich, weil diese nicht in den Geist eingehen (illabi spiritum) können. Das Verstehen ist Sache der geistigen (spiritualis) Natur. So, wenn die Vernunft die Wärme versteht, so wird sie deshalb nicht warm; sie verändert sich dadurch nicht, wie sich der Sinn verändert, wenn er empfindet, weil sie das Körperliche nicht in sich sammelt; sondern sie macht sich ein Bild, eine Vorstellung nach Ähnlichkeit des Körperlichen, und durch diese versteht sie das Körperliche. Hingegen beim Verstehen der göttlichen Dinge, die geistiger Natur (spritualia) sind und in die vernünftige Natur eindringen (illabi) können, hat sie dieselben in sich und sammelt sie. Daher versteht die Vernunft die göttliche Weisheit nicht durch Bilder oder Ähnlichkeiten, sondern durch diese selbst, weil sie die Weisheit in sich findet; hätte sie die Weisheit nicht in sich, so könnte sie dieselbe nicht verstehen. Eben dadurch, daß sie versteht, ist sie weise. Das gleiche gilt vom Leben, von der Liebe, von allen göttlichen Tu-

1 Im Texte ist noch beigesetzt: et dicitur gloria a claritate, was sich im Deutschen nicht gut wiedergeben läßt.

genden. Eben dadurch, daß die Vernunft das göttliche Leben erkennt, hat sie dieses Leben in sich; indem sie das Leben versteht, lebt sie. *Sie hat also Gott in sich, indem sie ihn erkennt. Sie hat Christus, indem sie die Wahrheit erkennt, denn er ist die Wahrheit. Sie hat die Liebe,* die die lebendige göttliche Wärme ist, *indem sie die Liebe versteht.* Gott und seinen Sohn erkennen heißt somit alles Wünschenswerte besser, als es sich denken läßt, in sich haben. Das ist die Glückseligkeit; wer sie nicht besitzt, kann sie nicht begreifen und verstehen.

Die Kirche. Mit Recht heißest du Maria die Mutter des Lichtes, das die Gläubigen erleuchtet.

Maria. Johannes möge nun seine Erzählung fortsetzen.

Johannes. Am dritten Wochentage kehrte er wieder in den Tempel zurück, wo die Oberpriester ihn fragten, aus welcher Macht er dieses tue. Indem er eine Gegenfrage an sie richtete, auf die sie nicht antworteten, ließ auch er ihre Frage unbeantwortet.[1] Er erzählte dann mehrere Parabeln: von den zwei Söhnen, von denen der eine dem Befehle, in den Weinberg zu gehen, zwar mit Worten sich widersetzte, tatsächlich aber Folge leistete, während der andere entgegengesetzt verfuhr,[2] dann die Parabel von den Weingärtnern,[3] durch die er sagen wollte, er wisse wohl, daß sie den Sohn und Erben töten wollen, um sein Erbe an sich zu ziehen. Jene begriffen aber nicht, daß durch den Tod des Sohnes und Erben viele Miterben entstanden. Er sprach auch von den zum Hochzeitsmahle Geladenen.[4] Hierauf nahten sich ihm die Pharisäer mit der Frage, ob die Römer von ihnen Tribut beziehen dürften. Er zeigte ihnen eine Münze und antwortete ihnen, sie sollten sowohl Gottes, als des Kaisers Recht unversehrt lassen. Dann erklärte er ihnen das größte Gebot und die Liebe des Nächsten; der Samariter sei der Nächste gewesen, womit er sagen wollte, der sei unter allen der absolut Nächste, der vom Tode der Seele befreit. Damit bezeichnete er sich als den (wahren) Samariter. Er gab auch Aufschluß über Christus, den David seinen Herrn nennt. So-

---

1 Matth. 21, 23-28. Marc. 11, 27-33.
2 Matth. 21, 28-31.
3 Matth. 21, 33 ff.
4 Matth. 22, 1 ff.

dann tadelte er die Pharisäer wegen falscher Lehre, Ehrgeiz, Grausamkeit, Heuchelei, Habsucht und Hochmut. Beim Hinausgehen aus dem Tempel sagte er zu ihnen: »Ihr werdet mich nicht mehr sehen, bis man ruft: Gepriesen, der da kommt im Namen des Herrn!« Als man ihn draußen auf den herrlichen Tempelbau aufmerksam machte, sagte er voraus, es werde ein Tag der Zerstörung kommen, an dem kein Stein auf dem andern bleiben wird. Auf der Rückkehr nach Bethanien sagte er zu den Aposteln: »Ihr wißt, daß nach zwei Tagen Ostern ist und der Menschensohn verraten wird.«[1] (Exc. X, 660–667.)

1 Der Dialog bricht hier im Texte ab, der uns statt eines passenden Schlusses nur noch die kritische Bemerkung gibt: »Obwohl andere Geschichtsangaben von Pilatus erzählen, er habe sich selbst entleibt, so bemerkt doch *Tertullian* in seinem Apologeticus, er sei ein Christ geworden und habe Tod, Auferstehung und Himmelfahrt Christi dem Tiberius berichtet. Die Worte Tertullians lauten: Pilatus, in seinem Innern Christ, erstattete dem damaligen Kaiser Tiberius einen Bericht über Christus.«

Dialog über die Auferstehung Christi

Damit wir die Süßigkeit dieses Geheimnisses (der Auferstehung) einigermaßen fassen und uns geistig erwecken, so laßt uns in dieser dämmernden Morgenstunde des hohen Festes Maria Magdalena, die voll Trauer, Liebe und Mitleid ist, anreden und sprechen:

Der Christ. Sag uns Maria, warum hast du dich mit Maria (des Josephs) dem Grabe gegenüber gesetzt?

Maria. Den Schatz meines Herzens, den die Treulosen mir entzogen haben, wollte ich im Tode nicht verlassen, ihn, den ich immer so sehr liebte. So setzte ich mich denn, das traurigste aller Weiber, voll Betrübnis nieder, um wenigstens den Ort zu sehen, in den sie meinen Geliebten verborgen. Ich durfte nicht näher hinzutreten, daher setzte ich mich dem Grabe gegenüber. Wenigstens von ferne sollte die Sehnsucht nach meinem Erlöser mich erquicken. Ich Unglücklichste von allen hatte kein Leben mehr in mir, da ich das Herz meines Geliebten, in dem mein Leben ruhte, von der Lanze durchbohrt sah. Wie konnte da noch irgendeine Kraft in mir übrig sein? Ich warf mich ermattet auf die Erde hin, daß der Rest des Lebens mir genommen und ich begraben werde mit dem Geliebten, dieweil ich seinem Leibe mich nicht nahen durfte, an den ich mich doch durch Bande der Liebe unzertrennlich gefesselt hatte. Allein mein Geliebter ruhte im Frieden, und als der Sabbat nahte, sprach er, der in meinem Herzen nie gestorben war, sondern umso mehr lebte, weil er auch für mich, unter meinen Augen, gestorben war: Erhebe dich, edle, meine Freundin! Du siehst den Ort meiner Bestattung von Wachen umgeben, du wartest umsonst, der Garten ist verschlossen; werde jedoch nicht mutlos, du wirst mich nicht verlieren. Ich sprach: O Herr! welch ein Trosteswort! Da ich den Quell des Lebens, dich, o Herr! mit einem großen Steine verschlossen sehe, so wird niemand dich von hinnen nehmen. Ich will also gehen, um, bevor der Sabbat es mir verbietet, Salben zu bereiten und den heiligen Leichnam mit Tränen zu benetzen und zu salben, wie ich es einst an dem Lebenden getan. O Quell des Lebens, laß mich eine Lebensessenz (antidotum vitae) erfinden, um sie deinem Leichnam zu übergeben. Denn ich Arme bin durch mein erstes Einsalben gewissermaßen die Veranlassung deines Todes geworden, weil Judas durch dieselbe zum Verrate gegen dich bestimmt wurde. Konnte mir ein schwereres Unglück widerfahren als jene Stunde, in der du um meinetwillen durch den Verrat des Judas dem Tode geweiht wurdest, während ich von dir, dem Barmherzigen, erlöset wurde? Der du alles kannst, laß mich eine Salbe erfinden, dieser hier entgegengesetzt, auf daß wieder auflebe das Leben der Lebenden. Mit diesem Gedanken scheide ich von dir, ich scheide nur leiblich, nicht mit der Seele, mit der ich mit dir begraben ruhe; ich scheide schnell, damit auch die Wächter scheiden. Wenn sie niemand sehen, werden sie gleichfalls weggehen und ich kehre dann schnell zurück.

Der Christ. Sage, Maria, was tatest du unterdessen?

Maria. Ich sammelte wirklich das Heilmittel einer wohlriechenden Salbe, meiner wahren Liebe, im hellen alabasternen Gefäße meines Herzens und schloß sie fest zu, auf daß sie nicht verdunste, sondern im beständig kreisenden Feuer süßen Wohlgeruchs besser verarbeitet werde, den ganzen Sabbat hindurch, nach Art meines im Grabe eingeschlossenen Geliebten, damit ich, wenn ich Gelegenheit fände, mich zu nahen, das warme Heilmittel dem verwundeten Körper plötzlich aufgieße, auf daß durch den Hauch des unsterblichen Lebens die Seele des Geliebten zurückkehre und wieder belebe seinen wohlriechenden schönen Leib, den ich mit meinem Herzen erwärmt und mit meinen Tränen benetzt habe. Sobald daher der Sabbat vorüber war, kam ich so schnell als möglich (ich schlief nicht, denn mein Herz wachte immer) allein herbei; ich fürchtete weder die Soldaten der Wache, noch erschrak ich vor dem Calvarienberg, der durch die Leichname schauervoll war, in der Finsternis der Nacht. Ich trat in der Finsternis mit der Salbe an das Grab und sprach dabei zu mir selbst: O glückseliger Tag, wenn es mir gelänge, daß mein Geliebter unter meiner Umarmung erwacht! Was soll ich sagen, wenn ich angekommen bin? Mit

David und den Propheten will ich ihn anreden. Er, der vom Himmel auf die Erde gekommen, wird sicher das Rufen der Väter hören: »Schicke, o Herr! den du schicken willst!« Ist das Wort zum Heile der Welt Fleisch geworden und auf das Weinen und Rufen Adams vom Himmel herabgekommen, so wird es mir vielleicht möglich, durch süße Worte und demütiges Flehen ihn, der mich liebt, zu bewegen, daß die mit der Gottheit geeinte Seele zu dem mit der Gottheit geeinten Körper zurückkehre, nachdem er lange genug in der Unterwelt (Vorhölle) sich aufgehalten, um auch dort zu trösten, und mit der höchsten Seligkeit, welche sie dort erlangt haben, zu erfreuen. Der unendlichen Gottheit, die mit beidem vereint ist, wird dies noch viel leichter sein als die Menschwerdung, wiewohl der Gottheit nichts unmöglich oder schwer ist. Ich will ihm ins Gedächtnis zurückrufen, daß er selbst durch den Propheten gesprochen hat: »Ich werde dich erhöhen, o Herr! weil du mich bekannt hast bis ans Ende.« Damit spricht er wahrhaftig seine Auferstehung aus. Ich will zu ihm sagen: Erhebe dich, du meine Herrlichkeit, erhebe dich, Lobgesang und Zither! Zieh die Beute aus der Unterwelt, erhebe dich, Licht meiner Augen! Und bist du um meinetwillen gestorben, o Herr! und würdigest dich nicht, mich zu erhöhen, so blicke doch hin auf deine Mutter, deine Brüder, die Jünger und Apostel und erhebe dich bei dem Seufzen und Elende dieser Armen! Wer zweifelt, daß von dir geschrieben steht: »ich erhebe mich in der Morgendämmerung.« Darum bin ich vorausgeeilt, um dich aufzuwecken, damit dein Hervorgehen nach Oseas Weissagung vorbereitet sei wie die Morgenröte. Ich dachte an vieles, was ich ihm weinend sagen wollte, damit ich seine Liebe und Macht erwecke und er wieder lebe; sagen wollte ich ihm, daß er es ist, der die Jugend des Adlers erneute, den Löwen das Junge durch Brüllen wieder erwecken und den Phönix aus der verbrannten Asche neu aufleben läßt. Reden wollte ich mit ihm von Jonas, der aus dem Bauche des Walfisches unversehrt hervorkam, von dem Samenkorne, das in die Erde fiel und viele Frucht brachte, von dem Hirsche, der sein Geweih wieder erhält, von Samson, der die Toren trug, von Joseph, der aus dem Gefängnisse herauskam und Herr von ganz Ägypten wurde. Da trat ich hinzu und sah den Stein weggewälzt. Wo glich ein Schmerz dem meinigen? All mein Hoffen war vereitelt, denn ich glaubte, der

Geliebte sei von den Treulosen geraubt. Ich fand den nicht, den meine Seele suchte. Ich sprach: O unglückliches Weib! so bist du denn, obwohl Finsternis noch gelagert ist, doch zu spät gekommen; sie kamen dir zuvor, die den Herrn weggeschleppt. O unverzeihliche Nachlässigkeit, warum trenntest du dich von dem begrabenen Schatze, den nun ein anderer ausgräbt und dir entzieht? Während ich dies unter heftigem Schluchzen sprach, merkte ich, es könne mit mir nicht besser werden, ich könne meinen entwendeten Christus zu dieser Stunde nicht finden, weil ich ihn nicht auf die rechte Weise suchte; denn noch lagerte in mir die Finsternis des Unglaubens an die Auferstehung, und die Schrift des alten und neuen Testaments gab mir noch nicht ihren vollen Aufschluß. Da eilte ich zu Petrus, dem Haupte der Apostel und der ganzen Kirche, der Christus mehr als die andern liebte, ob er mir etwa einen Rat im Suchen geben könne. Ich begab mich auch zu Johannes, den Christus mit besonderer Liebe umfaßte, ob ihm etwa Christus beim Abendmahle die Schrift des alten Bundes erschlossen habe, daß ich mit deren Hilfe den Geliebten fände. Siehe, da eilen plötzlich Petrus und Johannes herbei, dieser als der Jünger dem Petrus voraus. Doch trat Petrus zuerst ein, nach ihm Johannes; sie überzeugten sich, daß ich die Wahrheit gesprochen. Obwohl ihnen die Schrift erschlossen war, daß er auferstehen müsse, so hatten sie doch noch kein Verständnis. Als sie wieder fortgingen, blieb ich allein zurück, um durch Tränen mein Herz zu erleichtern. Ich blieb außen stehen, da ich innen den Geliebten nicht gefunden hatte. Als ich mich weinend wieder hinneigte, um das Grab zu sehen, sah ich Engel an der Stelle, an welcher Joseph und Nikodemus den Herrn hingelegt hatten.

Der Christ. Als du nun, Maria! hineinschautest und den Ort sahest, wo dein Geliebter hingelegt worden war, sag uns, was sagtest du dann?

Maria. Ich sprach: Mein Gott! warum hast du mich am Ende verlassen? Ich habe dich nie verlassen. Ich wollte mit dir sterben, damit man mich wenigstens immer dort treffe, wo du gelegen hast. Ich blicke, o Herr! rings umher, und ich finde niemand, der mich tröstet! Ich suche nicht Engel, sondern dich, den Schöpfer der Engel. Warum schickst du mir zum Troste Geschöpfe, da ich dich allein suche, dich liebe? Es ist unmöglich, daß du die nicht liebst, die dich lieben. Doch ist es Liebe, o Herr! wenn du mich betrübest? Ich suche nicht schöne Geister und Diener Gottes.

Der Christ. Du hast Engel gesehen, Maria; hast du auch Worte von ihnen gehört?

Maria. Als ich mich liebend zum Grabe hinneigte, sah und hörte ich Engel. Sie sprachen: Was weinst du, Weib? Wir wissen, daß du Jesus den Erlöser suchst, du suchst jenen Nazarener, der schöner und wohlgestalteter als alle Menschensöhne, den die Juden so schmählich mißhandelt haben; sie verhüllten sein lichtvolles Antlitz, seine lieben Augen, aus welchen der Strahl der göttlichen Weisheit hervorleuchtete. Fest banden sie seine Hände, als wäre er ein Dieb und Straßenräuber, gaben ihm Maulschellen, spieen in sein heiliges Angesicht, krönten den König der Herrlichkeit mit einer Dornenkrone, geißelten ihn, daß weder Gestalt noch Schönheit mehr in ihm war, überlieferten ihn mit Verbrechern zum ungerechten Tode. Suchst du diesen, Maria? Ich erwiderte: Ja, eben diesen suche ich, ihr Engel! ihn, meine Seele, mein Leben, ihn, den Verwundeten, den Toten suche ich, ich suche und finde ihn nirgends. Sie haben meinen Herrn weggenommen und ich weiß nicht, wohin sie ihn gelegt haben. Indem ich rings umherschaute, glaubte ich den Gärtner zu sehen. Als dieser mich Unglückliche, Trostlose fragte: Was weinest du? antwortete ich: Herr, wenn du ihn genommen hast, so sag mir, wohin du ihn gelegt hast, damit ich hingehe und ihn hole.

Der Christ. Maria, als du rückwärts den sahest, den du für den Gärtner hieltest, und in der syrischen Landessprache zu ihm sagtest: Herr! wenn du ihn genommen hast, so sag es mir! glaubtest du, er werde dies verstehen?

Maria. Ich Arme glaubte, jeder Lebende müsse meine große Bedrängnis und Kummer wissen und sehen.

Der Christ. Als er aber zu dir sagte: Weib, was weinest du? wo waren deine Ohren, daß sie deinen Herrn nicht kannten?

Maria. Seine Gestalt (dispositio) war eine andere als die frühere meines Herrn; er, der seiner Menschheit nach jetzt so vieles gelitten, sah früher ganz anders aus als damals, da er mir als Gärtner erschien. Auch ließ mich die große Sehnsucht nicht eher aufmerksam sein, als bis es ihm beliebte. Deshalb sagte ich: Wenn du ihn weggenommen hast, so sag es mir.

Der Christ. Als er aber zu dir sagte: Maria! warum kanntest du ihn alsdann?

Maria. Mein Geliebter ließ ein Licht des Trostes und der Gnade in mich einströmen, daß ich Blinde sah und erkannte, daß der mich kenne, der mich beim Namen nannte. Plötzlich erleuchtete er mich mit seinem Strahle, daß ich den sah, den ich blind längst gesucht. Meine Begierde steigerte sich nämlich im Suchen, da ich nicht finden konnte. Er ließ meine Sehnsucht zur Flamme werden, auf daß ich eifriger suchte und mit größerer Freude finden möge. Ich fiel nun auf die Erde und erkannte, es habe so nach göttlicher Anordnung kommen müssen, daß das Fleisch gewordene Wort, mein Herr, für das Heil des Menschengeschlechts starb, in die Vorhölle hinabstieg und am dritten Tage mit verherrlichtem und unzerstörbarem Leibe gemäß der Schrift auferstand, und die zur Seligkeit Erlösten, von den Toten Auferweckten an Leib und Seele glückselig machte, denen er als Hohepriester, der die Himmel durchdringt, voranging.

Der Christ. Maria, wie groß war da deine Freude?

Maria. Unendlich, als ich die Wonne meines Lebens unsterblich wußte, noch mehr, als ich den siegreichen Triumphator über Tod und Hölle, mein einziges Verlangen, in seinem Leibe, in der Stole der Unsterblichkeit glänzen, mit Ehre und Herrlichkeit geschmückt sah. Da sprach ich mit vollem Rechte: Das ist der Tag, den der Herr gemacht hat, laßt uns frohlocken und fröhlich sein in ihm; denn an diesem Tage ist die volle Wiederherstellung des Menschengeschlechts erfolgt. O süßer, apostolischer Auftrag! denn es gebot mir der Herr, den Aposteln die Botschaft zu bringen. Welche Gnade erwies er mir, daß ich diese überaus frohe Kunde ihnen zuerst mitteilen durfte, infolge deren sie das Alleluja durch alle Straßen Jerusalems anstimmten. Ich erhielt nicht den Auftrag, der glorreichen Jungfrau und Mutter die Botschaft zu bringen, welche ohne Zweifel, wie sie einzig im Glauben mit Christus begraben war, so auch auferstand, und wie sie unzertrennlich in festem Glauben und klarem Geiste dem Sohne im Tode verbunden blieb, so auch in der Auferstehung. Sie wußte es daher selbst und zwar mit Recht, und kein anderer Bote als der Sohn selbst war würdig genug, diese Freudenbotschaft mitzuteilen. Ich meldete sie, eilte da und dorthin, verkündete, entdeckte das Gesehene; allein mein Geliebter ließ die ungläubigen (dura) Herzen der Jünger noch eine Zeit lang zweifeln, damit die Nachwelt der Auferstehung desto mehr Glauben schenke.

(Exc. III, 405–408.)

Dialog zwischen Maria Magdalena und einem Christen

Über die Bekehrung und die Stufen des neuen Lebens

Der Christ. Warum warfst du dich, Maria! beim Eintreten in das Zimmer weinend zu den Füßen des Herrn?

Maria. Weil ich Gnade suche. Krank kam ich zum Arzte, ohne den ich nicht gerettet werden kann, und ich durfte seine Füße küssen und sie mit meinen Tränen benetzen.

Der Christ. Wie bist du zu ihm hingetreten?

Maria. Unerschrocken, weil ich des Arztes sehr bedurfte; ich trat bis zu den Füßen meines Herrn, dreifach mich verdemütigend. Da ich im Bereiche der Sünder war, bemächtigte sich meiner Furcht vor der Strafe; ich sah die ewige Belohnung und fing an zu lieben; ich entschloß mich, alles Glück der Welt in Enthaltsamkeit zu verachten und im Unglücke geduldig zu sein. So erstieg ich die erste Stufe durch Weltverachtung, die zweite durch Selbstverleugnung, die dritte durch die demutsvolle Liebe zu Christus. So fand ich, was ich suchte, sicher und auf dem kürzesten Wege; ich ließ meinen Tränen freien Lauf, um von Feuchtigkeit mich zu entleeren und das Feuer der Liebe, das Holz des Leidens und das Brandopfer des Gehorsams in mich aufzunehmen. Ich brachte eine kostbare, schöne, wohlriechende Salbe; denn ich suchte, was kostbarer als alle Schätze, lieblicher als jeder Wohlgeruch, schöner als jede Schönheit war. Die Salbe war aus Nardenöl, weil ich, wie der Nardenbaum klein und wohlriechend ist, mich zu den Füßen meines Meisters erniedrigte, damit mein Nardenöl seinen Geruch verbreite. Ich krümmte mich vor seinen Füßen, um mich wieder aufzurichten; ich weinte Tränen der Zerknirschung, als ich die erste Stufe erstieg, um vor dem Anblicke eines so großen Königs mich zu reinigen. Ich weinte in Mitleid auf der zweiten Stufe, als ich mit der lindernden Salbe vor seinem Grabe stand. Ich weinte auf der dritten Stufe, als ich nach der Auferstehung den Ersehnten fand. Da wurde meine Seele in einem Tränenbade ganz erweicht. Ich weinte auf der ersten Stufe, weil ich mich als unreine Sünderin erkannt hatte, und meine Augen öffneten den Tränen einen Ausgang. Ich weinte, weil ich mich in dieses Leben eingebürgert. »Weh mir, daß mein Eingebürgertsein verlängert ist!« Ich weinte, weil ich die Hölle fürchtete. Bitterlich weinte ich in der Nacht, d. i. in dem sündhaften Zustande. Ich weinte auf der zweiten Stufe, weil ich wußte, daß Christus Fleisch geworden, um mich Unglückliche zu erlösen, und diese Tränen waren meine Nahrung bei Tag und Nacht; ich weinte, weil ich das menschliche Elend mitempfand, und aus Sehnsucht nach dem himmlischen Vaterlande. An den Flüssen Babylons saß ich, zernichtete in mir die vergängliche Weltlust und gedachte Zions, des himmlischen Vaterlandes.

Der Christ. Warum hast du, Maria! nicht längst geweint und solange gezaudert?

Maria. Der Hochmut erlaubte es mir nicht. Hohe Berge sind oben trocken, nur die Täler sind feucht. Eingetaucht in das Irdische, war mein Herz verhärtet; mein Geist mit Sorgen für sinnliche Vergnügen beschäftigt und vertrocknet durch ihre Glut; ich war verrückt und töricht. Eingefroren war durch die Menge der Sünden mein Herz bis auf diesen Tag, da es erwärmte durch die Sonne der Gerechtigkeit, Christus, meinen Herrn. Ich dachte an Anna, von der die Bücher der Könige erzählen, daß sie Trübsal unter reichlichen Tränen zu Gott betete und erhört wurde. Ich erinnerte mich, daß Ezechias durch Tränen erhört worden. »Ich sah, heißt es, deine Tränen und heilte dich.« So wurden Tobias und Sara durch Tränen erhört, so Judith und David. »Du warfest auf meine Tränen deinen Blick.« So dachte ich, daß Gott, der durch nichts gezwungen werden kann, durch Tränen gezwungen werden könne; darum trat ich hinzu und weinte.

Der Christ. Da deine Tränen reuevoll waren, Maria! so zeige mir, wie stark und wie groß deine Reue war.

Maria. Meine Reue war liebevoll und leidvoll (amorosus et dolorosus). Meine Sünden verabscheute und haßte ich, weil ich Gott beleidigt hatte, und ich haßte sie mit solcher herzinniger Betrübnis, wie ich nie eine größere hatte oder haben konnte. Sie glich der Trauer über den Verlust des einzigen Sohnes, weil es die Trauer über den Verlust der Seele war. Nichts betrübte mich auf der ganzen Welt so sehr, als Gott beleidigt zu haben. Diese Beleidigung erschien mir, indem ich mich zu Gott erhob, den ich über alles zu lieben mir jetzt vorgenommen habe, als die größte unter allen.

Der Christ. Und was erlangtest du, Maria?

Maria. Nachlaß der Sünde, Mitteilung der Gnade und die Seligkeit und einen neuen Bräutigam erhielt ich. Die Gnade Gottes nahm, von meinen Tränen erweicht, die Häßlichkeit und Beflecktheit meiner Seele hinweg, trug meine Schuld und Strafe, und schuf mich zu einer neuen, ihr wohlgefälligen Braut.

Der Christ. O Maria, welche Gnade hast du gefunden, dieweil nicht nur die Schuld, sondern auch die Strafe aller deiner Sünden aufgehoben ist, so daß du von Hölle und Fegefeuer befreit, unmittelbar nur die Herrlichkeit zu erwarten hast. Wie groß ist deine Zerknirschung! Kühn tratest du zu den Füßen des Gottmenschen und küßtest sie. Warum dies?

Maria. Ich küßte seine Füße auf der ersten Stufe meines Hinaufsteigens; ich küßte auf der zweiten die Hände zur Zeit, als er vom Kreuze herabgenommen wurde; auf der dritten küßte ich den Mund der Betrachtung und Reue, in der Einsamkeit. Und jetzt schaue ich ihn ganz von Angesicht zu Angesicht und vereinige mich mit ihm in seiner Herrlichkeit. In demütiger Bekehrung küßte ich seine Füße, den rechten Fuß des Mitleids, hingestreckt küßte ich ihn und der Herr reichte mir in innigster Freundschaft den Fuß dar, der bis dahin schrecklich für mich war – den der Gerechtigkeit und Wahrheit. Da entzündete sich naturgemäß tiefe Liebe in mir, er wurde selbst mein Geliebter und goß Liebe und Gnade in mich. Er ließ mir viele Sünden nach, weil ich viel geliebt; meine Seele war zuvor ganz befleckt und rostig durch die Sünden, von welchen sie das heftige Feuer der Liebe plötzlich reinigte. Was in mir zuvor öde und leer war, das wandte sich jetzt der Verehrung Gottes zu: Meine Augen wurden zum Tränenquell, um seine Füße zu waschen, die Haare trockneten ihn und mit der Salbe der Demut und Zerknirschung salbte ich ihn, und ich, die ich eitel, elend und eine Sünderin war, wurde zur Braut Gottes umgeschaffen und die Liebe in mich gepflanzt, die seitdem in meinem Leben ohne Unterlaß kräftig in die Höhe wächst.

Der Christ. Warum sagte der Herr, du habest viel geliebt?

Maria. Weil das höchste Gut eben darum, weil es das höchste ist, auch die größte Liebe verdient, weil man es wie das größte Gut am meisten genießen und ihm ganz anhängen muß durch Liebe und in ihm ruhen als in dem letzten Ziele.

Der Christ. Maria, wie entstand in dir die Liebe?

Maria. Die Liebe Gottes ergoß sich in mein Herz durch seinen hl. Geist; denn sie ist das Werk des hl. Geistes. Eine Wohnung bereitete ich meinem Gotte und es wohnte in mir seine Huld und Gnade und zog mich zur Liebe zu ihm hin. Er entzündete mein Herz, weckte meine schlummernde Seele auf und erleuchtete meine Finsternis. Ich hatte den hl. Geist, durch den ich liebte und ohne den ich nicht lieben konnte; er allein erhob den Trieb meiner Seele zur Liebe Gottes, welcher Trieb ohne den heiligen Geist nur Begierde ist. Durch Liebe wird die Seele zu dem Ziele geführt, nach dem sie strebt; ausgelöscht war in mir alle Begierlichkeit, so daß die Liebe wachsen konnte. Durch Liebe wurde meine Seele angetrieben, Gott zu genießen wegen seiner selbst und alles andere wegen ihm. Die ich vordem von Begierlichkeit brannte, alle Dinge außer Gott wegen ihrer selbst und nicht wegen Gott zu genießen, hing jetzt zum ersten Male durch den Kitt der Liebe an Gott allein, indem ich seinetwegen alles verachtete. Weltliebe vertreibt die Liebe zu Gott und umgekehrt. Gott muß der in sich tragen, welcher die Liebe haben will, denn Gott ist die Liebe.

Der Christ. Ich verstehe nun, daß Irdisches sich nicht mit der Liebe zu Gott vertrage, sondern daß man es ganz vergessen müsse. Weil die Seele nicht ohne Liebe sein kann, so ist sie unter die Geschöpfe gesetzt, damit sie liebe, entweder nach oben blickend, oder sich nach Unten bewegend. Da nun die Liebe zur Welt süß ist, was zog dich von ihr zurück?

Maria. Nachdem ich mit dem Auge des Geistes eingesehen, daß alles Erschaffene eitel ist und alle Lieblichkeit, Freude, Macht und Überfluß, kurz: alles, was mich anzog, mich nicht sättige, weil es veränderlich ist; so fand ich mich in Irrtum begriffen, wandte mich von allem ab und suchte nur Gott und fand den, den ich liebte, in dem alle Fülle, in dem der *innere Mensch* alle Freude ohne sinnlichen Beigeschmack, alle Schönheit ohne Schminke, alle Süßigkeit ohne bestimmte Qualität, Kuß und Umarmung ohne Berührung fühlt.

Der Christ. Was fühltest du, Maria! auf der zweiten Stufe, als du die Hände Christi küßtest, und an seinem Grabe weintest, von der Liebe?

Maria. Es wuchs in mir die Kraft des Allerhöchsten, ich gedachte der Wohltaten meines Gottes und der Werke seiner Hände, daß er mir Leben und einen Geist gegeben, für mich Mensch geworden und sich für mich in den Tod hingegeben. Vor allem aber hielt ich das fest im Gedächtnis und Gemüte, daß mir mein Geliebter die Liebe gab, mit der ich ihn lieben konnte, und daß er mit dem festesten Bande mich an sich anschloß. Da erweichte mein Herz. Ich weinte bitter über mein vergangenes Leben, da meine sinnlichen Begierden unheilvoll entbrannten und ich meinen Gott nicht erkannte. Ich weinte, daß ich so viele Zeit verloren. Ich beweinte mich als das unglücklichste Weib, weil ich Gott nicht erkannte und ihn beleidigte, und dadurch erstarkte die Liebe zu meinem Gotte. Indem ich mich erhob zur Erkenntnis seines Wesens, seiner Güte, Kraft, Wahrheit und Herrlichkeit und in der tiefsten Demut mich ganz verachtete und die vielen Gaben Gottes, die ich, seine geringste Kreatur, besaß, überdachte, weinte ich aus unbeschreiblicher Freude, und fühlte die höchste Süßigkeit darin, daß ich, die verworfenste Kreatur, mit ihm durch die Bande der Liebe verbunden und so gestärkt war. So erstarkte in mir die Liebe endlich zur Vollkommenheit. Ich fühlte es: Gott ist die Liebe; denn seit die Liebe in mir war, liebte ich nur Gottes Willen und Gebot, kein Gedanke ans Irdische drang in mein Herz; nur was Gott gefiel, gefiel auch mir; was er haßte, haßte auch ich. Nun liebte ich Gott aus ganzer Seele und aus allen Kräften, denn durch die Liebe wohnte er in mir.

Der Christ. Ich erkenne, Maria, daß die Liebe Gottes und nicht des Menschen Werk ist, obwohl dieser das Gebot der Gottesliebe hat. Wenn er dies gleich nicht aus sich vermag, so vermag er es doch insofern, daß er nichts ebenso oder mehr als Gott liebt und auf alle mögliche Weise der Liebe sich nähert und sie in sich befestigt, obwohl nicht jeder jenen hohen Grad *der Liebe aus ganzem Herzen und Gemüte und aus allen Kräften* erringt. Zeige daher, Trösterin, den Weg zur Liebe!

Maria. Habe ein zerknirschtes Herz und weihe dich Gott ganz und gar; er erfüllt jedes Geschöpf mit Segen! Empfinde Schmerz über das Begangene und fasse gute Vorsätze für die Zukunft! Höre fleißig das Wort Gottes, gleichwie auch ich häufig zu den Füßen des Herrn saß und seine Reden anhörte! Sei bereitwillig zu jedem guten Werke; denn die Liebe will nicht müßig sein. Das sind die Zeichen des *ersten Grades* der Liebe. Der *höhere Grad* sind eine strenge Gewissenserforschung über alle Tod- und läßlichen Sünden, Schwächung der Begierlichkeit, Erweckung und Übung des geistigen Lebens. Wie das Leben des Körpers sich in den äußern Sinnen betätigt, so das der Seele durch die Übung der innern Sinne, durch strenge Pflichterfüllung und Verkündigung der göttlichen Wahrheiten, wie auch ich das Wort Gottes öffentlich verkündete.

Der Christ. Sage nun, Maria! die Zeichen *des dritten Grades* der Liebe und des dritten Kusses.

Maria. Ich starb für meinen Gott, Jesus, täglich im Geiste, gestachelt von Liebe; die Welt gefiel mir nicht mehr, ich wünschte aufgelöst zu werden und bei Christus zu sein. Ich eilte in die Einöde, weil nichts für mich einen Wert hatte, ich wünschte für Gott oder den Nächsten zur Ehre Gottes täglich zu sterben. Ich liebte meine Feinde und tat ihnen Gutes um Gottes willen. Alle Leiden übernahm ich freudig und trug sie geduldig. Ich entsagte allem und *folgte Christo*; um den Geliebten nicht zu verlieren, sandte ich tiefe und innige Seufzer des Herzens zu ihm. Hoch war mein Verlangen, denn ich wollte nur den Höchsten. Wenn das Andenken an meinen Geliebten mein innerstes Gemüt berührte, dann sandte meine Liebe Seufzer, die Boten der Liebe aus. Meine Gedanken ruhten, weil, wo mein Schatz, dort auch mein Herz war. Ich schmachtete (languebam), weil ich nur den wünschte, den ich noch nie so hatte, wie ich ihn wünschte. Die Liebe ist in ihrem Beginne Neigung, in ihrem Fortschreiten Inbrunst, in ihrer Vollendung seliges Genießen. Ich harrte sehnsuchtsvoll, aufgelöst und bei Christus zu sein. Ich erhielt Flügel der erhabensten Betrachtung und das Manna himmlischer Süßigkeit dreißig Jahre lang in der Wüste. Siebenmal des Tages ward ich in Gott entzückt, mein Leib erhob sich über die Erde, in lauter Sehnsucht, bei dem Geliebten zu sein. Ich hoffte zu sterben für den Geliebten und in dem Geliebten; denn nichts ist schneller, stärker und durchdringender, als das Streben der Liebe nach dem geliebten Gegenstande; sie ruht nicht, bis sie übernatürlich ihre ganze Tiefe durchdrungen, und in Liebe über ihre volle Totalität sich hinaus erhoben hat, obwohl ihr dies unmöglich ist (quia suapte natura non quiescit amor, donec supernaturaliter penetraverit totam profunditatem et transierit amabilis totalitatem, quantum potest, licet intransibilem). Wird daher der Lauf der Liebe gehindert oder wie immer aufgehalten, so gerät die ganze Seele in Unruhe und in einen niedrigen Zustand des Harrens ... Ich geriet oft in ganz ekstatische Zustände und war außer mir, weil ich wegen der innigen Liebe nicht mir, sondern nur dem Geliebten angehörte, dem ich in so glühender Liebe mich ergab, daß ich ganz außer mir (in mentis excessu) nur bei dem Geliebten war. Denn wer vollkommen liebt, liebt nicht sich, sondern Gott, den er liebt und von dem er geführt, geleitet und belehrt wird.

Der Christ. Als du, o Weib, mit den zwei Adlerflügeln der Liebe und der Erkenntnis in die Einöde der Betrachtung und Buße flogest, und dort auf hohen Felsen dein Nest erbautest und auf steilen Felsenrissen dich aufhieltest, was hattest du Arme da bei dir?

Maria. Arm war ich nicht; siebenmal des Tages wurde ich mit Hilfe von Engeln zur Betrachtung dessen, den meine Seele liebte, emporgehoben. Ich hatte geläutertes Gold, im Feuer gehärtetes Eisen, würzhaften, süßen und starken Wein, weil ich stark, verständig und beharrlich liebte. Ich hatte Raubvögel, welche, nur wenn sie Beute haschen, die Erde berühren. Ich hatte ein ungeheueres Schiff, vom Wehen des hl. Geistes geführt. Ich hatte einen Hammer des Todes, mit dem ich das Fleisch tötete. Ich hatte eine Quelle und einen Brunnen lebendigen Wassers, welches der Temperatur der Welt ganz entgegen war; denn es war kalt im Sommer und warm im Winter, das Gefäß dazu hing an einem gut geflochtenen starken Seile. Ich hatte einen edlen Jagdhund, der beim Spüren die Dornen nicht fühlt. Mein Haus war aus festgebrannten Steinen; Wetter und Platzregen zerstörten es nicht. Ich hatte fruchttragende Bäume; sie trugen Früchte der Frömmigkeit, Blüten der Sittlichkeit, Blätter der Wahrheit. Ich hatte ein hochzeitliches Gewand, wunderbar gewoben, von roter Farbe, Liebe verkündend, vom Feuer des hl. Geistes gewoben, rot durch das Blut Christi.

Der Christ. Wenn du sonst nichts hattest, so warest du doch noch sehr arm, weil der Liebende nur im Geliebten Ruhe hat.

Maria. Der Herr, der Bräutigam meiner Seele war stets bei mir; ich vereinigte mich mit ihm, und er schloß mich immer inniger an sich durch die Bande der Liebe. Er reinigte mich durch das Feuer der Liebe, schmückte und erleuchtete mein Herz, damit der Allerhöchste, mein Geliebter, in ihm wohne. Durch Feuer brannte er die vorherige Unreinigkeit aus, damit der Reinste eine würdige Wohnung in mir finde. Ich überdachte die Schönheit meines Geliebten, ich erwog, daß Er, der Große, von mir geliebt sein wollte, der mich zuvor geliebt, ehe ich ihn kannte. Da loderte die Flamme der Liebe mächtig auf, und dennoch schmachtete ich (languebam), weil ich ihn nicht so, wie ich wünschte, liebe. Aber dieses Schmachten erhöhte die Liebe. Und je mehr dieses Feuer der Liebe wuchs, desto süßer umfaßte mich mit klarem Blicke in geistiger Umarmung mein Bräutigam, und indem er mit seiner Liebe meine Seele trösten wollte, schlug er mir eine um so größere Wunde der Liebe. Indem er mit dem Kusse seines Mundes mich küßte, genoß ich Honig und Milch von seiner Zunge, Honig floß von seinen Lippen und erweckte in mir das Verlangen, ihn noch öfter und herzlicher zu küssen.

Der Christ. Maria! Da Engel, d. i. tiefinnige, erhabene und feurige Gefühle der Sehnsucht dich siebenmal täglich von der Erde nach oben, zu deinem Geliebten hin erhoben, so sage mir, was waren diese so heftigen Gefühle?

Maria. Nachdem ich mich ganz meinem Geliebten zugewandt hatte, sagte ich zu meiner Liebe, sie möchte mich auf irgendeine Stufe großer Liebe erheben. Die Liebe sprach: Bedenke die Liebe deines Geliebten und die Natur derselben, die sich mit nichts vergleichen läßt, weil das Endliche keine Vergleichung mit dem Unendlichen zuläßt. Bedenke die Verbindung der unendlichen und endlichen Liebe; denn es gibt keine wunderbare, keine größere Verbindung als die des Geschöpfes mit dem Schöpfer. Siehe! indem Verstand und Herz dies in Liebe überdachten und im Gedächtnis bewahrten, erhob ich mich auf die erste Stufe. Zurückgekehrt aus dieser Erhebung war ich nicht zufrieden und sprach zur Liebe: Erhebe mich noch höher, auf die zweite Stufe! Und die Liebe sprach: Betrachte alles unter dem Himmel im Vergleiche zu deinem Geliebten! Da erkannte ich in dieser Betrachtung die Vergänglichkeit alles Irdischen, ich verschmähte es und erhob mich[1] in Liebe zum Himmlischen auf die zweite Stufe, ich verachtete die Liebe des Irdischen und der Geschöpfe und liebte in allen Geschöpfen ihn allein. Noch einmal bat ich die Liebe, sie möchte mich auf die dritte Stufe erheben. Und sie sprach: Bedenke die Ewigkeit deines Geliebten, bedenke, daß du ewig ihn als deinen Geliebten besitzen wirst; je feuriger du ihn liebst, desto feuriger wird dir sein Besitz sein. Das hob mich. Es erstarkte in mir die Beharrlichkeit, so daß ich beständig in der Liebe wuchs. Und wieder erhob mich die Liebe in unauflöslicher Liebe, weil ich in keiner Zeit die Güte meines Geliebten, wie oft ich sie auch betrachtete, ergründen konnte. Wiederholt bat ich die Liebe, mich höher hinauf zu heben. Und sie sprach: Gott, dein Geliebter, ist der reinste Geist, allmächtig, der Schöpfer aller Dinge. In um so innigerer Umarmung erfaßt er den Liebenden, je geistiger dieser geworden, und je mehr dieser für den Geliebten gelitten, desto reichlicher vergilt es der Geliebte. Da hob sich mein Verlangen, losgetrennt von diesem sterblichen Leibe um des Geliebten willen als Märtyrer gekrönt zu werden. Zum sechsten Male bat ich die Liebe, mich höher hinauf in die Süßigkeit der Liebe zu erheben. Und sie sprach zu mir: Fühlest du deinen Geliebten in dir? Ich erwiderte: Ja, aber nur wenig. Sie sagte: So vermehre deine Liebe und Erkenntnis durch Erwägung der Beschaffung des Geliebten. Ich tat es und stieg höher, aber meine Liebe war nicht gesättigt, denn je mehr ich emporstieg, desto unersättlicher wuchs meine Liebe. Und als ich so noch sehr ungesättigt hungerte, bat ich die Liebe, mich noch mehr zu dem Geliebten empor zu heben. Zum siebenten Mal erhob sie mich hoch hinauf, und als ich in großem Hunger gierig die Süßigkeit des Geliebten verkostete, wurde meine Sehnsucht zur feurigsten Flamme und in demselben Grade wuchs mein Hunger. Da verwundete der Geliebte mein Herz mit dem Feuer seiner Liebe; ich schmachtete, weil ich den Geliebten nicht ganz hatte, wie ich es wünschte. Da waren alle Sinne meines Leibes gefesselt, denn die Seele war bei dem Geliebten, verlangend, er möchte die Wunde, die er ihr geschlagen, heilen, denn unauflöslich sei sie mit ihm verbunden. Nun kehrte die Seele wieder zu ihrer Tätigkeit zu-

1 Statt elevabor im Texte ist zu lesen: elevabar.

rück und brachte in die Glieder wieder Bewegung, ohne jedoch von ihrem Geliebten zu weichen. Sie wollte keinen Trost annehmen, weil alles für sie tot und nur der Geliebte, der sie verwundet, ihr Leben war. Diese Liebe gleicht einem Dürstenden, der durch noch soviel Nektar seinen Durst nicht stillen, ja nur vergrößern und nie satt würde, wenn er nicht allen Nektar der ganzen Welt trinken würde. So stieg ich täglich höher hinauf, und je mehr ich trank, desto mehr dürstete ich. Ich ging verwundet in den Dörfern und Flecken umher, um zu sterben aus Liebe; aber ich konnte nicht sterben. Je mehr ich durch die Liebe sterben wollte, desto mehr wuchs die Liebe in mir. Ich bat die Liebe, daß sie mich lieber töte, als durch soviele Wunden verschmachten lasse. Mehr als dreißig Jahre nährte mich so die Liebe, bis ich endlich ermüdete. Sie dachte daran, mich zu erhören, weil ich ihr so getreu gedient. Nun führte sie mich im Geiste durch die ganze Welt, damit ich sähe, wie mein Geliebter so wenig in der Welt gekannt und geehrt ist. Sie führte mich zu den Götzendienern, Lästerern, Übermütigen. Sie führte mich zu allen Gegenden der Welt, zu Kriegen, Spaltungen, Heuchlern, Ehebrechern, um so großen Schmerz über die Verunehrung, Geringachtung und Sünden gegen meinen Geliebten mich fühlen zu lassen, daß mich das Verlangen zu sterben quälte. Aber auch so konnte ich nicht sterben. Die Liebe führte mich in die Hölle, um die vielen nach Gottes Bilde erschaffenen und ewig toten Seelen zu sehen und die verhältnismäßig wenigen Seligen. Da ward ich sehr betrübt, aber sterben konnte ich nicht. Nun sprach mein Freund zu mir: So willst du denn durchaus in der Liebe sterben? Ich erwiderte: In dir allein zu leben ist mein einziges Verlangen. Da sprach mein Freund zur Liebe: Führe ihre Seele ein in Jerusalem! Und sie führte mich dahin; ich sah die hl. Stadt Jerusalem, und soviele hl. Lieblinge Gottes. Ich sah den als Mensch geborenen und am Kreuze erhöhten Christus. Und nun befiel mich Todesschwäche, weil ich den gerechtesten, besten und süßesten Geliebten und Liebenden so schimpflich am Kreuze hängen und dem Tode schon nahe sah. Nach seinem Tode wurde er ins Grab gelegt. In diesem führte mich nun meine Führerin, die Liebe. Ich trat in das Grab: Der Tod meines Geliebten traf mich mit dem Pfeile seiner Liebe, und sogleich starb ich mit meinem Geliebten in Liebe.

Die Liebe begrub mich bei ihm. Plötzlich aber stand mein Geliebter auf, und auch meine Seele, mit ihm vereint, lebte durch den Odem seiner Unsterblichkeit wieder auf, und er führte mich mit sich ins ewige Vaterland, wo ich meinen Geliebten jetzt in voller Sättigung ewig besitze. Zu diesem seligen Genuß möge der wahre Gott und Mensch Jesus Christus alle die Seinen, die ihn wahrhaft und innig lieben (wo sie auch sein mögen), hinführen! Amen. (Exc. II, 398–403.)

IV.

Predigten

Rede bei Austeilung des hl. Abendmahls

Von der Außenwelt sind wir alle in das Gotteshaus eingetreten; mit dem Glockenschlage sind wir alle bis zum Altare vorgegangen; alle haben wir dort Gott dem Vater das Opfer dargebracht, alle uns in Christus ihm geopfert; alle sind wir zur Vereinigung mit ihm zugelassen und mit dem Sakramente des Abendmahls erquickt worden. Das taten wir auf sinnliche Weise durch Zeichen. Doch das Wunderbare, das diese Zeichen bedeuten, wessen Erinnerung sie uns nahe legen, und welches der Sinn und Geist sei, der unter ihnen verborgen liegt, das laßt uns jetzt erwägen. Es ist nichts anderes, als der Ausdruck *unseres Glaubens*. Wie wir Christus leiblich unter leiblichen Zeichen vom Altare hinwegtragen, so müssen wir ihn ohne Zeichen geistig in unserem Geiste tragen. Der Geist, in welchem Christus, das Licht der Welt, getragen wird, muß heilig sein, wie der Priester, der das Siegeszeichen des Kampfes für Christus trägt, welches der Sieg des weltüberwindenden Glaubens ist. Er muß leuchten, wie die brennenden Kerzen, in reiner Liebe und geistiger Freude. Denn wie das sinnliche Leben nur in der Freude gerne wohnt, so besteht auch das geistige Leben nur in Liebe oder geistiger Freude. Die Zeichen dieser Freude sind Reinigkeit, Gesang, Hymnen, Verbrüderung, Anstand, Nachfolge in die Fußstapfen der Anhänger des Lammes. Beim Eintritt in die Kirche müssen wir glauben, daß wir von der Außenwelt in den Himmel, in die heilige Wohnung Gottes und seine heiligste Ordnung, voll des Wohlgeruchs frommer Gebete in Freude und unter Glokkengeläute eintreten bis zum Altare, d.h. bis zu Christus selbst, welcher die Hostie, der Altar und das Opfer ist; daß wir dort Gott dem Vater Christus darbringen werden, der in uns ist und uns in ihm, und daß Gott der Vater dieses Opfer annehmen und uns in Jesus Christus an der Vereinigung mit ihm selbst Teil nehmen lassen und mit dem ewigen Leben erquicken wird. Die Speise unserer *Hoffnung* aber müssen wir aus dem Andenken an die wunderbare Einsetzung dieses Sakramentes nehmen. Dieses Sakrament ist durch Christus so angeordnet, daß das Brot in den Leib, und der Wein in das Blut Christi unter den sinnlichen Gestalten zur geistigen Nahrung umgewandelt wird; und dies ist das größte aller Wunder. Zwar sind alle Werke Gottes wunderbar, und keines von allen ist, dessen genauere Betrachtung uns nicht am Ende zur Bewunderung führte. Wie unser Gott verborgen ist, so hat er auch die Wesenheit und Natur aller seiner Werke unserem Auge verborgen, so daß wir nichts *an sich* zu erkennen imstande sind. Einige seiner Werke erregen ganz besonders die Bewunderung der Menschen, z. B. wie der Same bei hinzukommender Wärme schnell in Seidenwürmer verwandelt wird, wie die Frau des Loth plötzlich in eine Säule verwandelt wurde, wie einige Wasserquellen Holz und Leder in Steine, der Magen das Brot in Fleisch und den Wein in Blut verwandelt, wie aus Asche Glas, aus dem Anschlagen der Feuersteine Feuer entsteht, wie ein Storch in einem Ei ist, wie in jedem Teile des Spiegels die Welt so ist, wie sie im ganzen Spiegel war, wie der Baum im Senfkorn und alle Menschen in Adam enthalten sind, wie der Magnet das Eisen anzieht und ihm die Schwerkraft nimmt, wie das nämliche Sichtbare in vielen Augen und das nämliche Hörbare in vielen Ohren ist, wie eine tierische und eine menschliche Natur in der Vielheit der Tiere und Menschen ist und eine Kerze unzählig viele andere, ohne sich zu vermindern, anzündet; wie aus einer Blume die Biene Hönig, die Spinne Gift sauget, und die eine Sonne das Wachs weich, den Kot hart macht. Solcher Wunder sind viele in der Welt, und in dir selbst entdeckst du ähnliche: eine Seele ist in dir, die den Körper belebt, die ganz im Ganzen und in jedem Teile desselben ist, die im Auge sieht, im Ohre hört, im Magen verdaut. Aber das größte aller Wunder ist, daß die Kreatur, nämlich das Brot in das Fleisch Christi, also in den ganzen, Gottheit und Menschheit lebendig vereinigenden Christus, und ebenso der Wein in den ganzen Christus, nämlich in das Blut, und somit infolge hiervon (concomitanter) in den ganzen Christus verwandelt wird, so daß kraft der vom Priester mit bestimmter Intention ausgesprochenen Worte durch die Wirksamkeit Christi eine *Transsubstantiation* des Brotes in das Fleisch Christi erfolgt, das nicht ohne Blut, Seele und Gottheit ist. So wird in uns durch die Wirksamkeit der Seele mittelst der Wärme des Magens das Brot in die Substanz unserer

Natur, d.i. in Fleisch, das in uns nicht ohne Blut und Leben besteht, verwandelt. Wie aber unsere Kraft nur nach dem Maße unseres Körpers, in Verbindung mit der natürlichen Wärme des Magens, imstande ist, jene Tätigkeit vorzunehmen, nämlich lebloses Brot in Leben zu verwandeln (in vitam transsubstantiandi), so daß es lebendiges sinnliches Fleisch ist, so liegt es allein in der Kraft Christi, die die Fülle der Kraft ist von allem, was an der Kraft partizipiert, in der geistigen Kraft also des Wortes Christi liegt es, die Substanz des Brotes – diese Substanz abgesondert von aller Quantität und Akzidenz gedacht – in das Fleisch Christi, dieses gleichfalls in seiner reinen substantiellen Wahrheit gedacht, zu verwandeln, so daß unter den Akzidenzen der wahre Leib Christi ganz in der ganzen Hostie und in jedem Teile derselben enthalten ist. Und gleichwie nur der Vernunft, welche die Substanz ihrer Akzidenzen entkleidet, die reine Substanz, wiewohl nicht in ihrem Ansich erreichbar ist, so ist auch dieses Mysterium nur durch den Glauben, der eine vernünftige Kraft ist (quae est virtus intellectualis), nicht durch Sinn oder Verstand erfaßbar. Das ist das wunderbare Sakrament, welches uns Nahrung gibt, auf daß wir fest und stark seien in der Hoffnung, die wir durch Christus haben, verwandelt zu werden in ihm zur Kindschaft (filiationem) Gottes. Denn wenn die Substanz des Brotes und Weines in den Leib und in das Blut Christi durch Christus mittelst des Priesters verwandelt werden kann, ohne daß die Umwandlung Christo einen Zuwachs oder der Genuß des Brotes ihm eine Verminderung zuzieht, so haben wir in dieser Nahrung die gegründetste und sicherste Hoffnung, *daß unsere vergängliche Natur durch Christus zur Ähnlichkeit mit Christus umgestaltet werden könne*, so daß wir in Einheit mit ihm das ewige Leben erlangen. O wundervolle Speise, wie viel Wonne und Freude gießest du in unsere Hoffnung! du führst uns dahin, daß wir, durch dich gekräftigt, über jegliche Kreatur uns erheben und keine Befriedigung finden, außer in der Umgestaltung zur Ähnlichkeit mit Christus – über jegliche Freude dieser Welt, über jegliche Schönheit des Himmels und der Erde und aller Dinge, die in ihnen sind. Was ist die Umwandlung des Brotes in dich anders, als die Umwandlung deiner in das Brot? denn wenn du, o Herr! das Brot in deinen Leib umwandelst, gibst du dann nicht dem Brote Leben? Was ist die Umwandlung des Brotes in unser Fleisch anders, als daß die Seele belebend in das Brot sich niederläßt? So bist denn du, o Gott! meine

Hoffnung, meine Stütze und Zuflucht, du die Speise, die Freude und das Brot meines Lebens! Zum Leben werden wir umgewandelt, nicht zu einem Leben, welchem etwas fehlt und mangelt, sondern zum geistigen Leben (in vitam intellectualem), welches jedes sinnliche und verständige übertrifft, jede Wonne und Freude in sich hat. – So finde ich die Nahrung meiner Hoffnung in dem Andenken an dieses wunderbare Sakrament. Gott gab aber denen, die ihn fürchten, diese Speise auch zur Nahrung der *Liebe*.

Unser Herr liebte uns bis zum Tode und gab sein Leben hin, damit wir das Leben hätten. Das Leben aber der Pilger dieser Welt wird durch Speise und Trank erhalten. Weil nun der Herr selbst den Umgang mit uns verlassen sollte, hinterließ er eine Erinnerung an seine Liebe, durch die er uns in seinem Tode das Leben gab. Um daher alles, was unbegrenzte Liebe erheischt, aufs Vollkommenste zu erfüllen, gab er seinen Schülern und Nachfolgern, die er bis ans Ende d. h. aufs Innigste liebte, die Macht, ihn in den vorzüglichsten Nahrungsmitteln des Lebens – im Weizenbrot und Wein gegenwärtig zu haben, damit sie in dem Genuß derselben und in der sakramentalischen Gegenwart Christi ein frohes Andenken an den Tod Christi hätten, und der Geist einsehe, daß die geistige, uns durch den Tod Christi erworbene Belebung durch den geistigen Genuß Christi bewahret werde und zur sehnlichsten Ergreifung der Lebensspeise führe. Daher ist jene Speise der Liebe, das Andenken an jenes wunderbare Sakrament, der Beweis der größten Liebe. Wessen Liebe nicht durch ein Wohlwollen, über das es kein größeres gibt, erweckt und genährt wird, in dem kann kein Leben jenes Geistes sein, der die Liebe ist, denn es gibt teuflische Salamander, die durch das Feuer nicht erwarmen.

Damit daher ihr, die ihr grünes Holz und doch erstorbene Kohlen seid, vom Geiste Gottes angefacht durch mich, den freilich sehr unwürdigen Diener desselben, die Speise der Liebe verkosten könnet, wollen wir uns die Freigebigkeit und Güte des Schöpfers und unseres Herrn Jesu Christi vergegenwärtigen.

Erinnern wir uns zuerst an die *natürlichen Wohltaten*, durch die wir leben und sind, dann an die *übernatürlichen*!

Würde Gott als der Geber alles Guten geglaubt und anerkannt, wie könnte man noch ihn nicht lieben? Eine todbringende Erstarrung ist es daher, wenn man an ihn glaubt, und ihn nicht liebt. Die

Teufel glauben und zittern, aber sie lieben nicht. Ein teuflischer Glaube ist daher der Glaube ohne Liebe. Wer sollte den nicht lieben, der uns das Auge gegeben hat? warum liebst du den nicht, der dir Sein und Leben gab? Was bist du, als eine Menge und Fülle von Geschenken Gottes? was hast du, das du nicht empfangen hättest? Du bist nichts, als ein von Wohltaten Gottes brennender Feuerbüschel; zählst du die Gaben, die du empfangen hast, auf, so findest du eine Menge Fackeln der Liebe. Ein Wunder ist es, wenn du da nicht erglühest. Beachte, daß teuflisches Gift schon in dich geträufelt ist, weil alle Wärme in dir erkaltet ist und erstarrt. So bestrebe dich denn, daß du nicht vorübergehend, sondern *andauernd und bleibend erwarmest.* Wie? wenn ein großer König sein ganzes weit ausgebreitetes Reich so anordnete, daß alle sich dir gefällig erwiesen, und alles für dich zu einem heitern und glücklichen Leben eingerichtet wäre, und der König selbst unablässig dir beistünde, dich beschützte und bewahrte, dich zum Erben seines Reiches ernennte, ja nicht nur das Reich, sondern sich selbst, wenn du es verlangen solltest, dir zum Lohne darbrächte, müßtest du nicht diesen König mit Recht über alles und aus ganzem Herzen lieben? Siehe nun, was der Regent des Himmels und der Erde, dein Schöpfer, dir gegeben! Hat er nicht alles im Himmel und auf Erden zu deinem Dienste angeordnet? Betrachte die Erde! Sie ist die Vorratskammer, aus welcher dir Gott Nahrung und Kleidung, Wein und Brot, die Tiere: Schafe, Ochsen, Lasttiere zu deiner Ernährung, Kleidung, zu deinen Reisen hervorholt. Betrachte das Wasser! Wie viele Dienste leistet es dir zu Fischfang, Waschen, Schiffen und Unzähligem dieser Art! Betrachte die Luft, die da dient zum Atmen, zur Erfrischung und als Wind zur Reinigung und zur Schiffahrt, als Wolken zum Regen, der die Erde befeuchtet. Was soll ich vom Feuer sagen, das uns ein Schutzmittel gegen Kälte und Blöße, und die Quelle von tausend Vorteilen ist? was von der Sonne, dieser Leuchte des Tages für dich und die Tiere? Sie macht die Frucht reif, erwärmt die Luft, lockt die Keime hervor. Was von allen Sternen, welche alle sich beeilen, auf deine Natur erhaltend einzuwirken? Was von den Engeln, den Beschützern und Bewahrern vor Unglücksfällen, den Führern zum Guten? Was von den Heiligen, den Vermittlern und Fürsprechern bei Gott, ihrem Herrn? Alles ist um deinetwillen da, selbst die Hölle, um durch ihre Schrecken dich vom Bösen abzuhalten, und denen, die sich gegen dich versündigen, gerechte Strafe zu vergelten; die bösen Geister sind für dich da, damit du aus ihren Versuchungen als gekrönter Sieger hervorgehest und in Widerwärtigkeiten als tapferer Sieger dich erprobest. Alles ist zu deinem Besten.

Und nun erhebe dich zu dem unendlichen Geschenke der *Gnade*, die dich in dem, der das Leben ist, zum Besitze des ewigen geistigen Lebens berufen hat; der, damit du dieses erlangen könnest, Mensch geworden ist, sich allen unterworfen, dich belehrt und auf den rechten *Weg* geführt hat. Er zeigte dir die *Wahrheit*, indem er sie durch seinen Tod bekräftigte, und durch viele Zeugen, welche in seinem Blute dir das Zeugnis der Wahrheit abgelegt haben. Und da er aus dieser Welt scheiden wollte, da erniedrigte er, der aus reiner Güte dich erschuf, sich bis zur Fleischwerdung und zum Tode, um dich aus reiner Liebe zu erhöhen, und hielt es für seine größte Freude, bei dir zu sein bis zum Ende. Um sein Versprechen in Bezug auf die Erlösung zu erfüllen, fuhr er in glorreicher Seligkeit auf gen Himmel. Zugleich blieb er aber auch bei dir auf dieser Welt, wo die Wahrheit nur im Bilde erreicht wird, auf *die* Weise, in welcher in dieser Welt allein eine Teilnahme an der Gemeinschaft mit ihm möglich ist, nämlich unter dem Bilde des Sakraments, unter sinnlichen Zeichen, damit du ihn dereinst im wahren Vaterlande nach der Beschaffenheit des Lebens jenes Reiches, so wie er ist, genießen kannst, in dieser Welt nach ihrer Beschaffenheit, in Gestalt und Bild, dort durch Erfassung desselben, als des Lebens, durch offene geistige Anschauung, d.h. durch den reinen und klaren, von allem Bilde befreiten Geist der Wahrheit, welche begreifen soviel ist, als mit ihr verbunden sein in ewigem Leben; durch den Glauben also, durch jene Gabe, vermöge welcher der Geist über sich selbst im Bilde die Wahrheit erreicht, die unter den Gestalten verborgen ist. Unsere Vernunft sieht in Brot und Wein nicht das Leben, nicht einmal das körperliche, sondern sie weiß nur, geleitet von der Natur, daß es dort sei und genießt daher Brot und Wein zur Erquickung, und indem sie im Glauben Brot und Wein zur Stärkung des leiblichen Lebens genießt, findet sie diese Stärkung da, wohin die Natur selbst sie geleitet hat, aber nicht in allem andern, weil die Natur sie nicht dahin leitet. So sieht sie im Brote nicht das Leben des Himmels, aber durch die Gnade des Glaubens wird sie angeleitet, in jenem Brote die Erquickung des Geistes zu suchen, und so findet sie denn auch dieselbe.

So nährt denn dieses Sakrament unsere Liebe. Betrachten wir mit unserem Geiste das eben Angeführte, so sehen wir die unendliche Liebe Gottes, mit der er uns zuvor geliebt hat und nicht aufhört zu lieben, sondern ohne Unterlaß liebt, und nicht wegen etwas liebt, das ihm fehlte und bei uns sich fände, da er die vollkommenste, durchaus nichts entbehrende Güte ist, und uns auch nicht liebt, um wieder geliebt zu werden, da er die Liebe selbst ist. Darum läßt auch seine Liebe nicht nach, wenn wir wegen Alters, Schwäche, Armut oder Todesschrecken von andern verlassen sind; nein, immer gleich liebt er uns, auch wenn wir sterben und allen ein Abscheu sind, hört er nicht auf uns zu lieben; *denn sein Sein ist Liebe* und sein Sein ist sein Wirken; wenn er daher ist, so liebt er auch. Weil er nun so sehr uns liebt, so schenkt er uns stets reichlich seine Gnade, wenn wir sie nur annehmen; immer ist er der Barmherzige, wenn wir um Barmherzigkeit bitten, immer unsere Zuflucht; unter den Gestalten des Sakraments nährt, stärkt und tröstet er uns alle ohne Unterschied, Gesunde und Kranke, Könige und Knechte, Reiche und Arme, Gelehrte und Ungelehrte, stets bemüht, durch das Machtwort seiner Liebe unsern Geist in seinen Geist der Liebe umzuwandeln, wie der Regent durch seinen Willen den Willen des Untertanen, den er lieb hat, in den seinigen umwandelt. Für diese Umwandlung hat er das Sakrament der Liebe, in welchem er durch sein Wort die Substanz des Brotes in seinen Leib umwandelt, uns als das höchste Denkmal eingesetzt.

Wer kann sich demnach vor seiner Liebe verbergen? Kein Geist, fürwahr! er sei denn von dem teuflischen Ungeheuer durch unendliche Kälte getötet, ohne Empfindung und Bewegung wie das festgefrorene Eis, wird von solchem Lichtglanze nicht erleuchtet, von solcher Glut nicht erwärmt, von solcher Liebe nicht entflammt, von solchem Weine nicht berauscht, von so köstlicher Speise nicht erquickt, von einem solchen Gute nicht zum Danke gerührt.

So ist denn das Andenken an dieses Sakrament eine wunderbare Nahrung des *Glaubens*, weil der barmherzige Gott es eingesetzt hat; eine noch wunderbarere Nahrung der *Hoffnung*, weil der erbarmende Gott in demselben die Substanz des Brotes in sein Fleisch und die des Weines in sein Blut verwandelt, und die wunderbarste Nahrung der *Liebe*, weil es der Gott aller, der Schöpfer und reichliche Spender alles Guten zum Andenken an die Liebe, mit der er uns liebt, eingesetzt hat. Nähren wollen wir uns darum mit dieser Lebensspeise, damit wir ins ewige Leben umgewandelt werden, wo das Leben herrscht ohne Tod in Ewigkeit. Amen.

(Exc. IV, 446–449.)

Der Beruf des Christen

Beachten wir, daß wir eine Münze sind und unsere Natur ein Bild in sich trage, das ihr von der göttlichen Vernunft eingeprägt ist. Keine Münze entsteht, außer durch einen Verstand, dem die Werkzeuge dienen; kein Mensch entsteht, außer durch die Vernunft, welche Gott ist, dem die Intelligenzen (Engel) und (mittelst dieser) die Himmel dienen. Kein anderes als ihr eigenes Bild prägt die reine Vernunft uns ein, durch das auch wir vernünftige Wesen sind. Wir haben also das Leben der Vernunft im Ebenbilde Gottes, welches wir nach Gerechtigkeit, wie nach dem Willen Christi Gott geben müssen, denn es ist das Ebenbild Gottes. Wir werden belehrt, daß wir der zeitlichen Welt ihren zeitlichen Tribut geben sollen, den Geist Gott, weil wir ihn von Gott haben, der Erde, was wir von Adam haben. Nicht sollen wir den Geist der Welt geben; diejenigen geben den Geist der Welt, welche die Vernunft der Sinnlichkeit hingeben, deren Gott ihr Bauch ist. Die Vernunft darf den Sinnen nicht dienen, sie soll über sie herrschen. Nur mit Maß und Ziel (cum discretione) dürfen wir die Welt, z. B. die Nahrung, gebrauchen. Das ist die Gerechtigkeit, welche jedem das Seine gibt; wer an ihr hält, ist auf dem Wege zum Frieden, der alle Sinne übersteigt.

Durch eine klare Nachweisung des Namens löst sich jeder Zweifel … Es handelte sich um das Tributentrichten; da es nun verschiedene Arten desselben geben kann, so löste sich, wenn von der Einrichtung durch Geldmünze die Rede ist, durch Vorzeigung einer Münze aus dem Bildnisse und dessen Umschrift jeglicher Zweifel. So wenn die Frage aufgeworfen wird, ob der Christ der Welt und ihrem Fürsten dienen dürfe, ist aller Zweifel beseitigt, so wie man die Münze und ihre Umschrift aufweist. Wir sind nämlich die Münze Christi, haben seine Gestalt und Umschrift, wie der Name Christi beweist. Also nicht der Welt, sondern Christus gehören wir. Bist du ein

Mönch und willst wissen, ob es dir erlaubt sei, unter den Menschen zu leben, wobei du einige Gebräuche (Mißbräuche) aus dieser Welt anführest, wie die Juden zu ihren Gunsten den Befehl des zeitlichen Fürsten, d. i. des Kaisers, anführen konnten, so ist die Frage alsbald gelöst, sobald der Richter zu dir sagt: Sage mir: was ist das Mönchtum? Bist du ein Kanoniker, so hast du nach den Vorschriften der Väter und den Kanones der Heiligen in aller Ehrbarkeit und Gehorsam zu leben und nicht von Personen und Sachen einen verkehrten Gebrauch zu machen. Seid ihr Bürger einer Stadt, und fraget, wie ihr zu leben habt, so sage ich: Was bedeutet eine Stadt? Sie ist eine Einheit der Bürger; Einheit besteht aber in der Übereinstimmung (concordantia), Übereinstimmung ist die Harmonie von Verschiedenem (wie bei einer Orgel oder Zither), wo ein Glied dem andern dient und das höhere mit dem niedern leidet …

Als die Frage über die Entrichtung der Steuer an den Kaiser aufgeworfen wurde und die Juden durch Aufweisung einer Münze, die das Bildnis und den Namen des Kaisers enthielt, überwiesen waren, daß man dem Kaiser Steuer schuldig sei, zog der Herr daraus den Schluß, dem Kaiser sei zu geben, was des Kaisers ist, und fügte bei: und Gott, was Gottes ist. Denn wiewohl nicht ausdrücklich gefragt ward, ob wir auch Gott etwas schuldig seien, so lag doch diese Frage versteckt in der andern. Denn die Juden meinten, als Söhne Abrahams müßten sie frei sein und hätten keinem Menschen Steuer zu entrichten; sie seien nach dem Gesetze nur Gott als Untertanen verpflichtet. Christus wollte ihnen nun aus dem Denar nachweisen, daß sie dem Kaiser als ihrem Herrn, dem die Steuer auf Erden gebührt, auch Unterwerfung schuldig seien. Dadurch sind sie jedoch nicht vom Gesetze Gottes frei; denn ein anderer ist der himmlische Herrscher, dem man vor allem gehorchen muß, ein anderer der irdische, dem man in der gebührenden Weise gleichfalls Gehorsam schuldig ist. Das *Akzidentielle*, das an der Münze war, Bildnis und Namen des Kaisers, bezog sich auf diese Welt; die *Substanz* des Metalls gehörte Gott. Waren also die Juden wegen des Akzidens zur Steuer für den Kaiser in dem Akzidentiellen verpflichtet, so waren sie Gott den Tribut im Substantiellen schuldig, weil wir nicht bloß Äußerliches und Akzidentielles Gott zu geben schuldig sind, sondern alles, was wir von ihm haben, ist sein Eigentum, unser Sein, Leben und Denken. Somit haben wir der Welt das

Ihrige in der Weise zu geben, daß wir Gott nicht das Seinige entziehen.

Wenn uns das pharisäische Unwesen befällt, sei es des Hochmuts oder der Heuchelei, und wir uns vornehmen, der Wahrheit untreu zu werden, dann versuchen wir Gott, der die Wahrheit ist. Dann mögen wir uns daran erinnern, daß Christus sich die Münze zeigen ließ. Wir wollen dem Gesetze Gottes nicht gehorchen, indem wir vorgeben, daß wir andere bessere Werke verrichten, oder, daß wir zum Gehorsam gegen das Gesetz nicht verpflichtet seien. Sehen wir aber auf die Münze hin, so finden wir, daß wir mit dem Ebenbilde Gottes und dem Namen Christi geziert sind, und so können wir dem Gehorsam und der Gesetzeserfüllung uns nicht entziehen. Unsere Substanz ist eine Münze Gottes, denn durch das Ebenbild Gottes sind wir, was wir sind; daher hat die Ähnlichkeit mit dem Sohne Gottes, dem Abbilde des lebendigen Gottes, in uns sich eingeprägt, durch Gott den Vater, der uns dem Sohne ähnlich gebildet hat (configuravit filio). Nachdem wir durch die Sünde Knechte des Fürsten dieser Welt geworden, so ist unser beflecktes und durch angesetzten Rost unkenntlich gewordenes Bild durch das wahre Abbild Gottes, den Sohn Gottes, gereinigt und wieder erneuert (reformata) worden. Er hat uns erlöst und uns aus der Sklaverei der Sünde in sein Reich aufgenommen, zu Erben Gottes und seinen Miterben, er hat uns die Umschrift der Freiheit gegeben, durch die wir sein Eigentum sind … Das ist also die Münze, die wir aufzuweisen haben. Wir Männer können uns nicht anders ausweisen, denn als eine Münze aus echtem Golde, ihr Weiber, als eine Münze reinen Silbers. Zeigen wir uns als solche, so geben wir Gott, was Gottes ist, und lassen der Welt, was ihr gehört. Geraten wir Männer in Versuchung, so mögen wir wohl erwägen, wie wir uns vor dem Richterstuhle Gottes darstellen sollen. Sind wir nicht eine reine Münze lautern Goldes, die das reine Bildnis Gottes und den Namenszug Christi unseres Erlösers darstellt, so geben wir nicht Gott, was Gottes ist; wir werden darum auch nicht in seine ewigen und unzerstörbaren Wohnungen aufgenommen, weil wir keine Münze aus reinem und echten Golde sind. Das Echte duldet keine Beimischung. Darum wenn du, o Sünder! entweder durch eine Beimischung geringerer Metalle das lautere Gold verfälscht und das Ebenbild des Schöpfers in ein Ebenbild der Kreatur verwandelt, oder wenn du den Namenszug Christ, des Erlösers, verloren hast und dafür den Namen des Fürsten dieser Welt, dem du dich ergeben, führest, so hat deine Münze keinen Wert im Reiche Gottes, wo nichts Verfälschtes, Schmutziges und Zerstörbares Eingang findet. Du kannst aber auch Gott nicht täuschen, denn er ist ein hell loderndes Feuer. Das Gold bewährt im Feuer seine Echtheit. Ist es echt, so besteht es im Feuer und scheint sich in Feuer zu verwandeln; ist es unecht, so wird es zu Rauch, sein Glanz verwandelt sich in Schwärze, sein Gehalt in Asche. Naht dir daher die Versuchung, daß du mittelst der Münze Gottes mit dem Teufel Handel treiben willst (ut de numismate Dei mercimonia diaboli exerceas), wodurch die Münze an Wert verliert und das Bildnis zerstört wird, so widerstehe, damit du dich nicht befleckest. Ist aber das Bildnis deiner Münze befleckt, so lerne von den Münzmeistern und Goldschmieden, wie du die Flekken hinwegschaffen und den Glanz wieder erneuern magst. Erwärme die Münze im Feuer der Betrübnis deines Innern, jedoch nicht in einem Feuer, welches das Metall ganz auflöst, d. i. nicht in Verzweiflung. Aus dem erweichenden Feuer stürze dich in das salzige und ätzende Wasser der Tränen und wische es ab mit den Händen d. i. mit Werken der Barmherzigkeit, und der Glanz der Münze wird wiederkehren, die Umschrift des Teufels wird zerstört und der Namenszug des Erlösers wird wieder hervortreten. Kehrt auch das Gewicht des Goldes durch diese Reinigung nicht wieder und leidet dasselbe einigen Abmangel, so wird doch die gereinigte Münze in ihrem Werte, nach ihrem Gewichte, wieder angenommen. Ist aber das Gold selbst durch eine so große Reinigung im Feuer der Liebe geläutert, daß es einen Vorzug vor anderem Golde erhalten hat, dann ergänzt der reine Glanz den Wert des Gewichtes. Wenn daher gleich die verlorene Unschuld unersetzbar ist, so kann doch der Wert des Goldes durch das Feuer der Buße wiederhergestellt werden. Bestrebe dich, daß deine Münze Gold bleibe, und hoffe dann durch ihren Wert auf das Maß der (einstigen) Herrlichkeit! Ist dein Gold durch Geduld und durch das Feuer der Trübsal besser geworden, so wirst du gebührendermaßen wieder aufgenommen werden. Hast du siegend über das Fleisch die Jungfräulichkeit bewahrt, so wirst du ein anderes Gold edler Kronen davontragen. Hast du als Märtyrer in großer Liebe dein Leben hingeopfert und den Wert deines Goldes noch erhöht, so wirst du große Insignien aus dem besten Golde empfangen und in die Wohnungen der siegreichen Fürsten aufgenommen.

Die Weiber, die einer Münze von Silber gleichen, mögen, was von der Goldmünze gesagt ist, gleichfalls beachten. Sie haben das gleiche Bild und Umschrift wie die Männer. Auch ist ihr Silber nicht von geringerem Werte als das Gold, es ist weißes Gold. Ein solches kostbares Silber ist von großer Reinheit; es ist unzerstörbar, solid, gewichthaltig, freundlich und süß. Hast du das Ebenbild in dir befleckt, so reinige es, nimm den Rost vom Silber und es wird ein reines Gefäß werden, wie vorhin hinsichtlich der Männer gesagt wurde. Glaube nicht, deine Münze gelte im Himmelreiche weniger als die goldene, denn der Wert von beiden ist gleich. Denn im Reiche Christi gibt es keinen Unterschied von Mann und Frau, wiewohl Münzen, sowohl goldene als silberne, rein und unvermischt sind. Denn eine gute Münze ist nicht lange im Verkehre, ohne daß sie nicht schlechter wird. Daraus entnimm, daß wenige vollkommen und viele berufen sind, und wie es kaum möglich ist, daß der Mensch sich bei längerem Verkehre mit der Welt nicht beflecke. Wir haben daher große und sorgfältige Wachsamkeit nötig. Das Silber ist weiß durch Schamhaftigkeit und Keuschheit, rein durch Unschuld, wohlklingend durch angenehme Unterredung, dem Balsam ähnlich, durch Bewahrung des guten Rufes, dem Edelsteine am Werte gleich, durch Hilfeleistung bei den Nächsten, durch Güte und Wohltätigkeit. (Exc. VIII, 607–610.)

Scheinchristen und wahres Christentum

Eine gläubige Seele kann schwach (infirma) werden, und solange sie sich als schwach erkennt, lebt in ihr noch der Geist der Erkenntnis. Sie naht sich dem Worte Gottes, das in der hl. Schrift enthalten ist, und nimmt es *mittelst eines pflegenden Arztes*, der die Stelle Christi vertritt, als eine heilsame Arznei in sich auf. Das aufgenommene Wort der Wahrheit macht die Seele frei, wie das Wort der Wahrheit aus dem Munde des Lehrers den ungebildeten Verstand von der Unwissenheit befreit, die ihn verdunkelt und in Finsternis gefangen hält. Wie ein Kraut die körperliche Schwäche nur mittelst der unsichtbaren Heilkraft, die unter der sichtbaren Farbe und Gestalt verborgen ist, heilet, so macht die Schrift die schwache Seele nicht durch ihren Einband (per coricem) oder die sichtbaren Buchstaben, sondern durch die unsichtbare Kraft frei, die unter dem Buchstaben verborgen ist. Die Vernunft erkennt jene Kraft mittelst des Glaubens an Christus, wie der Arzt die Heilkraft eines Krautes mittelst des Glaubens an Hippokrates kennt, der ihn über jene Heilkraft belehrt hat. Das scheint der Unterschied zwischen dem Evangelium und den übrigen hl. Schriften zu sein, daß letztere alle die Kraft der Weisheit oder des Wortes Gottes zu offenbaren suchen, im Evangelium aber das Wort Gottes sich selbst offenbart. Wenn in einem Buche über eine Arznei eine Belehrung steht, wie dieses Arznei kuriert und die Zubereitung der Arznei dir gezeigt wird, so glaubst du, daß die Heilkraft, die unter dem sichtbaren Präparate unsichtbar enthalten ist, eben das sei, was heilt. Das trage nun auf Christus über. Wenn die hl. Schrift, die von der Arznei für die Seele handelt, sagt, Christus sei die Arznei der Seele, so verstehe dieses nur von der Kraft, die unter dem sichtbaren Körper verborgen ist, denn die Heilung der unsichtbaren und unzerstörbaren Seele ist unkörperlicher und ewiger Natur. Es ist jene göttliche Kraft Christi, welche die Seelen von Unwissenheit oder Blindheit befreit, welche aus unwissenden Menschen Evangelisten, gekrümmte Seelen wieder gerade und gerecht machte und den Besessenen ihre Tobsucht benahm.

Wir wollen nun nach Lesung des Textes des Evangeliums und der Epistel etwas tiefer in das Verständnis des Evangeliums eindringen (Christum altius evangelizare).

Die Seele eines Christen, der sich im Zustande einer Todsünde befindet, ist einer gemalten Statue von Christus ähnlich. Eine solche Statue trägt den Namen Christi, allein sie hat Augen, ohne zu sehen, Ohren, ohne zu hören, Füße, ohne zu gehen. So ist auch die Seele im Zustande von Todsünden aller ihrer Sinne beraubt. Sie sieht nicht, weil sie Gott nicht sehen kann, den nur die anschauen, welche reinen Herzens sind, wie geschrieben steht: »Selig die reinen Herzens sind, sie werden Gott anschauen.« Sie hört nicht, denn sie verschmäht es, das Wort Gottes zu hören. Sie riecht nicht, weil sie von dem Wohlgeruche Christi nichts wissen will. Sie hat keinen Geschmack, denn sie will die Süßigkeit des Wortes nicht verkosten. Sie hat keinen Tastsinn, denn sie will das Wort des Lebens nicht betasten. Als unser Erlöser in die Welt kam, fand er ein solches in Todsünden lebendes Menschengeschlecht vor, das durch alle Sinne hin sich mit leblosen Bildsäulen vergleichen ließ. Alle, die nur dem Namen, nicht dem Geiste nach Christen sind, die Gott nicht im Geiste und in der Wahrheit anbeten, werden mit Recht mit Bildsäulen Christi verglichen, die äußerlich ein Bild der leiblichen Gestalt Christi, aber im innern Menschen, in dem wir Christen sein sollen, ohne Leben und Geist sind. Nur dieser innere Mensch, der nie altert, sondern in aller Lebensdauer des äußern Menschen immer über die Zeit erhaben ist, kann Christus ähnlich sein, zwar nicht präzis ähnlich, was unmöglich ist, aber doch in einer gewissen Nachfolge, die in jedem eine andere ist, wie an dem unzerstörbaren Wesen der Menschheit alle Menschen, wiewohl jeder in anderer Weise, Teil nehmen. Es kann daher die Umgestaltung, durch welche der Mensch im Geiste oder innern Menschen sich umgestaltet, immer, solange der Mensch Mensch ist, vor sich gehen. Denn wie der Herr, der Gottes Sohn ist, Knechtsgestalt annahm, so nehmen die Knechte, die Kinder Adams, die Gestalt des Herrn in der Taufe an, wo sie abgewaschen und mit dem heiligen Öle gesalbt werden, um Christus ähnlich zu sein. Allein nicht alle bewahren die empfangene Gestalt im Geiste: Der Name bleibt, der

Geist aber ist regungslos, das Leben ein fleischliches. Dies kommt daher, weil sie, was des Geistes Gottes ist, durch den sie Christen sein sollten, nicht verstehen. Ihre christliche Bildung kommt bei einem gewissen sinnlichen Wesen zum Stillstande, wie in der Vergleichung mit den Statuen angedeutet ist, wo wir den Anblick einer äußeren Form und den Mangel des Geistes wahrnehmen. Wenn wir rechte Umschau halten, so ist die ganze christliche Religion mit wenigen Ausnahmen zur bloßen Erscheinung herabgesunken, wie wir an vielen religiösen Orden sehen, wo bei mehreren nur der Habit geblieben ist, nichts vom Geiste des Ordensstifters. Unter jenen Bildsäulen sind einige von Gold, andere von Silber, oder Kupfer, Blei, Eisen, Stein, Holz, Ton etc. Es gibt in der sichtbaren Kirche neun Ordnungen der Bösen, so wie es in der Kirche neun Ordnungen der wahren Streiter Gottes gibt. Es gibt nämlich Namenschriften, welche ein ganz *irdisches* (gestantes imaginem Christi terream), d. i. fleischliches und genußsüchtiges Bild Christi an sich tragen, deren Gott der Bauch ist. Wenn sie gleich Christen heißen, so sind sie doch Götzendiener. Denn soweit Christus ihrem Bauche dient, soweit lieben sie ihn. Der Bauch ist also, wie der Apostel sagt, ihr Gott und ihr vermittelnder Christus. Dahin gehören die, welche sich den Schein von Demut und Ähnlichkeit mit Christus geben, um auf diesem Wege ihre fleischlichen Begierden zu befriedigen, wie das freundliche Weib, von welchem Salomon sagt: »besser ist die Bosheit des Mannes, als ein freundliches Weib.«[1] Es weiß, daß die Tugend Beifall findet, daher nimmt es den Schein der Tugend oder Christi an, um geliebt zu werden und sich an Genüssen zu ergötzen. Es gehören hierher ferner die Christen, welche ein *hölzernes* Abbild Christi vorstellen: Sie trachten nach Gewinn und sind voll Habsucht. Es gibt auch[2] *steinerne* Christen: hart, unerbittlich, ohne alles Mitleid, hartherzig; *eiserne* – die Geizigen (tenaces), *bleierne* – die Neidischen, *zinnerne* – die Wollüstigen, *kupferne* – die Hochfahrenden, *silberne* – die dünkelhaften Vielwisser (scioli), *goldene* – die Eitlen. Alle diese lieben nur sich selbst; sie sind der Endzweck ihrer Religion, die Gestalt Christi ist ihnen nur ein Mittel, um ihre Wünsche desto

1 Die Stelle ist aus Jesus Sirach 42, 14; sie hat zu obigen Worten noch den Beisatz: »– ein Weib, das ihm Schimpf und Schande bringt.«

2 Statt enim des Textes ist etiam zu lesen.

leichter zu befriedigen. Von ihnen allen wird Christus umhergetragen, wie ein Bild, das betrügerische Ablaßkrämer, welche ein heiliges Kreuz und Reliquien um des Gewinnes willen zeigen, umhertragen. Gegen alle diese ruft Christus laut: Weh euch, ihr Heuchler! und warnt vor ihnen als solchen, die in Schafpelzen kommen und reißende Wölfe sind. In ihnen allen ist der innere Mensch göttlichen Geistes bar, ihr Geist ist wolfsartig, der tierische Geist dieser Welt. Wie werden nun alle diese Pseudochristen erkannt? Jesus sagt: an ihren Früchten! Worte und Handlungen bekunden den Geist des Menschen. Niemand kann reden oder wirken außer durch Bewegung, alle Bewegung aber geht von einem bewegenden Geiste aus. So offenbart das Äußere den innern Geist, das Auge ist der Bote des Herzens. Unziemliche Bewegungen, unzüchtige Worte, unzüchtiger Blick beweisen, daß die Wollust den Geist beherrsche. Daß Christus in uns lebe, erkennen wir, wenn ein so reger guter Geist uns beseelt, daß wir die Sünde hassen und jede sündhafte Regung uns ein Greuel ist. Paulus zählt die Früchte dieses guten Geistes auf: Liebe, Freude, Friede, Geduld, Milde, Güte, Langmut, Sanftmut, Treue, Mäßigkeit, Enthaltsamkeit, Keuschheit. Christus ist nämlich das Leben oder die Tugend; Gerechtigkeit, Friede, Wahrheit und jegliche Tugend ist in der einen Tugend enthalten, welche der Geist des Lebens Christi genannt wird. In wem Christus ist, in dem ist der Geist Gottes, der nur zum Ewigen, Unvergänglichen und Himmlischen hintreibt; und das ist das wahre Leben. Denn die Wahrheit bleibt in alle Ewigkeit. Die Kraft jenes Geistes, der zu den Tugenden, die ewig sind, antreibt, ist daher der Quell des unsterblichen Lebens. Beachte hierbei, daß das Wort Gottes diesen Geist, somit den Quell des Lebens in sich enthält. Es löst unsern vernünftigen Geist, der den Glauben in sich aufnimmt, von den fleischlichen und körperlichen Gelüsten dieser Todeswelt los und zieht ihn in sein Lichtreich hinauf, auf daß er von der Knechtschaft, in der er dem Tode d. i. den vergänglichen Begierden diente, befreit, neu auflebt zu einem göttlichen Leben. Wie der Körper durch die Seele, so wird die Seele belebt, wenn sie den Geist des göttlichen Wortes in sich aufnimmt. Durch Anschluß an den Geist Christi wird die Seele nach Christus gestaltet (christiformis); denn sie geht in die Vereinigung mit der Kraft über, an die sie sich anschließt. Sie wird eines mit der Gerechtigkeit durch Anschließen an sie (adhaerendo), eines mit der Liebe; und so mit allen Tugenden. Die gerechte Seele ist also eines mit dem Geiste Christi, der der Geist der Gerechtigkeit ist.

Es könnte nun jemand fragen: Wenn Christus die Tugend ist, wird jeder Gerechte durch Christus gerechtfertigt? Ich antworte: Jeder Gerechte wird in Christus durch die Gerechtigkeit, *welche Christus ist*, gerechtfertigt. Es kann jemand die Wahrheit reden, aber nicht in Christus, wie der unreine Geist in den Besessenen in Wahrheit sagte, Jesus sei Christus; allein er sagte es nicht in Christus, weil er Christi Gestalt nicht hatte, welche die Tugend aller Tugenden ist, er hatte nicht die Gerechtigkeit, Friedfertigkeit und die übrigen Tugenden Christi. Das Gleiche läßt sich von jemand sagen, der gerecht handelt, aber nicht in Christus, oder friedfertig ist, aber nicht in Christus. Es muß demnach der Gerechte, der durch die Gerechtigkeit, welche Christus ist, gerechtfertigt werden will, die Gestalt Christi annehmen (christiformem esse); er muß Christus hinsichtlich aller Tugenden sich selbst vorziehen und der *Nachahmung Christi* mit allem Eifer sich hingeben, damit er Christus ähnlich werde. Der Glaubende kann auf diesem Wege zur Kindschaft Gottes gelangen, wenn er Christus, an den er sonder Zweifel als an den Höhepunkt aller Tugend und zugleich den Sohn Gottes glaubt, nachahmt. In jedem guten Werke verehrt er Christus; ihn allein strebt er nachzuahmen als die wahre Gerechtigkeit, die da gerecht macht und das Leben gibt. Wer aber nicht in dieser eben angegebenen Absicht die Werke eines Gerechten verrichtet, sondern nur, um für gerecht zu gelten, ohne es zu sein, der wird nicht gerechtfertigt, so daß er ein Miterbe Christi und Kind Gottes zu sein verdient. Es ist nicht die wahre Gerechtigkeit, weil nicht die Gerechtigkeit in Christus, der die Wahrheit ist.

Man könnte ferner sagen: War nicht Adam auf den Weg der wahren Gerechtigkeit gestellt? Ich antworte: Allerdings, denn durch die Erschaffung und Ausstattung mit einem vernünftigen Geiste fand Adam in diesem Geiste das natürliche Gesetz, das ist, den Weg der Gerechtigkeit, welches Gesetz besagt, daß der erkannte Gott verehrt werden soll. Dieses Gesetz sagte ihm auch, daß zwischen einem guten (mores bonos) und schlechten Leben ein Unterschied sei und daß man ein gutes Leben führen müsse, nämlich einem andern nicht zufügen, was man selbst nicht erleiden will. Auch ist jenes Gesetz mitteilbar, weil der Mensch, sobald er es erfaßt hat, weiß, daß er es auch den Seinigen mitteilen müsse. Dieses Gesetz der vernünftigen

Natur ist der Weg der Gerechtigkeit und insofern (ita) das Wort Gottes oder Christus, welcher sagt, er sei der Weg; denn er ist der Weg des Friedens und der Gerechtigkeit. In der Vernunft steht daher dieses Gesetz geschrieben, das ein *Abbild* des Wortes Gottes ist, gleichwie das auf eine Tafel geschriebene Gesetz ein Abbild der Idee oder des Wortes des Gesetzgebers ist. Allein der Teufel, hinausgestoßen durch das Wort Gottes, beneidete das Wort, indem er befürchtete, es möchte über die vernünftige menschliche Kreatur zur Herrschaft gelangen. Dann käme es nämlich zur Herrschaft, wenn der Mensch sich seinem Gebote unterwerfe. So beneidete er den Menschen auch um das Seelenheil, weil der Gehorsam gegen das Gebot das Leben des Geistes war. Er suchte daher den ersten Menschen, den Anfang der menschlichen Fortpflanzung und in ihm alle Nachkommen unter sein Joch zu bringen, und zwar dadurch, daß er den Menschen von der Beachtung jenes Naturgesetzes abzog und ihn zur eifrigsten Sorgfalt für das, was diese Welt bietet, in der der Mensch leiblich lebt, hinlenkte. So verführte er den Menschen, den er durch beständige Anfechtungen dergestalt in die weltlichen Begierden verstrickte, daß er die Lehre oder das Wort Gottes über das natürliche Gesetz aus dem Gedächtnis verlor. So verlor er den Weg der Gerechtigkeit durch Nichtachtung des göttlichen Gebotes. Die ganze Masse der Menschheit ist daher in Adam verdorben (corrupta); das Begehren des Menschen ist vergiftet (infectum), so daß er begieriger nach dem ist, was er sieht und was zeitlich ist, als nach dem Unsichtbaren und Ewigen. Dies ist eine Art allgemeinen Götzendienstes, zu dem der Teufel überredet hat, denn ihm gehorchte der Mensch mehr als Gott. Die göttliche Liebe wollte darauf das erloschene natürliche Gesetz oder den Weg der Gerechtigkeit durch ein geschriebenes Gesetz wieder erneuern, und um nicht durch den Leichtsinn der Sünder ihr Ziel zu verfehlen, verkündete sie zur Unterstützung (in adiutorium) des natürlichen Gesetzes durch Moses das geschriebene Gesetz. Allein der Teufel fand Gelegenheit, die Übertretung auch dieses Gesetzes zu bewirken. So ward das Gesetz wegen der Hartherzigkeit der Menschen nur ein Anlaß zu weiterem Sündigen. Denn die Menschen, die schon eine sündhafte Gewohnheit angenommen hatten, wurden zur Beobachtung des geschriebenen Gesetzes noch träger. Auch lag in den Gesetzesvorschriften keine so große Kraft, daß sie die Sünde aufzuheben und gerecht zu machen vermochten.

Es blieb daher zuletzt nichts anderes übrig, als daß das Gesetz des Geistes oder das Wort Gottes erschien, das in der menschlichen Natur den Menschen von der Herrschaft des Feindes der Wahrheit befreite. Solange dies nicht geschah, blieb der Mensch unter der Botmäßigkeit des Teufels und konnte sich nicht selbst von dieser Sklaverei befreien und auf den Weg der Gerechtigkeit zurückkehren. So kam denn das Wort Gottes selbst, das in der Vernunft zu uns redet, und nahm die menschliche Natur an, in welcher es den Fürsten dieser Welt besiegte. Denn es erschien der Menschensohn, in dem die Kraft Gottes war, nicht auf dem Wege der Fortpflanzung aus Adam. Er war so voll Kraft (virtute plenus), daß er nicht noch mehr Kraft haben konnte; er war die Tugend selbst, erhaben über alle Natur und Gnade – der Sieger über den Satan. Eines ist aber besonders zu beachten. Christus, in welchem oder vielmehr welcher das Wort Gottes, Gesetz des Lebens oder der Natur, oder das Gesetz des vernünftigen Geistes war ohne alle Makel und Sünde, in der höchsten Reinheit und Vollendung, die keine Steigerung zuließ, kam in der Ähnlichkeit mit andern sündhaften Menschen. Da nun der Fürst dieser Welt von allen Nachkommen Adams, die ähnlich wie Adam gesündigt, sich eine gewisse Unterwürfigkeit in Anspruch nahm, da er die Sünde ist, die jeden Sünder regiert, so hatte der Satan von dem Menschen, der von der Gerechtigkeit Gottes nicht ungerechter Weise verurteilt wird, weil er freiwillig sündigte, indem er sich freiwillig zum Knechte der Sünde und des Todes oder des Teufels machte, mit einem gewissen Rechte Besitz genommen (homo … ab ipso Satana non iniuste possidebatur). Indem aber der Teufel auch auf Christus, der unter keinem Rechtstitel ihm untergeben war (qui ei nullo iure subfuit), seine Herrschaft ausdehnte und die Ermordung dessen, der die Gerechtigkeit selbst war, als wäre er ein Ungerechter und sein (des Teufels) Eigentum, herbeiführte, so beging er, durch Mißbrauch seiner Herrschaft, eine solche Sünde, daß er deshalb mit Recht seine Herrschaft über alle, die Christus angehören, verlor (tunc peccatum tale Satan commisit abutendo imperio suo, propter quod iuste imperium in omnes, qui Christi sunt, perdidit). Christus aber gehören alle an, in welchen wahrhaft Christi Wille lebt, d. i. die ihn als den Sohn Gottes aufnehmen und ihm als solchem gehorchen, und so Teil haben am Verdienste seines Todes, der keinem zu Gute kommt, der nicht das Gesetz geistig auffaßt (quae nulli profuit, qui legem spiritualiter non intellexit). Denn indem Gott seinen Sohn in der Ähnlichkeit des sündhaften Fleisches (in similitudinem carnis peccati) sandte, hat er *wegen der Sünde die Sünde im Fleische verurteilt* (de peccato damnavit peccatum in carne). *Wegen der Sünde* – die nämlich gegen ihn begangen wurde, *hat er die Sünde verurteilt*, d. i. den Feind des Heils, auf daß die Rechtfertigung des Naturgesetzes, das sich an das geistige Gesetz anschließt, in uns erfüllt werde, die wir nicht im Fleische, sondern im Geiste wandeln.

Man könnte nun sage: Hieraus scheint hervorzugehen, daß das Gesetz Moses' die Erneuerung des Gesetzes der Natur ist. Antwort: Das Gesetz Moses' ist dreifach; drei Gesetze sind in ihm enthalten: ein geistiges Gesetz, das Gesetz der Erneuerung und das Ceremonialgesetz. Vom geistigen Gesetze sprechen die Worte: »Höre Israel, dein Gott ist Einer«, was sich nur auf die Gottheit bezieht. Das Gesetz der Erneuerung ist jenes, welches das Gesetz der Natur erneuert und reformiert, welches auch das, was nicht für Sünde gehalten wurde, als Sünde erkennen läßt. Vieles wurde infolge der entstandenen entgegengesetzten Gewohnheit nicht für Sünde gehalten, als ob sich Gott nicht darum bekümmere, weil er die Übertreter nicht bestrafte. Nun ist es aber durch das Gesetz ins Klare gestellt, indem es sagt, daß, wer etwa der augenblicklichen Strafe entgehe, doch dem künftigen Gerichte nicht entgehen werde. Allein die Gerechtigkeit (gerechtmachende Gnade) Gottes, die mit anderem Namen auch seine Barmherzigkeit genannt wird, offenbarte sich zwar nicht ohne das geistige Gesetz, wohl aber ohne das Strafgesetz (sine lege vindictae), d. i. Gesetz der Erneuerung (innovationis) und das Gesetz des Sabbats (Ceremonialgesetz), indem es mit diesen in keiner Verbindung stand, weil die Gerechtigkeit Gottes alle zu befreien befahl, welche das Strafgesetz verurteilte. Gleichwohl wurde auch die Gerechtigkeit (rechtfertigende Gnade) Gottes vom Gesetze geoffenbart, weil Gesetz und Propheten die Ankunft Christi voraussagten. So kam denn Christus vom Vater zu dem Zwecke gesandt, damit Gott der Vater als gerecht erscheine, der sein gegebenes Wort hält, und damit der Sohn diejenigen erlöse, die der Vater als Sünder lange Zeit in seiner Barmherzigkeit geschont hatte (misericorditer sustinuit). Gott hatte beschlossen, Christus als gnädigen Vermittler (propitiatorem) zu schikken, damit durch ihn dem Menschengeschlechte Gnade widerfahre (ut per eum propitiaretur generi humano) in seinem Blute, d. i. in seinem Leiden und zwar durch den Glauben, weil die Glaubenden auf ihr Heil hoffen dürfen, wie das Beispiel des Schächers am Kreuze, der Sünderin Maria (Magdalena) und anderer Gerechtfertigten beweist. Man liest nicht, daß diese durch vorausgegangene gute Werke gerechtfertigt werden, sondern durch den lebendigen Glauben (per fidem formatam).

Du fragst: wer sind jene Gläubigen, welche gerechtfertigt werden? Ich antworte: Es sind die, welche in Christus sind und von fleischlichen Begierden sich nicht beherrschen lassen; sie kann die Verdammnis nicht treffen. In Christus sein heißt aber, nach allen Tugenden streben (omnibus virtutibus insistere). Christus ist die Tugend, der Satan die Sünde. Christus ist die Demut, denn wenn die Tugend herannaht, muß der Hochmut weichen und jener den Platz einräumen. Bleibt der Hochmut, so nimmt er die Stelle der Demut ein, das Gleiche gilt von den übrigen Tugenden. Die Sünden müssen daher ausgerottet werden, damit die Tugenden deren Stelle einnehmen. Die Sünden sind die Cananäer, die aus dem Lande der Israeliten nicht leicht zu vertreiben waren. Gott konnte sie in einem Augenblick vernichten, allein zur Prüfung der Kinder Israels und deren Übung (in der Treue gegen Gott) wollte er es nicht. Und woher ist der Geist des Lebens oder der Wahrheit und der Geist des Todes oder des Irrtums? Der Geist des Lebens sucht sich eine Stätte in der vernünftigen Seele, indem er den Geist des Todes vertreibt, der dieselbe einnimmt und, stark durch alte Gewohnheit, sein Besitztum kräftig verteidigt. Christus aber, der Sieger über den Tod, sagt: »wenn ihr meine Worte befolget, so werdet ihr die Wahrheit erkennen und die Wahrheit wird euch frei machen.« Und der Apostel sagt, der Geist des Lebens befreie, indem er zeigt, daß der Sohn und hl. Geist eine und dieselbe Befreiung bewirken. Im Glauben wird das Wort Gottes erfaßt und wenn es befolgt wird, wird es als Wahrheit erkannt. Die Wahrheit ist es, die den Geist von der Sünde oder dem Tode des Geistes, d.i. Irrtum und Unwissenheit befreit. Denn der Geist des Lebens, der der Geist der Wahrheit ist, senkt sich in die vernünftige Seele ein, wo die Wahrheit erkannt wird.

Ich will nun noch kurz berühren, wie die Seele, in der Christus nur gleich einem leblosen Bildnisse ist, gerechtfertigt und neubelebt wird.

Christus ist um unserer Rechtfertigung willen auferstanden. Wenn nun Christus in uns ist als das Brot, das äußerlich die Gestalt Christi trägt, und so Christus (in uns, bei der heiligen Kommunion) aufersteht, weil ja das Brot in den lebendigen Christus verwandelt wird, dann ist in uns die Rechtfertigung, das Leben, der Friede und jegliche Tugend. Christus feiert dann zum Zwecke unserer Rechtfertigung in uns seine Auferstehung, die wir durch seine Auferstehung gerechtfertigt werden. Siehe da, wie der Gläubige, in welchem Christus aufersteht, vom Tode aufersteht. Das Zeichen hiervon ist das Sakrament der *Eucharistie*. Denn hier ist das geistige Leben, das Leben spendet und durch Glauben erfaßt wird. Hier wird der Glaube in einer Seele, welche tot war, der Glaube, der an Christus festhält ohne lebendige Werke (tenes scilicet Christum sine vivis operibus), ins Leben erweckt, so daß er ein *lebendiger Glaube ist*. Diese Auferwekkung erfolgt durch die Auferstehung Christi (in uns), der in uns lebendig wird. Dies geschieht in der Weise, in der der Priester das Brot in Christus verwandelt. Der Priester reinigt sich nämlich durch die Beichte von der Todsünde und ruft die Barmherzigkeit Gottes an. Jeder Christ ist Priester, indem er auf ähnliche Weise verfährt. Durch Gebet beim geheimnisvollen Opfer (mysticis orationibus) wird er es erlangen, daß Christus die Seele, welche des vernünftigen und göttlichen Lebens entbehrte, in das Leben seines Geistes ebenso umwandelt, wie der Priester am Altare durch Glauben und Aussprechen der geheimnisvollen Worte (per fidem et mysticas preces) es erlangt, daß das wirkliche Brot in den lebendigen Leib Christi verwandelt wird. Ist dann Christus im innern Menschen in das Leben des Geistes Christi übergegangen, dann verleiht das unbefleckte Lamm Ruhe und Frieden. Denn Christus ist der Friede, die Ruhe des Lebens, die uns ewig beglückt. Er sei gepriesen in Ewigkeit! Amen.

(Exc IX, 650–654.)

Rede auf den Karfreitag

Damit das Volk zum Verständnis der Sache noch eine faßlichere Anleitung (manuductio) erhalte, mag eine Parabel (exemplum) vorausgehen.

Ein König hatte eine Adoptivtochter, welche durch einen Betrüger verführt und auf eine ferne Insel gebracht wurde. Da der Verführer sie viele Jahre nach seinen Grundsätzen auferzog, so entstand in ihr eine gewisse Liebe zu ihm. Der König ließ sie durch seinen eingeborenen Sohn überall aufsuchen. Als dieser sie endlich in ihrer traurigen Einöde auffand, offenbarte er ihr ihre Herkunft und ihre Würde als Adoptivtochter eines mächtigen Königs, sowie daß sie Miterbin mit ihm sei und daß er vom Vater gesandt sei, sie zurückzuführen. Als sie nun über die Wahrheit dieser Botschaft vielfache Fragen stellte, konnte sie nicht leicht zu dem sichern Glauben, daß es ein besseres Vaterland gebe und sie die Königin desselben werden solle, gebracht werden, wie sie auch davon nicht überzeugt werden konnte, daß der Sohn des ewigen Vaters ohne einen Vater aus der Mutter auf natürlichem Wege geboren worden, nachdem er neun Monate in ihrem Leibe geruhet. Es schien ihr, daß der Verstand das nicht fasse, und daß man es deshalb auch nicht glauben dürfe. Sie verwarf daher lange Zeit alles als Lüge, doch gelang es dem Sohne endlich durch viele Zeichen und Wunder, sie zu einigem Glauben zu bringen. Allein ihr Verführer beredete sie auf alle Weise, nicht zu glauben. Da sie aber gleichwohl den Sohn öfters anhörte und ihn sehr liebenswürdig fand, so hielt sie am Glauben an ihn fest. Indem sie bemerkte, daß der Sohn sie auf das Feurigste liebe, erwiderte sie diese Liebe. Weil sie aber wohl wußte, daß sie durch den Aufenthalt in dieser Gegend und in der Gesellschaft des Verführers sich viele Mängel (infirmitates) zugezogen, die der Königssohn wohl kannte, so wünschte sie zwar geliebt zu sein, befürchtete aber, sie könne wohl nie wahrhaft geliebt werden. Das schmerzte sie, und sie hörte nicht auf zu seufzen und zu weinen. Wiewohl der Sohn sie tröstete, so glaubte sie doch, es sei nicht möglich, daß er sie liebe, da sie so unwürdig und schwach geworden. Der Sohn, der nicht wollte, daß sie so sehr niedergebeugt sei, dachte nach, wie er sie trösten könne, und fand kein anderes Mittel, als wenn er ihre Mängel annehme. So nahm er denn die Mängel des jungen Mädchens an, auf daß sie aus der Ähnlichkeit Mut fasse. Er traf nun Anstalt, nach dem Auftrage des Vaters sie in das Königreich zurückzuführen. Als er sie nun über die See führte, um ihr den Weg in das Reich seines Vaters zu zeigen, setzte der Verführer nach, um sie zurückzuhalten. Am Ufer, wo der Weg ins Königreich begann, kam es zu einem heftigen Kampfe … Der Sohn bezwang den Verführer und fesselte ihn an nicht zu lösende eiserne Ketten. Während er aber gebunden wurde, wußte er listiger Weise den Königssohn tödlich zu verwunden, der bald darauf (nachdem der Verführer gefesselt und ins Feuermeer geworfen war) an der Wunde starb. Als nun das Mädchen sah, daß der Königssohn um ihretwillen gestorben, gelangte sie zur vollen Gewißheit, daß alle seine Worte, die er durch seinen Tod erhärtete, wahr seien. Sie blieb nun traurig an jener Stelle, baute sich an der Todesstätte ein Häuschen, in dem sie die Waffen des Sohnes aufhängte, auf daß sie nie des Gesponses vergesse, der sie bis in den Tod liebte. Indem sie aus Grund des Herzens zu Gott rief, sprach sie: Mein Verlobter, der keiner Lüge fähig war, sagte mir, du seiest der König, der ihn gesandt hat, du sein Vater; einen andern Vater habe er nicht, als dich, o Gott! und in Ähnlichkeit mit unserer Natur sei eine Jungfrau seine Mutter. Wenn du nun, o Gott! diesen deinen Sohn für mich hast sterben lassen, so laß ihn auch für mich wieder leben, weil er mich umsonst aus der Einöde herausgeführt hat, wenn ich seinen Umgang nicht genießen kann. Bestimmt durch die eigene Güte, durch Liebe zu dem Sohne und Mitleid gegen das gerettete Mädchen, erweckte der Vater den Sohn ins Leben. So wurde von dem Vater der Sohn auferweckt, dem jene Braut in Liebe zugetan ist, stets eingedenk seiner Treue bis in den Tod. Ihre Liebe findet Nahrung in der Erinnerung an jenen Tod, durch diesen höchsten Grad der Treue bleibt sie unversehrt und keusch. Allein obgleich der Verlobte lebt, so ist er doch bei dem Vater. Wie er selbst aus dem Vater und der Jungfrau stammt, so erzeugt er aus der ihm verlobten Jungfrau, die er liebt, Miterben durch den Geist seiner Liebe, den auch seine Verlobte hat, gleichwie er von dem Vater im Himmel durch den Geist der Liebe des Vaters in dieser Welt aus der Jungfrau gezeugt ist. Seine Verlobte sendet ihm alle Tage als Frucht ihres Leibes Miterben, durch welche sie selbst allmählich zur Herrschaft hinaufsteigt; sie schmückt sie nach der Waffenrüstung ihres Bräutigams, ihm ähnlich, auf daß sie dessen Vater angenehm wären und in das Reich des Siegers Zutritt erhielten, indem sie Waffen und Feldzeichen des Siegers vorweisen. Beim Nahen des Todes stellt sie das Siegeszeichen vor das Angesicht ihrer Kinder und tut dies solange, bis die Zahl der Auserwählten voll ist. Diese Zahl verhält sich wie die Teile des Körpers der Braut, in dem der Geist des Bräutigams ist, so daß alles, was der Braut ist, dem Bräutigam gehört, und die Glieder der Braut in der Art der Braut gehören, daß sie mittelst der Braut, die ganz dem Bräutigam angehört, gleichfalls diesem zu Eigen sind. Das ist das Bild von Christus und der Kirche, seiner Braut.

Aus dieser Parabel magst du, fromme Seele! die du die Braut Christi bist, erkennen, daß dein Bräutigam, Gott und Mensch, vom Vater in diese Welt gesandt wurde, um dir die Wahrheit deines Ursprungs zu enthüllen und dich zur Einsicht zu bringen, daß du in der Hand des Verführers bist, um den Glauben dir zu erschließen und die Sehnsucht nach dem Reich des Lebens, zu dem dir der König des Lebens die Kindschaft gegeben, zu erwecken. Einsehen sollst du, daß der Vater, um seine große Liebe gegen dich zu zeigen, den eingeborenen Sohn selbst dir zum Bräutigam gegeben hat. Damit er dies sei und du ihn leben kannst, ließ er ihn aus der Jungfrau geboren werden und schöner als alle Menschenkinder werden. Er trug ihm auf, dich auf das Zärtlichste zu lieben, und durch Liebe an sich zu fesseln, auf daß du, ihm nachfolgend, zum Vater gelangest. Der Sohn kam, in allem dem Vater gehorsam, belehrte dich über die Wahrheit und über deine Auserwählung an Kindesstatt. Weil dir das Glauben schwer fiel, so ward er dein Arzt und liebreichster Diener, auf daß du anfangest, ihn zu lieben und durch wunderbare Kuren an ihn zu glauben. Mit vieler Schwierigkeit besiegte er dich, daß du erkanntest, wie sehr er dich liebe. Du zweifeltest, ob es ihm Ernst sei, weil du dich durch die Genossenschaft mit Nichtswürdigem unwürdig, einäugig (unioculam) und schwach wußtest. Um daher seiner Liebe versichert zu sein, nahm er zu deinem Troste dieselben

Schwächen (easdem infirmitates) an. Als du von Liebe gefesselt zu werden anfingest, wollte der Sohn dem Vater gehorsam sein und am Bande der Liebe dich nach sich ziehen, wie es von dir geschrieben steht: »Ziehe mich an dich!« Er führte dich daher durch das reinigende Wasser, durch welches die Fessel der Liebe zu dieser Inselwelt gelöst wird. Allein der Verführer setzte dir nach, der böse Geist, voll Haß und Neid, und hielt dich zurück, daß du deinem Bräutigam nicht folgen konntest; dieser, um seinem Vater gehorsam zu sein und dir durch die Tat zu zeigen, daß alles wahr sei, was er dir verkündet hat, griff jenen an, obwohl er wußte, daß er von dem trügerischen und lügenhaften Fürsten dieser Welt vieles bis zum Tode am Kreuze leiden werde, und besiegte ihn sterbend, indem er sich für dich unter lautem Rufen und Weinen zum Opfer brachte. Dies Rufen hat der Himmel gehört, wie geschrieben steht: »Ich hörte eine laute Stimme im Himmel, welche rief: Jetzt ist das Heil gekommen und die Kraft und das Reich unseres Gottes und die Macht seines Gesalbten, weil der Ankläger unserer Brüder gestürzt ist.« Darum, o christliche Seele! verhärte dein Herz nicht, wenn du heute seine Stimme hörest; denn für dich ruft er zum Vater und sein Gehorsam wird erhört. Beachte es wohl! für dich ging er in den Kampf, treu und standhaft kämpfte er, siegend ist er gestorben. Beachte wohl, wer dein Bräutigam ist, wie schön und weise; im Andenken an ihn müssen wir das Jahresgedächtnis seines Todes feiern. Unaufhörlich sollst du seinen Tod in deinem Herzen erwägen; denn einen solchen Bräutigam findest du sonst nirgends mehr. Siehe, wie keusche Frauen ihre guten und geliebten Männer beweinen, während unkeusche sie nach dem Wehklagen bald wieder vergessen. Erwecke dich zum Mitleid, wenn du hörst, daß der Herr, dein Geliebter, leide! Welche treue Magd würde nicht, wenn sie ihre Edelfrau leiden sieht, auch zum Mitleiden bewegt? Erwäge: Wenn Christus, der für dich gesandt war, nur durch leiden zum Vater zurückkehren konnte, so mußt mit Recht auch du leiden, um in das Haus oder Reich, zu dem du nicht geboren bist, einzugehen. Welche Anmaßung wäre es, wenn, während der Herr durchbohrt von tödlichen Wunden aus dem Kriege zurückkehrt, sein Kriegsknecht unverletzt gleichwohl mit ihm herrschen wollte! Durch Mitleiden werden wir mitherrschen. Der Streiter Christi muß daher sein Fleisch kreuzigen, durch Ertötung der fleischlichen Begierden. Willst du, der du in dieser Welt krank bist, gesund werden, so mußt du das faule Fleisch ausschneiden. Ein Räuber läßt sich lieber die Hand abhauen, als daß er das Leben selbst verliere; der Christ muß in allen Leiden Geduld haben und diese nähren durch das Brot der Erinnerung an die Geduld Christi, in Trübsal, Armut, Verachtung und andern um Christi willen erduldeten Mißhandlungen. (Exc. III, 414. 415.)

Über Abtötung

Niemand steht zum Leben auf, der nicht zuvor gekreuzigt ist. Jede Handlung Christi ist zu unserer Belehrung, denn er ist der Weg und der Lehrmeister, der an sich selbst uns den Weg zur Herrlichkeit zeigt, wenn er sagt: »Wie ich getan, so sollet auch ihr tun.« Konnte nun Christus nicht anders in seine Herrlichkeit eingehen, als nach vorangegangener Kreuzigung, so werden auch wir nur auf dem Wege der Kreuzigung eingehen; denn er sagt: »Wer mir nachfolgen will, verleugne sich selbst, er nehme sein Kreuz auf sich und folge mir nach.« Beachten wir, daß in uns zwei entgegengesetzte Befehlshaber sind, der eine im Fleische, der andere im Geiste, welche gegeneinander Krieg führen, und daß die Bewältigung derjenigen Macht, die im Fleische befehligt, Kreuzigung ist, wobei diejenige Macht siegt, welche in der vernünftigen Seele gebietet, dann werden wir das Mysterium des Kreuzes verstehen, um zu erkennen, was wir zu tun haben. Paulus lehrt, der äußere oder alte Mensch müsse durch den innern neuen, Christusähnlichen Menschen ans Kreuz geheftet werden, dort müsse all sein Leben – die Begierlichkeit, getötet werden, auf daß nur der neue, innere und himmlische Mensch lebe, der nach Gottes Sinn und Willen gerecht und wahrhaftig ist. Wer so dem Fleische nach tot ist, der wird in der Kraft, in der der gekreuzigte Christus vom Tode auferstanden, gleichfalls auferstehen. Die Begierlichkeit des Fleisches also ans Kreuz geheftet bändigen, durch Martern, Selbstpeinigung und Kasteiung, damit das Verlangen des Geistes kein Hindernis finde, das heißt den Körper kreuzigen, in welchem die körperliche Begierlichkeit wohnt, die der Körper oder Inhalt der Sünde ist (quae est corpus seu continens peccatum).

Das Leben ist Liebe (sine amore non vivitur). Der Mensch besteht aus einer doppelten Liebe (ex duobus amoribus componitur): aus der Liebe zum Sinnlichen oder Sichtbaren, und aus der Liebe zum Unsichtbaren. Das Sichtbare ist zeitlich, das Unsichtbare ewig; die Sünden sind zeitlich, die Tugenden ewig. Die Liebe zum Zeitlichen, die bis zum Hasse oder Verachtung des Ewigen geht, ist sündhaft und stammt aus der Begierlichkeit des Fleisches, aus dem alten Adam. Die Liebe zum Ewigen ist strebsam (studiosus) und stammt aus der Sehnsucht der geistigen Natur, aus dem Himmel. Aus doppelter Sehnsucht besteht also der Mensch, und die Natur einer jeden ist zur Einheit der Person verbunden. In dieser Verbindung bemüht sich das Weib d. i. die Begierlichkeit des Fleisches, daß der Mann d. i. das Verlangen des Geistes, sich in Liebe an sie anschließe und sie zum Ziele seines Verlangens mache, auf daß sein Verlangen ganz fleischlich werde und sie über ihn herrsche. Und weil sie in ganz familiärer Weise mit ihm zusammenwohnt, so reizt sie ihn beständig durch sinnliche Schönheit und meistens siegt der Wille des Fleisches über den Geist, der gekreuzigt wird. Das kommt aus der Unwissenheit, weil der Geist weder seinen Adel, noch die Gemeinheit des Fleisches kennt; er kennt nicht Gott, das ewige Leben, nicht die Hölle, den ewigen Tod. So gelten ihm zeitliche Genüsse für Glückseligkeit. Der Mann dient dem Weibe, weil er alles aufbietet, der sinnlichen Lust zu gefallen.

Da kam Jesus, dessen Geist allwissend ist, dem Lichte der göttlichen Weisheit geeint; er entfernte die alte Unwissenheit, zeigte das ewige Leben des Geistes, und daß die Freuden dieser Zeit sich zu den Freuden des ewigen Lebens verhalten wie Zeit und Ewigkeit. Diese gehen durch den ewigen Tod verloren, und die ewige Freude erreichen diejenigen nicht, welche sie nicht lieben. Christus lehrte, wer das ewige Leben erlangen wolle, müsse Mann sein, und über die Frau, die Begierlichkeit des Fleisches, herrschen, er müsse ihm nachahmen, und dieses Leben, diese Welt mit allen ihren Freuden für nichts achten, um desto sehnsuchtsvoller nach dem Himmel zu ringen, wo alles ewig ist. Wer so handelt, nimmt sein Kreuz auf sich und folgt ihm nach.

Allein kein Mensch kann mit seiner eigenen Kraft, die er aus Adam hat, die Welt besiegen. Es muß daher die Unwissenheit, durch die alle gefallen sind, durch den *Glauben* verdrängt werden. Der Glaube geht auf das Unsichtbare. Das Ewige ist unsichtbar; nach dem ewigen Leben können wir nur durch den Glauben ringen. Allein zu diesem Glauben kommen wir nur durch den Glauben alles Glaubens, und dieser ist: daß unser Lehrmeister Jesus der Sohn Gottes und gekreuzigt worden ist. Wird er als Sohn Gottes geglaubt, so verschwindet alles Dunkle und Finstere des Mißtrauens aus unsern Herzen, da wir wissen: Der Sohn Gottes ist wahrhaftig in Wort und Verheißung. Glauben wir, daß er gekreuzigt worden und so in das Reich des Vaters eingegangen sei, so zweifeln wir nicht, daß, wenn auch wir Christus in der Kreuzigung nachfolgen, wir ihm auch in sein Reich als Erben folgen werden.

Jesus, der unendlich erbarmungsvolle Sohn des Vaters der Barmherzigkeit, ging freiwillig für uns in den Tod, um zu zeigen, wie sehr er uns liebe und wie übergroß sein Erbarmen sei. Gibt es eine größere Barmherzigkeit, als sich zur Erlösung für die Gefangenen hingeben? am eigenen Leibe den Tod zu erleiden, den wir mit vollem Rechte ob des Verbrechens der beleidigten Majestät, das unser Stammvater gegen den Schöpfer begangen, zu erleiden hatten? Wir haben ihm also notwendig in der Barmherzigkeit nachzuahmen, die wir tatsächlich denjenigen beweisen sollen, für die er gestorben ist. Ist er für alle gestorben, und hat er allen dadurch seine große Liebe bewiesen, was will er anders, als daß auch wir um seinetwillen allen Barmherzigkeit beweisen sollen? (Exc. VIII, 602.)

Anrede an Kanoniker, aus Veranlassung einer bevorstehenden Visitation

(Vom Jahre 1443)

Accepistis, in quo et statis, per quod et salvamini.
1. Kor. 15.

Unser Hohepriester Jesus Christus, der die Himmel durchdrungen, hat in der katholischen Kirche, seiner Braut, die er sich mit seinem Blute erworben hat, zur Auferbauung seines mystischen Leibes und zu unserm Heile Bischöfe hinterlassen, die seine Stelle vertreten. Sie sind die Nachfolger der Apostel, von welchen Christus sagt: »Wer euch hört, hört mich«; und: »Wie mich der Vater gesendet hat, so sende ich euch.« Nun ward aber Christus gesandt, um zu suchen und zu retten, was verloren war. Er befiehlt daher auch den Bischöfen, seinen Stellvertretern, zu suchen und zu retten, was verloren ist. Da nun dieser unser Bischof, den ihr hier sehet, die gleiche Sendung von Christus erhalten hat, so war es längst seine Überzeugung, er sei von Gott gesandt, um zu suchen und zu retten, was verloren ist, so wie daß Vernachlässigung dieser Sendung von Seiten dessen, der einmal das Joch eines Bischofs auf sich genommen, nicht zu entschuldigen sei. Allein viele Rücksichten des öffentlichen Dienstes und seiner persönlichen Stellung hinderten ihn bis jetzt an der Ausführung seines Vorhabens. Da sich ihm aber jetzt eine günstige Gelegenheit darbietet, so kommt er, damit nicht das Blut seiner Untergebenen im strengen Gerichte Gottes von seinen Händen gefordert werde, nunmehr zu euch als zu Dienern Gottes, zu suchen und zu retten, gemäß den Pflichten seines Amtes. Und da die Hirtensorgfalt in der Visitation, diese aber im Ermahnen, Predigen und Reformieren besteht, so hat der hochwürdigste Vater den Auftrag zur Ermahnung mir erteilt, um sodann der Reihe nach die übrigen Stücke der Visitation auszuführen. Obwohl zu schwach, als daß ich eine den

Zeitverhältnissen angemessene[1] Ermahnung erteilen könnte, bindet mich doch die Pflicht des Gehorsams. Und so habe ich denn zum Vollzug des erhaltenen Auftrags jenes Wort des Völkerapostels ausgewählt, wenn er sagt: »Ihr habt (das Evangelium) angenommen, worin ihr auch verharret, wodurch ihr auch selig werdet.«

Paulus, der den Korinthern das Evangelium verkündiget, daß sie durch den Tod Christi frei geworden und durch seine Auferstehung neues Leben erhalten hätten, hatte vernommen, daß einige ausgestreut, es gebe keine Auferstehung der Toten, und schreibt daher den Korinthern, er selbst habe ihnen ja das Evangelium verkündigt und sie hätten es angenommen. So habe auch ich euch, im Herrn geliebte Brüder! nichts Neues zu verkünden, sondern nur das euch allen längst Bekannte in Erinnerung zu bringen.

Unsere apostolischen Väter haben erwogen, daß in dem Evangelium Christi alles, was zum Leben und Heile gehört, wodurch jeder Mensch in Christo Jesu auferstehen und in ihm ewig leben kann, enthalten ist. Sie unterschieden jedoch einiges, was so *notwendig zum Heile ist*, daß man ohne dasselbe nicht in ihm auferstehen kann, und anderes, was freiwillig darüber hinausgeht (alia supererogationis) und als höhere Vollkommenheit auch eine größere Seligkeit in Christo erwirbt. Dies scheint auch Paulus sagen zu wollen, wenn er anführt, daß zuerst Christus, dann die, welche die Seinen sind, jeder in seiner Ordnung, auferstehen werden. Die nun in einer höhern Stufenordnung in Christus auferstehen, haben auch schon in diesem Leben eine höhere Vollkommenheit erreicht. Nachdem nämlich Christus dargelegt hatte, niemand könne ohne die Liebe Gottes und des Nächsten ins Leben eingehen, fügt er bei: wer vollkommen sein wolle, der verkaufe alles, gebe es den Armen und folge so ihm nach! Anderswo sagt er: »Selig sind die Armen im Geiste, denn ihrer ist das Himmelreich.« Da nun sich selbst abtöten nicht die Sache aller, sondern nur derer ist, die es fassen können, so haben heilige und apostolische Männer, die eifrig nach höherer Vollkommenheit trachteten, sich einige Regeln gegeben, die zur Vollkommenheit führen,

1 »ex tempore congrue adhortari« könnte auch andeuten, der Befehl zum Predigen sei so unerwartet gegeben worden, daß er ohne sorgfältigere Vorbereitung (ex tempore) zu reden genötigt sei, worauf auch das Folgende: ad verbum doctoris genitum pro expletione mandati convolavi hinzudeuten scheint.

ohne jedoch alle Christgläubigen zu denselben zu verpflichten, sondern nur die, welche nach Vollkommenheit strebten. Die nun, welche diese evangelische Lebensweise annahmen und diese Regeln befolgten, hießen Kanoniker d. i. nach einer Regel lebenden. Und dies ist es eben, was ich euch verkünde. Ihr seid zwar nicht Kleriker, deren Los unter den Gläubigen ist, Eigentum Gottes zu sein, aber ihr seid Regularen oder Kanoniker und habet euch als solche in strengerer Regel zum Gehorsam gegen Gott verpflichtet, nach der ihr nun zu leben verpflichtet seid, um das Heil im höheren Grade zu erlangen. Ihr habt also diese Verpflichtung von Kanonikern auf euch genommen, darin sollt ihr auch verharren, darin selig werden. Wer die Hand an den Pflug legt und zurückschaut, taugt nicht fürs Himmelreich. Denn jeder muß beharrlich und durchdringend (perpenetrantem) in der Berufung, die er erhalten hat, sein, wenn er den Lohn erlangen will. Das heißt verharren und fest in dem erhaltenen Evangelium bleiben. Ist gleich ein Gelübde tun Sache der Freiheit, so ist doch es halten, Sache der Pflicht (necessitatis). Früher stand es euch frei, euch nicht an die Regeln der Heiligen zu halten; da ihr aber nun Kanoniker seid, und diese Regel erhalten habt, so müßt ihr auch in dem verharren, was eure Seligkeit begründet. Nichts anderes bezweckt diese Ermahnung und die darauf folgende Visitation, als daß ihr in Wahrheit fest stehet in dem, was ihr erhalten habt, daß ihr wirklich und ohne Selbsttäuschung nach den Regeln der Heiligen lebet, daß ihr nicht mit den Lippen und nur äußerlich mit Worten euch Kanoniker nennt, während ihr innerlich (corde) von der Bedeutung des Wortes weit entfernt seid.[1] Ihr sehet doch, daß auch im Staate falsches Gewicht verhaßt ist und Schaden bringt. Wer sich für einen Bäcker oder andern Gewerbsmann ausgibt und falsches Gewicht hat, indem er statt guten Weizenbrotes ein zum Schein bereitetes schlechtes verkauft, der dient dem Gemeinwesen nicht nur nicht, sondern er schadet ihm sehr viel. Daher werden die Gewerbe visitiert und (nötigenfalls) reformiert. Wir lesen daher in den Beschlüssen der hl. Konzilien sehr oft, jeder solle nach der Bedeutung seines Namens leben: der *Mönch* (monachus) soll nach der Bedeutung seines Namens einzeln für sich und in Trauer leben (quasi unus solus et

1 Vom Eingange bis hierher aus dem Manuskripte B, das hauptsächlich Sermonen enthält; das folgende steht Exc. III, 412, 413.

tristis) und seine Sünden beweinen; der *Kanoniker* als ein Mann der Regel, der die Regeln der Heiligen auf sich genommen hat; der *Bischof* sei ein Oberaufseher (quasi superintendens), der *Presbyter* lebe wie ein Senior, der andern den Weg des Heiles zeigt. Ihr habt in eurem Stande eine besonders hohe Aufgabe erhalten, indem ihr euch zu besondern Dienern Christi gemacht habt, um Gott, der ein Geist ist, im Geiste zu dienen. Diese hohe Aufgabe liegt darin, daß ihr die Lebensweise von Heiligen gelobet, die dieser Welt entsagen, um sich ganz Gott zu weihen. Das Leben der Regularen muß von der Welt losgelöst sein, damit sie das, was oben ist, verstehen. Glaubet nicht, es sei zwischen euch und den Mönchen ein großer Unterschied, denn ein Gedanke leitete die Heiligen: Verzicht auf Eigentum, Abtötung des Fleisches, Aufgeben des freien Willens – Trennung von der Welt, um Gott im Geiste zu dienen. Dies ist, wie ihr wisset, das Wesentliche aller religiösen Orden, denn darin liegt das, wodurch wir der Welt absterben. Die Welt ist Fleischeslust, Augenlust, Hoffart des Lebens. Diese drei müssen überwunden werden. »Eine reine und unbefleckte Religion ist es, sich von der Befleckung dieser Welt frei zu bewahren.« Eben dies und nichts anderes wollen die Regeln der Väter; durch sie sollen wir die Welt verlassen und Gott dienen. Das ist es, was ihr erhalten habt. Du sagst vielleicht: Wir haben nicht jene strenge Regel erhalten, wie die der Welt Abgestorbenen, die man Mönche nennt, denn wir dürfen Eigentum besitzen und anderes tun, was jenen nicht erlaubt ist. Ich antworte: Niemand kann in Abrede stellen, daß wir religiöse Kanoniker sein müssen, wenn wir uns auch in der Art und Weise von den strengen Regeln unterscheiden. Denn wie alle religiösen Orden in den genannten wesentlichen Punkten übereinstimmen, so jedoch, daß der eine Orden strenger als der andere ist, so ruht auch die Regel der Kanoniker, wiewohl in ihrer Art und Weise laxer, doch auf der Basis des Ordenswesens (latitudinem religionis non egreditur). Ist uns daher gleich die Verwaltung der kirchlichen Einkünfte, von denen wir leben, gestattet, so haben wir doch über den Bedarf an Nahrung und Kleidung kein Recht auf dieselben. Wir dürfen daher nicht verschenken, vermachen und anderes, was einem Eigentümer erlaubt ist. Es ist daher ein geringer Unterschied zwischen uns und den im Konvent lebenden Regularen (conventuales regulares), wo einer die Verwaltung hat, da diese Verwaltung einem jeden einzelnen von uns unter keiner andern Verpflichtung, als dort dem einen gestattet ist; nur in mäßigem Besitze und Stellvertretung unterscheiden wir uns. Sodann ist uns zwar vor den hl. Weihen die Ehe gestattet; aber mit der Weihe übernehmen wir das Gelübde der Keuschheit, gemäß den Regeln der Väter. Daß wir endlich den Obern Gehorsam geloben, ist für sich klar. Wir haben also die Regel von Ordensmännern angenommen, weil wir, abgesehen von dem Einkommen für Nahrung und Kleidung, das Fleisch ertöten und in Keuschheit und freiwilligem Gehorsam Gott zu dienen uns verpflichtet haben, um selig zu werden. Das, meine Brüder! ist das Joch des Herrn, das ihr auf euch genommen habt.

Und nun, wie könnt ihr in dem, was ihr auf euch genommen, *verharren*? Ich sage: Wenn ihr dem Herrn, dem ihr euch zu Eigen gegeben, nach der Natur eben dieses Herrn eifrig zu dienen euch bestrebt. Da Gott nichts von dieser Welt an sich hat, weil sein Reich nicht von dieser Welt ist, so müsset auch ihr diese Welt ganz verlassen. Dann werdet ihr sein Reich in Seligkeit erlangen, wenn ihr arm im Geiste seid, und eine um so höhere Stufe im Himmelreiche werdet ihr einnehmen, je mehr ihr diese Welt verachtet. Wenn ihr auch in der Fülle von Reichtum euer Herz nicht an denselben hänget, wenn ihr die fleischlichen Gelüste verachtet, wenn ihr, fern von Hochmut, in demütiger Unterwerfung euch selbst verachtet, dann stehet ihr fest in dem, was ihr empfangen habt. Wenn ihr bedenket, daß Gott die Wahrheit ist, der da spricht: »Ich bin die Wahrheit«, nicht aber: Ich bin das Herkömmliche (et non dixit: ego sum consuetudo), wenn ihr ihn in der Wahrheit anbetet, indem ihr die Wahrheit selbst umfasset, dann steht ihr fest in dem, was ihr empfangen habt. Das Gleiche gilt von der Gerechtigkeit, Güte, Standhaftigkeit, Starkmut und Liebe. Gott ist die reinste Tugend, und kein Sünder kann ihm dienen. Er ist die Liebe; wer also die Liebe nicht hat, steht nicht fest in dem, was er erhalten hat! So liebet denn einander, ihr seid ja Brüder in Christo, der die Liebe ist! Daran erkennet, daß ihr fest stehet, wenn ihr einander liebet! Kein Zank und Streit entzweie euch, als wäret ihr noch fleischlich gesinnt, nicht herrsche unter euch der Götzendienst der Habsucht! Jeder erweise dem andern, was er wünscht, daß andere ihm erweisen; denn ihr seid Brüder. Trage jeder die Last des andern, keiner richte über den andern. Wenn ihr in diesen Tempel heraufkommt, so kommet nicht wie sich selbst rechtfertigende Pharisäer, sondern gedenket des gerechtfertigten Zöllners, und demütigt euch vor dem Angesichte Gottes! Seid nicht träge im Dienste dessen, dem ihr an dieser Stätte zu dienen gelobt habet, sondern regsam und eifrig, nicht mit dem Munde nur, sondern mit Herz und Seele, denn dein ganzes Wesen verlangt Gott (te totum vult Deus). Wenn ihr darin fest stehet, wie es Streitern für Christus geziemt, dann verharret ihr in dem, was ihr empfangen habt, ihr steiget von Tugend zu Tugend auf; aus dem Umgange mit Menschen gelanget ihr in die Gemeinschaft der Engel, aus der Blindheit zum Sehen, aus der Unwissenheit zur Wissenschaft, aus dem Irdischen zum Himmlischen. Das ist das Feststehen, das ein beständiges Aufwärtssteigen ist. Über die Seligkeit, die den fest Stehenden verheißen ist, sage ich nur dies eine: Das menschliche Herz vermag nicht zu fassen die höchste Seligkeit, die der Herr denen verheißen hat, die ihn lieben. Denn was in allem, was ist, am meisten geliebt wird, ist das Sein selbst; das Sein hat keinen größeren Gegensatz als das Nichtsein. Was von allem, was lebt, am meisten geliebt wird, ist das Leben selbst, denn nichts ist schrecklicher als der Tod. Was der vernünftige Geist am meisten liebt, ist das Erkennen, dessen Tod die Unwissenheit ist. Wie das Sein des Lebens das Leben ist, so ist das Sein der vernünftigen Naturen – das Erkennen. In allen diesen Stükken nun wirst du in der ewigen Seligkeit den höchsten und unzerstörbaren Grad erlangen: im Sein die Ewigkeit des Seins, im Leben die Unsterblichkeit des Lebens, im Erkennen das wahre und unmangelhafte Erfassen der ersehnten Wahrheit. In der vernünftigen Anschauung werden wir Gott sehen, wie er ist, und Jesus Christus unsern Herrn. Zu dieser seligen Anschauung führe er uns, unser Erlöser, der gepriesen sei in alle Ewigkeit! Amen

(Exc. III, 412, 413.)

Aus der Rede auf Mariä Himmelfahrt,

gehalten zu Koblenz, 1432, während des Interdikts

»Nun ward eröffnet der Tempel Gottes im Himmel und sichtbar wurde die Bundeslade des Herrn in seinem Tempel, und es erfolgten Blitze, Donner und großer Hagel. Es erschien ein großes Zeichen am Himmel: ein Weib mit dem Prachtgewand der Sonne, unter ihren Füßen der Mond und auf ihrem Haupte eine Krone von zwölf Sternen.« (Apocal. 11, 19. 12, 1.)

Diese Worte werden von der Kirche, unserer Mutter, im Allgemeinen und speziell von dem vornehmsten Gliede der Kirche, der glorreichen Jungfrau Maria ausgelegt ... Die Sonne d. i. die Kirche steht mit ihren Füßen auf dem Monde der irdischen Unbeständigkeit; auf ihrem Haupte d. i. in der Urkirche hat sie eine Siegeskrone d. i. die Apostel und Märtyrer.

In unserer Zeit aber ist die Kirche wie die Füße über dem Monde. Die Füße sind die Leidenschaften (affectiones), und wie die Füße immer auf der Erde sind, so ist auch die Leidenschaft etwas Irdisches. Die Worte: »über dem Monde«, der der Erde am nächsten ist, bedeuten also, daß die Kirche in unsern Tagen leider! sich auf der niedersten Stufe, wie der Fuß, befindet und wenig Edles aufweist. Wiewohl sie das gleiche Leben hat, wie der ganze Körper, und von dem gleichen Geiste belebt ist, so ist sie doch nicht angetan mit dem Sonnengewande der Gerechtigkeit, Verständigkeit und Klarheit, sondern gehüllt in das Leder tierischer Gesinnung und Unwissenheit; sie wälzt sich im Kote der Begierlichkeit und Ausschweifung, sie klebt durch Habsucht an der Erde; sie ist unbeständig, vertraut auf den Mond, d. h. sie hat seine Natur, seine Unbeständigkeit, seine Einflüsse, sein Sichannähern an die Sonne und seine Eklipse, weil unsere Sünden sich Gott entgegenstellen.

Wollen wir uns daher retten und uns in der Arche, der Kirche, *reformieren*, so müssen wir, die wir die Füße sind, auf dem Wege des Rechts und der Gerechtigkeit wandeln und den bewegenden Einfluß edlerer Gefühle von Seiten derjenigen aufnehmen, die über uns stehen und in Heiligkeit uns vorangegangen sind. Wir müssen unsere Mondsnatur in die Gemeinschaft mit dem Sonnenlichte setzen, auf daß sie durch diese Gemeinschaft sich bis zum Vollmond der ewigen Glorie bewege.

Weil man mit Vorsicht wandeln soll, so muß man auch erwägen, wie wir wandeln sollen. Nicht immer darf man in die Fußstapfen anderer treten, gleich jenem Affen, der die Augen schloß, weil sie auch der Dieb geschlossen hatte und deshalb um seine Denare kam. Man muß die Wege wohl unterscheiden, damit wir nicht, indem wir zu stehen meinen, fallen. Der Zufall eröffnet oft verschiedene Wege. Unsere Laufbahn sei der Weg der Gebote (Gottes) und des Gehorsams. *Die Schlüsselgewalt der Kirche, wenn sie auch ungerecht verfährt, darf nicht mißachtet werden*; es ist jedenfalls verdienstlich (ihr Folge zu leisten) und Strafe zieht sich der zu, der einen (ungerechten) Befehl gegeben hat. Ist das, was der Vorgesetzte gegen dich hat, keine gerechte Sache, so ist dein Gehorsam dir nur um so größeres Verdienst. Überdenke dein Leben und zu wirst gewiß finden, daß du Fehler begangen, um derentwillen du Strafe verdienst. Betrachte nun diese Vergehen als die Ursache (der jetzigen Strafe). Beherzige das Heilsame des Gehorsams und sei nicht widerspenstig! Betrachte das Beispiel der Geduld und des Gehorsams an Christus, der gehorsam war bis zum Tode! Er lehrte allezeit Gehorsam. »Auf dem Stuhle Moses' etc.« Der Fluch Gottes kam auf das Menschengeschlecht herab wegen des Ungehorsams, Genes. 3. »Verflucht sei die Erde um deinetwillen!« Dagegen pries Christus Simon selig wegen des Gehorsams: »Selig bist du Simon Barjona etc.« Matth. 16. Seid also nicht ungehorsam! Der Gehorsam hat großen Gewinn bei kleiner Mühe. Er wird mit einem Handelsschiffe verglichen, das immer dahinfährt und Gewinne herbeiführt, indes der Kaufmann ruhet, Sprichw. 31. Gott ruht in den Gehorsamen und Christus ging nach Bethanien d. i. in das Haus des Gehorsams. Wo Gehorsam, da ist auch Liebe Gottes. Die Liebe Gottes macht den Menschen traktabel und gehorsam, wie Feuer das Wachs. Willst du erkennen, wer die Liebe Gottes habe, so sieh nur auf seinen Gehorsam, denn »Gehorsam ist besser als Opfer.«

(Aus der Sammlung von Predigten des Kardinals, im Manuskripte B.)